Persische Seiden

Reingard Neumann
Gerhard Murza

Persische Seiden

Die Gewebekunst der Safawiden und ihrer Nachfolger

VEB E. A. Seemann
Buch- und Kunstverlag
Leipzig 1988

Neumann, Reingard:
Persische Seiden: d. Gewebekunst
d. Safawiden u. ihrer Nachfolger /
Reingard Neumann; Gerhard Murza. –
1. Aufl. – Leipzig: E. A. Seemann Verl., 1988. –
188 [218] S.: zahlr. Ill. (z. T. farb.)

ISBN 3-363-00052-9

1. Auflage 1988
Veröffentlicht unter Lizenz-Nr. 460.350/34/87
LSV-Nr. 8164

Gestaltung: Angelika Kuhrt, Leipzig
Zeichnungen: Inge Brüx, Leipzig

Gesamtherstellung: Grafische Werke Zwickau

Printed in the German Democratic Republic
Bestell-Nr. 505 867 9
09800

Inhaltsverzeichnis

Vorwort — Seite 9

Iran – Land der textilen Künste — Seite 11

Die Safawiden – ein Höhepunkt der iranischen Textilkunst — Seite 21

Grundtendenzen islamischer Kunst in ihrer Bedeutung für die Gestaltung gewebter Flächen — Seite 29

Textilkunst und Wohnkultur — Seite 32

Die Wertschätzung textiler Erzeugnisse — Seite 37

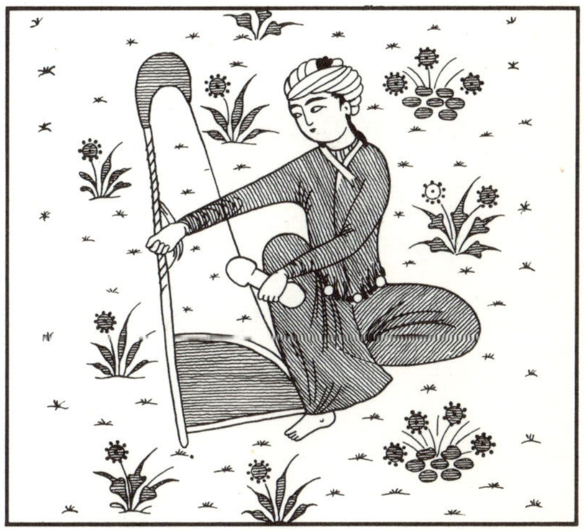

Stellung und Organisation des Textilhandwerks in safawidischer Zeit — Seite 46

Seite 46
Seide als Handelsware

Seite 49
Die wichtigsten Textilzentren

Seite 53
Die Organisation des Textilhandwerks

Von der Kleidung der »Persianer« — Seite 57

Einführung in die stilgeschichtliche Entwicklung safawidischer Gewebe

Seite 64

Die Gewebemusterung des späten 15. und frühen 16. Jahrhunderts

Seite 67

Seite 67
Die geschlossene Flächenfüllung mittels eines ogivalen Rankensystems

Seite 67
Die geschlossene Flächenfüllung mittels zweier ogivaler Rankensysteme

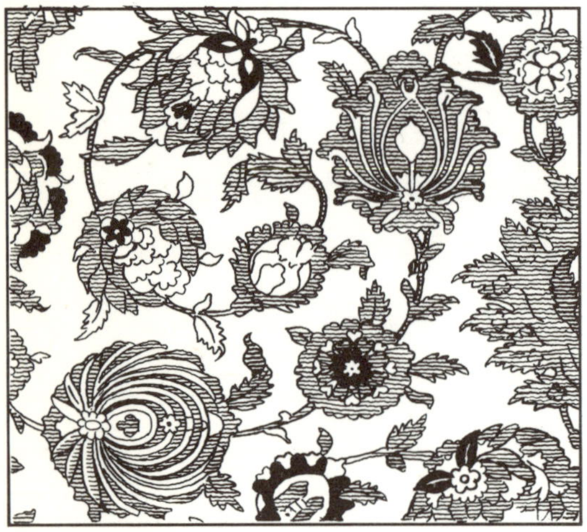

Die florale Gewebemusterung im 16. Jahrhundert

Seite 69

Seite 69
Die Spiralrankenmusterung

Seite 70
Die geschlossene Flächenfüllung mittels zweier ogivaler Rankensysteme

Die florale Gewebemusterung gegen Ende des 16. und zu Beginn des 17. Jahrhunderts

Seite 73

Seite 73
Die spitzovale Flächengliederung bei kleinteilig gemusterten Geweben

Seite 75
Kleine Pflanzenmuster auf Doppelgeweben

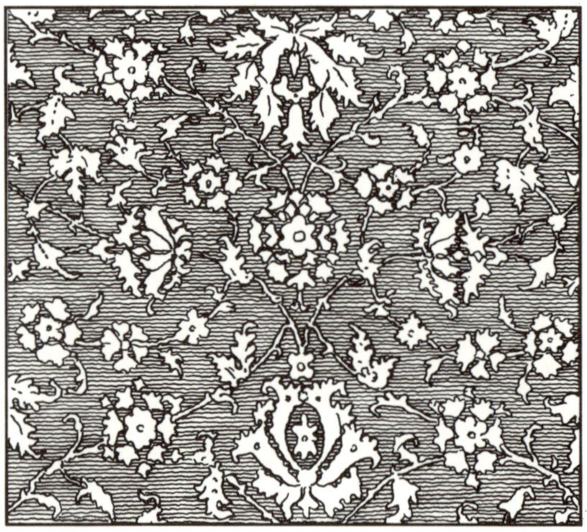

Die figürliche Mustergestaltung gewebter Flächen

Seite 78

Seite 78
Mustergestaltung im 16. Jahrhundert

Seite 85
Mustergestaltung im 17. Jahrhundert

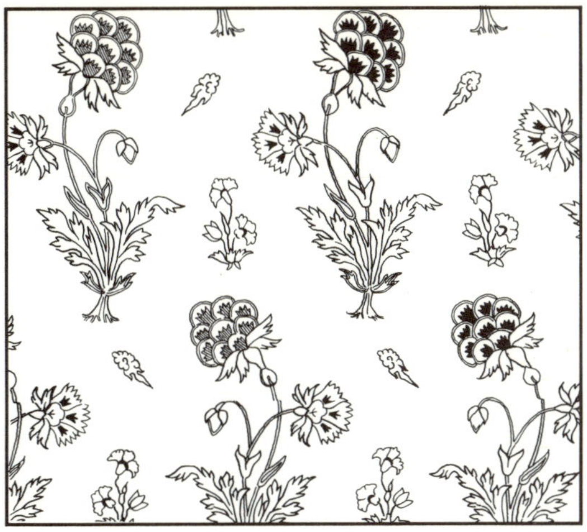

Die florale Gewebemusterung im 17. und 18. Jahrhundert

Seite 93

Seite 93
Die rautenartig ogivale Flächengliederung

Seite 100
Reihenweise auf Zwischenraum geordnete Blütenstengel bzw. Blütenpflanzen

Seite 111
Die geschlossene Flächenfüllung

Seite 111
Die florale Gewebemusterung in Verbindung mit Tierdarstellungen

Seite 115
Die indische Palmette

Seite 117
Die Gestaltung schmaler Borten und kleinteiliger Streifendessins

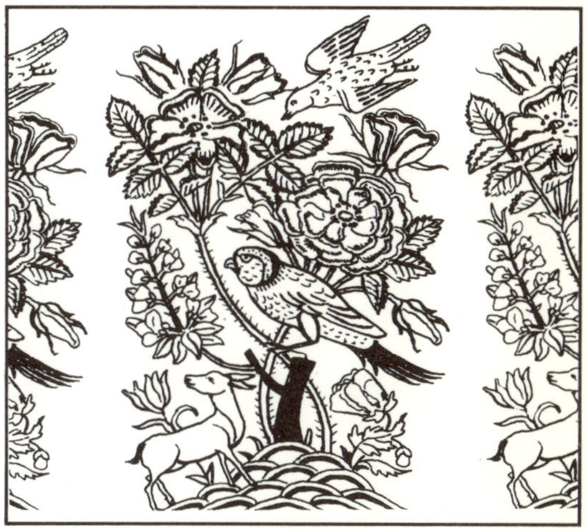

Bildteil

Seite 119

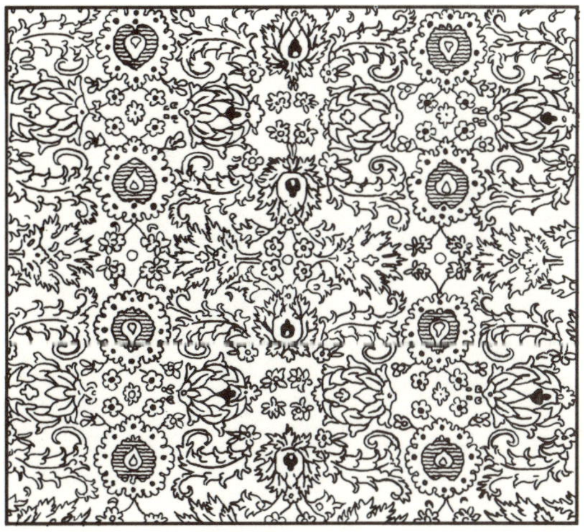

Katalog

Seite 261

Anhang

Seite 324
Anmerkungen

Seite 329
Literaturverzeichnis

Seite 332
Abkürzungen

Seite 333
Register

Seite 334
Nachweis der nicht im Katalog enthaltenen Abbildungen

Seite 335
Verzeichnis der im Katalog enthaltenen Inventarnummern

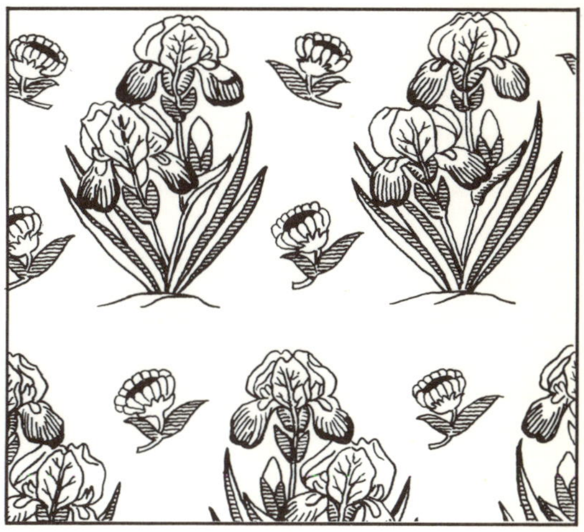

Vorwort

Vorliegendes Buch geht in seiner Anlage auf die 1981 von der gesellschaftswissenschaftlichen Fakultät der Humboldt-Universität zu Berlin angenommene Dissertation der Verfasserin zurück. Erstmalig werden damit die sich im Besitz von Museen der DDR befindenden umfangreichen Bestände iranischer Gewebe aus safawidischer und nachsafawidischer Zeit zusammenhängend erfaßt und wissenschaftlich bearbeitet. Ziel der Publikation ist es, die künstlerische Entwicklung dieser Stoffe und ihrer Ornamentik aufzuzeigen, wobei auch dem gesellschaftlichen Umfeld gebührende Aufmerksamkeit gewidmet wird. Im wesentlichen stützt sich die Arbeit auf noch unveröffentlichtes Material, das auf diesem Wege einem breiteren Publikum zugänglich gemacht werden soll.

Safawidische und nachsafawidische Gewebe befinden sich in größerem Umfang in vier Museen der DDR. Das Museum für Kunstgewerbe in Berlin-Köpenick besitzt mit 238 derartigen Stoffen die umfangreichste Sammlung. Demgegenüber sind die entsprechenden Bestände der anderen hier zu nennenden Museen relativ gering. So besitzen das Museum für Völkerkunde zu Leipzig 40, das Museum für Kunsthandwerk der Staatlichen Kunstsammlungen Dresden 32 und das Museum des Kunsthandwerks (Grassi-Museum) in Leipzig 26 iranische Gewebe aus dieser Zeit. Trotz intensiver Nachforschungen konnten darüber hinaus in weiteren Museen und Sammlungen der DDR safawidische bzw. nachsafawidische Stoffe nicht nachgewiesen werden. Die vorhandenen Bestände gelangten zumeist kontinuierlich über Jahrzehnte hinweg durch Ankauf oder Schenkung in die einzelnen Museen. Sie verkörpern organisch gewachsene Sammlungen, die in ihrer Gesamtheit einen relativ repräsentativen Überblick über die Gewebeproduktion im iranischen Raum in safawidischer und nachsafawidischer Zeit geben.

Für die Möglichkeit, Einsicht in die Magazinbestände zu nehmen und das vorhandene Material auszuwerten, sei an dieser Stelle den Direktionen des Kunstgewerbemuseums Berlin-Köpenick (Staatliche Museen zu Berlin – Hauptstadt der DDR), des Museums für Kunsthandwerk der Staatlichen Kunstsammlungen Dresden, des Museums für Völkerkunde zu Leipzig und des Museums des Kunsthandwerks (Grassi-Museum), Leipzig, gedankt. Für die mir dabei erwiesene großzügige Hilfe und Unterstützung möchte ich besonders Herrn OMuR Prof. Dr. G. Schade, Herrn Dr. B. Göres, Frau C. Priebe, Frau S. Radetzky, Berlin, Herrn Dr. G. Reinheckel, Frau U. Hennig, Dresden, Frau Dr. A. Hanisch, Frau I. Seiwert sowie Frl. R. Skolaude, Leipzig, meinen Dank aussprechen. Vielfältige Anregungen und Unterstützung verdanke ich meinen akademischen Lehrern, den Herren Prof. Dr. B. Brentjes, Berlin-Halle/S., Prof. Dr. P. H. Feist, Berlin, sowie Frau Dr. sc. K. Rührdanz, Halle/S.

Zu besonderem Dank bin ich Herrn Dr. G. Murza verpflichtet, der mit wenigen Ausnahmen die Fotos anfertigte und damit einen wesentlichen Beitrag zum Gelingen des Buches leistete. In gleicher Weise gebührt der Gestalterin des Bandes, Frau A. Kuhrt, der Zeichnerin Frau I. Brüx sowie der Lektorin Frau S. Grebe mein Dank, ohne deren ausgezeichnete Arbeit dieses Buch nicht zustande gekommen wäre.

Um eine bessere Lesbarkeit auch für den allgemein kunsthistorisch Interessierten zu erreichen, wurde auf einen Großteil des in der Dissertation ursprünglich vorhandenen wissenschaftlichen Apparates sowie auf eine wissenschaftliche Umschrift persischer und arabischer Namen und Begriffe verzichtet.

Reingard Neumann

Iran – Land der textilen Künste

Die Textilkunst gehört zu den ältesten Künsten der Welt und zeichnet sich durch ihre außergewöhnlich enge Verbindung mit dem täglichen Leben der Menschen aus. Sie entstand aus der Notwendigkeit, sich vor widrigen Umwelteinflüssen und wechselnden Witterungsbedingungen zu schützen, und diente gleichzeitig stets auch zur Befriedigung des Schmuckbedürfnisses. Die Entwicklungsgeschichte der Textilien führt von der Herstellung einfachster Geflechte bis zur Fertigkeit, wahre Kunstwerke aus Seide und Gold zu produzieren, mit denen immer besser ästhetischen Anforderungen Rechnung getragen werden konnte. Darüber hinaus bieten Textilien, zu Kleidung verarbeitet, die Möglichkeit, die Individualität des Einzelnen stärker zum Ausdruck zu bringen. Bedingt durch die zunehmende gesellschaftliche Differenzierung, diente die Bekleidung bereits vor Tausenden von Jahren auch zur Kennzeichnung sozialer Unterschiede. Die Herausbildung von »Berufsbekleidungen« im weitesten Sinne, etwa der des Priesters, des Kriegers, des Gelehrten, des Kaufmanns, des Bauern und anderer sozialer Gruppen, steht damit in engem Zusammenhang. Dies alles führte letztlich zur Entwicklung der die Textilkunst kennzeichnenden Vielfalt.

Entsprechend der natürlichen Materiallage und dem jeweiligen gesellschaftlichen Entwicklungsstand kam es in den verschiedenen Regionen der Erde zu unterschiedlichen Ausprägungen der Textilkunst und der Textiltechniken. So waren in weiten Teilen Europas bis ins Mittelalter Wolle und Flachs die dominierenden Materialien, die natürlich nur einen gewissen Grad der Feinheit des Gewebes und damit auch des Musters zuließen. Demgegenüber eröffneten sich in Asien, der Region der Baumwolle und vor allem der Seide, weitaus größere Möglichkeiten zur Ausprägung einer verfeinerten Textilkunst. Auf dieser Grundlage entstand hier im Zusammenspiel mit einer sehr viel früher als in Europa einsetzenden sozialen Differenzierung erstmals eine Luxusproduktion von Geweben, bei der die Schmuckfunktion in den Vordergrund trat.

Die »Königin« der sich zum Weben eignenden Materialien ist zweifellos die Seide. Der Faden der Seidenraupe wurde zuerst in China zur Herstellung von Geweben genutzt. Seine Verwendung geht in dieser Region mindestens bis ins 3. Jahrtausend v.u.Z. zurück. China besaß über einen langen Zeitraum hinweg das Monopol für die Zucht der Seidenraupe und damit für die Gewinnung des Seidenfadens in großem Umfang. Dagegen wurde in anderen Regionen Asiens lediglich das Gespinst des nicht domestizierten Seidenspanners mehr oder weniger zufällig genutzt. Auf Grund der langen Tradition waren die chinesischen Seidengewebe von herausragender Qualität. Mit dem Export von Rohseide, der China hohe Gewinne einbrachte, begann sich die Seidenweberei auch in weiter westlich gelegenen Gebieten zu etablieren. Doch wohl erst in sasanidischer Zeit (226–642) kam das Wissen, wie Seide in großer Menge produziert werden kann, nach Vorderasien. Nunmehr wurde auch in Persien die Seidenraupe gezüchtet. Es gelang, sich schrittweise von den Seidenimporten aus China unabhängig zu machen. Diese Entwicklung führte zu einem allgemeinen Aufschwung der lokalen Weberei.

Obwohl es bereits lange vor dem Beginn unserer Zeitrechnung in den iranischen Gebieten zur Ausbildung einer hochentwickelten Kunst und Kultur kam, stammen die ältesten erhaltenen Gewebe, die mit Sicherheit hier produziert wurden, erst aus sasanidischer Zeit. Aus den darauf folgenden Perioden iranischer Geschichte haben nur vereinzelt Textilien überdauert.

Diese Situation ändert sich mit dem Herrschaftsbeginn der Safawiden-Dynastie (1501–1722), aus deren Regierungszeit wir eine große Anzahl textiler Erzeugnisse besitzen.

Ursachen für den fragmentarischen Charakter des vorsafawidischen Materials sind sowohl die Vergänglichkeit textiler Stoffe als auch der Umstand, daß Textilien im allgemeinen für den täglichen Bedarf produziert wurden, was gemeinhin ihren völligen Verschleiß mit sich brachte. Wegen der lückenhaften Funde lassen sich für die vorsafawidische Zeit nur unter Vorbehalt Rückschlüsse auf Umfang, Ausprägung und Bedeutung der Textilkunst im iranischen Raum ziehen. Trotzdem kann man auf Grund der hohen Qualität vereinzelt erhalten gebliebener Gewebe davon ausgehen, daß es bereits vor dem 16. Jahrhundert eine hochentwickelte Textilkunst gegeben hat, deren Wurzeln bis weit in vorsasanidische Zeit zurückreichen. Auf derartige Traditionen lassen nicht nur literarische Überlieferungen und die Wiedergabe von gemusterten Stoffen in der bildenden Kunst schließen, sondern auch frühe Textilfunde im außeriranischen Bereich.

Von besonderer Bedeutung sind in diesem Zusammenhang die Ausgrabungen von Pazyryk. In dem im Altai gelegenen Fundort wurden mehrere skythische Fürstengräber aus dem 5.–4. Jahrhundert v. u. Z. entdeckt, in denen sich eine Vielzahl von Textilien unterschiedlicher Art befand; darunter ein fast vollständig erhaltener Teppich sowie Bildwirkereien, die deutlich Beziehungen zur achämenidischen Kunst des Iran (550–331 v. u. Z.) erkennen lassen. Zwischen beiden Regionen bestanden Handelskontakte, die mit Sicherheit auch den Austausch geistig-kultureller Errungenschaften mit sich brachten.

Durch die außerordentlich guten Erhaltungsbedingungen in den Gräbern von Pazyryk haben wir die seltene Gelegenheit, einen Einblick in die bereits in frühen Kulturen vorhandene Vielfalt textiler Erzeugnisse zu erhalten. Diese Funde lassen ahnen, was in anderen Regionen für immer verloren gegangen sein mag. Darüber hinaus geben uns die hier entdeckten Textilien die Möglichkeit, Rückschlüsse auf das Niveau der Textilproduktion in benachbarten Gebieten zu ziehen. Die Ausgrabungen im Altai erlauben in Verbindung mit der Tatsache, daß es im Iran der Achämeniden eine hochentwickelte Kunst und Kultur gegeben hat, die Schlußfolgerung, daß man im Reich der Perser zumindest in gleicher Qualität wie im Altai Textilien zu produzieren verstand.

Abb. 1 Eine ungefähre Vorstellung von der Pracht und Feinheit achämenidischer Stoffe vermittelt uns das in Susa gefundene farbige Ziegelrelief mit der Darstellung persischer Gardisten. Die fließend fallenden Gewänder lassen ein leichtes, dünnes Gewebe vermuten, und das in kräftigen Komplementärfarben gestaltete Sternenmedaillon-Muster besticht durch seine Klarheit und Eleganz.

Daß die Seidenweberei auch im nachachämenidischen Iran in der Lage war, ausgezeichnete Gewebe herzustellen, beweist ein Bericht des Kallixenos von Rhodos aus dem 3. Jahrhundert v. u. Z. Auf einem Bankett des Ptolemaios Philadelphos beeindruckten ihn besonders die dort getragenen »dünnen persischen Seidenstoffe mit eingestickten naturgetreuen Tieren«.[1]

Man kann davon ausgehen, daß in den ersten Jahrhunderten vor und nach der Zeitenwende im gesamten vorderasiatischen Raum die Textilkunst kontinuierlich weiterentwickelt und vervollkommnet wurde. Wenn sich auch kaum materielle Zeugnisse davon erhalten haben, so war doch nur auf dieser Grundlage die Ausbildung einer Textilproduktion, wie sie uns aus sasanidischer Zeit bekannt ist, möglich. Die meisten der erhaltenen sasanidischen Stoffe entstanden im 6. und 7. Jahrhundert; eine zweite, kleinere Gruppe wird dem 3. Jahrhundert zugeordnet. Beide legen von der hohen Qualität der Produkte sasanidischer Webereien Zeugnis ab. Man verarbeitete Wolle, Baumwolle und natürlich Seide. Einfache oder zusammengesetzte Köperbindungen wurden bevorzugt. Auch Wirkereien haben sicher weite Verbreitung gefunden. Alle kostbaren Stoffe scheinen in sasanidischer Zeit Produkte staatlicher Werkstätten gewesen zu sein. Berühmt waren die sogenannten ›khusrawani‹, gemusterte Seidengewebe von außerordentlicher Qualität. Diese ›königlichen‹ Stoffe aus sasanidischen Hofmanufakturen wurden auch exportiert. Obwohl größere Webereien mit Sicherheit in der gesamten iranischen Region gearbeitet haben, konzentrierte sich die Textilherstellung wahrscheinlich in Khuzistan, Khurasan und Transoxanien. Durch literarische Quellen sind uns auch einige Städte, die Zentren der Textilproduktion gewesen sind, namentlich bekannt, so z.B. Shushtar, Basinna, Susa und Gundeshapur.

Typisch für die Gestaltung sasanidischer Gewebe ist die Figur in reihenweise neben- und übereinander geordneten Kreismedaillons, die häufig von Perlkreisen oder aneinandergereihten Herzmotiven umschlossen werden. Dabei können die Berührungspunkte der so gebildeten Rondells durch kleine Kreismotive in unterschiedlicher Gestaltung bedeckt sein. Die entstehenden Zwickel sind im allgemeinen mit einem sich ihnen in der Form anpassenden, meist stark abstrahierten floralen Gebilde geschmückt. Zu den beliebtesten Motiven gehörten das geflügelte Pferd, der Senmurv – ein aus mehreren Tieren zusammengesetztes Fabelwesen mit Pfauenschweif –, Hahn und Gans sowie Eberkopf und Widder. Mit diesen Tieren verbanden sich Vorstellungen von königlicher und göttlicher Macht. Sie können auch gegenständig angeordnet sein und – allerdings selten – ohne Kreisumhüllung auftreten.

Schwierig für den Kunsthistoriker gestaltet sich das Problem der Motivwanderung und der gegenseitigen Beeinflussung, vor allem zwischen Byzanz, den iranischen Gebieten und Mittelasien. Häufig wird unterstellt, daß die wesentlichen Anregungen von Byzanz ausgegangen und im Osten übernommen worden seien. Doch allein die Tatsache, daß die hochentwickelte Textiltechnik ihren Ausgangspunkt in Asien hatte und hier auch erstmals Seidenstoffe gewebt wurden, macht diese Theorie wenig wahrscheinlich. Dagegen spricht auch, daß die griechische und später die römische Textilkunst erst seit der hellenistischen Eroberung der westlichen Regionen Vorderasiens wirklichen Aufschwung nahmen und Städte wie Alexandria und Antiochia die eigentlichen Zentren der Textilproduktion in diesen Reichen waren.

Unbestreitbar ist jedoch, daß in beide Richtungen eine Motivwanderung stattfand und daß es auf beiden Seiten zu eigenständigen Entwicklungen kam. Die Gestaltung ganzer Figurengruppen in fast malerischer Manier sowie die Wiedergabe des Pferdewagenlenkers sind sicherlich der klassischen Antike entlehnte Motive. Ebenso ist der Ursprung der Reiterfiguren wohl im römisch-byzantinischen Kulturkreis zu suchen. Dagegen haben die flächig gestalteten Darstellungen einzelner Tierfiguren im Kreismedaillon ihren Ausgangspunkt eindeutig in der iranisch-mittelasiatischen Region. Die hier entworfenen Gewebemuster basieren auf altorientalischen Überlieferungen und zeichnen sich gegenüber den griechisch-byzantinischen Geweben und Wirkereien durch eine bewußt angestrebte Flächigkeit und eine größere kompositorische Ruhe aus.

Die gegenseitige Beeinflussung wurde durch den Austausch von Webern noch zusätzlich gefördert. So sollen z.B. unter Shapur viele syrische Weber deportiert und im Iran angesiedelt worden sein.[2] Andererseits flohen im 7. Jahrhundert infolge der arabischen Eroberung des Iran viele Weber nach Byzanz, wodurch die byzantinische Textilkunst sicherlich neue Impulse erhielt.

Sehr eng und fließend scheinen die kulturellen Verbindungen zwischen den politisch-ökonomischen Zentren des Iran und Mittelasiens gewesen zu sein. Die in den vergangenen Jahrzehnten von sowjetischen Wissenschaftlern entdeckten Wandmalereien von Balalyk-Tepe, Pendshikent und Afrasiab brachten viele Darstellungen von Männern und Frauen in reich gemusterter Kleidung zutage. Die Gewebe sind ausnahmslos in der bis dahin als typisch sasanidisch angesehenen Musterung gestaltet.[3] Man kann also davon ausgehen, daß auch in diesen Regionen parallel zu zeitgleichen Entwicklungen im Iran die Textilkunst in hoher Blüte stand und enge Beziehungen zu den iranischen Textilzentren existierten.

Eine Vorstellung davon, welche Bedeutung dem textilen Gewerbe unter den Sasaniden zukam, vermittelt der Bericht über die Eroberung des persischen Schlosses Dastegerd durch die Byzantiner im Jahre 628. Die Eindringlinge fanden große Mengen an Rohseide, seidenen Kleidern, Stickereien und zahlreiche Teppiche vor.[4] Zeitgenössischen Berichten zufolge sollen selbst in China, dem klassischen Land der Seide, sasanidische Gewebe bekannt und begehrt gewesen sein, was in der Tang-Zeit (618–907) sogar zur Nachahmung dieser Seiden führte. Chinesische Pilger berichteten voller Begeisterung über die meisterhaften Erzeugnisse persischer Webkunst. Ssuan Tang, der im 7. Jahrhundert Afghanistan bereiste, schreibt: »Sie durchflochten … große Stücke gemusterten Samtes mit Metallfäden und machten Wollen- und Seidengewebe.«[5]

Die arabische Eroberung Irans und die damit verbundene Zerschlagung des sasanidischen Reiches waren im wesentlichen mit der Schlacht bei Nihawend im Jahre 642 abgeschlossen. Über die Eroberer gelangte auch die islamische Religion in die iranischen Gebiete, wo sie schnelle Aufnahme und Verbreitung fand. Daraufhin könnte erwartet werden, daß diese geistig-kulturellen Veränderungen relativ schnell auch in der Kunst ihren Niederschlag gefunden haben müßten. Es erweist sich jedoch, daß der unter den Sasaniden auf der Grundlage jahrtausendealter Traditionen entwickelte Stil eine weitaus größere Stabilität und Lebenskraft besaß als der sasanidische Staat.

Begünstigt wurde die Weiterführung sasanidischer Kunstauffassungen auch dadurch, daß die Araber kaum über Traditionen in der bildenden und angewandten Kunst verfügten. Sie waren also bei der Entwicklung einer eigenständigen imperialen Kunst gezwungen, auf byzantinische und persische Vorbilder zurückzugreifen. Es darf deshalb nicht verwundern, wenn die wenigen, versuchsweise in frühislamische Zeit datierten Gewebe noch völlig in sasanidischer Tradition gearbeitet wurden. Man kann darüber hinaus davon ausgehen, daß die alte Organisation des Textilhandwerks im wesentlichen von den Eroberern übernommen wurde und hier wohl lediglich ein Wechsel der Auftraggeber erfolgte.

Durch die bereits erwähnte Tatsache, daß viele Weber im Zuge der arabisch-islamischen Eroberung des Iran in die dem byzantinischen Reich verbleibenden Regionen auswanderten, fanden im 7. Jahrhundert iranische Motive wahrscheinlich in größerem Umfang als vorher in die byzantinische Textilgestaltung Eingang, erfuhren also nach dem Untergang des sasanidischen Reiches sogar noch eine zunehmende Verbreitung.

Die im iranischen Bereich in frühislamischer Zeit produzierten Gewebe werden demnach im wesentlichen durch die Weiterführung traditioneller Motive und Musterschemata charakterisiert. Nur langsam setzten sich neue Auffassungen in der Textilgestaltung durch. Lediglich die Aufnahme kunstvoll gestalteter arabischer Schrift als ornamentales Schmuckband auf Geweben zeigt, daß auch die Textilkunst von den politischen Veränderungen nicht unberührt blieb. Trotzdem gehört sie zu den ›konservativen‹ Kunstgattungen, da das relativ lange Festhalten an einmal ausgearbeiteten Formen und Motiven eines ihrer charakteristischen Merkmale ist, was letztlich seinen Ursprung in der Technik der Textilherstellung hat. Auch aus dieser Tatsache heraus erscheint eine in so hoher Vollkommenheit ausgearbeitete Textilornamentik wie die vorislamisch-sasanidische geradezu prädestiniert für eine Übernahme und Weiterführung in islamischer Zeit. Insgesamt gesehen, brachte jedoch auf lange Sicht der Einfluß des Islam als nunmehr dominierendes religiöses Konzept tiefgreifende Veränderungen in der Kunst des iranischen Raumes mit sich. Schritt für Schritt kam es zur Ausprägung einer iranisch-islamischen Kunst, die sich durch ihre starke Ausstrahlung auf andere islamische Regionen auszeichnete.

Zwei Faktoren hatten nach der islamischen Eroberung großen Einfluß auf die Art und Weise der Wiedergabe und Weiterentwicklung der überlieferten Textilornamentik. Durch die in zunehmendem Maße rein mechanische Übernahme der Muster kam es einerseits in der Tendenz zur Verflachung der alten Motive, was sich durch die immer geringer werdenden inneren Beziehungen der Weber zum sasanidischen Formenschatz erklärt. Das daraus resultierende mangelnde Verständnis der Motivinhalte ließ die Formen zusehends erstarren. Dem islamischen Weber war es nicht mehr möglich, das sasanidische Ornament schöpferisch und organisch weiterzuentwickeln. Hinzu kam andererseits noch der Umstand, daß aus dieser frühen Zeit kein Hinweis auf Maler als Textilentwerfer existiert, die künstlerische Gestaltung der Muster also wohl im wesentlichen in den Händen der Weber selbst lag.

Eine Ausnahme bildeten in dieser Hinsicht mit Sicherheit die Entwürfe der Schriftbänder (tiraz) auf Geweben. Die Vorlagen dazu lieferten Kalligraphen. Derartige Stoffe wurden in sogenannten Tiraz-Werkstätten produziert, die sich im Besitz der Kalifen bzw. lokaler Herrscher befanden. Hier entstanden die qualitätvollsten Gewebe. In den Tiraz-Betrieben arbeiteten hervorragende Weber, denen über die Besitzer der Werkstätten bestes Material zur Verfügung gestellt werden konnte.[6]

Die oben kurz skizzierte Entwicklung in Richtung eines abnehmenden Verständnisses alter Motive und der schrittweisen Aufnahme neuer Musterelemente in den ersten Jahrhunderten nach der arabischen Eroberung verdeutlicht uns ein Seidengewebe aus dem 8.–9. Jahrhundert. Es zeigt einen Elefanten im Kreismedaillon. Letzteres wurde in alter Manier reihenweise über- und nebeneinander geordnet. Die Darstellung des Elefanten jedoch wirkt unbeholfen und entbehrt der inneren Dynamik. Darüber hinaus wurde

Prächtig geschmückter Elefant und Blütenstaude im Kreis, Seidengewebe, Iran, 8.–9. Jahrhundert (nach: A.C. Weibel, Two Thousand Years of Textiles, New York 1957, pl. 96)

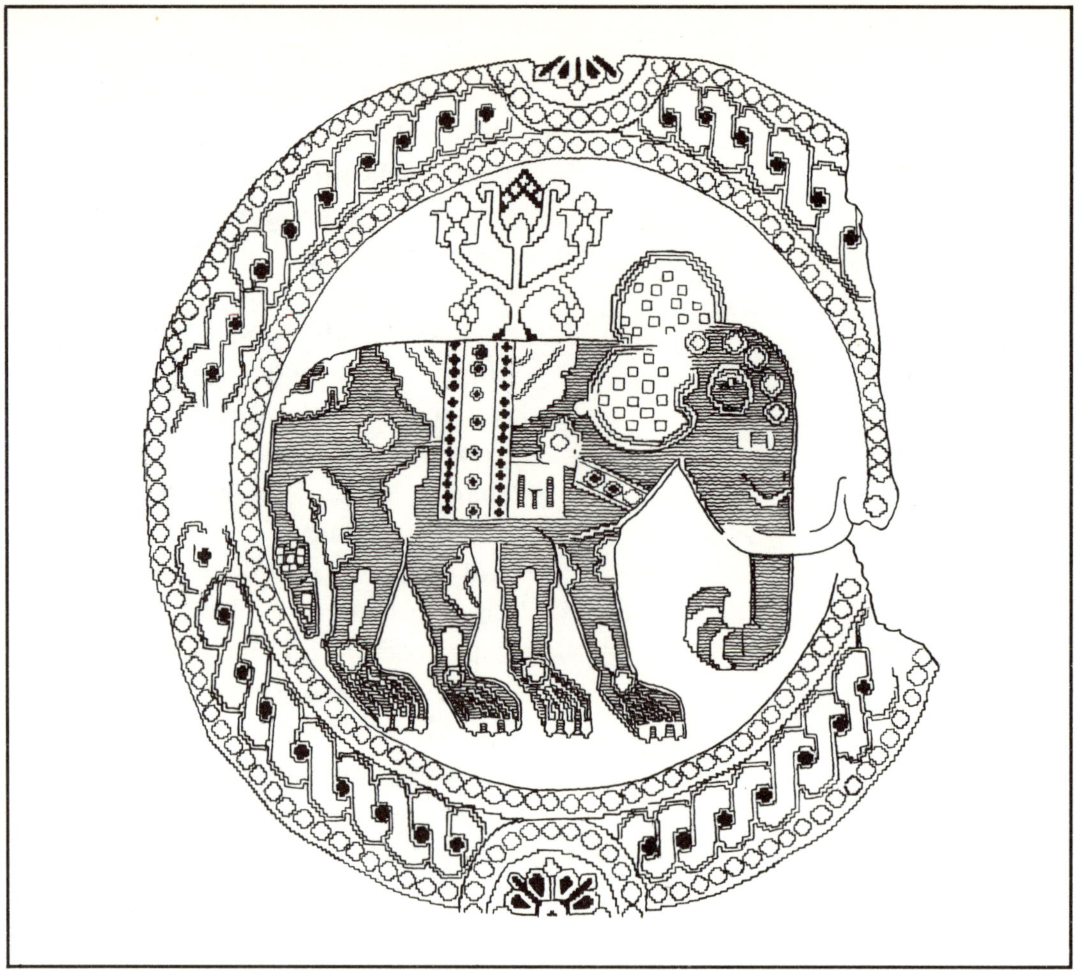

sie ungeschickt in den Kreis gesetzt, so daß keine ausgewogene Flächenfüllung erfolgte. Statt des früheren Perlkreises wird hier das Flechtband verwendet. Dieses Motiv gehört wohl schon zur sich neu formierenden Ornamentik. Typische Merkmale der sich jetzt entwickelnden Formensprache sind die Tendenz zur stärkeren Abstrahierung der Muster sowie ein langsam einsetzender Motivwandel. Noch lange blieben jedoch vorislamisch-iranische und sogar altorientalische Motive auf Geweben erhalten, wie z.B. Tiere beiderseits des Feueraltars oder die Gestalt des Tierbezwingers.

Den umayyadischen Kalifen (661–750) und den frühen abbasidischen Kalifen im 8. Jahrhundert war es im wesentlichen gelungen, die Einheit des einmal eroberten Großreiches zu wahren. Mit Beginn des 9. Jahrhunderts kam es jedoch im gesamten Reich zunehmend zu partikularen Bestrebungen. Auch im Iran konnten mehrere Dynastien lokale Herrschaftsbereiche aufbauen und sich faktisch von den im Irak residierenden Kalifen unabhängig machen. Zwei dieser Dynastien – Buyiden und Seldshuken – gelang es darüber hinaus, die eigentliche Macht im Reich zu erringen und die Kalifen in Bagdad zu Marionetten zu degradieren.

In dieser Zeit (10.–12. Jahrhundert) scheint die Textilproduktion im Iran einen enormen Aufschwung genommen zu haben. Durch zeitgenössische Historiker und Geographen sind wir darüber recht gut informiert. Battuta, Istakhri, Ibn Hauqal, Jaqut, Qazwini, Muqaddasi, Miskawaihi, Taʿalibi und andere berichten über Umfang, lokale Verteilung und Art der Produktion textiler Erzeugnisse. Zentren der Textilherstellung waren vor allem Esfahan, Tabriz, Merw und die Provinz Tabaristan. Daneben arbeiteten jedoch auch in Ray, Qazwin, Ardebil und Kashan hervorragende Werkstätten. Tustar, bereits in sasanidischer Zeit für seine Textilproduktion berühmt, soll weiterhin einen guten Ruf besessen haben.[7]

Verwendung fanden Seide, Baumwolle, Wolle und Leinen. Darüber hinaus wurden auch Mischgewebe, z. B. aus Baumwolle und Seide, hergestellt. Uns ist aus dieser Zeit eine Vielzahl von Stoffbezeichnungen überliefert.[8] Produziert wurden golddurchwebte Seidenbrokate, Taft, Atlas-Stoffe und Batist. Berühmt waren ›tabari‹ genannte wertvolle Seidengewänder aus Tabaristan, Stoffe in der Art von Merw und die sogenannten ›esfahani‹, kostbare Seidengewebe aus Esfahan, die im 12. Jahrhundert sogar im spanischen Almeria nachgeahmt wurden.[9] In vielen Städten produzierte man sogenannte ›attabi‹ Stoffe, deren Qualität und Schönheit in der Literatur häufig Bewunderung fanden. Möglicherweise handelt es sich bei diesen Stoffen um Moiré-Seide. Es wurden auch Gewebe mit doppeltem Schußfaden hergestellt. ›Dabiki‹ und ›siqlatun‹ gehörten ebenfalls zu jenen Textilien, für die der Iran berühmt war. Bei siqlatun soll es sich um ein scharlachrotes Gewebe gehandelt haben. Diese Stoffe wurden zu Unter- und Obergewändern, Mänteln, Tüchern, Schleiern, Hand- und Taschentüchern sowie zu Strümpfen verarbeitet. Textilien schmückten darüber hinaus als Kissenbezüge, Decken, Wandbehänge und Läufer die Räume oder fanden als Bordüren Verwendung. Man beherrschte auch die Kunst, große Prunkzelte herzustellen. Nach Ibn al-Atir forderten die Mongolen von den Einwohnern der Stadt Tabriz die Anfertigung eines Prunkzeltes für ihren Großkönig. Die Weber aus Tabriz »stellten es in einer bisher unbekannten Pracht her, der äußere Bezug bestand aus vorzüglichem mit Gold gemusterten Atlas, der innere Bezug aus Zobel- und Biberpelz«.[10]

In der Mustergestaltung der Textilien stoßen wir auf fließende Übergänge zwischen buyiden- und seldshukenzeitlichen Erzeugnissen. Bei vielen Geweben kann deshalb auch nicht mit Sicherheit festgestellt werden, ob wir ein buyidisches oder seldshukisches Fragment vor uns haben. Interessant ist bei beiden das Nachleben altorientalischer und sasanidischer Motive, jetzt allerdings in neuer künstlerischer Umsetzung.

Trotz der angesprochenen Schwierigkeiten lassen sich jedoch einige allgemeine Entwicklungstendenzen in der Mustergestaltung herausarbeiten. Auffallend bei buyidischen Geweben ist die zarte und reichhaltige Zeichnung, die in ihrer Ausführung fast spielerisch wirkt. Ineinander verschlungene Ranken sowie verschiedene Lebewesen und Blütenformen bestimmen das Bild. Häufig werden die einzelnen Motive durch eine lebhafte und sehr abwechslungsreiche Innenzeichnung aufgelockert. Typisch für die Komposition des Musters ist ein relativ kleiner Rapport, der zumeist durch die strenge Achsensymmetrie der Hauptmotive auffällt. Sehr beliebt scheint die gegenständige Anordnung von Figuren beiderseits von lebensbaumähnlichen Gebilden gewesen zu sein. Am häufigsten treten geflügelte Fabeltiere, phantasievoll gestaltete Hähne, verschiedene Vögel und Hörnertiere auf. Auch die arabische Schrift kann in das Muster einbezogen sein. In kompositorischer Hinsicht gibt es noch Verbindungen zur sasanidischen Textilgestaltung, denn auch in der Konzeption buyidischer Textilmuster dominiert wie zur Zeit der Sasaniden das in Reihen neben- und übereinander geordnete Kreismedaillon. Ausgehend von dieser Grundgliederung entwickelte sich jedoch bereits die ogivale Flächengliederung, und es wurden Muster gezeichnet, bei denen das

Kreismotiv völlig in den Hintergrund tritt. Auch wird im Gegensatz zu sasanidischen Auffassungen versucht, die Begrenzung der Kreise aufzulockern und die vormals strenge Trennung zwischen Fond und Motiv aufzuheben.

Motive aus vorislamischer Zeit werden zwar noch verwendet, erscheinen jetzt jedoch in völlig veränderter Ausformung. Charakteristisch ist die lockere,
Abb. 2 graphische Art der Zeichnung. Die Liebe zum Detail führt zu verspielter Ausgestaltung und vielgliedriger Unterteilung der Fläche. Es ist also im Vergleich zu vor- und frühislamischen Gewebemustern ein deutlicher Wandel im Formempfinden der Künstler zu verzeichnen, wobei manches bereits auf Einflüsse aus Zentral- und Ostasien schließen läßt.

Sind die Übergänge von der buyidischen zur seldshukischen Textilgestaltung auch fließend, so lassen sich doch klare Entwicklungslinien erkennen. Die auffälligste Veränderung zeigt sich darin, daß in seldshukischer Zeit in größerem Umfang als vorher neue Formen der Flächengliederung Anwendung finden. Gegenständig geordnete Figurengruppen bzw. Einzelmotive werden jetzt auch innerhalb einer streifenartigen Gliederung der Grundfläche übereinander gesetzt oder liegen in Feldern, die durch rautenartig den Fond überziehende Flecht- oder Schmuckbänder gebildet werden. Beliebt war ebenfalls die Kassettengliederung des Fonds, deren Vorbilder in der Holzschnitzerei zu suchen sind. Daneben haben sich aus Oktogonen bestehende Muster auf Geweben erhalten. Zwar wird auch auf die alte Kreiseinteilung des Musters zurückgegriffen, jedoch zeigen sich dabei viel deutlicher als bei buyidischen Stoffen neue Tendenzen. Die Kreisumschließung erfährt eine noch stärkere Auflösung als in buyidischer Zeit. Fond und Motivfläche sind meist mit gleicher Intensität gemustert, wodurch sich die Medaillons noch nahtloser in die Gesamtfläche einfügen. In der seldshukischen Textilkunst wird allgemein ein neues Verhältnis zwischen Grundfläche und Hauptmotiven angestrebt. Der hier in sasanidischer Zeit bewußt geschaffene Gegensatz wird aufgehoben. Es bleiben lediglich zwei mit unterschiedlichen Motiven bedeckte, gleichrangige Flächen. Bei dieser Gestaltung wird das Ideal islamischer Flächengliederung, das durch das Bemühen gekennzeichnet ist, in der ausgewogen mit vielfältigen Formen bedeckten Fläche keinen Fixpunkt zu schaffen, deutlich sichtbar. Parallel dazu wird der Versuch unternommen, sowohl florale Motive als auch Tierformen zum Ornament umzugestalten. Die Schrift spielt jetzt als gestalterisches Element eine größere Rolle als vorher, demgegenüber ist die Figurenskala wenig verändert. Neu dürfte die Aufnahme der Gestalt des Hasen sein und, in Anlehnung an sasanidische Gewebe, der Rückgriff auf die Reiterfigur als Triumphator-Darstellung.

Das Kalifat der Abbasiden fand 1258 durch die mongolische Eroberung Bagdads ein gewaltsames Ende. Die starke politische Zersplitterung der islamischen Gebiete zu Beginn des 13. Jahrhunderts und deren innere Labilität hatten diesen Angriff geradezu provoziert und führten letztlich auch zum Sieg der Mongolen. Infolge der politischen Entwicklung konnte in der Kunst ein starker ostasiatischer Einfluß wirksam werden. Die Kunstproduktion im Iran des späten 13. und auch noch des 14. Jahrhunderts spiegelt dies deutlich wider. Neben der Aufnahme von ostasiatischen Motiven, wie dem Phönix und dem Drachen, dem Lotos, der Päonie und dem Wolkenband, vollzogen sich auch Veränderungen in den künstlerischen Auffassungen. Ganz deutlich verstärkte sich das Streben nach mehr Naturnähe bei der künstlerischen Widerspiegelung der Umwelt.

Für die Zeit nach der mongolischen Eroberung können dem iranischen Raum nicht mit Bestimmtheit Gewebe zugewiesen werden. Immer bleibt der Zweifel, ob die in Frage kommenden Stoffe nicht vielleicht doch in weiter östlich gelegenen Regionen entstanden sind. Charakteristisch für diese Gewebe ist ihre völlige Flächenfüllung, wobei auf bis dahin im Iran nicht übliche *Abb. 3* Gliederungsschemata zurückgegriffen wird. Man sieht Phönix und Drachen zwischen dichtem Rankenwerk, in das zumeist Lotos und Päonie, die auch zu Hauptmotiven avancieren können, Aufnahme finden oder in das Wolkenmotive eingestreut sind. Die Zeichnung ist spitzer und bewegter geworden, das Muster jedoch stets ausgewogen in der Komposition. Zu erwähnen wären noch die sogenannten ›ikat‹-Stoffe mit ihrer charakteristischen Streifengliederung, eine Gestaltung, die von den Mongolen nach dem Iran gebracht wurde.

Durch arabische und persische Geographen und Historiker sind wir darüber informiert, daß aus den iranischen Gebieten verschiedene Gewebe und kostbare Gewänder an die Mongolen geliefert wurden. Es bleibt offen, ob es sich dabei um charakteristische Produkte der Region handelte oder ob die Mongolen lediglich die im iranischen Raum konzentrierten Kapazitäten nutzten, um hier nach eigenen Vorstellungen Stoffe weben zu lassen. Bezeugt ist in diesem Zusammenhang eine Werkstatt in Buchara, die bereits in vormongolischer Zeit Stoffe und Teppiche nach dem Geschmack der Mongolen herstellte.

Das Handwerk soll unter den Mongolen einen neuen Höhepunkt erreicht haben. In Yazd und Shiraz wurden vor allem feine Seidenstoffe produziert, in Kirman von Frauen zarte Goldstickereien auf Seidengeweben angefertigt. Auch in Tabriz, Gilan und Tabaristan verarbeitete man Seide.[11] Trotzdem mag die von den Mongolen geübte Praxis, die besten Handwerker umzusiedeln, nicht ohne negativen Einfluß auf die Qualität der iranischen Erzeugnisse geblieben sein.

Noch weniger als über die Textilkunst des 13. und 14. Jahrhunderts ist uns über die Gewebeproduktion des 15. Jahrhunderts bekannt. Hier lassen sich kaum eindeutige Aussagen treffen, da bis jetzt kein mit Sicherheit in diese Zeit zu datierendes Gewebe publiziert wurde. Man muß jedoch davon ausgehen, daß sich die im 14. Jahrhundert ausgearbeitete Textilornamentik im 15. Jahrhundert fortsetzte. Auch das Streben nach scheinbarer Naturnähe wird man nicht völlig aufgegeben haben. Möglicherweise hat besonders das sich über die gesamte Fläche gleichmäßig verteilende Pflanzenornament eine Weiterentwicklung erfahren, worauf die im frühen 16. Jahrhundert entstandenen Gewebe schließen lassen. Auf Grund des Fehlens von materiellen Zeugnissen ist man bei der Beurteilung der Textilkunst des 15. Jahrhunderts in erster Linie auf die Miniaturmalerei und die dort abgebildeten Textilmuster angewiesen. Ihrer sollte man sich jedoch nur mit Vorbehalt bedienen, da hier stets dekorative Aspekte gegenüber dem Bemühen, Reales abzubilden, im Vordergrund standen. Bei einer Betrachtung der dargestellten Gewebe und Kleidungsstücke fallen vor allem die einfarbigen, ungemusterten Stoffe auf. Sie werden zu allen Zeiten das Normale gewesen sein. Daneben kam seit dem Mongolensturm die Stickerei als Möglichkeit, Gewebe mit relativ geringem Aufwand zu verzieren, sehr in Mode. Vor allem die Schulterpartien und die oberen Brust- und Rückenbereiche wurden kragenartig mit Stickerei bedeckt. Diese Art der Verzierung konnte dem Schmuckbedürfnis breiterer

Kreise der Bevölkerung Rechnung tragen, da die Herstellungskosten weit niedriger waren als bei durchgehend gemustert gewebten Stoffen. Letztere sind selten auf Miniaturen des 15. Jahrhunderts abgebildet. Sie stellten sicher eine Besonderheit dar, die sich nur wenige leisten konnten, zumal die ökonomischen Potenzen, die zur Herstellung derartiger Gewebe notwendig waren, wegen der starken politischen Zersplitterung nur in geringem Umfang vorhanden gewesen sein dürften. Hier deutet sich auch ein Grund für das Fehlen von Geweben aus dem 15. Jahrhundert an.

Im Rahmen des vorliegenden Abschnitts wurden die progressiven Entwicklungstendenzen in der Textilkunst der iranischen Region kurz dargelegt. Dabei sind nur jene Erscheinungen aufgegriffen worden, die für die Stilentwicklung von den Sasaniden bis ins 15. Jahrhundert von Bedeutung waren. Man sollte sich jedoch stets der Tatsache bewußt sein, daß es auch Sonderentwicklungen und Stillstand in der Mustergestaltung von Geweben gegeben hat. Ebenso gab es Künstler, die, begünstigt durch subjektive und objektive Faktoren, an altüberlieferten Formen und Methoden festhielten. Auf die Weiterentwicklung der Textilkunst hatte diese Praxis jedoch keinen Einfluß.

Die Safawiden – ein Höhepunkt der iranischen Textilkunst

Anhand des kurzen Überblicks über die Entwicklung der Textilkunst im iranischen Raum konnten wir feststellen, daß diese Art der angewandten Kunst von alters her in der Region große Traditionen aufzuweisen hatte. Stets wurden hier in außergewöhnlich hoher Qualität Gewebe produziert und häufig auch in andere Länder exportiert, wo sie von den Fähigkeiten iranischer Weber Zeugnis ablegten. Nicht selten dienten daher iranische Stoffe als Vorbild für die Herstellung von Geweben außerhalb der iranischen Region.

Diese jahrhundertealten Erfahrungen und Fertigkeiten auf dem Gebiet der Herstellung kostbarer Gewebe gelangten unter der Herrschaft der Safawiden im Iran noch einmal zu voller Entfaltung. Gestützt auf einen relativ stabilen Staatsapparat, auf dessen Grundlage es möglich war, größere finanzielle Mittel für eine kostspielige Textilproduktion freizusetzen, erlebte die iranische Textilkunst ihren letzten Höhepunkt. Niemals zuvor und niemals danach wurden im Iran wieder derart kostbare, technisch komplizierte und in ihrer Musterung vollendet gestaltete Gewebe hergestellt wie im 16. und in der ersten Hälfte des 17. Jahrhunderts.

Wer waren nun diese Herrscher, zu deren Zeit es noch möglich war, Arbeiten in derart hoher Qualität zu schaffen, obwohl objektiv der soziale und ökonomische Niedergang der Gesellschaft im Iran lange vor dem Machtantritt der Safawiden bereits begonnen hatte?

Die Dynastie der Safawiden beherrschte von 1501 bis 1722 das Gebiet vom Kaspischen Meer bis zum Persischen Golf und von Afghanistan bis Anatolien, also ein Territorium, das im wesentlichen mit der Ausdehnung des heutigen Iran identisch ist. *Abb. 5* In ihrem Ursprung geht die Dynastie auf in Ardebil ansässige Ordensmeister eines Sufi-Ordens zurück. Die Bezeichnung Safawiden ist vom Namen des Gründers dieses Ordens, Sheikh Safi ad-Din (1252–1334), abgeleitet.

Im Verlaufe des 15. Jahrhunderts erfolgte eine zunehmende Militarisierung des Ordens, gestützt auf die Gefolgschaft mehrerer Turkmenen-Stämme und verbunden mit dem Streben der safawidischen Ordensmeister, weltliche Macht zu erlangen. Nach wechselndem Erfolg gipfelten diese Bemühungen um 1500 in weiten Gebietseroberungen durch die Safawiden und deren Anhänger, nach ihrer Kopfbedeckung, dem Stabturban, Qyzylbash genannt. Im Jahre 1501 wurde der damalige Ordensmeister Isma'il zum Shah ausgerufen, wobei der zu diesem Zeitpunkt erst Vierzehnjährige seinen Machtantritt wohl vor allem der tatkräftigen Unterstützung durch die mächtigen turkmenischen Stammesführer, den ahl-e ekhtesas, zu verdanken hatte. Mit der Krönung Isma'ils war die nominelle Gründung des Safawidenstaates vollzogen, zu dessen Hauptstadt vorerst Tabriz erhoben wurde.

Die auf lange Sicht bedeutendste Maßnahme des ersten safawidischen Herrschers Shah Isma'il I. (1501–1524) war ohne Zweifel die anläßlich seiner Thronbesteigung vorgenommene Ausrufung der Zwölfer-Shi'a zur Staatsreligion, einer Form des Islam, die bis heute für den Iran typisch ist und ihn in religiöser Hinsicht von den meisten islamischen Ländern unterscheidet.

Die Serie erfolgreicher Kriegszüge des safawidischen Heeres, die mit beträchtlichen territorialen Eroberungen verbunden war, fand im wesentlichen 1514 mit der Schlacht gegen die Osmanen bei Tshaldiran und der dabei erlittenen Niederlage der Safawiden ihren Abschluß. Kurdistan, Armenien und weite Teile Mesopotamiens fielen den Osmanen zu und verblieben für Jahrzehnte unter deren Herrschaft. Damit begann ein neuer Abschnitt in der

Liste der Safawidenkönige

1501–1524	*Isma'il I.*
1524–1576	*Tahmasp I.*
1576–1578	*Isma'il II.*
1578–1588	*Muhammed Khodabande*
1588–1629	*Abbas I.*
1629–1642	*Safi I.*
1642–1666	*Abbas II.*
1666–1694	*Sulaiman I. (bis 1668 Safi II.)*
1694–1722	*Husain I.*

safawidischen Geschichte. Die Periode der Eroberungen war im wesentlichen abgeschlossen. Nun galt es für die Safawiden, die Macht zu sichern und das Reich im Innern zu stabilisieren.

Die Herrschaft Shah Tahmasp I. (1524–1576), der Isma'il I. auf den Thron folgte, war außenpolitisch durch nur geringe Aktivitäten gekennzeichnet und wurde innenpolitisch von den Auseinandersetzungen um die Inbesitznahme der wichtigsten Machtpositionen durch die turkmenischen Stammesgruppen, die das größte militärische Potential verkörperten, bestimmt. Nach dem Tode Tahmasp I. kamen diese Machtkämpfe offen zum Ausbruch. Isma'il II. (1576–1577) und vor allem Muhammed Khodabande (1578–1588) waren Herrscher, denen es noch weniger als Tahmasp I. gelang, sich den Stammesfürsten gegenüber durchzusetzen. Da sich in dieser Zeit die ökonomische und politische Macht noch im wesentlichen in den Händen der turkmenischen Stämme konzentrierte, möchten einige Wissenschaftler die Periode bis einschließlich Muhammed Khodabande als 3. turkmenische Föderation – nach den vormaligen Turkmenen-Staaten der Qara Qoyunlu und der Aq Qoyunlu – verstanden wissen. Daraus folgernd unterscheiden sie zwischen zwei Etappen in der Entwicklung des safawidischen Staates, einer ersten von Isma'il I. bis Muhammed Khodabande, in der sich die militärische und politische Macht in starkem Maße noch in den Händen der turkmenischen Stammesführer befand, und einer zweiten, beginnend mit Abbas I. (1588–1629). Dieser Abschnitt safawidischer Geschichte war durch die Entmachtung der Stämme und den Aufbau eines zentralistisch organisierten Staates gekennzeichnet.

Auch Abbas I. konnte nur durch die Unterstützung, die er von bestimmten Stammesgruppierungen erhielt, an die Macht gelangen. Er vermochte es jedoch mittels Verwaltungs- und Finanzreformen, vor allem aber durch eine grundlegend neue Organisation des Heeres, die Macht der Qyzylbash zu brechen und eine starke Zentralgewalt zu errichten, wobei er sich zunehmend auf die iranische Bevölkerung der Städte stützte. Die Verlegung der Residenz in das im iranischen Kernland liegende Esfahan ist beredter Ausdruck dieser Entwicklung.

Auf der Grundlage der Politik Abbas' I. kam es im Zusammenspiel mit dem noch weitgehend intakten Handelssystem zu einem allgemeinen Aufschwung der Wirtschaft, deren wichtigste Zweige bereits vor Abbas I. weitestgehend vom Staat kontrolliert wurden. Das galt vor allem auch für den gewinnbringenden Handel mit Rohseide, der jetzt jedoch ausschließlich im Auftrag des Shah erfolgte. Durch die Bestrebungen, profitable privatwirtschaftliche Unternehmungen zu unterbinden, und durch Ausrichtung der Ökonomie auf die Krone war das wirtschaftliche Leben in hohem Maße von der Stärke der Zentralgewalt sowie von dem Interesse des Herrschers abhängig.

Abb. 4 Obwohl unter Safi I. (1629–1642) die Umwandlung ehemaliger Statthalterprovinzen in direkt dem Shah unterstellte Gebiete mit dem Ziel eingeleitet wurde, die Macht des Shah und damit die Zentralgewalt zu stärken, konnten die nach Abbas I. immer größer werdenden ökonomischen Schwierigkeiten nicht abgebaut werden. Destabilisierend wirkte sich auf die Wirtschaft des Landes auch der Niedergang des Levantehandels aus. Verlief noch im 16. Jahrhundert der Haupthandelsweg zwischen Ostasien und Europa über die iranischen Gebiete, so verlagerte sich bereits unter Abbas I. der Ostasienhandel wie auch der Handel zwischen Indien und Europa zunehmend vom Landauf den Seeweg, wodurch Persien, ehemals Hauptumschlagplatz der Waren,

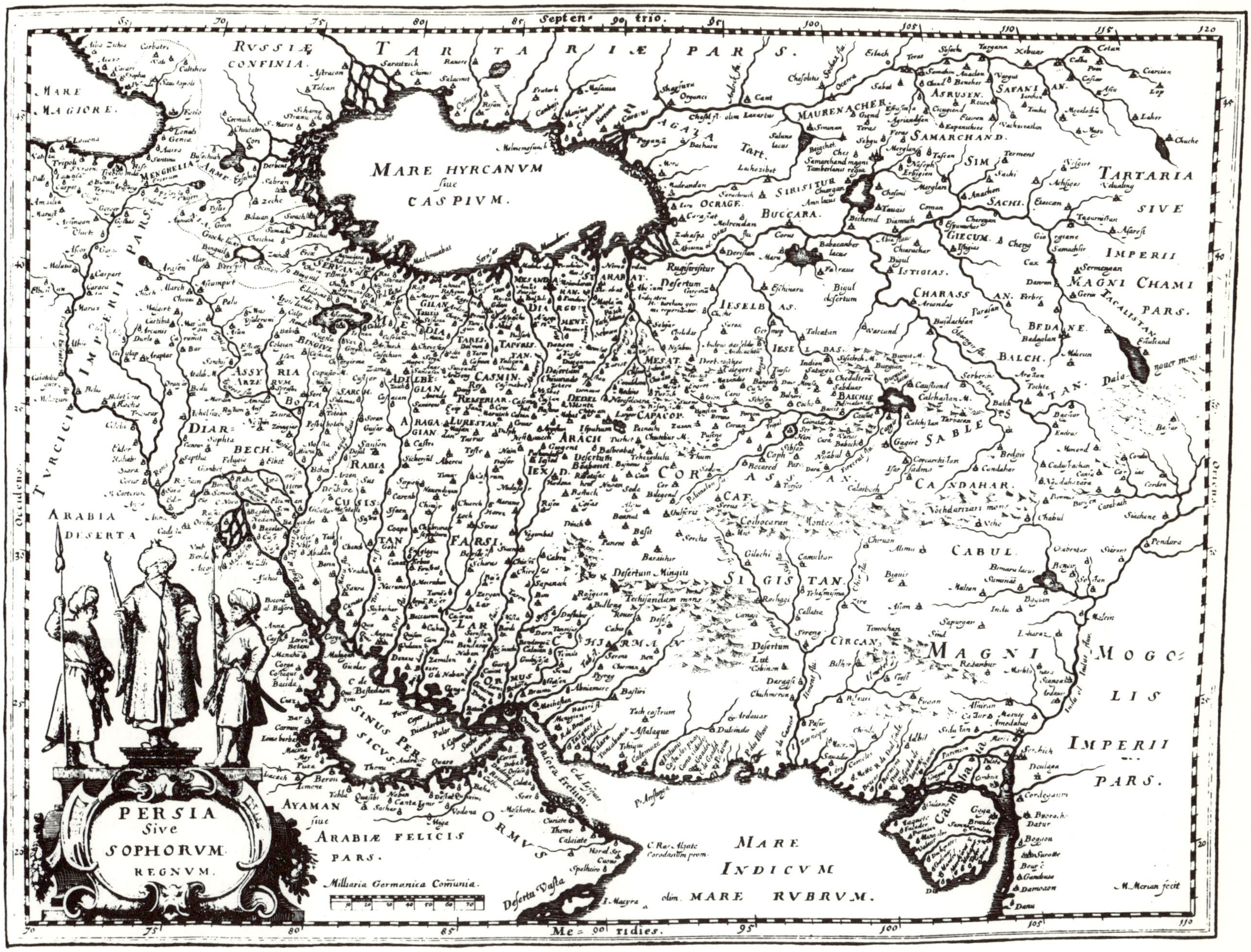

Der Iran in safawidischer Zeit, Landkarte aus dem 17. Jahrhundert (nach J. L. Gottfried, Niewe Archontologia Cosmica, verlegt von Matth. Merian, Frankfurt a. M. 1646)

jetzt fast am Rande der großen Handelswege lag. Das damit verbundene immer stärkere Eingreifen europäischer Mächte in den Ostasien- und Indienhandel trug ein übriges zum wirtschaftlichen Niedergang des safawidischen Iran bei.

Neben diesen nur kurz angedeuteten objektiven Ursachen des Verfalls kam auch der unter Abbas I. eingeführten Art und Weise der Prinzenerziehung eine gewisse , wenn auch untergeordnete Bedeutung zu. Die Ausbildung der Prinzen erfolgte jetzt im Harem und blieb im wesentlichen auf Probleme der Theologie beschränkt, so daß die angehenden Herrscher nur äußerst ungenügend auf ihre zukünftigen Aufgaben vorbereitet wurden. Sie gingen der Beschäftigung mit den schönen Dingen des Lebens in der Regel lieber nach, als sich ernsthaft um die Regelung staatlicher Angelegenheiten zu kümmern. Dadurch konnte den safawidischen Herrschern nach Abbas I. die Führung des Staates zusehends aus den Händen genommen werden. Äußerliche Prunkentfaltung galt ihnen zumeist mehr als tatsächliche Machtausübung. Darüber hinaus entwickelte sich im Verlaufe des 17. Jahrhunderts die shiʿitische Geistlichkeit, die sich zunehmend enger mit den städtischen Mittelschichten, in erster Linie der Kaufmannschaft als der bedeutendsten ökonomischen Macht in den Städten, liiert hatte, zu einer nicht zu unterschätzenden Opposition gegen die Safawiden.

Wurden diese allgemeinen Entwicklungstendenzen unter Safi I. und Abbas II. (1642–1666) noch nicht in ihrem vollen Ausmaß sichtbar, so führten sie unter deren Nachfolgern Safi II. (1666–1694; nachdem er von einer lebensgefährlichen Erkrankung genesen war, nannte er sich ab 1668 Sulaiman I.) und Husain I. (1694–1722) schließlich zum völligen Niedergang des Staates der Safawiden. Die 1722 erfolgte Invasion der Afghanen in den Iran stellt insofern nur noch den Anlaß für den endgültigen Zerfall des Reiches dar. Nachkommen der Safawiden konnten sich noch bis 1786 als bedeutungslose Lokalherrscher halten.

Nach 1722 setzte eine Periode zunehmender politischer und ökonomischer Instabilität ein. Angehörige verschiedener Stammesgruppierungen kämpften mit wechselndem Erfolg um die Herrschaft im Lande. Kurzzeitig gelang es vor allem Nader Khan, der durch Heirat mit dem mächtigen Stamm der Afsharen verbunden war, sowie Qarim Khan Zand, einem Angehörigen des iranischen Stammes der Zand, die Alleinherrschaft über die iranischen Gebiete zu erringen, sie unter ihrer Macht erneut zu vereinigen und nochmals größere Gebiete zu erobern. Nader Khan ließ sich 1736 zum Shah krönen. Ihm gelangen bis zu seiner Ermordung im Jahre 1747 vor allem in östliche Richtung erfolgreiche militärische Vorstöße, so daß zeitweise Teile Indiens und Mittelasiens seinem Herrschaftsbereich angehörten. Damit verband sich eine Verlagerung des Reichszentrums weiter nach Osten, wodurch Mashhed kurzzeitig als Hauptstadt fungierte. Dieses starke militärische Engagement verschlang jedoch ungeheure finanzielle Mittel. Unter Qarim Khan Zand (1758 bis 1779) erlebte das Reich eine vorübergehende Stabilisierung und wirtschaftliche Gesundung. Die Eroberung von Barra (1775) unterstützte diese Entwicklung, da sich wegen des rückläufigen Seehandels im Bereich des Persischen Golfes der Warenumschlag zunehmend allein auf diesen Hafen konzentriert hatte.

Auf Grund der politischen und wirtschaftlichen Entwicklung des Landes unter beiden Herrschern kann davon ausgegangen werden, daß auch das Kunstschaffen in dieser Zeit nicht völlig zum Erliegen kam. Auf dem Gebiet der Textilkunst bestätigt sich das durch das Vorhandensein zahlreicher Gewebe. Im allgemeinen erreichen diese Beispiele jedoch nicht mehr die Qualität safawidischer Erzeugnisse.

Nach dem Tode von Qarim Khan Zand kam es zu jahrelangen Machtkämpfen unter den rivalisierenden Stämmen, hier vor allem zwischen dem Stamm der Zand und dem der türkisch sprechenden Qadshar. Im Jahre 1794 konnte letzterer unter Aga Muhammed den entscheidenden Sieg erringen, und 1796 ließ sich Aga Muhammed zum Shahan-Shah krönen.

Die Periode der Qadsharen-Herrschaft im Iran war durch eine zunehmende Einflußnahme europäischer Mächte gekennzeichnet, die den Iran für die Durchsetzung ihrer kolonialen Ziele auszunutzen verstanden. Gleichzeitig verschafften sie sich durch den Abschluß nichtparitätischer Verträge auch wirtschaftliche Vorteile – so z.B. völlige Zollfreiheit im Handel, woraus den einheimischen Kaufleuten erhebliche Nachteile erwuchsen. Dazu kamen ständige innere Auseinandersetzungen und Machtkämpfe sowie das Unvermögen der Herrschenden, durch zeitgemäße Reformen die Entwicklung des

Landes positiv zu beeinflussen. All das trug zum allmählichen ökonomischen und sozialen Niedergang des Landes im Verlaufe des 19. Jahrhunderts bei.

Lassen sich in der historischen Entwicklung des safawidischen Reiches im wesentlichen zwei Etappen unterscheiden, so ist dies im großen und ganzen auch in der safawidischen Kunstgeschichte möglich. War das Kunstschaffen bis in das dritte Viertel des 16. Jahrhunderts noch in starkem Maße von der Weiterführung älterer Traditionen getragen, so begannen sich gegen Ende des 16. Jahrhunderts neue Stilmerkmale herauszubilden.

Noch im 16. Jahrhundert können wir verschiedene lokale Kunstzentren und Schulen unterscheiden, wenn auch nicht mehr in dem Maße wie im 14. und 15. Jahrhundert. Gegen Ende des 16. Jahrhunderts kam es dann, unterstützt durch die zunehmende Zentralisierung des Staates, zur Entwicklung eines einheitlichen ›Reichsstiles‹ mit Zentrum in Esfahan. Damit verbunden war die Ausformung einiger neuer Ausdrucksmittel in der Kunst, die einem veränderten Zeitgeschmack Rechnung trugen, ohne ernsthaft an den Grundfesten der traditionellen Kunstauffassung zu rütteln. Bereits gegen Ende des 17., verstärkt dann aber im 18. Jahrhundert fanden auch zunehmend europäische Einflüsse in das Kunstschaffen Eingang. Sie trugen im Verlaufe des 19. Jahrhunderts wesentlich zum allmählichen Verlust eigener künstlerischer Ausdrucksformen bei.

Die gesamte künstlerische Produktion im safawidischen Persien ist in hohem Maße von der Miniaturmalerei beeinflußt worden. Zum einen zeigten sich Neuentwicklungen hier zuerst, zum anderen fanden die in der Miniaturmalerei herausgebildeten Formen und Motive auch in allen anderen Kunstgattungen ihren Niederschlag. Vor allem die Textilkunst wurde wesentlich von ihr bestimmt. Aber auch im Baudekor und in der Keramik sowie der Metallkunst kam der Miniaturstil zur Anwendung, sei es durch die Aufnahme figürlicher Szenen oder durch den Ausbau der in der Buchillustration entwickelten floralen Ornamentik. Die Wandgestaltung safawidischer Paläste und Moscheen legt davon beredtes Zeugnis ab. Deshalb sei es an dieser Stelle erlaubt, die Entwicklung der Miniaturmalerei in ihren Grundzügen zu umreißen.[12]

Für die Fortführung vorsafawidischer Traditionen im 16. Jahrhundert ist nicht zuletzt der Umstand von Bedeutung, daß viele Künstler, die vor 1501 am turkmenischen bzw. am timuridischen Hofe tätig waren, von den Safawiden übernommen wurden und nunmehr in ihrem Auftrag arbeiteten. In der Miniaturmalerei wurden vor allem die Herater Traditionen fortgesetzt. So deportierte man z. B. den berühmtesten Vertreter der Herater Malschule – Behzad – nach Tabriz, der ersten Hauptstadt des Safawiden-Reiches, wodurch die Tabrizer Malschule neue Impulse erhielt. Die Safawiden bemühten sich jedoch nicht nur um Miniaturmaler, sondern waren auch bestrebt, Künstler aller Kunstgattungen in ihrer Hauptstadt zu konzentrieren, um so ein neues Zentrum der künstlerischen Produktion im Iran zu schaffen. Die Tatsache, daß Tabriz nahe der osmanischen Grenze gelegen war und häufig wegen kriegerischer Auseinandersetzungen mit dem mächtigen Nachbarn verlassen werden mußte, begünstigte diese Bestrebungen jedoch nicht.

Worin aber bestanden nun die Traditionen, auf die man sich im 16. Jahrhundert noch weitestgehend stützte, und wie hatte sich die Kunstproduktion in den Jahrhunderten vor der safawidischen Zeit entwickelt? Noch im 14. Jahrhundert waren infolge des Mongolensturms auch in der Miniaturmalerei ostasiatische Einflüsse zu verzeichnen gewesen, die im 15. Jahrhundert, wenngleich in wesentlich geringerem Umfang, weiterwirkten. Darüber hinaus kam es jedoch im Verlaufe des 15. Jahrhunderts durch das Zusammenspiel aller künstlerischen Strömungen im gesamten iranischen Gebiet zur Herausbildung lokaler Stilrichtungen. Thematisch stand dabei in der Miniaturmalerei, wie das auch im vorhergehenden Jahrhundert der Fall war, die Ausgestaltung der großen iranischen Epen, so z.B. die Erzählungen des Shahname, im Mittelpunkt.

Trotz der Weiterführung alter Traditionen im 16. Jahrhundert lassen sich dem 15. Jahrhundert gegenüber gewisse Veränderungen feststellen, sowohl den Inhalt als auch die äußere Form der Miniaturen betreffend. Das Streben nach harmonischer Farbgebung und einer ausgewogenen Komposition wurde für die Miniaturmaler wesentlicher als der Versuch, die literarischen Inhalte der von ihnen illustrierten Werke möglichst genau im Bild wiederzugeben. Statt der detaillierten Darstellung bestimmter literarischer Vorlagen trat jetzt die Tendenz zur ›Ausmalung der Szenen‹ und damit zum Genrebild in den Vordergrund. Daneben kam es bereits zur Herstellung von Einzelblättern, die auf keine bestimmte literarische Vorlage Bezug nahmen. Diese Entwicklung war wohl in gewisser Weise auch mit dem Charakter der in safawidischer Zeit entstandenen Hofliteratur verbunden, die vor allem von der shi itisch-religiösen Gedankenwelt bestimmt wurde und als literarische Vorlage für Miniaturen nur mittelbar geeignet war. So haben die Darstellungen einzelner jugendlicher Höflinge inmitten blühender Pflanzen wahrscheinlich häufig einen religiösen Hintergrund und gehen auf mystische Vorstellungen zurück.

Überhaupt muß man davon ausgehen, daß vor allem im 16. und auch noch zu Beginn des 17. Jahrhunderts bei vielen Darstellungen, sei es in der Miniaturmalerei oder in anderen Gattungen der Kunst, hinter den offenen, für alle sichtbaren Bildinhalten zumeist noch eine verborgene mystisch-religiöse Bedeutung stand. Diese nur Eingeweihten sichtbar werdende Ebene verkörpert eine Strömung in der Kunst, die wohl eng mit der Geisteswelt des Sufismus, dem islamischen Mystizismus, und dessen Literatur verbunden war.

Wurden die zum Teil neuen Bildinhalte des 16. Jahrhunderts auch im wesentlichen noch mit alten, nur wenig veränderten Bildformen gestaltet, so vollzog sich gegen Ende des 16. Jahrhunderts auch hier ein Wandel, der äußerlich von der Verlegung der Residenz nach Esfahan begleitet war. Bedeutenden Anteil an der Herausbildung des neuen Stils in der safawidischen Kunst hatte Reza-e Abbasi, dessen Malweise für Jahrzehnte nicht nur die Miniaturmalerei bestimmte.

Die neuen künstlerischen Ausdrucksformen wurden in ihrem äußeren Charakter durch eine fließende, schwungvolle Zeichnung und ein größeres Streben nach genauer Naturwiedergabe bestimmt. Gegenüber der stärker flächenbezogenen, farbig dekorativen Bildauffassung des 16. Jahrhunderts dominierte seit der Wende vom 16. zum 17. Jahrhundert das zeichnerische Moment und mit ihm eine geschwungene, sichere Linienführung. Häufig ist dabei die Tendenz zur Reduzierung sowie ein sparsamer Einsatz von Farben und Modellierungen zu verzeichnen. Die Erzählfreudigkeit des 16. Jahrhunderts wich einer überfeinerten Darstellungsweise, die besonders für die in Alben gesammelten Einzelblätter typisch war. Bei der Darstellung menschlicher Figuren wurden jetzt weichere Formen bevorzugt, worin sich gegen-

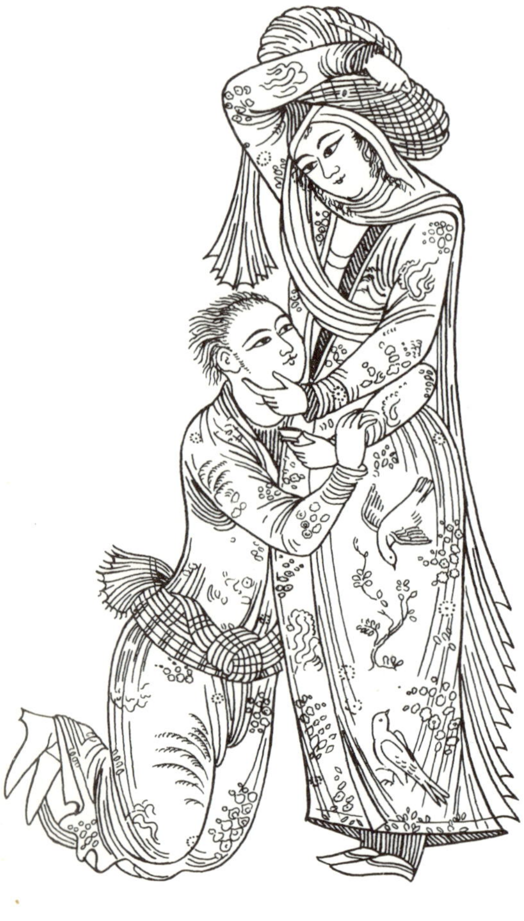

Darstellung eines Liebespaares, Miniatur, Schule des Reza-e Abbasi, Esfahaner Stil, 1. Hälfte 17. Jahrhundert
(nach: N. Karpova (Ed.), Iranian Miniatures. From the Art Collection of Soviet Museums. The Museum of Oriental Art, Moscow, Leningrad 1981, Bildmappe)

über der im 16. Jahrhundert üblichen strengeren Zeichnung der Figuren und Personen ein verändertes Schönheitsideal manifestierte. Demgegenüber erfuhr die Raumauffassung in der Zeit vom 16. zum 17. Jahrhundert keinen wesentlichen Wandel.

Die sich um die Jahrhundertwende herausbildende neue Stilrichtung wird in der Literatur häufig als »Esfahaner Stil« bezeichnet, da sie in Esfahan ihren Ausgangspunkt hatte und jene Stadt während des gesamten 17. und beginnenden 18. Jahrhunderts ihre führende Stellung im Kunstschaffen des Landes wahrte. Bedingt durch den strengen Zentralismus des safawidischen Staates im 17. Jahrhundert, der der Entwicklung eigenständiger Kunstzentren in den Provinzen entgegenwirkte, und begünstigt durch die zentrale geographische Lage von Esfahan, kam es zu einer landesweiten Übernahme dieses Kunstgeschmacks und zur Ausprägung eines weitgehend einheitlichen Stils in der Kunstproduktion des Landes, der durch seine Geschlossenheit überrascht.

Inhaltlich setzte sich in der Kunst des 17. Jahrhunderts die Gestaltung von Genreszenen durch, wobei es teilweise auch zu recht lebendig gezeichneten Arbeitsdarstellungen kam. Beliebt waren ferner die Abbildung von Einzelpersonen bzw. von Liebespaaren sowie lyrisch und naturnah gezeichnete Pflanzen- und Tierwiedergaben. Diese Miniaturen wurden zumeist als Einzelblatt gefertigt und in Alben gesammelt, stellen also eigenständige, von keinem Text abhängige Kunstwerke dar.

Der sich um die Wende vom 16. zum 17. Jahrhundert entwickelnde neue Stil in der safawidischen Kunst, häufig auch als »Reichsstil« bezeichnet, ist in gewisser Weise sowohl von europäischen als auch von indischen Kunstformen beeinflußt worden. Bei diesen Einflüssen handelt es sich jedoch stets nur um Anregungen, die man zwar aufnahm, jedoch nicht ohne sie im eigenen Sinne zu verarbeiten und umzuformen, so daß letztlich auch daraus wieder eigenständige, sich von ihren Vorbildern unterscheidende Kunstwerke entstanden.

Kontakte zu europäischen Kunstauffassungen ergaben sich sowohl durch die Tätigkeit europäischer Künstler am Hofe der Safawiden als auch durch den Austausch von Gesandtschaften und auf Grund des bestehenden Handelsverkehrs. Bereits unter Isma'il I. soll ein Pavillon in Shiraz von einem Portugiesen ausgemalt worden sein, wie der spanische Gesandte Don Figueroa berichtet. Tahmasp I. scheint dagegen Kontakte zu Europa nicht gefördert zu haben. Erst Abbas I. war wieder in verstärktem Maße an Verbindungen zu europäischen Künstlern interessiert. So soll sich ein holländischer Maler namens Jan Lukaszon von Hasselt oder Hasveldt als königlicher Hofmaler in Esfahan aufgehalten haben. Ihm sollen andere Künstler gefolgt sein.[13] Vor allem die Wandmalereien von Tshehel Sutun verdeutlichen, daß die persischen Maler über diese Künstler mit europäischen Kunstauffassungen in Berührung gekommen sind.

Auch nach Abbas I. waren europäische Maler am persischen Hof keineswegs eine Seltenheit. Jean Baptiste Tavernier, der im 17. Jahrhundert in Persien weilte, berichtet davon, daß Abbas II. unter Anleitung zweier Holländer die ›europäische Maltechnik‹ erlernt habe.[14] Es scheint darüber hinaus üblich gewesen zu sein, daß europäische Gesandte und armenische Kaufleute Gemälde, zumeist Fürstenporträts, aus Europa mitbrachten.[15] Angeblich sollen sich auch iranische Maler in Europa aufgehalten haben. Sicher ist jedoch nur, daß sich bei einigen Miniaturmalern, vor allem seit der 2. Hälfte des 17. Jahrhunderts, tatsächlich sehr starke europäische Einflüsse zeigen, so z. B.

bei Muhammed Zaman, einem Maler des 17. Jahrhunderts. Seine Miniaturen sind klar in Vorder-, Mittel- und Hintergrund unterteilt und vermitteln so einen illusionistischen Bildeindruck.

Die Tatsache, daß auch indische Einflüsse nach Persien vordrangen, erklärt sich aus den seit dem 16. Jahrhundert bestehenden politischen Beziehungen zwischen beiden Reichen. Wie eng die Verbindungen zwischen den Mogul-Herrschern und den Safawiden im 16. Jahrhundert gewesen sein müssen, beweist nicht zuletzt die Tatsache, daß der Mogul-Kaiser Humayun (Regierungsantritt 1530), nachdem er 1540 entscheidend von den Suris geschlagen worden war, am Hofe der Safawiden Zuflucht suchte und sich bis zu seiner Rückkehr nach Indien im Jahre 1555 dort aufhielt. Zwei aus seinem persischen Exil nach Indien mitgebrachte Maler sollen der Überlieferung nach die Miniaturmalerei in Mogul-Indien begründet haben, aber nicht die einzigen persischen Künstler am Mogul-Hof gewesen sein.[16] Zwar wurde das Verhältnis zwischen Persien und Indien durch die ständigen Auseinandersetzungen um Qandahar belastet, jedoch waren beide Staaten stets an der Aufrechterhaltung der diplomatischen Beziehungen interessiert und brachten den jeweils entsandten Botschaftern größte Aufmerksamkeit entgegen.

Darüber hinaus hat der umfangreiche persisch-indische Handel, der im 17. Jahrhundert noch durch die europäischen Ostindienkompanien, die wesentlich am Warenaustausch zwischen beiden Ländern beteiligt waren, gefördert wurde, ebenfalls die gegenseitige Einflußnahme begünstigt. Der auf diesem Wege vollzogene Austausch von Kunstwerken wirkte sich deutlich sowohl auf die indische als auch auf die safawidische Kunstproduktion aus. So kam die Vorliebe, die indische Künstler der Mogulzeit für zarte Farben, kleinteilige Muster sowie eine feine Zeichnung entwickelt hatten, mit Sicherheit dem persischen Geschmack entgegen. Generell wird man jedoch dem Iran und seiner Kulturtradition bei der gegenseitigen Beeinflussung die größere Rolle zuschreiben können. Für diese Annahme sprechen zum einen die mittelasiatische Herkunft der Mogul-Herrscher und die sich hieraus ergebenden Traditionen sowie zum anderen die großen Anregungen, die die Mogul-Malerei seitens des safawidischen Iran erhalten hatte.

Der sich parallel zur wirtschaftlichen Prosperität Irans unter Abbas I. vollziehende Aufschwung aller Künste, der durch eine bis dahin nicht gekannte Prunkentfaltung und die Verwendung kostbarer Materialien gekennzeichnet war, erfuhr bereits seit dem zweiten Viertel des 17. Jahrhunderts kaum noch eine wirklich schöpferische Weiterentwicklung. Es blieb bei der Wiederholung von einmal ausgearbeiteten Formen und Motiven, die dadurch im Verlaufe der Zeit eine zunehmende Erstarrung erfuhren bzw. formelhaft gestaltet wurden. Die vormalige Großzügigkeit, die den Stil zu Beginn des 17. Jahrhunderts ausgezeichnet hatte, schwand gegen Ende des 17. und zu Beginn des 18. Jahrhunderts völlig. Kennzeichnend waren jetzt in der Ornamentik einerseits starre und kleinteilige Motive, andererseits eine verstärkte Anlehnung an europäische Kunstauffassungen, was sich besonders in den sehr naturnah gezeichneten Blumenmotiven äußerte.

Grundtendenzen islamischer Kunst in ihrer Bedeutung für die Gestaltung gewebter Flächen

Der Islam als Religion und geistiges Konzept einer bestimmten idealistischen Weltvorstellung entwickelte sich zu Beginn des 7. Jahrhunderts auf der Grundlage der konkret-historischen Bedingungen in den Handelszentren der Arabischen Halbinsel. In dieser Region hatte sich ein Widerspruch zwischen der ökonomisch herrschenden Handelsaristokratie und der weitestgehend noch in Stammesstrukturen organisierten Gesellschaft entwickelt, ein Widerspruch, der auf Lösung und damit auf die Herausbildung einer neuen Organisationsstruktur der Gesellschaft drängte. In dieser Situation mußte die Lehre Muhammeds, eines Kaufmanns aus Mekka, auf fruchtbaren Boden fallen, verkörperte sie doch durch ihre streng monotheistische Ausrichtung ein ideales System zur Einigung der verschiedenen gesellschaftlichen Kräfte und zur Ablösung der lokalen Stammeskulte, die den neuen gesellschaftlichen Verhältnissen nicht mehr entsprachen.

Die sich unter dem Banner des Islam vereinigenden Stämme bildeten ein gewaltiges Machtpotential, dem es binnen weniger Jahrzehnte gelang, ein sich von Spanien bis Mittelasien erstreckendes Weltreich zu erobern, das durch innere und äußere Kämpfe geschwächte Byzanz entscheidend zu schlagen und das sasanidische Imperium völlig zu vernichten. Die neu gewonnene Macht brachte jedoch für die Eroberer eine Reihe vorher nicht existierender gesellschaftlicher Verpflichtungen mit sich, unter anderem auch die Notwendigkeit, eine eigene imperiale Kunst zu schaffen, mit der die neuen Herrscher nach außen, für alle sichtbar ihre Macht dokumentieren konnten. Hier hieß es, sich den hervorragenden Erzeugnissen byzantinischer und sasanidischer Kunst zu stellen und sich durch die Entwicklung einer gleichwertigen eigenständigen Kunst auch auf diesem Gebiet zu emanzipieren.

Schwierigkeiten galt es dabei in mehrfacher Hinsicht zu überwinden. Da war zum einen der Umstand, daß die Araber kaum auf eigene Traditionen in der bildenden und angewandten Kunst zurückgreifen konnten. Für diese Arbeiten waren in der Vergangenheit entweder Fremde oder Frauen und Kinder herangezogen worden, was den geringen Grad der gesellschaftlichen Anerkennung dieser Tätigkeiten verdeutlicht. Demgegenüber war die Poesie hoch entwickelt, wurde der Erzählkunst große Bedeutung beigemessen. Sie gehörte neben dem Kriegshandwerk zu den hervorragenden Tätigkeitsbereichen, die ein arabischer Mann unbedingt beherrschen mußte.

Aus diesen Gegebenheiten heraus ist zu erklären, daß im arabisch-islamischen Großreich anfangs bei repräsentativen Bauwerken die Übernahme der vorgefundenen sasanidischen und byzantinisch-hellenistischen Kunstformen dominierte. Wollte man jedoch seine geistige Selbständigkeit wahren, so war man gezwungen, diese Formen zu wandeln bzw. in neuen Verbindungen zu gruppieren. Es galt also, auf der Basis der vorhandenen Traditionen und des vorgefundenen Materials Neues zu schaffen. Dabei kam es auf Grund verschiedener Einflüsse zu einer gewissen Zurückdrängung der Darstellung lebender Wesen und daraus resultierend zu einer besonderen Entwicklung des Ornamentstils. Für diese Entwicklung zeichnet sicherlich nicht nur die auf das Wort orientierte arabische Kunsttradition verantwortlich, sondern es dokumentiert sich darin auch eine bewußte Reaktion auf die ausgeprägte Bild-Symbolik der besiegten Reiche, und hier vor allem der christlichen Welt.

Bereits im 8. und 9. Jahrhundert gab es erste Versuche islamischer Theoretiker, diese Entwicklung ideologisch zu untermauern. So finden wir in der Überlieferungsliteratur (hadit) eine Vielzahl von Belegstellen, die die Schaffung von Bildwerken ablehnen und den Künstler als Konkurrenten Gottes, des alleinigen Schöpfers (Bildners), verdammen. Haben wir hier auch in erster Linie eine Reaktion auf den immer noch als Gefahr angesehenen Götzenkult vor uns – denn verwerflich ist vor allem, daß die abgebildeten Figuren als Objekt der Anbetung dienen können –, so äußern sich darin doch bereits ein bestimmtes geistig-religiöses Konzept und die Anfänge eines eigenständigen Realitätsverständnisses.

Mit dem orthodoxen Islam ist eine streng monotheistische Vorstellung von der absoluten Macht des einzigen Gottes verbunden. Von ihm wurden alle Umwelterscheinungen zufällig und willkürlich geschaffen und können daher von Allah zu jeder Zeit auch wieder verändert werden. Diese ›labile‹ Umwelt erscheint nur in geringem Maße als des Abbildens würdig, denn letztendlich wurde sie nur deshalb von Gott geschaffen, um damit seine Allmacht zu demonstrieren. Es kann daher nicht Aufgabe des Menschen sein, diese göttliche Schöpfung mit seinen unvollkommenen Möglichkeiten nachzuformen, d.h. künstlerisch widerzuspiegeln. Allein der Versuch, im Raum sich bewegende Lebewesen zweidimensional nachzuahmen, mußte dem streng Gläubigen als der Realität vollkommen entgegenstehend erscheinen.

Nicht zuletzt aus diesem Realitätsverständnis ist die Vorliebe der islamischen Künstler, alle in der Natur vorhandenen Formen zu abstrahieren und umzubilden, zu erklären. Das Spiel mit Farbe und Formen sowie das Bemühen, durch Reihung und Wiederholung einen möglichst flüchtigen Gesamteindruck geschmückter Flächen zu erzielen, waren das Hauptanliegen islamischer Gestaltungskunst. Die sich entwickelnde starke Stilisierung der Formen, verbunden mit einer konsequenten Flächigkeit in der Zeichnung und der häufigen Anwendung des Prinzips der ›unendlichen Reihung‹ als Ausdruck der Zufälligkeit und Nichtigkeit des Dargestellten sowie das Bemühen um eine geschlossene Flächenfüllung lassen die islamische Kunst in besonders enge Beziehung zu den Gestaltungsprinzipien der Textilkunst treten. Infolge der technischen Gegebenheiten ist bei der Gestaltung gewebter Flächen ein bestimmter Grad der Stilisierung und Vereinfachung unvermeidlich, ebenso wie die ständige Wiederholung des Musterrapports und die dadurch hervorgerufene ›unendliche Reihung‹ der einzelnen Motive bzw. Motivgruppen zu einer geschlossenen Flächenfüllung. Im Gegensatz zu anderen Kunstgattungen, in die derartige Gestaltungsprinzipien zwar Aufnahme fanden, jedoch immer nur eine Variante von vielen objektiv möglichen Kompositionen darstellten, können gewebte Muster nur in dieser Weise gestaltet werden. Die Textilkunst gewebter Flächen tritt uns somit als die völlige Entsprechung des ›islamischen‹ Ideals von Kunst gegenüber, deren charakteristische Gestaltungsprinzipien sich als ihr adäquat erweisen. Schon daraus ergibt sich objektiv eine besondere Stellung der künstlerischen Gestaltung gewebter Flächen im Rahmen der islamischen Kunst.

Die für europäische Verhältnisse außergewöhnlich hohe Wertschätzung textiler Erzeugnisse in der islamischen Welt ist zu einem gewissen Teil auch durch die Stellung, die dem Kunsthandwerk allgemein im Islam zukommt, bedingt. Auf Grund der angeführten Wesensmerkmale islamischer Kunst konnte sich eine bildende Kunst im europäischen Sinne nicht entwickeln. »Durch das Fehlen einer großen Malerei und Plastik, wie sie im europäischen Kunstschaffen im Vordergrund standen, wurde das Kunstgewerbe von vornherein aus seiner dienenden Rolle emporgehoben und in der technischen

Verfeinerung wie im formalen Ausdruck zu den glänzendsten Leistungen geführt.«[17] Gegenstand der islamischen Kunst sind also in erster Linie die harmonische Gestaltung von Flächen kunsthandwerklicher Erzeugnisse sowie die Architektur. Eine Ausnahme bildet in mancher Hinsicht die Miniaturmalerei, wenngleich auch hier dekorative Aspekte im Vordergrund standen.

Man darf jedoch nicht übersehen, daß auch auf Kunstwerken, die im Einflußbereich des Islam geschaffen wurden, die Darstellung von Lebewesen durchaus keine Seltenheit war. So kam es im Verlaufe der Jahrhunderte in verschiedenen Regionen immer wieder zur Ausprägung einer zum Teil recht erzählfreudigen Kunst. Verantwortlich zeichneten dafür einerseits die jeweiligen Auftraggeber, so z.B. das entwickelte Bürgertum im fatimidischen Ägypten, oder die Seldshuken, die durch ihre nomadische Herkunft aus den zentralasiatischen Regionen figürlichen Darstellungen freier gegenüberstanden. Andererseits aber sind diese Erscheinungen auch in der Sache selbst begründet. »Die Kunst ist eine für die Gesellschaft wie für ihre einzelnen Glieder notwendige besondere Form der Aneignung von Wirklichkeit und der Entäußerung und Vergegenständlichung menschlicher Wesenskräfte. Sie bildet ein unverzichtbares, historisch sich wandelndes Mittel der zwischenmenschlichen Kommunikation«,[18] ist ästhetisch gestaltetes ideologisches Selbstverständnis und zugleich spezifischer Ausdruck des Welt- und Menschenbildes der verschiedenen Klassen. Es ist daher objektiv nicht möglich, daß der Mensch auf die künstlerische Widerspiegelung einer wesentlichen Seite seines Lebens völlig verzichtet. Eine nur auf das Ornament gerichtete Kunst ist deshalb undenkbar und bis zur letzten Konsequenz nicht zu realisieren. Die Forderung nach Verzicht auf die Abbildung lebender Wesen war also, wenn man überhaupt von einem direkten Verbot im islamischen Bereich ausgehen kann, stets nur ein mehr oder weniger theoretisches theologisches Problem, das allerdings durchaus auf die Entwicklungsrichtung der Kunst Einfluß hatte.

Die wesentlichen Folgen zeigen sich, wie bereits ausgeführt, darin, daß das künstlerische Schaffen in hohem Maße auf das Ornament ausgerichtet war, daß im Mittelpunkt der Kunstproduktion die Entwicklung und Vervollkommnung eines ornamentalen Schmucksystems stand, und nicht zuletzt in der Tatsache, daß sich alle verwendeten Formen und Motive im allgemeinen durch einen sehr hohen Abstraktionsgrad auszeichnen. Voraussetzung für eine derartige Entwicklung aber war eine außergewöhnlich hohe intellektuelle Durchdringung aller Bereiche der Kunst.

Textilkunst und Wohnkultur

Wie im vorangegangenen Kapitel kurz umrissen werden konnte, zeichnet sich die islamische Kunst in hohem Maße durch die starke Orientierung auf die dekorative Ausgestaltung von Flächen aus. Im Vordergrund steht dabei die Entwicklung einer Ornamentik, deren vielfältige Erscheinungsformen den Betrachter immer wieder in Erstaunen versetzen. Aber auch in der figürlichen Motivgestaltung dominieren dekorative Aspekte. Stets wird die Fläche als zweidimensionale Einheit aufgefaßt; nie wird ernsthaft der Versuch unternommen, räumliche Tiefe vorzutäuschen, was die Grundtendenzen der ›islamischen Gestaltungsweise‹ in erstaunliche Übereinstimmung mit den allgemeinen Gestaltungsprinzipien gewebter Flächen bringt. Der Einklang der grundlegenden Entwicklungsrichtung der Kunst im allgemeinen mit den gestalterischen Notwendigkeiten einer ihrer Arten schafft objektiv die Voraussetzungen für die bestmögliche Entfaltung des entsprechenden Bereichs der Kunst. Kommen dazu noch weitere, die Entwicklung fördernde Momente, wie das bei der islamischen Textilkunst der Fall ist, können mit Sicherheit künstlerische Höchstleistungen erwartet werden.

Wir sind weiter oben bereits ausführlicher auf die großen Traditionen, die die Textilkunst im iranischen Bereich aufzuweisen hat, eingegangen. Dazu kommen nun noch weitere Aspekte, die sich positiv auf die Entwicklung der Textilkunst ausgewirkt haben. So sind für den hohen Stellenwert, den die Textilkunst im Rahmen der islamischen Kunst und Gesellschaft einnimmt, nicht zuletzt auch die Besonderheiten der regionalen Wohnkultur von Bedeutung.

Abb. 6 Die Gestaltung des Wohnraumes unterscheidet sich hier zumindest bis ins 19. Jahrhundert grundsätzlich von der in Europa üblichen Innendekoration. Erst seit dem 20. Jahrhundert beginnen sich auch in diesem Bereich der Kultur verstärkt europäische Auffassungen durchzusetzen. Bis dahin jedoch kann man davon ausgehen, daß die Grundfläche des Raumes als eine in sich geschlossene Einheit aufgefaßt wird, die man durch Möbel nicht zerstört. Um einen harmonischen und geschlossenen Gesamteindruck des Raumes zu erreichen, wird daher auf Möbel im europäischen Sinne verzichtet.[19] Einer der wohl berühmtesten Persienreisenden, Adam Olearius, der in den dreißiger Jahren des 17. Jahrhunderts im Land weilte, weiß ›von der Perser Haushaltung‹ folgendes zu berichten: »Die Perser insgeheim haben nicht kostbare Haushaltung / es erfordert ihr Hauswesen / Küch und Keller zu erhalten / so ferne man nicht viel Weiber nehmen wil / nicht grosse Unkosten. Cattun und seidene Wahren / weil es im Lande fält / und daselbst gemachet wird / ist nicht thewr (teuer). Sie haben wenig Hausgeräte / weder Kasten noch Schränke / wenn ihre Cammern mit Tapeten (Stoffe und Teppiche) auff dem Pflaster beleget / die Speise Cammern mit Reiß versehen ist / hat er nur Fleisch zu kauffen / ... Früchte ... giebt ihm sein Garte am Hause / und seinen Keller ein fliessender Bach oder Quelle. Ihre Cammern seynd mit Tapeten beleget / auff welchen sie in Strümpffe gehen und sitzen. Es muß in ihren Cammern nichts unsaubers / auch kein Hund kommen / sie gebrauchen sonderlich eigene Töpfe in den Gemächern / Tüftahn genandt / welche sie allzeit neben sich stehen haben / und im essen der Früchte und Speisen / die Schalen und was untüchtig ist / ... darein werffen.«[20]

»Es lehret ihnen allhier / gleich an anderen Orten / da nicht viel Holz ist / die Noth einen Vortheil / sich in den Stuben warm zu halten. Sie haben in der Erden ein Tenur, ist ein rundes Loch als ein grosser Topff / in welchen sie glühende Kohlen halten / über denselben aber setzen sie einen niedrigen Stul oder Tisch / mit einem breiten Tapet / so auff allenseiten die Erde bedecket / belegt / setzen sich herumb / stecken die Beine unter den Kursi oder Stul / und bedecken den halben Leib mit dem Tapet / schlaffen auch wohl des Nachtes darbey. Es gibt mit wenigen Kohlen eine anmutige Wärme.«[21]

»Zum kochen gebrauchen sie Töpffe von Ertz / auch Kupffer so verzinnet / und von Erde gebrand / welche wir bey etlichen ordentlich auf einem Heerdt eingemauret ... gesehen ... Ihre Schüsseln seynd auch von Kupffer / gar sauber und subtil gedrehet / und allenthalben glat verzinnet / daß man sie vor Silber ansehen solte. Sie gebrauchen auch viel Porcellanen Schüssel und andere Geschirre / auff den Dörffern findet man meist irdene aus Dohn (Ton) gebrante Gefässe.«[22]

Neben Olearius, der uns einen recht umfassenden Einblick in den persischen Haushalt gab, bestätigen auch andere Reisende in ihren Berichten, daß Textilien wohl die wichtigsten ›orientalischen Möbel‹ waren und dies nicht nur im safawidischen Iran so gewesen sei. Der Wohnraum wird im allgemeinen zuerst vollständig mit dicken Filzmatten ausgelegt, worüber dann Teppiche gebreitet werden, auf denen man sitzt, ißt und schläft. Das gesamte häusliche Leben spielt sich also im wesentlichen auf Textilien ab.

Jean Chardin, ein französischer Juwelier, der gegen Mitte des 17. Jahrhunderts den Iran bereiste, vertritt ebenfalls die Ansicht, daß die Perser bezüglich der Haushaltung weniger Aufwand betreiben als die Europäer. Er beschreibt den typischen Wohnraum wie folgt: »Die Fußböden sind zunächst mit dickem Filz bedeckt und darüber je nach Größe des Raumes mit ein oder zwei Teppichen. Es gibt solche von 60 Fuß Länge, die zwei Mann nicht tragen können. Rings um den Saal an den Wänden liegen auf den Teppichen kleine Polster von drei Fußlängen, die man mit Überzügen bedeckt, hinter ihnen legt man viereckige Kissen an die Wand, gegen die man sich lehnt.«[23] Sehr viel Wert scheint man bei der Ausgestaltung des Hauses auf die Verwendung möglichst kostbarer Gewebe gelegt zu haben. So sollen die Polster mit farbiger Seide und Gold reich bestickt gewesen sein oder wurden aus bestem Samt bzw. dickem Brokat hergestellt. Chardin hat die ›Stühle des Ostens‹ und die Gewohnheit, die gesamte Fläche des Raumes zum Sitzen und Liegen zu nutzen, sehr geschätzt, denn er schreibt, daß er sie jederzeit dem wesentlich unbequemeren Sitzen auf Sofas vorziehen würde. Auch er verweist darauf, daß es keine anderen Haushaltsgeräte in den Räumen und Kammern der Perser gibt als Teppiche, Stoffe, Kissen und Polster. Im Gegensatz zu den Europäern würden sie weder Betten und Sofas noch Spiegel oder Tische bzw. Regale, Schränke und Bilder in ihren Wohnräumen aufbewahren. Diese Art und Weise des Wohnens würde generell eine größere Behaglichkeit und in der kalten Jahreszeit mehr Wärme garantieren, als es die in Europa übliche Raumgestaltung vermag.[24]

Abb. 10 Tavernier ergänzt in diesem Zusammenhang: »Die Perser, wie auch alle anderen orientalischen Völker, wissen von Betten, so über der Erd erhaben waren, nichts. Wenn sie schlafen gehen wollen, bereiten sie auf dem mit Teppichen belegten Boden eine Matratze oder durchnähte Decke, worin sie sich wickeln.«[25] Eine etwas genauere Beschreibung der ›orientalischen Betten‹ liefert uns wiederum Chardin. Er berichtet ebenfalls, daß die Betten lediglich aus Matratzen und Steppdecken bestehen, die man in Vorbereitung der Nachtruhe auf die Teppiche legt. Darüber werden dann ein Bettuch und baumwollbezogene Bettdecken gebreitet. Vervollständigt wird das Ganze durch zwei Daunenkissen. Sehr kostbar sollen wiederum die verwendeten Materialien gewesen sein – so die Matratzen aus Samt und die Bettdecken aus schwerem Gold- und Silberbrokat. Am Morgen wird das gesamte Bett zusammengelegt und in einem Stoffbehältnis verstaut, welches in der Kleiderkammer des Hauses aufbewahrt wird.[26]

Abb. 7 Auch die Mahlzeiten wurden auf dem Fußboden sitzend eingenommen. Stets diente dabei ein ausgebreitetes Tuch als Unterlage, auf der die Speisen und Getränke abgestellt wurden. Großen Wert legte man darauf, daß dieses ›Tischtuch‹ aus einem kostbaren, reich gemusterten Gewebe gefertigt war. Anläßlich einer Audienz bei Shah Abbas I. berichtet Figueroa: »Nun wurde auf dem Fußboden ein ›Dastarchan‹, ein goldgeblümtes Seidentuch, ausgebreitet und hierauf Hühner (und) Reis ... aufgetragen.«[27] Engelbert Kaempfer, der sich 1683/84 in Persien aufhielt, wurde ebenfalls vom Shah empfangen. Die Vorbereitungen des anläßlich der Audienz stattfindenden Essens beschreibt er folgendermaßen: »Zuerst wurden zylinderförmig zusammengerollte Tischtücher und Gefäße mit verdeckten Gerichten aus der Küche gebracht und vor dem Festsaal auf dem mit Decken belegten Boden niedergesetzt.«[28] Auch er verweist auf das kostbare Material: »Die Tischtücher waren aus feinstem Stoff mit dreifädigem, gleichmäßigem Einschlag und mit Goldfäden durchwirkt.«[29]

Textilien dienten daneben zudem als Wandschmuck. Pfeiler und Wände konnten mit kostbaren Stoffen bedeckt werden, oder man schmückte die Räume mit speziell dafür angefertigten Wandbehängen. Diese Art der Innendekoration war nicht nur im safawidischen Iran beliebt. Auch im Palast des Mogul-Kaisers Dshahangir behängte man die Pfeiler einer Halle mit geblümtem goldgrundigem Satin.[30]

Sitzkissen und Polster spielten, wie bereits erwähnt, eine besondere Rolle bei der Wohnraumgestaltung. Zwar dienten sie in erster Linie dem bequemen Sitzen und Liegen, doch waren sie darüber hinaus gleichzeitig Raumschmuck, da zu ihrer Herstellung besonders schöne und kostbare Stoffe bevorzugt
Abb. 9 wurden. Nicht zuletzt fanden Gewebe auch als Vorhänge Verwendung – sei es, um einen bestimmten Teil des Raumes damit abzuteilen, oder um Durchgänge und Nischen zu verkleiden. Vor Fenstern und ins Freie führenden Türöffnungen wurden sie als einrollbarer Sonnenschutz angebracht. Olearius schreibt dazu, daß das ›Lusthaus‹ von Shah Safi I. »vorne mit roten kattunenen Gardinen, so man mit Stricken auf- und niederlassen konnte, behangen« war.[31]

Die vornehmlich auf Textilien ausgerichtete Wohnraumgestaltung hat im vorderasiatischen Bereich eine lange Tradition. Bereits in der Überlieferungsliteratur wird auf die Verwendung von Vorhängen aus besonders kostbaren Geweben hingewiesen. So soll Aʿisha, die Lieblingsfrau des Propheten Muhammed, eine Seite ihres Zimmers mit einem Vorhang verhängt haben, der reich mit Figuren geschmückt war und deshalb das Mißfallen Muhammeds hervorrief. Er bat Aʿisha, den Vorhang zu zerteilen und Kissen daraus anzufertigen, auf die man sich setzt und legt. In dieser Weise verwendet, würden figürliche Muster Gott nicht erzürnen.[32] Ein Vorhang war auch im Thronsaal der fatimidischen Kalifen angebracht. Wilhelm von Tyrus schildert ihn uns anläßlich seines Berichts über die Audienz des Gesandten Hugo von Caesarea am Hofe in Kairo im Jahre 1167. Er spricht von einem prachtvoll ausgestatteten

Saal, »dessen eine Seite mit einem reich mit Gold und Perlen bestickten Vorhang verhängt ist, der plötzlich ›mit einer an Wunder erinnernden Schnelligkeit zurückgezogen wird‹ und den erstaunten Gesandten den Kalifen sehen läßt«.[33]

Von einem byzantinischen Gesandten am Hofe des Kalifen in Bagdad ist uns aus dem 10. Jahrhundert folgende Beschreibung des Palastes überliefert: »Alle Räume waren mit Teppichen und Matten aus den berühmtesten Manufakturen Persiens, Armeniens und Ägyptens und Vorhängen aus Brokat und Goldstickerei geschmückt.«[34] Ferner berichtet dieser Gesandte von einem neuerbauten Kiosk, der sich inmitten der Gärten befand und »ganz mit goldenen Stoffen aus Dabiq ausgeschlagen«[35] war.

Die Weiterführung dieser Traditionen belegt der aus dem 14. Jahrhundert stammende Bericht des spanischen Gesandten de Clavijo. Er hielt sich am Hofe Timurs in Samarkand auf und beschreibt mehrmals die Verwendung kostbarer Textilien im Wohnbereich. Unter anderem verweist er darauf, daß die Wände im königlichen Palast von reich mit Goldfäden bestickten Seidenstoffen bedeckt waren. Besonders beeindruckten ihn dabei die figürlichen Muster der Gewebe.[36]

Die Verwendung textilen Raumschmucks im safawidischen Iran verkörpert also die kontinuierliche Fortführung jahrhundertealter Traditionen. Auf Grund der Weiterentwicklung der Technik war man jedoch nunmehr in der Lage, noch kostbarere Gewebe als vordem herzustellen. Beispiele dafür, welcher Prunk gerade im safawidischen Iran mit Textilien getrieben wurde und wie verschwenderisch man sich ihrer bediente, gibt es viele. Ein recht eindrucksvoller Bericht ist uns wiederum durch Chardin überliefert. Er schildert den Besuch des Shah im Hause des Nazer, das sich unweit des königlichen Palastes befand. Die Straße zwischen Palast und Wohnhaus wurde halb mit Blumen bestreut und halb mit kostbaren Seidenstoffen belegt, um dem König den Weg so angenehm wie möglich zu gestalten. Mitten im nicht sehr großen, aber äußerst gepflegten Garten des Nazer befand sich ein Wasserbecken aus Marmor mit mehreren Fontänen. Rund um das Bassin waren
Abb. 11 Stoffe aus Seide und Gold gebreitet, auf welchen reich bestickte Sitzkissen und -polster lagen. Die große Halle des Hauses, in dessen Zentrum sich ebenfalls ein Wasserbecken befand, war vollständig mit Geweben aus Seide und Gold ausgelegt. Chardin hebt besonders hervor, daß er noch niemals eine kostbarere Bodenbedeckung als diese gesehen hätte. Rings um den Saal waren Sitzkissen von noch feinerer Stoffqualität gelegt.[37] Der Besuch des Königs war also nicht nur eine besondere Ehre und ein außergewöhnlicher Gunstbeweis, sondern auch eine kostspielige Angelegenheit für den Gastgeber. Obwohl wir vornehmlich über Wohnverhältnisse der Angehörigen der herrschenden Klasse informiert sind, kann wohl davon ausgegangen werden, daß der textilen Ausgestaltung des Wohnraumes auch bei der einfachen Bevölkerung eine große Bedeutung zukam. Unterschiede bestanden wohl lediglich in der Qualität der verwendeten Textilien. Teppiche, Gewebe und Stickereien hatten für den Wohnraum in der islamischen Region also eine überaus große Bedeutung und waren sowohl Nutzmöbel als auch Ziergegenstände. In Form von Wandbehängen, Sitzkissen und -polstern, Vorhängen, Decken, Tischtüchern und als Fußbodenbelag bestimmten sie das Bild des Raumes. Worin aber liegen die Ursachen für eine derart auf den textilen Bereich ausgerichtete Wohnkultur? In diesem Zusammenhang dürfte das Klima eine nicht

unwesentliche Rolle gespielt haben. Einerseits begünstigte die Trockenheit eine großzügige Verwendung von Textilien, andererseits boten diese in den relativ kühlen Wintern zusätzlichen Schutz vor der Kälte. Vor allem aber spiegelt sich hier die Tatsache wider, daß Seide, Baumwolle, Flachs und Tierhaare in ausreichendem Maße vorhanden waren. Neben der Ausgestaltung der Räume durch Malereien und farbige Glasurziegel bildeten sie die natürliche Materialgrundlage für die Innendekoration der Gebäude und brachten, zu Textilien verarbeitet, zusätzlich noch den Vorteil, Intimität und Wohnlichkeit zu verbreiten. Holz, das man zur Herstellung von Möbeln im europäischen Sinne benötigt hätte, stand dagegen nur in begrenztem Umfang zur Verfügung. Mit diesem Material mußte äußerst sparsam umgegangen werden, so daß sich seine Verwendung im Wohnbereich im wesentlichen auf die Tür- und Fenstergestaltung beschränkte. Daneben spielen für die vorrangige Verwendung von Textilien noch einige andere Gegebenheiten eine Rolle, denen jedoch im Gegensatz zu den eben genannten Ursachen wesentlich geringere Bedeutung beigemessen werden muß. Dabei handelt es sich unter anderem um die häufig nomadische Herkunft der verschiedenen ethnischen Gruppen, die die islamische Kultur im Verlaufe der Jahrhunderte mitbestimmt haben. Mit ihnen war die traditionelle Verwendung des Zeltes als Wohnraum verbunden. Sicher hat die Vorliebe für eine textile Innendekoration der Gebäude auch aus dieser Richtung Anregungen erhalten. Nicht zuletzt erklärt sich daraus wohl auch die Tatsache, daß man in der islamischen Architektur häufig mittels anderer Materialien versuchte, einen textilen Flächeneindruck zu erzielen. Dies konnte durch farbige, teppichähnlich gemusterte Fußbodenmosaiken, ein kunstvoll arrangiertes Ziegelwerk, reich gemusterte bzw. sich rapportartig wiederholende Stukkaturen, eine farbige Fliesenausgestaltung oder durch üppige textilartige Malereien erreicht werden.

Auch wenn vormals nomadische Gruppen nach der Erlangung politischer Macht zur seßhaften Lebensweise übergingen, blieb das Zelt neben dem festen Wohnsitz stets weiter in Gebrauch. Zur Herstellung von Prunkzelten fanden die kostbarsten Gewebe Verwendung. In ihrer Ausgestaltung, ihrer Unterteilung in einen Hauptraum und mehrere Nebenräume glichen diese ›textilen Gebäude‹ luxuriösen, transportablen Palästen. Derartige Zelte von Herrschern konnten völlig aus Goldstoffen bestehen oder mit Goldblech belegt sein. Zelte wurden von den Fürsten und deren Hofstaat auch auf Kriegszügen und Jagden benutzt bzw. anläßlich von Gartenfesten in ausgedehnten Parkanlagen aufgestellt.

De Clavijo verweist auf diese ›Bauweise‹ im timuridischen Mittelasien. In seiner Reisebeschreibung heißt es, daß am Hofe Timurs in Samarkand kostbare Textilien für die Paläste Verwendung fanden und die ›Wohnhäuser‹ völlig aus unbezahlbaren Seiden, vor allem Goldbrokaten, hergestellt wurden.[38] Ibn Battuta schreibt hinsichtlich der Wohnstätten mongolischer Fürsten: »Das Zelt des Herrschers war aus besonders schönem Stoff, hatte teilweise einen Überzug aus Goldgewebe oder war mit Goldblech belegt.«[39]

Aus der hier kurz aufgezeigten traditionellen Verwendung des Zeltes resultiert im islamischen Bereich eventuell auch die Entwicklung der Gartenarchitektur mit ihren kleinen, pavillonartigen, häufig nach mehreren Seiten offenen und reich mit Textilien ausgestatteten Palästen.

Die Wertschätzung textiler Erzeugnisse

In den beiden vorhergehenden Kapiteln konnten wir feststellen, daß zwei wesentliche Besonderheiten der islamischen Kunst und Kultur für die hohe Wertschätzung textiler Erzeugnisse in der betrachteten Region vorrangig von Bedeutung waren. Zum einen handelt es sich dabei um die erstaunliche Übereinstimmung allgemeiner Wesensmerkmale der islamischen Kunst mit den Grundprinzipien der Gestaltung gewebter Flächen, zum anderen ist es die in hohem Maße auf die Verwendung von Textilien ausgerichtete Wohnkultur.

Äußerer Ausdruck dieser Wertschätzung sind die Verwendung textiler Erzeugnisse als kostbare Geschenke, auch im diplomatischen Verkehr zwischen den Ländern, und die Tatsache, daß die höchste Auszeichnung in der feudalen islamischen Gesellschaft die Vergabe von Ehrenkleidern war. Aber auch die Verwendung außergewöhnlich kostbarer Materialien, wie Seide, Gold und Silber, sowie der hohe technische Aufwand, den die häufig sehr komplizierten und fast miniaturähnlichen Muster erforderten, erhöhten den Wert der Gewebe und zeigen die Bedeutung, die der Textilkunst innerhalb der islamischen Kunst und Gesellschaft zukam. Um derartige Gewebe herstellen zu können, benötigte ein Weber allein für die Einrichtung des Webstuhles bis zu drei Jahren. Wie kompliziert die in safawidischer Zeit verwendeten Webtechniken waren, verdeutlicht der Versuch eines russischen Seidenfabrikanten, in seiner Fabrik solch ein Gewebe für die Pariser Weltausstellung im Jahre 1900 kopieren zu lassen. Das Unternehmen mußte aufgegeben werden, da die Herstellung des Gewebes mit einem zu hohen Aufwand verbunden war.[40]

Die außergewöhnliche Wertschätzung derartiger Kunstwerke resultierte also auch aus dem enormen materiellen, technischen sowie zeitlichen Aufwand, d.h. aus den hohen finanziellen Kosten, die für ihre Produktion erforderlich waren. Textilien dienten zwar durch ihre Verwendung als Raumschmuck sowie ihre Verarbeitung zu prunkvollen Gewändern in starkem Maße der Befriedigung des Schmuckbedürfnisses, waren jedoch nie lediglich ästhetischer Genuß. Stets dokumentierten sie auch den materiellen Reichtum ihres Besitzers.

Wertvolle Gewebe, seien sie in den Hofmanufakturen gearbeitet worden oder als Geschenke an den Königshof gelangt, wurden als Kunstwerke betrachtet. Sie zählten zusammen mit anderen Kostbarkeiten zu den Schätzen des königlichen Haushalts, wurden vom Vorsteher der königlichen Schatzkammer verwaltet und gehörten zu deren Inventar.[41] Chardin führt dazu aus, daß die Geschenke an den Shah, unter denen sich vor allem Textilien befanden, zu den sicheren Einnahmequellen des königlichen Haushalts zählten. Die Stoffgeschenke wurden vorerst in ein Lager gebracht, das sich in den königlichen Werkstätten befand. Dann legte man einen Tag fest, an dem alle erhaltenen Geschenke geschätzt wurden. Daran beteiligten sich der Vorsteher der Kaufleute, ein Kontrolleur des Palastes, der Vorsteher der Goldschmiede, der Intendant der Manufakturen für Gewebe aus Gold und Seide, der Meister der Artillerie und der Vorsteher der Maler sowie zehn oder zwölf der bedeutendsten Esfahaner Kaufleute. Gegenstände, die nach europäischem Verständnis sehr wertvoll waren, wie z. B. Ferngläser, Teleskope, Pistolen und Gemälde, brachte man in die allgemeine Schatzkammer, wo sie kaum noch Beachtung fanden und mehr oder weniger dem Verfall preisgegeben waren. Ganz anders verfuhr man hingegen mit den Stoffen. Sie wurden den verschiedenen königlichen Kleiderkammern zugeteilt, von denen es für jede Stoffsorte eine gab.[42] Bei Gesandtschaften richtete sich der Wert der Gegengeschenke des Shah stets nach der auf diese Weise errechneten Summe. So erhielt beispielsweise der Vertreter der Französischen Ostindischen Kompanie ein Pferd, vier Gewänder, davon zwei in vollständiger Ausführung, von denen eines goldgrundig, das andere silbergrundig gearbeitet war; dazu noch 500 Pistolen (alte französische Goldmünze), deren Wert halb in Münzen und halb in Form von Stoffen (!) ausgezahlt wurde. Das heißt also, daß man Stoffe nicht nur für eine spätere Weiterverarbeitung herstellte, sondern daß sie mehr oder weniger auch als eine Art ›Zahlungsmittel‹ fungierten.[43] Welch hohen Wert Textilien verkörperten, kommt auch darin zum Ausdruck, daß sie häufig von Angehörigen begüterter Kreise heiligen Stätten des Islam als fromme Stiftungen übereignet wurden.[44] Ob man allerdings der Meinung von Ernst Diez zustimmen kann, daß »ausländische Herrscher sogar dem Shah Geschenke schickten in Erwartung, dafür Figurenstoffe zu erhalten«, bleibt fraglich.[45]

Die Wertschätzung textiler Erzeugnisse ging so weit, daß man ihnen sogar Verse widmete. Aus timuridischer Zeit ist uns eine Sammlung von Gedichten über Kleider und Stoffe erhalten geblieben.[46] Diese Gedichtsammlung beinhaltet unter anderem ein Streitgespräch zwischen Wollstoff und Samt, in dem es darum geht, wer die meisten Qualitäten aufzuweisen hat.

Kostbare Textilien wurden auch zu Bucheinbänden und vor allem zu Briefbeuteln verarbeitet. Bei letzteren bestimmte die gesellschaftliche Stellung des Absenders und des Adressaten die Qualität der verwendeten Gewebe.[47] Großer Beliebtheit erfreuten sich zu allen Zeiten Gewebe und Teppiche als Geschenke zwischen den Herrschern. Im Jahre 1323 überbrachte z.B. eine mongolische Gesandtschaft dem mamlukischen Sultan Nazer ad-Din 700 Seiden, in die jeweils der Name des Sultans gewebt war.[48] Zu den am besten dokumentierten Textilgeschenken zwischen zwei Herrschern gehören die
Abb. 8 1639 von einer persischen Gesandtschaft dem Herzog von Holstein-Gottorp überbrachten Gewebe, deren größter Teil sich heute im Schloß Rosenborg in Kopenhagen befindet.[49] Darüber hinaus sind wir durch Olearius, den Chronisten der Holstein-Gottorp'schen Gesandtschaft in Persien, über die Geschenke des Shah an die Gesandtschaft informiert. Ehrenpräsente wurden nur an die zwei Gesandten sowie die Vornehmen der Gesandtschaft verteilt. Die Gesandten erhielten jeweils:

»1. ... ein Pferd mit Sattel und Zaum. Die Sättel waren mit dickem Bleche von klarem Golde überzogen / und die Zäume und Hauptgestelle mit güldenen Puckeln dichte besetzt / ...

2. Zwey vom besten gülden Lacken (Stoff) gemachte Persianische Kleider / sampt zugehörigen schönen Mendilen Mianbend, oder Kopff = und Leibbinden.

3. Hundertundfünfftstück allerhand Seiden-Zeug / als Atlas / Damasch (Damast) / Darai, oder Doppelttafft / Item (auch) Cattun und dergleichen / fünfftzehnerley Sorten ... Die Königlichen Geschencke an den Comitát waren / den fünff Fürnembsten nach den Gesandten / jedem ein Atlas und ein Doppeltafften Rock / beyde mit güldenen und bunten Blumen durchwircket. Den anderen Hofjunkern jedem ein Towinen mit Golde gewirckter Rock. Den geringern Völckern aber nichts.«[50]

An den darauf folgenden Tagen »schickten die grossen Herren zu Hofe /

welche zuvor auch von den Gesandten beschencket werden mußten / ihre Geschencke«: Darunter befanden sich neben insgesamt acht Pferden und zwei Mauleseln auch »18 Stück allerhand Sorten seiden Zeug / ... und 45 seidene und güldene Stücke«.[51]

Anläßlich von Thronbesteigungen war es ebenfalls üblich, daß die benachbarten Herrscher durch Gesandtschaften Geschenke überbringen ließen. So sollen von einer safawidischen Gesandtschaft aus Anlaß der Inthronisation Selim II. (1566–1574) Textilien im Werte von 164000 Dukaten übergeben worden sein; unter anderem auch zwei »mit Gemälden von Landschaften gestickte Zelte, herrlicher als die syrischen, welche Motenebbi, der größte arabische Lyriker, in seinen Versen verherrlichte. Zwanzig große seidene Teppiche und viele kleine, worauf Vögel, Thiere und Blumen mit Gold gestickt, neun Vorhänge oder Schirmdächer von Zelten, nur im Morgenlande gebräuchlich, neun Teppiche von Kamelhaar, ..., endlich Meisterstücke persischer Teppich-Weberey, Teppiche aus der feinsten Wolle, so gross, dass Einen kaum sieben Männer tragen konnten ... In seinem eigenen Nahmen verehrte der Botschafter dem Sultan einen Koran, ein Zelt, einen Säbel, Bogen und Pfeile, Teppiche von Seide und Kamelhaar ...« Das Gefolge der Gesandtschaft wurde wie folgt beschrieben: »Voraus der Sipahi, Tschansche und Muteferrika, alle reich in Atlas, Damast, Sammt und Goldstoff gekleidet, dann dreyhundert Persen in vielfarbigen, mit unterschiedlichen Figuren von Vögeln und Thieren gestickten Staatskleidern, wenige in Tuch gekleidet, ..., dann der Botschafter allein, in Scharlach gekleidet, mit goldenem Turban.«[52]

Chardin überliefert sogar, daß im 17. Jahrhundert von den Safawiden nicht nur Kleider, sondern ganze Kisten mit Gold- und Silberbrokaten verschenkt wurden.[53]

Zu allen Zeiten war im gesamten islamischen Vorderasien auch die Sitte verbreitet, sich durch Kleider- und Stoffgeschenke die Gunst höher gestellter Persönlichkeiten bis hin zum König zu sichern. Anläßlich der letzten Audienz der Holstein-Gottorp'schen Gesandtschaft beim Shah berichtet Olearius, daß »der Eahtemad döwler, oder Reichscanceler / Sarü Tagge seiner Gewohnheit nach dem Könige köstliche Verehrung bringen (ließ). Als nämlich 12. schöne Pferde / mit köstlichen Decken belegtet / 40. Camehle / mit Türckischen Tapeten / und schönen Filtzen / Kebbe genant / so sehr klar von Wolle seynd / 15. Maulesel / tausend Tumain (safawidische Währungseinheit) an bahrem Gelde / und wurde jegliche Tumain von einer absonderlichen Perſohn auff der Hand in einem gefärbeten Beutel getragen / 40. Stück gülden Lacken / sehr viel seidene wahren und andere Sachen / so alle eines nach dem andern bey anderthalb Stunden dem Palast vorbey / und in die Schatz-Cammer gebracht wurde. Solche Geschencke sol der Reichs-Cantzeler jährlich einmahl und bißweilen zweymahl bringen.«[54]

Bei der ›Beamtenbestechung‹ ging es häufig darum, sich den ungehinderten Handel bzw. die Vermittlung oder den Erhalt von Handelsprivilegien zu sichern. Diese Praxis ist uns unter anderem durch Reiseberichte überliefert. Von Europäern wurden Kleider und Stoffe an Provinzgouverneure vergeben, um sich dadurch der bestehenden Handelsrechte zu vergewissern. Leonard Rauwolf berichtet, daß der in ›Haleppo‹ (Aleppo) neuankommende venezianische Konsul als erste Amtshandlung »dem ›Bascha‹ (Pasha) 14 Kleyder von schöne seiden Gewirken presentieret / mit bitt / daß er ihm wölle die seinigen lassen befohlen seyn /«.[55] J. Sinzendorf, Botschafter Rudolfs II. (1552–1612), berichtet davon, wie der englische Handelsagent William Harborne Handelsprivilegien erwirkte: Er schenkte dem »Mehmet Bassa« bestes englisches Tuch zu drei Kleidern. »Nach wenig tagen erclärt sich Mehmet Bassa (25) der Sulthanus habe in des Engellenders begern verwilligt, den freybrief (26) ... Ime zufertigen und anzuhendigen bewilligt.«[56] Islamische Kaufleute waren ebenso wie ihre europäischen Kollegen gezwungen, sich durch regelmäßige Geschenke die Gunst der lokalen Herrscher und damit einen ungestörten Handel zu sichern. In Abrechnungslisten erscheinen diese Posten als fest eingeplante Ausgaben. Interessant ist, daß auch die islamischen Kaufleute keine Geldgeschenke machten, sondern ausnahmslos Textilien vergaben. An jedem Handelsplatz wurden den örtlichen Machthabern für ein bis zwei Gewandlängen Gewebe übereignet. Sogar die Umsatzsteuern wurden in Stoffen, berechnet nach Gewandlängen, bezahlt.[57]

Mit Geweben ließen sich aber auch andere Angelegenheiten regeln. So konnten z.B. Hafterleichterungen und sogar Haftaufhebung durch geschickt angebrachte Stoffgeschenke erwirkt werden. Hans Ulrich Kraft, ein Kaufmann, der im 16. Jahrhundert Vorderasien bereiste, berichtet, daß seine drohende Verhaftung in Tripolis durch die Fürsprache des französischen Konsuls vorläufig abgewendet werden konnte, indem »... er, der Consul ... es ihm (dem Subassy) auf's beste, soviel er gekonnt, ausgeredet und daneben versprochen (habe), ihm ein seidenes Kleid zu verehren«. Sie gaben ihm »zwölf Ellen Damast, der vierzehn ungrische Dukaten gekostet hat, ...«[58] Ein Aufenthalt im Gefängnis konnte jedoch letztendlich trotzdem nicht verhindert werden. Um zumindest erträgliche Bedingungen und eine ›freundliche Behandlung‹ zu erlangen, mußte der verantwortliche Richter gleichfalls mit einem seidenen Kleid bestochen werden.[59] Vor der Gerichtsverhandlung hielt man es darüber hinaus für angeraten, der Lieblingsfrau des Richters zwei schöne Damastkleider zu übersenden. Nach Ansicht des Berichterstatters hatte er nur diesen Geschenken seinen späteren Freispruch zu verdanken.[60]

In theologischen Auseinandersetzungen mit dem übermäßig getriebenen Kleiderluxus wurde zwar immer wieder versucht, gegen das Tragen seidener Kleider aufzutreten, da dies Ausdruck persönlicher Eitelkeit wäre, womit man Gott erzürne, doch blieben diese Vorstöße erfolglos. Wie beliebt Seidenstoffe waren, ist am Ausgang eines dieser Dispute zu erkennen. Die Frage, ob es Gläubigen gestattet sei, seidene Kleider zu tragen, wurde mit folgender Begründung durch die Rechtsgelehrten bejaht: Man vertrat die Ansicht, »daß seidene Gewänder getragen werden dürfen, um sich damit zu schmücken und den Zorn der Ungläubigen zu reizen«.[61] Die Tatsache, daß das häufigste Vergehen im mittelalterlichen Persien der Diebstahl von Geld, Teppichen und Kleidungsstücken war, läßt ebenfalls darauf schließen, daß Textilien als wertvoll und besonders begehrenswert erachtet wurden.[62]

Auf die Vergabe von Ehrengewändern (khalat) wurde bereits kurz hingewiesen. Diese Praxis hatte in Vorderasien eine lange Tradition, die wohl weit in vorislamische Zeit zurückreichte. Mit der Verleihung eines Ehrengewandes als höchste Auszeichnung verband sich gleichzeitig die Versicherung, auch weiterhin das Wohlwollen und die Gunst des Herrschers zu besitzen. Ehrengewänder wurden aus den verschiedensten Gründen verliehen. Anläßlich von Amtsübernahmen waren sie äußeres Zeichen der neuen Würde; aber auch in Anerkennung besonderer Verdienste konnte man ein Ehrenkleid erhalten. Üblich war es, ausländischen Gesandten oder Kaufleuten während der Gewährung der Abschiedsaudienz Ehrenkleider zu überreichen. Ebenso wurden Fest- und Feiertage zur Vergabe derartiger Auszeichnungen genutzt. In jedem Falle aber verkörperten sie eine ganz besondere Achtung und Wertschätzung der damit bedachten Person. Ehrengewänder vergab nicht nur der Herrscher. Auch seine Statthalter in den Provinzen zeichneten damit ihre Untergebenen und Gäste aus.

Jährlich vom Shah ein Ehrengewand zu erhalten, war in safawidischer Zeit für alle dem Herrscher direkt unterstellten Persönlichkeiten eine geradezu lebensnotwendige Angelegenheit. Dies verdeutlicht Olearius in seiner Reisebeschreibung recht anschaulich. Als seine Gesandtschaft auf der Rückreise in Shamakha lagerte, »wurde dem Khan zu Schamachi des Königs Gnade ihrer Gewohnheit nach durch ein neues Kleid angekündigt; denn bei den Persern ist der Gebrauch, daß jährlich, wenn die Khane dem König ihr Neujahrsgeschenk haben darreichen lassen, der König hingegen den Khanen durch einen Hofdiener entweder seine Gnade oder Ungnade andeuten läßt, wobei dann solch Prozeß gehalten wird: Wenn der königliche Abgeordnete drei oder vier Meilen noch vom Khan, muß seine Ankunft, und zwar allezeit mit der Vertröstung auf etwas Gutes, durch eine eilende Post angesagt werden. Darauf zieht der Khan ihm in Furcht und Hoffnung, von vielem Volk begleitet ... entgegen. Wenn sie zusammenkommen, bleibt der Abgeordnete stehen, hält in einem mit einem Teppich bedeckten Bohtze oder Kapsul entweder ein Gnadenkleid oder auch einen ungnädigen und gestrengen Befehl, des Khans Kopf zu bringen. Der Khan muß deswegen sein Gewehr, item sein Überkleid und Kopfbund ablegen und also bloß vor ihn treten. Ist's zur Gnade gemeint, so wird ihm dieselbe mit Darreichung des Kleides und eines freundlichen Schreibens angedeutet, welches dann der Khan oben am Halskragen küßt, an die Stirn drückt und anlegt. Ist's aber Ungnade, so wird die Decke abgenommen, der Mordbrief mit des Königs Siegel gezeigt und gesagt: Der König will, daß du deinen Kopf ihm hierin schickst. Darauf wird dann die Exekution alsbald auf der Stelle vorgenommen. Er reicht auch seinen Kopf willig dar.«[63] Dies wissend, ritt auch Khan Areb, begleitet unter anderem von Olearius und weiteren Teilnehmern der Holstein-Gottorp'schen Gesandtschaft, dem königlichen Boten entgegen. Bei ihrem Zusammentreffen kam der »königliche Abgeordnete mit seinem verdeckten Präsent und drei Dienern dem Khan entgegen und blieb auf zehn Schritte vor ihm stehen. Khan Areb ließ sich die Kleider bis auf den Unterrock abnehmen, stand aus Furcht ganz erblaßt und elend, denn der Hofdiener – weiß nicht aus was für Ursachen – schwieg eine gute Weile still. Danach rief er ihm auf türkisch zu: Was sagst du? Schah Sefi sendet dir ein Kleid und einen Gnadenbrief. Du bist des Königs Freund. Darauf der Khan mit Freuden: Des Königs Güter bleiben in Ewigkeit, und ein Tag werde ihm zu tausend Tagen. Ich aber bin des Königs alter Diener. Und nahm den neuen Rock (welcher war von meergrünem Atlas) mit gebräuchlicher Reverenz an; der Abgeordnete half ihm denselben, item ein kleines Röcklein von Goldstoff, item eine Leibbinde, Mendil (Turban) und andern Überrock anlegen, wofür ihm etliche Tumain verehrt wurden.«[64] Auf diese Zeremonie folgte dann stets ein großes Freudenfest. Hat man von dieser Praxis Kenntnis, verwundert es auch nicht mehr, wenn wir bei Kaempfer lesen, daß »es sich die Landvögte, Statthalter, Wesire und sonstigen Großwürdenträger eine schwere Stange Gold kosten (lassen), um ihrer geheimen, an den Reichshofkanzler gerichteten Bitte bezüglich der Vermittlung eines Ehrengewandes den nötigen Nachdruck zu verleihen«.[65] Zieht man dabei in Betracht, daß mit der Verleihung eines Ehrengewandes auch umfangreiche materielle Vorteile verbunden waren, erscheint diese Geldausgabe letztlich als recht lohnend. »Denn wer vom Schah durch ein solches Chalʿat ausgezeichnet worden ist, wird von seinen Untergebenen gefürchtet, so daß diese es nicht wagen, irgendwelche Beschwerden geltend zu machen, weil die Gunst des nichtsahnenden Herrschers alle Übergriffe seiner Beamten deckt.«[66]

Die Auszeichnung mit dem Ehrenkleid beschränkte sich in den seltensten Fällen auf lediglich ein Gewand. In Abhängigkeit von der Position des Beschenkten und der Höhe der Gunst, die der Shah ihm entgegenbrachte, konnten dazu noch ein Leibrock, ein Überrock, eine Schärpe, ein Turban, Mützen, ein Mantel, Schuhe, ein gesatteltes Pferd, Schmuck, gemünztes Gold und Silber, ein Degen, ein Dolch und andere Kostbarkeiten gehören.[67] Kaempfer schreibt dazu: Das Ehrenkleid »besteht aus einem doppelten Überwurf, der in beiden Teilen bis über die Waden hinab reicht und nach Landessitte aus Gold- und Silberbrokat oder aus anderem kostbarem Tuch mit Blumenverzierungen verfertigt ist. Zuweilen wird auch ein Turban und ein Gürtel hinzugefügt, ganz selten noch ein goldenes Schwert.«[68] Es war Sitte, daß der mit einem Ehrenkleid Bedachte entsprechend seiner gesellschaftlichen Stellung den Überbringer des Geschenks reich belohnte. »Die an dieses Geschenk geknüpften Abgaben sind sehr erheblich; daher pflegt der Reichshofkanzler seine Bediensteten statt der üblichen Entlohnung mit den Einkünften aus diesem Vorrecht abzufinden. Diese lassen sich den Tausch sehr gerne gefallen, da ihre Einnahmen aus den erwähnten Abgaben ihr sonstiges Jahresgehalt weit übersteigen.[69] Besonders lohnend dürfte es dabei gewesen sein, dem Gouverneur einer Provinz zu bestimmten Anlässen ein derartiges Ehrengewand zu überreichen.

Kaempfer gibt uns auch einen Einblick, wie weit verbreitet die Vergabe von Ehrengewändern im safawidischen Iran war. Auch die »Großen und Vornehmen pflegen ihrerseits denen Ehrenkleider zu schenken, die sich durch besondere Leistungen um sie verdient gemacht haben ... Sogar Ärzte erhalten oft von den Reichen nach der Genesung ein Ehrenkleid als ganze oder teilweise Ablösung der Behandlungskosten.«[70] Er verweist auch darauf, daß ausländische Gesandte stets mit solchen Ehrengewändern bedacht wurden und fügt hinzu, nie »kommt es vor, daß am Perserhof eine andere Art der Ehrung oder Auszeichnung geübt würde«.[71] Besonderen Wert erlangte diese Auszeichnung, wenn das Gewand vorher vom Shah getragen worden war. Im allgemeinen gehörten zu einem Ehrenkleid Leib- und Überrock, Gürtel oder Schärpe sowie Turban. Es wurden sogar häufig nur Leib- und Überrock vergeben.

Sehr ausführlich und eindrucksvoll beschreibt uns Tavernier seine Audienz bei Shah Abbas II. im Jahre 1665 und die Formalitäten der dabei erfolgten Übergabe eines Ehrengewandes. Der Aufseher der königlichen Werkstätten (nazer-e buyutat) überbrachte ihm »die calaate (Ehrenkleider), mit der der König mich zu ehren gedachte, das heißt: einen vollständigen Persischen Anzug, bestehend aus einem Leibrock, einem Überrock mit Gürtel und einem Turban. Gleichzeitig händigte er mir drei Dokumente seiner Majestät aus ... Pater Raphael begleitete den Überbringer der calaate auf Geheiß des Nazar, um mich über den Wert des Geschenks zu unterrichten, mit welchem mich der König geehrt hatte, und um mir anzukündigen, ich solle mich bereit halten, dem König in meinem persischen Kleid meinen Dank abzustatten, sobald er mich rufen lasse.

Bevor ich fortfahre, muß ich hier zweierlei annehmen.

Erstens: Calaate nennen die Perser alle Arten von Geschenken, die eine Persönlichkeit einem Niedergestellten macht, das Geschenk, welches der König vergibt, besteht manchmal aus einem Leibrock, manchmal aus Leib- und Überrock mit Gürtel, und manchmal fügt er Turban und ein gesatteltes Pferd hinzu, je nach dem Gewicht der Ehrung, die er dem Betreffenden zumessen will. Wenn es sich um einen verdienten Offizier handelt, den der König zur Armee abkommandiert, schickt er ihm als Zeichen seiner Wertschätzung einen Degen und, je nach Grad des Gunstbeweises, auch einen Dolch.

Zweitens: Weder in Persien noch in der Türkei kann man ein Geschenk annehmen, ohne dem Überbringer ein Gegengeschenk zu machen. Wenn der König einem Provinzgouverneur die calaate schickt, bestimmt Seine Majestät selbst, wen er damit beauftragen will, es zu überbringen, und dem Gouverneur kostet der Empfang der calaate oft über 1000 Toman. Aber wenn die calaate an irgend jemand geht, den der König ehren will, sucht der Nazar unter seinen Leuten einen Überbringer aus; auch ihn muß man für seine Mühe angemessen belohnen. Ich übergab also Pater Raphael 25 Toman und bat ihn, in meinem Namen großzügig zu danken, weil er sich bei seinen ausgezeichneten Sprachkenntnissen dieser Aufgabe weit besser als ich zu entledigen wisse.

Er übernahm dies auch sofort mit Freundlichkeit und zum Vorteil meiner Geldbörse, denn er brachte es fertig, dem Beamten des Nazar nur die Hälfte der Summe zu geben und ihn dennoch hochbefriedigt zu entlassen.

Am nächsten Tag empfing ich Order vom Nazar, die calaate anzulegen. Er ließ mir ausrichten, der König halte Audienz ab und ich sollte ihm meine Aufwartung machen. Sofort benachrichtigte ich alle Europäer, die sich gerade in Dshulfa (Stadtteil von Esfahan) aufhielten, damit sie sich, wie es Brauch ist, bereit machen, mich an den Hof zu begleiten.

Gleichzeitig wurde den Trompetern und Trommlern Befehl gegeben aufzuziehen, um mich nach Verlassen des Palastes nach Haus zu begleiten. Das ist so üblich bei diesen Empfängen, damit die Leute beim Lärm der Fanfaren aus den Häusern laufen, um den vom König Geehrten zu sehen. Deswegen mußten auch die Europäer ihre besten Kleider anlegen; und als ich mit einem stattlichen Gefolge im Palast eingetroffen war, zeigte sich der Nazar entzückt, über einen so festlichen Aufzug. Er warf sein Auge besonders auf zwei junge Holländer im Dienst der Ostindischen Kompanie, die nett aussahen; und nachdem er sich bei mir nach allerhand Einzelheiten über die jungen Leute erkundigt hatte, ließ er einen Imbiß kommen.

Unterdessen bezeugte ich dem Nazar meine Rührungen über die Ehre, die mir Seine Majestät zuteil werden ließ – wie ich mich nicht lassen konnte vor Bewunderung über die Schönheit und Kostbarkeit der calaate –, daß aber die Freude, die ich darüber empfände, noch beträchtlich gesteigert werde durch das Vergnügen, in Frankreich und den anderen europäischen Ländern, die ich bei meiner Heimkehr durchqueren müßte, die Gnaden und Gunstbezeugungen zu verkünden, die Europäer am persischen Hofe empfingen, wenn sie mit ihren Waren den Geschmack des Königs getroffen hätten.«[72]

Tavernier konnte jedoch an diesem Tag nicht vom Shah empfangen werden. Dies sollte sich für ihn allerdings als vorteilhaft erweisen, denn seine dem König hinterbrachten Schmeicheleien verfehlten ihre Wirkung nicht. Wie sehr den Shah Taverniers Reden beeindruckt hatten, zeigt sich daran, daß er ihm noch einen prächtigen Zobelmantel mit weiten Ärmeln schenkte. Drei Tage später wurde er dann erneut an den Hof des Königs gerufen. »Wie beim ersten Male begleiteten mich alle Europäer dorthin, und man bot uns nach dem Brauch einen Imbiß an. Kurz darauf trat der Nazar in das Gemach, begleitet von zwei Beamten, die den mir vom König zugedachten Mantel trugen. Der Nazar empfing ihn aus ihren Händen, schlug ihn auseinander und legte ihn um meine Schultern, indem er sprach: »Der König will Dich aufs Höchste ehren.« Der Stoff war herrlich und der Pelz sehr kostbar ... Der Nazar hatte mich bereits begrüßt, bevor er mir den Mantel umgelegt hatte; nun erhoben sich alle meine Freunde und erwiesen ihm ihre Ehrerbietung. Darauf beglückwünschte er mich aufs Neue zu der hohen Ehre, die der König mir hatte zuteil werden lassen, und um sie mir noch schmackhafter zu machen, versicherte er mir, nur wenige große Chane und Statthalter und die Gesandten der angesehensten Fürsten würden ihrer teilhaftig.

Der Nazar hätte mir den Mantel ins Haus schicken können wie die calaate. Aber er wollte ihn mir selbst im Palast überreichen, um mir ein zweites großes Geschenk für den Überbringer zu ersparen.

... Dann verließ er mich, um den König aufzusuchen, und eine halbe Stunde später kamen sechs Hofleute, um mich und die beiden Holländer zu holen. Pater Raphael und die übrigen mußten bleiben wo sie waren. Als ich zum Nazar kam, erklärte ich ihm, ich könnte ohne Pater Raphaels Hilfe dem König nicht antworten, wenn er das Wort an mich richten sollte. Darauf ließ er Pater Raphael sofort hereinkommen. Dann ergriff er mich bei der Hand und führte mich in den Saal, in welchem der König auf einer Estrade saß. Als Leibwache hatte er nur zwölf Eunuchen um sich, die einen mit Pfeil und Bogen, die anderen mit Musketen.

Nach zwei oder drei Schritten ließ mich der Nazar niederknien und einen Stirnaufschlag vollziehen, dann sofort wieder aufstehen. Darauf führte er mich, immer noch an der Hand, bis auf vier oder fünf Schritte an den Sitz des Königs heran und ließ mich die Reverenz wiederholen. Sodann hieß er mich sieben bis acht Schritte zurücktreten und da zu bleiben. Dann ließ er die beiden jungen Holländer die Begrüßung vollziehen, zum Schluß erlaubte man Pater Raphael als meinem Dolmetscher zu kommen ...

Am nächsten Tag ging ich mich in meinen französischen Kleidern bedanken. Der Nazar wollte wissen, wie wir unsere Festlichkeit begangen hatten. Ich berichtete ihm darüber, und er erzählte es sofort dem König weiter, der mich wissen ließ, er wünsche mich einmal bei seinen Gesellschaften zu sehen, wo ich mit ihm trinken, Musik hören und seine Tänzerinnen bewundern könnte. Ich versicherte dem Nazar, der König überhäufe mich geradezu mit Ehren, und ich stünde Seiner Majestät jederzeit zu Diensten. Dann unterhielt ich mich mit dem Nazar über verschiedene Themen; denn er ist ein sehr aufgeschlossener geistvoller Mann. Aber bei allen Komplimenten, die er den Europäern macht, denkt er stets an seine und seines Herren Interessen. Die Perser sind überhaupt das raffinierteste Volk in Asien und geben den Abendländern in Scharfsinn und geistiger Beweglichkeit nichts nach.«[73]

Trotz der Tatsache, daß es Tavernier durch sein Verhalten sehr gut verstand, die Gunst des Shah zu erringen, lassen sich ganz deutlich Unterschiede zwischen der Behandlung von ausländischen Kaufleuten und ausländischen Gesandtschaften erkennen. Die Gesandten erhielten ihr Ehrenkleid während der Abschiedsaudienz, wurden mit vollem Gefolge empfangen und reich bewirtet. Doch auch von ihnen wurde erwartet, daß sie am folgenden Tag in den erhaltenen Gewändern vor dem König erschienen, um sich nochmals zu bedanken und endgültig zu verabschieden. Für das geringe diplomatische Geschick der Holstein-Gottorp'schen Gesandten spricht, daß sie sich anfangs weigerten, dies zu tun. Da »aber der Mehemandar inständig anhielt ... gleich auch andere sagten / es würde in Verbleibung dessen dem König mißfallen / dann alle andere Gesandten gleichfalls also aufziehen müssen / liessen sie es endlich geschehen / und hingen / gleich auch wir / die besten Röcke über die Schultern / und ritten auff.«[74]

Entsprechend der großen Bedeutung, die der Auszeichnung mit Ehrengewändern im öffentlichen Leben des safawidischen Staates zukam, verband sich mit ihrer Anfertigung eine umfangreiche Zeremonie. Von Beamten wurden die besten Textilien des königlichen Schatzhauses zur Weiterverarbeitung ausgewählt. Danach legte der Hofastrologe einen für das Zurechtschneiden der Gewebe günstigen Termin fest. Schließlich wurden die Gewänder zugeschnitten, genäht und wieder in das königliche Schatzhaus eingeliefert. Die Herstellung erfolgte in der Hofschneiderei für Ehrengewänder und großkönigliche Garderobe.[75] Um ständig Ehrenkleider zur Verfügung zu haben, ging man sogar dazu über, spezielle Vorratshäuser für diese Gewänder einzurichten.[76] Wie notwendig diese Vorsorge war, beweist die große Anzahl der jährlich vom Shah vergebenen Gewänder. Abbas I. soll beispielsweise ca. 8000 pro Jahr verteilt haben.[77] Die dafür verwendeten Stoffe wurden sicher zu einem großen Teil in den Hofmanufakturen hergestellt, daneben wohl aber auch dem Fundus geschenkter Textilien entnommen.

Stellung und Organisation des Textilhandwerks in safawidischer Zeit

Die außergewöhnliche Kontinuität bei der Herstellung textiler Erzeugnisse im iranischen Raum sowie die insgesamt günstigen Bedingungen für die Entwicklung einer auf hohem Niveau stehenden Textilkunst waren die Ursachen dafür, daß es unter den Safawiden im 16. und 17. Jahrhundert zu einem bis dahin nicht gekannten und sich später nicht wiederholenden Aufschwung der Textilkunst kam. Dazu trugen jedoch nicht nur die Summe von Erfahrungen und Fertigkeiten, die sich über Jahrhunderte hinweg von einer Webergeneration auf die andere vererbten, oder die hohe Wertschätzung, die textile Erzeugnisse im öffentlichen Leben genossen, bei. Wesentliche Bedeutung kam in diesem Zusammenhang den unter den Safawiden bestehenden sozialökonomischen Verhältnissen zu. Die über zwei Jahrhunderte relativ stabile politische Lage wirkte sich stimulierend und stabilisierend auf die wirtschaftliche Situation innerhalb des Reiches aus. So war es dem Hof nicht zuletzt auf der Grundlage der im allgemeinen kontinuierlich eingehenden Steuern möglich, auch für die Herstellung textiler Erzeugnisse umfangreiche finanzielle Mittel freizusetzen. Forciert wurde vor allem die gesamte Luxusgüterproduktion. Hier konzentrierten sich die Produktivkräfte des Landes. Zum einen konnte man über den Handel mit derartigen Produkten schnell zu großem Reichtum gelangen, zum anderen liebten es die vermögenden Kreise der Bevölkerung, sich mit schönen und kostbaren Dingen zu umgeben. Eine in so hohem Maße auf die Luxusgüterproduktion ausgerichtete Wirtschaft trug jedoch nicht zu einer echten und dauerhaften ökonomischen und finanziellen Stabilisierung des Landes bei. Ihr reibungsloses Funktionieren war zu stark von intakten politischen Verhältnissen abhängig. Hierin sind auch die Hauptursachen dafür zu sehen, daß sich bereits gegen Ende des 17. Jahrhunderts ein deutlicher Verfall nicht nur der Textilkunst abzuzeichnen begann und die großen Kunsttraditionen der vorangegangenen Jahrhunderte im 18. Jahrhundert nicht fortgeführt werden konnten. Bei dieser Entwicklung spielten allerdings auch noch andere Faktoren, wie z. B. die verstärkte europäische Einflußnahme, eine gewisse Rolle.

Seide als Handelsware

Im Iran wurde Rohseide in großen Mengen gewonnen, was eine wesentliche Voraussetzung für die Erhöhung der textilen Luxusgüterproduktion darstellte. Nach Berichten von europäischen Reisenden und von Kaufleuten verschiedener europäischer Handelskompanien wurden durchschnittlich 20000 bis 22000 Ballen Rohseide im Jahr hergestellt. Olearius gibt das Gewicht dieser Ballen mit je 216 Pfund an und verweist in diesem Zusammenhang darauf, daß von den ca. 20000 im Iran gewonnenen Ballen »höchstens etwa tausend Ballen zur Verarbeitung (im Lande) bleiben«.[78] Von Chardin wird das Gewicht der Ballen mit 276 Pfund angegeben und nach Le Brun, einem Vertreter der Holländisch-Ostindischen Kompanie, wog ein Ballen 408 Pfund (holländisches Gewicht).[79] Johann Albrecht von Mandelslo hingegen berichtet uns: »Ein Bahl hat bay 200 Pfund. Auch viell von 30 Batman. Batman taurіß 6 Hambürger Pfunde.«[80] Chardin gibt das Batman-Gewicht (oder Man) mit 5 Pfund und 14 Unzen (Pariser Gewicht) an.[81]

Den größten Teil der Seide lieferten die Provinzen Gilan und Mazanderan. Beide Gebiete hatten den Status von Krongütern, da dem einträglichen Seidenhandel das besondere Interesse der Safawiden-Herrscher galt. Welche Bedeutung der Seidengewinnung zukam, zeigt sich daran, daß der Hof aus den genannten Provinzen seine größten Einnahmen bezog.

Häufig wird davon gesprochen, daß die Safawiden-Herrscher das Handelsmonopol für Seide besaßen, was in dieser Verallgemeinerung aber wohl nicht zutrifft. Sicher hat es diesbezüglich vom 16. zum 17. Jahrhundert gewisse Unterschiede im Grad der praktischen Durchsetzung des Monopols gegeben. Obwohl darüber wenig bekannt ist, kann man annehmen, daß im 16. Jahrhundert auf Grund der starken partikularen Bestrebungen die Safawiden bis zur Herrschaft von Abbas I. nicht in der Lage waren, den Seidenhandel vollständig zu kontrollieren. Darauf gibt es auch in Berichten europäischer Persienreisender Hinweise. Aufschlußreich ist in diesem Zusammenhang etwa die Tatsache, daß der englische Kaufmann Anthony Jenkinson, der die Möglichkeit von Handelsbeziehungen zwischen England und Persien erkunden wollte, im Jahre 1561 Handelsprivilegien für Shirwan durch den Statthalter dieser Provinz zugebilligt bekam, obwohl er vorher ergebnislos in dieser Frage bei Tahmasp I. vorstellig geworden war. Die ihm gewährten Handelsprivilegien bestanden in der Genehmigung, Waren in unbegrenztem Umfang zu kaufen bzw. zu verkaufen, sowie in der Zusicherung von Zollfreiheit.[82] Einem anderen englischen Kaufmann, der 1565 Persien bereiste, wurden zwar von Tahmasp I. Handelsprivilegien zugestanden, jedoch kam es in der Praxis zu keinem Handelsverkehr, da das Wort des Shah in den weiter entlegenen Provinzen »nur wenig Gewicht« hatte.[83] Erst unter Abbas I. kann man von einem tatsächlichen Handelsmonopol des Shah in bezug auf Seide sprechen. Abbas I., der in hohem Maße an der Steigerung der Seidenexporte, die dem Hof gewaltige Einnahmen sicherten, interessiert war, förderte zu diesem Zweck auch den Ausbau der Handelskontakte mit Europa. Dadurch und auf Grund des direkten Seeweges zwischen Europa und dem Iran sowie Indien war es europäischen Kaufleuten zu Beginn des 17. Jahrhunderts erstmals möglich, sich in größerem Umfang am Persienhandel zu beteiligen. Den neugegründeten Handelskompanien kam dabei die größte Bedeutung zu. Da die Safawiden-Herrscher vor allem im 17. Jahrhundert an Europa als zusätzlichem Absatzmarkt für ihre Seide interessiert waren, wurden seit Abbas I. immer wieder Versuche unternommen, größere Handelsverträge mit diesen Kompanien abzuschließen. Insgesamt gesehen hatten diese Vorhaben jedoch wenig Erfolg. Immer wieder bereitete es den Handelskompanien Schwierigkeiten, die vom Shah festgelegten Mindestmengen an Rohseide abzunehmen, zumal ihr Interesse in erster Linie dem Verkauf eigener Waren im Iran galt. Angeblich sollen zwischen 1620 und 1740 kaum jemals mehr als 1000–1200 Ballen Seide jährlich von ihnen übernommen worden sein.[84]

Gestaltete sich der Handel mit dem Iran schon für die großen Kompanien nicht komplikationslos, denn auch sie mußten sich trotz häufig schriftlich zugesicherter Handelsprivilegien dem Preisdiktat des Shah beugen,[85] so erwies er sich für den einzelnen Kaufmann kaum als lohnend. Neben den Risiken des Reiseweges und dem harten Konkurrenzkampf mit den finanzkräftigeren Handelskompanien trafen ihn Preisfestlegungen am härtesten. Pietro Della Valle berichtet in diesem Zusammenhang, daß der Shah die Seide im ganzen Land zu einem festen Preis aufkaufte,[86] so daß alle ausländischen Kaufleute gezwungen waren, Seide bei einem seiner Agenten zu erwerben. Er bezeichnet den Shah als den »größten und einzigsten Handelsherrn des Landes«.[87]

Der Preisanstieg für Seide scheint im Verlaufe des 17. Jahrhunderts doch recht beträchtlich gewesen zu sein. Hatte zu Zeiten Abbas I. ein Ballen Rohseide ca. 35 Tuman gekostet, so berichtet von Mandelslo bereits davon, daß man für einen Ballen 40 Tuman zu zahlen hätte, und aus Verhandlungen der Holländisch-Ostindischen Handelsgesellschaft über die Höhe des Seidenpreises geht hervor, daß seit 1638 pro Ballen Rohseide 50 Tuman gefordert wurden.[88] Der ständig steigende Preis war wohl vor allem die Ursache dafür, daß europäische Handelskompanien Rohseide nicht in sehr großen Mengen aufkaufen konnten. Allerdings scheint der Gesamtumfang der nach Europa exportierten Rohseide doch wesentlich höher gewesen zu sein, als man nach den Aussagen einzelner Kaufleute vermuten sollte. So glaubt Chardin auf den großen Umfang der aus Persien importierten Rohseide nicht noch extra verweisen zu müssen, da dies hinreichend bekannt sei. Als Beispiel führt er lediglich die jährlichen Einfuhren der Holländer an, deren Gesamtvolumen nahezu 600000 Livres betrug. Auch persische Seidengewebe scheinen in beträchtlichem Umfang vor allem über die Türkei nach Europa gelangt zu sein. Sie wurden ausschließlich über Armenier bezogen.[89] Es ist bekannt, daß Abbas I. die in Dshulfa lebenden armenischen Kaufleute, die bis zu diesem Zeitpunkt den Seidenhandel weitestgehend kontrolliert hatten, nach Esfahan umsiedelte. Seitdem waren sie als großkönigliche Agenten wesentlich am iranischen Außenhandel beteiligt.[90]

Im safawidischen Iran unterschied man nach Chardin gegen Mitte des 17. Jahrhunderts vier Sorten von Rohseide: 1. »Chirvani«, die schlechteste Qualität, deren Faden relativ dick und grob war und die in Europa als »Ardache« bezeichnet wurde. 2. »Karvari«, eine etwas bessere Sorte, in Frankreich »Legia« genannt. 3. »Kedcoda Pesend«, die »Citizen«-Sorte, das heißt die Sorte mittlerer Qualität. 4. »Charbaffe«, das war die Brokatseide und von bester Qualität. Für die kostbarsten Gewebe fand ausschließlich diese Sorte Verwendung.[91]

Neben der Rohseide wurden, wie erwähnt, auch Gewebe exportiert. Darüber sind wir allerdings noch schlechter informiert als über den Handel mit Rohseide. Gute Seidenstoffe scheinen sehr teuer gewesen zu sein. Chardin z.B. spricht davon, daß man für eine Elle kostbaren Gewebes 3300 Franc bezahlen mußte.[92]

Die Safawiden-Herrscher waren im 17. Jahrhundert nicht nur daran interessiert, daß ausländische Kaufleute im Lande Waren aufkauften, sondern sie richteten ihre Bemühungen auch darauf, iranische Kaufleute im Ausland tätig werden zu lassen. Zur Zeit Abbas II. wurde beispielsweise mehrfach der Versuch unternommen, Seide von iranischen Kaufleuten auf englischen
Abb. 14 Schiffen nach Europa zu bringen. Die Engländer waren jedoch nicht bereit, die Perser regelmäßig in dieser Weise zu unterstützen, da man sie als unliebsame Konkurrenten fürchtete.[93] Die Kaufleute, die im safawidischen Iran Außenhandel betrieben, taten dies als sogenannte »Teilhaber«, die das Kapital »eines Fürsten oder Würdenträgers ... umsetzten und dabei selbst zu Vermögen und Macht gelangten«.[94] Diese Art des Handelsverkehrs war in Vorderasien weit verbreitet und wurde bereits seit Jahrhunderten praktiziert. Man bezeichnet sie als Kommenda.

Nach Thomas Herbert soll Abbas I. um 1628 Tausende »Faktoren« mit Geld, Rohseide oder Teppichen ausgestattet haben. Über diese Kaufleute hätte er im Außenhandel riesige Gewinne erzielt.[95]

Die wichtigsten Textilzentren

Die umfangreiche textile Produktion, für die gewaltige finanzielle Mittel zur Verfügung gestellt wurden, brachte es mit sich, daß die Herstellung textiler Erzeugnisse, allen voran die Seidenweberei, im Iran der Safawiden den wichtigsten Produktionszweig darstellte. Auf Grund der großen Bedeutung, die der Erzeugung von Geweben sowohl in der Wirtschaft als auch im gesellschaftlichen Leben zukam, befanden sich die besten und größten Manufakturen auch stets in den bedeutendsten Städten des Landes.

Herat gehörte im 15. Jahrhundert zu den berühmtesten Stätten islamischer Kultur und war Zentrum des Handels und der Seidenweberei. Bis in die ersten Jahre des 16. Jahrhunderts scheint diese Stadt noch wesentlich an der Textilherstellung beteiligt gewesen zu sein. Im 15. Jahrhundert lebten und arbeiteten hier die bedeutendsten Künstler ihrer Zeit, vor allem Kalligraphen und Maler. Mit Sicherheit beschränkte sich ihr Wirkungsbereich nicht nur auf die Buchillustration. Man kann wohl davon ausgehen, daß sie auch als Entwerfer von Textildessins tätig waren. Während des 16. Jahrhunderts setzten sich, wenngleich eingeschränkt, die Traditionen auf gewerblichem und künstlerischem Gebiet fort. Dabei spielte auch die Tatsache eine Rolle, daß in Herat stets safawidische Prinzen als Gouverneure eingesetzt waren und diese auf die Sicherung einer prächtigen Hofhaltung Wert legten.[96] Beobachtungen europäischer Persienreisender führen uns das deutlich vor Augen. Ludovico de Varthema berichtet z.B. im Jahre 1502, daß es in Herat »eine Fülle von Waren (gibt), vor allem Seide, so daß man an einem Tag hier drei- oder viertausend Kamellasten Seide aufkaufen kann«.[97] Nach der safawidischen Eroberung von Herat verlor die Stadt den Status einer Residenz und mußte ihre führende wirtschaftliche und kulturelle Position, die sie im 15. Jahrhundert inne hatte, im Verlaufe des 16. Jahrhunderts anderen Städten überlassen. Der Krieg zwischen Safawiden und Özbeken beschleunigte den Niedergang noch zusätzlich.

Tabriz gehörte als erste Residenzstadt der Safawiden zu den bedeutendsten kulturellen und wirtschaftlichen Zentren des neuen Reiches. Beeinträchtigt wurde seine Position lediglich durch die Nähe zur osmanischen Grenze und die daraus resultierenden häufigen feindlichen Übergriffe, an die sich mehrmals längere Zeiten osmanischer Besetzung anschlossen. Zumindest seit dem 13. Jahrhundert hatte Tabriz eine Schlüsselstellung im Handel und gehörte zu den bedeutendsten Produktionsstätten für Seidengewebe. Von Marco Polo wissen wir, daß sich die Einwohner von Tabriz »... vorzüglich mit Handel und Manufakturen (beschäftigen), welch letztere in verschiedenen Arten von Seidenstoff bestehen, von denen einige mit Gold durchwebt werden und hoch im Preise sind.«[98] Oderich von Portenau, der sich zur Zeit der Ilchane in Tabriz aufhielt, bezeichnete die Stadt als die »warenreichste ... der damaligen Welt«.[99]

Mit Beginn des 16. Jahrhunderts erlebte Tabriz einen letztmaligen Aufschwung. Unter Ismaʿil I. wurden aus allen Teilen des Reiches Künstler in der Residenzstadt der Safawiden angesiedelt. Vor allem aus Herat brachte man viele Kunstschaffende, unter ihnen Behzad, den wohl berühmtesten Miniaturmaler seiner Zeit, nach Tabriz, das seinen kulturellen und wirtschaftlichen Höhepunkt erreichte und sich zur größten Stadt des Reiches entwickelt hatte. Auf Grund dieser Konstellation bot Tabriz zu Beginn des 16. Jahrhunderts im iranischen Raum die besten Bedingungen für die Entwicklung aller Künste. Zu den dem königlichen Haushalt von Tabriz angeschlossenen Werkstätten gehörten unter anderem auch ein Malerhaus sowie eine Hofweberei. In diesen königlichen Webereien, deren künstlerische Leitung wohl zumeist Maler innehatten, entstanden in safawidischer Zeit die kostbarsten Gewebe. Obwohl Tabriz im 17. Jahrhundert politisch wieder an Bedeutung verlor, scheint die Textilherstellung hier auch weiterhin in großem Maßstab betrieben worden zu sein. Noch Chardin beschreibt Tabriz als Stadt, voll von Werkstätten für die Verarbeitung von Baumwolle, Seide und Gold. Er berichtet, daß hier die schönsten Turbane hergestellt und jährlich 6000 Ballen Seide verbraucht würden.[100] Wie bedeutend die Tabrizer Seidenweberei auch noch im 17. Jahrhundert war und welch hohe gesellschaftliche Anerkennung die im Textilgewerbe Beschäftigten genossen, verdeutlicht die Tatsache, daß der Großwesir von Shah Abbas II. vormals ›Generalintendant‹ der königlichen Werkstätten gewesen war und einer Tabrizer Schneiderfamilie entstammte.[101] Auch haben während des gesamten 17. Jahrhunderts Kaufleute aus Tabriz kostbare Seidengewebe in Esfahan verkauft.[102]

Die zweite Residenzstadt der Safawiden war Qazwin. Zu Zeiten, in denen die Osmanen Tabriz besetzt hielten, wurde Qazwin Sitz des königlichen Hofes. In den Quellen wird vor allem auf die hier ansässige Musselin-Produktion und die rege Handelstätigkeit verwiesen.[103] Della Valle zufolge soll Qazwin nach dem endgültigen Weggang des Hofes einen raschen Niedergang erlebt haben.[104] Olearius zog auf seinem Weg nach Esfahan durch Qazwin. Er beschreibt Qazwin als eine Stadt von hunderttausend Einwohnern und zwei ansehnlichen Handelsplätzen (meidan), auf welchen »war groß wandeln und handeln / und kunte man allerhand wahren umb einen billigen Kauff haben ... Man findet auch allhier sehr viel wolgebawete Carawansern (Karawansereien) für die fremden Kaufleute«.[105]

Abb. 16 Zu den bedeutendsten Textilzentren des 16. und 17. Jahrhunderts gehörten zweifellos Kashan und Yazd. Schon in vorsafawidischer Zeit konzentrierte sich hier das Textilgewerbe. Europäische Reisende berichten immer wieder von den hervorragenden Seidengeweben aus Kashan. Wegen der hohen Qualität der hier hergestellten Stoffe waren Kaufleute aus Europa besonders daran interessiert, Seiden aus dieser Stadt zu erwerben. Im Jahre 1509 z. B. nahm ein englischer Kaufmann namens Jeffrey Ducket erhebliche persönliche Gefahren auf sich, nur um in Kashan Gewürze, Türkise und vor allem Seidenstoffe aufzukaufen.[106] Don Figueroa, der zu Zeiten von Abbas I. in Kashan weilte, berichtet, daß hier »die herrlichsten Seidenstoffe und feinsten Teppiche ... gewebt (wurden)«.[107] Darüber hinaus schildert er Kashan als eine »der größten, vornehmsten Handelsstädte Persiens«.[108] Della Valle, der fast zur gleichen Zeit die Stadt besuchte, unterscheidet drei Arten von Seidenstoffen, die hier hergestellt wurden: 1. Für Männer breite und lange Schärpen, die um den Körper geschlungen wurden und sich durch ein zartes Blatt- und Blütenmuster, mit oder ohne Goldstreifen, auszeichneten. 2. Seiden ohne Broschierung mit Schrift und figürlichen Darstellungen, wie Männer, Frauen und Tiere. 3. Seiden, die sich von diesen lediglich durch ihre Gold- und Silberbroschierung unterscheiden und ausschließlich für Frauenbekleidung bzw. Sitzkissen, Vorhänge und ähnliche Haushaltwaren verwendet wurden.[109] Darüber hinaus sollen nach Della Valle in Kashan auch Tuche hergestellt worden sein, deren Qualität jedoch mangelhaft war.[110] Olearius beschreibt Kashan ebenfalls als eines der wichtigsten Wirtschaftszentren des

Abb. 16 Iran. Wir lesen: »Kaschan ist eine von den Volckreichesten und fürnembsten Handelsstädden in Persien / daher es neben vielen schönen grossen Häusern / viel herrliche Carwansera, und einen überaus köstlichen Basar und Maidan, welcher unten und oben mit ansehnlichen Gewölben / Gallerien und Gemächern so wol gebawet / dergleichen wir noch nie gesehen hatten. In denselben befinden sich neben den Persern allerhand Nationen / sonderlich viel Indianer (Inder) / so jegliche in absonderlichen (gesonderten) Orten ihre Handlung betreiben. Wie auch die Handwerker / am allermeisten aber Gülden Stück= und Seidenwirker (Weber) / die in offene Gemächern heuffig arbeiten / daß sie jederman sehen kan.«[111] Auf die Bedeutung Kashans als Handelszentrum, vor allem auch für Gewebe, weist auch Johann Cartwright hin, der 1603 nach Kashan kam. Er äußert die Meinung, daß nach »London ... nicht so viel feines Tuch gebracht (würde) als Seide nach Kashan«.[112] Auch als Chardin gegen Mitte des 17. Jahrhunderts im Iran weilte, gehörte Kashan noch zu den Zentren der Textilherstellung, vor allem der Samtproduktion.[113]

Hinweise darauf, daß Kashan in safawidischer Zeit eines der bedeutendsten Zentren der Seidenweberei war, finden sich auch in persischen Quellen. In dem ca. 1603 verfaßten Traktat des Qazi Ahmed, Sohn des Mir Munshi, wird von Kashan als dem seit zehn Jahren wichtigsten Platz in den Handwerkskünsten gesprochen.[114] Das aus dem 17. Jahrhundert stammende Vademekum des Basars von Esfahan nennt zwei Karawansereien, in denen Kaufleute aus Kashan Handel trieben. »In beiden Karvansarais finden sich Waren aus Kashan, wie Goldbrokat, Kattun, L.Č.H.-Stoff, Tafsile-Stoff und Tshahar-Kari-Stoff.«[115] Auch im 17. Jahrhundert scheinen also die Erzeugnisse der textilen Produktion weiterhin die bedeutendsten Waren dieser Stadt gewesen zu sein. Der Autor des im Jahre 1725 für Nader Shah verfaßten ›Tahrirat al-Muluk‹ nennt bei der Darlegung des amtlichen Vorganges der Festlegung von Textilpreisen als Beispiel ausdrücklich Stoffe aus Kashan. Darüber hinaus verweist er auf den Umstand, daß bestimmte Ehrengewänder, unabhängig davon, ob sie in Kashan oder Esfahan genäht wurden, in die »Schneiderwerkstatt der Emire« gebracht werden müßten.[116] Noch zu Beginn des 18. Jahrhunderts wurden also Stoffe aus Kashan als besonders kostbar angesehen.

Wie bereits kurz erwähnt, gehört auch Yazd zu den Städten, in denen jahrhundertelang hervorragende Seidengewebe produziert wurden. Bereits Qazwini berichtete darüber, daß Yazd wegen der dort hergestellten besonders feinen Seidengewebe berühmt war.[117] Marco Polo beschrieb Yazd als »eine beträchtliche Stadt in den Grenzen Persiens, die viel Handel hat. Eine Art Seidenzeug, was daselbst gefertigt wird, ist bekannt unter dem Namen Yaschi und wird von dort durch die Kaufleute in alle Gegenden der Welt geführt.«[118] Aus dem 15. Jahrhundert gibt es Berichte über den Kauf von Satin und Musselin aus Yazd.[119] J. Barbaro, der ebenfalls im 15. Jahrhundert (1471–72) den Iran bereiste, fand in Yazd »zahlreiche Weber und Seidenbauern« vor.[120] Die Stadt galt darüber hinaus als eines der Zentren der Samtherstellung. Diese Gewebeart wurde nach Chardin noch bis in das 18. Jahrhundert in Yazd produziert. Aus Yazd stammte auch Giyas, der wohl der berühmteste Weber von figurengeschmückten Stoffen in safawidischer Zeit war. Zahlreiche Gewebe, die seinen Namenszug tragen, sind bis heute erhalten geblieben. Sie stammen im wesentlichen aus der zweiten Hälfte des 16. Jahrhunderts, müssen jedoch nicht notwendigerweise in Yazd gearbeitet worden sein.

Händler aus Yazd verkauften im 17. Jahrhundert im Gewerbehof von Esfahan Stoffe verschiedener Art. Darüber hinaus gab es noch eine gesonderte Karawanserei der Yazder, wo man unter anderem L.Č.H.-Stoff und tafsile-Stoff erhalten konnte.[121] Ferner kamen aus Yazd »gute Waren, wie Goldbrokat, mit Goldfäden verzierte Turban-Stoffe und alle Arten von Stoff, die man sich wünscht«.[122]

Abb. 17 Esfahan, von 1599 bis 1722 Residenzstadt der Safawiden, war während dieser Zeit das uneingeschränkte wirtschaftliche, politische und kulturelle Zentrum des Reiches. Unter Abbas I. wurde hier eine Hofweberei gegründet, deren Erzeugnisse auch den Stil der in den anderen Textilzentren gewebten Stoffe entscheidend prägten. Es ist anzunehmen, daß die kostbarsten aus dieser Zeit erhalten gebliebenen Textilien Produkte der Esfahaner Webereien sind. Durch Pater Raphaël Du Mans, der lange Zeit als Vorsteher des Kapuzinerklosters in Esfahan lebte, sind wir davon unterrichtet, daß hier seit dem frühen 17. Jahrhundert eine Hofmanufaktur arbeitete, in der seidene Textilien mit Figuren hergestellt wurden.[123] In Esfahan befanden sich im 17. und frühen 18. Jahrhundert auch die königliche Schneiderei und die Schneiderwerkstatt der Emire. Die hier verarbeiteten Textilien stammten größtenteils aus der königlichen Weberei. Darüber hinaus verwendete man aber auch in den Provinzen hergestellte Stoffe sowie in Esfahan angekaufte Gewebe.[124]

Außer in diesen zweifellos bedeutendsten, die textile Produktion des safawidischen Iran bestimmenden Zentren der Seidenweberei arbeiteten jedoch auch noch in anderen Orten Textilwerkstätten. Aus Rasht z.B. stammt eines der wenigen datierten Gewebe. Es handelt sich dabei um ein seidenes Grabtuch aus dem Schrein von Mashhed. Die eingewebte Inschrift enthält den Namen des Webers und gibt das Herstellungsdatum an (952 H./1545 u.Z.).[125] Außer dieser gestreiften Seide, deren einziger Schmuck kunstvoll gestaltete Schriftbänder sind, gibt es nur noch wenige Hinweise auf Rasht als Produktionsort für Textilien. Im Vademekum des Basars von Esfahan wird auf das Dorf Mah-Abad in der Nähe von Kashan verwiesen, in dem »alle Einwohner Weber« waren, die Futterstoffe sowie Leinwand herstellten und in einer eigenen Karawanserei in Esfahan Handel trieben.[126]

In Shiraz soll man in ilchanidischer Zeit besonders feine Seidengewebe hergestellt und auch später einen »gewaltig große(n) Handel mit Gold- und Seidenstoffen getrieben« haben.[127]

Über Shamakha, eine weitere Stadt, in der Seiden in größerem Umfang hergestellt wurden, berichtet Olearius in seiner Reisebeschreibung: »Ihre (der Einwohner) meiste Hantierung ist Seide und Baumwolle spinnen, weben und wirken. Sie haben ... einen großen Markt ..., in welchem sie ihre Buden mit allerhand Waren – Kattun, Seide, Silber- und Goldstoff ..., die man um ein billiges kaufen kann, angefüllt haben. Es sind auch am Markte zwei Pack- oder Handelshäuser ..., in welche die fremden Kaufleute gehen und ihre Waren ins große verhandeln.«[128] Weitere Hinweise auf Städte, in denen Textilien hergestellt wurden, liefert die Beschreibung der Geschenke, die von einer persischen Gesandtschaft anläßlich der Thronbesteigung Selim II. überbracht worden sind. Zu diesen gehörten unter anderem »Mützen von Chadschan ..., Schürzen von Merujan, Tapeten von Darabdscherd ..., leichte Seidenzeuge von Jesd ..., Kleider von Besa«.[129] Ferner wird bei dieser Gelegenheit auch auf textile Erzeugnisse aus Hamadan, Dargesin und Qum verwiesen.

Im 18. Jahrhundert ließ die Qualität der Seidenweberei auf iranischem Gebiet deutlich nach. Eine Luxusware, wie man sie in den vorangegangenen zwei Jahrhunderten herstellte, wurde nicht mehr gewebt. In den ehemaligen Textilzentren verringerte sich die Produktion erheblich, so daß man im 18. Jahrhundert von einem langsamen Auslaufen der Produktion in den alten Zentren der Seidenweberei sprechen kann. Die Ursachen hierfür sind vor allem im Niedergang des Handels und in der völlig zerrütteten Wirtschaft des politisch zersplitterten Iran zu sehen. Der nicht zuletzt daraus folgende Mangel an zahlungskräftigen Auftraggebern dürfte auf die Produktion von Seiden ebenfalls seine Auswirkungen gehabt haben. Eng mit den bestehenden wirtschaftlichen und politischen Verhältnissen verbunden ist auch das geringer werdende europäische Interesse am Iran als Handelspartner, wodurch sich die Absatzmöglichkeiten für Seiden noch zusätzlich verringerten. Durch diese Umstände und auf Grund der Tatsache, daß Iran im internationalen Handel kaum noch eine Rolle spielte, entwickelte sich im 18. Jahrhundert eine Seidenweberei, die weniger kostspielige Stoffe als in den vergangenen Jahrhunderten produzierte. Die Muster wurden kleinteiliger, wobei die Musterschüsse nur selten über die gesamte Breite eingewebt waren. Der neue kleinteilige Blumenstil konnte allerdings über das gesamte 18. und 19. Jahrhundert hinweg in einer unter diesen Verhältnissen erstaunlichen Qualität gehalten werden.

Obwohl es anhand persischer Quellen und europäischer Reiseberichte möglich ist, die wichtigsten Textilzentren in safawidischer Zeit zu benennen, ist die Zuordnung einzelner Gewebe zu bestimmten Herstellungsorten noch nicht gesichert. Eine eindeutige Lokalisierung von Textilien ist nur dann möglich, wenn Hinweise, wie z.B. Signaturen oder Fundumstände, vorhanden sind, die auf einen bestimmten Herstellungsort schließen lassen. Auch exakte, systematisch vorgenommene technische Analysen können in diesem Zusammenhang zu weiteren Ergebnissen führen.

Die Organisation des Textilhandwerks

In safawidischer Zeit lassen sich im wesentlichen zwei Organisationsformen des Handwerks unterscheiden. Es handelt sich dabei zum einen um die zum sogenannten buyutat gehörenden Werkstätten des Hofes, denen auch stets eine Weberei angeschlossen war, und zum anderen um Handwerker, die innerhalb städtischer Berufsorganisationen, asnaf genannt, arbeiteten. Beide Produktionsformen waren gleichermaßen für die Organisation des Handwerks im allgemeinen wie auch für die des Textilhandwerks im besonderen kennzeichnend. Zwischen den buyutat-Werkstätten und den städtischen Berufsorganisationen bestanden Verbindungen, die zum Teil arbeitsteiligen Charakter hatten. Einerseits konnten Handwerker in einer Art Frondienst zu unbezahlten Arbeiten für die Hofwerkstätten verpflichtet werden, andererseits wurden bestimmte Teilleistungen innerhalb der Produktion der Hofwerkstätten von städtischen Handwerkern auf Auftragsbasis erbracht. Im Bereich der Textilherstellung betraute man Handwerker, die nicht im buyutat organisiert waren, zeitweise z.B. mit dem Einfärben von Leinen sowie der Herstellung von Gold- und Silberfäden. Von der buyutat-Administration wurden diese Arbeiten nach einem festen Tarif bezahlt.[130]

Bei den buyutat-Werkstätten muß man zwischen dem königlichen buyutat, der ausschließlich für den Bedarf des Hofes arbeitete, und jenen Produktionsstätten, die zum Haushalt der Provinzgouverneure gehörten, unterscheiden. Letztere waren jedoch dazu verpflichtet, einen Teil ihrer Produktion an den Shah abzuliefern. Das betraf z.B. jene Textilien, deren Preis durch den nazer-e buyutat, den ›Vorsteher des (königlichen) Hausstandes‹, unter Hinzuziehung von ›Experten‹ festgelegt worden war. Auf der Grundlage der Preislisten erfolgte dann die Bestellung der Textilien in den Provinzen. Die Gesamteinkaufssumme wurde den Wesiren und Gouverneuren auf das von ihnen zu erbringende Steueraufkommen jeweils gutgeschrieben.[131]

Der nazer-e buyutat gehörte zu den mächtigsten und einflußreichsten Beamten des safawidischen Reiches. Unter Abbas II. wurde ein nazer-e buyutat namens Muhammed Beg sogar Großwesir. Er nutzte seine Macht unter anderem dazu, seinem Bruder, Hasan Beg, das Amt des Vorstehers der »Hofschneiderei für Ehrengewänder und großkönigliche Garderobe« zu übertragen.[132] Zur Zeit Chardin's sollen in dieser Werkstatt 180 Schneider beschäftigt gewesen sein.[133]

Einen Einblick in die Organisation der Hofweberei gibt Kaempfer. »Die Hofweberei besteht aus verschiedenen Webstuben, in denen Seidenstoffe sowie Gold- und Silberbrokate verfertigt werden. Die Aufsicht über die Hofweberei führt der Vorsteher der Kaufleute, der die Auswahl der Muster, die Bereitstellung der Rohstoffe und die Aufbewahrung der fertigen Wirkwaren regelt und überwacht. Darüber hinaus unterstehen ihm alle jene Hofwerkstätten, die den Kleiderbedarf der Hofhaltung zu befriedigen haben.«[134] An anderer Stelle schreibt er ergänzend dazu, daß der Vorsteher der Kaufleute »die Aufsicht über die königlichen Weber-, Schneider-, Färber- und Seiden-

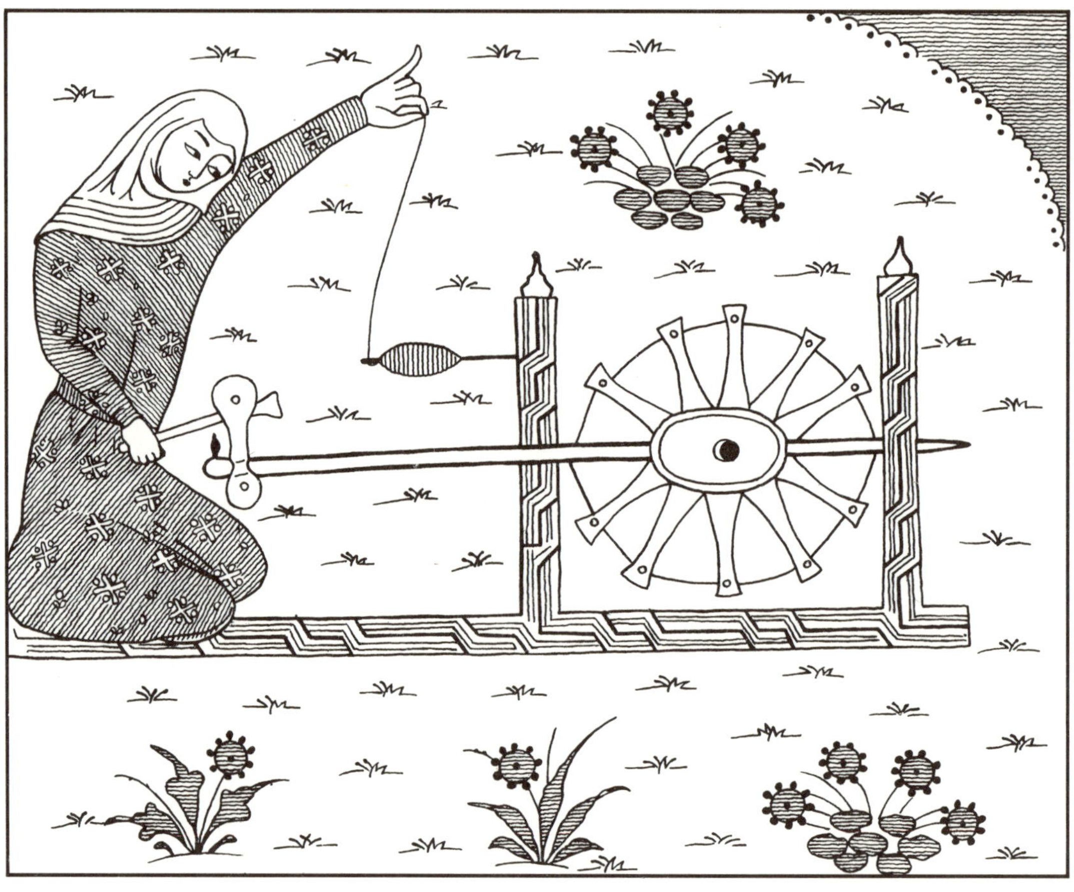

Frau am Spinnrad, Miniatur, Iran, 15. Jahrhundert (nach: B. Lewis, World of Islam, London 1976, pl. 34)

Kardieren der Fasern, Miniatur, Iran, 15. Jahrhundert
(nach: B. Lewis, The World of Islam, pl. 32)

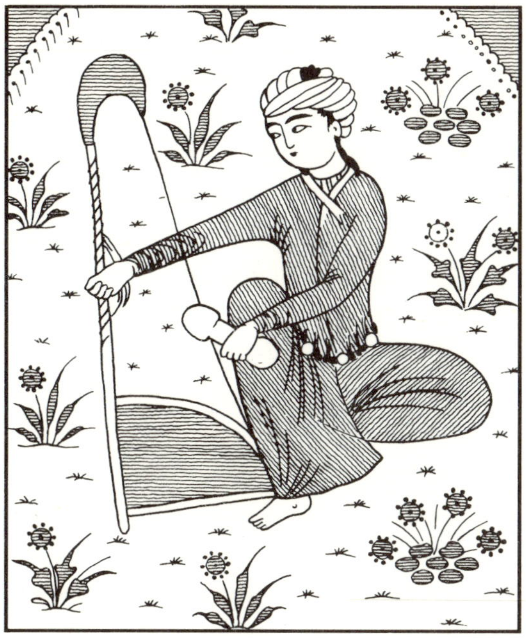

stickerwerkstätten (führt) ... (und) zugleich des Königs Großkaufmann und Handelsberater (ist)«.[135] Die in den königlichen Werkstätten beschäftigten Handwerker waren wohl im allgemeinen wirtschaftlich wesentlich besser gestellt als die in den asnaf organisierten. Das für Nader Shah verfertigte Handbuch zur Führung von Staatsgeschäften gibt Richtlinien darüber, wie die Handwerker zu behandeln seien. In schriftlichen Ernennungsurkunden solle der Lohn der Handwerker festgelegt werden, der in Einzelfällen bis zu 55 Tuman, meistens jedoch weniger als 2 Tuman jährlich bei freier Verpflegung betrage. Der Lohn werde im Durchschnitt aller drei Jahre erhöht. Die auf Lebenszeit eingestellten Handwerker hätten im Krankheitsfall Anspruch auf die Behandlung durch den Hofarzt und den Hofdrogisten, und auch bei geringer werdender Arbeitsproduktivität erfolge keine Lohnminderung. Sind die Kinder der Handwerker zwölf bis fünfzehn Jahre alt, sollten auch sie in den Dienst genommen werden, wobei sie nach dem Tod des Vaters Anspruch auf dessen Lohn hätten.[136] Bei dieser Schilderung darf man allerdings nicht verkennen, daß ein erstrebenswerter Idealzustand beschrieben wurde. Die Verwirklichung der genannten Bestimmungen dürfte wohl stets die Ausnahme, nie aber die Regel gewesen sein.

Welch hohen gesellschaftlichen Rang allerdings ein in den Diensten des Shah stehender Weber einnehmen konnte, belegt die Existenz des Khodsha Ghiyas ad-Din Ali. Er gehörte zweifellos zu den berühmtesten Künstlern seiner Zeit. Die von ihm entworfenen Gewebemuster waren textile Miniaturen und legen noch heute Zeugnis von der hohen Kunstfertigkeit ihres Schöpfers ab. Seiner Größe scheint sich dieser Künstler voll bewußt gewesen zu sein, da er seine Arbeiten signierte. Geboren wurde Ghiyas in Yazd. Dort ließ er sich ein sehr schönes Haus erbauen, in welchem er inmitten großen Reichtums und Luxus lebte. Häufig hielt sich Ghiyas am Hofe Abbas I. auf, zu dessen intimsten Höflingen er gehörte. In einem 1671 verfaßten Werk wird Ghiyas als Liebling der Mächtigen und als eine schillernde und hochverehrte Persönlichkeit beschrieben. Er soll auch die Kunst der Versdichtung beherrscht haben. Dieser Weber war weit über die Grenzen seines Landes hinaus berühmt. Angeblich ließen ihm sogar ausländische Herrscher Geschenke überbringen. Zur Zeit der Niederschrift des obengenannten Werkes sollen noch Nachfahren des Künstlers in seinem Haus in Yazd gelebt und hohes Ansehen genossen haben.

Die in den königlichen Webereien hergestellten kostbaren Textilien übergab man dem Leiter des königlichen Schatzes, der dann die besten Stoffe zum Zurechtschneiden von Gewändern für den königlichen Haushalt an die Schneiderwerkstatt auszuliefern hatte.[137]

Über die Bedeutung, die den städtischen Berufsorganisationen in safawidischer Zeit in der Wirtschaft zukam, ist nur wenig bekannt. In ihrer Organisationsstruktur glichen sie dem Aufbau religiöser Orden.[138] Wie bei letzteren wurde auch in den Handwerksorganisationen zwischen Meister, Geselle und Lehrling unterschieden. Jedes Handwerk hatte seine eigene Organisation, die in ökonomischer Hinsicht beim Ankauf größerer Mengen kostbaren Materials als eine Art Kooperative auftrat. Darüber hinaus erhielten Mitglieder in Zeiten der Not wohl auch Unterstützung durch ihre Berufsorganisation,[139] deren sonstige Befugnisse in safawidischer Zeit jedoch begrenzt waren. Die ihnen vom safawidischen Staat zugewiesene Hauptaufgabe war das Organisieren des Einzugs der von den Handwerkern zu zahlenden Steuern.[140] In der

Verfügungsgewalt der asnaf lag noch nicht einmal die unabhängige Wahl der Ältesten der einzelnen Berufsorganisationen. Hatte man sich auf eine Person geeinigt, so mußten ein schriftliches Zeugnis ausgestellt und der Lohn festgelegt werden. Erst wenn dieses Dokument durch einen Beamten (naqib) des Shah gesiegelt und damit legalisiert war, erhielt die Berufsorganisation die notwendige Bestätigung des kalandar. Während der ersten drei Monate jedes Jahres wurden die Vertreter aller Handwerkszweige durch den naqib vorgeladen, um die Höhe des Steueraufkommens der einzelnen Berufsorganisationen festzulegen. Darüber hinaus mußte der staatlichen Verwaltung monatlich durch die Ältesten der asnaf eine Zusicherung fester Preise für die einzelnen Waren der verschiedenen Berufsorganisationen gegeben werden. Nach dieser von staatlicher Seite wesentlich zu ihren Gunsten beeinflußten Preisliste erfolgte auch der Einkauf von Gütern, die der Hof für seine Werkstätten benötigte, wozu in Esfahan im besonderen Textilien gehörten.[141] Diese geringe Autonomie und Verfügungsgewalt der asnaf ist wohl eine wesentliche Ursache dafür, daß sie keinen größeren Einfluß auf die Wirtschaft und Politik des Landes ausübten.

Die lokale Verteilung des städtischen Handwerks war festen Regeln unterworfen. Informationen darüber liefern uns vor allem europäische Reiseberichte. Bei Olearius lesen wir, daß »die Handwerker von allerhand Art ... nebeneinander in ihren Werkstätten ihre Hantierung treiben ... denn sie sitzen ... öffentlich am Markte in dazu verordneten Gassen und Gewölben. Die meisten Handwerker sind Weber und Färber oder Blumenmaler, welche mit Baumwolle und Seide umgeben, die sie gar artig im Zeug, auch zu Goldstoff (kein Stück über zehn oder zwölf Ellen lang, soviel zu einem persischen Rocke nötig) bereiten. Was nicht in Kleider verarbeitet, wird neben der Baumwolle und rohen Seide außerhalb des Landes mit großem Gewinn verhandelt.«[142] Ein anderer europäischer Reisender, der zur Zeit Abbas I. im Iran weilte, schreibt, daß Handwerker einer Sparte »alle zusammen auf einer Straße wohnen müssen und sich nicht mit den anderen Geschäftsleuten vermengen dürfen, so auf einer andern Straße wohnen. (Das heißt, daß) alle ... Gold- und Silberstoffweber für sich, Tapetenweber für sich« auf einer Straße lebten.[143] Ähnliches berichtet Olearius aus Ardebil, wo auf dem großen Marktplatz die Handwerker jeglicher Zunft gesondert tätig waren.[144] Auch in Kashan arbeiteten die einzelnen Berufsorganisationen lokal voneinander getrennt. Die meisten Handwerker waren nach Olearius »Goldstoff- und Seidenwirker, die häufig in offenen Gemächern arbeiteten, daß sie jedermann sehen kann«.[145] Demgegenüber lesen wir bei Kaempfer, daß mit »Ausnahme der Webereien ... alle Werkstätten offen an der Straße liegen, so daß jeder Vorübergehende hineinsehen kann«.[146] Auf eine weitere Eigenart der lokalen Verteilung verweist Olearius. Im Zusammenhang mit der Tatsache, daß in den Galerien der Ostseite des Maidan-e Shah in Esfahan Werkstätten nach den einzelnen Gewerken getrennt untergebracht sind, schreibt er, daß »die Perser nicht oder gar wenig in ihren Wohnhäusern arbeiten / ... weil sie ihre Hanthierung öffentlich treiben«.[147] Daher findet sich in den Städten auch eine recht klare Unterteilung in Geschäfts- und Wohnviertel. Im Gegensatz zum ersteren legte man im letztgenannten Bereich größten Wert darauf, Öffentlichkeit soweit wie möglich zu vermeiden.

Von der Kleidung der »Persianer«

Aus Reisebeschreibungen und durch die Miniaturmalerei sind wir darüber informiert, wie sich im Iran der Safawiden der elegante Herr und die modebewußte Dame kleideten. Dabei können wir feststellen, daß es vom 16. zum 17. Jahrhundert sowie im Verlaufe des 17. Jahrhunderts durchaus zu Veränderungen in der Mode kam.

Wenn wir uns einen Überblick über die Bekleidungssitten im Iran des 16. Jahrhunderts verschaffen wollen, sind wir fast ausschließlich auf die Informationen angewiesen, die uns die Miniaturen liefern. Bei einer Durchsicht des Materials läßt sich sowohl für Männer als auch für Frauen ein allgemein üblicher Grundtyp der Bekleidung erkennen. Der ›safawidische Herr‹ trug über einem langärmeligen hemdartigen Kleidungsstück, das z. T. bis zu den Knien reichen konnte, und einer langen, eng anliegenden Hose ein fast bis zu den Knöcheln herabfallendes, meist kurzärmeliges, zum Teil aber auch langärmeliges Gewand. Dieses Überkleid war vorn geöffnet und wurde entweder übereinandergeschlagen getragen oder war über der Brust zugeknöpft. *Abb. 20* Stets hielt es in der Taille ein schmaler, rosettenbesetzter Gürtel zusammen, um den noch zusätzlich ein dünnes, schalartiges Tuch geschlungen werden konnte. Höhergestellte Pesönlichkeiten trugen darüber außerdem ein langes mantelartiges Gewand mit kurzem Arm, das über der Brust mit Knöpfen zu verschließen war. Verschiedenartige Turbane oder kappenartige Kopfbedeckungen vervollständigten den Anzug. Eine Abweichung von diesem Grundtyp ist das kurze Überkleid. Es wurde vor allem von arbeitenden Menschen, aber auch von Kriegern und Jägern getragen und entstand auf Grund praktischer Erwägungen, um dem Träger dadurch eine größere Bewegungsfreiheit zu verschaffen. Ähnliche Überlegungen werden auch bei der Manier, die vorderen unteren Zipfel des langen Kleides hochzuschlagen und am Gürtel zu befestigen, eine Rolle gespielt haben. Vor allem Reiter bevorzugten diese Bekleidungsvariante.

Die Kleidung der Frauen unterschied sich von der der Männer nicht so stark, wie es z.B. im zeitgenössischen Europa der Fall war. Die Damen der Gesellschaft trugen ebenfalls ein langes Unterhemd sowie lange, eng anliegende Beinkleider und dazu ein langärmeliges, bis zu den Knöcheln reichendes, meist gegürtetes Überkleid, dessen oberer Abschnitt bis zur Taille geöffnet war. Darüber konnte noch der mantelartige Überrock mit kurzem Ärmel getragen werden, der nicht geschlossen wurde. Zur vollständigen Bekleidung gehörte eine Kopfbedeckung, meist in Form eines Kopftuches. Will man den Miniaturen Glauben schenken, so war die Bekleidung sowohl für Männer als auch für Frauen recht farbenfroh und zum Teil außergewöhnlich reich gemustert, wobei häufig Gold- und Silberfäden Verwendung fanden. Betrachtet man dazu die Zeichnung der locker und fließend fallenden Gewänder, so kann wohl davon ausgegangen werden, daß für die Anfertigung von Kleidung Seide neben Baumwolle das bevorzugte Material war. Mit Sicherheit haben einige der kostbaren, uns aus dem 16. Jahrhundert erhalten gebliebenen Seiden der Herstellung von Kleidern gedient.

Bereits gegen Ende des 16. Jahrhunderts scheint es in der Bekleidung zu geringfügigen Veränderungen gekommen zu sein. Bei Durchsicht der Miniaturen ist zu bemerken, daß anstelle des rosettenbesetzten Gürtels zunehmend der locker um die Taille geschlungene und vorn verknotete Seidenschal trat. Die Kopfbedeckungen erfuhren eine Bereicherung durch neue Mützenformen, und der Turban wurde jetzt lockerer und großzügiger als vorher gewunden. Die Frauenmode des ausgehenden 16. Jahrhunderts kennzeichneten weite, leger fallende Hosenkleider. Auf der Straße jedoch zeigten sich die Frauen sowohl im 16. als auch im 17. Jahrhundert und später stets in einen weiten, den gesamten Körper verhüllenden Überwurf gekleidet. Lediglich ein schmaler Spalt für die Augen konnte freigelassen werden. Häufig war jedoch nicht einmal dies gestattet. Dann verdeckte man die Augenpartie mit durchsichtiger Gaze. Diese Sitte hat sich bis heute bei strenggläubigen Moslems erhalten. Ziel der Verhüllung ist es, die Frauen nicht den bewertenden und begehrenden Blicken fremder Männer auszusetzen, bzw. Männer nicht durch den Anblick schöner Frauen zu verführen und abzulenken. Um die ›Nachteile‹ dieser Bekleidungsart zu verdeutlichen, zitiert Olearius den persischen Dichter Saʿadi: »Viel schätzt man schön / wenn sie im Tuch verhüllt gehen. Die doch / wenn sie entblösst / als alte Mütter gehen.«[148]

Wie Männer und Frauen im Iran der 30er Jahre des 17. Jahrhunderts gekleidet waren, beschreibt Olearius ausführlich in zwei gesonderten Kapiteln seines Buches. Er berichtet »von der Kleidung der Persianer« und zwar sowohl »der Mannes Personen«[149] als auch »von der Weiber Kleidung«.[150] Auch Della Valle und Chardin äußerten sich zur Mode im safawidischen Iran des 17. Jahrhunderts. Della Valle, der 1617/18 mehrere Länder Vorderasiens sowie Indien bereiste, hatte es sich zur Gewohnheit gemacht, immer der jeweiligen Landessitte entsprechend gekleidet zu sein. Als er 1617 in Esfahan eintraf, paßte er sein gesamtes Äußeres dem persischen Geschmack an. Vor allem aber ließ er sich seinen syrischen ›Gewaltsbart‹ abschneiden und übernahm die persische Barttracht. Das hieß, »die Wangen und das Kinn glattrasiert und einen Schnurrbart mit zwei allerweltslangen Schwänzen bis zur Mitte der Wange, und ja nicht etwa herabhängend, wie sie das Volk und die meisten tragen, sondern gezwirbelt, und wenn auch nicht gerade aufwärts, wie es daheim unsere Mode alla bizzarra erheischt, so wenigstens waagrecht hinausgezogen, wie ich erfahren habe, dass auch der persische König sie zu tragen liebe. Kurzum, ich verwandelte mich dermassen, dass wohl keiner, der mich in der Türkei gekannt hatte, mich je wieder erkennen würde.«[151] Er äußerte sich auch über das zu Kleidern verarbeitete Material und schreibt, daß zu der Zeit, als er Persien bereiste, »alle ... Seiden- und Goldstoffe ... nur zu Frauenkleidern oder Kissen, Decken und zu ähnlichem Wohnbedarf Verwendung fanden. Die Männerkleidung jedoch ausschließlich aus Baumwolle verfertigt wurde, und zwar von einer einzigen, aber erlesenen und glänzenden Farbe. Ein solches Kleid wechselt man alle Tage, und wenn man's vier- bis sechsmal getragen hat, ist es schon schäbig, so dass man es ablegt und einem Diener schenkt.«[152] Die große Menge der dadurch benötigten Kleider hätte zur Folge, daß dem Einzelnen baumwollene Bekleidung insgesamt gesehen fast genauso teuer käme wie seidene. Er berichtet weiter, daß »diese Sitte der gegenwärtige König (Abbas I.) eingeführt (hat), ... damit die Seide nicht so sehr in seinem eigenen Reich verbraucht, sondern exportiert werde und damit auf diese Weise um so mehr Geld nach Persien fliesse.«[153] Doch scheint diese Verfügung, wenn sie überhaupt jemals vollständig befolgt wurde, bereits unter dem Nachfolger von Abbas I. wieder völlig aufgehoben worden zu sein. Es erwies sich als unmöglich, das Schmuckbedürfnis der begüterten Kreise der Bevölkerung auf Dauer in so hohem Maße einzuschränken.

Als sich Olearius in den 30er Jahren des 17. Jahrhunderts in Persien aufhielt, war es bereits wieder selbstverständlich, daß sich auch Männer in Seide

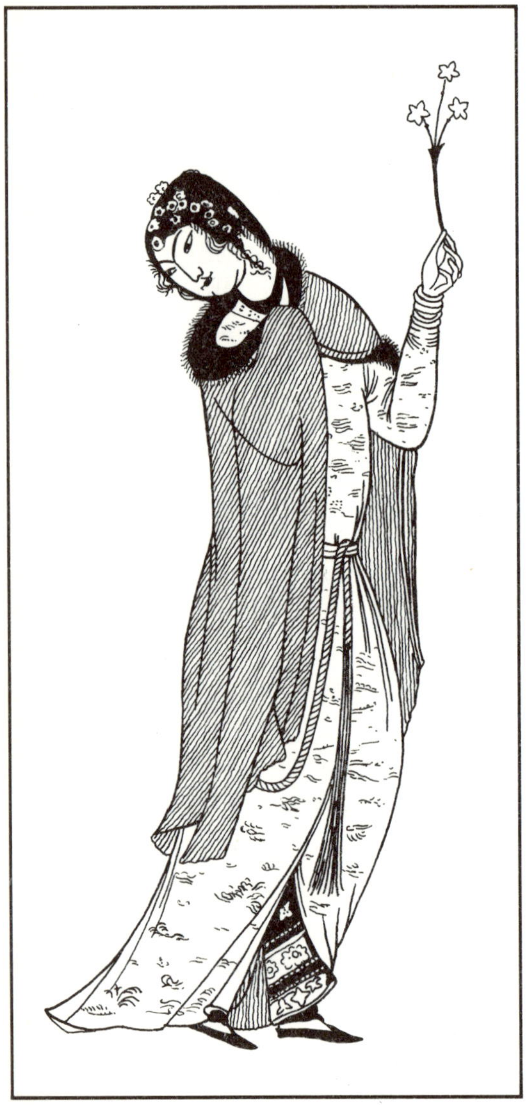

Elegant gekleidete Dame des 16. Jahrhunderts, Miniatur, Iran, 16. Jahrhundert (nach: I. Stchoukine, Les peintures des manuscrits de Shāh ʿAbbās I. à la fine de Safavis, Paris 1964, pl. XXVIII)

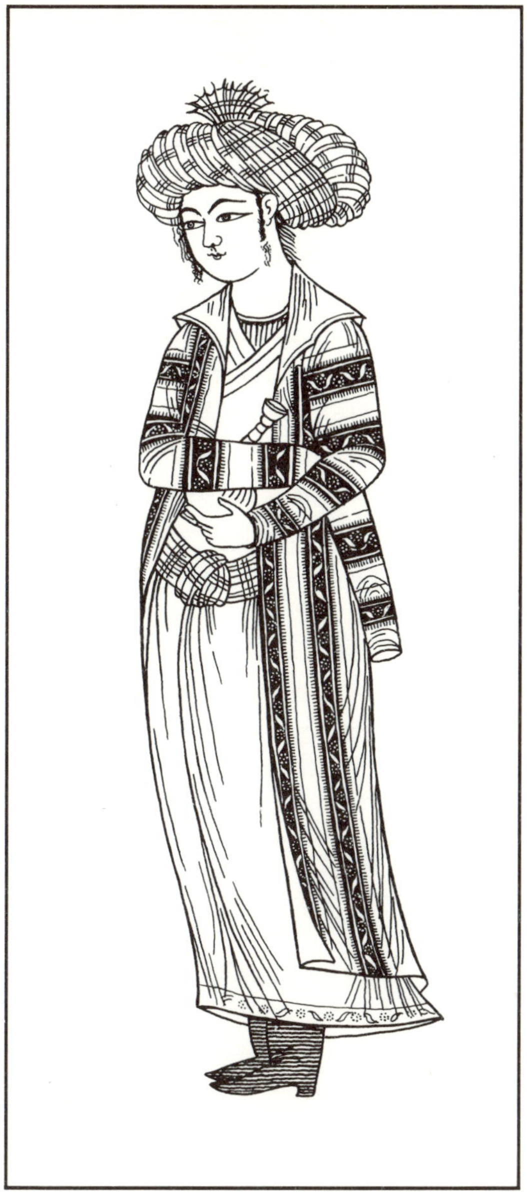

Ein vornehmer Herr zu Beginn des 17. Jahrhunderts, Miniatur, Iran, Schule des Reza-e Abbasi (nach: N. Karpova (Ed.), Iranian Miniatures)

kleideten. Ihn beeindruckte vor allem die für seine Begriffe ›weibische‹ Kleidung der Männer, in der sie »von ferne als Weiber anzusehen«[154] waren. »Die Männer tragen auff dem Kopffe grosse dicke von Cattun oder seiden Binden über einander gewundene Bunde / Mendil genandt / synd gemeiniglich bundstreiffficht gewircket (gewebt) / derenetliche mit güldenen Faden durchzogen / seynd gemeiniglich 16. und 18. Ellen lang. Der Geistlichen ... ihre Bunde seynd in gemein weis / wie auch ihre andere Kleider. Etliche lassen an den Mendilen hinten einen Zipffel von einer halben Ellen herunter hangen / etliche auch nicht ... die sich von Mahumeds Geschlecht rühmen / und dessen Nachkommen seyn wollen / tragen an solchen Zipffel nur grüne Farbe / oder sollen sie doch tragen / wie wol es etliche aus Hoffahrt unterlassen. Etliche Perser / auch grosse Herren tragen rauche Mützen / inwendig und außwendig von krausen Bucharischen Schaff Fellen überzogen : An den Umbschlägen hänget die Wolle über Fingers lang herunter / ist weich als Seide anzugreifen / und werden solche Mützen so hoch / als bey uns die Castor Hüte beliebet / muß auch eine / wenn sie schön ist / 50. March Lübsch oder über 16. Reichsthl. gelten / solche Mendilen und Mützen tragen sie Winter und Sommer / und ist zu verwundern / wie sie des Sommers in so grosser Hitze den Kopff in solchen Mendilen und Mützen so warm halten können ... Solche Mützen und Bunde nehmen sie nicht ab / weder wenn sie beten / noch wenn sie vor Fürnehme / ja dem König selbst erscheinen ... Sie tragen lange Röcke, die ihnen bis auf die Waden gehen / seynd in gemein mit bunten auffgedruckten und gemahlten Blumen gezieret / ... seynd mit Baumwoll durchgenehet / gleich unsere Madratzen / werden forne übereinander geschlagen / und unter dem linken Arm zugebunden. Umb die Hüfften werden sie mit einer Binde / so Tzarkesi heisset / weil sie vier Ellen lang / umb wunden. Und wenn sie etwas vermügens seynd / über selbe noch eine andere schöne seidene Binde / Schal genandt / diese wie auch die Binde zum Mendil / werden von den Indianern / welche besser und an Farben dauerhaffter als der Perser seynd / gekaufft. ... In selbigen Binden tragen sie bißweilen einen Dolch / Messer / Schnuptücher / Geld / ist er ein Schreiber / sein Schreibzeug und Wetstein / auch Brieffe / ... / über diesem Rocke tragen die / so etwas fürnehm / auch der König selbst / eine kurtze Kappe (Weste) / Kurdi genandt / so ihnen auch nur bis auf die Hüfften gehet / ist ohne Ermel / hat forn herunter Auffschläge mit Zobeln besetzet oder behanget / wie bei uns die Schauben der Weiber. Wenn sie außgehen oder reiten wollen / hangen sie über solche Kleider noch einen Rock / so gemeiniglich von Seiden / und mit güldenen Blumen durchgewircket / dieser wird genandt jakub cahni von einem Könige selbigen Nahmens / der sie zu tragen erst auffgebracht. Ihre Hosen von Cattun / gehen untern Kniehe spitzig zu / reichen bis auff die Knöchel / werden auff blosser Haut getragen / und mit einem Schnur in Falten geschoben / über welches ihre Hembder / die gemeiniglich rothgestreiffficht / hangen. Ihre Strümpfe sind von Tuch unförmlich geschnitten / gehen gleich aus / unschloddern umb die Beine / ihrer viel tragen sie von grünem Tuch / welches den Türcken ein Grewel anzusehen / und auch ein stücklein ist der Zweytracht in ihrer Religion. Dann sie sagen das Mahumed seine Mütze von grünen Tuch getragen / welche Farbe die Perser verunehren / und an den Füssen tragen. Ihre Schuhe / Kefs, gehen forn spitz zu / haben niedrige Hacken / daß sie dieselbige / gleich wie unsere Pantoffel / strack drein und wieder heraus treten können. Dann wenn sie in ihren Gemächern gehen oder sitzen wollen / lassen sie alle-

Abb. 21, 23

zeit die Schuhe vor der Tür stehen ... Es wird denn gemeiniglich ein Auffseher über die Schuhe bestellet / welcher mit einen Stecken / in Form einer Gabel / den Leuten / wenn sie wieder heraus gehen / die Schuhe zulanget.«[155]

Etwas weniger ausführlich geht Olearius auf die Bekleidung der Frauen *Abb. 22* ein. Er schreibt, die »Kleidung der Weiber seynd noch dünner als der Männer / werden auch umb den Leib nicht gebunden / sie tragen Hosen und Hembder / nach Art der Männer / ihre Strümpffe seynd gemeiniglich von rothen und grünen Sammet / auff den Köpffen tragen sie keinen sonderlichen Zierrath / lassen die Haare in Flechten forne und hinten herunter hangen. Umb die Wangen und Kinn lassen sie eine oder zwey reihen Perlen oder Spangen rund herumbgehen / ... Die Jungfern tragen auch in den rechten Nasenlöchern güldene Ringen mit Edelgesteinen / ... Sie zieren auch ihre Finger mit gülden Ringen / und die Arme mit silbernen breit geschlagenen Blechbändern. Die Ringer aber / so die Mannes Persohnen an Fingern tragen / müssen vermüge des Mahumedischen Gesetzes nicht von Golde / sondern nur silber seyn / ... Die Weibes Personen / wann sie auff den Strassen gehen / lassen sich nicht untern Angesicht sehen / seynd mit langen / vom Kopff bis auf die Waden herunter hangenden weissen Tüchern bedecket / halten beim Gesichte nur einen Schlitz offen / durch welchen sie kaum sehen können. Hierunter seynd offt schöne / auch wol in schönen Kleidern heßliche Bilder verborgen.«[156]

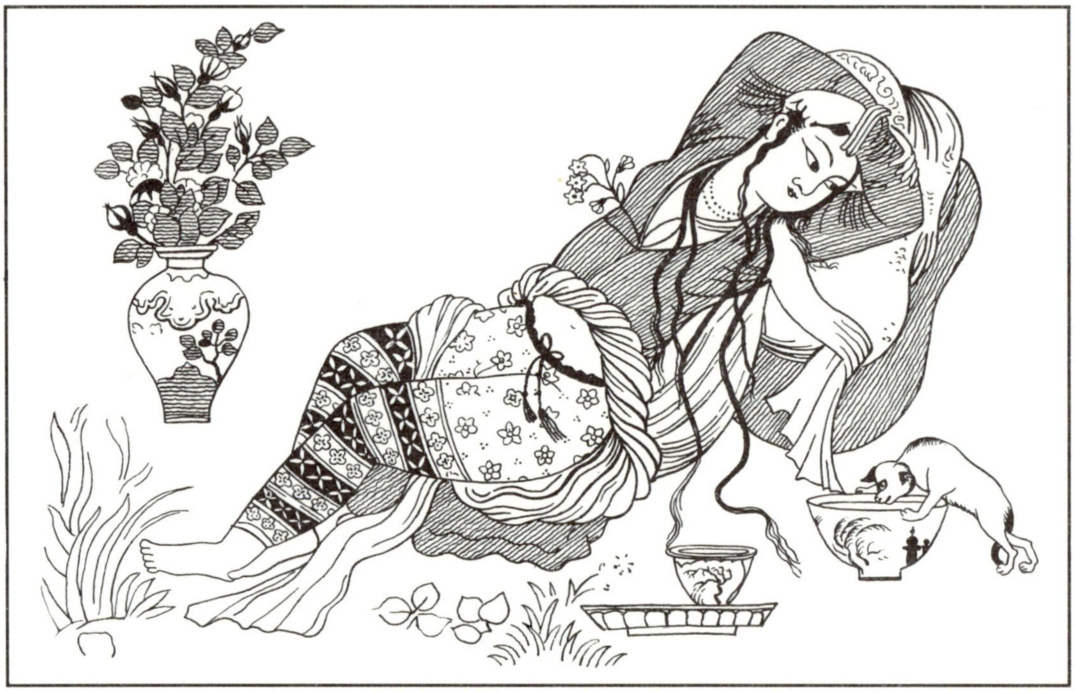

Intime Darstellung einer eleganten Dame, Miniatur, Iran, 17. Jahrhundert (nach: I. Stchoukine, Les peintures des manuscrits de Shāh ʿAbbās I., Pl. LXXIII)

Diese bereits kurz angesprochene Verhüllung trugen alle »ehrbaren« Frauen. Unverschleiert durften sich nur Tänzerinnen und Dirnen in der Öffentlichkeit zeigen. Tänzerinnen wurden zu den verschiedensten Anlässen und Festlichkeiten gemietet. So schickte z.B. der Stadtpräfekt von Qazwin der Holstein-Gottorp'schen Gesandtschaft zur Begrüßung 15 Tänzerinnen bis vor die Stadt entgegen, deren Aussehen ebenfalls von Olearius beschrieben wurde. Sie »waren statlich ausgeputzet mit bunten sammet und seiden Röcken bekleidet / mit güldenen und seiden / vom Kopff über die Schultern herunter fliessenden Tüchern / ... behangen«.[157]

Auch Chardin geht recht ausführlich auf die Bekleidung von Männern und Frauen ein. Er liefert uns eine Beschreibung der Mode in Persien um die

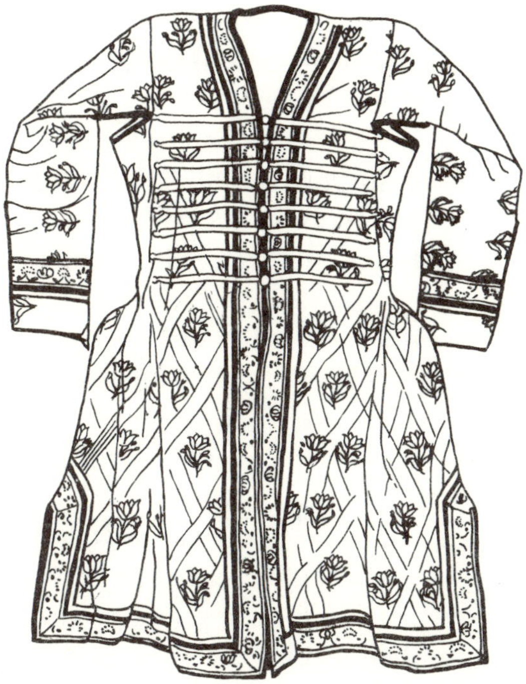

Überkleid eines Herrn, Iran, ca. Mitte 17. Jahrhundert (nach: N.A. Reath–E.B. Sachs, Persian Textiles and their Technique from the Sixth to the Eighteenth Century, New York 1937, Ex. 13 : Pl. 13)

Mitte des 17. Jahrhunderts. Um seine Ausführungen dem Leser verständlicher zu machen, fügte er dem Text noch mehrere Zeichnungen an. Bei der Bekleidung der Männer verweist er unter anderem darauf, daß es keine Hosen im europäischen Sinne gab, sondern man lediglich bis an die Knöchel reichende Unterhosen hatte, die bis zu den Füßen keine Öffnungen aufwiesen. Dazu wurde ein langes Hemd getragen, das über die Unterhose bis an die Knie fiel. Darüber zogen die Männer zum Teil noch ein längeres westenartiges Kleidungsstück aus Baumwolle. Das eigentliche Übergewand war kleidartig geschnitten. An Oberkörper und Armen lag es sehr eng an, war vorn offen und schräg geschnitten. Die vorderen Seitenteile wurden übereinandergeschlagen und unter den Armen seitlich festgebunden. Der untere Teil des Gewandes war sehr weit und petticoatartig wie ein Frauenkleid geschnitten. Feine Herren trugen häufig auch Übergewänder in georgischer Manier, die sich von den eben genannten nur dadurch unterschieden, daß sie über der Brust mit Knöpfen und Schlaufen zusammengehalten wurden und so einen besseren Sitz garantierten. Die eng anliegenden Ärmel der Gewänder fertigte man in beiden Fällen länger an als notwendig, so daß sie sich an den Armen in Falten legten. In der Taille wurde das Überkleid durch zum Teil mehrere Schärpen zusammengehalten. Die vier Finger breiten, stets doppelt gelegten Schärpen waren immer reich verziert. Sie dienten ihrem Träger nicht nur zur Zierde, sondern wurden gleichzeitig als Taschen genutzt. Der dort verstaute persönliche Besitz war dadurch sehr sicher am Körper aufbewahrt. Darüber konnte noch eine kurze ärmellose Weste oder aber ein langes mantelartiges Gewand mit Ärmeln getragen werden. Letzteres war dem Überkleid ähnlich geschnitten – oben eng, nach unten aber weit fallend. Es wurde aus verschiedenartigen, zum Teil recht kostbaren Stoffen wie Goldbrokat und dickem Satin hergestellt. Meist war es noch mit Gold- und Silbertressen bzw. Borten verziert oder reich bestickt. Auch konnte es mit Schaf- oder Zobelfellen bester Qualität besetzt werden. Im Winter trug man geschlossene Pelzmäntel. Schuhe gab es in verschiedenen Ausführungen. In ihrer Form ähnelten sie Frauenpantoffeln mit Absatz. Als Material fanden Leder oder Baumwolle Verwendung. Kopfbedeckungen gab es in unterschiedlichen *Abb. 24–26* Ausführungen. Der wichtigste Kopfschmuck war der Turban, der stets aus kostbarem, reich verziertem Stoff bestand und bis zu zwölf Pfund wiegen konnte. Daneben trug man verschiedenartige Mützen und Kappen. Die Kleidung bestand in erster Linie aus Seide, aber auch Baumwolle wurde häufig verarbeitet. Chardin berichtet weiter, daß Schwarz als Unglück bringende Farbe gemieden wurde, während es ansonsten keine Farbvorschriften gab, wodurch sich auf öffentlichen Plätzen stets ein sehr farbenfrohes Bild geboten hätte.

Die Frauen trugen vorn bis zum Nabel geöffnete Hemden, und ihre Unterhosen glichen denen der Männer, nur waren sie länger und enger geschnitten. Darüber zog man ein Kleidungsstück, welches Chardin, wohl in Anlehnung an die Männergarderobe, Weste nennt und das bis zu den Fersen reichen konnte. Den Kopf bedeckten die Frauen mit einem Tuch. Darüber fiel ein schleierartiger Umhang bis zu den Schultern. Das alles jedoch wurde auch zu Chardins Zeiten auf der Straße durch einen großen, weiten, weißen Umhang verborgen. Jede Frau besaß insgesamt vier derartige Umhänge, zwei für zu Hause und zwei zum Ausgehen. Chardin verweist auch darauf, daß sich einzelne Volksgruppen zum Teil durch unterschiedliche Kleidungssitten voneinander unterscheiden würden, und erwähnt hier insbesondere die Kleidung der armenischen Frauen.

In dem luxuriösen Bekleidungsstil der Perser sah Chardin sogar eine wesentliche Ursache für den allmählichen Niedergang des Reiches. Als Beispiel dafür, welch ungeheure Ausgaben sich damit verbunden hätten, führt er an, daß ein guter Turban nicht unter 50 Kronen zu haben sei und für die besten bis zu fünfzehntausend Livres gezahlt werden müßten. Der vornehme Perser aber besaß davon stets mehrere zum Wechseln. Auch der Brauch, sich zu jedem Neujahrsfest einmal vollständig einzukleiden, würde große Summen kosten, ebenso wie die zum Teil sehr teuren Kleidergeschenke. Die Tatsache, daß man in vornehmen Kreisen seine Kleidung täglich wechselte, kostbare Stoffe bevorzugte und ein gutes Gewand nicht unter 3000 Livres zu erhalten sei, zeige, wie kostspielig standesgemäße Bekleidung in Persien wäre. Als Ausdruck dieser für Chardin verschwenderischen Lebensweise zitiert er ein die Lebenshaltung im damaligen Iran charakterisierendes persisches Sprichwort: »Ehre ist abhängig von der Erscheinung.«[158]

Daß sogar einem Franzosen, in dessen Land man in vornehmen Kreisen ebenfalls größten Wert auf kostbare Kleidung legte, der hier betriebene Aufwand für Bekleidung als übertriebener Luxus erschien, zeigt, welchen Wert man um die Mitte des 17. Jahrhunderts im safawidischen Iran kostbarer Kleidung beimaß und wieviel Geld man dafür auszugeben bereit war.

In einem Punkt müssen wir jedoch Chardin widersprechen, nämlich dann, wenn er behauptet, daß die Kleidung in Persien keinerlei modischen Veränderungen unterworfen gewesen wäre. Er vertrat die Ansicht, daß es niemals einen Wandel in der Kleidungsart gegeben hätte, ebenso wie sich Farbgebung und Machart des Stoffes nicht verändert hätten. Als Beweis dafür führt er an, daß er in der Schatzkammer in Esfahan ein Gewand Timurs gesehen habe, das völlig identisch mit der Machart der Kleidung des 17. Jahrhunderts gewesen sei.[159] Hier ist er jedoch gewiß einem Irrtum verfallen. Anhand der nachfolgenden Stilgeschichte wird deutlich werden, daß sich allein vom 16. zum 17. Jahrhundert vielfältige Unterschiede in der Mustergestaltung der Stoffe feststellen lassen – um wie vieles größer müssen daher erst die Veränderungen in Mode und Textilgestaltung vom ausgehenden 14. bis zum 17. Jahrhundert gewesen sein.

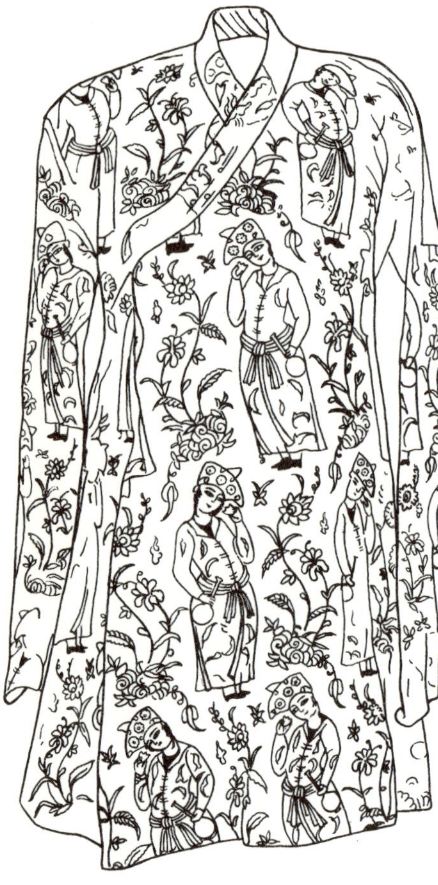

Überkleid eines Herrn, Iran, 20er oder 30er Jahre des 17. Jahrhunderts (nach: A.U. Pope – Ph. Ackerman (Ed.), A Survey of Persian Art from the Prehistoric Times to the Present, VI, pl. 1060)

Anhand der Miniaturen sowie der von Chardin selbst gegebenen Beschreibung der Kleidung lassen sich vom 16. zum 17. Jahrhundert auch Veränderungen in der Mode deutlich herausarbeiten. Hier seien nur die markantesten Neuerungen genannt: Bereits gegen Ende des 16. Jahrhunderts zeichnet sich eine wachsende Vorliebe für seidene, um die Taille geschlungene Schärpen ab, die im 17. Jahrhundert den rosettenbesetzten Gürtel vollständig ersetzen. Kurze Westen bzw. Jacken mit und ohne Ärmel kommen jetzt zunehmend in Mode. Überkleid und Weste sind nunmehr am Halsausschnitt häufig kragenartig umgeschlagen. Auch die Kollektion der gebräuchlichen Kopfbedeckungen erweitert sich um ein Vielfaches, wobei bei einigen Hutformen deutlich europäische Einflüsse sichtbar werden. Die Überkleider sind in der ersten Hälfte des 17. Jahrhunderts noch locker und leger geschnitten. Gegen Mitte des Jahrhunderts verändert sich die Mode dergestalt, wie sie uns Chardin beschreibt. Jetzt liegen diese Gewänder eng am Oberkörper an, sind streng tailliert und laufen nach unten trapezartig aus. Beibehalten wird das Tragen verschiedenartiger Westen.

Im 18. und 19. Jahrhundert scheint dieser Schnitt des Obergewandes im wesentlichen weitergeführt worden zu sein, und nach wie vor waren Westen bzw. kurze Jacken sehr beliebt.

Die Bekleidung der Frauen unterlag im großen und ganzen den gleichen Veränderungen wie die der Männer. Westen, kurze Jacken und um die Taille geschlungene Seidenschals kamen auch für sie gegen Ende des 16. Jahrhunderts in Mode. Eine schleierartige Kopfbedeckung, die nur das Gesicht frei ließ und fließend über Schultern, Rücken und Brust fiel, scheint eine Neuerung aus der 1. Hälfte des 17. Jahrhunderts gewesen zu sein. Diese Schleier waren zum Teil sehr dünn und durchsichtig, wie auf einigen Miniaturen zu erkennen ist. Im 18. und 19. Jahrhundert ändert sich die Frauenmode wieder-
Abb. 28 um. Bevorzugt werden jetzt weite, bis auf den Fußboden reichende Röcke, zu denen man hüftlange, streng taillierte Jacken mit kurzem oder langem Ärmel trägt.

Die Fertigung eines Luxusgewandes, sei es im 16., 17. oder 18. Jahrhundert, erforderte mehrere Arbeitsgänge. Viele Handwerker waren an der Produktion der Gewänder beteiligt. Vor allem betraf das die Färber, die Goldfadenzieher, die Zwirner, die Hersteller anderer Metallfäden und natürlich die Weber sowie die Seiden- und Metallfadensticker, deren große Kunstfertigkeit häufig gerühmt wird. Nicht zuletzt aber müssen in diesem Zusammenhang die Schneider genannt werden, deren Innung eine sehr hohe gesellschaftliche Anerkennung genoß. Chardin schrieb mit Begeisterung von den handwerklichen Fertigkeiten der persischen Schneider, die so exakt zu arbeiten verstünden, daß keine störenden Falten die Schönheit des Gewandes beeinträchtigen würden. Nirgends schneidere man exakter und feiner als in Persien. Genäht werde so, daß von außen keine Naht zu sehen sei, wobei man vor allem den sogenannten Hinter- und Steppstich anwende. Aufgabe der Schneider war es auch, den vielfältigen textilen Hausrat herzustellen.[160] Der Shah beschäftigte zur Bewältigung dieser sehr umfangreichen Arbeiten eine Vielzahl von Schneidern in einer eigenen königlichen Schneiderwerkstatt. Einen kleinen Einblick, von welcher Qualität und Vielfalt die verarbeiteten Stoffe waren, versucht die nachfolgende Stilgeschichte zu geben.

Einführung in die stilgeschichtliche Entwicklung safawidischer Gewebe

Grundlage für die nachfolgenden stilgeschichtlichen Untersuchungen sind die in Museen der DDR in großer Anzahl vorhandenen Zeugnisse safawidischer Textilkunst. Auf Stücke, die sich in ausländischen Museen befinden, wird im wesentlichen nur zu Vergleichszwecken zurückgegriffen. Das Hauptanliegen der Arbeit ist es, das in der DDR vorhandene Material zu katalogisieren und Mustergruppen für die Stilentwicklung vor allem der safawidischen Gewebekunst herauszuarbeiten. Die Datierung der Gewebe erfolgt in erster Linie durch den stilkritischen Vergleich mit den in der wissenschaftlichen Literatur bereits bearbeiteten und zeitlich eingeordneten safawidischen Textilien. Darüber hinaus werden jedoch auch andere Kunstäußerungen aus safawidischer Zeit für die Datierung herangezogen. Dies trifft in erster Linie für die Miniaturen des 16. und 17. Jahrhunderts zu, die durch ihre Ornamentik, für figürlich gemusterte Gewebe auch in bezug auf die Gestaltung der Menschen- und Tierfiguren, wertvolle Hinweise geben. Die auf Miniaturen dargestellten Textildessins sind allerdings nur in Ausnahmefällen als Abbild tatsächlich existierender Muster zu verstehen; sie dienten vor allem der dekorativen Ausgestaltung der Miniaturen. Daher geben sie über die Stilentwicklung in der safawidischen Textilkunst weniger Aufschluß. Selbst dann, wenn der Versuch unternommen wurde, Textilien möglichst detailgetreu wiederzugeben, erfuhren die Dessins auf Miniaturen zumeist eine Vereinfachung. Bei Darstellungen aus dem 17. Jahrhundert kommt es allerdings vereinzelt zu einer äußerst genauen Wiedergabe von Gewebemustern. Durch eine ähnliche Detailtreue in bezug auf unseren Untersuchungsgegenstand zeichnen sich auch einige Wandmalereien und Fliesenbilder des 17. Jahrhunderts aus, die ebenfalls zum Vergleich herangezogen werden können.

Die Gestaltung textiler Flächen ist in hohem Maße von der Herstellungstechnik des jeweiligen textilen Erzeugnisses abhängig; die Gestaltungsmöglichkeiten der Wirkereien, Stickereien und Knüpferzeugnisse sind wesentlich vielseitiger als die der Gewebe. Die Benutzung des Webstuhls und die daraus resultierende Bindung an einen sich ständig wiederholenden Musterrapport führen für den Gestalter von gewebten Textilien von vornherein zu gewissen Beschränkungen, wobei die Herstellung einfarbiger, gestreifter oder karierter Gewebe den geringsten technischen Aufwand erfordert. Für diese Textilien sind weder Entwurf noch Patrone vonnöten, und so werden derart gestaltete Gewebe seit der Erfindung des Webstuhls in allen dafür in Frage kommenden Regionen produziert. Auf Grund ihrer überregionalen Verbreitung finden sie in der vorliegenden Arbeit keine weitere Berücksichtigung.

Außer den eben genannten Möglichkeiten der Gewebegestaltung lassen sich in der Textilkunst im wesentlichen vier Arten der Musterung unterscheiden:

1. Textilien mit der Darstellung menschlicher Figuren, meist in Verbindung mit floralen oder geometrischen Motiven, zum Teil auch mit Tierfiguren, hier im weiteren als »figürlich« bezeichnet
2. Textilien mit überwiegend floralen Motiven in Verbindung mit Tierdarstellungen oder geometrischen Figuren
3. Textilien mit rein floralen Motiven
4. Textilien mit geometrisch-abstrakter Musterung, in safawidischer Zeit nicht gearbeitet.

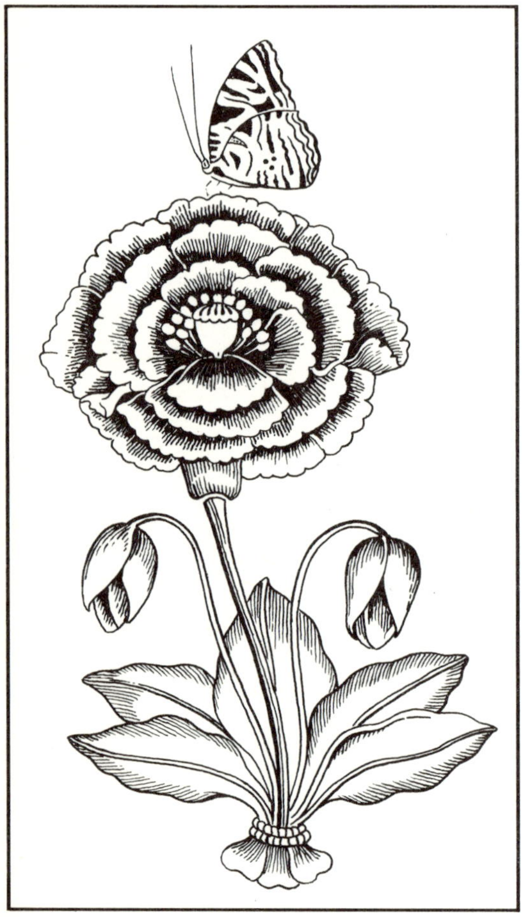

Gemalter Entwurf eines Gewebemusters, 1. Hälfte 17. Jahrhundert (nach: A.U. Pope–Ph. Ackerman (Ed.), Survey VI, pl. 1054 A)

Auf Grund der textiltechnischen Möglichkeiten der Weberei können alle diese Muster nur nach zwei Gestaltungsprinzipien geordnet werden: entweder mit reihenweise übereinander oder mit reihenweise auf Zwischenraum gesetztem Rapport.

Für die Textilgestaltung in safawidischer Zeit, insbesondere für die figürliche Musterung, ist, wie bereits erwähnt, die starke Anlehnung an die Miniaturmalerei kennzeichnend, so daß wohl mit einiger Sicherheit angenommen werden kann, daß die besten Textilentwürfe von Miniaturmalern gestaltet wurden. Unterstützung findet diese Annahme in der Tatsache, daß sich aus safawidischer Zeit ein von Malern angefertigtes Album mit Textildessins erhalten hat. Es umfaßt insgesamt 56 Zeichnungen von verschiedenen Pflanzen und Blüten.[161]

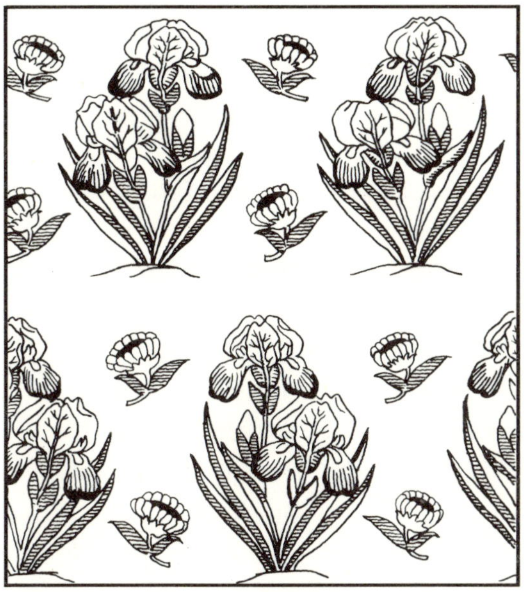

Naturnahe Schwertlilienpflanzen, Gewebemuster, 1. Hälfte oder Mitte 17. Jahrhundert

Aus der in starkem Maße an der Miniaturmalerei orientierten Textilgestaltung resultierten zwar einerseits Musterentwürfe von hohem künstlerischen Niveau, andererseits jedoch kam es dadurch zu einer übersteigerten Verfeinerung des Musters, das häufig kaum noch textiladäquat war. Begünstigend wirkte sich auf die enge Beziehung und teilweise Verflechtung zwischen Miniaturmalerei und Textilgestaltung der flächige, nicht illusionistische Stil der Malerei aus. Die dekorative Art der künstlerischen Widerspiegelung erleichterte ihre Umsetzung in den textilen Bereich erheblich. Die größte Schwierigkeit, die es dabei zu überwinden galt, war die technisch bedingte Bindung an den Rapport. Dieses Problem wurde von den safawidischen Textilgestaltern in hervorragender Weise gelöst. Man versuchte, entweder durch das Ineinandergreifen von Linien und Figuren und den Farbwechsel innerhalb der einzelnen Rapporte ein fließendes Ineinanderübergehen des Musters zu erreichen, um somit einen geschlossenen, abwechslungsreichen Gesamteindruck der Fläche zu erzielen, oder es erfolgte eine bewußte Betonung der einzelnen Rapporte und deren Verwendung als gestalterisches Element im Musterverband. In beiden Fällen konnte dabei durch Umschlag der sich wiederholenden Mustergruppen eine gegenständige Anordnung der Motive erzielt werden und mittels reihenweisen Richtungswechsels der Rapporte ein Eindruck von Vielfalt und Bewegung entstehen.

Im Unterschied zu Zeugnissen der Miniaturmalerei sind uns aus dem 15. Jahrhundert keine Textilbeispiele erhalten geblieben. Eine Fortführung älterer Traditionen in der frühsafawidischen Textilkunst kann also durch Beispiele nicht belegt werden. Wegen der parallelen Entwicklung von Textilkunst und Miniaturmalerei in safawidischer Zeit sowie auf Grund der Tatsache, daß letztere in Fortführung der Miniaturmalerei des 15. Jahrhunderts entstanden ist und wir andererseits bereits zu Beginn des 16. Jahrhunderts eine sehr hochentwickelte Textilkunst vorfinden, kann man auch hier solch eine Traditionsbezogenheit voraussetzen.

Kennzeichnend für die Textilkunst im 16. Jahrhundert sind stark stilisierte florale Motive. Bei rein floral gemusterten Geweben dominieren Blüten- und Arabeskenranken, entweder in Form ogivaler, sich überlagernder Rankensysteme oder als Spiralranke. Figürlich gemusterte Gewebe wurden im 16. Jahrhundert entsprechend dem Miniaturstil gestaltet. Mit Vorliebe wandte man sich dabei literarischen Themen zu, wie der Geschichte über Alexander, in der er mit einem Stein einen Drachen tötet, oder den berühmten persischen Liebesgeschichten von Laila und Madshnun sowie Khosrau und Shirin. Gegen Mitte des 16. Jahrhunderts fanden verstärkt Garten- bzw. Jagdszenen

Aufnahme in die Textilgestaltung, ebenso wie die Darstellung eines Soldaten, der einen Gefangenen abführt. Relativ häufig ist auch das Motiv des Fischers anzutreffen.

Mit der Herausbildung des sogenannten Esfahaner Stils in der safawidischen Kunst um 1600 vollzog sich auch ein Wandel in der Gewebemusterung. Die Gestaltung der figürlich gemusterten Stoffe beschränkte sich jetzt im wesentlichen auf die Darstellung von Gartenszenen, bestehend aus ein oder zwei Personen, die zwischen Blütenstauden stehen und z.B. Weinflaschen oder Weinschalen in den Händen halten. Die Figuren und Pflanzen haben entsprechend dem Miniaturstil stets eine leicht s-förmige Schwingung und zeichnen sich gegenüber denen des 16. Jahrhunderts durch das Streben nach mehr Naturnähe aus. Um die Mitte des 17. Jahrhunderts fand erneut das Jagdmotiv Aufnahme in die Textilgestaltung, doch ließ in dieser Zeit die Qualität der Stoffe sowohl in technischer als auch in gestalterischer Hinsicht bereits nach. Die Figuren wirken steifer, die Szenen formelhafter. Gegen Ende des 17. Jahrhunderts wurden figürlich gemusterte Textilien immer seltener. Auch in der rein floralen Textilgestaltung trat eine Veränderung ein. Die jetzt meist broschierten Muster wurden kleinteiliger, was eine Vereinfachung in der Zeichnung der Einzelmotive zur Folge hatte.

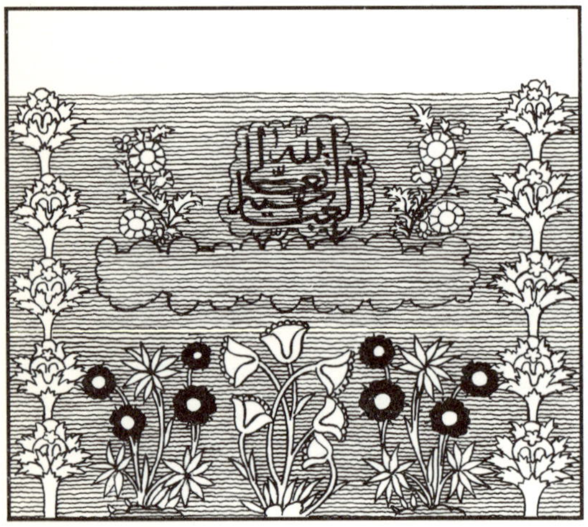

Gemalter Entwurf eines Gewebemusters, Iran, sign. Shafi Abbasi, dat. 1654 (nach: A.U. Pope–Ph. Ackerman (Ed.), Survey VI, pl. 1056 C)

Die besten Beispiele safawidischer Textilkunst stammen aus dem 16. und dem beginnenden 17. Jahrhundert. In technischer Hinsicht sind sie durch die großzügige Verwendung von Gold- und Silberfäden, den Einsatz von geschnittenem Samt als Gestaltungsmittel, eine umfangreiche Farbpalette sowie durch die Produktion sogenannter Lampasgewebe gekennzeichnet.[162] Bereits in der ersten Hälfte des 17. Jahrhunderts wurden einfachere Webetechniken bevorzugt, wobei Metallfäden jetzt seltener zur Anwendung kamen und Gold in reiner Form kaum noch zu Fäden verarbeitet wurde. Darüber hinaus verringerte sich die Farbpalette, und die Muster wurden häufig broschiert gewebt. Der Niedergang der safawidischen Textilkunst, der gegen Mitte des 17. Jahrhunderts einsetzte, äußert sich also nicht nur in stilistischer Hinsicht, sondern ist auch in bezug auf Material und Technik erkennbar.

Die im folgenden behandelten safawidischen Gewebe aus dem Besitz von Museen der DDR wurden, um die Betrachtung übersichtlicher zu machen, zu Gruppen zusammengefaßt. Als Auswahlkriterium diente dabei die Muster- und Motivgestaltung der Gewebe. Innerhalb der Gruppen wurde der Versuch unternommen, die einzelnen Stücke in zeitlicher Reihenfolge zu ordnen.

Die Gewebemusterung des späten 15. und frühen 16. Jahrhunderts

Die geschlossene Flächenfüllung mittels eines ogivalen Rankensystems

Da bisher noch keine eindeutig dem 15. Jahrhundert zuzuordnenden Gewebe aus dem iranischen Raum bekannt geworden sind, kommt dem im allgemeinen in das späte 15. oder frühe 16. Jahrhundert datierten Gewebe Abb. 29 besondere Bedeutung zu. Charakteristisch für diese Seide ist die völlige Flächenfüllung, erreicht durch die reihenweise versetzte Anordnung gegenständiger zarter Arabeskenmotive in ehemals goldbroschierter, jetzt hellgrüner Färbung, wobei die Berührungspunkte der Motive durch kleine, ebenfalls hellgrüne Rosetten besetzt sind. Die durch solche Ordnung entstehenden, in der Querachse betonten ogivalen Felder tragen in ihrer Mitte eine aus dem Granatapfelmotiv abstrahierte, ursprünglich goldbroschierte Blütenform, die von dunkelgrünen Ranken in zarter Zeichnung umschlossen wird. Fragmente mit dieser Musterung befinden sich außer im Kunstgewerbemuseum Berlin-Köpenick noch im Metropolitan Museum of Art, New York[163], in der Ermitage, Leningrad[164], im Kunstgewerbemuseum der Stadt Köln[165], im Museum für Kunstgewerbe Hamburg[166] und im Textilmuseum Krefeld[167].

Kat. Nr. 1
Abb. 29

Die zarte Umrißzeichnung der hellgrünen Motive sowie die locker und ohne Umriß und Innenstruktur gezeichneten floralen Ranken und Lotosblütenmotive im Innern der Felder verweisen auf ostasiatische Einflüsse, die nach dem Mongolensturm verstärkt in den islamischen Bereich Eingang fanden. Ähnlich gestaltete Lotosmotive finden sich auf chinesischen Damasten, mamlukischen Seiden des 13. bis 15. Jahrhunderts sowie iranischen Geweben des 14. Jahrhunderts. Die gleiche Grundstruktur des Musters weist auch die Verzierung einer auf iranischem Gebiet gefertigten Metallkanne aus dem 13. Jahrhundert auf.[168] In der Darstellung der Beweinung Alexanders aus dem Shahname-Demotte ist das über die Bahre gebreitete Tuch ebenfalls mit einem zarten, spitzovalen Rankenwerk überzogen. Diese Beispiele ähnlicher Ornamentik bzw. gleicher Musterstruktur stehen zwar nicht in direktem Bezug zur Gestaltung unserer Seide, sind jedoch für das Aufzeigen möglicher Ursprünge des in Abb. 29 gezeigten Dessins von Bedeutung. Sie verdeutlichen darüber hinaus die Entwicklung der für die Musterung der vorliegenden Seide verwendeten Formen und Motive während des 13. und 14. Jahrhunderts, deren Weiterführung im 15. Jahrhundert die Voraussetzung dafür schuf, daß gegen Ende des Jahrhunderts eine Gestaltung wie bei unserer Seide möglich wurde. Auf Grund der zarten, fast filigranen Zeichnung mit deutlich ostasiatischen Einflüssen ist eine spätere Datierung als in das 16. Jahrhundert auszuschließen.

Ein ogivales Rankensystem mit Lotos und Palmette, Gewebemuster, Ende 15. oder Anfang 16. Jahrhundert

Die geschlossene Flächenfüllung mittels zweier ogivaler Rankensysteme

Kat. Nr. 2
Abb. 30 (rechts)

Eine weitere Seide aus den Beständen des Kunstgewerbemuseums Berlin-Köpenick kann möglicherweise ebenfalls dem späten 15. oder frühen 16. Jahrhundert zugeordnet werden. Auf rotem Fond liegen zwei sich überschneidende ogivale Rankensysteme in zarter Zeichnung, deren Berührungs- und Schnittpunkte mit päonienartigen Blüten oder Lotosmotiven besetzt sind.

Zarte, aus den Ranken wachsende Blüten- und Blattzweige ohne Innen- und Umrißzeichnung bedecken in gleichmäßiger Füllung den Fond. Die lockere, schattenrißartige Zeichnung dieser Füllranken wie auch die Aufnahme des Spitzblattmotivs und die Gestaltung der Lotosblüte stehen in erstaunlicher Übereinstimmung mit den floralen Ranken, die bei Abb. 30 (rechts) den Fond bedecken. Leider befindet sich das Fragment in schlechtem Erhaltungszustand, so daß sich das Muster nicht mehr sehr deutlich vom Gewebegrund abhebt. Daher ist bei dem Versuch einer zeitlichen Einordnung Vorsicht geboten. Die einzelnen Musterelemente, soweit sie noch klar zu erkennen sind, lassen ebenfalls deutlich ostasiatische Einflüsse sichtbar werden. Die Gestaltung des Lotosmotivs wie auch der päonienartigen Blüte erfolgte in starker Anlehnung an die Gewebeornamentik des 14. Jahrhunderts. So ist z.B. die auf unserem Stoff vorgenommene Hervorhebung der Lotosblüte durch ein größeres, sie nochmals umschließendes Motiv bereits auf Geweben aus dem 14. Jahrhundert zu finden.[169] Darüber hinaus wird auf der vorliegenden Seide auch ein halbmondförmiges Motiv abgebildet, ein im 14. Jahrhundert in der Textilkunst häufig, wenn auch meist in etwas anderem Zusammenhang verwendetes Ornament. Bei Kat. Nr. 2 umschließt es ringartig den Berührungspunkt zweier Ranken. In ähnlicher Funktion ist es auch auf einem Gewebe zu sehen, dessen Muster ebenfalls durch zwei ogivale Rankensysteme gekennzeichnet ist und wahrscheinlich im 14. Jahrhundert im Iran oder in China gearbeitet wurde.[170] In einigen wesentlichen Punkten unterscheidet sich unser Fragment jedoch von den Seiden des 14. Jahrhunderts. Die Musterzeichnung insgesamt ist weniger unruhig, als dies in der textilen Gestaltung des 14. Jahrhunderts der Fall ist, und auf Tiermotive, die im 14. Jahrhundert oft in Verbindung mit floralen Formen auftreten, wurde nicht zurückgegriffen. Die einzelnen Musterelemente wirken in ihrer Zeichnung kompakter und in sich geschlossener als im 14. Jahrhundert, wo sie wie aus vielen Einzelformen zusammengesetzt erscheinen. Ein wesentlicher Unterschied besteht ferner in der Farbgebung. Bei Kat. Nr. 2 kam, im Gegensatz zu vergleichbar gemusterten Geweben des 14. Jahrhunderts, die sich auf zwei, höchstens drei Farben beschränkten, eine erweiterte Farbpalette (5 Farben) zur Anwendung. Das bedeutet, daß die Seide in einer im Vergleich zu den Geweben des 14. Jahrhunderts verfeinerten und weiterentwickelten Technik der Satinweberei gearbeitet worden ist. Aus den genannten Gründen kann wohl davon ausgegangen werden, daß wir hier ein Gewebe aus dem späten 15. oder beginnenden 16. Jahrhundert vor uns haben.

Die florale Gewebemusterung im 16. Jahrhundert

Die Spiralrankenmusterung

Im Besitz des Kunstgewerbemuseums Berlin-Köpenick befinden sich drei Gewebe mit Spiralrankenmusterung. Die Fragmente aus schwerem Goldbrokat entstammen zweifellos dem 16. Jahrhundert. Es handelt sich dabei um ein Bortenstück sowie um zwei kleine, ehemals zu einem Gewebe gehörende Fragmente. Ähnlich gestaltete Textilien wurden bis zum gegenwärtigen Zeitpunkt in der Literatur noch nicht veröffentlicht.

Kat. Nr. 3, 4
Abb. 30 (links), 31

Beide Seiden sind in ihrer Gestaltung noch vorsafawidischen Traditionen verhaftet. Besonders deutlich wird das bei den zwei kleinen Brokatfragmenten in Abb. 30 (links). Vor goldenem Grund heben sich dunkelrot gezeichnete Spitzblatt- und Arabeskenmotive ab, die auf Spiralranken liegen. Die Zeichnung erscheint außerordentlich schwungvoll und elegant, und die einzelnen Musterelemente sind organisch miteinander verbunden. Auf einem Kenotaph aus Herat, 1496/97 datiert, findet sich eine ähnlich dynamische Zeichnung von Spiralranken in Verbindung mit Arabesken.[171] Recht häufig beinhalten diese Motivverbindungen auch Miniaturen aus der ersten Hälfte des 16. Jahrhunderts. Gegen Ende des Jahrhunderts werden derartige Muster in der Miniaturmalerei jedoch seltener, und im 17. Jahrhundert erscheinen sie nur noch vereinzelt. Auf einer 1514 vollendeten Miniatur ist eine Decke mit ganz ähnlicher Musterzeichnung wie bei unseren Gewebefragmenten abgebildet.[172] Vergleichbare Muster sind noch auf zahlreichen weiteren Miniaturen des 16. Jahrhunderts vorhanden. Auch safawidisches Metallgerät erfuhr eine derartige Ausschmückung. Die davon auf uns gekommenen Beispiele gehören hauptsächlich dem späten 16. Jahrhundert an. Ähnlich gestaltete Arabeskenranken verzieren aber auch einen in das Jahr 1535/36 datierten Bronzekessel.[173]

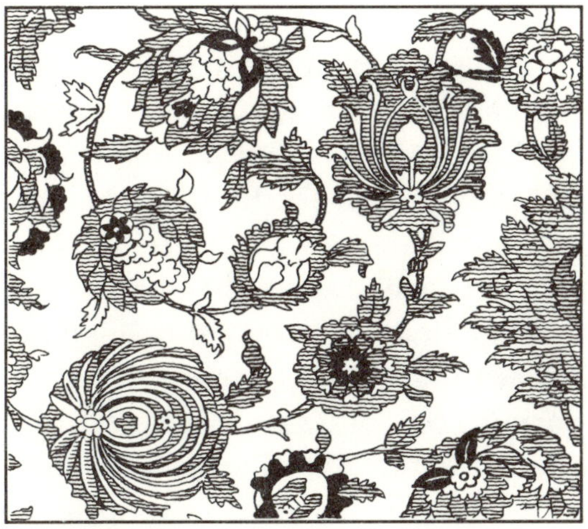

Seidengewebe mit Lotos und Päonienmotiven, Iran, 16. Jahrhundert
(nach: A.U. Pope – Ph. Ackerman (Ed.), Survey VI, pl. 1016)

In der safawidischen Textilkunst haben sich keine weiteren Beispiele von in dieser Art gestalteten Geweben erhalten. Die Musterung steht jedoch durch die starke Stilisierung der Motive und das Vorhandensein zweier verschiedener, sich überlagernder Rankensysteme einer anderen Gruppe safawidischer Gewebe nahe, die ebenfalls dem 16. Jahrhundert zuzuordnen ist (vgl. Abb. 32). Demgegenüber gibt es mit der Mustergestaltung des späten 16. bzw. frühen 17. Jahrhunderts keine Gemeinsamkeiten. Daher sowie auf Grund der oben angeführten Vergleichsbeispiele werden die vorliegenden Textilfragmente noch der ersten Hälfte des 16. Jahrhunderts zugeordnet.

Kat. Nr. 4

Bei dem in Abb. 31 wiedergegebenen Samtbrokatfragment handelt es sich um ein ursprünglich zu einer schweren Decke gehörendes Bortenstück, dessen goldener Grund von weinroten Arabesken sowie Spiralranken mit aufgelegten Päonienmotiven und Rosetten bedeckt ist. Alle Motive bestehen aus geschnittenem Samt. Auch zu diesem Gewebe gibt es in der safawidischen Textilkunst kein direktes Vergleichsstück. Wie bei den vorher genannten Fragmenten handelt es sich um einen Stoff, dessen Musterung noch eng mit der in vorsafawidischer Zeit entstandenen Ornamentik in Zusammenhang steht.

Die Spiralranke in Verbindung mit der Arabeskenranke ist sehr oft auf Miniaturen dargestellt, häufig als Zeltdekoration oder auch als Borte einer Decke bzw. eines Teppichs, also in einer Verwendung, wie sie unserem Fragment entspricht. Miniaturen mit derartigen Motiven und Mustern wurden besonders häufig um die Mitte des 16. Jahrhunderts geschaffen. Eine mit der

Miniatur der Tabrizer Schule, 1. Hälfte 16. Jahrhundert. Das Muster der Decke ähnelt dem der Goldbrokatborte auf Abb. 31 (Kat. Nr. 4)
(nach: O. Galerkina (Ed.), Iranian Miniatures of the Fifteenth and Sixteenth Centuries. From the Art Collections of Soviet Museums. The Saltikov–Shchedrin Public Library, Leningrad, Bildmappe, Titelblatt)

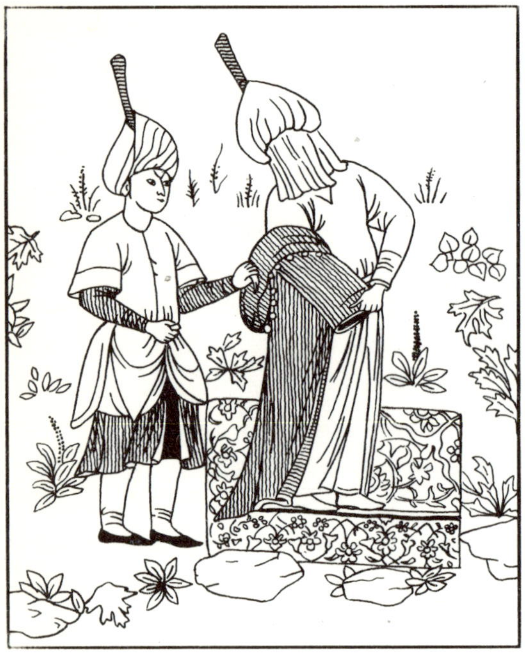

vorliegenden Borte völlig identische Flächengestaltung findet sich z.B. auf einer 1546 vollendeten Miniatur.[174] Auch hier bilden jeweils zwei Arabesken ein eigenes Rankensystem, während ein zweites, spiralförmiges, verschiedenartige Blüten und Blätter trägt. Ein weiteres Beispiel dieser Musterung haben wir als dekorative Flächenausschmückung auf einer 1552 entstandenen Miniatur vor uns.[175] Auch die zeichnerische Ausgestaltung des Spiegels eines in das Jahr 1563/64 datierten Keramiktellers erfolgte in ähnlicher Art und Weise.[176]

Die Tatsache, daß Arabesken- und Spiralranken in Verbindung mit der Päonie besonders in der safawidischen Kunst des 16. Jahrhunderts als Gestaltungselement Verwendung fanden, sowie der Umstand, daß sie vor allem gegen Mitte des 16. Jahrhunderts häufig eine Ausformung wie bei Abb. 31 erfuhren, geben zu der Annahme Anlaß, daß wir auch hier ein Gewebe aus dem 16. Jahrhundert, womöglich noch aus dessen erster Hälfte, vor uns haben.

Die geschlossene Flächenfüllung mittels zweier ogivaler Rankensysteme

Aus dem zur Verfügung stehenden Material läßt sich für das 16. Jahrhundert eine weitere Mustergruppe herausarbeiten. Es handelt sich dabei um Gewebe, deren Gestaltung durch zwei übereinanderliegende, spitzovale Rankensysteme bestimmt wird. Auf den Ranken liegen Palmetten, Päonien und verschiedenartige Rosetten von unterschiedlicher Größe. Vor allem die Schnittpunkte der Ranken sind mit diesen Motiven bedeckt. Kennzeichnend für die Gruppe sind darüber hinaus die starke Stilisierung der Formen, die Verwendung von kräftigen, nicht abgemischten Farben sowie die für den persischen Bereich außergewöhnliche Großteiligkeit des Musters, mit der sich ein ungewöhnlich großer Rapport verbindet (mindestens 1,50 m × 0,50 m). In der DDR sind zwei zu dieser Gruppe gehörende Seidenfragmente vorhanden. Beide zählen zum Bestand des Kunstgewerbemuseums Berlin-Köpenick. Auf Grund ihrer äußeren Form kann man davon ausgehen, daß sie ursprünglich zur Ausgestaltung von Prunkzelten Verwendung fanden. Ist die Grundkonzeption des Musters beider Seiden auch fast identisch, so unterscheiden sich die Fragmente hinsichtlich des Verhältnisses zwischen Muster und Fond doch erheblich. Während sich bei der in Abb. 32 (rechts) wiedergegebenen Seide die florale Gestaltung klar vom Grund abhebt und durch eine elegante, eindeutige Linienführung gekennzeichnet ist, wird das in Abb. 32 (links) gezeigte Fragment durch das Streben nach größtmöglicher Flächenfüllung bestimmt. Darüber hinaus ist bei dieser Seide ein höherer Grad der Abstraktion der Motive feststellbar als bei Abb. 32 (rechts). Vor dem cremefarbenen Fond wirkt die Zeichnung, in mehreren Blautönen, Gold und etwas Rot gehalten, kühl und elegant, obwohl die breite, stark stilisierte Hauptranke nur mit einfachen Vierpaßblüten von wechselnder Farbe geschmückt ist. Die verschiedenen Blüten- und Palmettformen sind durch das Zusammensetzen unkomplizierter und klarer Grundelemente entstanden, wie überhaupt die gesamte Komposition durch eine gewisse Ursprünglichkeit besticht.

Kat. Nr. 5, 6
Abb. 32

Im Gegensatz dazu wirkt die Zeichnung der zweiten Seide geradezu zart und verkörpert eine verfeinerte Art der Mustergestaltung. Das zentrale Motiv dieses Gewebes ist die Federpalmette, deren Ursprung im allgemeinen mit

Herat in Verbindung gebracht wird. Die hier gezeigte Art der Gestaltung scheint also mehr ost- bzw. zentralpersischen Traditionen verhaftet zu sein, während erstere möglicherweise im westpersischen Raum entstanden ist.

Kat. Nr. 5 Die Verwendung klarer und einfacher Grundformen sowie die Aufnahme des Tulpenmotivs, das in ganz ähnlicher Gestaltung in der osmanischen Kunst weit verbreitet war, deutet zumindest darauf hin. Auch die relativ geringe Anzahl der Farben könnte auf osmanische Einflüsse verweisen. Mit einem weiteren Fragment des gleichen Stoffes war ein 1683 vor Wien erbeutetes Prunkzelt geschmückt. Das Zelt soll den Osmanen unter Sulaiman II. (1520–1566) bei einem ihrer Feldzüge auf iranischem Gebiet zugefallen sein.[177] Dies erscheint durchaus glaubhaft, da zur Ausschmückung des gesamten Zeltes nur safawidische Seidenbrokate des 16. Jahrhunderts Verwendung fanden. Invasionen in den Iran erfolgten unter Sulaiman II. in den Jahren 1534, 1538, 1547 und 1554. Für Kat. Nr. 5 ergäbe sich danach ein Herstellungsdatum innerhalb der ersten Hälfte des 16. Jahrhunderts. Weitere Fragmente mit dieser Musterung befinden sich im Besitz des Metropolitan Museum of Art, New York, des Textile Museum, Washington, und der Keir Collection, London.[178]

Kat. Nr. 6 Das zweite Stück ist zeitlich wohl etwas später einzuordnen, gehört aber auch noch dem 16. Jahrhundert an. Ein Köpergewebe aus dem Besitz des National-Museums in Teheran, das ebenfalls in das 16. Jahrhundert datiert wird, unterscheidet sich zwar im Musteraufbau von unserem Samtbrokat, weist jedoch in bezug auf die einzelnen Musterelemente zum Teil völlig identische Formen auf.[179] Auch in der Miniaturmalerei gibt es recht genaue Darstellungen von Gewebemustern, die aus zwei übereinanderliegenden ogivalen Rankensystemen in Verbindung mit Päonie und Palmette bestehen. Deutlich wird hier das Bemühen sichtbar, ein Abbild tatsächlich vorhandener Stoffe zu schaffen. Derartige Musterzeichnungen findet man vor allem auf Miniaturen aus den 90er Jahren des 16. Jahrhunderts. Da sich darüber hinaus noch weitere Seiden mit ähnlich großzügiger Rankengliederung in Verbindung mit Palmetten oder Päonien erhalten haben und diese im allgemeinen der zweiten Hälfte des 16. Jahrhunderts zugeordnet werden,[180] soll unser Stück ebenfalls in die zweite Hälfte des 16. Jahrhunderts datiert werden. Für diese Einordnung spricht auch die feine, gut durchgearbeitete Innenzeichnung der Motive sowie die alle Figuren genau abgrenzenden zarten, dunklen Umrißlinien, Erscheinungen, die sich bei floralen Motiven erst in der zweiten Hälfte des 16. Jahrhunderts voll durchsetzten. Auch die bisher gezeigten Gewebe ließen eine so geartete Zeichnung noch vermissen.

Ein seidener Gebetsteppich aus den Beständen des Victoria & Albert Museum, London, ist mit ähnlichen Päonien- und Palmettmotiven geschmückt. Dieser Teppich wird jedoch in die Wende vom 16. zum 17. Jahrhundert datiert,[181] was für eine Entstehung unseres Brokats sogar gegen Ende des 16. Jahrhunderts sprechen könnte. Dem steht jedoch seine enge Anlehnung an das vorher bearbeitete Fragment, das noch der ersten Hälfte des 16. Jahrhunderts angehört, entgegen. Eine Datierung des Stoffes nach 1600 liegt nicht im Bereich des Möglichen, da sich die Zeichnung floraler Motive im 17. Jahrhundert ganz entscheidend wandelte und traditionelle Formen jetzt in den Hintergrund traten oder eine Umformung erfuhren. Wir können also davon ausgehen, daß das vorliegende Gewebe gegen Mitte bzw. in der zweiten Hälfte des 16. Jahrhunderts entstanden ist. Das Spiralrankenmotiv und die ogivale Felder bildenden Rankenlagen in Verbindung mit verschiedenartigen Pal-

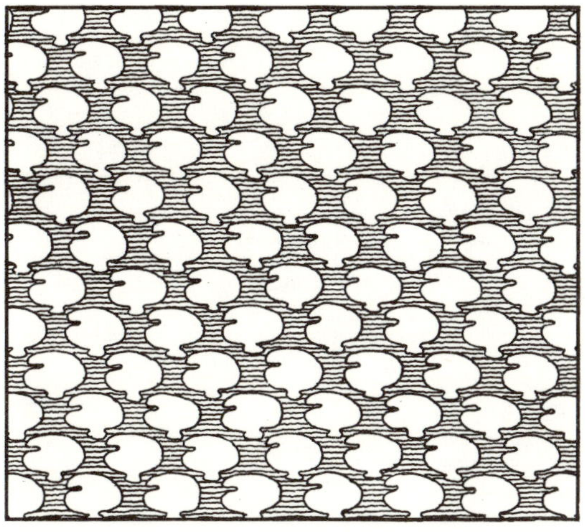

Seidengewebe mit traditionellen Palmettenformen, Iran, Ende 16. Jahrhundert (nach: A.U. Pope–Ph. Ackerman (Ed.), Survey VI, pl. 1007 A)

metten, die Päonie und die aus dem Lotos abgeleiteten floralen Ornamente sowie die Variationen des sogenannten Spitzblattmotivs waren also die Motive, die im 16. Jahrhundert vorwiegend Verwendung fanden. Der Fond zwischen diesen Hauptmotiven ist bei den floralgemusterten Geweben des 16. Jahrhunderts zumeist mit kleinen Rosetten und zarten Füllranken aus einfachen Blatt- und Blütenformen bedeckt. Das gleichmäßig die Fläche überziehende spitzovale Gestaltungsschema scheint eine der wesentlichsten Gestaltungsarten der rein floralen bzw. überwiegend floral gezeichneten Muster des 16. Jahrhunderts gewesen zu sein.

Abschließend sei noch darauf hingewiesen, daß neben dem in Berlin-Köpenick vorhandenen Stück noch drei weitere Fragmente mit gleicher Musterung erhalten geblieben sind. Sie befinden sich im Besitz der Keir Collection, London.[182]

Die florale Gewebemusterung gegen Ende des 16. und zu Beginn des 17. Jahrhunderts

Gegen Ende des 16. Jahrhunderts scheint sich in der textilen Mustergestaltung ein grundlegender Wandel vollzogen zu haben. Diesen Eindruck gewinnt man bei Durchsicht des bis zum gegenwärtigen Zeitpunkt bekannten Materials. Damit verläuft die Stilentwicklung innerhalb der Textilkunst parallel zur allgemeinen Kunstentwicklung in safawidischer Zeit. Im Gegensatz zu anderen Kunstgattungen, die auch im 17. Jahrhundert teilweise noch an Vorbildern des 16. Jahrhunderts orientierte Arbeiten hervorbrachten, wurde in der Gewebekunst des 17. Jahrhunderts kaum auf ältere Traditionen zurückgegriffen.

Die um die Wende vom 16. zum 17. Jahrhundert geschaffenen Stoffe stehen in gewisser Weise vermittelnd zwischen der Textilgestaltung beider Jahrhunderte. In weitaus stärkerem Maße als der Gewebeornamentik des 16. Jahrhunderts sind sie jedoch bereits den neuen Formen der Mustergestaltung verhaftet. Im Unterschied zum 16. Jahrhundert, wo die Stoffe durch eine kräftige Farbgebung, eine großzügige Musterzeichnung sowie durch die Konzentration auf traditionelle Motive in der Ornamentik (Lotos, Päonie, Spitzblatt, Arabeske) gekennzeichnet waren, haben wir jetzt eine Mustergestaltung vor uns, die schon eng mit dem sich gegen Ende des 16. Jahrhunderts vollziehenden Stilwandel in der Kunst verbunden ist. Sie wird bereits bestimmt durch eine zarte, lineare Musterzeichnung sowie durch ein Farbschema, das vor allem aus Pastelltönen besteht, häufig Ton in Ton gehalten ist und kaum noch kräftige, reine Farben beinhaltet. Darüber hinaus beginnen sich eine kleinteiligere Musterung sowie die Ordnung von Einzelmotiven in Reihe auf Zwischenraum durchzusetzen.

Entsprechend ihrer Mittlerrolle läßt sich die hier zusammengefaßte Gruppe von Geweben hinsichtlich der Mustergestaltung nochmals unterteilen. Zum einen besitzen wir Fragmente, die sich in ihrer Motivwahl noch stärker an traditionelle florale Formen anschließen und deren Musterung durch eine spitzovale Grundgliederung bestimmt ist, zum anderen entstanden jedoch auch bereits Seiden, die durch reihenweise auf Zwischenraum gesetzte, leicht geschwungene Blütenstauden gestaltet sind, eine Art der Gewebemusterung, die dann für das 17. Jahrhundert charakteristisch wird.

Die spitzovale Flächengliederung bei kleinteilig gemusterten Geweben

Kat. Nr. 7, 8
Abb. 33, 34

Die in dieser Gruppe zusammengefaßten Gewebe sind noch nach dem gleichen Gestaltungsschema geordnet wie die schweren, großteiligen Samtbrokate des 16. Jahrhunderts, d. h. der gesamte Fond wird jeweils durch zwei sich überschneidende, spitzovale Rankensysteme gegliedert. Der Musterrapport ist jetzt jedoch um ein Vielfaches kleiner. Bei dem in Abb. 34 gezeigten Gewebe liegen auf grünem Grund zwei ogivale Rankensysteme in zarter, lockerer Zeichnung übereinander, deren Berührungs- und Schnittpunkte durch verschiedenartige Päonien- und Palmettblüten bedeckt sind. Aus Ranken und Blüten wachsen gleichermaßen kleine, unruhig wirkende Blattmotive in einfacher Umrißzeichnung. Einige der Palmettformen sind fast völlig identisch mit Motiven der letztgenannten Seide (Abb. 32; rechts). Darüber hinaus gibt es jedoch kaum Gemeinsamkeiten zwischen beiden Stoffen. Das die Fläche überziehende ogivale Gittersystem tritt auf Grund der lockeren, zarten Zeich-

Kat. Nr. 7

nung der Ranken fast völlig in den Hintergrund, so daß für den flüchtigen Betrachter lediglich der Eindruck gleichmäßiger Flächenbedeckung durch Palmett- und Päonienmotive entsteht. Die verschiedenen, stets einfarbigen Musterelemente erhalten ihre Gestalt lediglich durch eine dünne goldene bzw. silberne Umriß- und Binnenzeichnung, weshalb das Gewebe wesentlich leichter ist als die schweren Samtbrokate der vorherigen Gruppe. Im Gegensatz zu diesen Seiden, die zur Ausgestaltung von Wohnräumen bzw. Zelten dienten, haben wir hier wohl einen Kleiderstoff vor uns. Dafür sprechen sowohl die Kleinteiligkeit des Musters als auch das geringe Gewicht und die Geschmeidigkeit des Gewebes.

Fragmente mit gleichem Dessin wurden bislang noch nicht veröffentlicht. Die zeitliche Einordnung in das späte 16. Jahrhundert erfolgt einerseits wegen der stilistischen Beziehungen, die zu der Ornamentik des Gewebes Kat. Nr. 6 bestehen, andererseits liefern uns auch die aus den Ranken und Blüten wachsenden Blattmotive Anhaltspunkte für eine Datierung. Ähnlich gezeichnete Blätter sind häufig auf figürlich gemusterten Stoffen des ausgehenden 16. Jahrhunderts abgebildet.[183]

Kat. Nr. 8

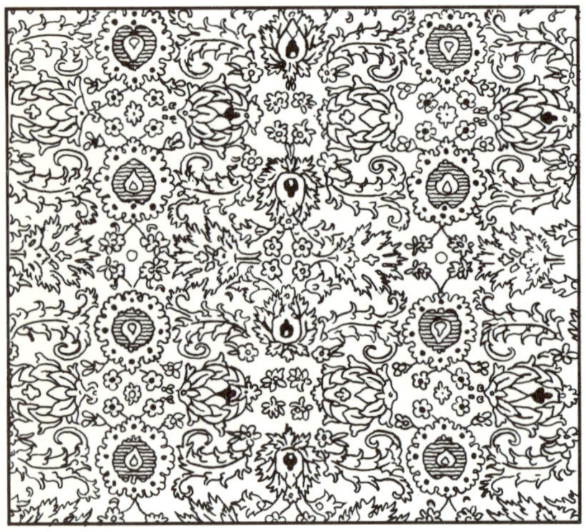

Kleines Pflanzenmuster auf Doppelgewebe, Ende 16. Jahrhundert

Die Gestaltung des zweiten Seidengewebes, das diesem Zeitabschnitt zugeordnet wird, ist ebenfalls durch zwei übereinanderliegende, ogivale Rankensysteme bestimmt. Die Zeichnung des Musters sowie die starke Vereinfachung einzelner Musterelemente hinterlassen beim Betrachter jedoch einen fast provinziellen Eindruck. Das Fehlen von Metallfäden spricht im Zusammenhang damit gleichfalls für eine Herstellung außerhalb der bedeutendsten Textilzentren. Zwar wäre theoretisch auch mit der Möglichkeit zu rechnen, daß die vorhandenen Ungeschicklichkeiten in der Musterzeichnung auf eine Entstehung des Gewebes in der Niedergangsphase der safawidischen Textilkunst zurückzuführen sind, dem stehen jedoch sowohl die Wahl der Motive als auch die gesamte Anlage des Musters entgegen. Die Datierung der vorliegenden Seide in das ausgehende 16. Jahrhundert wird darüber hinaus durch die Tatsache gestützt, daß ähnlich gestaltete Gewebe aus den späteren Jahrzehnten des 17. Jahrhunderts nicht bekannt sind, sich demgegenüber aber Parallelen zu Samtbrokaten aus dem 16. Jahrhundert ziehen lassen. So z.B. zu einer kostbaren Seide, deren ogivales Rankensystem Sechspaßmotive einschließt, in denen je zwei Personen, vor einer Blütenstaude stehend, abgebildet sind.[184] Die Ranken werden bei diesem Seidensamt im wesentlichen von einem tropfenförmigen, leicht geschwungenen und mehrfach untergliederten Blattmotiv gebildet. Das gleiche Blattmotiv, jedoch wesentlich vereinfacht, ist auch bei Abb. 33 das Hauptelement des oberen, sich deutlich abzeichnenden Rankensystems. An die Stelle der Löwenmaskenpalmette, die bei der frühen Seide den Berührungspunkt der Ranken bedeckt, tritt bei unserem Fragment eine einfache, stark abstrahierte Rosette, und das Sechspaßmotiv wird durch ein tropfenförmiges Medaillon mit gewellter Umrißzeichnung ersetzt, dessen Innenfeld durch eine stark vereinfacht gezeichnete blühende Nelkenpflanze ausgefüllt wird. Auf Grund der Tatsache, daß die Linienführung des zweiten Rankensystems nicht durchgehend gezeichnet wurde, ist das Musterschema stellenweise etwas unklar fixiert. Darüber hinaus bringen die mit einfachen Sternblüten besetzten, locker den Grund bedeckenden Zweige noch zusätzlich Unruhe in die Gestaltung. Die Ausgewogenheit der Komposition, durch die sich die safawidische Textilkunst im allgemeinen auszeichnet, ist bei dem vorliegenden Gewebe nicht erreicht worden. Auch die Art und Weise, wie man das Motiv der Federpalmette hier vereinfachte, läßt eher an einen provinziellen Herstellungsort als an eine Entstehung in spätsafawidischer Zeit denken, zumal gegen Ende des 17. Jahrhunderts die Gestaltung gewebter Flächen mittels zweier sich überlagernder ogivaler Rankensysteme in der Textilkunst nicht mehr auftrat. Zu dieser Zeit hatten sich bereits andere Ordnungsprinzipien durchgesetzt. Eine Datierung vor die Wende vom 16. zum 17. Jahrhundert scheint wegen der Art, in der die Nelkenstaude gezeichnet wurde, nicht möglich, da in dieser Form gestaltete einzelne Blütenstauden erst gegen Ende des 16. Jahrhunderts im safawidischen Bereich in Mode kamen.

Aus all den genannten Gründen ergibt sich daher für Kat. Nr. 8 eine Datierung um die Wende vom 16. zum 17. Jahrhundert. Andere Fragmente mit dieser oder einer ähnlich gestalteten Musterung wurden noch nicht veröffentlicht.

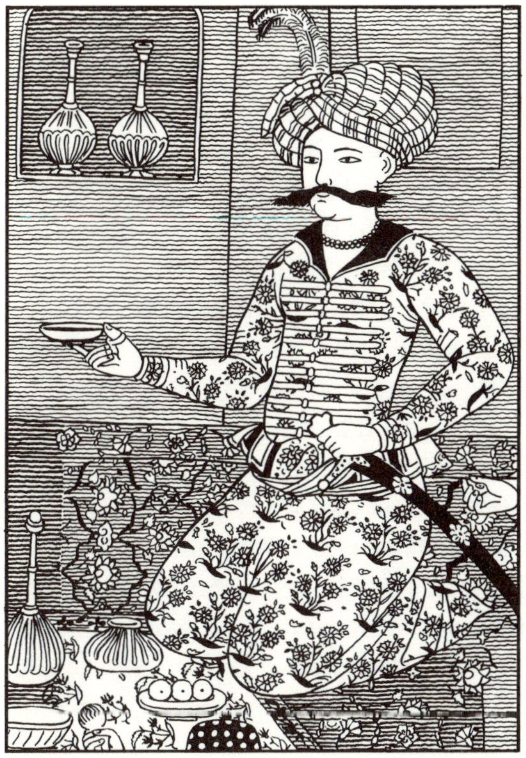

Wandmalerei aus dem Gartenpalais Tshehel Sutun in Esfahan, um 1600 entstanden (nach: B. Brentjes, Chane–Sultane–Emire, Leipzig 1974, Abb. 62)

Kleine Pflanzenmuster auf Doppelgeweben

Im nachfolgenden Abschnitt sollen safawidenzeitliche Doppelgewebe mit kleinteiligem Pflanzenmuster vorgestellt werden. Unter den sogenannten Doppelgeweben verstehen wir leinwandbindige Stoffe, die in zwei Lagen ohne durchgehende Verbindung übereinanderliegen und nur an Stellen, an denen sie gemustert sind, ineinandergreifen.[185] Vier Seiden aus den Beständen des Kunstgewerbemuseums Berlin-Köpenick wurden in dieser Technik gewebt und können auch stilistisch zu einer Gruppe zusammengefaßt werden. Es handelt sich um zweifarbige Gewebe, wobei durch webtechnisches Mischen beider Farben auf den Verbindungsflächen ein dritter Farbton das Muster bereichern kann. Eine Ausnahme bildet Abb. 38. Hier wurde stellenweise noch ein zusätzlicher goldener Musterschuß eingearbeitet. Kennzeichnend für die Gestaltung der vorliegenden Seiden ist, daß einzelne florale Motive reihenweise auf Zwischenraum gesetzt sind und eine betont zeichnerische, zum Teil auch schattenrißartige Wiedergabe des Musters erfolgt. Dabei können die floralen Elemente wie z.B. bei Abb. 35 auch aus nicht miteinander verbundenen Blüten- und Blattmotiven bestehen, die noch in Anlehnung an die textile Ornamentik des 16. Jahrhunderts gestaltet wurden (Palmetten, Päonien). Ein kleinteiliger Seidendamast aus dem 16. Jahrhundert weist ähnliche Motive wie Abb. 35 in einer vergleichbaren Anordnung auf.[186] Im Gegensatz zu unserem Gewebe sind die Einzelmotive hier
Kat. Nr. 9–13 jedoch noch über ein Rankensystem miteinander verbunden und dadurch
Abb. 35–38 zueinander in direkte Beziehung gesetzt. Zwar läßt sich die Mustergestaltung auch bei der Köpenicker Seide von der textilen Flächengestaltung mittels zweier ogivaler Rankengitter ableiten, jedoch bleiben von dieser Musterung
Kat. Nr. 9 nur noch die Motive, mit denen Berührungs- und Schnittpunkte der Ranken ursprünglich bedeckt waren, sowie einige Lanzettblätter erhalten, d.h. alle direkt verbindenden Ranken entfallen. Die jetzt verselbständigten Motive rücken auf dem Grund enger zusammen, so daß sie in dichter Flächenfüllung den gesamten Fond bedecken. Fragmente mit gleicher Mustergestaltung wie auf Abb. 35 wurden bisher noch nicht veröffentlicht.

Kat. Nr. 10–12 Die anderen drei in dieser Gruppe zusammengefaßten Seiden sind mit einzelnen staudenartigen Blütengebilden gleichmäßig geschmückt, die – in

Reihe auf Zwischenraum geordnet – den Fond gleichmäßig bedecken. Anhaltspunkte für eine zeitliche Einordnung der Gewebe ergeben sich unter anderem aus Darstellungen derartiger Muster auf Wandfresken des Esfahaner Gartenpalastes Tshehel Sutun. Eine dieser Wandmalereien, um das Jahr 1598 entstanden, gibt detailgetreu verschiedene Textildessins wieder.[187] Dabei ist die Ähnlichkeit zwischen der Mustergestaltung der auf dem Wandgemälde abgebildeten kleinen Decke und der Gewebe Kat. Nr. 10 und Kat. Nr. 11 aus Köpenick überraschend groß, so daß ein direkter Vergleich möglich ist. Weitere dieser Gruppe zuzuordnende Stücke, ebenfalls Doppelgewebe, wurden von Ph. Ackerman veröffentlicht.[188] Sie werden von ihr in das 17. Jahrhundert datiert und ohne überzeugende Begründung mit Yazd als Herstellungsort in Verbindung gebracht. Anhand des in Tshehel Sutun abgebildeten Gewebemusters kann die zeitliche Einordnung derartiger Gewebe jedoch noch dahingehend präzisiert werden, daß in dieser Art gestaltete Seiden wohl bereits gegen Ende des 16. Jahrhunderts gewebt worden sind. Eine lokale Zuordnung scheint vom heutigen Forschungsstand aus jedoch kaum möglich, weshalb an dieser Stelle auf derartige Versuche verzichtet werden soll.

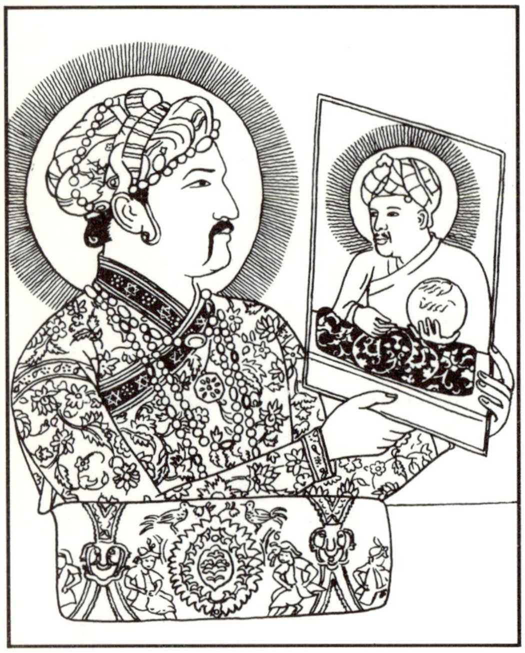

Dshahangir mit dem Bildnis seines Vaters, indische Miniatur, ca. 1599–1605 (nach: E. Grube, Die Welt des Islams, Gütersloh 1968, Abb. 182)

Ein in gleicher Weise wie Abb. 37 gemustertes Gewebe gehörte 1939 zum Bestand der Sammlung Ackerman-Pope.[189] Gewebe mit einer gleichen Musterung, wie wir sie bei Kat. Nr. 11 vor uns haben, sind bis jetzt noch nicht veröffentlicht worden. Das Gewebe Abb. 38, das sowohl durch die angewandte Technik als auch durch die zeichnerische Auffassung, die Gestaltung gewebter Flächen betreffend, mit den eben angeführten Stoffen stilistisch verbunden ist, weist jedoch in der konkreten Musterung eine Besonderheit auf. Das den Fond schmückende strauchartige Blüten- und Blattensemble, das ebenfalls in Reihe auf Zwischenraum geordnet ist, wächst aus einem Gefäß in geschwungener Form, was eine Herstellung dieser Seide noch im 16. Jahrhundert auszuschließen scheint. In das Gewebe ist das Wort ›salekha‹ eingewebt. Ein weiteres Fragment mit gleicher Mustergestaltung war 1939 im Besitz der Sammlung Ackerman-Pope[190], und eines befindet sich im Textile Museum, Washington.[191] Sie werden beide dem 17. Jahrhundert zugewiesen. Wegen der engen Verbindungen zu den vorher genannten Doppelgeweben soll diese Datierung auf das erste Viertel des 17. Jahrhunderts präzisiert werden.

Mit diesem Beispiel haben sich die Bestände an Doppelgeweben in Museen der DDR erschöpft. Die Tatsache, daß alle hier gezeigten Doppelgewebe Erzeugnisse des ausgehenden 16. bzw. des beginnenden 17. Jahrhunderts sind, resultiert jedoch nicht ursächlich aus der hier verwandten Webtechnik. Gekennzeichnet wird diese Gruppe von Geweben vor allem durch ihre charakteristische Mustergestaltung. Des Musters wegen soll noch ein weiteres Seidenfragment aus dem Besitz des Kunstgewerbemuseums Berlin-Köpenick, obwohl kein Doppelgewebe, dieser Gruppe zugeordnet werden. Es zeigt die gleiche Inschrift wie Abb. 38. Darüber hinaus ist es auch noch durch die zarte, zum Teil schattenrißartige und sehr elegante Musterzeichnung mit der Gruppe der Doppelgewebe verbunden. In der Technik sowie in der Konzeption und konkreten Gestaltung des Musters unterscheidet es sich jedoch von diesen. Die gesamte Fläche ist durch ein aus Bändern gebildetes ogivales Rankensystem gegliedert, das in gleichmäßigen Abständen Rosetten zieren. In den spitzovalen Feldern befindet sich je ein von der Päonie abgeleitetes, stark stilisiertes Blütenmotiv. Hiermit vergleichbare Textilien sind nicht

Kat. Nr. 13

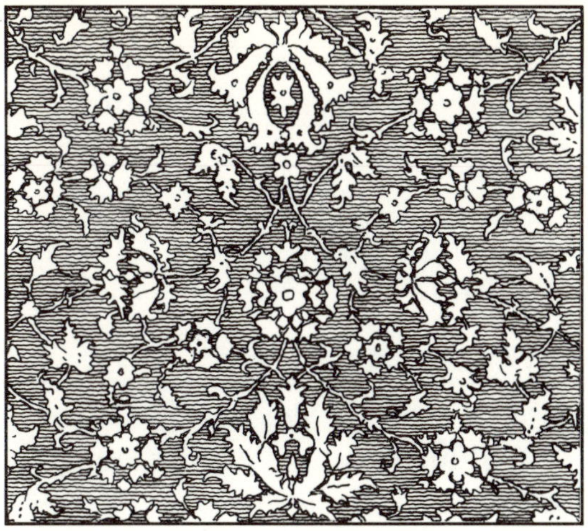

Ogivale Mustergliederung bei kleinteilig gestalteten Stoffen, Ende 16. Jahrhundert

bekannt. Die Grundstruktur des Musters erinnert an osmanische Seidengewebe. Gegen eine Zuordnung zu diesem Bereich sprechen aber sowohl die Farbgebung (Gold, Silber, Zitronengelb, zwei Schattierungen Rosa) als auch die filigrane Ausführung der Zeichnung sowie die im Verhältnis zu osmanischen Stoffen außergewöhnliche Kleinteiligkeit des Musters. Für eine Zuordnung zur safawidischen Textilkunst stehen die Farbigkeit, die Ausführung der Zeichnung und nicht zuletzt die Inschrift. Interessanterweise findet sich jedoch die einzige Darstellung eines ähnlich gestalteten Gewebes auf einer indischen Miniatur, die zwischen 1599 und 1605 entstanden sein muß, also zu einem Zeitpunkt, der als Herstellungsdatum für unsere Seide durchaus im Bereich des Möglichen liegt. Auf Grund der engen Beziehungen zu safawidischen Seiden und der Tatsache, daß die Musterzeichnung des auf der indischen Miniatur dargestellten Gewebes viele Elemente safawidischer Textilgestaltung beinhaltet – so z.B. ein phönixartiger Vogel in den Zweigen einer Blütenstaude, unter der sich ein sitzender Jüngling persischen Typs aus einer Karaffe Wein einschenkt – liegt der Schluß nahe, daß wir hier in beiden Fällen Beispiele der safawidischen Textilkunst aus der Zeit um 1600 vor uns haben.

Die figürliche Mustergestaltung gewebter Flächen

Gewebe mit figürlicher Musterung sind sowohl aus dem 16. als auch aus dem 17. Jahrhundert bekannt. Um einen möglichst geschlossenen Gesamteindruck von dieser Gruppe zu erhalten, soll ihre Bearbeitung an dieser Stelle im Komplex vorgenommen werden.

Mustergestaltung im 16. Jahrhundert

Zu den wertvollsten der in der DDR vorhandenen figürlich gemusterten Gewebe zählen zweifellos zwei Fragmente einer Seide, die sich im Besitz des Museums für Kunsthandwerk, Dresden, befinden. Sie sind die ältesten figürlich gestalteten safawidischen Gewebe, die in Museen innerhalb der DDR erhalten geblieben sind. Die Seide, ein Lampasgewebe mit einem in Köper gebundenen Muster auf Satinbasis, zählt mit Recht zu den technisch vollkommensten und künstlerisch ausgereiftesten Beispielen safawidischer Textilkunst und gehört zu jener Gruppe von Geweben, die sich durch eine reiche figürliche Musterung in Anlehnung an die Miniaturmalerei auszeichnet.

Kat. Nr. 14–16
Abb. 39, 40

Die äußere Form unserer zwei Gewebefragmente wird durch die Gestaltungskonzeption des Dessins bestimmt, da beide Stücke dem Muster entsprechend zugeschnitten wurden. Sie tragen in Kettrichtung übereinander geordnete Bildabschnitte, die die gesamte Breite der Gewebestreifen einnehmen. Dabei wechseln Bildkompositionen, die Szenen aus dem höfischen Leben wiedergeben, mit kleineren Teilabschnitten, in denen jeweils ein Tierpaar abgebildet ist. Auf dem größeren der beiden Fragmente folgt, von unten nach oben betrachtet, der Darstellung eines in lebhafter Bewegung festgehaltenen Ziegenpaares, das sich vor goldenem Fond zwischen hohen Sternblütenpflanzen befindet, in einem größeren Abschnitt die bildliche Gestaltung einer Gartenszene. Auf silbernem Grund ist ein Liebespaar dargestellt, das die gesamte Szene beherrscht. Es lagert unter einem Granatapfelbaum, der reiche Früchte trägt und in dessen Zweigen ein Vogel abgebildet ist. Im darauffolgenden Musterfeld bewegen sich vor goldgelbem Fond zwei Leoparden aufeinander zu. Auch hier bedecken Blütenpflanzen verschiedener Größe den noch verbleibenden freien Raum. Die nachfolgende Szene schließt diesen Gewebestreifen nach oben ab. Sie zeigt uns, dargestellt auf goldenem Grund, die Zubereitung eines Mahles im Freien. In der vorderen Bildmitte sehen wir einen auf Steinen abgestellten bauchigen Kessel, unter dem ein Feuer lodert. Die neben dem Kessel stehende männliche Person hat den Deckel des Topfes abgenommen, um seinen Inhalt umzurühren. Im Mittelgrund kommt von links ein zweiter Mann, mehrere Teller unter dem Arm tragend, in die Szene geschritten. Seitlich hinter dieser Person wächst ein Blattstrauch empor, der die noch verbleibende Fläche einnimmt und in dessen Zweigen ein Vogel dargestellt ist.

Kat. Nr. 14

Die Gestaltung des kleineren Fragments erfolgte nach dem gleichen Kompositionsschema. Die Bildinhalte sind jedoch von denen des größeren Gewebes verschieden. Von unten nach oben betrachtet, zeigt sich uns auf rotem Fond zuerst die Darstellung eines unter einem blühenden Baum stehenden Liebespaares im Garten. Der Mann stützt lässig seinen rechten Unterarm auf eine Zweiggabelung und greift mit seiner linken Hand nach der ihm von seiner Partnerin gereichten Schale, die diese soeben aus einer Karaffe mit Wein angefüllt hat. Über dem Paar sitzt in den Zweigen ein Vogel. Der nachfolgen-

Kat. Nr. 15

de Abschnitt zeigt auf goldenem Grund ein lagerndes, durch Blumen eingerahmtes Löwenpaar. In der Abteilung darüber ist wiederum eine Gartenszene dargestellt. Vor rotem Fond sitzt links im Vordergrund ein junger Mann, der sich leger an einen Blütenstrauch lehnt. Er hat sich am Ufer eines kleinen, blütenumstandenen Teiches, in dem zwei Fische schwimmen, gelagert, um einer im Mittelgrund sitzenden Zither- oder Psalteriumspielerin zuzuhören. Über der Figurengruppe bewegt sich in den Zweigen eines Strauches ein Vogel. Zu erwähnen bliebe noch, daß in den größeren Bildabschnitten die Szenen nach oben hin stets nischenförmig abschließen und die dadurch entstehenden Zwickel mit jeweils einem fliegenden Vogel und einem verspielten Wolkenmotiv geschmückt sind. Umrahmt werden alle Abschnitte durch ei-

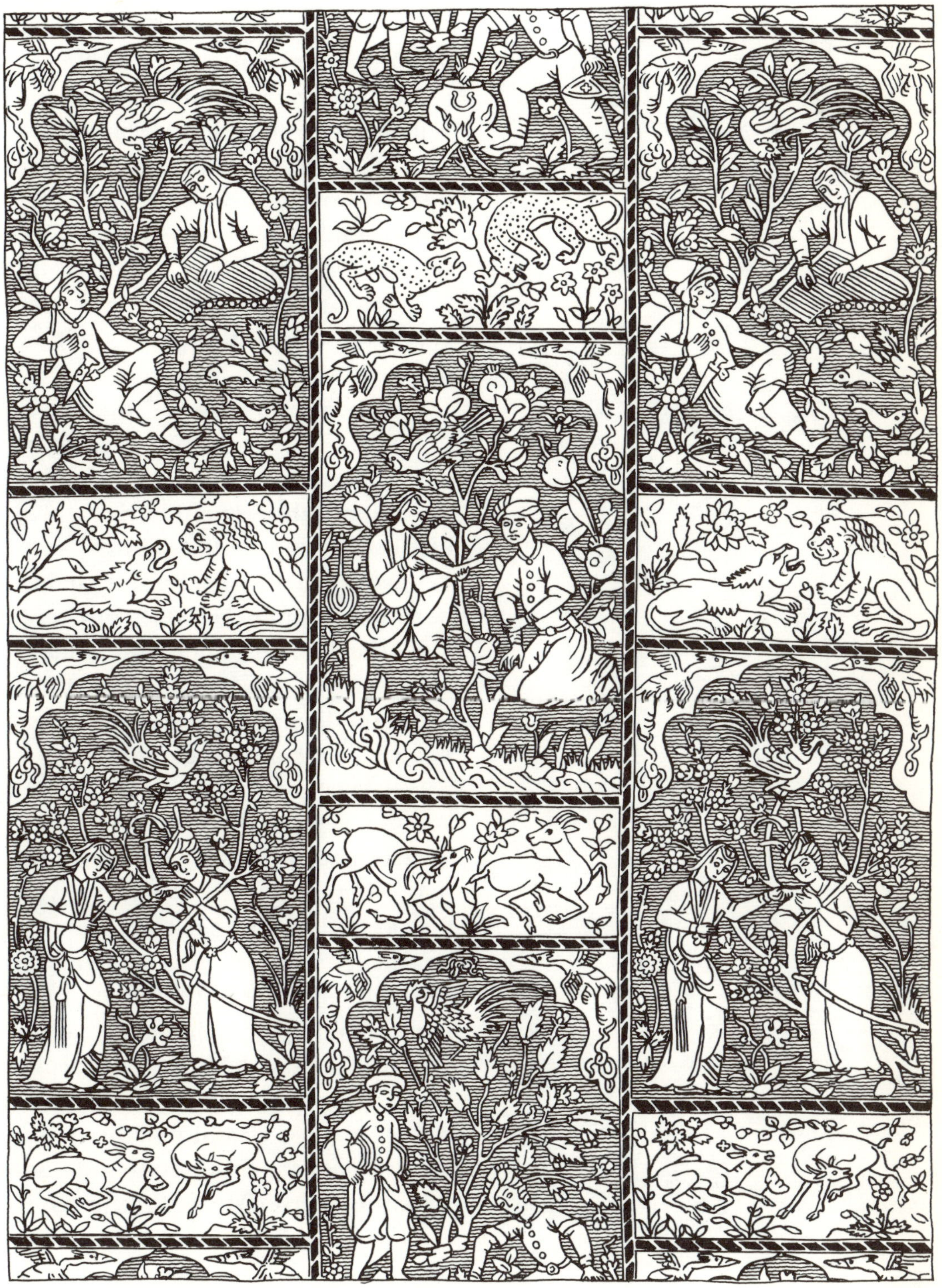

Musterergänzung und Gestaltungsschema der Gewebefragmente auf Abb. 39 rechts (Kat. Nr. 14) und Abb. 39 links (Kat. Nr. 15), Seidengewebe, Iran, 2. Hälfte 16. Jahrhundert (nach: N.A. Pirverdjan (Ed.), Iranian Textiles 16th to the 18th Centuries. From the Art Collections of the Soviet Museums. The Hermitage Collections, Leningrad 1975, Bildmappe)

nen schmalen Begleitstreifen, der auf schwarzem Grund eine in Gelb gehaltene zarte, ornamentale Wellenranke trägt.

Die beiden Gewebefragmente mit ihren lebendig und bewegt gezeichneten Bildinhalten gehören gestalterisch zu jenen Textilien, die ihre Vorbilder eindeutig in der Miniaturmalerei haben. Man kann wohl auf Grund der hohen Qualität von Zeichnung und Komposition sowie der thematischen und gestalterischen Anlehnung an die Miniatur davon ausgehen, daß die Muster der in dieser Art gestalteten Textilien größtenteils von Miniaturmalern entworfen wurden. Darüber hinaus gab es sogn. ›nagshband‹, Künstler, die sowohl Weber als auch Entwerfer und Zeichner der Muster waren. Einige sind uns namentlich bekannt, da sie die von ihnen geschaffenen Textilien signierten. Am besten informiert sind wir über das Leben des Khodsha Giyas ad-Din Ali, den wohl berühmtesten dieser Künstler, von dem bereits die Rede war.[192]

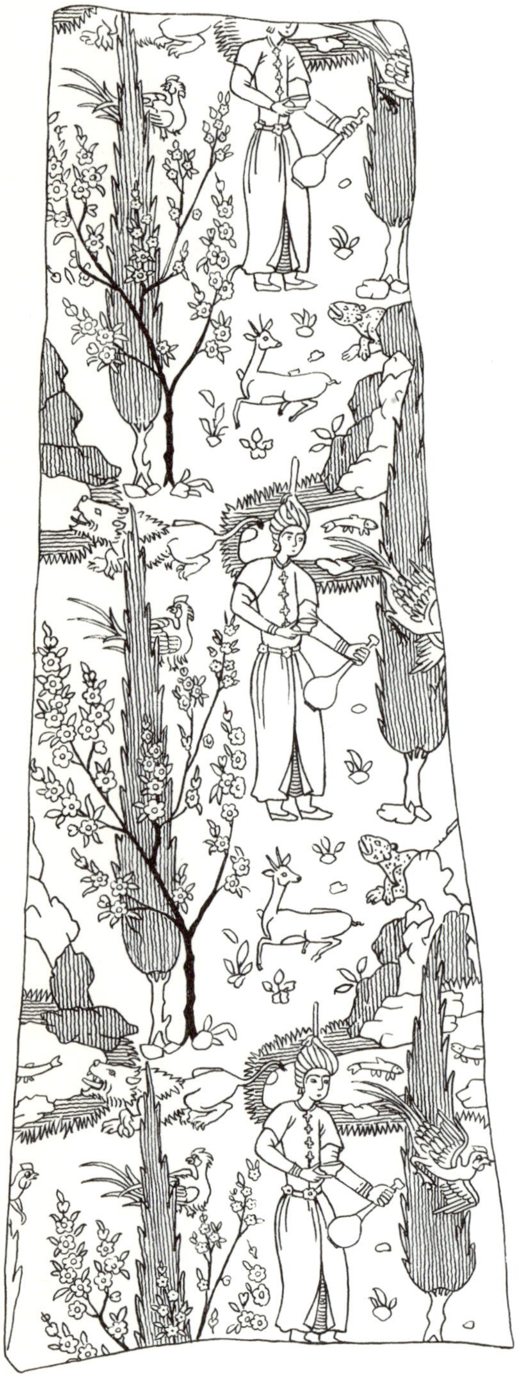

Löwe, Gemse und Ziege waren häufig verwendete Motive in der Gewebekunst des 16. Jahrhunderts, Seidengewebe, Iran, 16. Jahrhundert (nach: A.U. Pope – Ph. Ackerman (Ed.), Survey VI, pl. 1011)

Die Dresdener Seidenfragmente gehören zu den besten Beispielen der im Miniaturstil gestalteten Gewebe aus safawidischer Zeit. Fragmente mit dieser Musterung befinden sich noch im Besitz mehrerer anderer Museen. Bereits 1901 wurde von F.R. Martin das sich in den Beständen des Victoria & Albert Museum, London (des damaligen South Kensington Museum) befindende Gewebe veröffentlicht.[193] Weitere Gegenstücke besitzen die Ermitage, Leningrad[194], sowie das Staatliche Museum für die Kunst der Völker des Ostens, Moskau.[195] Vor dem 2. Weltkrieg war auch das damalige Berliner Schloßmuseum im Besitz eines derartigen Fragments. Dieses Stück ist heute verschollen. Lediglich eine alte Fotografie blieb im Islamischen Museum zu Berlin erhalten.[196]

Anhand dieser Gewebe, die alle größer sind als die in Dresden vorhandenen Stücke, läßt sich die Musterkomposition folgendermaßen rekonstruieren. Die nebeneinander verlaufenden Musterstreifen sind so versetzt, daß auf einer Reihe sowohl horizontal als auch vertikal im Wechsel jeweils ein kleines und ein großes Bildfeld aufeinander folgen, wobei die Mittelachse des größeren Bildabschnittes gleichzeitig die Mittelachse des kleineren Kompartiments bildet. Dadurch entsteht eine schachbrettartige Anordnung der einzelnen Musterfelder zueinander. Mittels mehrmaligen Wechsels der Farbstellungen in den Musterabschnitten mit gleicher Darstellung gelang es dem Schöpfer dieses Gewebes, den Musterrapport optisch zu vergrößern und so den Eindruck außergewöhnlicher Vielfalt und Lebendigkeit hervorzurufen.

Das Muster wurde im 16. Jahrhundert entworfen. Konkretere Datierungsversuche erfolgten in der bisher dazu erschienenen Literatur mehrmals. Sie weichen jedoch stark voneinander ab und umfassen das gesamte 16. Jahrhundert. Eine zeitliche Bestimmung von Geweben auf einige Jahre genau ist, sofern kein Herstellungsdatum angegeben wurde, nur selten möglich. Auf Grund der relativ weiten und unkontrollierten Verbreitung von Textilien lassen sich lokale Traditionen kaum kontinuierlich verfolgen, wodurch häufig nicht sicher zu entscheiden ist, ob bestimmte Ungeschicklichkeiten bei der Wiedergabe eines Musters im provinziellen Herstellungsort oder im Entstehungsdatum des Gewebes in einer Zeit nach der Blüte dieser speziellen Art der textilen Gestaltung ihre Ursachen haben. Zu berücksichtigen ist auch, daß wegen des recht hohen Aufwandes, der bei der technischen Umsetzung so komplizierter Muster vonnöten war, angenommen werden kann, daß auf einmal eingerichteten Webstühlen im Normalfall ein Muster über einen längeren Zeitraum hinweg produziert wurde.

Psalteriumspielerin und sich an einen Baum lehnender Jüngling, ›Darstellungsformeln‹ in der Gewebekunst des 16. Jahrhunderts, Seidengewebe, Iran, 16. Jahrhundert (nach: A.U. Pope–Ph. Ackerman (Ed.), Survey VI, pl. 1028)

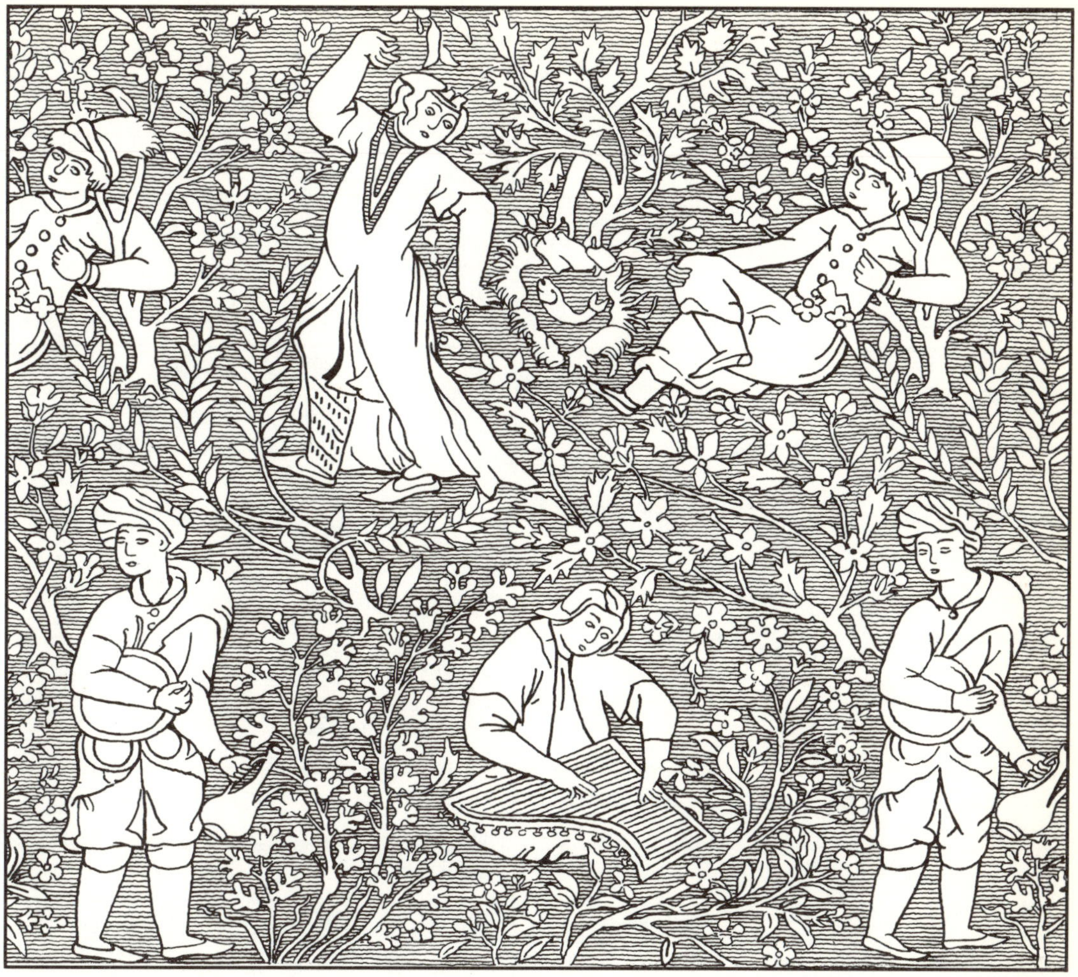

Die besten Voraussetzungen für eine relativ exakte Datierung sind bei Geweben mit sich stark an die Miniaturmalerei anlehnender Musterung gegeben. Hier kann man durch den Vergleich mit zeitlich genau bestimmten Miniaturen zu recht sicheren Datierungen gelangen. Dabei müssen jedoch stets die technisch bedingten Vergröberungen des Gewebemusters Beachtung finden. Auch der Umstand, daß sich die Neuerungen und progressiven Tendenzen der Miniaturmalerei nicht in gleichem Maße und vor allem nicht zur gleichen Zeit auch in der Textilgestaltung durchgesetzt haben dürften, muß bei dem Versuch einer genauen zeitlichen Einordnung berücksichtigt werden.

Die Herausbildung spezieller Gestaltungstypen und Darstellungsformeln für bestimmte Bildelemente läßt sich in der Miniaturmalerei und der Textilgestaltung immer wieder nachweisen, so auch in der safawidischen Kunst des 16. Jahrhunderts. Die daraus resultierenden Ähnlichkeiten in der Darstellungsweise geben uns zusätzlich Anhaltspunkte und damit die Möglichkeit, durch vergleichende Stilkritik zu Datierungen zu gelangen. Für die zeitliche Einordnung des vorliegenden Gewebes ergibt sich im Vergleich mit Miniaturen und datierten Geweben, daß die Kleidung der dargestellten Personen sowie die Art und Weise der Zeichnung von Menschen, Pflanzen und Tieren ein Herstellungsdatum unter der Herrschaft Shah Tahmasp I. (1524–1576) wahrscheinlich macht. Diese Datierung läßt sich jedoch noch konkretisieren. Auf Miniaturen werden in der Zeit von ca. 1530 bis ca. 1560/70 ähnlich wie auf unserer Seide gestaltete und gekleidete Personen abgebildet. Anhand der Form des Turbans, den die männliche Person im unteren Feld des Fragments Kat. Nr. 14 trägt und die ein zweites Mal im oberen Musterabschnitt der Seide

Das beliebte Motiv des drachentötenden Alexander, Seidengewebe, Iran, 16. Jahrhundert (nach: B.V. Vejmarn, Iskusstvo arabskich stran i irana VII–XVII vekov, Moskau 1974, Abb. 207, 208)

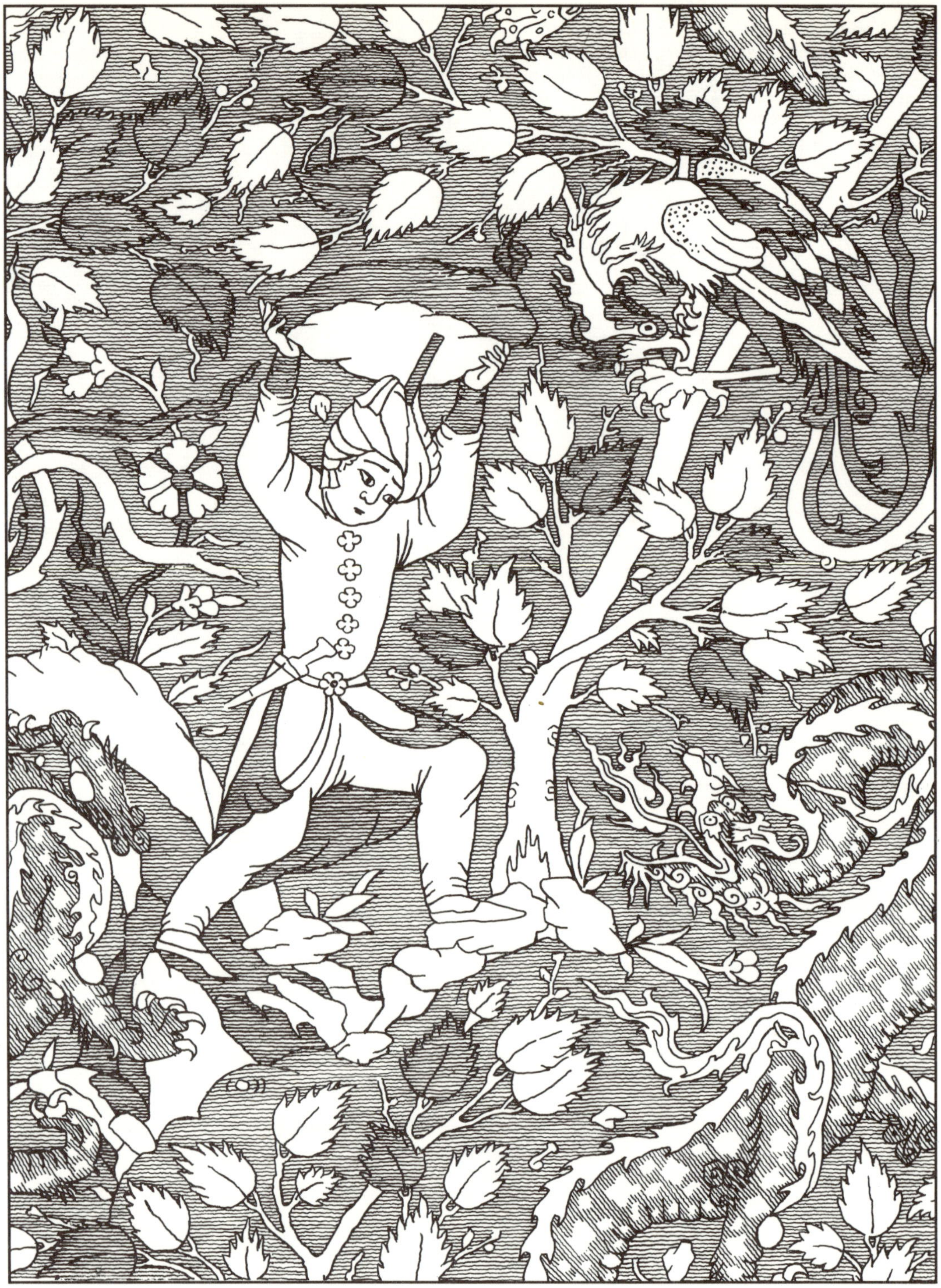

Kat. Nr. 15 auftritt, ist es jedoch möglich, den Beginn der Produktion des Gewebes zeitlich noch genauer festzulegen. Turbanformen dieser Art scheinen erst gegen Mitte des 16. Jahrhunderts in Mode gekommen zu sein, so daß für das vorliegende Seidengewebe ein Herstellungsdatum zwischen ca. 1550 und 1570 als recht wahrscheinlich angenommen werden kann, womit wir mit der von N.A. Pirverdjan vorgeschlagenen Datierung im wesentlichen konform gehen.[197]

Kat. Nr. 16 Ein weiteres figürlich gemustertes Gewebe aus dem 16. Jahrhundert befindet sich im Besitz des Kunstgewerbemuseums Berlin-Köpenick. Es handelt sich um ein leider bereits stark verschlissenes Lampasgewebe, dessen Musterung wie bei Abb. 39 köperartig in einen Satingrund eingebunden ist. Auf schillernd cremefarbenem Fond liegen, in Reihe auf Zwischenraum geordnet, spitzovale Mustermedaillons mit geschwungener Umrißzeichnung. Diese Ovale mit perlkreisartig gestalteter Umrahmung zeigen jeweils eine Gartenszene. Die Darstellung der Figurengruppe ist in allen Medaillons gleich. Zeilenweise erfolgt jedoch ein Richtungswechsel der Bilder. Abgebildet sind beiderseits einer Zypresse je eine männliche Person, wobei die eine kniend auf einem Saiteninstrument spielt, während sich die andere träumend gegen einen blühenden Zweig lehnt. Oberhalb des Musizierenden fliegt ein phönixartiger Vogel. Zwischen den Medaillons sind locker gezeichnete Ranken mit Rosetten, Nelken und stark stilisierten Tulpenmotiven abgebildet, durch die eine lockere ogivale Feldeinteilung des Gewebes erfolgt.

Weitere derartig gestaltete figürliche Gewebe sind aus safawidischer Zeit nicht überliefert. Lediglich die Form der Medaillons läßt sich mit den zu Spitzovalen zurechtgeschnittenen Samtbrokatfragmenten des 16. Jahrhunderts vergleichen, die wohl zur Ausschmückung von Prunkzelten dienten. Dargestellt sind in diesen Medaillons zumeist der einen Drachen tötende Alexander oder Khusrau, Shirin beim Bade entdeckend, und nicht zuletzt verschiedenartige Jagdszenen. Anders als bei Abb. 40 waren diese Bilder nicht durch das Muster medaillonartig umrahmt, sondern aus größeren Gewebestücken zu dieser Form zurechtgeschnitten.[198] Ein figürlich gemustertes Samtfragment aus der Mitte des 16. Jahrhunderts besitzt zwar eine ähnliche Grundstruktur der Mustereinteilung, unterscheidet sich ansonsten jedoch erheblich von Abb. 40.[199] Diese Seiden, in einer komplizierteren Technik ausgeführt als unser Gewebe, sind wahrscheinlich auch alle früher entstanden,

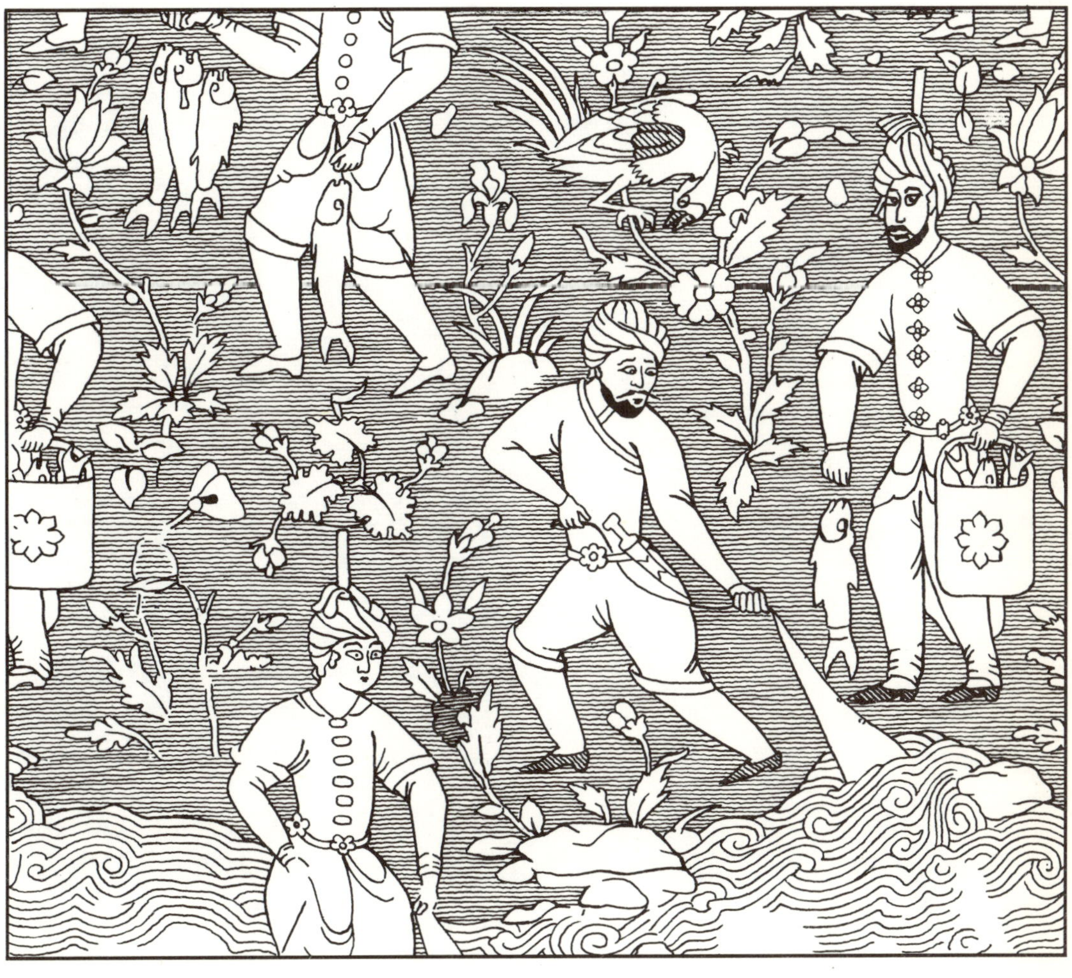

Fischer bei der Arbeit, Seidengewebe, Iran, 16. Jahrhundert (nach: N.A. Reath–E.B. Sachs, Persian Textiles, Ex. 73 : Pl. 73)

Die badende Shirin, Seidengewebe, Iran, Ende 16. Jahrhundert, sign. Giyas (nach: A. U. Pope – Ph. Ackerman (Ed.), Survey VI, pl. 1038)

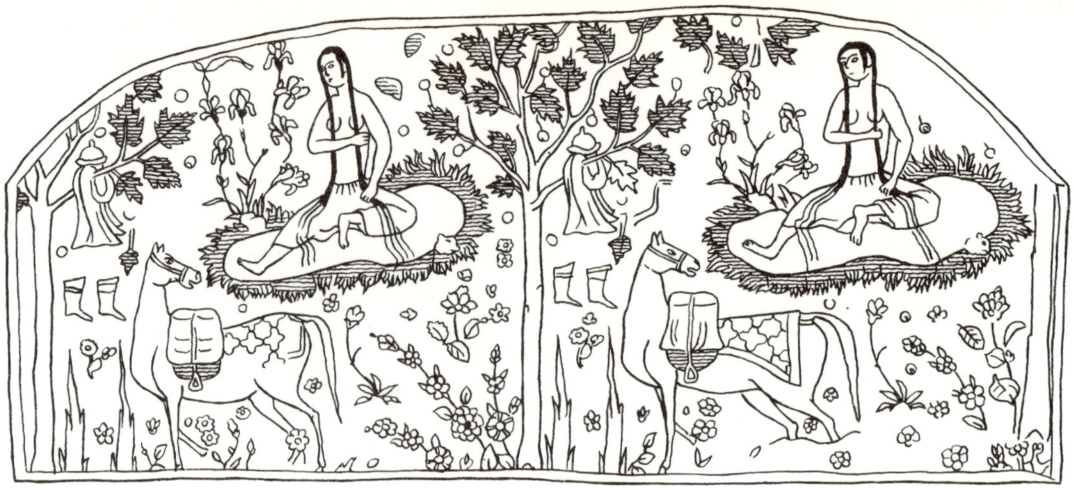

wenngleich die Tatsache, daß bei unserer Seide keine Metallfäden zur Anwendung kamen, nicht notwendigerweise auf eine spätere Entstehung hinweisen muß. Die größte Schwierigkeit bei dem Versuch einer zeitlichen Einordnung ergibt sich aus dem schlechten Erhaltungszustand des Stückes, bei dem viele Konturen, vor allem die der Figuren, später mit Hand nachgenäht wurden. Die daraus resultierenden Ungeschicklichkeiten in der Zeichnung vermitteln bei flüchtiger Betrachtung den Eindruck, als habe man hier ein Gewebe vor sich, das in der Niedergangsphase safawidischer Textilkunst entstand; eine Einordnung, die nach genaueren Studien jedoch verworfen werden muß. Die ›Nachzeichnung mit dem Faden‹ in Verbindung mit dem schlechten Erhaltungszustand des Gewebes lassen eine genaue zeitliche Einordnung nur bedingt möglich erscheinen, da der ursprüngliche Zustand

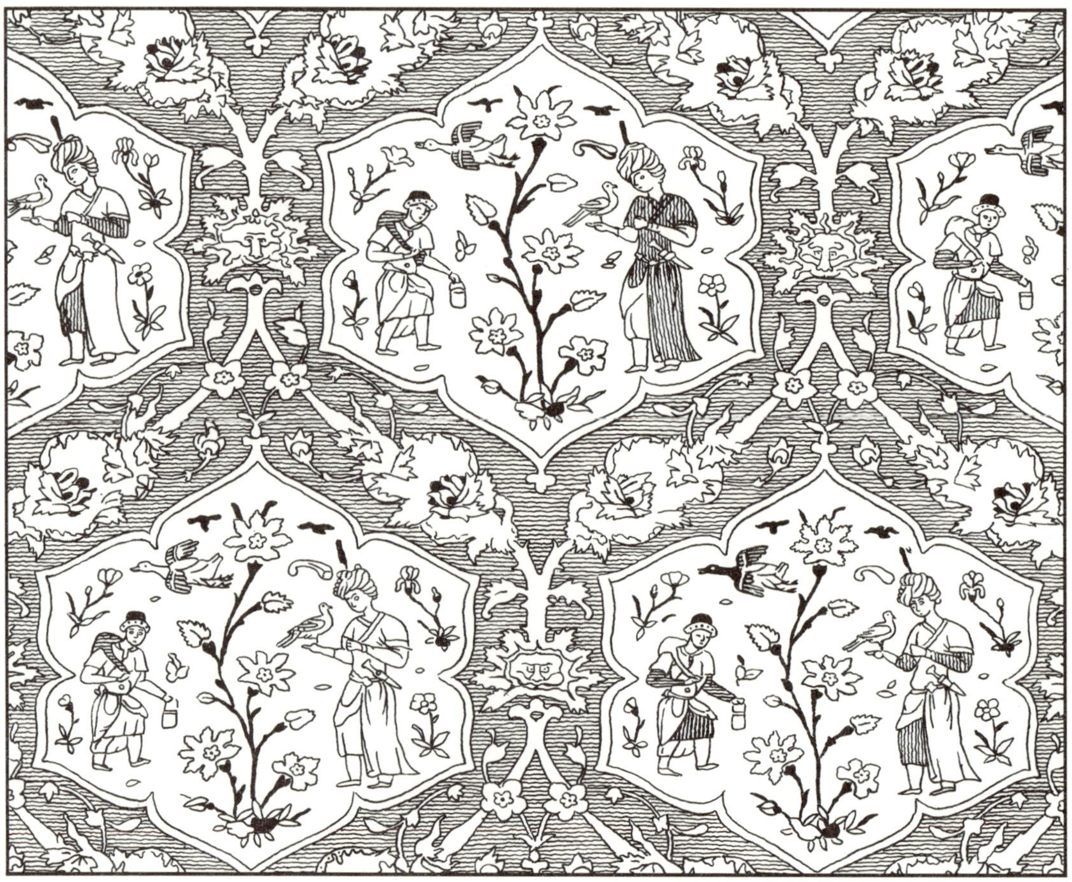

Die ogivale Grundgliederung in Verbindung mit Jagdszenen, Seidengewebe, Iran, 16. Jahrhundert (nach: A.U. Pope – Ph. Ackerman (Ed.), Survey VI, pl. 1019)

der Zeichnung der Figuren schwer nachvollzogen werden kann und Gewand- wie Turbanformen deshalb nicht genau zu erkennen sind. Die insgesamt sehr lyrische Gestaltung der Szene läßt jedoch eine Herstellung in Tabriz zumindest möglich erscheinen. Dafür spricht auch der Umstand, daß bei Abb. 40 in gewisser Weise sowohl Elemente der safawidischen als auch der osmanischen Textilornamentik Aufnahme fanden. Vom Osmanischen beeinflußt ist beispielsweise die Gestaltung der zwischen den Medaillons liegenden floralen Ranken. Hier sind unter anderem verschiedenartige Nelkenblüten in Verbindung mit dem Tulpenmotiv abgebildet, was in dieser Form aus der safawidischen Textilkunst nicht bekannt, in ähnlicher Weise aber auf osmanischen Geweben, die dem 16. bzw. der Wende vom 16. zum 17. Jahrhundert angehören, häufig zu sehen ist.[200] Daher eröffnet sich nicht nur die Möglichkeit, daß der Stoff in Tabriz hergestellt wurde, sondern auch, daß dies zu einem Zeitpunkt geschah, als die Stadt von den Türken besetzt war, wofür der Einfluß osmanischer Textilornamentik sprechen würde.

Eine genaue Einordnung ist, wie bereits erwähnt, nur unter Vorbehalten möglich. Die Zeichnung des Blütenbaumes wie auch die des Vogels erfolgte in ganz ähnlicher Manier wie bei den verschiedenen Fragmenten mit der Darstellung des einen Drachen tötenden Alexander. Diese Fragmente werden im allgemeinen zwischen 1540 und 1600 eingeordnet. In jener Zeit dürfte wohl auch Abb. 40 entstanden sein. Die Form des Turbans der sitzenden männlichen Figur ermöglicht jedoch eine zeitliche Präzisierung. Der bereits ausladend gewundene Turban, den die Figuren auf unserer Seide tragen, tritt bei Miniaturen erstmals gegen 1590 auf. Gegen 1600, zum Teil wohl schon etwas früher, ging sie dann in die lockere, weit ausladend gelegte Turbangestaltung über. Es besteht also durchaus die Möglichkeit, daß unser Gewebe in den 90er Jahren des 16. Jahrhunderts in Tabriz entstanden ist, was noch durch die Tatsache unterstützt wird, daß diese Stadt zwischen 1585 und 1603 von den Osmanen besetzt gehalten wurde.

Mustergestaltung im 17. Jahrhundert

Auch im 17. Jahrhundert gestaltete man die figürlich gemusterten Gewebe in starker Anlehnung an die Miniaturmalerei. Derartige Gewebe waren jetzt häufig reich mit Gold- und Silberfäden broschiert, wobei zu Beginn des Jahrhunderts die Hervorhebung der Figuren durch geschnittenen Samt weite Verbreitung fand. Noch mehr als bei den im 16. Jahrhundert entstandenen Seiden können zur zeitlichen Einordnung der figürlich gemusterten Gewebe des 17. Jahrhunderts Miniaturen herangezogen werden. Ursache dafür ist

Kat. Nr. 17–25
Abb. 41–47

die Tatsache, daß in der Miniaturmalerei des 17. Jahrhunderts häufig Einzelblätter gefertigt wurden, die auf die Darstellung von ein oder zwei Personen beschränkt blieben. Diese Art der Gestaltung bot sich für eine Übernahme in den textilen Bereich geradezu an. Durch die weitere Vervollkommnung der Technik der Seidenweberei bestand jetzt darüber hinaus die Möglichkeit, Bilder zu schaffen, die in ihrer Ausführung der gezeichneten Vorlage kaum nachstanden.

Kat. Nr. 17, 18

Zu den hervorragenden Beispielen dieser Art von Geweben gehören die Fragmente eines Samtbrokats mit der Darstellung eines Jünglings, auf dessen Hand ein Falke sitzt. Zwei Seiden mit dieser Mustergestaltung befinden sich im Besitz des Kunstgewerbemuseums Berlin-Köpenick. Das in vollendeter Meisterschaft gewebte Dessin wird in seiner Zeichnung von der safawidischen Malerei nach 1600 bestimmt und lehnt sich stark an die Malweise des Reza-e Abbasi an. Vom vormals golddurchwebten Grund hebt sich in geschnittenem Samt die sanft geschwungene Gestalt des Jünglings deutlich ab. Die elegante Linienführung verrät die Hand des Meisters, und es erscheint durchaus möglich, daß die Mustervorlage zu dieser Seide Reza-e Abbasi oder einer seiner Schüler schuf. Die enge Verbindung zum Esfahaner Miniaturstil und die hohe technische Meisterschaft, in der das Gewebe gearbeitet wurde, deuten auf dessen Herstellung in Esfahan hin. Eine mit Reza signierte und in das Jahr 1610 datierte Darstellung eines Jünglings steht durch die Linienführung, die Art der Kleidung sowie die Pose, in der die Gestalt verharrt, in außergewöhnlich enger Beziehung zu unseren Seiden.[201] Die natürliche Eleganz, die die Miniaturen und die figürlich gemusterten Seiden des frühen 17. Jahrhunderts auszeichnet, weicht bereits gegen Ende der 20er Jahre einer manierierten Art der Malweise, wodurch sich die innere Dynamik der Linienführung weitgehend verliert. Es kann also davon ausgegangen werden, daß die zeichnerische Vorlage für unseren Samtbrokat zwischen 1610 und 1620 entstanden ist.

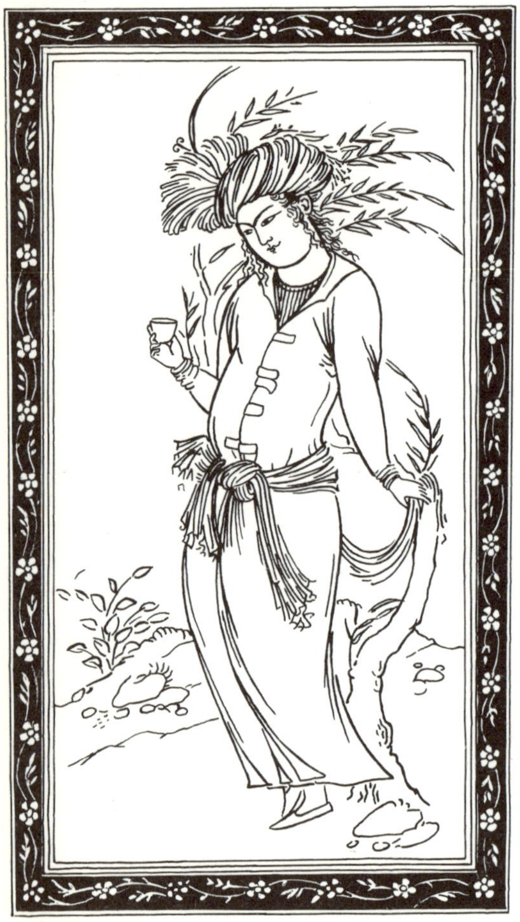

Darstellung eines jungen Mannes, Miniatur, Iran, Reza-e Abbasi, dat. 1610 (nach: I. Stchoukine, Les peintures des manuscrits de Shāh 'Abbās I., pl. XXXV)

Insgesamt sind vier Seiden mit dieser Musterung erhalten geblieben, von denen alle außer dem Fragment Kat. Nr. 18 je zwei Jünglinge zeigen. Mit Hilfe dieser Stücke kann die ursprüngliche Mustergestaltung folgendermaßen rekonstruiert werden. In horizontalen Reihen waren die Figuren im Wechsel entweder einander zugewandt, wobei jeweils eine größere Blütenpflanze zwischen ihnen stand, oder aber sie kehrten ihre Rücken gegeneinander und wurden dann lediglich durch eine kleine Blütenpflanze getrennt. Auf Grund der Gestaltung anderer in jener Zeit entstandener figürlicher Gewebe kann mit einiger Sicherheit angenommen werden, daß die Figurengruppen in Kettrichtung jeweils auf Zwischenraum gesetzt wurden.

Das in Abb. 41 gezeigte Fragment befindet sich als ständige Leihgabe des Kunstgewerbemuseums Berlin-Köpenick in der Ausstellung des Islamischen Museums, Berlin.[202] Ein weiteres, schlechter erhaltenes Fragment gehörte zum Bestand der Sammlung M. Bacri Frères (Stand 1939).[203] Das Fragment aus den Musées Nationaux, Paris, ist in sehr schlechtem Erhaltungszustand auf uns gekommen.[204] Das zweite Fragment des Kunstgewerbemuseums Berlin-Köpenick wurde durch Zeichnung ergänzt und zeigt im Original nur eine halbe Falknerfigur.[205]

In der DDR befindet sich noch ein weiteres Gewebe, das zu jener Zeit hergestellt wurde, als die safawidische Kunst ihren Höhepunkt erreicht hatte. Diese Seide ist im Jahre 1927 über einen Auktionskatalog durch das Museum für Kunsthandwerk in Leipzig angekauft worden und befand sich vormals im Besitz eines Seidenfabrikanten in Moskau,[206] der die Seide für die 1900 in Paris stattfindende Weltausstellung kopieren lassen wollte, jedoch technisch nicht in der Lage war, dieses Vorhaben zu verwirklichen. Ohne Zweifel gehört das Gewebe zu den hervorragenden und qualitätsvollsten Beispielen safawidi-

Kat. Nr. 19

scher Textilkunst. Vor goldenem Grund heben sich in geschnittenem Samt reihenweise auf Zwischenraum und mit zeilenweisem Richtungswechsel geordnet weibliche Figuren ab, zwischen denen je eine zartgeschwungene, elegante Blütenpflanze steht. In einer Hand eine Karaffe haltend und mit der anderen ein umhangartig über den Rücken fallendes Tuch zusammenraffend,

Nachzeichnung und Mustergänzung des Gewebes auf Abb. 45 (Kat. Nr. 21), Seidengewebe, Iran, 1. Hälfte 17. Jahrhundert (nach: N.A. Pirverdjan (Ed.), Iranian Textiles)

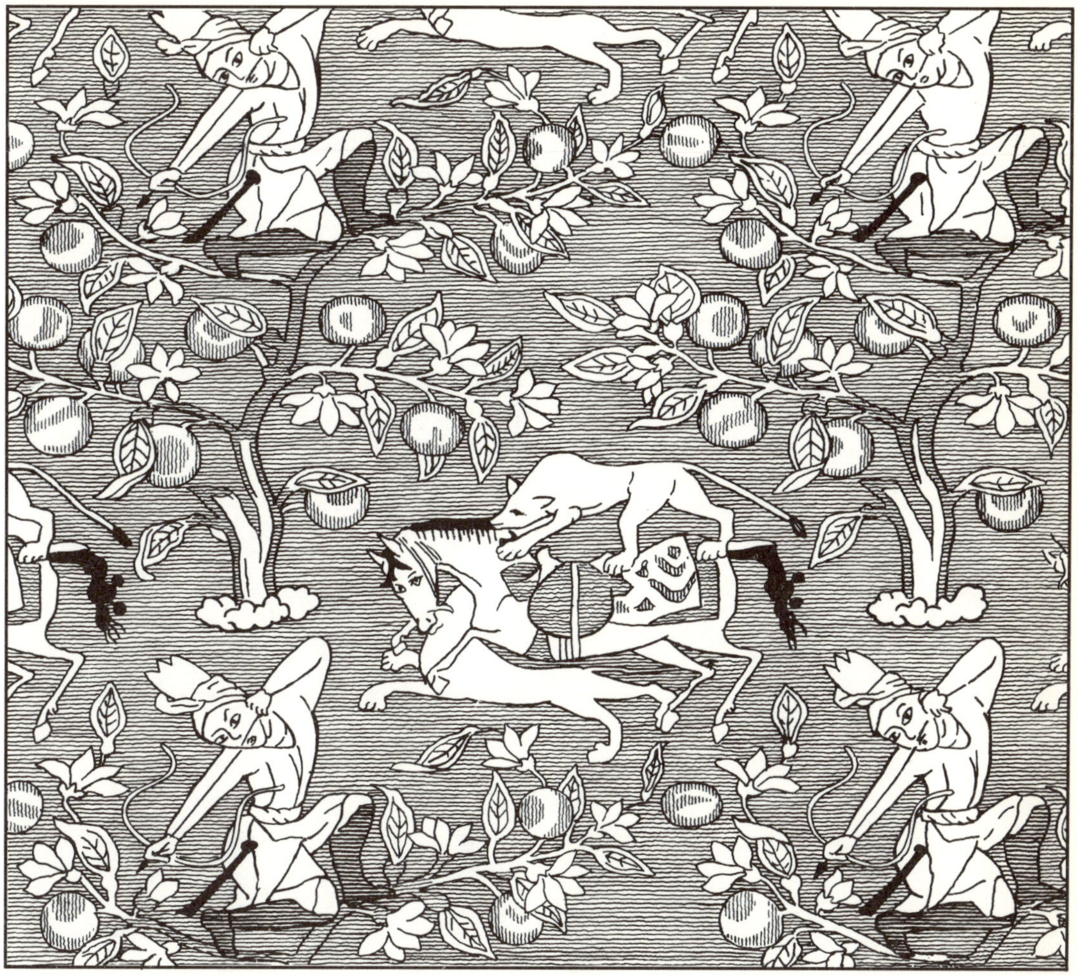

sind die Frauenfiguren in leicht schwingender Bewegung dargestellt. Die verfeinerte Linienführung wie auch die Gestaltung des Musters allgemein zeichnen sich durch das Streben nach äußerster Harmonie und vollendeter Eleganz aus. Von den in größerer Anzahl aus dem ersten Drittel des 17. Jahrhunderts erhalten gebliebenen Samtbrokaten mit ähnlicher Gestaltung bieten sich drei Fragmente besonders für einen Vergleich mit unserem Stück an.[207] Diese Gewebe werden im allgemeinen dem frühen 17. Jahrhundert zugeordnet. Sie sind durch eine vergleichbare Mustergestaltung sowie eine ähnliche, fast schon als manieriert zu bezeichnende Art und Weise der Zeichnung mit unserem Stück verbunden. Neben der gleichen Körperhaltung fällt vor allem die Beinstellung der Figuren auf, die bei allen vier Fragmenten identisch ist und den Versuch andeutet, zwischen Stand- und Spielbein zu unterscheiden. Vergleichbares ist auf anderen Seiden nicht zu erkennen. In Anlehnung an die genannten Fragmente scheint sich eine Einordnung unseres Gewebes in das frühe 17. Jahrhundert anzubieten. Bei einem Vergleich mit Miniaturen ergeben sich jedoch einige neue Aspekte. Die vorliegende Art der Kopfbedeckung kam zwar bereits mit Beginn des Jahrhunderts in Mode, jedoch treten Darstellungen in Verbindung mit dem hier gezeigten Umhang auf Miniaturen erst seit den 20er Jahren häufiger auf. Es erscheint daher gerechtfertigt, davon auszugehen, daß das Gewebe auf Abb. 44 im ersten Drittel des 17. Jahrhunderts entstanden ist.

Erstmals wurde es 1910 in München ausgestellt.[208] Nach dem Ankauf durch das Museum für Kunsthandwerk in Leipzig erfolgte die Veröffentlichung der Seide, die zu diesem Zeitpunkt noch als Borte um eine seidenbestickte Decke

Jünglingsfiguren in lockerer, eleganter Zeichnung mit zwischengesetzten floralen Motiven, Seidengewebe, Iran, frühes 17. Jahrhundert (nach: A.U. Pope–Ph. Ackerman (Ed.), Survey VI, pl. 1060)

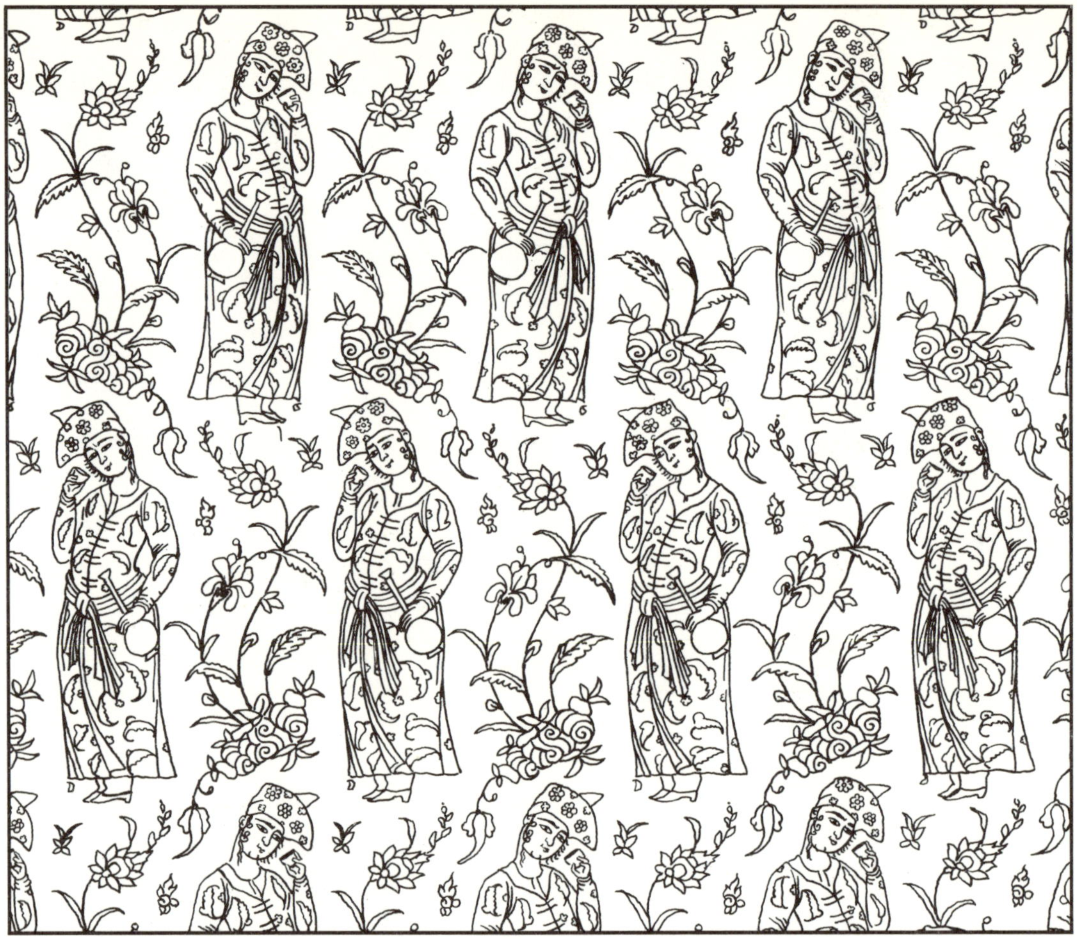

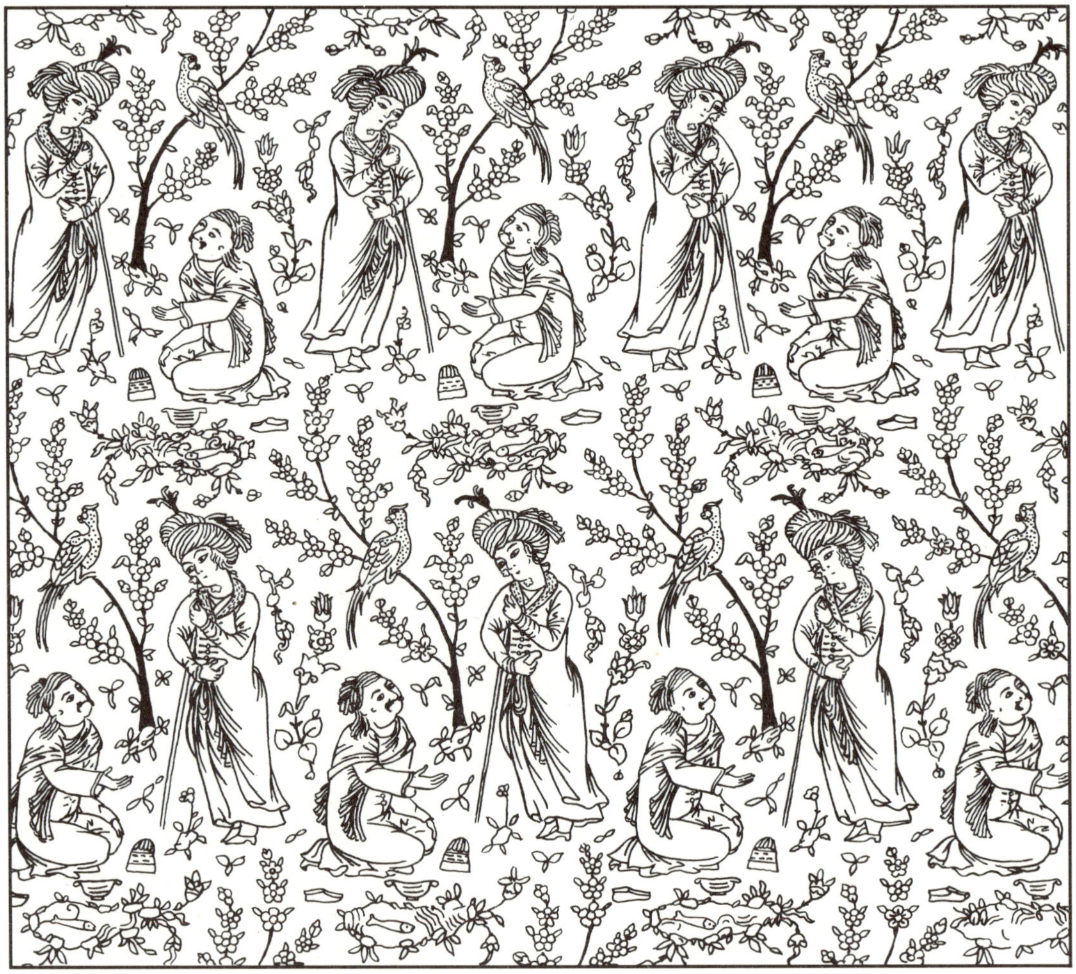

Jüngling und Bettler, Seidengewebe, Iran, frühes 17. Jahrhundert (nach: A.U. Pope–Ph. Ackerman (Ed.), Survey VI, pl. 1062)

genäht war.[209] Um einen besseren Gesamteindruck des Musters zu erhalten, entschloß man sich später, die Samtbrokatfragmente zu einem Stück zusammenzunähen. In dieser Form kam die Seide in den letzten Jahren häufig in den Räumen des Museums zur Ausstellung. Andere Fragmente mit dieser Musterung wurden noch nicht veröffentlicht.

Der ersten Hälfte des 17. Jahrhunderts ist wahrscheinlich ein Streifendessin aus den Beständen des Kunstgewerbemuseums Berlin-Köpenick zuzuordnen. Dieses Beispiel figürlich gemusterter Gewebe gehört nicht mehr der Glanzzeit safawidischer Textilkunst an. Wohl ist die Zeichnung der sitzenden männlichen Figur, die eine Weinschale in der Hand hält und in vertikaler Streifengliederung übereinander geordnet wurde, noch sehr natürlich und locker, die angewandte Technik jedoch ist erheblich einfacher und vor allem weniger kostspielig, als dies bei den bis jetzt besprochenen figürlich gemusterten Geweben der Fall war. Figur und farbige florale Ornamente sind broschiert und liegen in köperartiger Einbindung auf dem sie umgebenden glatten Satingrund. Auch das Muster ist in seiner Zeichnung weniger kompliziert und der Rapport wesentlich kleiner als bei den oben genannten Geweben. Diese Merkmale kennzeichnen die Textilgestaltung seit dem zweiten Drittel des 17. Jahrhunderts generell. Darüber hinaus erfolgte seit der Wende vom 16. zum 17. Jahrhundert ein Wandel in der Farbigkeit, der parallel zur Entwicklung einer überfeinerten Malweise verläuft. Der Vorliebe für kräftige Farben und Farbkontraste im 16. Jahrhundert weicht im 17. Jahrhundert eine blasse, Ton in Ton gehaltene Farbigkeit. Im Vordergrund standen jetzt abgemischte Farben und Pastelltöne. Verschiedene Schattierungen von Rosa, Blau, Grün und Grau sowie Lila wurden bevorzugt.

Auch das vorliegende Gewebe ist farblich in dieser Weise gestaltet. Da andere Fragmente mit dieser bzw. einer vergleichbaren Musterung noch nicht veröffentlicht wurden, stellen die Miniaturen des 17. Jahrhunderts den wichtigsten Anhaltspunkt für die zeitliche Einordnung des Stückes dar. Die Kopfbedeckung sowie die Art der Kleidung sind dabei für einen Vergleich von wesentlicher Bedeutung. Der hier gezeigte mützenartige Kopfschmuck scheint seit dem frühen 17. Jahrhundert getragen worden zu sein. Auf Darstellungen des 16. Jahrhunderts ist er nicht zu finden. Tritt diese Mützenform zu Beginn des 17. Jahrhunderts noch selten auf, so wird sie seit dem Anfang der 30er Jahre auf Miniaturen sehr häufig abgebildet. Auf einer im Jahre 1644 geschaffenen Miniatur findet sich eine mit unserer Figur nicht nur bezüglich der Kleidung, sondern auch in der Art und Weise der Körperzeichnung und -haltung – schlank, mit leicht gewölbter Bauchpartie – völlig übereinstimmende Darstellung eines sitzenden jungen Mannes.[210] Es spricht also einiges
Kat. Nr. 20 dafür, daß die Seide Abb. 42 zwischen 1630 und 1650 entworfen wurde.

Generell sei an dieser Stelle darauf hingewiesen, daß Angaben, die zeitliche Einordnung von Geweben betreffend, immer auf den Zeitpunkt des Entwurfes bzw. der Entstehung der Musterzeichnung Bezug nehmen, der nicht notwendigerweise mit dem tatsächlichen Produktionstermin identisch sein muß. Dies liegt unter anderem darin begründet, daß man bei der Herstellung komplizierter Muster für die Einrichtung des Webstuhls viel Zeit investieren mußte und die Gewebe dann im allgemeinen über einen längeren Zeitraum hinweg gefertigt wurden. Das war einerseits wegen des geringen Webtempos notwendig, andererseits erforderte der hohe finanzielle Aufwand, der mit der Produktion solcher Stoffe verbunden war, diese Maßnahme. Bei sehr modeabhängigen Mustern, deren moralischer Verschleiß schneller erfolgte, dürfte man weniger Rücksicht auf ökonomische Aspekte genommen haben. Vor allem in den königlichen Webereien wird auf eine aktuelle Musterentwicklung großer Wert gelegt worden sein.

War für die figürlich gemusterten Gewebe aus dem ersten Drittel des 17. Jahrhunderts die Darstellung einzelner sanft geschwungener Figuren typisch, die meist in Reihe auf Zwischenraum und zum Teil gegenständig angeordnet waren, so begann man bereits in der ersten Hälfte des 17. Jahrhunderts wieder verstärkt auf Jagd- und Tierkampfszenen zurückzugreifen, wie überhaupt die Tierdarstellung erneut in den Vordergrund trat. Gegenüber dem 16. Jahrhundert ist jedoch auch bei dieser Art der Textilgestaltung sowohl eine Veränderung des Farbschemas als auch eine Vereinfachung der Webtechnik festzustellen. Letzteres hat nicht zuletzt eine Vergröberung der Musterzeichnung zur Folge.

Kat. Nr. 21

Im Besitz des Museums für Völkerkunde zu Leipzig befindet sich ein Seidengewebe mit der Darstellung von Jagdszenen, das im 17. Jahrhundert hergestellt wurde. Es handelt sich dabei um ein verhältnismäßig kleines, zu einem Beutel verarbeitetes Fragment. Dargestellt sind zwischen blühenden und fruchtbehangenen Stauden ein von zwei Löwen bedrängtes Pferd und darüber ein auf einer fruchtbehangenen Staude kniender Jäger, der gerade im Begriff ist, mit einem Pfeil die Löwen zu erlegen. Weitere Fragmente mit dieser Musterung befinden sich in der Ermitage, Leningrad,[211] im Metropolitan Museum of Art, New York,[212] und im Besitz der Sammlung Parish-Watson[213]. Im allgemeinen wird das Gewebe dem (späten) 17. Jahrhundert zugeordnet, wobei man sich auf eine in gleicher Technik und mit vergleichbarer Musterzeichnung gearbeitete Gruppe von Stoffen stützen kann.[214] Lediglich von N.A. Pirverdjan wird die Seide in die Zeit zwischen 1730 und 1750 datiert, da sie die Ansicht vertritt, daß Kopfbedeckungen wie auf Abb. 45 erst unter Nader Shah in Mode kamen.[215] Dem steht jedoch entgegen, daß bereits auf den Fliesenmalereien von Hasht Behesht in Esfahan (ca. 1670 erbaut) Jäger dargestellt sind, die diese Kopfbedeckung tragen.[216]

Kat. Nr. 22

Eine ähnliche Art der Gestaltung haben wir auch auf einem figürlich gemusterten Stofffragment aus dem Museum des Kunsthandwerks, Leipzig, vor uns. Zwischen naturnah gestalteten Blütenzweigen sind thronende, von Dienern umgebene Herrscher abgebildet. Leider befindet sich die Seide in einem außerordentlich schlechten Erhaltungszustand. Die Gewebestruktur ist zum Teil fast völlig aufgelöst, das Muster daher stellenweise nur noch schemenhaft zu erkennen und die ursprüngliche Farbskala nicht mehr eindeutig zu bestimmen. Ein wesentlich kleineres Fragment mit gleicher Musterung befindet sich darüber hinaus im Besitz des Kunstgewerbemuseums Berlin-Köpenick. Vor dem 2. Weltkrieg war das damalige Kunstgewerbemuseum Berlin – das sogenannte Schloßmuseum – noch im Besitz eines zweiten, größeren Fragments, das heute jedoch nicht mehr vorhanden ist.[217] Die Ermitage, Leningrad, besitzt eine weitere Dublette, die von N.A. Pirverdjan ebenfalls in die Zeit zwischen 1730 und 1750 datiert wird.[218]

Kat. Nr. 23

Auf Grund des größeren Musterausschnittes sowie des besseren Erhaltungszustandes ist bei der Leningrader Seide eher ein Vergleich mit Miniaturen möglich als bei Abb. 46. Der kleiderartige Überrock der männlichen Figuren, ihre mützenförmige, flache Kopfbedeckung und nicht zuletzt die Art der Zeichnung sowie die Körperhaltung der Personen erinnern an die Figurendarstellung in einem wohl ca. 1663–1669 entstandenen Shahname-Manuskript.[219] Ähnlich gestaltete Figuren sind noch auf mehreren Miniaturen aus der zweiten Hälfte des 17. Jahrhunderts abgebildet.[220] In Technik und Musterung stehen Kat. Nr. 22 und 23 auch mit der weiter oben in bezug auf Abb. 45 angesprochenen Gruppe von Geweben in Zusammenhang. Darüber hinaus wurden noch andere Seiden mit derartig gestalteten Figuren veröffentlicht, die alle dem späten 17. oder frühen 18. Jahrhundert zugewiesen werden.[221] Auf Grund dieser Umstände und der Tatsache, daß die oben erwähnte Art der Kopfbedeckung bereits für die Zeit um 1670 belegt ist, wird eine Einordnung der vorliegenden Gewebefragmente in die zweite Hälfte des 17. Jahrhunderts (für Kat. Nr. 21) bzw. in das späte 17. oder frühe 18. Jahrhundert (für Kat. Nr. 22 und 23) vorgeschlagen.

Kat. Nr. 24, 25

Abschließend soll noch auf schmale Streifenfragmente eingegangen werden, bei denen in einer Reihe kleine Kreismedaillons nebeneinander geordnet sind, deren Innenfeld durch je eine männliche Büste in europäischer Kleidung ausgefüllt wird. Die Medaillons liegen zwischen zwei Begleitstreifen mit kleinteiliger geometrischer Musterung. Der Fond, auf dem sie sich befinden, besteht entweder aus metallumwundenen Seidenfäden und ist dann völlig ungemustert, oder aber er wird von Blütenranken bedeckt. Zwei dieser ›Medaillonstoffe‹ befinden sich im Kunstgewerbemuseum Berlin-Köpenick. Das größere Stück, Abb. 43, bei dem mehrere Streifen zu einer Art Decke zusammengenäht wurden, besitzt keine Blütenrankenmusterung. Demgegenüber ist das kleinere Fragment, Abb. 47, das nur aus einem kurzen Streifen besteht, mit Blütenranken bedeckt. In der Literatur wurde bislang nur ein einziger derartiger ›Medaillonstoff‹ veröffentlicht, den Ph. Ackerman in das frühe 17. Jahrhundert datiert und der nach ihrer Ansicht in Kashan gearbeitet

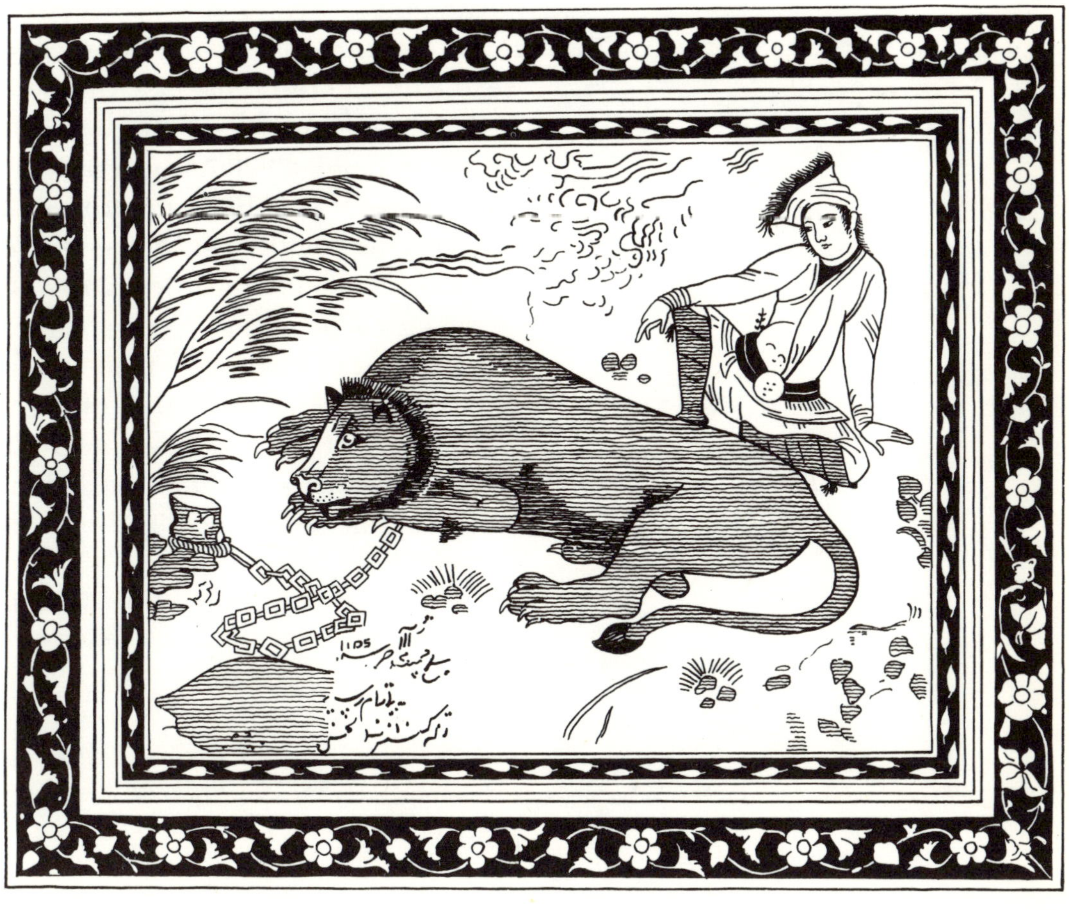

Jüngling und Löwe, Miniatur, Iran, dat. 1644 (nach: B.V. Vejmarn, Iskusstvo arabskich stran i irana, Abb. 194)

Falkner zwischen blühenden Pflanzen, Seidengewebe, Iran, Ende 17. Jahrhundert (nach: D.G. Shepherd, BClevMus. 37 (1950) Abb. S. 114)

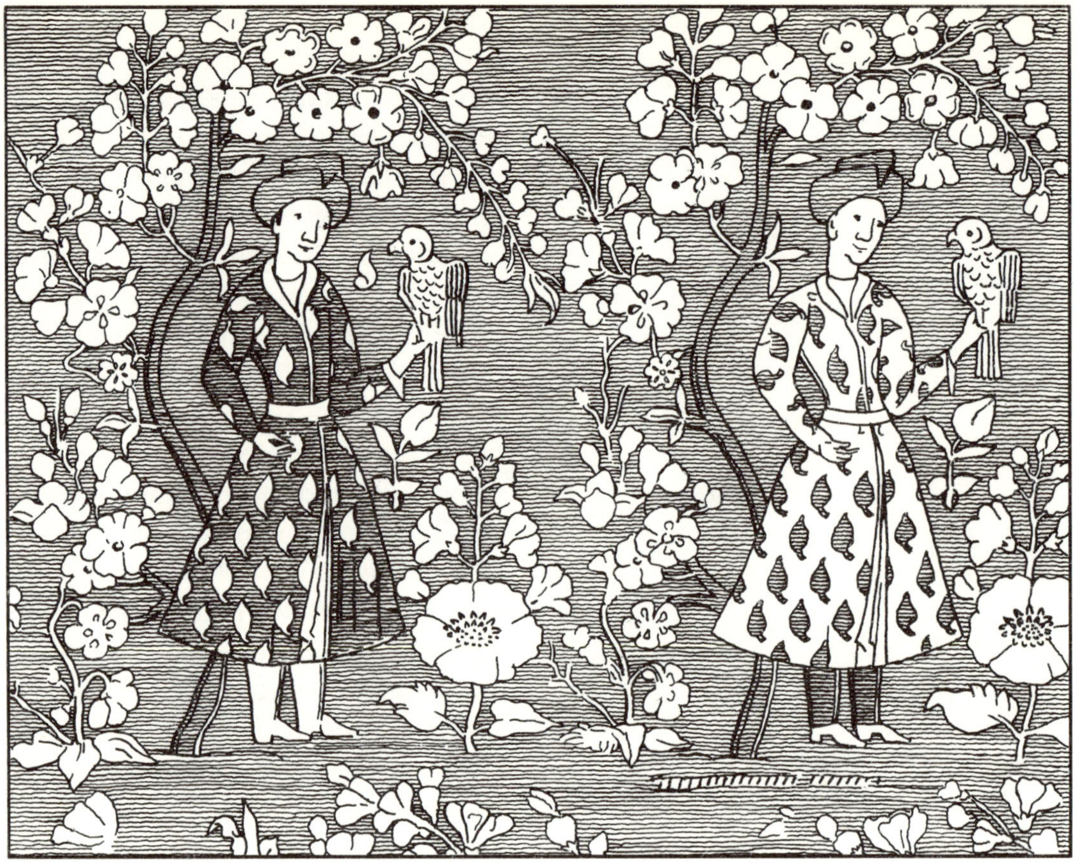

wurde,[222] eine Auffassung, die sie jedoch nicht näher begründet. Die Datierung der Gewebe in das beginnende 17. Jahrhundert erscheint jedoch als zu früh, da sie bezüglich der Technik zu jener Gruppe von Stoffen gehören, die in der zweiten Hälfte des 17. Jahrhunderts entstanden sind. Aber auch die Gestaltung der Blütenranken verweist in die zweite Hälfte des 17. Jahrhunderts. In ganz ähnlicher Manier wurden z.B. die Blütenranken einer Schärpe gezeichnet, deren Endstück durch eine Reihe von Falknerdarstellungen geschmückt ist und die stilistisch zu Kat. Nr. 21 bis 23 gehört.[223] Darüber hinaus bestehen in der Gestaltung von Kopf und Schulterpartie des Falkners Parallelen zu der hier vorliegenden Medaillonfigur. Dies betrifft vor allem die einfache, völlig flächige und etwas starre Zeichnung der Büste. Daher kann wohl davon ausgegangen werden, daß Abb. 43 und 47 gegen Ende des 17. Jahrhunderts, möglicherweise erst im frühen 18. Jahrhundert, entstanden sind. Die Darstellung von Europäern, die auf einen wachsenden Einfluß aus Europa verweisen könnte, scheint diese Annahme zu unterstützen.

Im Iran wurden auch noch gegen Ende des 18. und zu Beginn des 19. Jahrhunderts Seidenstoffe mit figürlicher Gestaltung gewebt. Sie sind durch eine starre, einfache und zum Teil recht ungeschickte Zeichnung sowie eine weniger aufwendige Technik bestimmt. Derartige Gewebe konnten in Museen der DDR jedoch nicht nachgewiesen werden.

Die florale Gewebemusterung im 17. und 18. Jahrhundert

Die rautenartig ogivale Flächengliederung

An den Beginn der Ausführungen über die florale Gewebemusterung im 17. und 18. Jahrhundert, die uns durch eine Vielzahl von Beispielen in unterschiedlicher Gestaltung bekannt ist, sei die rautenartige ogivale Flächengliederung gestellt. In dieser Art gestaltete Gewebe zeichnen sich vor allem durch eine gleichmäßige und relativ dichte florale Bedeckung der Fläche aus. Die im 16. Jahrhundert übliche großzügige ogivale Flächengliederung mittels eines oder zweier Rankensysteme findet im 17. Jahrhundert in der hier vorliegenden Mustergestaltung ihre Fortführung. Die Musterung ist jetzt allerdings wesentlich kleinteiliger und beschränkt sich auf ein einziges, mehr oder weniger geschwungen gezeichnetes Gittersystem. Die stilistische Entwicklung der dabei verwendeten floralen Motive entspricht der allgemeinen Stilentwicklung floraler Musterelemente gewebter Flächen im 17. und 18. Jahrhundert. Die anfangs noch stark abstrahierten floralen Formen werden zunehmend eleganter und schwungvoller gezeichnet und schließlich völlig naturnah gestaltet, was vor allem auf die Gestaltung von Rosenzweigen zutrifft. Hier werden wohl bereits europäische Einflüsse deutlich. Mit dieser Entwicklung ist der Höhepunkt der safawidischen Textilkunst überschritten. Die Niedergangsphase ist dann im wesentlichen einerseits durch Tendenzen zu größerer Naturnähe, andererseits aber auch durch eine zunehmende Kleinteiligkeit des Musters sowie eine Vereinfachung und Erstarrung der Musterzeichnung gekennzeichnet. Parallel dazu kam es, wie bereits im vorangegangenen Kapitel erwähnt, zur Anwendung von weniger komplizierten Techniken.

Kat. Nr. 26–69
Abb. 48–84

Kat. Nr. 26–28

Drei Fragmente mit gleicher Musterung, die sich im Museum für Völkerkunde zu Leipzig, im Museum des Kunsthandwerks, Leipzig, und im Museum für Kunsthandwerk, Dresden, befinden, seien an den Anfang der Betrachtungen gestellt. Es handelt sich dabei um Fragmente, bei denen auf dunkelblauem Grund stark stilisierte Rosetten reihenweise auf Zwischenraum geordnet und miteinander durch jeweils zwei Blattwedel so verbunden sind, daß eine rautenartige Feldeinteilung entsteht. Jedes dieser Felder ist in achsensymmetrischer Anordnung mit stark stilisierten Blütenzweigen bedeckt. Ein weiteres Fragment mit diesem Muster besitzt die Ermitage, Leningrad.[224] Von N. A. Pirverdjan wird die Seide in die erste Hälfte des 16. Jahrhunderts datiert. Dagegen spricht jedoch nicht nur die einfache, zum Teil sogar recht ungeschickte Zeichnung der den Fond bedeckenden kleinteiligen floralen Motive, sondern vor allem auch die Art der Gestaltung des rautenartig den Grund überziehenden Rankensystems, das dadurch entsteht, daß die Rosetten jeweils durch zwei gegeneinandergestellte, einfache, leicht geschwungene Blattwedel verbunden sind. Diese Art der Gitterzeichnung ist aus dem 16. Jahrhundert nicht bekannt. Demgegenüber tritt sie im 17. Jahrhundert relativ häufig auf, zum Teil sogar in einer mit unserem Gewebe völlig übereinstimmenden Form. Da das Fragment Abb. 48 zu einer Jacke verarbeitet worden ist, kann darüber hinaus der Versuch unternommen werden, anhand von Kostümstudien eine zeitliche Fixierung vorzunehmen. Hierbei ist allerdings zu beachten, daß die Produktion des Stoffes nicht unmittelbar im Anschluß an den Entwurf des Musters erfolgen mußte bzw. daß das Gewebe nicht notwendigerweise gleich nach seiner Herstellung zu diesem Kleidungsstück verarbeitet worden sein muß. Auf Miniaturen aus dem 16. Jahrhundert finden wir

Kat. Nr. 26

derartige Jackenformen nicht vor. Auch auf Miniaturen aus dem 17. Jahrhundert sind sie selten und stammen dann ausschließlich aus der zweiten Hälfte des Jahrhunderts, eine Entstehungszeit, die für unser Gewebe wohl kaum in Frage kommt. Sowohl der hohe Abstraktionsgrad der Motive als auch die recht kostbare Arbeit lassen eine Herstellung der Fragmente Kat. Nr. 26 bis 28 innerhalb der ersten Hälfte des 17. Jahrhunderts wahrscheinlicher erscheinen.

Kat. Nr. 29 Ein weiteres in rautenartiger Gliederung gestaltetes Gewebe haben wir mit Abb. 53 vor uns. Auf diesem dunkelblauen Seidensamt bilden goldgelbe Doppelranken, auf denen Blätter und Rosetten liegen, Rautenfelder mit symmetrischer Innenzeichnung. Eine Pflanze mit je einer goldgelben Blüte, einfachen Blättern und stark stilisierten kleinen Wurzelmotiven ist das zentrale Ornament der Rauten, um welches sich, gleichmäßig die Fläche füllend, zarte Blütenzweige in Rosa, Hellblau und Goldgelb ranken. Ein weiteres Fragment dieses Samtes befindet sich im Besitz des Detroit Institute of Arts.[225] Das in Köpenick vorhandene Stück veröffentlichte erstmals J. Lessing.[226] Von ihm wurde der Samt dem 16. bis 17. Jahrhundert zugewiesen, eine Datierung, die E. Flemming übernahm.[227] Durch A. C. Weibel erfuhr diese zeitliche Einordnung eine Präzisierung. Sie datierte den Stoff in das frühe 17. Jahrhundert.[228]

Die Art und Weise der Rautengliederung und die trotz der fast völlig fehlenden Innenzeichnung überaus zarte und elegante Ornamentik sowie die stark abstrahierte Blütenpflanze – ähnliches war zum Teil auch für Kat. Nr. 26–28 kennzeichnend – sprechen für diese Datierung. Leider kann man bei der zeitlichen Einordnung von Abb. 53 kaum auf vergleichbare Mustergestaltungen zurückgreifen. Lediglich ein bei M. Aġa-Oglu abgebildetes Gewebe steht in engerer Beziehung zur Ausschmückung unseres Fragments.[229] Ähnlich gestaltete dünne Doppelranken fügen sich bei diesem Gewebe zu spitzovalen Feldern zusammen, und Blätter, hier allerdings halb geschlossen und von muschelähnlicher Form, liegen ebenfalls lose auf den zarten, fondüberziehenden Ranken. Von M. Aġa-Oglu wird diese Seide um die Wende vom 16. zum 17. Jahrhundert datiert, was die von A. C. Weibel vorgenommene Einordnung unterstützt, der auch wir uns anschließen wollen.

Kat. Nr. 30 Ein in ähnlicher Weise gegliedertes Muster liegt auch bei Abb. 49 vor. Hier wird die rautenartige Flächeneinteilung durch silberne, mit Blütenranken besetzte Bänder erreicht. Die so entstehenden goldgrundigen, mit jeweils einer zentralen Blütenrosette geschmückten Felder sind gleichmäßig durch verschiedenartige florale Ornamente in eleganter, zarter Zeichnung bedeckt. Auffallend sind die überaus reiche Verwendung von Gold- und Silberfäden sowie der Versuch, eine geschlossene, ausgewogene Flächenfüllung zu erzielen. Dieses außergewöhnlich kostbare Gewebefragment fand wohl ursprünglich als Decke Verwendung, da es mit einer umlaufend angenähten Borte versehen ist. Innenfeld und Borte weichen in ihrer Gestaltung geringfügig voneinander ab. Wirkt das erstere durch die stark abstrahierten Rosetten sowie die einfachen Ranken und Blüten sehr flächig, hat also eine dem Material entsprechende Musterung, so ist diese Anforderung bei der Borte nicht konsequent verwirklicht worden. Neben sehr einfach und klar gestalteten Blüten und Rosetten fanden hier bereits florale Ornamente wie die Schwertlilie Verwendung, die sehr naturnah und fast räumlich gezeichnet sind. Gleiches Material und gleiche Technik sowie ein ähnliches Kolorit lassen diese Unterschiede zwischen Innenfeld und Borte jedoch kaum in Erscheinung treten. Daher kann wohl davon ausgegangen werden, daß wir hier zeitgleiche oder doch nur mit geringem zeitlichen Abstand entstandene Gewebe vor uns haben.

Erstmals wurde Kat. Nr. 30 zu Beginn unseres Jahrhunderts durch J. Lessing veröffentlicht, ein zweites Mal im Jahre 1927 durch E. Flemming.[230] Weitere Fragmente mit gleicher Musterung sind noch nicht bekannt.

Für die zeitliche Einordnung der Brokatdecke bietet sich der Vergleich mit einem seidenen Wandbehang an, der durch eine Inschrift in das Jahr 1626 datiert ist.[231] Gestiftet wurde diese Seide von einem Offizier, der im Dienste Abbas I. stand. Des weiteren sind uns durch Inschriften auf diesem Wandbehang die Namen des Webers und des Zeichners der Koraninschrift bekannt. Diese Vielzahl von Informationen läßt mit Recht erstaunen und weist dem Stück einen besonderen Platz in der Geschichte der safawidischen Textilkunst zu. Die Tatsache, daß zwar der Name des Entwerfers der Koraninschrift angegeben ist, der Name des Musterzeichners jedoch nicht gesondert aufgeführt wurde, läßt den Schluß zu, daß der Weber zugleich auch der Zeichner des Musters, eventuell sogar der Entwerfer war.

Bezüglich der Gestaltung sind, sowohl die Gesamtkonzeption des Musters als auch die einzelnen Ornamentformen betreffend, viele Parallelen zu unserem Seidenbrokat vorhanden, obwohl die Ornamentik des Wandbehangs im allgemeinen etwas konventioneller und in ihrer Ausführung um ein geringes zarter und feiner ist. Die auf beiden Geweben vorhandenen einfachen sechsblättrigen Blüten, vor allem aber die Zeichnung der geschwungenen Lanzettblätter sind einander in ihrer Gestaltung jedoch sehr ähnlich. Auf letztere ist besonders hinzuweisen, da diese Blattform selten Verwendung fand. M. Ağa-Oglu sieht sie als das typische Ornament dieses Wandbehangs an und spricht davon, daß derartige Ornamente ungefähr von der Mitte des 16. bis zum Ende des 17. Jahrhunderts häufig auf Teppichen, Glaswaren und in der Buchmalerei auftreten. Darüber hinaus verweist er auf einen Samt aus den Beständen des Victoria & Albert Museum, London, und einen bei Ph. Ackerman abgebildeten Satin, auf denen dieses Ornament ebenfalls vorhanden ist.[232] Typischer als die von ihm zitierten Beispiele für diese Art der Ornamentik scheint jedoch ein anderer Seidenbrokat des Victoria & Albert Museum zu sein,[233] bei dem wir Lanzettblätter vorfinden, die in gleicher Manier wie bei Abb. 49 gezeichnet sind. Der eingewebte Name entspricht dem des Entwerfers der Koraninschrift auf dem oben erwähnten Wandbehang. Datiert wird das Gewebe in das späte 16. oder frühe 17. Jahrhundert. Da die einzelnen Blütenformen hier noch enger mit alten Traditionen verbunden sind, als dies bei Abb. 49 der Fall ist, ergibt sich für unsere Seidenbrokatdecke eine Datierung in das erste Viertel des 17. Jahrhunderts.

Kat. Nr. 30–32 Von der an das Gewebe Kat. Nr. 30 angenähten Borte sind in der DDR noch weitere Fragmente vorhanden. Eines gehört zur Textilsammlung des Museums für Kunsthandwerk, Dresden. Im Kunstgewerbemuseum Berlin-Köpenick sind fünf kleine Teilfragmente solch einer Borte erhalten geblieben, die dem Muster entsprechend auf eine textile Unterlage aufgenäht worden sind.

Kat. Nr. 33 Ein anderes Bortenfragment aus dem Besitz des Kunstgewerbemuseums Berlin-Köpenick, Abb. 55, kann auf Grund der Technik, der reichen Verwendung von Gold- und Silberfäden sowie der eleganten, schwungvollen Zeichnung der floralen Formen, die in vollendeter Harmonie den gesamten Fond gleichmäßig bedecken, den eben benannten Borten zugeordnet werden. Ein weiteres Fragment mit dieser Musterung befindet sich im Metropolitan Museum of Art, New York. Es wird in der Literatur ebenfalls ins frühe 17. Jahrhundert datiert.[234]

Bei der Betrachtung der Borten konnte darüber hinaus noch eine interessante Beobachtung gemacht werden. Zwischen den Fragmenten auf Abb. 51 und 50 einerseits sowie Abb. 54 andererseits bestehen, obwohl wir hier das gleiche Muster vor uns haben, minimale Unterschiede in der Zeichnung, die in der geringeren Breite von Abb. 51 und 50 gegenüber Abb. 54 ihre Ursachen haben.

Daraus ergeben sich zwei mögliche Schlußfolgerungen. Zum einen könnte es sich bei den Fragmenten von Abb. 54 um die Borte der Längsseite, bei Abb. 50 und 51 dagegen um Fragmente der Breitseitenborte einer großen, ursprünglich durchgängig gewebten Decke handeln. Diese Annahme ist darin begründet, daß es sowohl bei gewebten Decken mit Borte als auch bei Teppichen üblich war und ist, die Längsborte in einem bestimmten, den Gesamtausmaßen des Stückes entsprechenden Verhältnis breiter als die Querborte zu gestalten. Die optische Wirkung dieser Gestaltung läßt dadurch beide Borten gleich breit erscheinen. Hätte man im Zuge dessen lediglich die einzelnen Musterelemente innerhalb der Längsborte vergrößert, wäre es hier zu einer Vergröberung des Musters gekommen, was sich sehr ungünstig auf das Gesamtbild auswirken würde. Daraus resultiert die Notwendigkeit, die Längsborten durch zusätzliche Motive zu bereichern, mittels derer man die Fläche ebenso dicht füllt wie bei den Querborten. Dabei wird angestrebt, diese Veränderungen für den Betrachter nicht sofort wahrnehmbar werden zu lassen.

In ähnlicher Weise verfährt man, wenn von einem Dessin mehrere Größen gewebt werden sollen. Theoretisch ergibt sich daraus zum zweiten auch die Möglichkeit, daß Abb. 54 zur Querborte einer Decke mit diesem Dessin in größerer Abmessung gehört. In welcher der Varianten die Musterverschiebungen auch begründet sein mögen, stets legen sie davon Zeugnis ab, wie außergewöhnlich hoch entwickelt und technisch verfeinert die Seidenweberei in safawidischer Zeit gewesen ist. Die Musterzeichner arbeiteten nach einem genau durchdachten System und waren bestens mit den technischen Gegebenheiten sowie den Prinzipien der Textilgestaltung vertraut. Bei Abb. 51, 50 und 54 handelt es sich also um Erzeugnisse eines auf seinem Höhepunkt stehenden Textilgewerbes, das mit großem materiellen Aufwand betrieben wurde.

Zur Herstellung einer derartigen Luxusware konnte es wohl nur in der Blütezeit des safawidischen Staates kommen, vornehmlich also während der Regierungsjahre von Shah Abbas I., eventuell auch noch unter der Herrschaft seiner unmittelbaren Nachfolger. Noch Olearius, der 1635 Persien bereiste, schildert uns häufig reiche Gold- und Silberbrokatdecken. Als Tafeltücher auf den Boden ausgebreitet, waren sie für jedes Festmahl unentbehrlich. M.S. Dimand verweist im Zusammenhang mit der oben genannten Borte auf das besonders zarte Farbschema, das die Hofweber unter Shah Abbas I. bevorzugten, und darauf, daß die besten seidenen Gewebe in Esfahan gearbeitet wurden.[235] Auch unsere Decke und die Bortenfragmente scheinen Produkte der für Shah Abbas I. arbeitenden Hofweber von Esfahan zu sein. Die fast überfeinerte Art der Zeichnung sowie das zarte, Pastelltöne bevorzugende Farbschema schließen eine Herstellung noch im 16. Jahrhundert aus und deuten auf das erste Drittel bzw. die erste Hälfte des 17. Jahrhunderts als Entstehungszeit der Gewebefragmente.

Kat. Nr. 34 Ein weiteres Prunkstück safawidischer Textilkunst, das sich eng an die eben betrachteten Fragmente anschließt, ist Abb. 56. Das Innenfeld wird von einem aus feinen, geschwungenen Blattranken sich locker bildenden Rautenfeld überzogen. Die so entstandenen einzelnen Felder enthalten jeweils vier größere, auf die Ecken ausgerichtete Blüten, deren Blattspitzen sich nach außen zu wölben scheinen. Eine solche Art der Darstellung war bei den bisher aufgeführten Textilien noch nicht zu bemerken und nimmt mit dem ausgehenden 16. bzw. dem beginnenden 17. Jahrhundert ihren Anfang. Zwischen die derart gestalteten Blüten wurde noch jeweils eine kleinere gesetzt. Auf Grund der im Karosystem sich ständig leicht verändernden Innenzeichnungen der Felder wachsen aus den kleineren Blüten, im gleichen Rhythmus alternierend, zum einen die Felder bildenden Blattwedel und zum anderen kurze und in ihrer Zeichnung noch feiner gegliederte Ranken. Die Farben wurden völlig auf den zarten Charakter des Musters abgestimmt; Hellbraun, ein lichtes Blau und Lachstöne dominieren. Die angewebte Borte trägt, von zwei Begleitstreifen begrenzt, auf silberbroschiertem Grund eine Wellenblattranke, deren s-förmig geschwungene Blätter gleichartige Blüten miteinander verbinden. Auch hier bestimmen zarte Pastelltöne das Farbschema, so unter anderem Creme, Silbergrau und Hellgrau. Sowohl die Gesamtgestaltung als auch das Einzelornament sind in vollkommener Weise durchgearbeitet und aufeinander abgestimmt.

Textilien von solcher Qualität, sowohl die Zeichnung als auch das Material betreffend, waren die Arbeit hervorragender Künstler und könnten ebenfalls unter Abbas I. in den königlichen Webereien von Esfahan hergestellt worden sein. Für eine Entstehung in dieser Zeit spricht das gesamte Erscheinungsbild des Stoffes, das gegenüber den Geweben des 16. Jahrhunderts eine veränderte Auffassung der Textilgestaltung verkörpert. Das stark abstrahierte Pflanzenmotiv, die Palmette, wird nicht mehr verwendet. Statt dessen finden wir locker gezeichnete Blütenformen, die aus sehr dünnen Stengeln wachsen. Auch die Arabeske spielt kaum noch eine Rolle. Die Zeichnung der Motive verrät das vorausgegangene genaue Naturstudium, auch wenn die floralen Formen nicht unbedingt nach einem bestimmten Pflanzenvorbild gestaltet wurden. Diese neue Art, Florales widerzuspiegeln, führte später zu teilweise fast räumlich gezeichneten Blüten, besonders bei der im 17. Jahrhundert sehr beliebten Darstellung von Einzelpflanzen. Das Seidendeckenfragment Abb. 56 steht zusammen mit Abb. 49–55 am Anfang dieser Entwicklung, leitet sie also gewissermaßen mit ein.

Die Art der durch Ranken gebildeten Felder bei Abb. 56 erinnert darüber hinaus an die ähnlich gestaltete Borte eines seidenen Gebetsteppichs, der zumeist um die Wende vom 16. zum 17. Jahrhundert datiert wird.[236] Eine Einordnung von Abb. 56 in das frühe 17. Jahrhundert wird auch noch dadurch unterstützt, daß die Blüten, obwohl schon naturnäher gezeichnet, noch in konsequenter Seitenansicht gestaltet sind. Das ändert sich später insofern, als auch diese Art der Blüten – und nicht nur abstrakte Rosetten – häufiger in Draufsicht oder in einer leichten Schrägstellung wiedergegeben werden.[237] Die Ausgewogenheit und Geschlossenheit des Musters auf Abb. 56 spricht ebenfalls für eine Herstellung dieser kostbaren Seide zu Beginn des 17. Jahrhunderts.

Kat. Nr. 35 Dem Muster des eben genannten Fragments ist eventuell eine Samtborte aus dem Kunstgewerbemuseum Berlin-Köpenick anzuschließen. Sie erinnert durch die Art, in der die leicht geschwungenen Blattranken Felder bilden, stark an die rautenartige Flächengliederung auf Abb. 56. Auch Abb. 60 ist mit der Bortengestaltung des seidenen Gebetsteppichs aus dem Victoria & Albert Museum, London, zu vergleichen.[238] Nur sind die Felder des Köpenicker Bortenfragments statt mit Blütenrosetten mit einzelnen, leicht geschwungenen Blütenpflanzen besetzt. Die Pflanzen bestehen jeweils aus einer verhältnismäßig großen und einer etwas kleineren Blüte, einer Knospe, die sich in Richtung der Blüten neigt, sowie aus tief angesetzten, gezackten, breiten Blättern. In der Gestaltung der Pflanze ähnelt das Bortenfragment einem Stoff aus der Ermitage, der aus der ersten Hälfte des 17. Jahrhunderts stammt.[239] Eine Dublette zu unserer Samtborte befindet sich im Besitz der Ermitage, Leningrad, und wird von N. A. Pirverdjan in das späte 17. Jahrhundert datiert.[240] Auf Grund der Tatsache, daß Abb. 60 stilistisch sowohl mit Abb. 56 als auch mit dem Bortenfragment des Victoria & Albert Museum in Beziehung zu setzen ist, kann der von N. A. Pirverdjan vorgeschlagenen Datierung jedoch nicht zugestimmt werden, zumal auch alle mit vergleichbaren Blütenstauden geschmückten Gewebe der ersten Hälfte des 17. Jahrhunderts angehören. Daher wird an dieser Stelle einer Datierung in die erste Hälfte, möglicherweise sogar in das frühe 17. Jahrhundert der Vorzug gegeben.

Kat. Nr. 36 Eine ganz ähnlich wie in Abb. 60 gestaltete, leicht s-förmig geschwungene Blumenpflanze bestimmt auch das Bild des Bortenfragments Abb. 58. Der bei dem letztgenannten Gewebe heftiger geschwungene Stengel, die stärkere Betonung der teilweise umgeschlagenen Blätter sowie die anders gestaltete Form der Blüten verweisen jedoch auf ein etwas späteres Entstehungsdatum dieser Seide. Bei Abb. 58 sind zwei sich nur wenig voneinander unterscheidende Blumenpflanzen im Wechsel in einer Reihe nebeneinander geordnet. Die Metallfäden des ehemals silbernen Grundes sind fast völlig ausgefallen, so daß der Fond heute cremefarben erscheint und sich die in verschiedenen
Kat. Nr. 37 Grüntönen geflammten Blätter gut davon abheben. Ein weiteres Fragment mit gleicher Musterung befindet sich im Besitz des Museums des Kunsthandwerks, Leipzig. Durch eine Abbildung bei E. Flemming[241] war es möglich, die Fragmente Kat. Nr. 36 und 37 als Bortenstücke des auf Abb. 59 gezeigten Mit-
Kat. Nr. 38 telfeldfragments zu identifizieren und sie auch den Geweben mit Rautengliederung zuzuordnen. Der bei E. Flemming abgebildete Seidensamt mit Mittelfeld und Borte wurde von ihm in das 16. Jahrhundert datiert. Aber sowohl die Bortenornamentik als auch die Zeichnung der durch Einzelranken gebildeten Rautengliederung des Innenfeldes lassen diese Datierung als zu früh erscheinen. Fast starr wirken die einzelnen Blatt- und Blütenformen des Mittelfeldes, was nur teilweise in Material und Technik begründet sein mag. Die Blüten der schwertlilienähnlichen, in den Rankenfeldern liegenden Pflanzen können mit verschiedenen Blütenformen eines bei N. A. Reath und E. B. Sachs abgebildeten Seidenbrokats verglichen werden.[242] Dort allerdings sind sie leichter und fließender in der Zeichnung und gehören noch der Zeit von Abbas I. an. Zieht man bei Abb. 59 die schlechtere Zeichnung und die verwendeten Blüten- und Blattformen in Betracht, so scheint eine Datierung der Fragmente in die späte erste Hälfte des 17. Jahrhunderts gerechtfertigt.

Im weiteren Verlauf des 17. Jahrhunderts vollzieht sich ein ständiger Wandel in der Musterung der rautenartig ogivalen Flächengliederung floral gemusterter Gewebe. Die Ausschmückung der einzelnen Felder reduziert sich jetzt auf einen Blütenzweig bzw. eine Blütenstaude. Diese Blütenmotive sind zumeist leicht s-förmig geschwungen und durch das Bemühen charakterisiert, die floralen Formen in naturnaher, lockerer und gefälliger Zeichnung wiederzugeben, wobei die Darstellung des Rosenzweiges dominiert. Das naturnah gestaltete Schwertlilienmotiv tritt wohl erst gegen Mitte des 17. Jahrhunderts verstärkt auf.

Kat. Nr. 39–50 Noch bis ins 18. Jahrhundert wird das Rautensystem in erster Linie durch leicht geschwungene, akanthusförmige Blattmotive gebildet. Darüber hinaus kann die Feldeinteilung auch mittels blütenrankenbesetzter Bänder erfolgen. Die Gewebe Kat. Nr. 39–50 sind Stoffe dieser Mustergruppe aus dem 17. Jahrhundert. Gegen Ende des 17. Jahrhunderts nimmt die Kleinteiligkeit der in dieser Art gestalteten Textilien erheblich zu, was eine Vereinfachung
Kat. Nr. 51–66 und Schematisierung sowohl der Blütenpflanzen innerhalb der Felder als auch des ogivalen Gittersystems zur Folge hat. Die Blütenstauden sind jetzt zumeist achsensymmetrisch gestaltet, und die einzelnen Felder werden entweder durch je vier einfache kleine Blattformen oder durch schmale farbige Bänder gebildet. Bei einigen Geweben verselbständigt sich die florale Ausgestaltung der Felder, so daß diese Textilien lediglich mit kleinen, stark stilisierten, achsensymmetrischen Blütenstauden, in Reihen auf Zwischenraum geordnet, geschmückt sind. Diese kleinteilig gestalteten Seiden, mit oder ohne Rankensystem, wurden im Iran wohl noch bis ins 19. Jahrhundert hergestellt. Beispiele für Gewebe mit dieser Musterung sind Kat. Nr. 51–66.

Kat. Nr. 67–69 Eine weitere, in der Gestaltung ebenfalls auf einer rautenartig die Fläche überziehenden Grundstruktur beruhende Mustergruppe gehört wohl bereits dem 18. Jahrhundert an. Kennzeichnend ist hier die gleichmäßig dichte Flächenfüllung mittels kleinteiliger, stark stilisierter floraler Blüten- und Blattmotive. Die einzelnen Rauten sind durch rosettenartige Gebilde völlig ausgefüllt. Typisch für derart gestaltete Muster ist eine einfache, lineare und betont zeichnerische Wiedergabe der Motive.

Gewebe aus dem 17. und 18. Jahrhundert mit einem ogival die Fläche überziehenden Rankensystem wurden bis zum gegenwärtigen Zeitpunkt nur in geringem Umfang veröffentlicht, wobei die Seiden mit naturnah gezeichneten Blütenstauden als Feldfüllung immer dem 17. Jahrhundert zugeordnet werden.[243] Dubletten zu den in der DDR vorhandenen Seiden dieser Gruppe wurden noch nicht publiziert. Vergleichbare florale Motive enthalten vor
Kat. Nr. 39–45 allem Seiden mit der Darstellung des Vogels im Rosenstrauch.[244] Da die besten Beispiele davon zum Teil noch der ersten Hälfte bzw. der Mitte des 17. Jahrhunderts zuzuordnen sind, kann man wohl auch bei einigen der vorliegenden Gruppe angehörenden Geweben von einer Entstehungszeit um die Mitte des 17. Jahrhunderts ausgehen. Die anderen, ebenfalls noch mit naturnah ge-
Kat. Nr. 46–53 stalteten floralen Motiven geschmückten Seiden dieser Mustergruppe müssen wohl als in der zweiten Hälfte des 17. Jahrhunderts bzw. im ausgehenden 17. Jahrhundert entstandene Gewebe angesehen werden. Alle anderen in der
Kat. Nr. 54–63, 66–69 DDR vorhandenen Beispiele dieser Art der Textilgestaltung gehören bereits dem 18. Jahrhundert an. Zwei Stoffe sind unter Umständen sogar erst dem
Kat. Nr. 64, 65 19. Jahrhundert zuzuordnen (Abb. 79, 81).[245]

Reihenweise auf Zwischenraum geordnete Blütenstengel bzw. Blütenpflanzen

Kat. Nr. 70–208
Abb. 85–206

Eine Musterungsart, die seit dem ausgehenden 16. Jahrhundert in die safawidische Textilkunst Aufnahme fand und sich vor allem im 17. Jahrhundert großer Beliebtheit erfreute, soll nachfolgend im Mittelpunkt unserer Betrachtungen stehen. Kennzeichnend für diese Gruppe sind die reihenweise auf Zwischenraum gesetzten, meist leicht s-förmig geschwungenen floralen Motive, deren Bewegungsrichtung zeilenweise wechseln kann. Darüber hinaus besteht die Möglichkeit, daß der Raum zwischen den Einzelpflanzen mit verschiedenartigen Füllmotiven bedeckt wird. Bei einigen dieser Gewebe sind die Blütenpflanzen auch streng achsensymmetrisch gestaltet.

Leicht geschwungene Blütenstengel und -pflanzen in zarter Zeichnung ohne zwischengesetzte Füllmotive

Kat. Nr. 70–89

Die hier zu einer Gruppe zusammengefaßten Gewebe mit reihenweise auf Zwischenraum geordneten floralen Motiven werden durch eine besonders zarte Zeichnung, stets konturierte Motive, eine leicht s-förmige, zeilenweise wechselnde Schwingung der Blütenstiele und das Fehlen von zwischengesetzten kleineren Füllmotiven bestimmt. Dadurch entsteht ein klares, gut überschaubares Musterbild. Die frühesten und besten Beispiele bestechen durch die Ausgewogenheit der Gestaltung sowie eine besonders sichere und elegante Linienführung, was vor allem auf die an den Spitzen stets leicht umgeschlagen gezeichneten Blätter zutrifft. Derart gestaltete Gewebe entstanden gegen Ende des 16. und im ersten Viertel des 17. Jahrhunderts.

Im safawidischen Iran wurden jedoch während des gesamten 17. Jahrhunderts zu dieser Mustergruppe gehörende Seiden produziert, wobei noch bis in die zweite Hälfte des 17. Jahrhunderts eine hohe Qualität gewahrt blieb. In der ersten Hälfte des 17. Jahrhunderts ist für die besten Gewebebeispiele mit dieser Musterung eine großzügige Verwendung von Gold- und Silberfäden charakteristisch. Gegen Ende der ersten Hälfte des Jahrhunderts wurden die floralen Motive dann überwiegend broschiert gearbeitet und entstanden nicht mehr wie bei den meisten der vorher gewebten Stoffe mittels über die gesamte Breite laufender Musterschüsse. Auch bei dieser Gruppe von Geweben werden die Motive gegen Ende des 17. Jahrhunderts zunehmend kleinteiliger und, zum Teil daraus resultierend, häufig auch ungeschickter in der Zeichnung. Auf Grund seiner ausgewogenen Gestaltung und der zarten Innenzeichnung wird das Gewebe Abb. 99 ebenfalls dieser Gruppe zugeordnet. Leider ist das Muster nicht vollständig zu erkennen. Auf dem Fragment sind mehrere obere Teile von Pflanzen – wohl geschlossene Blüten darstellend – sichtbar, die ebenfalls in Reihe, ohne zwischengesetzte Füllmotive, geordnet wurden. Die broschierten Motive liegen auf einem einfach leinwandbindigen Grund.

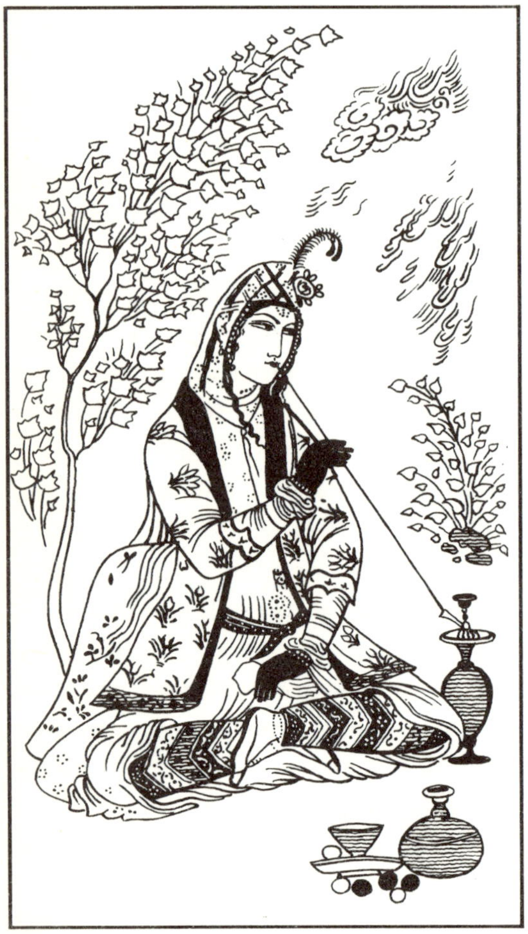

Rauchende junge Dame, deren Jacke mit Blütenstauden geschmückt ist, Miniatur, Iran, dat. 1673/74 (nach: I. Stchoukine, Les peintures des manuscrits de Shāh 'Abbās I., pl. XXXV)

Die frühesten Beispiele dieser Gruppe sind die Gewebe Abb. 85 und 86. Ein diesen Seiden sehr ähnliches Fragment wird in der Literatur sogar noch dem 16. Jahrhundert zugeordnet.[246] Im allgemeinen datiert man jedoch auch die ältesten Textilien dieser Gruppe bereits in das 17. Jahrhundert. Einige Wissenschaftler möchten sie auf Grund ihrer zarten, fast filigran wirkenden Mu-

Kat. Nr. 70–73 stergestaltung mit indischen Einflüssen in Verbindung bringen.[247] Außer Zweifel steht wohl, daß zwischen Geweben der vorliegenden Gruppe und in Mogul-Indien entstandenen Textildessins enge Beziehungen bestehen. So finden sich z. B. auf einem reich bestickten indischen Rock aus der ersten Hälfte des 17. Jahrhunderts viele in ihrer Gestaltung mit unseren Blütenpflanzen vergleichbare Motive.[248] In diesem Zusammenhang wird von J. Goldsmith-Phillips wohl zu Recht die Auffassung vertreten, daß die oben angeführte Art der Mustergestaltung zwar im indischen Bereich Anwendung fand, daß sie aber auf safawidische Einflüsse zurückzuführen ist und für Indien in dieser Zeit andere Musterungsarten typischer waren.[249]

Kat. Nr. 74–76 Auch in die vorliegende Mustergruppe fand das Schwertlilienmotiv Aufnahme. Drei in Köpenick erhalten gebliebene Gewebe dieser Art sind zeichnerisch noch sehr gut durchgearbeitet und unter reicher Verwendung von Gold- und Silberfäden hergestellt. Sie gehören der ersten Hälfte bzw. der Mitte des 17. Jahrhunderts an.[250] Eines dieser Gewebe wurde durch eingepreßte Linien kartuschenförmig gegliedert, ein Verfahren, das seit dem zweiten Viertel des 17. Jahrhunderts in der safawidischen Gewebegestaltung häufig zur Anwendung kam. Diese Linien konnten auf zwei verschiedene Arten in den Stoff eingepreßt werden. Zum einen verwendete man dazu ein scharfkantiges Eisenstück, wodurch eine über lange Zeit sichtbare Einkerbung garantiert wurde. Andererseits konnte das Eindrücken der Linien auch mit einem langen Fingernagel vorgenommen werden, was man ›Schreiben mit dem Nagel‹ nannte.[251]

Kat. Nr. 77, 80 Zwei Gewebe aus dem Museum für Völkerkunde zu Leipzig sind mit Pflanzenmotiven geschmückt, die in ähnlicher Weise wie bei Abb. 93 gestaltet wurden. Dabei handelt es sich jedoch um Stickereien. Die Musterung durch reihenweise auf Zwischenraum gesetzte, leicht s-förmig geschwungene Blattmotive scheint also im 17. Jahrhundert im Iran so beliebt gewesen zu sein, daß sie sogar in die Stickerei Aufnahme fand. Dies muß verwundern, weil damit eine bewußt auferlegte Einschränkung in der Mustergestaltung verbunden war, zumal der Vorteil der Stickerei gerade darin besteht, nicht von einer ständigen Rapportwiederholung abhängig zu sein und vielfältige, sich nicht wiederholende Muster gestalten zu können.

Kat. Nr. 81, 82 Wohl bereits gegen Mitte des 17. Jahrhunderts wurden die zarten floralen Einzelmotive einfacher und weniger schwungvoll gezeichnet. Im Verlaufe
Kat. Nr. 83–86 der zweiten Hälfte des 17. Jahrhunderts setzte sich dann auch in dieser Mustergruppe eine zunehmende Kleinteiligkeit der Pflanzenmotive durch. Ihre zeichnerische Gestaltung ist jedoch häufig noch sehr qualitätsvoll.[252]

Eine Sonderform der in dieser Art gestalteten Gewebe haben wir bei
Kat. Nr. 88, 89 Abb. 100 und 101 vor uns. Hier bedecken die leicht geschwungenen floralen Blütenmotive statt reihenweise auf Zwischenraum über- und nebeneinander geordnet den Fond. Aus der safawidischen Gewebekunst sind zwar relativ viele in dieser Art komponierte Seiden bekannt, im Gegensatz zu den Geweben auf Abb. 100 und 101 sind sie jedoch nicht mit den zu unserer Mustergruppe gehörenden floralen Motiven geschmückt.[253] Auf Grund dieser Verbindung wurden beide Gewebe der vorliegenden Gruppe zugeordnet und können durch den Vergleich mit der floralen Ornamentik dieser Seiden in die Mitte des 17. Jahrhunderts datiert werden.

Zu den hier bearbeiteten Geweben sind bislang noch keine Dubletten bekannt geworden.

Leicht geschwungene Blütenstauden in zarter Zeichnung mit zwischengesetzten Motiven, Seidengewebe, Iran, 1. Hälfte 17. Jahrhundert (nach: N.A. Pirverdjan (Ed.), Iranian Textiles)

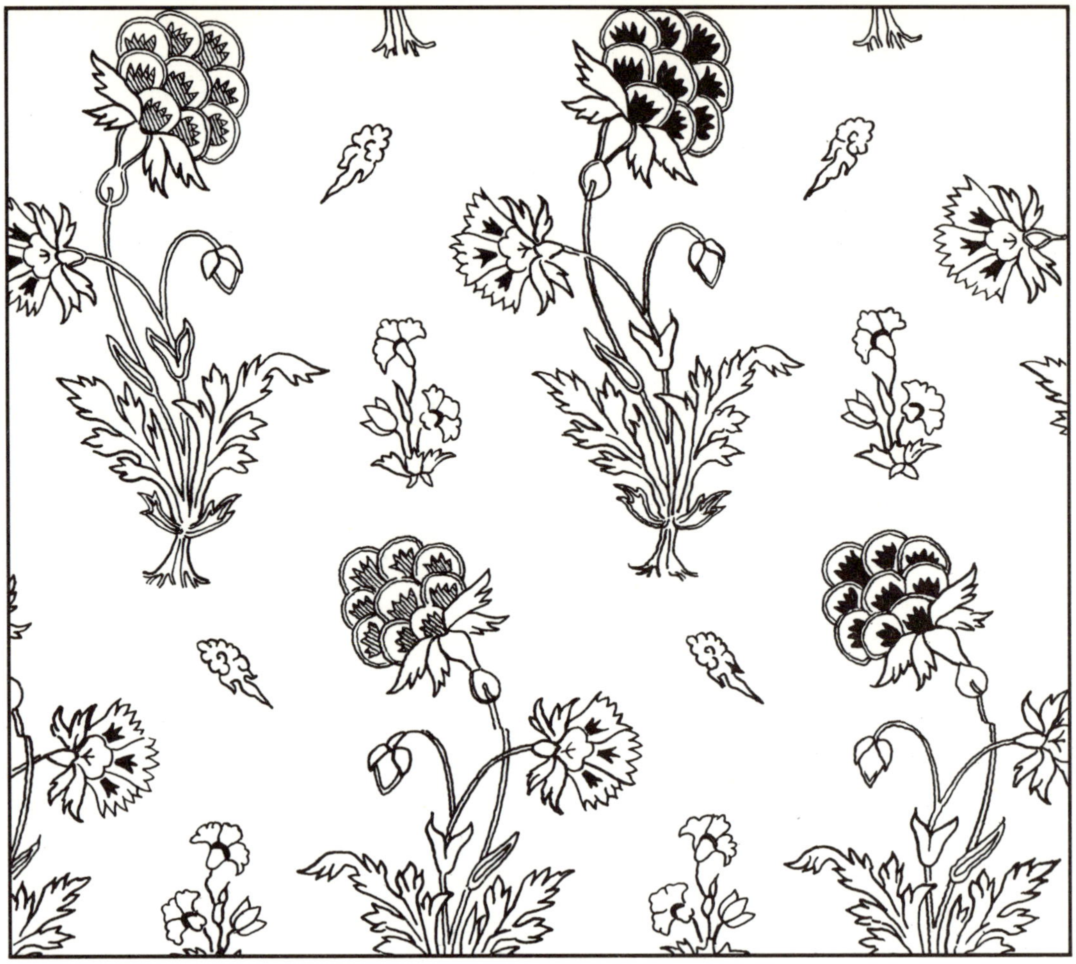

Leicht geschwungene Blütenstengel und -pflanzen mit zwischengesetzten Motiven

Kat. Nr. 90–92

Aus safawidischer Zeit sind mehrere Gewebe erhalten geblieben, deren Musterung durch leicht geschwungene Blütenstengel und -pflanzen mit zwischengesetzten Motiven bestimmt wird.[254] In Museen der DDR sind insgesamt drei Stoffe in dieser Gestaltung vorhanden. Es handelt sich dabei zum ersten um einen reich mit Goldfäden durchwebten Samt, der sowohl bezüglich seiner kostspieligen Technik als auch hinsichtlich der hohen künstlerischen Meisterschaft, mit der das Muster gestaltet wurde, an die besten Beispiele der vorherigen Gruppe anknüpft. Auch bei Abb. 103 werden leicht s-förmig geschwungene Blütenstauden in zarter, eleganter Zeichnung wiedergegeben, wobei einige der Blattspitzen locker umgeschlagen sind. Die einzelnen floralen Motive sind ebenfalls reihenweise auf Zwischenraum und mit zeilenweisem Richtungswechsel geordnet. Jedoch wurden die entstehenden Zwischenräume nicht frei gelassen, sondern gleichmäßig mit kleineren Füllmotiven, hier Schmetterlinge und an chinesische Wölkchen erinnernde Motive, bedeckt. Das Muster vermittelt einen Eindruck von vollendeter Harmonie und gehört ohne Zweifel zu den hervorragenden Beispielen safawidischer Textilkunst. Seine Entstehungszeit fällt in die Wende vom 16. zum 17. Jahrhundert. Erstmals wurde der Stoff von J. Lessing veröffentlicht.[255] Eine Dublette dieses Gewebes befindet sich im Victoria & Albert Museum, London, und wird in der Literatur ebenfalls dem späten 16. oder frühen 17. Jahrhundert zugewiesen.[256] Blütenpflanzen mit zwischengesetzten Schmetterlingen und

Wolkenmotiven schmücken auch einen Samtbrokat aus der Sammlung Besselièvre, Paris.[257] Die Gestaltung der geöffneten Blüte erinnert bei diesem Gewebe jedoch noch an die Päonienformen des 16. Jahrhunderts. Darüber hinaus bietet sich auch ein Vergleich mit dem Muster eines auf einem Wandgemälde von Tshehel Sutun abgebildeten Stoffes an,[258] bei dem jedoch die leicht geschwungenen Blütenstengel aus einem Blattmotiv wachsen, während sie bei Abb. 103 einer abstrahierten Wolkenform entspringen. Das Fresko entstand in den letzten Jahren des 16. Jahrhunderts, was die Möglichkeit eröffnet, daß unser Gewebe ebenfalls noch im 16. Jahrhundert gearbeitet wurde. Da die vorliegende Seide jedoch nicht mehr auf die alte Textilornamentik zurückgreift, ist ihre Entstehung im beginnenden 17. Jahrhundert wahrscheinlicher.

Bei Abb. 104 und 105 handelt es sich um zwei Seiden mit gleicher Musterung. Das größere Fragment, Abb. 105, ist im Besitz des Kunstgewerbemuseums Berlin-Köpenick, während das kleinere, Abb. 104, den Beständen des Museums für Kunsthandwerk, Dresden, angehört. Diese besonders schönen und reich mit Goldfäden gearbeiteten Gewebe sind mit reihenweise auf Zwischenraum und zeilenweisem Richtungswechsel geordneten Schwertlilienstauden sowie gleichmäßig den Fond bedeckenden Streublümchen geschmückt. Die Schwertlilienblüte wurde auf dieser Seide bereits recht detailliert und naturnah gestaltet, die s-förmige Schwingung ist dagegen nur noch in leichter Andeutung vorhanden.

Die Schwertlilie oder Iris, im 17. Jahrhundert neben dem Rosenmotiv eines der beliebtesten Textilornamente, tritt erstmals im 16. Jahrhundert vereinzelt bei Geweben in Erscheinung.[259] Wird sie hier und zu Beginn des 17. Jahrhunderts noch stark stilisiert und flächig wiedergegeben,[260] so erfährt das Motiv bereits im Verlauf der ersten Hälfte des 17. Jahrhunderts eine fortwährende Veränderung hin zu einer immer größeren Naturnähe und daraus resultierend zu einer fast räumlich wirkenden Zeichnung. In dieser Ausprägung wird das Motiv – ähnlich einer feststehenden Formel – noch bis ins 18. Jahrhundert auf Geweben wiedergegeben.

Aus dem 17. Jahrhundert stammt eine Seide mit reihenweise auf Zwischenraum geordneten Irisblüten, die sehr detailliert und naturnah gestaltet sind.[261] Aus einem ihr gleichenden Stoff besteht das Gewand eines Persers, der auf einer um die Mitte des 17. Jahrhunderts entstandenen Miniatur abgebildet ist.[262] Abb. 104 und 105 stehen der hier gezeigten Art der Mustergestaltung in Detailtreue und räumlicher Wirkung – durch den Versuch, Licht-Schatten-Effekte widerzuspiegeln, noch verstärkt – sehr nahe. Die bei unseren Fragmenten vorliegende Darstellungsweise der Schwertlilie kann wohl mit Recht als Höhepunkt und zugleich als Abschluß der gestalterischen Entwicklung des Irismotivs betrachtet werden. Auf einer Muhammad Zaman zugeschriebenen und um 1663 entstandenen Miniatur sind mehrere ähnlich gestaltete Textildessins abgebildet.[263] Das Bemühen um eine genaue und wirklichkeitsgetreue Darstellung tatsächlich vorhandener Gewebemuster ist bei dieser Miniatur unverkennbar. Die vorliegenden Gewebefragmente Abb. 104 und 105 können auf Grund der stilistischen Entwicklung des Schwertlilienmotivs und in Übereinstimmung mit anderen ähnlich gestalteten und datierten Geweben wie außerdem auch über den Vergleich mit auf verschiedenen Miniaturen dargestellten Gewebemustern in die Mitte des 17. Jahrhunderts datiert werden.

Gegenstücke zu den in Köpenick und Dresden vorhandenen Fragmenten dieser Seide sind im Besitz des Textile Museum, Washington, und des Metropolitan Museum of Art, New York.[264] Bei J.H. Schmidt ist ebenfalls ein Gewebe mit gleichem Muster abgebildet, er datiert es jedoch ohne nähere Begründung in das 18. Jahrhundert.[265]

Stärker geschwungene Blütenpflanzen

Kat. Nr. 93–97
Abb. 106–110

Die gestalterische Grundkonzeption einer dritten Gruppe von Textilien entspricht im großen und ganzen derjenigen, die bereits für die beiden vorangegangenen Gruppen kennzeichnend war. Auch hier sind geschwungene Blütenpflanzen auf Zwischenraum geordnet, wobei fast immer ein zeilenweiser Richtungswechsel der Pflanzen erfolgt. Die einzelnen floralen Motive rücken bei der vorliegenden Gruppe jedoch näher aneinander, so daß sie den Fond zumeist völlig ausfüllen. Darüber hinaus nimmt die Höhe der Stengel zu, und ihre vormals nur leicht angedeutete s-förmige Schwingung erfährt nunmehr eine Verstärkung, was beim Betrachter den Eindruck größerer Unruhe entstehen läßt.

Die besten Beispiele so gestalteter Gewebe gehören dem frühen 17. Jahrhundert bzw. dessen erstem Viertel an, eine Datierung, die sich vor allem auf den Vergleich mit den in dieser Zeit entstandenen figürlich gemusterten Stoffen stützt. Auf letztgenannten Geweben sind zwischen den reihenweise versetzt geordneten Figuren ganz ähnlich wie bei Abb. 106, 108 und 109 gestaltete, stärker geschwungene Blüten- und Pflanzenmotive abgebildet.[266] Darüber hinaus wird die frühe Datierung auch durch die noch recht konservative Gestaltung der Blüten, die hohe Kunstfertigkeit, mit der die Muster gezeichnet sind, und die außergewöhnlich reiche Verwendung von Gold- und Silberfäden sowie durch die Herstellung der Gewebe in aufwendigen Techniken gestützt.

Kat. Nr. 93

Zu den gestalterisch am ausgewogensten durchkomponierten Seiden dieser Gruppe gehört ein äußerst zartes Doppelgewebe aus dem frühen 17. Jahrhundert, das heute leider schon sehr stark verschlissen ist. Eine Dublette befindet sich im Metropolitan Museum of Art, New York.[267]

Kat. Nr. 94

Die zweite Seide dieser Gruppe ist ein sehr gut erhaltenes Samtgewebe, das in der Zeichnung lebhafter und etwas unruhiger als Abb. 106 wirkt. Ebenso wie bei der Gruppe mit leicht geschwungenen Blütenstengeln sind auch bei Abb. 109 einige der Blattspitzen in eleganter Bewegung umgeschlagen. Erstmals wurde der Samt durch J. Lessing veröffentlicht.[268] Ein weiteres Fragment mit dieser Musterung befindet sich im Besitz des Victoria & Albert Museum, London.[269] In der Literatur werden die Fragmente dem späten 16. oder frühen 17. Jahrhundert zugeordnet, eine Datierung, der sich hier im wesentlichen angeschlossen wird. Auf Grund der engen Verbindung dieser Art der Textilgestaltung mit den figürlich gemusterten Geweben des frühen 17. Jahrhunderts scheidet das 16. Jahrhundert als Herstellungsdatum für diese Gewebe wohl aus, zumal die in ähnlicher Weise wie Abb. 106 gemusterten Seiden durchweg Produkte des frühen 17. Jahrhunderts sind.[270]

Kat. Nr. 95

Von einem weiteren, sehr kostbaren Samt, der wohl noch im ersten Viertel des 17. Jahrhunderts hergestellt wurde, besitzt das Kunstgewerbemuseum Berlin-Köpenick ein kleines Fragment, das nur einen minimalen Ausschnitt des großzügig gemusterten Gewebes darstellt. Da von der Seide in mehreren

Mustergänzung des Gewebes auf Abb. 108 (Kat. Nr. 95), Seidengewebe, Iran, 17. Jahrhundert (nach: A.U. Pope–Ph. Ackerman (Ed.), Survey VI, pl. 1064 B)

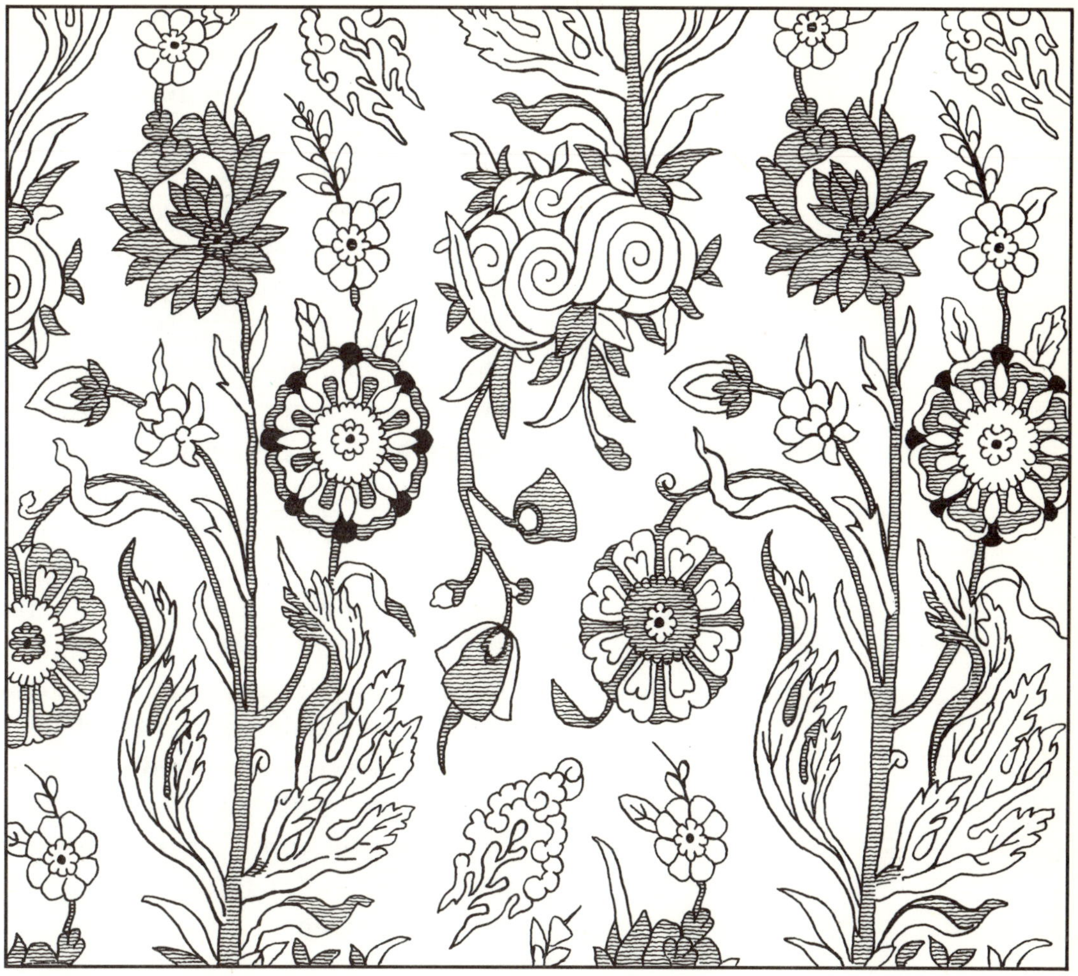

Museen größere Teilstücke erhalten geblieben sind, konnte das Muster rekonstruiert und das Fragment daraufhin ebenfalls als zu dieser Gruppe gehörig identifiziert werden. Auch hier ist eine große Blütenpflanze in Reihe auf Zwischenraum und mit zeilenweisem Richtungswechsel geordnet. Sie wächst am Rande eines stilisierten Teichmotivs empor. Der Eindruck, eine stark geschwungene Blütenpflanze vor sich zu haben, entsteht hauptsächlich durch die sich heftig bewegenden Blattwedel sowie gebogene seitliche Blütenstiele. Der Hauptstengel ist demgegenüber nur leicht geschwungen. Für einen Vergleich bieten sich Abb. 106 und 109 an. Die gestalterische Auffassung, aber auch einzelne Blütenformen lassen die Seiden in enge Beziehung zueinander treten. Ein ähnlich gestaltetes Teichmotiv sowie vergleichbare Blüten- und Wolkenformen verbinden unser Gewebe mit zwei figürlich gemusterten Samtbrokaten aus der ersten Hälfte des 17. Jahrhunderts.[271] Die wie auf Abb. 108 gestalteten Seiden werden in der Literatur zwischen 1600 und der Mitte des 17. Jahrhunderts eingeordnet. Eine Datierung gegen Ende der ersten Hälfte des 17. Jahrhunderts erscheint jedoch für diese Gewebe wenig wahrscheinlich, da sich gegen Mitte des Jahrhunderts bereits andere Formen der Textilgestaltung herausbildeten und alle mit diesem Dessin vergleichbaren Muster früher entstanden sind. Dubletten zu unserem Gewebe befinden sich im Besitz des Victoria & Albert Museum, London,[272] des Metropolitan Museum of Art, New York,[273] des Textile Museum, Washington,[274] des Worcester Art Museum,[275] der Keir Collection, London,[276] der Sammlung Besselièvre, Paris (Stand 1927),[277] und der Gulbenkian Foundation[278].

Auch innerhalb dieser Mustergruppe kam es hinsichtlich der Gestaltung

Kat. Nr. 96, 97 und der Technik im Verlaufe des 17. Jahrhunderts zu einem Qualitätsabfall. Erhalten blieben jedoch die Größe der Motive, ihre Ordnung in Reihe auf Zwischenraum, die relativ dichte Bedeckung des Grundes und eine stärkere Schwingung, die bei den späten Stücken jedoch nicht mehr elegant und schwungvoll, sondern lediglich als starke Biegung erscheint. Die einzelnen floralen Motive sind jetzt entweder stark schematisiert und vereinfacht gezeichnet oder wirken, wenn der Versuch unternommen wird, Muster wie in Abb. 106 und 109 zu gestalten, ungeschickt und fahrig. Bei Abb. 107 und 110 besteht allerdings auch die Möglichkeit, daß wir hier provinzielle Erzeugnisse vor uns haben, doch auch dann könnten sie auf Grund der verwendeten Ornamentik nicht mehr in das erste Drittel des 17. Jahrhunderts datiert werden. Wahrscheinlich gehören beide Fragmente bereits der zweiten Hälfte des 17. Jahrhunderts an. Dubletten zu diesen Seiden wurden bislang noch nicht veröffentlicht. Lediglich je ein Gewebe aus dem Besitz der Ermitage, Leningrad, und des Museum of Fine Arts, Boston, kann zum Vergleich mit Abb. 110 herangezogen werden,[279] obwohl diese Fragmente dynamischer und ausgewogener als unsere Stücke gestaltet worden sind. Kennzeichnend für späte Beispiele der Gruppe scheint auch die Tatsache zu sein, daß bei den floralen Motiven kein zeilenweiser Wechsel der Schwingungsrichtung mehr erfolgte. Dadurch neigen sich alle Blütenpflanzen nach einer Seite, was der Ausgewogenheit der Bildkomposition, durch die die frühen Beispiele dieser Gruppe gekennzeichnet waren, ein Ende bereitet und optisch den Eindruck eines seitlich kippenden Bildes entstehen läßt. Ein Beispiel dafür ist das in Abb. 110 gezeigte Gewebe.

Blütenstengel und -pflanzen in naturnaher Zeichnung

Kat. Nr. 98–118 Reihenweise auf Zwischenraum gesetzte Pflanzenmotive in naturnaher Zeichnung bestimmen ungefähr seit Mitte der ersten Hälfte des 17. Jahrhunderts die safawidische Gewebegestaltung nicht unwesentlich mit. Kennzeichnend für diese Mustergruppe ist eine genaue Naturbeobachtung, die sich in der Wiedergabe der Pflanzenmotive niederschlägt. Knospen und halbgeöffnete Blüten werden sehr detailliert gezeichnet, ebenso die Blattmotive und die zumeist in leichter Schrägstellung abgebildeten geöffneten Blüten. Die am häufigsten verwendeten Motive dieser Gruppe sind Schwertlilie und Rose.

Auch bei den in dieser Art gestalteten Geweben wiederholt sich die Entwicklung, die bereits für andere Mustergruppen aufgezeigt werden konnte. *Kat. Nr. 98–100* Die frühesten Beispiele, Lampas- oder Köpergewebe mit reicher Verwendung von Gold- und Silberfäden, sind in der Komposition des Musters durch große Ausgewogenheit gekennzeichnet, und die locker gezeichneten Blütenpflanzen, anfangs auf Rosenmotive beschränkt, werden stets in leichter, eleganter Bewegung wiedergegeben. Bei den Geweben, die noch im zweiten Viertel des 17. Jahrhunderts entstanden sind, wird stets ein dem Material und *Kat. Nr. 101–109* der Technik entsprechender Grad der Stilisierung gewahrt, wohingegen sich Gewebemuster aus der zweiten Hälfte des 17. Jahrhunderts stärker an das Naturvorbild anlehnen. Die einzelnen Pflanzenmotive können auch in Musterstreifen übereinander geordnet sein bzw. in horizontaler Richtung, parallel zueinander, den Fond in zickzackartiger Streifengliederung bedecken. Darüber hinaus besteht die Möglichkeit, daß der Grund durch eingedrückte

Kat. Nr. 110–113

Kat. Nr. 114–118

Linien gegliedert wird.[280] Diese Art naturnah gezeichneter floraler Motive bildet die Voraussetzung für die Herausbildung einer noch geringer stilisierten Pflanzengestaltung, die sich räumlich von der Fläche abhebt und dem textilen Material in keiner Weise mehr entspricht. Bei der Gestaltung derartiger Gewebe, überwiegend in der zweiten Hälfte des 17. Jahrhunderts, aber auch noch im 18. Jahrhundert entstanden, spielen wohl bereits europäische Einflüsse eine Rolle.[281]

Kleinteilige, naturnah gestaltete florale Dessins wurden während des gesamten 17. Jahrhunderts und auch noch in den folgenden Jahrhunderten gearbeitet, sind dann allerdings zunehmend ungeschickter in der Zeichnung. Meist kamen bei derartigen Geweben einfache Techniken zur Anwendung, wobei die einzelnen Motive fast immer broschiert sind. Dubletten zu den vorliegenden Fragmenten sind noch nicht veröffentlicht worden.

Blütenstengel und -pflanzen in zarter, stark stilisierter Zeichnung

Kat. Nr. 119–146

Kat. Nr. 119, 120

Gewebe, die mit stark stilisierten, zarten Blütenstengeln und -pflanzen bedeckt sind, entstanden in der ersten, verstärkt jedoch in der zweiten Hälfte des 17. Jahrhunderts. In gestalterischer Hinsicht wurden sie von allen drei vorher besprochenen Mustergruppen beeinflußt. Die besten Beispiele sind locker und leicht geschwungene Pflanzenmotive mit zum Teil recht konventionell gestalteten Blütenformen sowie umgeschlagenen Blattspitzen und kleinen, zwischengesetzten floralen Motiven. Bei einigen Geweben fanden auch recht naturnah gestaltete Blüten- oder Blattmotive Aufnahme. Allen zu dieser Gruppe gehörenden Stoffen ist jedoch eine außergewöhnlich dünne und im Vergleich mit den vorher betrachteten Seiden weniger solide wirkende Musterzeichnung eigen. Auch wurden die Einzelmotive insgesamt kleiner und zierlicher gestaltet. Im allgemeinen entsteht bei den zu dieser Gruppe gehörenden Geweben der Eindruck, als wäre hier der Versuch unternommen worden, kostbare Seiden mittels weniger aufwendiger Techniken nachzuahmen. So wachsen z.B. zart geschwungene Pflanzen aus Wolkenmotiven, Blüten werden rosettenartig gestaltet und lanzettförmige Blätter sind an den Spitzen umgeschlagen.[282] Die Mehrzahl der Gewebemuster dieser Gruppe wurde jedoch stark stilisiert und vereinfacht gezeichnet und ist in ihrer Gestaltung betont flächig gehalten. Im Verlaufe der zweiten Hälfte des 17. und zu Beginn des 18. Jahrhunderts nahm die Kleinteiligkeit der Motive noch weiter zu, vor allem aber sind sie jetzt weniger ausgewogen in der Formgebung. Die Pflanzenstiele erfahren häufig eine überzogene Schwingung, und die Zeichnung wurde weiter vereinfacht. Auch ist jetzt das Grundgewebe, in das die broschierten Motive meist köperbindig oder mit entsprechend dem Muster flottierenden Schußfäden eingearbeitet wurden, fast durchgängig einfach leinwandbindig. Ph. Ackerman veröffentlichte eine zu dieser Gruppe gehörende Seide, die sie nach Yazd lokalisiert und in das 17. bis 18. Jahrhundert datiert. Ein weiteres in dieser Art gestaltetes Gewebe ordnet sie dem 17. Jahrhundert zu und gibt Abiana als Herstellungsort an.[283] Bei N.A. Reath und E.B. Sachs wird demgegenüber ein mit Abb. 133 vergleichbares Fragment in das späte 16. oder frühe 17. Jahrhundert datiert, was jedoch mit Sicherheit eine zu frühe Einordnung ist.[284] Bei den im späten 17. und beginnenden 18. Jahrhundert entstandenen Seiden der vorliegenden Gruppen ist es mitunter schwierig, eine eindeutige Zuordnung zum iranischen Kulturkreis vorzu-

Stark gebogene Blütenpflanzen in einfacher Zeichnung, Seidengewebe, Iran, 2. Hälfte 17. Jahrhundert (nach: N.A. Pirverdjan (Ed.), Iranian Textiles)

nehmen, da in Polen seit dem 17. Jahrhundert Seiden, vor allem Schärpen, in Anlehnung an die safawidische Textilornamentik gewebt wurden, wobei die Übereinstimmung von Mustern und Motiven zum Teil sehr groß ist.[285] Noch unsicherer scheint es vom heutigen Forschungsstand aus, derartige Gewebe einem bestimmten Herstellungsort zuzuweisen.

Dubletten zu Geweben dieser Gruppe sind aus Publikationen nicht bekannt.

Streublümchenartig gestaltete florale Motive

Kat. Nr. 147–165 Die im folgenden zusammengefaßten Gewebe schließen sich eng an die vorherige Gruppe von Seiden an. Kennzeichnend für sie sind eine außergewöhnliche Kleinteiligkeit der Formen, eine einfache, unkomplizierte Zeichnung sowie stets broschierte Motive. Im Unterschied zu den eben behandelten Seiden erfolgte die Musterung nicht in direkter Anlehnung an die besten Entwürfe dieser gestalterischen Grundkonzeption aus safawidischer Zeit, sondern hatte ihre Vorbilder eher in den bei diesen qualitätvollen Geweben häufig zwischengesetzten kleinen, den Fond füllenden Streublümchen. Die hier zusammengefaßten Gewebe sind ohne Ausnahme Erzeugnisse aus der zweiten Hälfte des 17. bzw. der ersten Hälfte des 18. Jahrhunderts.

Stark stilisierte, leicht geschwungene kleine Blütenzweige oder -pflanzen sind in Reihe auf Zwischenraum geordnet, wobei zumeist ein zeilenweiser Richtungswechsel der Motive erfolgt. Zwischen diese können noch kleinere Füllmotive gesetzt werden, so z. B. stark stilisierte, sehr kleine florale Formen, Wolken und Rosetten bzw. Kreise. Aus der Literatur sind mehrere ähnliche bzw. gleichgemusterte Seiden bekannt, die alle der zweiten Hälfte des 17. bzw. dem 18. Jahrhundert zugeordnet werden. Eine Dublette zu Abb. 154 befindet sich im Besitz des Textile Museum, Washington.[286] Bei dem Gewebe handelt es sich um ein sogenanntes ikat-Gewebe. Die Besonderheit dieser Technik besteht darin, daß Kettfäden vor der Verarbeitung mehrfarbig eingefärbt werden, so daß durch sie ein geflammter Fond entsteht.[287] In der Sammlung Ackerman-Pope (Stand 1939) befinden sich Dubletten zu den Fragmenten auf Abb. 156, 157 und 159.[288] Ein mit Abb. 160 und 162 vergleichbares Gewebe ist im Besitz des Historischen Museums Bern.[289] Zu den Beständen des Textile Museum, Washington, gehört eine Seide, die in der Art ihrer Gestaltung Parallelen zu Abb. 165 und 166 zeigt.[290]

Auch bei den zu dieser Gruppe gehörenden Stoffen kann der Fond zwischen den floralen Einzelmotiven durch eingedrückte Linien gegliedert sein.

Blütenstauden, in Anlehnung an das Motiv der indischen Palmette gestaltet

Kat. Nr. 166–182 Seit dem 17. Jahrhundert ist die sogenannte indische Palmette in der persischen wie auch in der indischen Textilkunst ein beliebtes Motiv. In Anlehnung an ihre tropfenförmige Gestalt wurden im Iran seit Mitte des 17. Jahrhunderts in Reihe auf Zwischenraum und mit zeilenweisem Richtungswechsel geordnete Pflanzenstauden in Form der indischen Palmette in die Gewebegestaltung aufgenommen. Es handelt sich dabei um stilisierte, häufig noch recht elegant und locker gezeichnete florale Gebilde. Diese stets broschierten Motive wurden entweder köperartig oder durch entsprechend dem Muster flottierende Schußfäden in das Grundgewebe eingearbeitet. Bei den

Kat. Nr. 166–172 frühesten Beispielen der Gruppe sind die Muster noch recht naturnah und schwungvoll gezeichnet und gehören wohl überwiegend der Mitte bzw. der zweiten Hälfte des 17. Jahrhunderts an.[291] Das Gewebe auf Abb. 178 zeigt eine Gestaltung, die einer mit Aga Muhammed signierten und in das 17. Jahrhundert datierten Seide ähnelt.[292] Die meisten Seiden der vorliegenden Gruppe (Kat. Nr. 173–182) stammen jedoch aus dem späten 17. bzw. aus dem 18., einige möglicherweise sogar erst aus dem 19. Jahrhundert. Sie zeichnen sich durch eine unkomplizierte, meist lineare und streng zweidimensionale Gestaltung sowie eine einfache Binnenzeichnung der Motive aus und sind bereits Erzeugnisse aus der Niedergangsphase safawidischer bzw. nachsafawidischer Textilkunst.[293]

Gleichgemusterte Gewebe sind bisher noch nicht veröffentlicht worden.

Blütenpflanzen in streng achsensymmetrischer Zeichnung

Kat. Nr. 183–208

Neben den bereits gezeigten Geweben mit s-förmig geschwungenen, in Reihe auf Zwischenraum geordneten floralen Einzelmotiven gibt es noch eine andere nach diesem Gestaltungsprinzip komponierte Mustergruppe, die sich von den vorherigen Geweben durch eine streng achsensymmetrische Zeichnung der einzelnen Pflanzenstauden unterscheidet. Seiden mit derart gestalteten floralen Formen wurden während des gesamten 17. Jahrhunderts sowie im 18. Jahrhundert hergestellt. Die besten Beispiele, wohl noch im ersten Viertel des 17. Jahrhunderts entstanden, erinnern in ihrer ausgewogenen und eleganten Zeichnung an so hervorragende Gewebe wie Abb. 103. Bei dem Gewebe auf Abb. 187 (*Kat. Nr. 183*) ist z. B. ebenfalls ein Teil der Blätter locker umgeschlagen, und zwischen den reihenweise versetzten Blütenstauden sind kleine, wie bei Abb. 103 stilisierte Wolkenmotive abgebildet. Die Aufnahme des Rosenknospenmotivs in recht naturnaher Zeichnung legt jedoch den Schluß nahe, daß das vorliegende Atlasgewebe etwas später als Abb. 103 entstanden sein mag, da die Rosenknospe als Textilornament erst im Verlauf der ersten Hälfte des 17. Jahrhunderts in die safawidische Textilkunst Aufnahme fand. Darüber hinaus ähnelt die Form der Blätter, mit gezackten Rändern und ohne Innenzeichnung, völlig der Blattgestaltung auf Abb. 58. Zieht man all dies in Betracht, so kann man unser Gewebe wohl in die Mitte der ersten Hälfte des 17. Jahrhunderts datieren. Die vorliegende Seide ist durch R. Reichelt veröffentlicht worden, der sie in das 17. Jahrhundert datiert.[294] Dubletten sind nicht bekannt.

Kat. Nr. 184

Stilistisch läßt sich ein leider sehr stark verschlissenes Doppelgewebe aus dem Besitz des Kunstgewerbemuseums Berlin-Köpenick an Abb. 187 anschließen, weshalb es ebenfalls der ersten Hälfte des 17. Jahrhunderts zugeordnet wird. Andere Fragmente mit dieser Musterung wurden bisher noch nicht veröffentlicht.

Kat. Nr. 185–188

Demgegenüber zeichnen sich die Seiden Abb. 184, 189, 190 und 191 bereits durch eine einfachere, unkompliziertere und streng flächige Zeichnung aus und entsprechen in ihrer Qualität den Textilien in zarter, stark stilisierter Zeichnung. Mit Abb. 189 und 190 vergleichbare Gewebe befinden sich im Besitz von T.L. Jacks (Stand 1931)[295] und im Metropolitan Museum of Art, New York[296]. Beide Gewebe werden in das 17. Jahrhundert datiert. Anhand der Gestaltung der Rosettenblüte des sich im Besitz von T.L. Jacks befindenden Stoffes läßt sich die Seide auf Abb. 191, die die gleiche Art der Rosette zeigt, an Abb. 189 und 190 anschließen.

Kat. Nr. 189–208 Die Mehrzahl der in solcher Art gestalteten Gewebe entstand jedoch erst gegen Ende der ersten und in der zweiten Hälfte des 17. Jahrhunderts. Die zumeist zarte Zeichnung der Motive, die gegen Ende des Jahrhunderts immer kleinteiliger und einfacher, zum Teil sogar ungeschickt wird, gibt stark vereinfachte und schematisierte Blüten- und Blattformen wieder.

Kat. Nr. 189–195 Bei den Geweben mit streng achsensymmetrisch gestalteten Pflanzenmotiven fällt eine Gruppe von mehreren einander sehr ähnlichen Stücken auf. Es handelt sich dabei um Seiden, die relativ große Blütenpflanzen mit hohem, geradem Stil in meist stark schematisierter Zeichnung aufweisen, wobei die Pflanzen stets aus einem abstrakt gestalteten kleinen Bergmotiv wachsen. Der Grad der Stilisierung kann unterschiedlich sein. In dieser Weise gemusterte Gewebe befinden sich in der Sammlung Rabenou (Stand 1939)[297], im Textile Museum, Washington, [298] und im University Museum, Kairo (Stand 1950)[299]. Auch in Museen der DDR sind derartige Gewebe erhalten geblieben. Die in der Literatur vorgeschlagenen Datierungen für Seiden dieser Art umfassen das gesamte 17. sowie das beginnende 18. Jahrhundert. Bezüglich der Zeichnung von Blüten- und Blattformen bestehen zu vielen Geweben vom frühen 17. bis zum beginnenden 18. Jahrhundert Parallelen. Auf Grund der sich eindeutig abzeichnenden Musterentwicklung innerhalb dieser Gruppe kann davon ausgegangen werden, daß derartige Gewebe während des ge-
Kat. Nr. 189, 190 samten 17. Jahrhunderts gearbeitet worden sind. Das Spektrum reicht von stark stilisierten und völlig flächig gestalteten Seiden in eleganter Zeichnung, die sich, den Abstraktionsgrad betreffend, mit den auf Abb. 49, 50, 51, 54, 55 und 56 gezeigten Seiden vergleichen lassen, bis zu Geweben mit Pflanzendarstel-
Kat. Nr. 194, 195 lungen, die in Anlehnung an die Seiden mit sehr naturnah gezeichneten Mustern gearbeitet wurden. Der Aufbau und die Grundgestaltung der stets broschierten Motive bleibt jedoch immer gleich. Die Tatsache, daß man Gewebe mit diesem Dessin über so lange Zeit hinweg produzierte, sowie die doch recht große Anzahl derartiger Seiden lassen auf die große Beliebtheit dieser Musterung im 17. Jahrhundert schließen.

Kat. Nr. 207, 208 Achsensymmetrisch gestaltete Blütenpflanzen können neben der Ordnung in Reihe auf Zwischenraum auch in vertikaler Streifengliederung übereinander gesetzt werden. Ähnlich wie bei Kat. Nr. 207 und Kat. Nr. 208 gestaltete Seiden befinden sich in der Ermitage, Leningrad,[300] sowie im Textile Museum, Washington,[301] und werden der ersten Hälfte des 17. Jahrhunderts bzw. dem 17. Jahrhundert allgemein zugewiesen. Die Kleinteiligkeit sowie die einfache, stark stilisierte Zeichnung lassen die zuerst genannte Datierung jedoch als etwas zu früh erscheinen.

Die streng achsensymmetrisch gestalteten floralen Motive fanden neben anderen floralen Motiven, wie bereits kurz erwähnt, im 18. Jahrhundert in leicht abgewandelter Form auch in der polnischen Textilkunst Aufnahme. Ursache dafür waren die recht guten wirtschaftlichen und politischen Verbindungen zwischen beiden Regionen, was sich vor allem in der Gestaltung der polnischen Textilkunst niederschlug.

Die geschlossene Flächenfüllung

Kat. Nr. 209–214
Abb. 207–210

Bei dieser Gruppe handelt es sich um Gewebe, deren Fond mit verschiedenartigen floralen Gebilden in gleichmäßiger, dichter Flächenfüllung bedeckt ist. Die Gestaltung der dabei verwendeten Blüten und Blattformen verweist diese Seiden in das 17. bis 18. Jahrhundert. Die Schwertlilie mit seitlich stets nach innen geschlagenen Blütenblättern, eine Gestaltungsart, die erst kurz vor Mitte des 17. Jahrhunderts in Erscheinung trat, sowie die Rosenblüte, beide mehr oder weniger stilisiert, sind die Hauptmotive dieser Mustergruppe. Die Grundgliederung erfolgte durch Ranken, die sich berührende Ovale bilden. Aus diesen Ranken wachsen die einzelnen floralen Formen. Derartige Gewebe mit ihrer stets kleinteiligen Musterung gehören nicht mehr zu den durch eine hohe Qualität gekennzeichneten Produkten safawidischer Textilkunst, wurden aber oft noch reich mit Gold- und Silberfäden durchwebt.

In der DDR sind sechs zu dieser Gruppe gehörende Beispiele erhalten geblieben, darunter eines in gestickter Form. Die Stickerei, eine große Decke, war ursprünglich das Mittelfeld, um das man die einzelnen Samtbrokatfragmente von Abb. 44 bortenartig genäht hatte. Mit letzteren zusammen wurde sie bereits von M. Schuette veröffentlicht.[302] Dubletten zu der Stickerei oder zu anderen Geweben der vorliegenden Gruppe sind bis jetzt noch nicht publiziert worden. Nur ein kleiner Velourteppich vom 17. Jahrhundert besitzt eine Musterstruktur, die jener der hier aufgeführten Textilien gleicht.[303]

Kat. Nr. 214

Die florale Gewebemusterung in Verbindung mit Tierdarstellungen

Kat. Nr. 215–239
Abb. 212–230, 234

Charakteristisches Beispiel der vorliegenden Mustergruppe ist die Darstellung von Rosenstaude oder -zweig in Verbindung mit dem Vogelmotiv. Auf frühen Geweben können zusätzlich noch Gazelle und Hase abgebildet sein. Die Blütenpflanze, in deren Zweigen der Vogel sitzt, wächst zumeist aus einem stark stilisierten Bergmotiv. Werden zusätzlich noch andere Tiere abgebildet, so stehen diese stets am Fuße der Pflanze.

Typisch für die Mustergestaltung ist, daß die Motivgruppen, ähnlich einzelnen Bildern, deutlich voneinander abgesetzt wurden und in Reihe auf Zwischenraum mit zeilenweisem Richtungswechsel geordnet sind. Dabei kann der Fond zwischen ihnen frei bleiben oder aber mehr oder weniger dicht mit floralen Motiven bedeckt sein.

In ihrem Ursprung scheint die Wahl der Motive auf der islamischen Mystik nahestehende literarische Vorbilder zurückzugehen. Die Liebe zwischen Nachtigall und Rose steht häufig als Symbol für die tragisch endende, unerfüllte Liebe, die als Verkörperung der einzig wahren, reinen Liebe und als Versinnbildlichung der Liebe zu Gott angesehen wird. Diese Vorstellungen sind eng mit Sufi-Traditionen verbunden.

Die vorliegende florale Gewebemusterung in Verbindung mit Tierdarstellungen tritt erstmals im 17. Jahrhundert in Erscheinung, wobei die frühesten und zugleich besten Beispiele wohl noch zur Zeit Shah Abbas I. entstanden sind.[304] Art und Weise, in der die floralen Motive wiedergegeben werden, verbindet sie mit der in naturnaher Zeichnung gestalteten Mustergruppe. Die das Bild bestimmenden Blütenpflanzen sind stets Rosenzweige. Neben diesen

Kat. Nr. 215 können auch noch andere Pflanzen abgebildet sein, die sich jedoch immer dem Hauptmotiv unterordnen. Die Blätter des Rosenzweiges mit meist leicht umgeschlagenen Blattspitzen auf Abb. 212, dem wohl ältesten Gewebe dieser Gruppe, das noch durch die Darstellung eines Rehs und eines Hasen bereichert wurde, sind elegant und schwungvoll gezeichnet. Der Versuch, Rosenblüten in enger Anlehnung an das Naturvorbild darzustellen, ist bei dieser Seide noch nicht gelungen bzw. noch nicht konsequent angestrebt worden. Man gewinnt den Eindruck, als wäre die Gestaltung der Rosenpflanze vom Künstler nicht bewältigt worden, was im Widerspruch zur Darstellung der anderen Motive und Formen steht, die mit großer Meisterschaft gezeichnet wurden und an die besten Beispiele safawidischer Textilkunst anschließen.

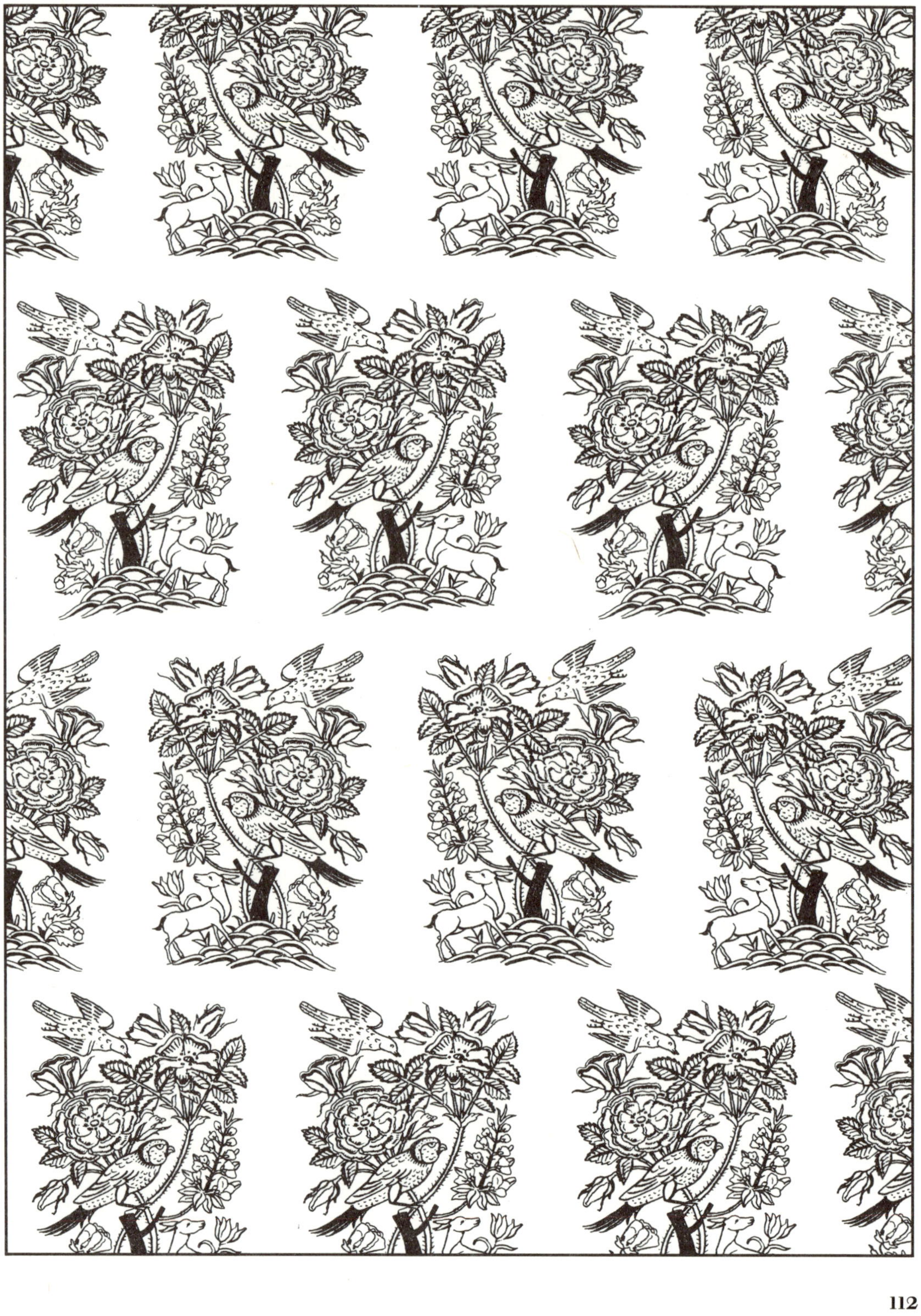

Das Motiv des Vogels im Rosenstrauch wurde hier in Bildgruppen reihenweise auf Zwischenraum geordnet, Seidengewebe, Iran, 1. Hälfte 17. Jahrhundert (nach: N.A. Reath–E.B. Sachs, Persian Textiles, Ex. 57 : Pl. 57)

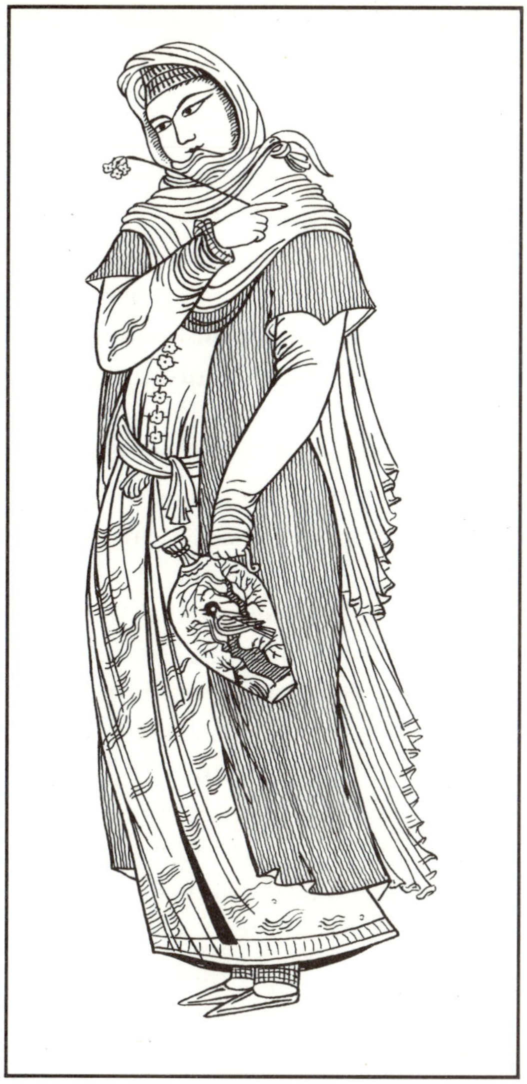

Junge Frau mit Wasserkrug. Der Krug ist mit dem beliebten Motiv des Vogels im Rosenstrauch geschmückt, Miniatur, Iran, Reza-e Abbasi, 1625–1630 (nach: I. Stchoukine, Les peintures des manuscrits de Shāh 'Abbās I., pl. XXXIV)

Dies in Betracht gezogen, kann in Verbindung mit der Tatsache, daß die Rosenpflanze erst mit Beginn des 17. Jahrhunderts in die Textilgestaltung Aufnahme fand, davon ausgegangen werden, daß wir hier eine der frühesten Darstellungen einer Rosenpflanze vor uns haben. Das größere der beiden erhalten gebliebenen Fragmente dieser Musterung befindet sich in der Sammlung Pope (Stand 1930)[305], während auf der Seide des Kunstgewerbemuseums Berlin-Köpenick nicht das gesamte Muster zu sehen ist.

Ebenfalls aus dem Besitz des Kunstgewerbemuseums Berlin-Köpenick stammt ein weiteres, sich zeitlich an Abb. 212 anschließendes Fragment. Auch hier wächst aus einem stark stilisierten Bergmotiv eine Rosenpflanze, in deren Zweigen ein papageienartiger Vogel sitzt, zu dem eine auf dem Berg stehende Gazelle (oder Reh?) emporblickt. Leider befindet sich dieser Stoff in schlechtem Erhaltungszustand. Trotzdem ist zu erkennen, daß er in der Qualität seiner Zeichnung die meisten zu dieser Gruppe gehörenden Beispiele übertrifft. Locker und natürlich gestaltet, ordnen sich die einzelnen Motive organisch der Gesamtkomposition unter, wobei sich fließend und ohne Bruch ein Musterelement an das andere fügt. Im Vergleich dazu wirken auch die meisten der noch in der ersten Hälfte bzw. um die Mitte des 17. Jahrhunderts gearbeiteten derartigen Gewebe in ihrer Zeichnung fast steif und muten schablonenhaft an. Auch heben sich die Motivgruppen bei diesen Seiden durch eine kräftigere Farbgebung stärker vom Grund ab und wirken dadurch wie aufgelegt und vom Fond losgelöst.[306] Weist die sichere und natürlich anmutende Musterzeichnung des Gewebes auf Abb. 213 dieses auch als ein Produkt der ersten Hälfte des 17. Jahrhunderts aus, so kann auf Grund der bereits gekonnt und gut durchgearbeiteten naturnahen Gestaltung des Rosenzweiges wohl davon ausgegangen werden, daß es etwas später als das auf Abb. 212 gezeigte Fragment hergestellt worden ist.

Das Museum für Völkerkunde zu Leipzig besitzt ebenfalls ein Gewebe mit der Darstellung eines auf einem Rosenzweig sitzenden Vogels. Begründet in den geringen Abmessungen des Fragments, ist nur ein kleiner Ausschnitt einer Motivgruppe zu sehen. Die Art und Weise der Zeichnung von Rose und Vogel stimmt fast völlig mit der eines Gewebes überein, von dem sich Frag-

Kat. Nr. 216 mente im Besitz von J. D. Rockefeller (Stand 1937) und der Yale University Art

Kat. Nr. 217 Gallery befinden.[307] Diese Seide wird in die erste Hälfte des 17. Jahrhunderts datiert. Wegen der hier vorliegenden Gestaltung der Rosenblüten und der Blätter, die in ähnlicher Form auf vielen Textilien abgebildet sind und zu einer Art feststehender Formel wurden, erscheint eine Einordnung des Gewebes in das beginnende 17. Jahrhundert als unwahrscheinlich. Daher soll einer Datierung in das zweite Viertel des 17. Jahrhunderts der Vorzug gegeben werden.

Von den bis jetzt vorgestellten Geweben unterscheidet sich die Seide auf

Kat. Nr. 218 Abb. 215 vor allem durch die Grundgliederung des Musters. Die einzelnen Motivgruppen wurden hier in breiten, vertikal nebeneinander verlaufenden Musterbändern, die durch schmale, blütenrankenbesetzte Streifen getrennt sind, übereinander geordnet. Auch ist die Rosenpflanze hier mit kleinen, stark stilisierten Wurzeln versehen und wächst nicht aus einem Bergmotiv. Die Gestaltung des leicht s-förmig geschwungenen Blütenzweiges hat sehr viel Ähnlichkeit mit den frühen Beispielen der in naturnaher Zeichnung wiedergegebenen Rosenzweige. Ein in gleicher Weise gegliederter Stoff, bei dem die Rosenpflanze noch aus einem stilisiert dargestellten Berg wächst, gehört zum Bestand des Metropolitan Museum of Art, New York, und wird in die erste Hälfte des 17. Jahrhunderts datiert.[308] Wegen der angesprochenen Besonderheiten unseres Gewebes ist Abb. 215 jedoch eher der Mitte des 17. Jahrhunderts zuzuweisen.

Alle bis jetzt betrachteten Beispiele entstanden in der ersten Hälfte bzw. in der frühen zweiten Hälfte des 17. Jahrhunderts und gehören zu den besten Arbeiten dieser Mustergruppe. Seit der zweiten Hälfte des 17. Jahrhunderts wird auch für derartig gestaltete Gewebe eine Vereinfachung in der Zeichnung sowie die Anwendung von weniger aufwendigen Techniken kennzeichnend. Parallel dazu kommt es zu einer zunehmenden Kleinteiligkeit des Musters.

Kat. Nr. 219 Im Besitz des Kunstgewerbemuseums Berlin-Köpenick befindet sich ein kleines Seidenfragment, auf dessen ziegelrotem Fond ein relativ großes, silbernes Blattmotiv liegt, das wiederum fast völlig mit der Darstellung einer stark stilisierten Blütenpflanze ausgefüllt wird, in deren Zweigen ein kleiner Vogel in einfacher Zeichnung sitzt. Die Pflanze wächst hier noch aus einem leicht angedeuteten Bergmotiv, und ihre Gestaltung erfolgte in ähnlicher Weise wie bei den Seiden Abb. 130, 131 und 158, was auf eine Entstehungszeit um die Mitte bzw. zu Beginn der zweiten Hälfte des 17. Jahrhunderts hindeutet. Ein größeres Fragment mit dieser Musterung gehört zur Sammlung von T.L. Jacks (Stand 1939).[309] Von Ph. Ackerman wird dieses Gewebe in das 17. Jahrhundert datiert. Als Herstellungsort glaubt sie Esfahan angeben zu können, was durchaus möglich wäre, jedoch nicht zu beweisen ist.

Kat. Nr. 220–230 Alle anderen Beispiele der vorliegenden Gruppe aus Museen der DDR entstammen der zweiten Hälfte des 17. bzw. dem 18. Jahrhundert und sind von eindeutig geringerer Qualität als die in der ersten Hälfte des 17. Jahrhunderts entstandenen Stücke. Zumeist handelt es sich um kleinteilige, in Reihe auf Zwischenraum und mit zeilenweisem Richtungswechsel geordnete Blütenpflanzen in einfacher Zeichnung mit je einem stark stilisierten Vogelmotiv, wobei das Muster jetzt stets broschiert ist. Der Fond zwischen den einzelnen Motivgruppen kann mit kleinen Streublümchen bedeckt sein. Möglich ist darüber hinaus auch noch eine zusätzliche Gliederung des Dessins durch eingepreßte Linien. Der hier beschriebene Mustertyp nahm im ausgehenden 17. und im 18. Jahrhundert formelhaften Charakter an. Die Unterschiede in der Gestaltung dieser Gewebe sind zum Teil nur geringfügig, und es haben sich viele Beispiele mit fast identischer Musterung erhalten. Seiden, die mit denen von Kat. Nr. 220–230 vergleichbar sind, wurden mehrfach publiziert.[310] Sie werden im allgemeinen dem 17. bis 18. Jahrhundert zugeordnet.

Kat. Nr. 231, 232 Auf Abb. 227 sehen wir eine weitere Form der Verbindung von Pflanzen- und Vogeldarstellung auf Geweben. Der Fond wird bei diesen Stücken gleichmäßig mit achsensymmetrischen floralen Motiven in einfacher, flächiger Zeichnung bedeckt. Über den in horizontalen Reihen geordneten Pflanzenformen sind je zwei gegenständige Vögel abgebildet. Zwischen den Mustergruppen liegen in lockerer Anordnung verschiedenartige Füllmotive. Die flächige, einfache Linienführung ist von linear-zeichnerischer Wirkung. Die beiden im Besitz des Kunstgewerbemuseums Berlin-Köpenick befindlichen Fragmente zeigen verschiedene Ausschnitte des gleichen Dessins. Dubletten dazu sind noch nicht veröffentlicht worden, wohl aber Gewebe mit vergleichbarer Mustergestaltung.[311] Diese wie auch die Fragmente Kat. Nr. 231 und 232 entstanden im ausgehenden 17. bzw. zu Beginn des 18. Jahrhunderts.

Kat. Nr. 233–236 Eine weiter vereinfachte und noch kleinteiligere, auf wenige stark stilisierte Musterelemente beschränkte Spielart des eben beschriebenen Dessins zeigen die Seidenfragmente in Kat. Nr. 233–236. Die Unterschiede zwischen den Mustern der einzelnen Gewebe sind so minimal, daß man sie erst nach genauerer Betrachtung bemerkt. Zwei in dieser Art gestaltete Fragmente befinden sich im University Museum Kairo (Stand 1950), wovon eines eine Dublette zu der Seide Kat. Nr. 235 ist.[312] Die Gewebe wurden von Z.M. Hassan in das 17. Jahrhundert datiert. Nach einem Vergleich mit den anderen in der vorliegenden Gruppe zusammengefaßten Seiden muß diese Einordnung jedoch dahingehend präzisiert werden, daß wir hier Erzeugnisse aus dem späten 17., möglicherweise auch aus dem frühen 18. Jahrhundert vor uns haben.

Kat. Nr. 237–239 (vgl. Kat. Nr. 219–221) Die letzten drei Beispiele floral gemusterter Seiden in Verbindung mit Vogeldarstellungen unterscheiden sich wesentlich von den allgemein üblichen Formen dieser Musterung, sei es nun hinsichtlich ihrer Gestaltungsart oder in bezug auf die verwendete Technik. Die Gewebe auf Abb. 230 und 234 schließen sich in ihrer Gestaltung eng an die Gruppe floraler Motive in zarter, stark stilisierter Zeichnung an. Im Gegensatz zu diesen Geweben sind jedoch bei den vorliegenden Seiden zusätzlich zu den reihenweise auf Zwischenraum geordneten Blütenpflanzen noch Darstellungen von Vögeln eingefügt. Das Gewebe auf Abb. 230 ist wohl, analog den besten Beispielen der oben angeführten Gruppe, um die Mitte des 17. Jahrhunderts entstanden. Bei der Seide Kat. Nr. 238 wirkt die Zeichnung dagegen wesentlich unsicherer, was auf eine Produktion in der zweiten Hälfte des 17. Jahrhunderts bzw. einen provinziellen Herstellungsort schließen läßt.

Kat. Nr. 239 Wie beliebt in der gesamten safawidischen Textilgestaltung das Motiv des Vogels im Rosenstrauch war, beweist ein Stoff aus den Beständen des Museums für Kunsthandwerk, Leipzig. Auf das einfach leinwandbindige Seidengewebe wurden in Reihen übereinander geordnete Motivgruppen gestickt, die jeweils auf stilisiertem Berg einen Rosenstrauch mit Vogeldarstellung zeigen. Bei dieser Stickerei ist deutlich das Bemühen zu erkennen, gewebte Vorbilder genau nachzuahmen, womit man sich bewußt in der Mustergestaltung einschränkte. Auf Grund der gut durchgearbeiteten Zeichnung und der harmonischen Gestaltung der einzelnen Ensembles kann wohl davon ausgegangen werden, daß es sich hier um eine Arbeit handelt, die noch in der ersten Hälfte des 17. Jahrhunderts entstanden ist. Ähnliche Seiden wurden bisher nicht publiziert.

Die indische Palmette

Kat. Nr. 240–275 Abb. 231–233, 235–257, 261 Diese Gruppe umfaßt Seiden mit Mustern, deren bestimmendes Motiv die sogenannte indische Palmette ist. Als Schmuckform für Textilien setzte sie sich im Iran gegen Ende des 17. Jahrhunderts durch. In spät- und nachsafawidischer Zeit gehörte die indische Palmette neben den kleinteiligen Blumendessins zu den bevorzugten Arten der Gewebemusterung. Vor allem unter den Qadsharen scheint sie sich besonderer Beliebtheit erfreut zu haben. Auf vielen der in dieser Zeit entstandenen Miniaturen finden sich Abbildungen von Seiden mit einer derartigen Gestaltung.

Die genaue zeitliche Einordnung einzelner Gewebe ist im allgemeinen recht schwierig, da vom ausgehenden 17. bis zum 19. Jahrhundert ähnlich gestaltete Palmettformen zur Anwendung kamen. Als erschwerend für eine exakte Datierung und Lokalisierung der Seiden erweist sich darüber hinaus die Tatsache, daß diese Art der Musterung auch im indischen Bereich zu den beliebtesten Arten der Textilgestaltung gehörte.[313]

In der Fachliteratur fanden bis zum gegenwärtigen Zeitpunkt Gewebe mit dieser Musterung nur in geringem Umfang Aufnahme. Bei den publizierten Stücken handelt es sich ebenfalls um Erzeugnisse des 17. bis 19. Jahrhunderts.[314] Die in der DDR vorhandenen Beispiele gehören wohl überwiegend dem 17. und 18. Jahrhundert an. Auf Grund dessen, daß in nur begrenztem Umfang Vergleichsbeispiele herangezogen werden können, und unter Berücksichtigung der oben angeführten Schwierigkeiten sollen derartige Gewebe hier lediglich kurz Erwähnung finden.

Entwickelt hat sich das Ornament möglicherweise aus den kleinen, reihenweise auf Zwischenraum geordneten Blütenstauden, die häufig in ihrer äußeren Form bereits der indischen Palmette gleichen (Kat. Nr. 166–182). Zum anderen scheinen auch der indischen Palmette ähnliche Blattmotive die Gestaltung des Ornaments beeinflußt zu haben. Unabhängig von der zeitlichen und lokalen Einordnung lassen sich bei dieser Gestaltungsart vier Hauptgruppen unterscheiden. An erster Stelle seien Gewebe genannt, die mit Palmettformen, zumeist reihenweise auf Zwischenraum und mit zeilenweisem Richtungswechsel geordnet, geschmückt sind, ohne daß der Fond zwischen den einzelnen Motiven durch andere Musterelemente ausgefüllt wird. Von diesen unterscheidet sich die zweite Gruppe lediglich dadurch, daß der Grund zwischen den Palmetten mehr oder weniger dicht mit kleinen Palmettformen und bzw. oder verschiedenartigen Streumotiven belegt ist. Bei der dritten Art der Gestaltung sind die einzelnen Palmetten durch ein Bandsystem voneinander getrennt. Die letzte Gruppe ist demgegenüber dadurch gekennzeichnet, daß der Fond zwischen den Hauptformen in geschlossener Flächenfüllung mit verschiedenartigen Füllmotiven bedeckt ist, wobei auch Tierdarstellungen auftreten können.

Kat. Nr. 240–242

Kat. Nr. 243–250

Kat. Nr. 251–266

Kat. Nr. 267–269

Kat. Nr. 270–275

In dieser Art gemusterte Stoffe fanden vor allem als Kleiderseiden Verwendung, jedoch wurden auch kleine Beutel und Taschen aus ihnen gefertigt. Die großteiligen Palmetten dienten dagegen ursprünglich als Abschlußornamente bei Schärpen.[315]

Kat. Nr. 249

Textilien mit der Darstellung von indischen Palmetten liegen uns als Gewebe, Stickereien und in Form von Stoffdrucken vor, was ebenfalls auf die weite Verbreitung und große Beliebtheit derartiger Muster hinweist. Sogar europäische Herrscher zeigten Interesse an Seiden mit diesem Dessin, wie eine Stickereiprobe, die in Iran oder Indien für Ludwig XIV. (1643–1715) angefertigt worden war und die auf Abb. 241 zu sehen ist, beweist.[316]

Die Gestaltung schmaler Borten und kleinteiliger Streifendessins

Kat. Nr. 276–354
Abb. 258–260, 262–290

Aus safawidischer Zeit sind in den Museen der DDR viele Fragmente unterschiedlich gemusterter Borten sowie Dessins in schmaler Streifengliederung erhalten geblieben. Die vorliegenden Fragmente entstanden alle im 17. bzw. im 18. Jahrhundert. Derartige Gewebe scheinen in großem Umfang hergestellt worden zu sein, sind also Erzeugnisse einer Massenproduktion. Wohl nicht zuletzt deshalb wird in der Literatur kaum auf derartige Seiden hingewiesen.[317]

Die Verwendungsmöglichkeiten dieser Borten waren sehr vielfältig. Im allgemeinen dienten sie zum Einsäumen von Kleidungsstücken, kleinen Taschen und Beuteln sowie kleinformatigen Decken. Für diesen Zweck wurden die ursprünglich als Streifendessin gewebten Seiden dem Muster entsprechend zu Streifen auseinandergeschnitten. Um nach dem Zerschneiden noch genügend Stoff zum Umschlagen und Vernähen zur Verfügung zu haben, ließ man häufig auf einen motivbesetzten Streifen einen völlig ungemusterten Abschnitt folgen.[318]

Die meisten Streifendessins zeichnen sich durch diagonal über die gesamte Webbreite verlaufende Musterstreifen aus. In unzerschnittenem Zustand fanden diese Stoffe auch als Kleiderseiden Verwendung. Auf Miniaturen aus dem 17. Jahrhundert sind häufig Kleidungsstücke abgebildet, deren Musterung durch diagonale, blütenrankenbesetzte Streifen gekennzeichnet ist. Es handelt sich bei den Kleidungsstücken auf diesen Kunstwerken fast ausschließlich um Beinkleider für Damen.[319] Daneben waren Streifendessins jedoch auch für Schärpen und als Turbanstoffe sehr beliebt. Ferner wurden aus ihnen Überröcke für Männer gearbeitet.[320] Von den vorliegenden Fragmenten konnten die Seiden Kat. Nr. 335 und 337 sowie Kat. Nr. 345, 346 und 347 eindeutig als Fragmente von Schärpen identifiziert werden. Vorrangig als Kleider- und Turbanstoffe dienten wohl Gewebe wie Kat. Nr. 332–334, 336, 340–343, 348–351. Alle anderen Fragmente wurden als Borten bzw. in anderer Form als Schmuckelemente verwendet.

Kat. Nr. 335, 337, 345–347
Kat. Nr. 332–334, 336, 340–343, 348–351

Bezüglich der Gestaltung der Seiden lassen sich mehrere Gruppen unterscheiden. Zum einen handelt es sich um Borten und Streifendessins, die mittels einer einfachen wellenartig geschwungenen Blütenranke, seltener durch zwei gegeneinanderlaufende Ranken geschmückt sind. Die einzelnen, mehr oder weniger naturnah gestalteten floralen Motive bedecken dabei in unterschiedlicher Dichte den zumeist metallbroschierten Grund. Daneben können zusätzlich zur Blütenranke noch kleine Tierfiguren abgebildet sein. Die dritte Art der Musterung einzelner Bortenstreifen ist die Gestaltung durch übereinander gesetzte Blütenstauden. Darüber hinaus können die Bortenstreifen mit Schriftbändern und zum Teil zwischengesetzten floralen oder geometrischen Ornamenten besetzt sein. Gleiche Mustergruppen lassen sich auch bei den unzerschnittenen Stoffen mit Streifengliederung unterscheiden.[321]

Kat. Nr. 276–320
Kat. Nr. 276–290
Kat. Nr. 321–331
Kat. Nr. 352–354

Die Mehrzahl der vorliegenden Gewebe kann nach einem Vergleich mit den bereits eingeordneten Borten noch in das 17. bzw. in das beginnende 18. Jahrhundert datiert werden.[322]

Die Borte auf Abb. 262 ist in gleicher Weise wie die seitlichen schmalen Begleitstreifen des Gewebes auf Abb. 55 gestaltet und wurde im ersten Viertel des 17. Jahrhunderts hergestellt.[323] Eine Dublette zu dem Fragment auf Abb. 264 befindet sich im Pennsylvania Museum und wird in das 17. Jahrhundert datiert.[324] Das Metropolitan Museum of Art, New York, ist im Besitz einer in gleicher Weise wie die Seide auf Abb. 280 gemusterten Schärpe aus dem 17. Jahrhundert.[325] Aus der Literatur sind darüber hinaus noch mehrere ganz ähnlich wie die Muster auf Abb. 283 gestaltete Schärpen bekannt, die alle dem 17. bis 18. Jahrhundert zugeordnet werden.[326] Zu den Borten mit Schriftornamentik sind ebenfalls vergleichbare Stücke veröffentlicht worden, anhand derer sich für die Gewebe auf Abb. 289 und 290 eine Entstehungszeit noch im 17. Jahrhundert ergibt,[327] während die Bortenfragmente von Abb. 284 aus nachsafawidischer Zeit stammen.[328]

Endstück einer seidenen Schärpe mit fortlaufender Streifengliederung, Iran, 17. Jahrhundert (nach: N.A. Pirverdjan (Ed.), Iranian Textiles)

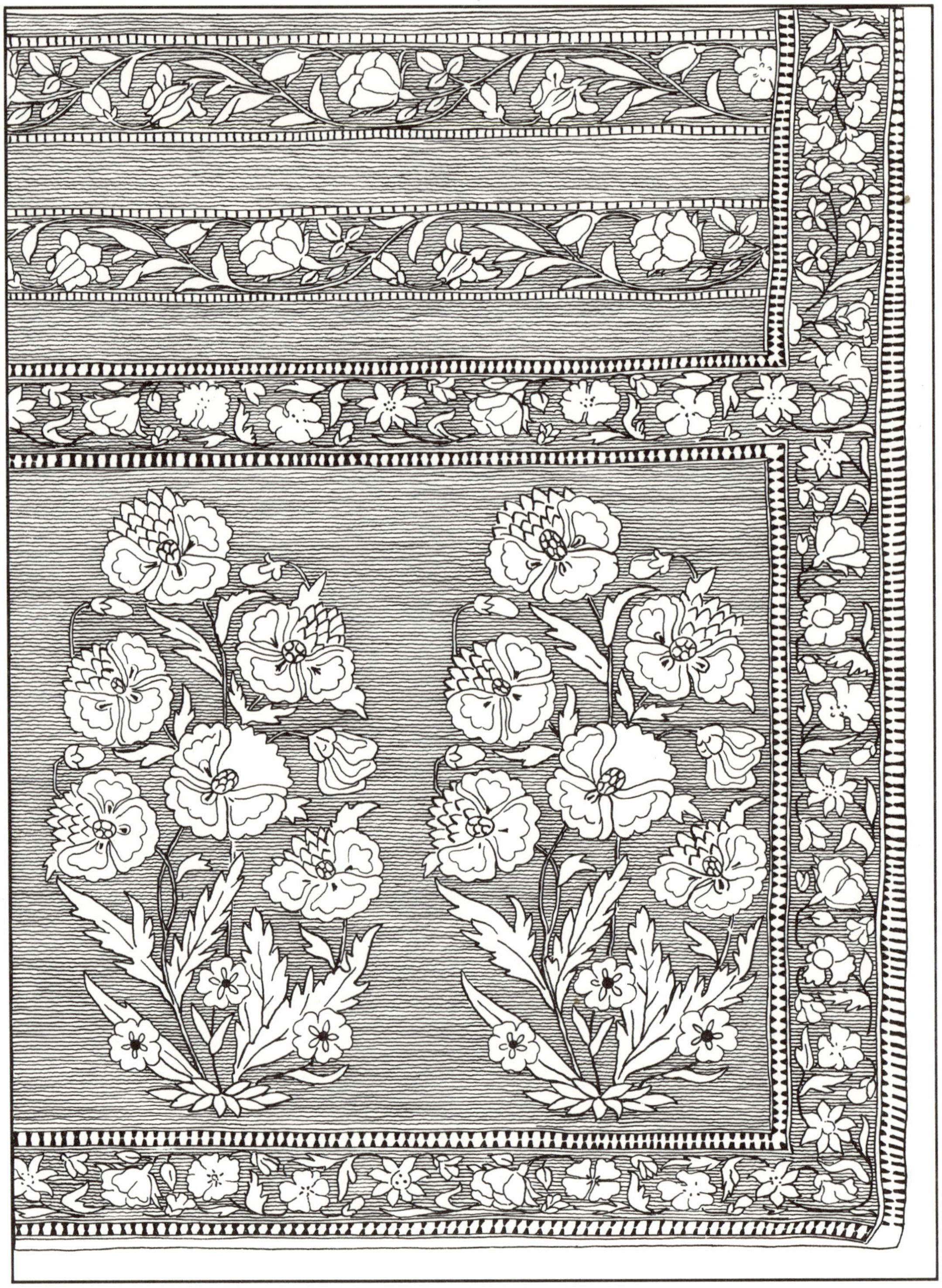

Bildteil

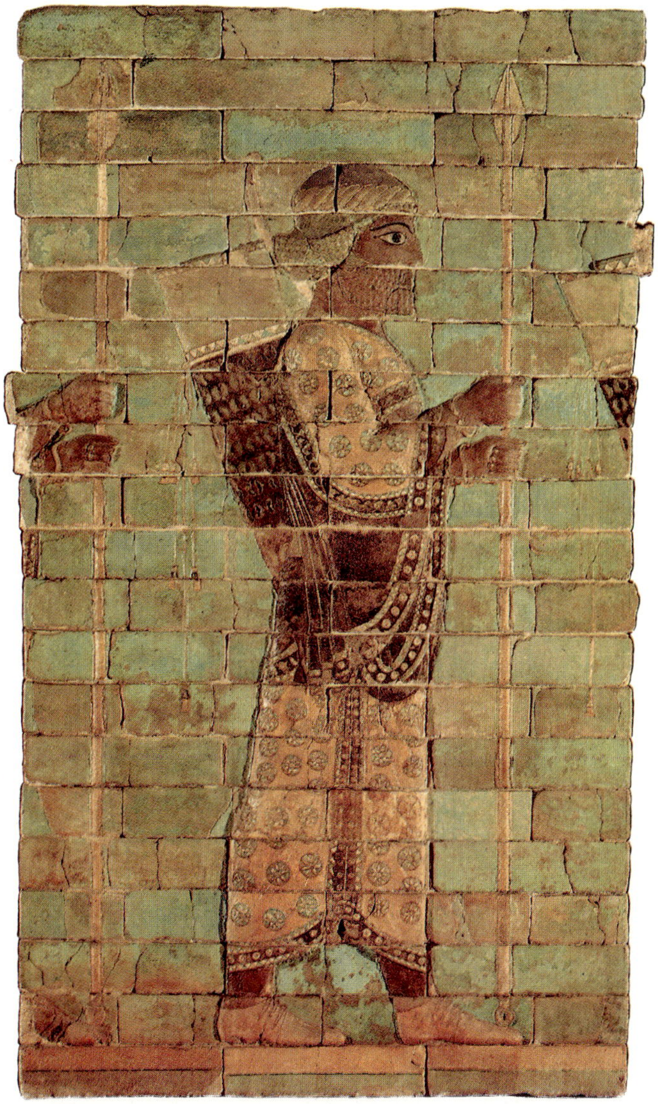

Abb. 1 *Achämenidischer Gardist mit reich gemustertem Gewand, Susa, um 500 v.u.Z., farbiges Ziegelrelief*

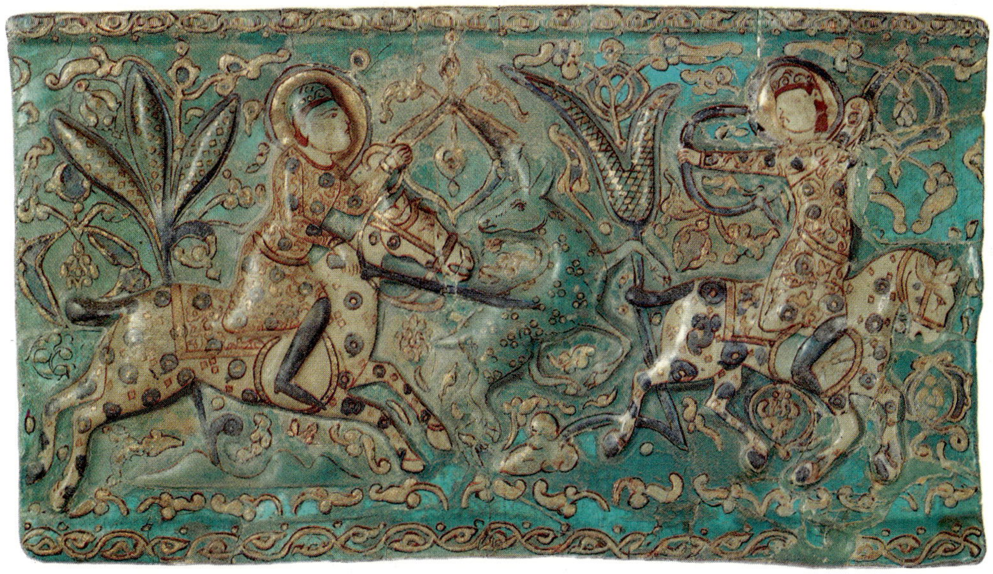

Abb. 2 *Jagdszene, Reiter in kostbaren Gewändern, Iran, 11.–12. Jahrhundert, seldshukische Relieffliese*

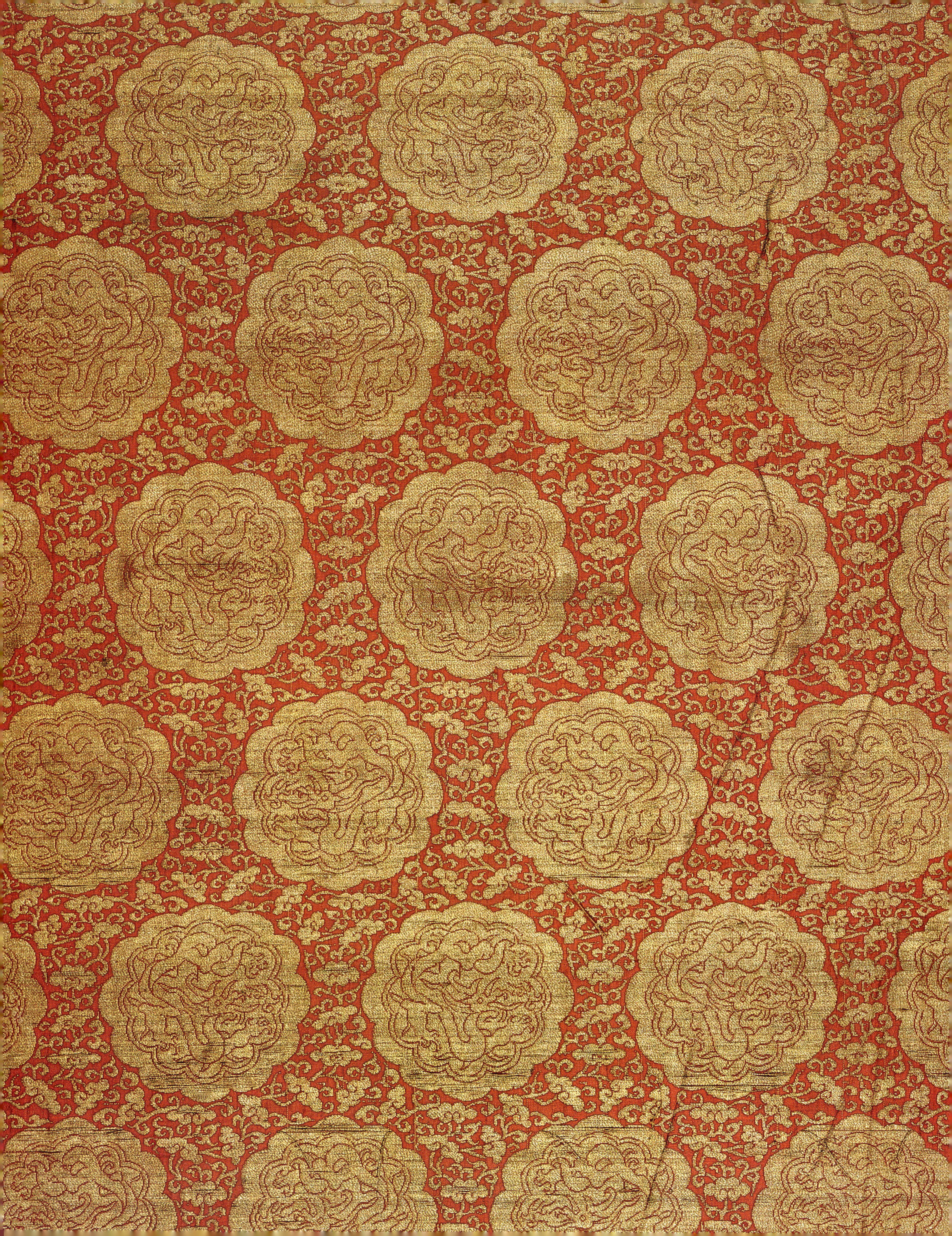

gegenüberliegende Seite:
Abb. 3 *Reihenweise auf Zwischenraum geordnete goldene Medaillons mit Drache und Phönix vor rotem Fond, Seidengewebe, Iran (?), 13.–14. Jahrhundert*

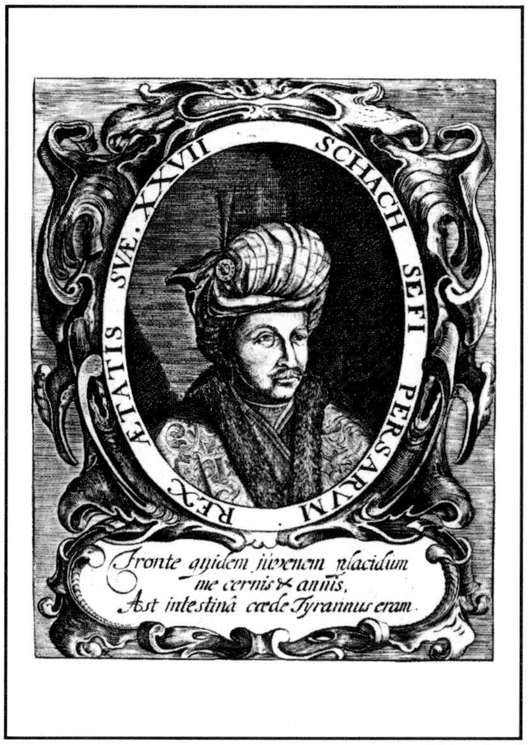

Abb. 4 *Shah Safi I., europäische Darstellung aus dem 17. Jahrhundert*

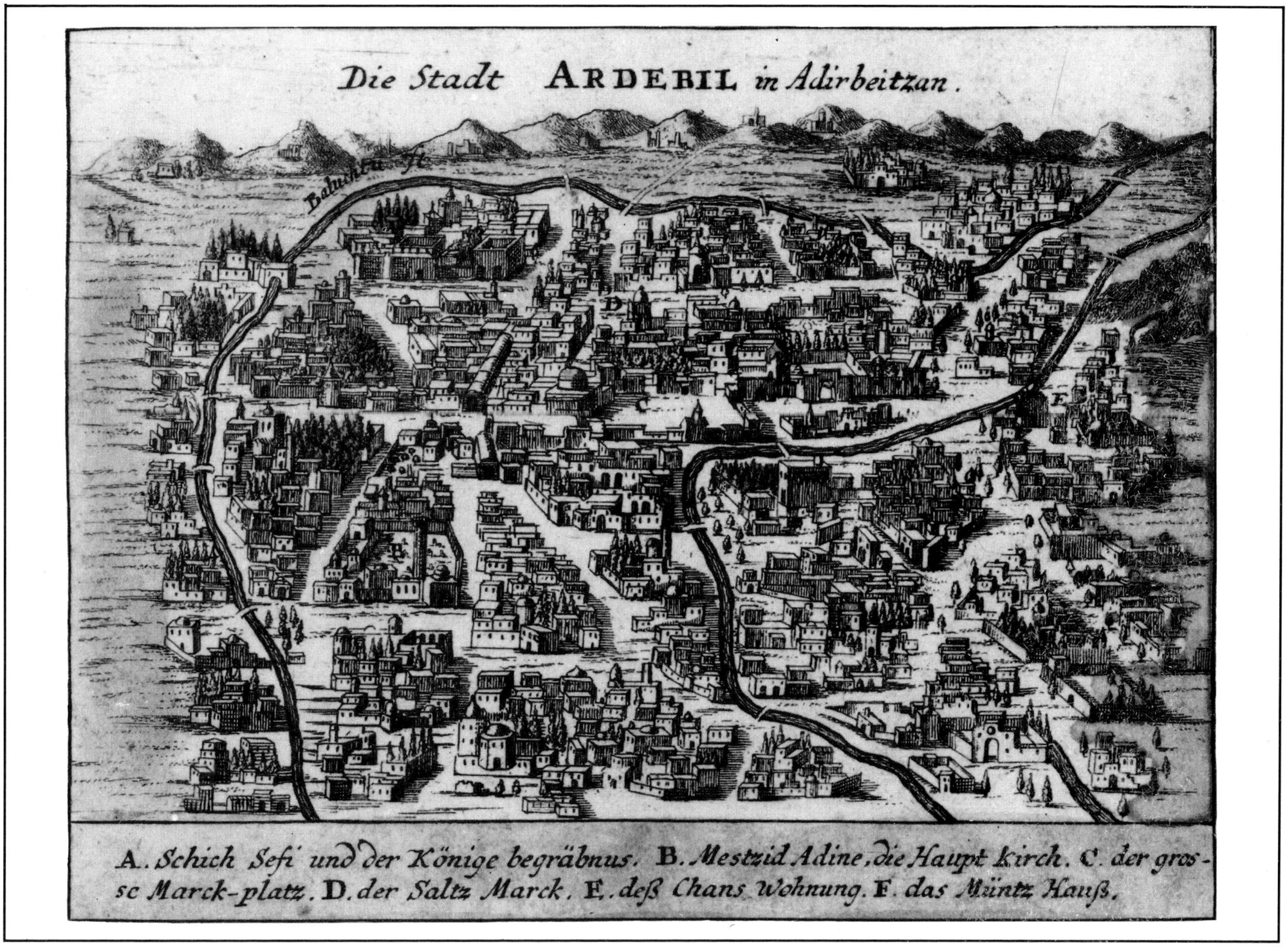

Abb. 5 *Ansicht der Stadt Ardebil, europäische Darstellung aus dem 17. Jahrhundert*

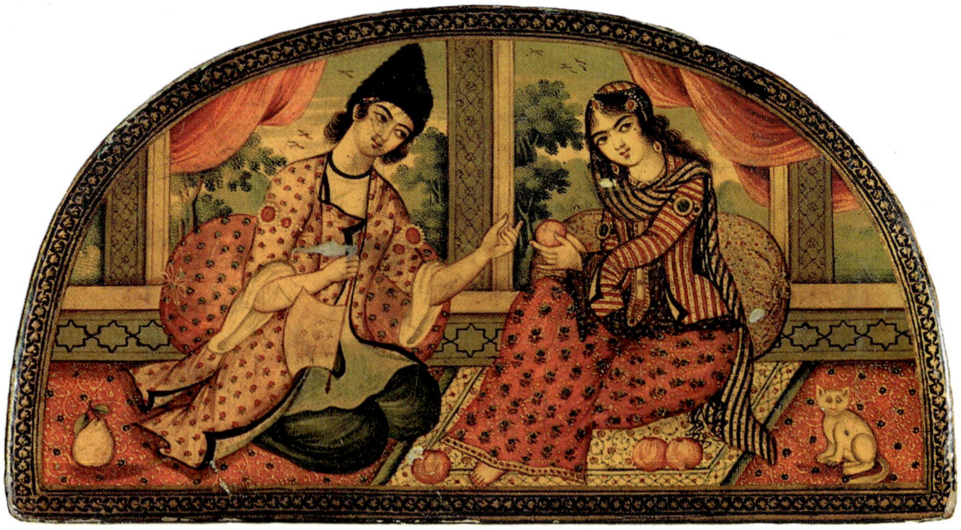

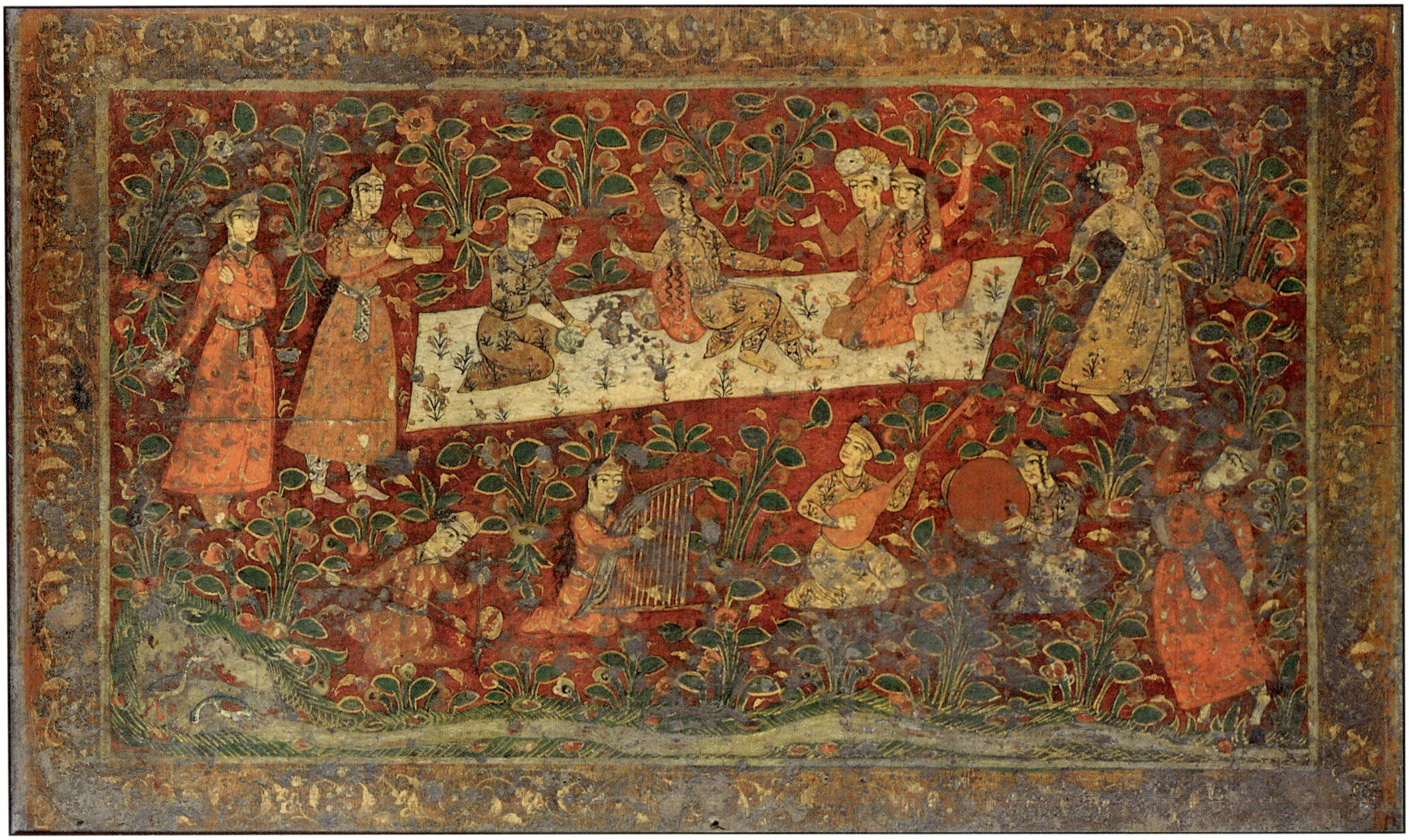

Abb. 6 *Blick in einen persischen Wohnraum aus qadsharischer Zeit, Miniaturmalerei*

Abb. 7 *Ein Gelage im Freien auf einem kostbar gemusterten ›Tischtuch‹ im 17. Jahrhundert, Malerei auf Kabinettschränkchen*

Abb. 8 *Empfang der Holstein-Gottorp'schen Gesandtschaft beim Shah, zeitgenössische Darstellung*

Abb. 9 *Blick in einen persischen Wohnraum des 17. Jahrhunderts, Miniaturmalerei*

Abb. 10 *Blick in ein persisches Schlafzimmer des 15. Jahrhunderts, Miniaturmalerei*

Abb. 11 *Bei der Audienz im Freien saß der Shah unter einem Sonnensegel, Miniatur aus dem 15. Jahrhundert*

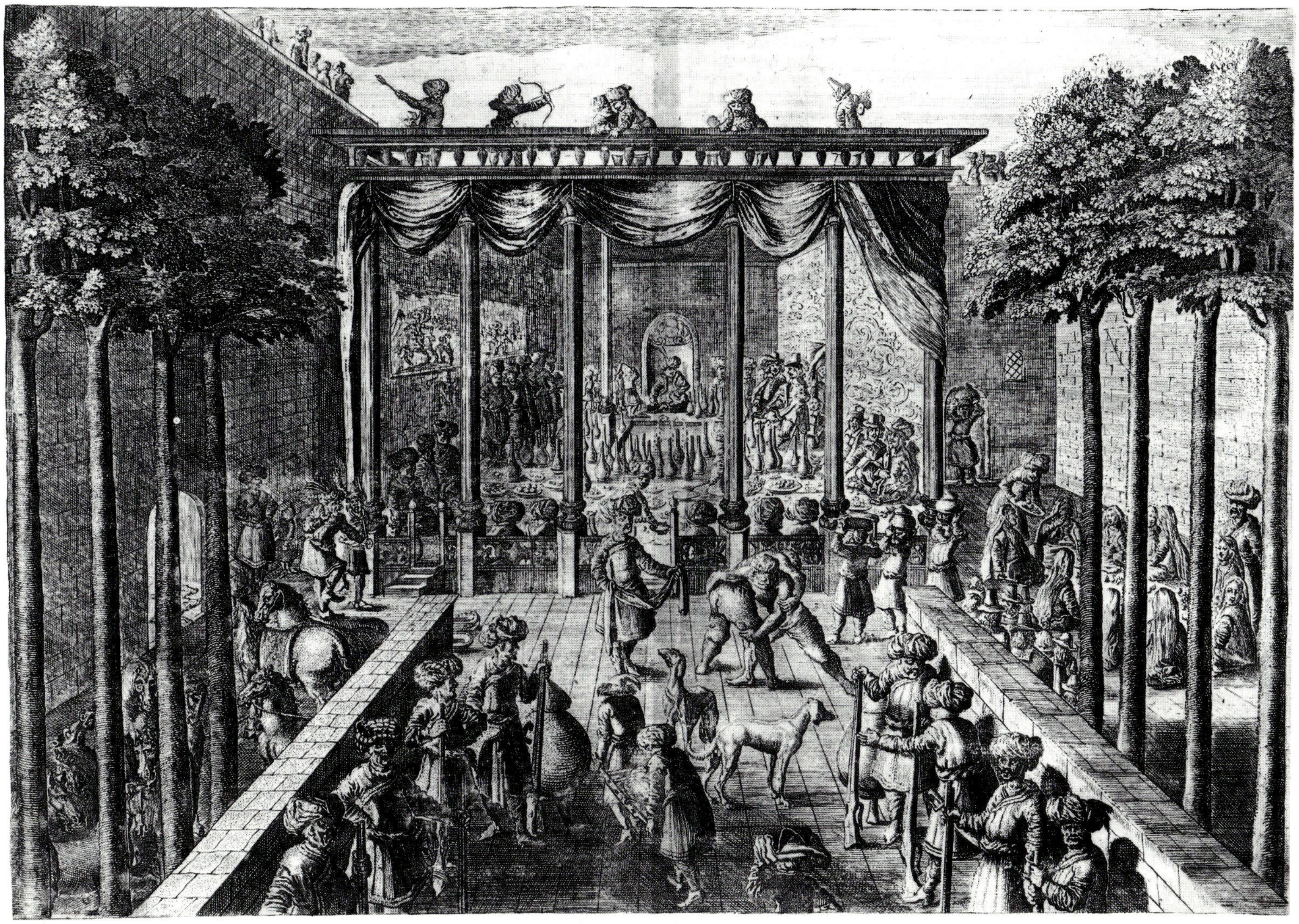

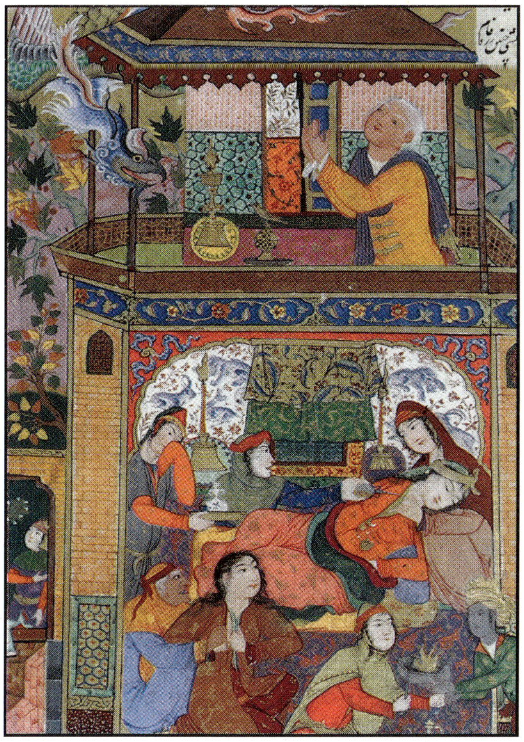

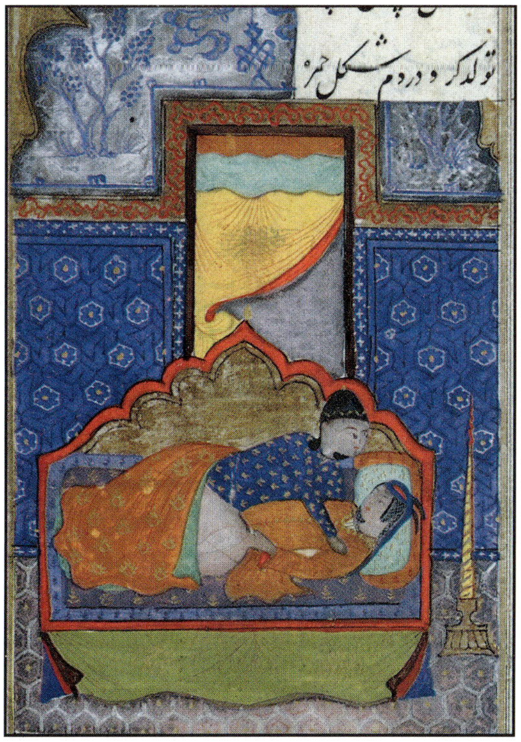

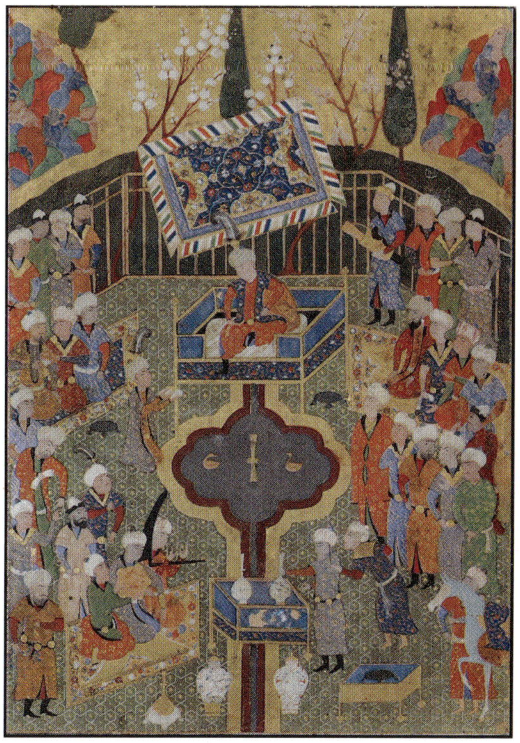

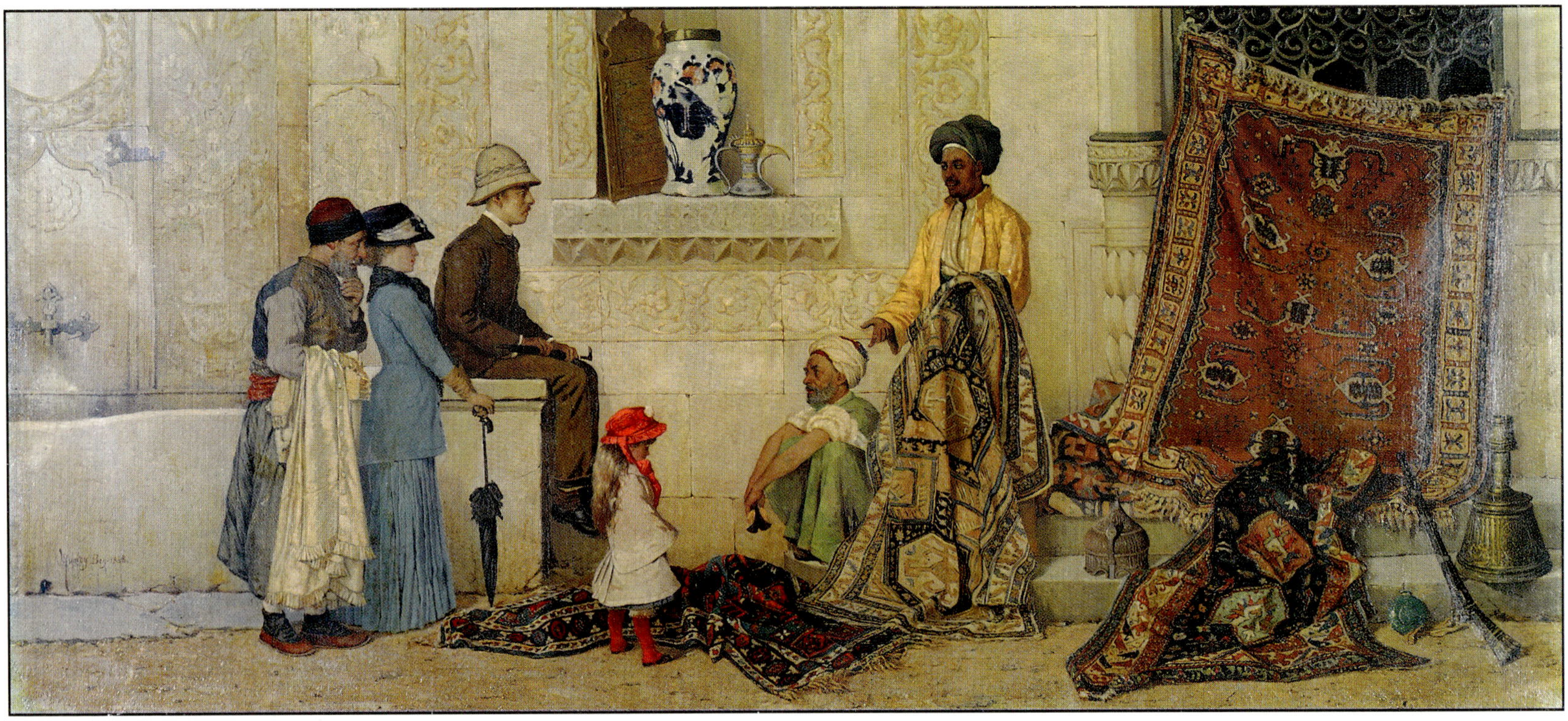

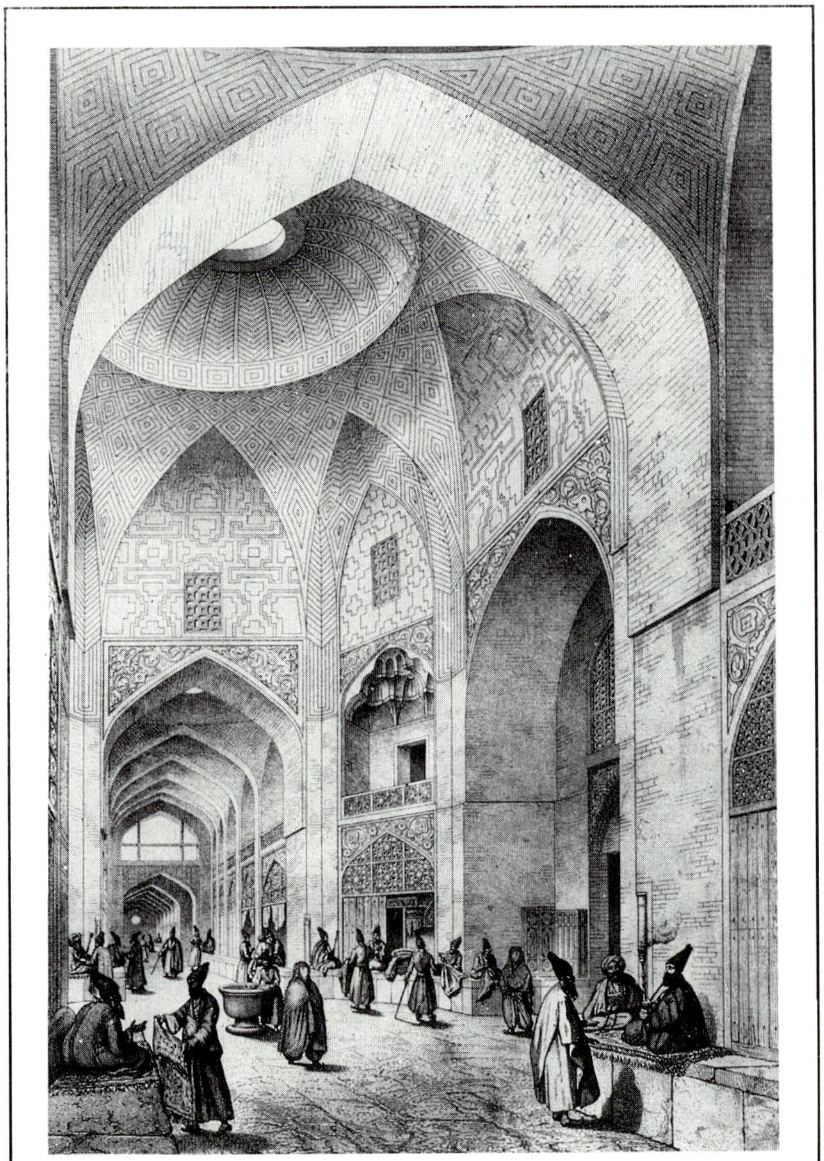

Abb. 12 *Teppichhändler gehörten zum Bild orientalischer Städte, Gemälde aus dem 19. Jahrhundert*

Abb. 13 *Basar-Passage in Esfahan im 19. Jahrhundert, zeitgenössische europäische Darstellung*

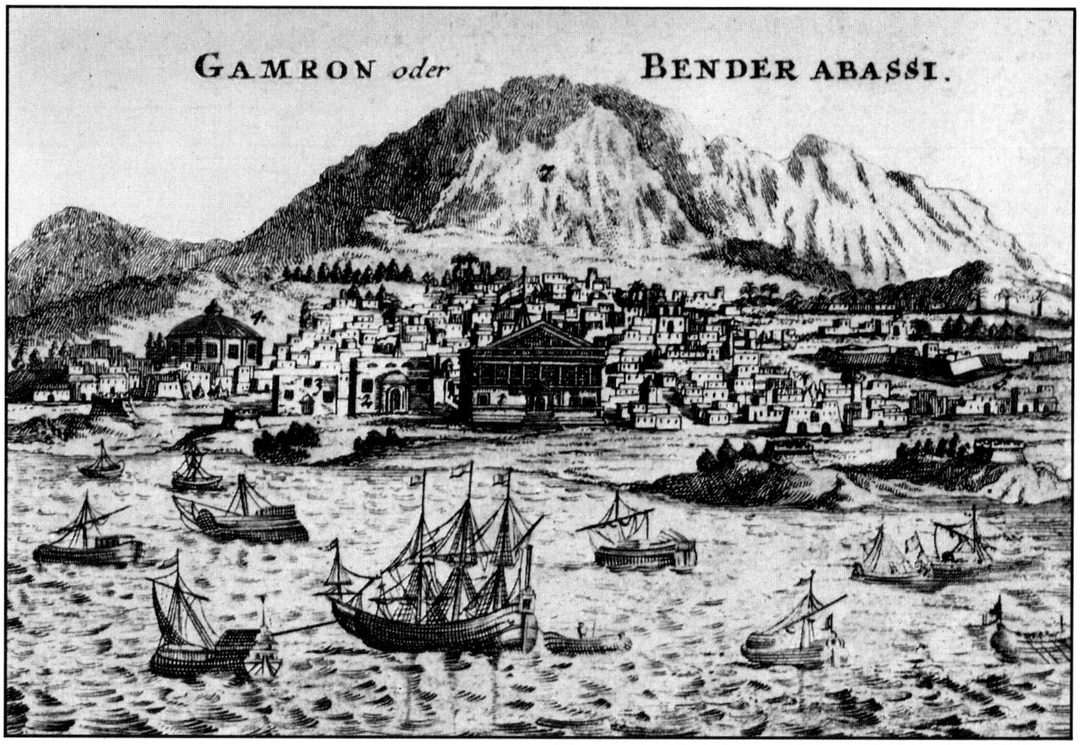

Abb. 14 *Ansicht von Bander Abbas, dem bedeutendsten Hafen des safawidischen Iran, europäische Darstellung aus dem 17. Jahrhundert*

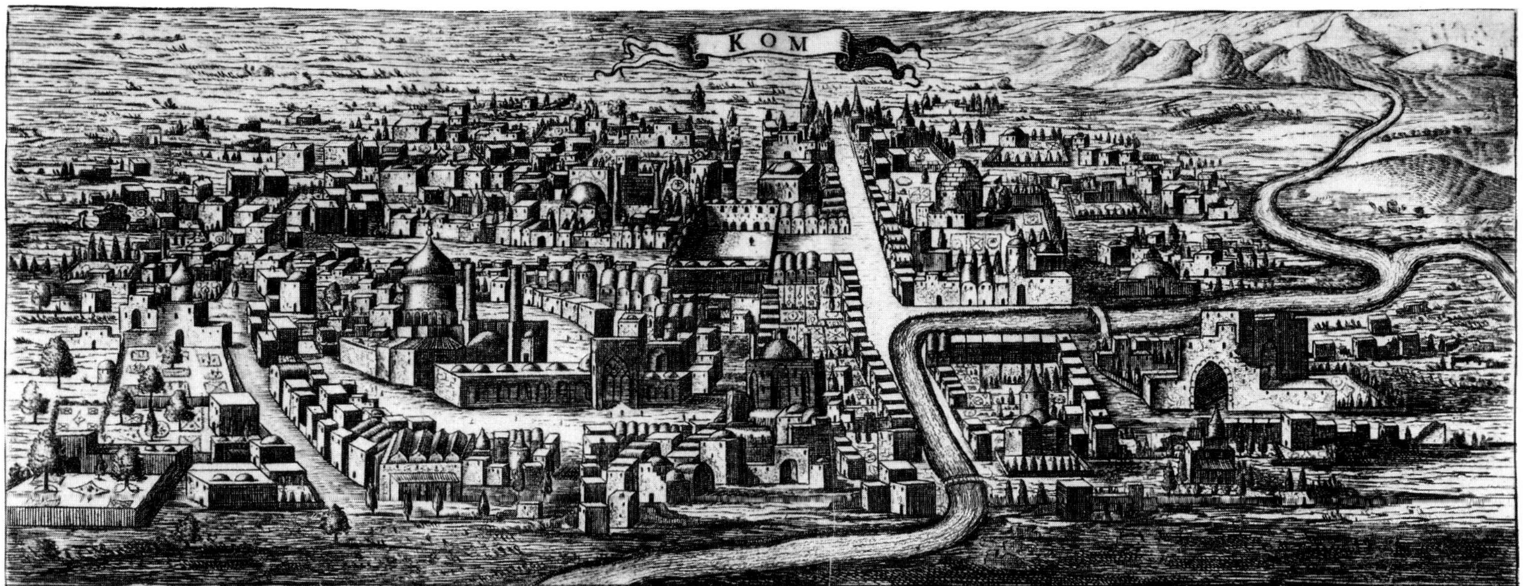

Abb. 15 *Ansicht der Stadt Qum, europäische Darstellung aus dem 17. Jahrhundert*

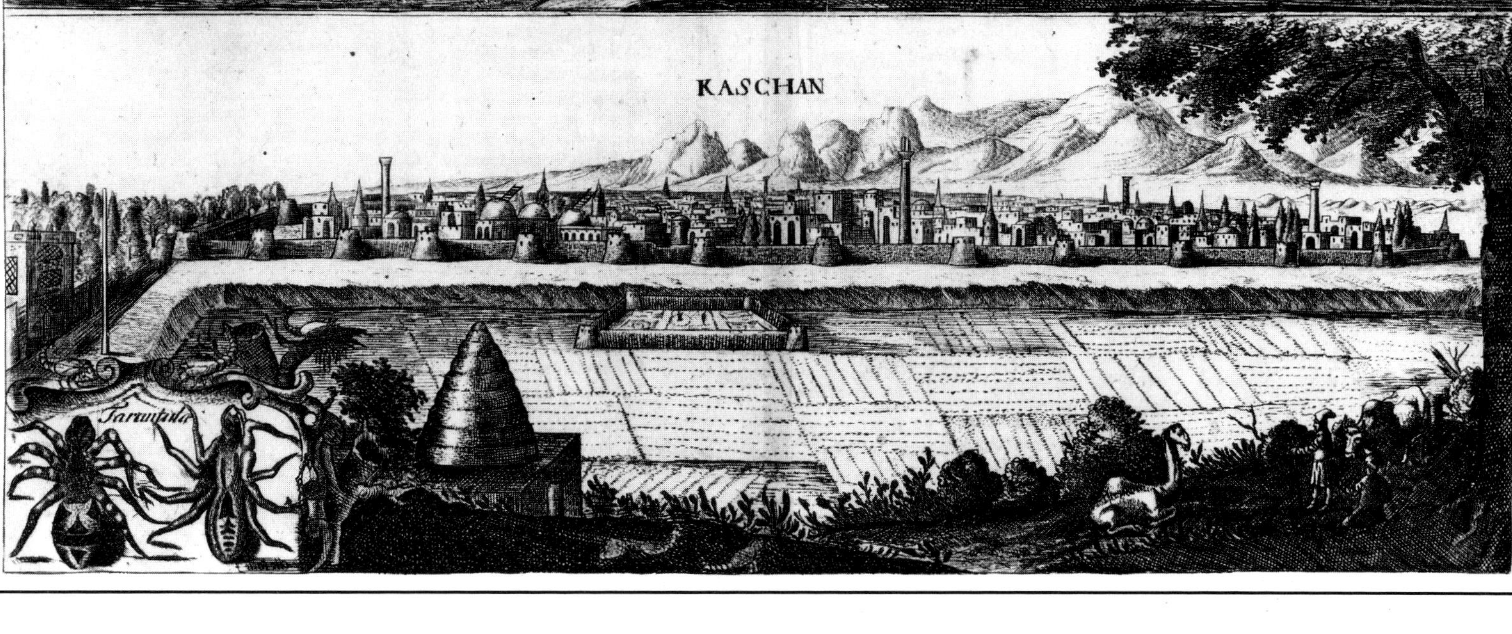

Abb. 16 *Ansicht der Stadt Kashan, europäische Darstellung aus dem 17. Jahrhundert*

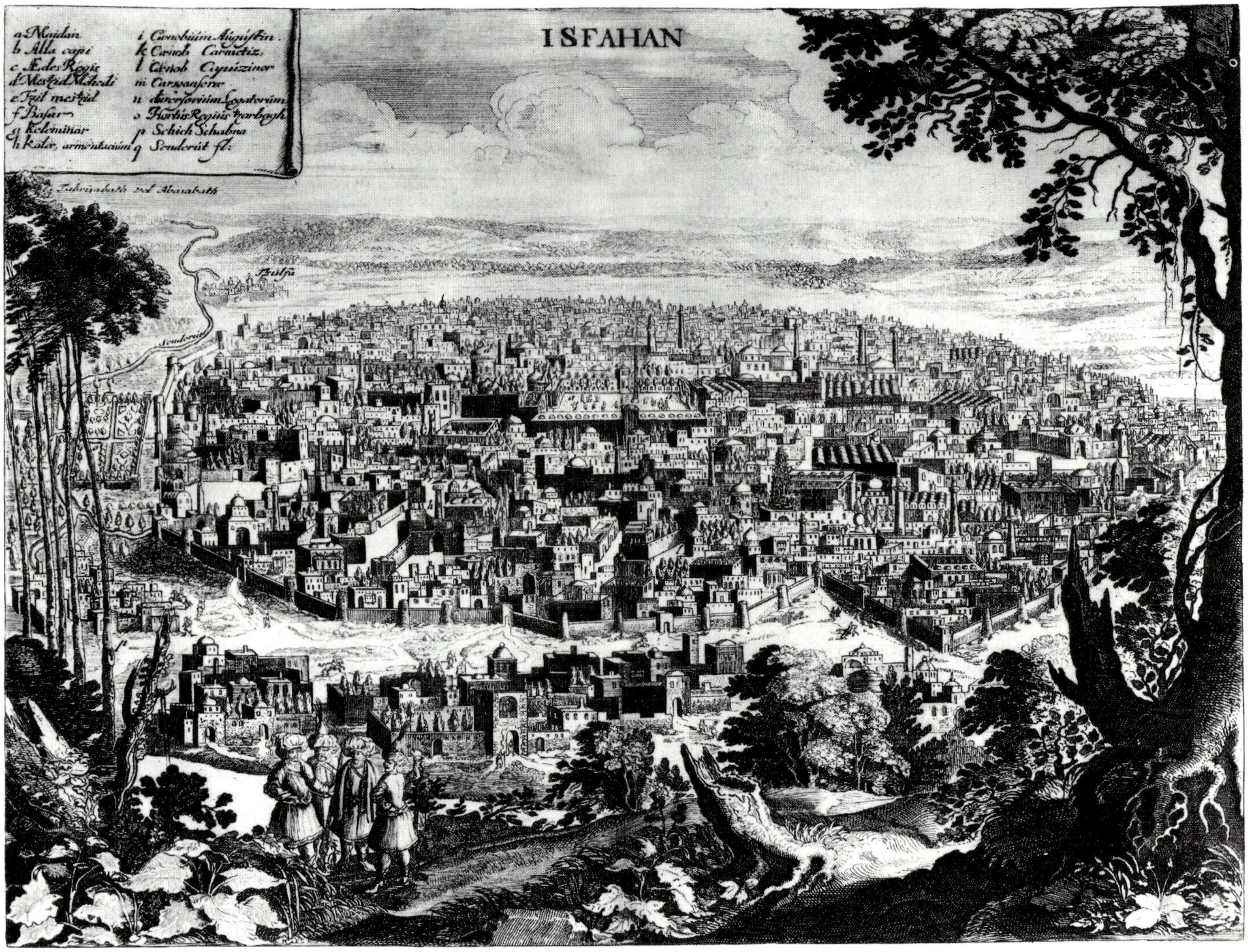
ISFAHAN
a Maidan
b Alla capi
c Ædes Regis
f Basar
p Schich Schabna
q Senderut fl:

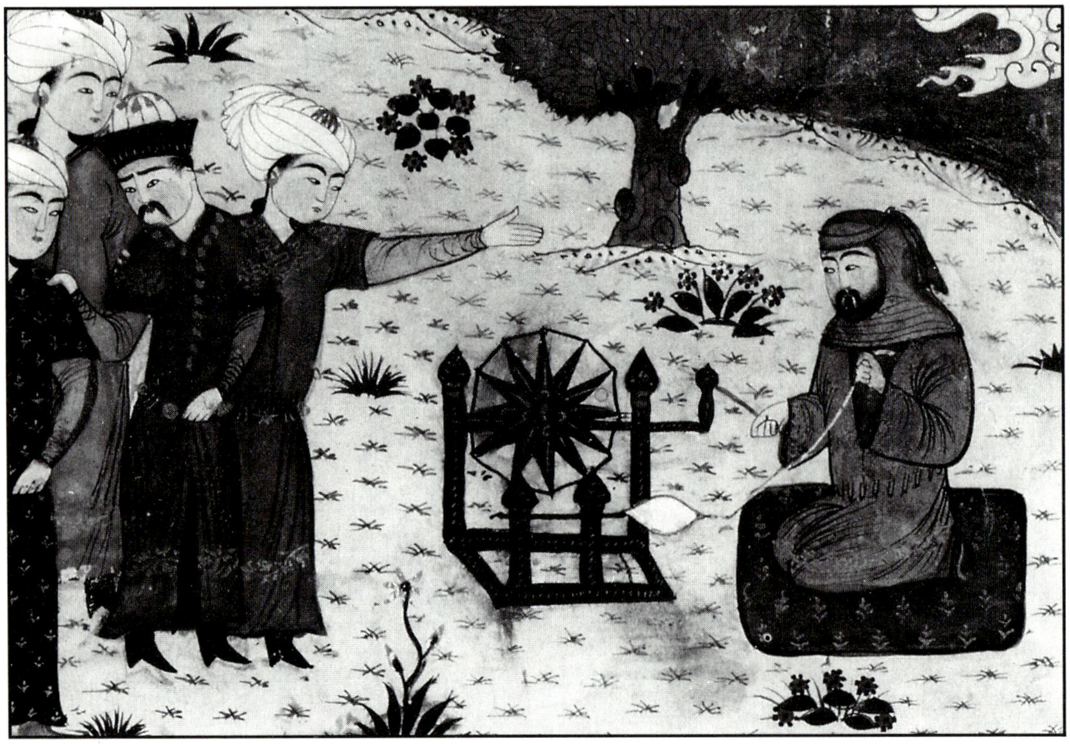

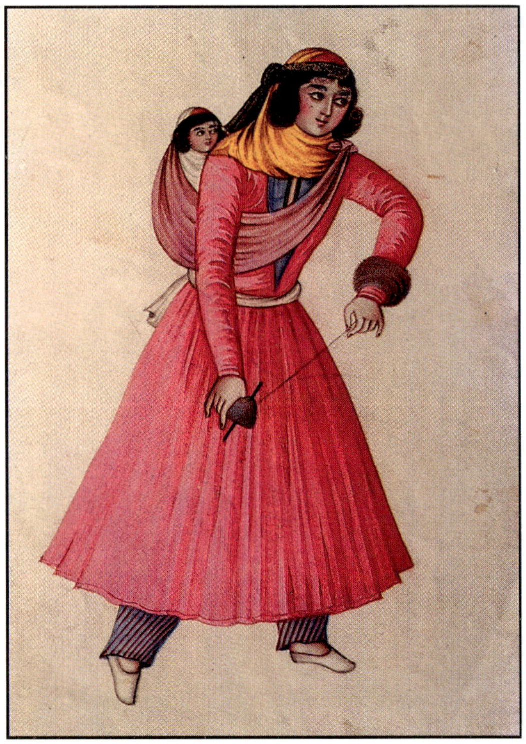

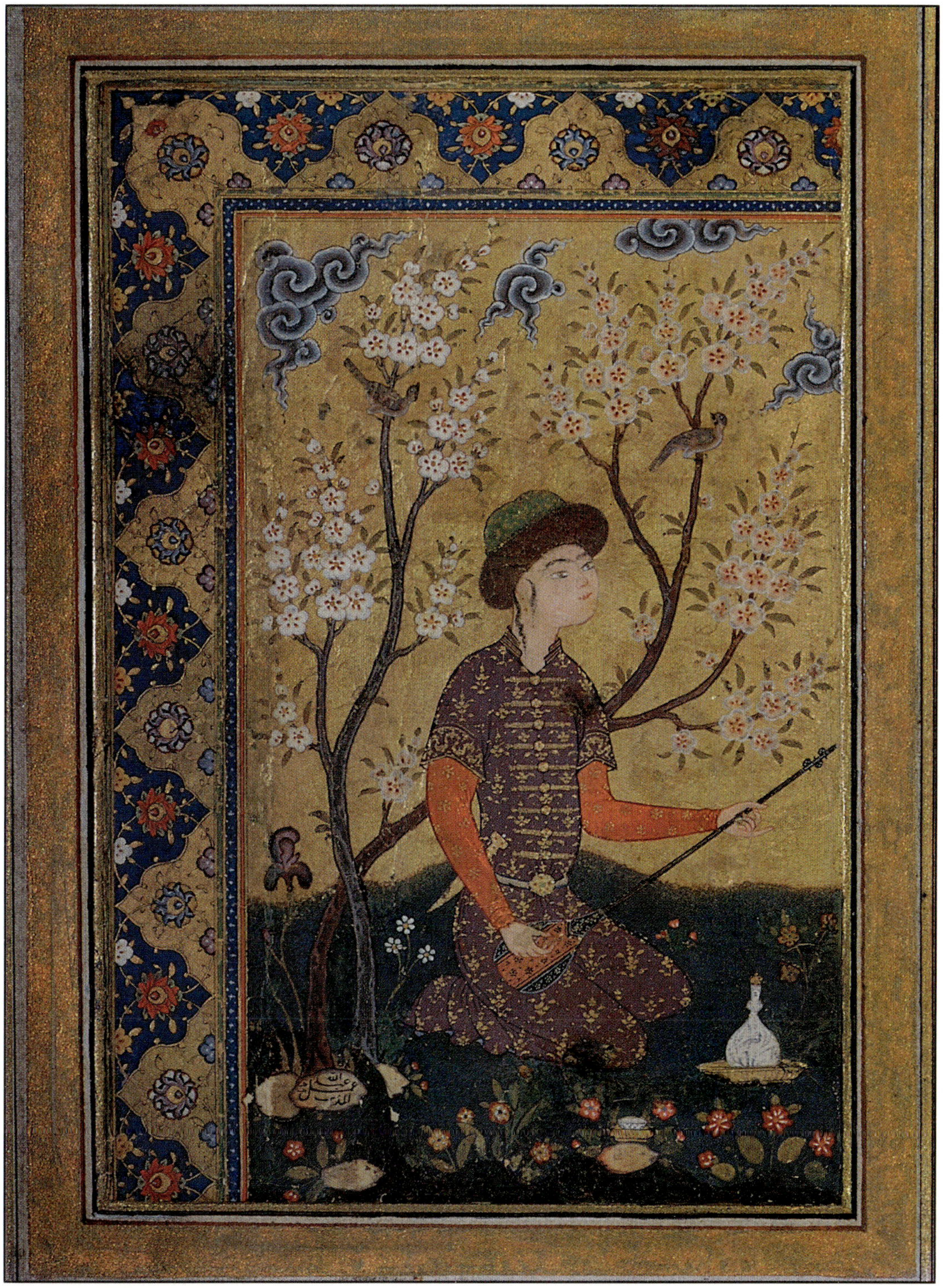

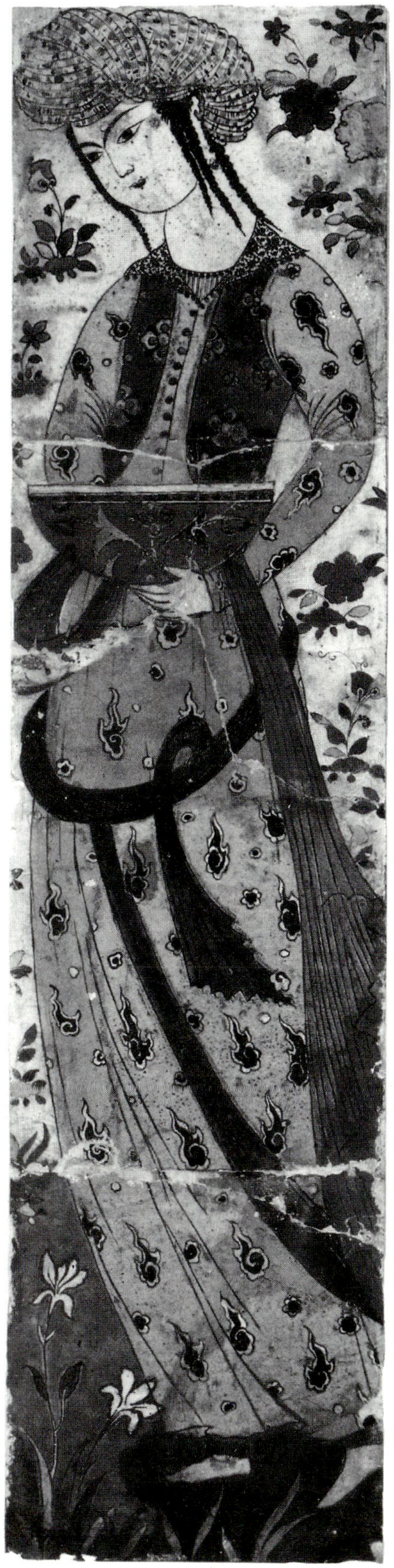

gegenüberliegende Seite:
Abb. 17 *Ansicht der Stadt Esfahan, europäische Darstellung aus dem 17. Jahrhundert*

Abb. 18 *Darstellung eines am Spinnrad arbeitenden Mannes in Frauenkleidung, Miniatur aus dem 15. Jahrhundert*

Abb. 19 *Darstellung einer jungen Spinnerin mit Kind, quadsharische Miniatur*

Abb. 20 *Die Kleidung des safawidischen Herrn im 16. Jahrhundert, zeitgenössische Miniatur*

Abb. 21 *Die Kleidung des modebewußten Herrn im Iran zu Beginn des 17. Jahrhunderts, zeitgenössische Miniatur*

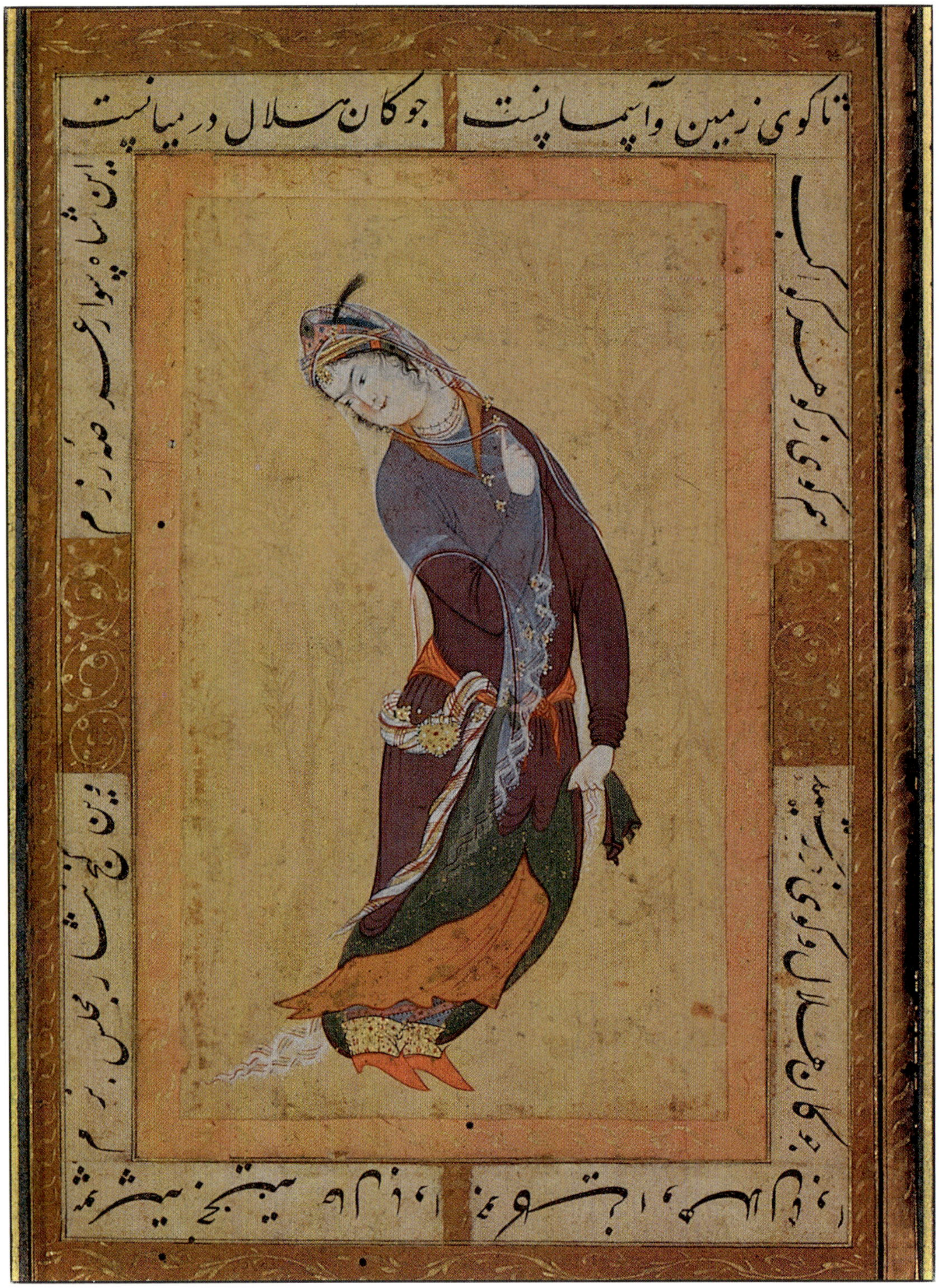

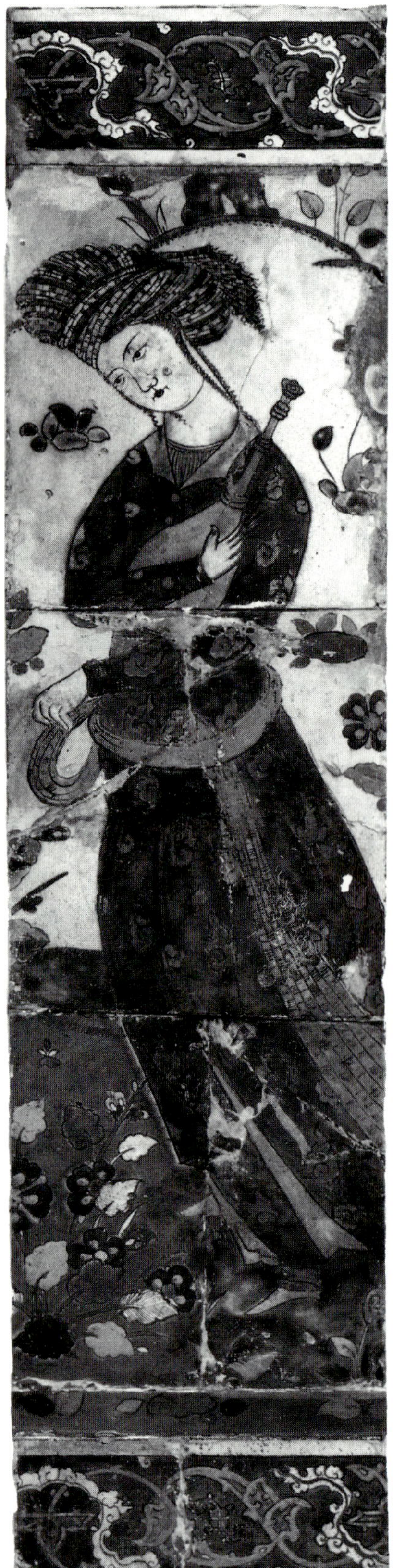

Abb. 22 *Elegant gekleidete safawidische Dame zu Beginn des 17. Jahrhunderts, zeitgenössische Miniatur*

Abb. 23 *Die Kleidung des modebewußten Herrn im Iran zu Beginn des 17. Jahrhunderts, zeitgenössische Fliesenmalerei*

Abb. 24 *Mützenformen und kurze Röcke aus dem 17. Jahrhundert, zeitgenössische Fliesenmalerei*

Abb. 25 *Kopfbedeckung und Kleidung des 17. Jahrhunderts, Malerei auf Kabinettschränkchen*

Abb. 26 *Die Ähnlichkeit der Frauen- und Männermode im 17. Jahrhundert, Bildfeld auf einem Kabinettschränkchen*

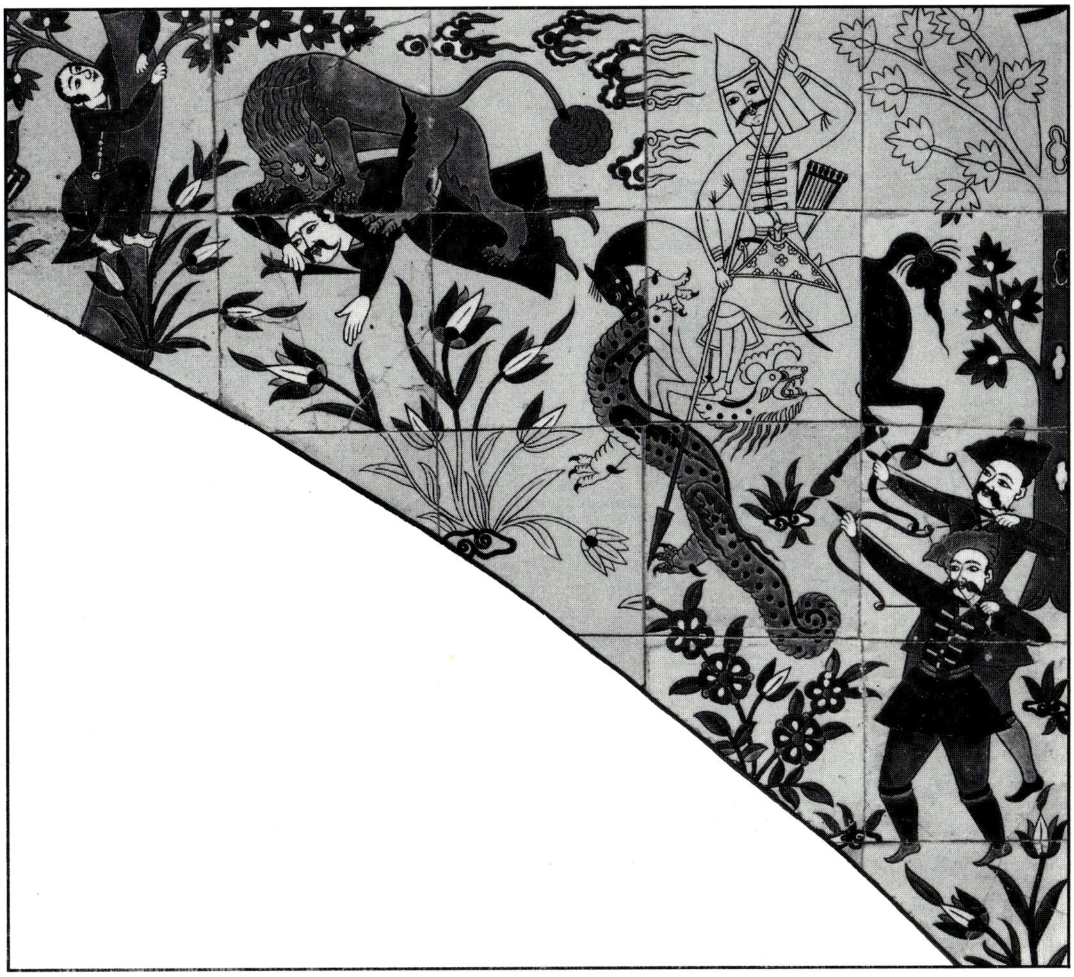

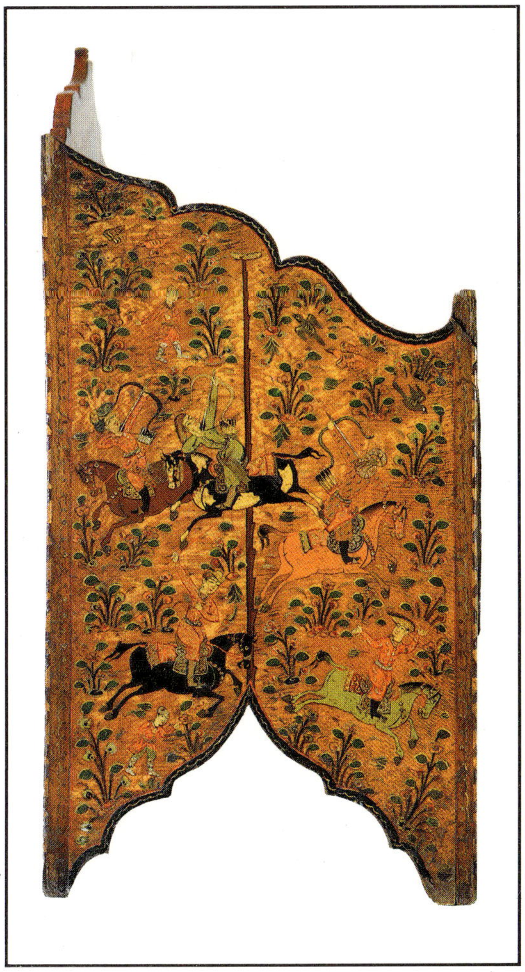

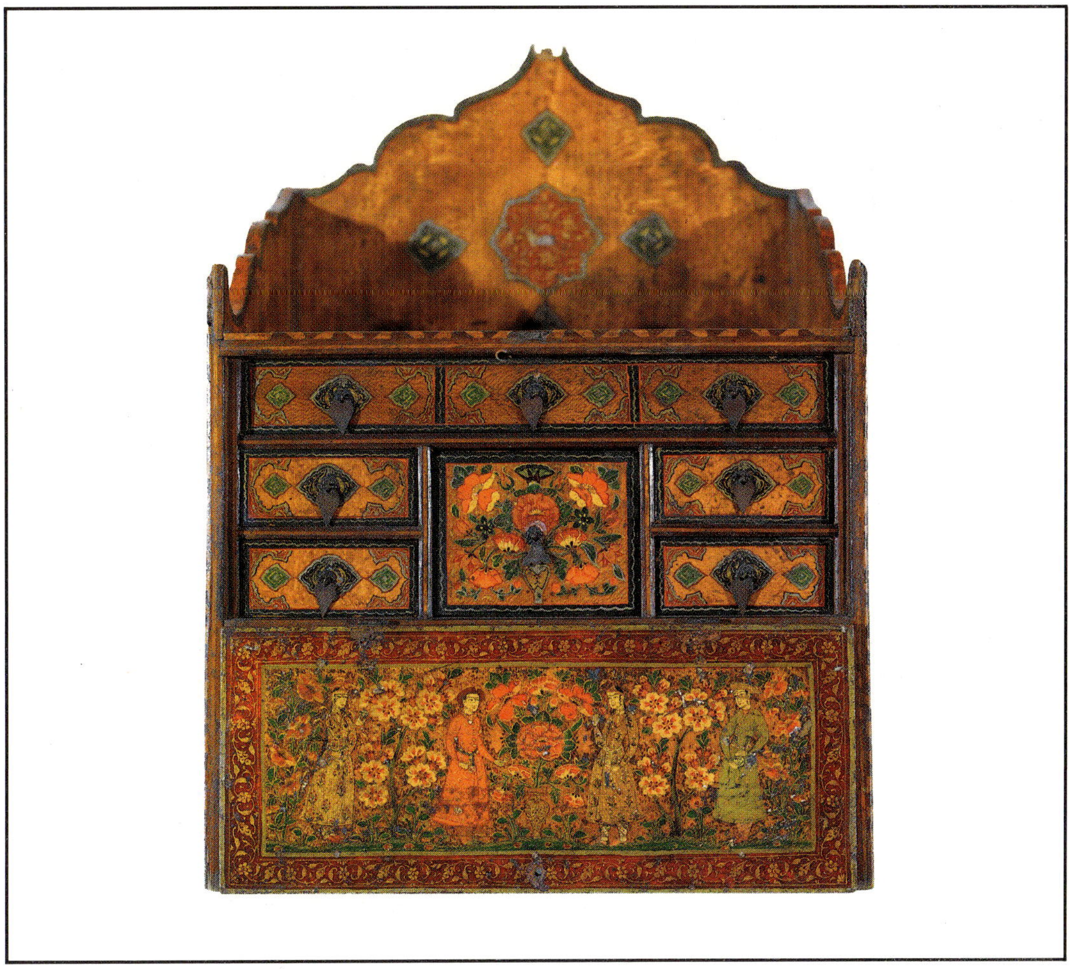

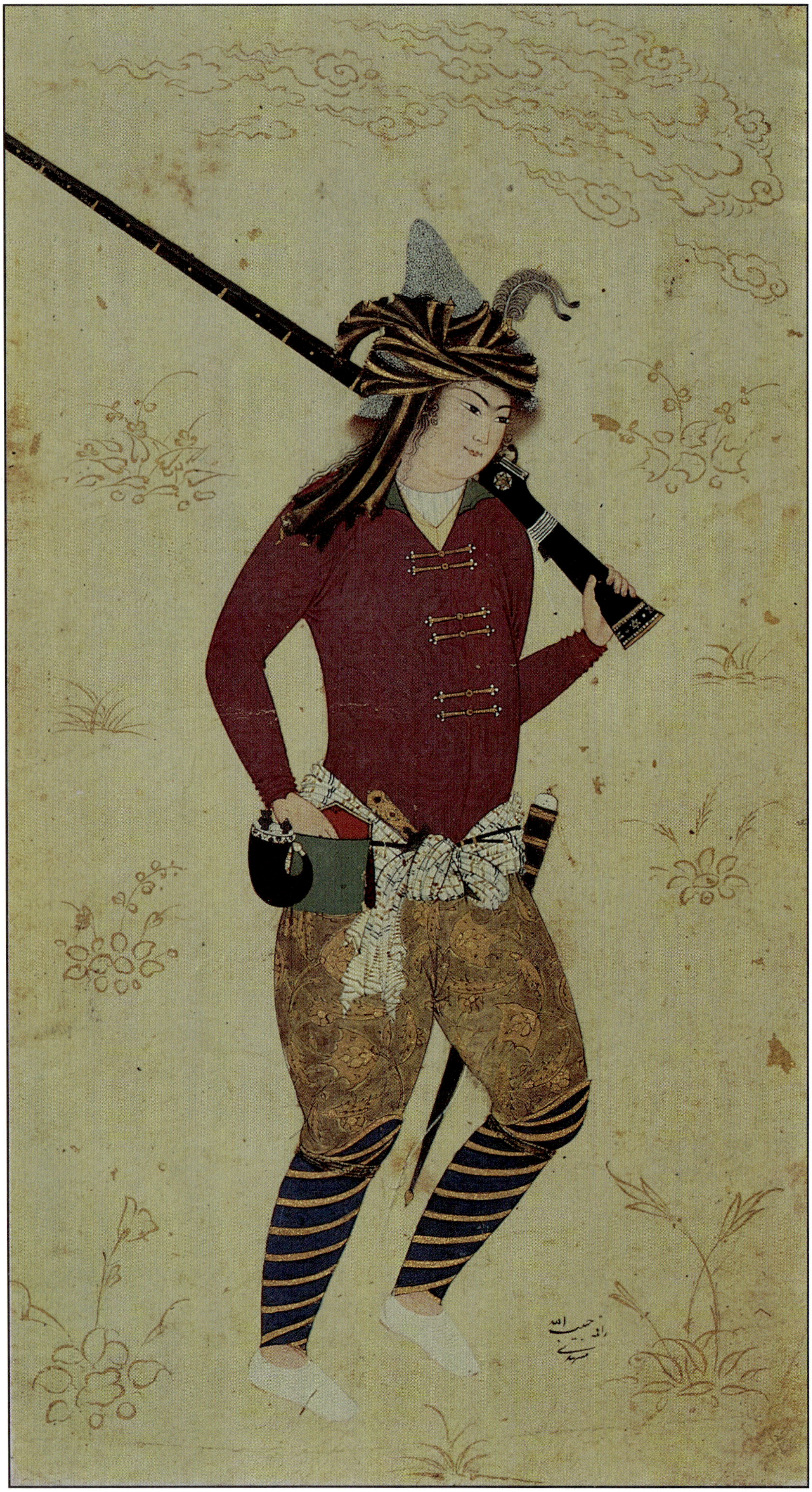

Abb. 27 *Jäger zu Beginn des 17. Jahrhunderts, Miniatur, um 1610*

Abb. 28 *Am Oberkörper eng anliegende Kleider und sehr weite Röcke kennzeichnen die Frauenmode im 18. und 19. Jahrhundert, Miniatur aus qadsharischer Zeit*

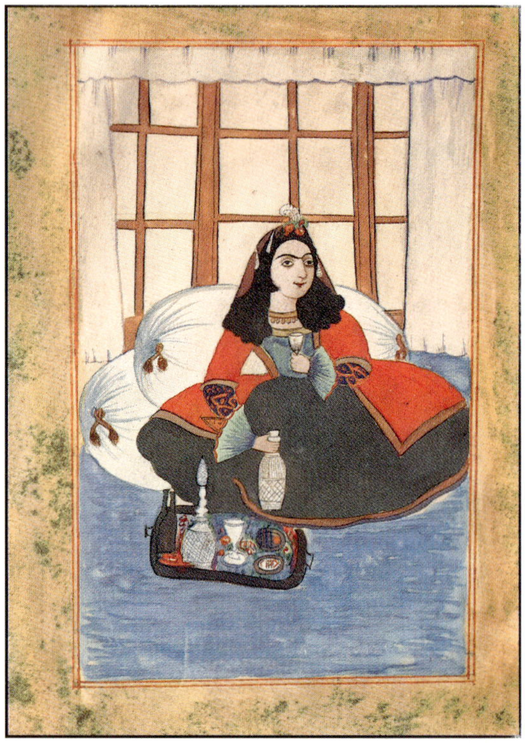

gegenüberliegende Seite:
Abb. 29 *Ein ogivales Rankensystem mit Lotos und Granatapfel, Ende 15. oder Anfang 16. Jahrhundert*
Kat. Nr. 1

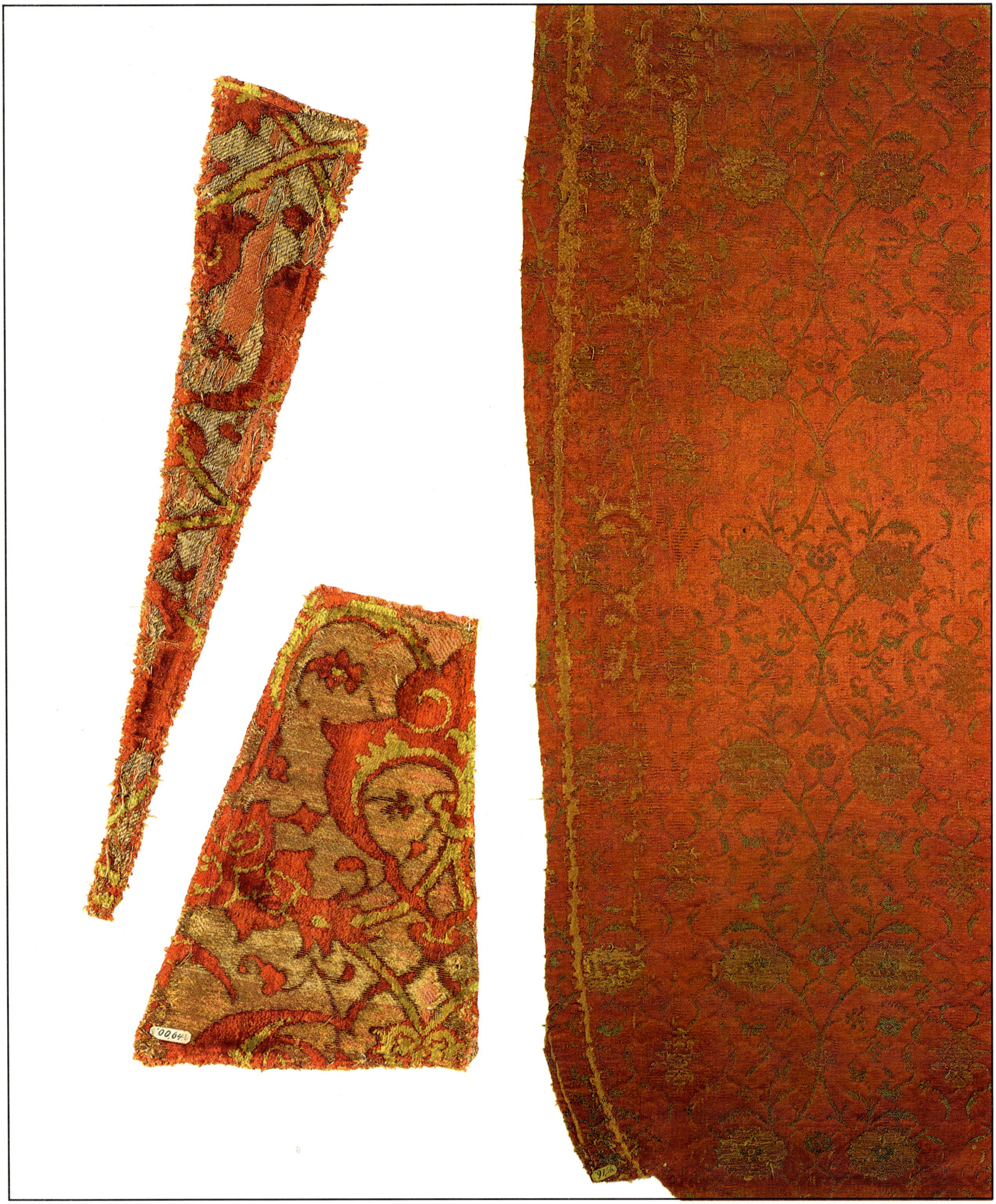

Abb. 30 links *Die Spiralrankenmusterung mit Spitzblatt und Arabeske, 1. Hälfte 16. Jahrhundert* Kat. Nr. 3

Abb. 30 rechts *Arabeskenranken mit Lotos- und Päonienblüten, 1. Hälfte 16. Jahrhundert* Kat. Nr. 2

Abb. 31 *Spiralrankenmusterung und ogivales Rankensystem mit Päonie, Spitzblatt und Arabeske, 1. Hälfte 16. Jahrhundert* Kat. Nr. 4

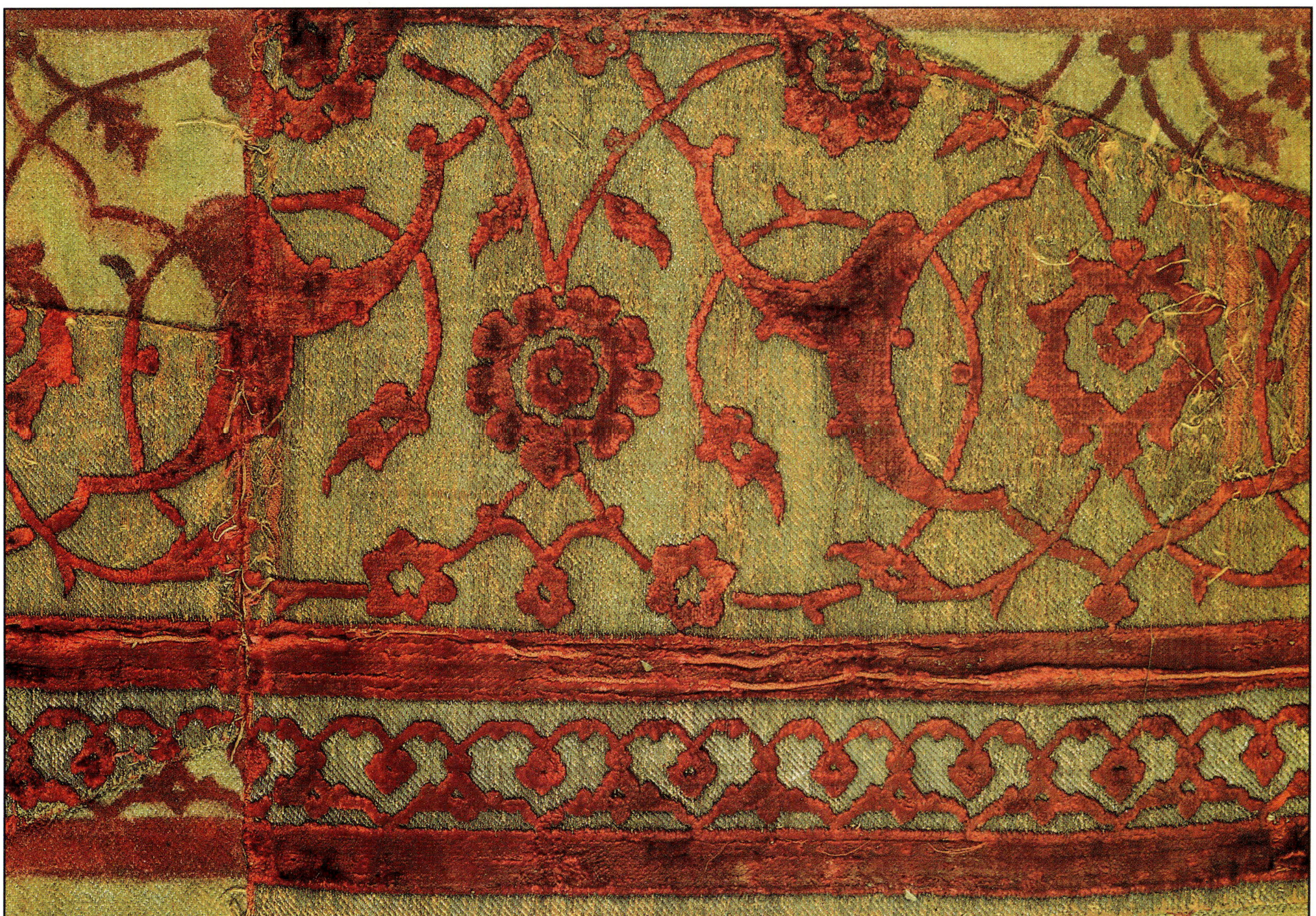

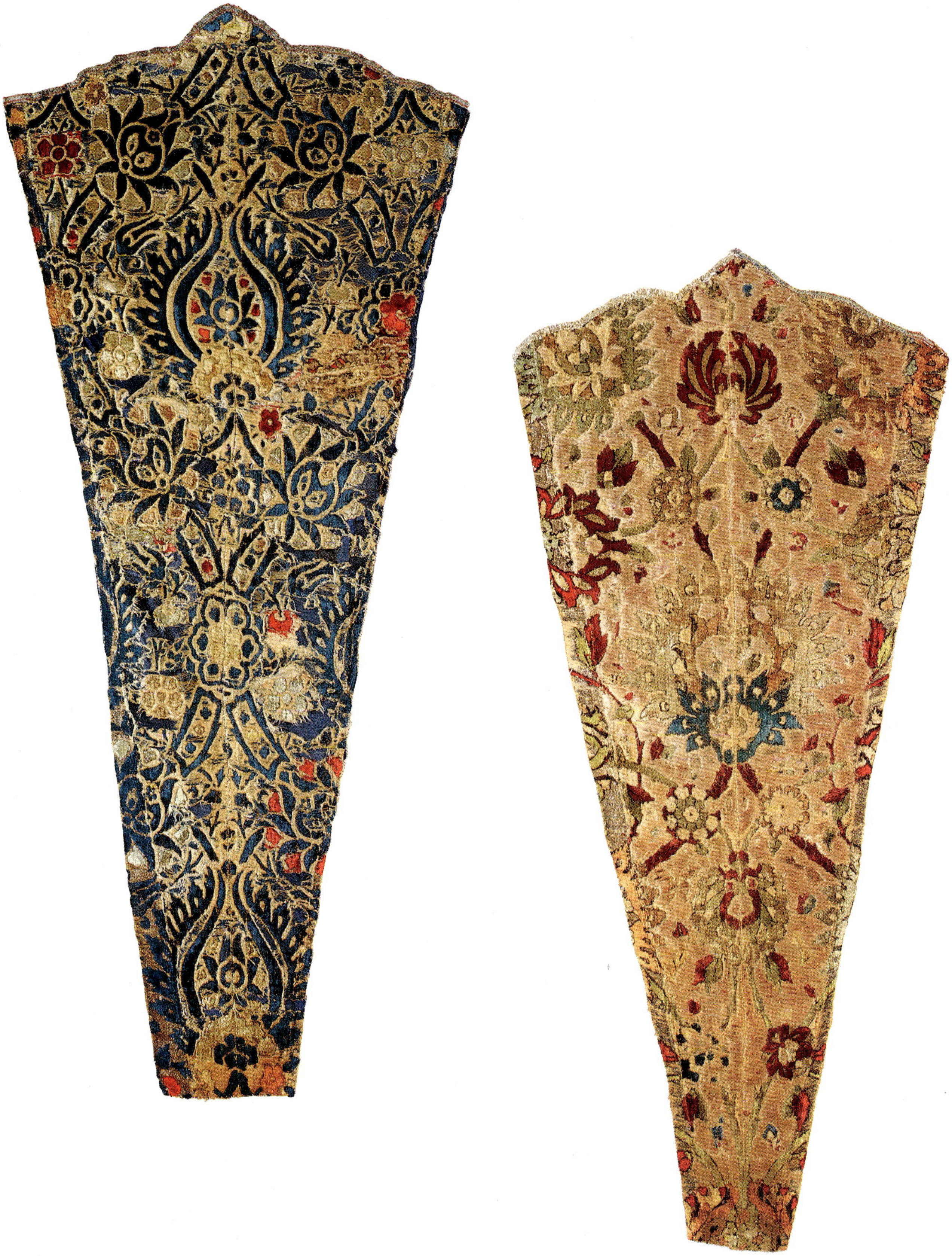

Abb. 32 links *Zwei ogivale Rankensysteme mit Lotos, Federpalmette und Tulpenmotiv, 1. Hälfte 16. Jahrhundert* Kat. Nr. 5

Abb. 32 rechts *Zwei ogivale Rankensysteme mit Päonie und Löwenmaskenpalmette, Mitte oder zweite Hälfte 16. Jahrhundert* Kat. Nr. 6

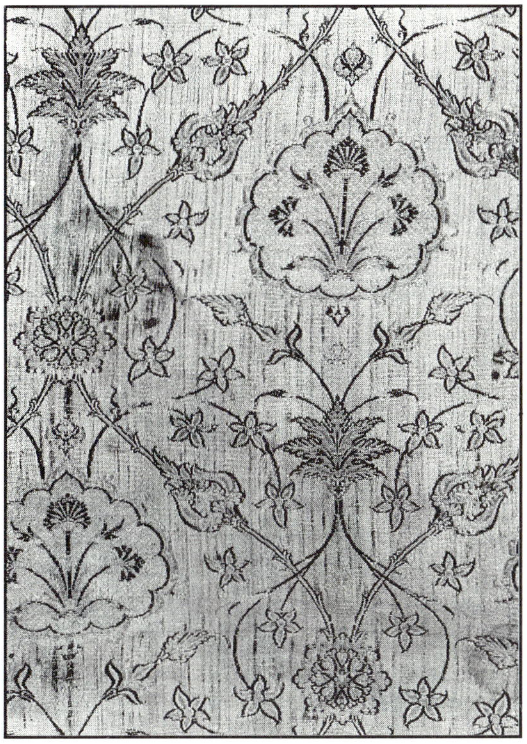

Abb. 33 *Kleinteilig gemustertes Gewebe mit zwei ogivalen Rankensystemen in provinzieller Ausformung, Ende 16. oder Anfang 17. Jahrhundert* Kat. Nr. 8

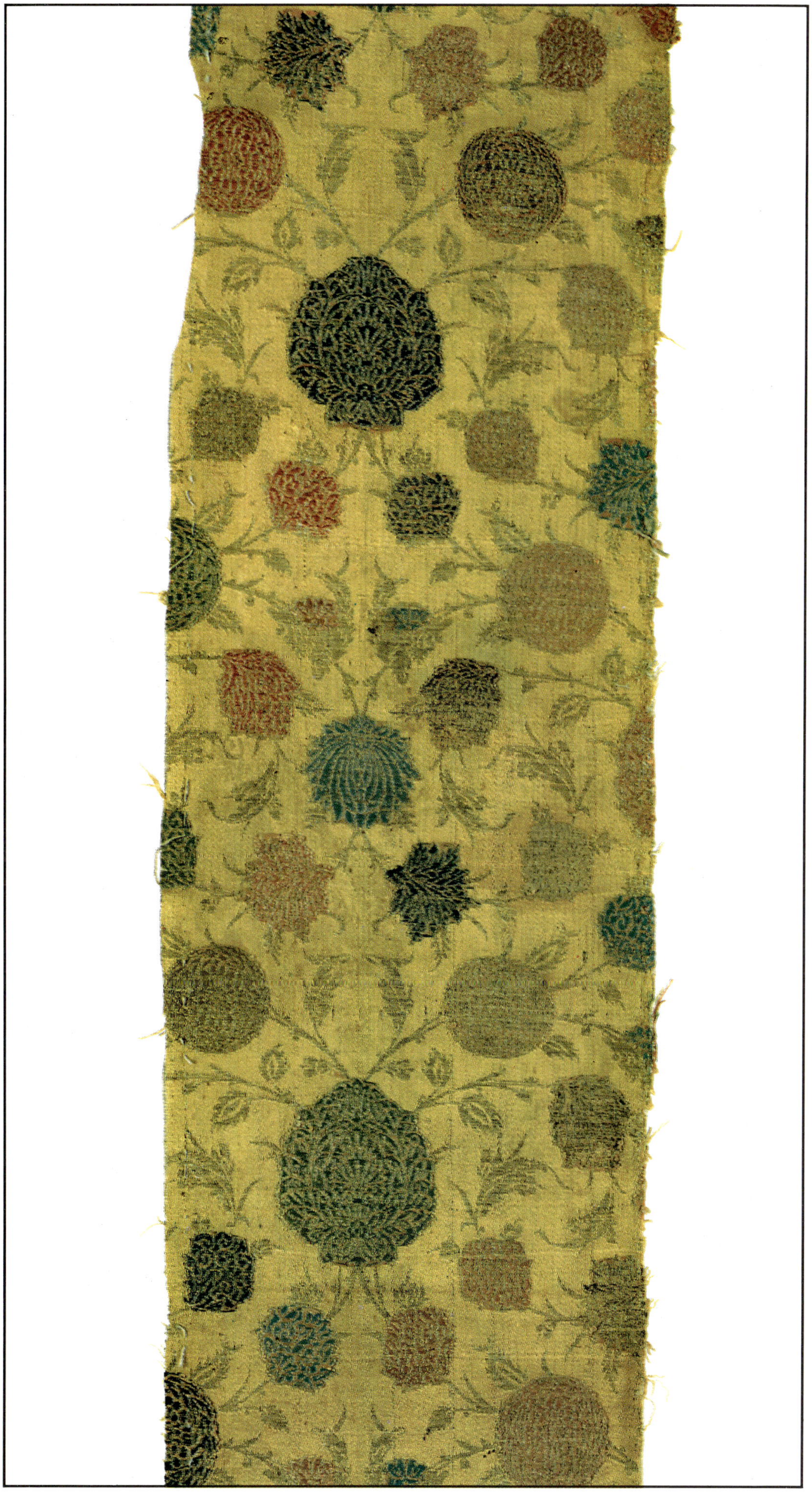

Abb. 34 *Kleinteilig gemustertes Gewebe mit zwei ogivalen Rankensystemen, spätes 16. Jahrhundert* Kat. Nr. 7

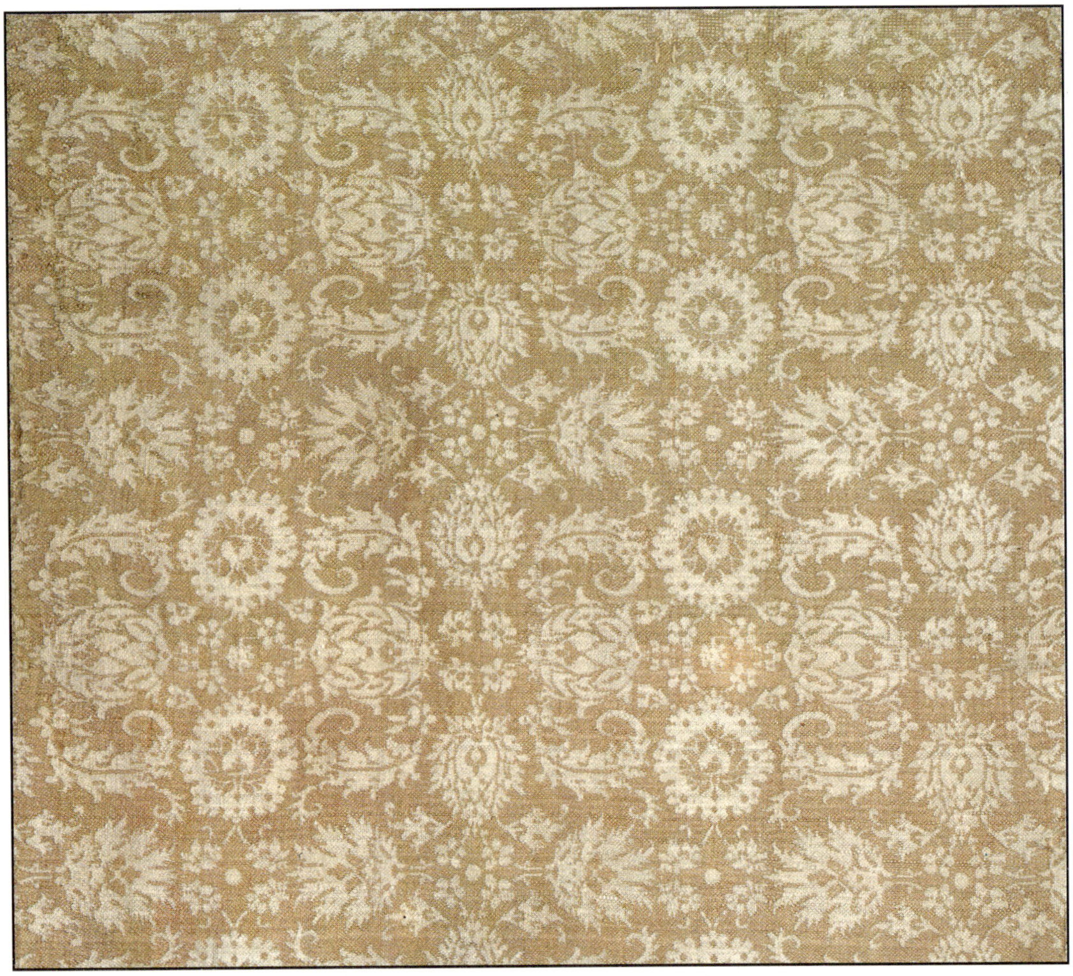

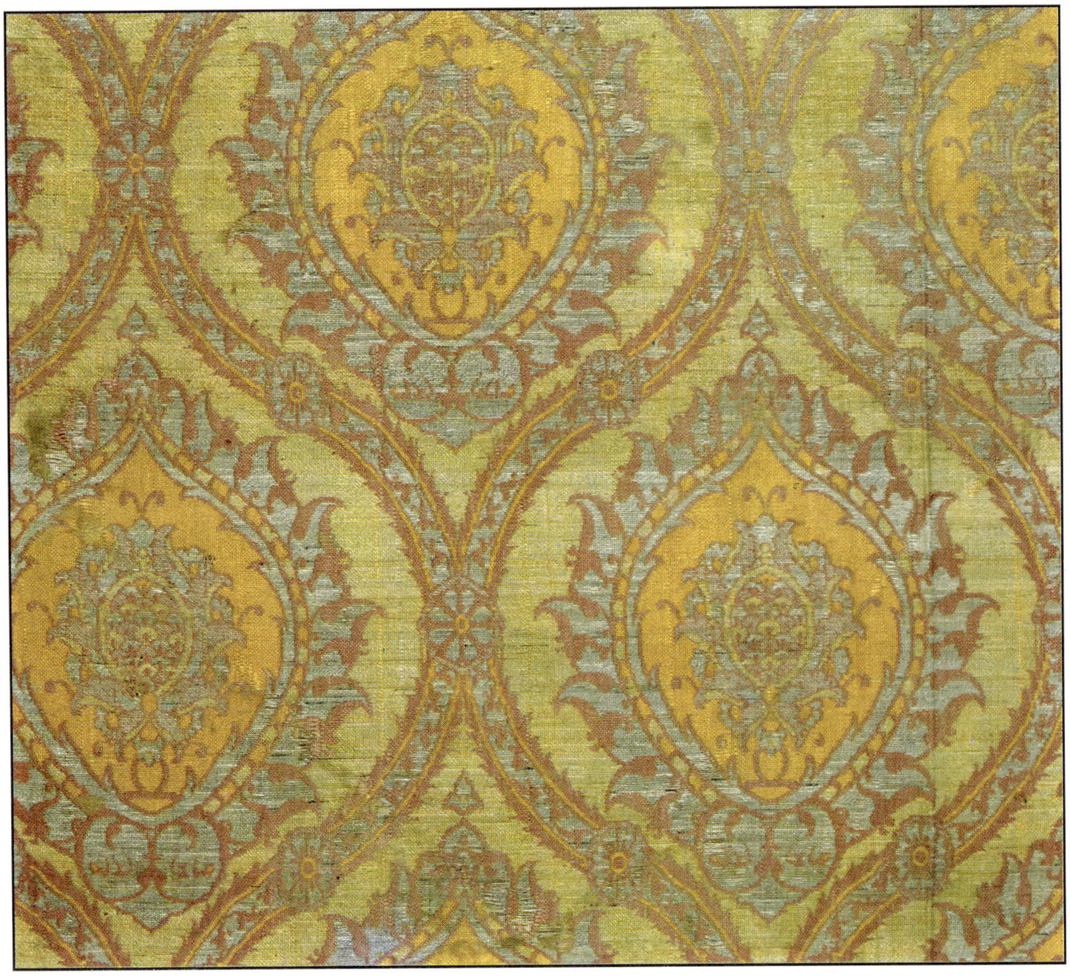

Abb. 35 *Doppelgewebe mit einzelnen Blüten- und Blattmotiven, Anfang 17. Jahrhundert* Kat. Nr. 9

Abb. 36 *Das ogivale Rankensystem bei kleinteilig gemusterten Geweben, um 1600* Kat. Nr. 13

Abb. 37 *Doppelgewebe mit in Reihe auf Zwischenraum geordneten Päonienpflanzen, um 1600*
Kat. Nr. 10

Abb. 38 *Doppelgewebe mit in Reihe auf Zwischenraum geordneten Vasen und Blumensträußen, 1. Viertel 17. Jahrhundert* Kat. Nr. 12

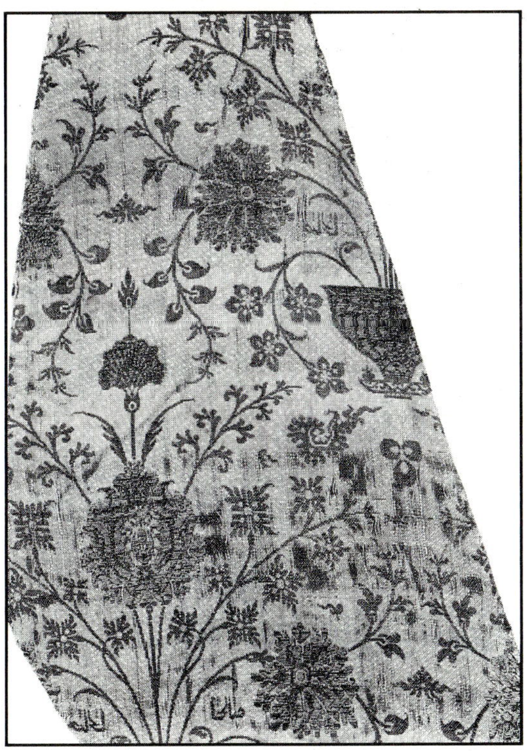

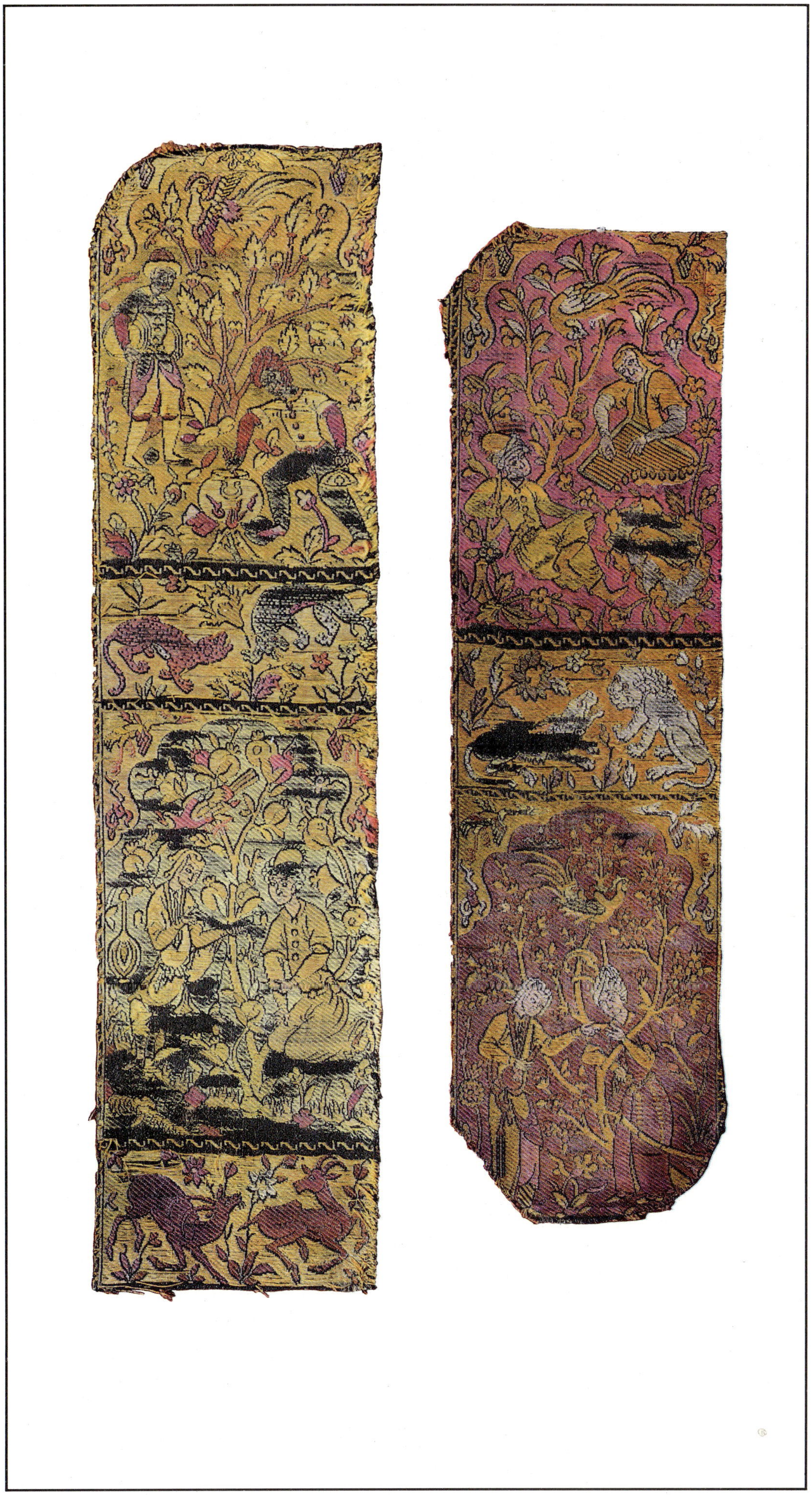

Abb. 39 *Gartenszenen und Tierpaare, ca. 1550–1570*
Kat. Nr. 14 und 15

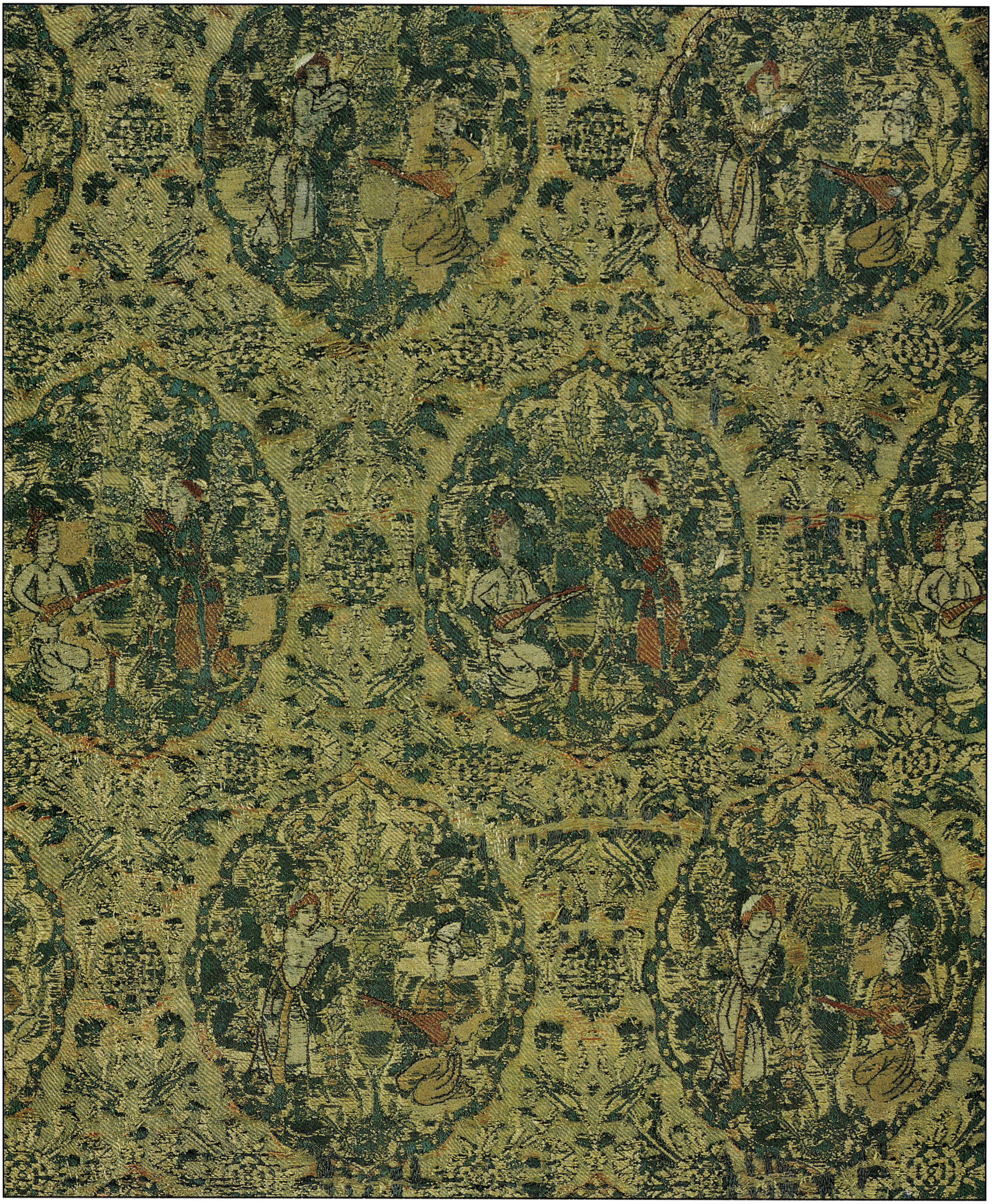

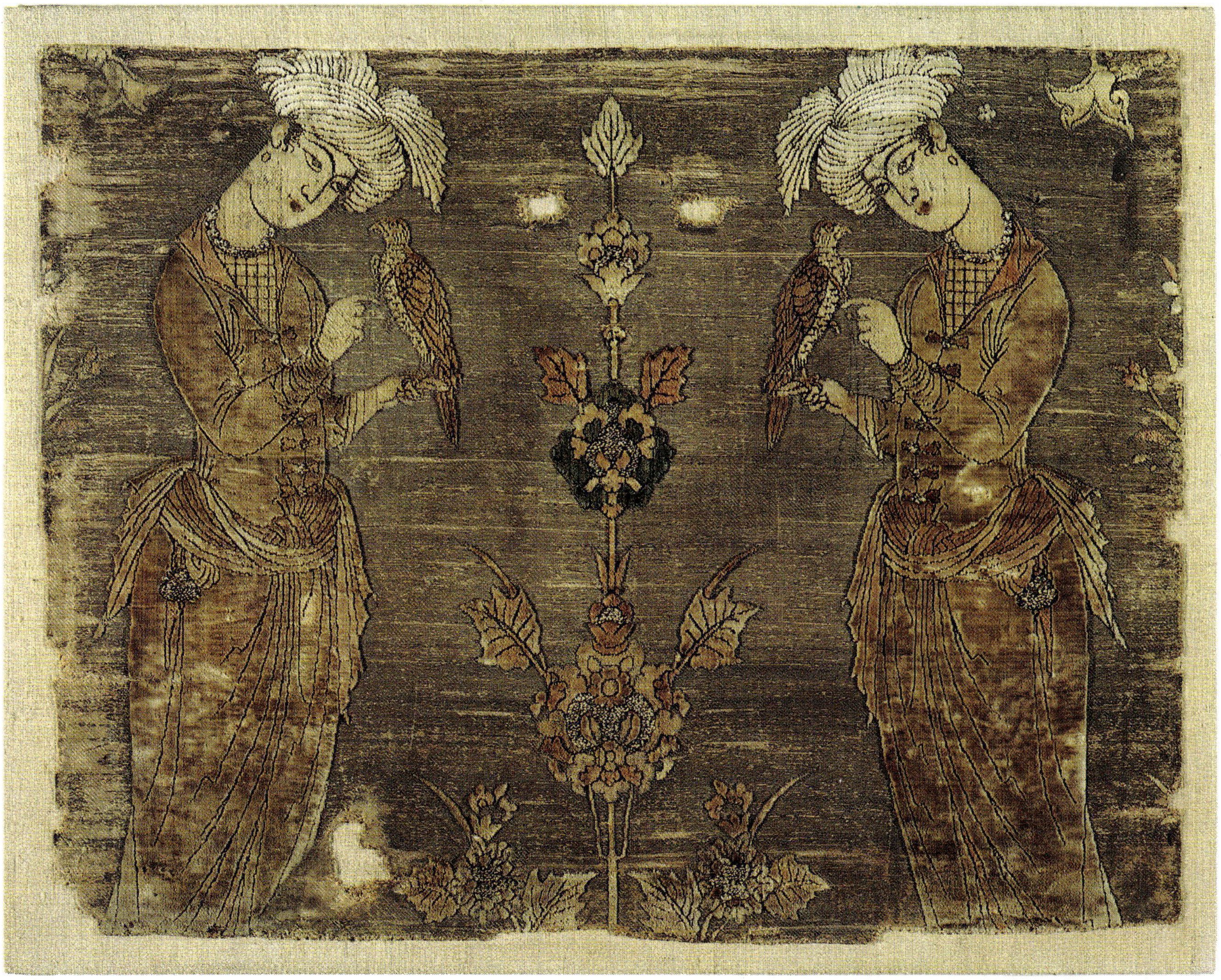

Abb. 40 *Von Blütenranken umschlossene Gartenszenen im Medaillon, Ende 16. Jahrhundert*
Kat. Nr. 16

Abb. 41 *Zwei jugendliche Falkner, 1610–1620*
Kat. Nr. 17

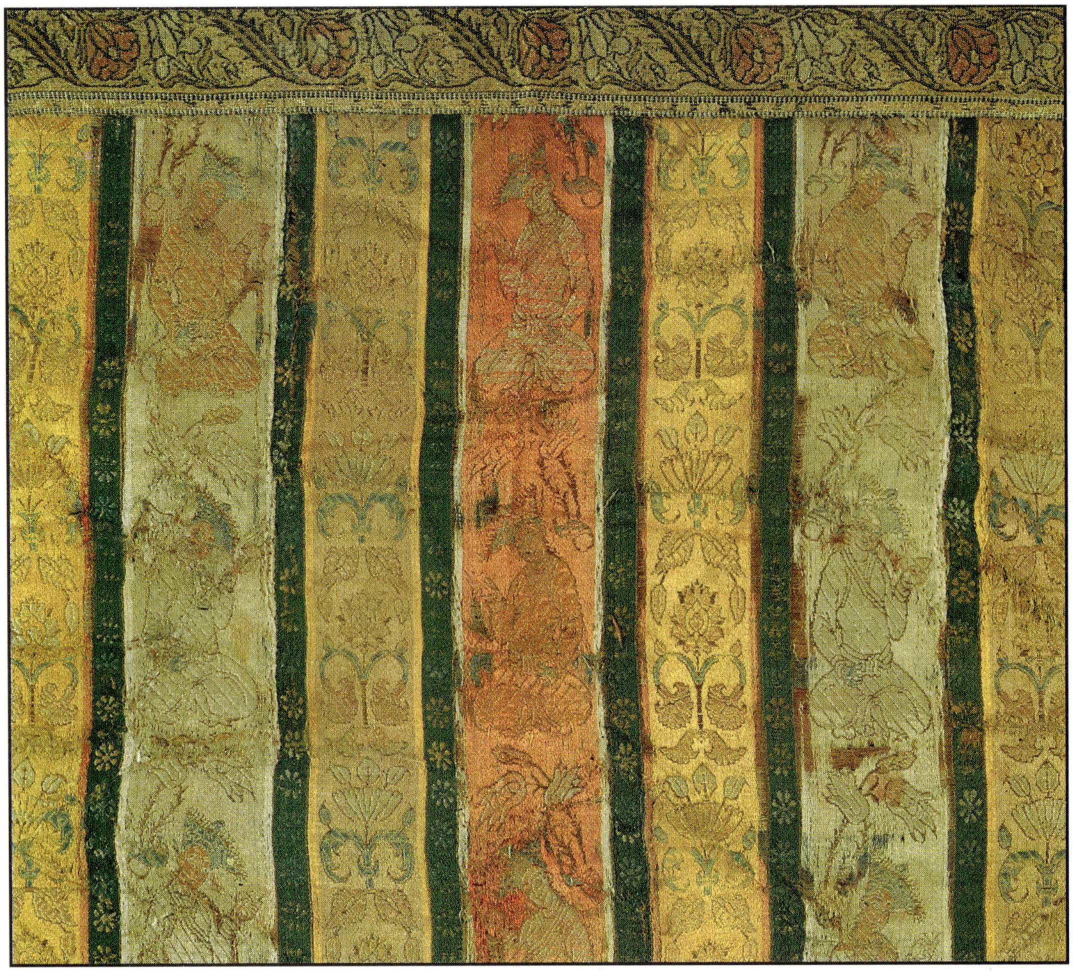

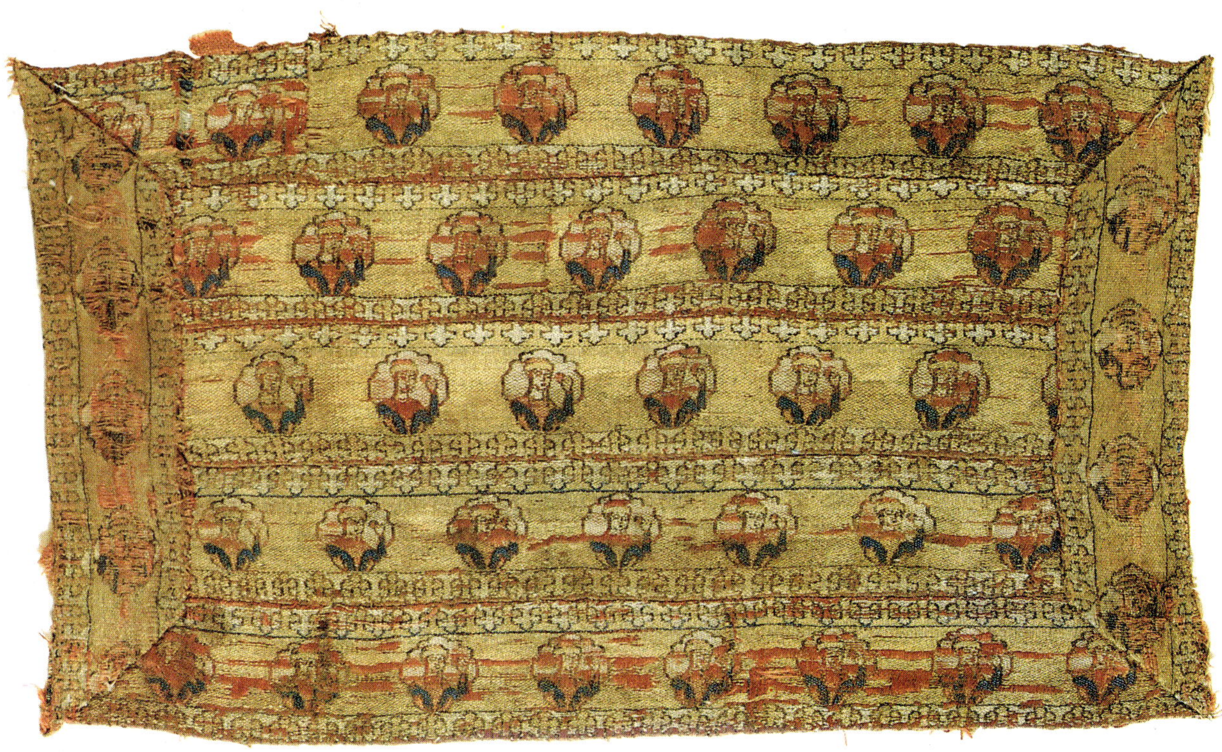

Abb. 42 *Sitzende Jünglinge mit Weinschalen in vertikaler Streifengliederung, 1. Hälfte 17. Jahrhundert* Kat. Nr. 20 und 315

Abb. 43 *Männerbüsten in Medaillons, Ende 17. oder Anfang 18. Jahrhundert* Kat. Nr. 24

gegenüberliegende Seite:
Abb. 44 *Frauen zwischen Blütenpflanzen, 1. Drittel 17. Jahrhundert* Kat. Nr. 19

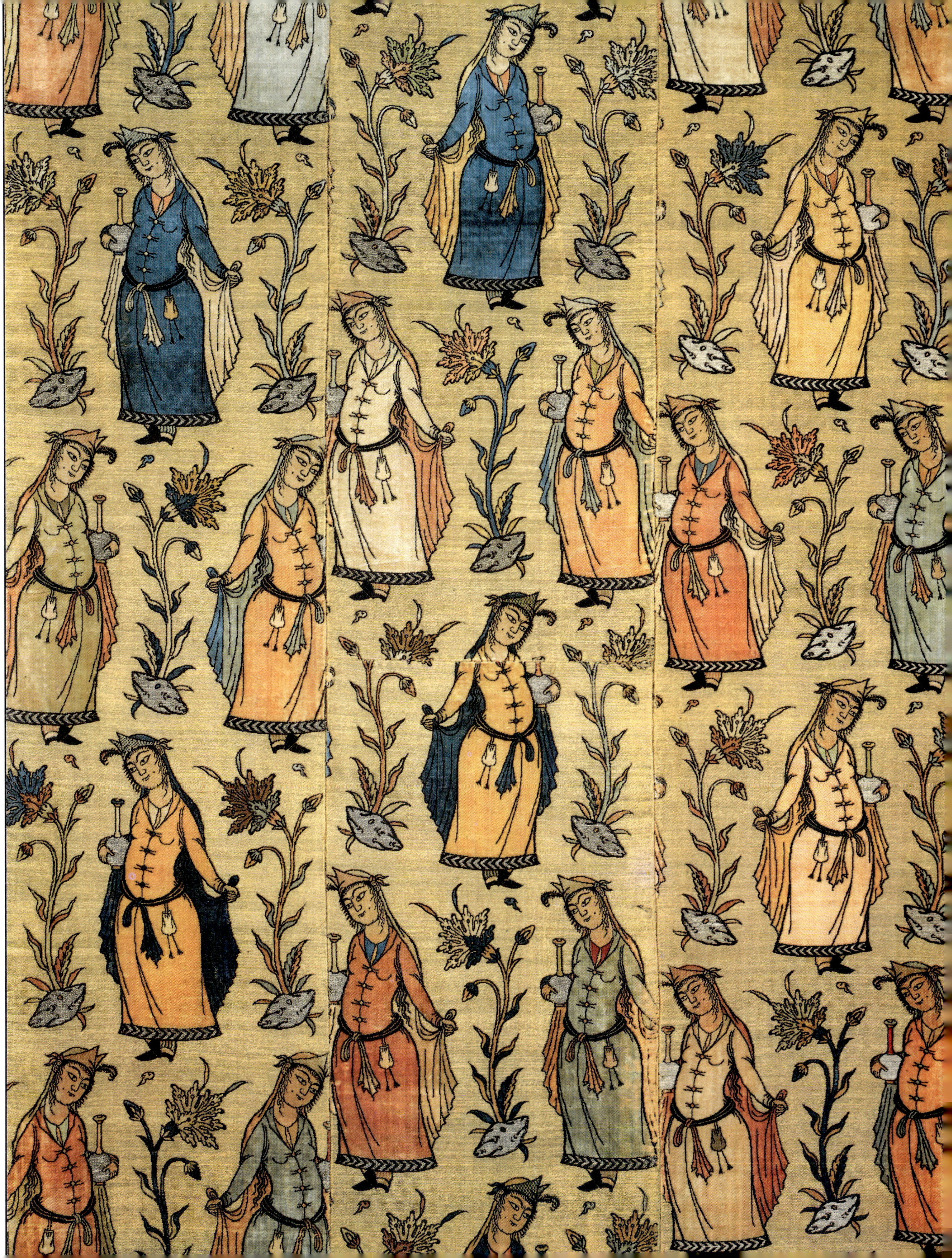

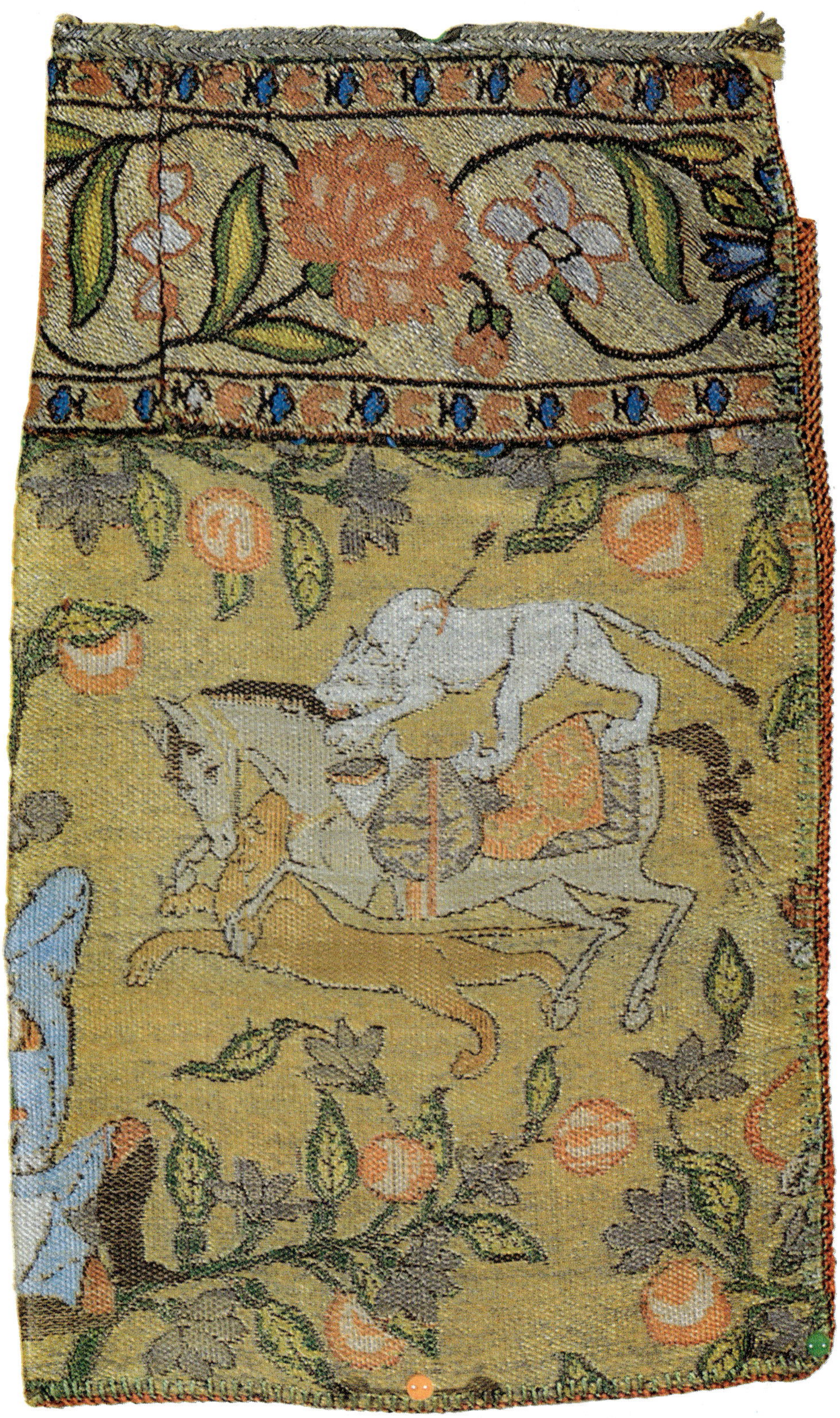

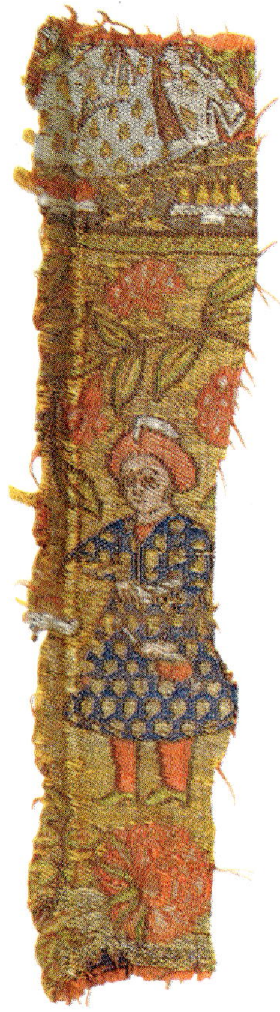

Abb. 45 *Löwen bedrängen ein Pferd, 2. Hälfte 17. Jahrhundert* Kat. Nr. 21 und 292

Abb. 46 *Junger Mann mit Weinflasche, Ende 17. oder Anfang 18. Jahrhundert* Kat. Nr. 23

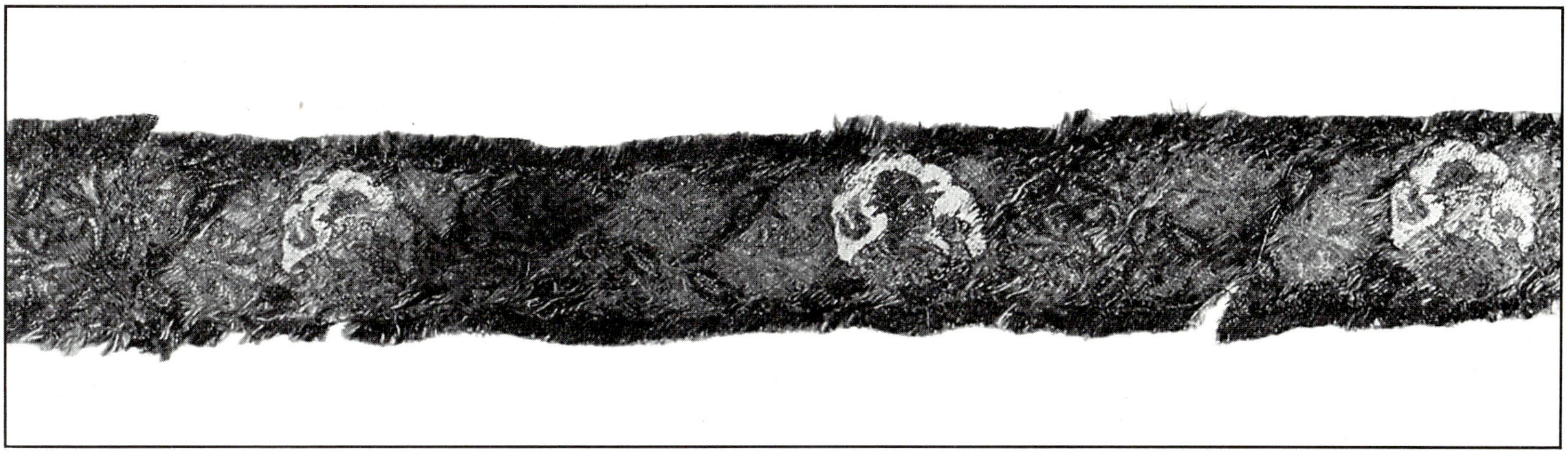

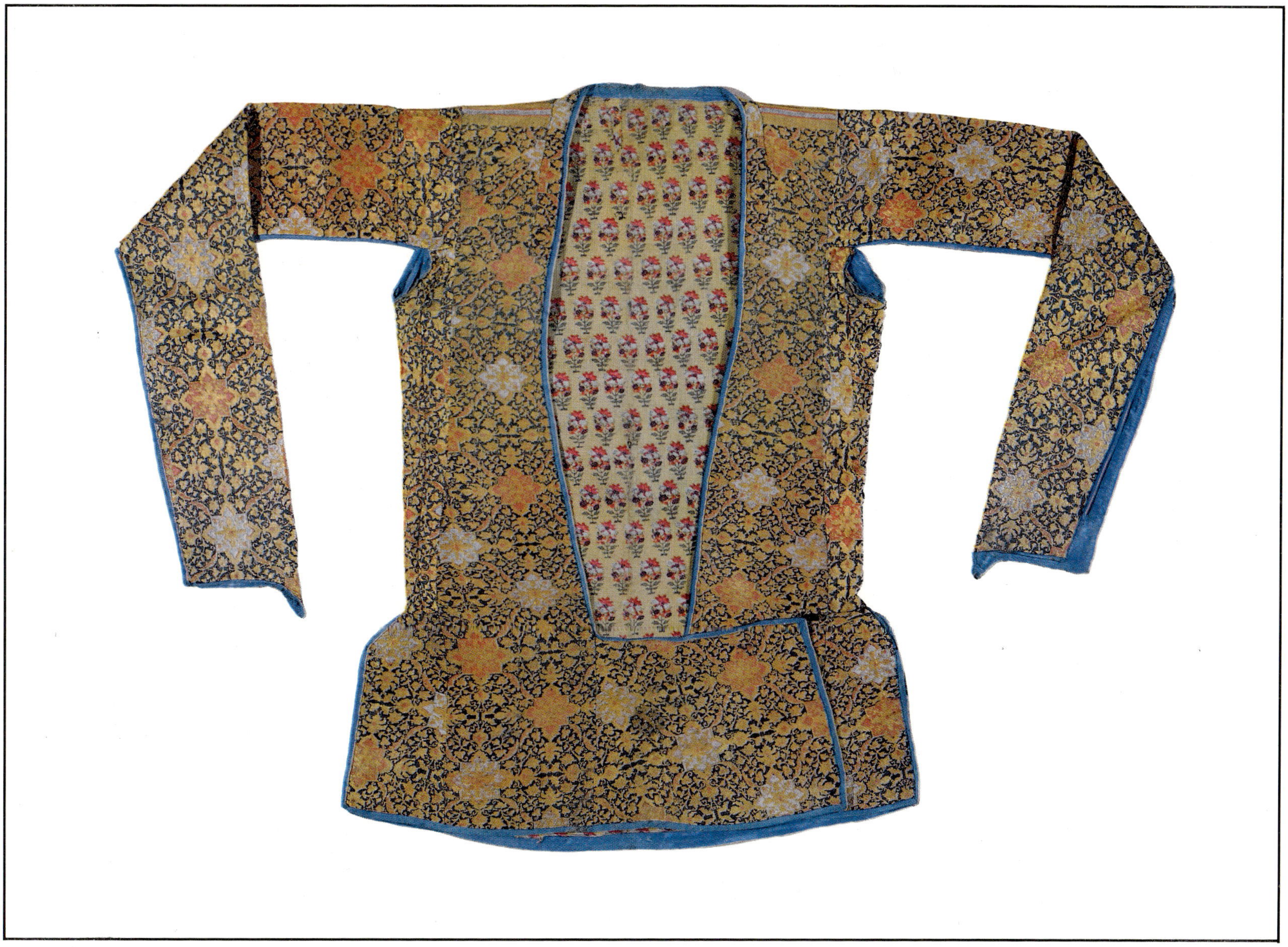

Abb. 47 *Männerbüsten in Medaillons und florale Ranke, Ende 17. oder Anfang 18. Jahrhundert* Kat. Nr. 25

Abb. 48 *Blütenrosetten in Verbindung mit einer rautenartig ogivalen Flächengliederung, 1. Hälfte 17. Jahrhundert (vgl. Kat. Nr. 27 und 28)* Kat. Nr. 26

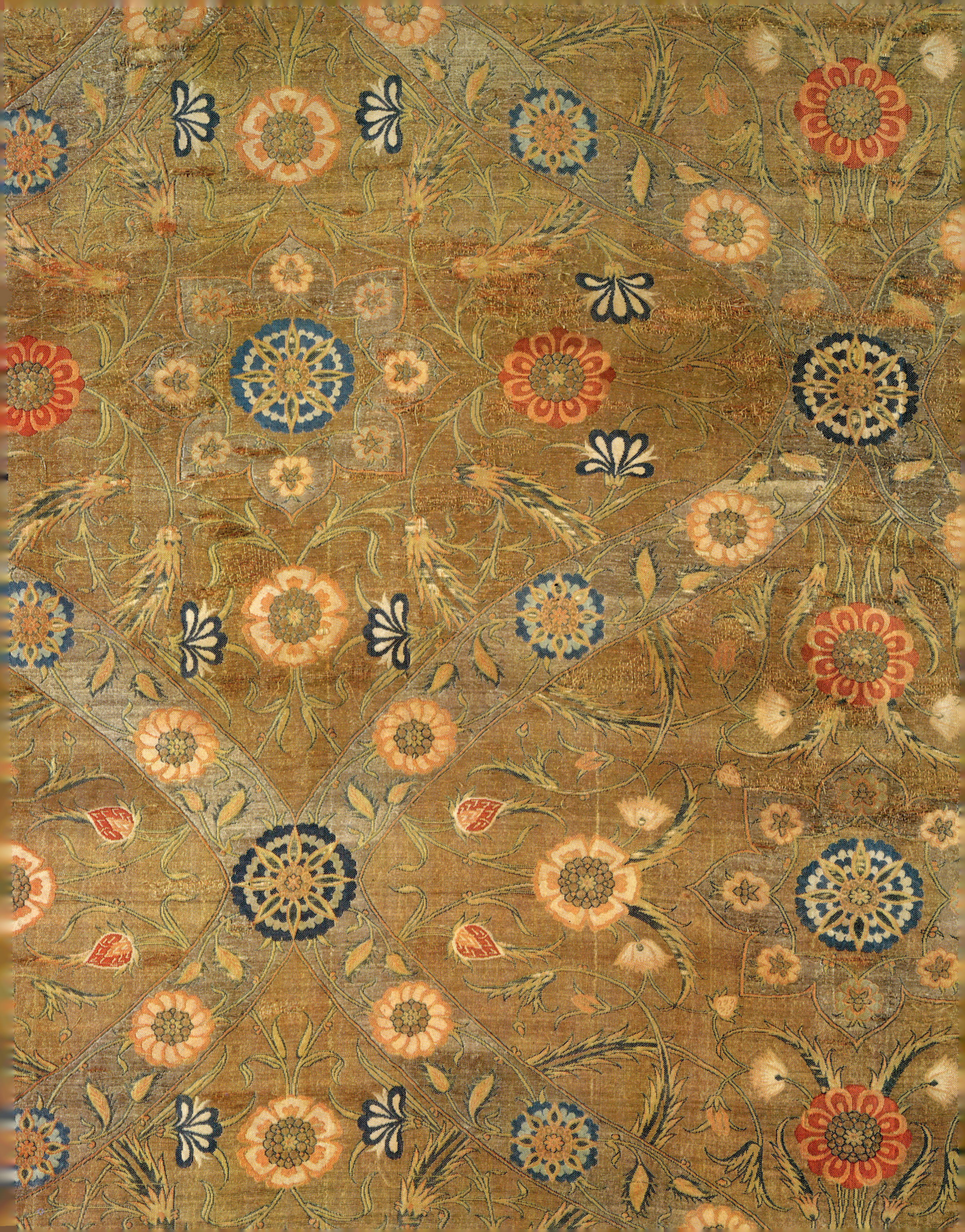

Abb. 49 *Vielfältiger Blütendekor in ogivaler Grundgliederung, 1. Viertel 17. Jahrhundert* Kat. Nr. 30

Abb. 50 *Üppiger Blütendekor mit Schwertlilie und Nelke, 1. Hälfte 17. Jahrhundert (vgl. Kat. Nr. 30 und 32)* Kat. Nr. 31

Abb. 51 *Üppiger Blütendekor mit Schwertlilie und Nelke, Bortenfragment, 1. Hälfte 17. Jahrhundert (vgl. Kat. Nr. 31 und 32)* Kat. Nr. 30

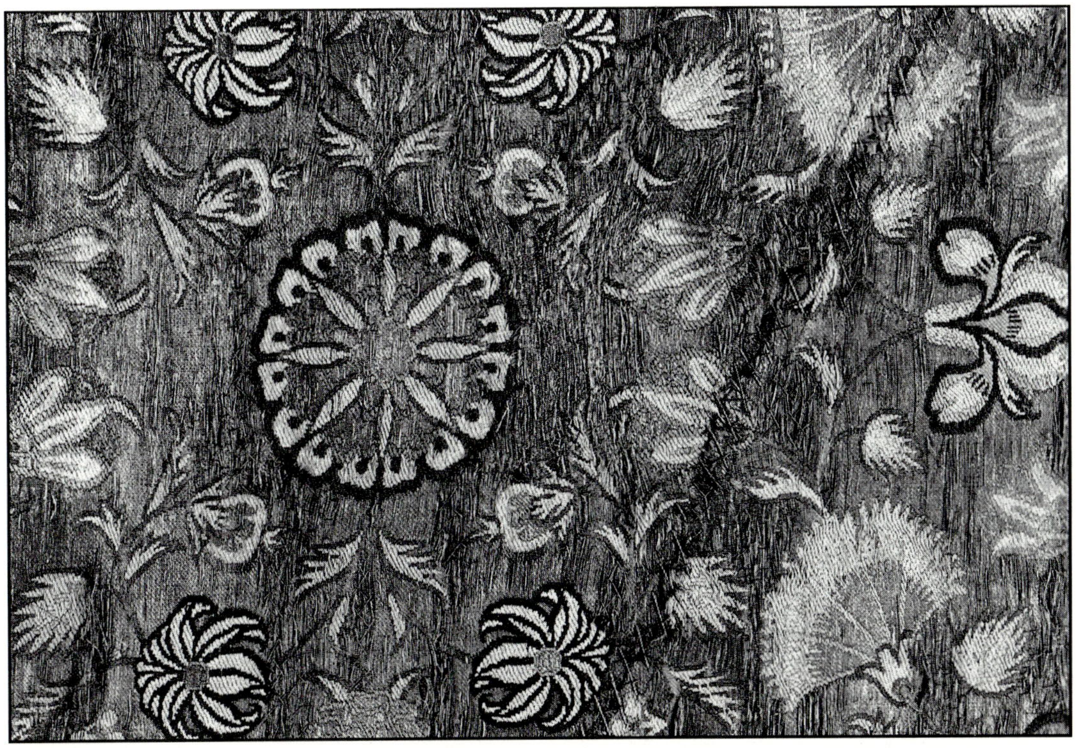

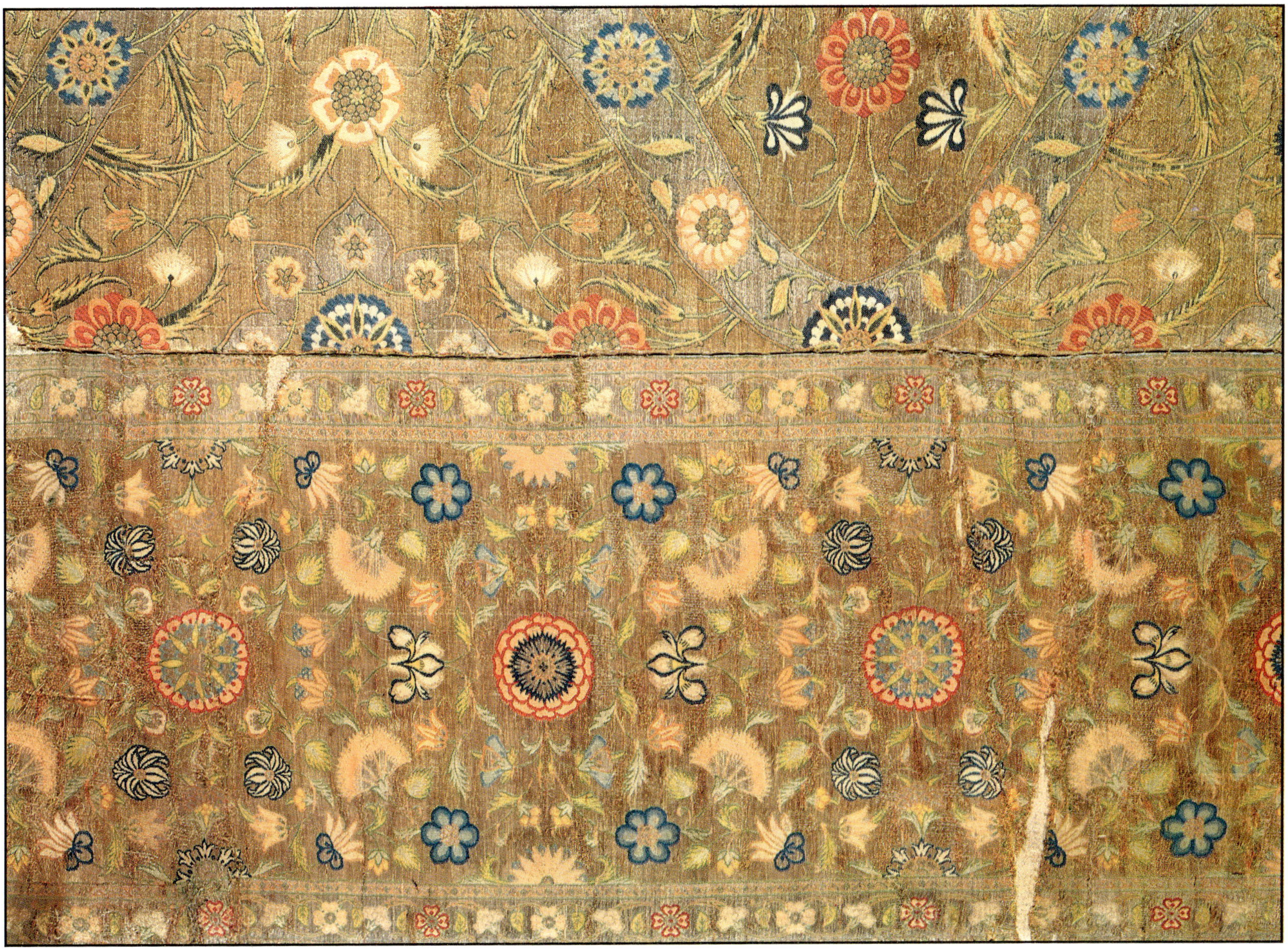

Abb. 52 *Blütenrosetten in Verbindung mit einer rautenartig ogivalen Flächengliederung, 1. Hälfte 17. Jahrhundert (vgl. Kat. Nr. 26 und 27)* Kat. Nr. 28

Abb. 53 *Blütenpflanzen in rautenartig ogivaler Umschließung, frühes 17. Jahrhundert* Kat. Nr. 29

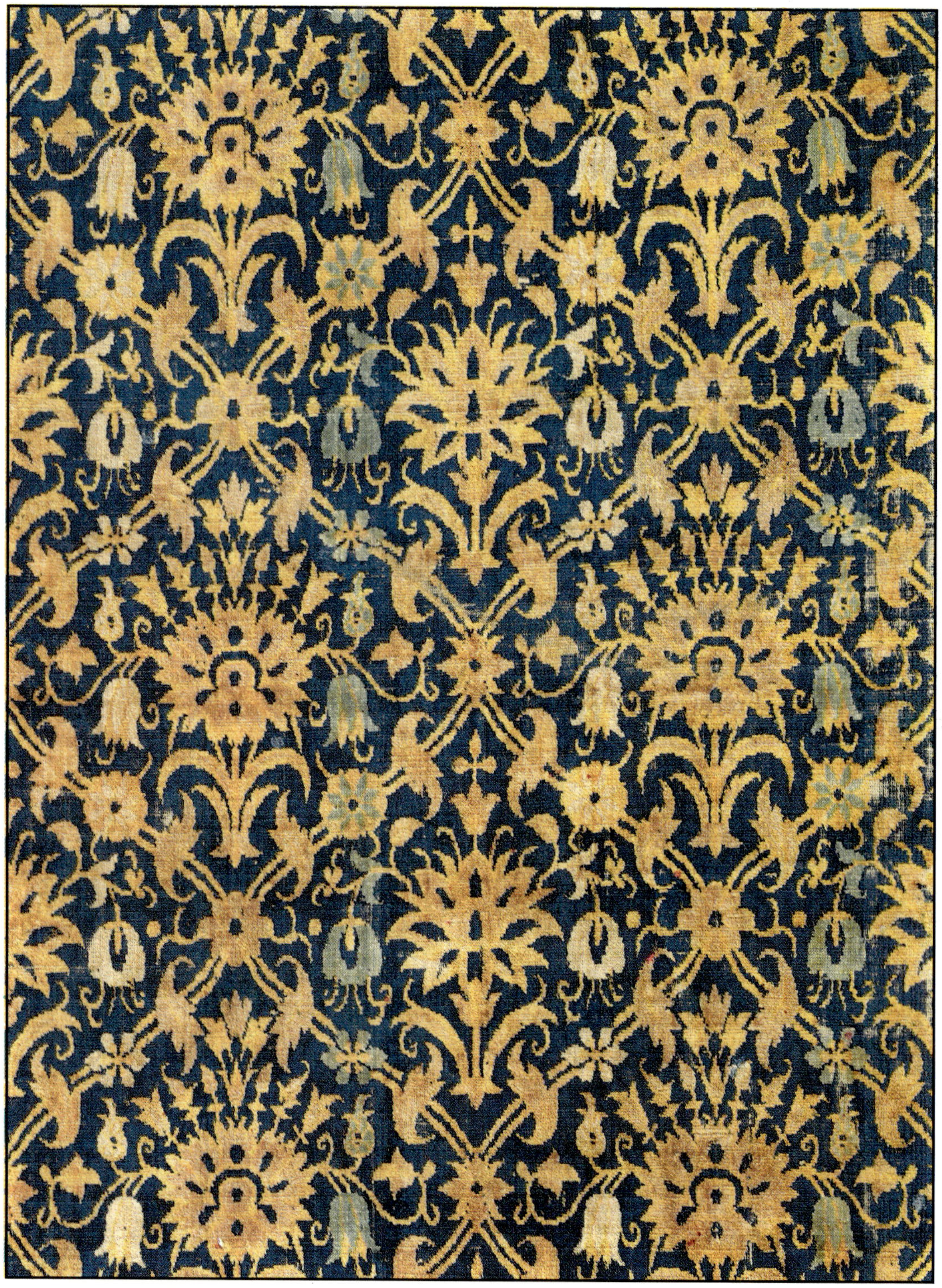

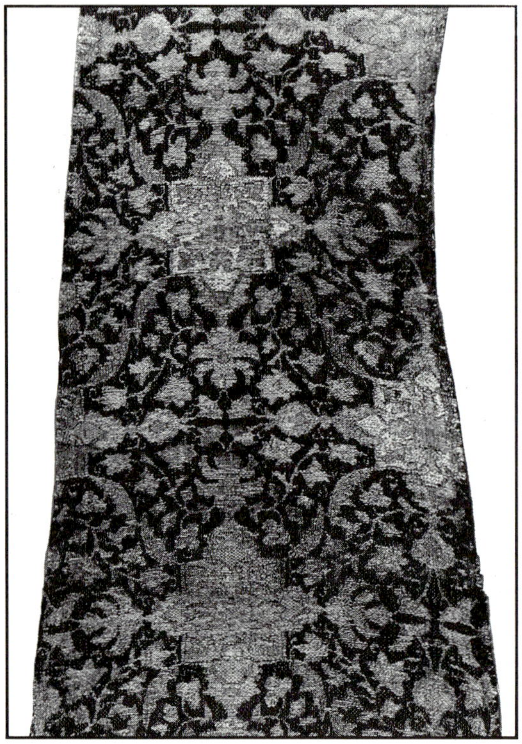

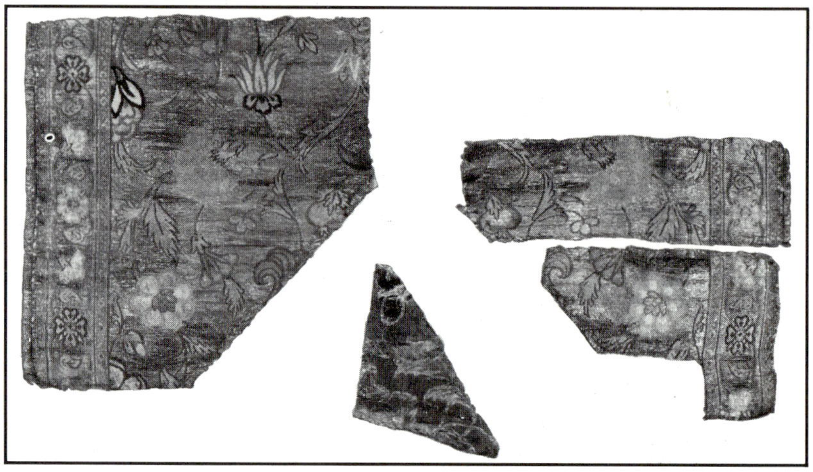

Abb. 54 *Reicher Blütendekor auf Fragmenten einer Borte, 1. Hälfte 17. Jahrhundert (vgl. Kat. Nr. 30 und 31)* Kat. Nr. 32

Abb. 55 *Erdbeerpflanzen und Weinlaub zwischen Rosetten, 1. Hälfte 17. Jahrhundert* Kat. Nr. 33

Abb. 56 *Zarter Blütendekor in rautenartiger Grundgliederung, 1. Viertel 17. Jahrhundert* Kat. Nr. 34

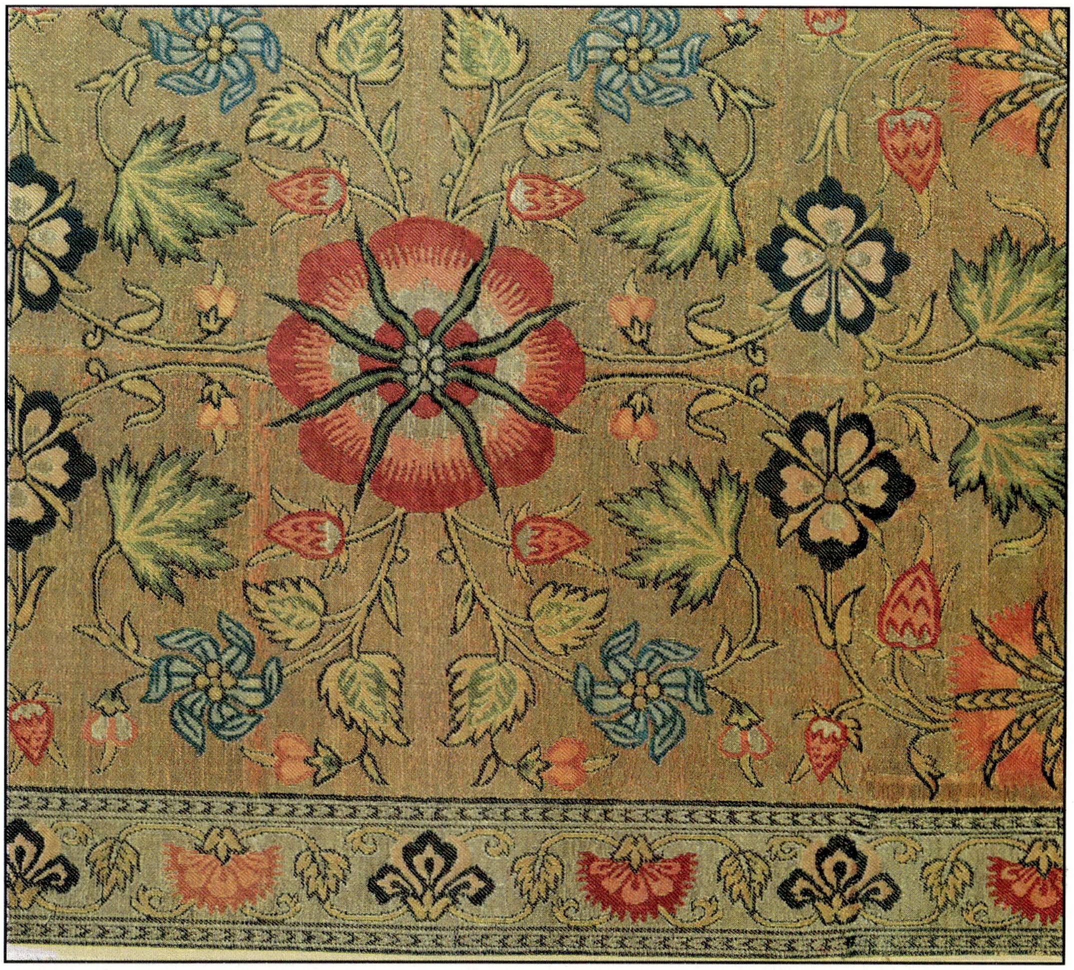

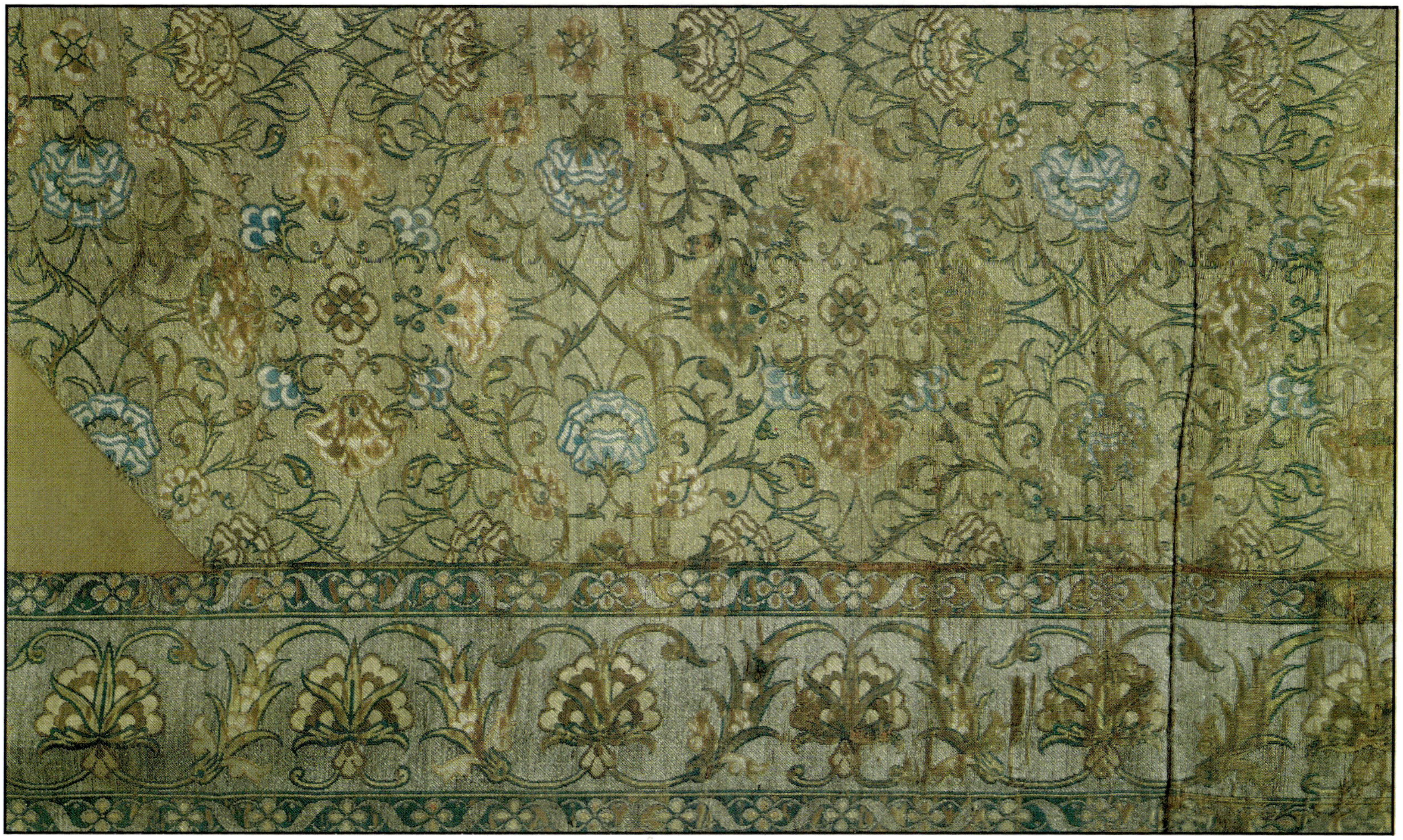

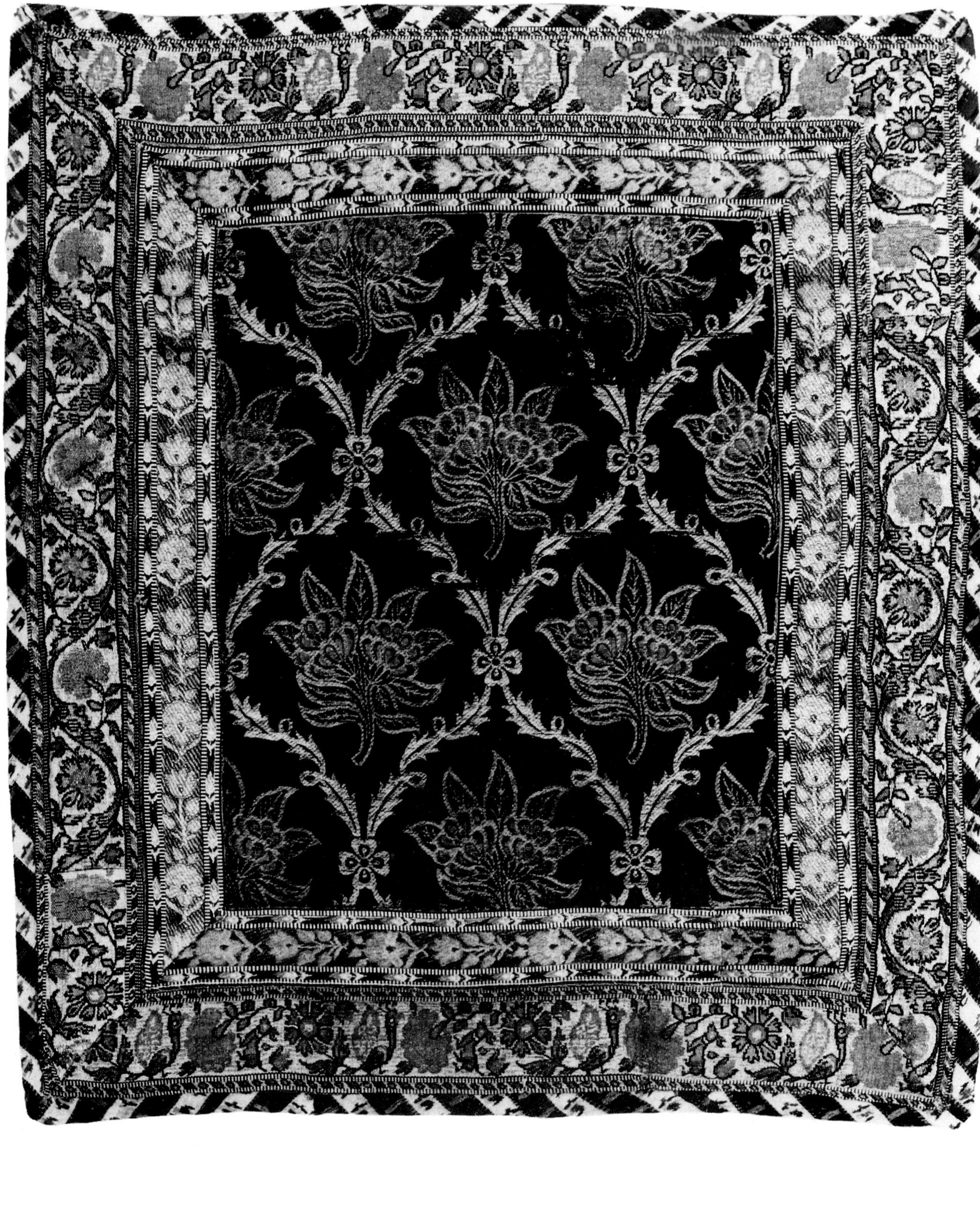

Abb. 57 *Blütenstiele und Akanthusrauten, 17. Jahrhundert* Kat. Nr. 39 und 278

Abb. 58 *Locker geschwungene Blütenpflanzen, 1. Hälfte 17. Jahrhundert (vgl. Kat. Nr. 37)* Kat. Nr. 36

Abb. 59 *Ogivale Blütenranken umschließen blühende Pflanzen, 1. Hälfte 17. Jahrhundert* Kat. Nr. 38

Abb. 60 *Blütenpflanzen, von akanthusartigen Blattwedeln umschlossen, frühes 17. Jahrhundert* Kat. Nr. 35

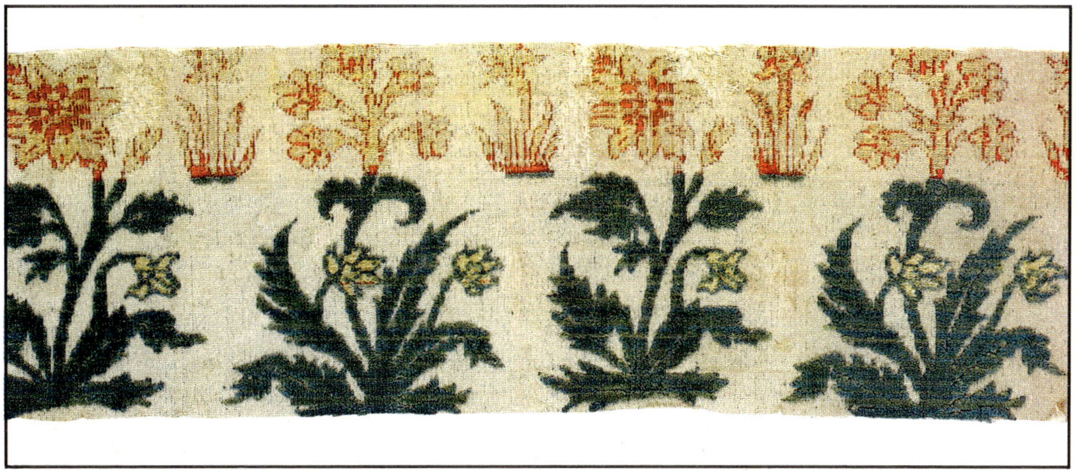

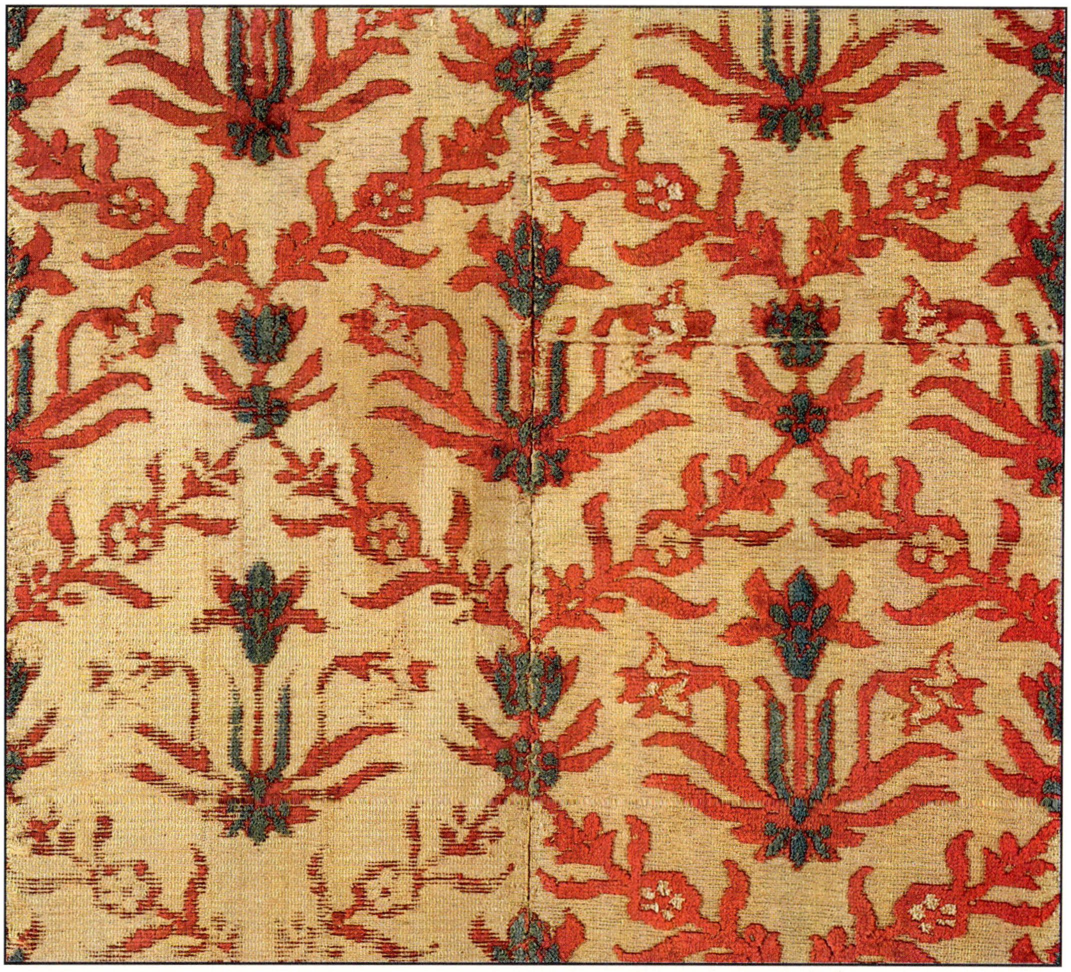

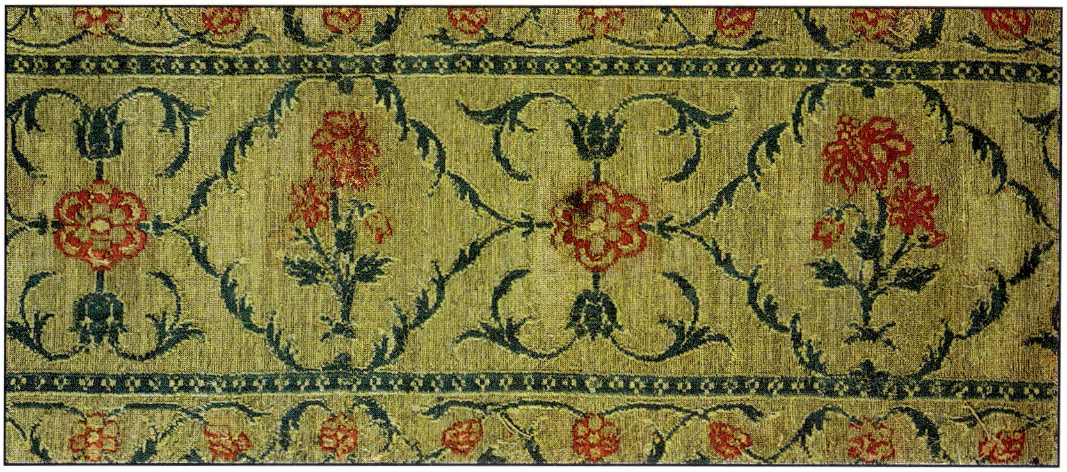

folgende Doppelseite:
Abb. 61 *Glockenblütenrauten und geschwungene Blütenzweige, 17. Jahrhundert* Kat. Nr. 40 und 327

Abb. 62 *Blütenstauden in Rautenfeldern, Mitte 17. Jahrhundert* Kat. Nr. 41

Abb. 63 *Blütenpflanzen in Akanthusrauten, 17. Jahrhundert* Kat. Nr. 42

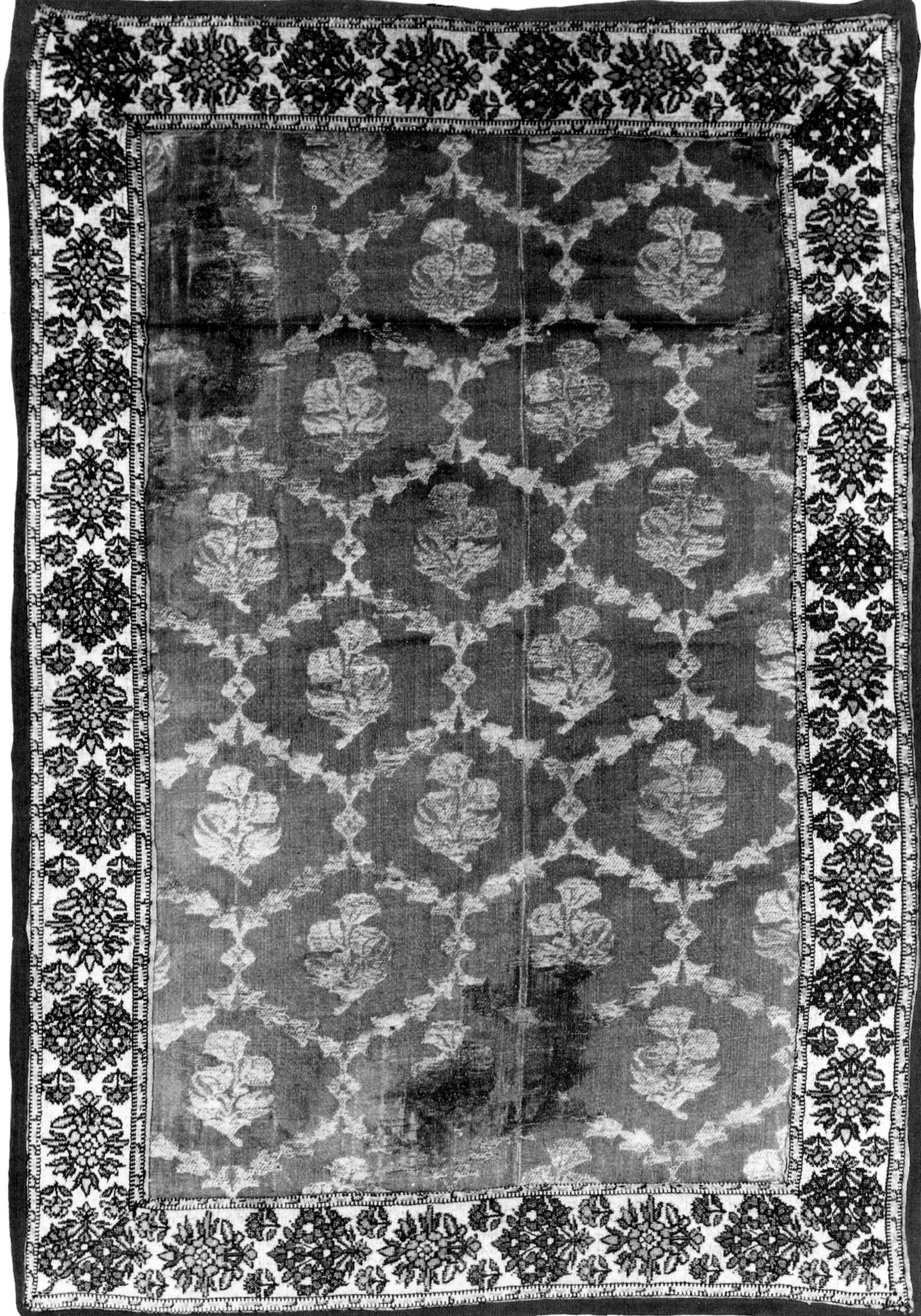

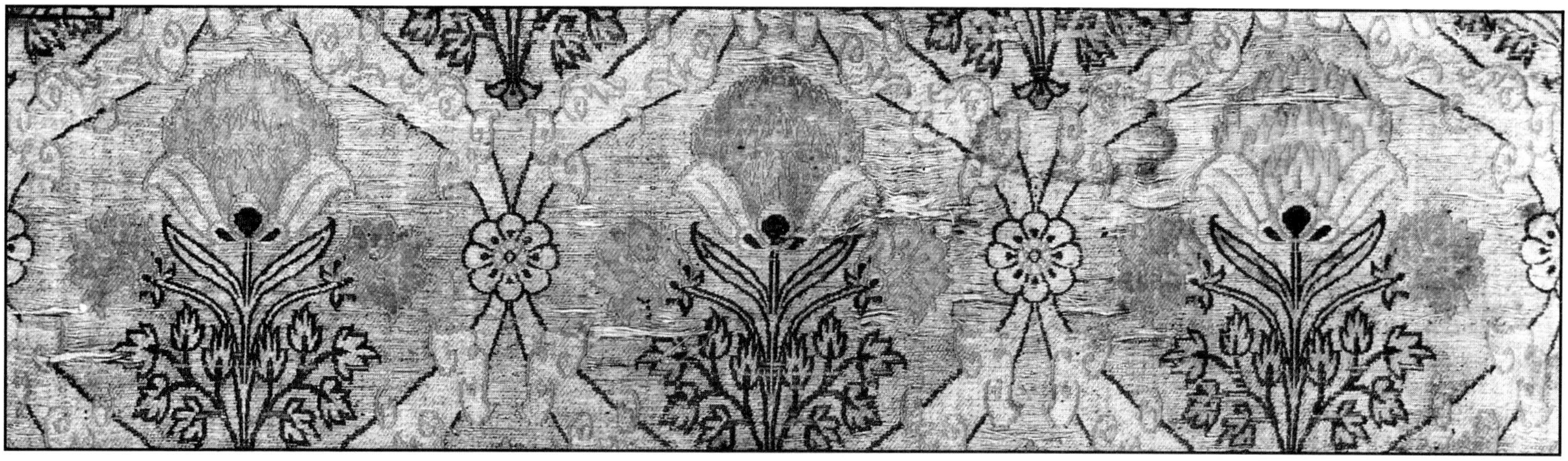

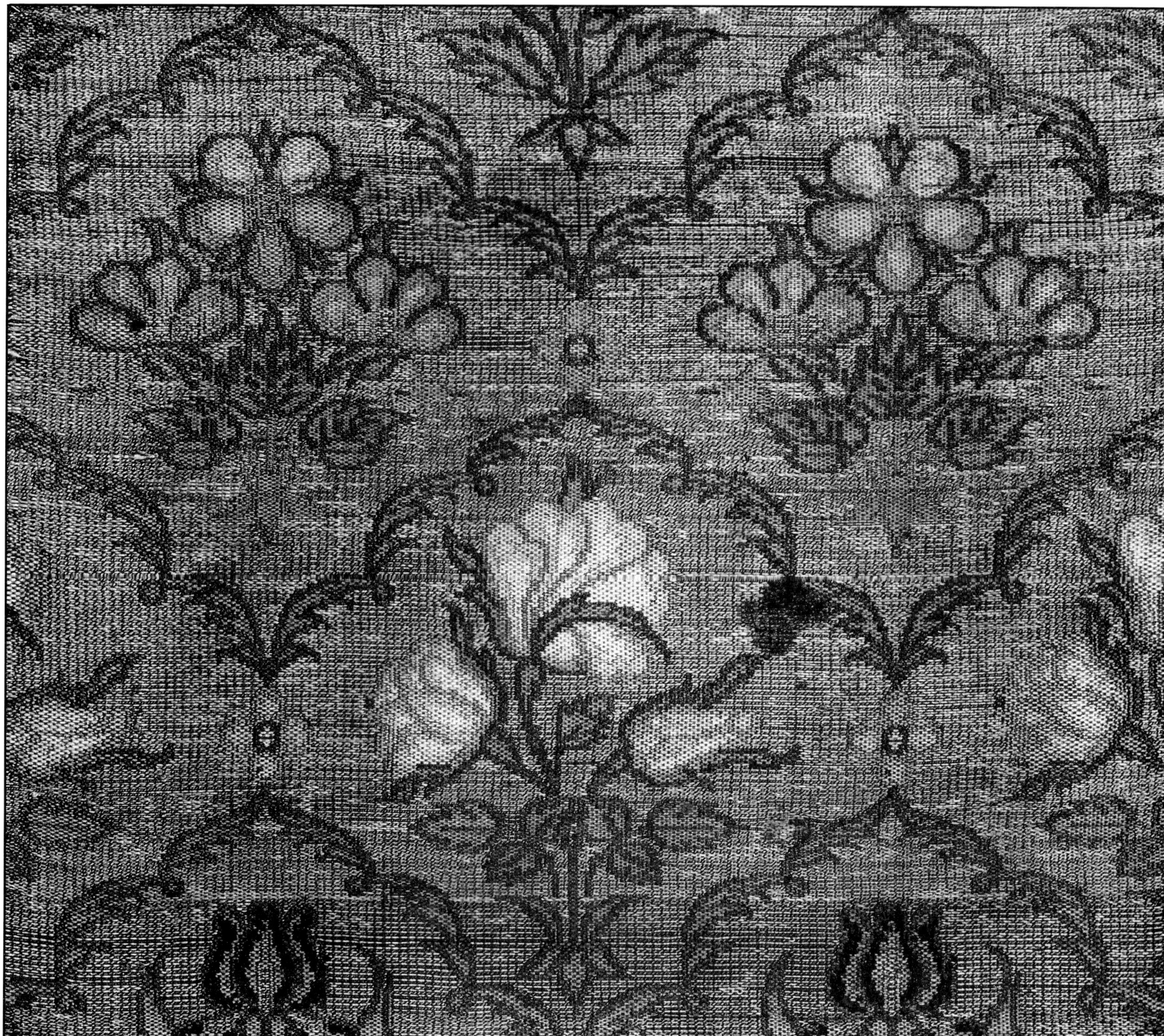

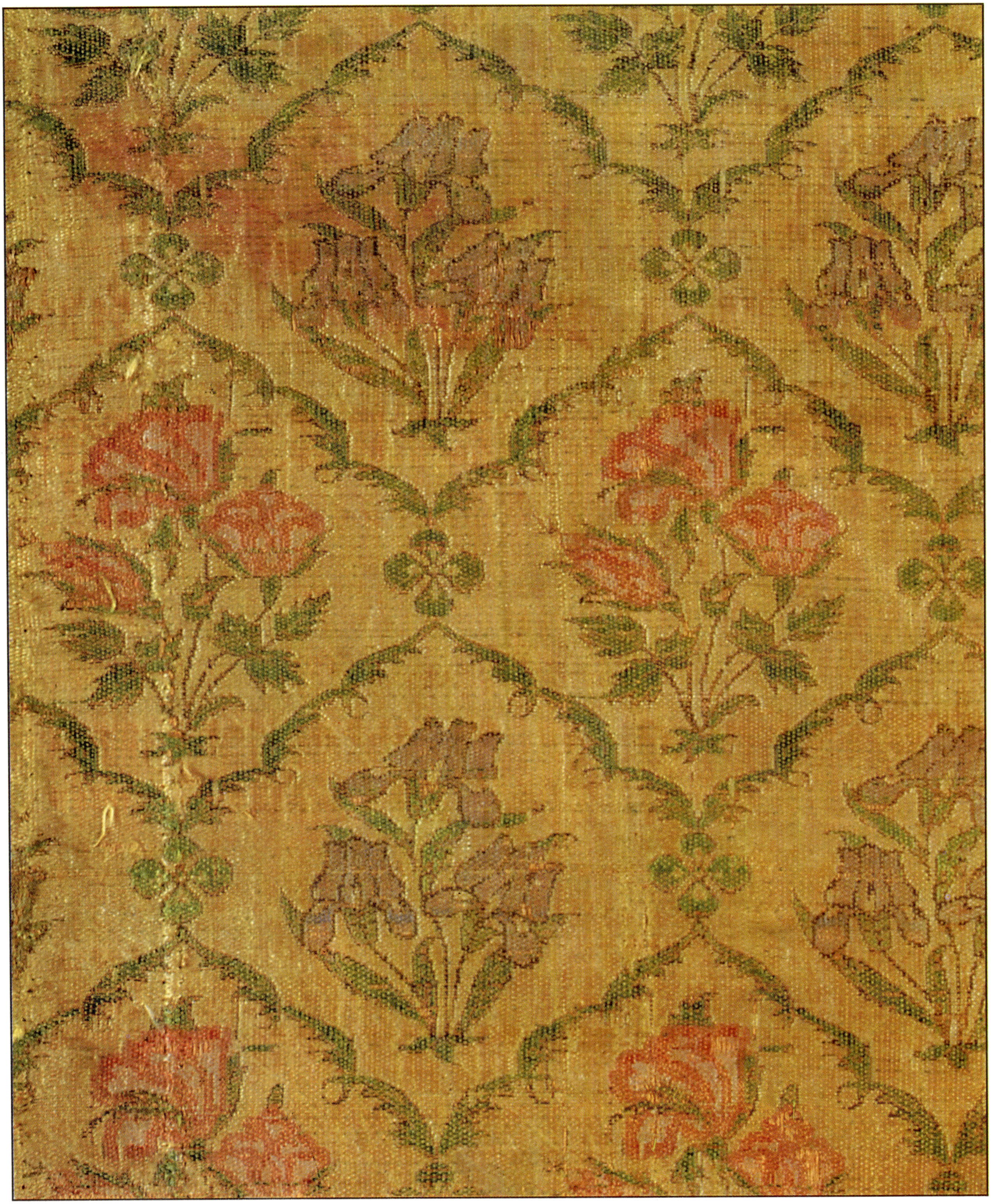

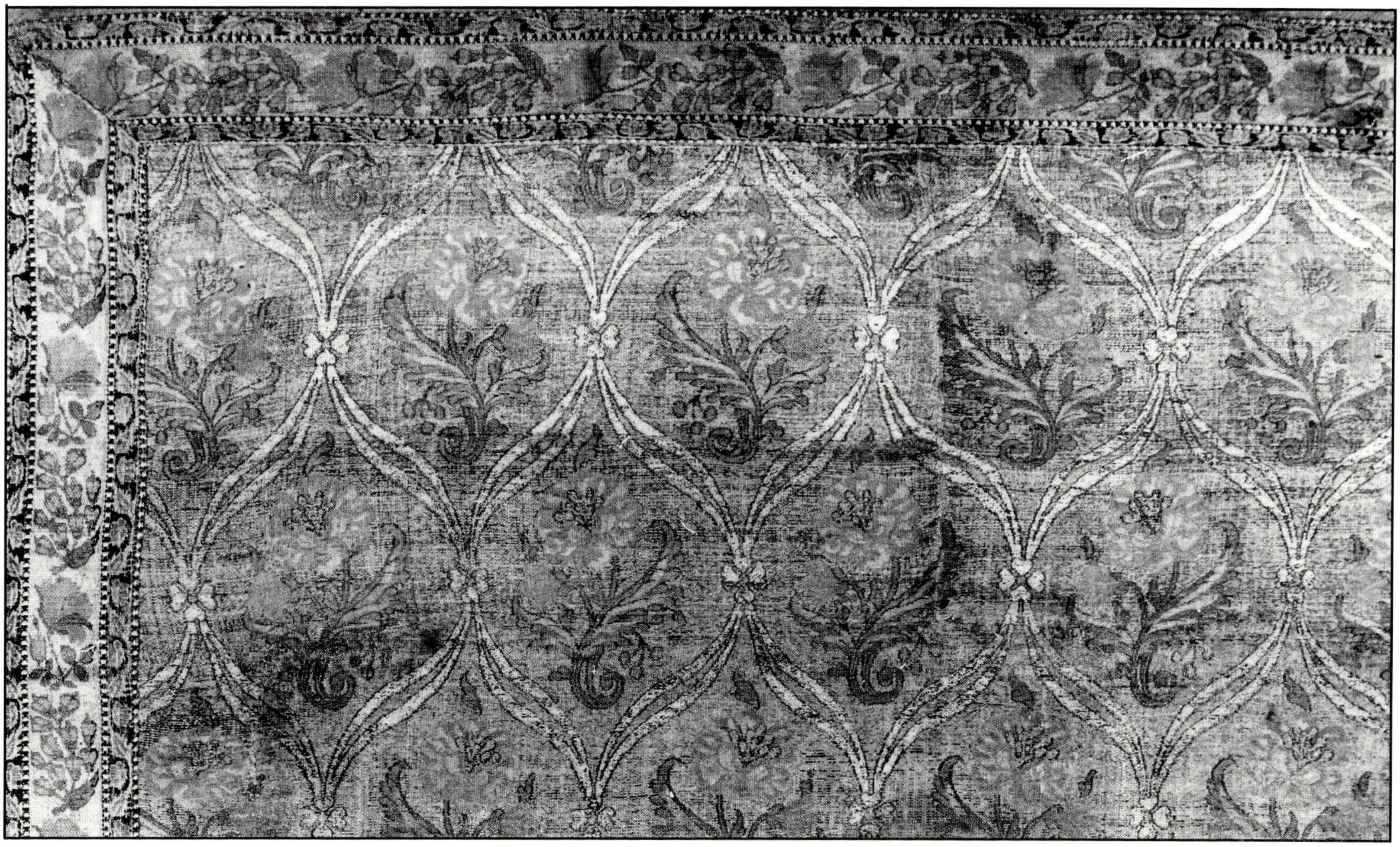

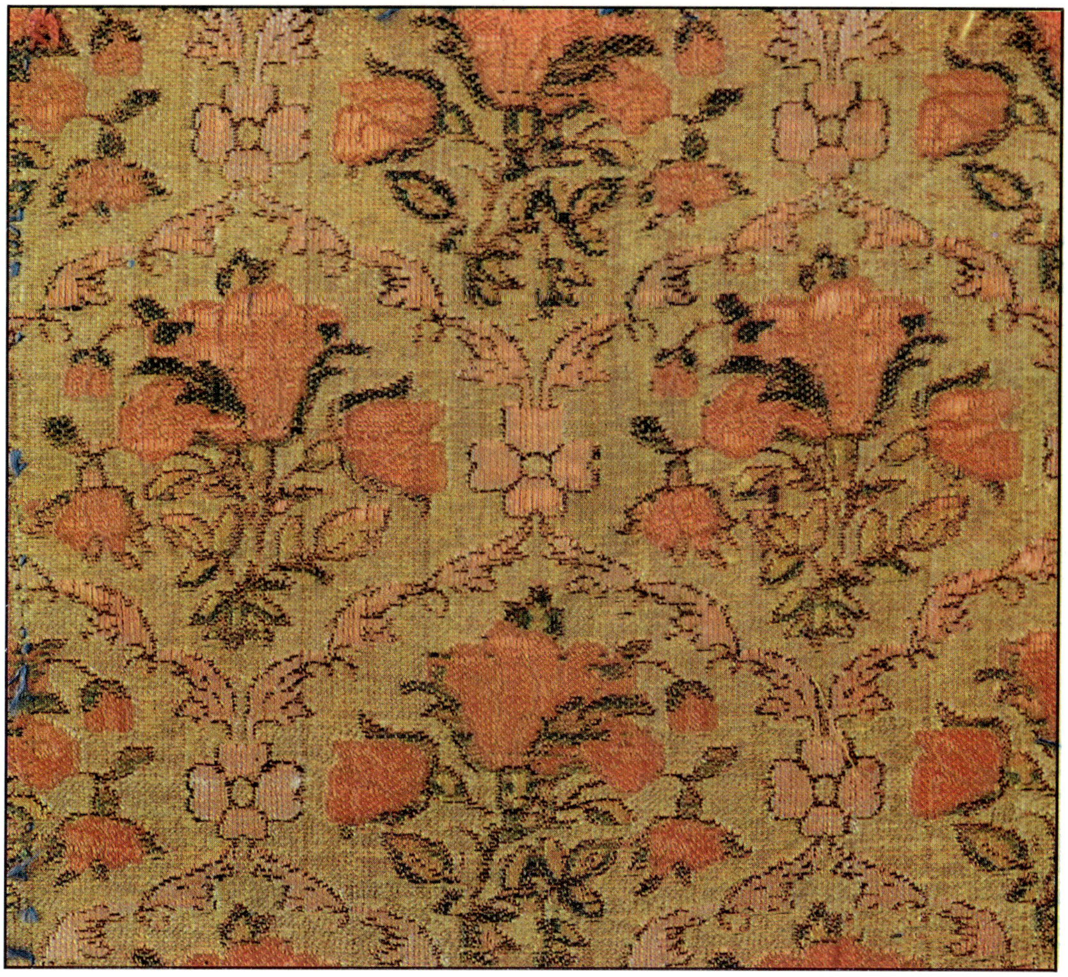

Abb. 64 *Schwertlilien- und Rosenpflanzen in Akanthusrauten, Mitte oder 2. Hälfte 17. Jahrhundert* Kat. Nr. 43

Abb. 65 *Blütenzweige im ogivalen Gittersystem, 2. Hälfte 17. Jahrhundert* Kat. Nr. 46 und 325

Abb. 66 *Rosenpflanzen in Akanthusrauten, 2. Hälfte 17. Jahrhundert* Kat. Nr. 44

Abb. 67 *Rosenpflanzen, von Schwertlilien- und Rosenranken umschlossen, 2. Hälfte 17. oder 18. Jahrhundert (?)* Kat. Nr. 47

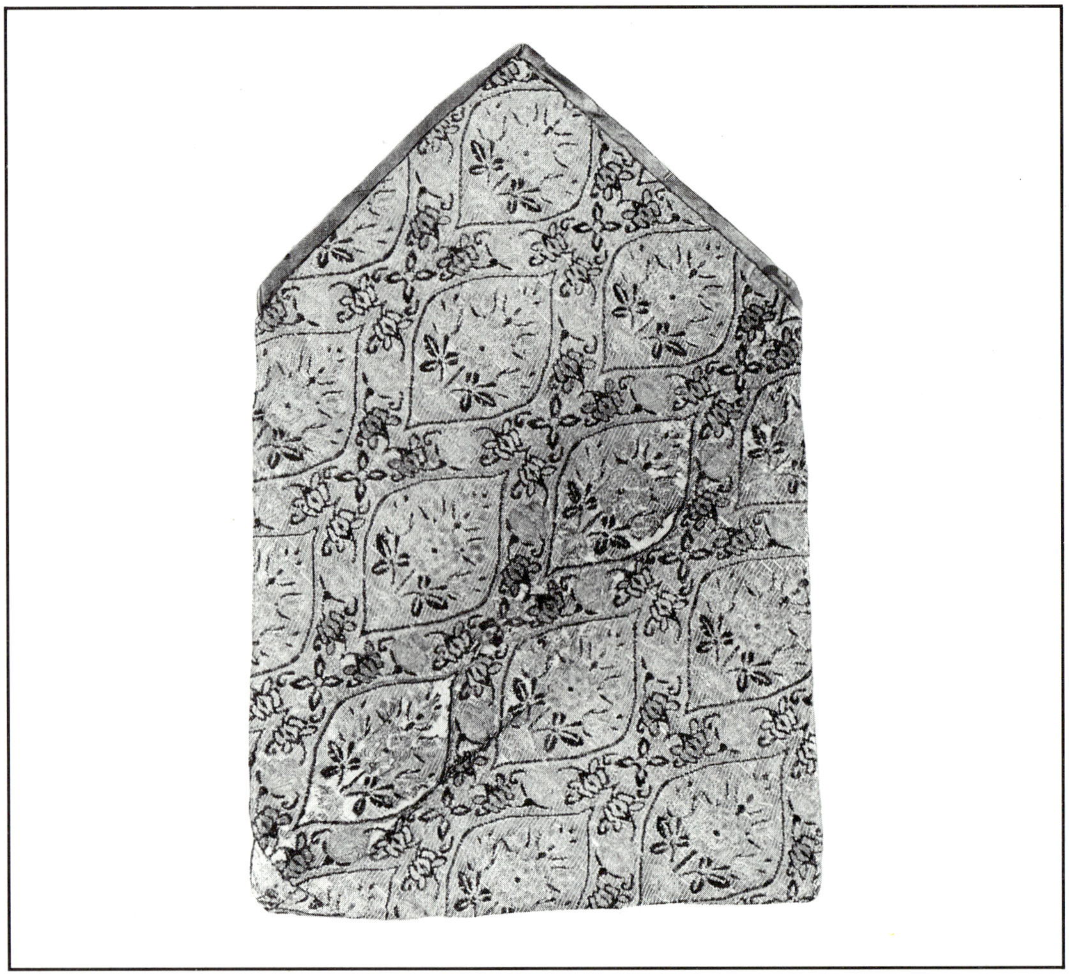

Abb. 68 *Rosenpflanzen in Akanthusrauten, 2. Hälfte 17. Jahrhundert* Kat. Nr. 48

Abb. 69 *Dichtes Pflanzenwerk mit Schwertlilie und Rose, 2. Hälfte 17. Jahrhundert* Kat. Nr. 50

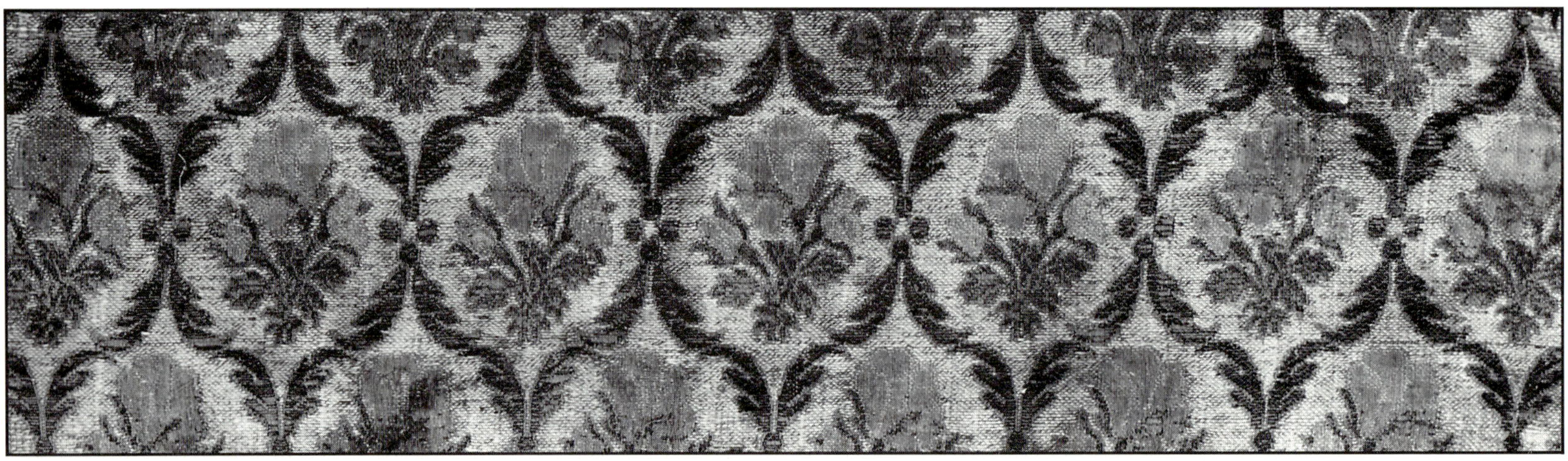

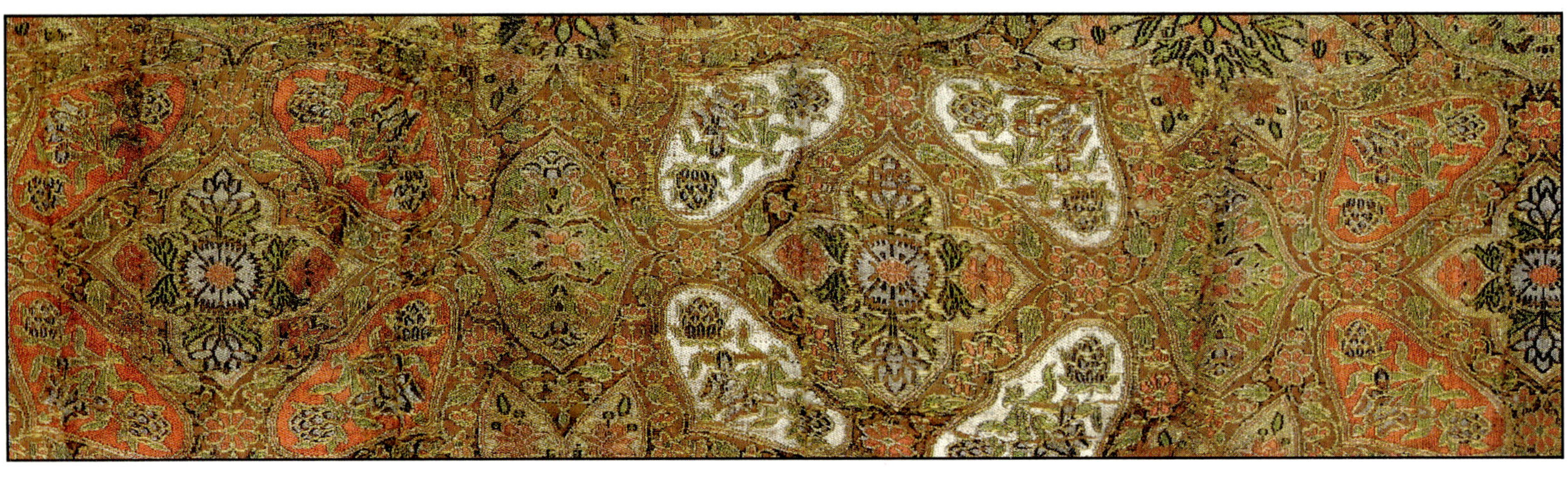

Abb. 70 *Blattmotive und Blütenstauden im Medaillon, spätes 17. Jahrhundert* Kat. Nr. 51

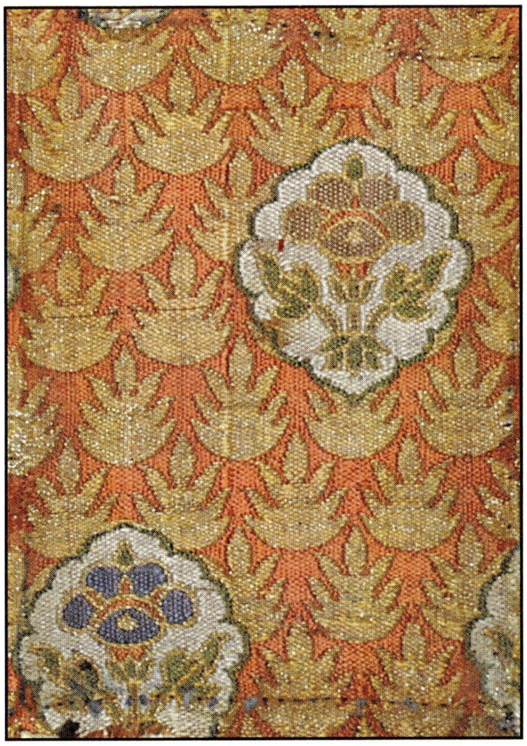

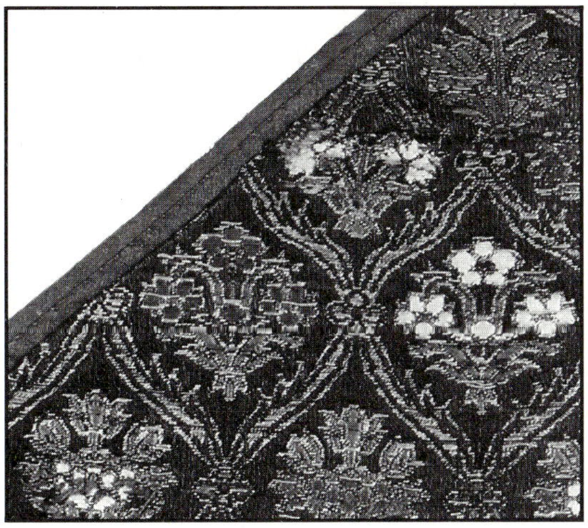

Abb. 71 *Kleinteilige ogivale Rauten mit verschiedenartigen Blütenpflanzen, 1. Hälfte 18. Jahrhundert (?)* Kat. Nr. 54

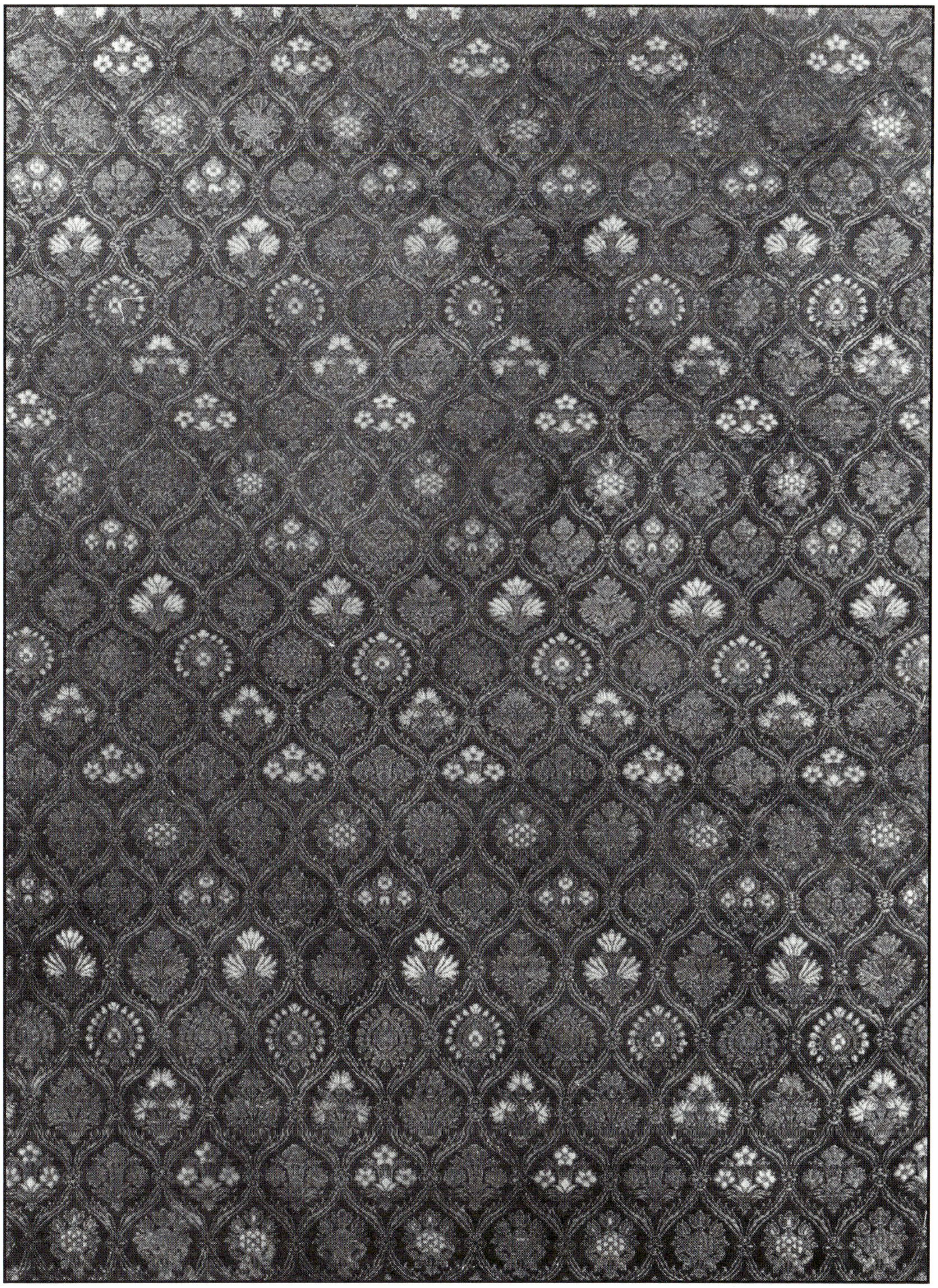

Abb. 72 *Kleinteilige ogivale Rauten mit verschiedenartigen Blütenpflanzen, 1. Hälfte 18. Jahrhundert (?) (vgl. Kat. Nr. 56)* Kat. Nr. 55

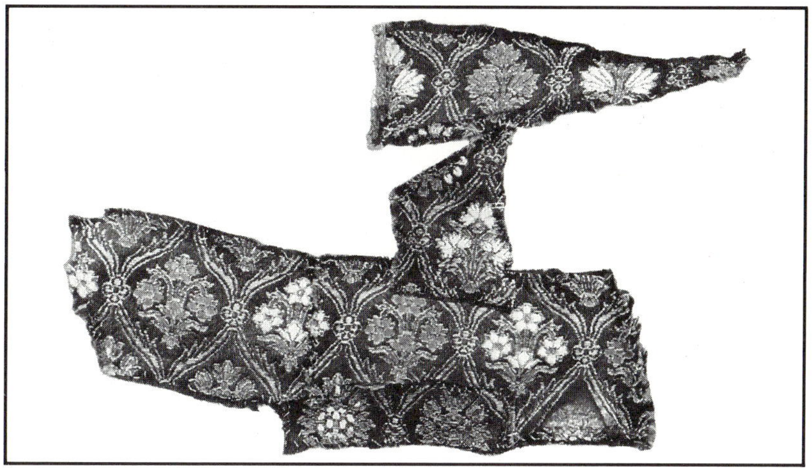

Abb. 73 *Kleinteilige ogivale Rauten mit verschiedenartigen Blütenpflanzen, 1. Hälfte 18. Jahrhundert (?) (vgl. Kat. Nr. 55)* Kat. Nr. 56

Abb. 77 *Kleinteiliges, stark stilisiertes Rautenmuster mit Blütenpflanzen, 18.–19. Jahrhundert*
Kat. Nr. 61

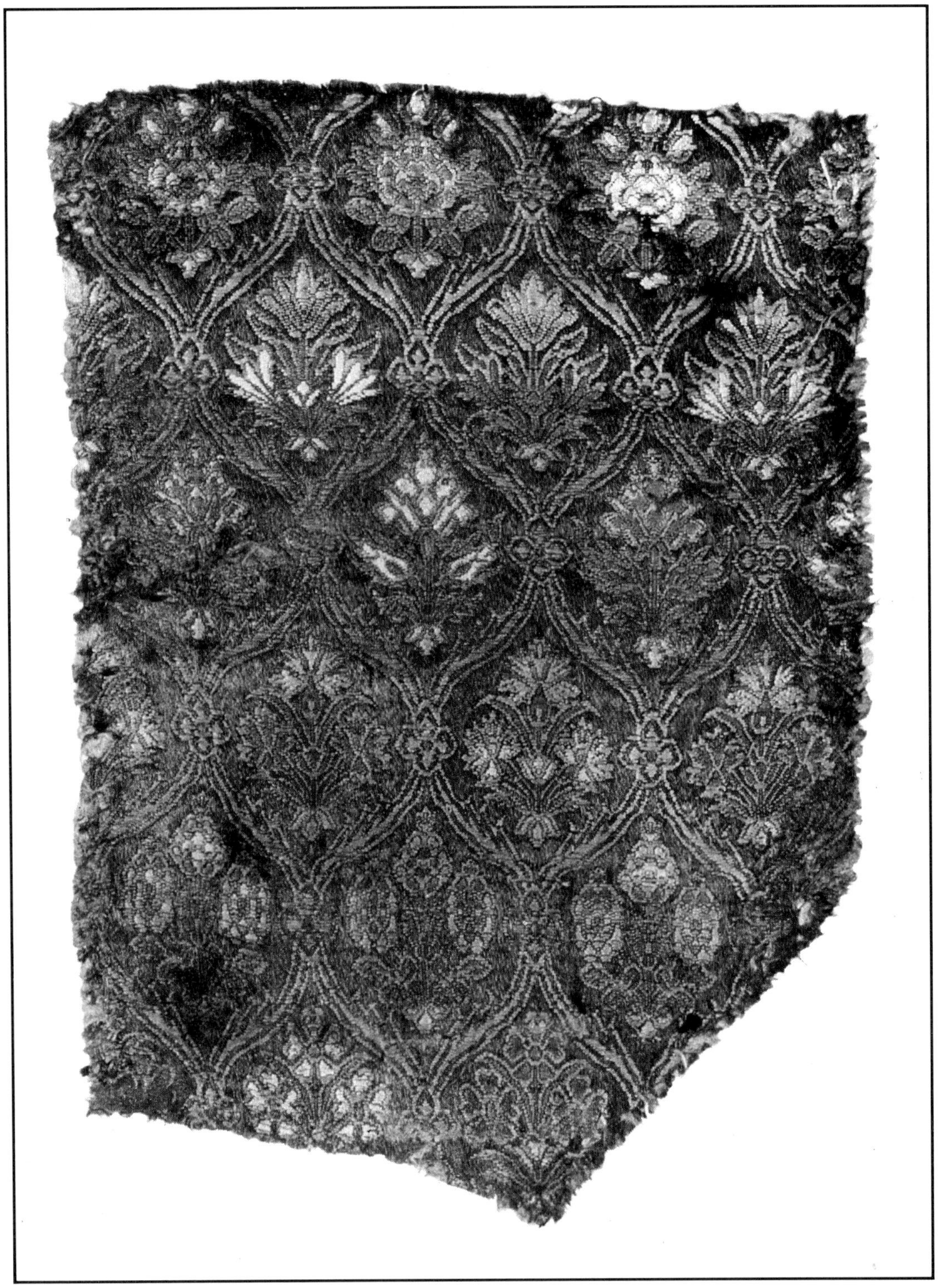

Abb. 74 *Kleinteilige ogivale Rauten mit verschiedenartigen Blütenpflanzen, 1. Hälfte 18. Jahrhundert*
Kat. Nr. 57

Abb. 76 *Kleine verschiedenartige Blütenpflanzen in rautenartiger Grundgliederung, 18. Jahrhundert (vgl. Kat. Nr. 58)* Kat. Nr. 59

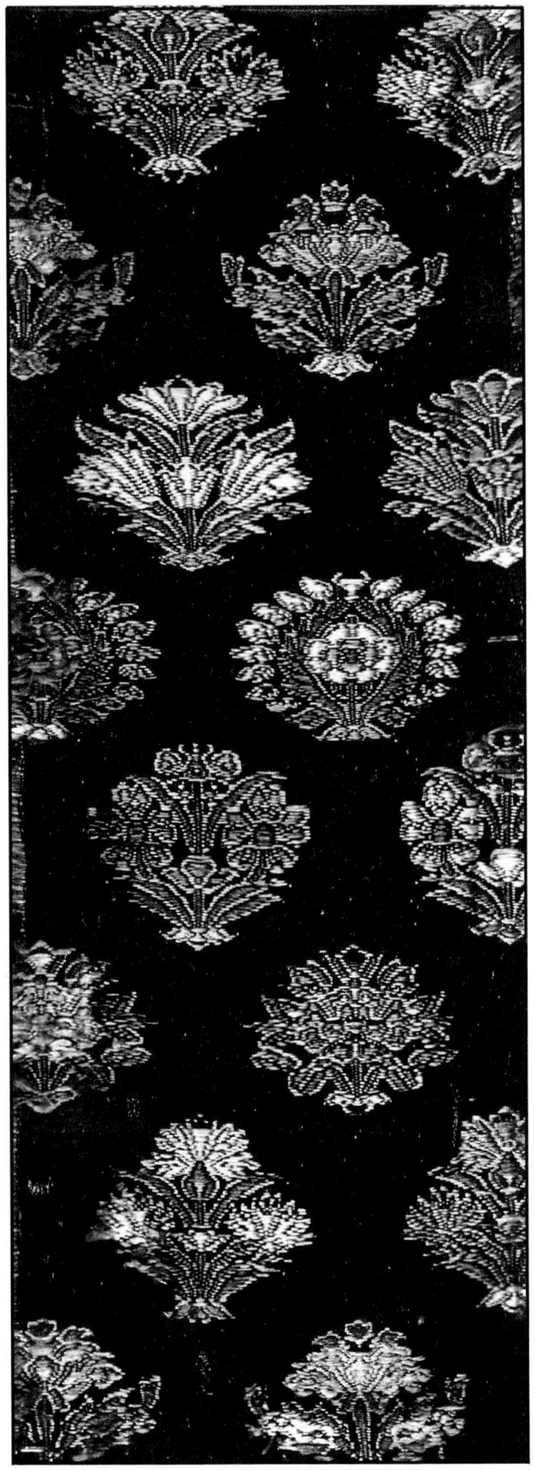

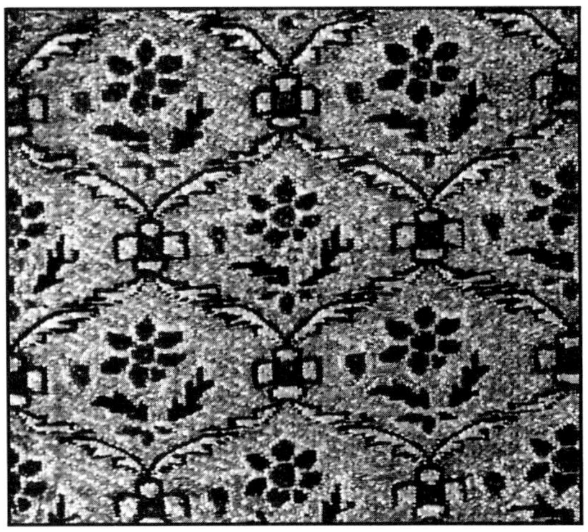

Abb. 75 *Kleinteiliges, stark stilisiertes Rautenmuster mit Blütenpflanzen, 18. Jahrhundert (?)*
Kat. Nr. 60

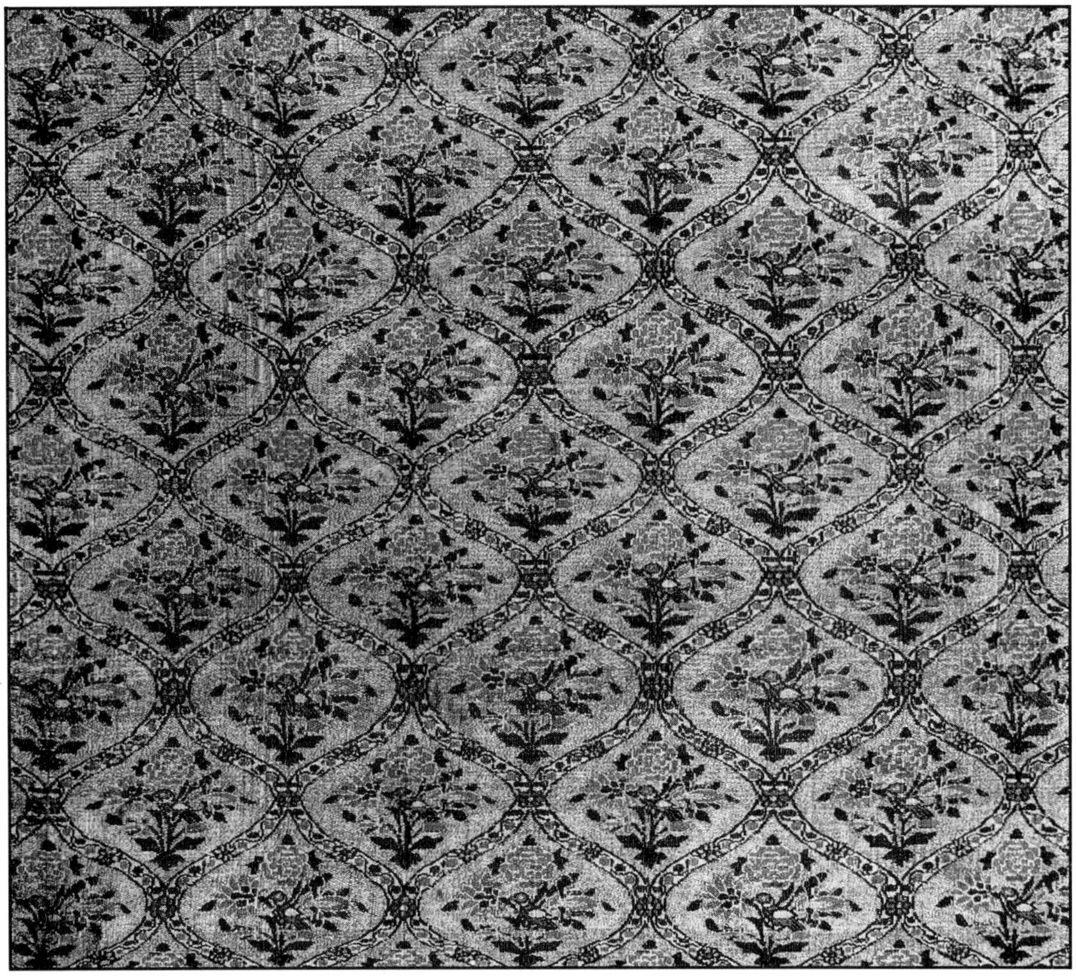

Abb. 78 *Kleinteiliges, stark stilisiertes Rautenmuster mit Rosenpflanzen, 18. Jahrhundert* Kat. Nr. 62

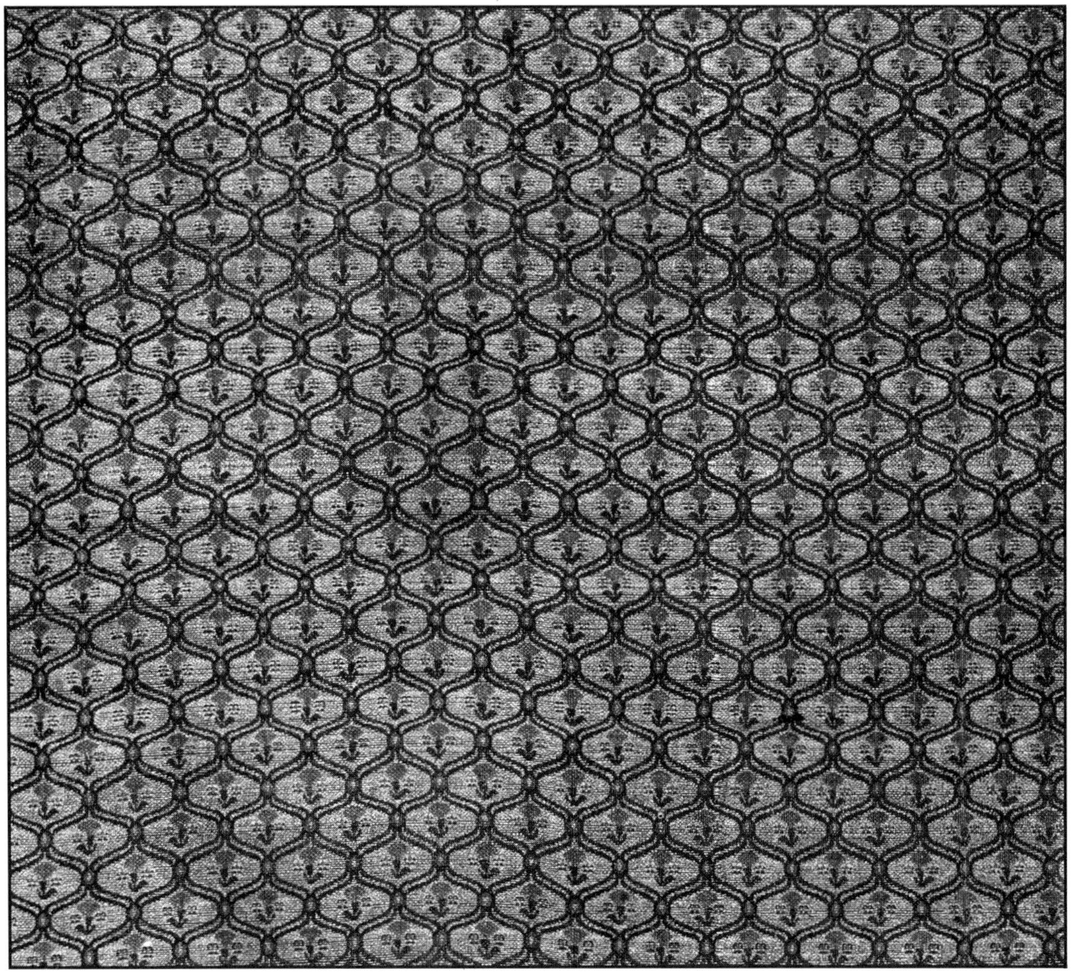

Abb. 79 *Kleinteiliges, stark stilisiertes Rautenmuster mit Blütenpflanzen, 19. Jahrhundert* Kat. Nr. 64

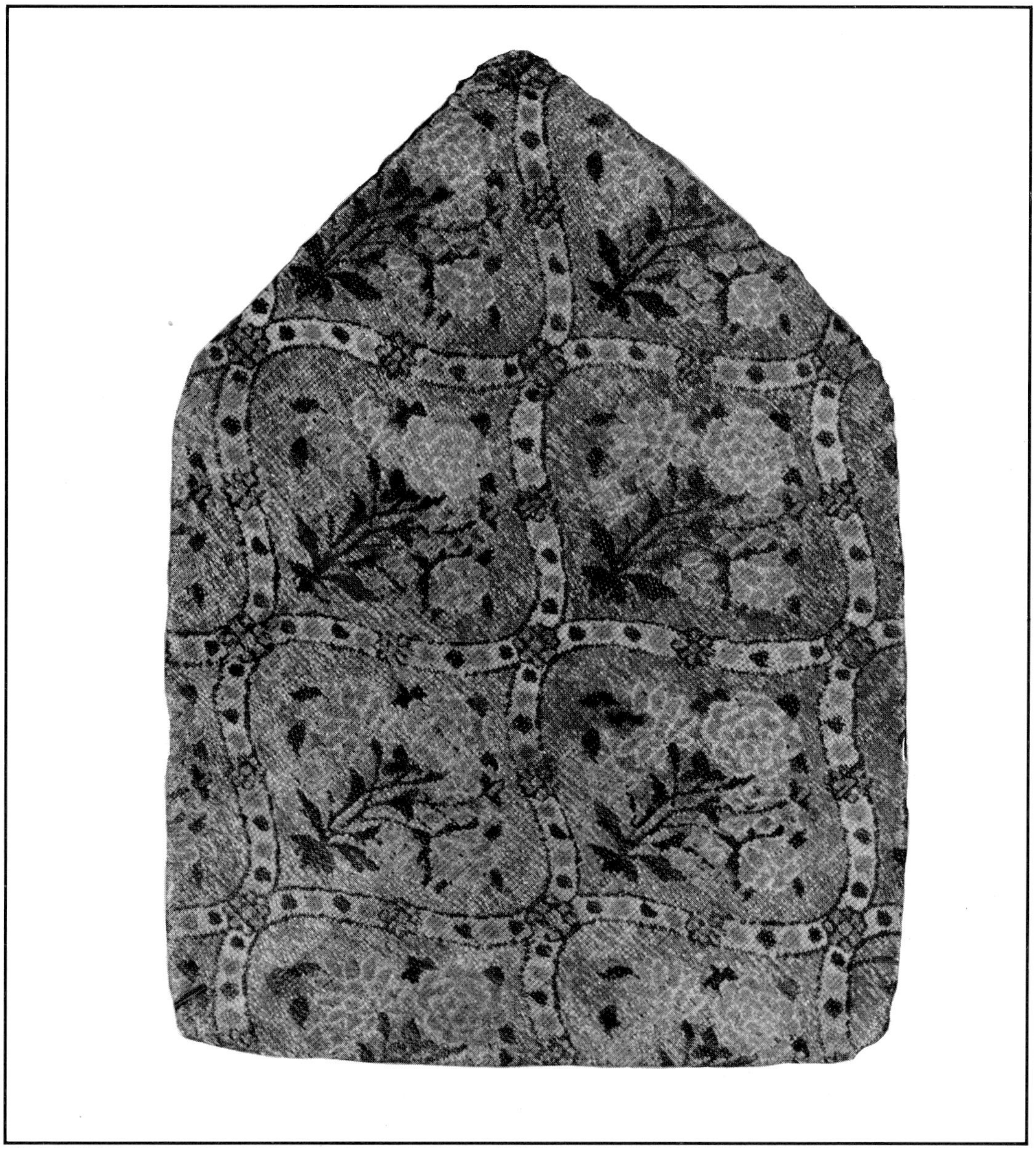

Abb. 80 *Kleinteiliges, stark stilisiertes Rautenmuster mit Rosenpflanzen, 18. Jahrhundert* Kat. Nr. 63

Abb. 81 *Durch Doppellinien gebildetes Rautensystem und stark abstrahierte Blütenpflanzen, 19. Jahrhundert* Kat. Nr. 65

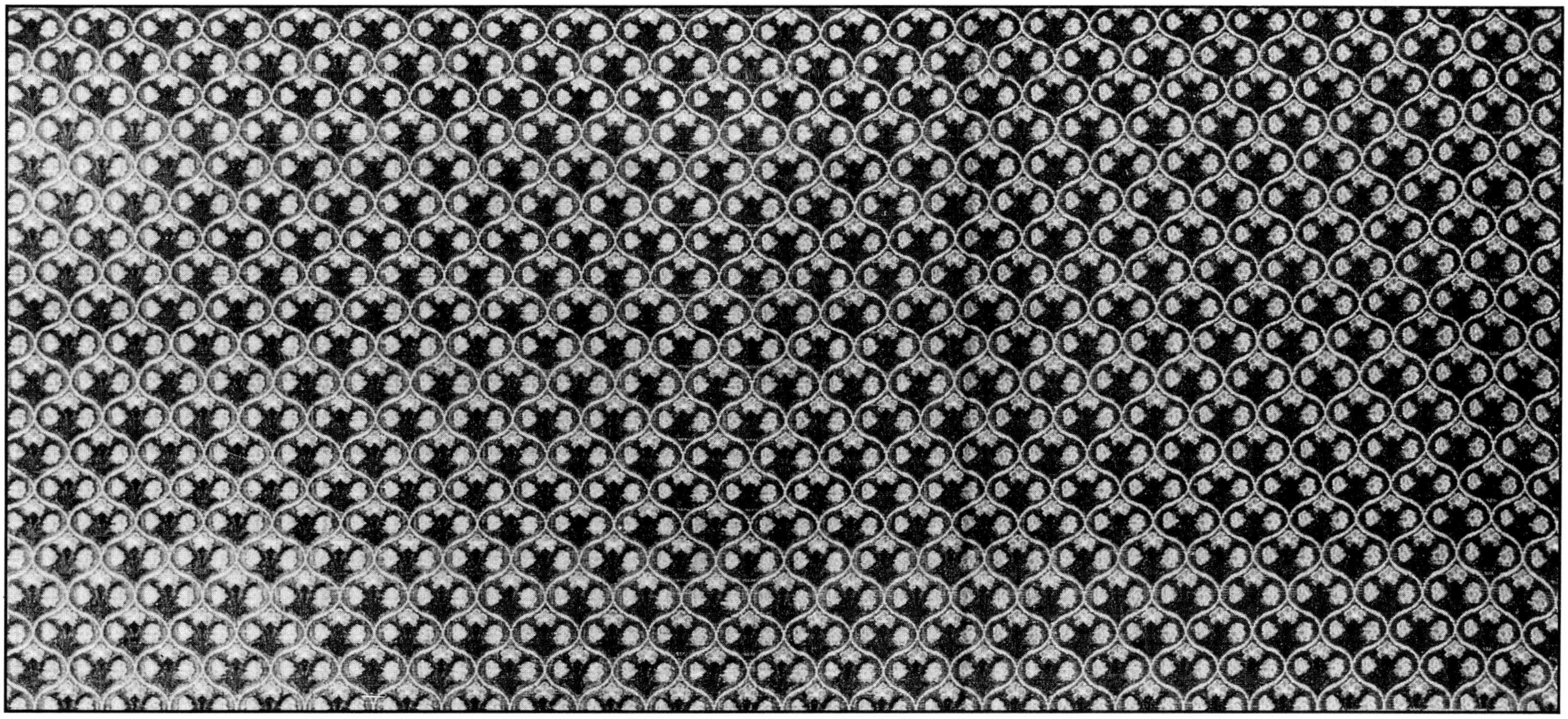

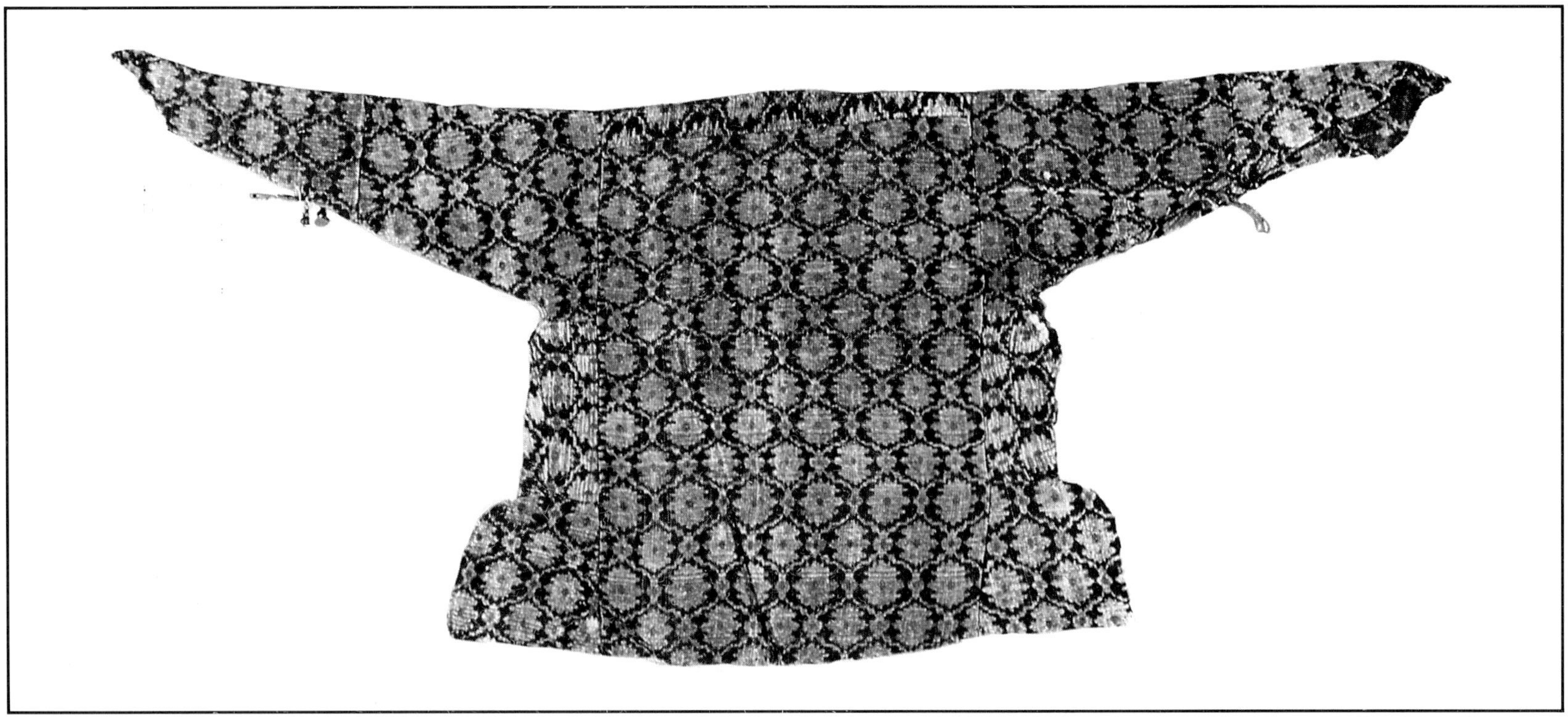

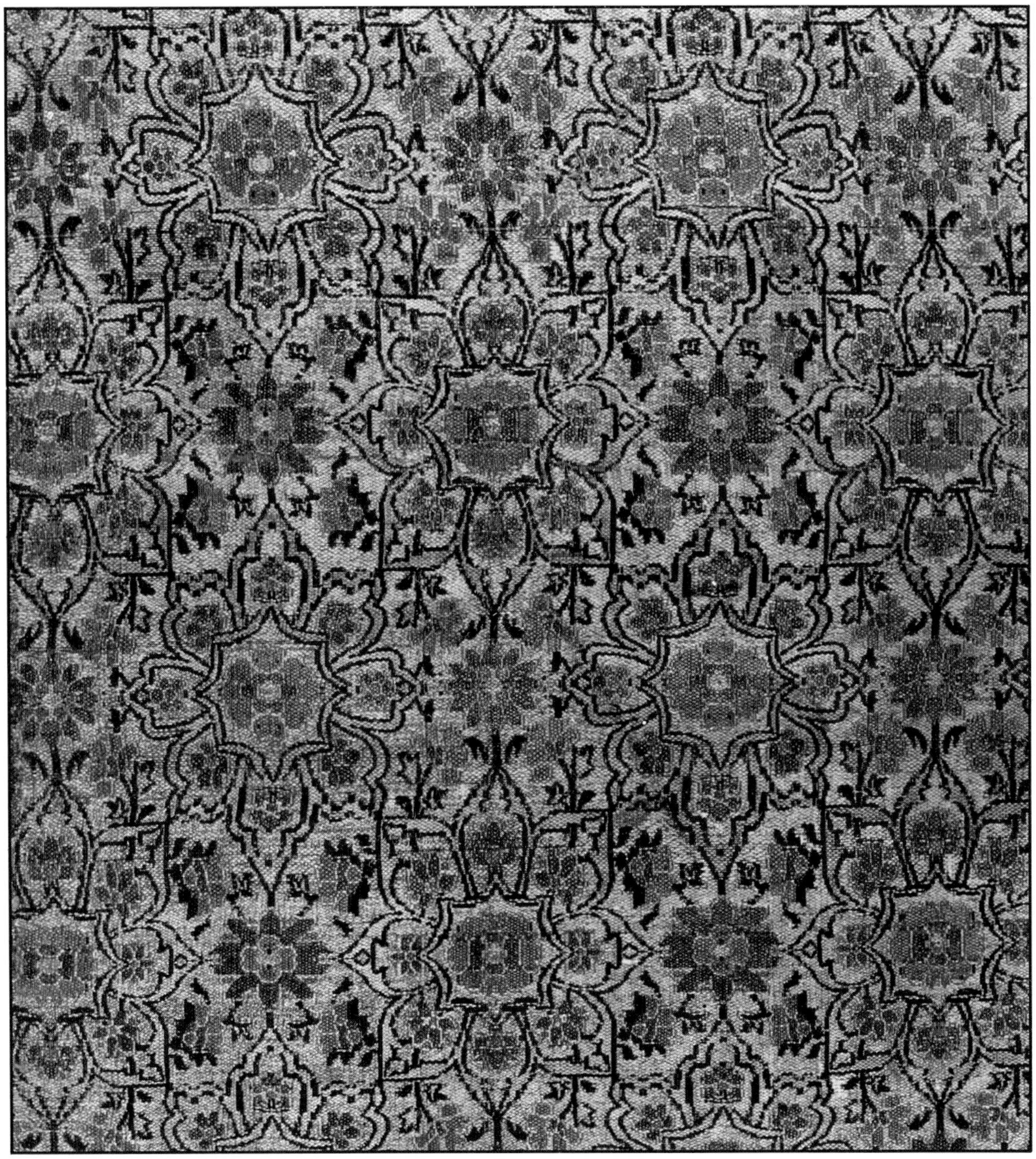

Abb. 82 *Rautengliederung mit stilisierten floralen Motiven, 18. Jahrhundert* Kat. Nr. 66

Abb. 83 *Stark stilisierte Sternmedaillons in Rautengliederung, 18. Jahrhundert (?)* Kat. Nr. 69

Abb. 84 *Rautengliederung mit floralen Motiven, 18. Jahrhundert* Kat. Nr. 67 und 344

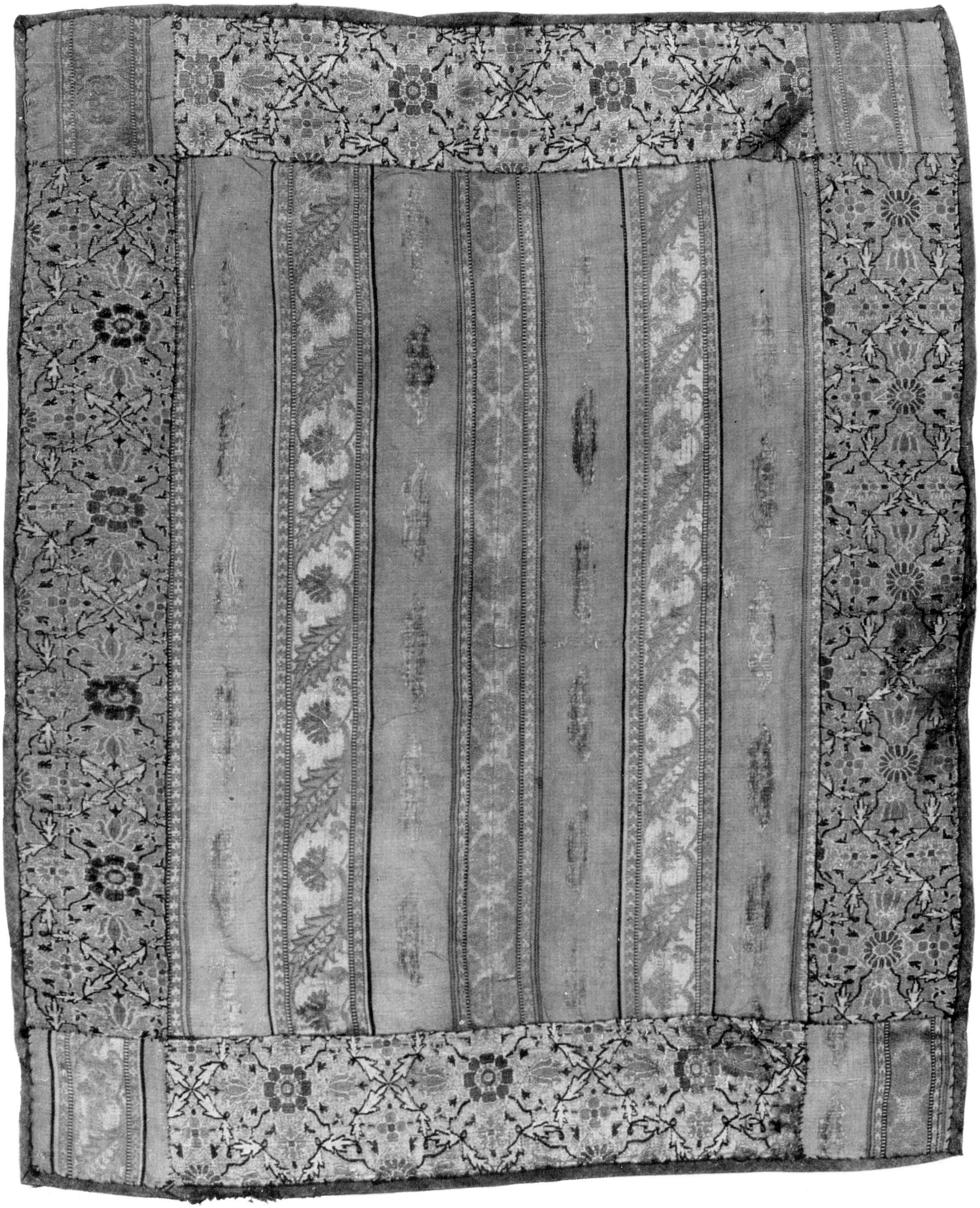

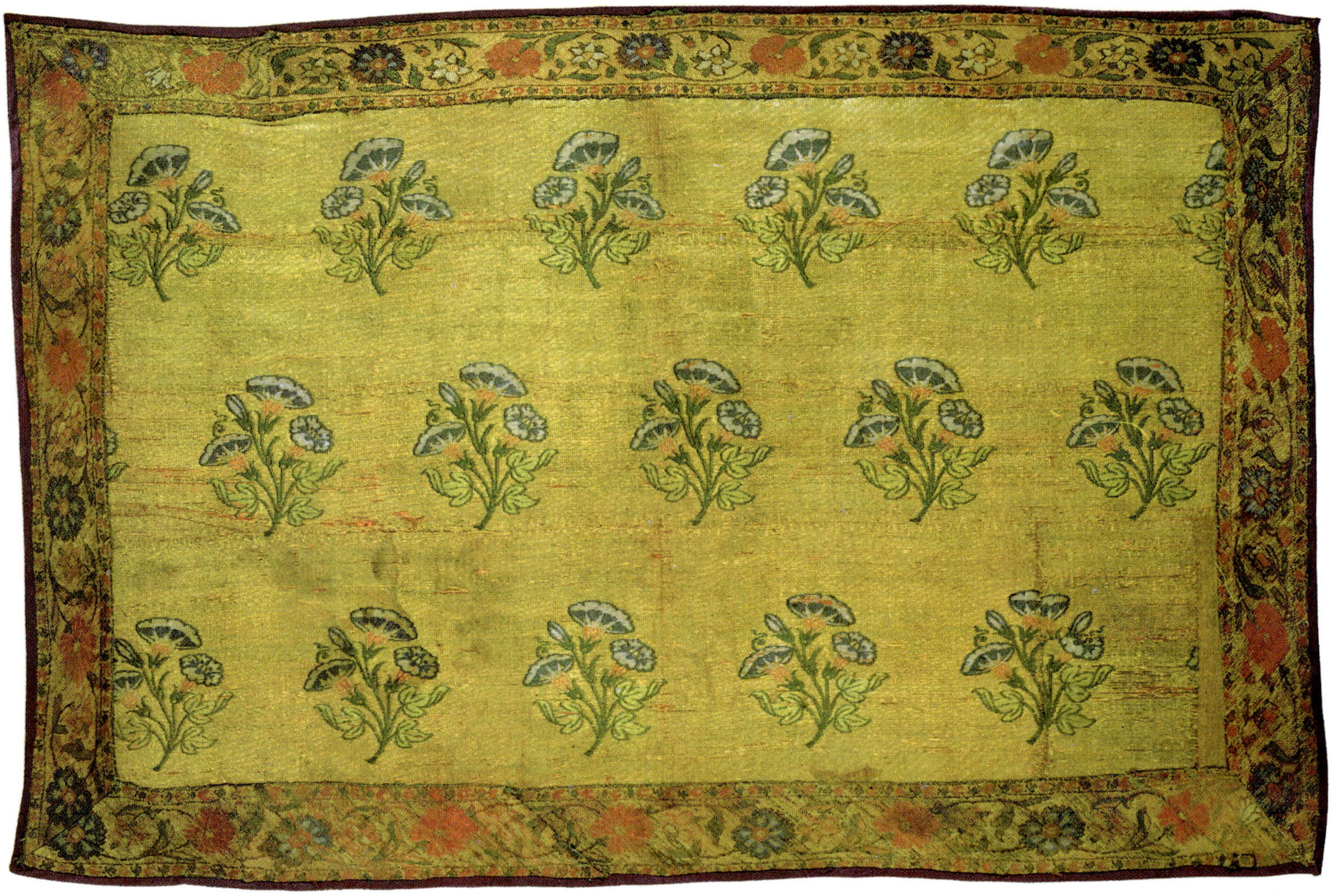

Abb. 85 *Leicht geschwungene Blütenzweige in eleganter Zeichnung, Ende 16. oder Anfang 17. Jahrhundert* Kat. Nr. 70 und 294

Abb. 86 *Kleine, leicht geschwungene Blütenzweige in eleganter Zeichnung, Ende 16. oder Anfang 17. Jahrhundert* Kat. Nr. 71

Abb. 87 *Kleiderseiden des 17. Jahrhunderts mit reihenweise auf Zwischenraum gesetzten floralen Motiven und gestreifte Hosenstoffe, Malerei auf einem kleinen Kabinettschränkchen, 17. Jahrhundert*

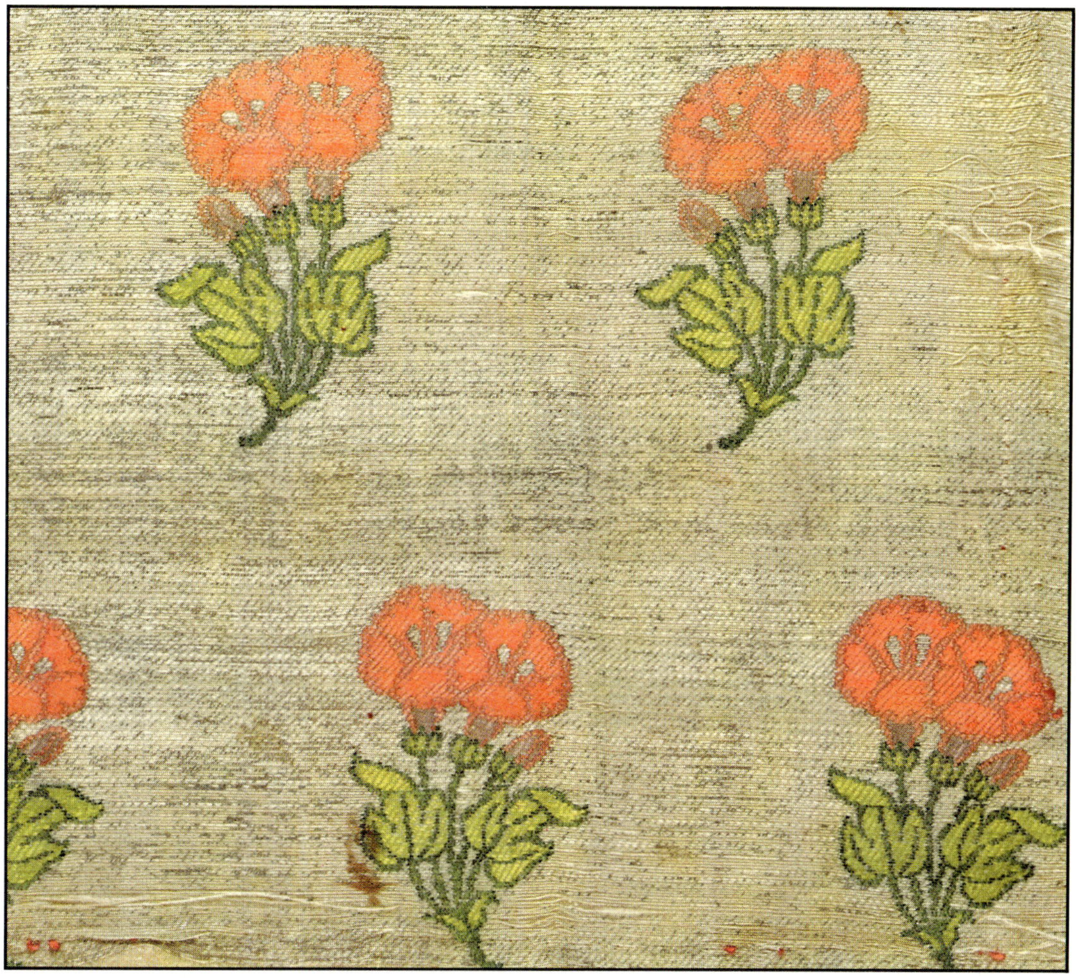

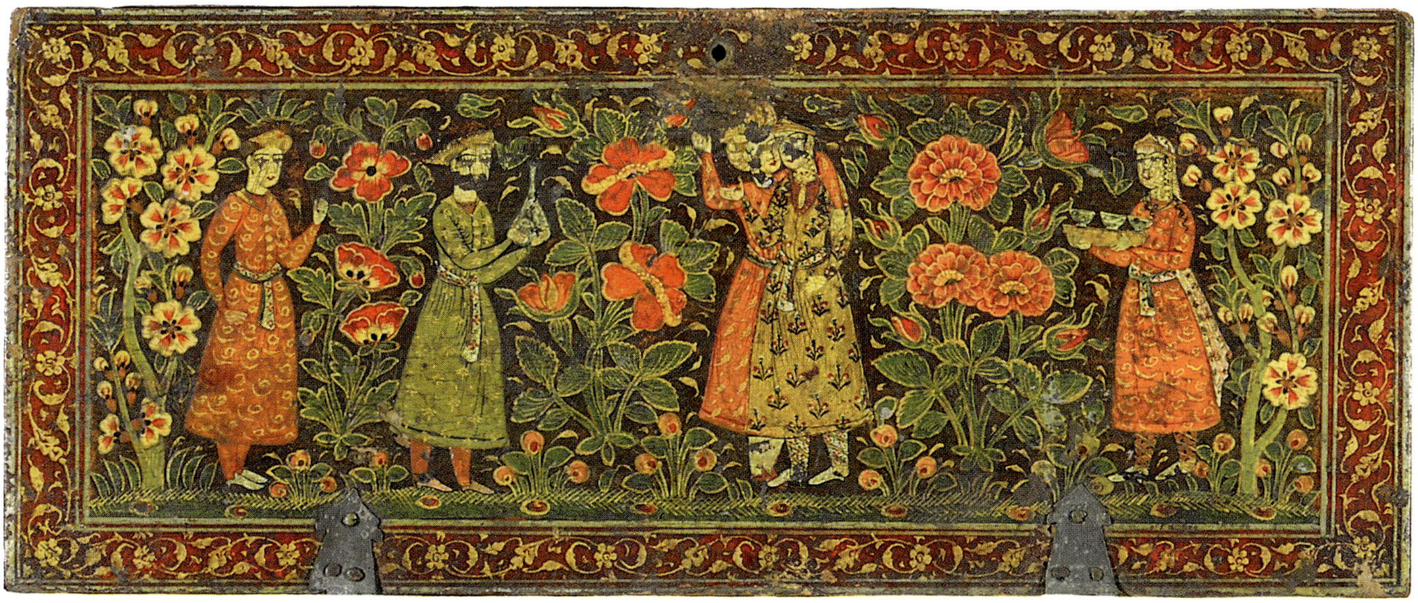

Abb. 88 *Elegant geschwungener Blütenzweig, 1. Viertel 17. Jahrhundert* Kat. Nr. 72

Abb. 89 *Leicht geschwungener Blütenzweig und eingepreßte Linien, 1. Viertel 17. Jahrhundert* Kat. Nr. 73

Abb. 90 *Blütenpflanzen in Gold- und Silberstickerei, Mitte 17. Jahrhundert* Kat. Nr. 77

Abb. 91 *Leicht geschwungene Schwertlilienpflanzen in eingepreßten Kartuschen, 1. Hälfte 17. Jahrhundert* Kat. Nr. 74

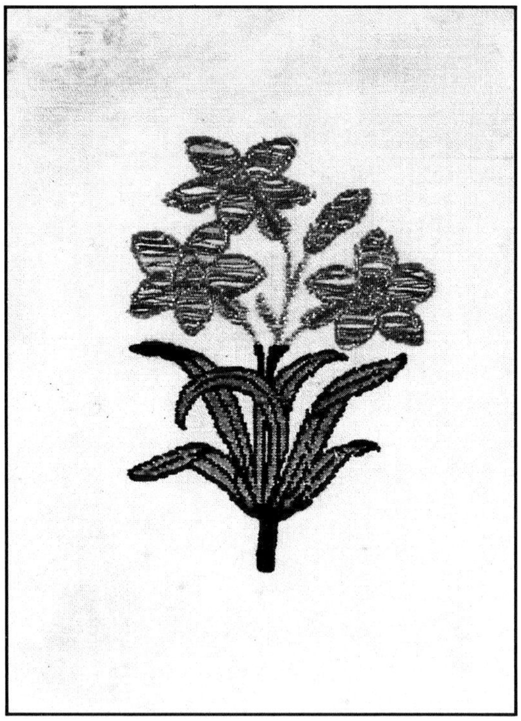

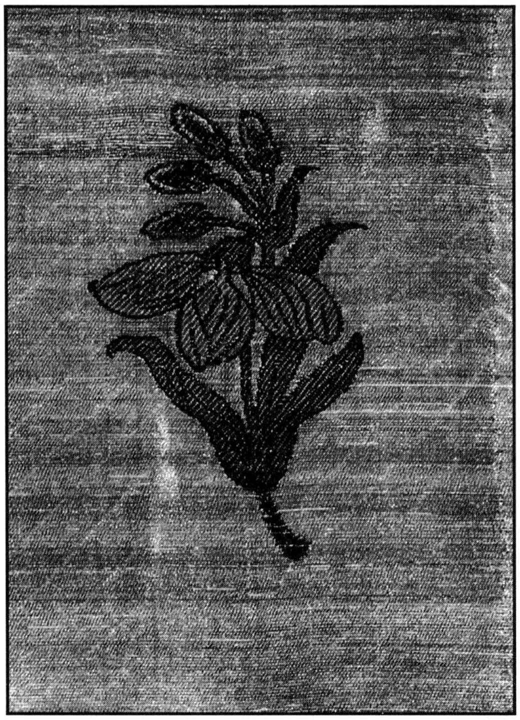

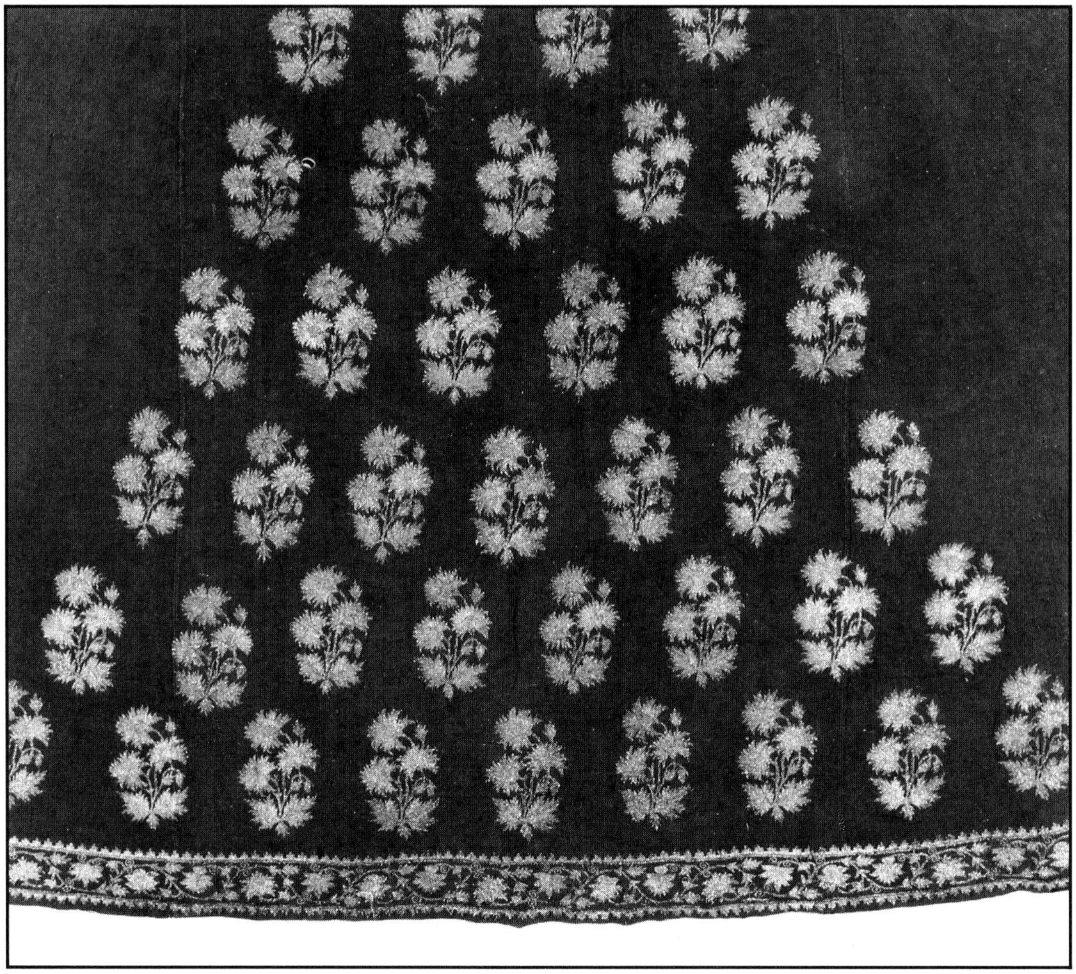

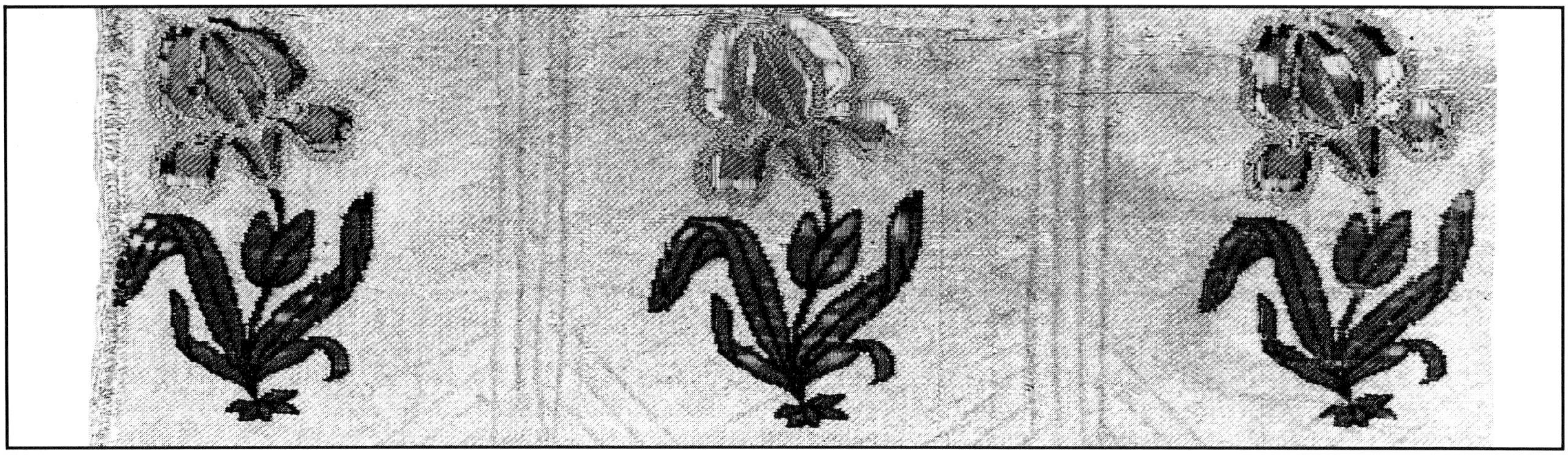

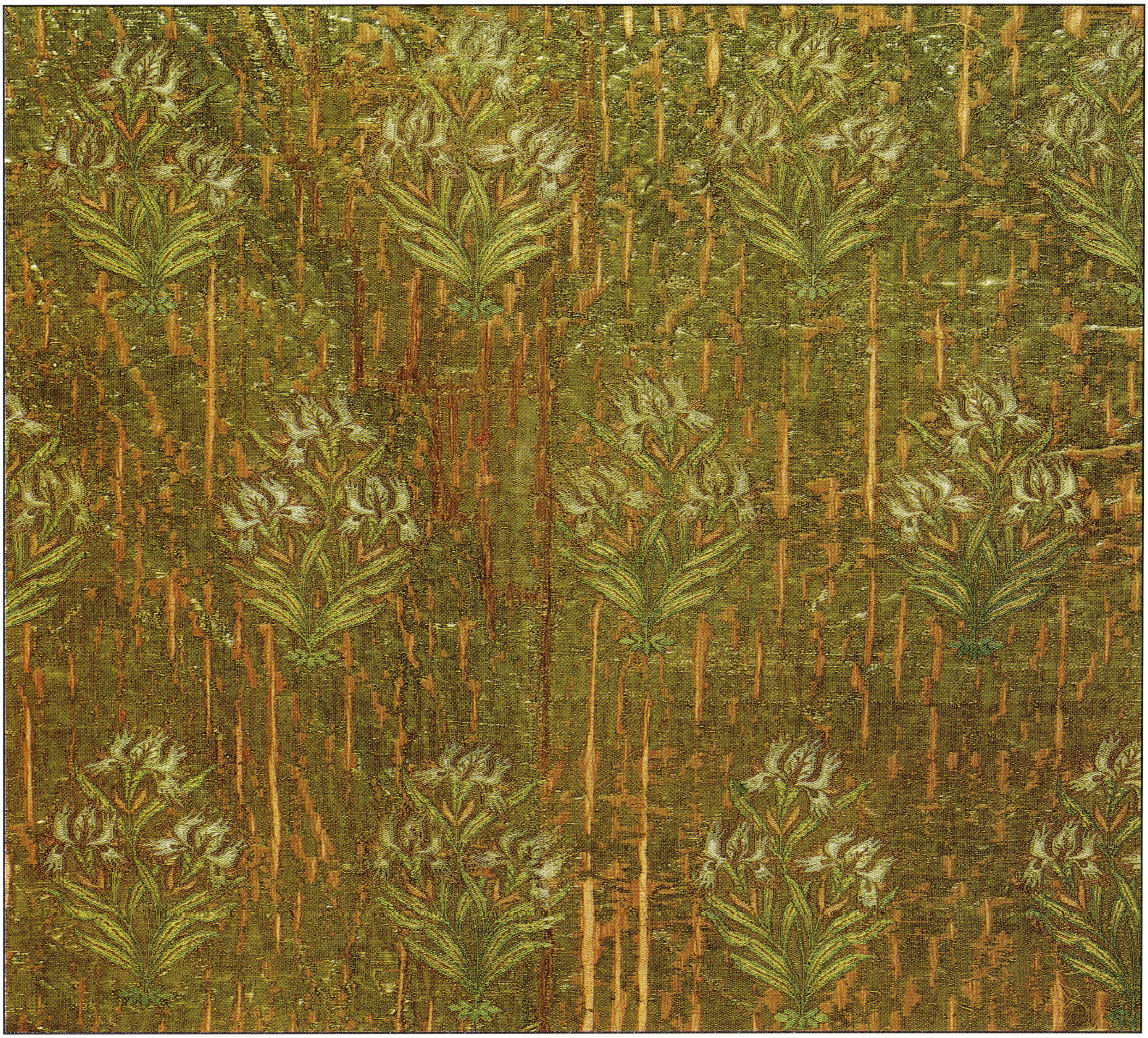

Abb. 92 *Naturnahe Schwertlilienpflanzen vor goldenem Grund, 1. Hälfte oder Mitte 17. Jahrhundert*
Kat. Nr. 75

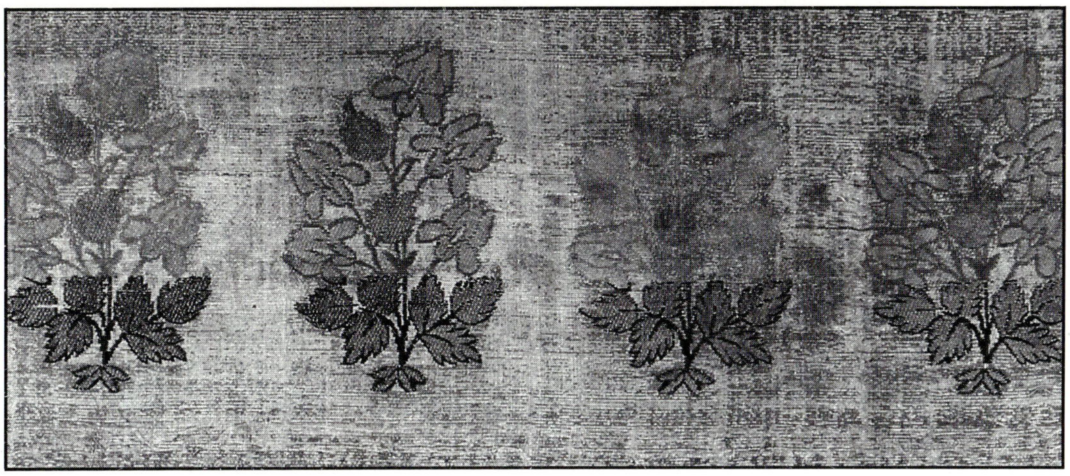

Abb. 93 *Schwertlilienpflanzen vor silbernem Grund, Mitte 17. Jahrhundert* Kat. Nr. 76

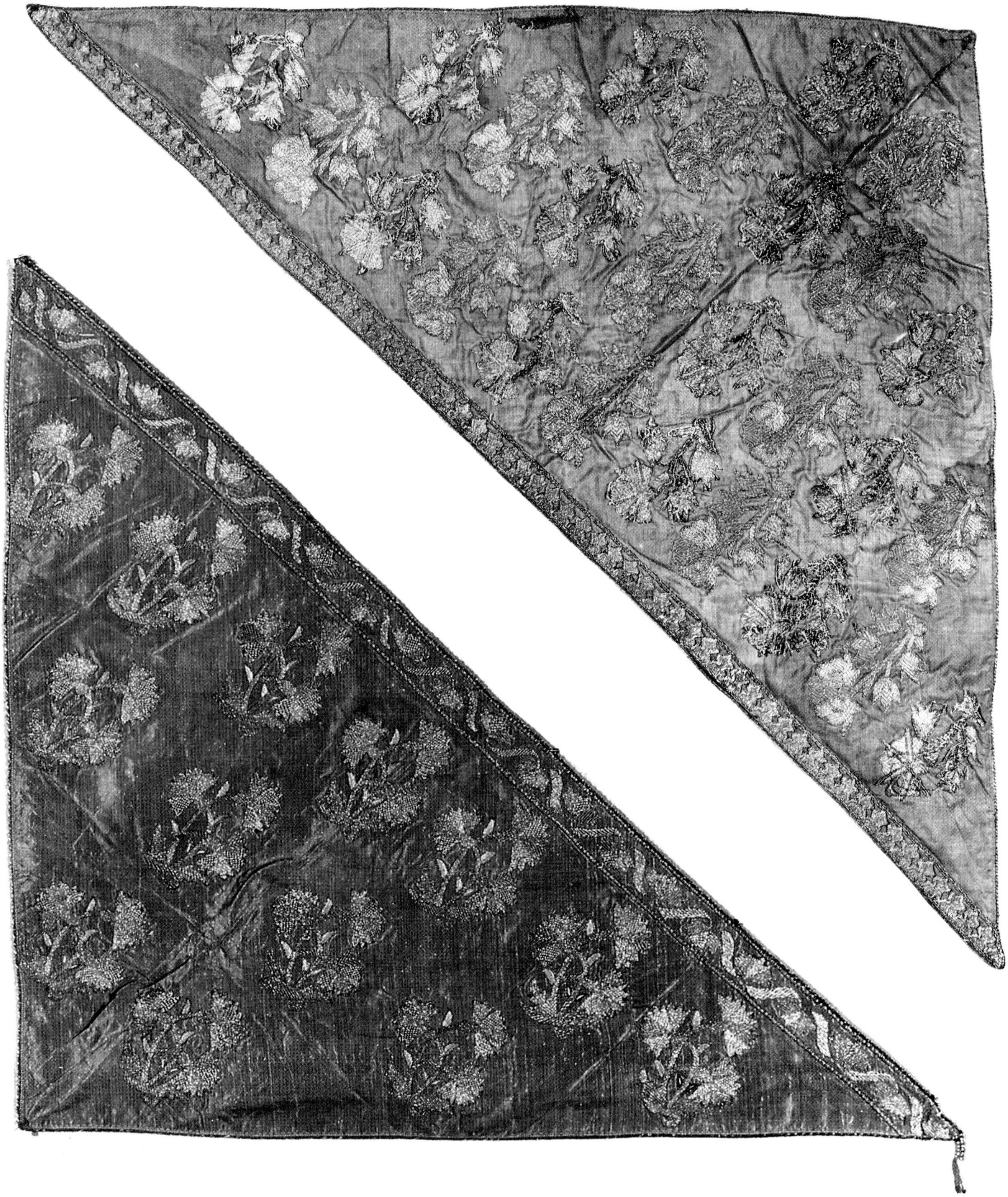

Abb. 94 *Blütenpflanzen in Gold- und Silberstickerei, 2. Hälfte 17. Jahrhundert (?)* Kat. Nr. 78 und 79

Abb. 95 *Stilisierte Blütenpflanzen in zarter Zeichnung, Mitte oder 2. Hälfte 17. Jahrhundert* Kat. Nr. 81

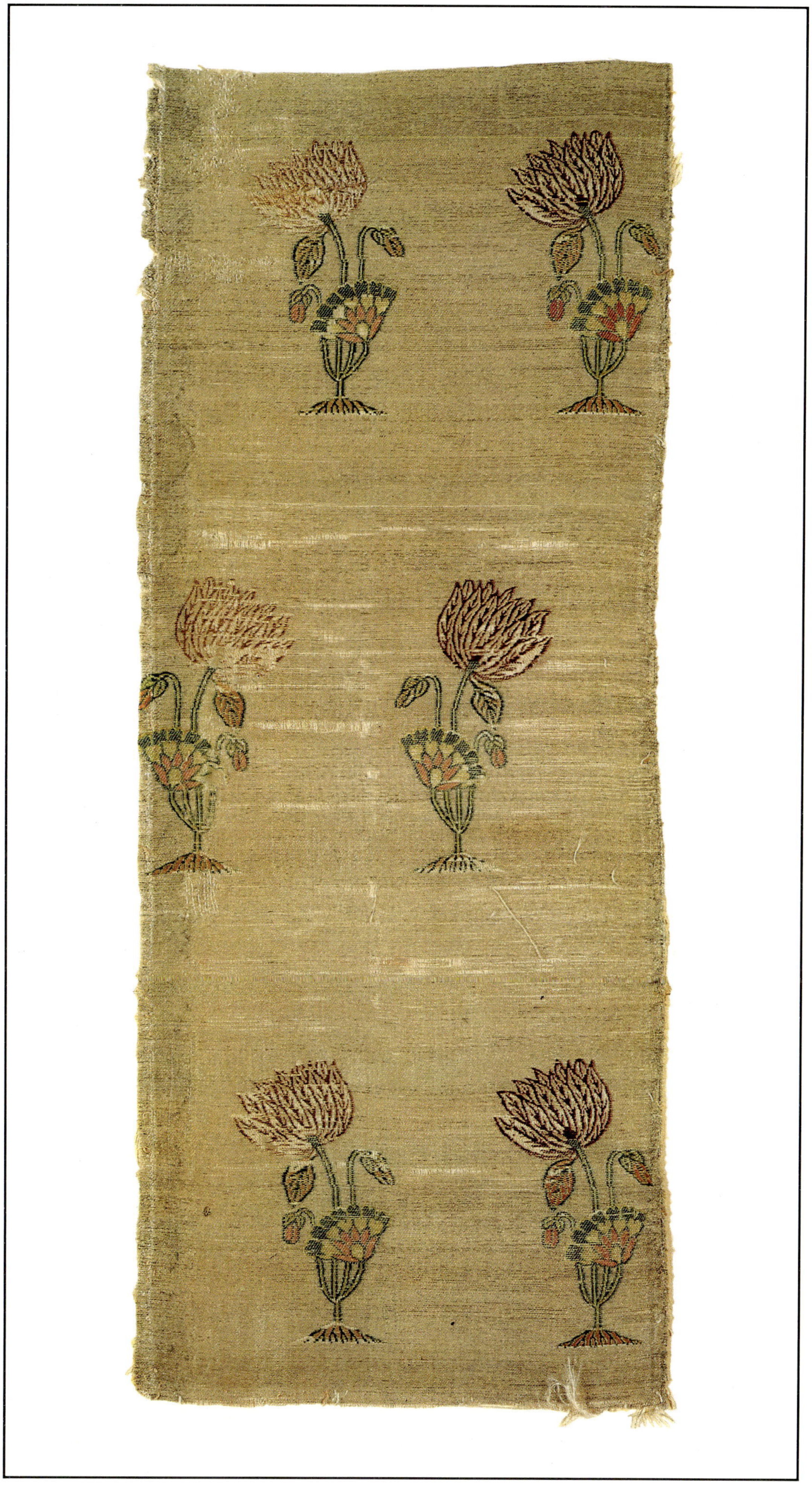

Abb. 96 *Blütenpflanzen in stilisierter Zeichnung vor eingepreßten Linien, 2. Hälfte 17. Jahrhundert* Kat. Nr. 82

Abb. 97 *Kleine Blütenstengel in lockerer Zeichnung, 2. Hälfte 17. Jahrhundert* Kat. Nr. 83

Abb. 98 *Leicht geschwungene kleine Blütenpflanze, Mitte oder 2. Hälfte 17. Jahrhundert* Kat. Nr. 84

Abb. 99 *Geschlossene Blüten in zarter Zeichnung, 2. Hälfte 17. Jahrhundert* Kat. Nr. 87

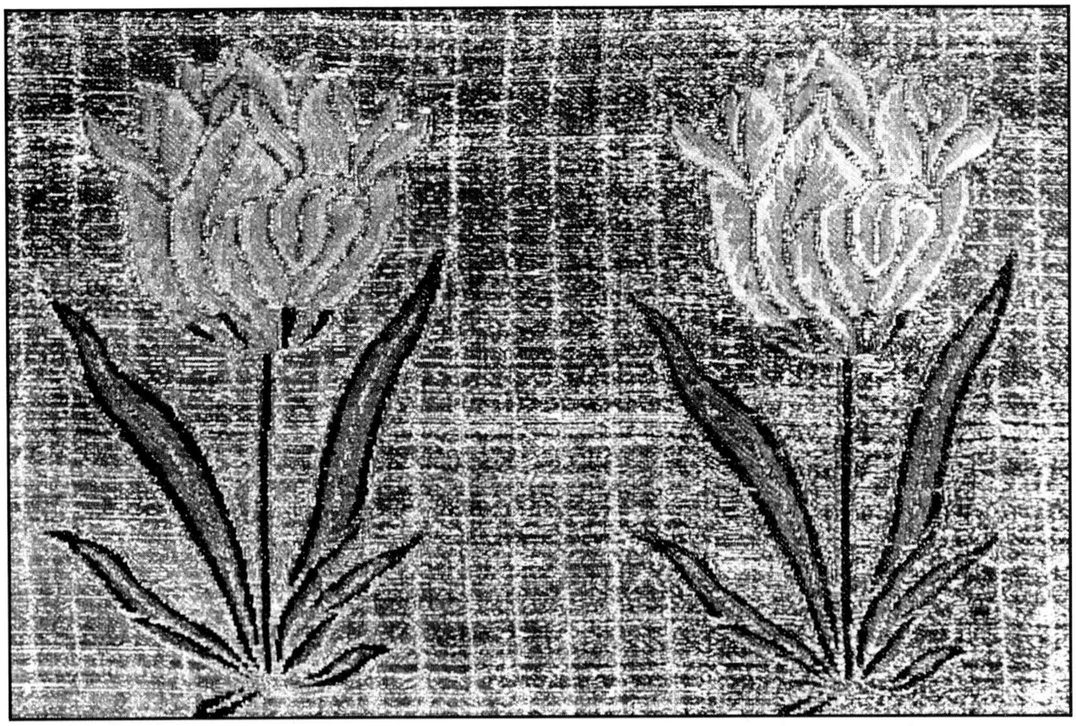

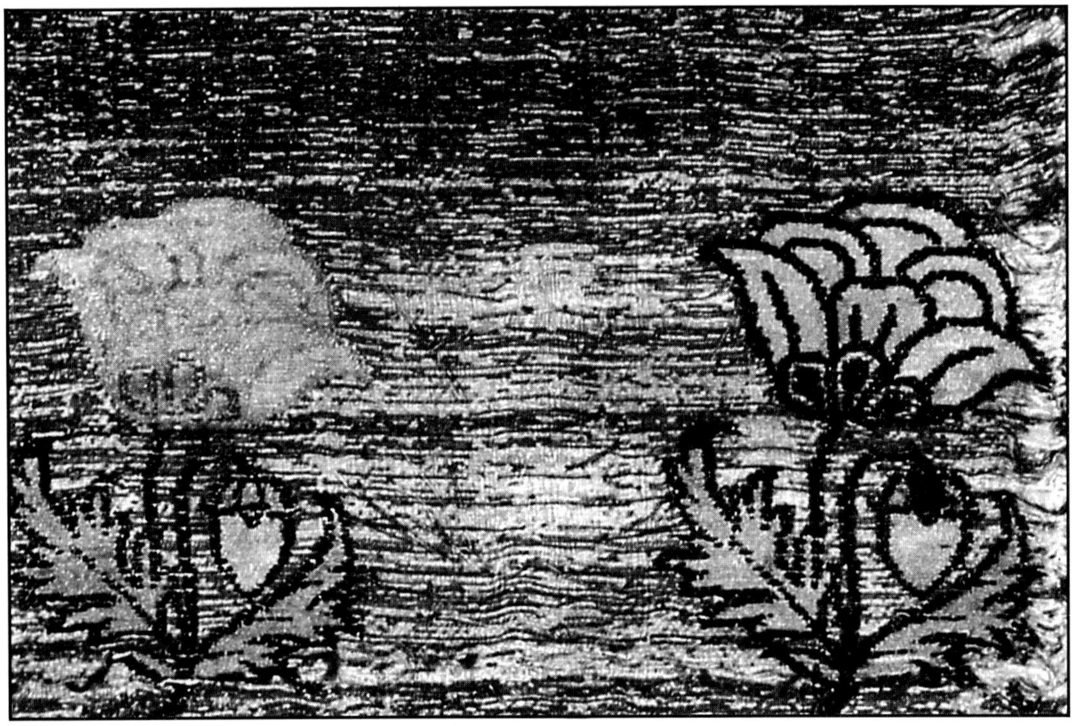

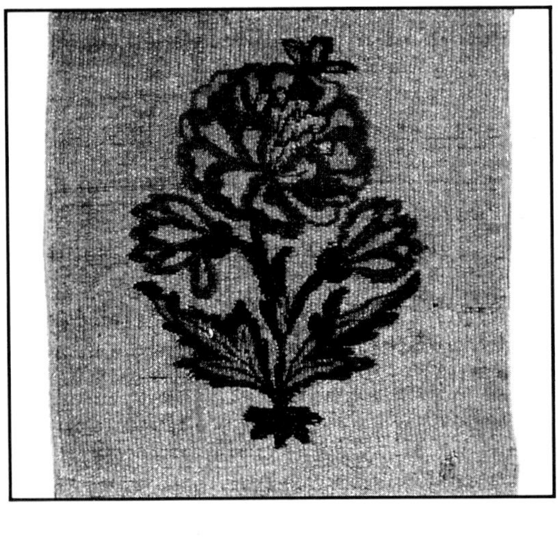

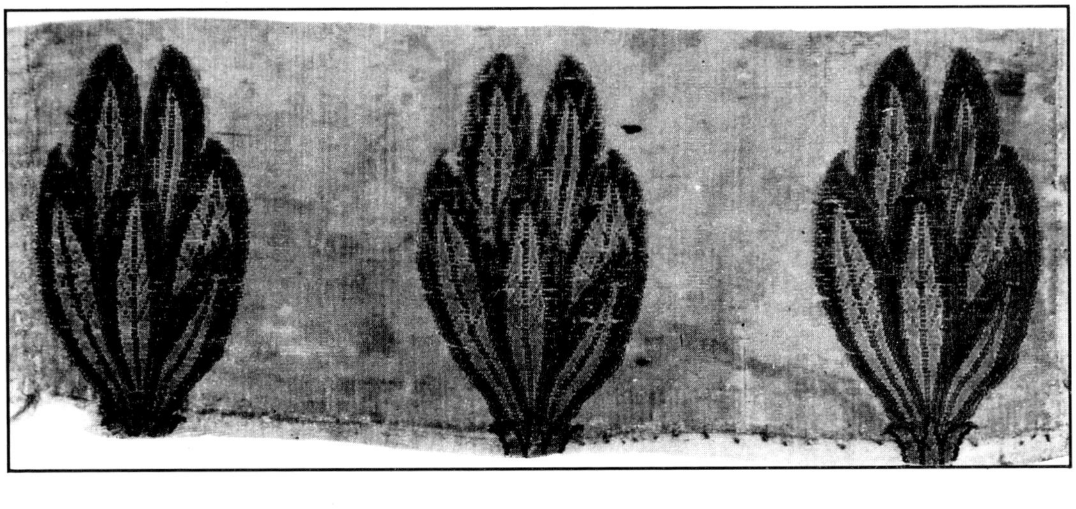

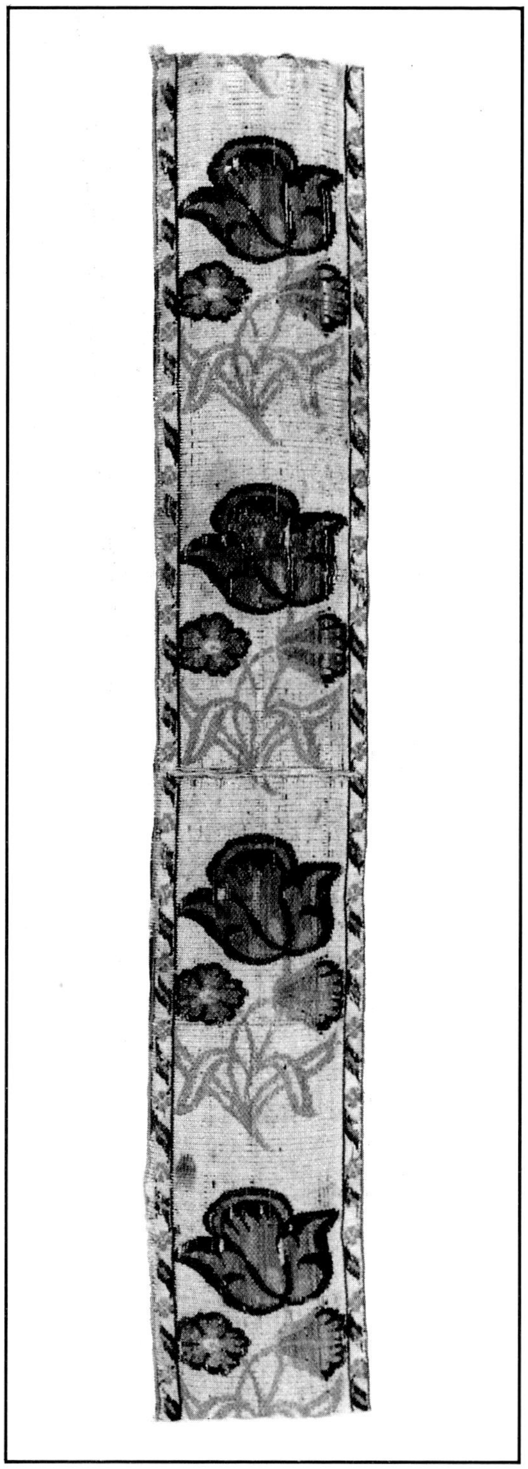

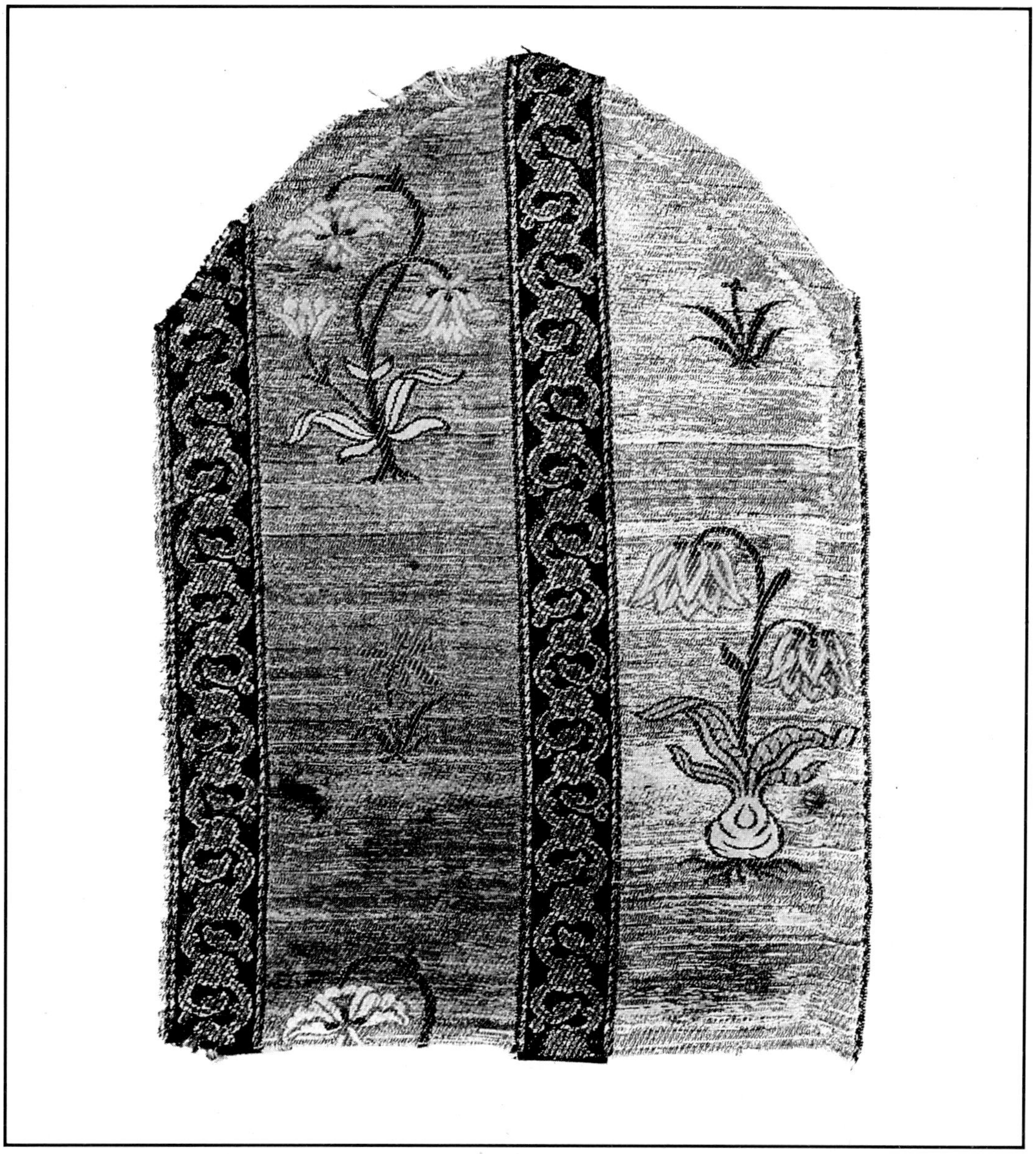

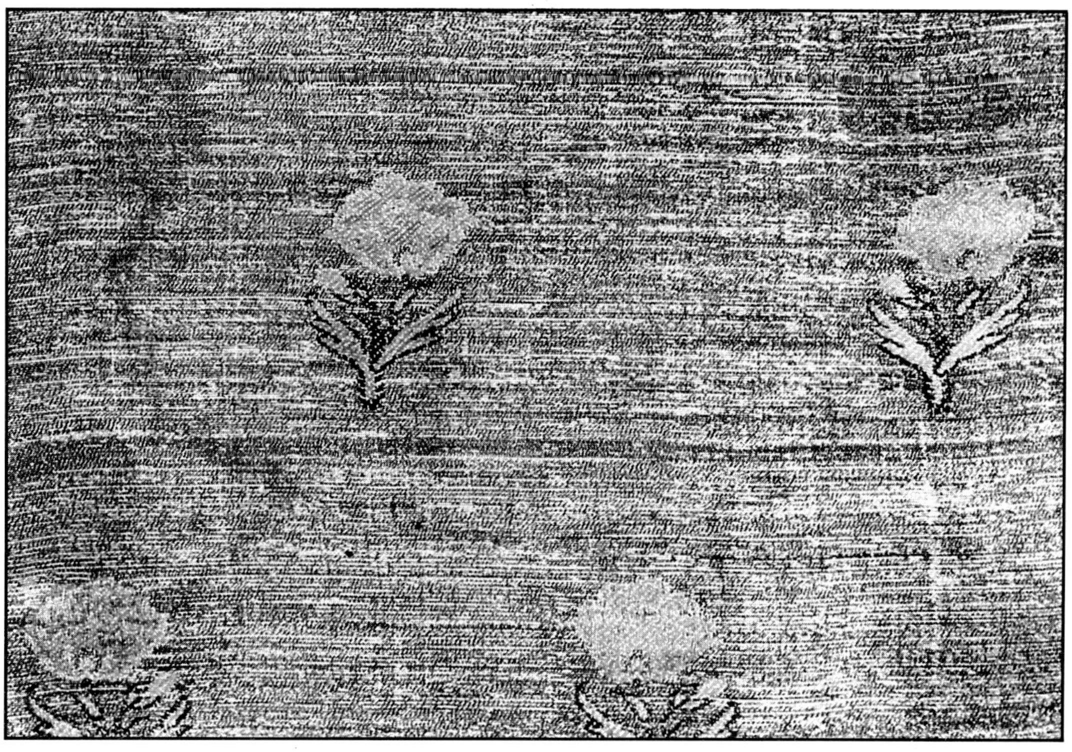

Abb. 100 *Schmaler Musterstreifen mit Blütenzweigen, Mitte 17. Jahrhundert* Kat. Nr. 89

Abb. 101 *Streifendessin mit Blütenpflanzen, Mitte 17. Jahrhundert* Kat. Nr. 88

Abb. 102 *Kleine Blütenstiele vor goldenem Grund, Ende 17. Jahrhundert* Kat. Nr. 86

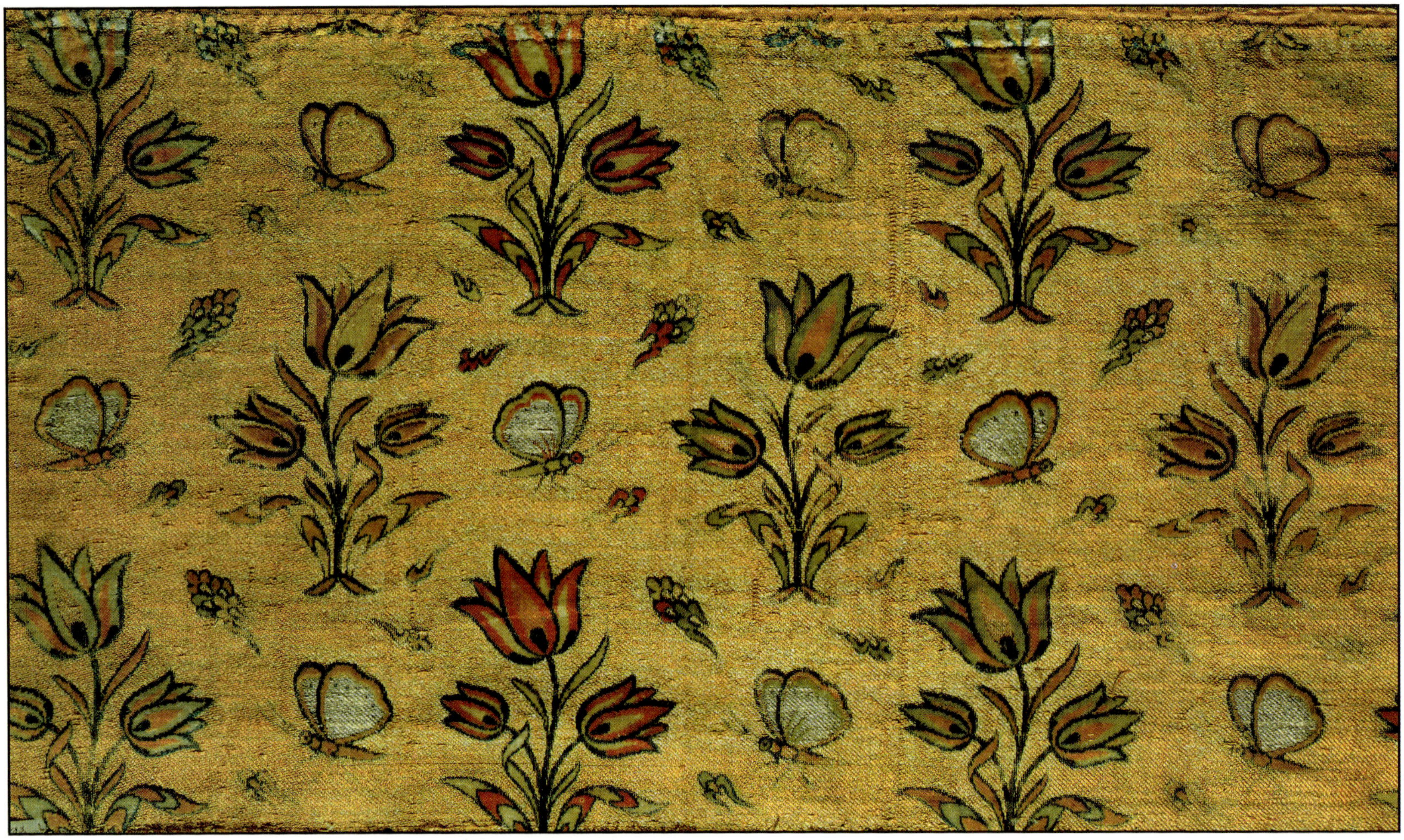

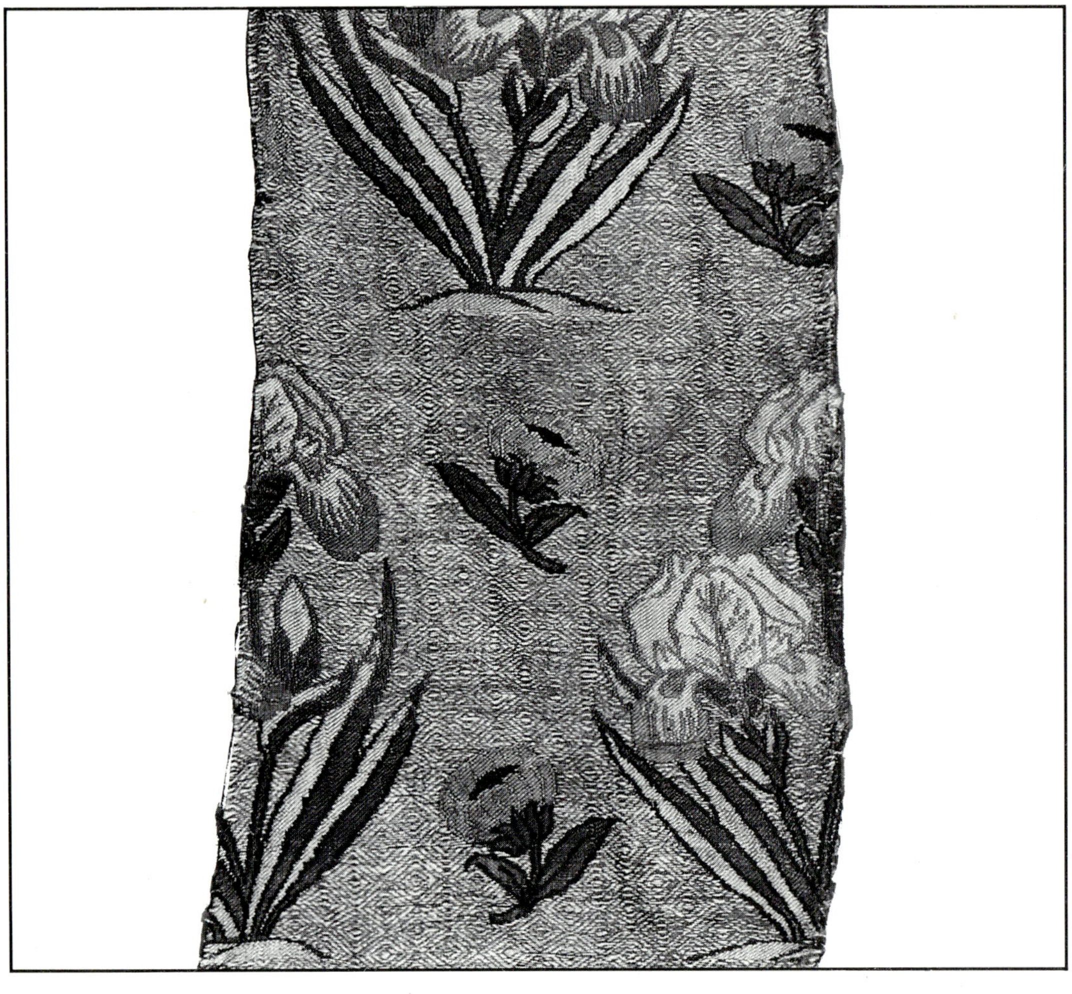

Abb. 103 *Elegante Blütenpflanzen mit Schmetterlingen und Wolkenmotiven, Ende 16. oder Anfang 17. Jahrhundert* Kat. Nr. 90

Abb. 104 *Naturnahe Schwertlilienpflanzen vor goldenem Grund, 1. Hälfte oder Mitte 17. Jahrhundert (vgl. Kat. Nr. 91)* Kat. Nr. 92

Abb. 105 *Naturnahe Schwertlilienpflanzen vor goldenem Grund, 1. Hälfte oder Mitte 17. Jahrhundert (vgl. Kat. Nr. 92)* Kat. Nr. 91

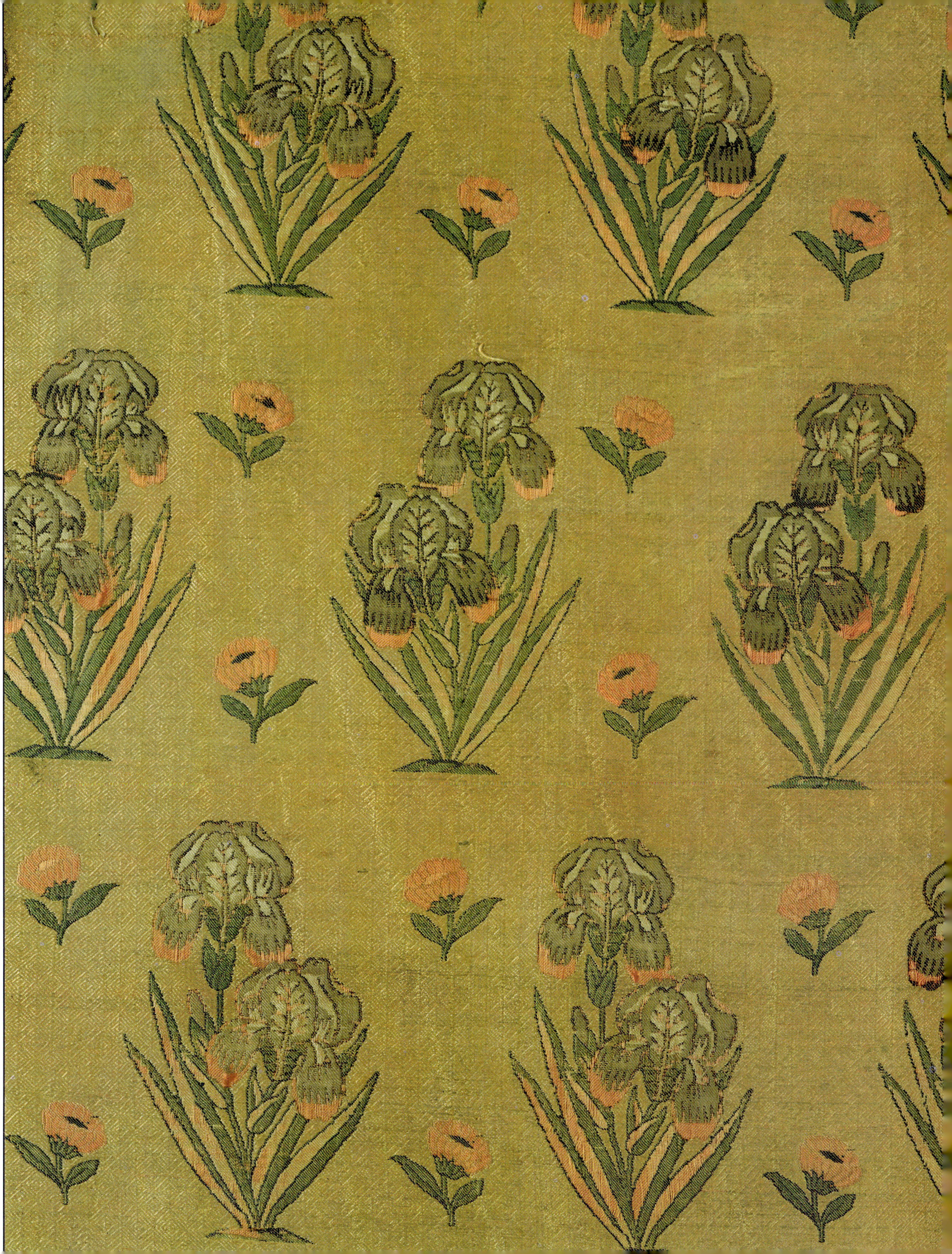

Abb. 106 *Stärker geschwungene hohe Blütenpflanzen in eleganter Zeichnung, Anfang 17. Jahrhundert* Kat. Nr. 93

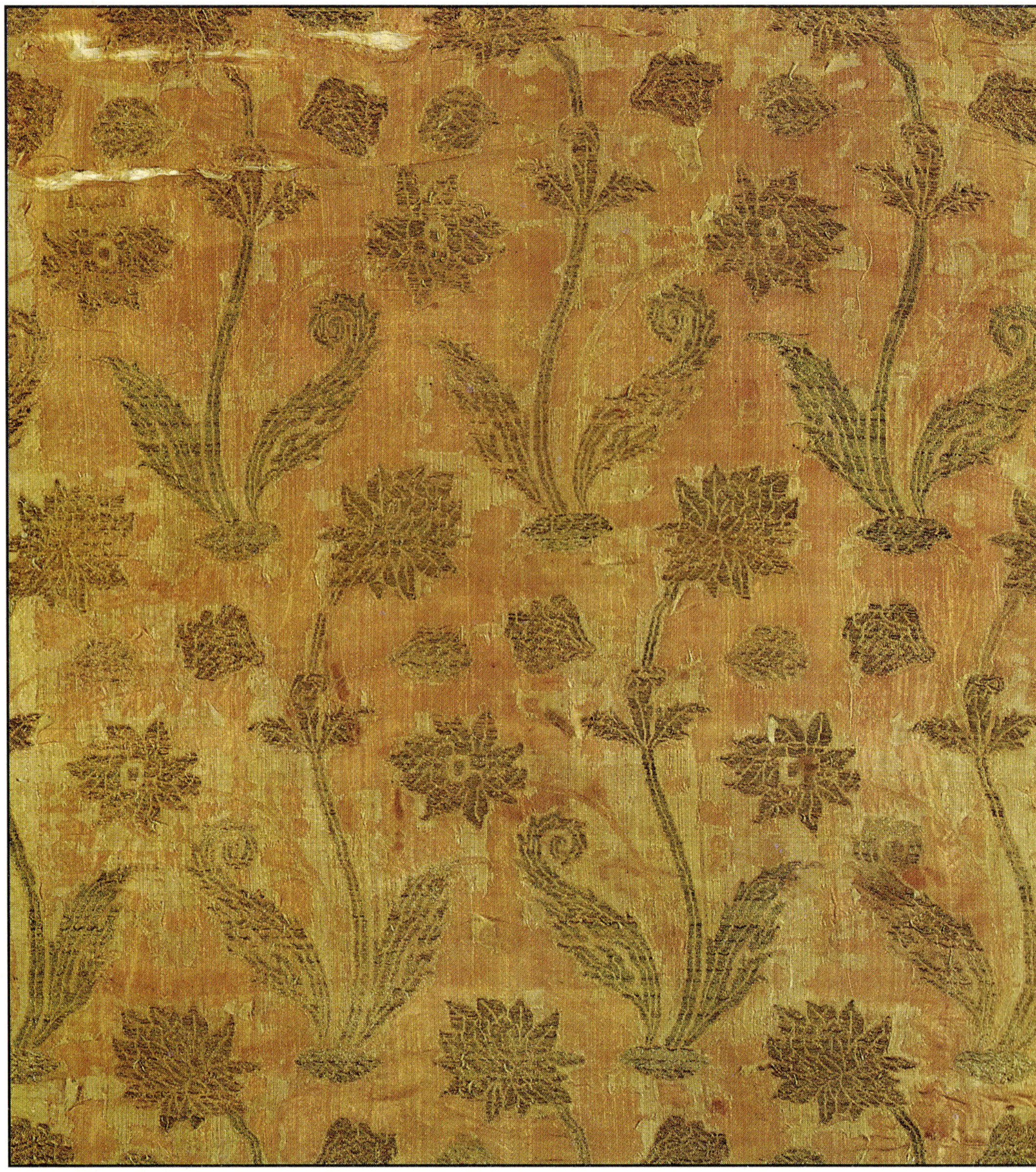

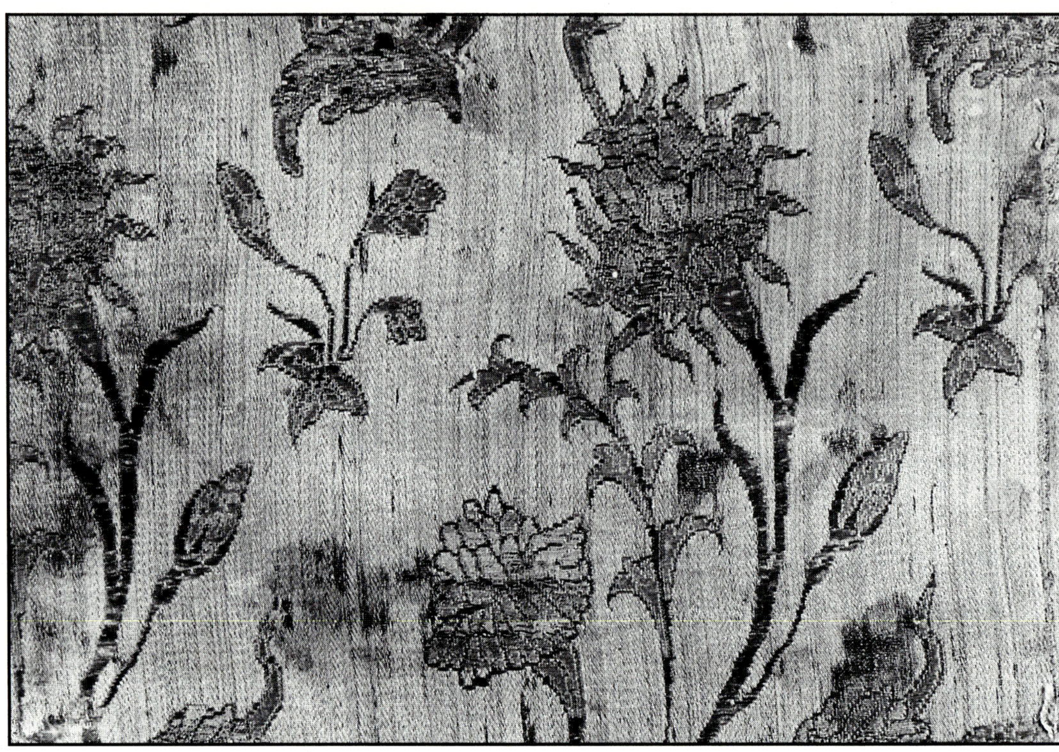

Abb. 107 *Geschwungene, hohe Blütenpflanzen in ›provinzieller‹ Zeichnung, Mitte oder 2. Hälfte 17. Jahrhundert* Kat. Nr. 96

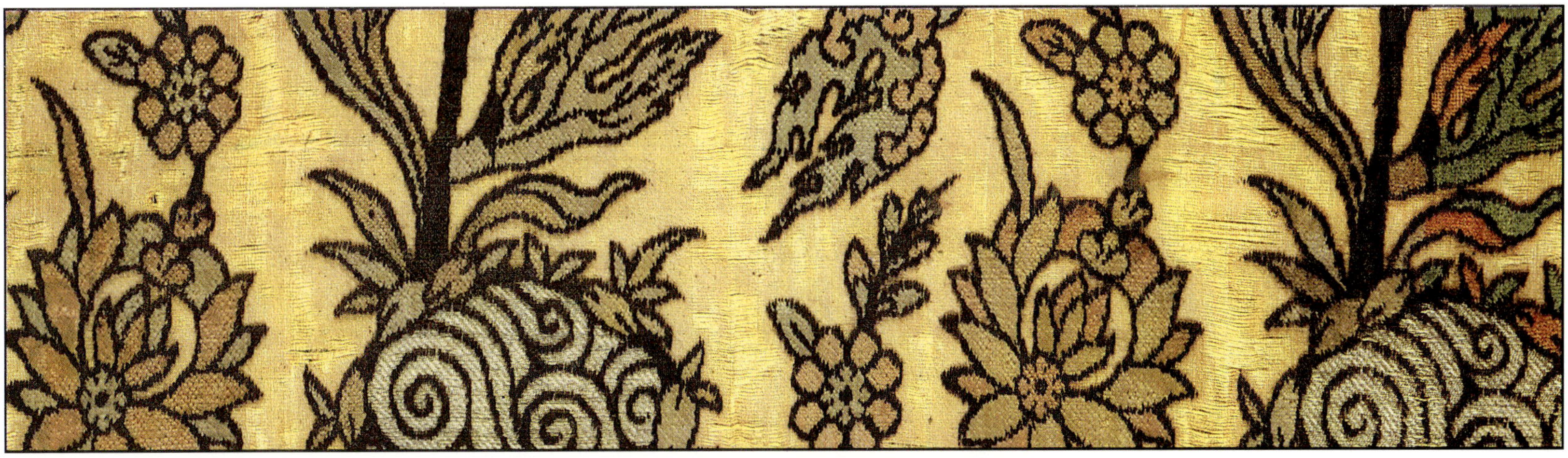

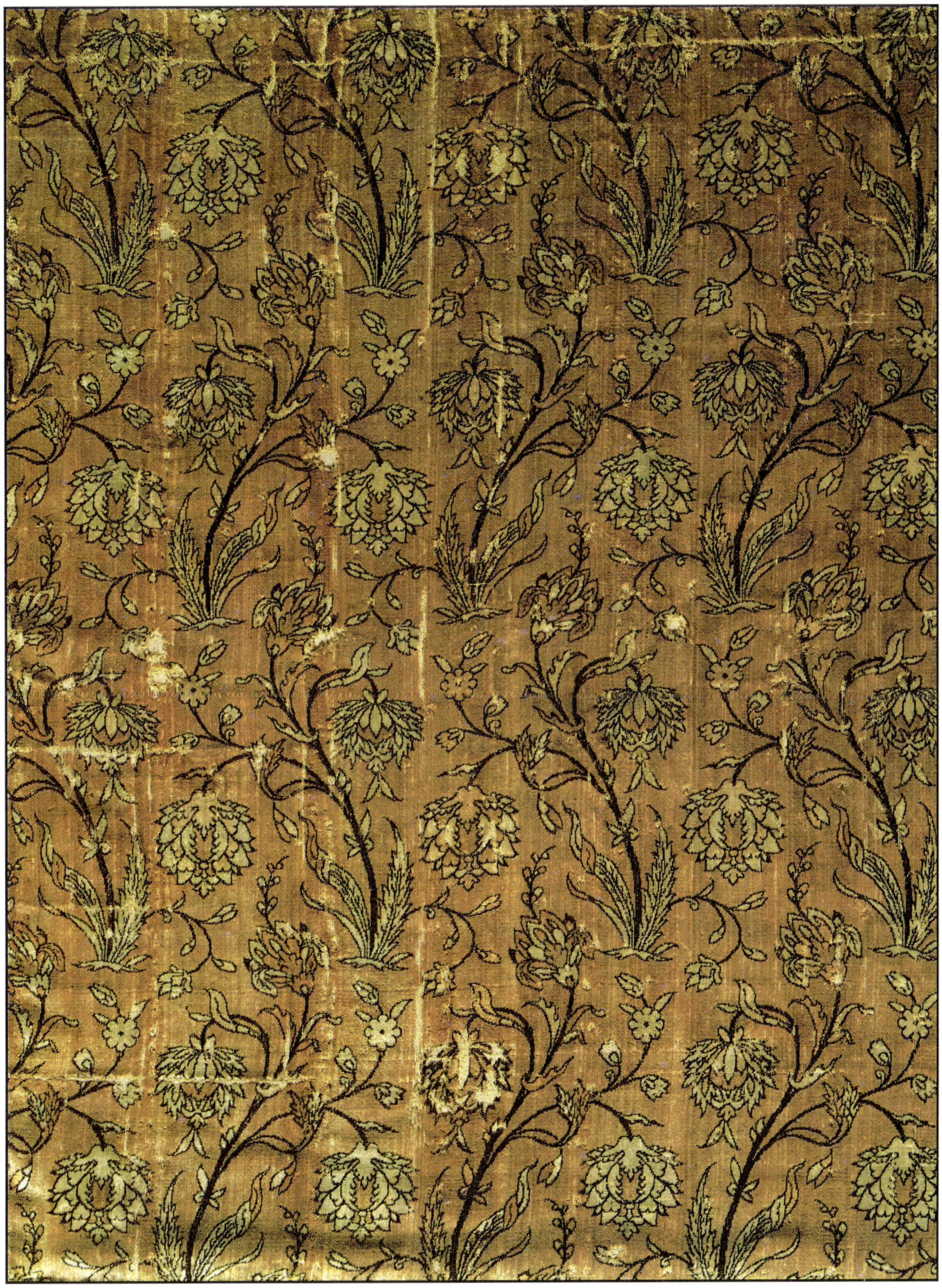

Abb. 108 *Stärker geschwungene, dicht gesetzte, hohe Blütenpflanzen und Teichmotive, 1. Viertel 17. Jahrhundert* Kat. Nr. 95

Abb. 109 *Stärker geschwungene, dicht gesetzte, hohe Blütenpflanzen in eleganter Zeichnung, Anfang 17. Jahrhundert* Kat. Nr. 94

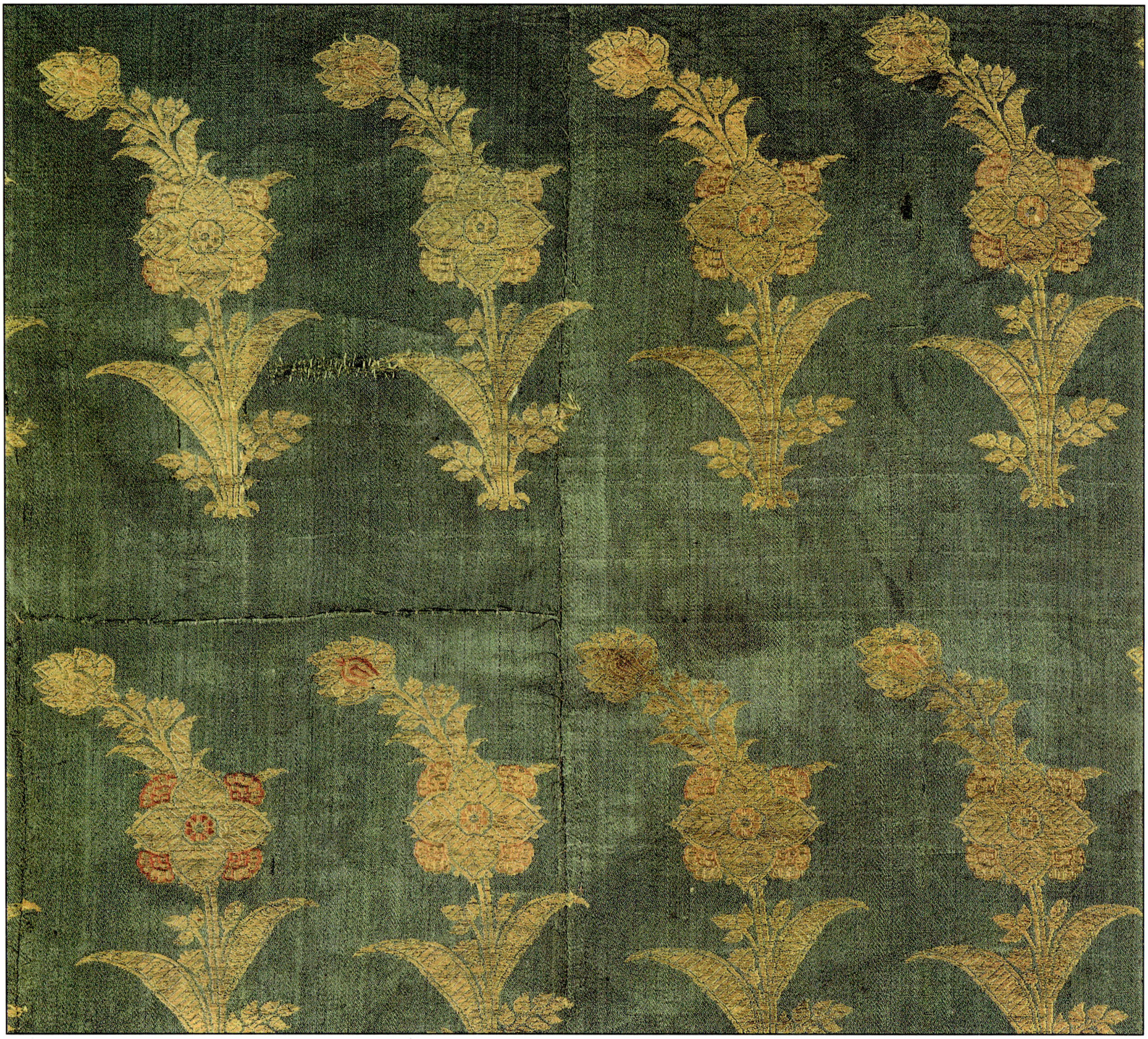

Abb. 110 *Hohe Blütenpflanzen in starrer Zeichnung, 2. Hälfte 17. Jahrhundert* Kat. Nr. 97

Abb. 111 *Rosenstaude und Bergmotiv, 2. Viertel oder Mitte 17. Jahrhundert* Kat. Nr. 100

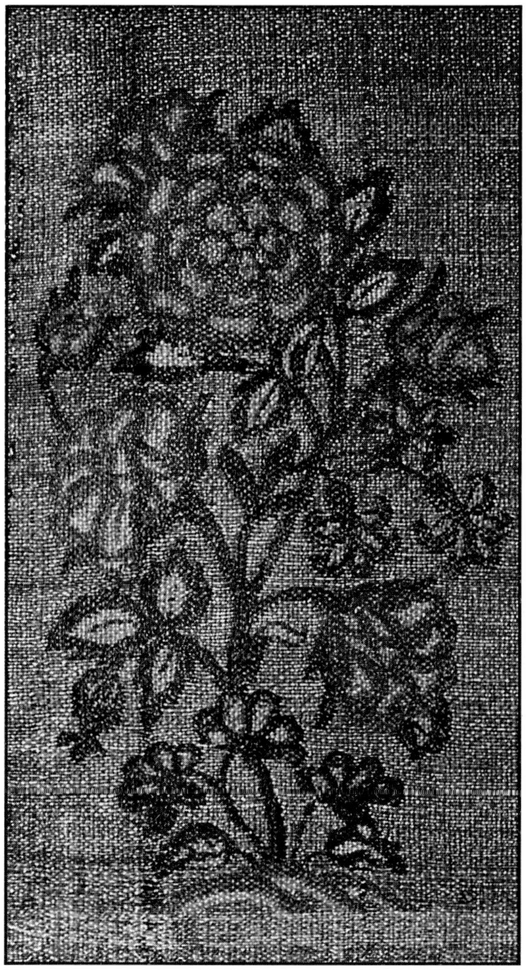

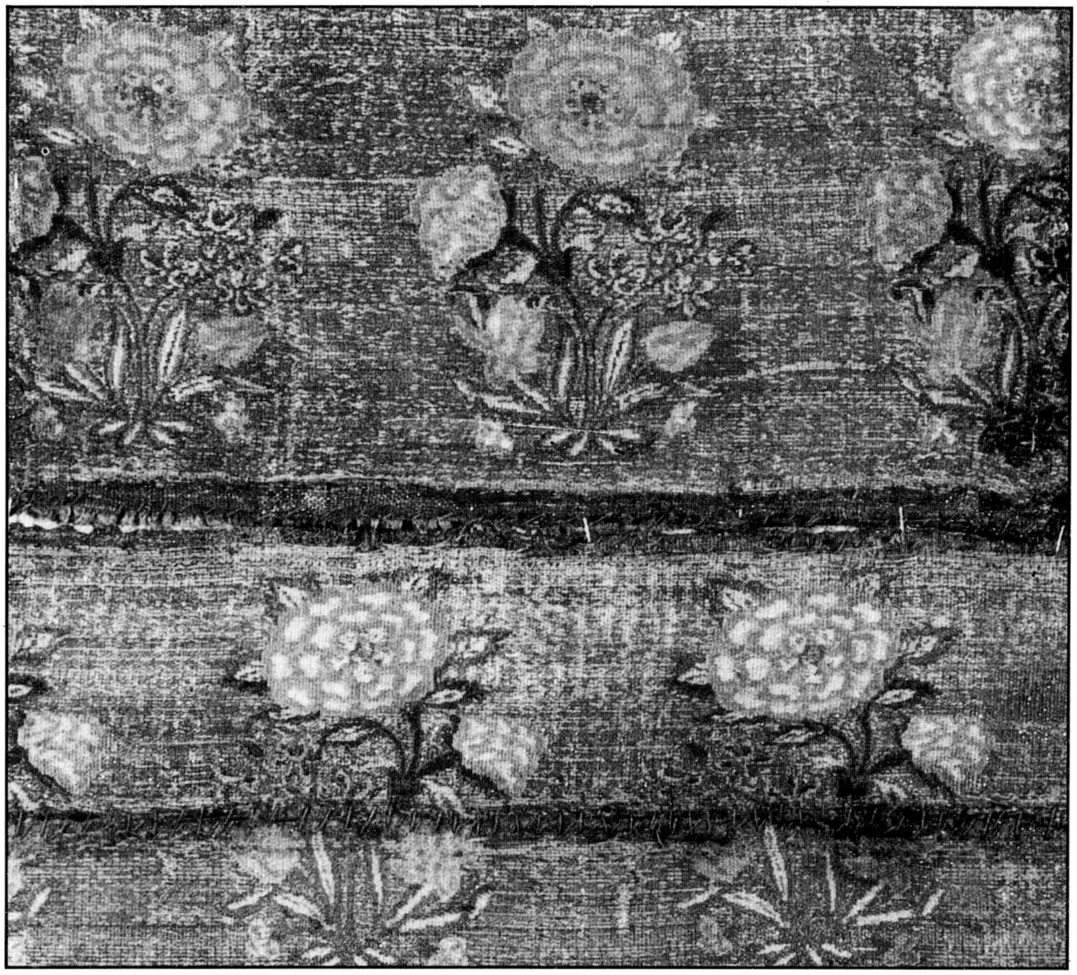

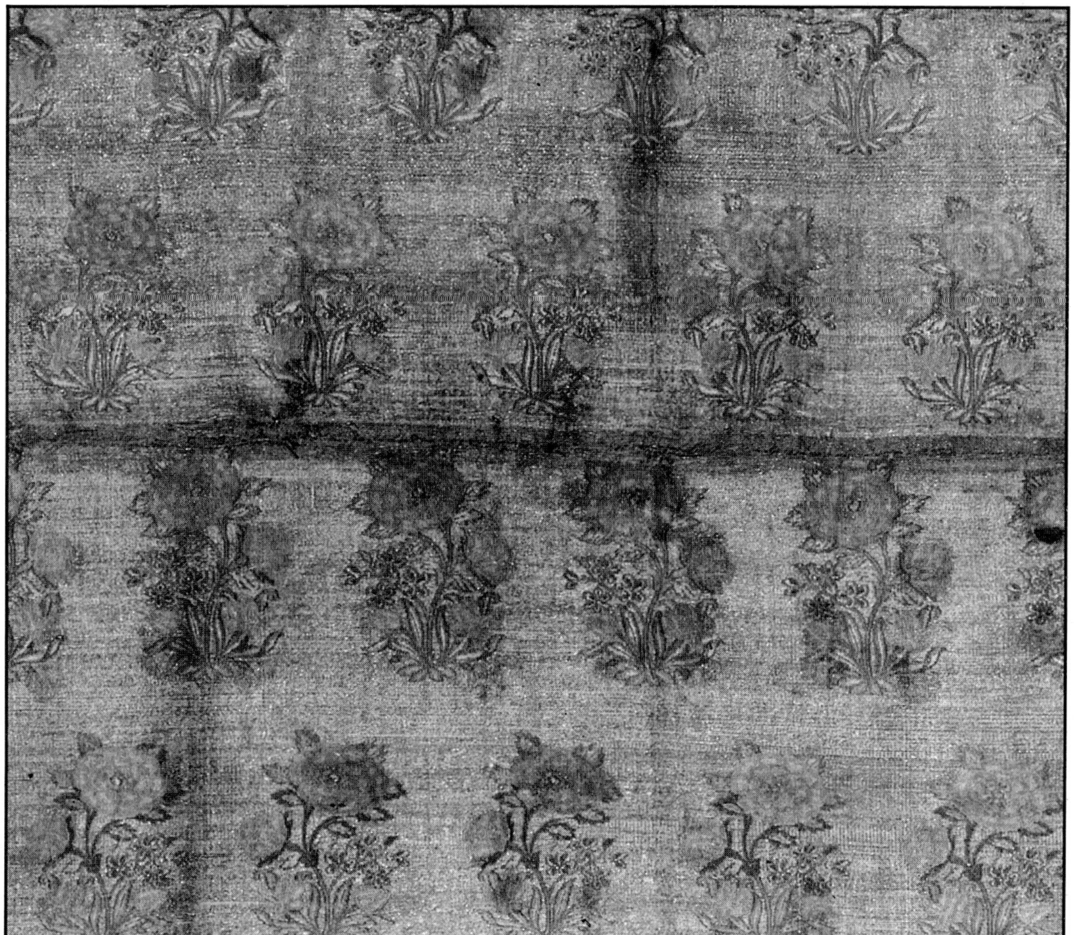

Abb. 112 *Rosenpflanzen in naturnaher Zeichnung, 2. Viertel oder Mitte 17. Jahrhundert (vgl. Kat. Nr. 99)* Kat. Nr. 98

Abb. 113 *Rosenpflanzen in naturnaher Zeichnung, 2. Viertel oder Mitte 17. Jahrhundert (vgl. Kat. Nr. 98)* Kat. Nr. 99

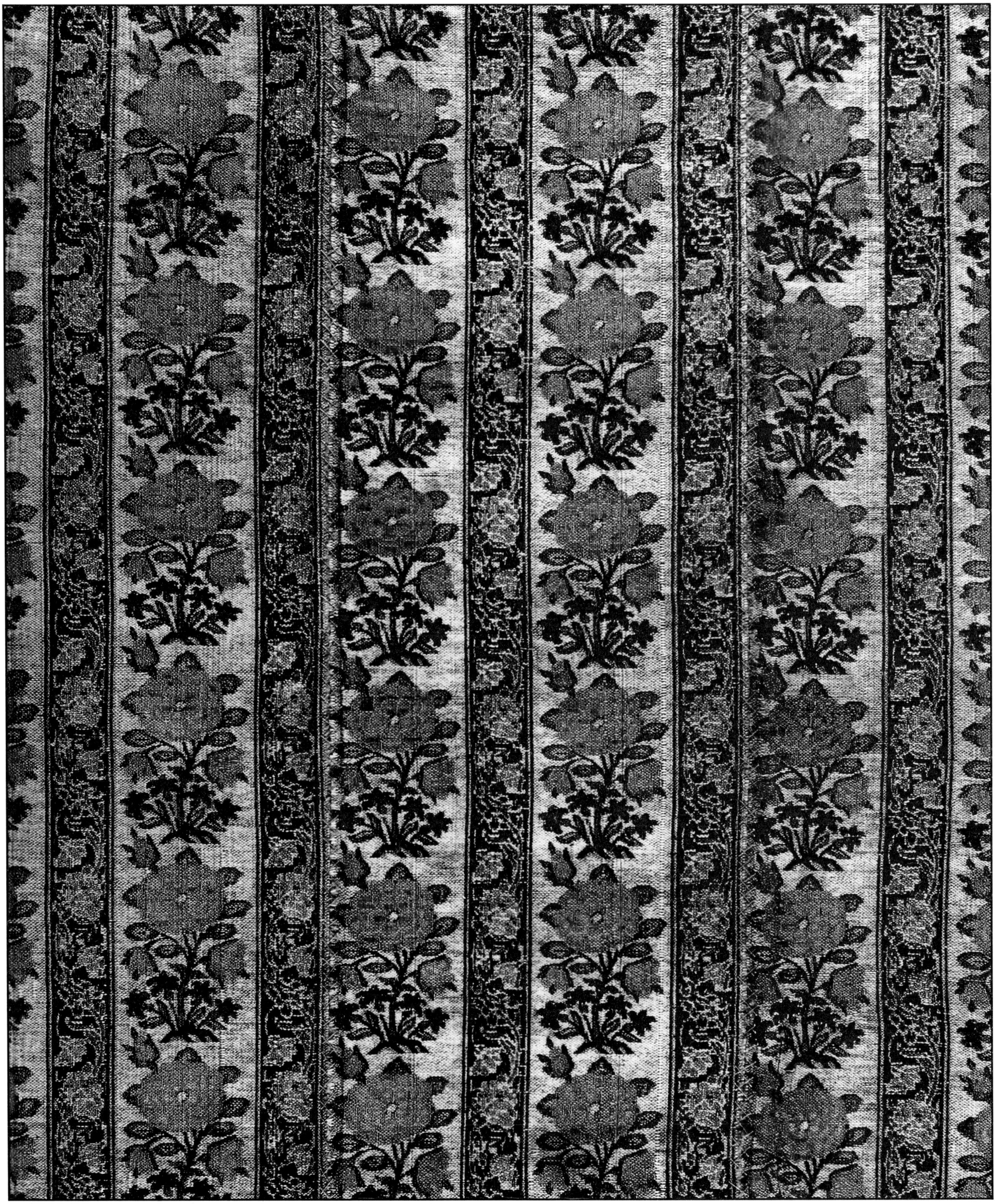

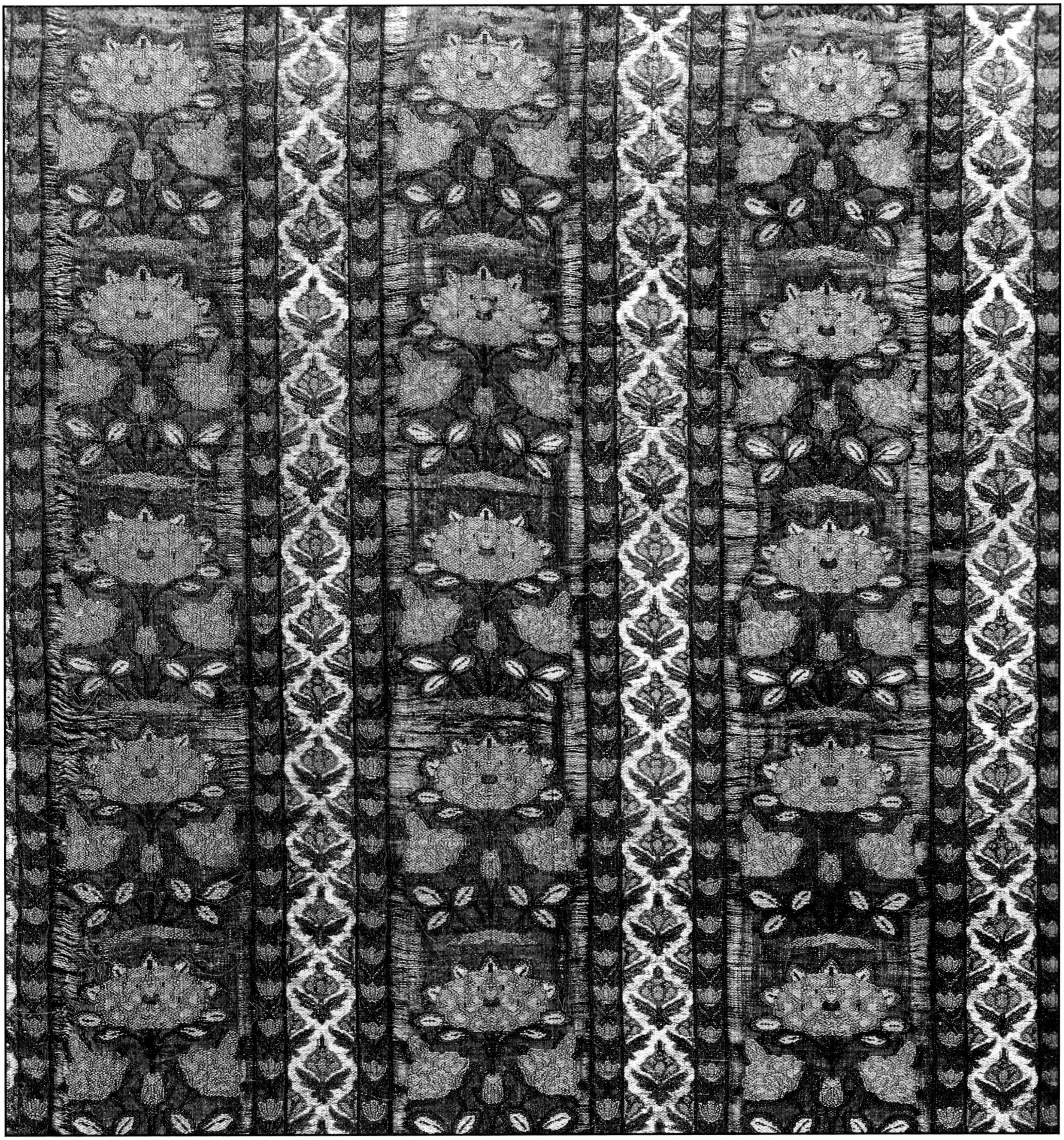

Abb. 114 *Streifendessin mit Rosenpflanzen und Blütenranken, 2. Hälfte 17. Jahrhundert* Kat. Nr. 101

Abb. 115 *Streifendessin mit achsensymmetrischen Rosenpflanzen, 2. Hälfte 17. Jahrhundert* Kat. Nr. 102

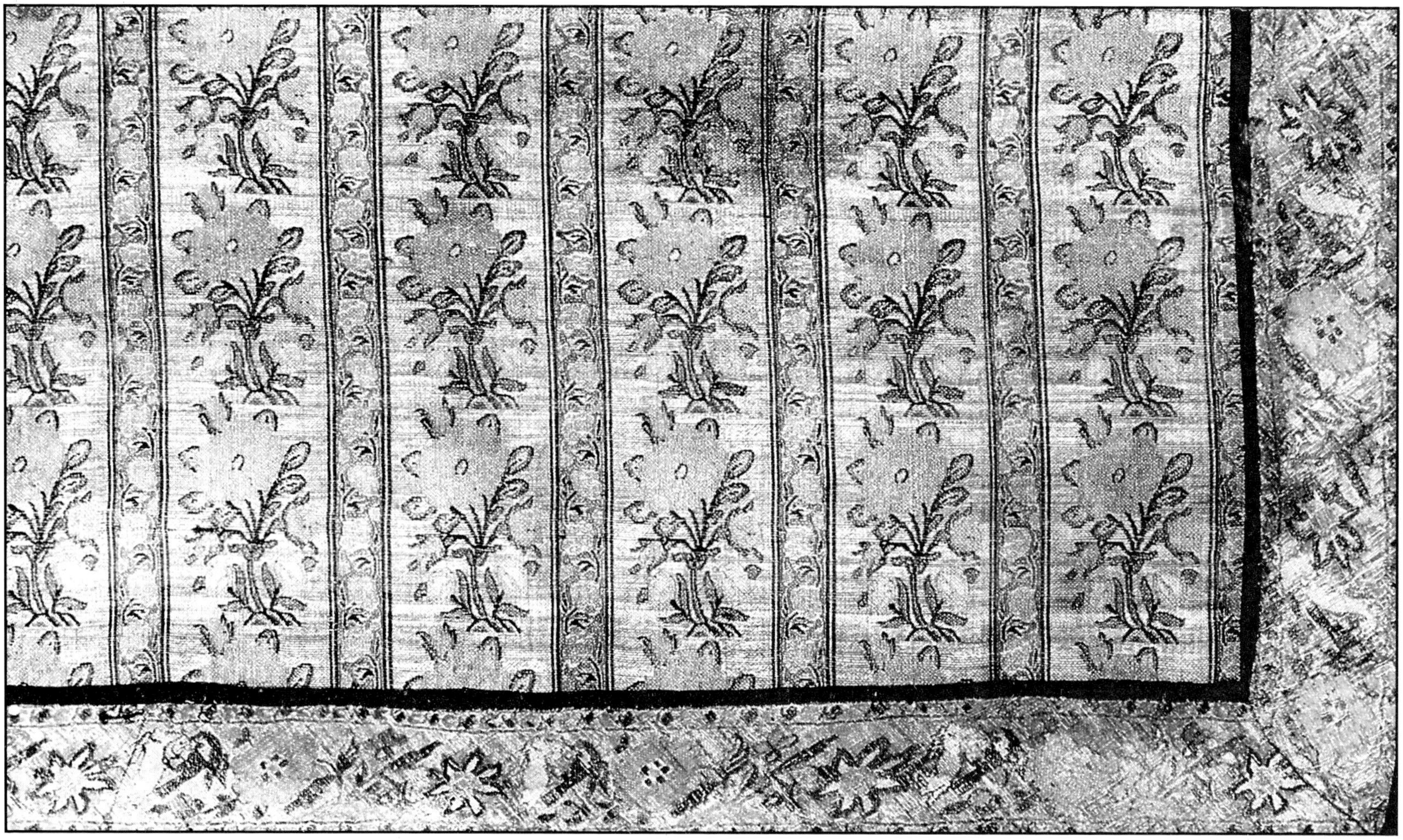

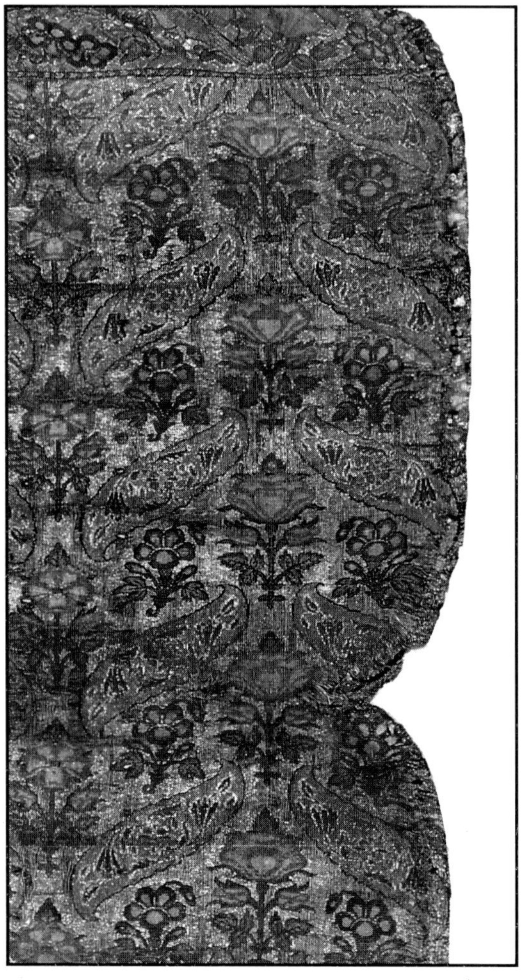

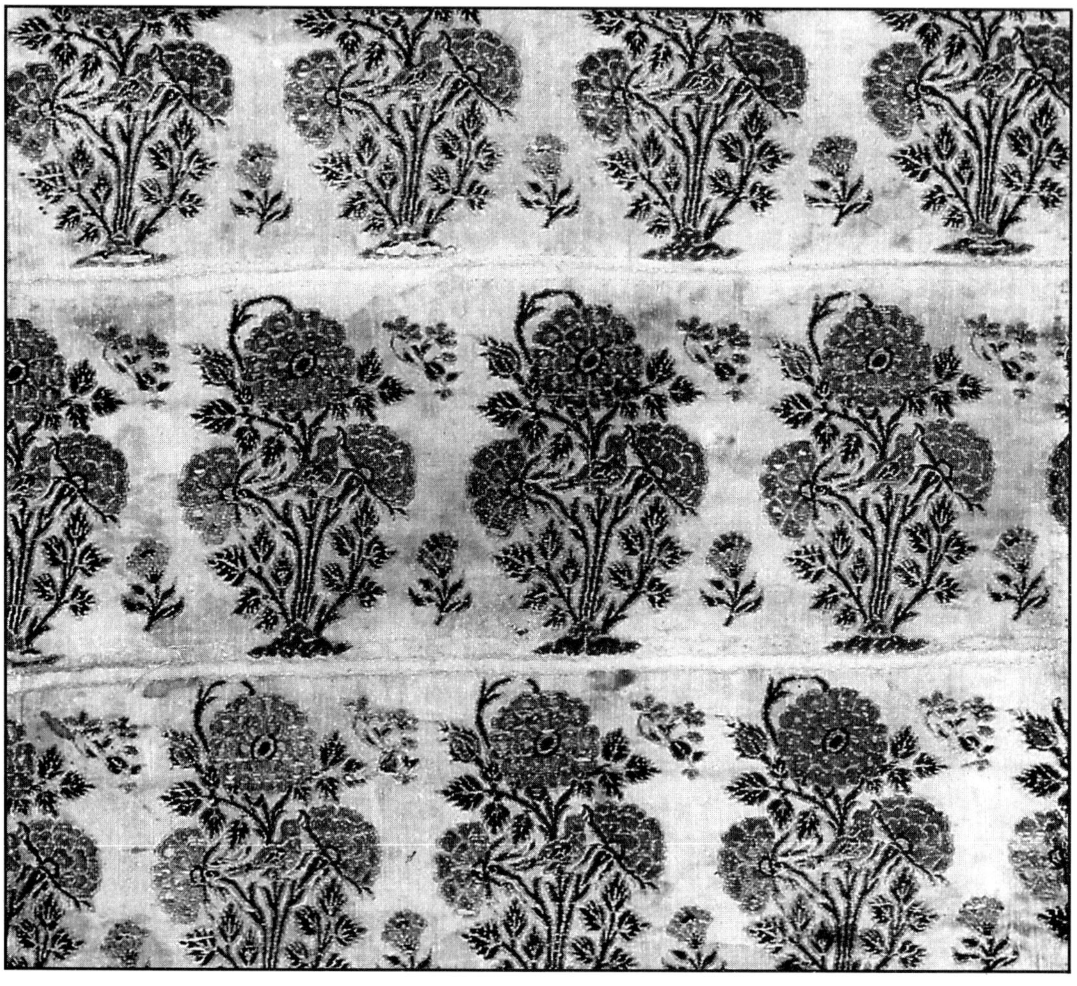

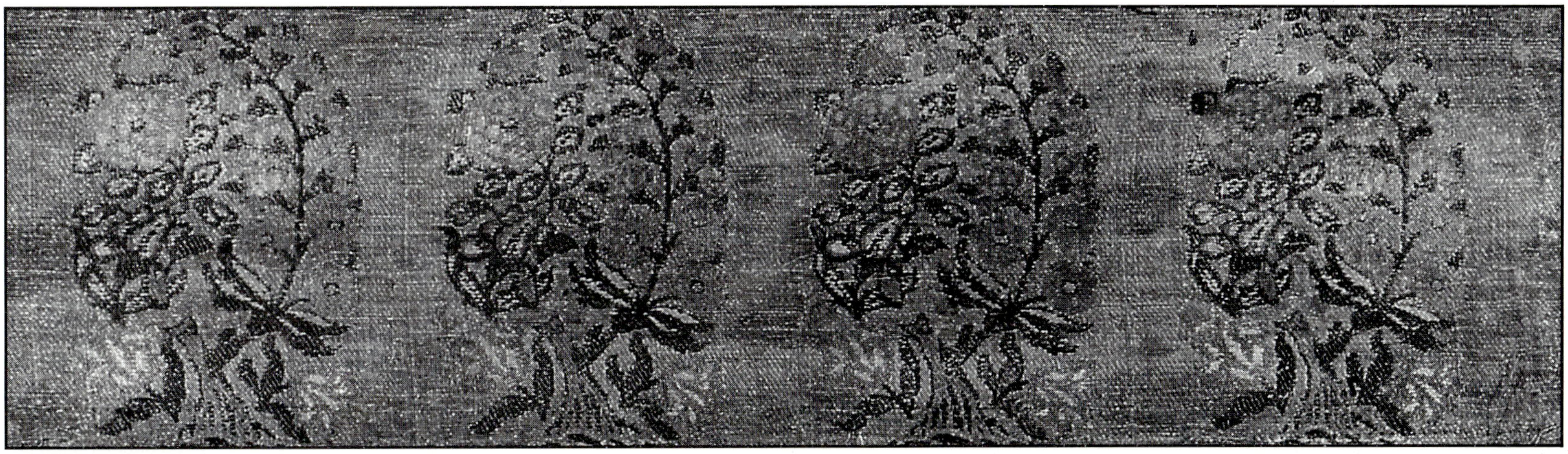

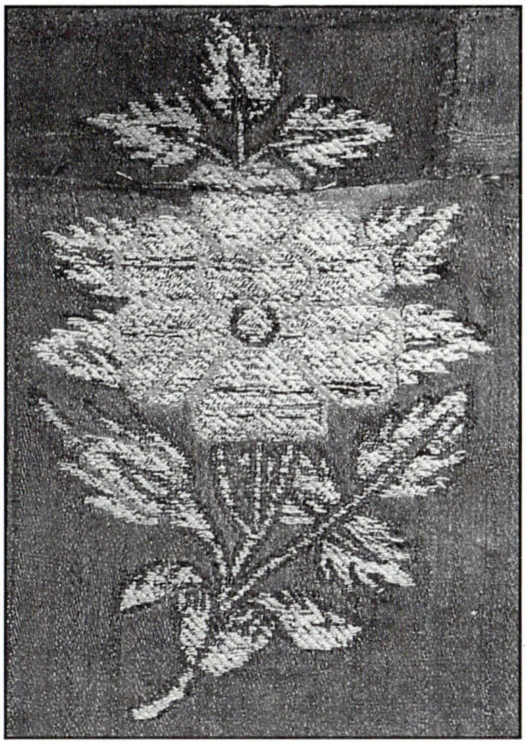

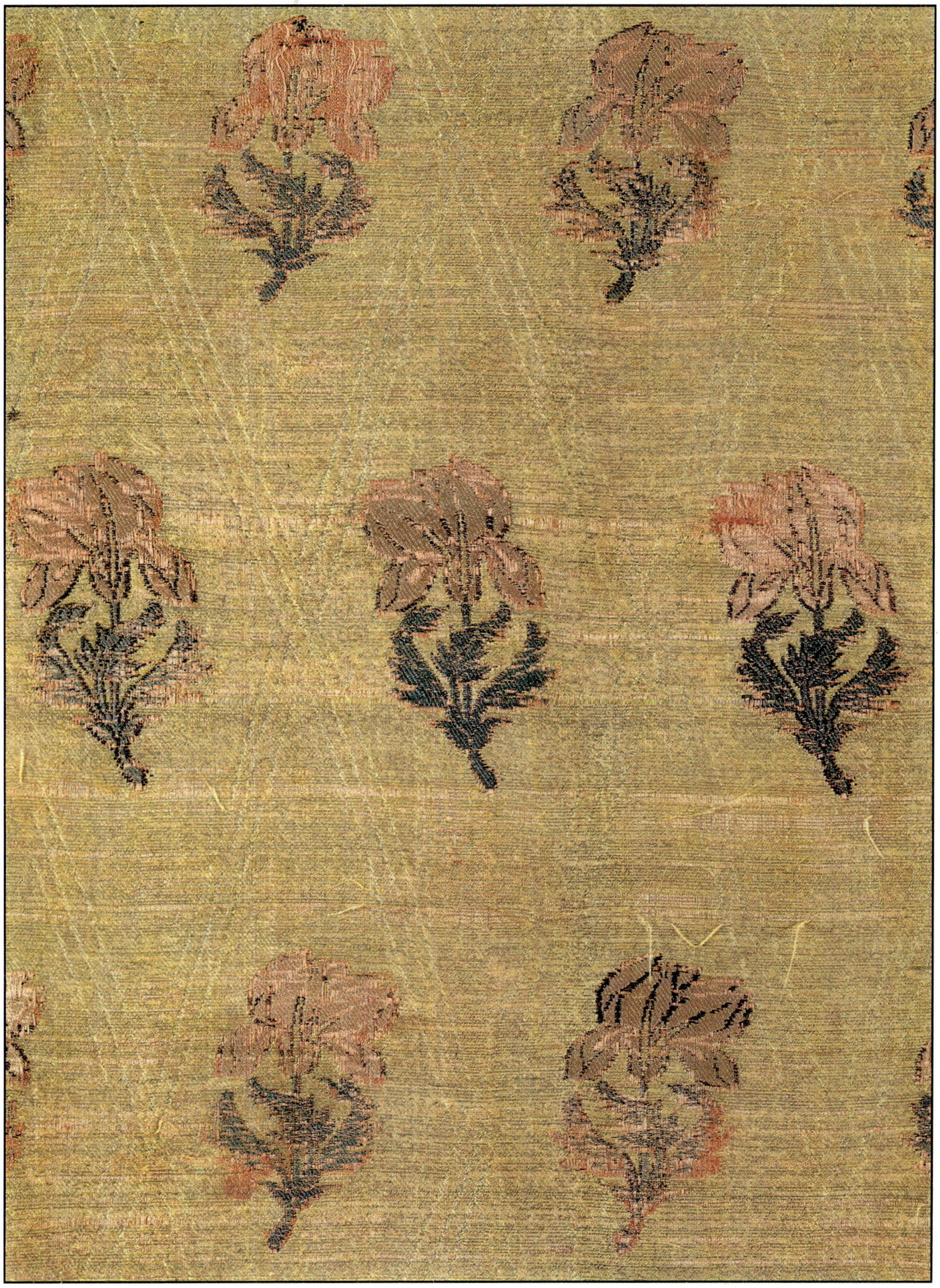

gegenüberliegende Seite:
Abb. 116 *Streifendessin mit Rosenpflanzen, Bergmotiven und Blütenranken, 2. Hälfte 17. Jahrhundert (vgl. Kat. Nr. 104)* Kat. Nr. 103 und 280

Abb. 117 *Kleine Blütenzweige und Rosenpflanzen vor goldenem Grund, 2. Hälfte 17. Jahrhundert* Kat. Nr. 106

Abb. 118 *Aus einem Bergmotiv wachsende Rosenstauden, 2. Hälfte 17. Jahrhundert* Kat. Nr. 109

Abb. 119 *Verschiedene Blütenzweige, aus einem Bergmotiv wachsend, 2. Hälfte 17. Jahrhundert* Kat. Nr. 107

Abb. 120 *Locker geschwungener Rosenzweig, 2. Hälfte 17. Jahrhundert (vgl. Kat. Nr. 111)* Kat. Nr. 110

Abb. 121 *Naturnahe Schwertlilienzweige in Rautengliederung, Mitte 17. Jahrhundert* Kat. Nr. 108

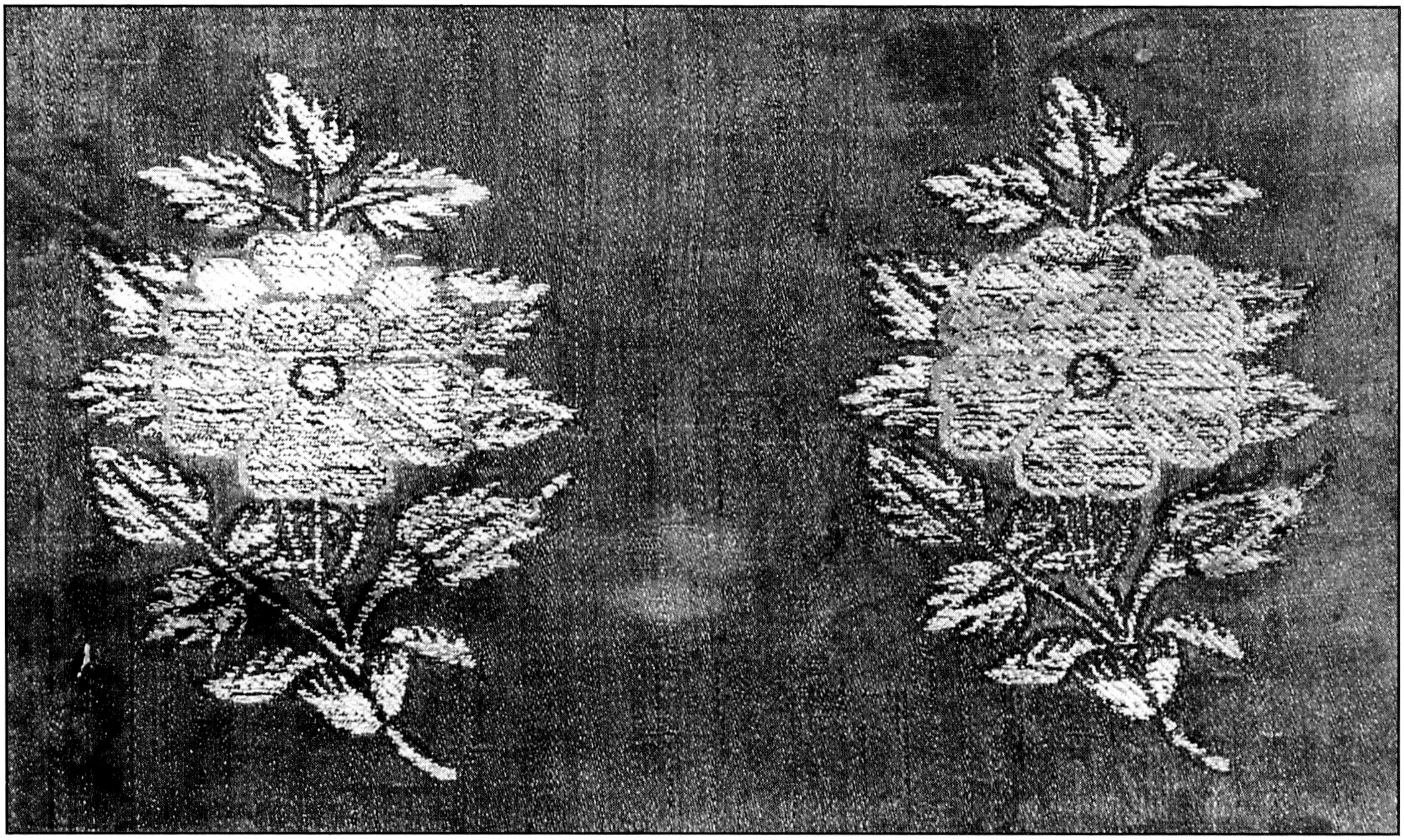

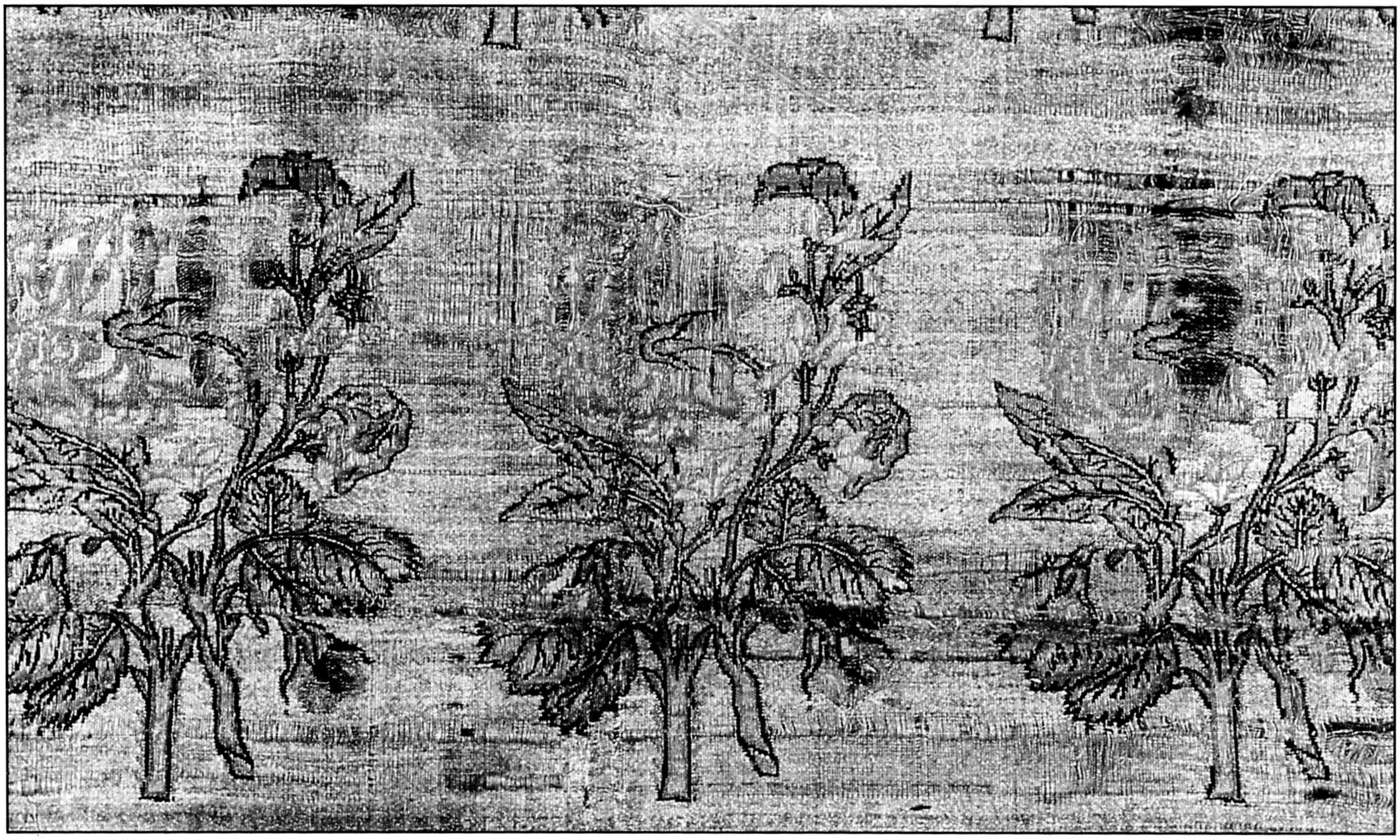

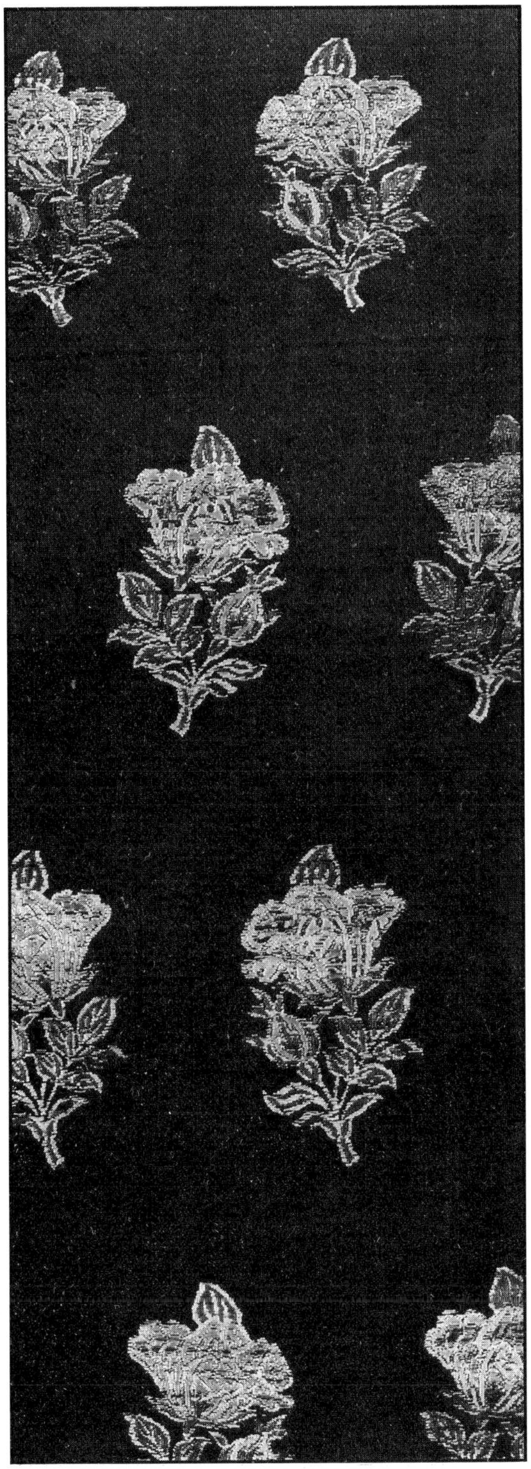

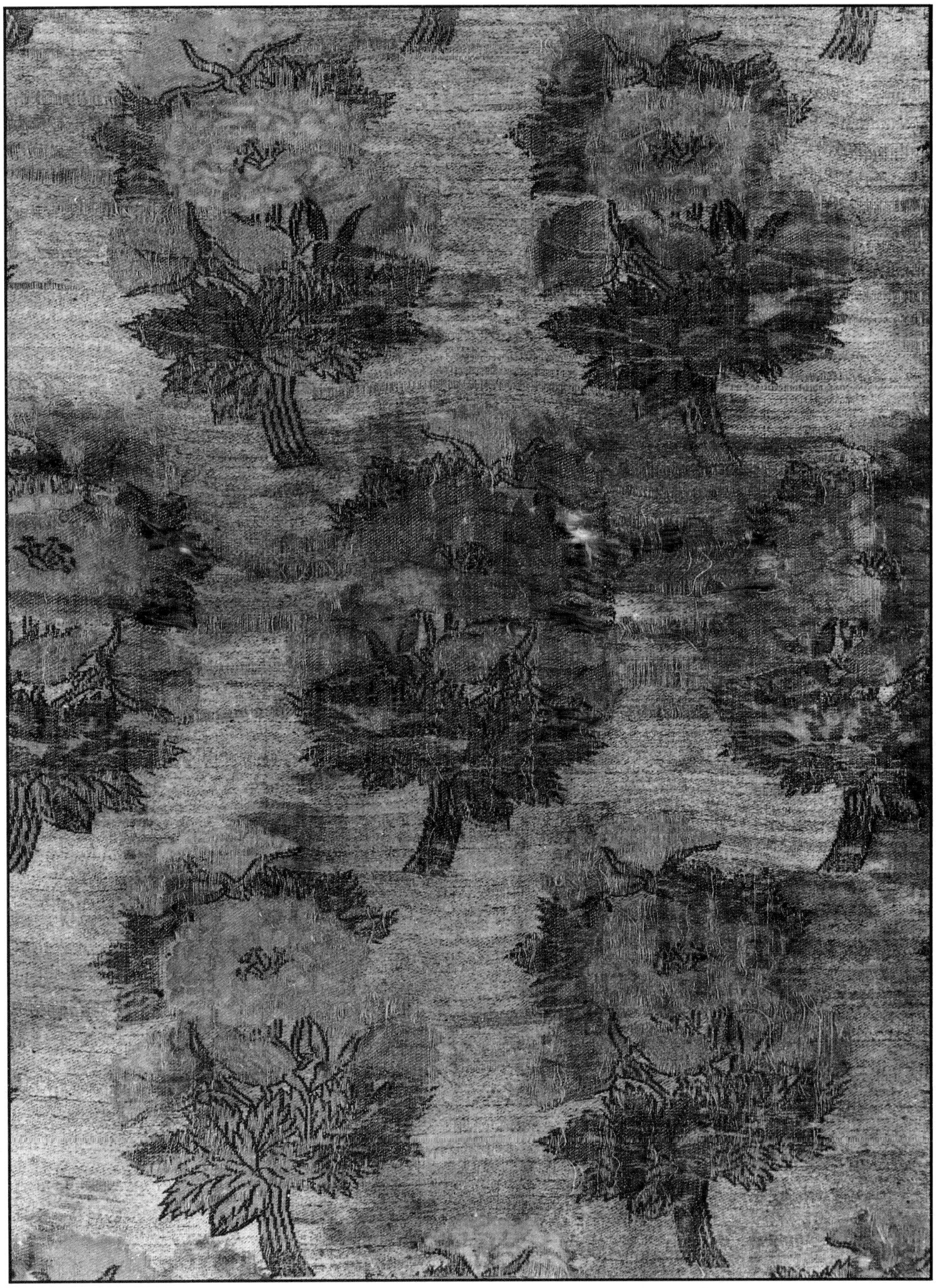

Abb. 122 *Zwei nebeneinander liegende Rosenzweige, 2. Hälfte 17. Jahrhundert (vgl. Kat. Nr. 110)* Kat. Nr. 111

Abb. 123 *Rosenstiele in sehr naturnaher Zeichnung, 2. Hälfte 17. oder Anfang 18. Jahrhundert* Kat. Nr. 113

Abb. 124 *Locker geschwungene Rosenstiele, 2. Hälfte 17. oder Anfang 18. Jahrhundert* Kat. Nr. 114

Abb. 125 *Locker geschwungene Rosensträuße in sehr naturnaher Zeichnung, 2. Hälfte 17. oder Anfang 18. Jahrhundert* Kat. Nr. 112

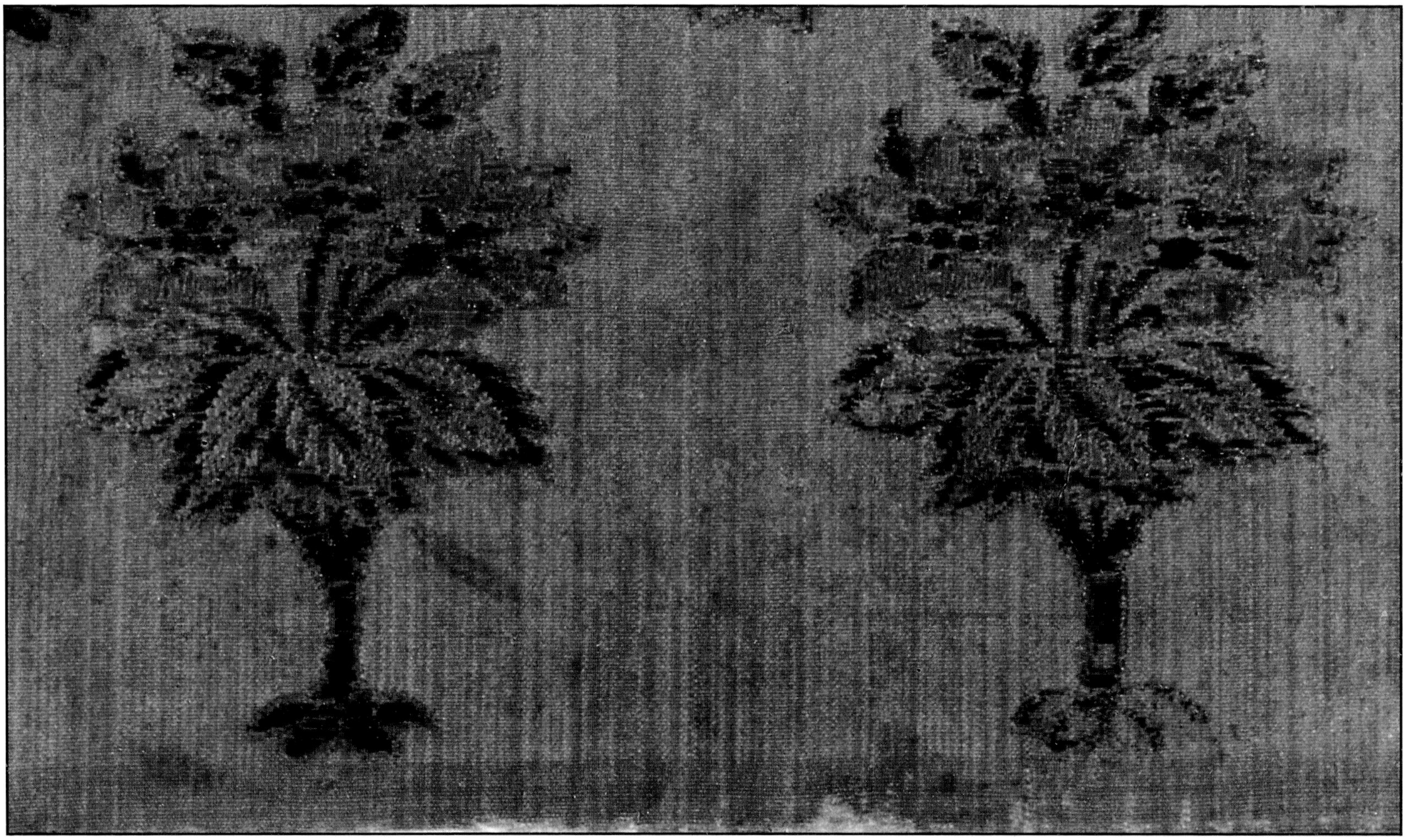

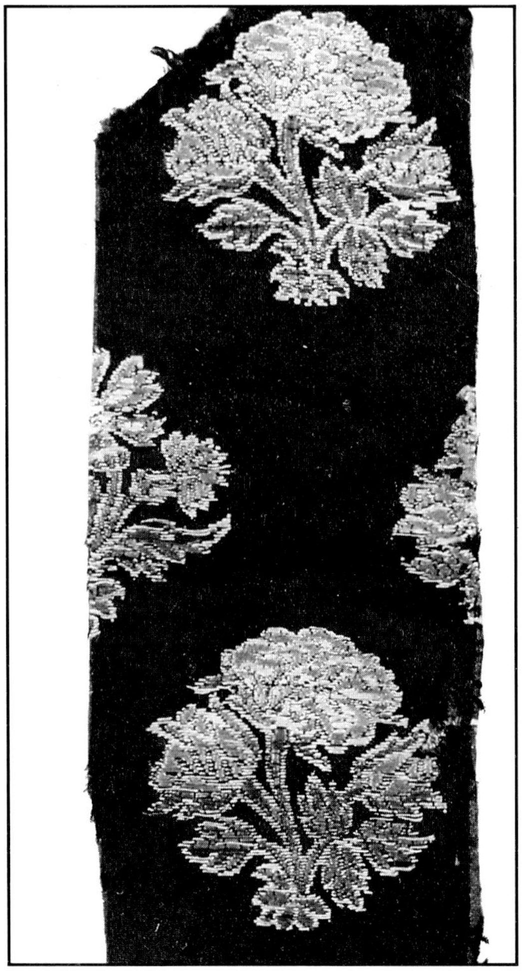

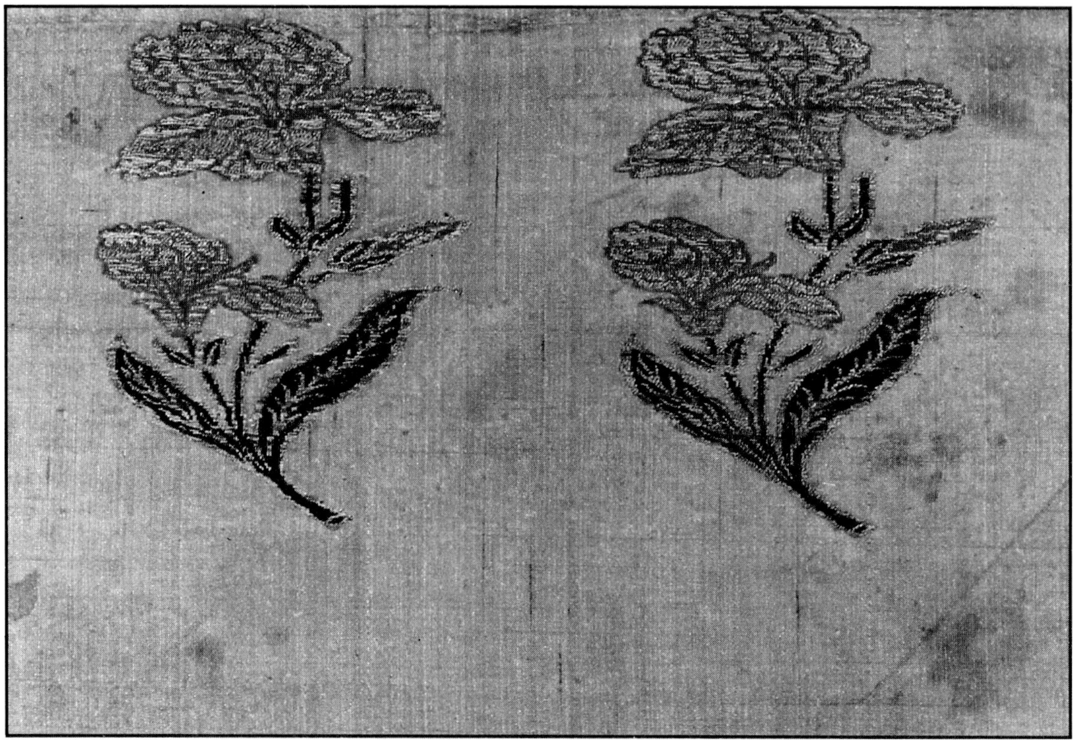

Abb. 126 *Kleine Blütenstauden in Rautengliederung, 2. Hälfte 17. oder Anfang 18. Jahrhundert* Kat. Nr. 115

Abb. 127 *Kleine Rosen- und Nelkenpflanzen, Ende 17. Jahrhundert* Kat. Nr. 116

Abb. 128 *Zwei stilisierte Schwertlilienzweige, Ende 17. oder Anfang 18. Jahrhundert* Kat. Nr. 118

Abb. 129 *Schwertlilienblüten in naturnaher Zeichnung, Ende 17. Jahrhundert* Kat. Nr. 117

Abb. 130 *Aus einem kleinen Wolkenmotiv wachsende Blütenpflanzen, 1. Hälfte oder Mitte 17. Jahrhundert* Kat. Nr. 119

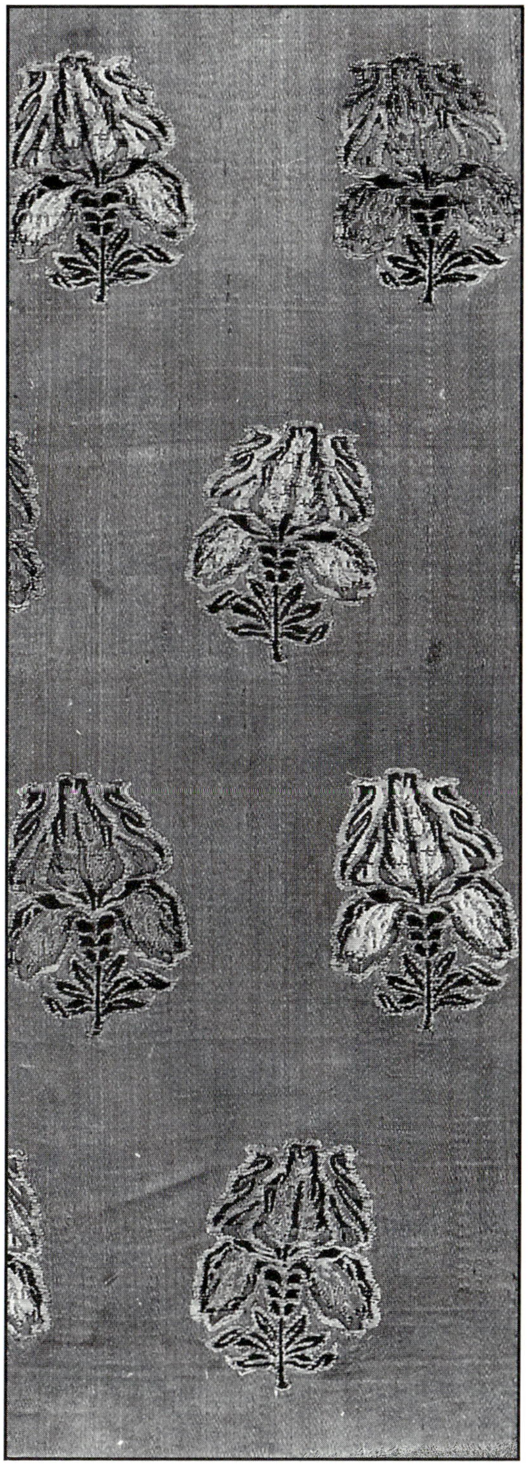

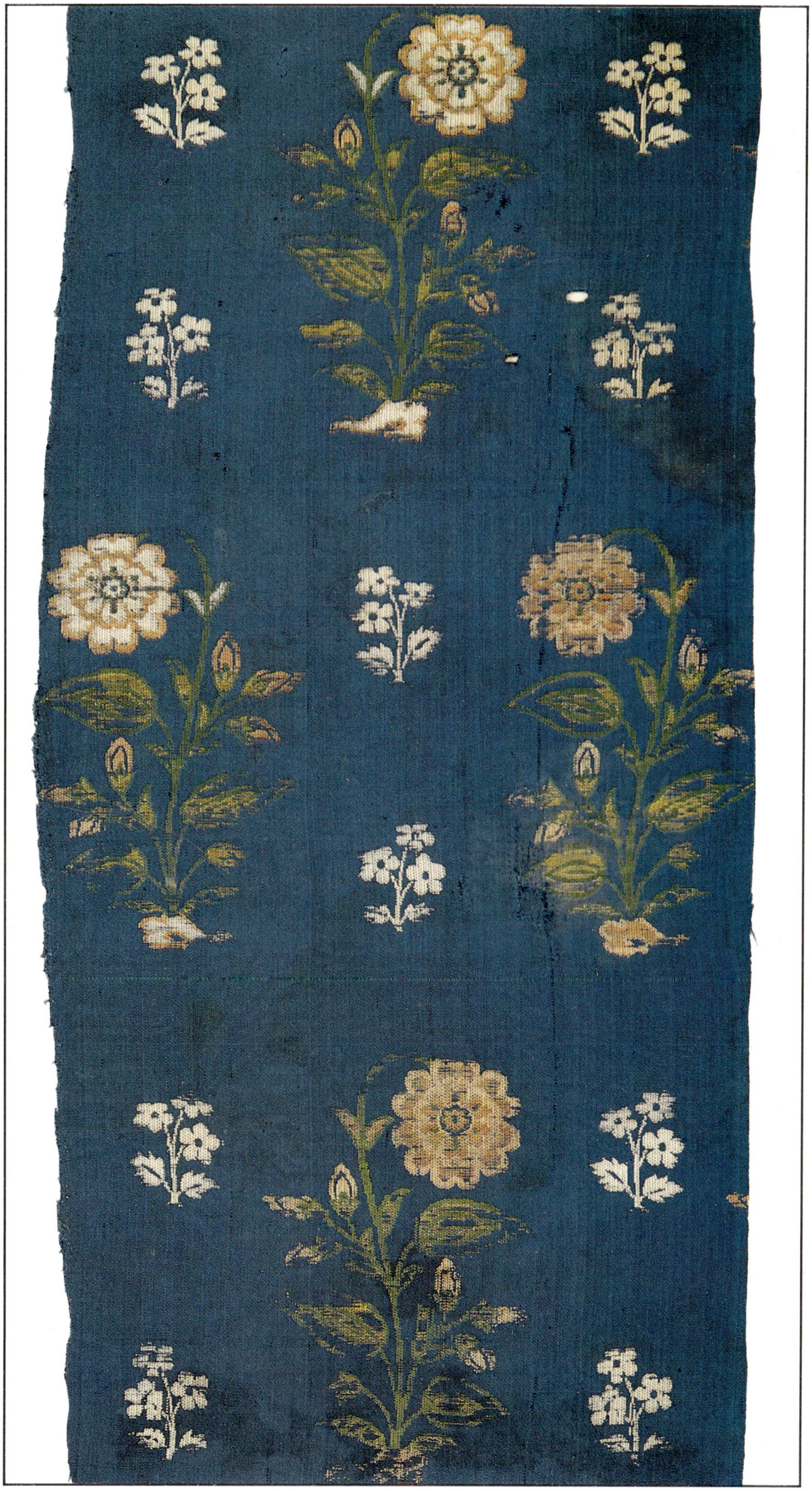

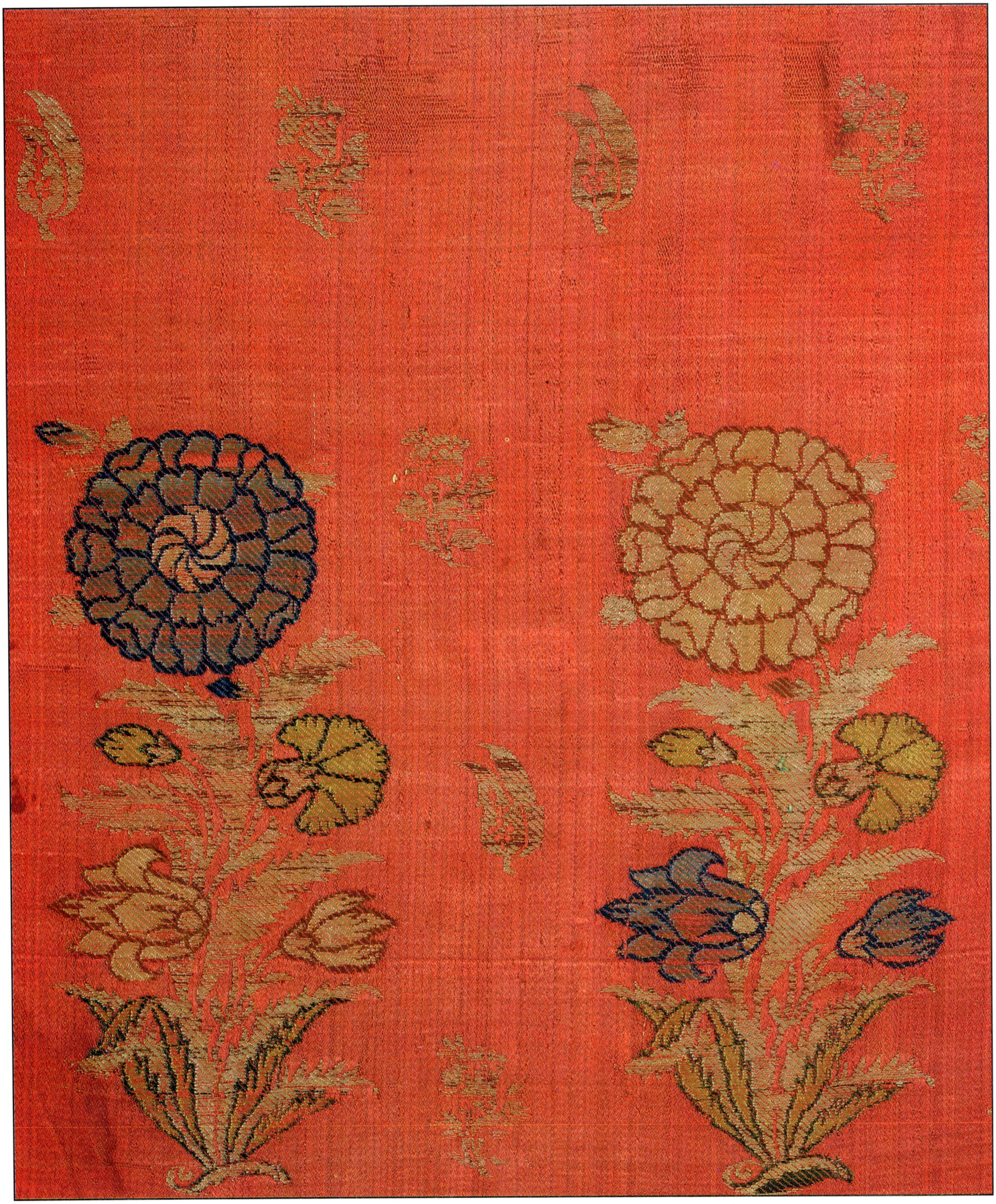

Abb. 131 *Aus einem Blatt wachsende Blütenpflanzen in stilisierter Zeichnung, 1. Hälfte oder Mitte 17. Jahrhundert* Kat. Nr. 120

Abb. 132 *Blütenpflanze in eleganter Zeichnung und nachträglich eingestickte florale Motive, 17. Jahrhundert* Kat. Nr. 122

Abb. 133 *Aus einem Blatt wachsende Blütenpflanzen, 17. Jahrhundert* Kat. Nr. 123

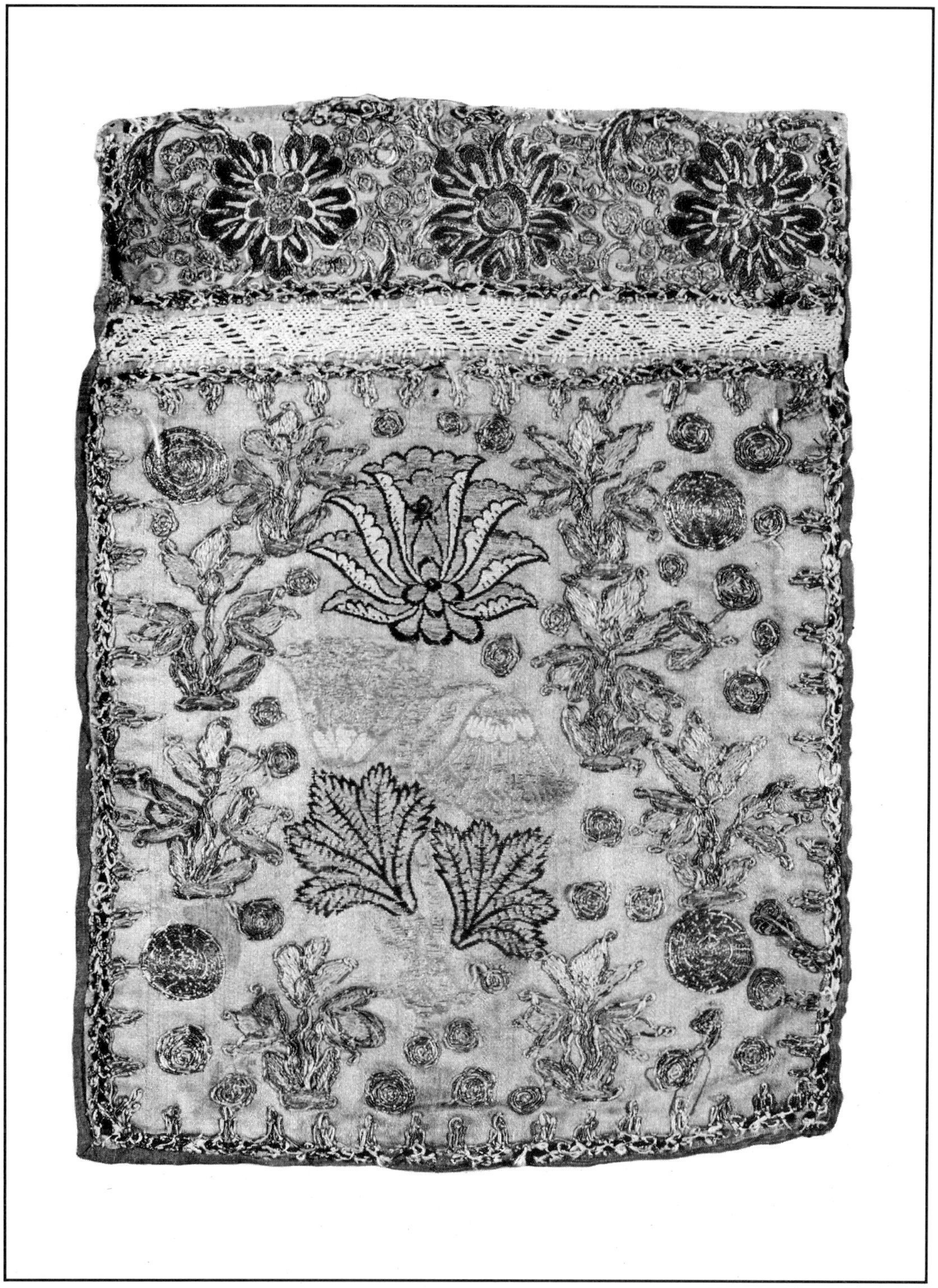

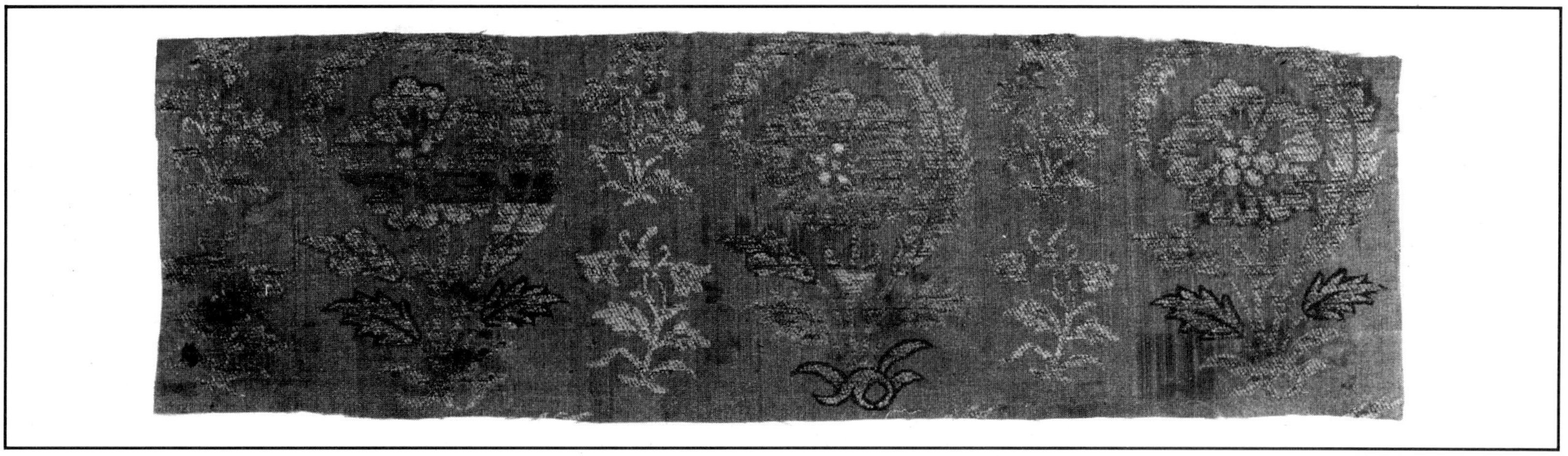

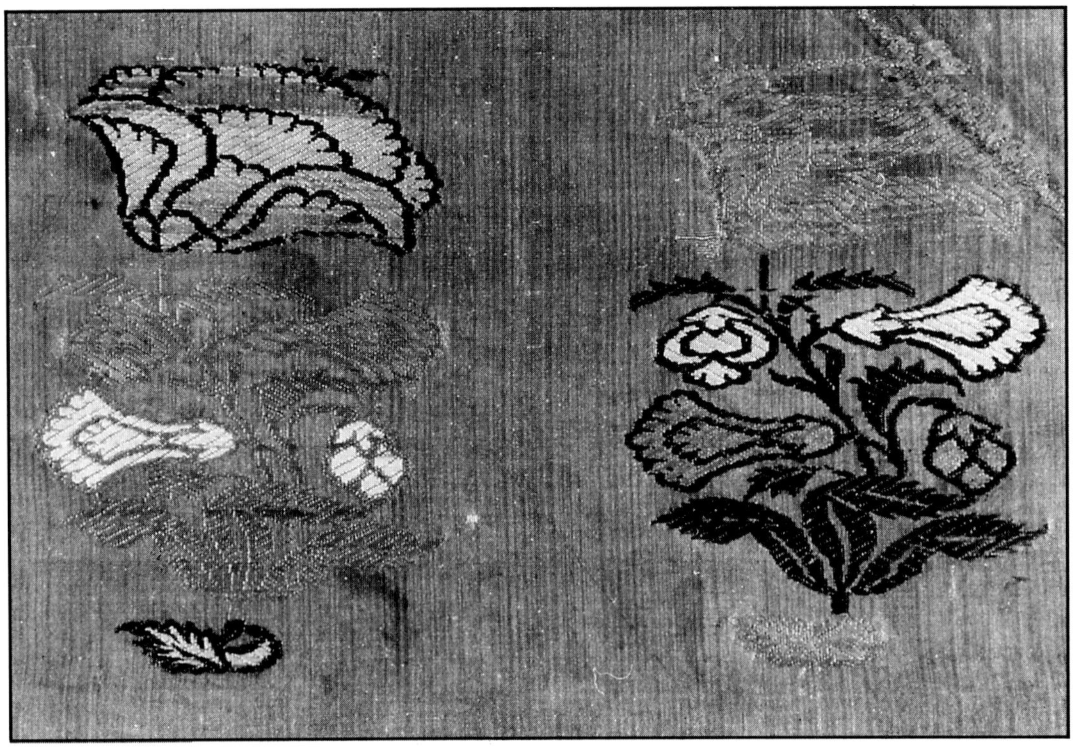

Abb. 134 *Blütenpflanzen in zarter, stark stilisierter Zeichnung, 2. Hälfte 17. Jahrhundert* Kat. Nr. 125

Abb. 135 *Blütenpflanzen in stilisierter Zeichnung, 17. Jahrhundert* Kat. Nr. 124

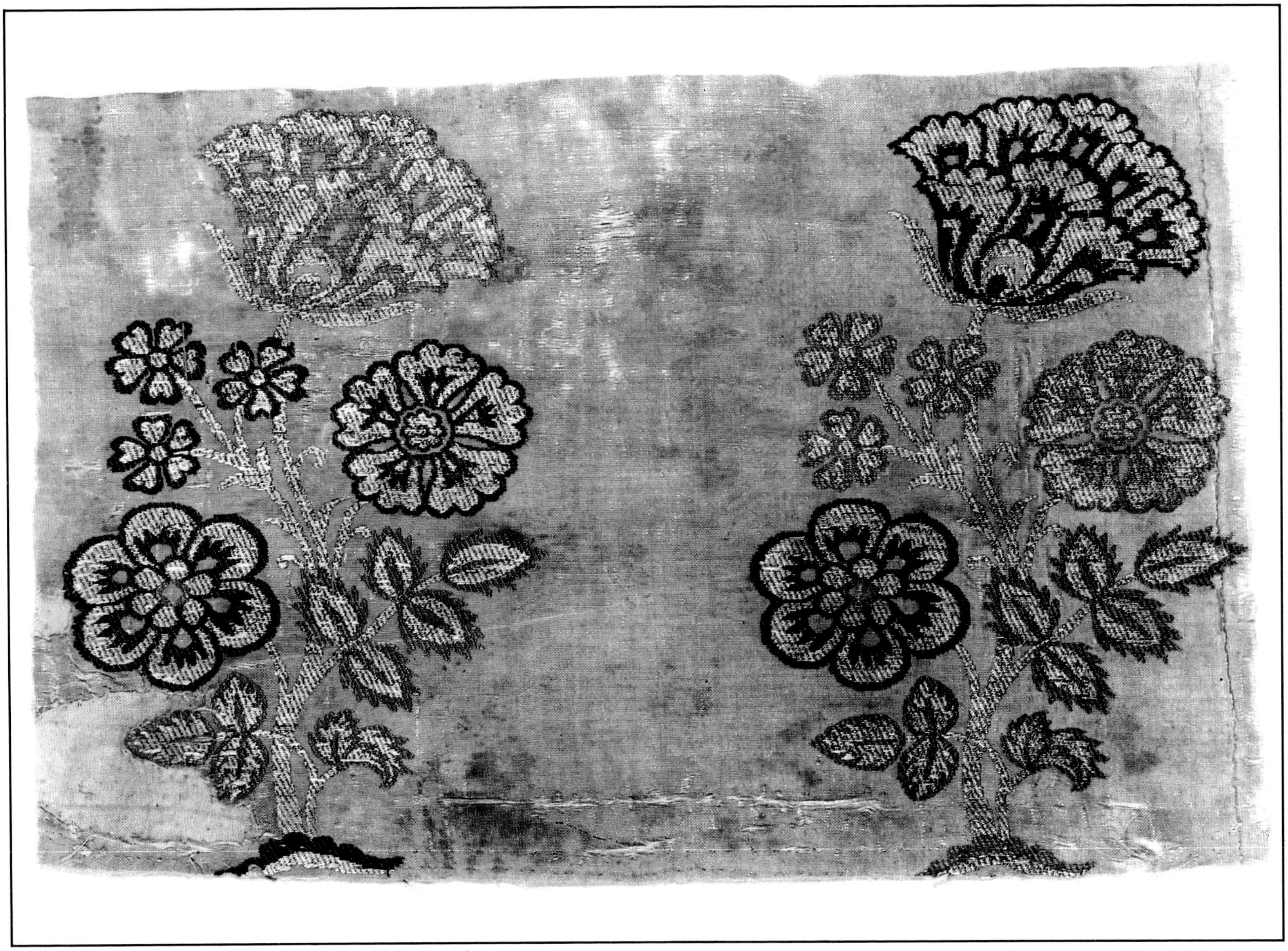

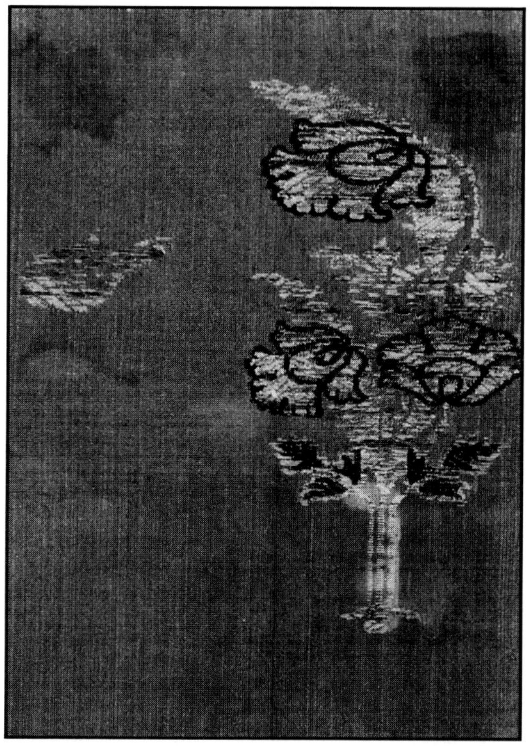

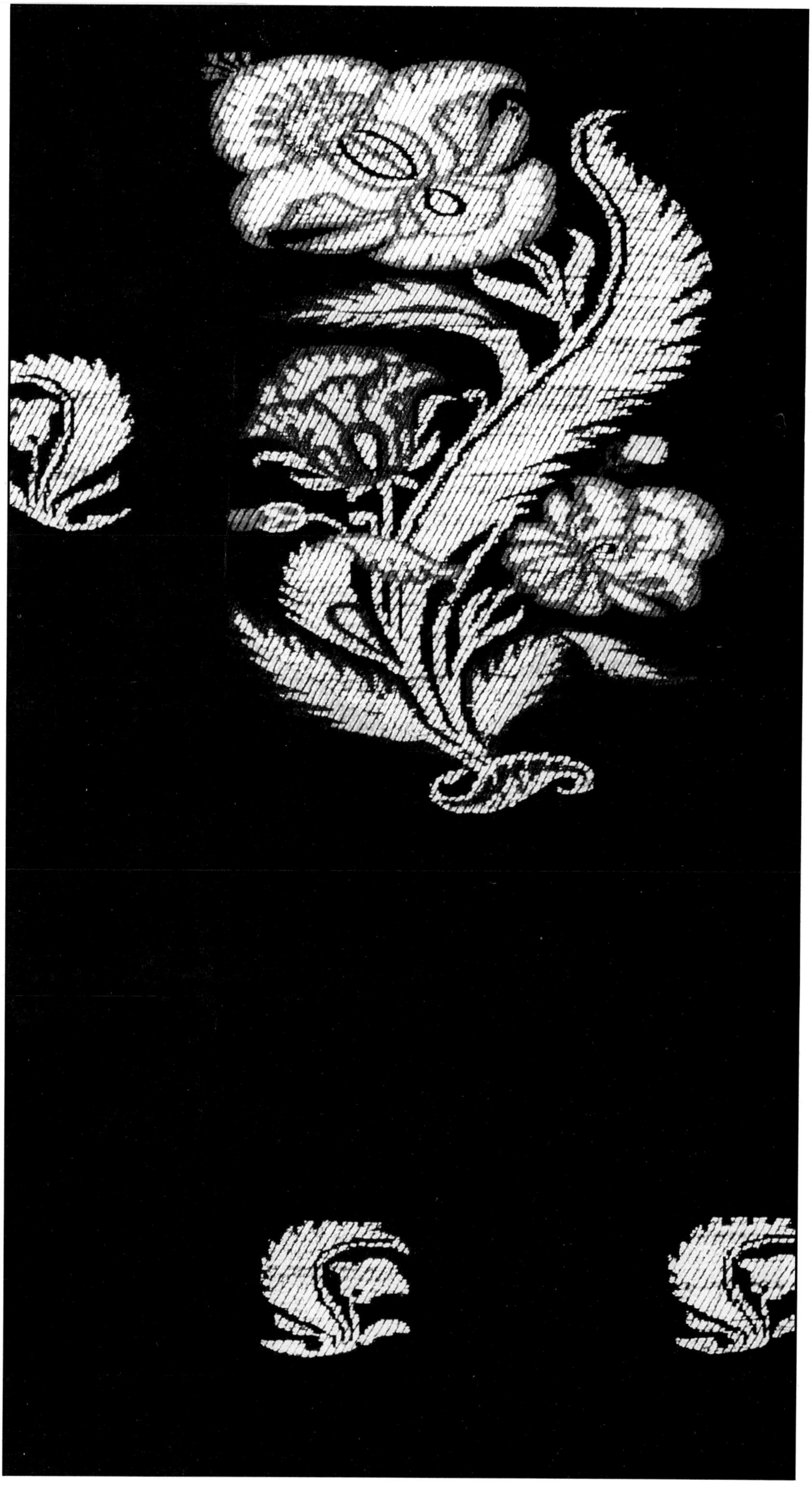

Abb. 136 *Blütenpflanze in zarter, stark stilisierter Zeichnung, 17.–18. Jahrhundert* Kat. Nr. 128

Abb. 137 *Kräftig geschwungene Blütenpflanze in starker Stilisierung, 17. Jahrhundert* Kat. Nr. 126

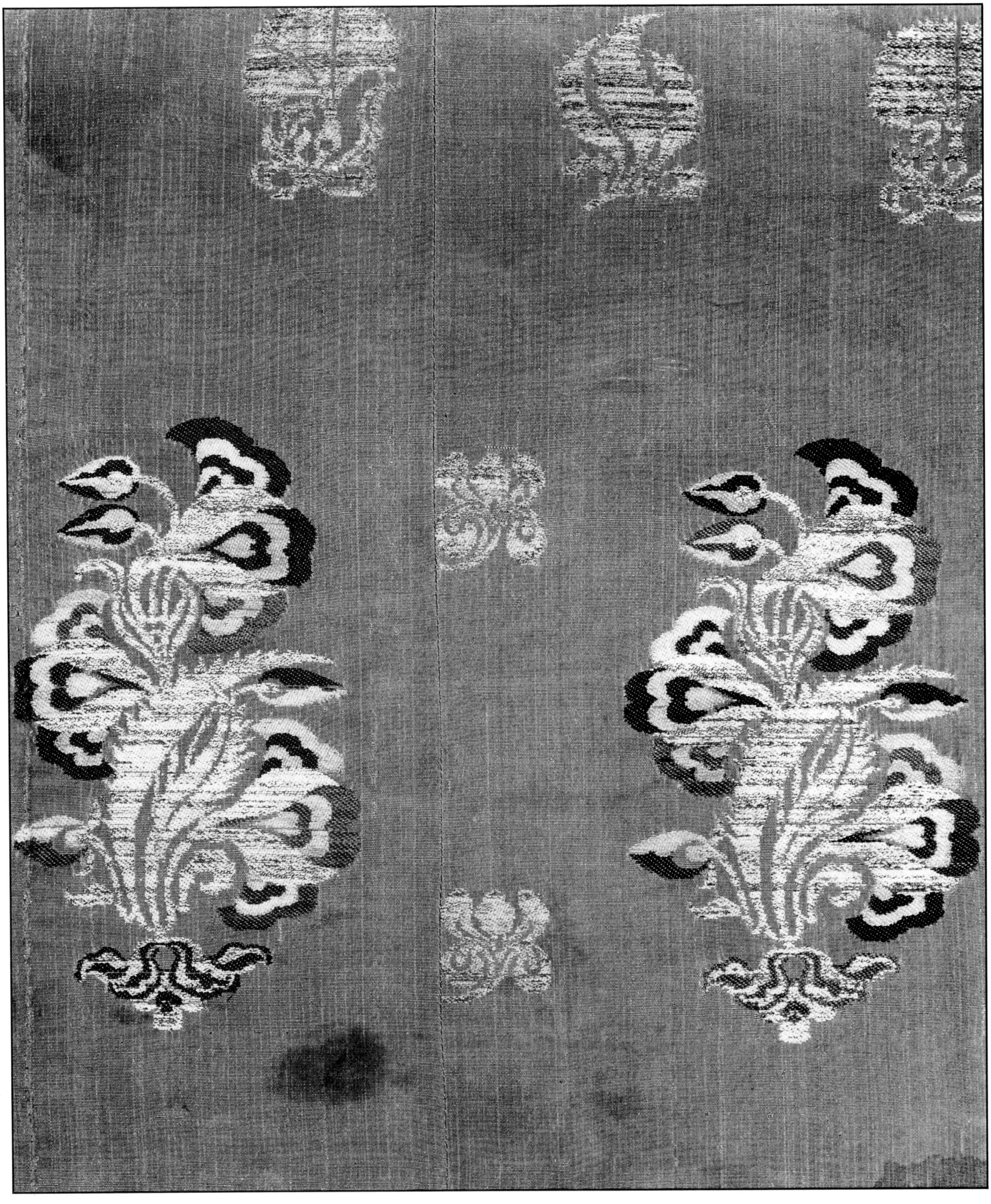

gegenüberliegende Seite:
Abb. 138 *Aus einem Wolkenmotiv wachsende Blütenpflanzen in starker Stilisierung mit zwischengesetzten Motiven, 17. Jahrhundert* Kat. Nr. 127

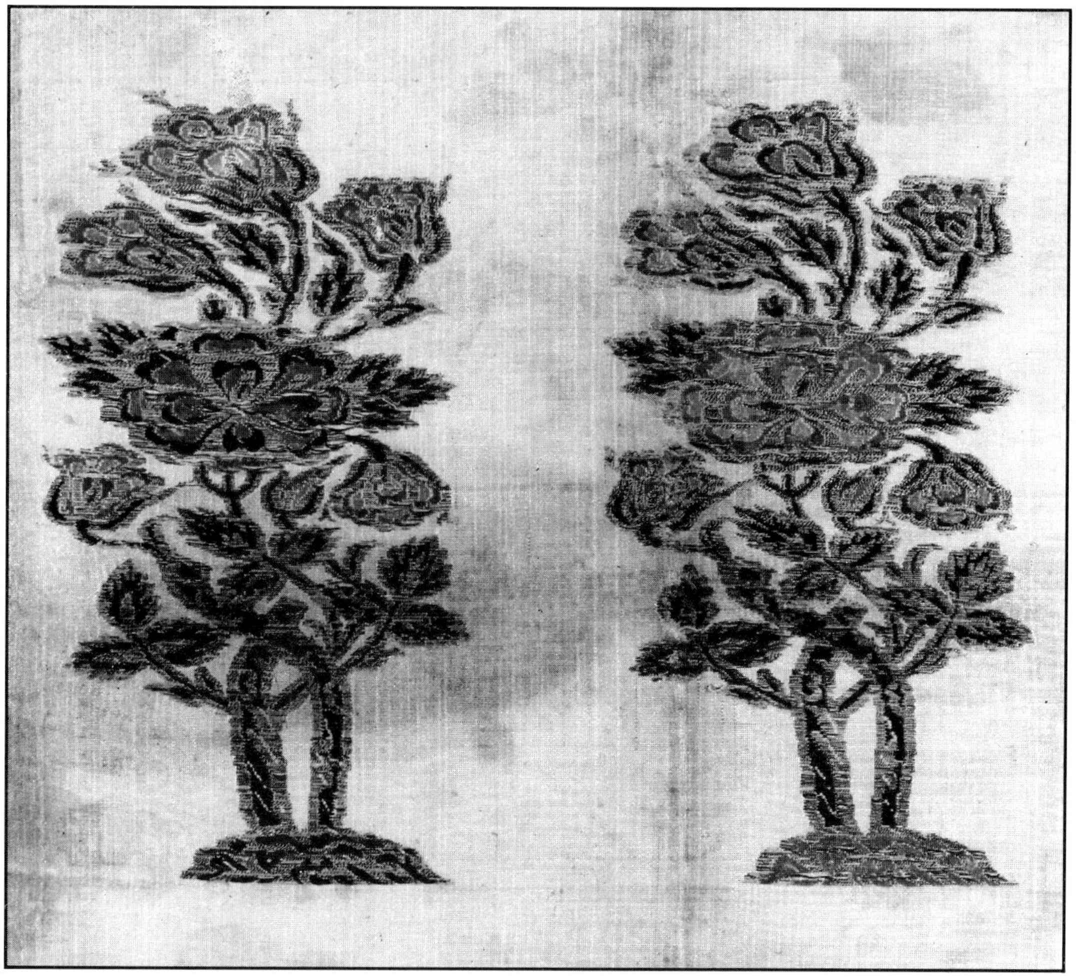

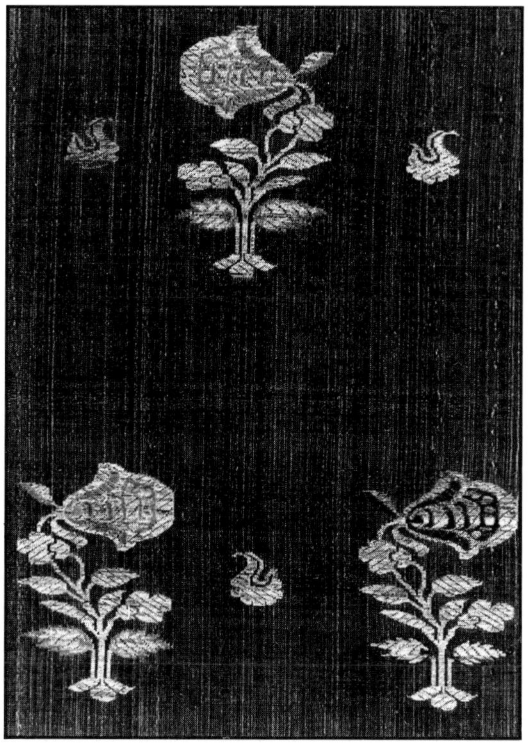

Abb. 139 *Kleine Blütenpflanzen in einfacher Zeichnung und zwischengesetzte Wolkenmotive, 17.–18. Jahrhundert* Kat. Nr. 129

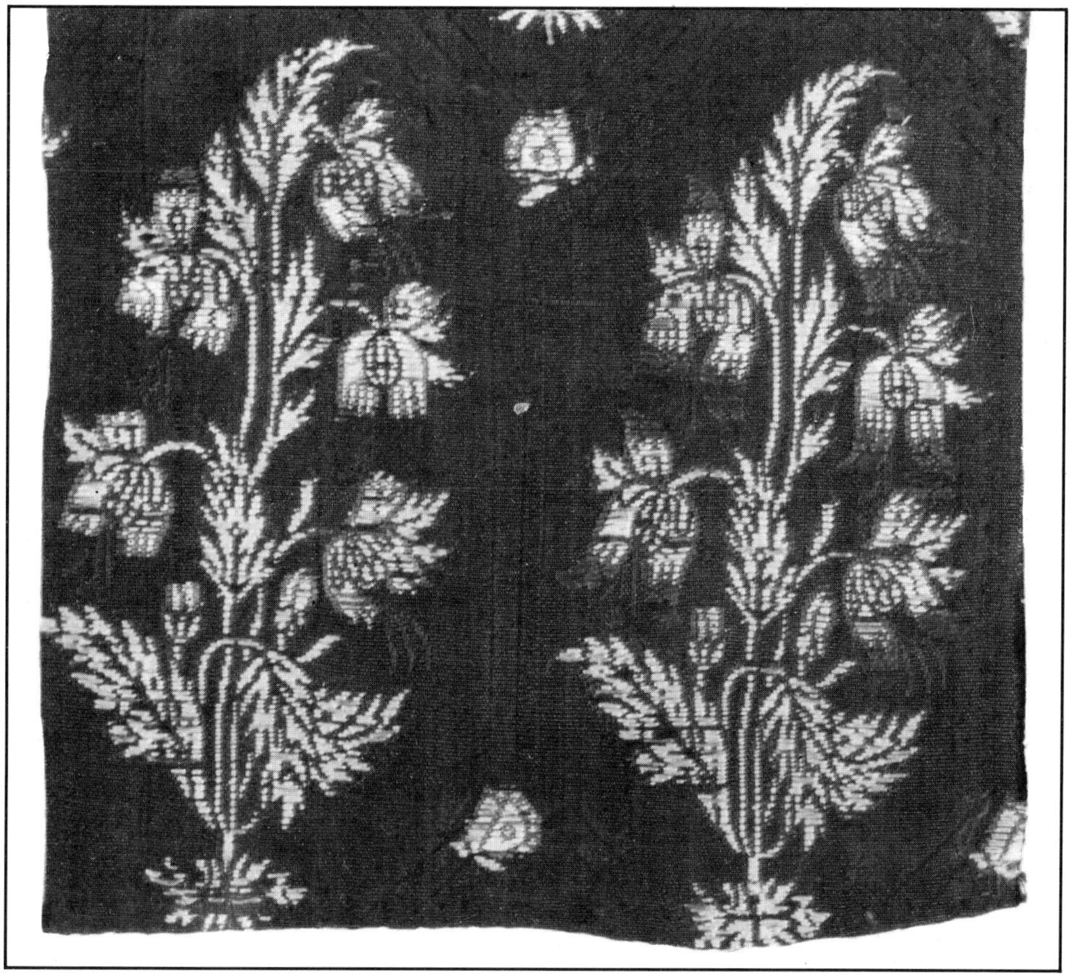

Abb. 140 *Kräftig geschwungene Rosenpflanzen auf stilisiertem Berg, 2. Hälfte 17. Jahrhundert* Kat. Nr. 130

Abb. 141 *Zarte Blütenpflanzen und Schmetterlinge, 17.–18. Jahrhundert* Kat. Nr. 131

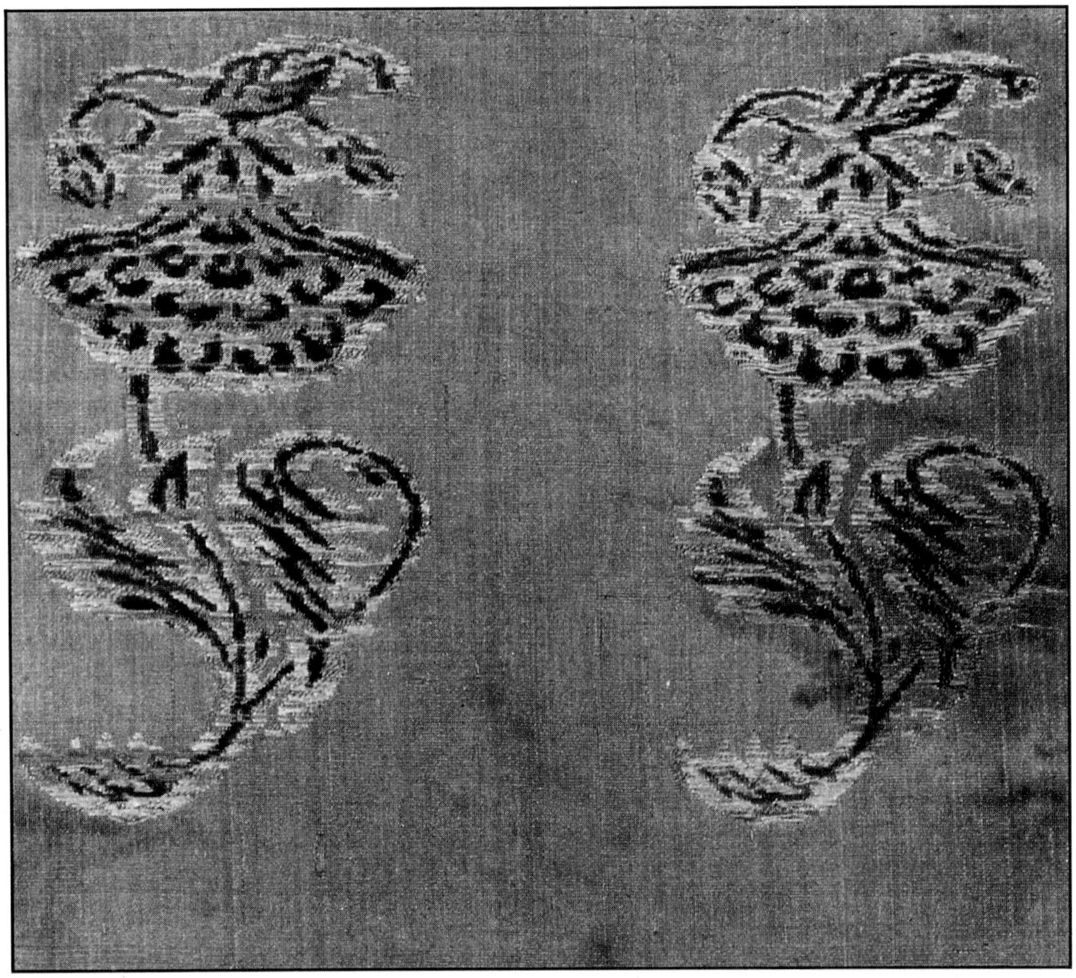

Abb. 142 *Kleine, stark stilisierte Blütenzweige, 2. Hälfte 17. oder 18. Jahrhundert* Kat. Nr. 133

Abb. 143 *Blütenpflanze in zarter, stark stilisierter Zeichnung, 17.–18. Jahrhundert* Kat. Nr. 135

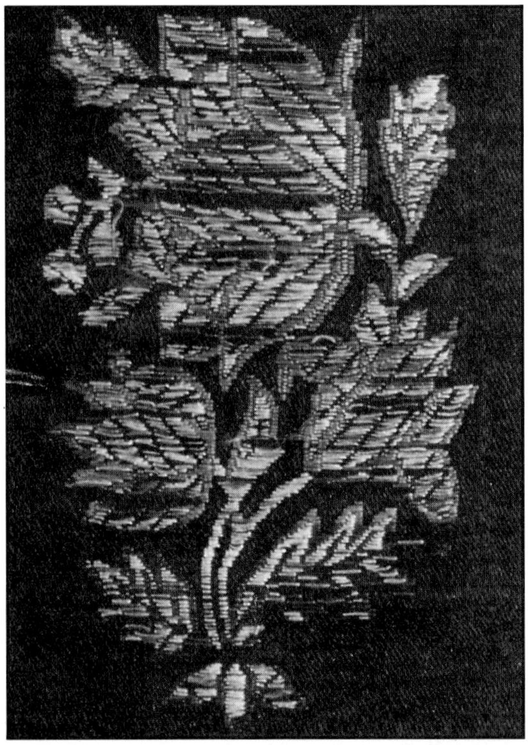

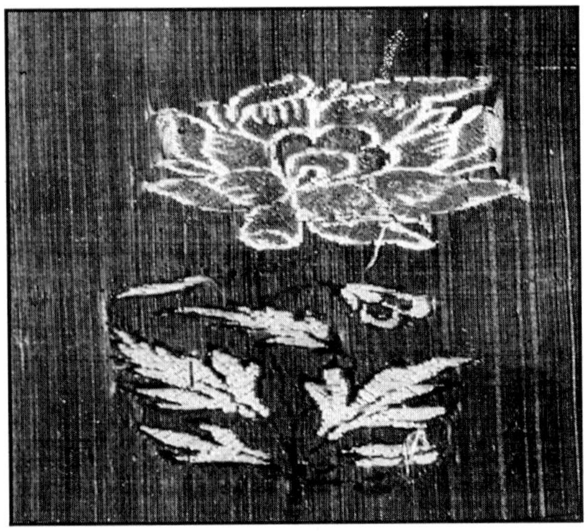

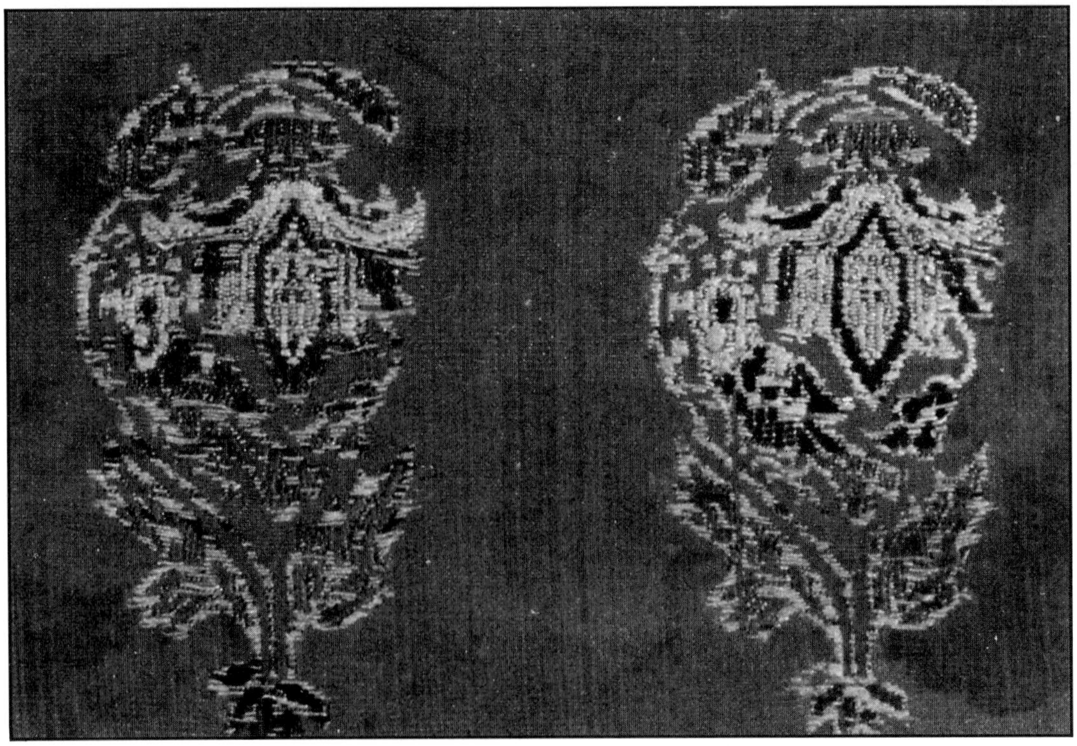

Abb. 144 *Blütenpflanze in einfacher, stark stilisierter Zeichnung, 17.–18. Jahrhundert* Kat. Nr. 136

Abb. 145 *Kleine, stark stilisierte Blütenpflanzen, 17.–18. Jahrhundert* Kat. Nr. 134

gegenüberliegende Seite:
Abb. 146 *Blütenpflanzen in zarter Zeichnung, 2. Hälfte 17. Jahrhundert* Kat. Nr. 138

Abb. 147 *Schwertlilienstiele in einfacher Zeichnung, 17.–18. Jahrhundert* Kat. Nr. 139

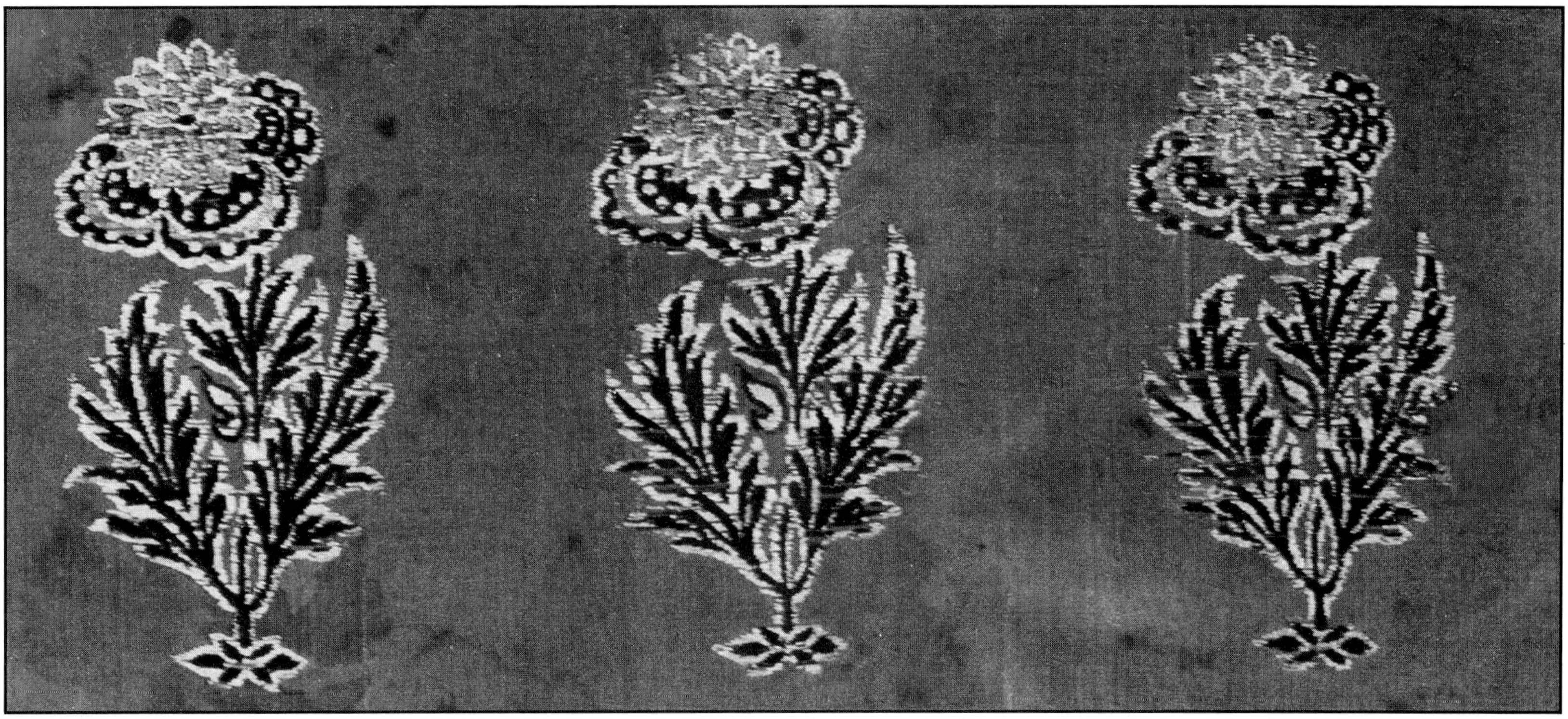

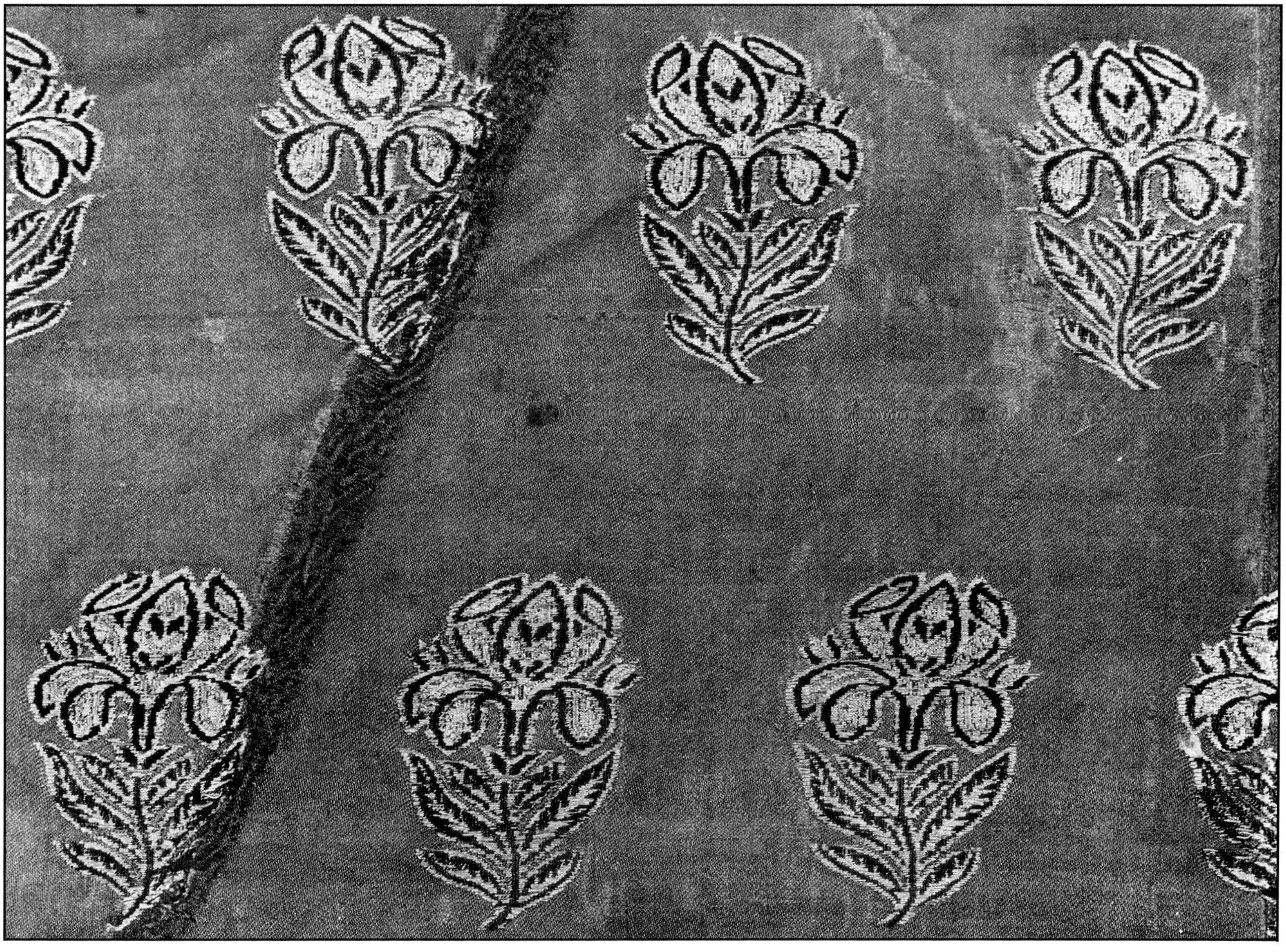

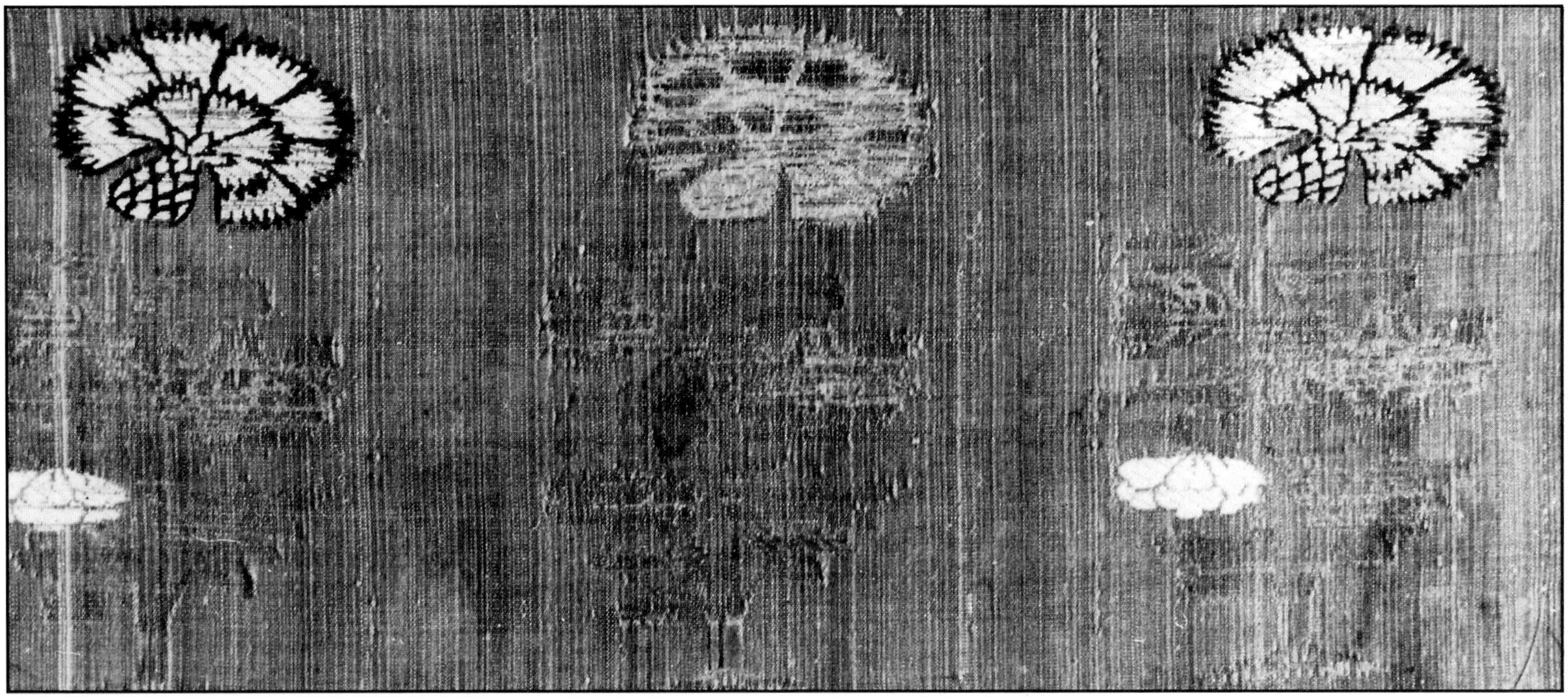

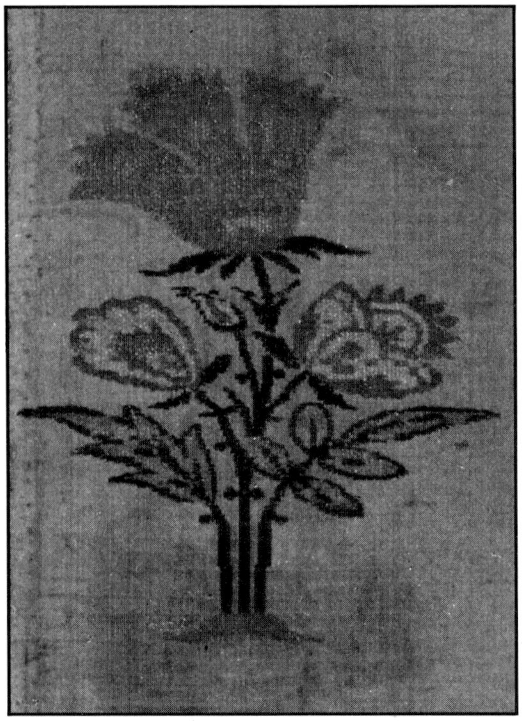

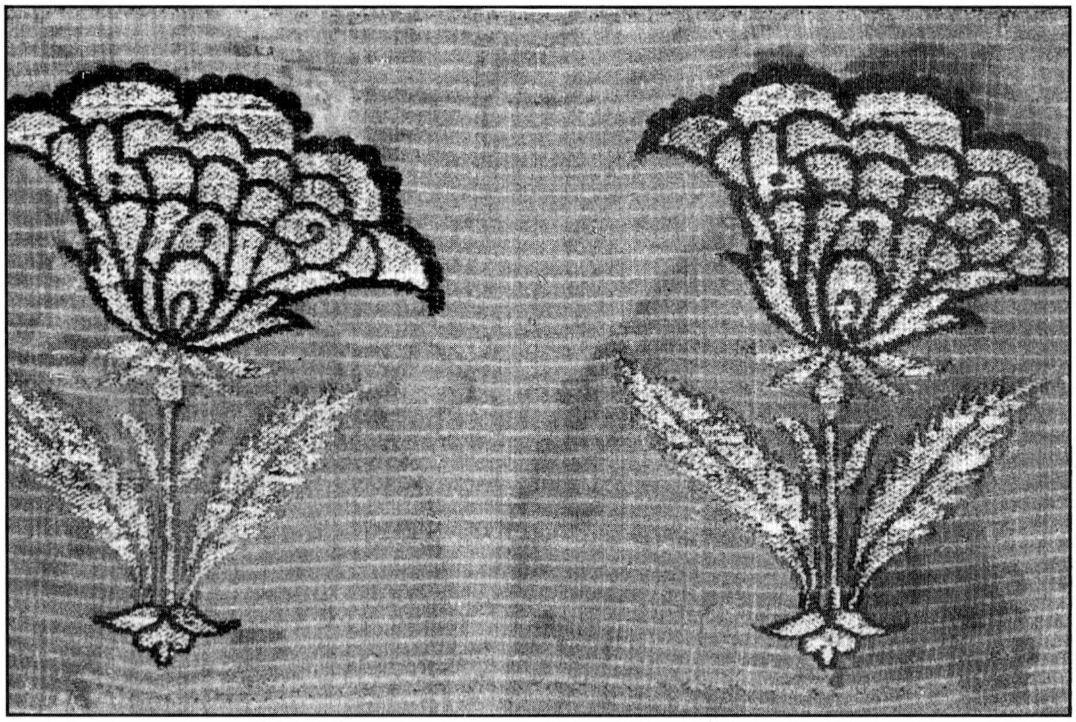

Abb. 148 *Stilisierte Nelkenpflanzen in zarter Zeichnung, Ende 17. Jahrhundert* Kat. Nr. 140

Abb. 149 *Blütenpflanze in einfacher, zarter Zeichnung, 17.–18. Jahrhundert* Kat. Nr. 142

Abb. 150 *Kleine Blütenpflanzen in stilisierter Zeichnung, 17.–18. Jahrhundert* Kat. Nr. 141

gegenüberliegende Seite:
Abb. 151 *Blütenstiele in zarter Zeichnung, 17. Jahrhundert* Kat. Nr. 143

Abb. 152 *Kleine Blütenstiele in sehr zarter Zeichnung, 17. Jahrhundert* Kat. Nr. 144

Abb. 153 *Kleine Blütenpflanzen in einfacher Zeichnung, Anfang 18. Jahrhundert (?)* Kat. Nr. 146

Abb. 154 *Nelkenpflanzen mit Wolkenmotiv vor geflammtem Grund, 17. Jahrhundert* Kat. Nr. 147

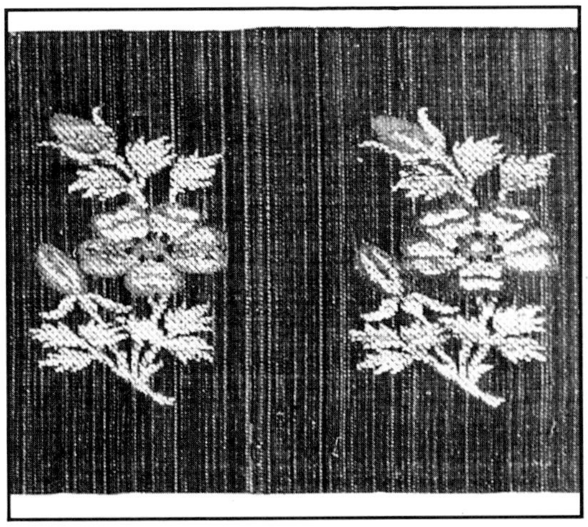
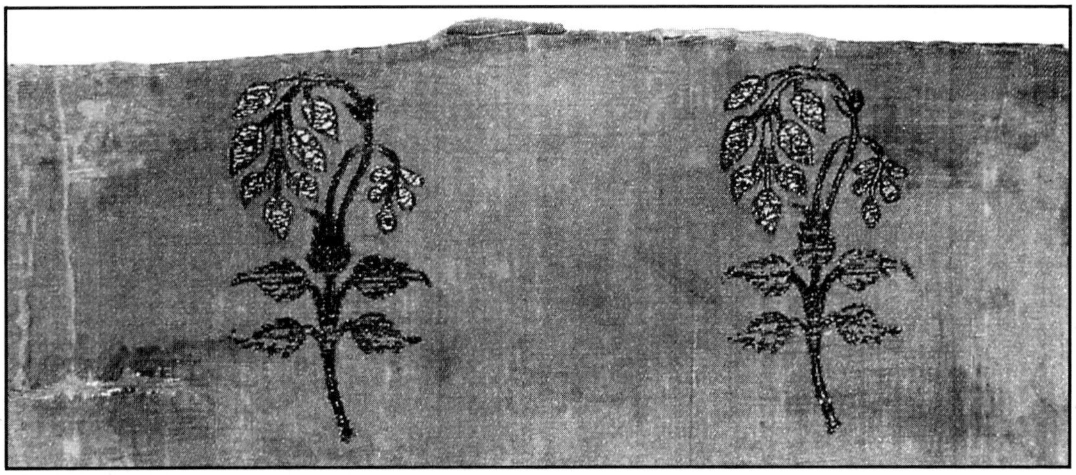
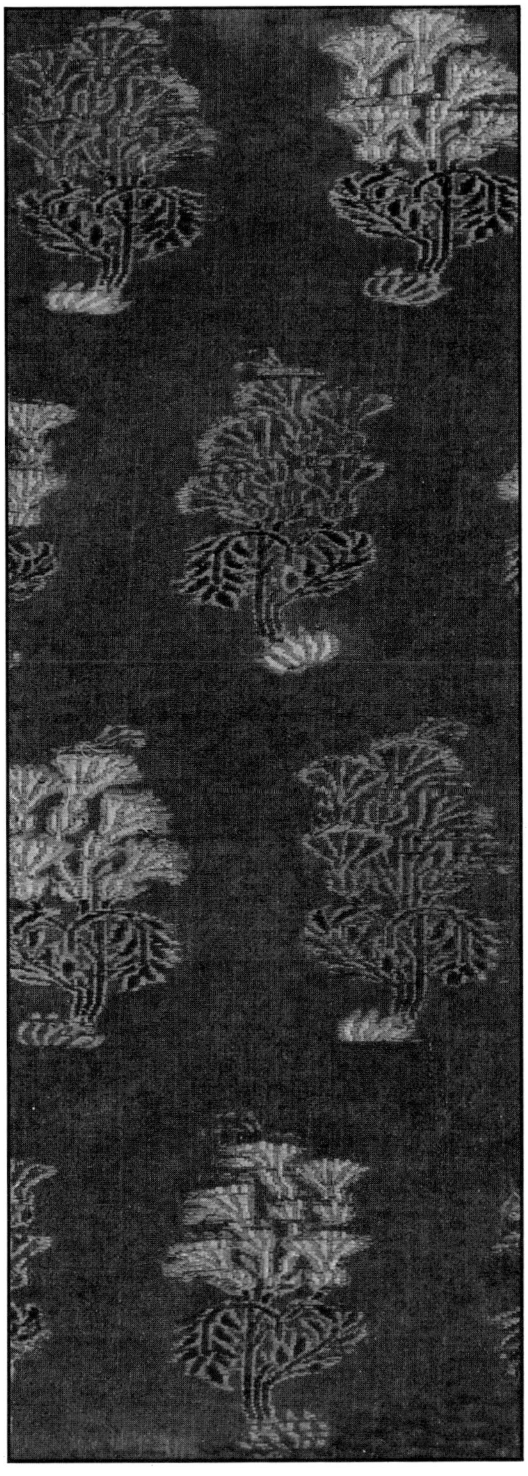
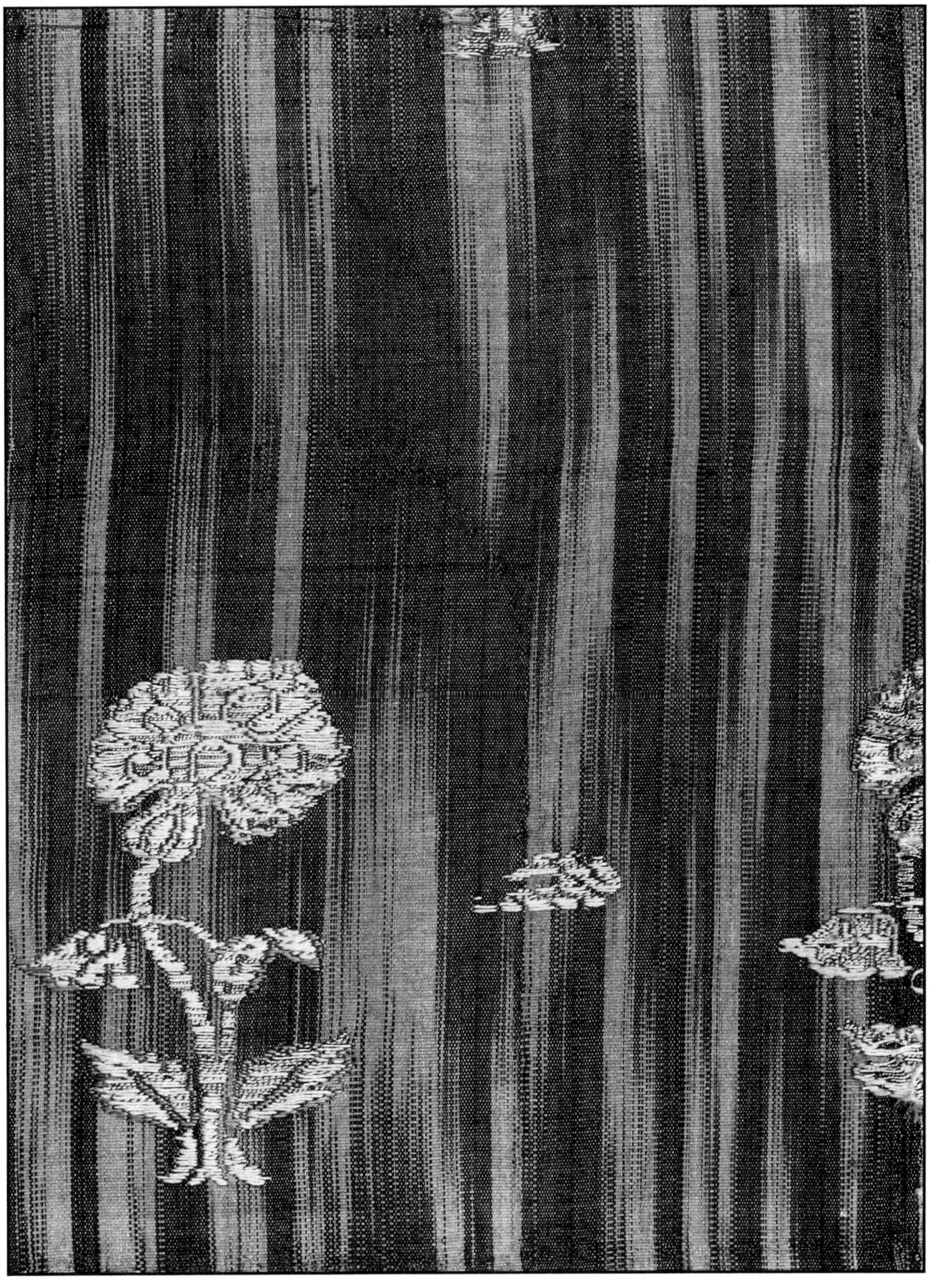

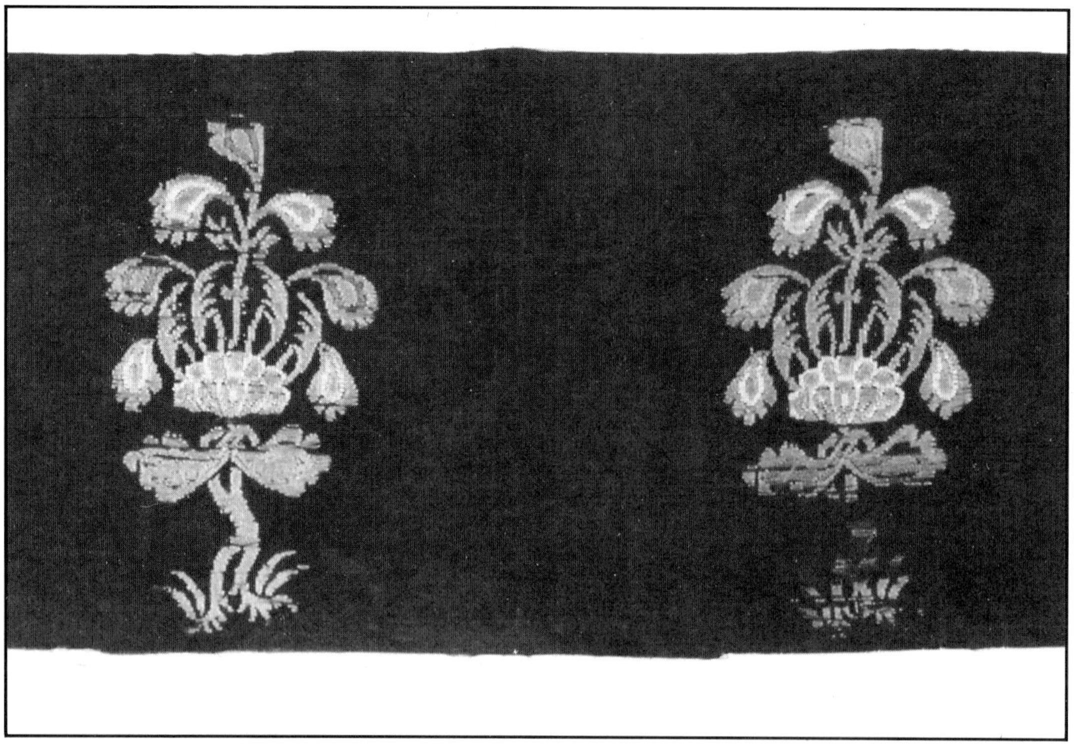

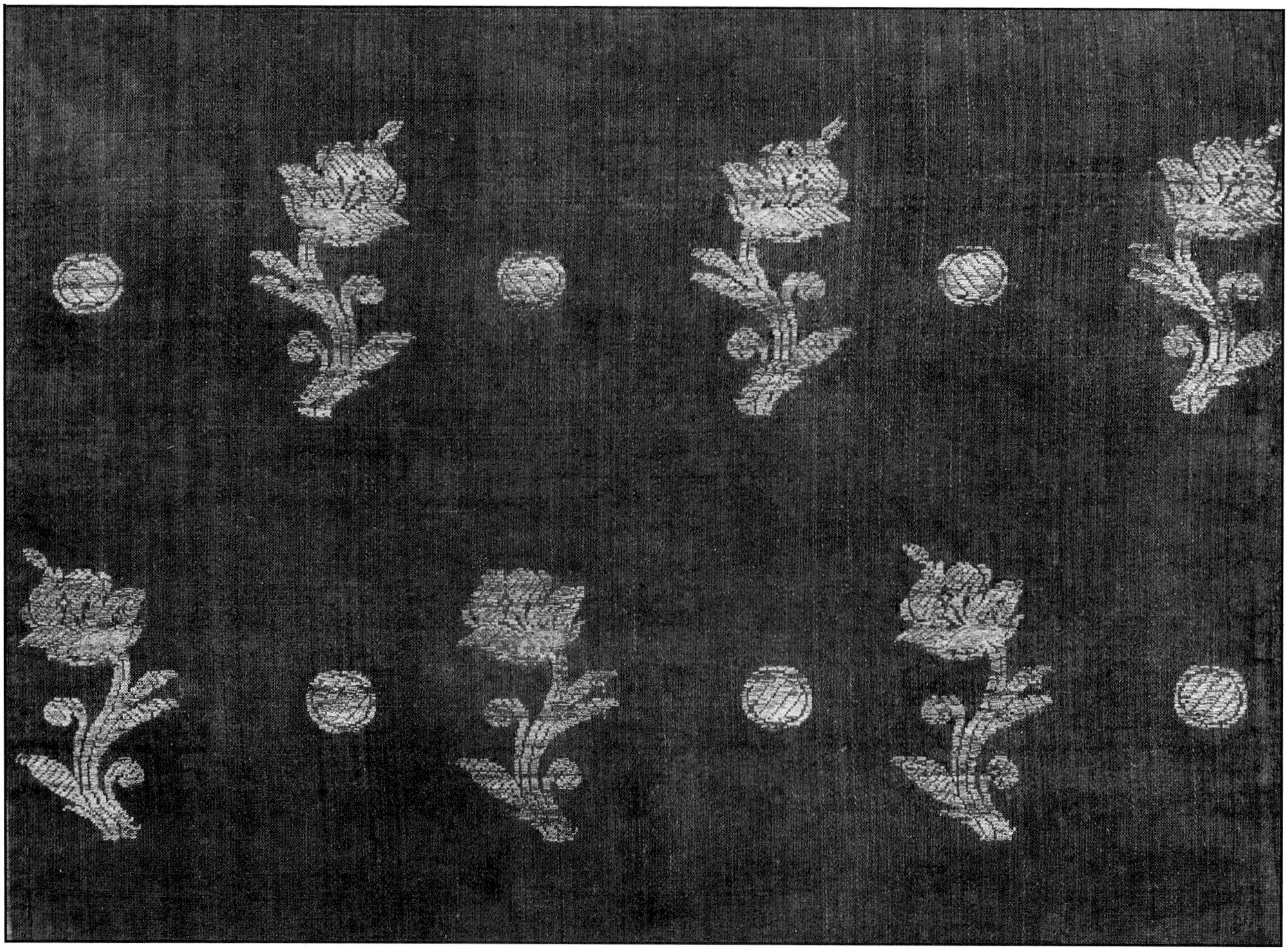

Abb. 155 *Kleine Blütenpflanzen in sehr zarter Zeichnung, 17.–18. Jahrhundert* Kat. Nr. 145

Abb. 156 *Geschwungene Blütenstiele und Kreismotive, 2. Hälfte 17. Jahrhundert (vgl. Abb. 157 und 159)* Kat. Nr. 148

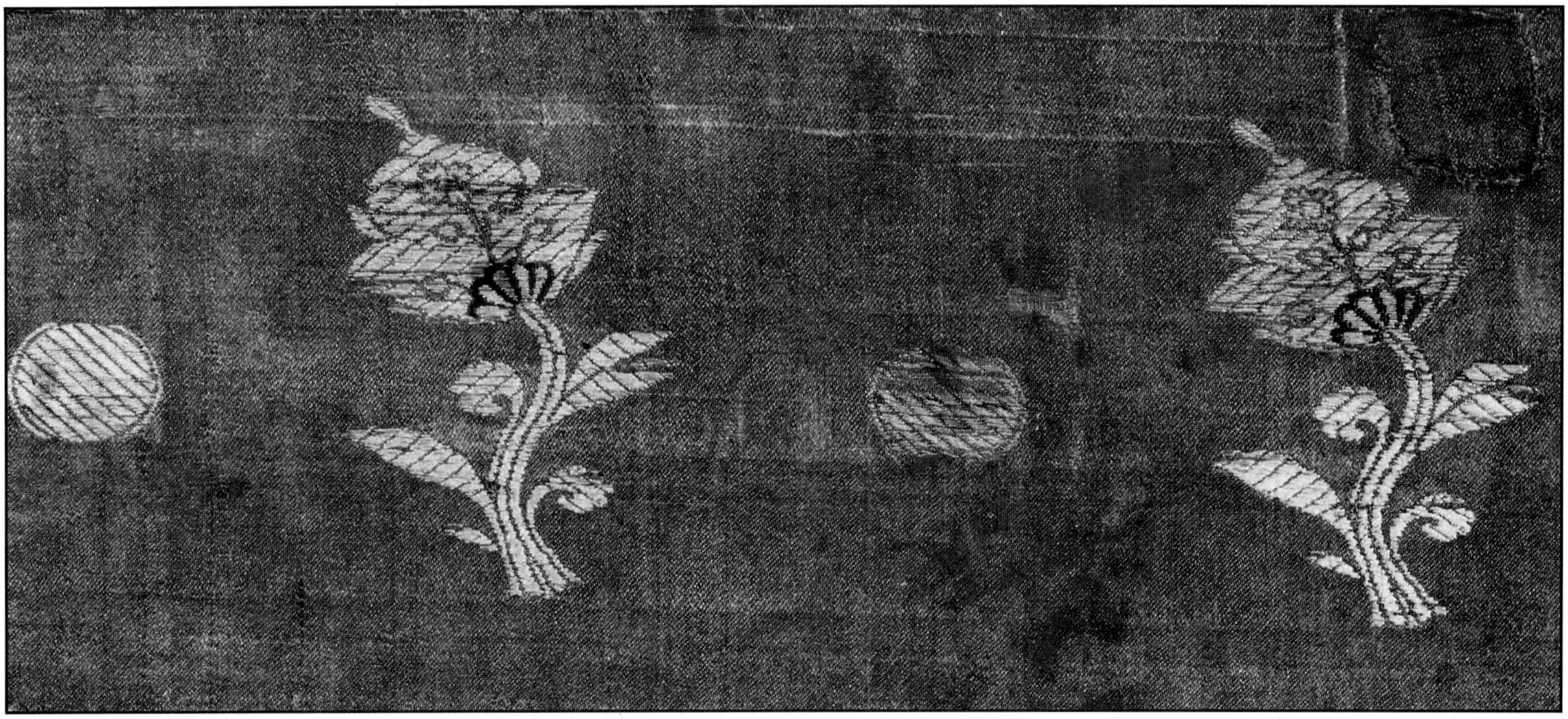

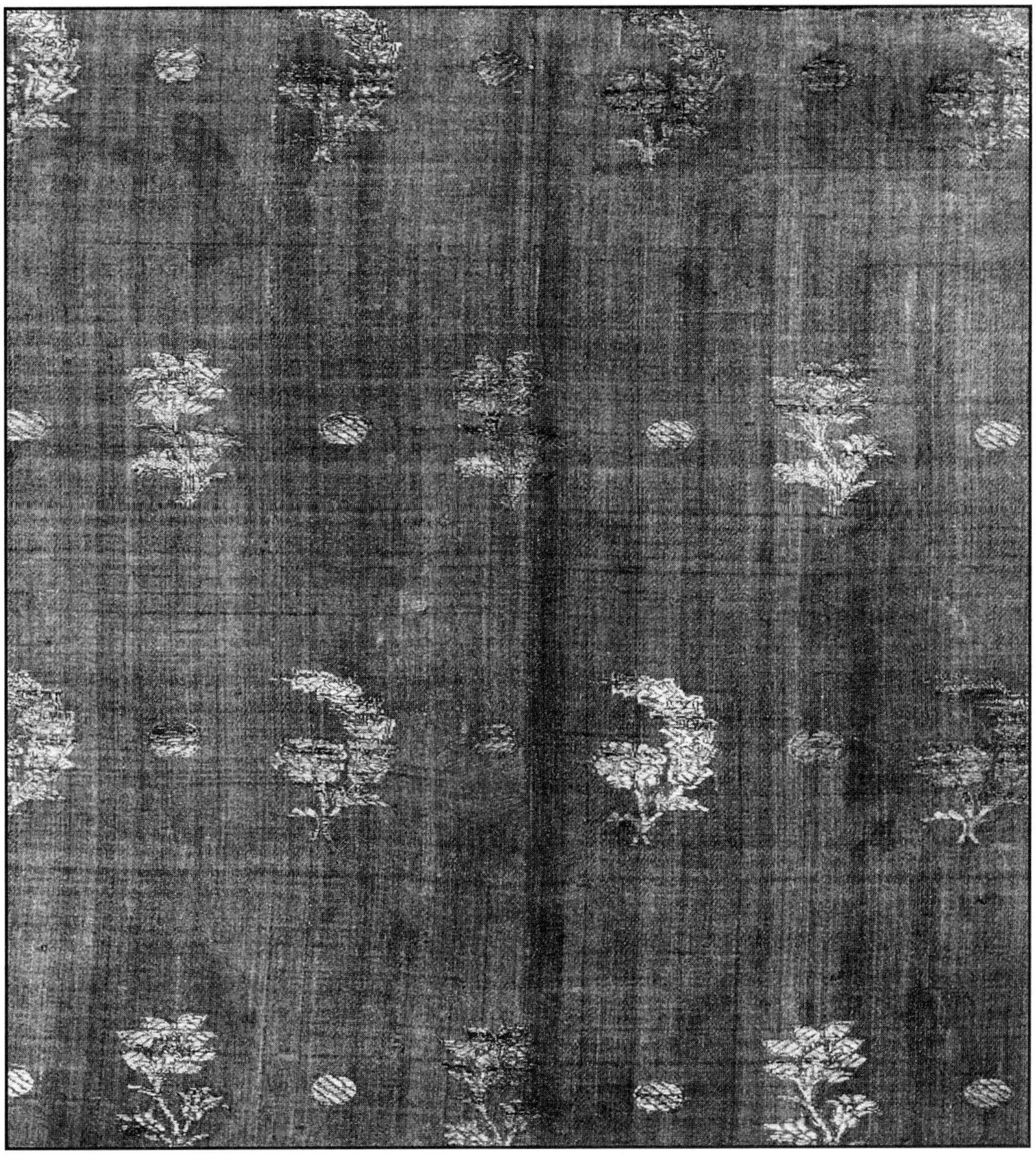

Abb. 157 *Nebeneinander liegende Blütenstiele und Kreismotive, 2. Hälfte 17. Jahrhundert (vgl. Abb. 156 und 159)* Kat. Nr. 149

Abb. 158 *Blütenstiele in zarter Zeichnung, Ende 17. oder 18. Jahrhundert* Kat. Nr. 151

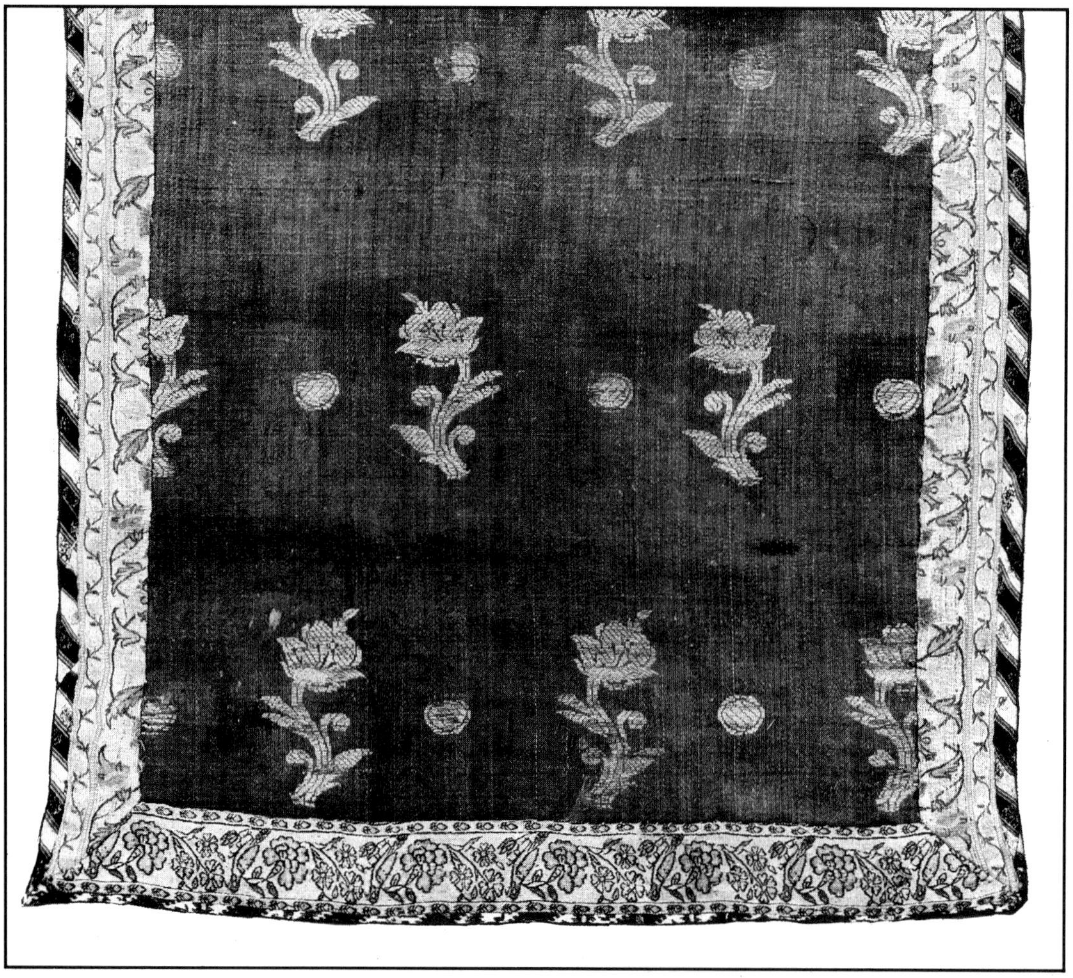

Abb. 159 *Blütenstiele und Kreismotive, 2. Hälfte 17. Jahrhundert (vgl. Abb. 156 und 157)* Kat. Nr. 150 und 316

Abb. 160 *Kleine florale Gebilde mit zwischengesetzten Streumotiven, 17.–18. Jahrhundert* Kat. Nr. 158

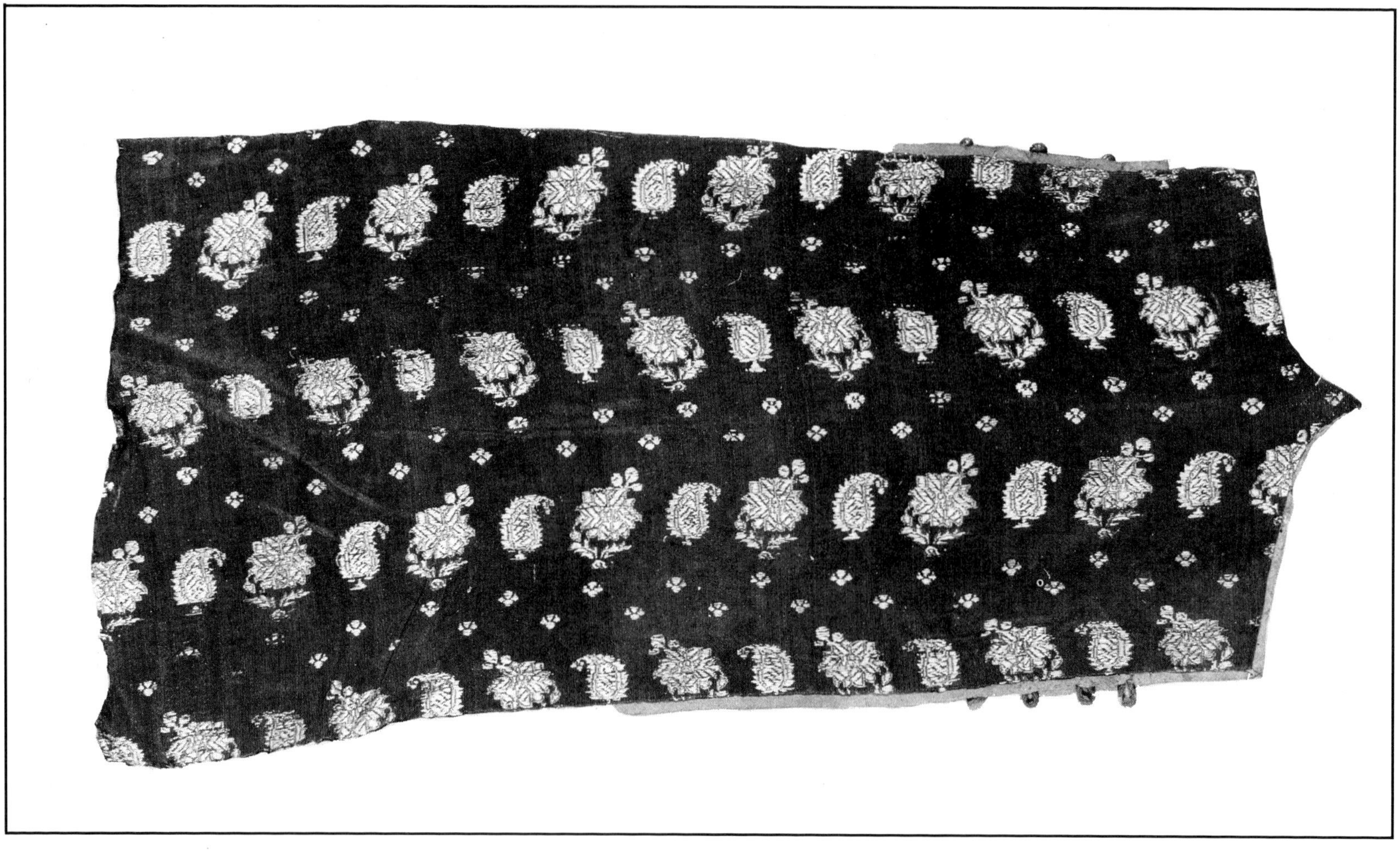

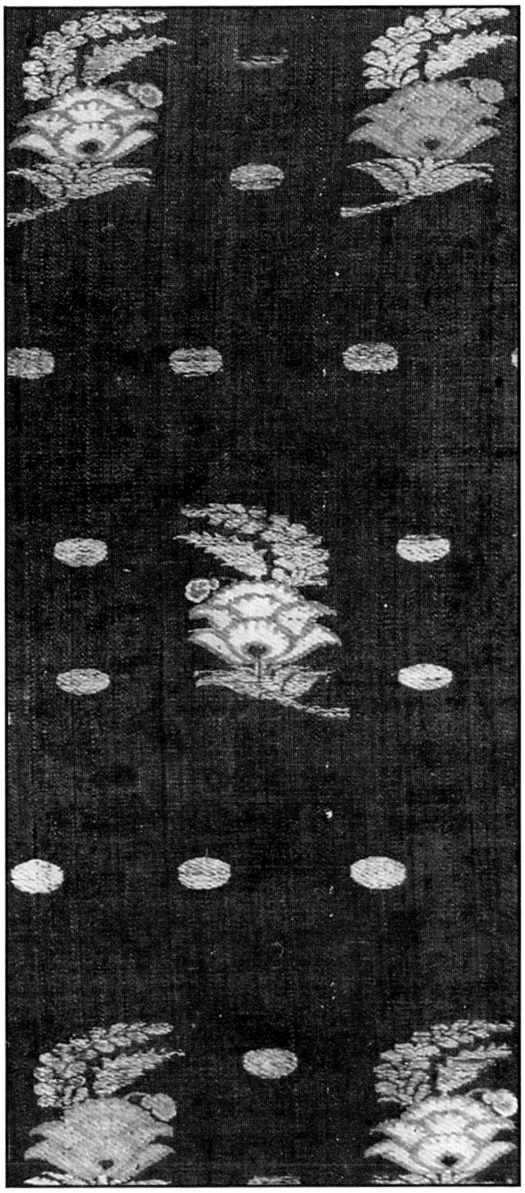

Abb. 161 *Blütenstiele und Kreismotive, 17.–18. Jahrhundert* Kat. Nr. 152

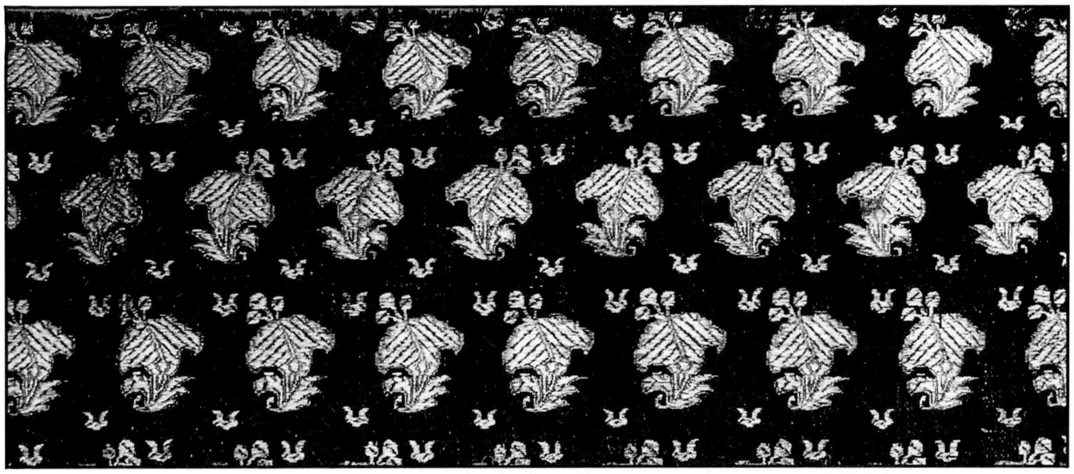

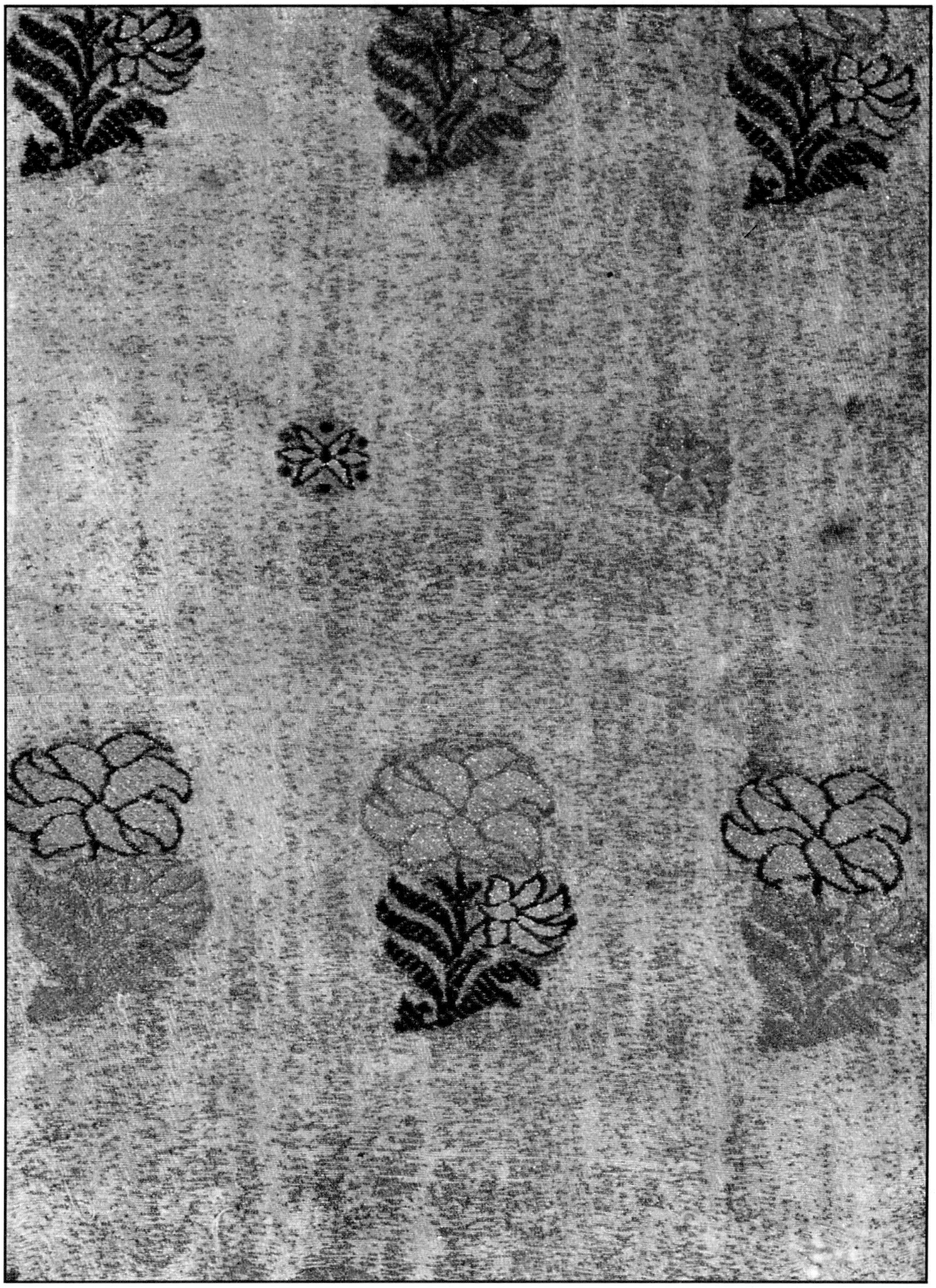

Abb. 162 *Kleine florale Gebilde mit Streumotiven in Wolkenform, 17.–18. Jahrhundert* Kat. Nr. 159

Abb. 163 *Blütenstiele und kleine Rosetten vor silbergrauem Grund, 17.–18. Jahrhundert* Kat. Nr. 153

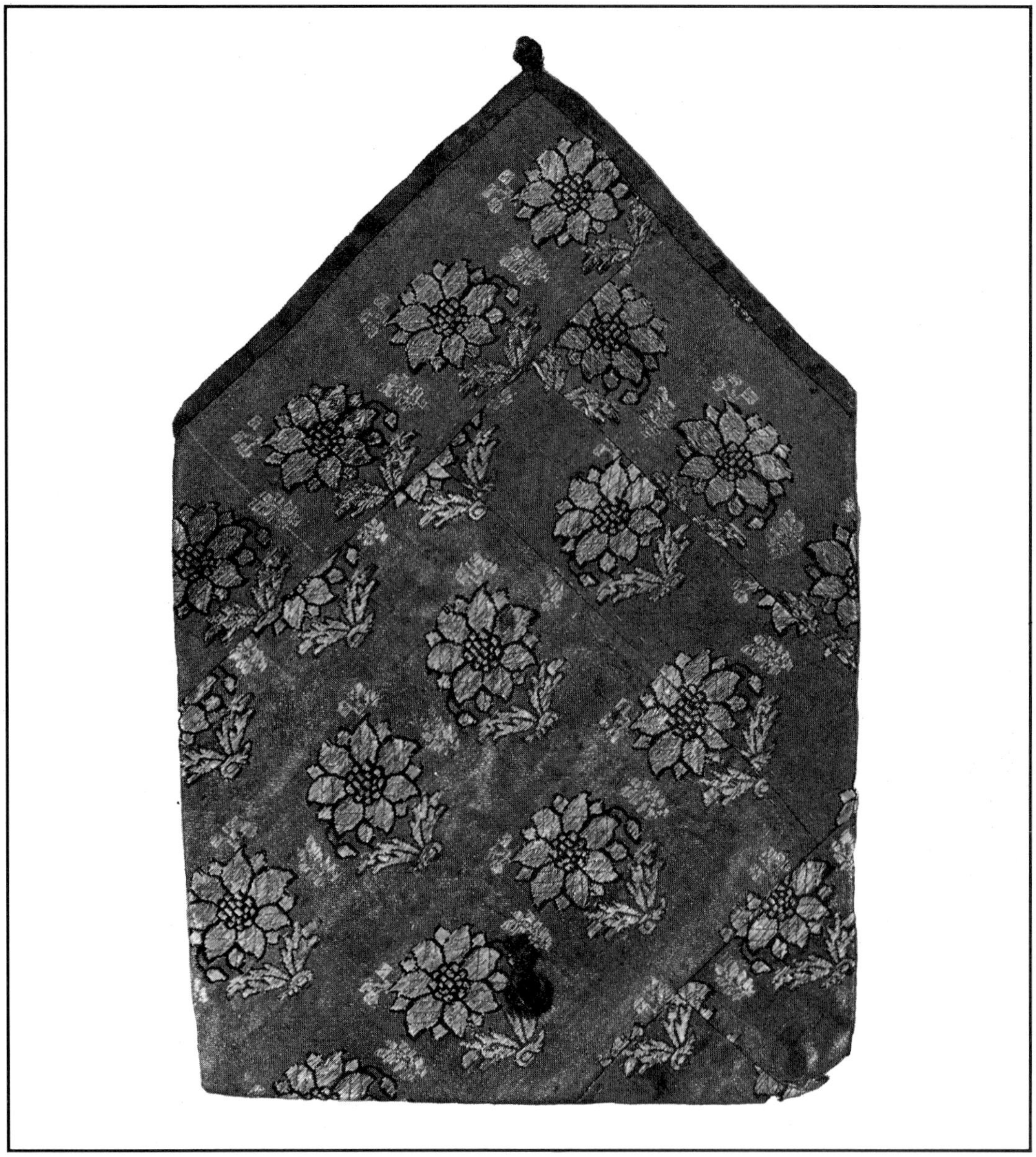

Abb. 164 *Kleine goldene Blütenpflanzen vor rotem Grund. 17.–18. Jahrhundert* Kat. Nr. 160

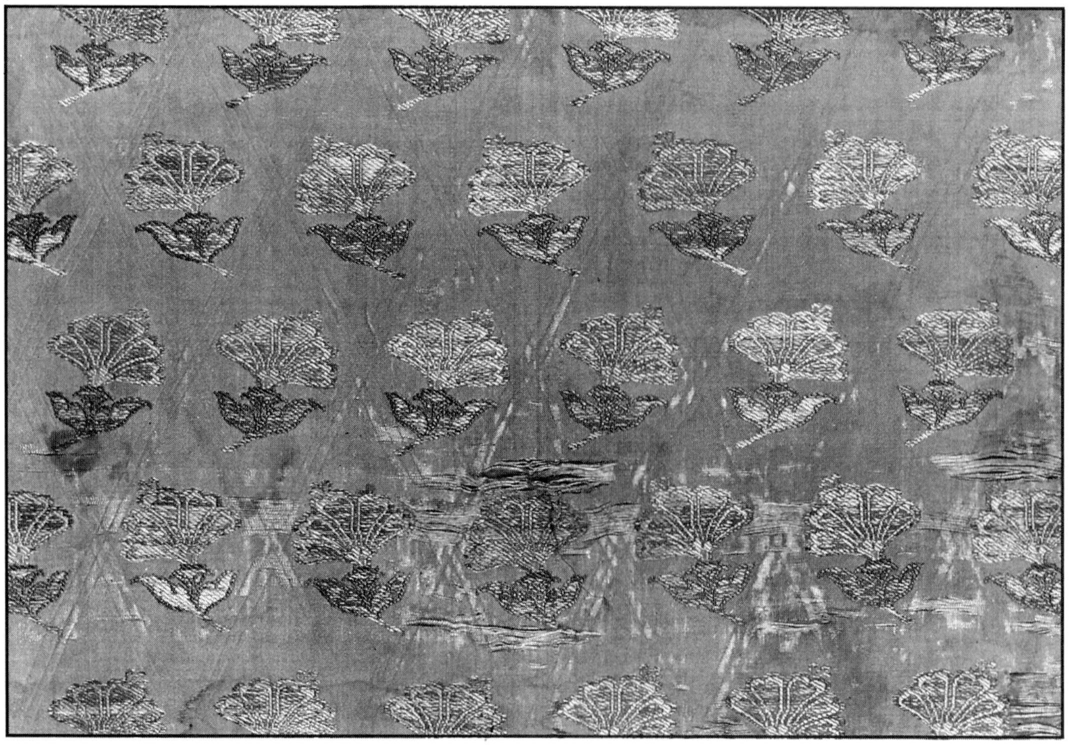

Abb. 165 *Kleine Blütenstiele in Rautengliederung, Ende 17. oder Anfang 18. Jahrhundert* Kat. Nr. 161

gegenüberliegende Seite:
Abb. 166 *Stark stilisierte kleine Blütenpflanzen, 17.–18. Jahrhundert* Kat. Nr. 162

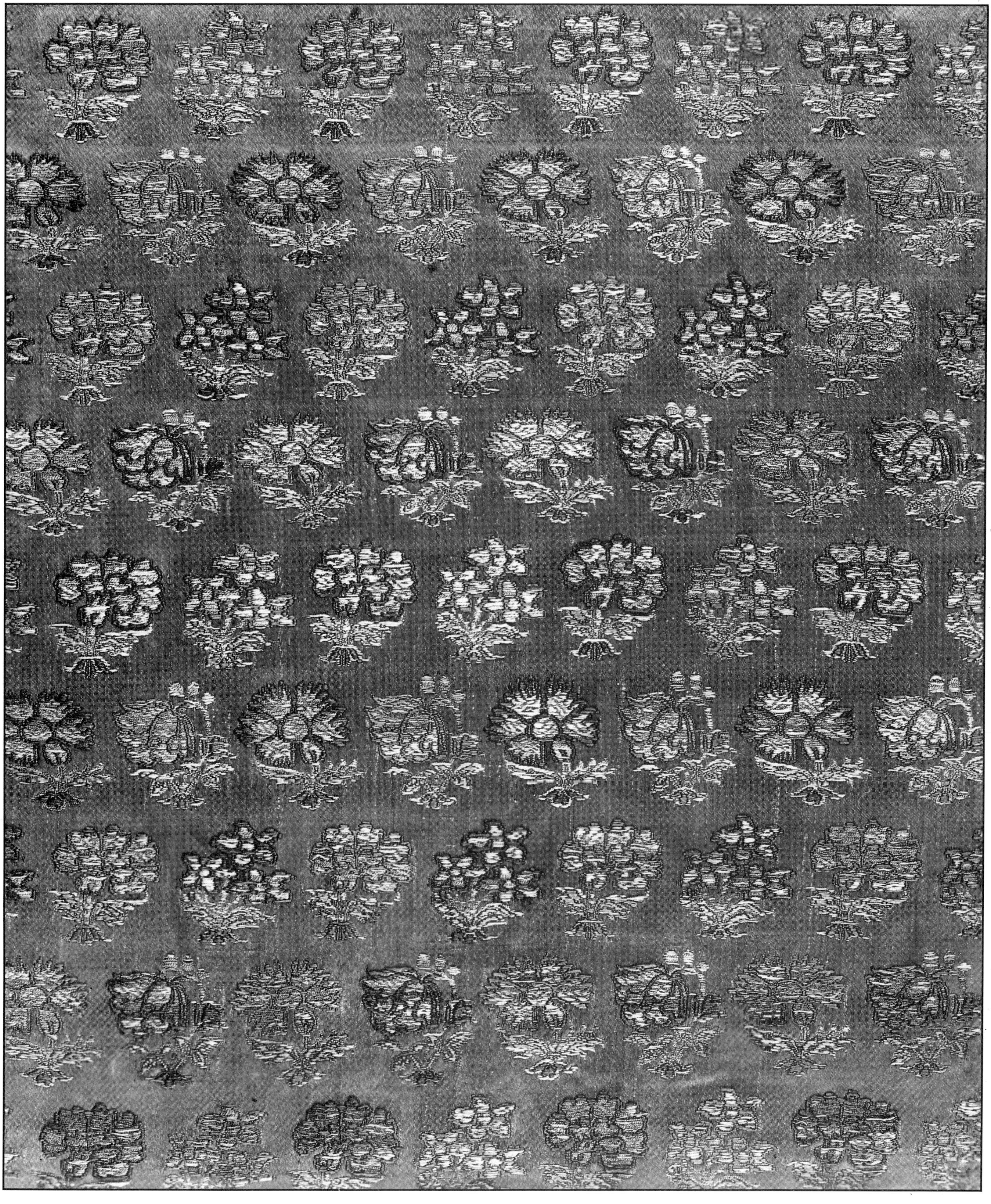

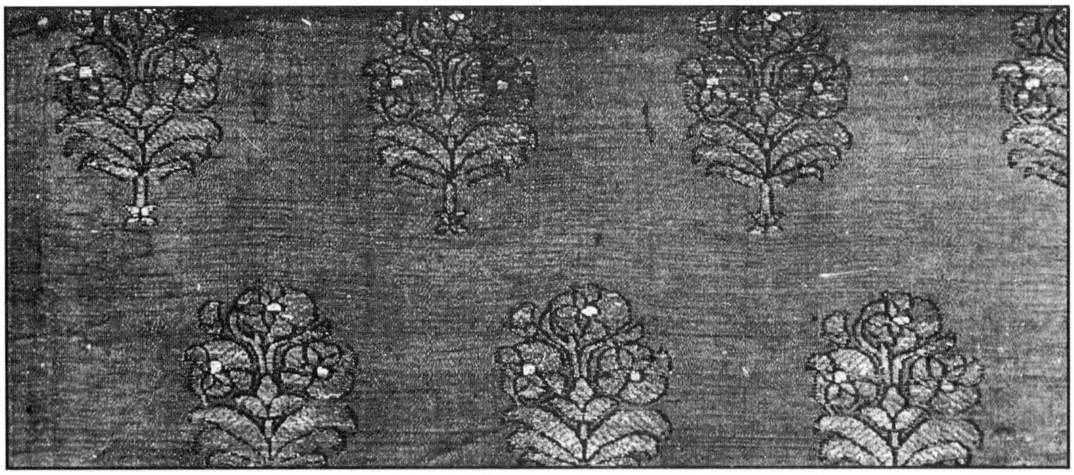

Abb. 167 *Stilisierte Blütenpflanzen in flächiger Gestaltung, 17.–18. Jahrhundert* Kat. Nr. 163

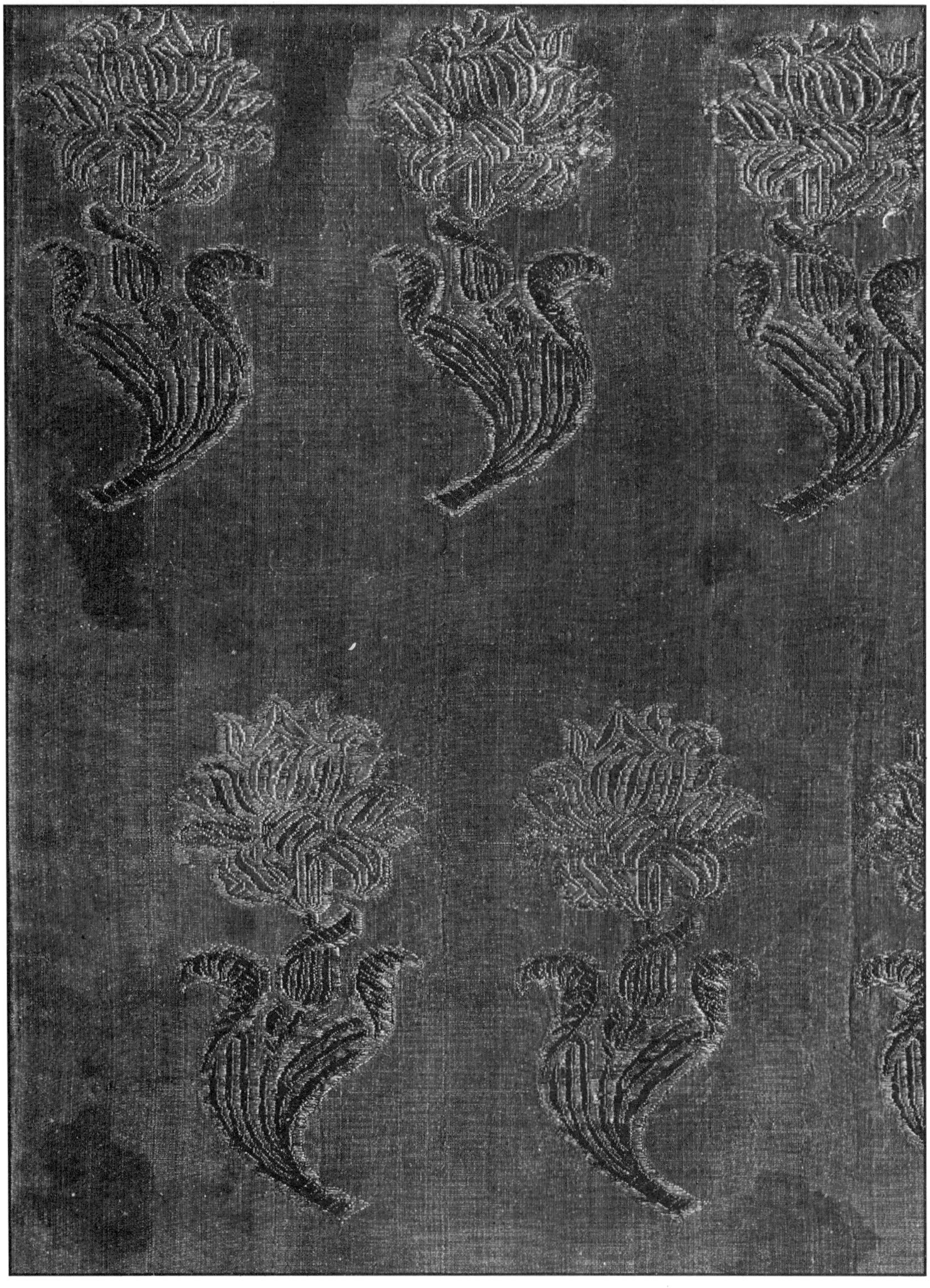

Abb. 168 *Kleine, geschwungene Blütenstiele in stark stilisierter Zeichnung, 2. Hälfte 17. oder 18. Jahrhundert* Kat. Nr. 164

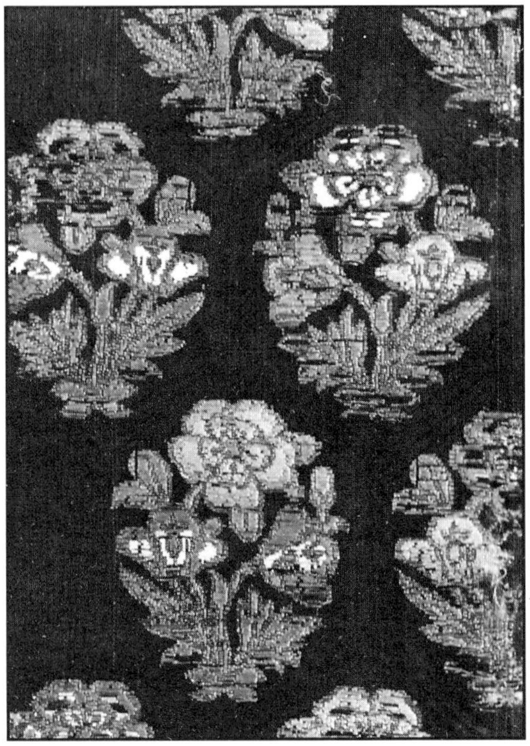

Abb. 169 *Blütenstauden, in Anlehnung an die ›indische Palmette‹ gestaltet, Mitte oder 2. Hälfte 17. Jahrhundert* Kat. Nr. 167

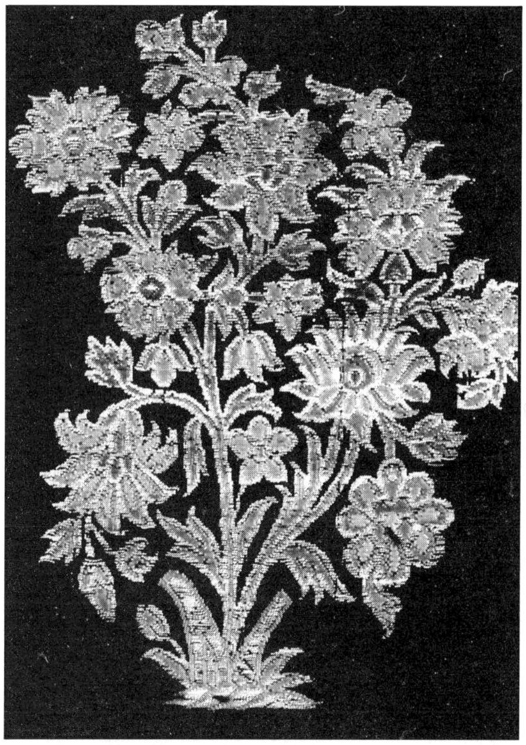

Abb. 171 *Blütenstaude, in Anlehnung an die ›indische Palmette‹ gestaltet, 2. Hälfte 17. oder 18. Jahrhundert* Kat. Nr. 169

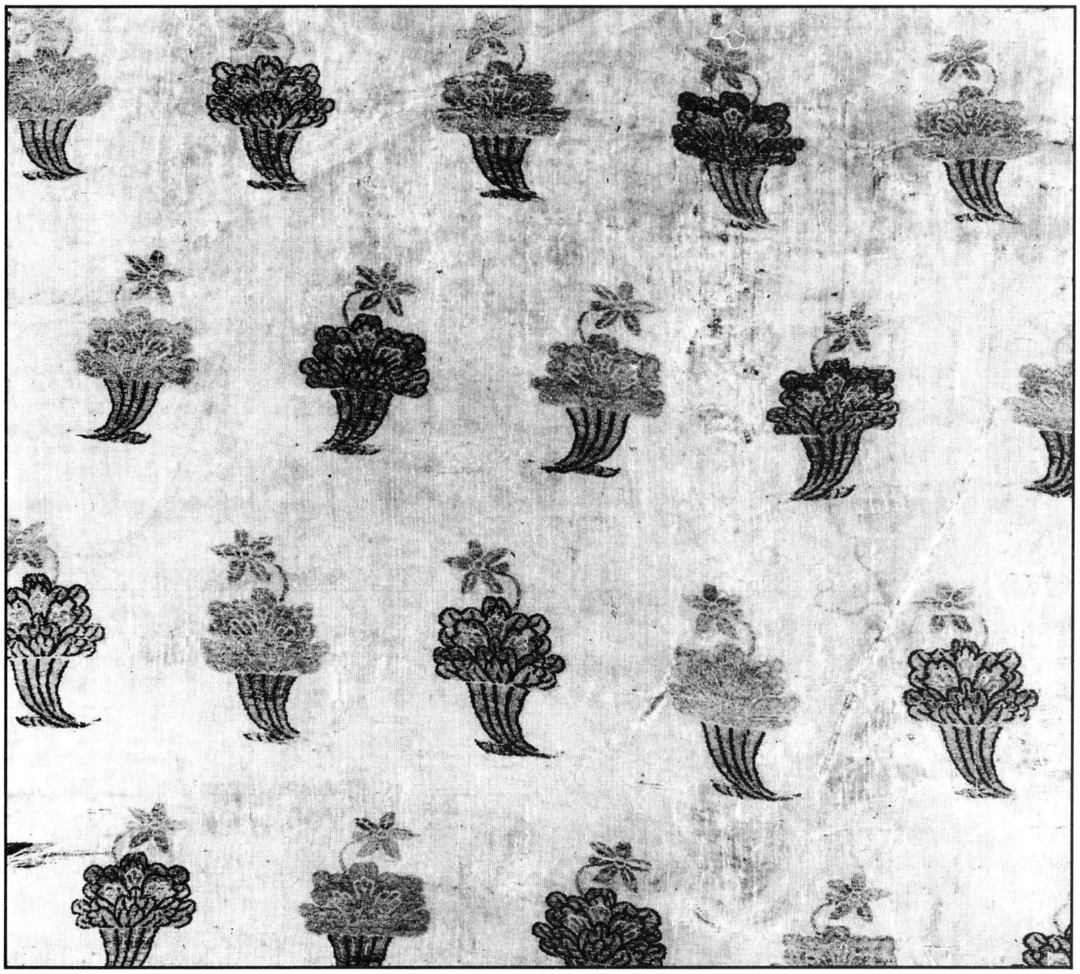

Abb. 170 *Geschwungene florale Gebilde mit Sternenblüten, 17.–18. Jahrhundert* Kat. Nr. 165

Abb. 172 *Blütenstauden, in Anlehnung an die ›indische Palmette‹ gestaltet, 2. Hälfte 17. Jahrhundert* Kat. Nr. 166

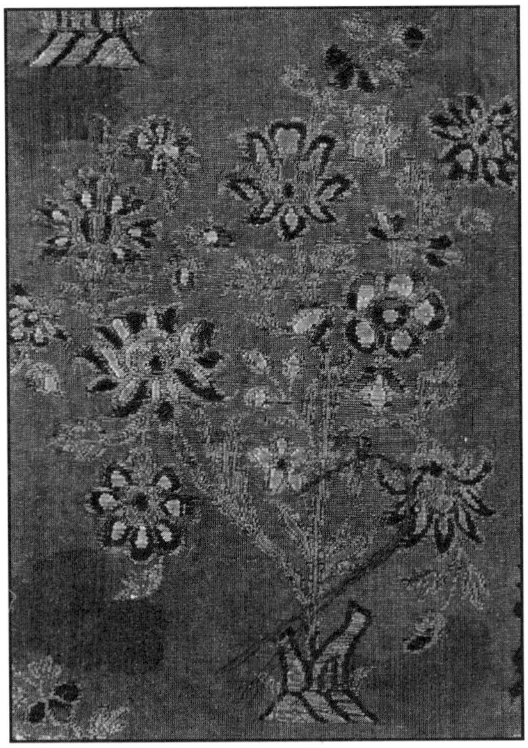

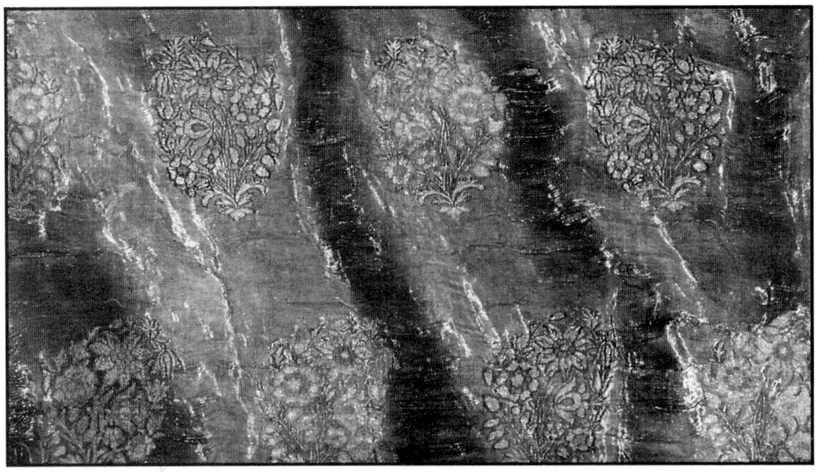

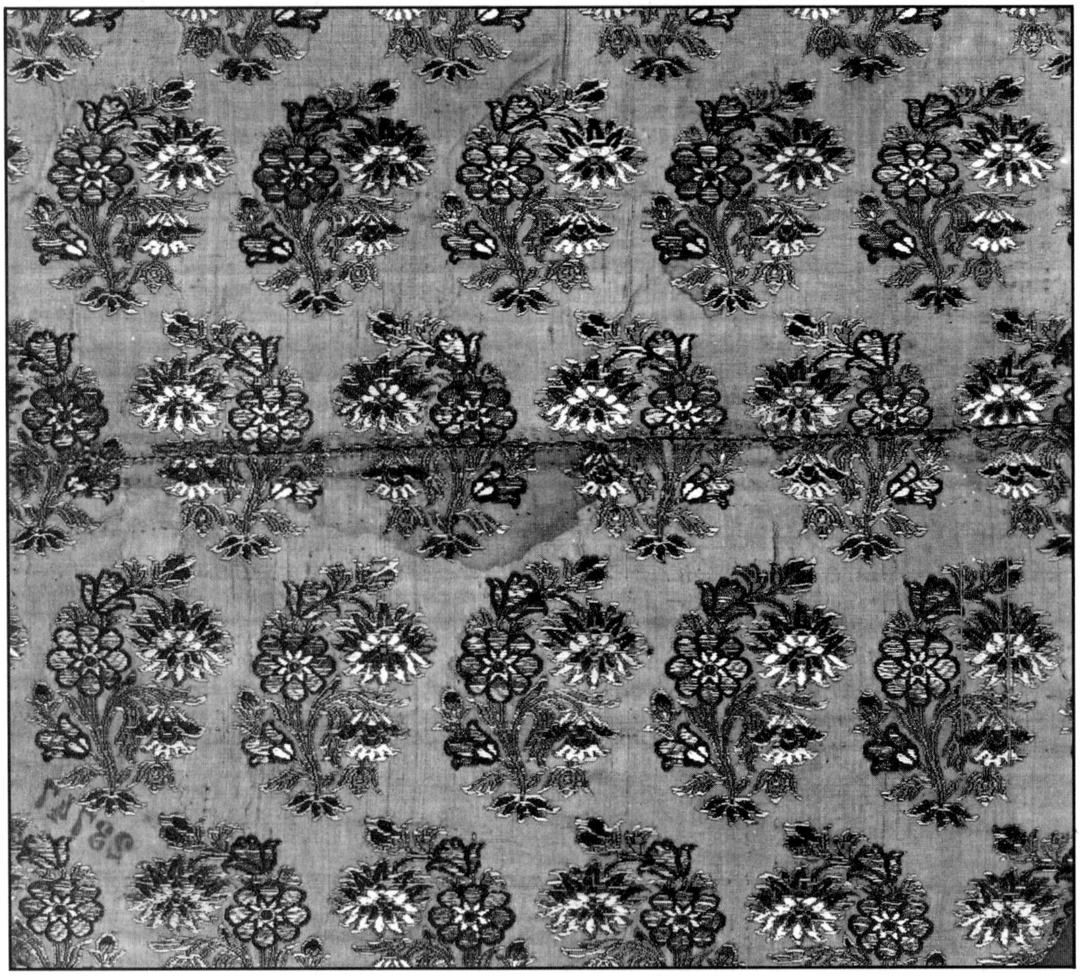

Abb. 173 *Blütenstaude und stilisierter Berg, 2. Hälfte 17. oder 18. Jahrhundert* Kat. Nr. 170

Abb. 174 *Blütenstauden, in Anlehnung an die ›indische Palmette‹ gestaltet, 2. Hälfte 17. Jahrhundert* Kat. Nr. 168

Abb. 175 *Blütenstauden in dünner Zeichnung, 17.–18. Jahrhundert* Kat. Nr. 175

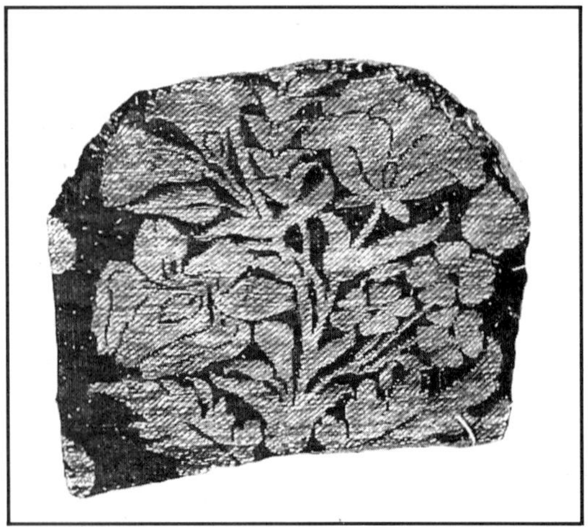

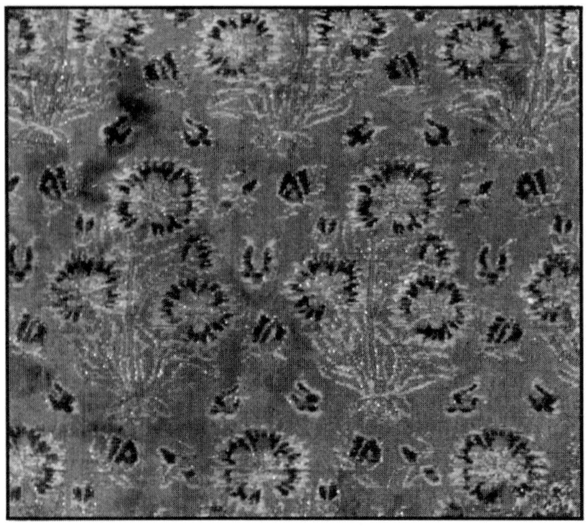

Abb. 176 *Fragment einer Blütenstaude, 17.–18. Jahrhundert* Kat. Nr. 171

Abb. 177 *Kornblumenpflanze, Schmetterlinge und kleine Wolkenmotive, Ende 17. Jahrhundert* Kat. Nr. 174

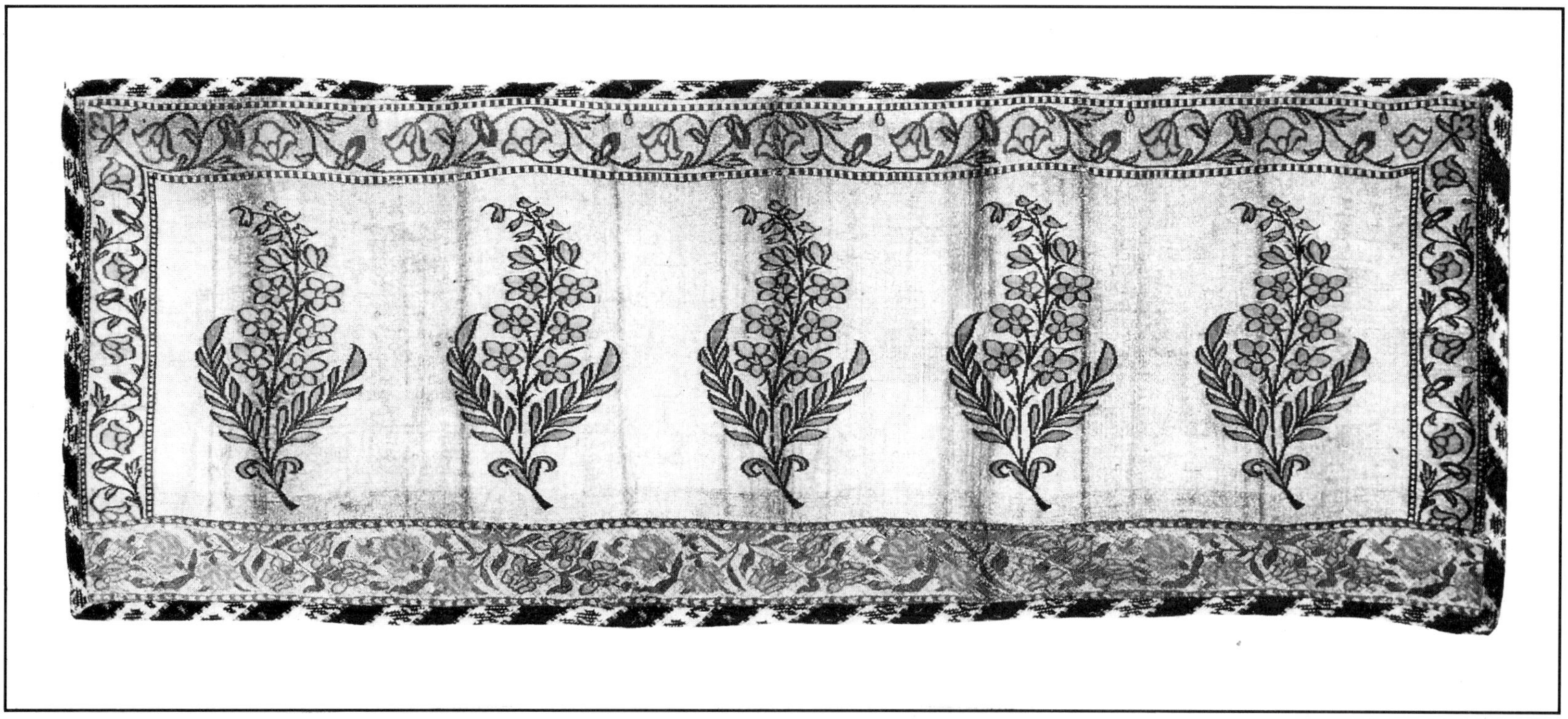

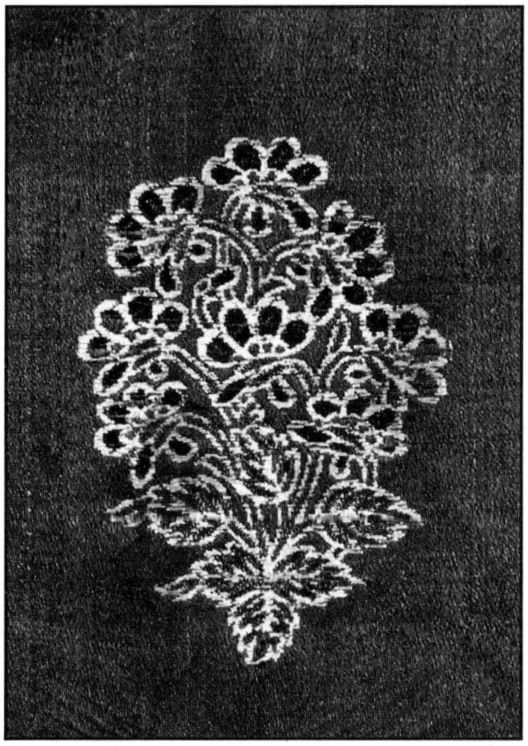

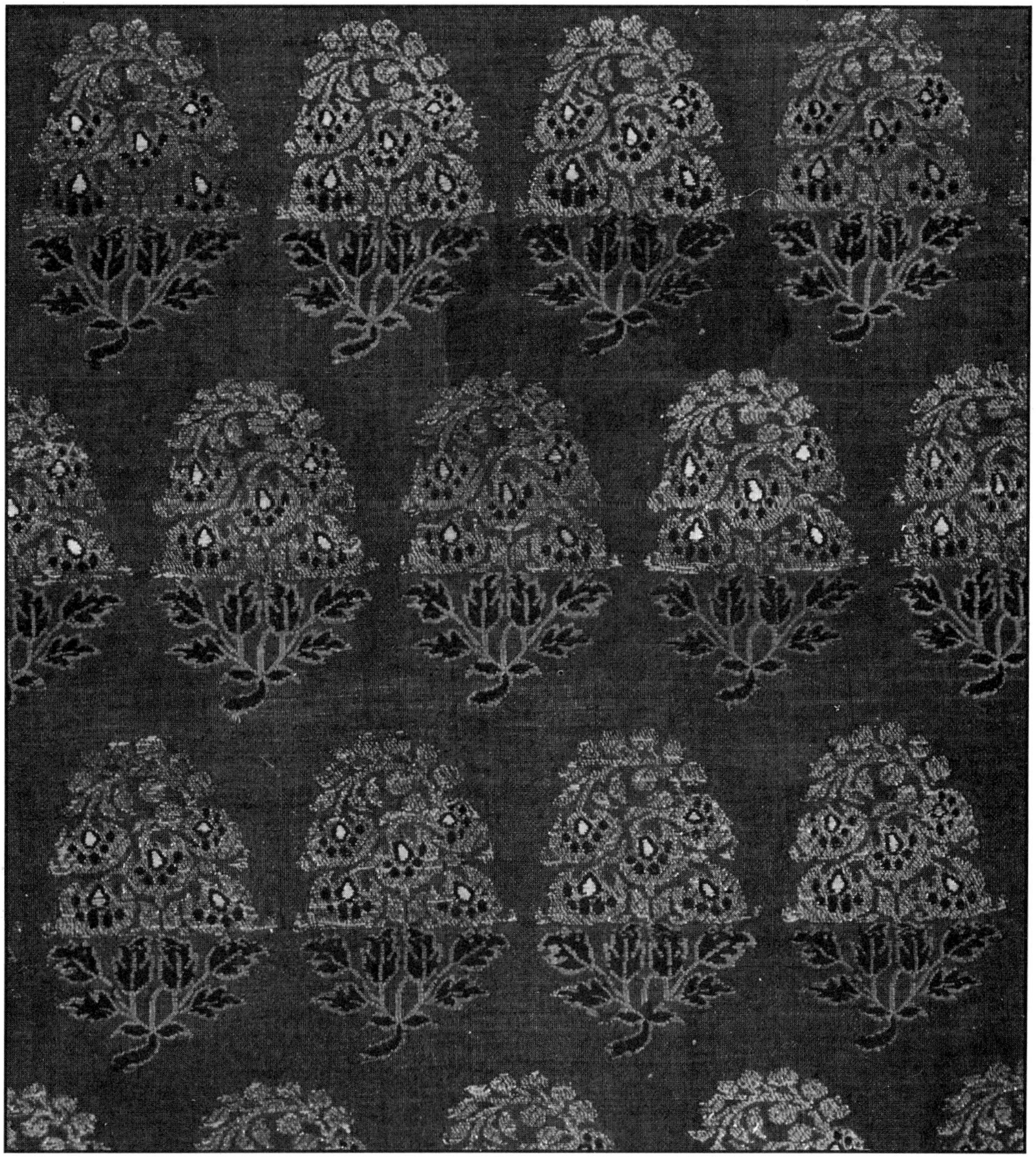

Abb. 178 *Nebeneinander liegende geschwungene Blütenstiele, 17.–18. Jahrhundert* Kat. Nr. 172

Abb. 179 *Blütenstaude, in Anlehnung an die ›indische Palmette‹ gestaltet, Ende 17. oder 18. Jahrhundert* Kat. Nr. 177

Abb. 180 *Blütenzweige, in Anlehnung an die ›indische Palmette‹ gestaltet, Ende 17. oder Anfang 18. Jahrhundert* Kat. Nr. 176

Abb. 181 *Blütenstauden in flächiger Gestaltung, 18. Jahrhundert* Kat. Nr. 180

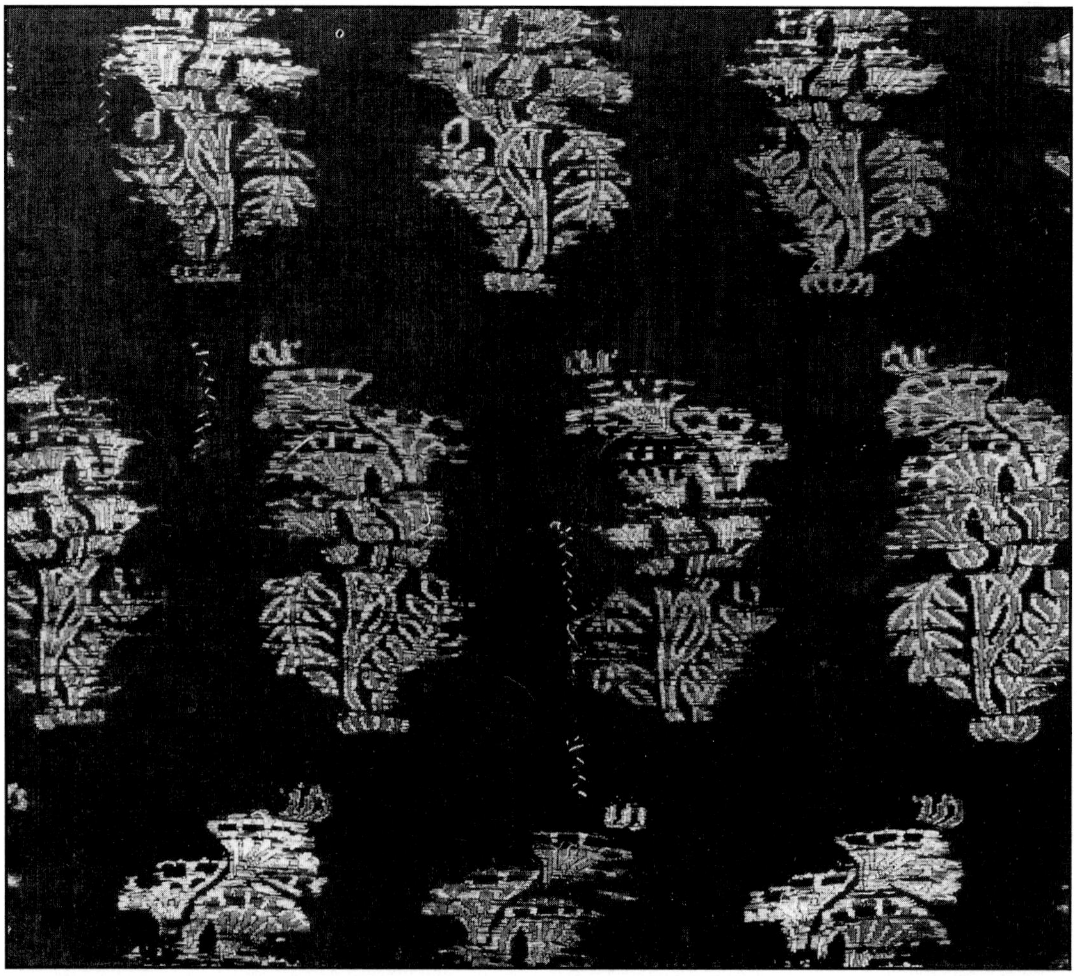

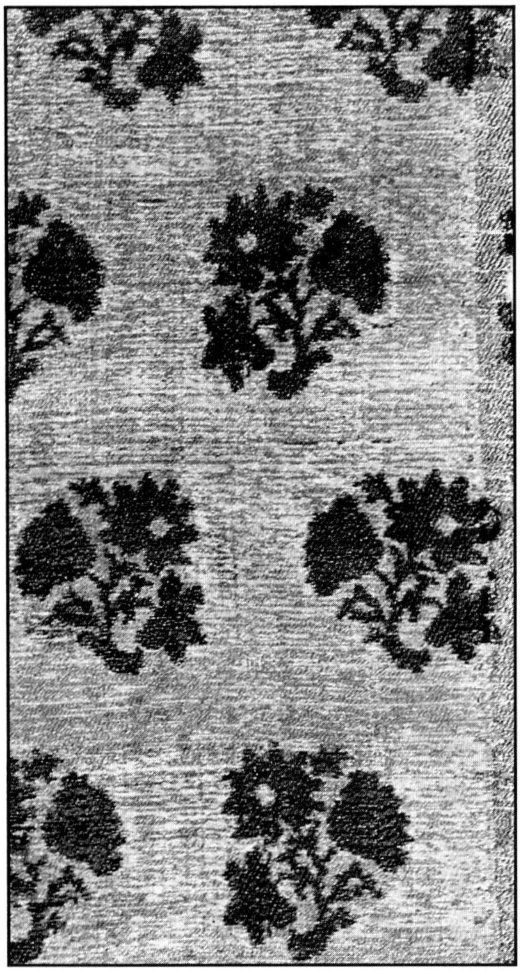

Abb. 182 *Blütenstauden in der Art indischer Palmetten, 17.–18. Jahrhundert* Kat. Nr. 178

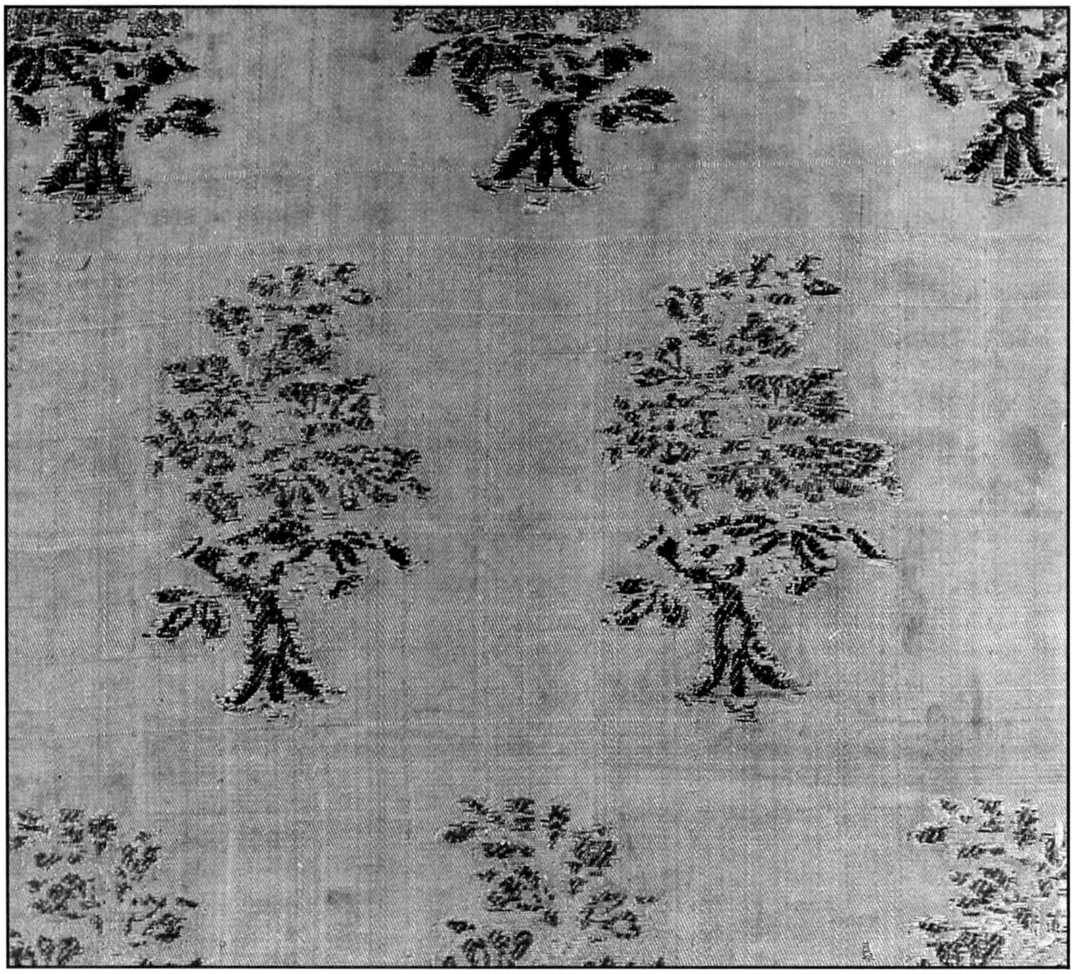

Abb. 183 *Blütenbäumchen in Form indischer Palmetten, 2. Hälfte 17. oder 18. Jahrhundert* Kat. Nr. 181

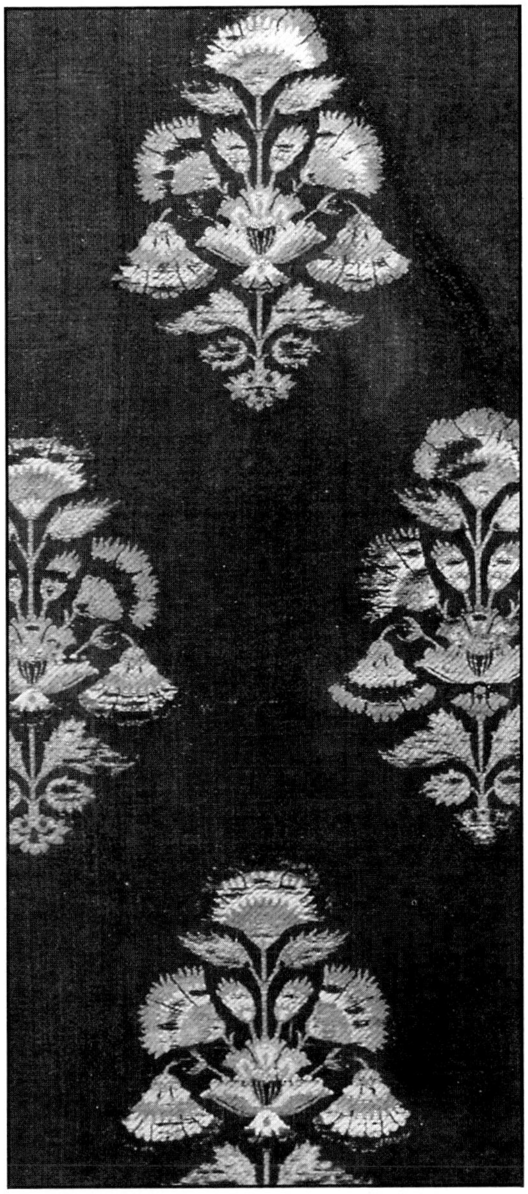

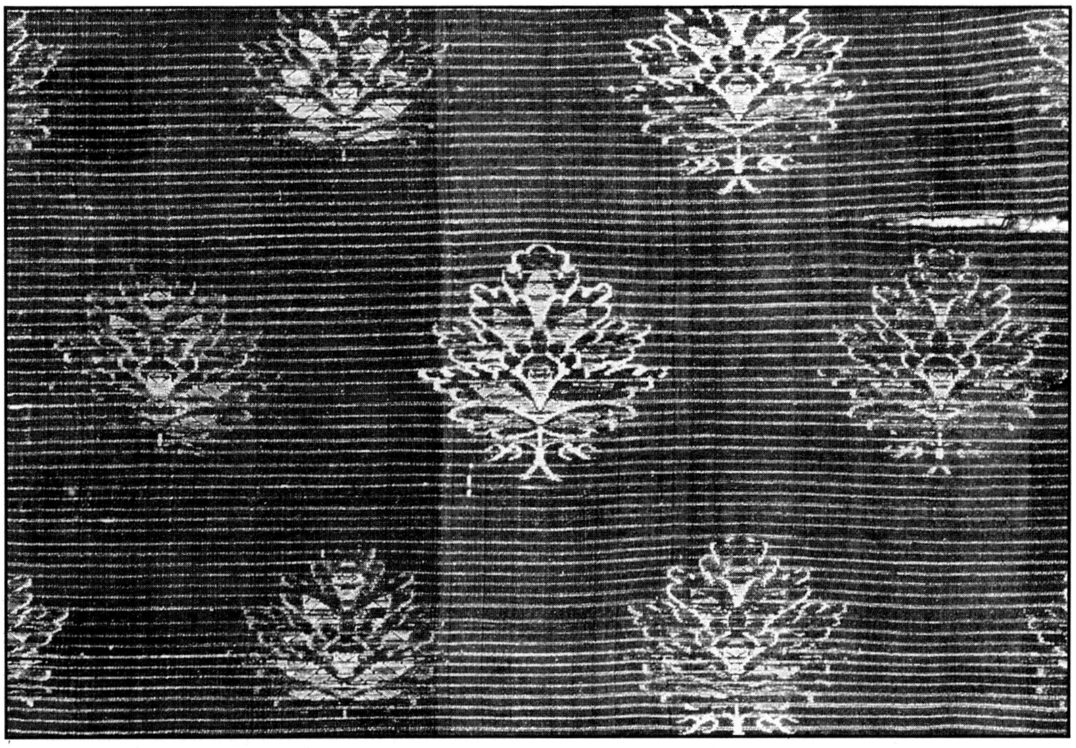

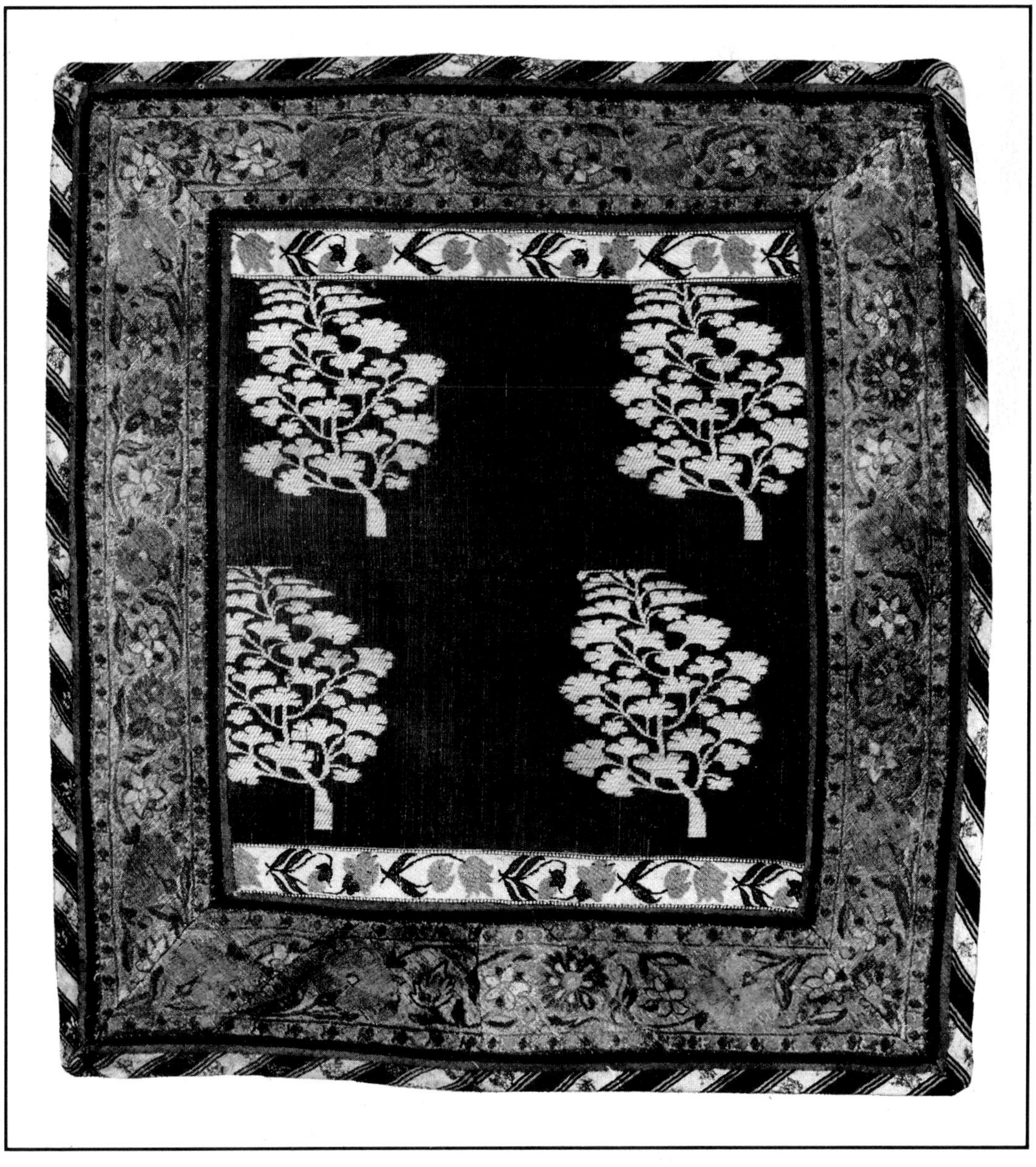

Abb. 184 *Achsensymmetrische Blütenpflanzen in flächiger Gestaltung, 17.–18. Jahrhundert* Kat. Nr. 188

Abb. 185 *Stark stilisierte Blütenstaude, 18. Jahrhundert* Kat. Nr. 179

Abb. 186 *Schattenrißartig gestaltete florale Motive in Form indischer Palmetten, 17.–18. Jahrhundert* Kat. Nr. 182 und 295

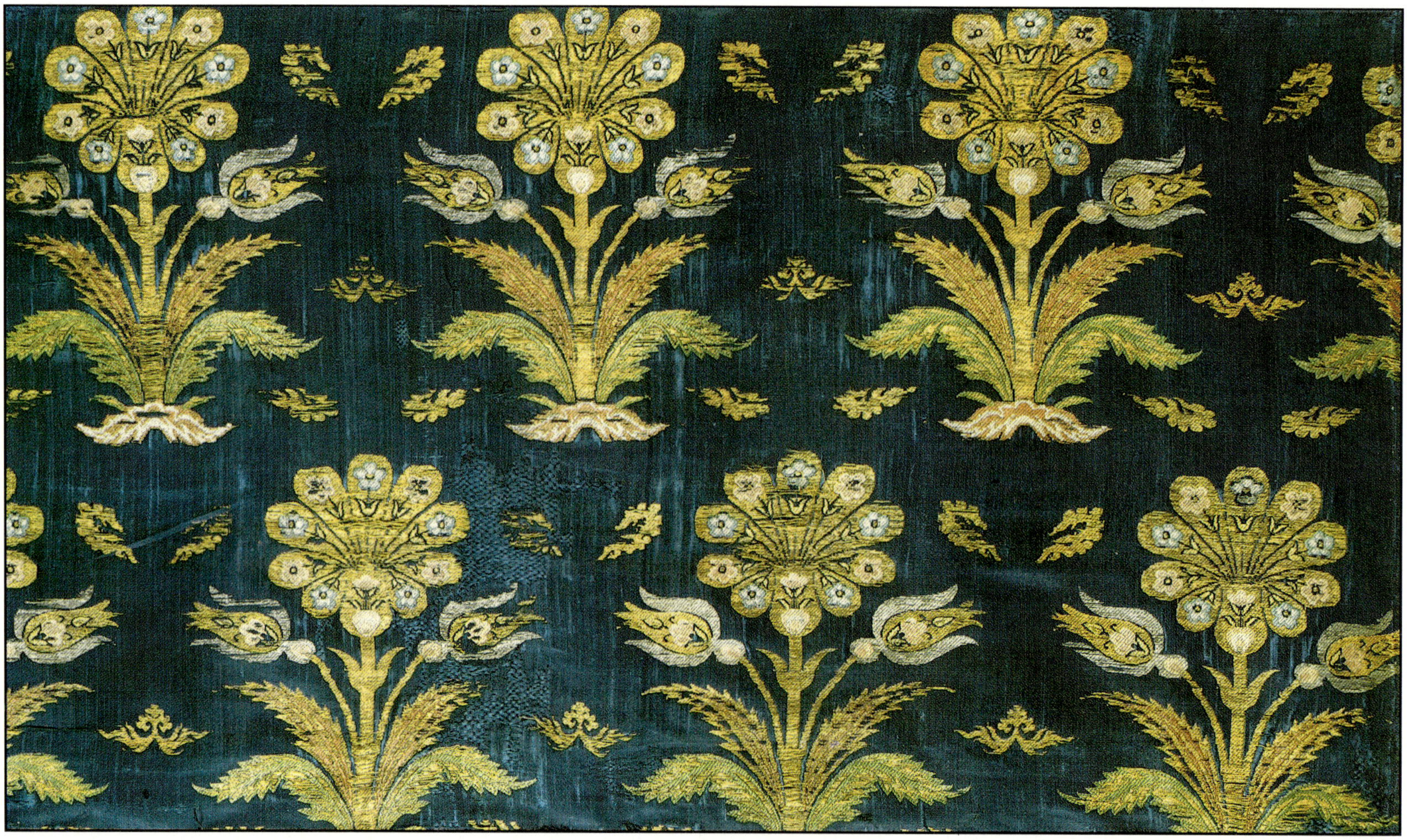

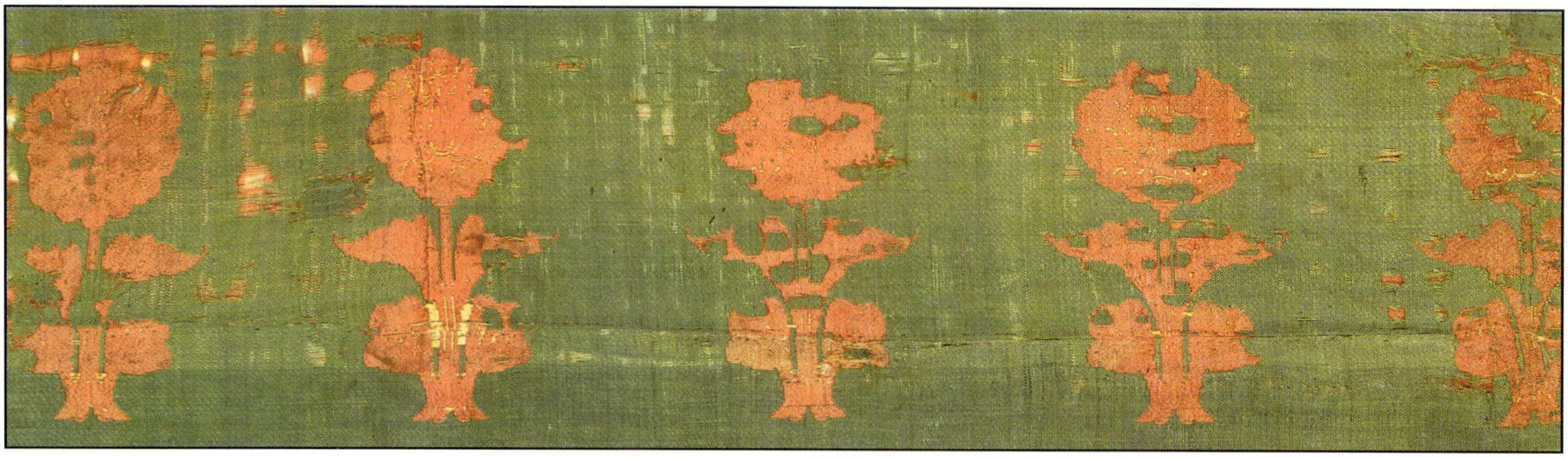

Abb. 187 *Achsensymmetrische Nelkenpflanzen und Wolkenmotive, 1. Hälfte 17. Jahrhundert* Kat. Nr. 183

Abb. 188 *Nebeneinander liegende achsensymmetrische Blütenpflanzen in stilisierter Zeichnung, 1. Hälfte 17. Jahrhundert* Kat. Nr. 184

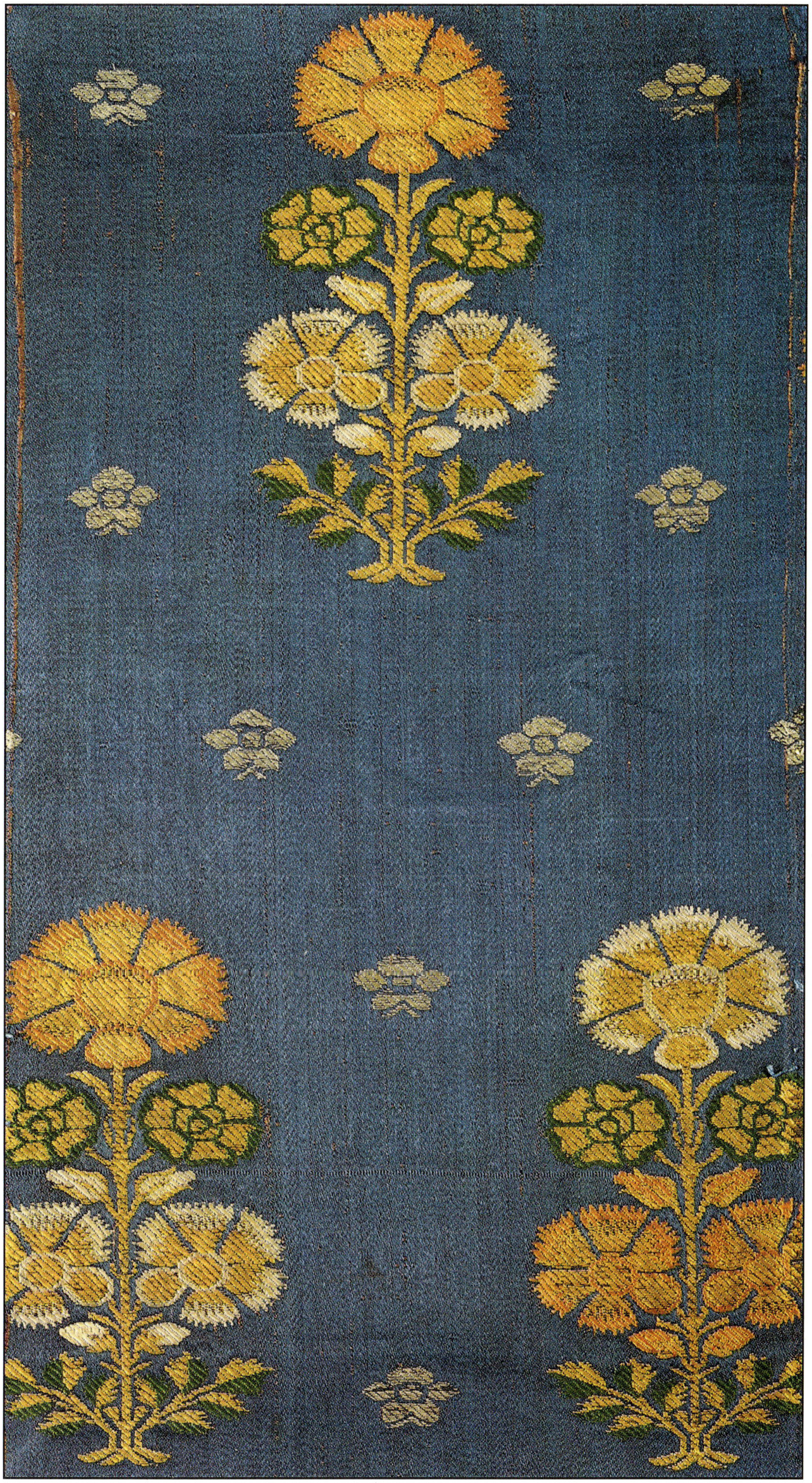

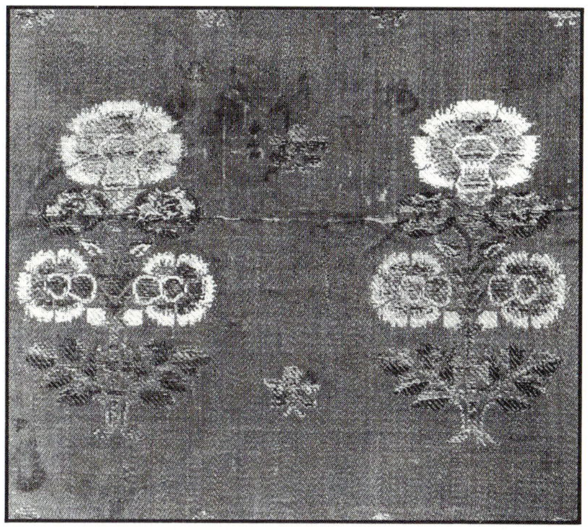

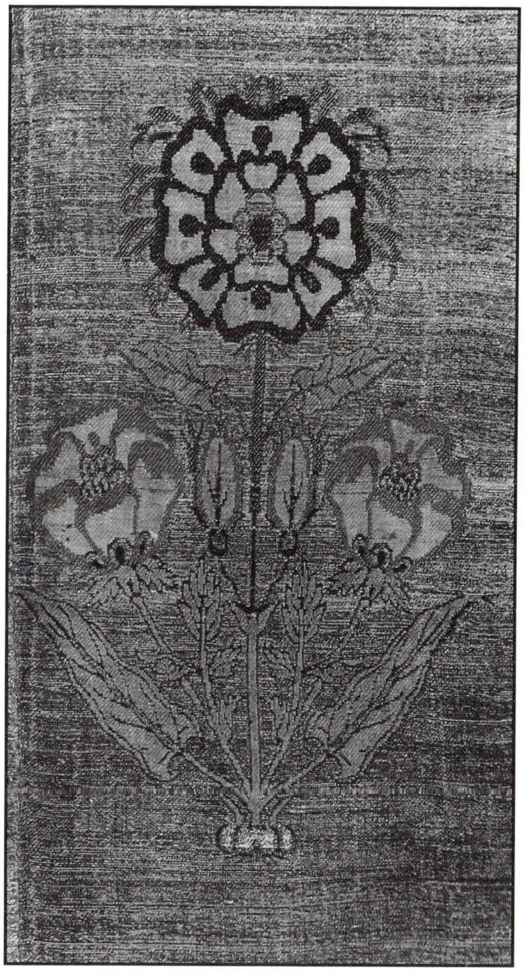

Abb. 189 *Achsensymmetrische Nelkenpflanzen in flächiger Gestaltung, Mitte oder 2. Hälfte 17. Jahrhundert* Kat. Nr. 186

Abb. 190 *Achsensymmetrische Nelkenpflanzen in flächiger Gestaltung, Mitte oder 2. Hälfte 17. Jahrhundert* Kat. Nr. 185

Abb. 191 *Achsensymmetrische Blütenpflanze in zarter, leicht stilisierter Zeichnung, Mitte oder 2. Hälfte 17. Jahrhundert* Kat. Nr. 187

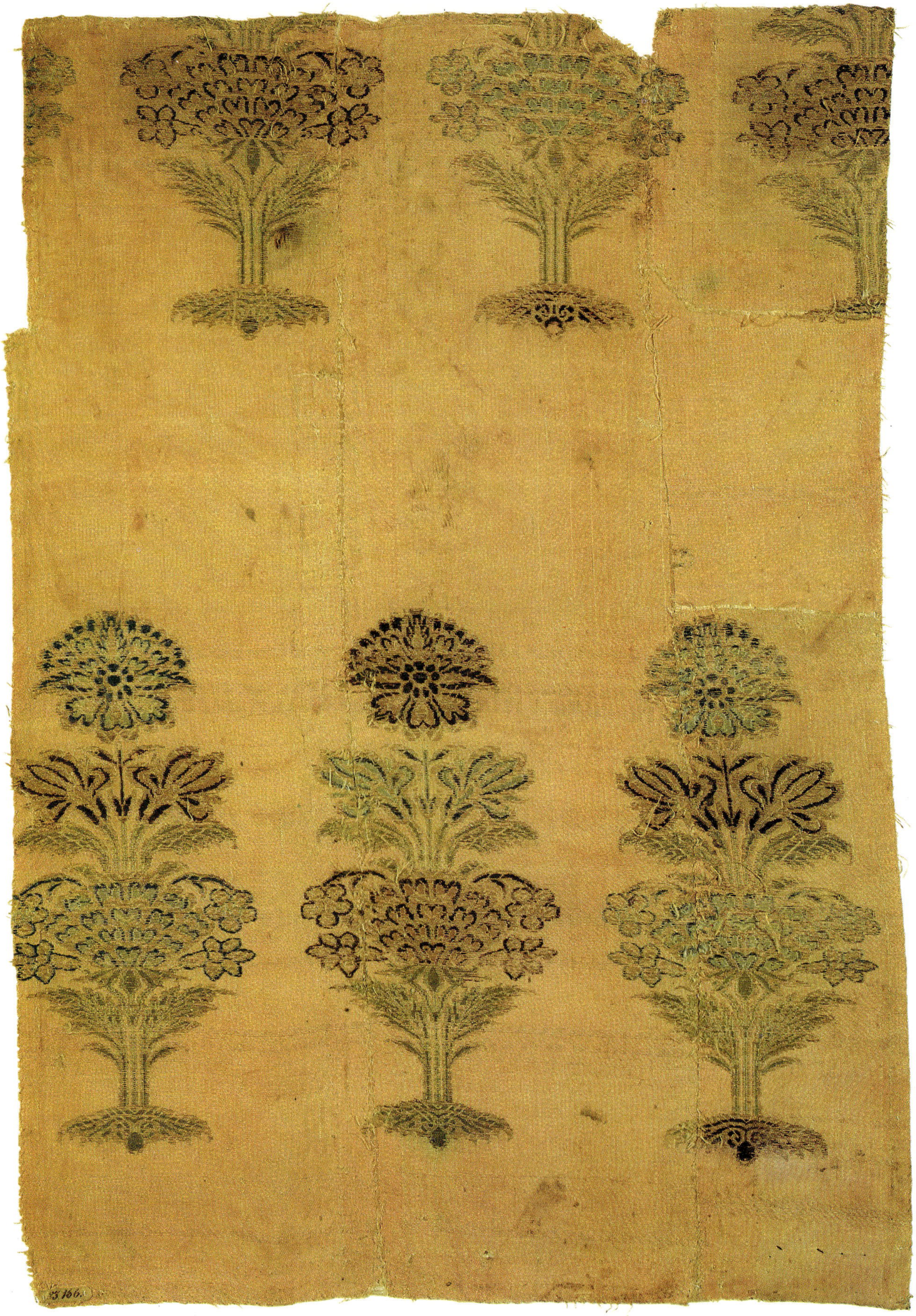

Abb. 192 *Hohe achsensymmetrische Blütenpflanzen in stark stilisierter Zeichnung, 1. Hälfte 17. Jahrhundert* Kat. Nr. 189

Abb. 193 *Hohe achsensymmetrische Blütenpflanze in stilisierter Zeichnung, Mitte 17. Jahrhundert* Kat. Nr. 190

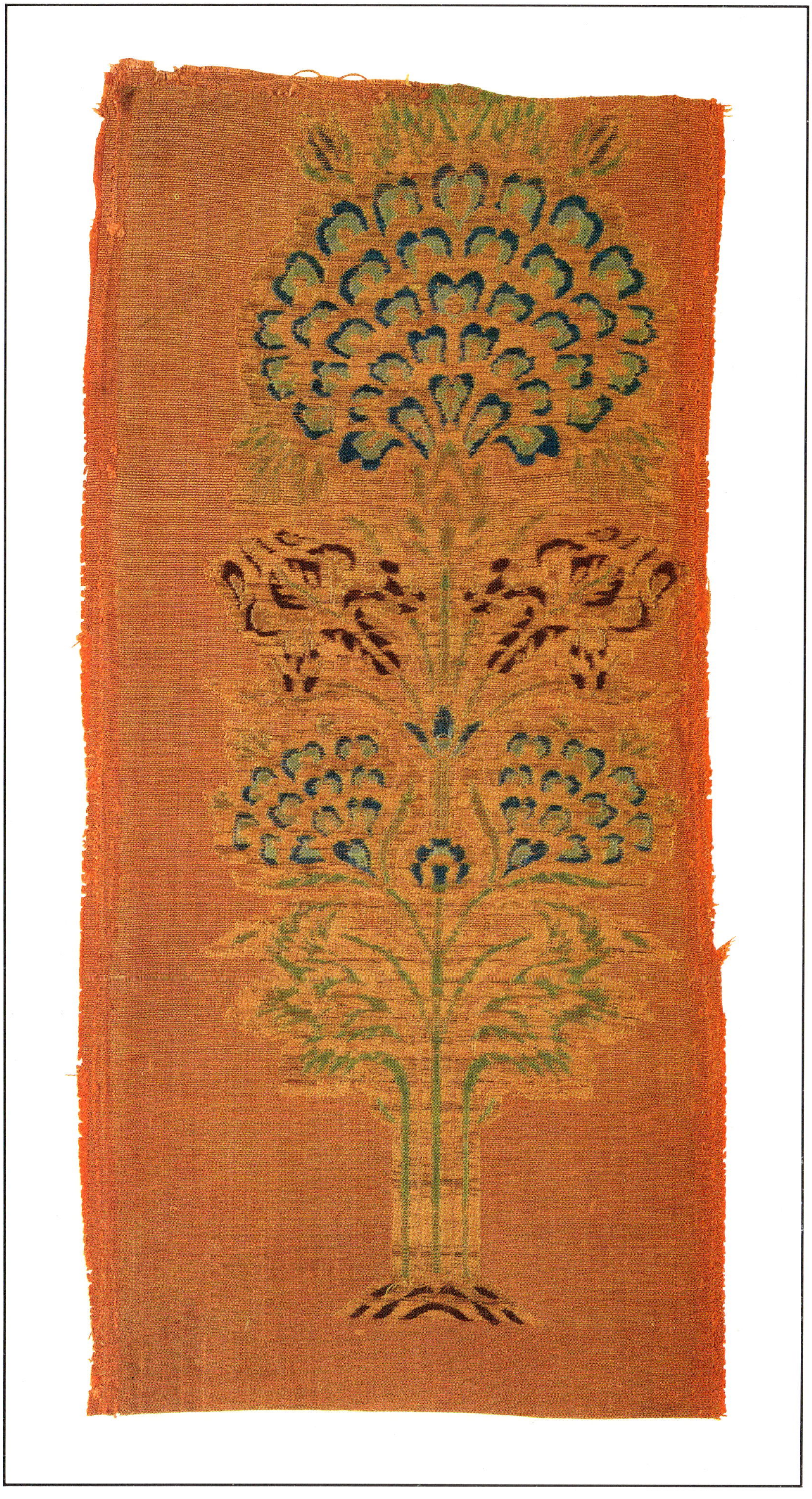

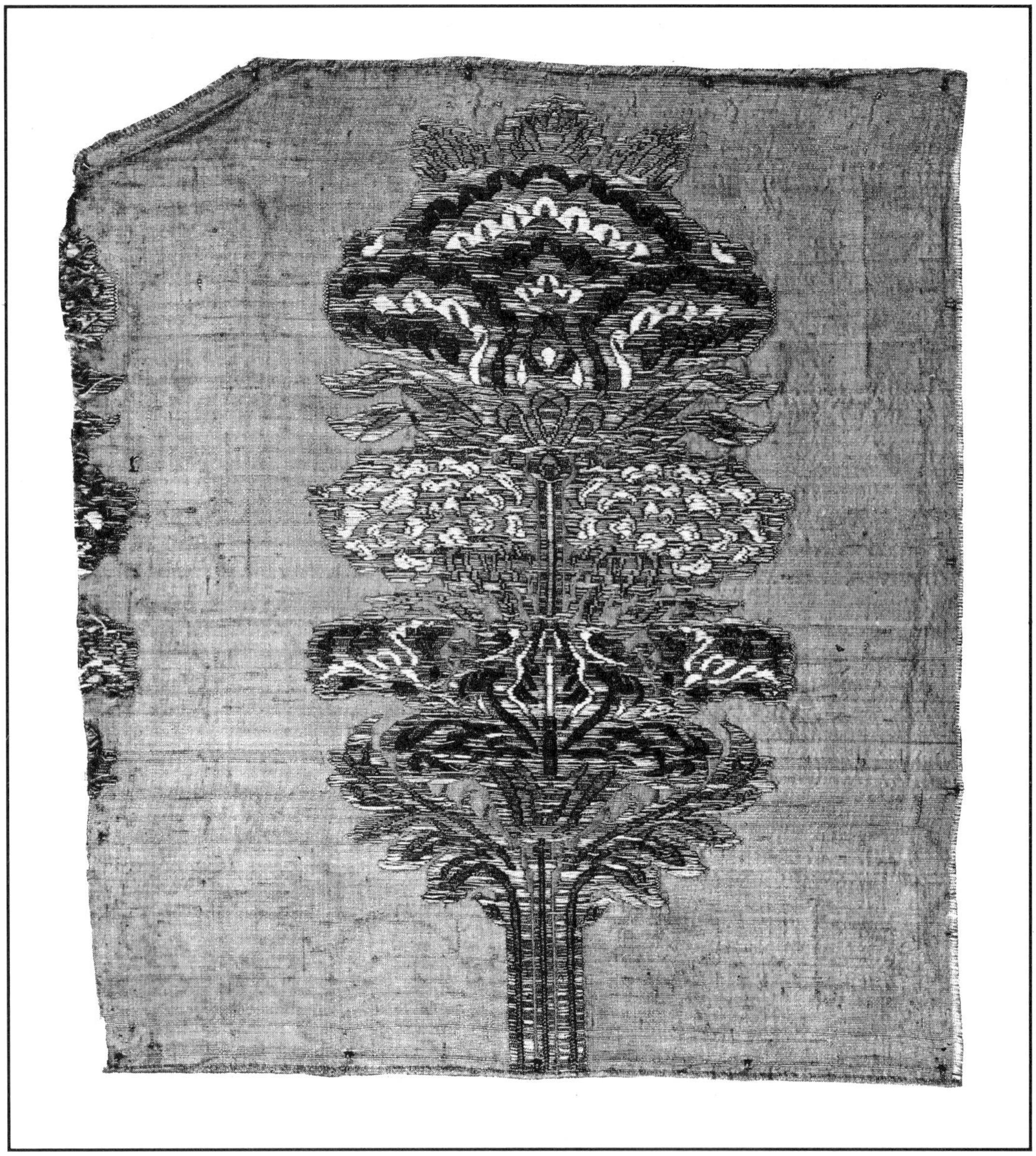

Abb. 194 *Eine hohe achsensymmetrische Blütenpflanze in stark stilisierter Zeichnung, Mitte 17. Jahrhundert* Kat. Nr. 191

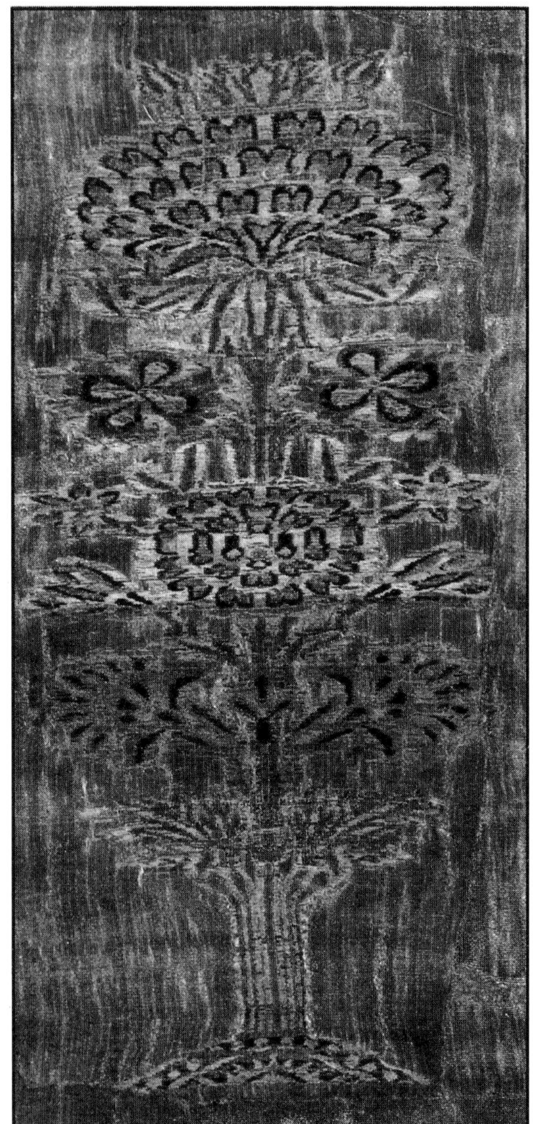

Abb. 195 *Eine hohe achsensymmetrische Blütenpflanze in stilisierter Zeichnung, Mitte 17. Jahrhundert* Kat. Nr. 192

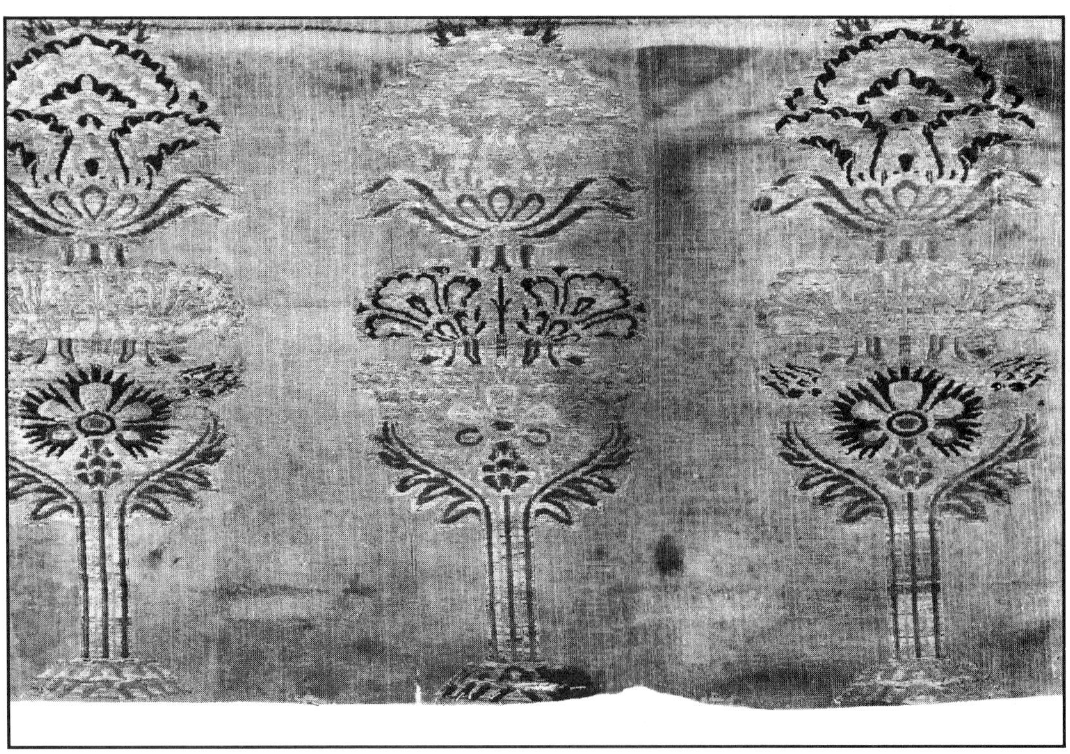

Abb. 196 *Drei nebeneinander liegende hohe achsensymmetrische Blütenpflanzen in stilisierter Zeichnung, Mitte oder 2. Hälfte 17. Jahrhundert* Kat. Nr. 193

Abb. 198 *Nebeneinander liegende hohe achsensymmetrische Blütenpflanzen in naturnaher Zeichnung, 2. Hälfte 17. Jahrhundert* Kat. Nr. 195

Abb. 199 *Achsensymmetrische Blütenpflanzen mit stilisierter Wurzel, 2. Hälfte 17. oder 18. Jahrhundert* Kat. Nr. 196

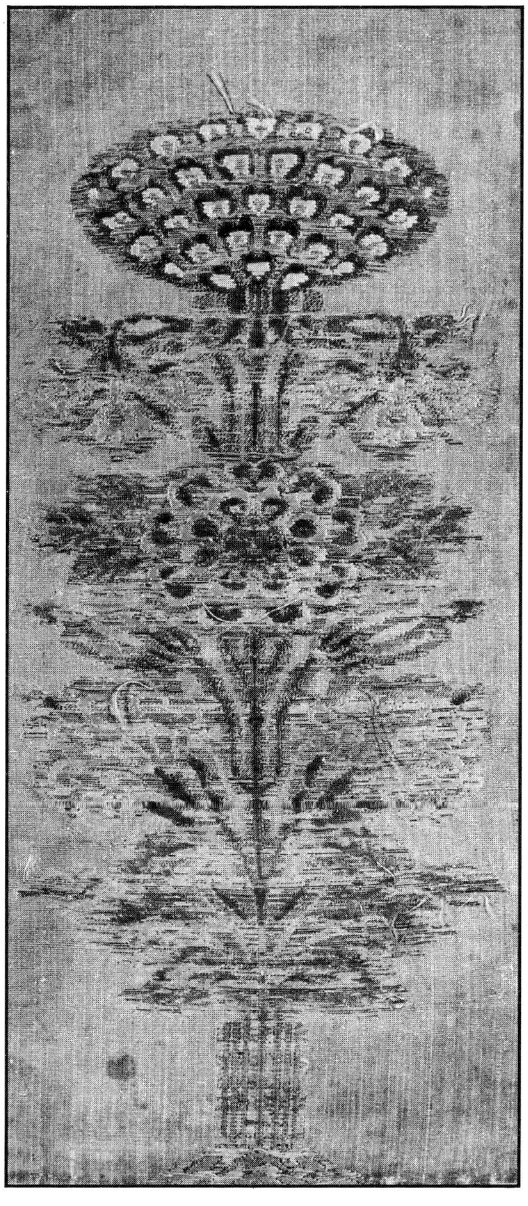

Abb. 197 *Hohe achsensymmetrische Blütenpflanze, 2. Hälfte 17. Jahrhundert* Kat. Nr. 194

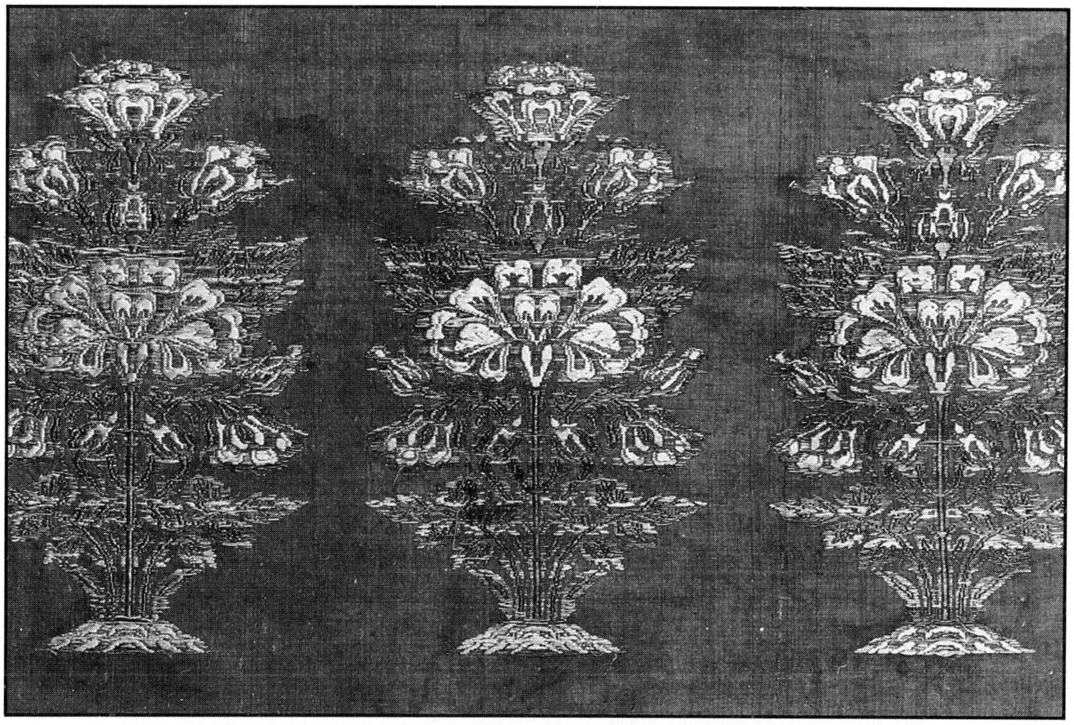

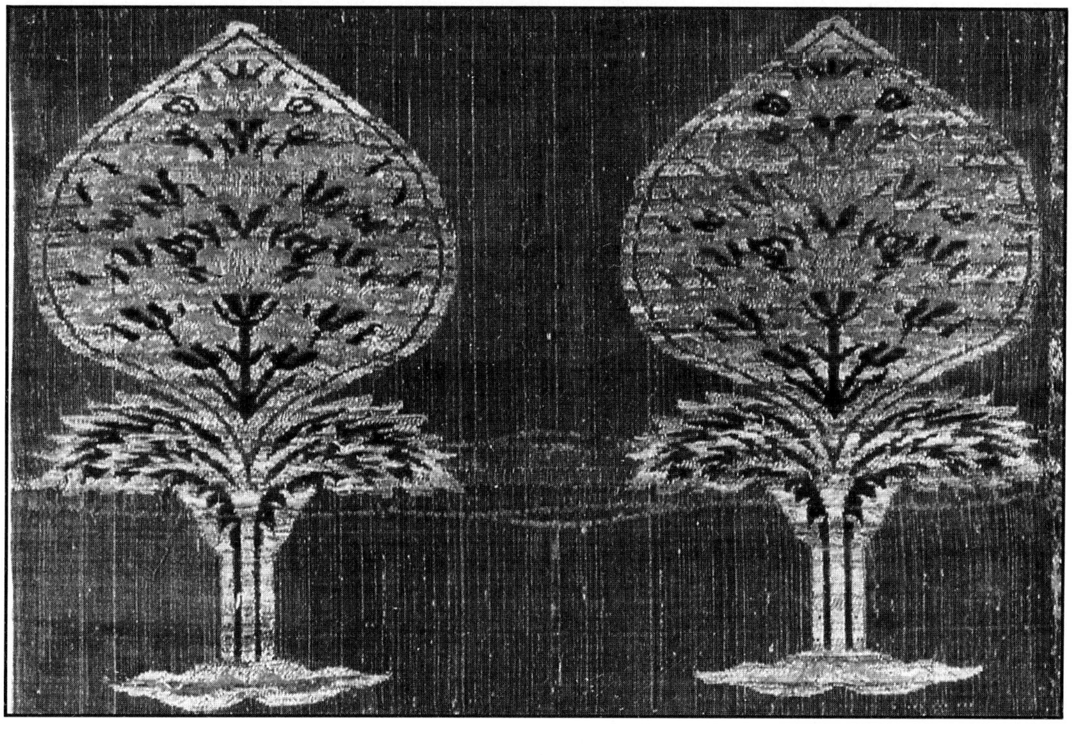

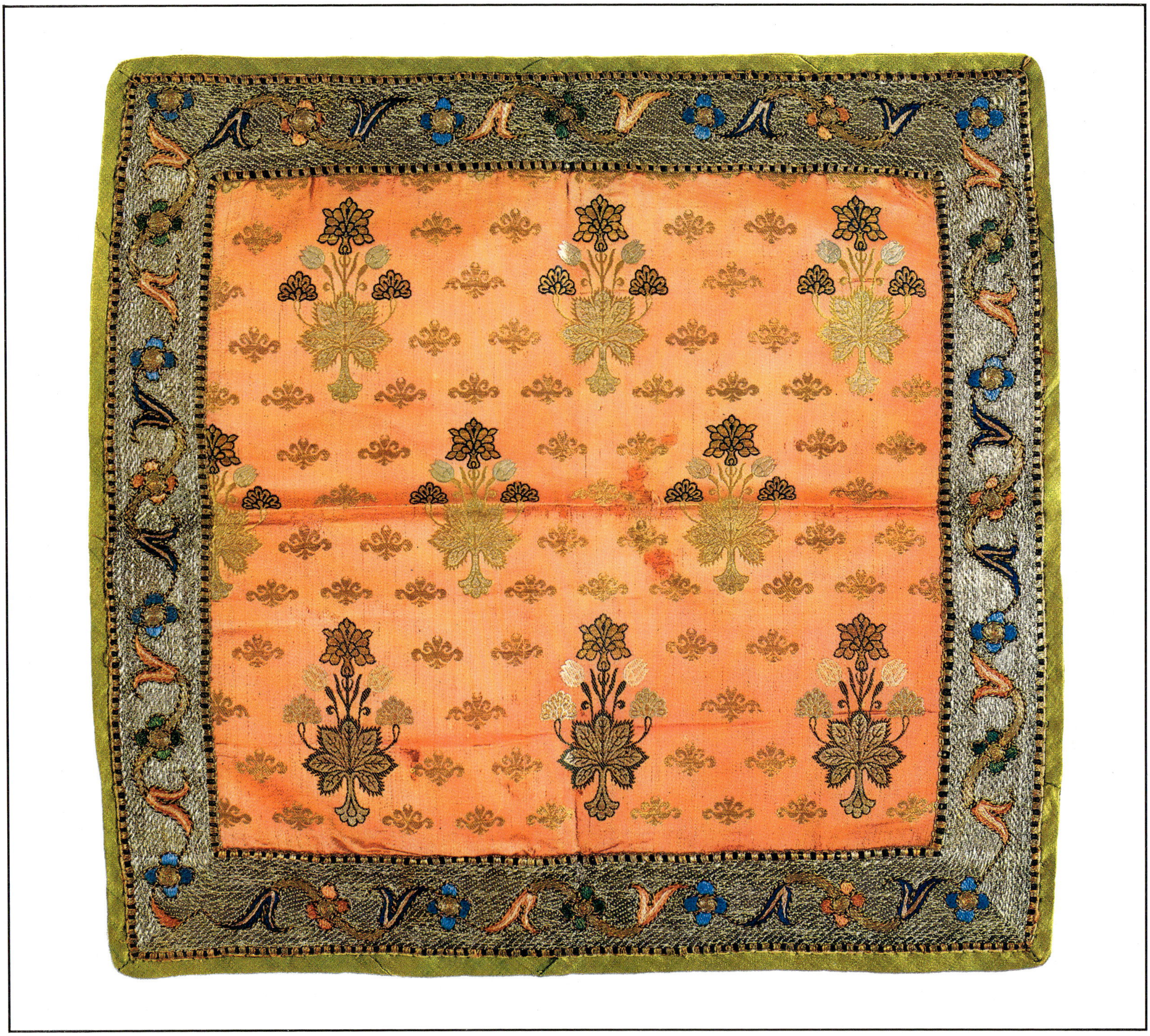

Abb. 200 *Achsensymmetrische Blütenpflanzen mit zwischengesetzten Streumotiven, Mitte 17. Jahrhundert* Kat. Nr. 197 und 320

Seite 215, oben:
Abb. 201 *Stark stilisierte achsensymmetrische Blütenpflanzen mit zwischengesetzten Glockenblüten, Mitte oder 2. Hälfte 17. Jahrhundert* Kat. Nr. 198 und 317

Abb. 202 *Achsensymmetrische Blütenpflanze in einfacher, flächiger Gestaltung, Ende 17. oder 18. Jahrhundert* Kat. Nr. 203

Seite 215, unten:
Abb. 203 *Achsensymmetrische Blütenpflanze in stark stilisierter, einfacher Zeichnung, 2. Hälfte 17. oder 18. Jahrhundert* Kat. Nr. 200

Abb. 204 *Achsensymmetrische Blütenpflanze in stilisierter, einfacher Zeichnung, 2. Hälfte 17. oder Anfang 18. Jahrhundert (vgl. Kat. Nr. 201)* Kat. Nr. 202

Abb. 205 *Achsensymmetrische Blütenpflanze in einfacher, flächiger Gestaltung, 17.–18. Jahrhundert* Kat. Nr. 204

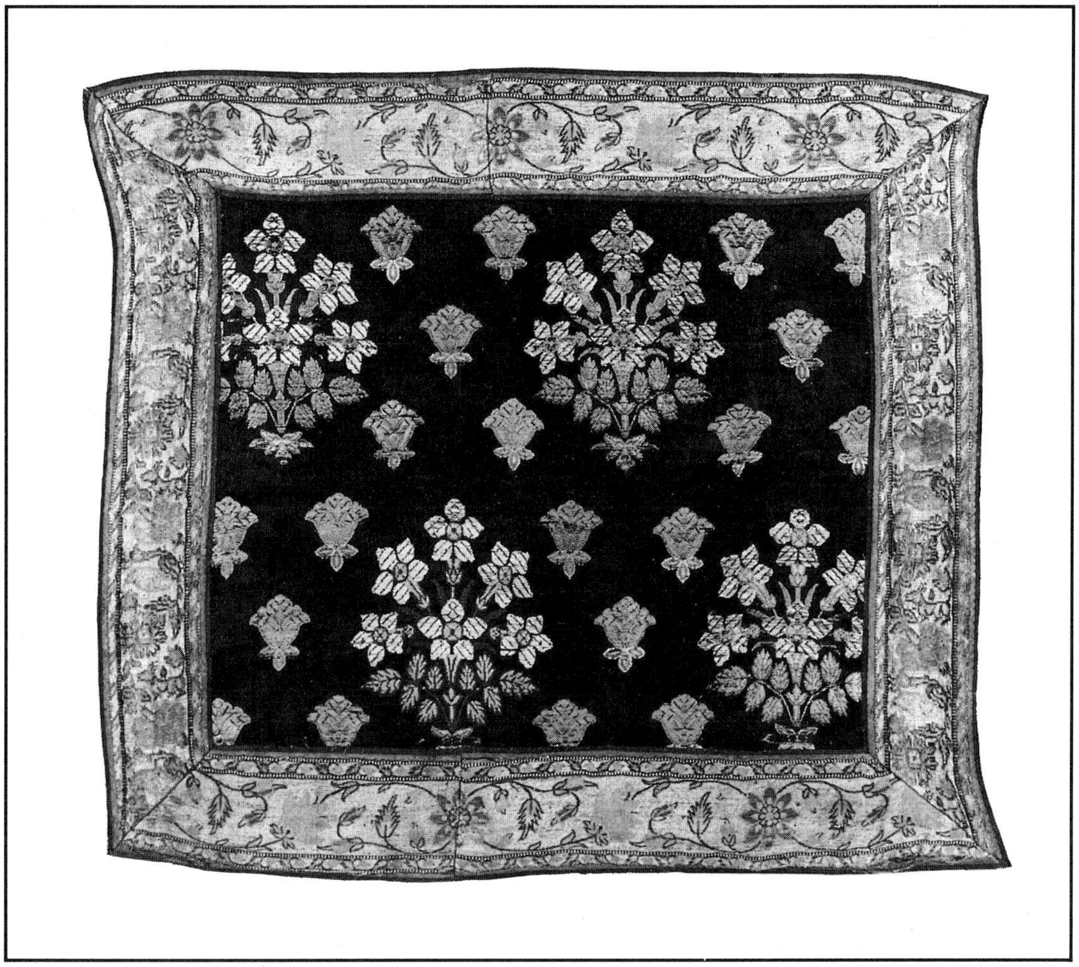

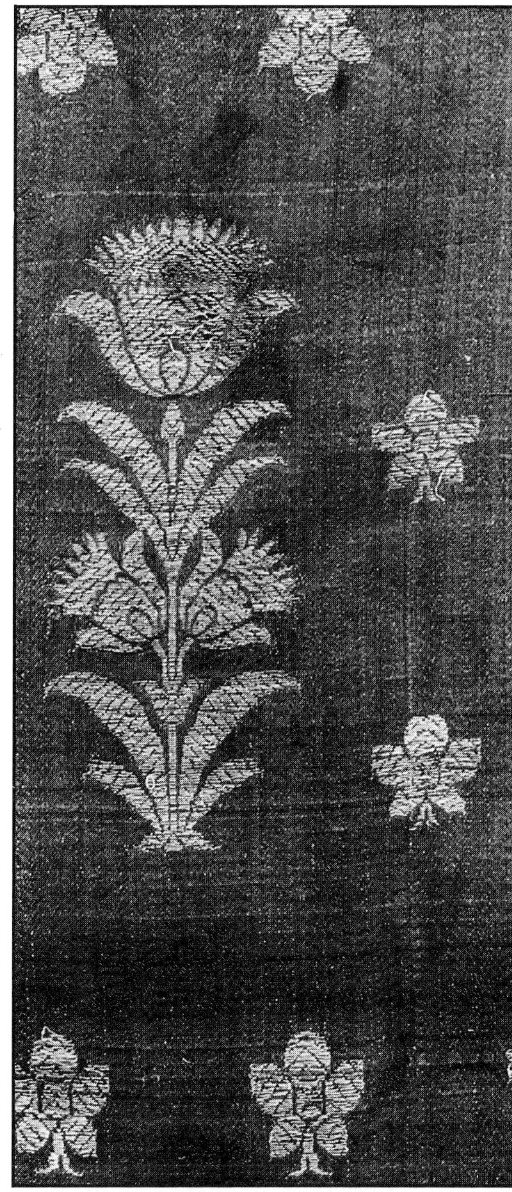

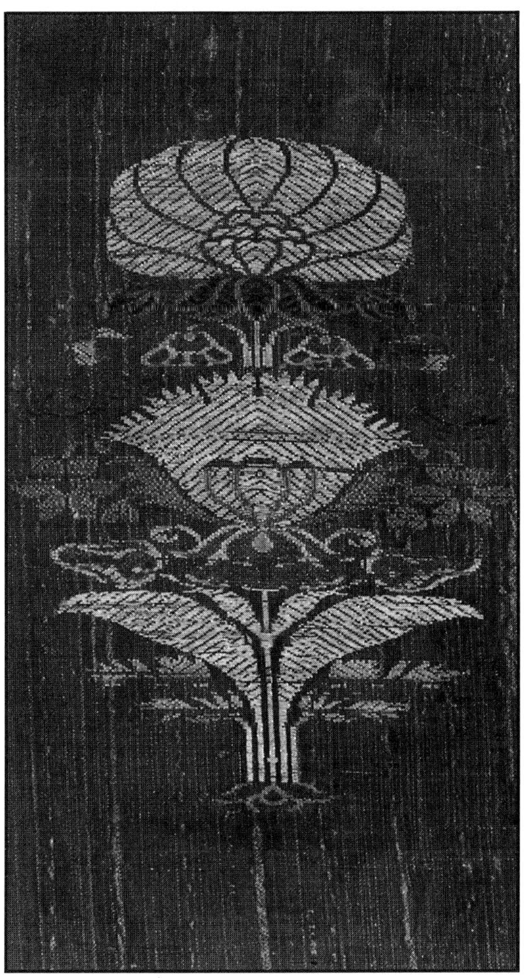

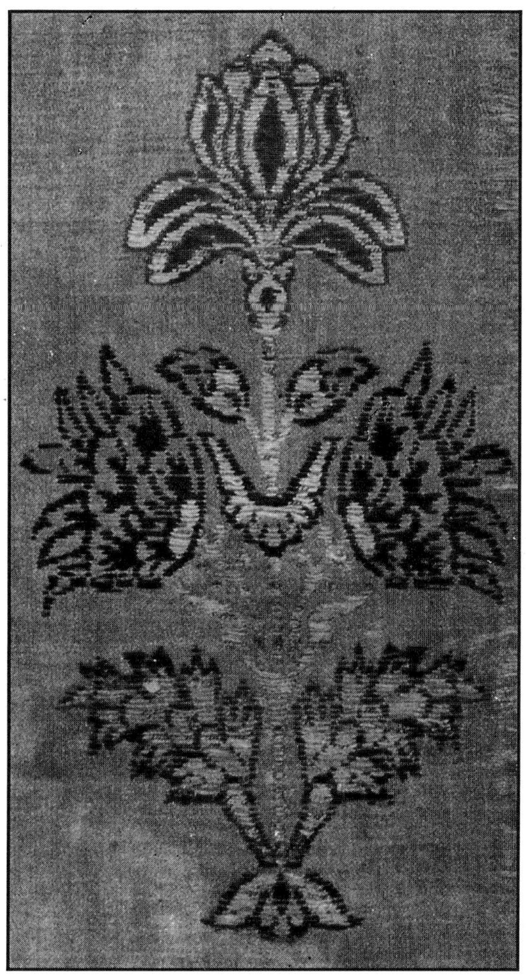

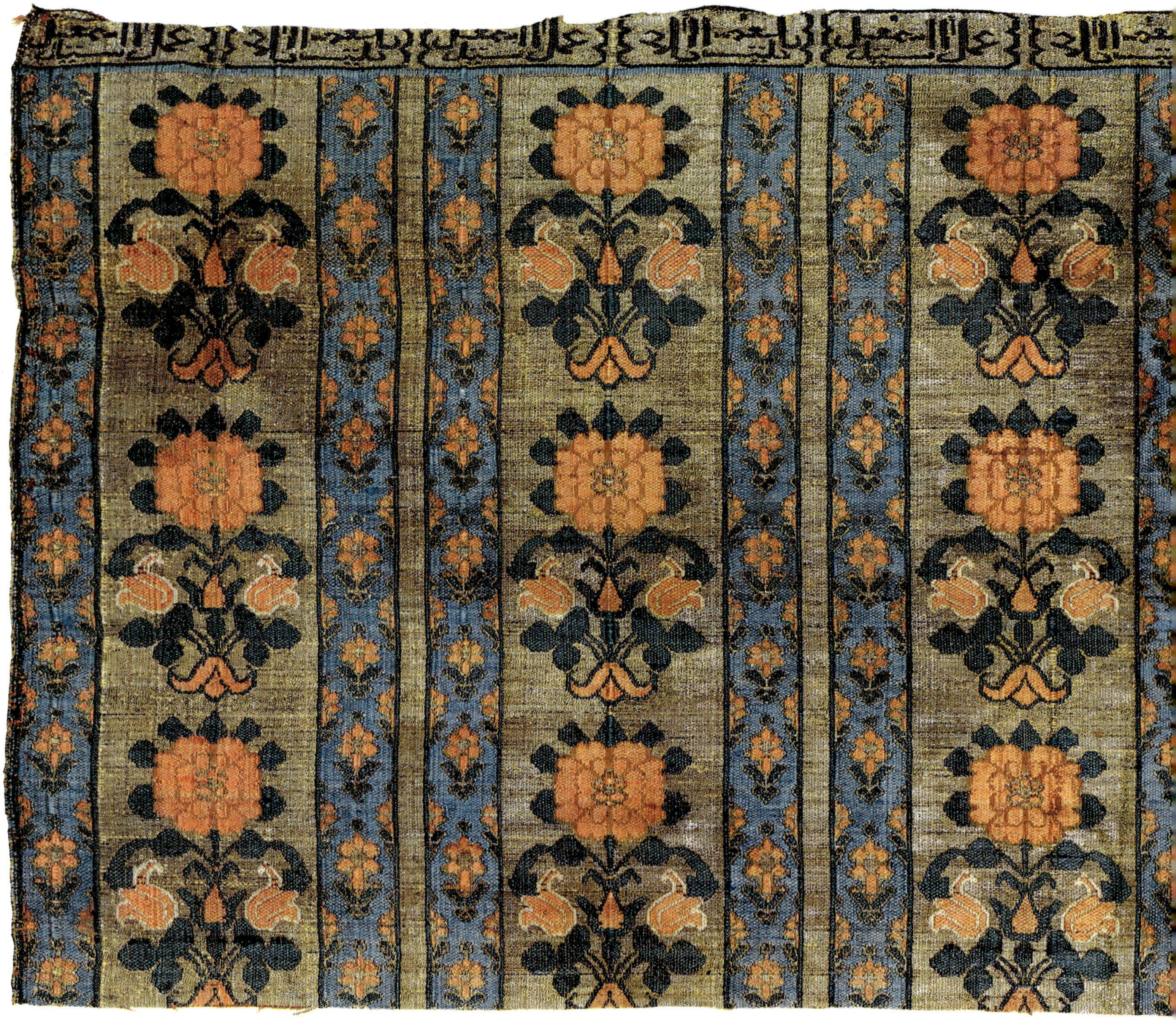

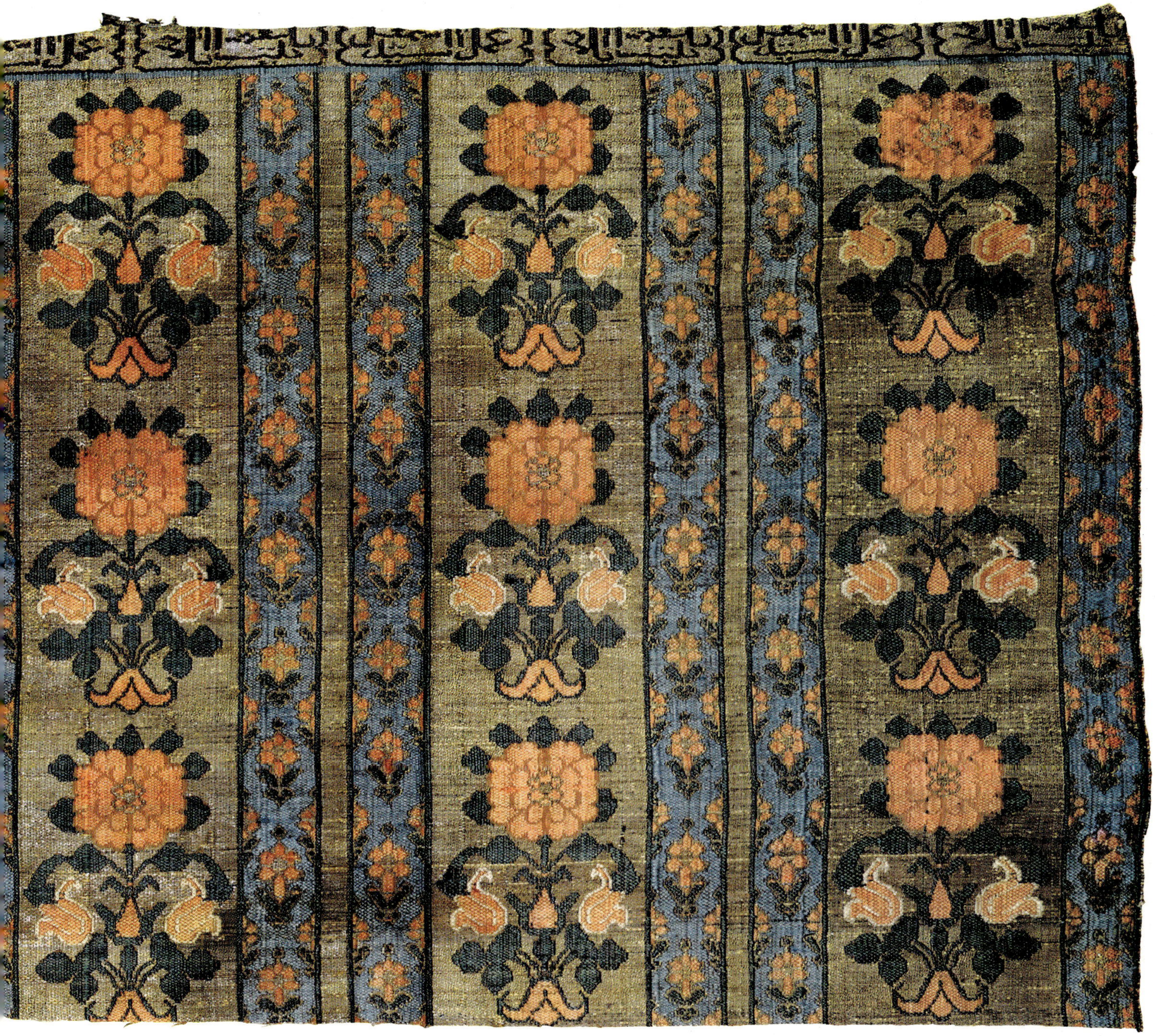

Abb. 206 *Streifendessin mit stark stilisierten Blütenpflanzen und Schriftborte, Ende 17. oder Anfang 18. Jahrhundert* Kat. Nr. 208

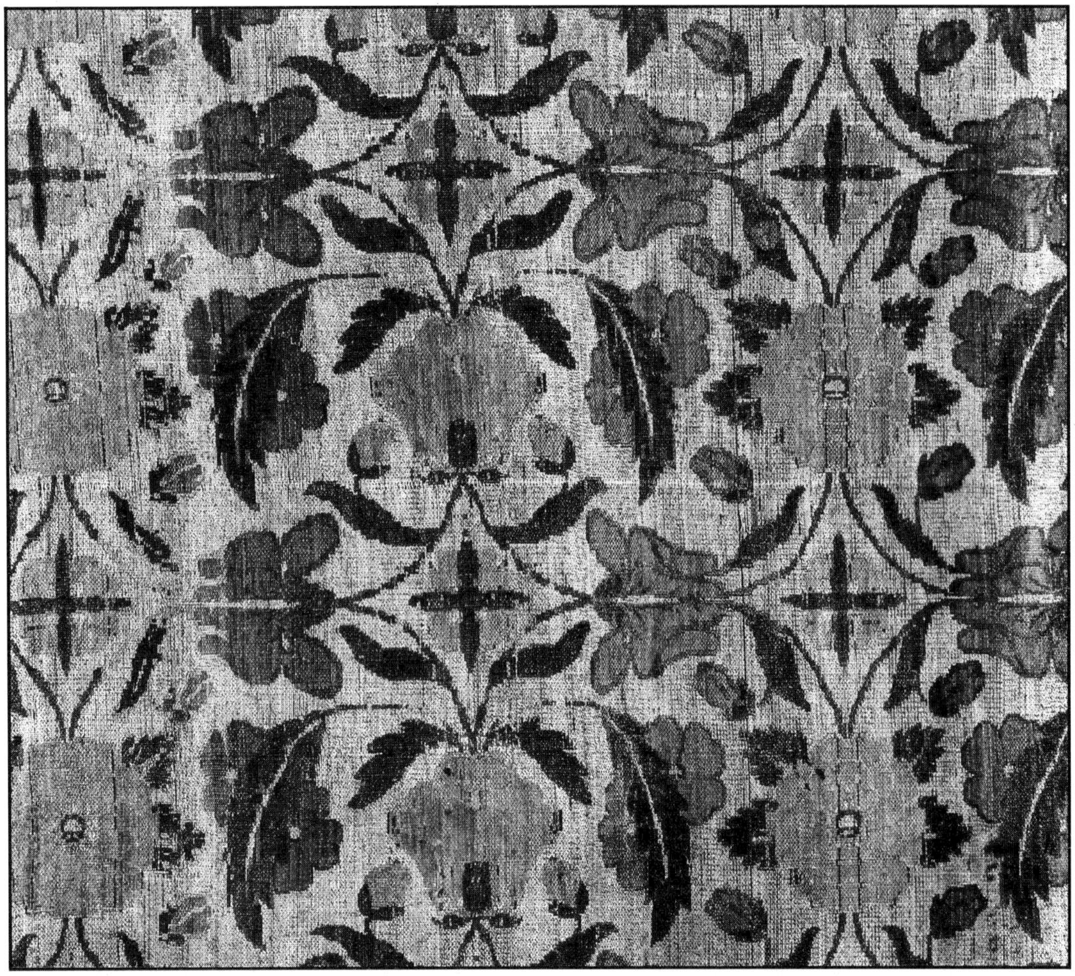

Abb. 207 *Die geschlossene Flächenfüllung mittels dichtem Blüten- und Blattwerk, 17. Jahrhundert* Kat. Nr. 209

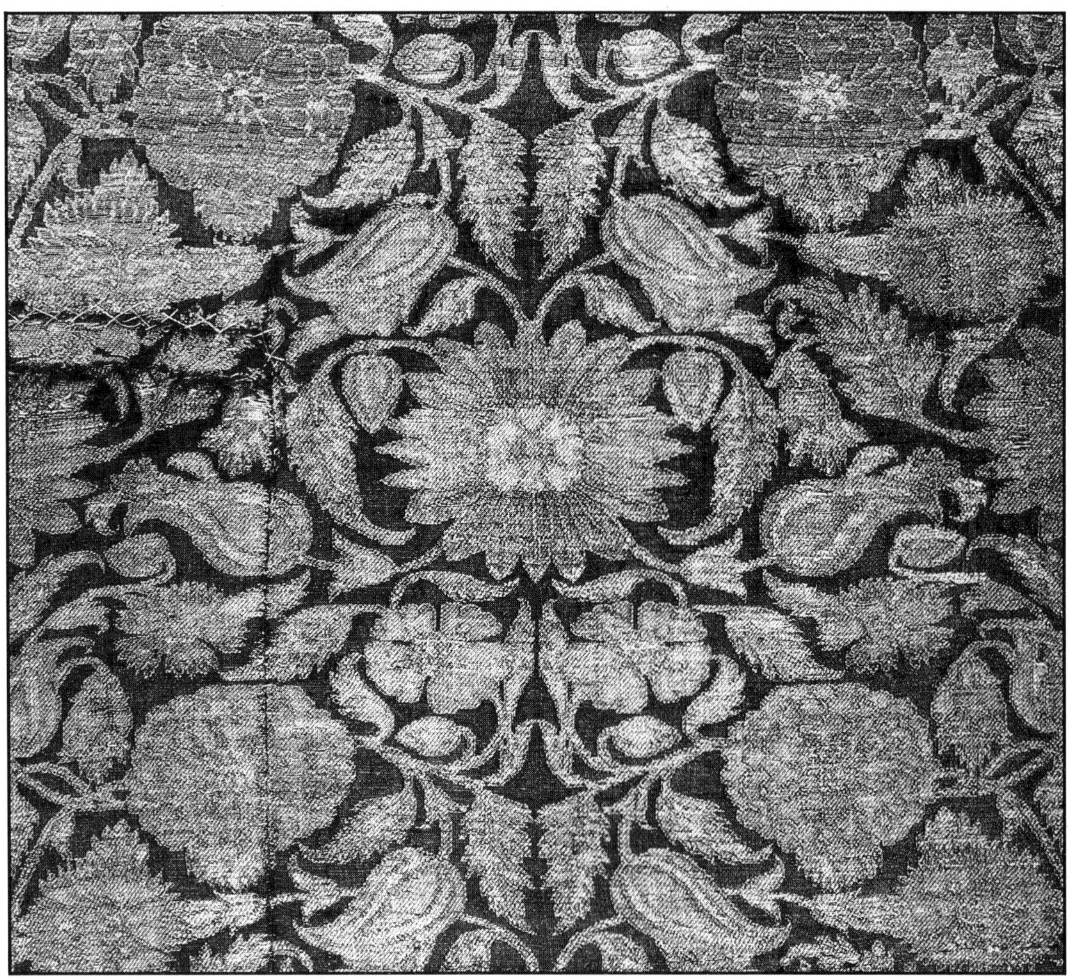

Abb. 208 *Die geschlossene Flächenfüllung mittels dichtem Blüten- und Blattwerk, 2. Hälfte 17. oder 18. Jahrhundert (vgl. Kat. Nr. 210)* Kat. Nr. 211

gegenüberliegende Seite:
Abb. 209 *Die geschlossene Flächenfüllung mittels dichtem Blüten- und Blattwerk, 2. Hälfte 17. oder 18. Jahrhundert (vgl. Kat. Nr. 211)* Kat. Nr. 210

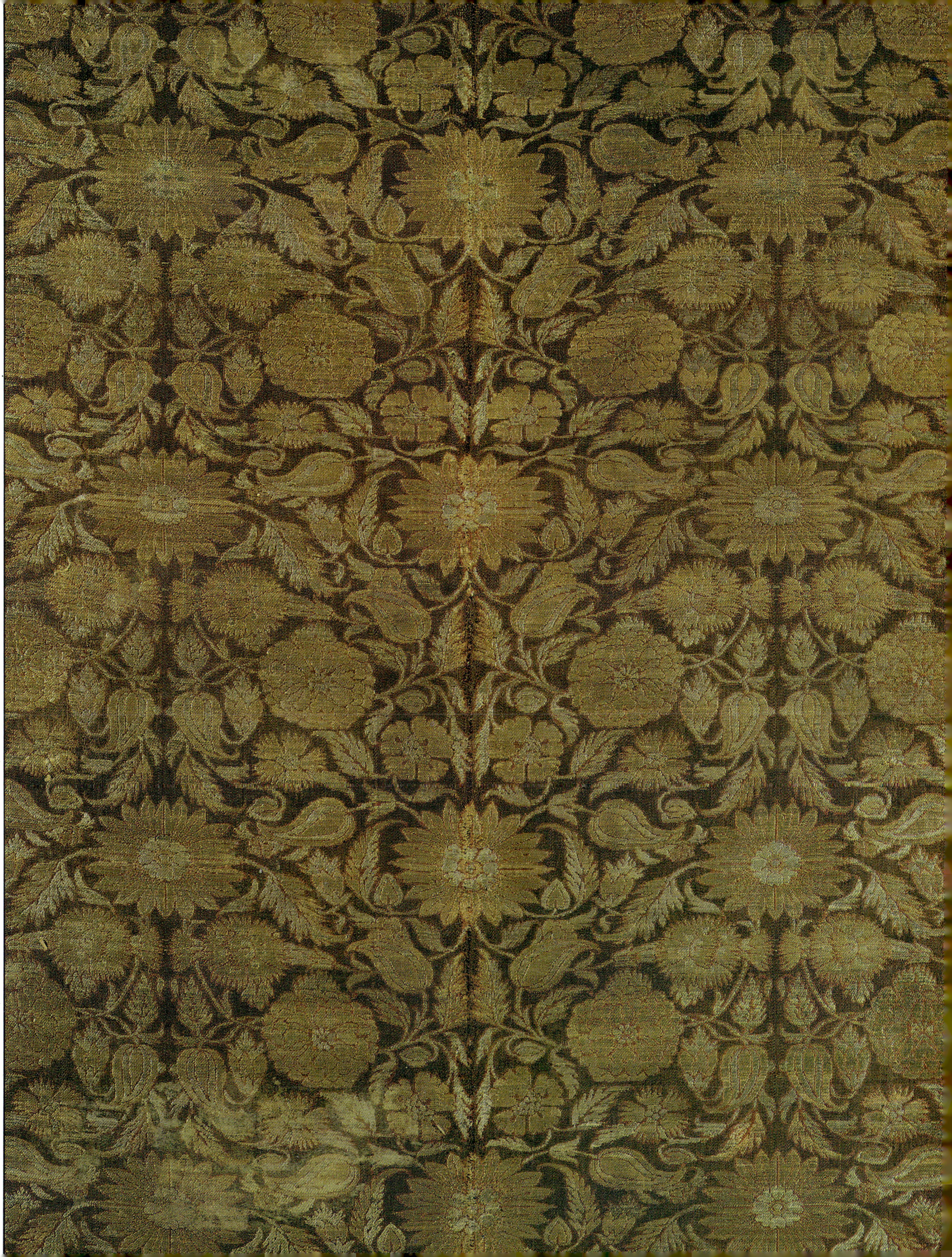

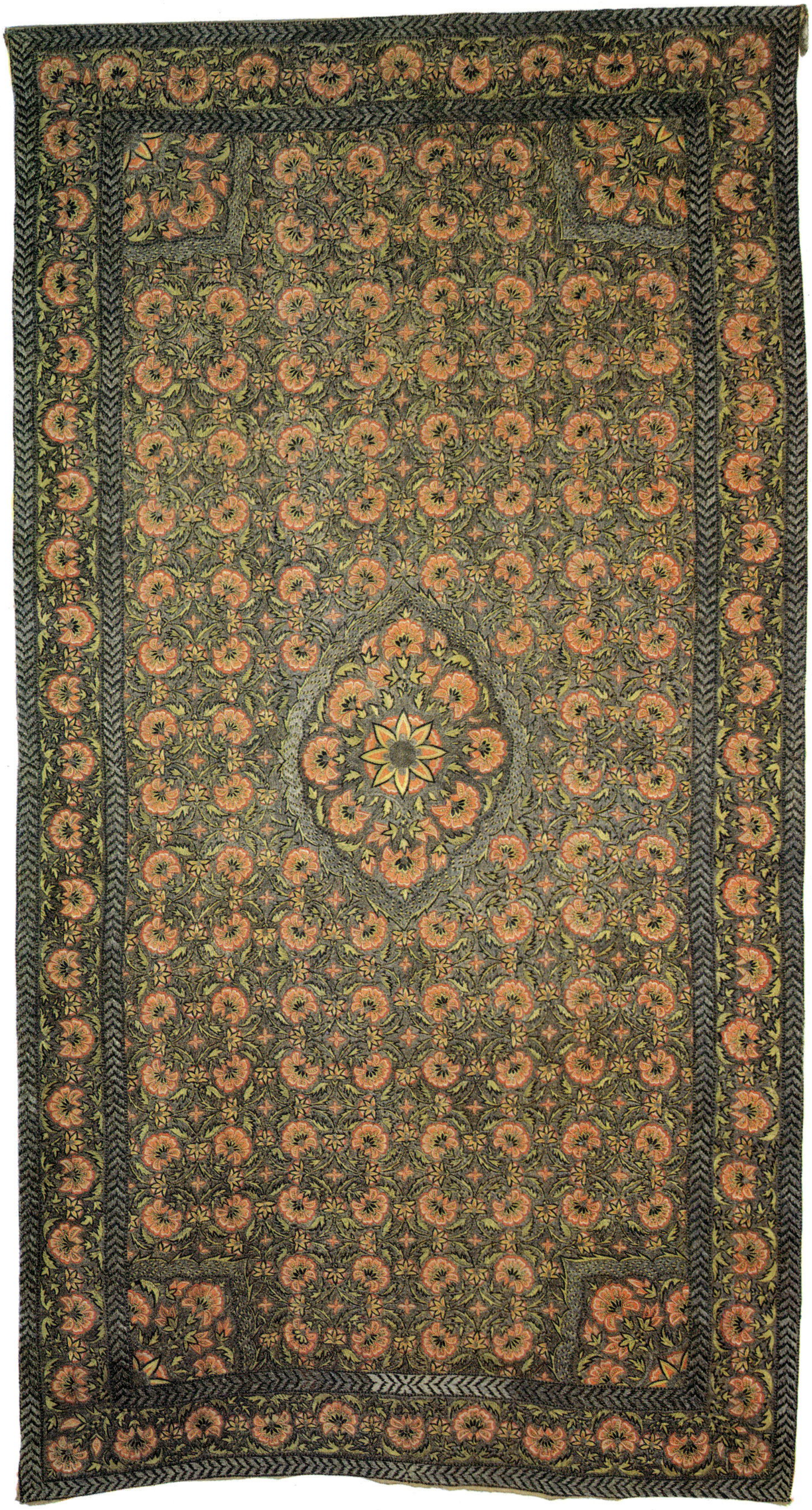

Abb. 210 *Die geschlossene Flächenfüllung mittels dichtem Blüten- und Blattwerk, Seidenstickerei, 17.–18. Jahrhundert* Kat. Nr. 214

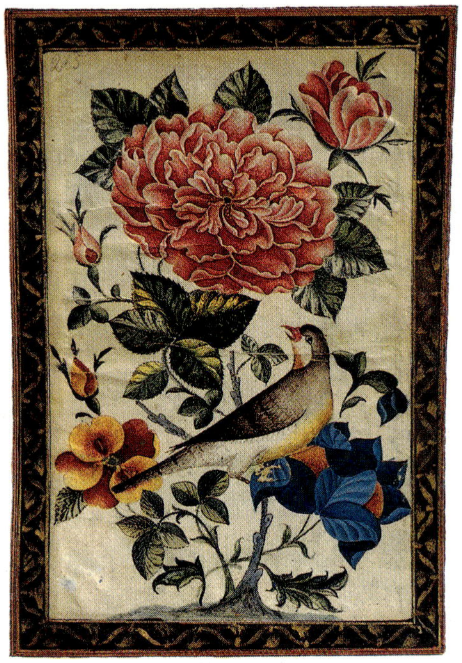

Abb. 211 *Das Motiv des Vogels im Blütenstrauch war vom 16.–19. Jahrhundert in Miniaturmalerei und Textilkunst sehr beliebt, nachsafawidische Miniatur*

gegenüberliegende Seite:
Abb. 212 *Reh, Vogel und Blütenstrauch, Bildfragment, 1. Hälfte 17. Jahrhundert (Zeit Abbas I.)* Kat. Nr. 215

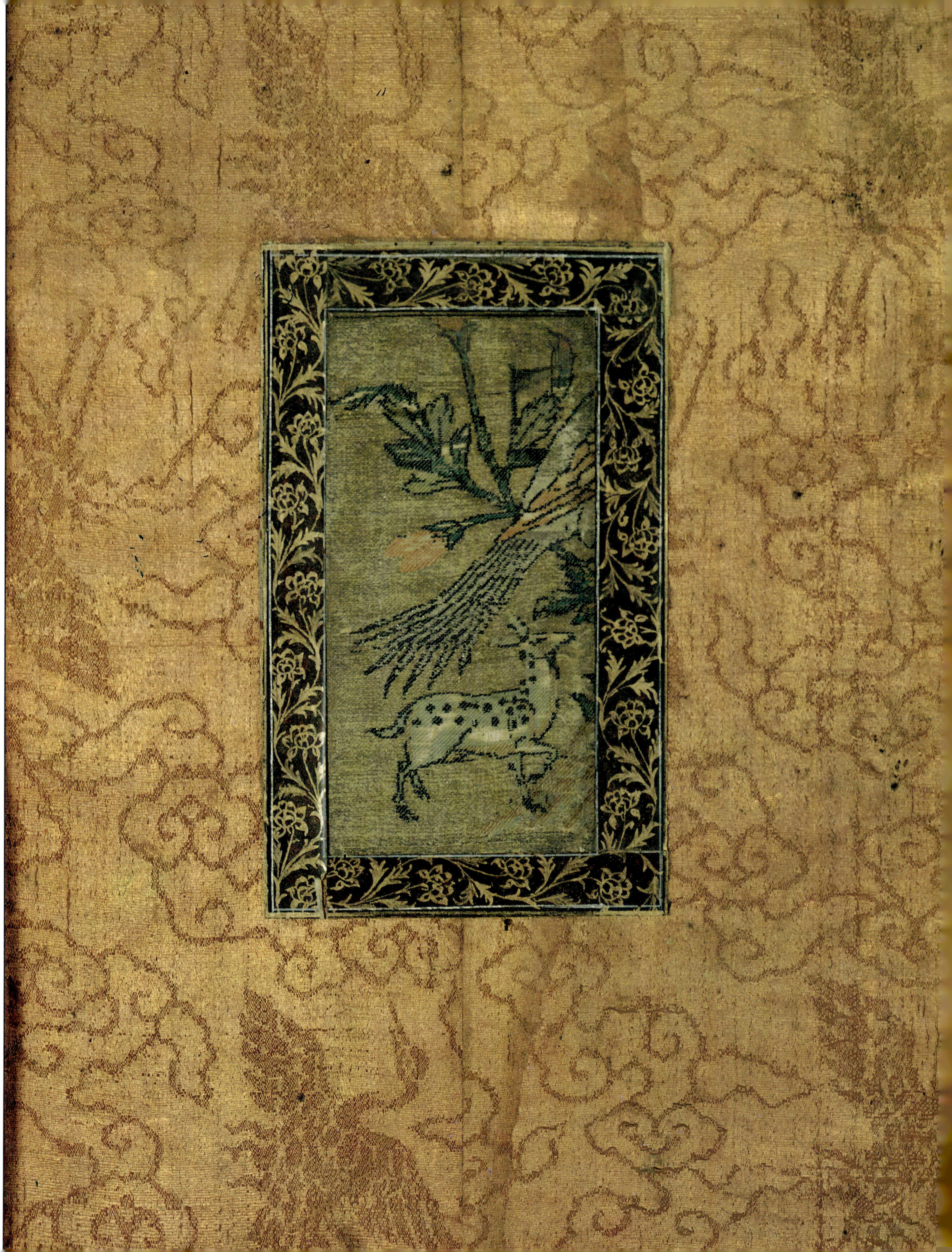

Abb. 213 *Rosenstrauch, Vogel und Reh, 1. Hälfte 17. Jahrhundert* Kat. Nr. 216

Abb. 214 *Vogel im Rosenstrauch, 2. Viertel 17. Jahrhundert* Kat. Nr. 217

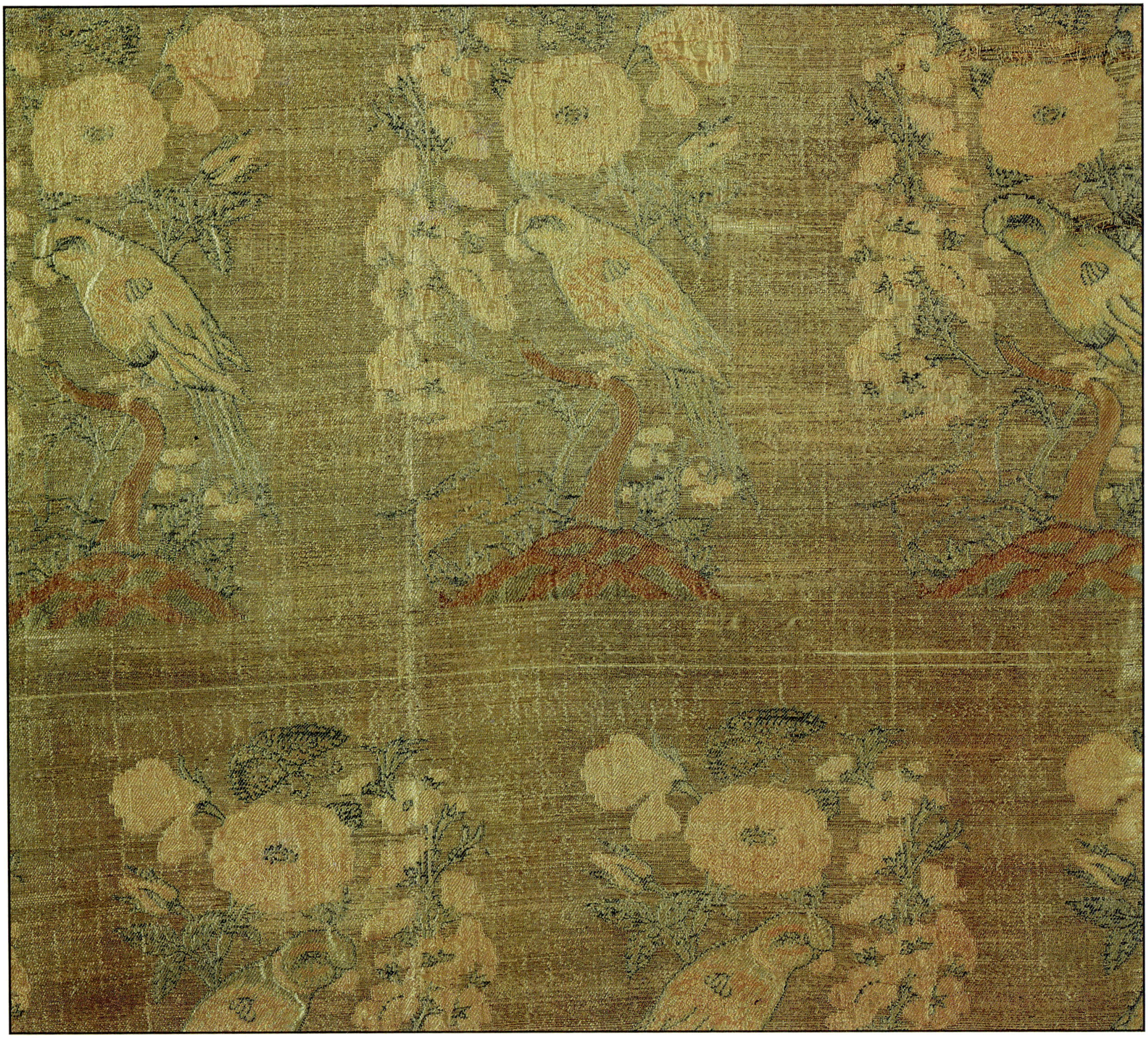

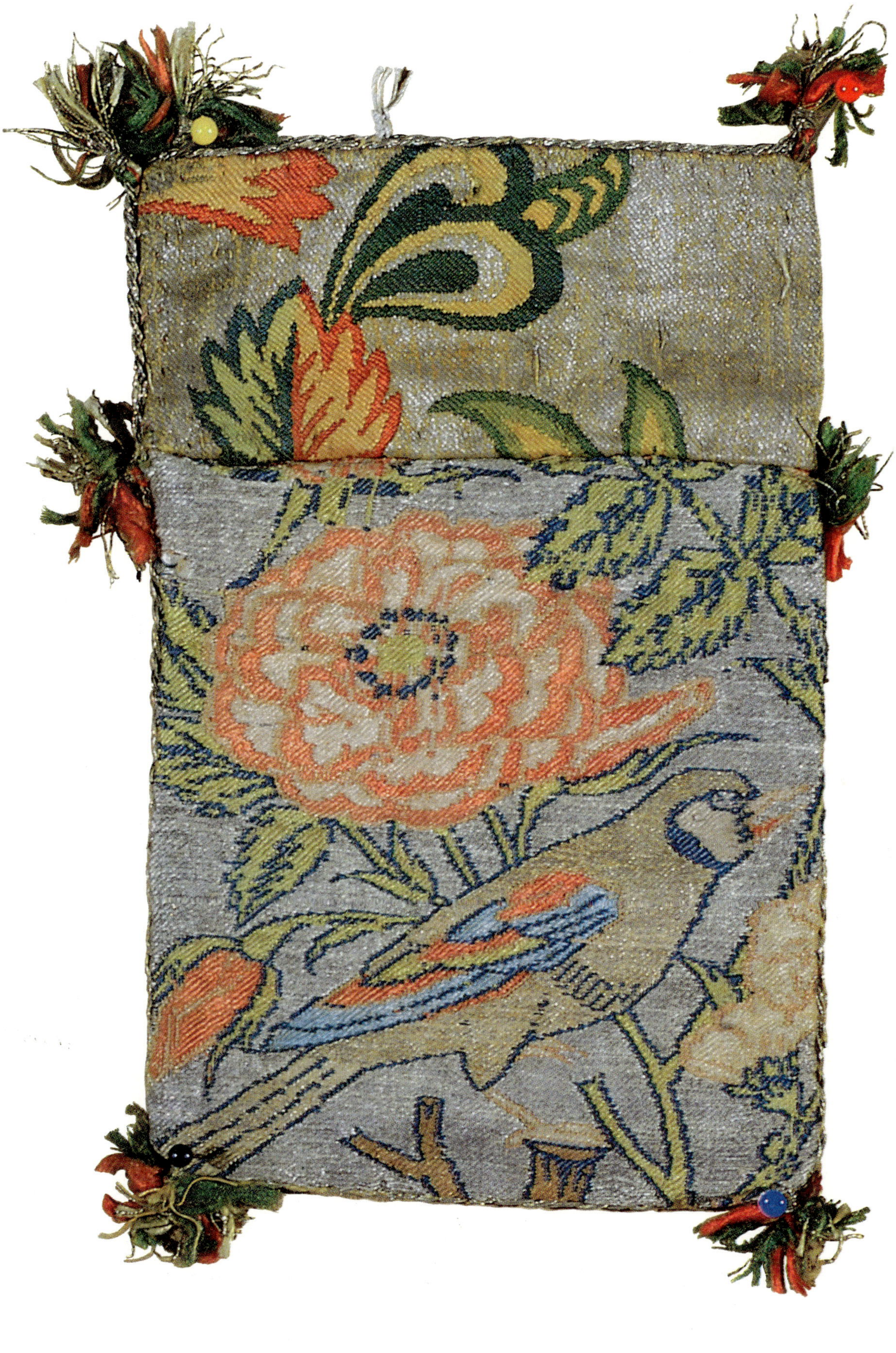

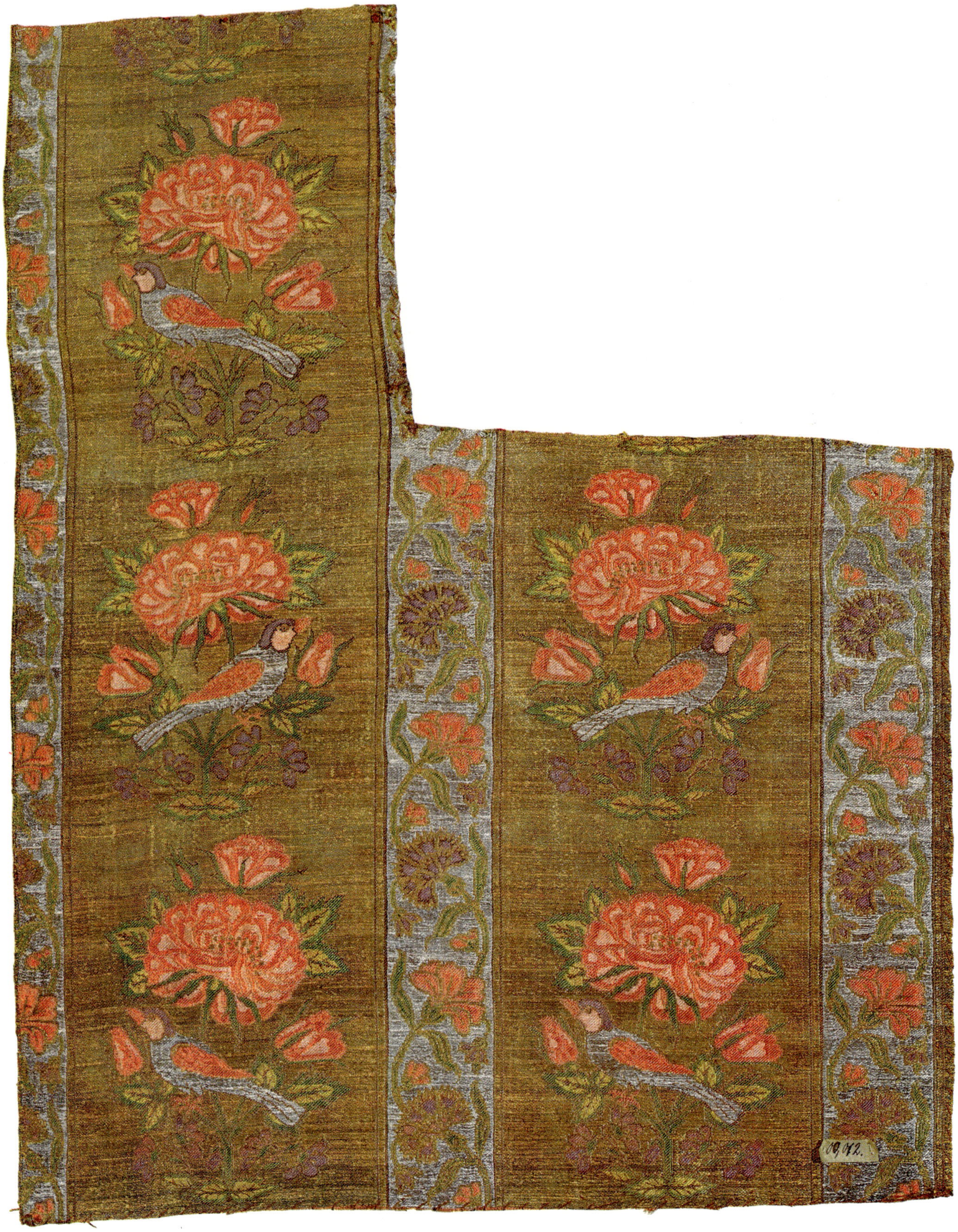

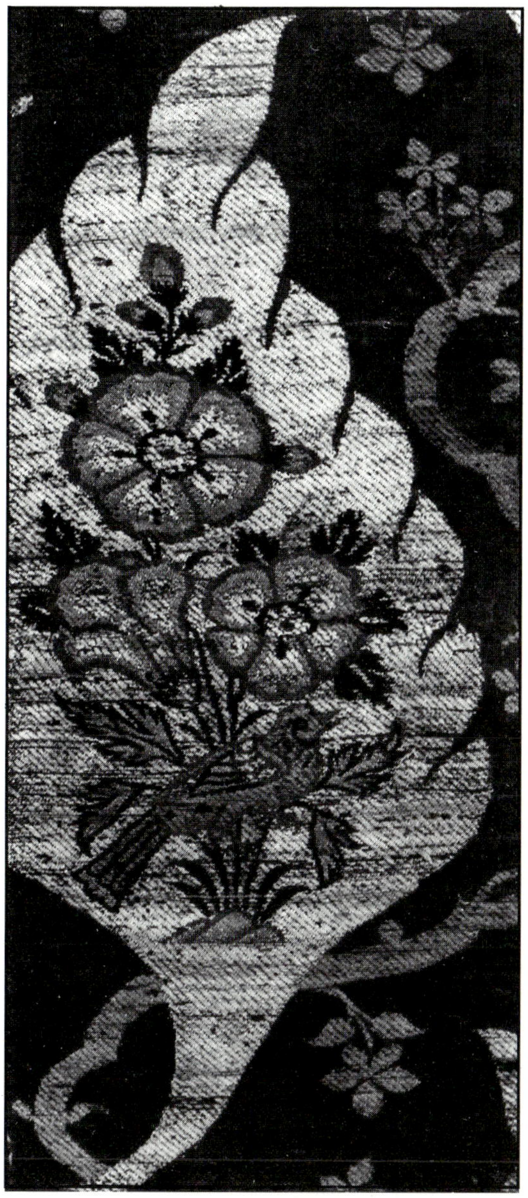

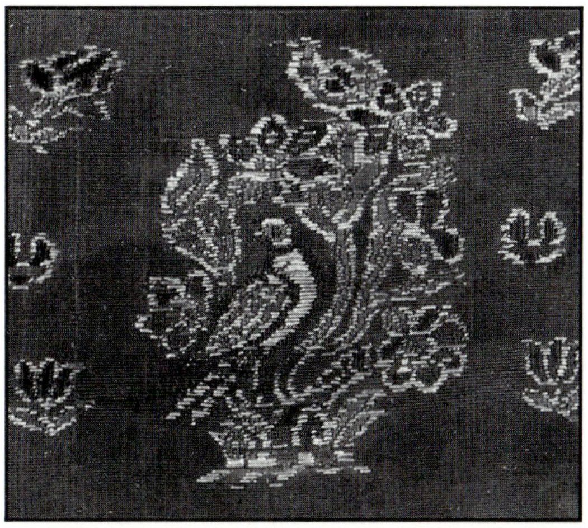

Abb. 216 *Blattmotiv mit Vogel im Blütenstrauch, Mitte oder Anfang 2. Hälfte 17. Jahrhundert* Kat. Nr. 219

Abb. 217 *Vogel im Blütenstrauch und kleine Wolkenmotive, 17.–18. Jahrhundert* Kat. Nr. 221

Abb. 218 *Vogel im Blütenstrauch, eingestreute Schmetterlinge und Wolkenmotive, Ende 17. Jahrhundert* Kat. Nr. 220

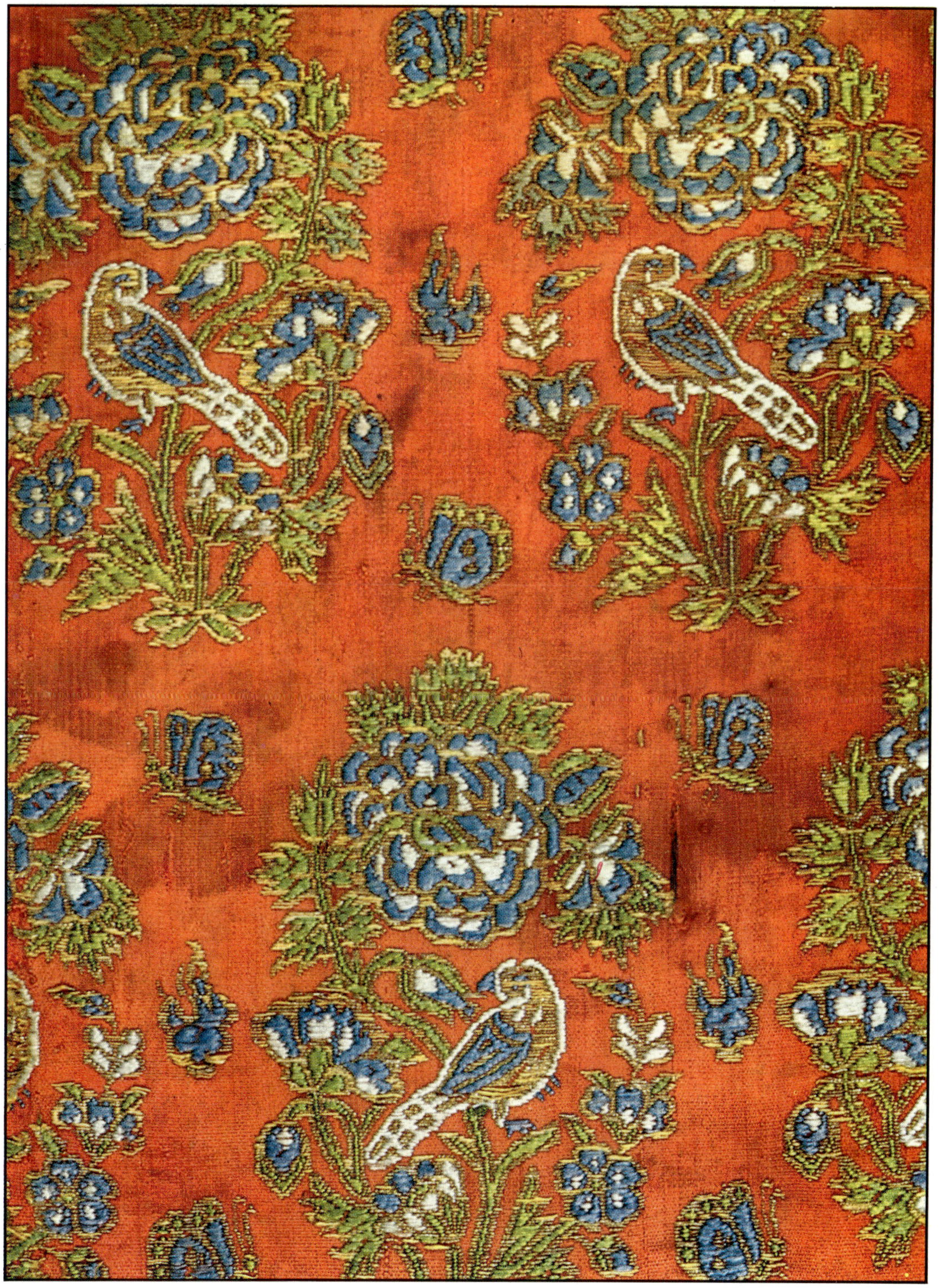

gegenüberliegende Seite:
Abb. 215 *Vogel im Rosenstrauch und Blütenranken, Mitte 17. Jahrhundert* Kat. Nr. 218

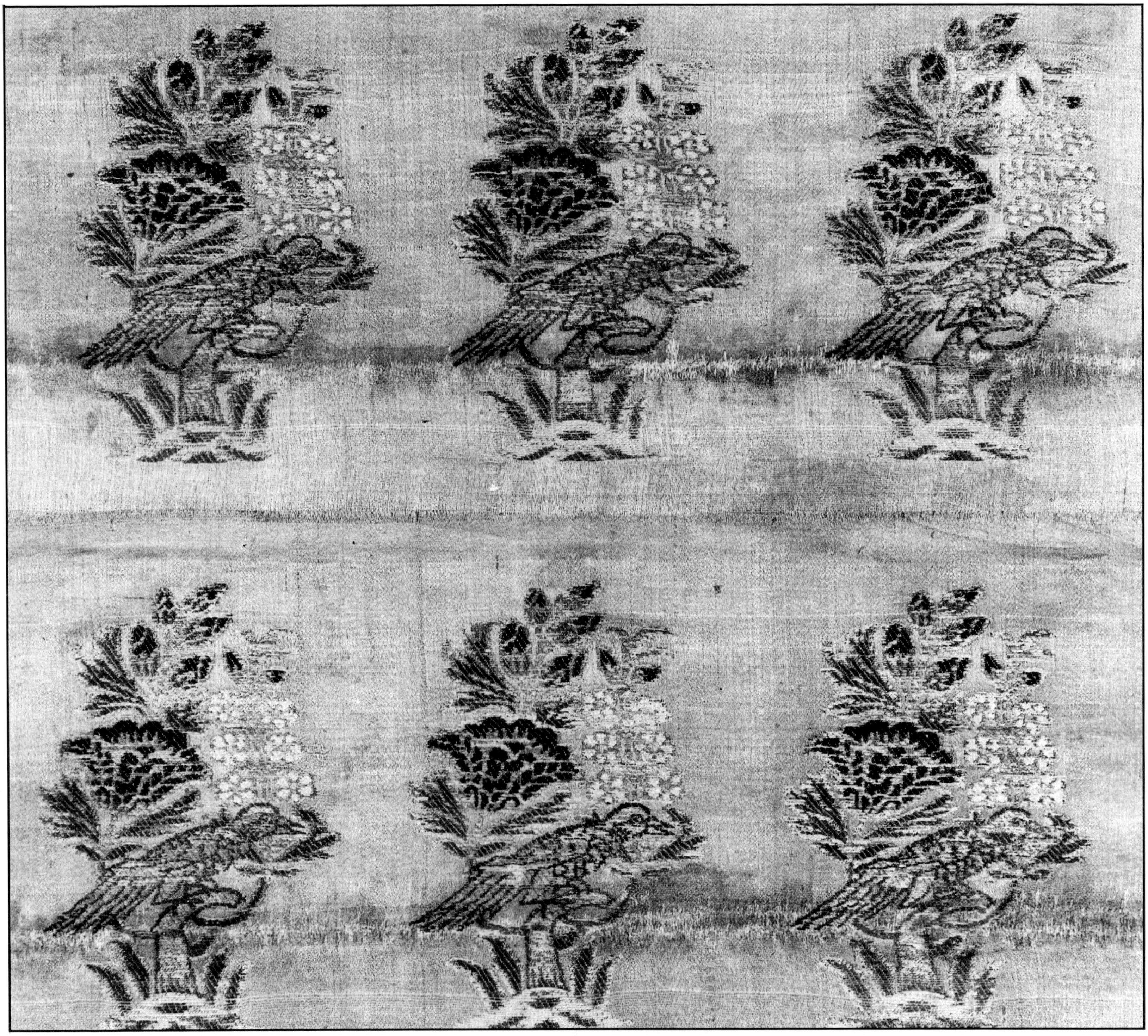

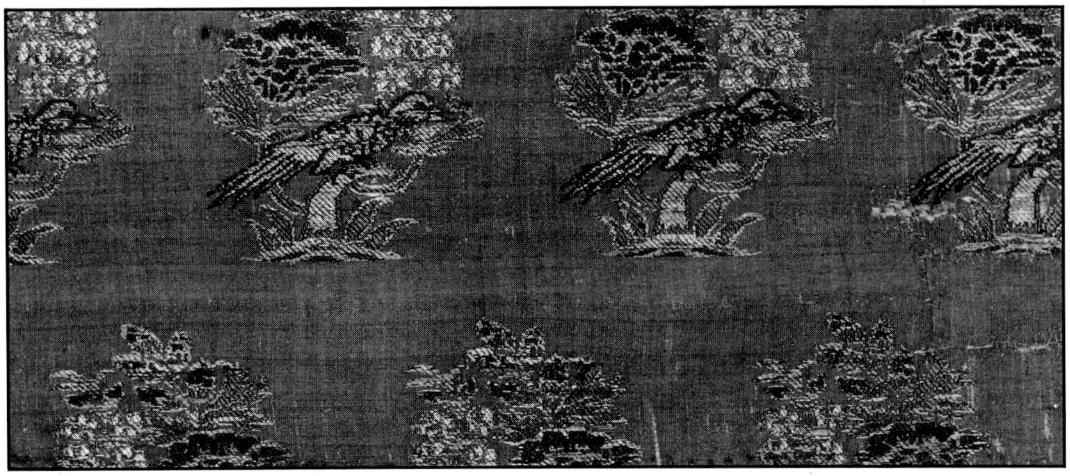

Abb. 219 *Vogel im Blütenstrauch, Ende 17. Jahrhundert (vgl. Kat. Nr. 223)* Kat. Nr. 222

Abb. 220 *Vogel im Blütenstrauch, Ende 17. Jahrhundert (vgl. Kat. Nr. 222)* Kat. Nr. 223

gegenüberliegende Seite:
Abb. 221 *Geschwungener Blütenzweig und Vogel, Ende 17. Jahrhundert* Kat. Nr. 225

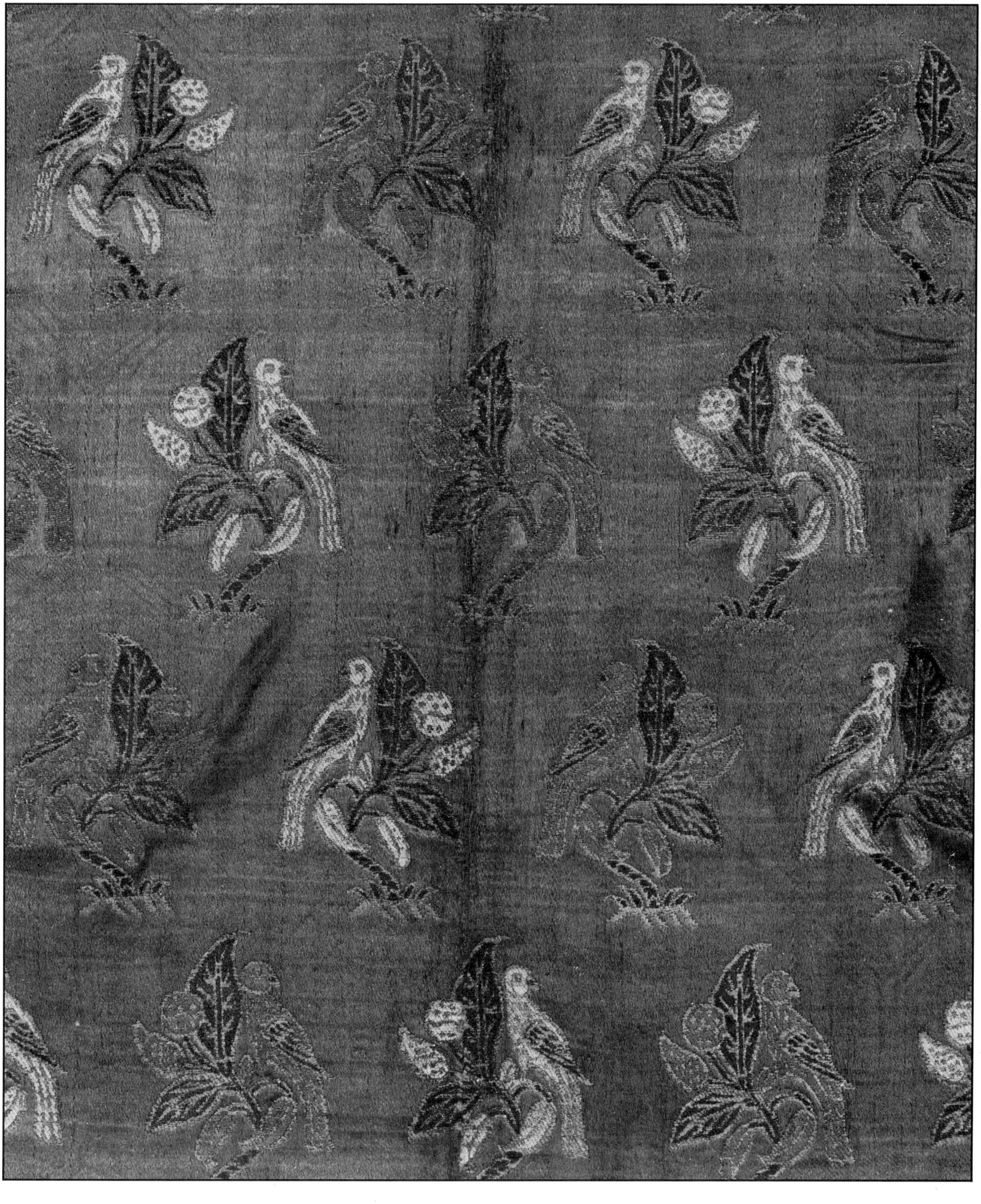

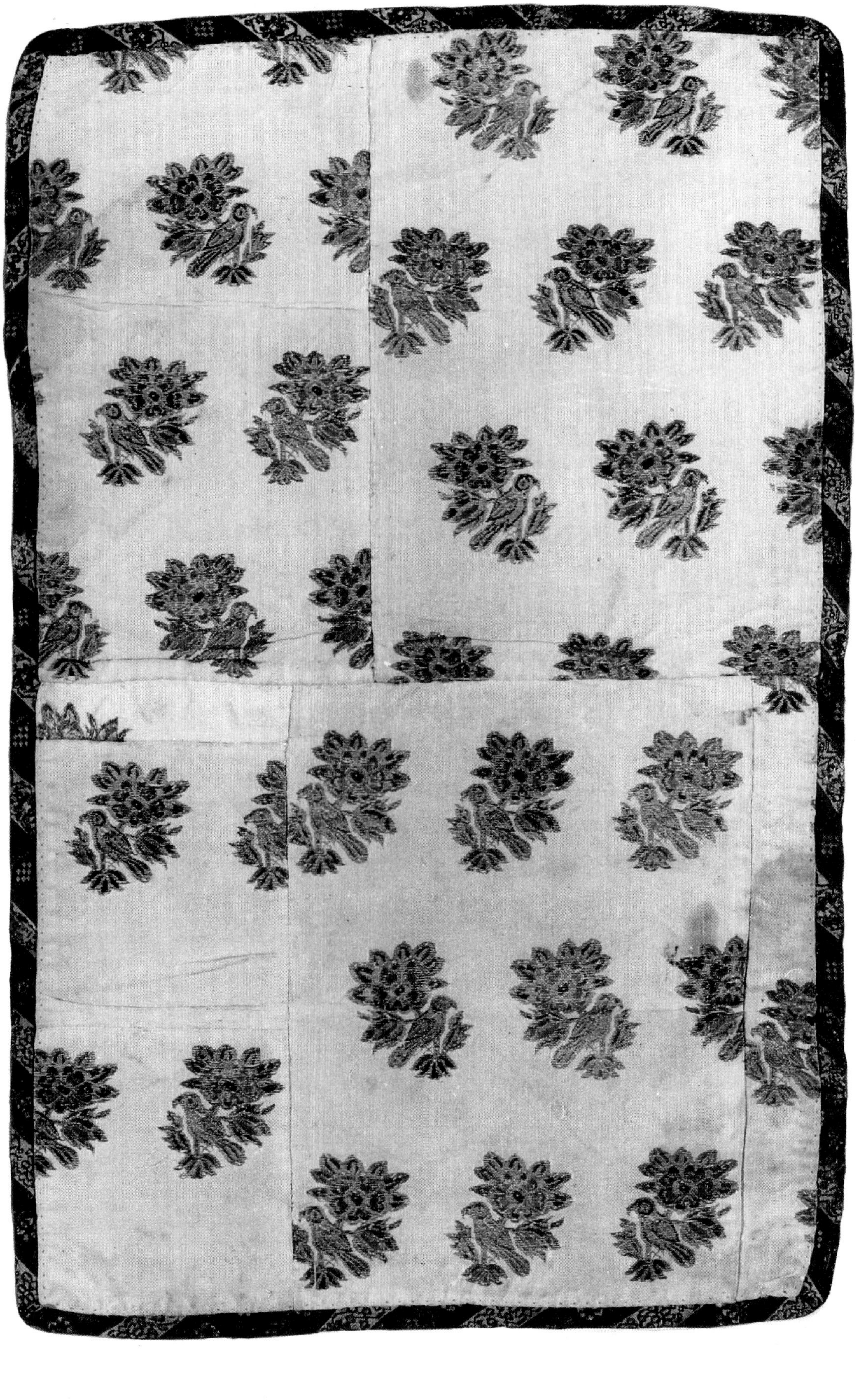

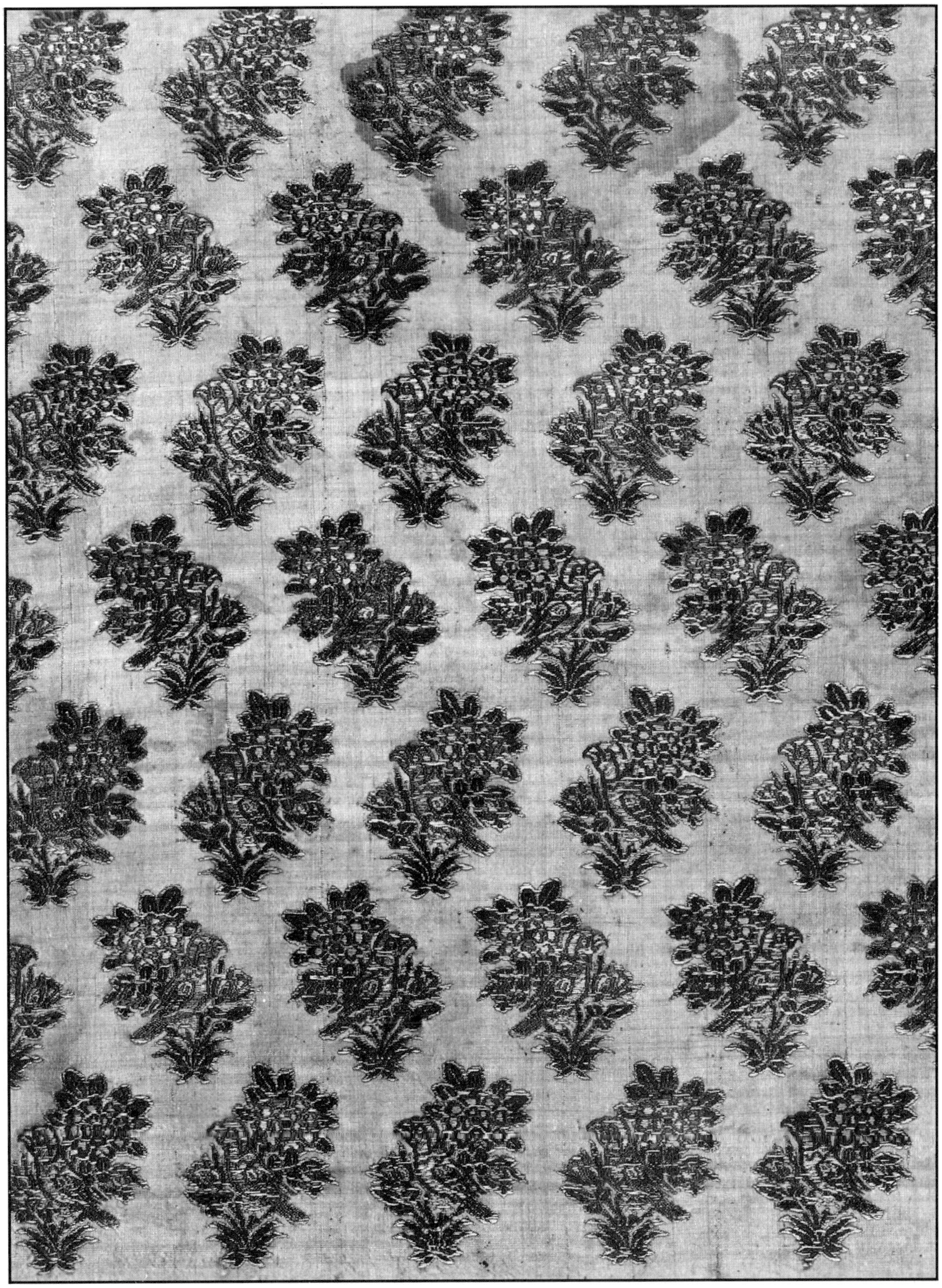

Abb. 223 *Rosenpflanzen und Vogel, 17.–18. Jahrhundert* Kat. Nr. 227

Abb. 224 *Vogel und Schmetterling im Blütenzweig, 17.–18. Jahrhundert* Kat. Nr. 229

Abb. 225 *Pfau auf kurzem Blütenast, 17.–18. Jahrhundert* Kat. Nr. 230

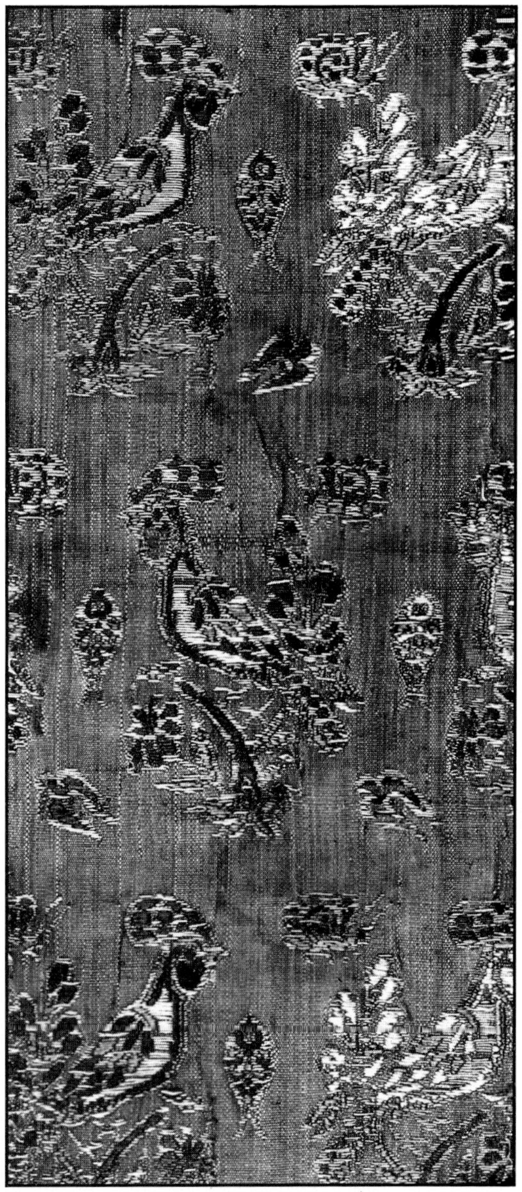

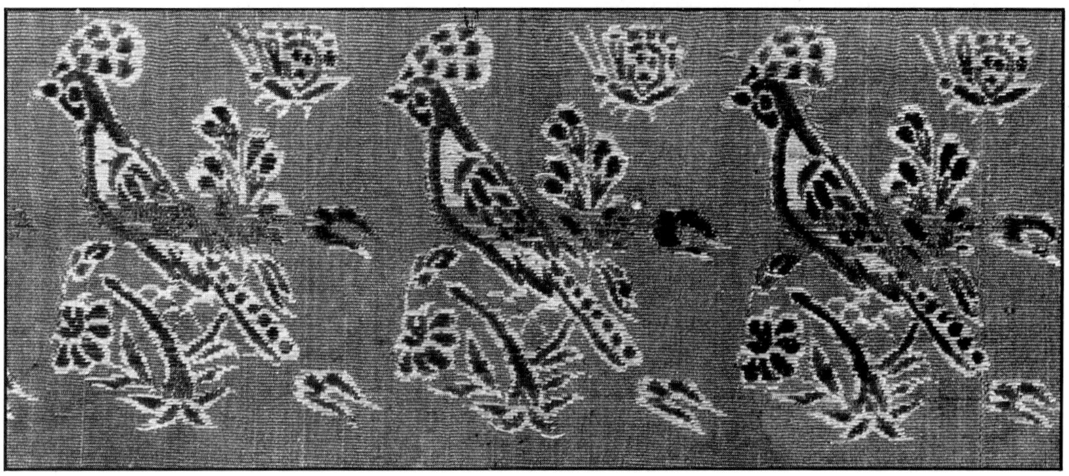

gegenüberliegende Seite:
Abb. 222 *Vogel und Blütenzweig, 17.–18. Jahrhundert* Kat. Nr. 226

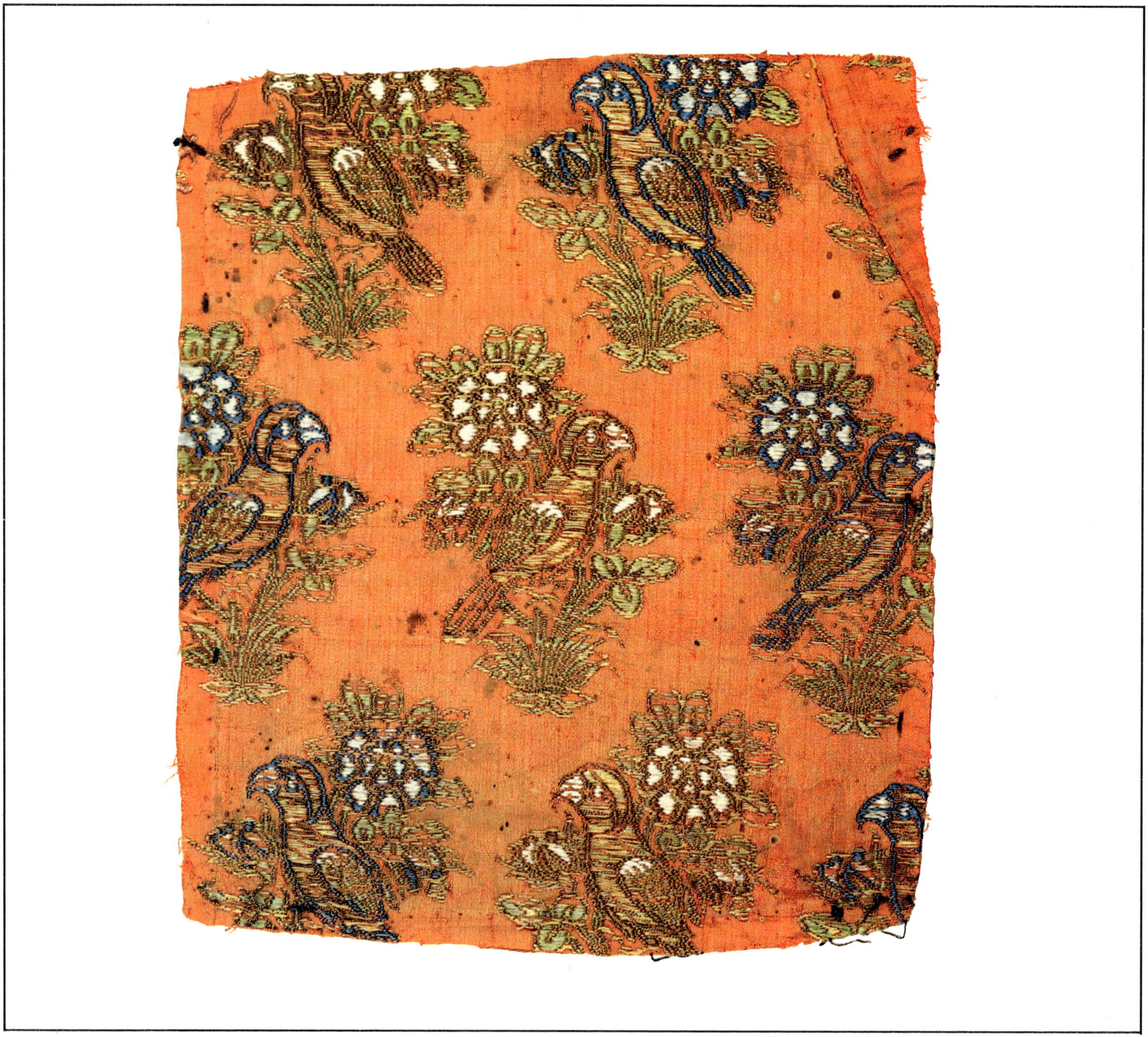

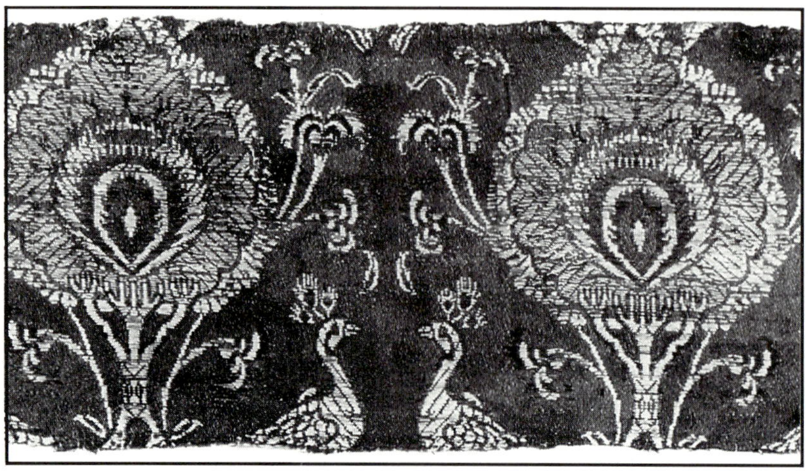

Abb. 226 *Vogel im Blütenstrauch, 17.–18. Jahrhundert* Kat. Nr. 228

Abb. 227 *Gänse oder Schwäne unter Blütenstauden, Ende 17. oder Anfang 18. Jahrhundert (vgl. Kat. Nr. 232)* Kat. Nr. 231

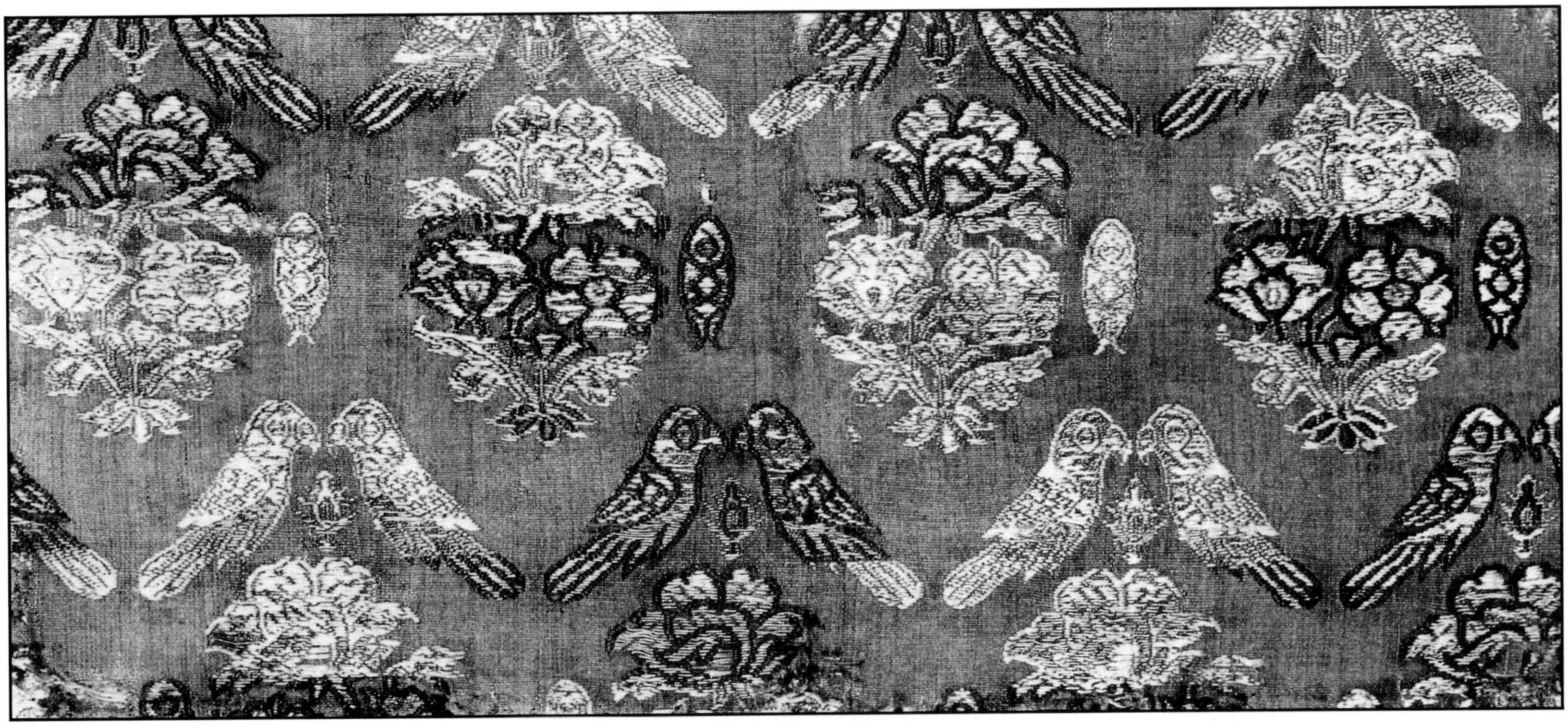

Abb. 228 *Gegenständige Vögel, Fische und Blütenstauden, Ende 17. oder Anfang 18. Jahrhundert*
Kat. Nr. 233

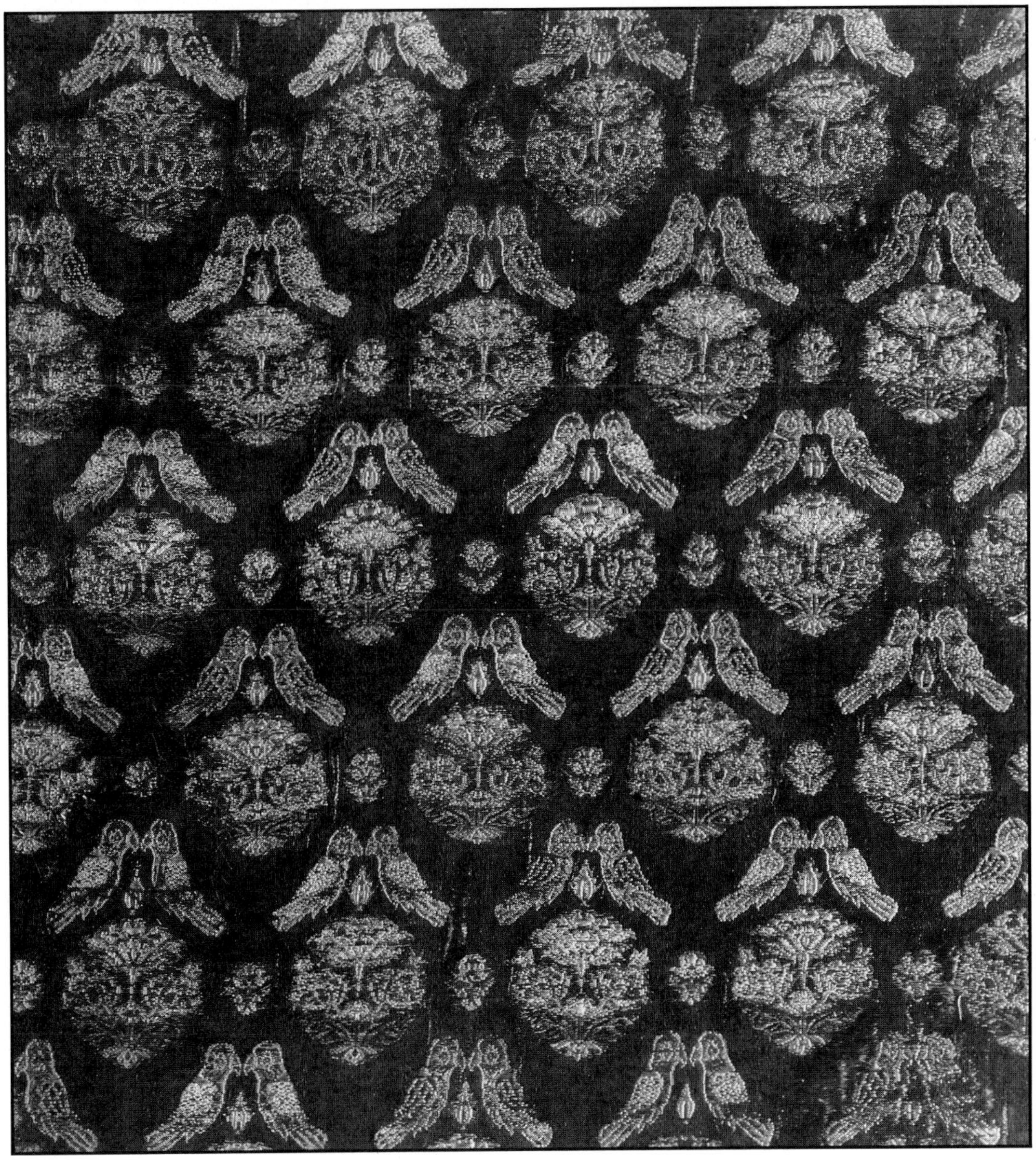

Abb. 229 *Gegenständige Vögel und Blütenstauden, 17. oder Anfang 18. Jahrhundert* Kat. Nr. 234

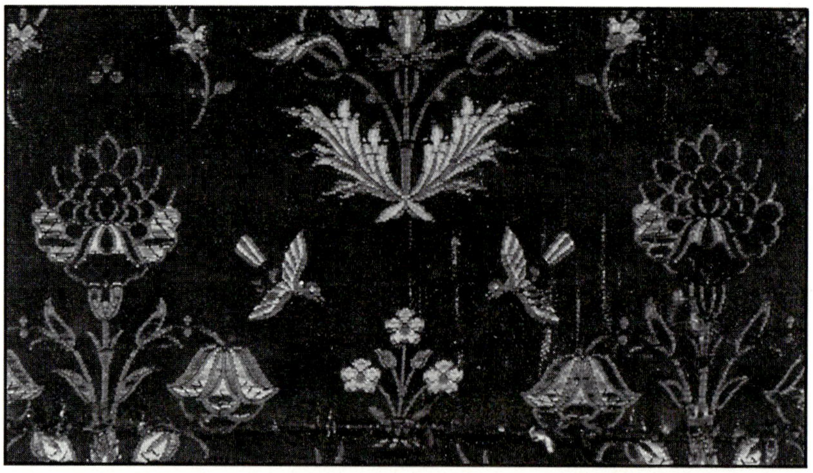

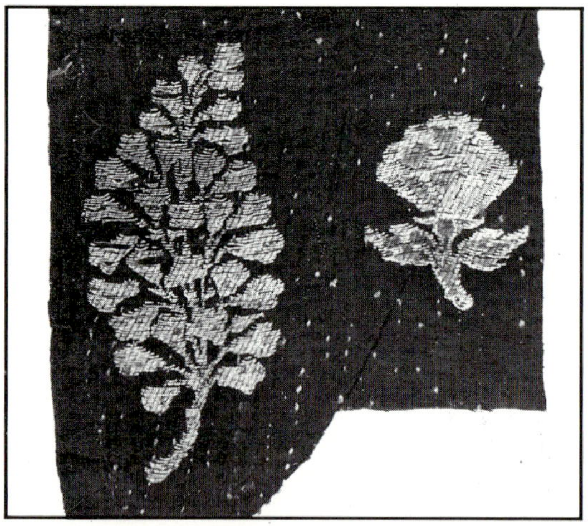

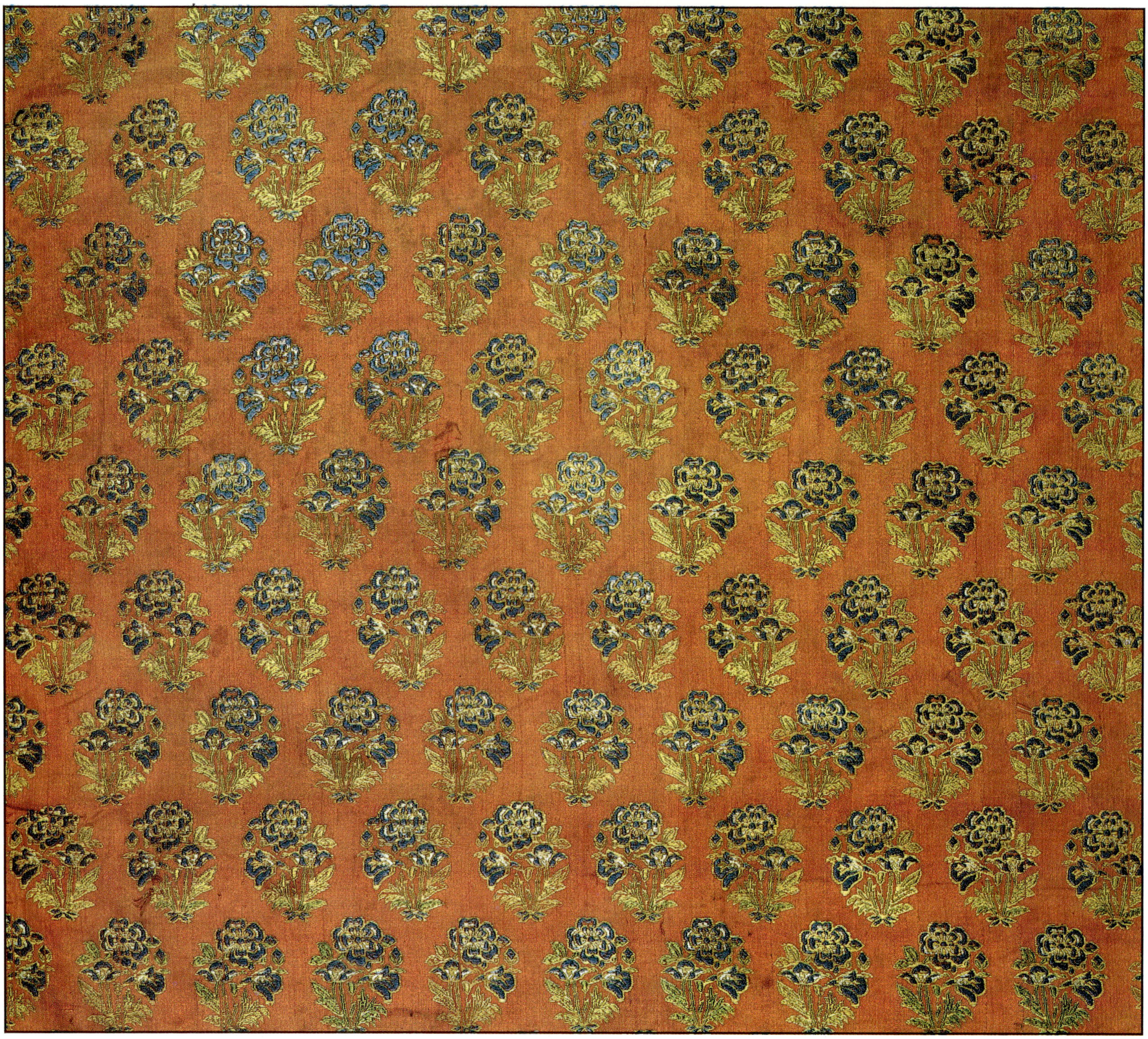

gegenüberliegende Seite:
Abb. 230 *Fliegende Vögel zwischen achsensymmetrischen Blütenpflanzen, Mitte 17. Jahrhundert* Kat. Nr. 237

Abb. 231 *Rosenzweig und Blütendolde, Ende 17. oder Anfang 18. Jahrhundert* Kat. Nr. 241

Abb. 232 *Blütenstauden in lockerer Zeichnung, 17.–18. Jahrhundert* Kat. Nr. 240

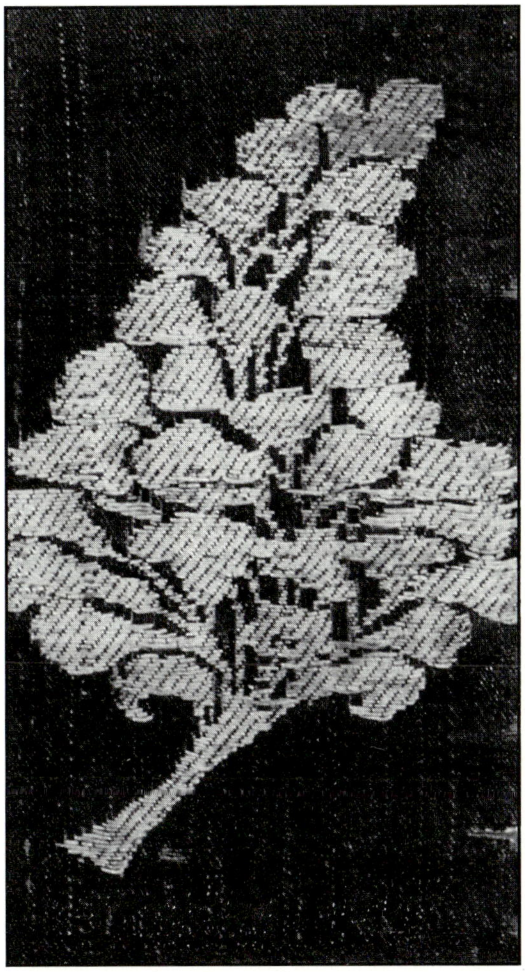

Abb. 233 *Blütendolde in Form einer indischen Palmette, 17.–18. Jahrhundert* Kat. Nr. 242

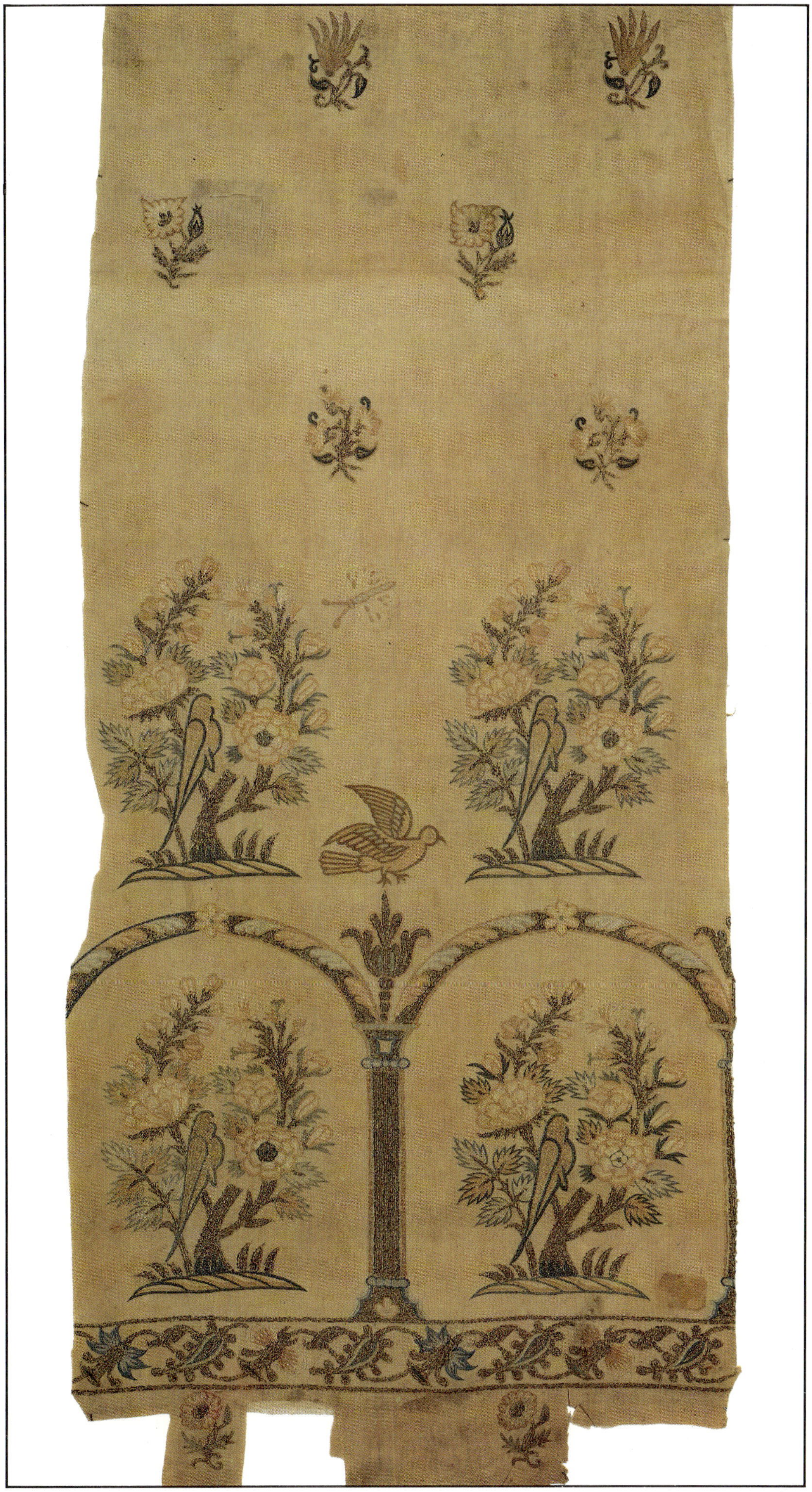

Abb. 234 *Vogel im Rosenstrauch unter Arkadenbögen, Seidenstickerei, 1. Hälfte 17. Jahrhundert* Kat. Nr. 239

Abb. 235 *Aus einem vasenartigen Gefäß wachsende indische Palmetten, 17.–18. Jahrhundert (vgl. Kat. Nr. 245)* Kat. Nr. 244 und 279

Abb. 236 *Gedruckte indische Palmetten, 18. Jahrhundert (?)* Kat. Nr. 247

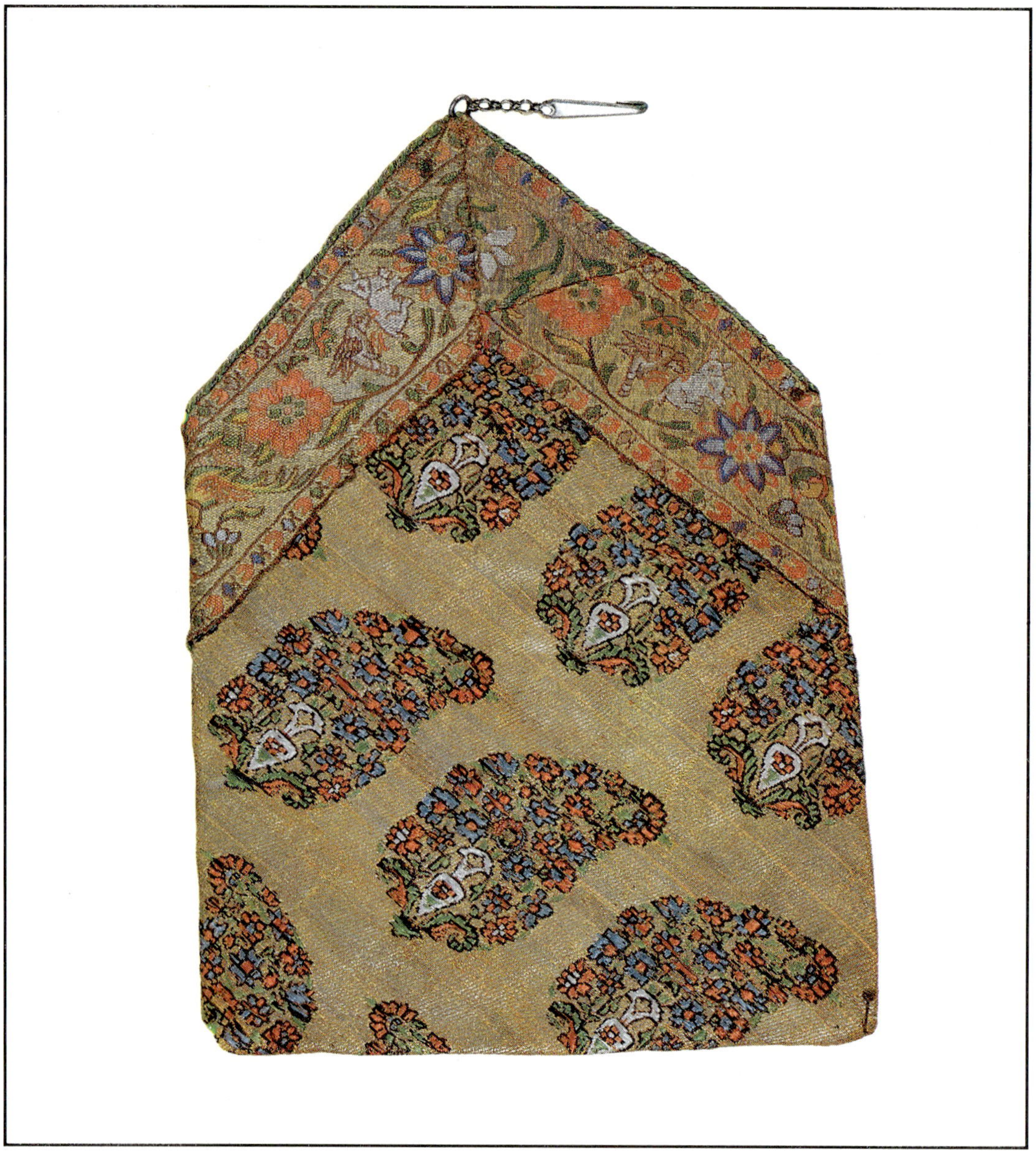

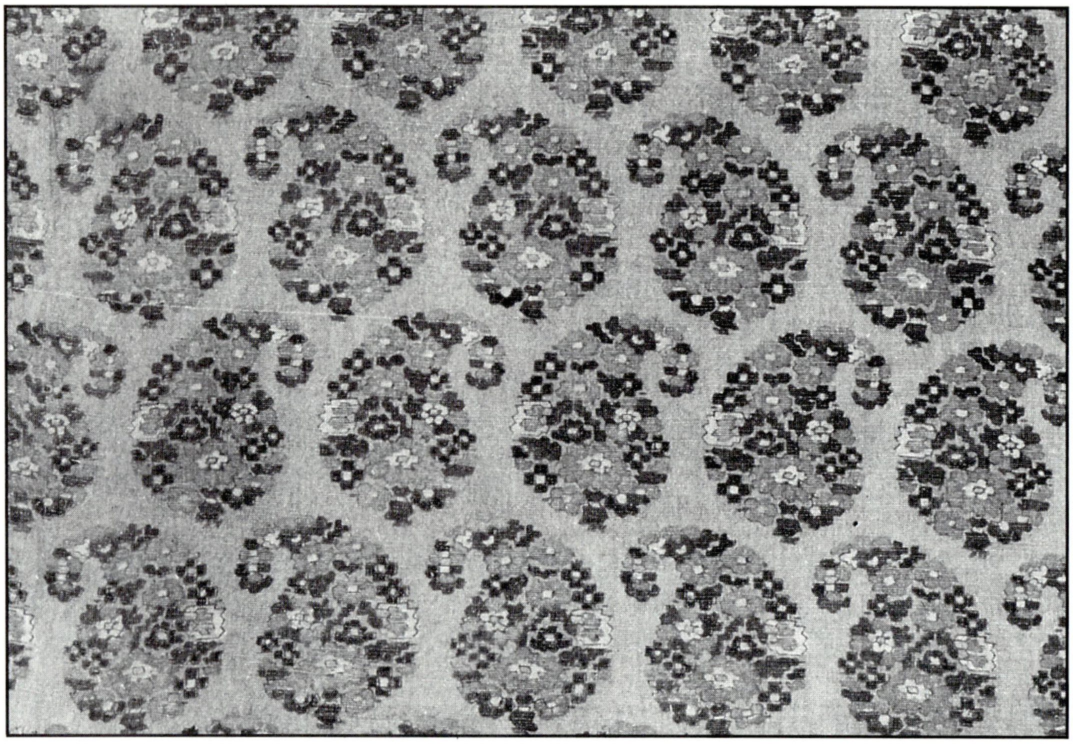

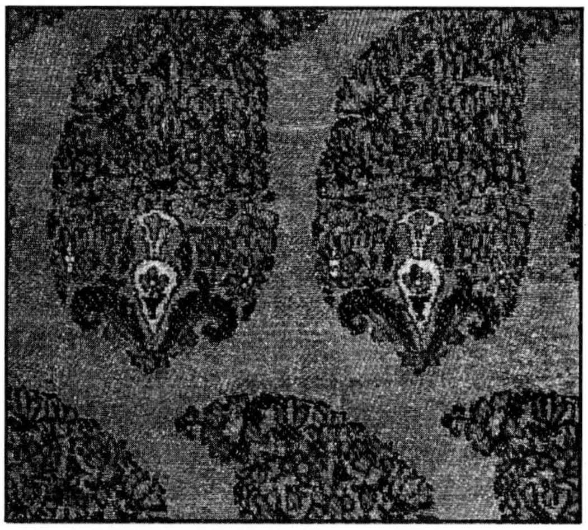

Abb. 237 *Aus einem vasenartigen Gefäß wachsende indische Palmetten, 17.–18. Jahrhundert (vgl. Kat. Nr. 244)* Kat. Nr. 245

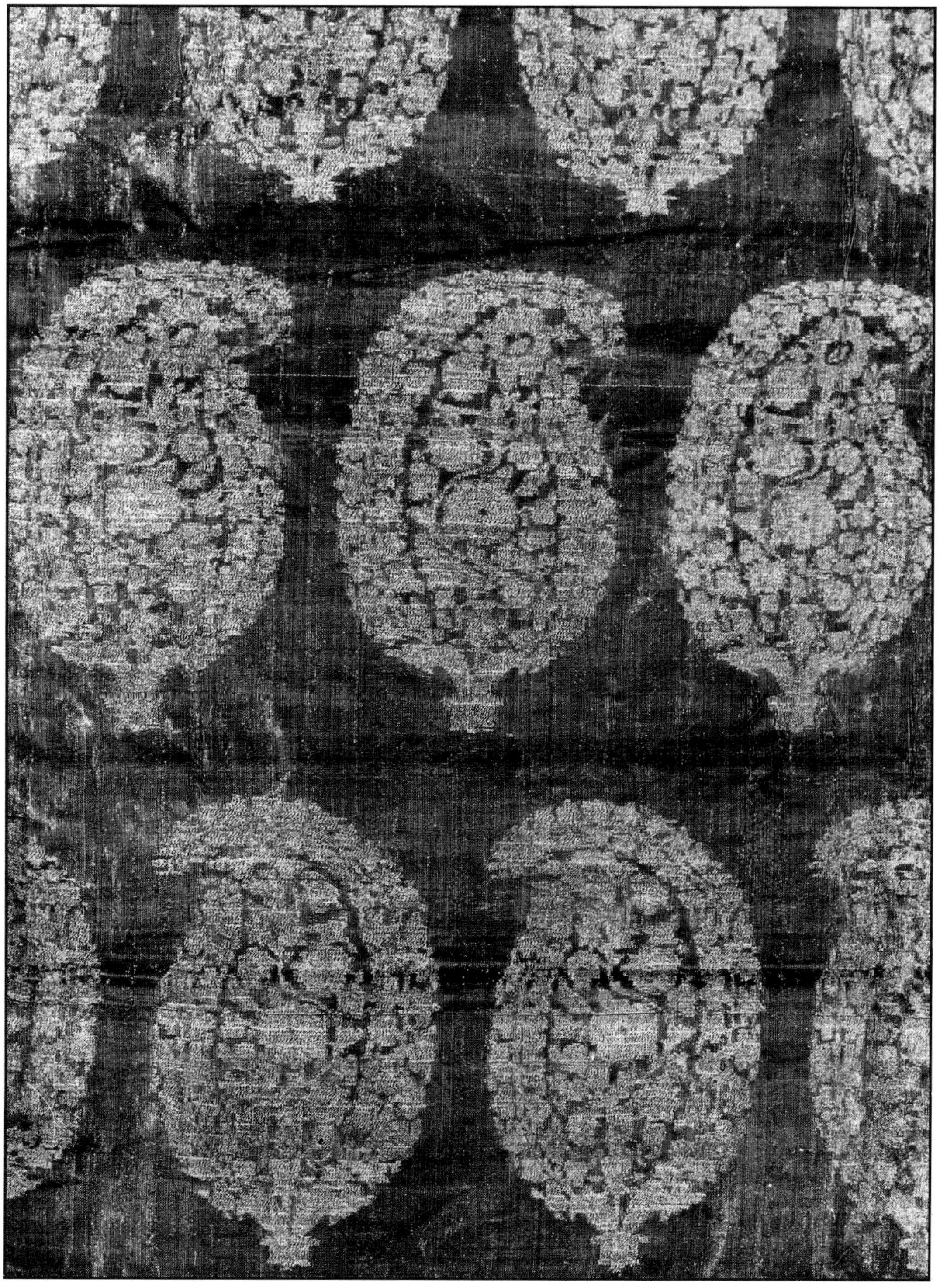

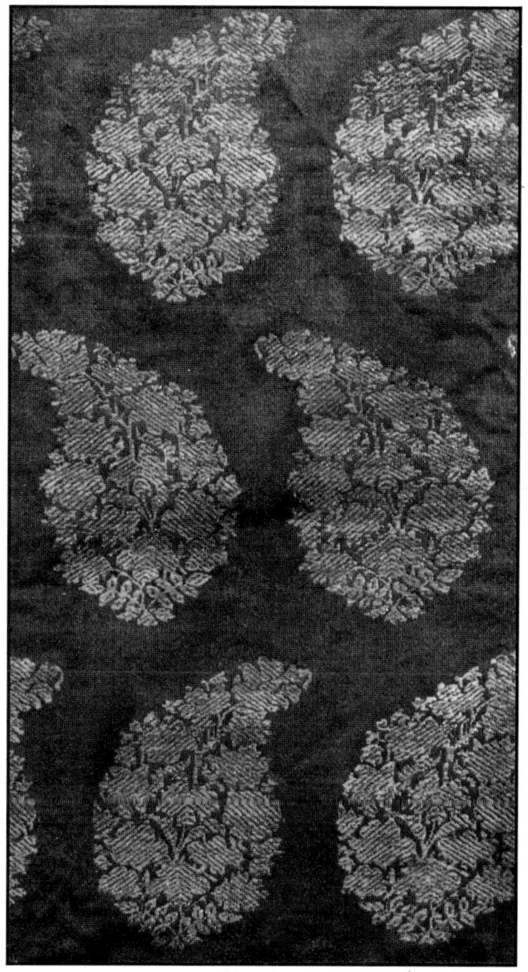

Abb. 238 *Indische Palmetten aus Blüten- und Blattranken, 17. Jahrhundert* Kat. Nr. 246

Abb. 239 *Indische Palmetten in flächiger Gestaltung, 17.–18. Jahrhundert* Kat. Nr. 243

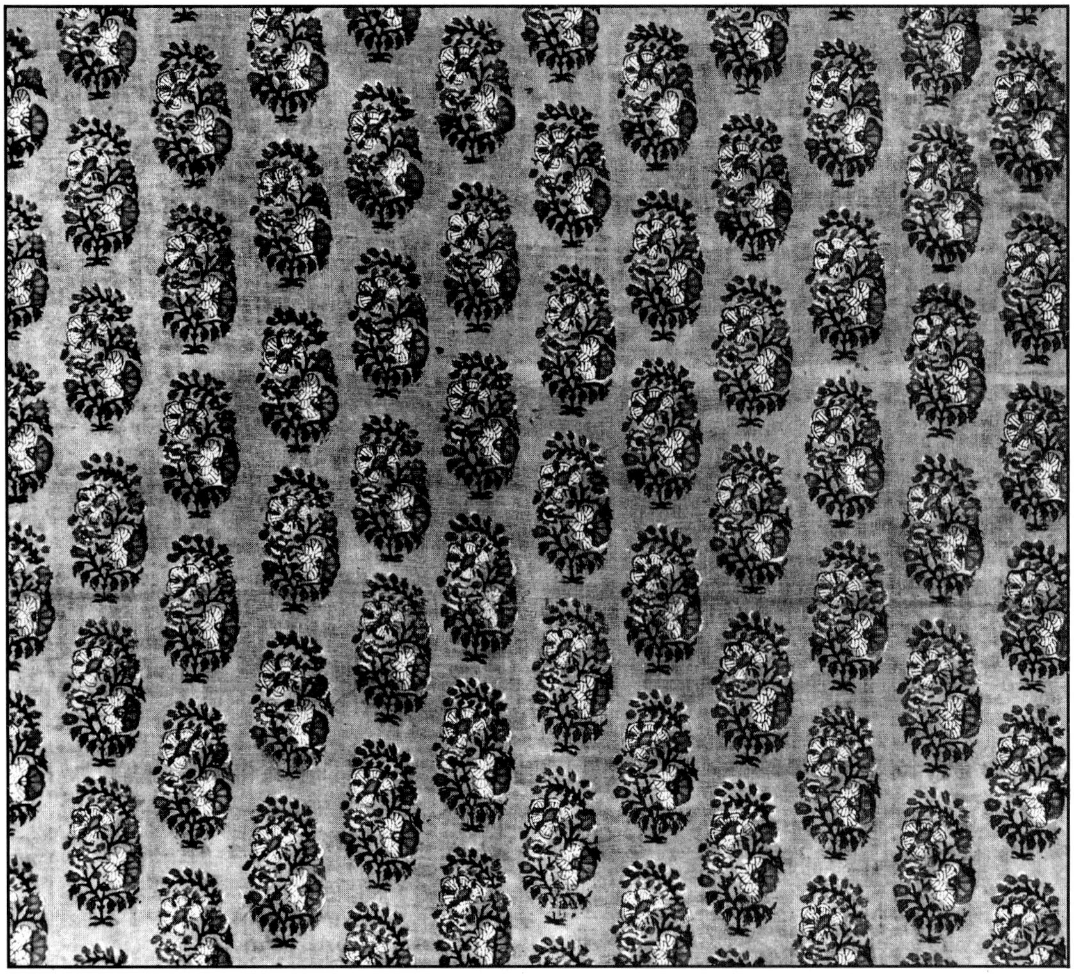

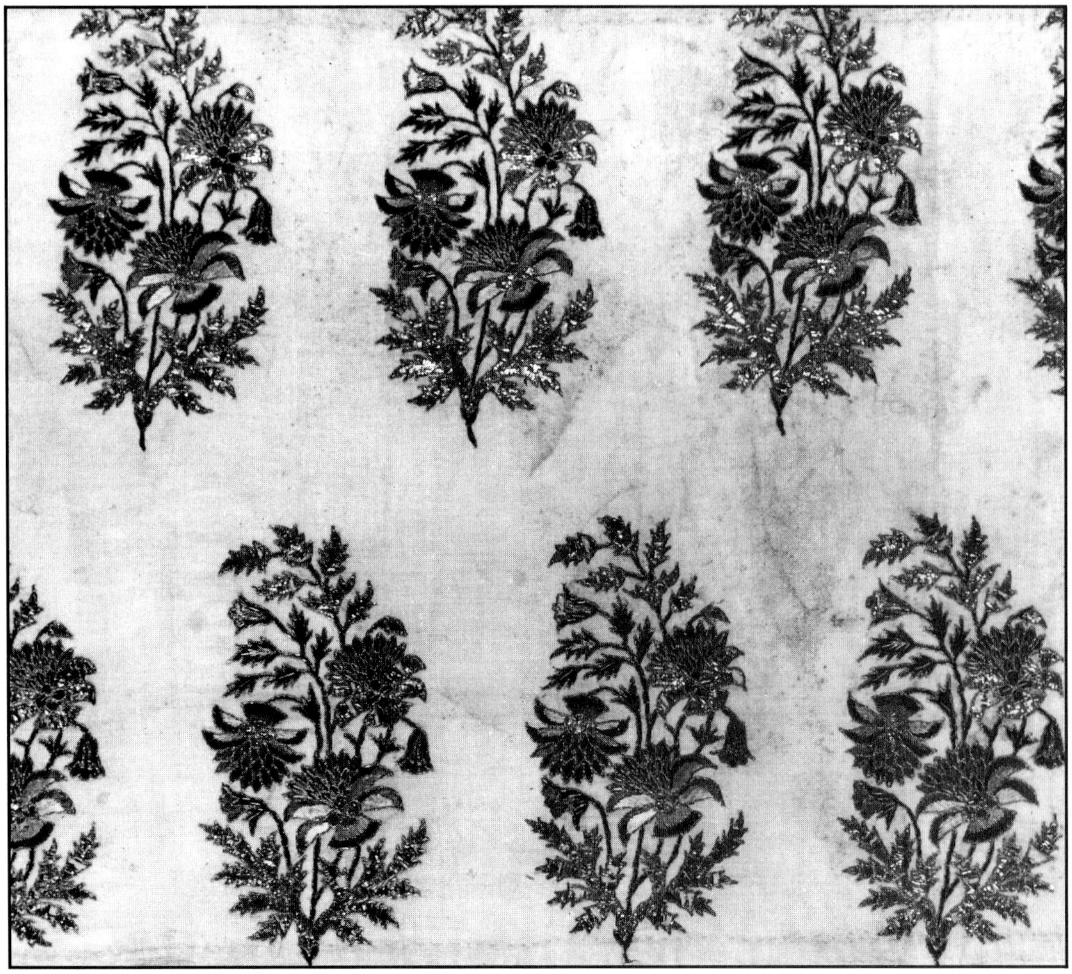

Abb. 240 *Gedruckte indische Palmetten, 18. bis 19. Jahrhundert* Kat. Nr. 248

Abb. 241 *Gestickte indische Palmetten, 18. Jahrhundert* Kat. Nr. 249

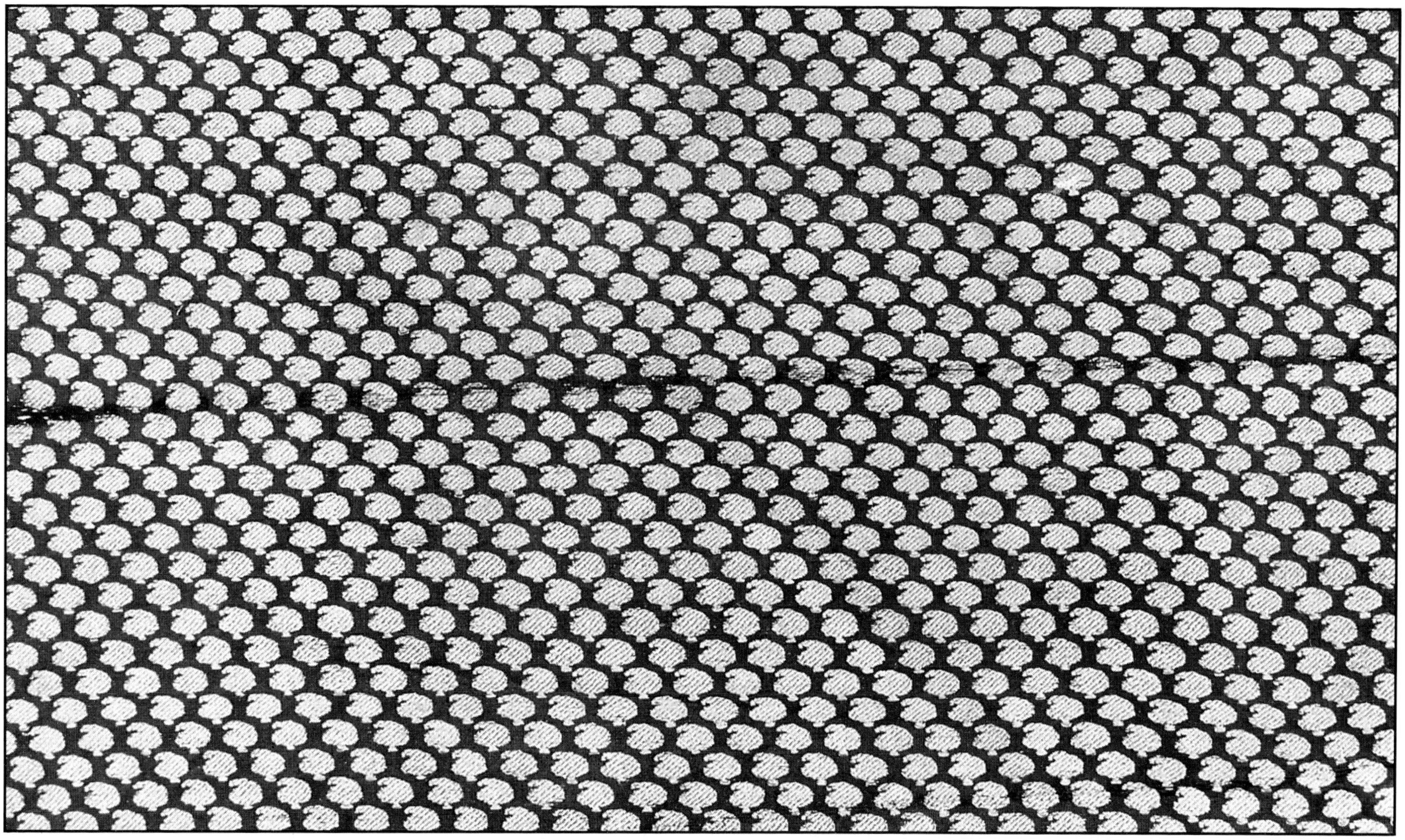

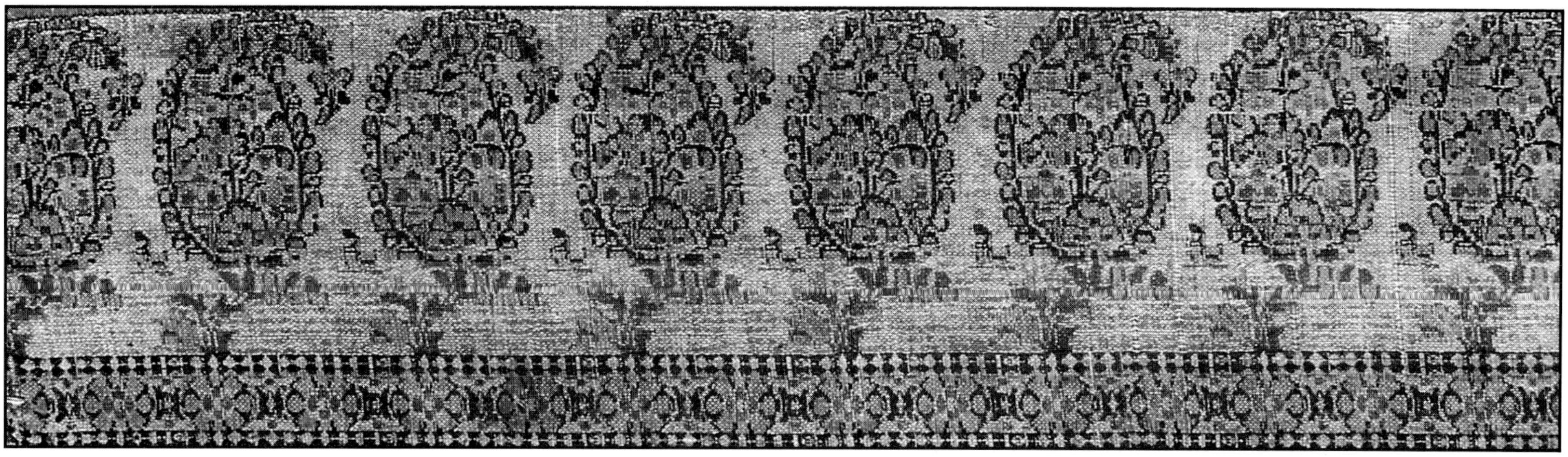

Abb. 242 Kleinteilige indische Palmetten, *18. bis 19. Jahrhundert* Kat. Nr. 250

Abb. 243 *Aus Blütenranken wachsende indische Palmetten, 17.–18. Jahrhundert* Kat. Nr. 252

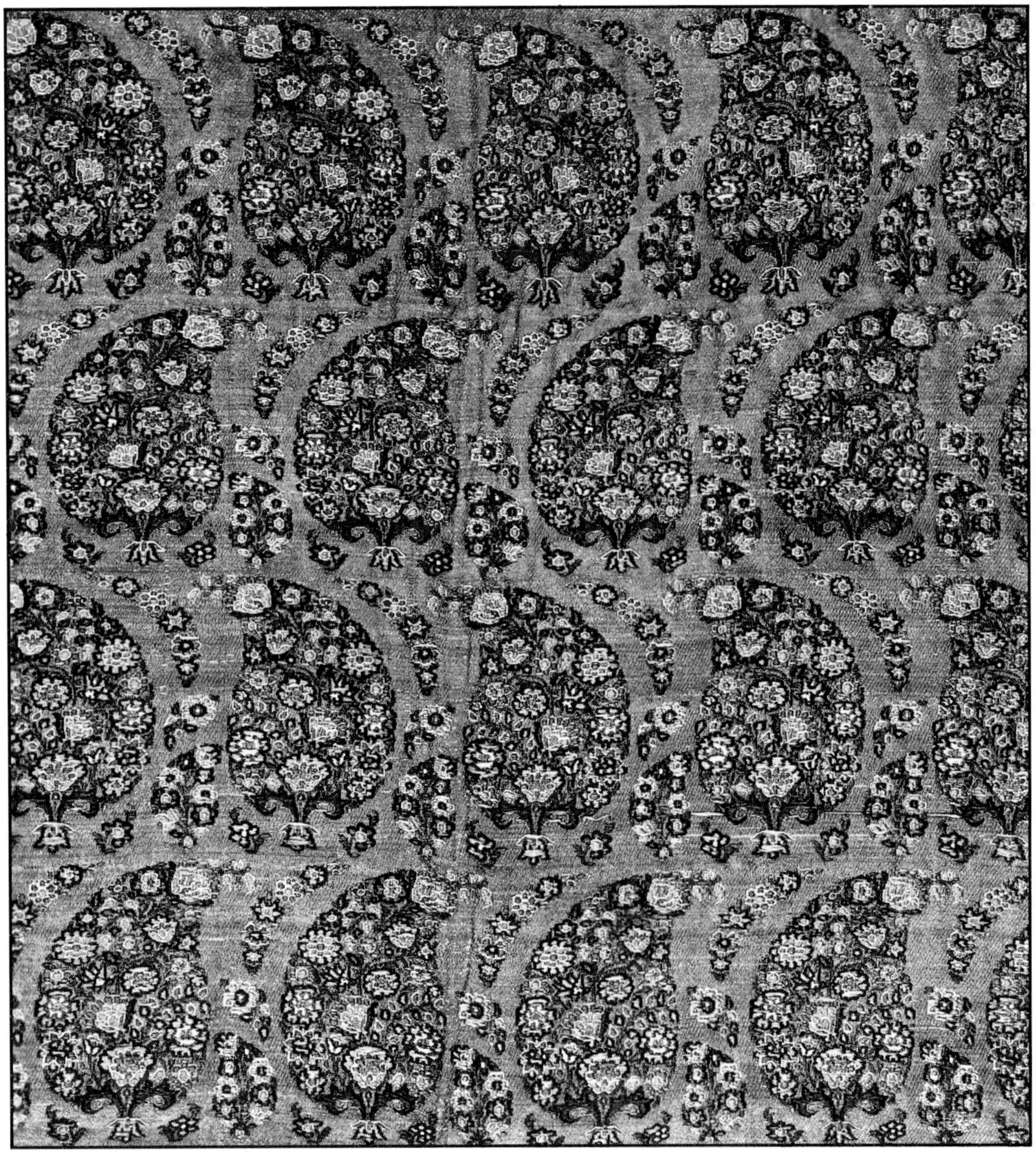

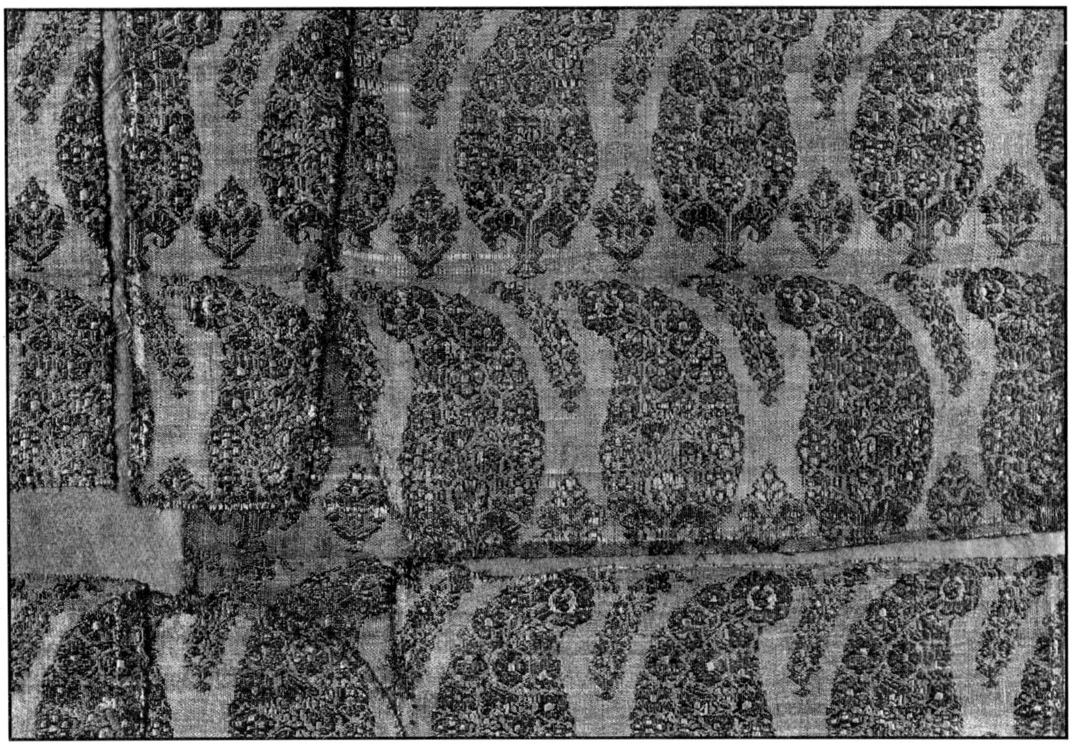

Abb. 244 *Indische Palmetten unterschiedlicher Größe, 17. Jahrhundert* Kat. Nr. 253

Abb. 245 *Indische Palmetten und Blütenstauden, 17.–18. Jahrhundert* Kat. Nr. 257

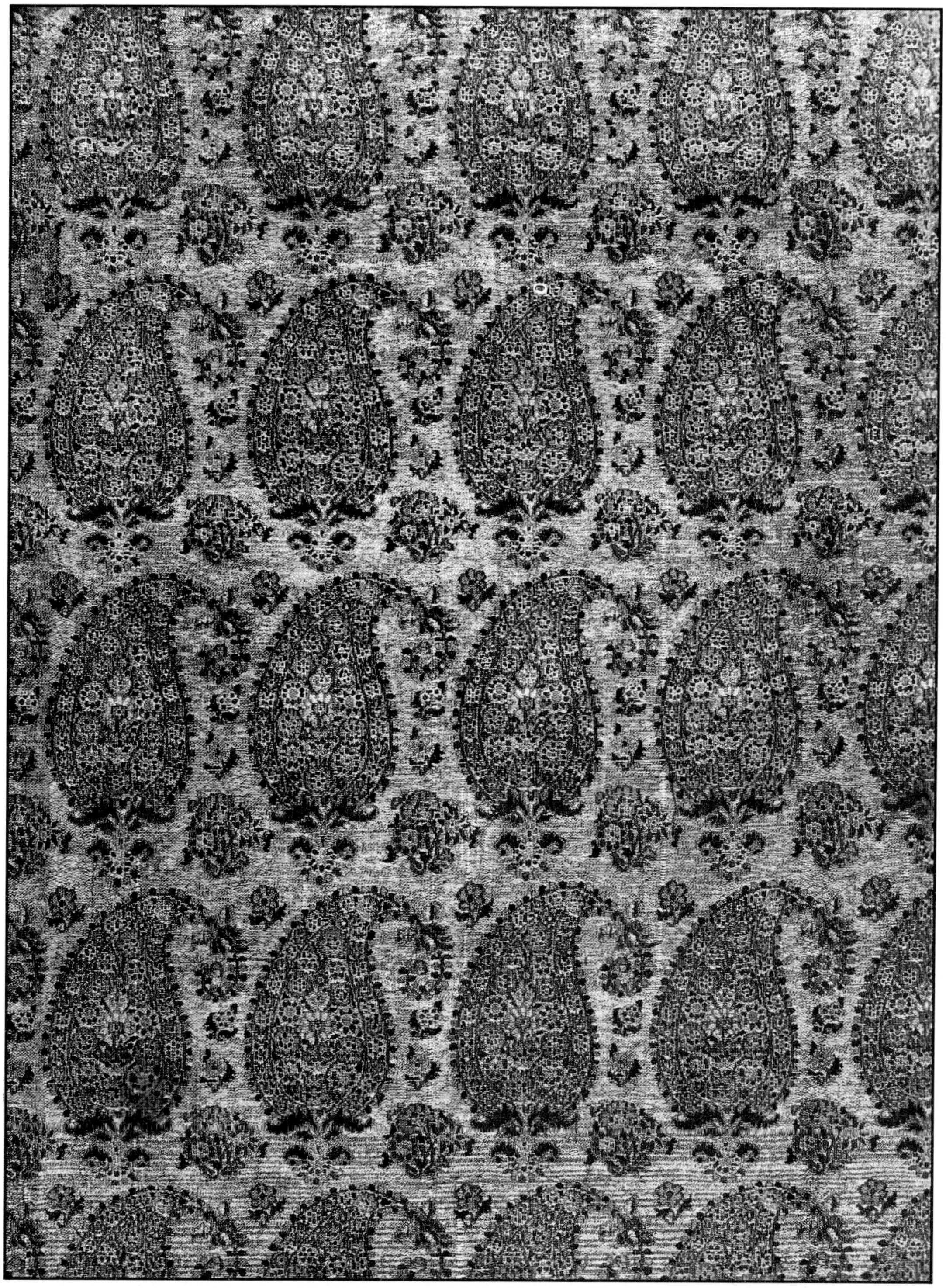

Abb. 246 *Indische Palmetten und verschiedene Blütenmotive, 17.–18. Jahrhundert* Kat. Nr. 256

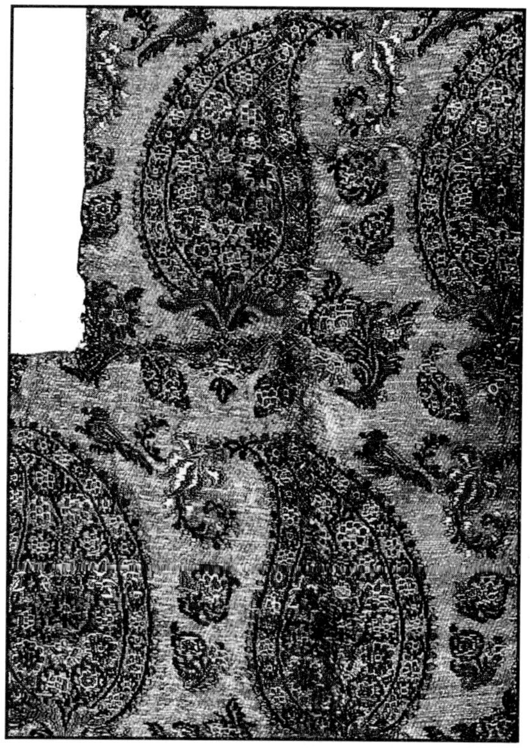

Abb. 247 *Kleine Vögel zwischen indischen Palmetten, 17. Jahrhundert* Kat. Nr. 254

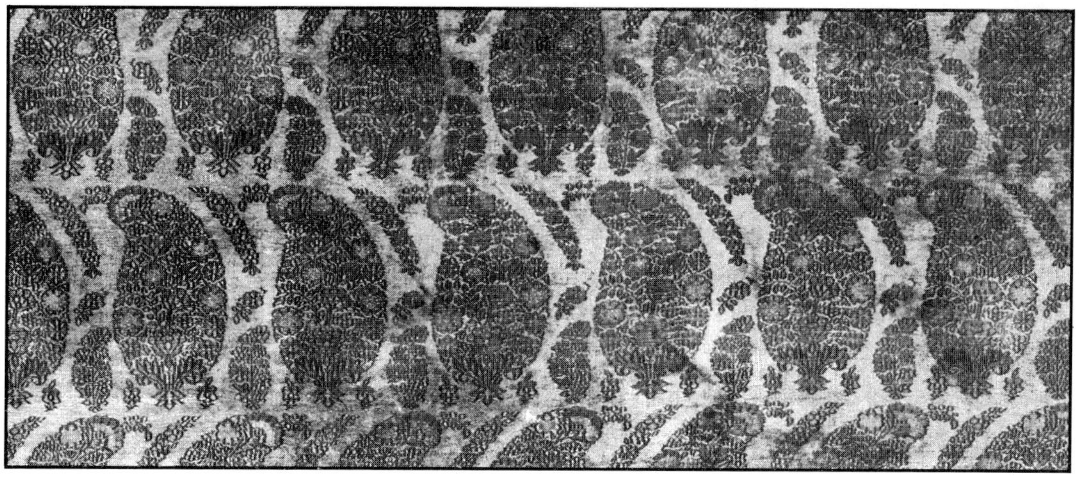

Abb. 248 *Indische Palmetten aus kleinen Einzelblüten in dichter Flächenfüllung, 17.–18. Jahrhundert (vgl. Kat. Nr. 260)* Kat. Nr. 259

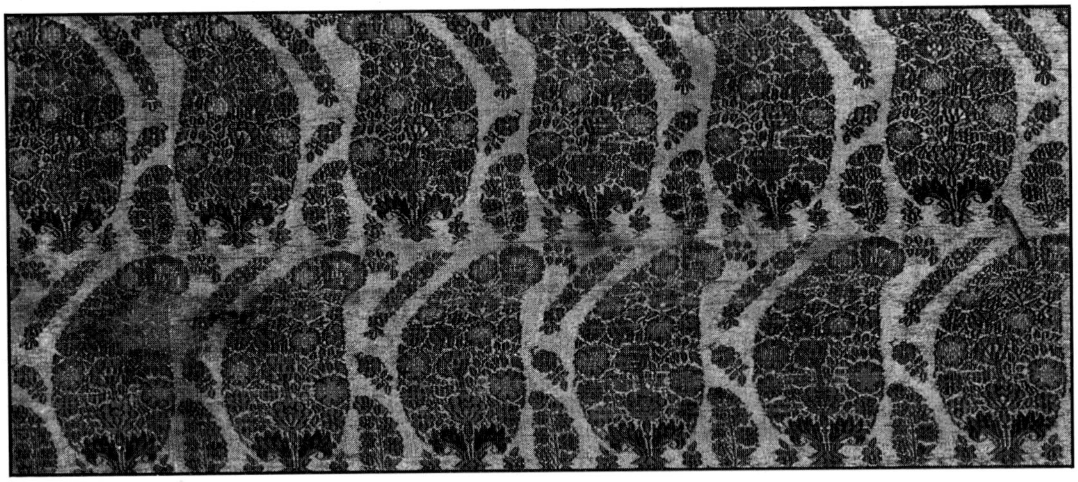

Abb. 249 *Indische Palmetten aus kleinen Einzelblüten in dichter Flächenfüllung, 17.–18. Jahrhundert (vgl. Kat. Nr. 259)* Kat. Nr. 260

Abb. 250 *Indische Palmetten mit Vogelmotiv, 17.–18. Jahrhundert* Kat. Nr. 265

gegenüberliegende Seite:
Abb. 251 *Indische Palmetten im Rankensystem, Anfang 18. Jahrhundert* Kat. Nr. 267

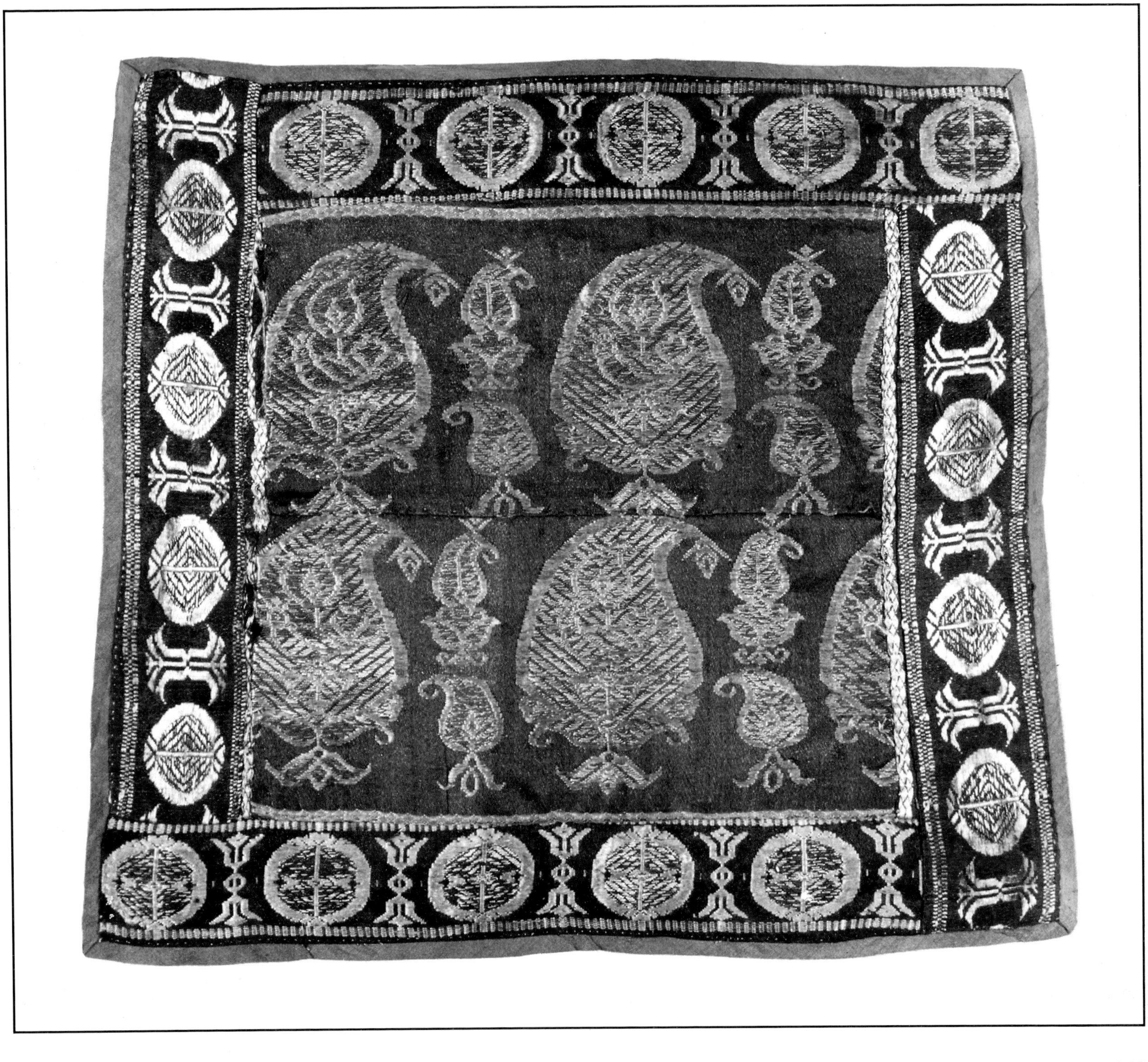

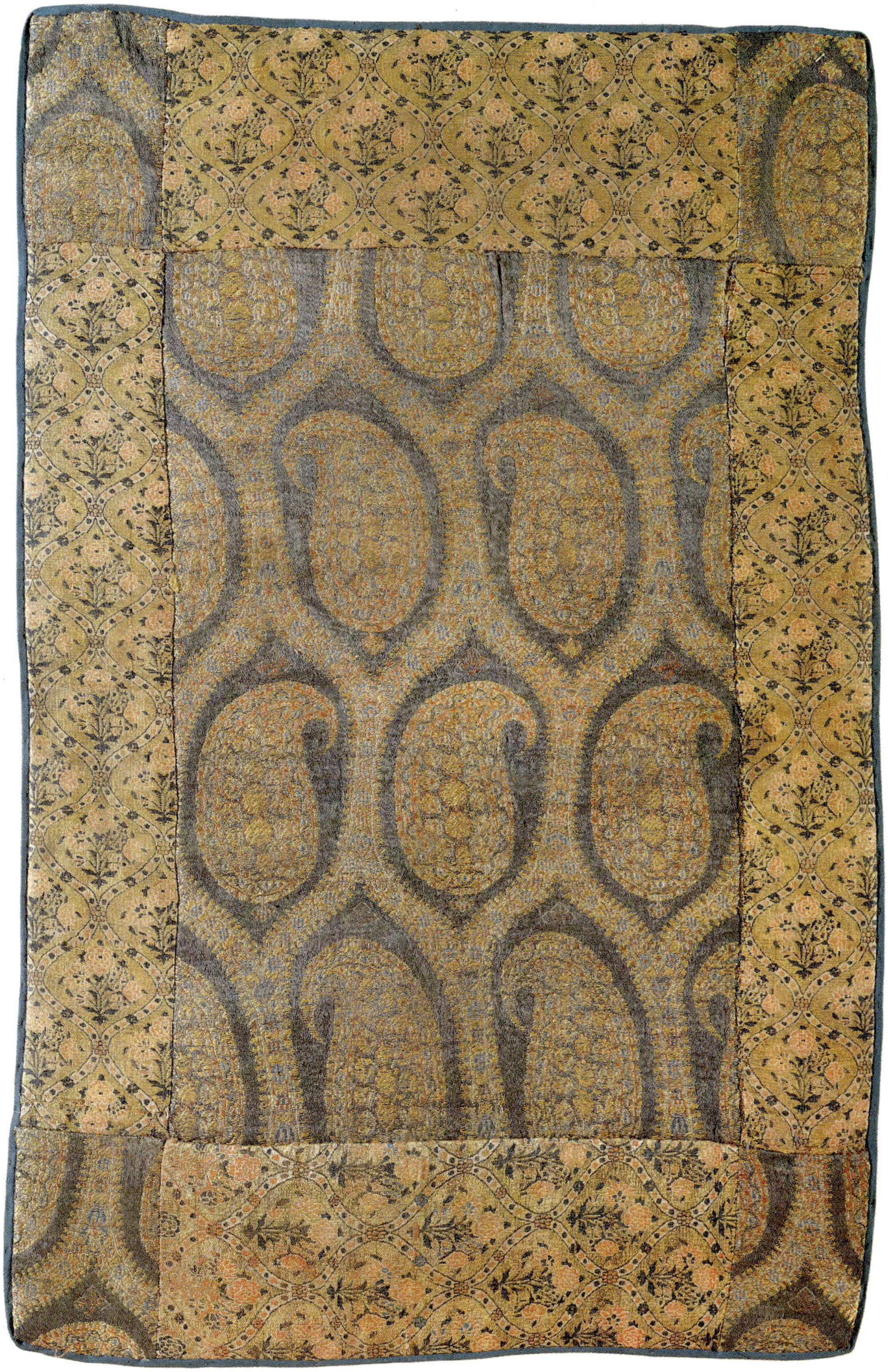

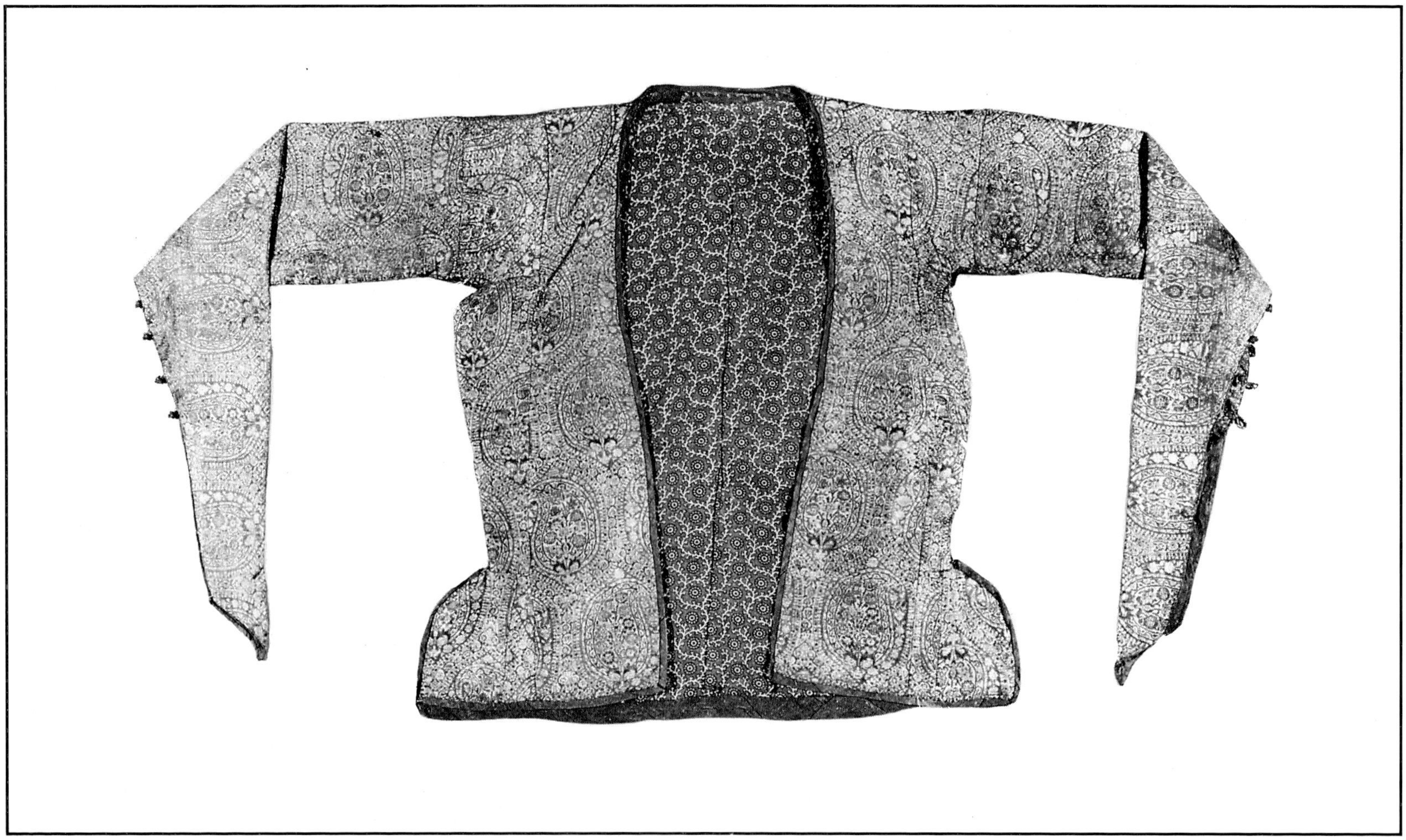

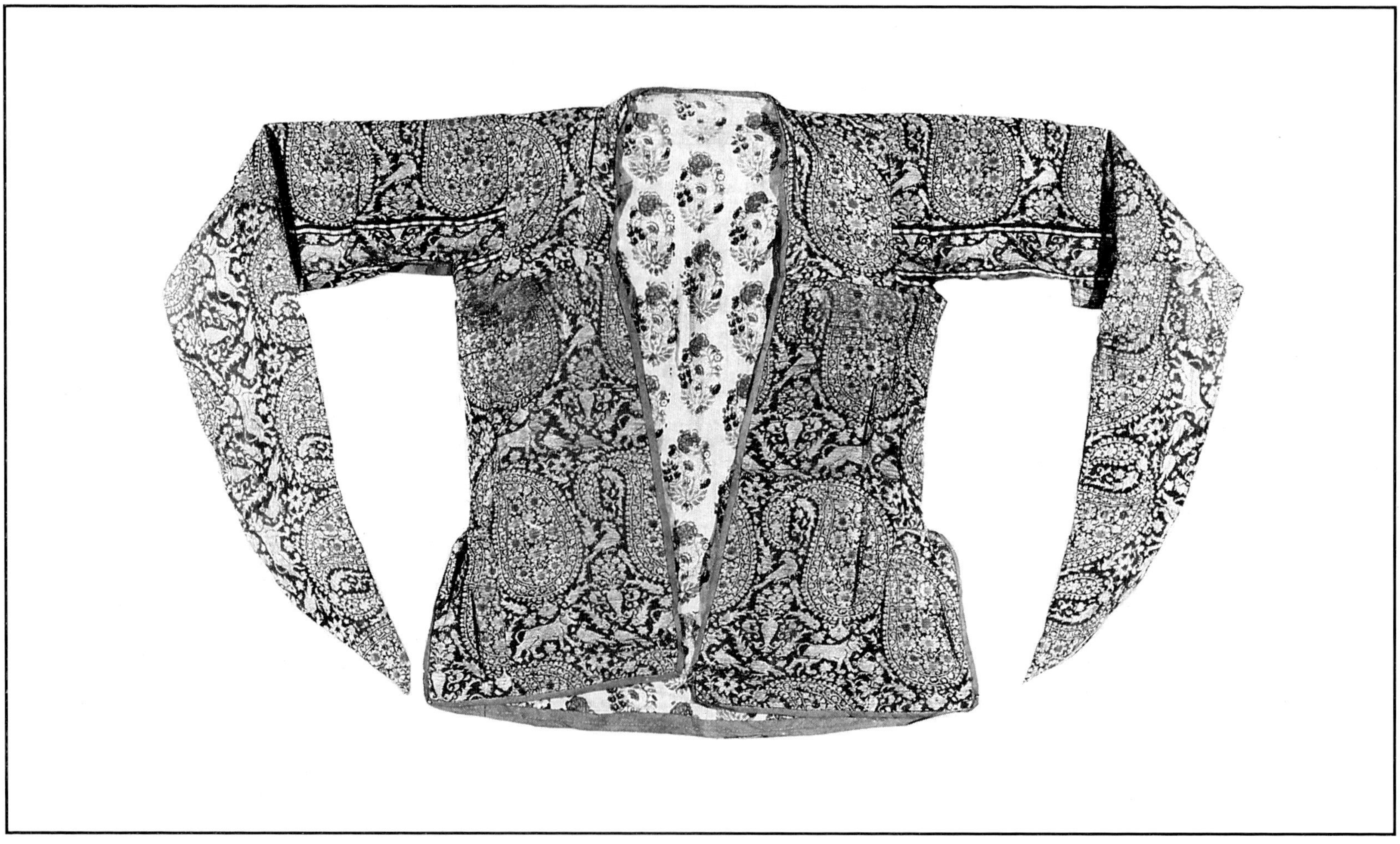

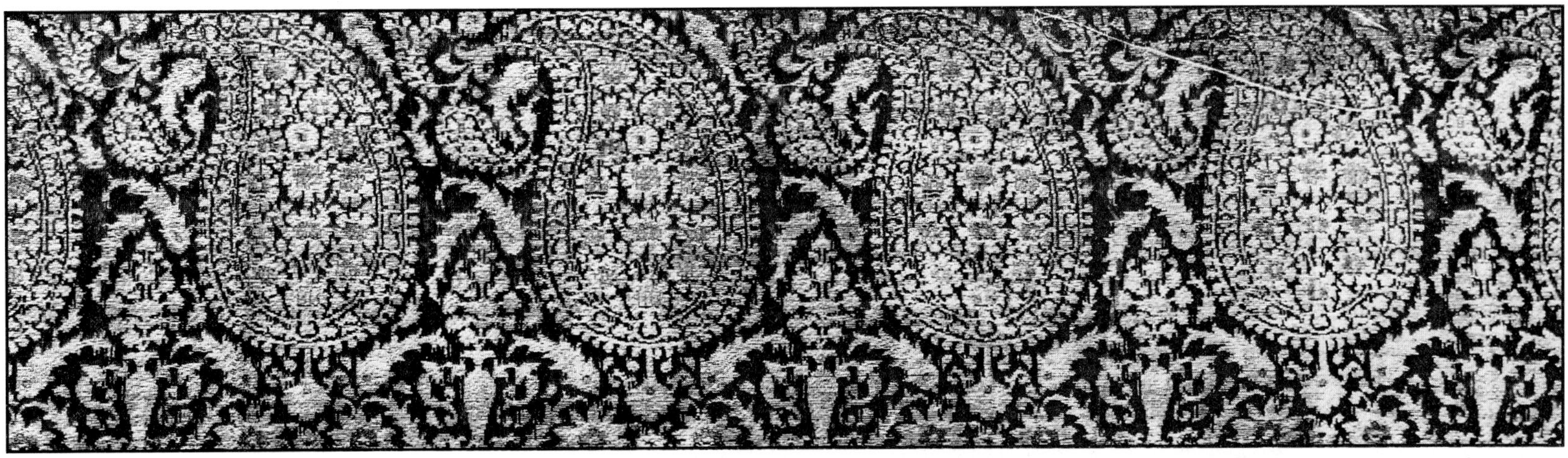

Abb. 254 *Indische Palmetten und verschiedene Tierfiguren, 17.–18. Jahrhundert (vgl. Kat. Nr. 270 und 271)* Kat. Nr. 272

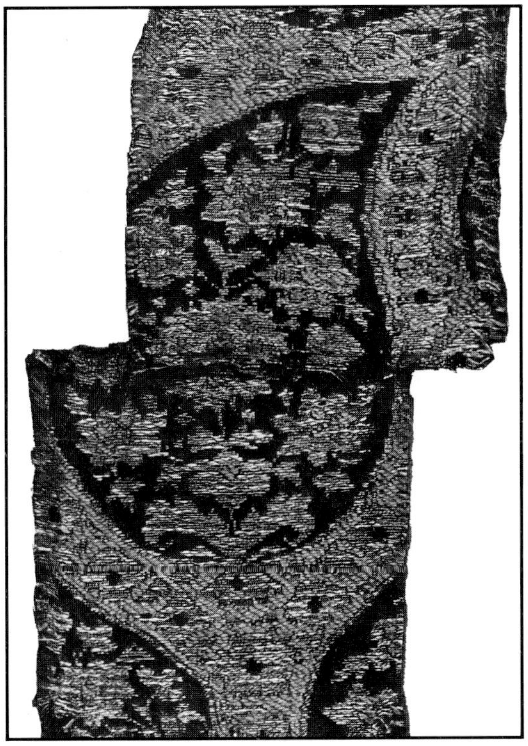

Abb. 255 *Indische Palmetten und Blütenband, 17.–18. Jahrhundert* Kat. Nr. 268

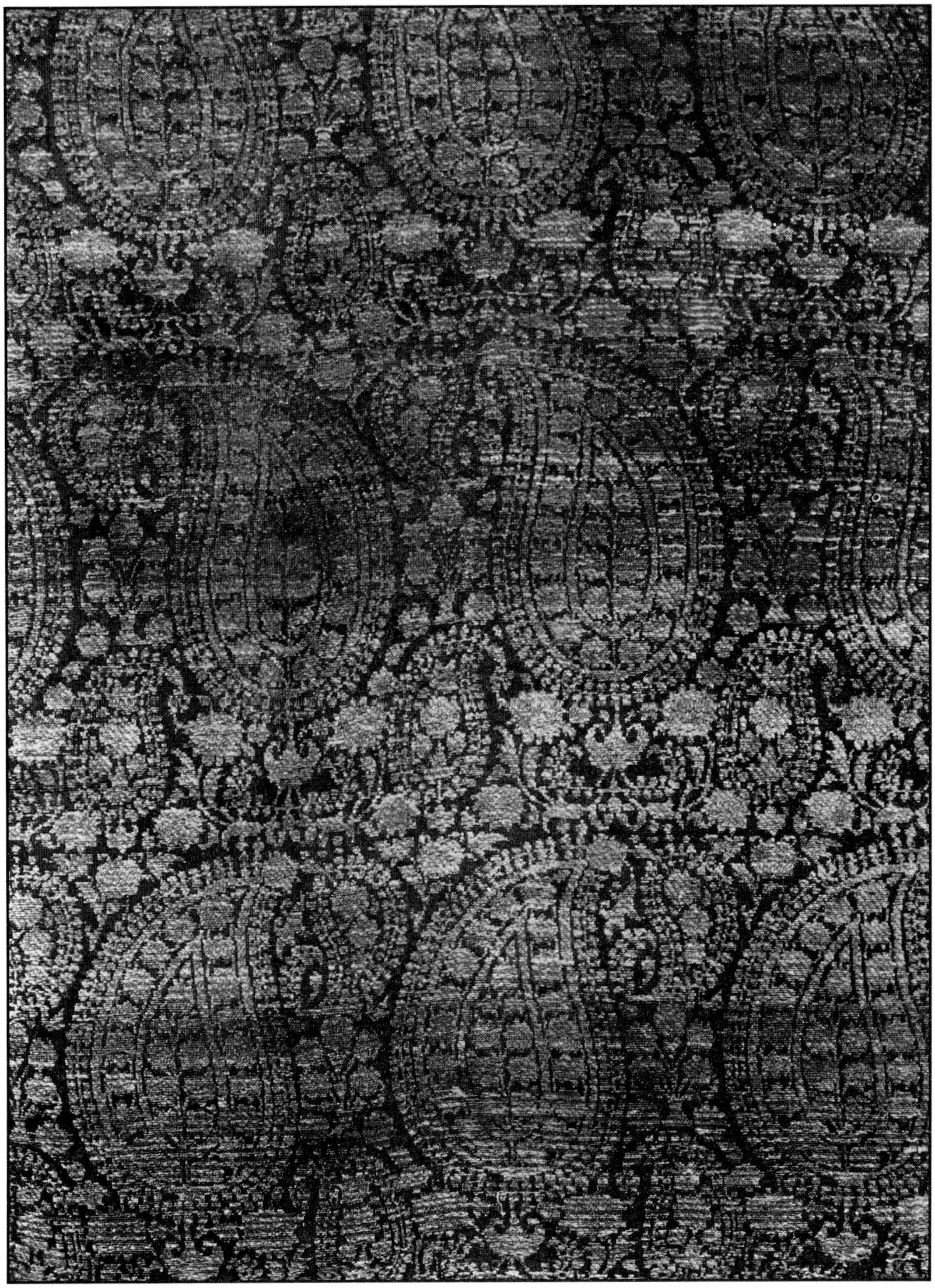

Abb. 256 *Indische Palmetten vor dichter Blütenbedeckung, 17.–18. Jahrhundert* Kat. Nr. 274

gegenüberliegende Seite:
Abb. 252 *Blütenrankenumschlossene indische Palmetten, 17.–18. Jahrhundert* Kat. Nr. 269

Abb. 253 *Indische Palmetten und verschiedene Tierfiguren, 17.–18. Jahrhundert (vgl. Kat. Nr. 271; 272 und 290)* Kat. Nr. 270

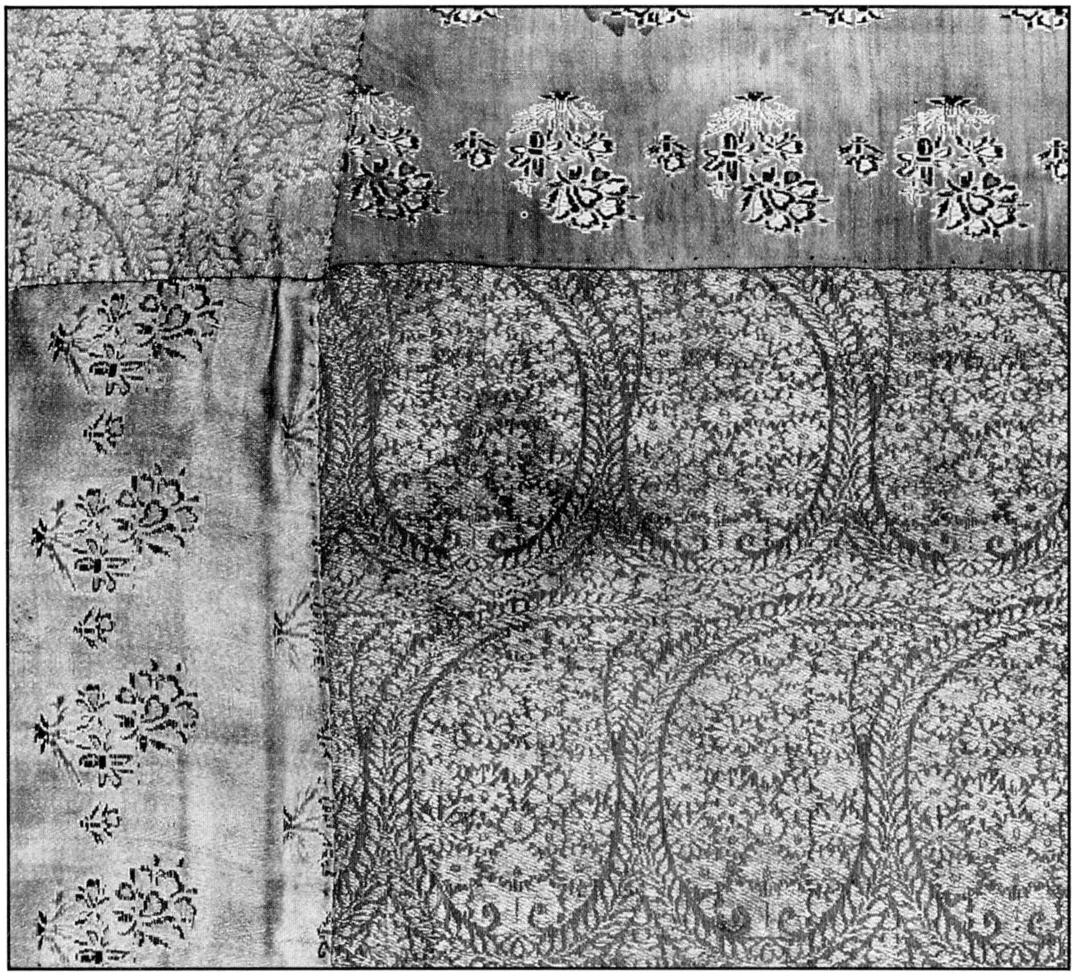

Abb. 257 *Indische Palmetten mit dichter Blütenbedeckung, 17.–18. Jahrhundert* Kat. Nr. 273

Abb. 258 *1. Blütenranke mit verschiedenen Tiermotiven, 18. Jahrhundert (vgl. Kat. Nr. 277)* Kat. Nr. 276
2. Blütenranke mit verschiedenen Tiermotiven, 18. Jahrhundert (vgl. Kat. Nr. 276) Kat. Nr. 277
3. Nelken- und Schwertlilienzweig mit Vogel, 17. Jahrhundert Kat. Nr. 283

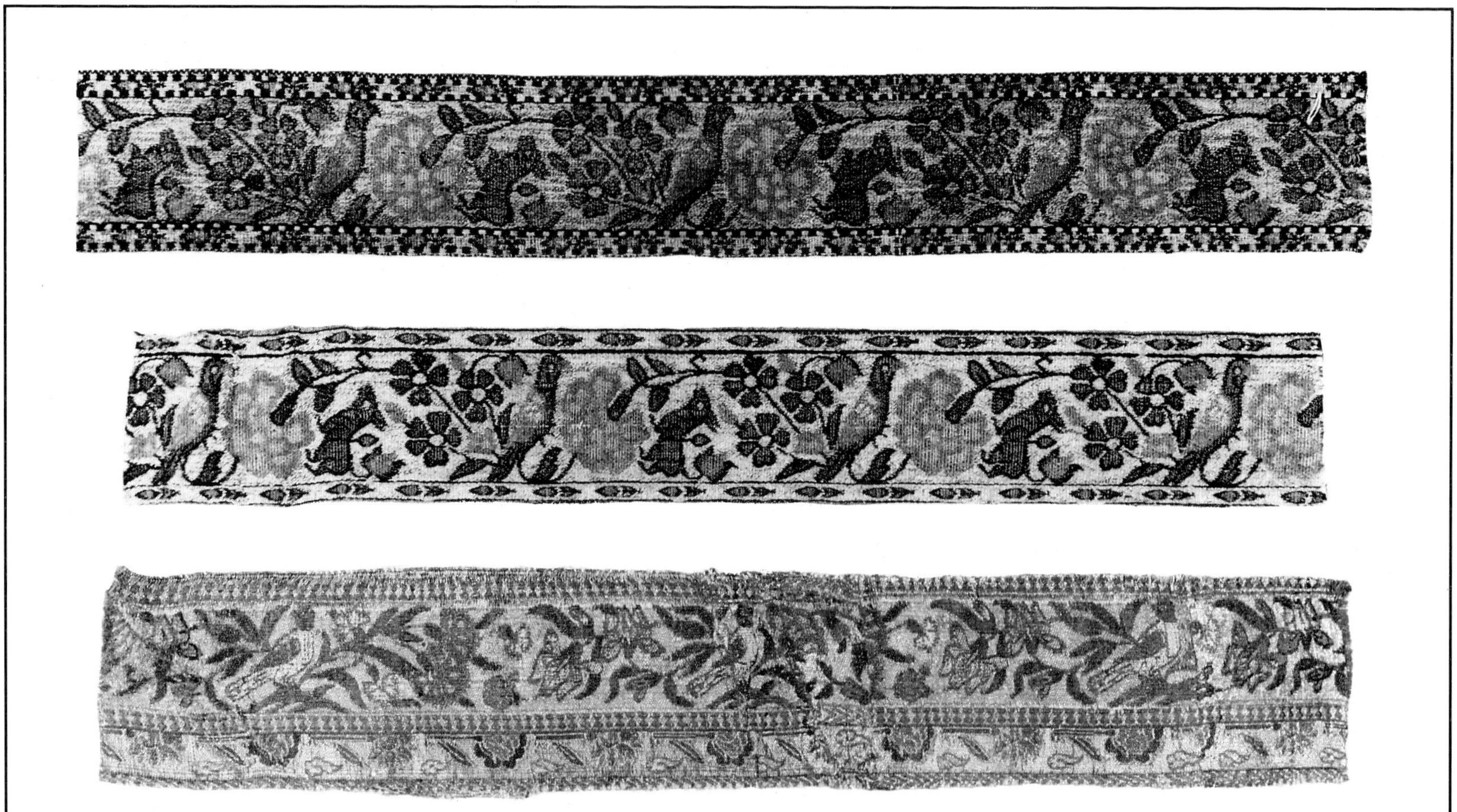

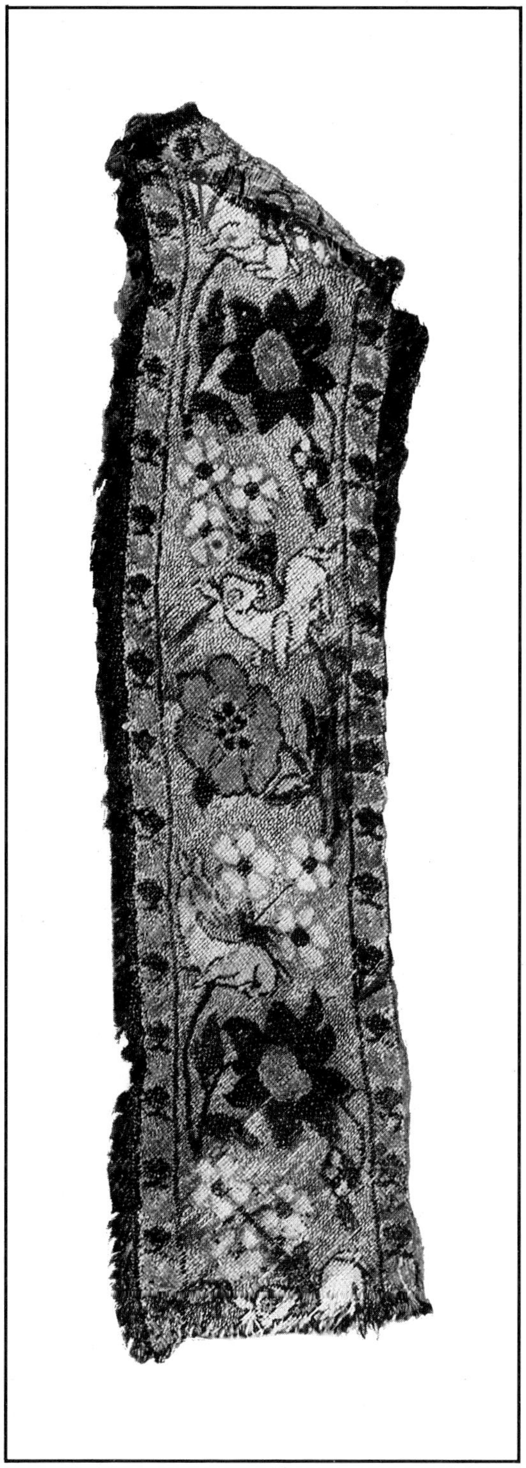

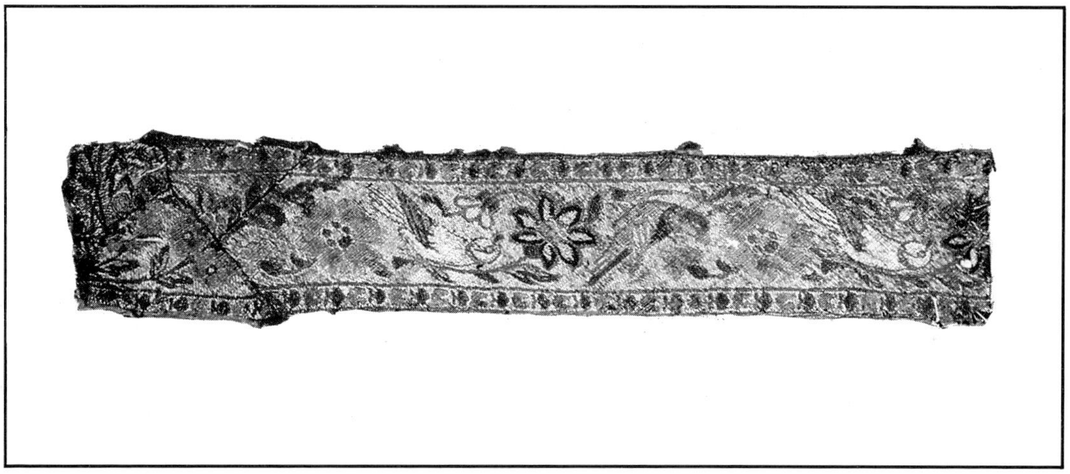

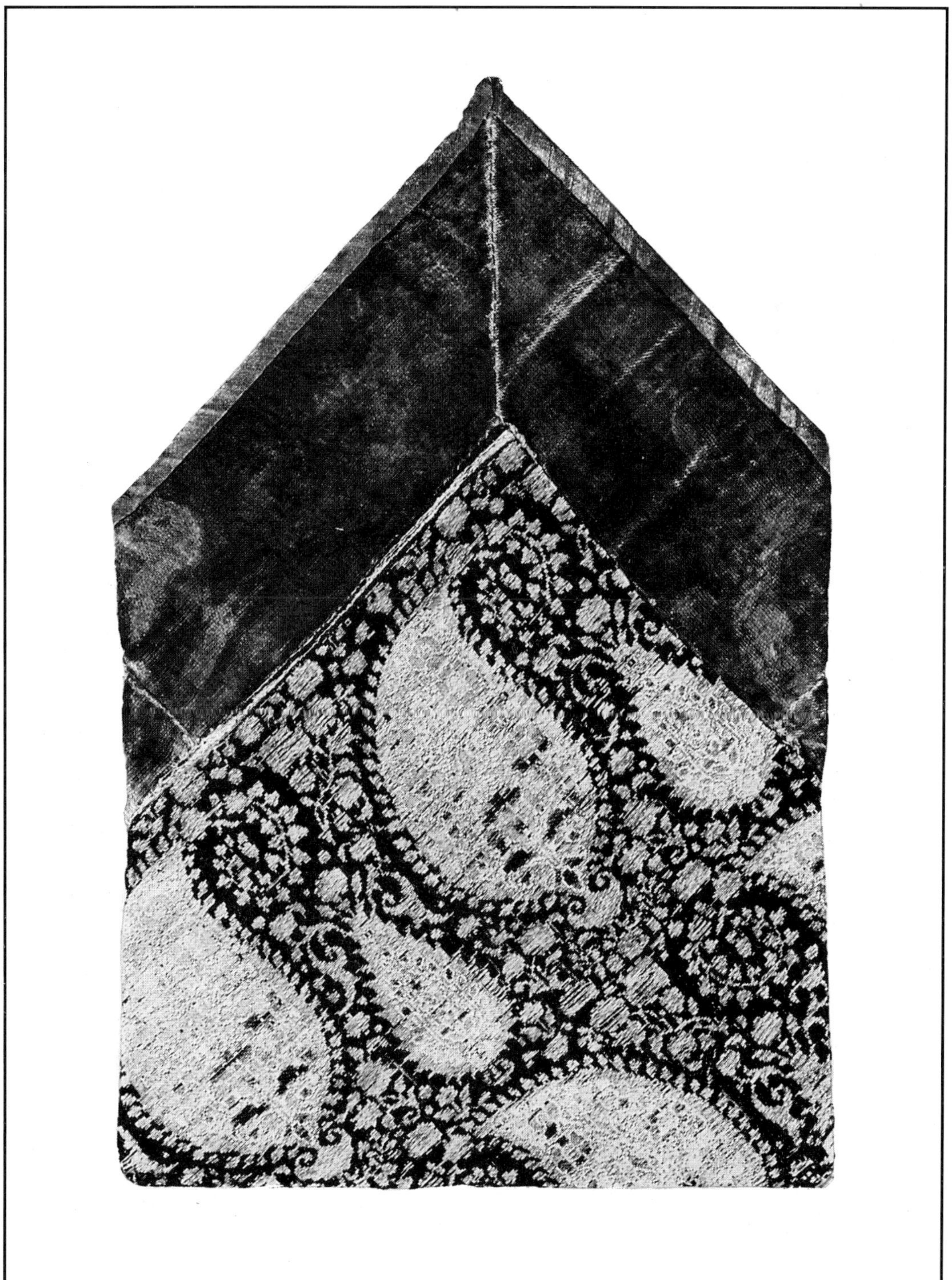

Abb. 259 *Blütenranken mit Tierfiguren, 17. Jahrhundert (vgl. Kat. Nr. 282)* Kat. Nr. 281

Abb. 260 *Blütenranke mit Vogel, 17. Jahrhundert (vgl. Kat. Nr. 284)* Kat. Nr. 285

Abb. 261 *Indische Palmetten und zarte Blütenranken, 17.–18. Jahrhundert* Kat. Nr. 275

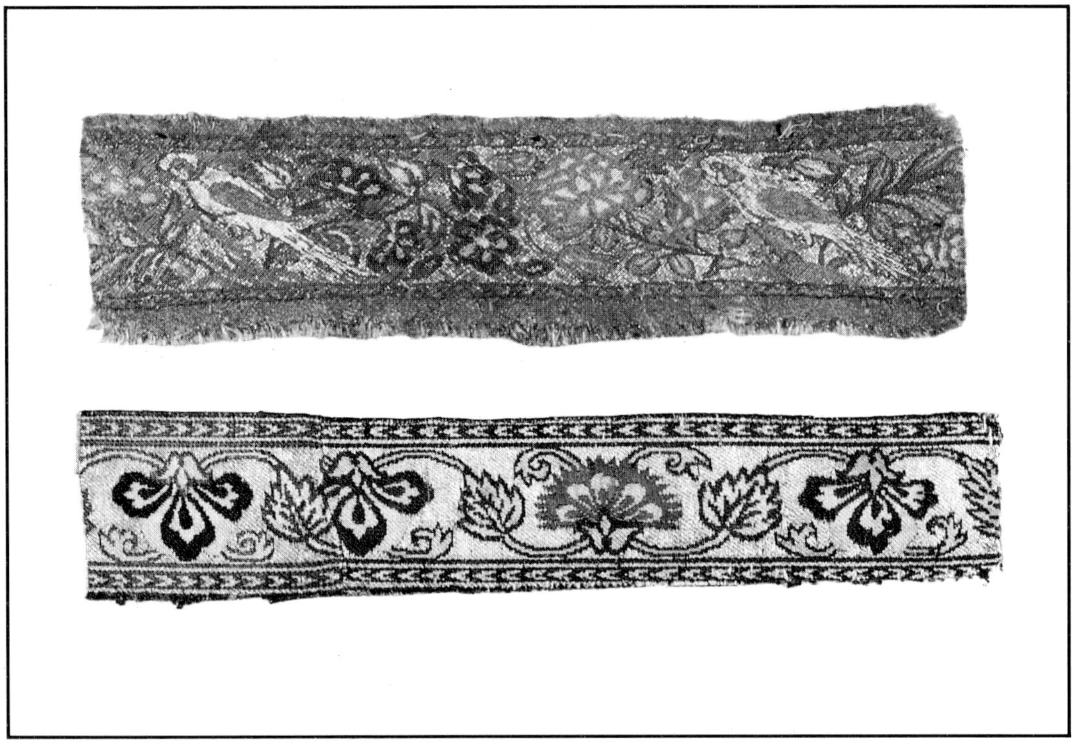

Abb. 262 *1. Papagei in Blütenranke, 17. Jahrhundert* Kat. Nr. 286
2. Stilisierte Blütenranke, 1. Hälfte 17. Jahrhundert (vgl. Kat. Nr. 33) Kat. Nr. 291

Abb. 263 *1. Papagei in Blütenranke, 17. Jahrhundert* Kat. Nr. 287
2. Papagei und Blütenstauden, 17. Jahrhundert Kat. Nr. 288
3. Vogel in Blütenranke, 17. Jahrhundert Kat. Nr. 289
4. Tierfries, 17.–18. Jahrhundert (vgl. Kat. Nr. 270, 271 und 272) Kat. Nr. 290

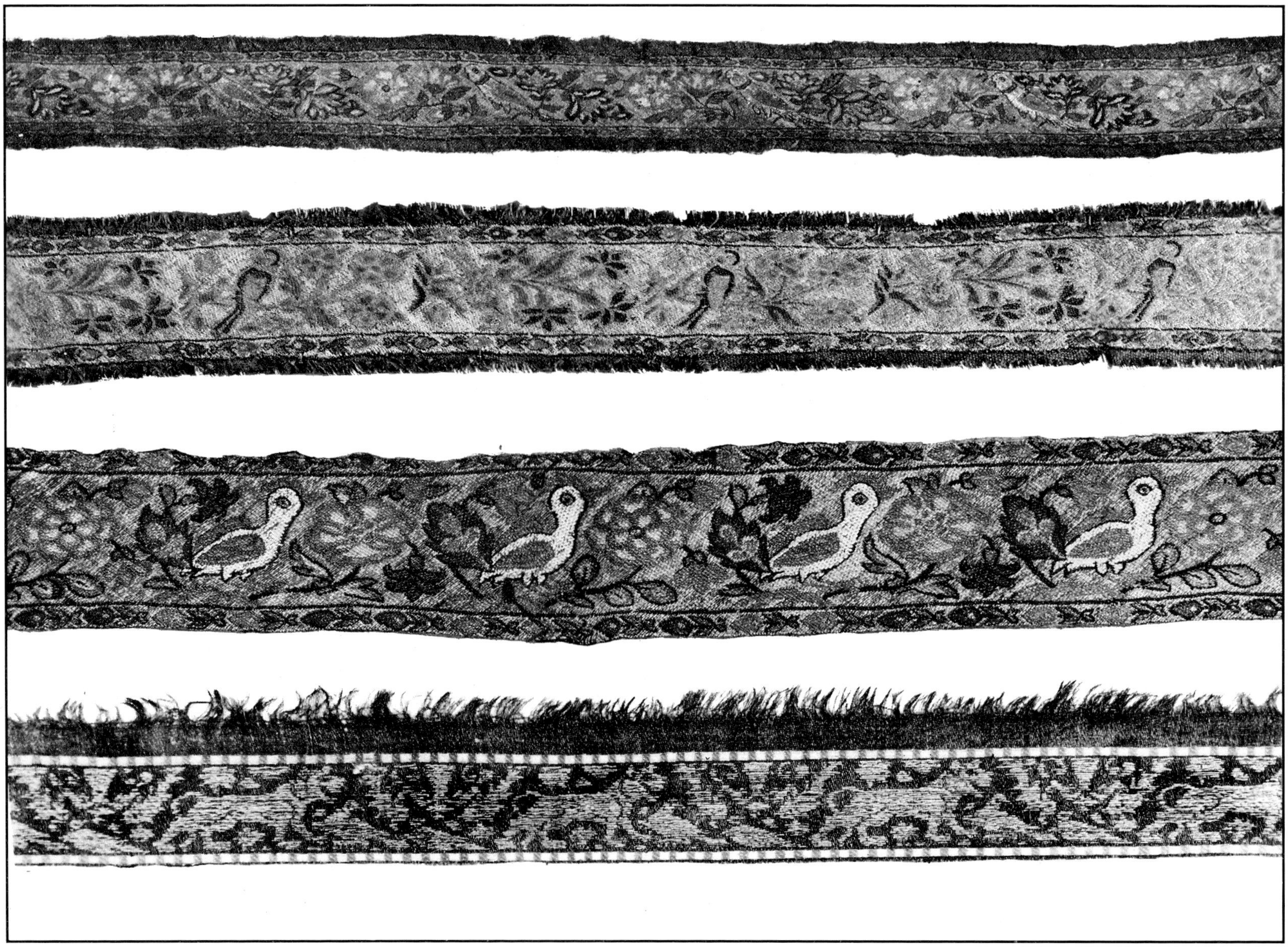

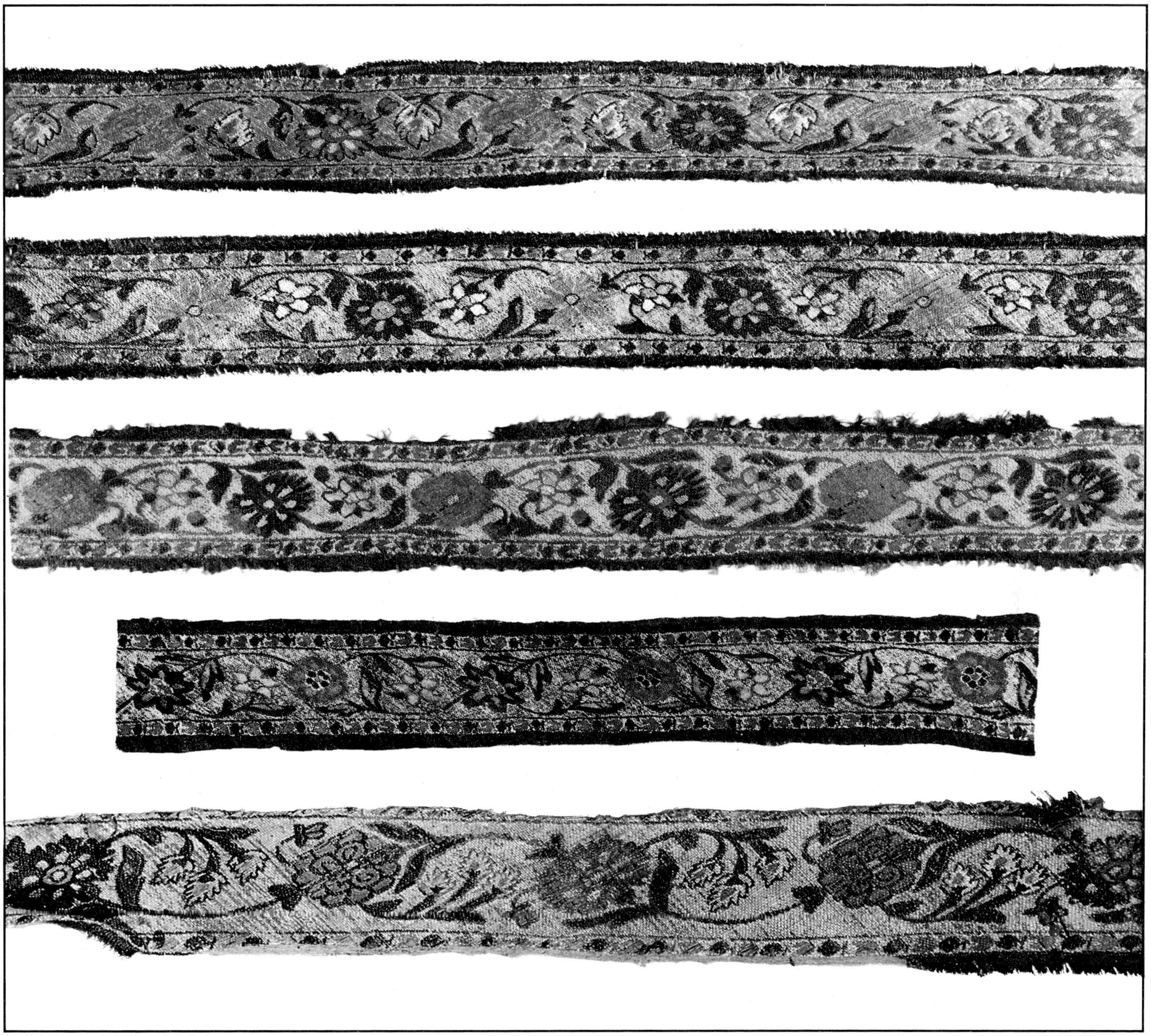

Abb. 264 *1. Geschwungene Blütenranke, 17. Jahrhundert* Kat. Nr. 296
2. Geschwungene Blütenranke, 17. Jahrhundert Kat. Nr. 297
3. Geschwungene Blütenranke, 17. Jahrhundert Kat. Nr. 298
4. Geschwungene Blütenranke, 17. Jahrhundert Kat. Nr. 299
5. Geschwungene Blütenranke, 17. Jahrhundert Kat. Nr. 301

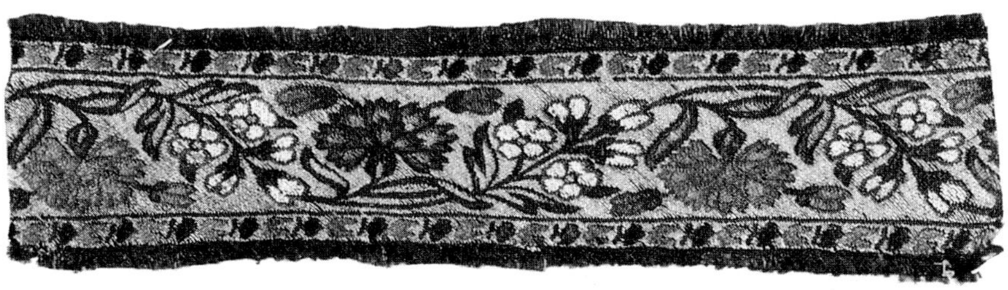

Abb. 265 *Geschwungene Blütenranke, 17. Jahrhundert* Kat. Nr. 300

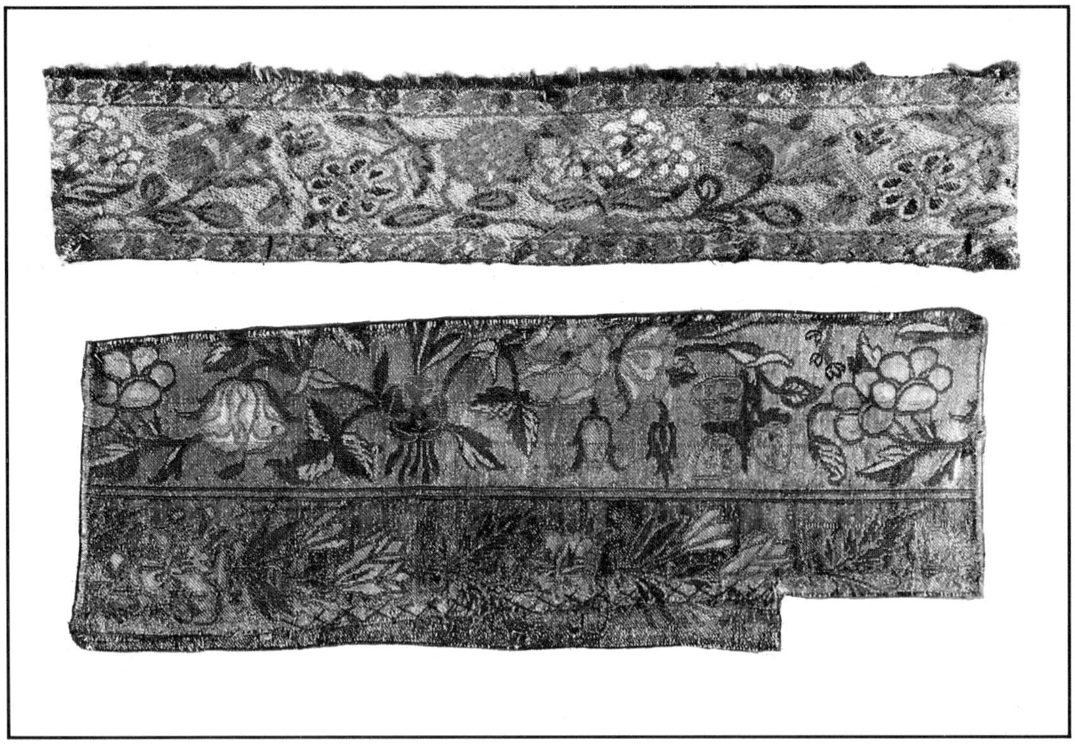

Abb. 266 *1. Geschwungene Blütenranke, 17. Jahrhundert* Kat. Nr. 302
2. Musterstreifen mit Blütenranken, 17.–18. Jahrhundert Kat. Nr. 304

Abb. 267 *1. Blütenzweige aus Bergmotiv wachsend, 17. Jahrhundert* Kat. Nr. 303
2. Geschwungene Blütenranke, 17.–18. Jahrhundert Kat. Nr. 305
3. Geschwungene Blütenranke, 17.–18. Jahrhundert Kat. Nr. 306
4. Geschwungene Blütenranke, 17.–18. Jahrhundert Kat. Nr. 309

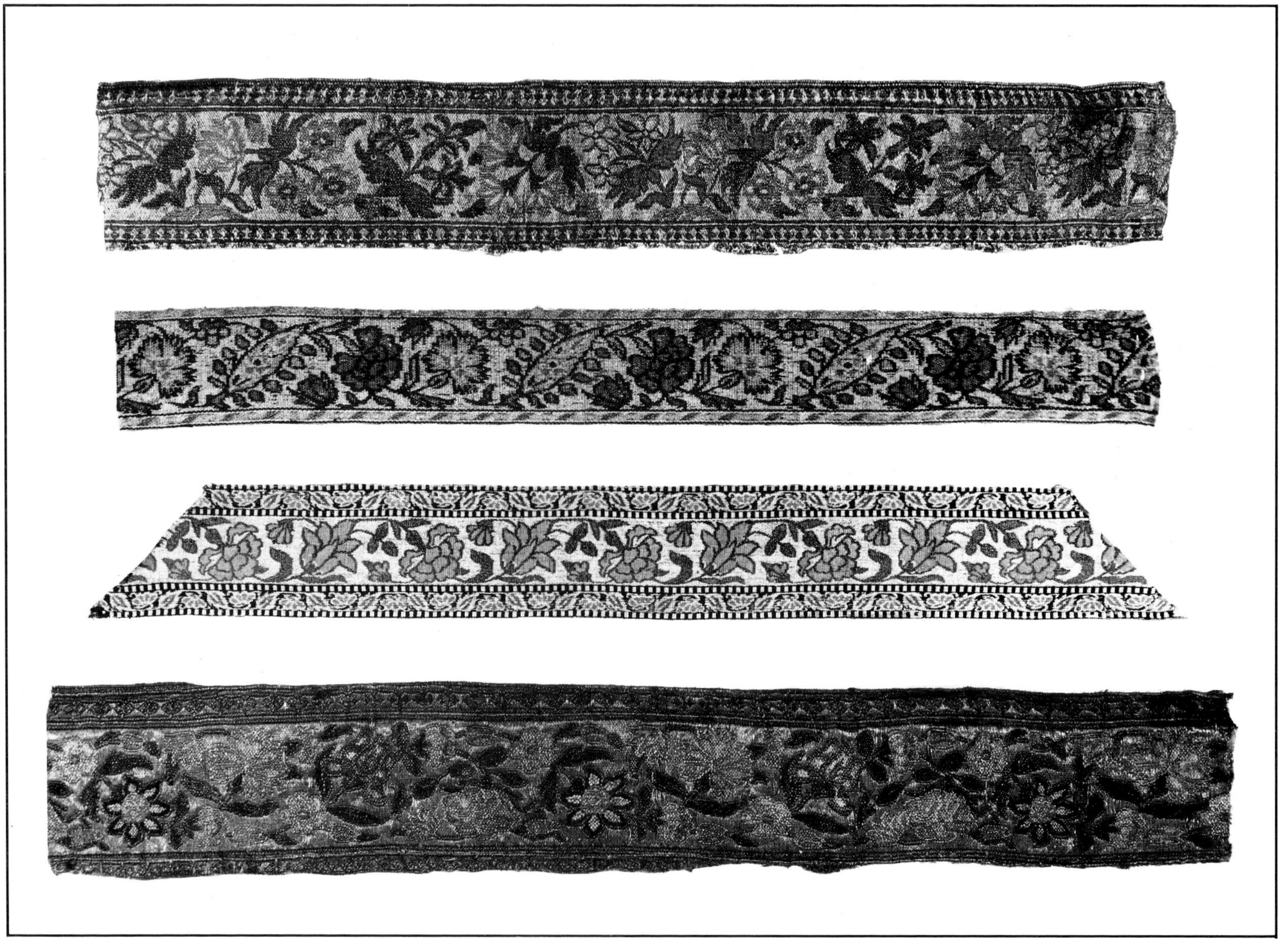

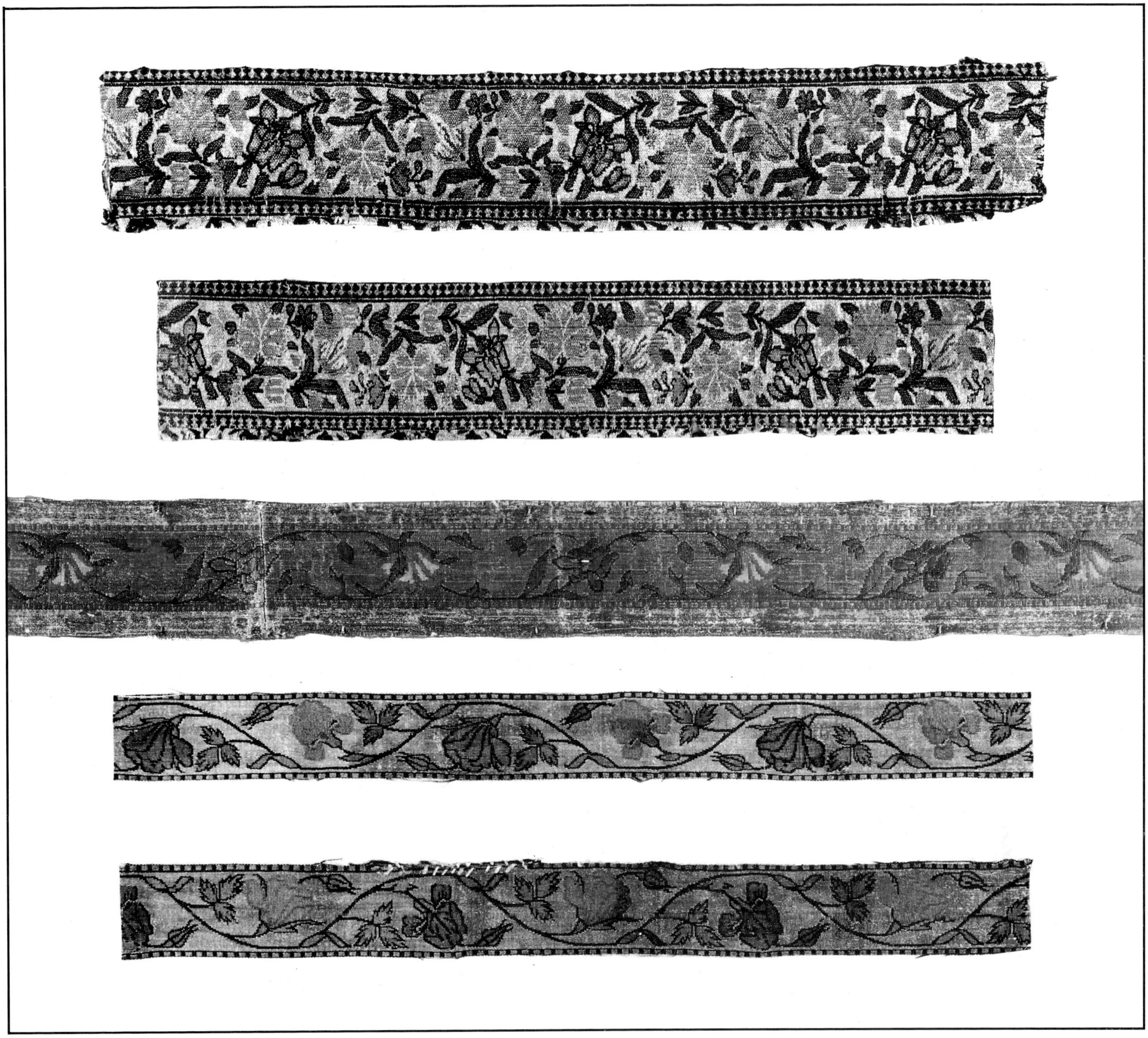

Abb. 268 *1. Dichte Blütenranke, 17.–18. Jahrhundert (vgl. Kat. Nr. 311)* Kat. Nr. 310
2. Dichte Blütenranke, 17.–18. Jahrhundert (vgl. Kat. Nr. 310) Kat. Nr. 311
3. Zarte Blütenranke, 17. Jahrhundert Kat. Nr. 312
4. Geschwungene Blütenranke, 17.–18. Jahrhundert (vgl. Kat. Nr. 314) Kat. Nr. 313
5. Geschwungene Blütenranke, 17.–18. Jahrhundert (vgl. Kat. Nr. 313) Kat. Nr. 314

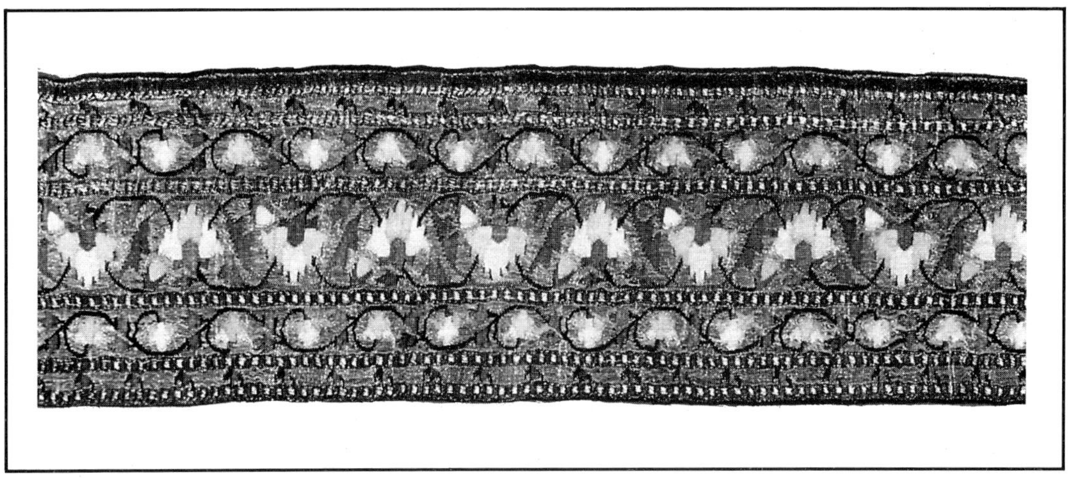

Abb. 269 *Musterbänder mit verschiedenen Blütenranken, 17. Jahrhundert (vgl. Kat. Nr. 319)*
Kat. Nr. 318

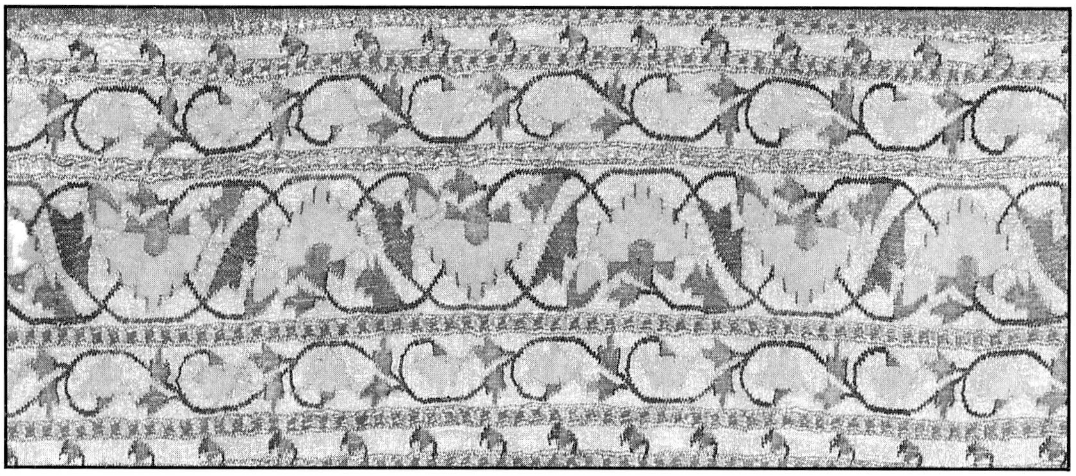

Abb. 270 *Musterbänder mit verschiedenen Blütenranken, 17. Jahrhundert (vgl. Kat. Nr. 318)* Kat. Nr. 319

Abb. 271 *1. Übereinander geordnete Blütenstauden, 17. Jahrhundert* Kat. Nr. 321
2. Übereinander geordnete Blütenstauden, 17. bis *18. Jahrhundert* Kat. Nr. 322
3. Blütenpflanzen in Kartuschen, 17.–18. Jahrhundert Kat. Nr. 323
4. Blütenstiele und Wolkenbänder, 17.–18. Jahrhundert Kat. Nr. 324

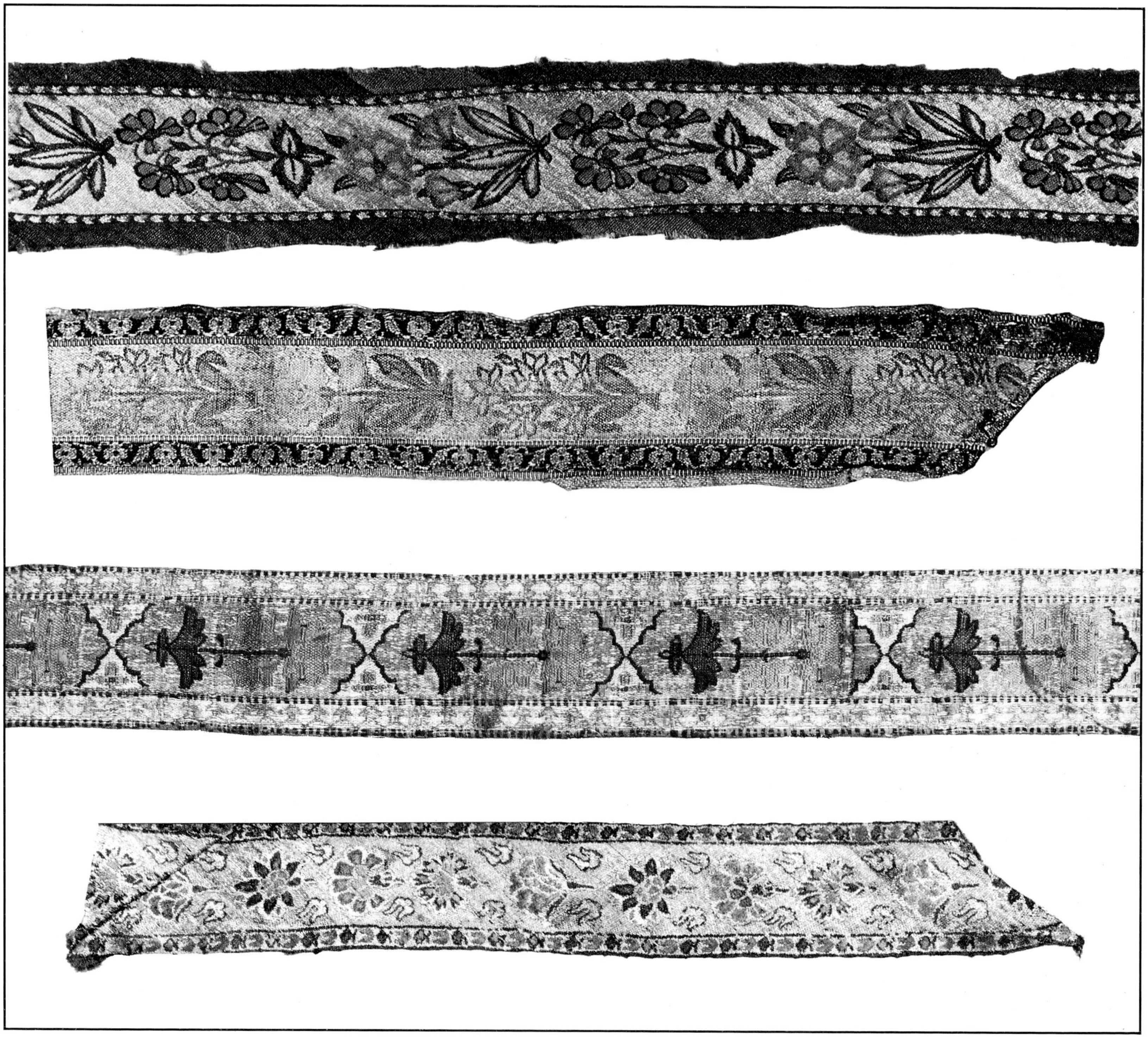

Abb. 272 *1. Übereinander geordnete Blütenstauden, 18. Jahrhundert (vgl. Kat. Nr. 327 und 328)* Kat. Nr. 326
2. Übereinander geordnete Blütenstauden, 18. Jahrhundert (vgl. Kat. Nr. 326 und 327) Kat. Nr. 328
3. Verschiedene Blüten- und Blattmotive, 18. Jahrhundert (vgl. Kat. Nr. 330) Kat. Nr. 329
4. Verschiedene Blüten- und Blattmotive, 18. Jahrhundert (vgl. Kat. Nr. 329) Kat. Nr. 330
5. Ogivale Blütenranken, 18. Jahrhundert Kat. Nr. 331

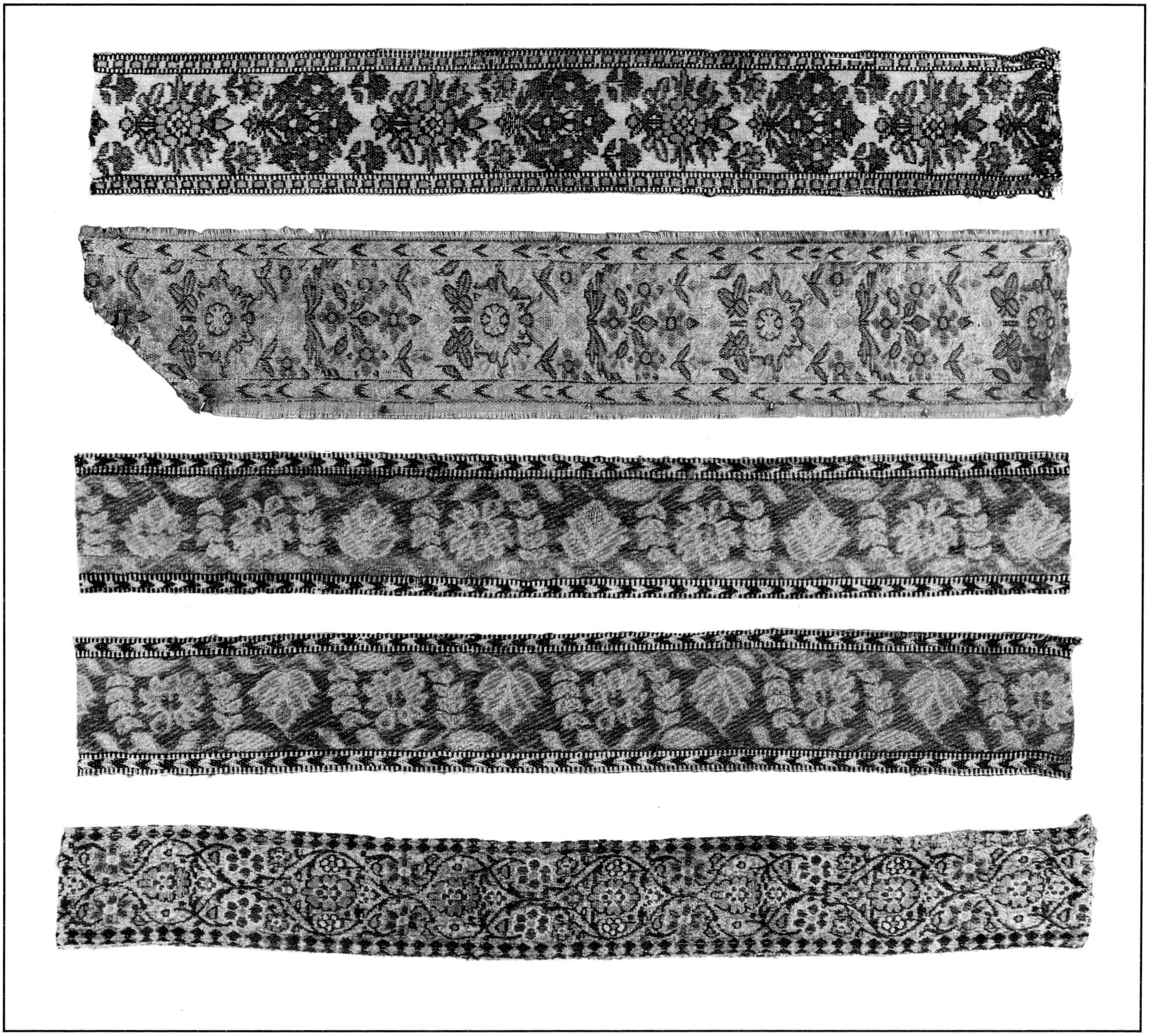

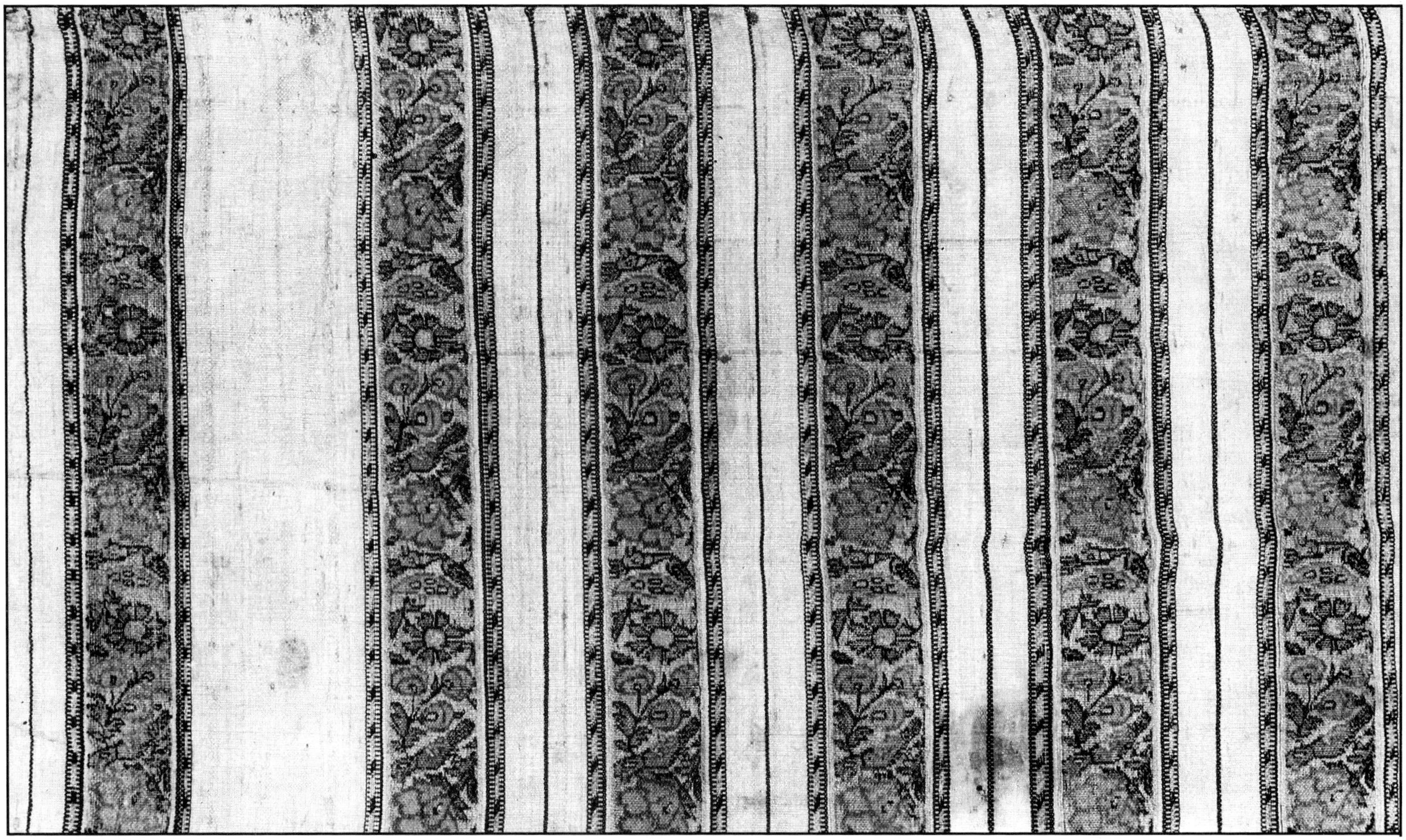

Abb. 273 *Streifendessin mit Blütenranke, 17.* bis *18. Jahrhundert (vgl. Kat. Nr. 333)* Kat. Nr. 332

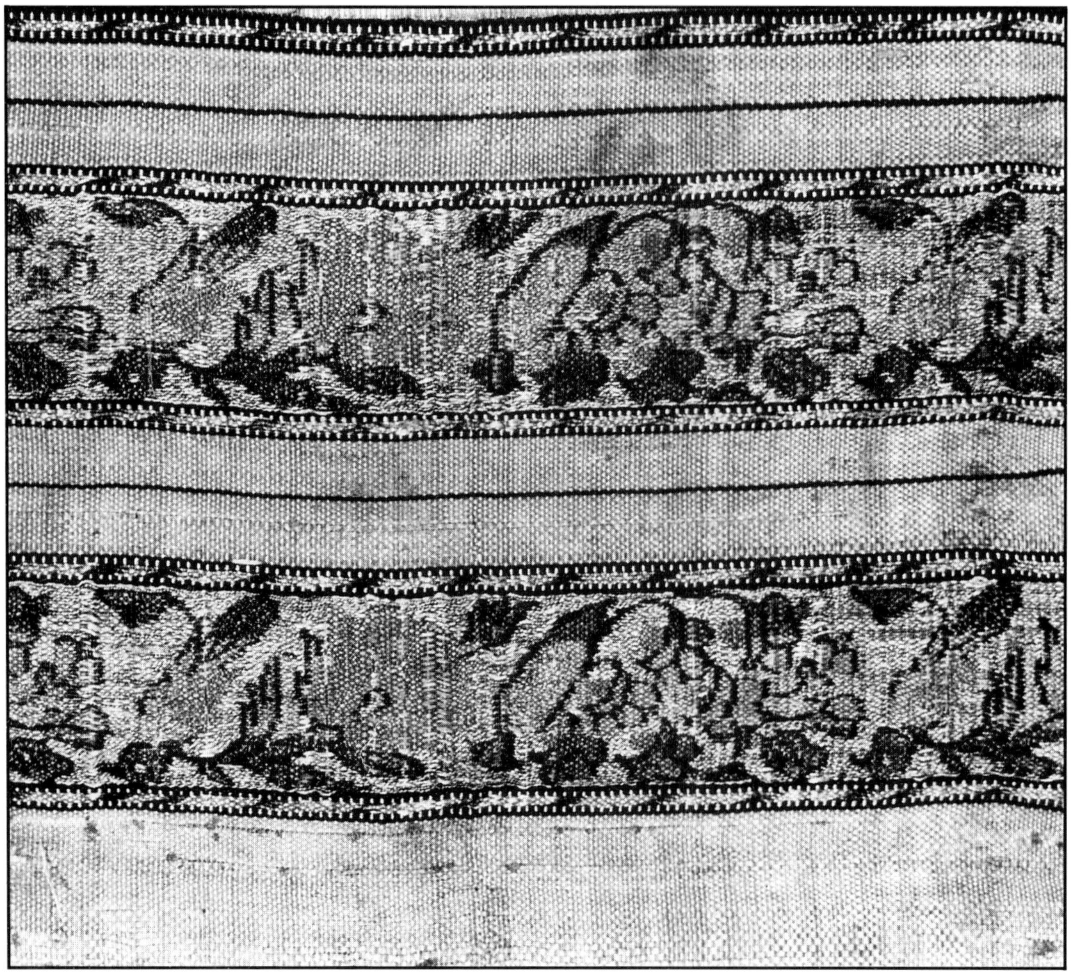

Abb. 274 *Streifendessin mit Blütenranke, 17.* bis *18. Jahrhundert (vgl. Kat. Nr. 332)* Kat. Nr. 333

Abb. 275 *Streifendessin mit verschiedenen floralen Ranken, 17.–18. Jahrhundert* Kat. Nr. 335

Abb. 276 *Streifendessin mit Blattmotiven und Blütenranken, 17.–18. Jahrhundert* Kat. Nr. 336

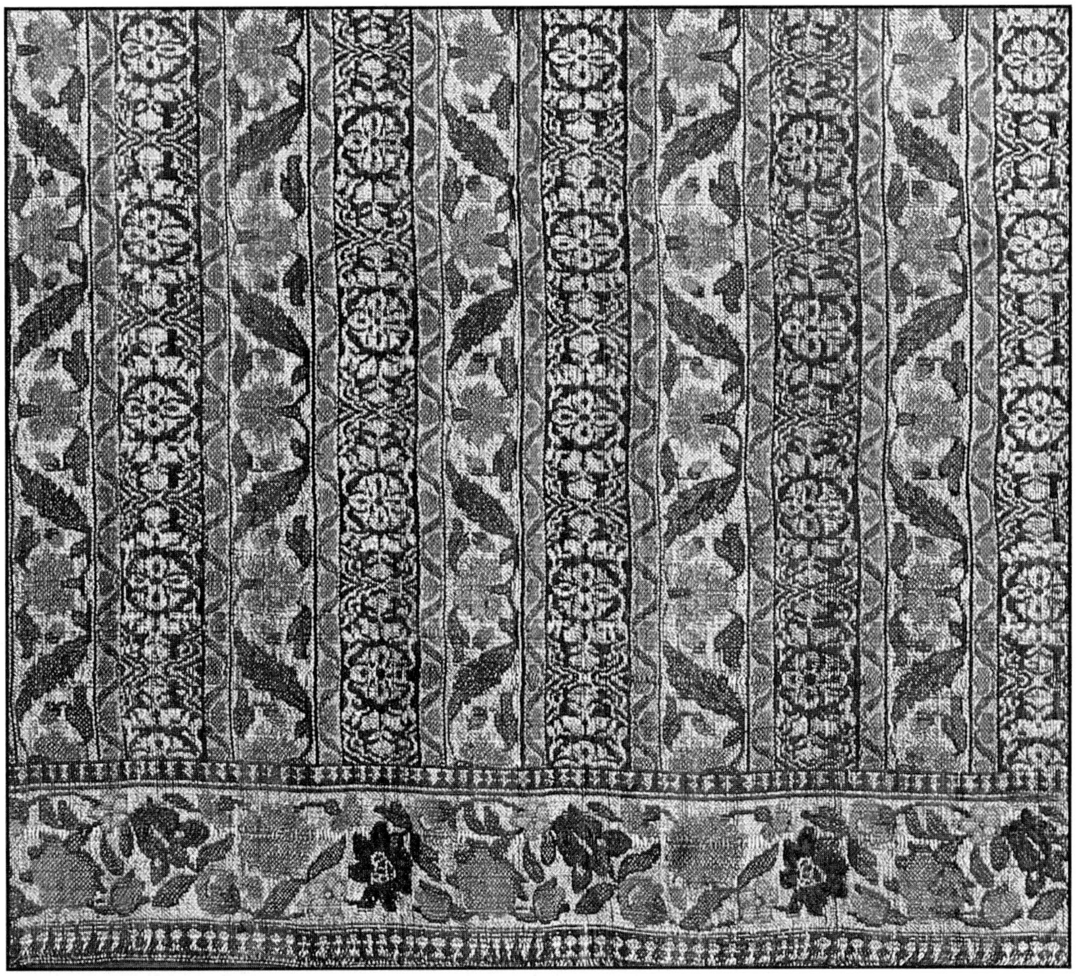

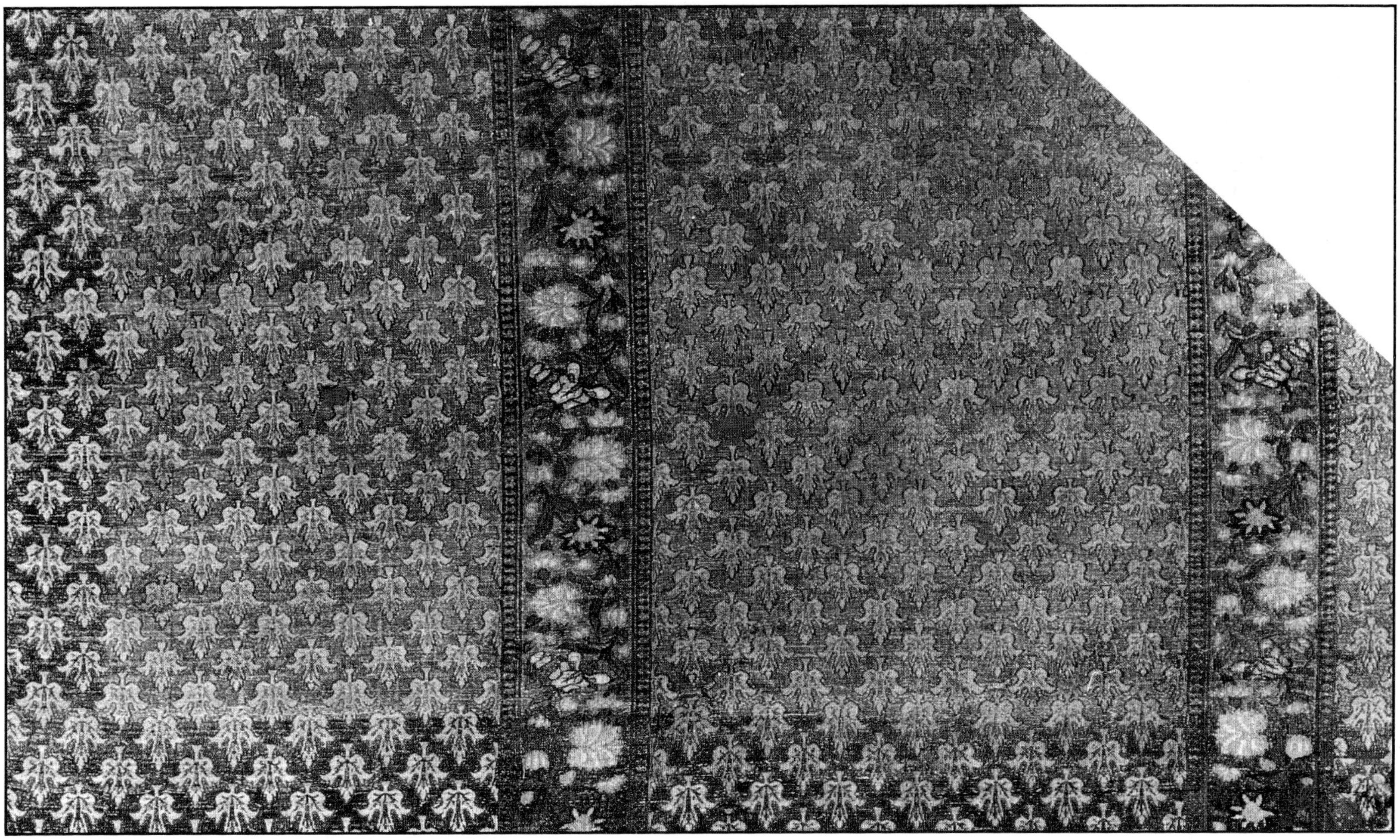

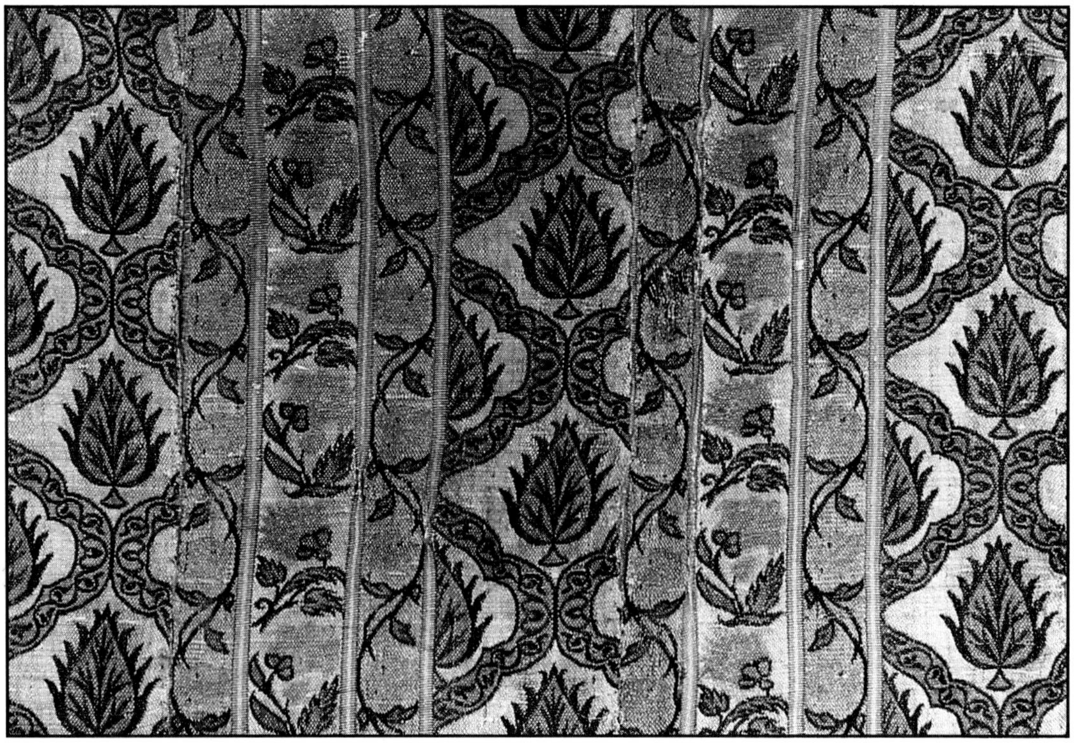

Abb. 277 *Streifendessin mit verschiedenen floralen Motiven, 17.–18. Jahrhundert* Kat. Nr. 340

Abb. 278 *Streifendessin mit Blütenranken und Wolkenmotiven, 17. Jahrhundert* Kat. Nr. 338

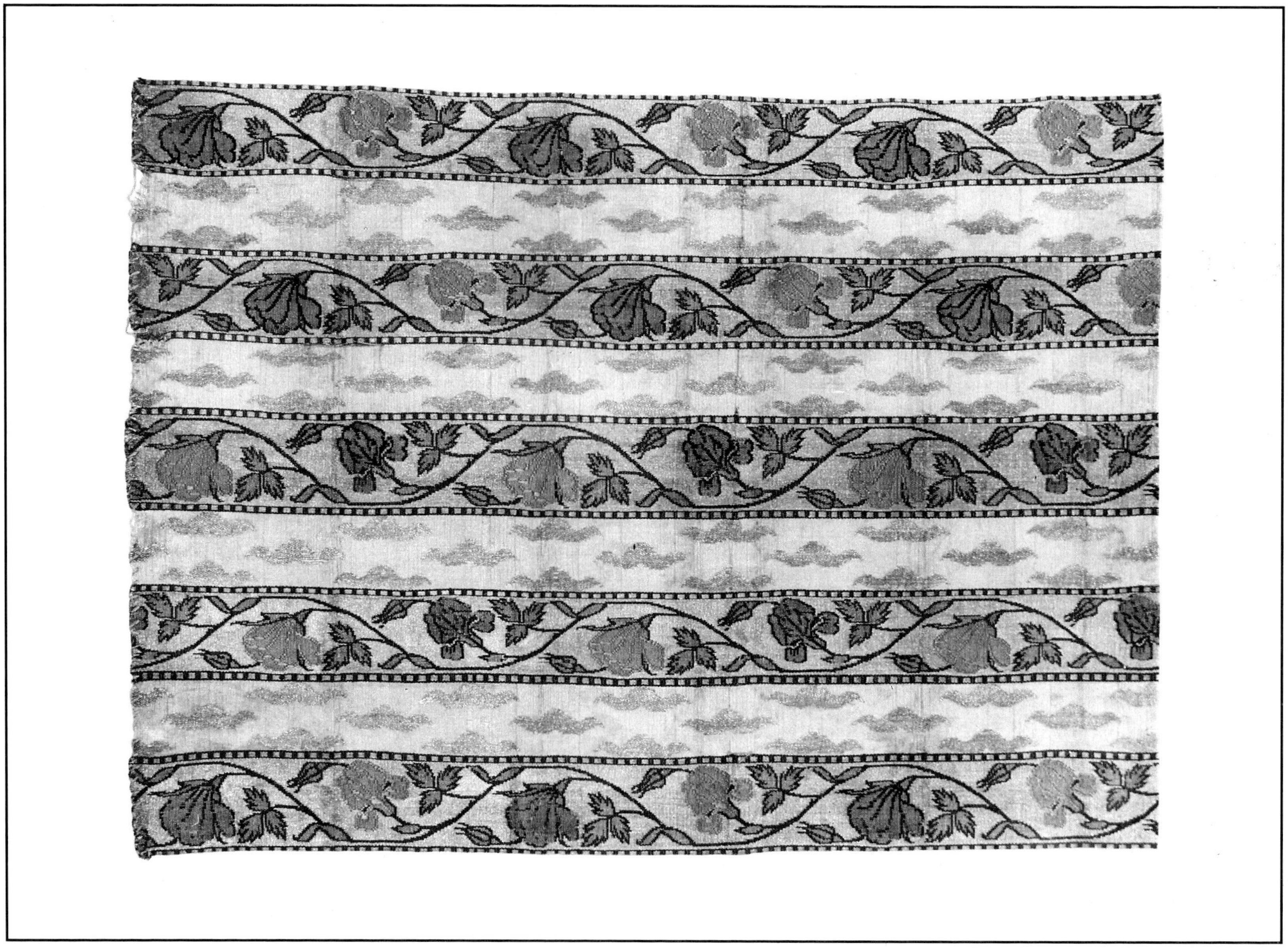

Abb. 279 *Streifendessin mit Blütenstauden und Wellenranken, 17. Jahrhundert* Kat. Nr. 334

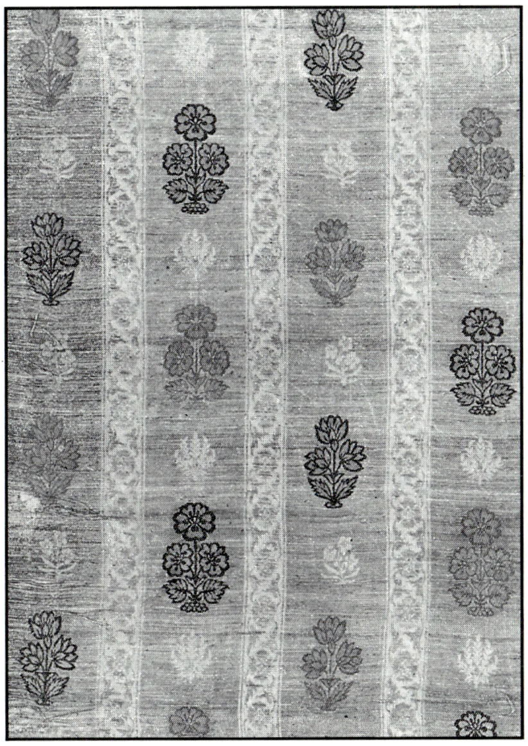

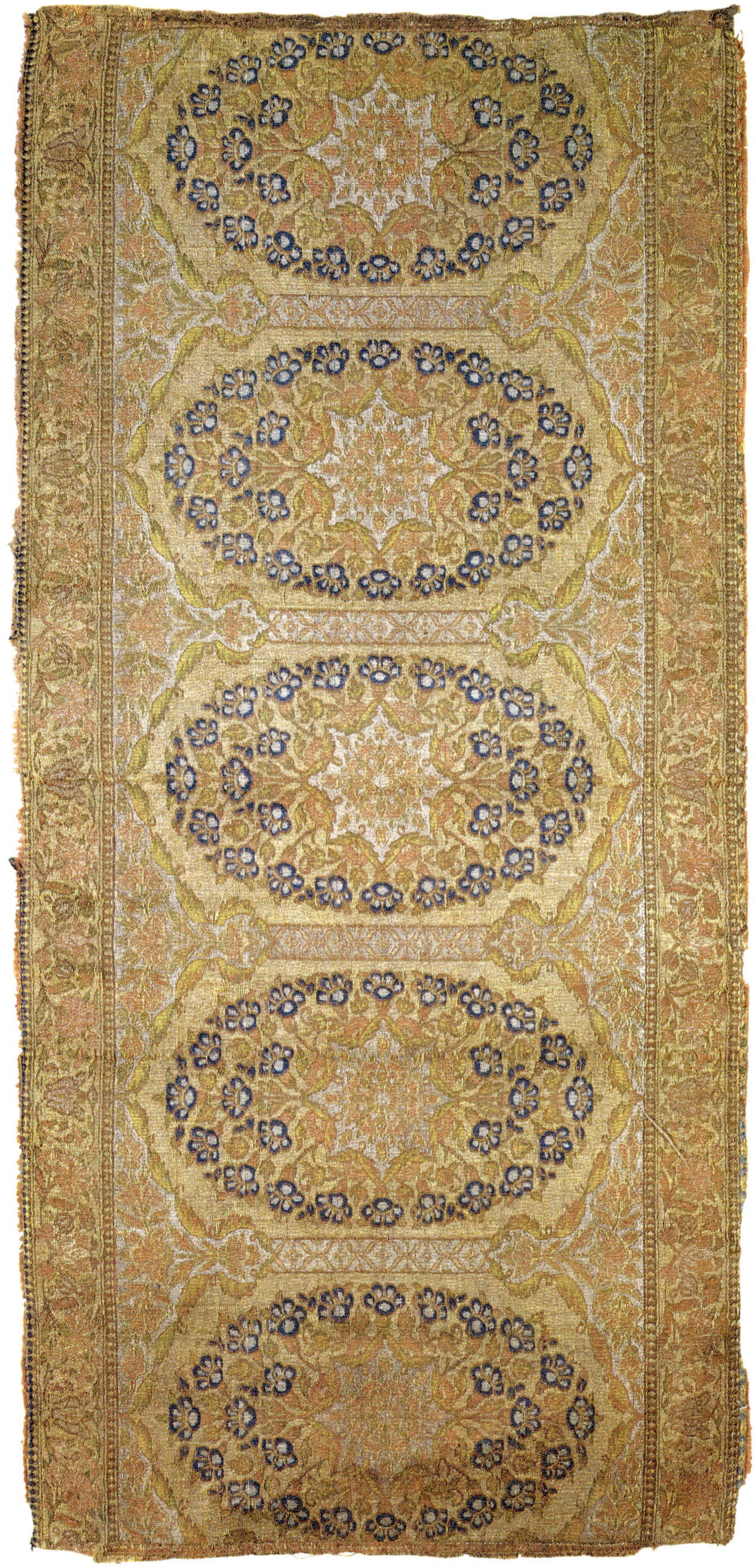

Abb. 280 *Breiter Musterstreifen mit Kartuschengliederung und dichter floraler Bedeckung, 17. oder Anfang 18. Jahrhundert* Kat. Nr. 337

Abb. 281 *Streifendessin mit Blütenranken und Blattmotiven, 17.–18. Jahrhundert* Kat. Nr. 339

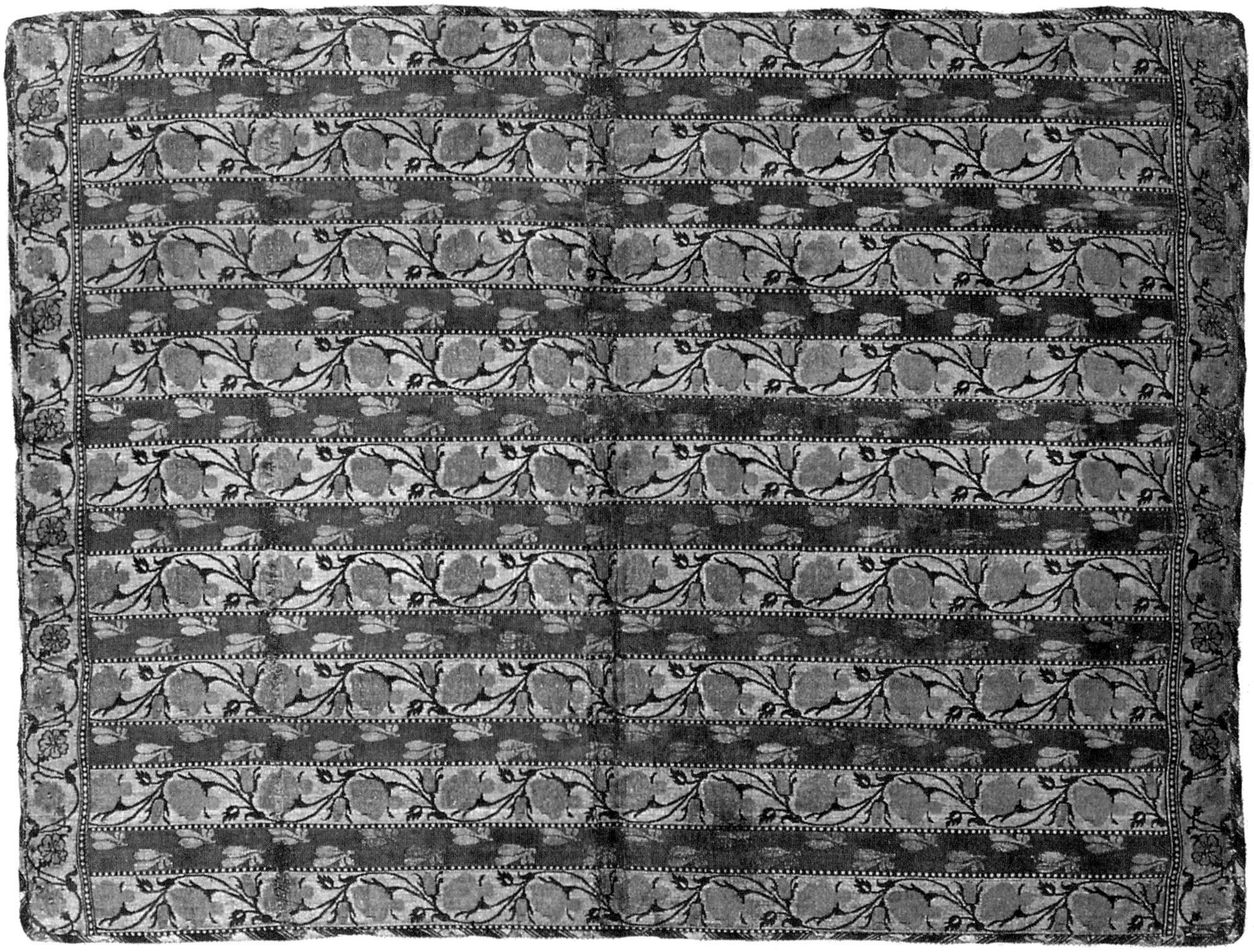

Abb. 282 *Streifendessin mit Blütenranke und Blütenstielen, 17. Jahrhundert (vgl. Kat. Nr. 342)* Kat. Nr. 341

Abb. 283 *Breiter Musterstreifen in dichter floraler Bedeckung, 17.–18. Jahrhundert* Kat. Nr. 346

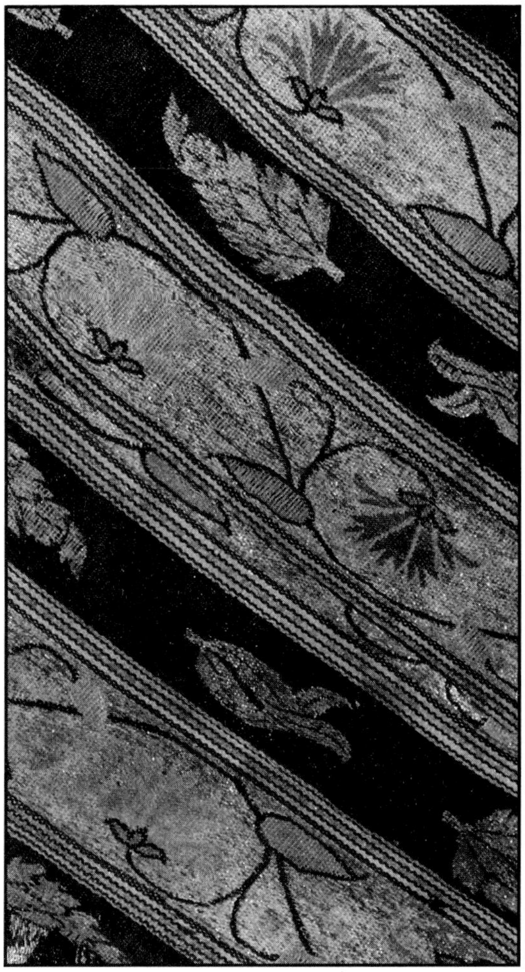

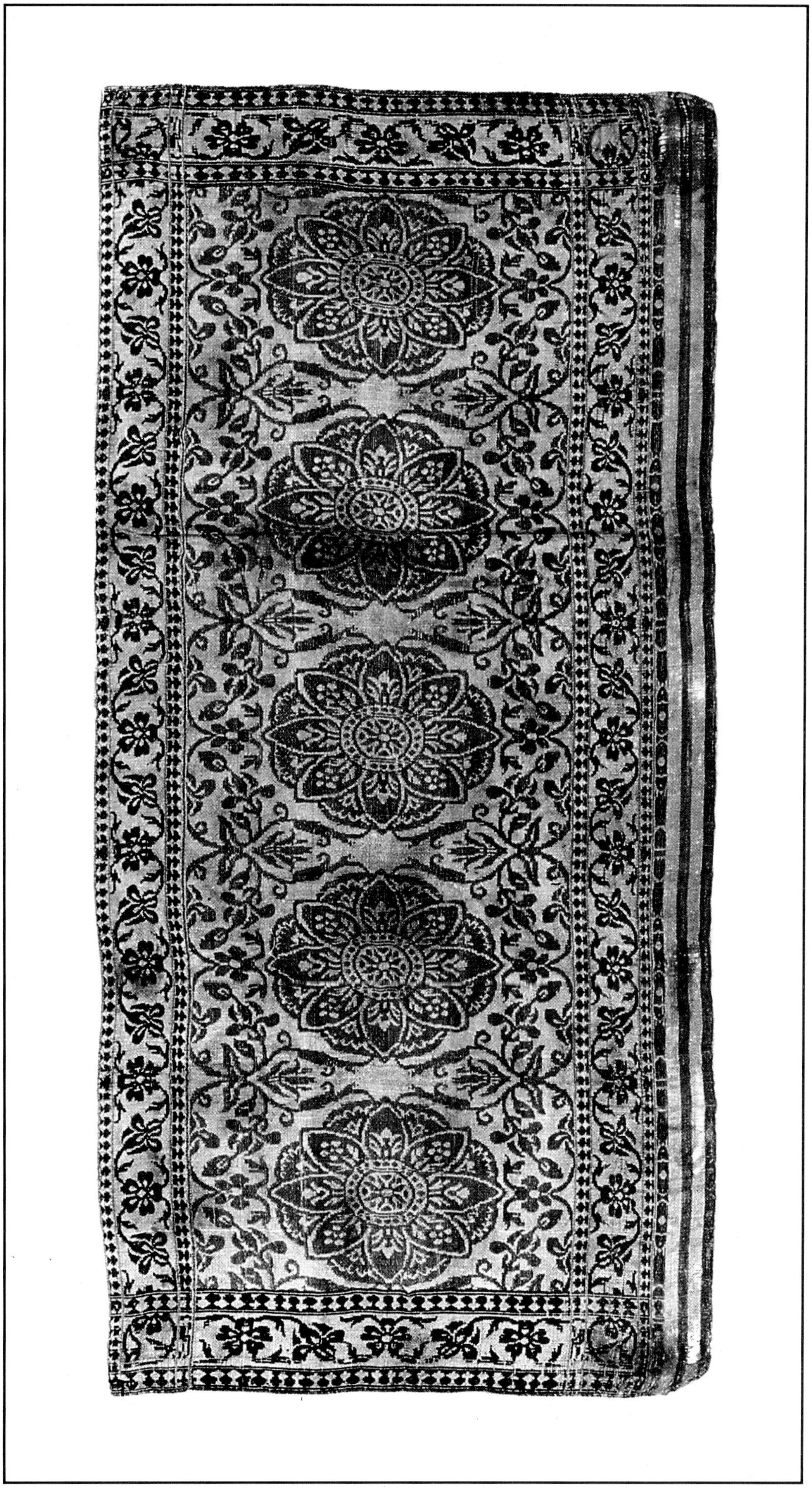

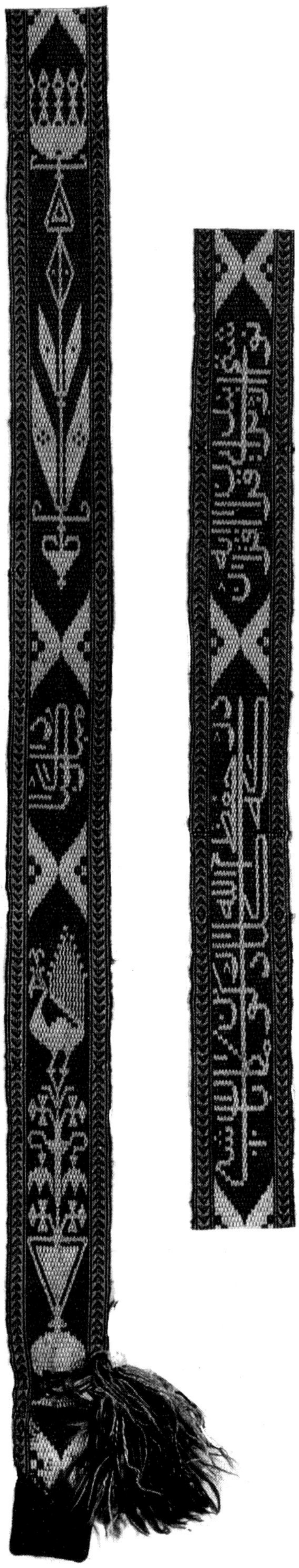

Abb. 284 *Zwei Musterstreifen mit Schrifteinsatz, 18.–19. Jahrhundert* Kat. Nr. 352

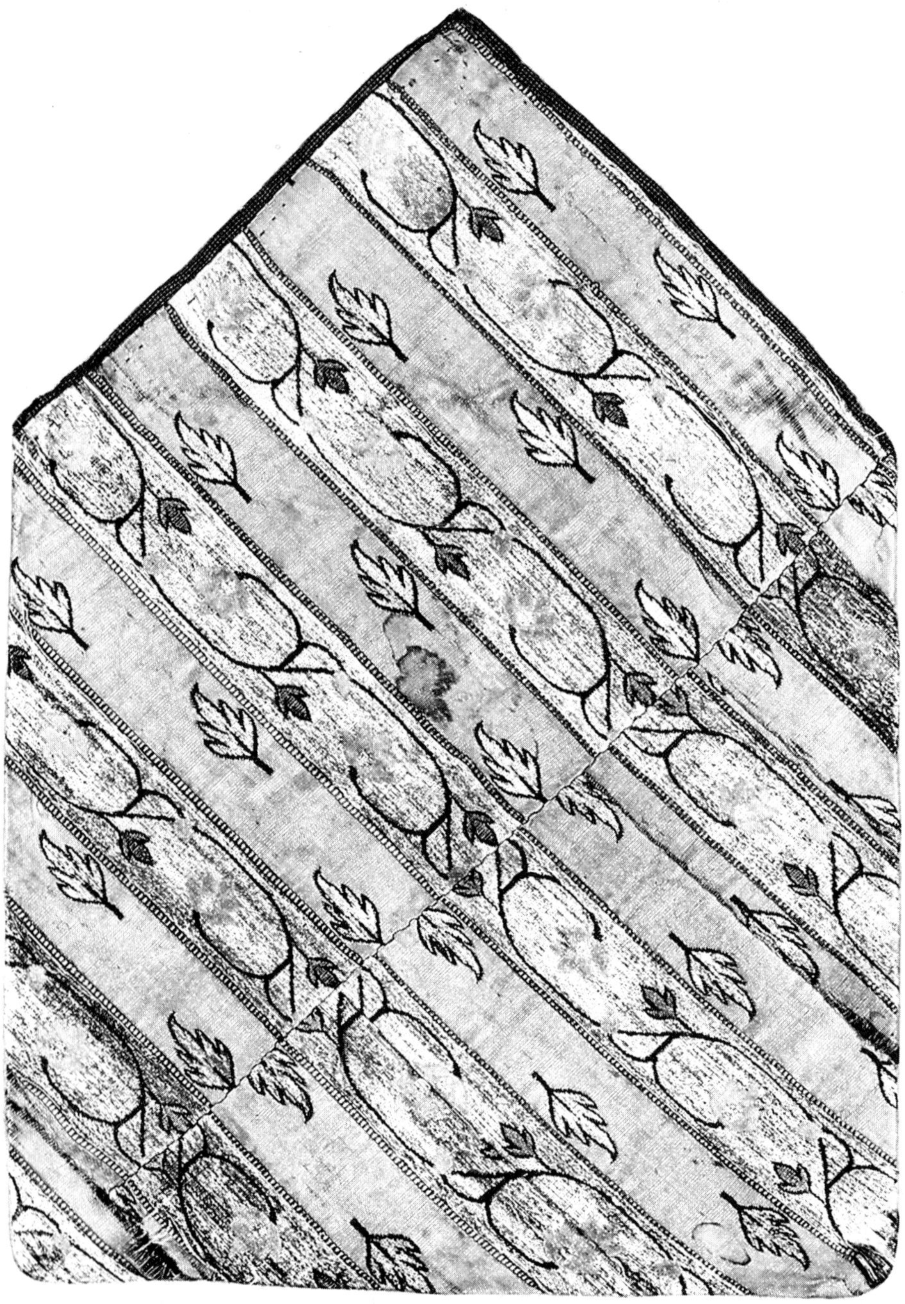

Abb. 285 *Streifendessin mit Blütenranken und Blattmotiven, 17. Jahrhundert* Kat. Nr. 343

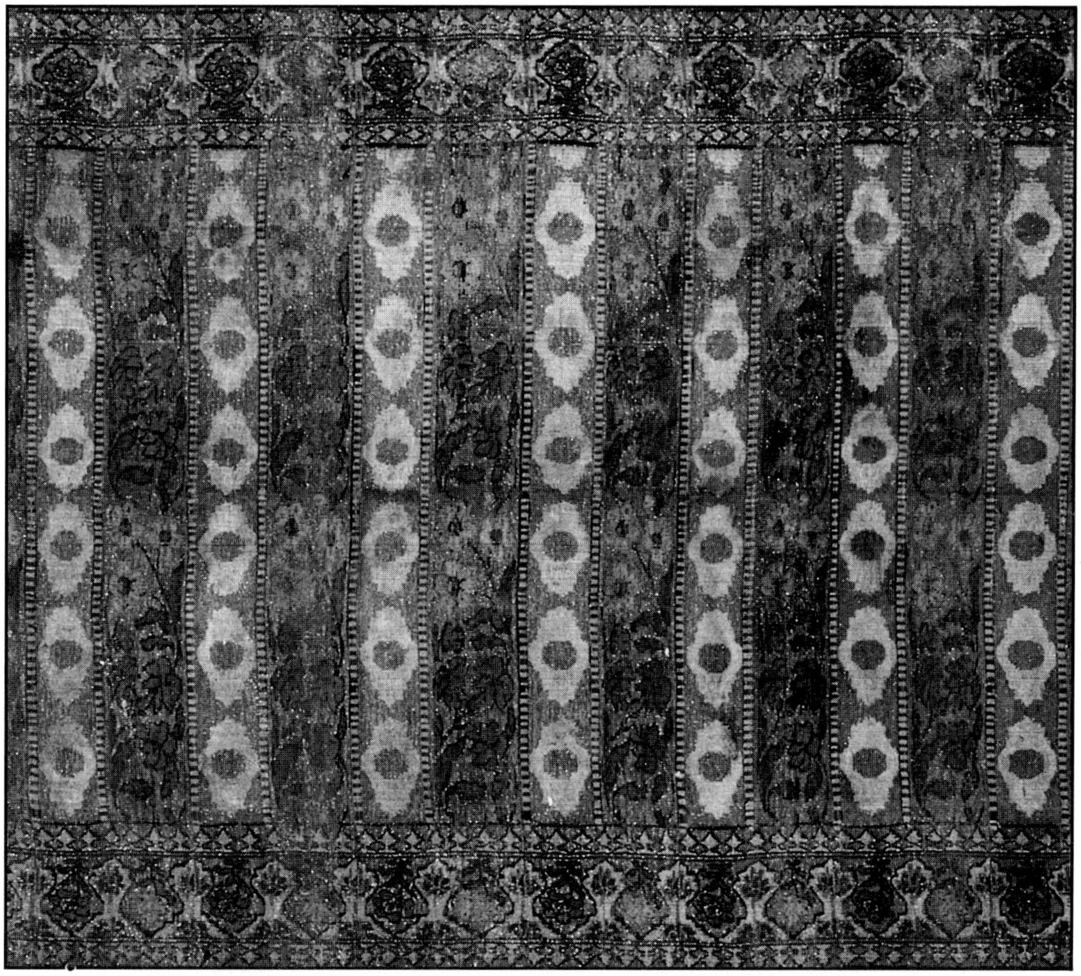

Abb. 286 *Breiter Musterstreifen in dichter floraler Bedeckung, 17.–18. Jahrhundert* Kat. Nr. 347

Abb. 287 *Streifendessin aus verschiedenen Blütenranken, 17.–18. Jahrhundert* Kat. Nr. 351

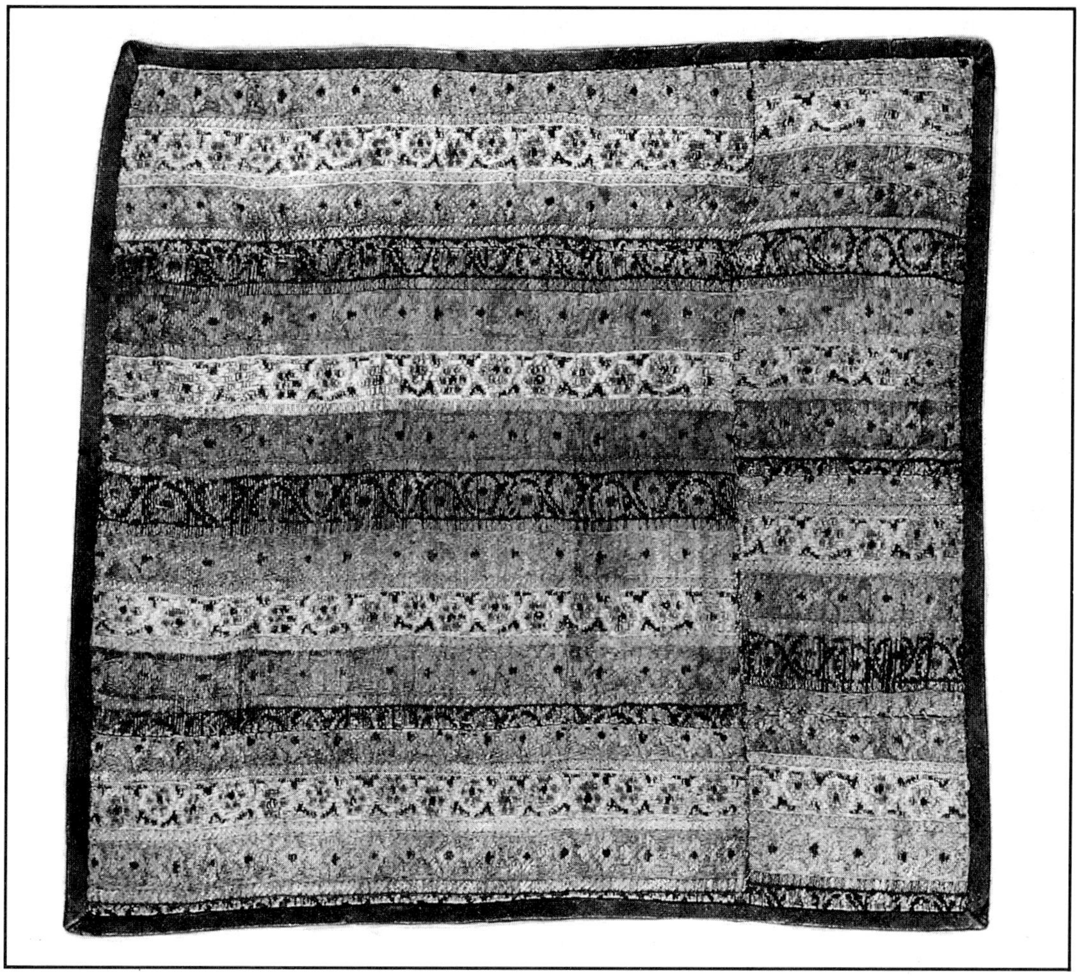

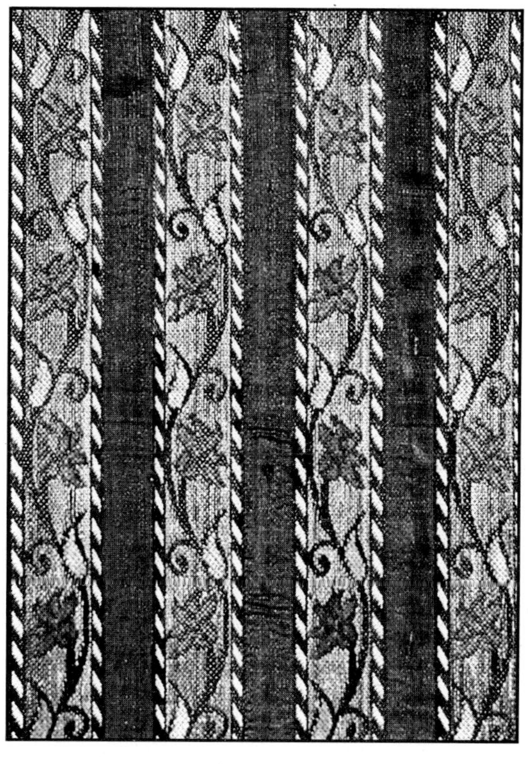

Abb. 288 *Streifendessin mit Blütenranke, 18. Jahrhundert* Kat. Nr. 348

folgende Seite:
Abb. 289 *Schriftbandfragment (seitenverkehrt gewebt), 17. Jahrhundert (?)* Kat. Nr. 353

Abb. 290 *Schriftkartusche, 17.–18. Jahrhundert* Kat. Nr. 354

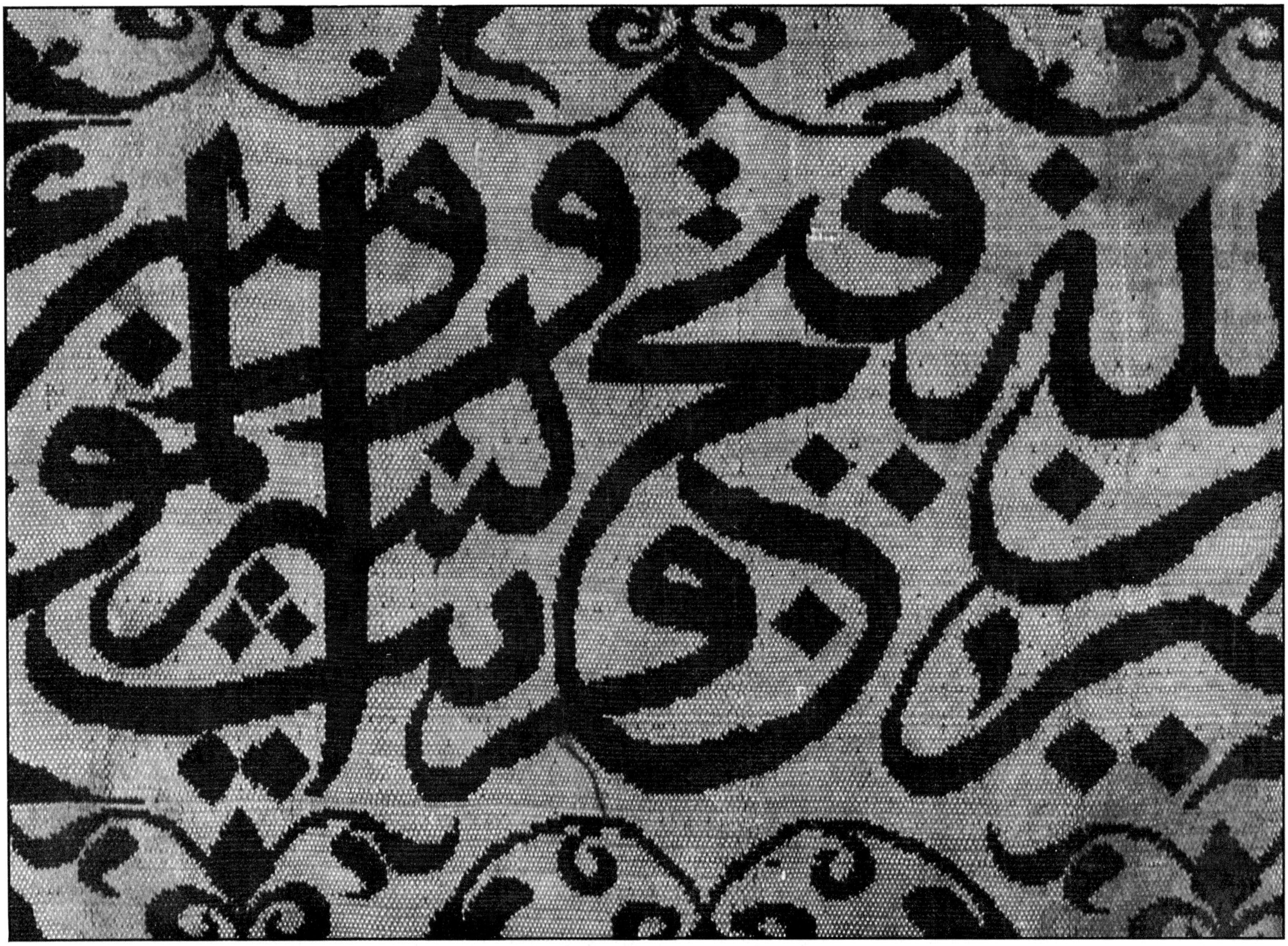

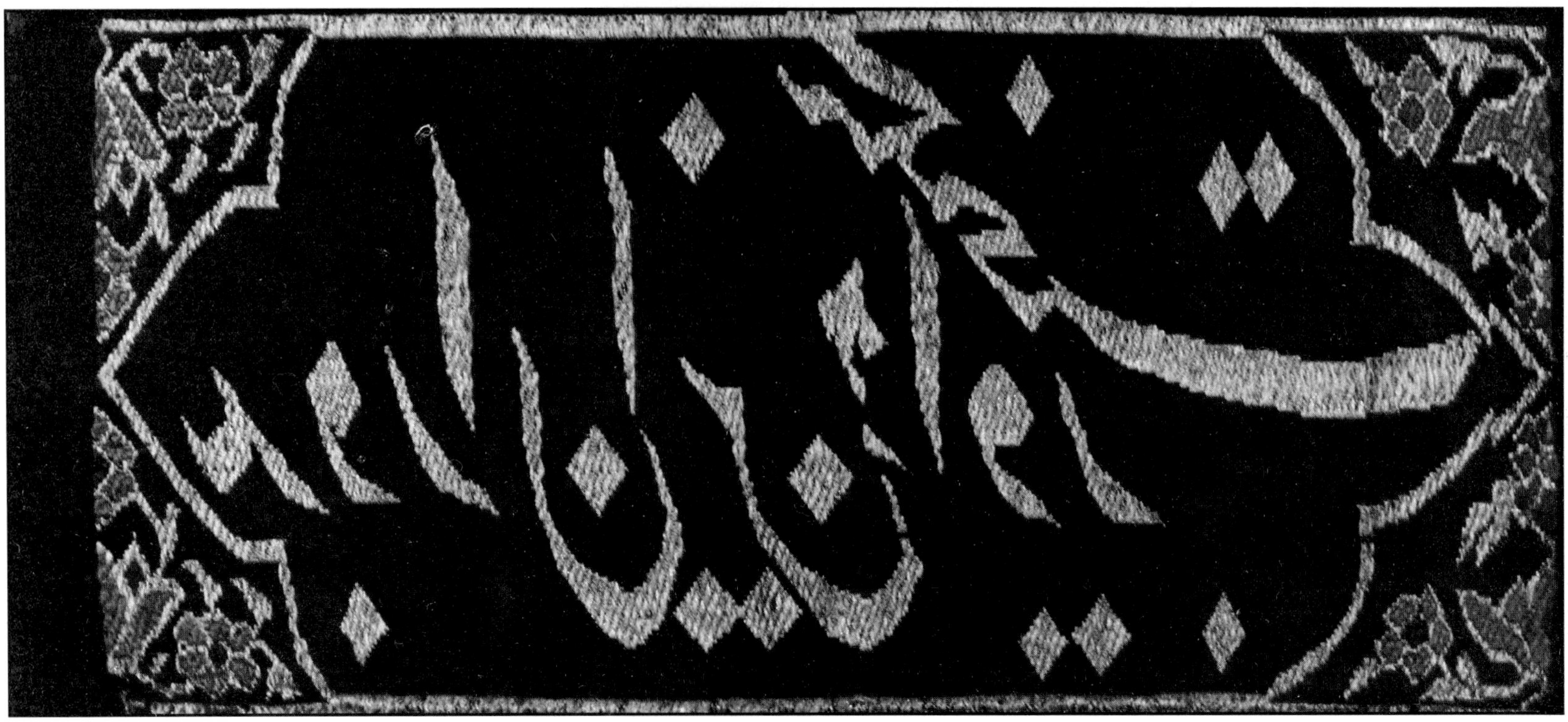

Katalog

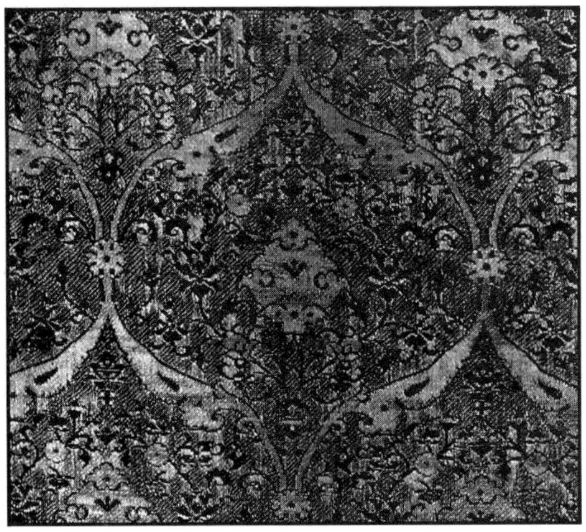

1 KGM Inv. Nr. 95,1028 Abb. 29
Seidenfragment (Lampasgewebe)
Iran: Ende 15. oder Anfang 16. Jh.; 42×42 cm
Material: *Seide, Goldfaden mit Seidenseele;* Farben: *Gold, Tannengrün, Hellgrün;* Zustand: *Stellenweise verschlissen; Gold teilweise ausgefallen;* Muster: *Auf grünem Grund schließen sich jeweils vier Arabesken zu einem Spitzoval zusammen, wodurch der gesamte Fond von einem ogivalen Mustersystem bedeckt ist, dessen Berührungspunkte Rosetten schmücken. Die spitzovalen Felder tragen in ihrer Mitte eine aus dem Granatapfelmotiv abstrahierte hellgrüne Blütenform, die von dunkelgrünen Ranken in zarter Zeichnung umschlossen wird. Auf diesen Ranken liegen je Musterfeld zwei Lotosblüten.*

2 KGM Inv. Nr. 97,56 Abb. 30 rechts
Seidenfragment (Atlasgewebe)
Iran: 1. Hälfte 16. Jh.; 67×28 cm
Material: *Seide, Goldfaden mit Seidenseele;* Farben: *Rot, Grün, Goldgelb, Hellblau, Gold;* Zustand: *Sehr stark verschlissen;* Muster: *Auf rotem Fond liegen zwei sich überschneidende ogivale Rankensysteme in zarter Zeichnung. Die Berührungs- und Schnittpunkte der Ranken sind mit päonienartigen Blüten- oder Lotosmotiven besetzt. Zarte, aus den Ranken wachsende Blüten- und Blattzweige bedecken in gleichmäßiger Füllung den Fond.*

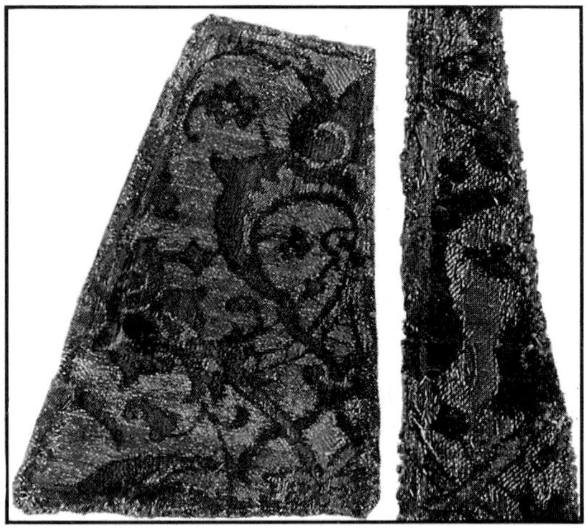

3 KGM Inv. Nr. 00,64 Abb. 30 links
Zwei Seidenfragmente (Motive in Samt)
Iran: 1. Hälfte 16. Jh.; 34×20,5 cm
Material: *Seide, Goldfaden mit Seidenseele;* Farben: *Gold, Dunkelrot, Grün;* Zustand: *Gut erhalten; auf Grund der geringen Größe Muster nicht zu rekonstruieren;* Muster: *Auf goldenem Grund liegen Ranken mit stark abstrahierten und stilisierten floralen Motiven. Die Zeichnung ist schwungvoll und kräftig.*

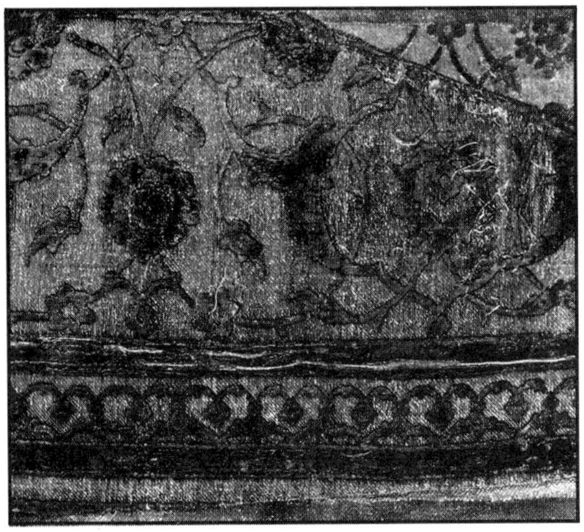

4 KGM Inv. Nr. 90,79 Abb. 31
Bortenfragment (Motive in Samt)
Iran: 1. Hälfte 16. Jh.; 61×25 cm
Material: *Seide, Goldfaden mit Seidenseele, Silberfaden mit Seidenseele;* Farben: *Weinrot, Gold, Silber;* Zustand: *Aus zwei Teilen zusammengesetzt; durch Zeichnung an zwei Stellen ergänzt; ansonsten relativ guter Erhaltungszustand;* Muster: *Vor goldenem Grund heben sich weinrote Spiralranken ab, auf denen immer im Wechsel eine Päonie und eine Rosette nebeneinander liegen. Dazwischen ist jeweils ein Arabeskenmotiv eingewebt, durch das ein zweites Rankensystem gebildet wird. Die Spiralranke ist noch zusätzlich mit kleinen Blüten und Spitzblattmotiven geschmückt. Eine Seite des Bortenfragments wird von mehreren Begleitstreifen begrenzt.*

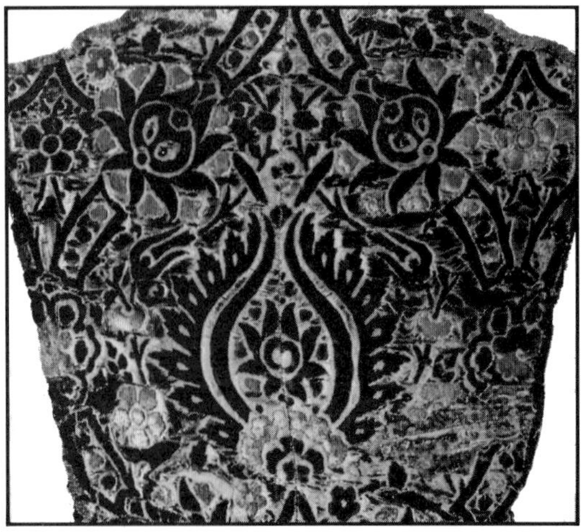

5 KGM Inv. Nr. 1971,08 Abb. 32 links
Seidenfragment (Motive teilweise in Samt)
Iran: 1. Hälfte 16. Jh.; 101,2×43 cm
Material: *Seide, Goldfaden mit Seidenseele, Silberfaden mit Seidenseele;* Farben: *Gold, Silber, Creme, Blau (mehrere Schattierungen), Rot (unterschiedliche Schattierungen), Grün;* Zustand: *Stark verschlissen; Metallfäden stark ausgefallen; Farben häufig nicht mehr eindeutig zu erkennen;* Muster: *Den jetzt cremefarbenen Grund bedecken zwei übereinanderliegende ogivale Rankensysteme. Auf den Schnitt- und Berührungspunkten der Ranken liegen Federpalmetten, Lotosblüten und Rosetten. Der Fond zwischen diesen Motiven ist mit zarten Blütenranken bedeckt.*

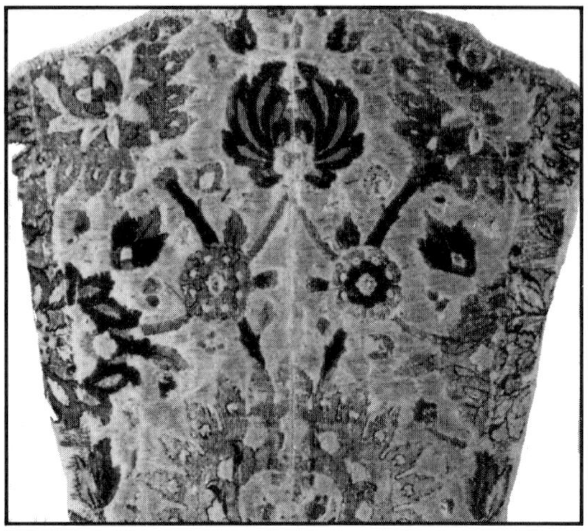

6 KGM Inv. Nr. 1971,12 Abb. 32 rechts
Seidenfragment (Motive teilweise in Samt)
Iran: Mitte oder 2. Hälfte 16. Jh.; 98,5×43 cm
Material: *Seide, Goldfaden mit Seidenseele, Silberfaden mit Seidenseele;* Farben: *Gold, Silber, Mittelblau, Hellblau, Grün, Hellgrün, Weinrot, Rot (mehrere Schattierungen), Beige;* Zustand: *Stark verschlissen; nur die ehemals umgeschlagenen Ränder gut erhalten; Metallfäden stark ausgefallen; Musterfäden stellenweise ausgefallen; Farben nicht alle klar zu erkennen;* Muster: *Den cremefarbenen Grund bedecken zwei übereinanderliegende ogivale Rankensysteme. Auf den Ranken liegen stark stilisierte Päonien, Palmetten und Rosetten, die auch die Schnitt- und Berührungspunkte der Ranken bedecken.*

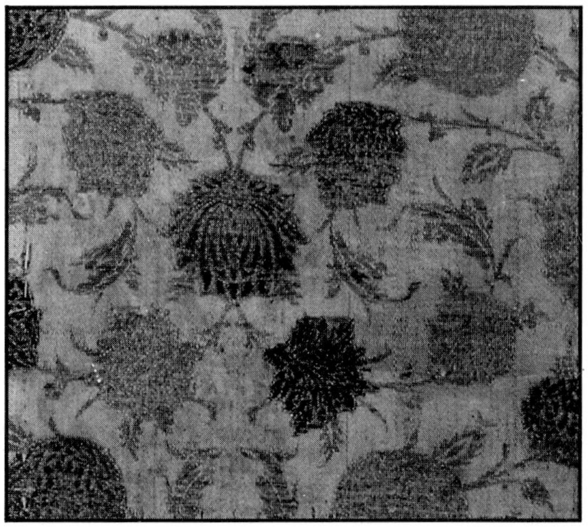

7 KGM Inv. Nr. 1978,127 Abb. 34
Seidenfragment (Atlasgewebe)
Iran: Spätes 16. Jh.; 59×10,9 cm
Material: *Seide, Goldfaden mit Seidenseele, Silberfaden mit Seidenseele;* Farben: *Olivgrün, Altrosa, Lachs, Pariser Blau, Gold, Silber, Hellblau, Grün;* Zustand: *Musterfäden teilweise ausgefallen;* Muster: *Auf grünem Fond liegen zwei ogivale Rankensysteme, deren Schnitt- und Berührungspunkte durch verschiedenartige Päonien- und Palmettblüten geschmückt sind. Aus Ranken wie aus Blüten wachsen gleichermaßen zarte Blattmotive.*

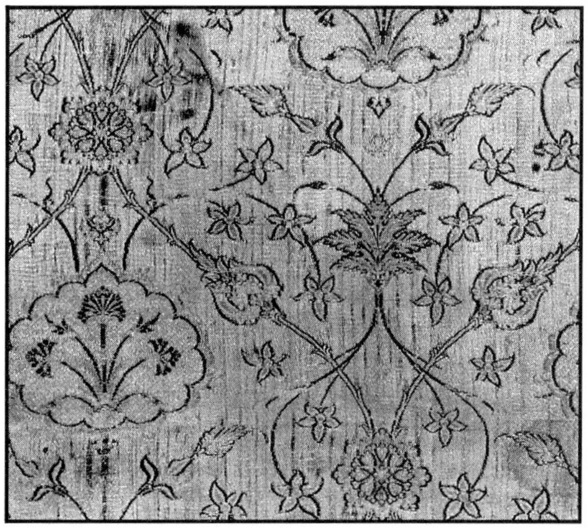

8 KGM Inv. Nr. 1978,237 Abb. 33
Seidenfragment
Iran: Ende 16. oder Anfang 17. Jh.; 23,8×16,7 cm
Material: *Seide;* Farben: *Lachs, Mittelblau, Goldgelb, Hellblau, Creme;* Zustand: *Stellenweise verschlissen; Musterfäden zum Teil stark ausgefallen; Farben etwas ausgebleicht;* Muster: *Auf dem ursprünglich wohl lachsfarbenen Fond liegen zwei ogivale Rankensysteme, wovon eines sehr klar und deutlich hervortritt, während das zweite durch eine unruhige, unterbrochene Linienführung gekennzeichnet ist. Auf den Schnitt- und Berührungspunkten der einzelnen Rankensysteme befinden sich stark vereinfachte Federpalmetten und Blütenrosetten sowie ein tropfenartiges Medaillon, das eine Nelkenpflanze umschließt. Auf den einzelnen Ranken liegen bzw. aus ihnen wachsen verschiedenartige Blüten- und Blattmotive.*

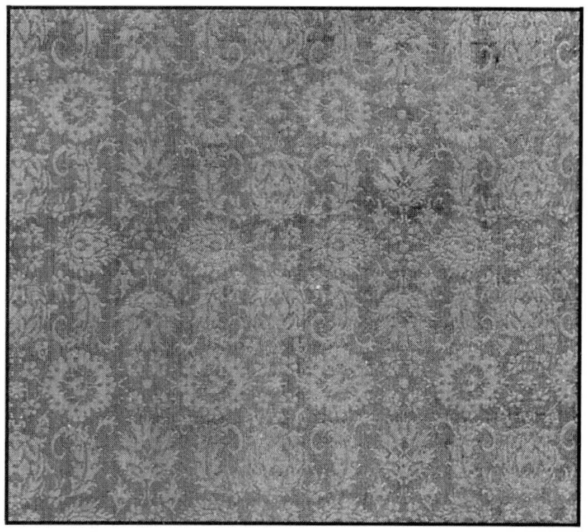

9 KGM Inv. Nr. 1978,310 Abb. 35
Seidenfragment (Doppelgewebe)
Iran: Anfang 17. Jh.; 20×23 cm
Material: *Seide;* Farben: *Creme, Mittelbraun;* Zustand: *Farben etwas ausgebleicht; stellenweise fleckig; Gewebestruktur zum Teil schon etwas gelockert;* Muster: *Auf braunem Grund sind Federpalmetten, lotosartig Palmettblüten und Päonien in Reihen horizontal und vertikal geordnet, wobei jeweils zwei Motive gleicher Art gegenständig zueinander stehen. Der Raum zwischen diesen Ornamenten ist mit Lanzettblättern bzw. kleinteiligen Blüten- und Blattranken besetzt.*

10 KGM Inv. Nr. 1978,286 Abb. 37
Seidenfragment (Doppelgewebe)
Iran: Um 1600; 14,5×10 cm
Material: *Seide;* Farben: *Ziegelrot, Gelb, Orange (durch Mischung beider Farben zu gleichen Teilen);* Zustand: *Sehr gut erhalten;* Muster: *Auf rotem Grund sind in Reihe auf Zwischenraum und mit zeilenweisem Richtungswechsel leicht geschwungene Päonienpflanzen in eleganter und zarter Zeichnung geordnet. Jede Pflanze wächst aus einem stark stilisierten chinesischen Wolkenmotiv und trägt neben der Lotosblüte noch jeweils ein relativ großes Lanzettblatt, eine kleine Nelkenblüte sowie ein Spitzblattmotiv, in das eine Inschrift gewebt wurde.*

11 KGM Inv. Nr. 1978,309
Seidenfragment (Doppelgewebe)
Iran: um 1600; 31,4×23,7 cm
Material: *Seide;* Farben: *Gelb, Creme (Rohseide?);* Zustand: *Stellenweise etwas verschlissen und fleckig; aus zwei Teilfragmenten zusammengesetzt, wobei die linke Seite des unteren Teilstücks mit einer Webkante abschließt; Farben leicht ausgebleicht;* Muster: *Auf cremefarbenem Grund sind stark geschwungene Blütenstauden in zarter, eleganter Zeichnung und dichter Folge reihenweise auf Zwischenraum geordnet. Durch die jeweils aus einem geschwungenen Blatt wachsenden Blütenstauden erfolgt eine gleichmäßige, dichte Flächenfüllung.*

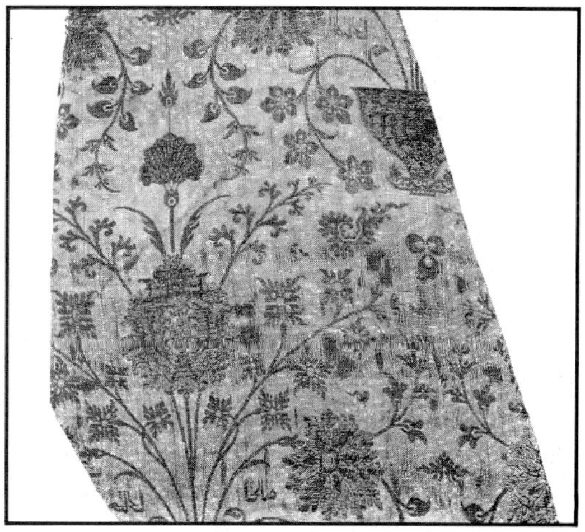

12 KGM Inv. Nr. 1978,245 Abb. 38
Seidenfragment (Doppelgewebe)
Iran: 1. Viertel 17. Jh.; 17,5×10,8 cm
Material: *Seide, Goldfaden mit Seidenseele;* Farben: *Rosa, Grau, Gold (Goldgelb);* Zustand: *Stellenweise verschlissen; Gold stark ausgefallen; Farben ausgebleicht (vor allem Fond);* Muster: *Aus einem vasenartigen Gefäß, das in Reihe auf Zwischenraum geordnet ist, wächst ein zarter und in seiner Zeichnung bewegter und schwungvoller Blumenstrauß mit verschiedenartigen Blüten und Blättern in achsensymmetrischer Anordnung. Die nur noch in geringem Umfang frei bleibenden Flächen sind mit Wolkenmotiven bzw. drei zueinander geordneten Punkten bedeckt. Zwischen die Blütenzweige wurde die Inschrift ›salekha‹ gewebt.*

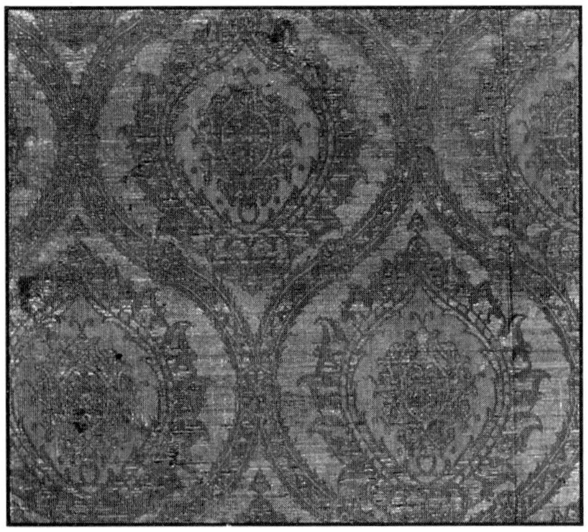

13 KGM Inv. Nr. 1978,141 Abb. 36
Seidenfragment (leinwandbindig)
Iran: Um 1600; 24,1×24,6 cm
Material: *Seide, Goldfaden mit Seidenseele, Silberfaden mit Seidenseele;* Farben: *Gold, Silber, Zitronengelb, Rosa (zwei Schattierungen);* Zustand: *Guter Erhaltungszustand; Gold und Silber teilweise ausgefallen; auf der linken Seite durch vormaliges Zusammenlegen stellenweise etwas verschlissen; stellenweise fleckig;* Muster: *Wellenbänder mit aufgelegten Rosetten und inneren Blattranken bilden auf dem goldenen Fond ein ogivales Rankensystem. In den so entstandenen spitzovalen Feldern befindet sich je ein von der Päonie abgeleitetes Blütenmotiv, in dessen Zentrum eine weitere Päonie in gut durchgearbeiteter und feiner Zeichnung liegt. In den Fuß der päonienartigen Blüte wurde die Inschrift ›salekha‹ gewebt.*

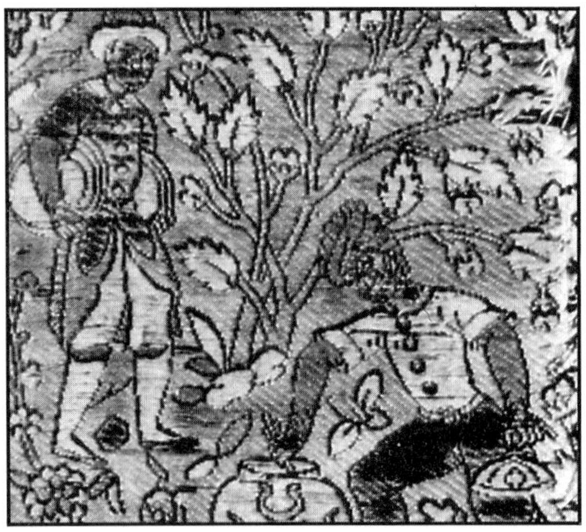

14 MKH Inv. Nr. 28232 Abb. 39 rechts
Seidenfragment (Lampasgewebe)
Iran: ca. 1550–1570; 36×9 cm
Material: *Seide, Gold über Seidenfaden;*
Farben: *Schwarz, Weiß, Gold (Goldgelb), Weinrot, Gelb, Hellbraun, Mittelbraun, Beige, Olivgrün;*
Zustand: *Verschmutzt; Farben etwas ausgebleicht; Musterfäden stellenweise etwas ausgefallen;*
Muster: *In übereinander geordneten Bildabschnitten, die die gesamte Breite des Gewebestreifens einnehmen, wechseln jeweils 13,5 cm hohe Teilabschnitte, Szenen aus dem höfischen Leben darstellend, mit 4,5 cm hohen Teilabschnitten, in denen je ein Tierpaar abgebildet ist.*

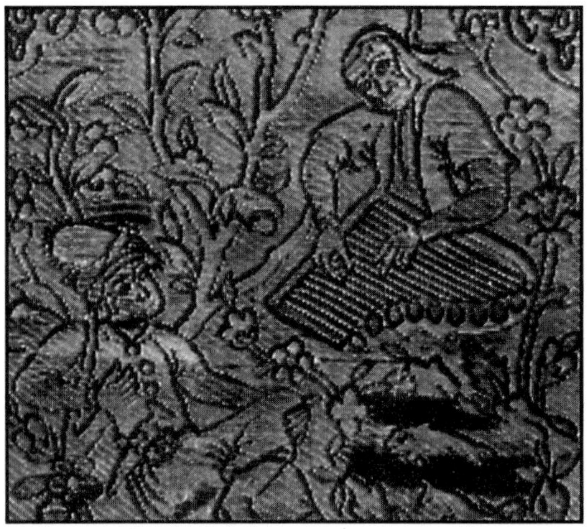

15 MKH Inv. Nr. 28233 Abb. 39 links
Seidenfragment (Lampasgewebe)
Iran: ca. 1550–1570; 32×9 cm
Material: *Seide, Gold über Seidenfaden;*
Farben: *Schwarz, Weiß, Gold (Goldgelb), Weinrot, Hellbraun, Mittelbraun, Beige, Olivgrün;*
Zustand: *Verschmutzt; Farben etwas ausgebleicht; Musterfäden stellenweise ausgefallen;*
Muster: Vgl. Kat. Nr. 14.

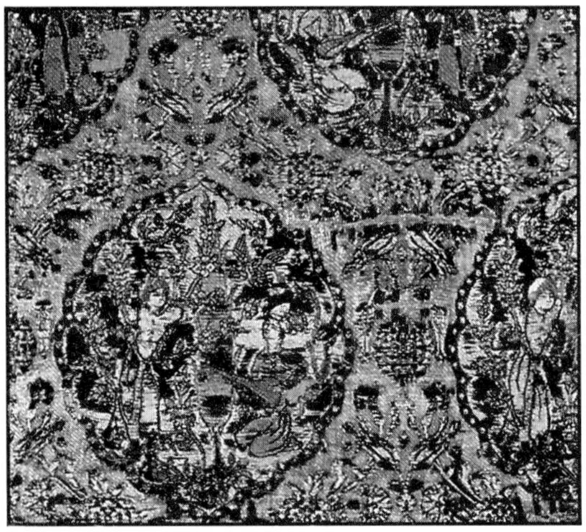

16 KGM Inv. Nr. 1981,19 Abb. 40
Seidenfragment (Lampasgewebe)
Iran: Ende 16. Jh.; 42×35 cm
Material: *Seide;* Farben: *Creme, Olivgrün, Silbergrau, Goldgelb, Dunkelrot, Marineblau;*
Zustand: *Stark verschlissen; Musterfäden zum Teil ausgefallen; einige Konturen später nachgestickt;*
Muster: *Auf schillerndem cremefarbenen Fond liegen, in Reihe auf Zwischenraum geordnet, spitzovale Mustermedaillons mit geschwungener Umrißlinie. In die Ovale wurden Gartenszenen gewebt, deren Bildrichtung zeilenweise wechselt. Zwischen den Medaillons liegen locker gezeichnete Blütenranken.*

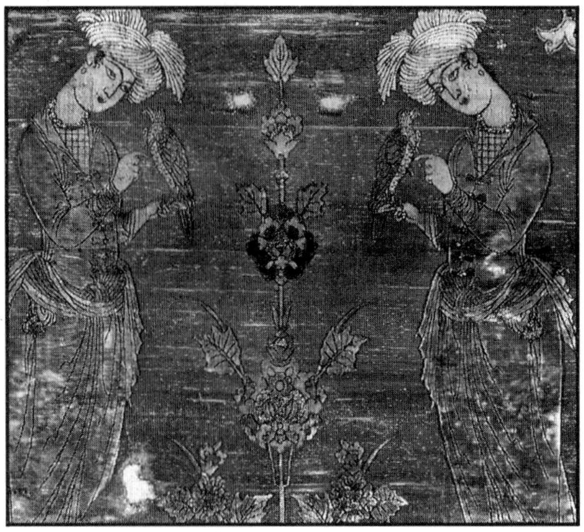

17 KGM Inv. Nr. 91,71 Abb. 41
Seidenfragment (Motive in Samt)
Esfahan: 1610–1620; 40×52 cm
Material: *Seide, Goldfaden mit Seidenseele, Silberfaden mit Seidenseele, Baumwolle;* Farben: *Gold, Silber, Creme, Weiß, Braun (mehrere Schattierungen);* Zustand: *Stellenweise verschlissen; Metallfäden zum Teil ausgefallen; mehrere kleine Löcher;*
Muster: *Vor goldenem Fond stehen zwei gegenständig geordnete jugendliche Falkner zwischen verschieden gestalteten Blütenpflanzen. Das Gewebe befindet sich als Dauerleihgabe im Islamischen Museum der Staatlichen Museen zu Berlin.*

18 KGM Inv. Nr. 91,71
Seidenfragment (Motive in Samt)
Esfahan: 1610–1620; 30,5×27,5 cm
Material: *Seide, Goldfaden mit Seidenseele, Silberfaden mit Seidenseele, Baumwolle;* Farben: *Gold, Silber, Creme, Weiß, Braun (mehrere Schattierungen);* Zustand: *Stark verschlissen; Muster stellenweise nicht mehr deutlich zu erkennen; Flor zum Teil ausgefallen; Farben ausgebleicht; unterer Teil durch Zeichnung ergänzt; Musterfäden stellenweise ausgefallen;* Muster: *Vor goldenem Fond steht ein jugendlicher Falkner. Seitlich wird er von Blütenstauden umrahmt. Der untere Teil der Figur ist durch eine Zeichnung ergänzt.*

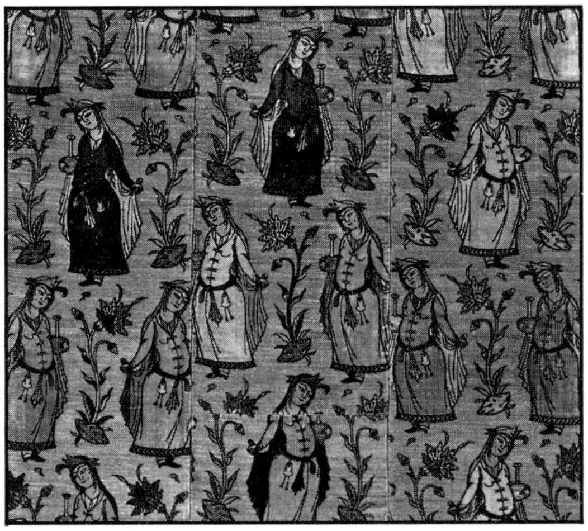

19 GM Inv. Nr. 27.6 (s. Anm. 329) Abb. 44
Seidenfragment (Motive in Samt)
Iran: 1. Drittel 17. Jh.; 207×103 cm
Material: *Seide, Goldfaden mit Seidenseele, Silberfaden mit Seidenseele;* Farben: *Gold, Silber, Orange (zwei Schattierungen), Dunkelbraun, Mittelblau, Hellblau, Gelb, Creme, Grün, Lachs (hell), Weinrot;* Zustand: *Sehr gut erhalten; aus sechs Fragmenten zusammengenäht;* Muster: *Vom goldenen köperartigen Gewebe heben sich reihenweise auf Zwischenraum geordnete weibliche Figuren in Samt ab. Zwischen leicht s-förmig geschwungenen Figuren mit zeilenweisem Richtungswechsel liegen, ebenfalls leicht s-förmig geschwungen, Blumenpflanzen in naturnaher, eleganter Zeichnung mit je einer geöffneten und zwei geschlossenen Blüten, die aus stilisierten Felsen wachsen. Trotz der Größe des Fragments gibt es keine Figur mit gleicher Farbwahl.*

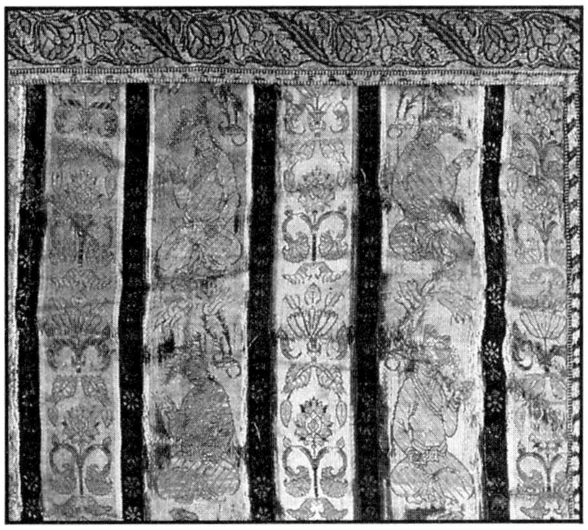

20 KGM Inv. Nr. 1978,319 Abb. 42
Seidenfragment, zu einer kleinen Decke verarbeitet; vgl. Kat. Nr. 315
Iran: 1. Hälfte 17. Jh.; 35,5×37,4 cm
Material: *Seide, Metallfäden mit Seidenseele;* Farben: *Tannengrün, Hellblau, Gelb (zwei Schattierungen), Rosa, Rostrot, Orange (hell), Weiß, Silber (Silbergrau), Gold (Goldgelb), Braun (mehrere Schattierungen);* Zustand: *Stark verschlissen; Farben ausgebleicht; Musterfäden stellenweise völlig ausgefallen;* Muster: *Die Musterung der unterschiedlich gefärbten vertikalen Streifen des vorliegenden Streifendessins besteht im Wechsel aus übereinander liegenden Blütenstauden, ein Musterband bildend, und übereinander geordneten sitzenden männlichen Figuren, die je eine Weinschale in der Hand halten. Zwischen beiden Musterstreifen verläuft jeweils ein schmaler grüner Begleitstreifen, der mit Einzelblüten besetzt ist. Die Bewegungsrichtung der männlichen Figuren wechselt von Streifen zu Streifen. Eingerahmt wird das gesamte Dessin von einer angenähten Borte, die mit Blütenranken besetzt ist. Auf Grund der Tatsache, daß der für die Decke verwendete Futterstoff aus dem 19. Jahrhundert stammt, kann davon ausgegangen werden, daß beide Gewebe erst relativ spät zusammengenäht wurden.*

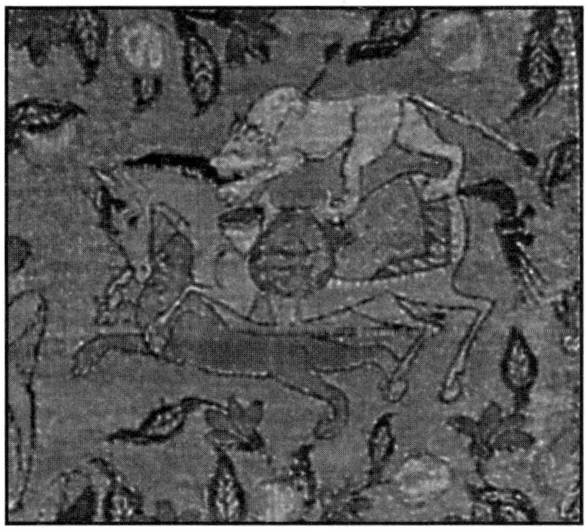

21 MVK Inv. Nr. WAS 261 Abb. 45
Kleiner Seidenbeutel; vgl. Kat. Nr. 292
Iran: 2. Hälfte 17. Jh.; 15,5×9,4 cm
Material: *Seide, Goldfaden mit Seidenseele, Silberfaden mit Seidenseele;* Farben: *Gold, Silber, Grasgrün, Gelbgrün, Hellbraun, Grau, Orange, Creme, Goldgelb, Altrosa, Hellblau;* Zustand: *Goldfaden stark ausgefallen; Musterfäden stellenweise ausgefallen; Farben etwas ausgebleicht;* Muster: *Auf goldenem Grund ist ein Jäger dargestellt, der auf einem blüten- und fruchtbehangenen Zweig kniet und einen Bogen spannt. Links und rechts schräg über ihm wird ein Pferd von zwei Löwen, von denen einer mit einem Pfeil bereits angeschossen ist, bedrängt. Über dem Jäger ist ein Strauch mit Blüten und Früchten abgebildet.*

22 GM Inv. Nr. 242/20
Seidenfragment
Iran: Ende 17. oder Anfang 18. Jh.; 38,7×34,4 cm
Material: *Seide, Silberfaden;* Farben: *Silber, Weiß, Tannengrün, Gelb, Brillantblau, Rosa (wahrscheinlich ursprünglich drei Schattierungen);* Zustand: *Derart stark verschlissen, daß stellenweise das Muster nicht mehr zu erkennen ist; Farben stark verblaßt;* Muster: *Auf silberbroschiertem Grund sind zwei Mustergruppen eingewebt, wobei sich in horizontaler Richtung die Szenen wiederholen, während sie vertikal wechseln. Zum einem handelt es sich dabei um einen auf einem Thron sitzenden Mann, neben dem ein Diener steht, zum anderen um einen vor zwei gefüllten Schalen sitzenden Mann und seinen eine Flasche haltenden Diener. Der Raum zwischen den Figurengruppen wird von naturnahen Rosenzweigen gleichmäßig bedeckt.*

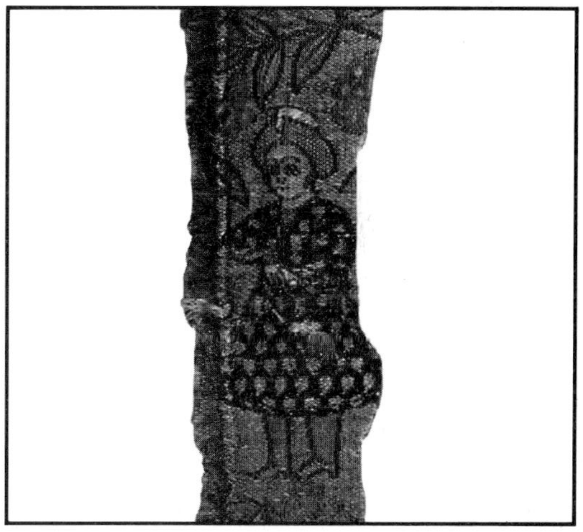

23 KGM Inv. Nr. 1978,287 Abb. 46
Seidenfragment
Iran: Ende 17. oder Anfang 18. Jh.; 14,9×3,4 cm
Material: *Seide, Goldfaden mit Seidenseele, Silberfaden mit Seidenseele;* Farben: *Gold (Goldgelb), Rosa (zwei Schattierungen), Altrosa, Lindgrün, Graphitgrau, Weiß, Gelb, Silber (Silberweiß), Hellblau;* Zustand: *Relativ stark verschlissen; Gold- und Silberfäden stark, Musterfäden stellenweise ausgefallen; Farben etwas ausgebleicht;* Muster: *Auf goldenem Grund steht, von Rosenzweigen umrahmt, eine männliche Figur in blauer Kleidung, eine Flasche in der Hand haltend. Darüber wird die untere Hälfte einer zweiten männlichen Figur in hellblauer und silberweißer Kleidung sichtbar.* Vgl. Kat. Nr. 22.

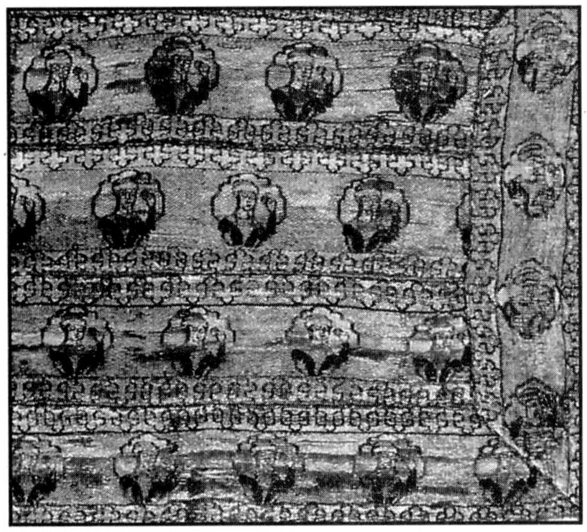

24 KGM Inv. Nr. 1978,351 Abb. 43
Seidenstreifen, zu einer Decke zusammengenäht
Iran: Ende 17. oder Anfang 18. Jh.; 17,4×29 cm
Material: *Seide, Goldfaden mit Seidenseele, Silberfaden mit Seidenseele;* Farben: *Gold (Goldgelb), Silber (Silberweiß), Brillantblau, Weiß, Orange, Dunkelbraun;* Zustand: *Stark verschlissen; Goldfaden stark, Musterfäden an vielen Stellen ausgefallen; Silberfaden fast völlig ausgefallen; Farben ausgebleicht;* Muster: *Zwei schmale Begleitstreifen begrenzen seitlich einen breiten Musterstreifen, in den auf goldgelbem Grund in regelmäßigen Abständen horizontal nebeneinander leicht ovale und eingebuchtete Medaillons geordnet sind. Die Medaillons enthalten auf weißem Grund die Darstellung einer männlichen Büste in europäischer Kleidung, einen Apfel (?) in der Hand haltend.*

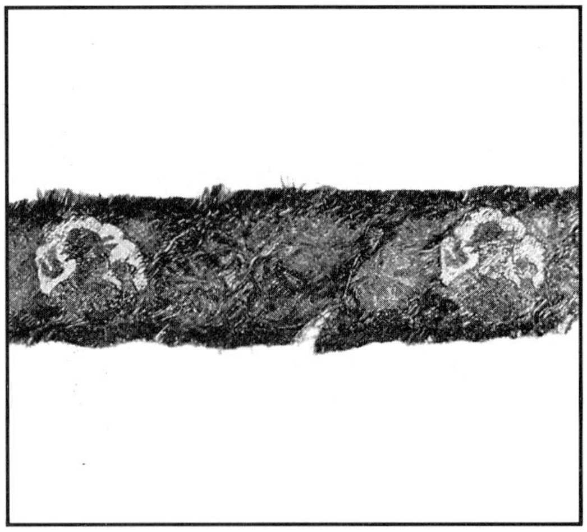

25 KGM Inv. Nr. 1978,348 Abb. 47
Seidenstreifenfragment
Iran: Ende 17. oder Anfang 18. Jh.; 4,4×32,2 cm
Material: *Seide, flacher Goldfaden, Silberfaden mit Seidenseele;* Farben: *Gold, Silber (gelber Seidenfaden silberumsponnen), Rosa (zwei Schattierungen), Altrosa, Mittelbraun, Beige;* Zustand: *Sehr stark verschlissen; Gold- und Silberfäden stark ausgefallen; Farben verblaßt; Musterfäden stellenweise völlig ausgefallen;* Muster: *Auf goldenem Grund liegen oval eingebuchtete Medaillons in horizontaler Reihung. Der Raum zwischen ihnen wird von einem leicht geschwungenen Blütenzweig bedeckt. In den Medaillons befindet sich vor ehemals silbernem, jetzt gelbem Grund das Bild einer Männerbüste in europäischer Kleidung, einen Apfel (?) in der Hand haltend. Links ist in Kopfhöhe des Mannes ein goldenes stilisiertes Wolkenmotiv abgebildet.*

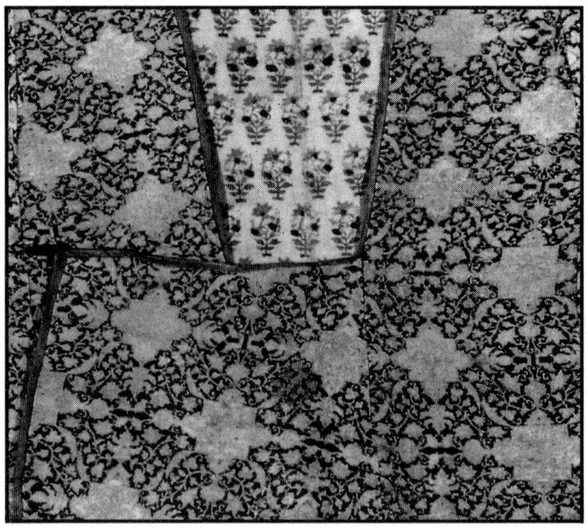

26 MVK Inv. Nr. WAS 67 Abb. 48
Taillierte Herrenjacke mit langen Ärmeln
Iran: 1. Hälfte 17. Jh.; 69×51 cm, Ärmellänge: 60,5 cm
Material: *Seide, Goldfaden mit Seidenseele, Silberfaden mit Seidenseele;* Farben: *Gold (Goldgelb), Silber (Weiß), Orange oder Ziegelrot, Pariser Blau;* Zustand: *Gold- und Silberfäden sehr stark ausgefallen; Gewebe stellenweise verschlissen und Musterfäden nicht mehr eingebunden; verschmutzt; Farben zum Teil ausgebleicht;* Muster: *Auf dunkelblauem Grund sind stark stilisierte Rosetten reihenweise auf Zwischenraum geordnet und untereinander mit jeweils zwei Blattwedeln so verbunden, daß eine rautenartige Feldeinteilung entsteht. Jedes dieser Felder ist gleichmäßig mit stark stilisierten Blütenzweigen bedeckt.*

27 GM Inv. Nr. I.A. 56
Seidenfragment
Iran: 1. Hälfte 17. Jh.; 35,6×18 cm
Material: *Seide, Goldfaden mit Seidenseele, Silberfaden mit Seidenseele;* Farben: *Orange oder Ziegelrot, Gold (Goldgelb), Silber (Weiß), Pariser Blau;* Zustand: *Gold- und Silberfäden stark ausgefallen; Musterschuß stellenweise etwas ausgefallen; leicht verschmutzt; Farben stark verblaßt;*
Muster: Vgl. Kat. Nr. 26; 28.

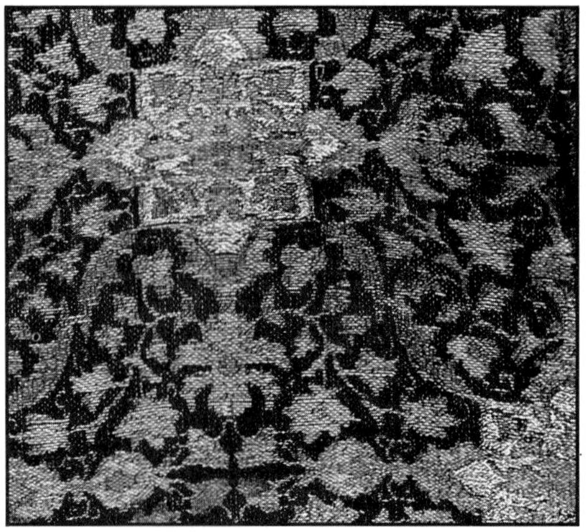

28 MKH Inv. Nr. 14607 Abb. 52
Seidenfragment, Teil eines Kleidungsstücks
Iran: 1. Hälfte 17. Jh.; 17×45 cm
Material: *Seide, Goldfaden mit Seidenseele, Silberfaden mit Seidenseele:* Farben: *Gold (Goldgelb), Silber (Weiß), Orange oder Ziegelrot, Pariser Blau;* Zustand: *Gold- und Silberfäden stark ausgefallen; Orange verblaßt; Musterfäden stellenweise ausgefallen;* Muster: Vgl. Kat. Nr. 26; 27.

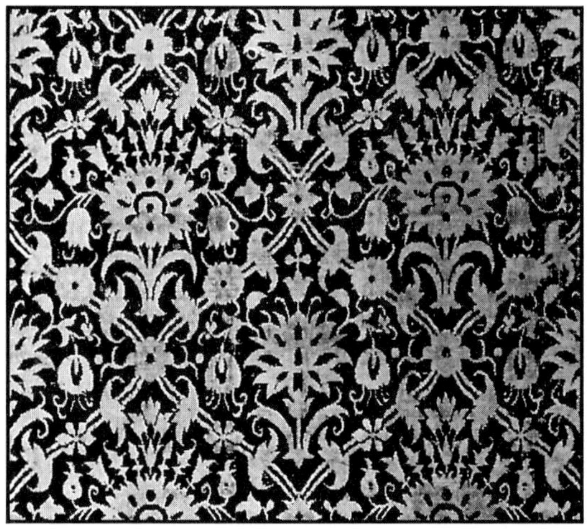

29 KGM Inv. Nr. 85,1021 Abb. 53
Samtfragment
Iran: Frühes 17. Jh.; 54×34,5 cm
Material: *Seide;* Farben: *Dunkelblau, Goldgelb, Rosa, Hellblau;* Zustand: *Gut erhalten; Farben etwas verblaßt;* Muster: *Feine, goldgelbe Doppelranken, auf denen Blätter und Rosetten liegen, bilden auf dunkelblauem Grund Rautenfelder. Ein goldgelber Blütenstengel mit Blättern und Wurzeln bildet jeweils das zentrale Ornament der Rauten. Aus den Pflanzen wachsen in zarter Zeichnung verschiedenartige Blütenzweige, die die Restfläche der Felder gleichmäßig füllen.*

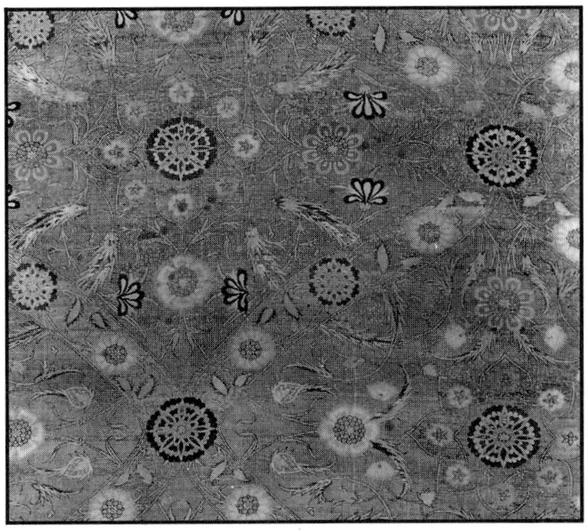

30 KGM Inv. Nr. 85,236 Abb. 49, 51
Teil einer Decke mit angenähter Borte
Iran: 1. Viertel 17. Jh.; 125×75,5 cm
Material: *Seide, Goldfaden mit Seidenseele, Silberfaden mit Seidenseele;* Farben: *Gold (Goldgelb), Silber (Weiß), Blau, Hellblau, Rot, Rosa (zwei Schattierungen), Grün, Lindgrün, Lachs, Weiß;* Zustand: *Gut erhalten; Musterfäden stellenweise etwas ausgefallen; Gold- und Silberfäden geringfügig ausgefallen;* Muster: *Ein leicht geschwungenes, blütenrankenbesetztes, silbergrundiges Bandsystem bildet auf dem goldgelben Fond ein Rautenschema, dessen Berührungspunkte durch stark stilisierte Rosetten bedeckt sind. Derartige Rosetten befinden sich auch im Zentrum der Felder, wo sie den Mittelpunkt einer zarten Blüte bilden. Das übrige Feld ist mit geschwungenen Lanzettblatt- und Blütenranken gleichmäßig bedeckt. Die Musterung der angenähten Borte ist von der des Innenfeldes verschieden und seitlich von zwei Begleitstreifen mit wellenförmiger Blütenrankenmusterung begrenzt. Auf der Mittelachse der Borte liegen in gleichmäßigen Abständen stark stilisierte Rosetten, um die sich zum Teil recht naturnah gezeichnete Blütenranken winden, die den Fond der Borte gleichmäßig bedecken.*

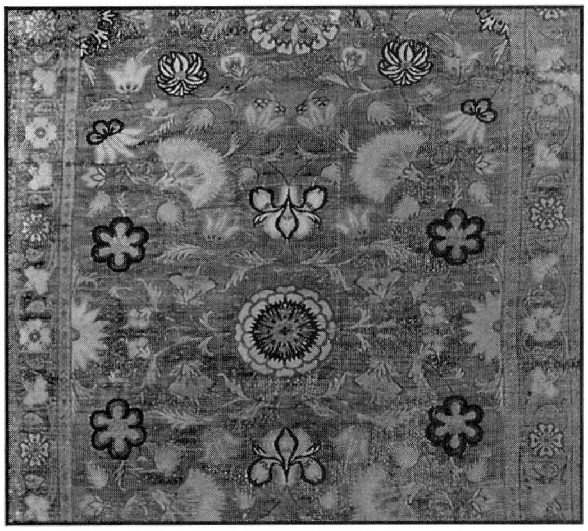

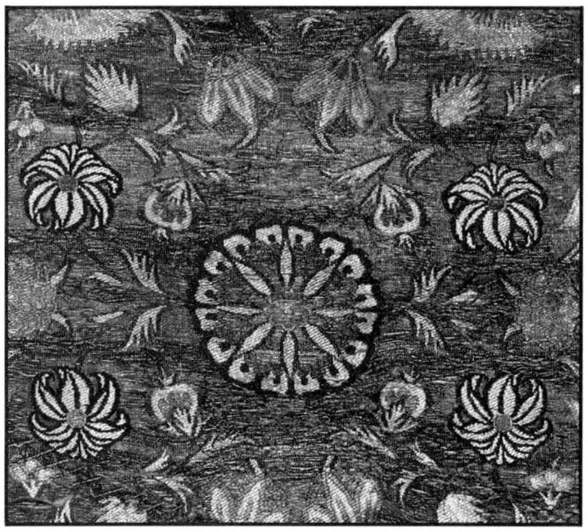

31 MKH Inv. Nr. 18554 Abb. 50
Seidenfragment, Teil einer Borte
Iran: 1. Hälfte 17. Jh.; 63,5×35 cm
Material: *Seide, Goldfaden mit Seidenseele, Silberfaden mit Seidenseele;* Farben: *Gold (Goldgelb), Silber (Weiß), Blau, Hellblau, Rot, Rosa (zwei Schattierungen), Grün, Lindgrün, Lachs, Weiß;* Zustand: *Stark zerstörtes Gewebe; grob restauriert;* Muster: Vgl. Kat. Nr. 30 (Borte); 32.

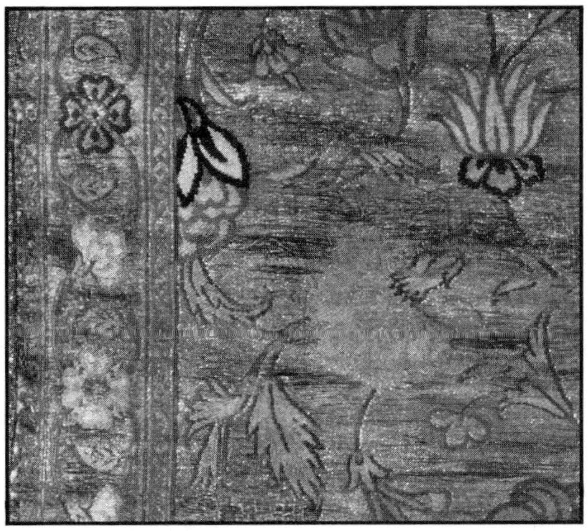

32 KGM Inv. Nr. 98,407 Abb. 54
Fünf zu einer breiten Borte gehörende Seidenfragmente
Iran: 1. Hälfte 17. Jh.; 30×45 cm
Material: *Seide, Goldfaden mit Seidenseele, Silberfaden mit Seidenseele;* Farben: *Gold (Goldgelb), Silber (Weiß), Blau, Hellblau, Rot, Rosa (zwei Schattierungen), Grün, Lindgrün, Lachs, Weiß;* Zustand: *Kleine Teilfragmente; stellenweise etwas verschlissen; Metallfäden teilweise ausgefallen;* Muster: Vgl. Kat. Nr. 30 (Borte); 31.

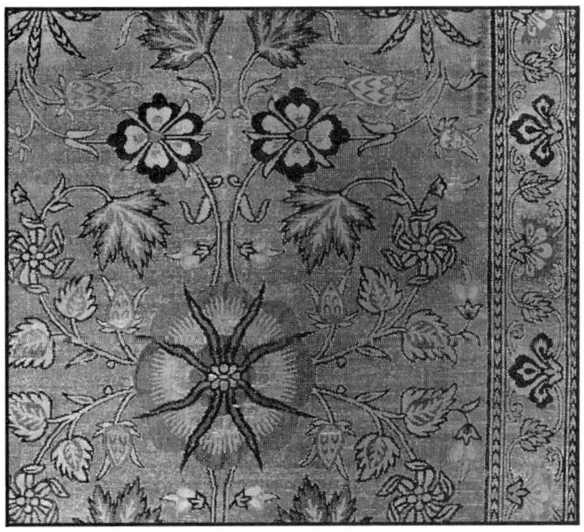

33 KGM Inv. Nr. 1978,147 Abb. 55
Seidenfragment, Teil einer Borte
Iran: 1. Hälfte 17. Jh.; 38,5×28,5 cm
Material: *Seide, Goldfaden mit Seidenseele, Silberfaden mit Seidenseele;* Farben: *Gold, Silber, Rot, Lachs, Dunkelblau, Mittelblau, Hellblau, Dunkelgrün, Hellgrün, Lindgrün, Beige, Gelb;* Zustand: *Sehr guter Erhaltungszustand;* Muster: *Zentrales Motiv der goldgrundigen Hauptborte ist eine rote Blütenrosette, aus der paarweise verschiedenartige Blütenranken mit Blattwerk wachsen, die den Fond in gleichmäßiger Füllung bedecken. An einer Seite ist die Borte durch einen breiten Begleitstreifen begrenzt, auf dessen silbernem Grund eine wellenförmig geschwungene Blütenranke liegt. Die Zeichnung ist schwungvoll und sicher und läßt trotz aller Stilisierung die Naturvorbilder zum Teil recht deutlich erkennen.*

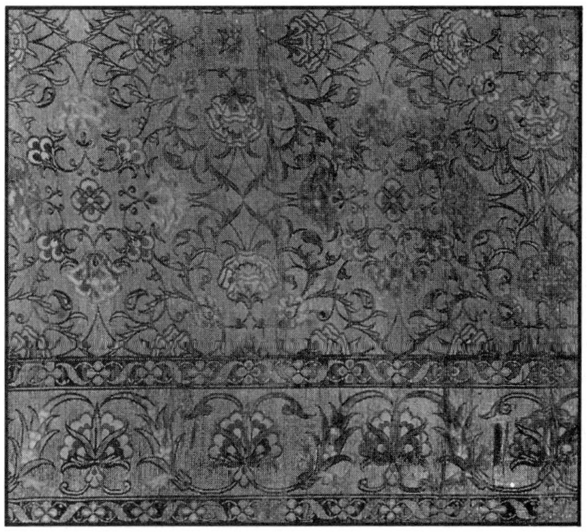

34 KGM Inv. Nr. 90,326 Abb. 56
Teil einer Seidendecke mit angewebter Borte
Iran: 1. Viertel 17. Jh.; 141×48 cm
Material: *Seide, Goldfaden mit Seidenseele, Silberfaden mit Seidenseele;* Farben: *Gold (Goldgelb), Silber (Weiß), Hellbraun, lichtes Blau, mehrere Lachstöne, Beige, Silbergrau, Hellgrau, Creme;* Zustand: *Stellenweise verschlissen; Muster- und Metallfäden teilweise ausgefallen;* Muster: *Das Innenfeld der Decke wird von einem aus zarten, leicht geschwungenen Ranken sich locker bildenden Rautenfeld überzogen. Die so entstandenen einzelnen Felder enthalten jeweils vier größere, auf die Ecken ausgerichtete Blüten, deren Blattspitzen sich nach außen zu wölben scheinen. Zwischen die derart gestalteten Blüten wurde noch jeweils eine kleinere gesetzt, aus der die rautenbildenden Ranken wachsen. Die geringfügig voneinander abweichende In-*

nenzeichnung wechselt im Karosystem. Die Borte zeigt auf silbernem Grund eine Wellenranke, deren s-förmig geschwungene Blätter gleichartige Blüten miteinander verbinden.

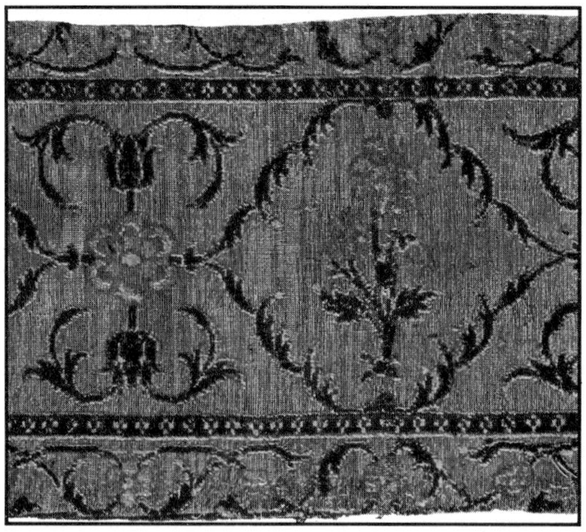

35 KGM Inv. Nr. 85,1049 Abb. 60
Seidenfragment, Teil einer breiten Borte (Motive in Samt)
Iran: Frühes 17. Jh.; 62×21 cm
Material: *Seide, Silberfaden mit Seidenseele, Baumwolle;* Farben: *Silber, Grün, Weiß, Weinrot;* Zustand: *Relativ gut erhalten; Silber- und Musterfäden teilweise ausgefallen;* Muster: *Ein breiter Musterstreifen wird seitlich von zwei Begleitstreifen begrenzt. Im Musterstreifen bilden jeweils zwölf akanthusartige Blätter Rauten, die die gesamte Breite der Borte einnehmen. Zwischen den Rauten, die eine leicht s-förmige geschwungene Blütenpflanze in naturnaher Zeichnung umschließen, liegt jeweils eine Rosette, aus der beidseitig je ein kurzer Tulpenstiel und daraus wiederum je zwei geschwungene Blattmotive wachsen.*

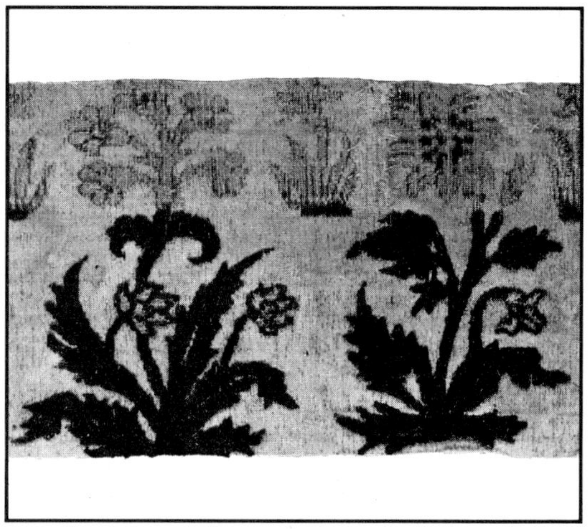

36 KGM Inv. Nr. H. III.01,454 Abb. 58
Seidenfragment, Borte des in Kat. Nr. 38 gezeigten Mittelfeldes
Iran: 1. Hälfte 17. Jh.; 16×52 cm
Material: *Seide, flacher Metallfaden (Silber?), Baumwolle;* Farben: *Silber (?), Creme, Flaschengrün (meliert), Rubinrot, Goldgelb;* Zustand: *Grund stark verschlissen; heller Musterfaden teilweise ausgefallen;* Muster: *Auf cremefarbenem Grund liegen in einer Reihe nebeneinander drei ganze und zwei angeschnittene, leicht s-förmig geschwungene Blumenpflanzen in naturnaher Zeichnung mit grünem, teilweise an den Spitzen umgeschlagenem Blattwerk und goldgelben Blüten, wobei immer zwei unterschiedlich gestaltete Pflanzen im Wechsel nacheinander stehen. Zwischen den Blüten liegen kleinere hohe, schlanke Pflanzen.*

37 GM Inv. Nr. 248/20
Seidenfragment, Borte des in Kat. Nr. 38 gezeigten Mittelfeldes
Iran: 1. Hälfte 17. Jh.; 16,4×24,5 cm
Material: *Seide, flacher Metallfaden (Silber?), Baumwolle;* Farben: *Silber (?), Creme, Flaschengrün (meliert), Rubinrot, Goldgelb;* Zustand: *Metallfaden fast völlig ausgefallen; stellenweise stark verschlissen; verschmutzt;* Muster: Vgl. Kat. Nr. 36.

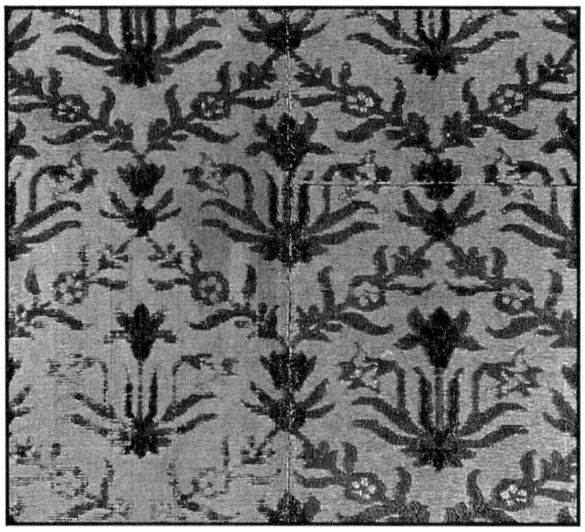

38 KGM Inv. Nr. 80,461 Abb. 59
Seidenfragment, vom Mittelfeld einer Decke (Motive in Samt)
Iran: 1. Hälfte 17. Jh.; 36×36 cm
Material: *Seide, flacher Metallfaden (Silber?), Baumwolle;* Farben: *Silber (?), Flaschengrün (meliert), Rubinrot, Creme;* Zustand: *Stark verschlissen; Metallgrund fast völlig ausgefallen;* Muster: *Blüten- und Blattranken überziehen den Grund mit einem Rautenmuster. In den Rauten befindet sich je eine achsensymmetrische Lilienpflanze mit drei Blüten.*

39 KGM Inv. Nr. 1978,104 Abb. 57
Zu einer Decke zusammengenähte Seidenfragmente, mit gestreifter Seide abgefüttert; vgl. Kat. Nr. 278
Iran: 17. Jh.; 42×36 cm
Material: *Seide;* Farben: *Grau (dunkel), Creme, Grün, Goldgelb, Lachs (zwei Schattierungen);* Zustand: *Guter Erhaltungszustand;* Muster: *Der graue Fond ist mit einem aus cremefarbenen, leicht geschwungenen akanthusartigen Blättern bestehenden Rankensystem überzogen, dessen Berührungspunkte mit Vierpaßblüten besetzt sind. In den spitzovalen Feldern befindet sich je ein abgeschnittener, leicht geschwungener Blütenzweig in naturnaher Zeichnung.*

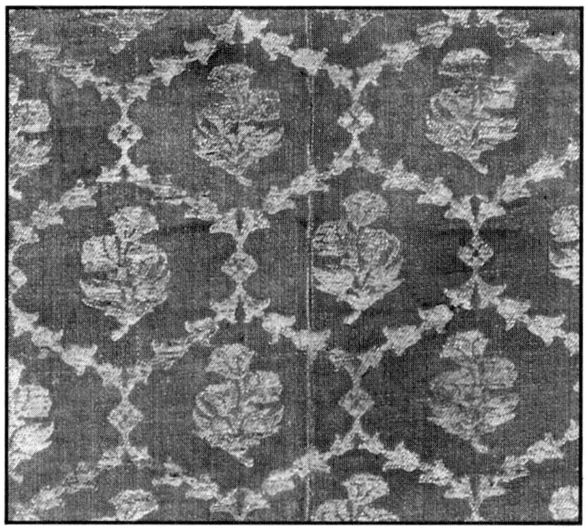

40 KGM Inv. Nr. 1978,112 Abb. 61
Kleine Seidendecke mit angenähter Borte; vgl. Kat. Nr. 327
Iran (?): 17. Jh.; 46×31 cm
Material: *Seide, Goldfaden mit Seidenseele;* Farben: *Gold (Goldgelb), Rostrot;* Zustand: *Stellenweise stark verschlissen und etwas verschmutzt; Goldfaden stark ausgefallen;* Muster: *Auf rostrotem Grund sind glockenförmige Blüten zu einem rautenartig die Fläche überziehenden Rankensystem aneinandergereiht, dessen Berührungspunkte durch Quadrate verdeckt sind. In der Mitte der so entstandenen Felder befindet sich jeweils ein abgeschnittener, leicht s-förmig geschwungener Blütenzweig in naturnaher Zeichnung.*

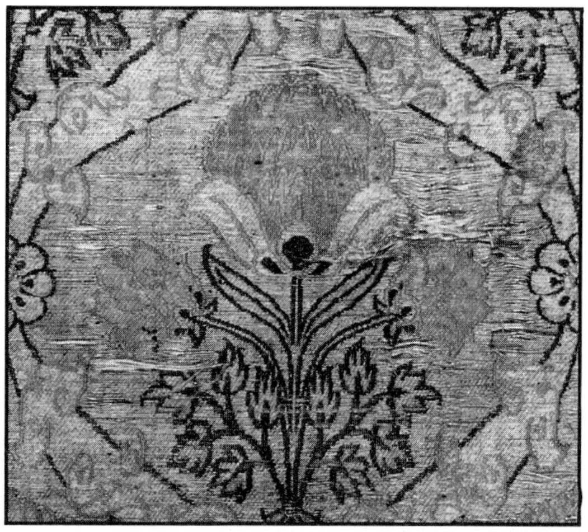

41 KGM Inv. Nr. 1978,145 Abb. 62
Seidenfragment
Iran: Mitte 17. Jh.; 11,5×37 cm
Material: *Seide, Goldfaden mit Seidenseele, Silberfaden mit Seidenseele, Silberbronze über Seidenfaden;* Farben: *Gold (Goldgelb), Silber (Silbergrau), Flaschengrün, Lindgrün, Rosa (zwei Schattierungen), rosa Seidenfaden mit Silberfarbe überzogen;* Zustand: *Gold- und Silberfäden stark ausgefallen; stark verschlissen;* Muster: *Über dem goldenen Grund liegt ein rautenartiges Gittersystem aus silbergrauen, blattartigen Motiven. Auf den Berührungspunkten der Ranken liegen silbergraue Rosetten. Die Innenfelder werden von jeweils einer achsensymmetrischen Blütenpflanze ausgefüllt. Die Zeichnung der silbergrauen Blätter wirkt etwas ungeschickt.*

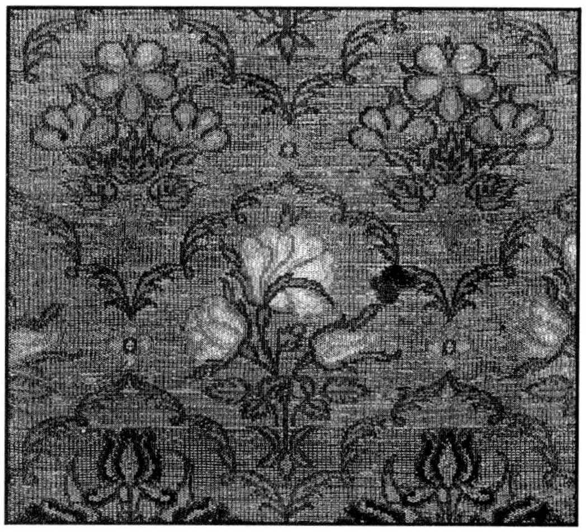

42 MKH Inv. Nr. 2803 Abb. 63
Seidenfragment
Iran: 17. Jh.; 16,7×16,3 cm
Material: *Seide, Goldfaden mit Seidenseele;* Farben: *Gold, Grün, Blau, Hellblau, Lachs, Creme;* Zustand: *Goldfaden stellenweise ausgefallen; Farben etwas ausgebleicht;* Muster: *Auf goldenem Fond bilden je zwölf akanthusartige Blattwedel ein Rautensystem. In den einzelnen Rauten liegen leicht geschwungene Blütenstauden in naturnaher Zeichnung. Die Art der Pflanzen wechselt in vertikaler Richtung reihenweise mindestens dreimal.*

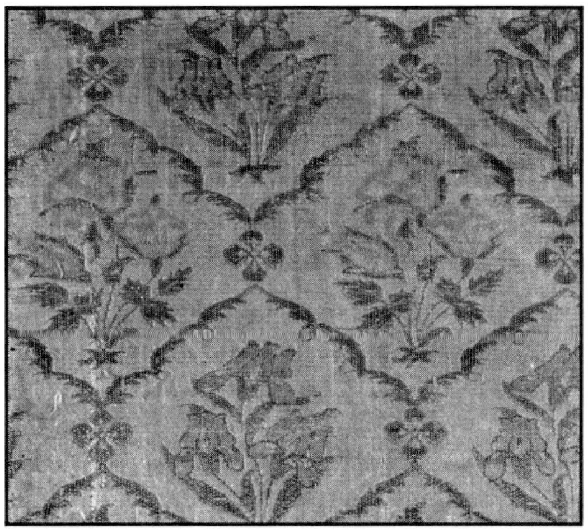

43 KGM Inv. Nr. 1978,142 Abb. 64
Seidenfragment
Iran: Mitte oder 2. Hälfte 17. Jh.; 15,5×13,8 cm
Material: *Seide, Goldfaden mit Seidenseele;* Farben: *Gold, Lindgrün, Hellgrau, Dunkelbraun, Lachs, Rosa (zwei Schattierungen);* Zustand: *Goldfaden fast völlig, Musterfäden stellenweise ausgefallen; etwas verschmutzt;* Muster: *Auf goldenem Fond bilden grüne, akanthusartige Blattwedel ein Rautensystem. In den aus je zwölf akanthusartigen Blättern gebildeten einzelnen Rauten liegen in horizontaler Richtung im Wechsel eine Reihe Rosen und eine Reihe Schwertlilienpflanzen übereinander. Die in naturnaher Zeichnung gestalteten floralen Motive ändern zeilenweise ihre Bewegungsrichtung. Auf den Schnittpunkten der Rauten liegen kleine, grüne Vierpaßblätter.*

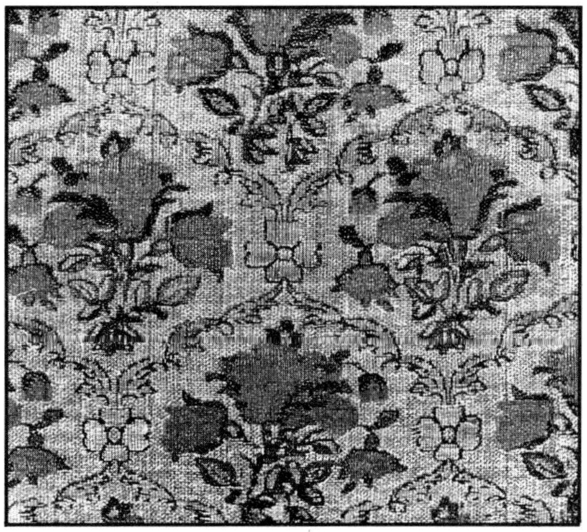

44 KGM Inv. Nr. 1978,144 Abb. 66
Seidenfragment
Iran: 2. Hälfte 17. Jh.; 11,6×12,3 cm
Material: *Seide, Goldfaden mit Seidenseele;* Farben: *Gold, Silbergrau, Lindgrün, Flaschengrün, Rot, Altrosa, Dunkelbraun;* Zustand: *Goldfaden zu großen Teilen, Musterfäden häufig ausgefallen; Gewebe oben und unten durch dichter gewebten Goldstreifen begrenzt; an allen vier Seiten Reste eines blauen Seidenfadens, durch den dieses Stück vormals mit einem anderen Gewebe zusammengenäht war;* Muster: *Auf goldenem Grund bilden je zwölf silbergraue, akanthusartige Blattwedel ein Rautensystem. In den einzelnen Rautenfeldern liegt mit zeilenweisem Richtungswechsel je eine Rosenpflanze in naturnaher Zeichnung. Die Schnittpunkte der Rauten sind mit kleinen, silbergrauen Vierpaßblüten besetzt.*

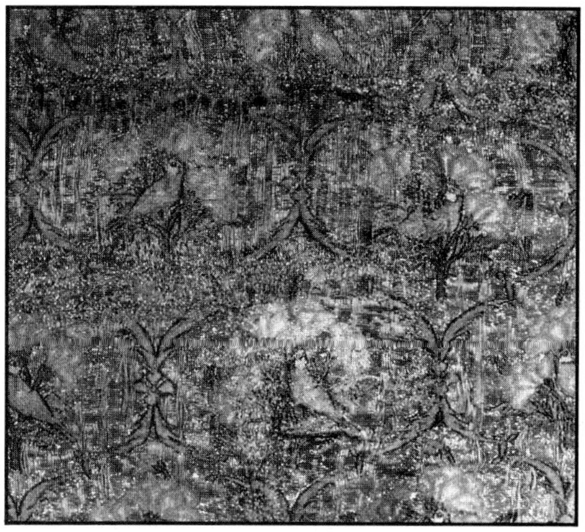

45 KGM Inv. Nr. 1978,136
Seidenfragment
Iran: 2. Hälfte 17. Jh.; 14,8×29 cm
Material: *Seide, flacher Goldstreifen;* Farben: *Gold, Lindgrün, Gelbgrün, helles Beige, Orange (Lachs), Rosa (zwei Schattierungen), Schwarz;* Zustand: *Allgemeiner Erhaltungszustand sehr schlecht; Farben sehr stark ausgebleicht und daher kaum noch richtig zu erkennen; Goldfaden häufig gerissen und ausgefallen, ebenso die Musterfäden;* Muster: *Auf goldenem Grund bilden jeweils acht akanthusartige Blattwedel Spitzovale, die den Fond mit einem ogivalen Rankensystem überziehen. In den Ovalen befindet sich jeweils ein abgeschnittener Blütenzweig in naturnaher Zeichnung und mit zeilenweisem Richtungswechsel sowie je ein kleines Vogelmotiv.*

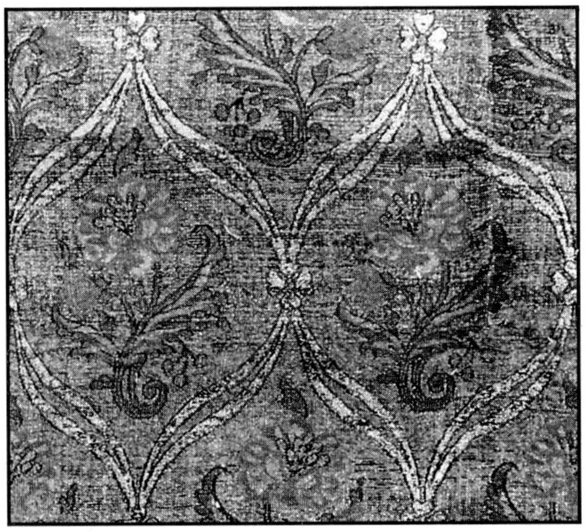

46 KGM Inv. Nr. 1980,95 Abb. 65
Kleine Decke mit angenähter Borte; vgl. Kat. Nr. 325
Iran: 2. Hälfte 17. Jh.; 68,5×62 cm
Material: *Seide, Metallfaden mit Seidenseele;* Farben: *Goldgelb (ursprünglich Gold), Silber (Silberweiß), Hellgrün, Gelbgrün, Rosa (drei Schattierungen);* Zustand: *Stellenweise verschmutzt und fleckig;* Muster: *Stark stilisierte, geschwungene, schmale Blätter bilden auf goldgelbem Grund ein ogivales Gittersystem. In die so entstandenen spitzovalen Einzelfelder wurde je ein s-förmig geschwungener Rosenzweig in recht naturnaher Zeichnung gewebt. Die Schwingungsrichtung der einzelnen Zweige ändert sich zeilenweise.*

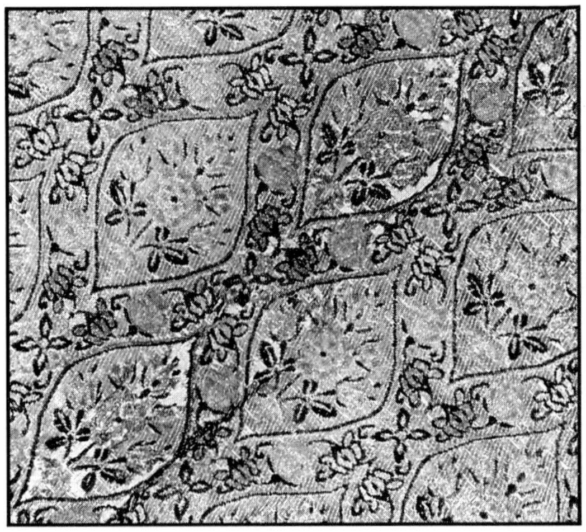

47 MVK Inv. Nr. WAS 232 Abb. 67
Kleine Tasche (Kuvert)
Iran: 2. Hälfte 17. oder 18. Jh. (?); 24,7×16,6 cm
Material: *Seide, Metallfaden (Gold-Silbermischung);* Farben: *Gold, Rosa, Altrosa, Lichtblau, Tannengrün, helles Violett;* Zustand: *An einigen Stellen verschlissen, dort Metallfaden völlig ausgefallen; Farben etwas ausgebleicht; leicht verschmutzt; Höhe und Breite entsprechen nicht der Kett- und Schußrichtung, da das Muster schräg verläuft;* Muster: *Blütenrankenbänder überziehen das Gewebe mit einem ogivalen Mustersystem. In den dadurch entstandenen spitzovalen Feldern befindet sich jeweils eine achsensymmetrische Rosenstaude in stilisierter Zeichnung.*

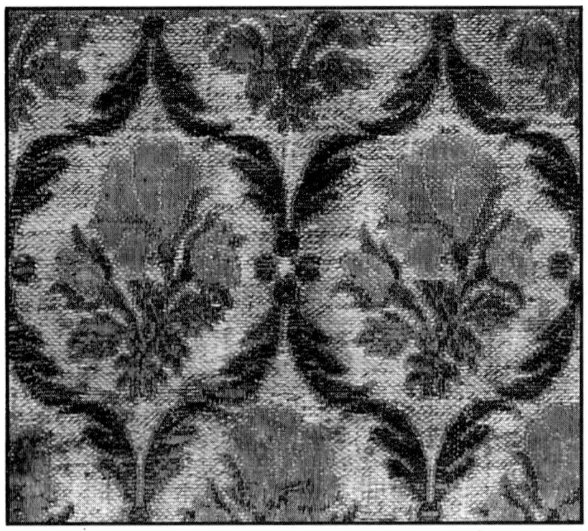

48 KGM Inv. Nr. 1978,146 Abb. 68
Seidenfragment
Iran: 2. Hälfte 17. Jh.; 9×33,5 cm
Material: *Seide, Silberfaden mit Seidenseele;* Farben: *Goldgelb (vormals silberumsponnen), Marineblau, Tannengrün, Rosa, Grau oder Violett;* Zustand: *Stark verschlissen; Silberfaden fast völlig, Musterfäden häufig ausgefallen; Farben stark ausgebleicht;* Muster: *Auf vormals silbernem Grund sind blaue, akanthusartige Blätter so geordnet, daß ein ogivales Mustersystem entsteht, bei dem jeweils durch acht Blattmotive ein Spitzoval gebildet wird. Die Berührungspunkte des Rankensystems bedeckt je ein Vierpaßmotiv. Die Innenfläche der Felder ist mit je einer Rosenpflanze in naturnaher Zeichnung bedeckt, wobei ein zeilenweiser Richtungswechsel erfolgt.*

49 GM Inv. Nr. 219/20
Seidenfragment
Iran: Spätes 17. oder frühes 18. Jh.; 23×23 cm
Material: *Seide, Silberfaden mit Seidenseele;* Farben: *Rosa (zwei Schattierungen), Goldgelb (vormals silberumsponnen), Weiß, Mittelbraun, Tannengrün, Brillantblau;* Zustand: *Verschlissen; Silberfaden fast völlig, Musterfäden stellenweise ausgefallen; Farben verblaßt; leicht verschmutzt; aus drei Teilfragmenten zusammengenäht;* Muster: *Auf jetzt goldgelbem Grund bilden akanthusartige Blätter ein ogivales Rankensystem, dessen Schnittpunkte mit Vierpaßblüten besetzt sind. In den spitzovalen Innenfeldern befindet sich je eine stilisierte Blütenpflanze, wobei in vertikaler Richtung zwei unterschiedliche Blütenmotive zeilenweise wechseln.*

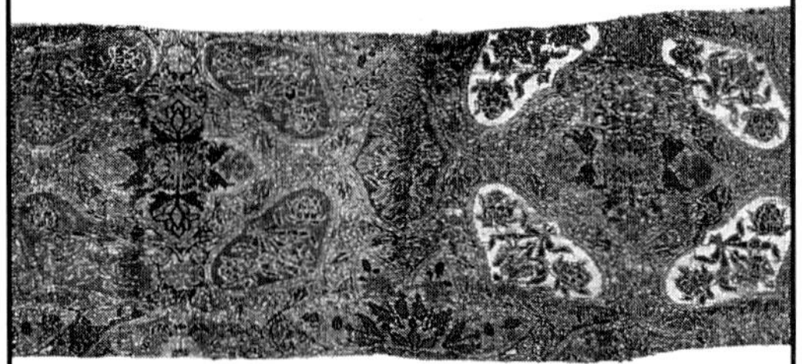

50 KGM Inv. Nr. 1978,285 Abb. 69
Seidenfragment
Iran: 2. Hälfte 17. Jh.; 10,7×39,7 cm
Material: *Seide, Goldfaden mit Seidenseele;* Farben: *Gold (Goldgelb), Creme, Ziegelrot, Silberweiß, Grün, Grau, Schwarz;* Zustand: *Stark verschlissen; Gold- und Musterfäden häufig ausgefallen; Farben stellenweise ausgebleicht;* Muster: *Auf cremefarbenem Grund sind in vertikaler Richtung je eine Reihe Stern- und Vierpaßmotive im Wechsel nacheinander geordnet. Sie werden von blütenbesetzten Füllmotiven und Ranken in rautenartiger Gliederung umschlossen.*

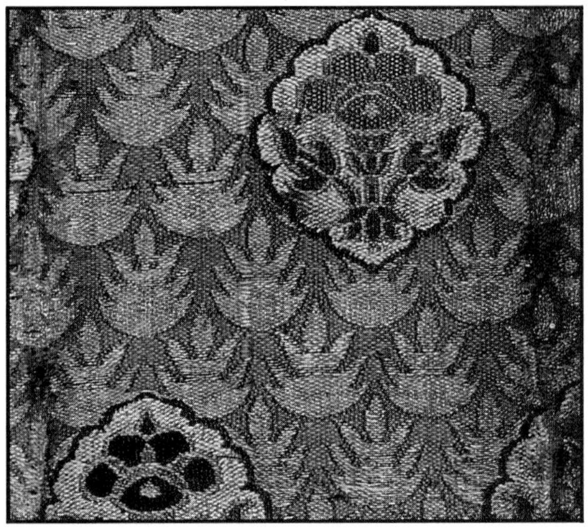

51 KGM Inv. Nr. 1978,288 Abb. 70
Seidenfragment
Iran: Spätes 17. Jh.; 9×7 cm
Material: *Seide, Goldfaden mit Seidenseele, Silberfaden mit Seidenseele;* Farben: *Gold (Goldgelb), Silber (Silbergrau), Ziegelrot, Grün, Brillantblau, Altrosa;* Zustand: *Gut erhalten; Goldfaden stellenweise und Silberfaden stark ausgefallen;* Muster: *Auf ziegelrotem Grund sind goldene Blattmotive derart eng in Reihe auf Zwischenraum geordnet, daß sie den gesamten Grund in geschlossener Flächenfüllung bedecken. Über dieser Musterung liegen eingebuchtete, spitzovale Medaillons mit silbergrauem Grund, die weiträumig in Reihe auf Zwischenraum geordnet sind. Das Innenfeld der Medaillons ist jeweils mit einer stark stilisierten Blütenpflanze bedeckt.*

52 GM Inv. Nr. 25.36 g.–38 g.
Kasel, Manipel und Palla; vgl. Kat. Nr. 307
Iran: Spätes 17. oder frühes 18. Jh.; 108×61 cm
Material: *Seide, Goldfaden mit Seidenseele;*
Farben: *Gold (Goldgelb), Blau, Weinrot, Dunkelbraun, Creme, Beige, Hellgrün;* Zustand: *Gut erhalten; etwas verschmutzt; an einigen Stellen Gold- und Musterfäden ausgefallen; Kasel aus zwei Fragmenten zusammengenäht;* Muster: *Breite, im Wechsel blau- und rotgrundige Streifen mit kleinteiliger Blütenmusterung in rautenartiger Umschließung werden durch schmale, blütenrankenbesetzte Streifen getrennt.*

53 GM Inv. Nr. 25.39 g.
Kelchdecke, mit grün eingefärbter Naturseide abgefüttert; vgl. Kat. Nr. 308
Iran: Spätes 17. oder frühes 18. Jh.; 56,3×56,6 cm
Material: *Seide, Goldfaden mit Seidenseele;*
Farben: *Gold (Goldgelb), Blau, Weinrot, Dunkelbraun, Creme, Beige, Hellgrün;* Zustand: *Etwas verschmutzt; sonst gut erhalten; Goldfaden zum Teil ausgefallen; aus vier Fragmenten zusammengenäht;* Muster: Vgl. Kat. Nr. 52. *In der unteren Hälfte der Decke wurde auf den mittleren breiten Musterstreifen ein Kreuz aus zwei blütenrankenbesetzten Bortenstreifen aufgenäht.*

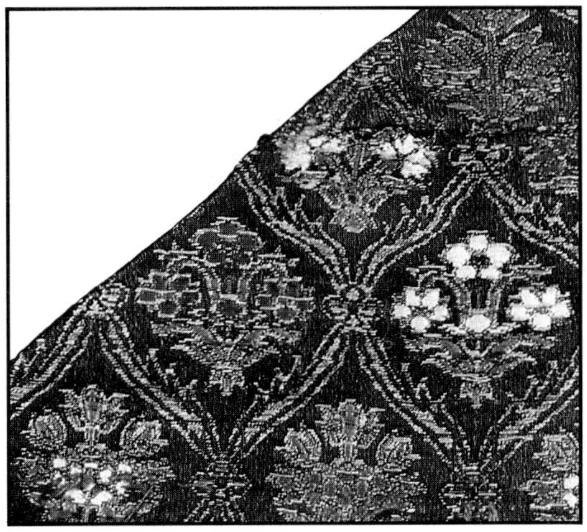

54 KGM Inv. Nr. 1978,248 Abb. 71
Seidenfragment
Iran: 1. Hälfte 18. Jh. (?); 11,2×11,9 cm
Material: *Seide, Goldfaden mit Seidenseele;*
Farben: *Graphit, Ziegelrot, Altrosa, Weiß, Hellgrün, Gold (Goldgelb);* Zustand: *Aus zwei Stücken zusammengenäht; etwas verschlissen; Goldfaden stellenweise ausgefallen; Farben leicht ausgebleicht;* Muster: *Goldgelbe Blattwedel bilden auf graphitgrauem Grund ein ogivales Rankensystem. Die Berührungspunkte der dadurch entstehenden Spitzovale sind mit Rosetten bedeckt. Die einzelnen Felder werden von verschiedenartigen Blütenpflanzen ausgefüllt. Das Muster ist sehr kleinteilig.*

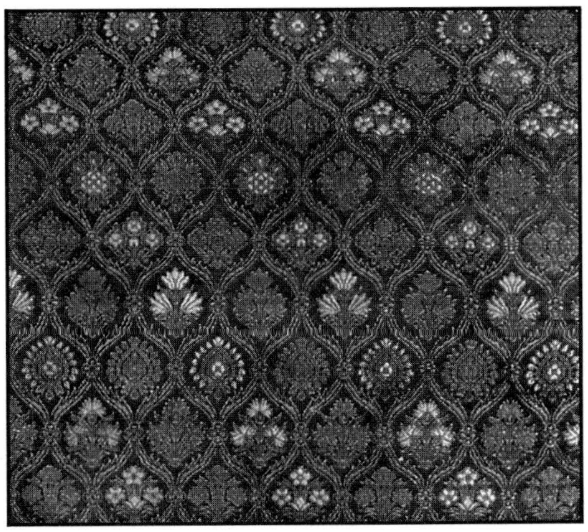

55 KGM Inv. Nr. unleserlich: . . . , . .29 Abb. 72
Seidenfragment
Iran: 1. Hälfte 18. Jh. (?); 61×38,5 cm
Material: *Seide, Metallfaden mit Seidenseele;*
Farben: *Braun, Weiß, Goldgelb, Lachs, Hellgrün:* Zustand: *Gut erhalten;* Muster: *Goldgelbe Blattwedel bilden auf braunem Grund ein ogivales Rankensystem. Die Berührungspunkte der dadurch entstehenden Spitzovale sind mit Rosetten bedeckt. Die einzelnen Felder werden von verschiedenartigen, kleinen Blumengebilden ausgefüllt. Das Muster ist sehr kleinteilig.*

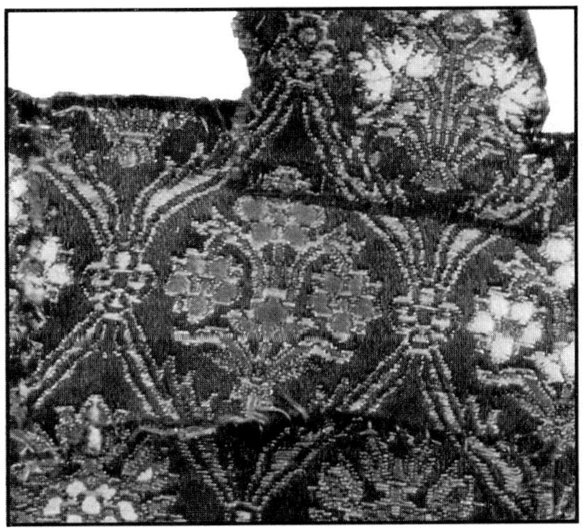

56 KGM Inv. Nr. H. III. 09,58 Abb. 73
Zwei kleine Seidenfragmente
Iran: 1. Hälfte 18. Jh. (?); 13×21 cm
Material: *Seide, Metallfaden mit Seidenseele;*
Farben: *Braun, Weiß, Goldgelb, Lachs, Hellgrün;* Zustand: *Gut erhalten;* Muster: Vgl. Kat. Nr. 55.

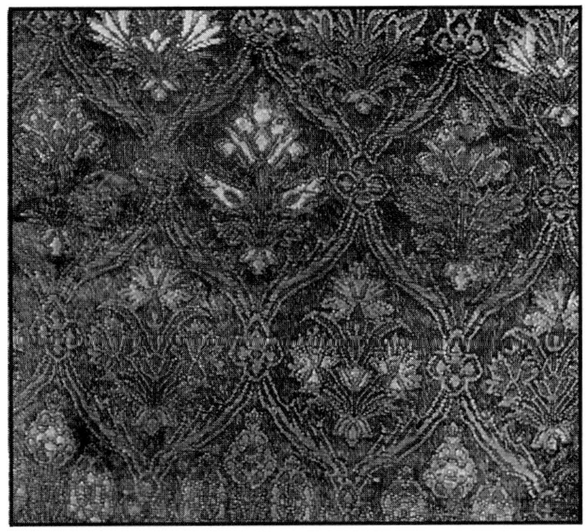

57 KGM Inv. Nr. 82,757 Abb. 74
Seidenfragment
Iran: 1. Hälfte 18. Jh.; 18×13 cm
Material: *Seide;* Farben: *Braun, Goldgelb, Creme, Ziegelrot, Lachs, Grün;* Zustand: *Gut erhalten;* Muster: *Goldgelbe Blattwedel bilden auf braunem Grund ein ogivales Rankensystem. Die Berührungspunkte der dadurch entstehenden Spitzovale sind durch Rosetten bedeckt. Die einzelnen Felder werden von verschiedenartigen, kleinen Blumengebilden ausgefüllt. Das Muster ist sehr kleinteilig.*

58 KGM Inv. Nr. 82,645
Seidenfragment
Iran: 18. Jh.; 13×45 cm
Material: *Seide;* Farben: *Pariser Blau, Grün, Gelb, Ziegelrot, Silberweiß;* Zustand: *Sehr gut erhalten;* Muster: *Auf dunkelblauem Grund liegen, in Reihe auf Zwischenraum geordnet, verschiedenartige kleine Blütenstauden. Das Muster ist sehr kleinteilig.*

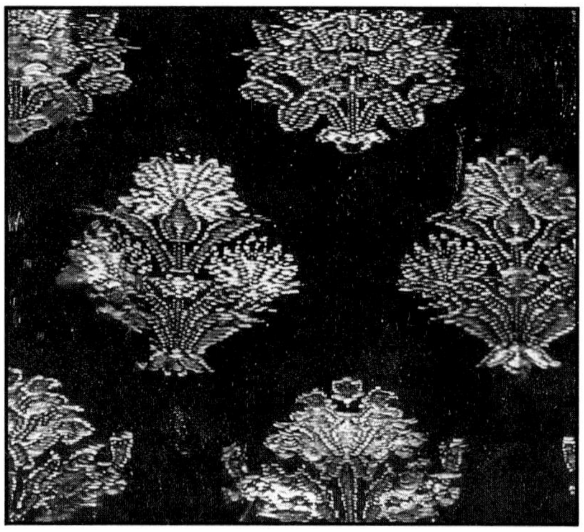

59 MKH Inv. Nr. 14200 Abb. 76
Seidenfragment
Iran: 18. Jh.; 19,3×6,8 cm
Material: *Seide;* Farben: *Pariser Blau, Grün, Gelb, Ziegelrot, Silberweiß;* Zustand: *Gewebestruktur stellenweise aufgelockert; Musterfäden stellenweise ausgefallen;* Muster: Vgl. Kat. Nr. 58.

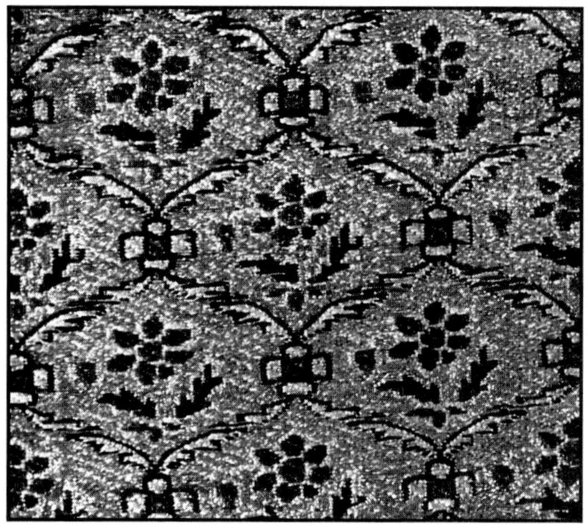

60 KGM Inv. Nr. 1978,138 Abb. 75
Seidenfragment
Iran: 18. Jh. (?); 5,6×7,3 cm
Material: *Seide, Goldfaden mit Seidenseele;* Farben: *Gold (Goldgelb), Weiß, Schwarz, Zinnoberrot, Tannengrün, Altrosa;* Zustand: *Gut erhalten; lediglich Goldfaden teilweise ausgefallen;* Muster: *Auf goldgelbem Grund bilden je acht akanthusartige Blattwedel Spitzovale, deren Berührungspunkte mit Rosetten geschmückt sind und die den gesamten Fond rautenartig überziehen. In den Feldern befindet sich je eine kleine, stark stilisierte Blütenpflanze.*

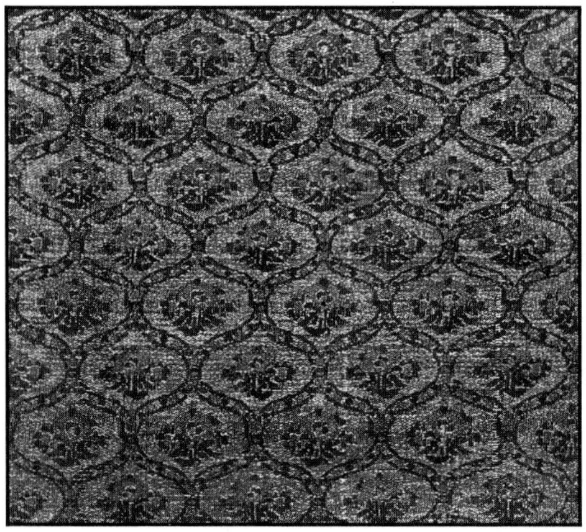

61 MKH Inv. Nr. 19749 Abb. 77
Seidenfragment
Iran: 18.–19. Jh.; 55,8×43 cm
Material: *Seide, flacher Metallfaden;* Farben: *Ziegelrot, Zitronengelb, Marineblau, Silbergrau, Grasgrün;* Zustand: *Metallfaden häufig ausgefallen; Farben stellenweise stark ausgebleicht;* Muster: *Über leuchtend gelbem Grund liegt ein kleinteiliges ogivales Rankensystem. Die dadurch entstehenden Felder sind mit kleinen Blütenstauden bedeckt, die zeilenweise ihre Schwingungsrichtung wechseln.*

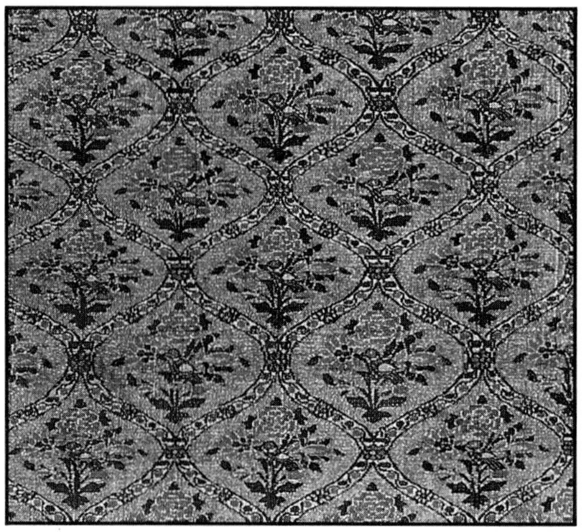

62 MVK Inv. Nr. WAS 80 Abb. 78
Seidenfragment (Ärmelteil?)
Iran: 18. Jh.; 25×59 cm
Material: *Seide, Goldfaden mit Seidenseele;* Farben: *Gold (Goldgelb), Tannengrün, Altrosa, Violett, Weiß;* Zustand: *Goldfaden stark ausgefallen; ansonsten gut erhalten;* Muster: *Über goldgelbem Grund bilden schmale, blütenrankenbesetzte Streifen ein ogivales Rankensystem. Die dadurch entstehenden Felder sind mit stark stilisierten, kleinen Blütenpflanzen, in deren Zweigen ein Vogel sitzt, bedeckt.*

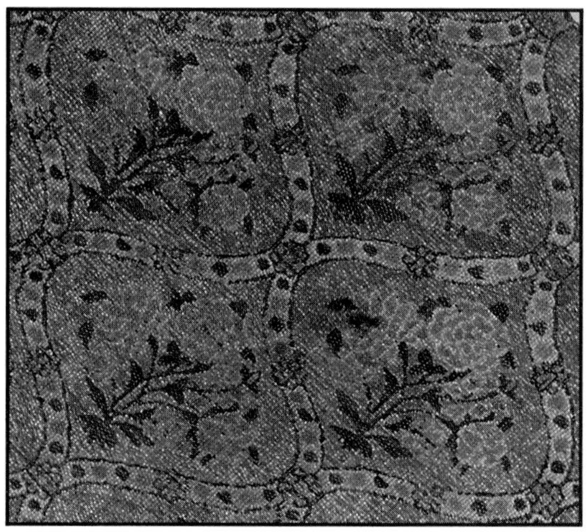

63 MVK Inv. Nr. WAS 222 Abb. 80
Kleine Tasche, mit Druckstoff abgefüttert
Iran: 18. Jh.; 13,5×9,8 cm
Material: *Seide, Goldfaden mit Seidenseele;* Farben: *Gold, Tannengrün, Orange, Hellblau, Weiß;* Zustand: *Goldfaden häufig ausgefallen; verschmutzt; Farben ausgebleicht, Musterfäden teilweise ausgefallen;* Muster: *Auf goldenem Grund bilden schmale, mit farbigen Punkten und Rosetten besetzte Streifen ein ogivales Rankensystem. In den so entstandenen Feldern befindet sich jeweils eine kleine, stark vereinfachte, aber trotzdem locker gezeichnete Blütenpflanze.*

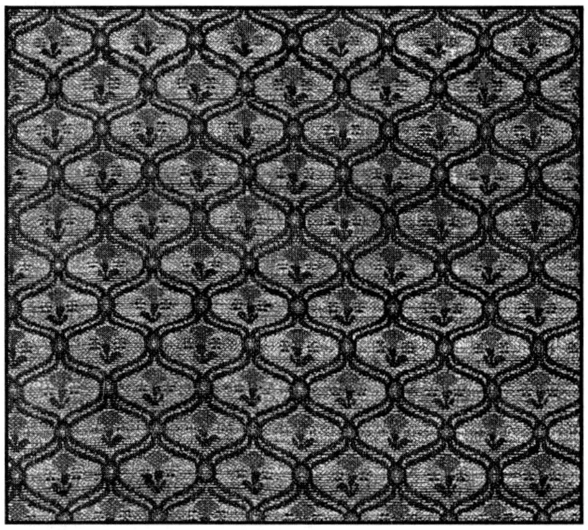

64 KGM Inv. Nr. 1978,299 Abb. 79
Seidenfragment
Iran: 19. Jh.; 30,7×38,4 cm
Material: *Seide, Goldfaden mit Seidenseele;* Farben: *Gold (Goldgelb), Dunkelgrün, Rot, Rosa;* Zustand: *Gut erhalten; Goldfaden jedoch häufig ausgefallen;* Muster: *Auf goldgelbem Grund bilden schmale Streifen ein ogivales Rankensystem. In den dadurch entstehenden Feldern befindet sich je eine kleine, stark stilisierte Blütenpflanze. Das Muster ist sehr kleinteilig.*

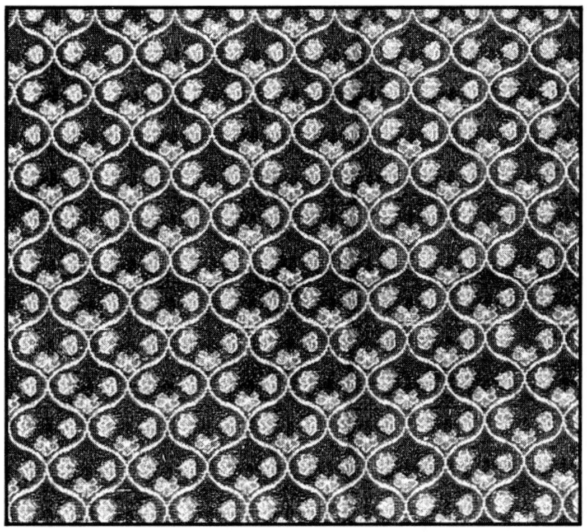

65 KGM Inv. Nr. 1978,301 Abb. 81
Seidenfragment
Iran (?): 19. Jh.; 29×64 cm
Material: *Seide, Metallfaden mit Seidenseele;* Farben: *Gold (Goldgelb), Brillantgrün, Weiß, Braun, Rosa;* Zustand: *Sehr guter Erhaltungszustand; rechte Seite durch eine Webkante abgeschlossen;* Muster: *Auf goldgelbem Grund bilden weiße Linien ein ogivales Mustersystem. In den dadurch entstehenden Feldern befindet sich je eine kleine, stark stilisierte Blütenpflanze.*

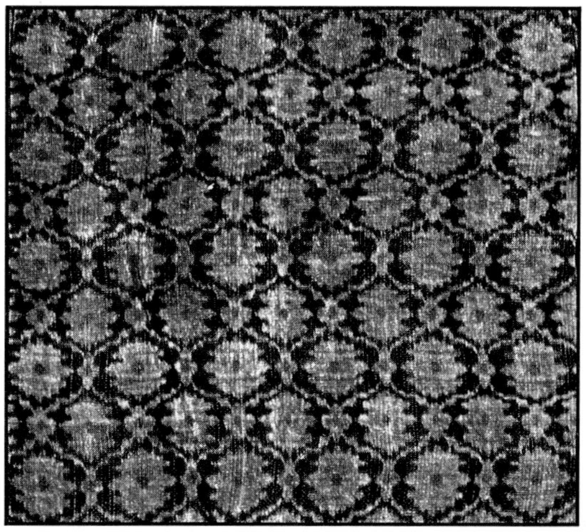

66 MVK Inv. Nr. WAS 76 Abb. 82
Kinderjacke
Iran: 18. Jh.; 26,8×62,5 cm
Material: *Seide, Metallfaden mit Seidenseele;* Farben: *Brillantblau, Gold (Goldgelb), kräftiges Rosa;* Zustand: *Gelockerte Gewebestruktur; Metallfaden zum Teil ausgefallen; Farben etwas ausgebleicht; leicht verschmutzt; aus sechzehn Teilen zusammengenäht;* Muster: *Stark stilisierte, kleine Blattwedel bilden ein ogivales Rankensystem, wobei die Berührungspunkte der Ranken jeweils mit einer Vierpaßblüte besetzt sind. In den einzelnen Feldern liegt immer ein stark abstrahiertes blütenartiges Gebilde. Alle Motive sind ohne Innen- und Umrißzeichnung gestaltet.*

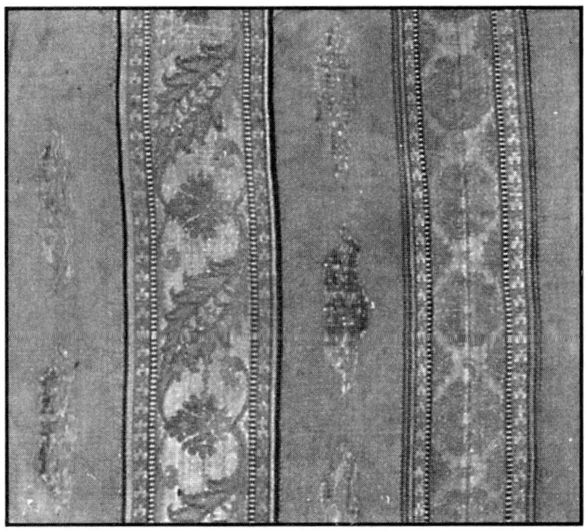

67 KGM Inv. Nr. 1978,322 Abb. 84
Verschiedenartige Seidenfragmente, zu einer Decke zusammengenäht (äußere Fragmente); vgl. Kat. Nr. 344
Iran: 18. Jh.; 31,4×39,5 cm
Material: *Seide, Goldfaden mit Seidenseele, Metallfaden mit Seidenseele;* Farben: *Hellgrün, Goldgelb, Orange, Dunkelbraun, Hellbraun, Mittelbraun;* Zustand: *Gold- und Metallfäden stark ausgefallen; stellenweise verschmutzt und verschlissen;* Muster: *Stark stilisierte Blattwedel bilden ein rautenartiges Rankensystem. In der Mitte der dadurch entstehenden Felder liegt je eine Blütenrosette, um die immer vier weitere stark stilisierte Blütenmotive geordnet sind.*

68 MVK Inv. Nr. WAS 230
Kleine Tasche (Kuvert) mit angenähter Borte; vgl. Kat. Nr. 293
Iran: 17.–18. Jh.; 22,4×16,2 cm
Material: *Seide, Goldfaden mit Seidenseele;* Farben: *Hellgrün, Gold (Goldgelb), Grün, Rosa;* Zustand: *Stark gelockerte Gewebestruktur; Goldfaden stellenweise ausgefallen; Farben etwas ausgebleicht;* Muster: *Geschwungene, mit Punkten besetzte schmale Streifen bilden auf grauem Fond ein rautenartiges Mustersystem, dessen Berührungspunkte mit Blüten besetzt sind. In den Feldern liegen stark stilisierte sternförmige Blütengebilde.*

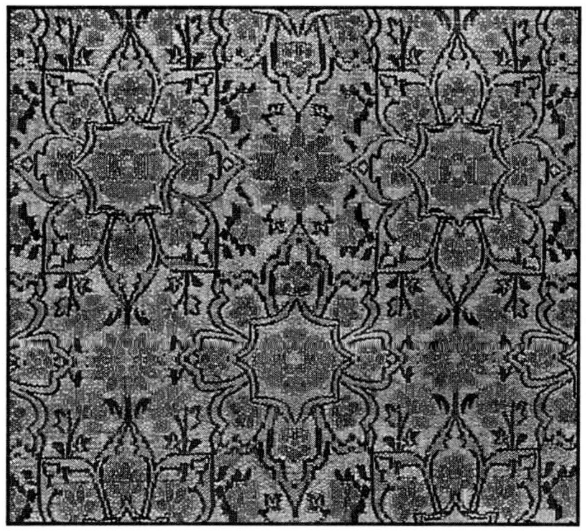

69 KGM Inv. Nr. 1978,105 Abb. 83
Seidenfragment
Iran: 18. Jh. (?); 27×32,7 cm
Material: *Seide;* Farben: *Gelb, Mittelblau, Creme, Dunkelbraun, Lachs;* Zustand: *Farben zum Teil stark ausgebleicht;* Muster: *Zwischen reihenweise auf Zwischenraum gesetzten sternartigen Motiven liegen auf gelbem Grund kleine, locker geordnete und stark stilisierte Blütenformen, die den gesamten Fond rautenartig überziehen.*

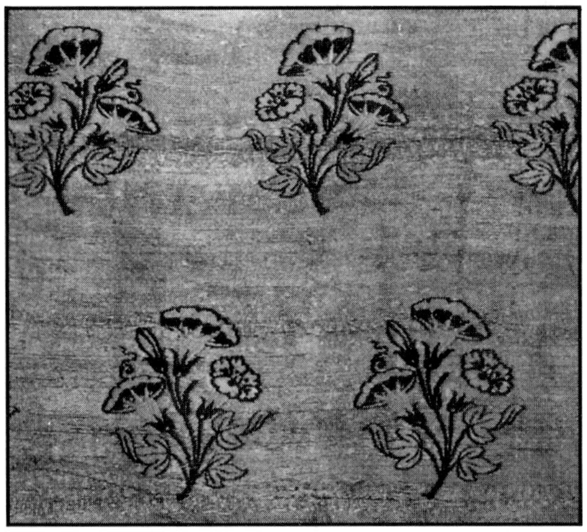

70 KGM Inv. Nr. 1971,228 Abb. 85
Kleine Decke mit angenähter Borte (Köpergewebe), vgl. Kat. Nr. 294
Iran: Ende 16. oder Anfang 17. Jh.; 26×54 cm
Material: *Seide, Goldfaden mit Seidenseele;* Farben: *Gold (Goldgelb), Dunkelgrün, Lindgrün, Altrosa, Lila (dunkel), Lachs;* Zustand: *Goldfaden stellenweise ausgefallen, ansonsten sehr gut erhalten; aus drei Teilen zusammengenäht;* Muster: *Auf goldgelbem Grund liegen abgeschnittene, leicht s-förmig geschwungene Blütenzweige in eleganter Zeichnung, die in Reihe auf Zwischenraum geordnet sind, wobei ein zeilenweiser Richtungswechsel der Motive erfolgt.*

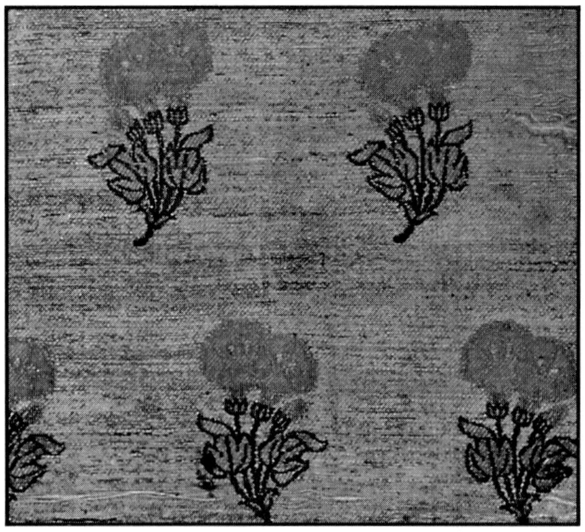

71 KGM Inv. Nr. 1978,230 Abb. 86
Seidenfragment (Köpergewebe)
Iran: Ende 16. oder Anfang 17. Jh.; 17,3×17,5 cm
Material: *Seide, Silberfaden mit Seidenseele;* Farben: *Silber (Silbergrau), Tannengrün, Lindgrün, Rosa (zwei Schattierungen), Altrosa;* Zustand: *Grund stellenweise etwas verschlissen; Silberfaden stark ausgefallen; Musterseide stellenweise geringfügig ausgefallen; Farben leicht ausgebleicht;* Muster: *Auf silbergrauem Grund liegen zarte, abgeschnittene Blütenzweige in eleganter Zeichnung, die in Reihe auf Zwischenraum geordnet sind, wobei ein zeilenweiser Richtungswechsel der Motive erfolgt.*

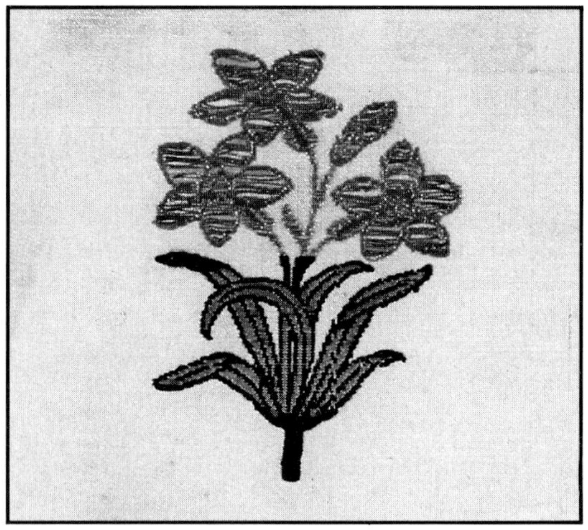

72 KGM Inv. Nr. 1981,20 Abb. 88
Seidenfragment (Köpergewebe, Motiv broschiert)
Iran: 1. Viertel 17. Jh.; 12×9 cm
Material: *Seide, Goldfaden mit Seidenseele;* Farben: *Gold, Dunkelgrün, Hellgrün, Gelb, Weiß;* Zustand: *Stellenweise leimbefleckt; sonst gut erhalten;* Muster: *Auf rohweißem Fond liegt ein zarter, leicht s-förmig geschwungener, abgeschnittener Blütenstengel in eleganter Zeichnung.*

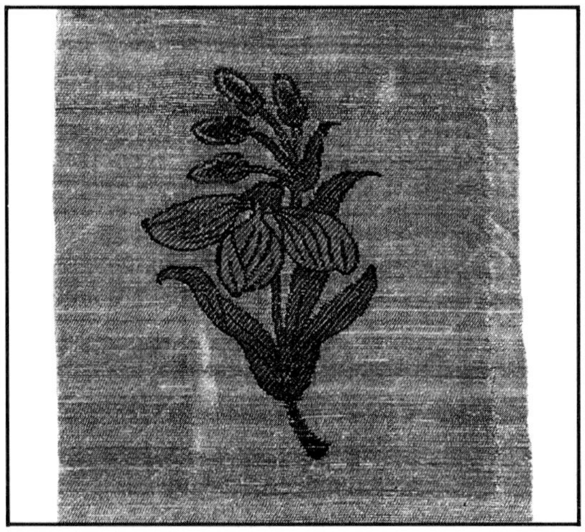

73 KGM Inv. Nr. 1978,233 Abb. 89
Seidenfragment (Köpergewebe, Motiv broschiert)
Iran: 1. Viertel 17. Jh.; 15×9,9 cm
Material: *Seide, Silberfaden mit Seidenseele;* Farben: *Silber (Silbergrau), Dunkelgrün, Lindgrün, Marineblau, Lachs, Hellbraun;* Zustand: *Silberfaden nur wenig ausgefallen; Grund stellenweise etwas verschlissen;* Muster: *Auf silbergrauem Grund, der mit eingepreßten, diagonal zum Muster verlaufenden Linien überzogen ist, liegt ein einzelner abgeschnittener, leicht s-förmig geschwungener Blütenzweig in eleganter, zarter Zeichnung.*

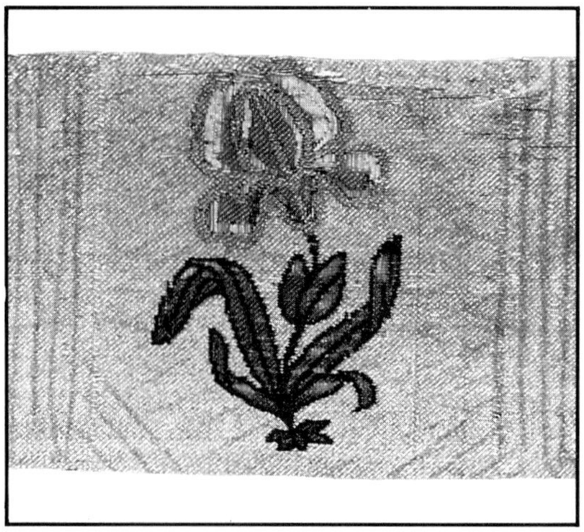

74 KGM Inv. Nr. 1978,232 Abb. 91
Seidenfragment (Motiv broschiert)
Iran: 1. Hälfte 17. Jh.; 6,2×18,3 cm
Material: *Seide, Goldfaden mit Seidenseele, Silberfaden mit Seidenseele;* Farben: *Silber (Silbergrau), Gold (Goldgelb), Flieder, kräftiges Grün, dunkles Tannengrün;* Zustand: *Gold- und Silberfäden zum Teil stark, Musterfäden stellenweise ausgefallen; Grund an manchen Stellen etwas verschlissen;* Muster: *Auf silbernem Grund liegen nebeneinander drei leicht s-förmig geschwungene Schwertlilienpflanzen in naturnaher, eleganter Zeichnung und mit an den Spitzen umgeschlagenem Blattwerk. Eingepreßte Linien umschließen die Motive kartuschenartig. Darüber hinaus wurde die Fläche in den einzelnen Feldern noch zusätzlich durch Drucklinien aufgelockert.*

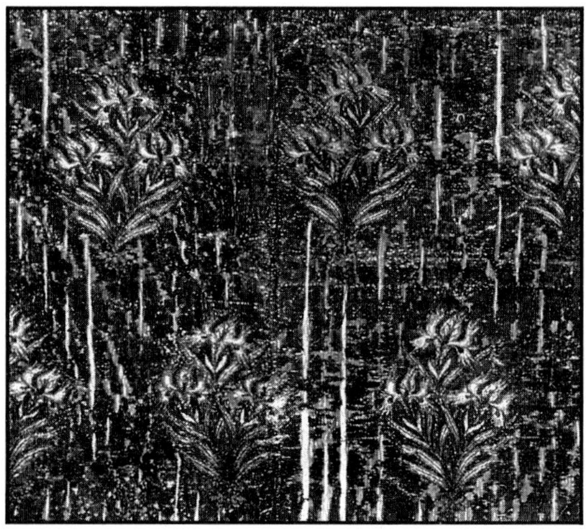

75 KGM Inv. Nr. 1978,152 Abb. 92
Seidenfragment
Iran: 1. Hälfte oder Mitte 17. Jh.; 29,5×32,8 cm
Material: *Seide, flacher Goldfaden;* Farben: *Gold, Grau (zwei Schattierungen), Graphit, Lindgrün, Grün;* Zustand: *Goldener Grund stark verschlissen;* Muster: *Auf goldenem Grund liegen in Reihe auf Zwischenraum geordnet leicht s-förmig geschwungene Schwertlilienpflanzen in zarter, eleganter Zeichnung. Die Bewegungsrichtung der Pflanzen wechselt zeilenweise.*

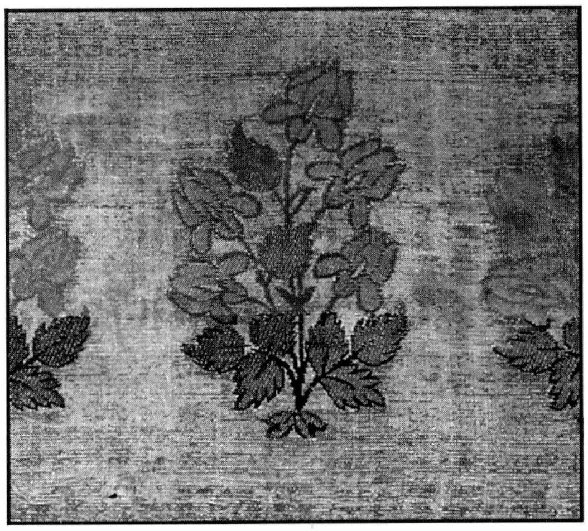

76 KGM Inv. Nr. 1978,234 Abb. 93
Seidenfragment
Iran: Mitte 17. Jh.; 12×26,6 cm
Material: *Seide, Silberfaden mit Seidenseele;* Farben: *Silber (Silbergrau), Mittelgrün, Marineblau, Orange, Rosa, Hellbraun, Mittelbraun;* Zustand: *Silberfaden stark ausgefallen; Grundgewebe verschlissen und stellenweise fleckig; Farben zum Teil ausgebleicht;* Muster: *Auf silbergrauem Grund liegen nebeneinander vier leicht geschwungene Schwertlilienpflanzen in eleganter, lockerer Zeichnung.*

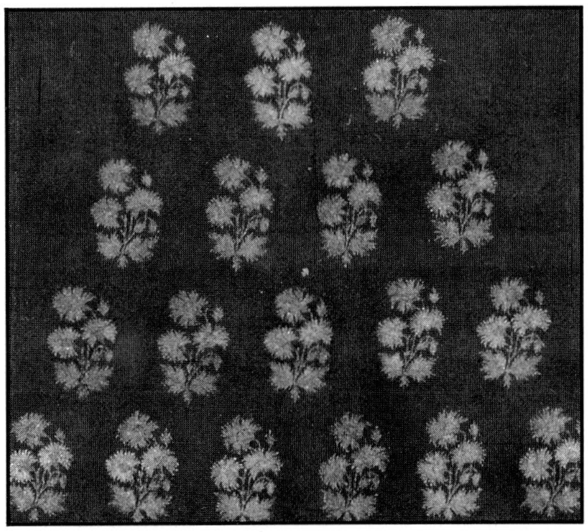

77 MVK Inv. Nr. WAS 73 Abb. 90
Vorderteil eines Kleides (Motiv in Stickerei)
Iran: Mitte 17. Jh.; 132×118 cm
Material: *Seide, Goldfaden mit Seidenseele, Silberfaden mit Seidenseele;* Farben: *Weinrot, Gold, Silber;* Zustand: *Stellenweise verschlissen; Gold- und Silberfäden zum Teil etwas ausgefranst;* Muster: *In den glatten, roten Fond sind in Kegelform neun Reihen gleichartige, elegante, leicht geschwungene Blütenpflanzen gestickt. Diese sind in Reihe auf Zwischenraum geordnet, wobei kein zeilenweiser Richtungswechsel erfolgt.*

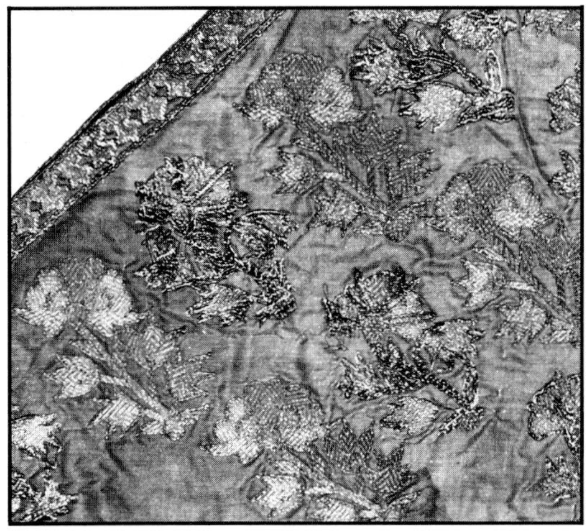

78 MVK Inv. Nr. WAS 95 Abb. 94 oben
Kopftuch (Leinwandgewebe, Motive in Stickerei)
Iran: 2. Hälfte 17. Jh. (?); 34,7×72,5 cm
Material: *Seide, Goldfaden mit Seidenseele, Silberfaden mit Seidenseele;* Farben: *Weinrot, Gold, Silber;* Zustand: *Gewebe stellenweise verschlissen und etwas verschmutzt; Farbe des Fonds ausgebleicht; Stickerei zum Teil vom Grundgewebe losgelöst;* Muster: *Auf rotem Grund liegen, in Reihe auf Zwischenraum geordnet, jeweils im Wechsel nacheinander zwei unterschiedliche Blütenpflanzen in Gold und Silber. Es erfolgt kein Richtungswechsel der Motive.*

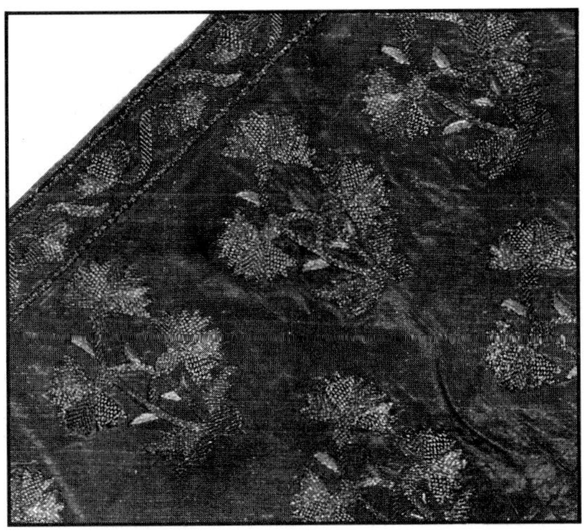

79 MVK Inv. Nr. WAS 91 Abb. 94 unten
Kopftuch (Leinwandgewebe, Motiv in Stickerei)
Iran: 2. Hälfte 17. Jh. (?); 34,8×69,5 cm
Material: *Seide, Goldfaden mit Seidenseele, Silberfaden mit Seidenseele;* Farben: *Grün, Gold, Silber, Rosa (zwei Schattierungen);* Zustand: *Farben etwas ausgebleicht; Gewebe verschmutzt; sonst gut erhalten;* Muster: *Auf grünem Grund sind gleichartige Nelkenpflanzen in Reihe auf Zwischenraum ohne Richtungswechsel geordnet. Nach oben wird das Tuch durch eine wellenförmig geschwungene Blütenranke abgeschlossen.*

80 MVK Inv. Nr. WAS 96
Kopftuch (Leinwandgewebe, Motiv in Stickerei)
Iran: 2. Hälfte 17. oder frühes 18. Jh.; 32,4×60 cm
Material: *Seide, Goldfaden mit Seidenseele, Silberfaden mit Seidenseele;* Farben: *Orange, Gold, Silber, Dunkelgrün, Lindgrün;* Zustand: *Gold- und Silberfäden stellenweise ausgefallen; leicht verschmutzt; Farben etwas ausgebleicht;* Muster: *Auf orangefarbenem Grund liegt, in Reihe auf Zwischenraum und mit zeilenweisem Richtungswechsel geordnet, nacheinander je ein geschwungener Blütenzweig in Gold und Silber.*

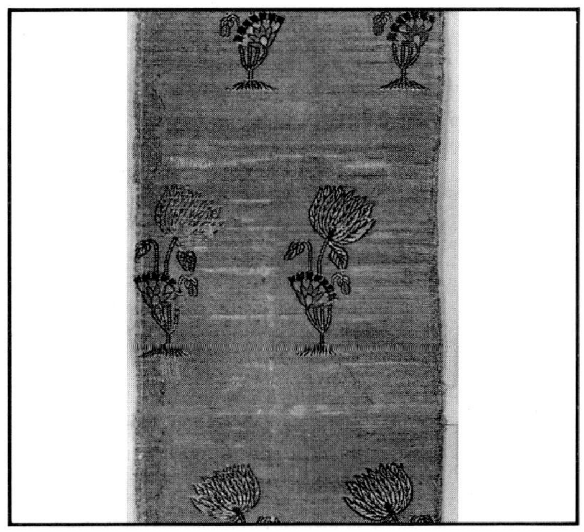

81 KGM Inv. Nr. 1978,153 Abb. 95
Seidenfragment (Köpergewebe)
Iran (?): Mitte oder 2. Hälfte 17. Jh.; 53×20,9 cm
Material: *Seide, Silberfaden mit Seidenseele;* Farben: *Silber (Silbergrau), Grün, Lindgrün, Altrosa, Beige, Violett;* Zustand: *Musterfäden stellenweise, Silberfäden zu großen Teilen ausgefallen;* Muster: *Auf silbernem Grund liegen reihenweise auf Zwischenraum und mit zeilenweisem Richtungswechsel geordnete, leicht geschwungene Blütenpflanzen in stark stilisierter Zeichnung.*

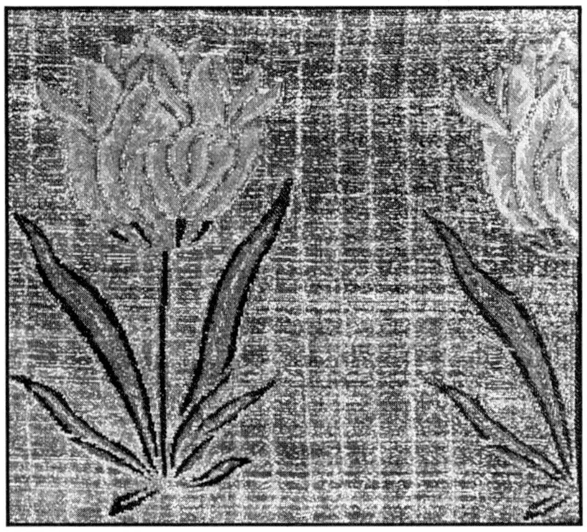

82 KGM Inv. Nr. 1978,236 Abb. 96
Seidenfragment (Köpergewebe)
Iran: 2. Hälfte 17. Jh.; 11,5×17,2 cm
Material: *Seide, Goldfaden mit Seidenseele, Silberfaden mit Seidenseele;* Farben: *Silber (Silbergrau), Gold, Hellgrün, dunkles Tannengrün, Ziegelrot, Rosa;* Zustand: *Silber- und Goldfäden nur wenig ausgefallen; gut erhalten; Farben etwas ausgebleicht;* Muster: *Auf silbergrauem Grund liegen nebeneinander zwei gleichartige, relativ große (10,8 cm) Blütenpflanzen mit farbigen Schattierungen in starrer Zeichnung. Zur Auflockerung des Fonds ist dieser gleichmäßig mit eingepreßten, vertikal verlaufenden Linien überzogen.*

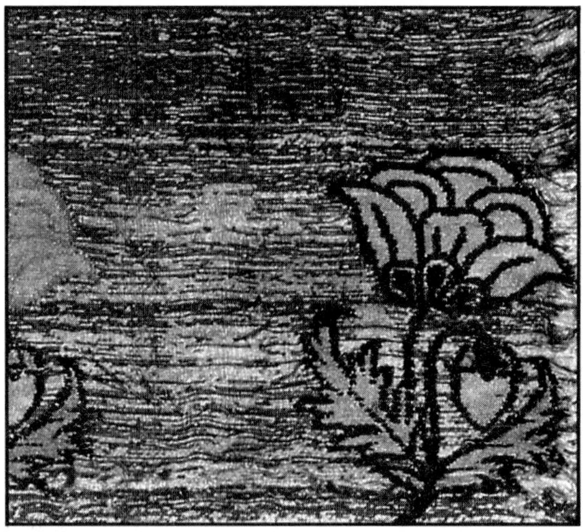

83 KGM Inv. Nr. 1978,215 Abb. 97
Seidenfragment
Iran: 2. Hälfte 17. Jh.; 8,5×13,8 cm
Material: *Seide, Silberfaden mit Seidenseele;* Farben: *Silber (Silbergrau), Blau, Hellgrün, Beige, Rosa;* Zustand: *Grund stark verschlissen; Silberfaden häufig ausgefallen; Farben zum Teil ausgebleicht; Bindung der Musterfäden stellenweise aufgelöst; Musterfäden dadurch stellenweise locker flottierend;* Muster: *Auf silbernem Grund liegen nebeneinander zwei leicht s-förmig geschwungene Blütenstengel in zarter Zeichnung, wobei die Gestaltung der gleichartigen Motive durch Farbwechsel aufgelockert wird.*

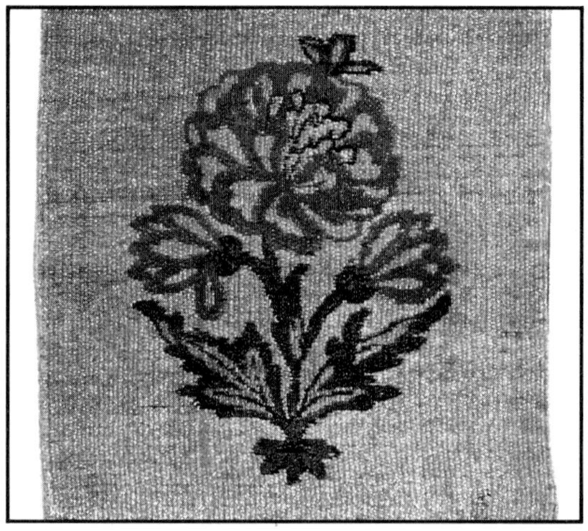

84 KGM Inv. Nr. 1978,129 Abb. 98
Seidenfragment
Iran: Mitte oder 2. Hälfte 17. Jh.; 7,6×6,6 cm
Material: *Seide, Goldfaden mit Seidenseele;* Farben: *Gold, Rot, helles Rosa, Altrosa, Grün, helles Lindgrün, Dunkelblau;* Zustand: *Gold nur geringfügig ausgefallen; sehr gut erhalten;* Muster: *Auf goldenem Grund ist eine kleine, leicht s-förmig geschwungene Blütenpflanze in zarter, eleganter Zeichnung abgebildet.*

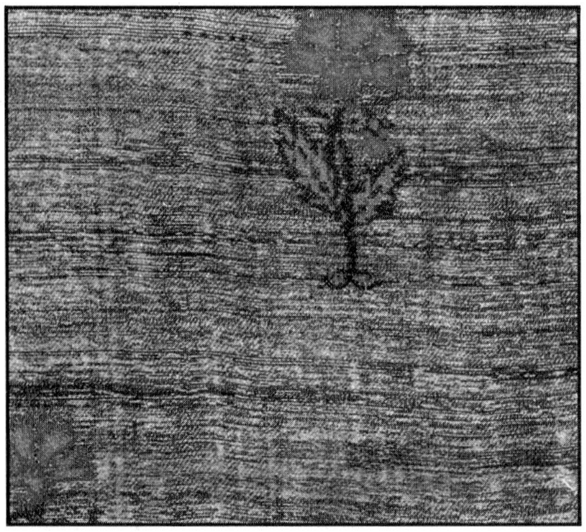

85 KGM Inv. Nr. 1978,235
Seidenfragment (Köpergewebe, Musterfäden auf Rückseite flottierend)
Iran: Ende 17. Jh.; 12,1×10,4 cm
Material: *Seide, Silberfaden mit Seidenseele;* Farben: *Silber (Silbergrau), Gelbgrün, Maigrün, kräftiges Grün, Rosa, Orange (zwei Schattierungen);* Zustand: *Silberfaden stark ausgefallen; Farben etwas ausgebleicht; stellenweise verschlissen;* Muster: *Die Kette besteht im Wechsel aus in Lindgrün und einem hellen Orange gehaltener Seide, was in Verbindung mit dem silbergrauen Schuß eine dezente Streifenbildung ergibt. In diesen Streifen befinden sich, in Reihe auf Zwischenraum und mit zeilenweisem Richtungswechsel geordnet, kleine Nelkenpflanzen.*

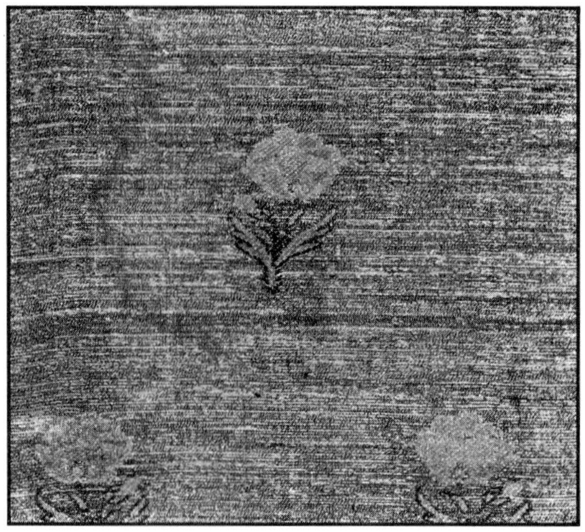

86 KGM Inv. Nr. 1978,131 Abb. 102
Seidenfragment
Iran: Ende 17. Jh.; 10,3×16,2 cm
Material: *Seide, Goldfaden mit Seidenseele;* Farben: *Gold, Mittelgrün, Lindgrün, Rosa, Lachs;* Zustand: *Gut erhalten; Goldfaden stellenweise etwas ausgefallen; Grundgewebe an zwei Stellen verschlissen; leicht verschmutzt;* Muster: *Auf goldenem Grund liegen, reihenweise auf Zwischenraum und mit zeilenweisem Richtungswechsel geordnet, kleine, abgeschnittene, leicht s-förmig geschwungene Blütenstiele.*

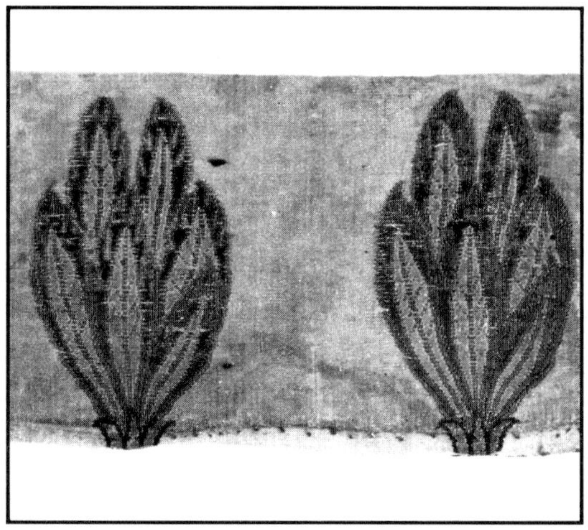

87 KGM Inv. Nr. 1978,213 Abb. 99
Seidenfragment (Leinwandgewebe, Motive broschiert)
Iran: 2. Hälfte 17. Jh.; 6,8×16,8 cm
Material: *Seide;* Farben: *Weiß, Hellgrün, Graphit, Gelb, Altrosa, Orange;* Zustand: *Farben etwas verblaßt; fleckig;* Muster: *Auf weißem Grund liegen drei geschlossene Blüten nebeneinander. Wahrscheinlich gehören sie zu einer ursprünglich wesentlich größeren Pflanze, die aber auf Grund des kleinen Fragments nur noch im Ansatz zu erkennen ist.*

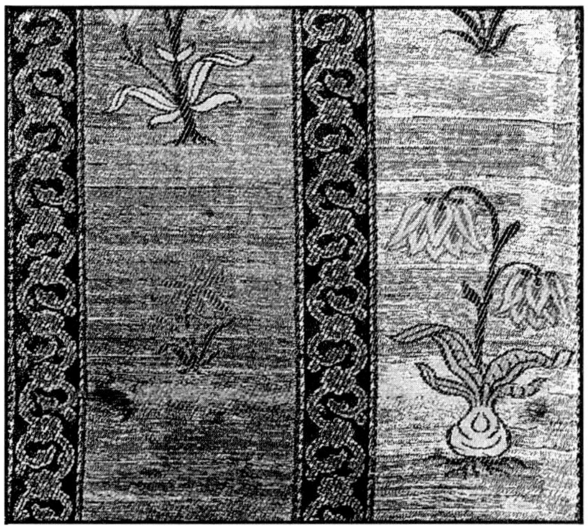

88 KGM Inv. Nr. 1978,314 Abb. 101
Seidenfragment (Köpergewebe)
Iran: Mitte 17. Jh.; 17,3×12 cm
Material: *Seide, Goldfaden mit Seidenseele, Silberfaden mit Seidenseele;* Farben: *Gold (Goldgelb), Silber (Silberweiß), Blau, Tannengrün, Gelb, Gelbgrün, Altrosa, Rosa (zwei Schattierungen), Weiß, Lindgrün;* Zustand: *Gold- und Silberfäden stark ausgefallen; verschmutzt; stellenweise etwas verschlissen; Farben leicht verblaßt;* Muster: *Auf je einem goldenen und silbernen Musterstreifen liegen, übereinander geordnet, leicht s-förmig geschwungene Blütenpflanzen in zarter, lockerer Zeichnung und mit umgeschlagenen Blattspitzen. Sie werden durch jeweils einen schmalen, blauen Begleitstreifen mit einfacher, spiralförmiger Blütenranke seitlich abgeschlossen.*

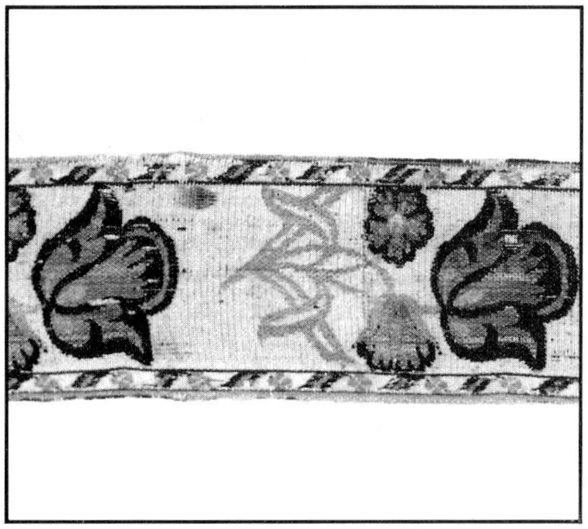

89 KGM Inv. Nr. 1978,332 Abb. 100
Seidenfragment
Iran: Mitte 17. Jh.; 6×28,6 cm
Material: *Seide, Silberfaden mit Seidenseele;* Farben: *Silberweiß (vormals silberumsponnen), Kornblumenblau, Schwarz, Rosa;* Zustand: *Silberfaden fast völlig, Musterfäden stellenweise ausgefallen; verschmutzt; Farben etwas ausgebleicht; insgesamt relativ stark verschlissen;* Muster: *Zwei schmale, mit einer Blüten- und Blattranke besetzte, silberweiße Begleitstreifen schließen seitlich einen breiteren Musterstreifen mit silberweißem Grund ab. In ihm sind gleichartige, leicht geschwungene, locker und fließend gezeichnete Blütenzweige mit umgeschlagenen Blättern übereinander geordnet.*

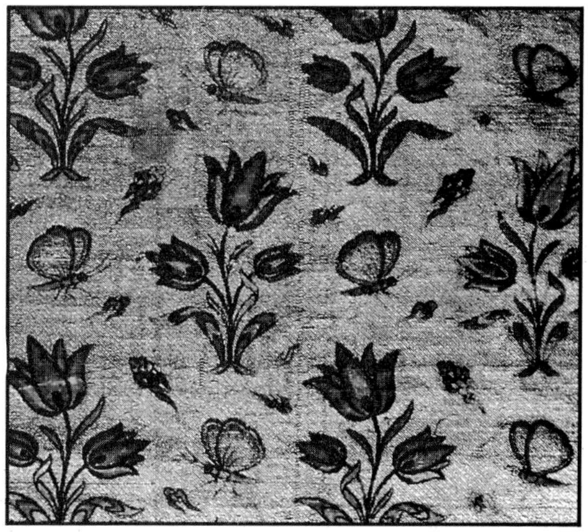

90 KGM Inv. Nr. 78,1483 Abb. 103
Seidenfragment (Motiv in Samt)
Iran: Ende 16. oder Anfang 17. Jh.; 33×70,5 cm
Material: *Seide, Goldfaden mit Seidenseele, Baumwolle;* Farben: *Gold, Rosa (zwei Schattierungen), Dunkelgrün, Hellgrün, Lachs, Gelb;* Zustand: *Sehr gut erhalten;* Muster: *Auf goldenem Fond sind reihenweise auf Zwischenraum leicht s-förmig geschwungene Blütenpflanzen in schwungvoller, eleganter Zeichnung geordnet, wobei ein zeilenweiser Richtungswechsel der Motive erfolgt. Die entstehenden Zwischenräume sind mit Schmetterlingen und an chinesische Wölkchen erinnernden Motiven bedeckt.*

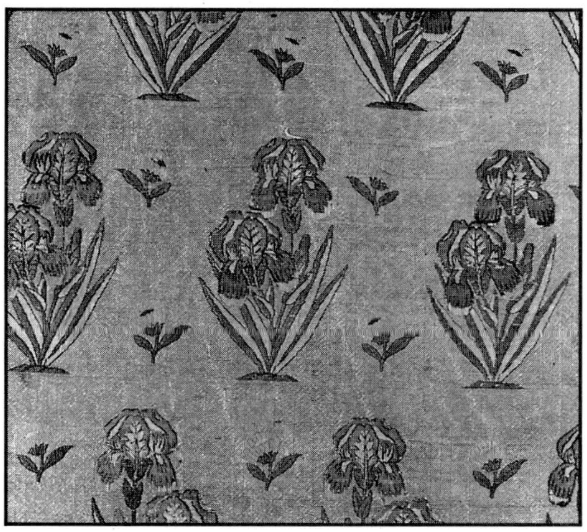

91 KGM Inv. Nr. 1982,157 Abb. 105
Seidenfragment
Iran: 1. Hälfte oder Mitte 17. Jh.; 87×72 cm
Material: *Seide, Goldfaden mit Seidenseele;* Farben: *Gold, Grün, Hellgrün, Orange, Dunkelbraun, Grau (zwei Schattierungen), Blau;* Zustand: *Musterfäden zum Teil ausgefallen; aus drei Fragmenten zusammengenäht;* Muster: *Auf goldenem Fond mit kleinteiligem geometrischen Würfelmuster im unendlichen Rapport sind reihenweise auf Zwischenraum und mit zeilenweisem Richtungswechsel kaum geschwungene Schwertlilienpflanzen in naturnaher Zeichnung geordnet. Der Raum seitlich zwischen den Pflanzen ist immer mit zwei kleinen Einzelblüten bedeckt.*

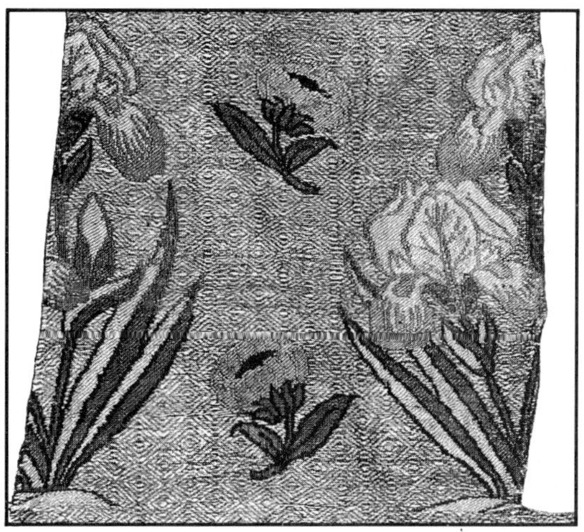

92 MKH Inv. Nr. 23919 Abb. 104
Seidenfragment
Iran: 1. Hälfte oder Mitte 17. Jh.; 24,3×13,5 cm
Material: *Seide, Goldfaden mit Seidenseele;* Farben: *Gold, Grün, Hellgrün, Orange, Dunkelbraun, Grau (zwei Schattierungen), Blau;* Zustand: *Gold stellenweise leicht ausgefallen; gut erhalten; aus zwei Fragmenten zusammengenäht;* Muster: Vgl. Kat. Nr. 91.

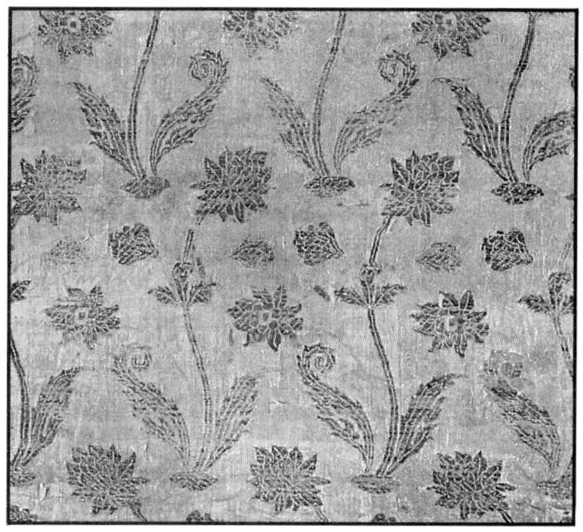

93 KGM Inv. Nr. 02,95 Abb. 106
Seidenfragment (Doppelgewebe)
Iran: Anfang 17. Jh.; 44×36 cm
Material: *Seide, Goldfaden mit Seidenseele, Silberfaden mit Seidenseele;* Farben: *Gold, Silber, verschiedene Schattierungen in Creme und Beige;* Zustand: *Stark verschlissen; Gold- und Silberfäden stark ausgefallen; Farben stark verblaßt;* Muster: *Vor dem hellen Grund heben sich etwas dunkler gehaltene, leicht s-förmig geschwungene, hohe, schlanke Blütenpflanzen in eleganter Zeichnung ab. Sie sind in Reihe auf Zwischenraum mit zeilenweisem Richtungswechsel geordnet.*

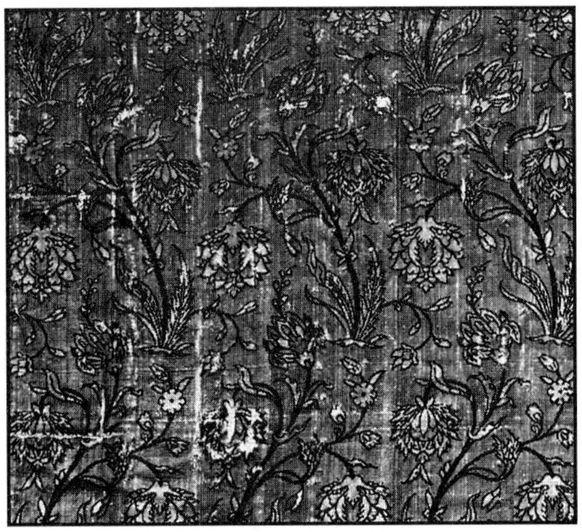

94 KGM Inv. Nr. 97,92 Abb. 109
Samtfragment
Iran: Anfang 17. Jh.; 70×71,5 cm
Material: *Seide;* Farben: *Goldgelb, Weiß, Schwarz, Hellblau, Gelb;* Zustand: *Sehr gut erhalten; leicht verschmutzt;* Muster: *Auf goldgelbem Fond sind stärker s-förmig geschwungene, hohe, schlanke Blütenpflanzen reihenweise auf Zwischenraum geordnet, wobei die Schwingungsrichtung der Pflanzen zeilenweise wechselt.*

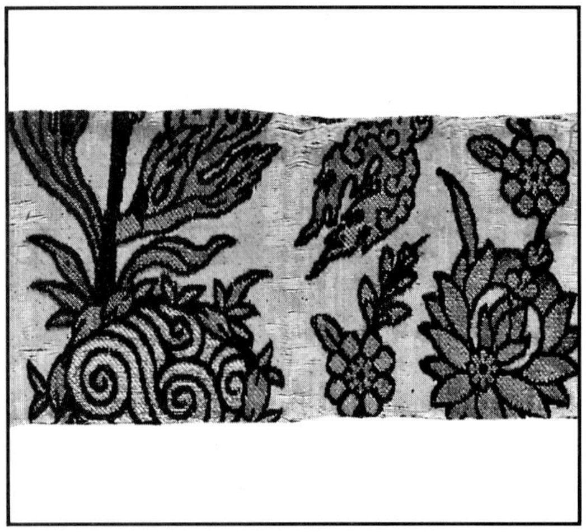

95 KGM Inv. Nr. 1978,101 Abb. 108
Seidenfragment (Motiv in Samt)
Iran: 1. Viertel 17. Jh.; 12,1×38,5 cm
Material: *Seide, Silberfaden mit Seidenseele;* Farben: *Creme, Dunkelbraun, Hellbraun, Gelb, Flaschengrün, helles Blau, Rotbraun, Silber (Silbergrau);* Zustand: *Grundgewebe stark verschlissen; Muster in Samt sehr gut erhalten;* Muster: *Auf cremefarbenem Grund sind große, geschwungene Blütenpflanzen reihenweise auf Zwischenraum und mit zeilenweisem Richtungswechsel geordnet. Sie wachsen aus stark stilisierten Teichmotiven. Auf der vorliegenden Seide ist nur der untere Abschnitt zweier Stiele und je ein kleiner Ausschnitt des Teichmotivs zu sehen.*

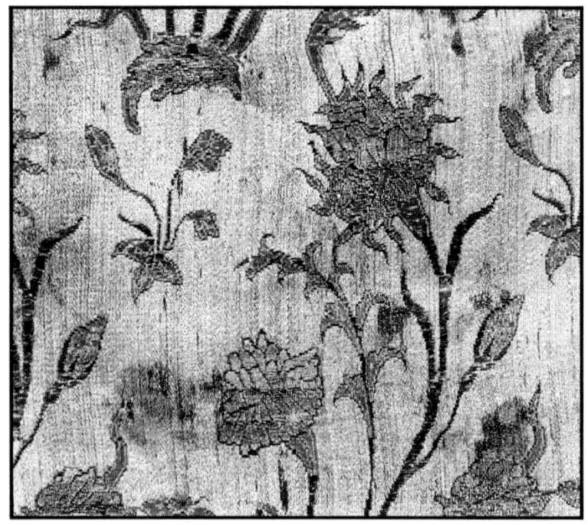

96 KGM Inv. Nr. 1978,228 Abb. 107
Seidenfragment (Atlasgewebe, Motive broschiert)
Iran: Mitte oder 2. Hälfte 17. Jh.; 15,2×21 cm
Material: *Seide, Goldfaden mit Seidenseele;* Farben: *Altrosa, Hellblau, Gold (Goldgelb), Hellgrau;* Zustand: *Goldfaden an vielen Stellen ausgefallen; Farben stark verblaßt; Grund stellenweise verschlissen; Musterfäden zum Teil ausgefallen;* Muster: *Auf altrosafarbenem Grund sind hohe, schlanke, leicht s-förmig geschwungene Blütenpflanzen in unsicher wirkender Zeichnung in Reihe auf Zwischenraum geordnet.*

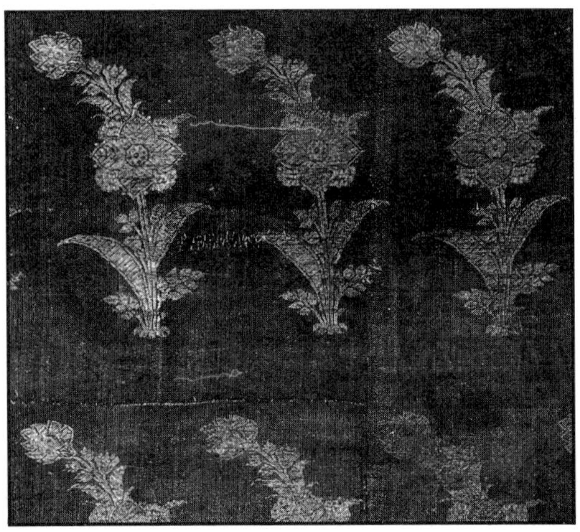

97 KGM Inv. Nr. 87,51 Abb. 110
Seidenfragment (Atlasgewebe, Motive broschiert)
Iran: 2. Hälfte 17. Jh.; 53×38,5 cm
Material: *Seide, Goldfaden mit Seidenseele;* Farben: *Dunkelgrün, Gold, Rot;* Zustand: *Grundgewebe etwas brüchig und verschmutzt;* Muster: *Auf grünem Grund sind große Blumenpflanzen in starrer Zeichnung reihenweise auf Zwischenraum geordnet. Bei den sich nach links neigenden Pflanzen erfolgt kein zeilenweiser Richtungswechsel, so daß optisch der Eindruck eines nach links kippenden Musters entsteht.*

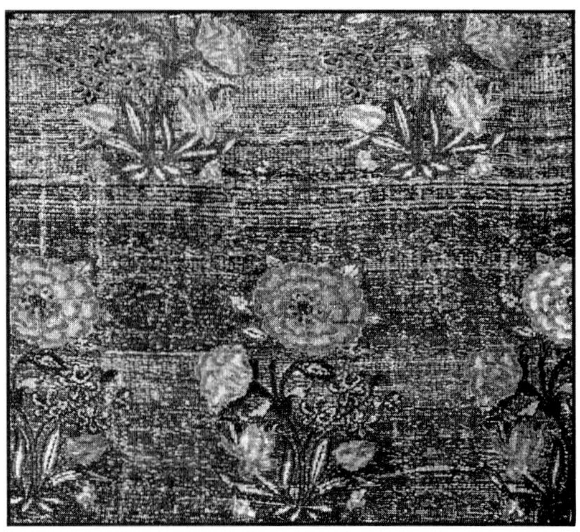

98 KGM Inv. Nr. 98,622 Abb. 112
Seidenfragment
Iran: 2. Viertel oder Mitte 17. Jh.; 33×32,5 cm
Material: *Seide, Metallfaden mit Seidenseele;* Farben: *Goldgelb (Metallumwicklung), Rosa (drei Schattierungen), Grün, Maigrün, Lichtblau, Hellblau;* Zustand: *Metallfaden stark ausgefallen; Farben verblaßt; aus drei Fragmenten zusammengenäht; Mittelstück nicht mustergemäß eingenäht;* Muster: *Leicht s-förmig geschwungene Rosenpflanzen in naturnaher Zeichnung sind in Reihe auf Zwischenraum und mit zeilenweisem Richtungswechsel geordnet.*

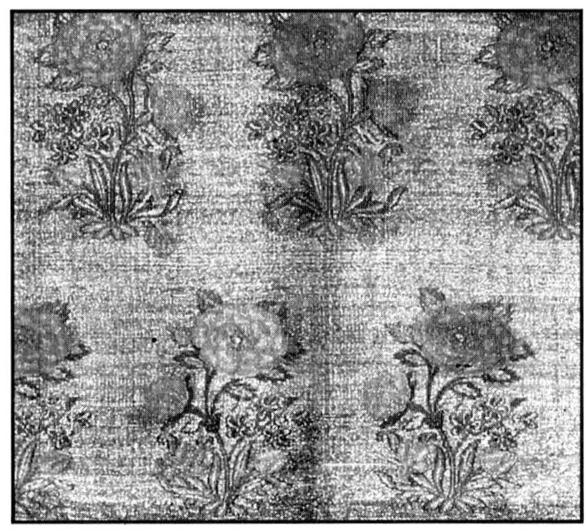

99 KGM Inv. Nr. H.I. 97,256 Abb. 113
Seidenfragment, aus zwei Stücken zusammengenäht
Iran: 2. Viertel oder Mitte 17. Jh.; 33,5×45,5 cm
Material: *Seide, Metallfaden mit Seidenseele;* Farben: *Goldgelb (Metallumwicklung), Rosa (drei Schattierungen), Grün, Maigrün, Lichtblau, Hellblau;* Zustand: *Metallfaden stark ausgefallen; Farben etwas verblaßt;* Muster: Vgl. Kat. Nr. 98.

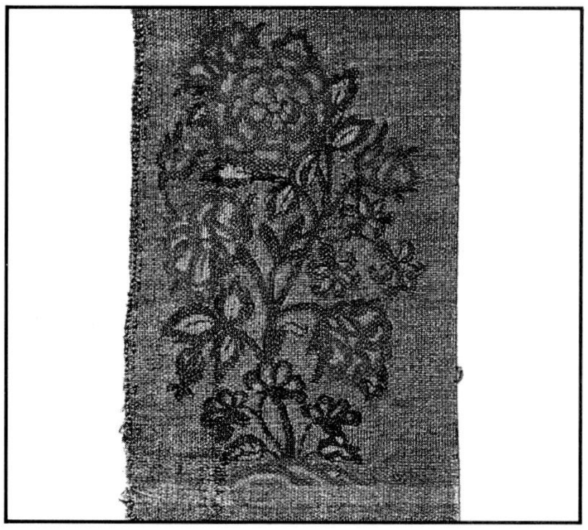

100 KGM Inv. Nr. 1978,128 Abb. 111
Seidenfragment
Iran: 2. Viertel oder Mitte 17. Jh.; 12,5×7,2 cm
Material: *Seide, Goldfaden mit Seidenseele;* Farben: *Gold (Goldgelb), Maigrün, Gelbgrün, Rosa (zwei Schattierungen), Altrosa, Lila (zwei Schattierungen), Grau;* Zustand: *Musterfäden und Goldfaden stellenweise ausgefallen;* Muster: *Über goldenem Grund liegt eine leicht s-förmig geschwungene, naturnah gezeichnete Rosenpflanze, die aus einem stark stilisierten Bergmotiv wächst.*

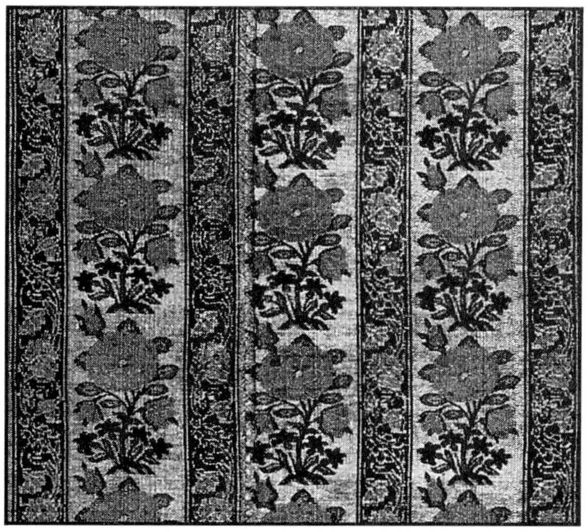

101 MKH Inv. Nr. 28406 Abb. 114
Seidenfragment
Iran: 2. Hälfte 17. Jh.; 59,5×39,5 cm
Material: *Seide, Goldfaden mit Seidenseele;* Farben: *Rosa (zwei Schattierungen), Marineblau, Goldgelb (ursprünglich Gold), Hellgrün, Gelbgrün, Dunkelbraun;* Zustand: *Farben verblaßt; stellenweise etwas verschlissen; Musterfäden zum Teil, Goldfaden stark ausgefallen;* Muster: *In Kettrichtung verlaufen im Wechsel je ein breiterer und ein schmalerer Musterstreifen. Im breiteren sind gleichartige, leicht s-förmig geschwungene Rosenpflanzen in naturnaher Zeichnung übereinander geordnet, wobei eine Pflanze immer die gesamte Breite des Streifens einnimmt. Der blaue Fond des schmalen Musterbandes ist dicht mit gegeneinander laufenden, s-förmig geschwungenen Blütenranken bedeckt.*

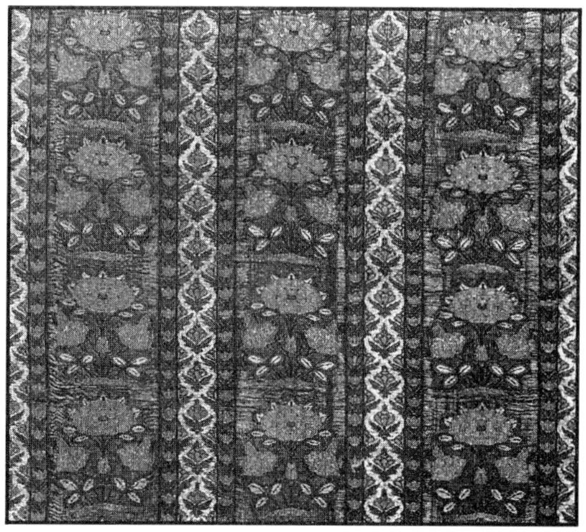

102 MKH Inv. Nr. 18505 Abb. 115
Seidenfragment
Iran: 2. Hälfte 17. Jh.; 55,5×37 cm
Material: *Seide, Goldfaden;* Farben: *Rosa (zwei Schattierungen), Grün, Gold, Silbergrau, Grasgrün, Lindgrün;* Zustand: *Farben etwas ausgebleicht; Gewebe stark verschlissen; Musterfäden stellenweise stark, Goldfaden fast völlig ausgefallen;* Muster: *In Kettrichtung verlaufen im Wechsel zwei verschieden breite Musterstreifen. In dem breiteren sind auf ehemals goldenem Fond gleichartige, achsensymmetrische Rosenpflanzen geordnet, die die gesamte Breite einnehmen und verhältnismäßig naturnah gezeichnet wurden. Der schmalere Musterstreifen ist dreigeteilt und jeweils mit stark stilisierten Blütenpflanzen geschmückt.*

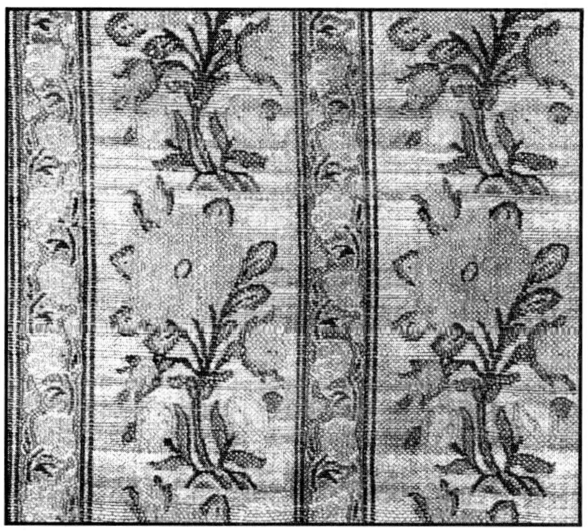

103 MVK Inv. Nr. WAS 108 Abb. 116
Teil eines eingefaßten Seidenfragments;
vgl. Kat. Nr. 280
Iran: 2. Hälfte 17. Jh.; 24,6×78 cm
Material: *Seide, Goldfaden mit Seidenseele;* Farben: *Gold (Goldgelb), Rosa, Altrosa, Lindgrün, Schwarz, Gelbgrün, Hellblau, Weiß;* Zustand: *Goldfaden stark ausgefallen; Farben stark verblaßt; Musterfäden stellenweise etwas ausgefallen und abgeschabt;* Muster: *Auf goldenem Grund verlaufen in Kettrichtung jeweils im Wechsel ein schmaler, mit Blütenranken besetzter Streifen und ein breiteres Musterband, in das eine leicht geschwungene Rosenpflanze in naturnaher Zeichnung, die aus einem stark stilisierten Bergmotiv wächst, ohne Richtungswechsel übereinander geordnet wurde.*

104 GM Inv. Nr. 239/20
Seidenfragment mit angenähter Borte;
vgl. Kat. Nr. 279
Iran: 2. Hälfte 17. Jh.; 24,5×78,5 cm
Material: *Seide, Goldfaden mit Seidenseele;* Farben: *Gold (Goldgelb), Grasgrün, Gelbgrün, Rosa (zwei Schattierungen), Mittelblau, Hellblau, Dunkelbraun, Hellgelb;* Zustand: *Goldfaden häufig ausgefallen; Farben stark verblaßt; leicht verschmutzt; Musterfäden stellenweise etwas ausgefallen;* Muster: Vgl. Kat. Nr. 103.

105 GM Inv. Nr. 233/20
Seidenfragment
Iran: 2. Hälfte 17. Jh.; 12×56,6 cm
Material: *Seide, Goldfaden, Silberfaden mit Seidenseele;* Farben: *Gold, Silber (Silbergrau), Rosa (zwei Schattierungen), Hellgrau (zwei Schattierungen), Grasgrün, Gelbgrün, Brillantblau, Hellblau, Mittelbraun;* Zustand: *Stellenweise stark verschlissen; Silberfaden häufig, Musterfäden zum Teil ausgefallen; Farben verblaßt; aus zwei Fragmenten zusammengenäht;* Muster: *In Kettrichtung verlaufen im Wechsel zwei verschieden breite Musterstreifen, von denen der schmalere mit wellenförmig geschwungenen Blütenranken besetzt ist. Im breiteren Musterband liegen übereinander geordnete florale Motivgruppen, bestehend aus verschiedenartigen Blütenpflanzen, die aus einem stark stilisierten Bergmotiv wachsen.*

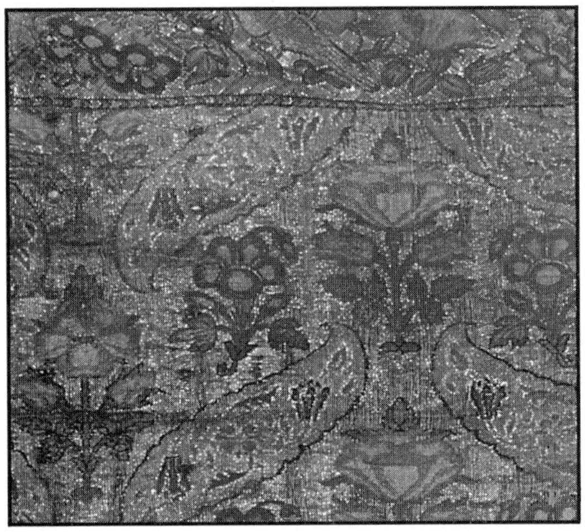

106 KGM Inv. Nr. 1978,303 Abb. 117
Seidenfragment
Iran: 2. Hälfte 17. Jh.; 59×16 cm
Material: *Seide, flacher Goldfaden, Goldfaden mit Seidenseele;* Farben: *Gold, Rosa (zwei Schattierungen), Dunkelblau, Grau, Hellblau, Mittelgrün, Lindgrün, Mittelblau;* Zustand: *Gold- und Musterfäden häufig ausgefallen; stark verschmutzt; Farben verblaßt;* Muster: *Gleichmäßig den goldenen Grund bedeckend, sind in horizontaler Richtung zwei verschiedenartige Blütenstengelreihen aus unterschiedlichen, naturnah gezeichneten Blütenzweigen zickzackartig und parallel zueinander geordnet.*

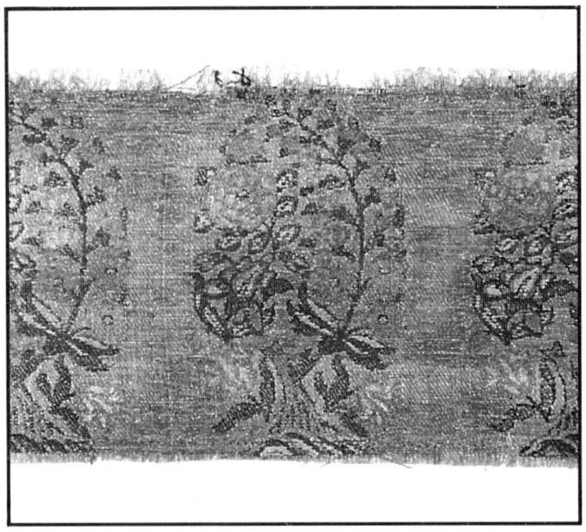

107 KGM Inv. Nr. 1978,137 Abb. 119
Seidenfragment (Köpergewebe)
Iran: 2. Hälfte 17. Jh.; 10×30 cm
Material: *Seide, Metallfaden mit Seidenseele;* Farben: *Rosa (zwei Schattierungen), Grau, Grün, Lindgrün, Hellblau, Mittelblau, Silbergrau, Hellgelb;* Zustand: *Metallfaden teilweise ausgefallen; Ränder ausgefranst;* Muster: *Auf goldenem Grund liegen in einer Reihe nebeneinander vier aus verschiedenen Blütenpflanzen bestehende florale Motivgruppen, die jeweils aus einem stilisierten Bergmotiv wachsen.*

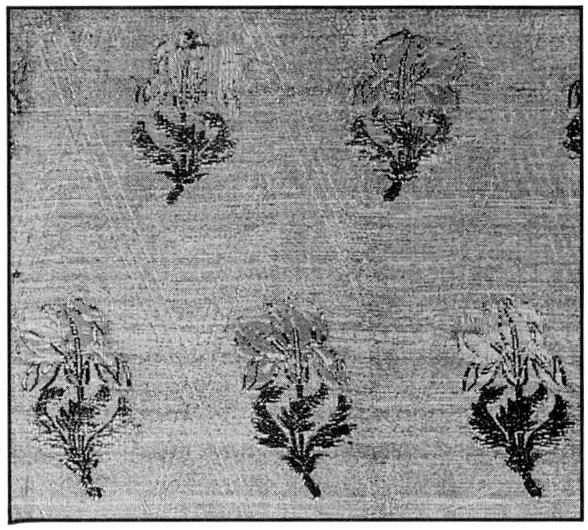

108 KGM Inv. Nr. 1978,126 Abb. 121
Seidenfragment
Iran: Mitte 17. Jh.; 32×19,8 cm
Material: *Seide, Goldfaden mit Seidenseele;* Farben: *Gold (Goldgelb), Blaugrün, Hellbraun, Schwarz;* Zustand: *Musterfäden zum Teil sehr stark ausgefallen;* Muster: *Auf goldenem Grund sind leicht s-förmig geschwungene, abgeschnittene Schwertlilien in naturnaher Zeichnung reihenweise auf Zwischenraum geordnet. Jeweils drei nebeneinander laufende, eingedrückte Linien gliedern den Grund rautenartig, wobei in den dadurch entstehenden Feldern je ein Blütenzweig liegt.*

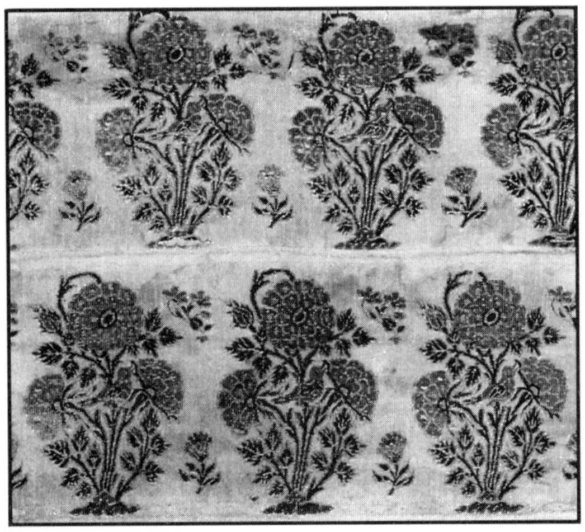

109 KGM Inv. Nr. 1978,134 Abb. 118
Seidenfragment
Iran: 2. Hälfte 17. Jh.; 25×23,2 cm
Material: *Seide, Goldfaden mit Seidenseele;* Farben: *Ziegelrot, Rosa, Dunkelgrün, Gold (Goldgelb), Weiß;* Zustand: *Aus drei Seidenstreifen zusammengenäht; Gold- und Musterfäden teilweise ausgefallen; stark verschmutzt; am oberen Streifen links und am unteren Streifen rechts befindet sich eine Webkante;* Muster: *Auf weißem Grund liegen, in drei Zeilen übereinander geordnet, Reihen von Rosenstauden in naturnaher Zeichnung. Zwischen den Stauden sind jeweils zwei kleine Streublümchen übereinander angeordnet.*

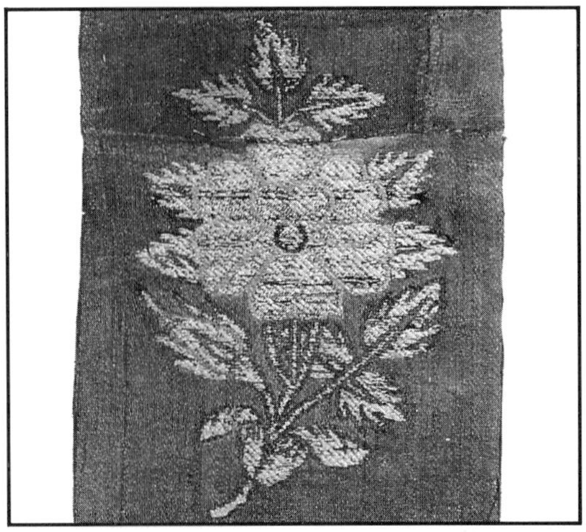

110 KGM Inv. Nr. 1978,243 Abb. 120
Seidenfragment
Iran: 2. Hälfte 17. Jh.; 11×8,7 cm
Material: *Seide, Silberfaden mit Seidenseele;* Farben: *Mittelbraun, Hellgrün, Dunkelgrün, Rosa (zwei Schattierungen);* Zustand: *Silberfaden stark, Musterfäden stellenweise ausgefallen; Farben verblaßt; zwei Fragmente entsprechend dem Muster zusammengenäht;* Muster: *Auf braunem Grund liegt ein abgeschnittener, leicht geschwungener Rosenzweig in sehr naturnaher Zeichnung, jedoch noch ohne farbliche Schattierungen.*

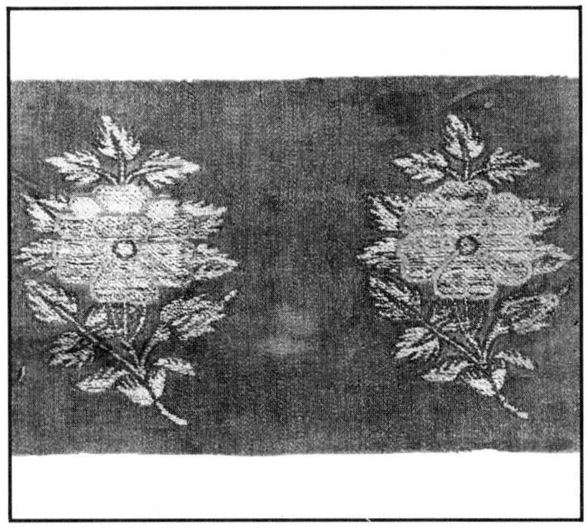

111 KGM Inv. Nr. 1978,246 Abb. 122
Seidenfragment
Iran: 2. Hälfte 17. Jh.; 11,1×19,3 cm
Material: *Seide, Silberfaden mit Seidenseele;* Farben: *Mittelbraun, Hellgrün, Dunkelgrün, Rosa (zwei Schattierungen);* Zustand: *Etwas verschlissen und fleckig; Silberfaden stark, Musterfäden stellenweise ausgefallen; Farben verblaßt;* Muster: *Vgl.* Kat. Nr. 110.

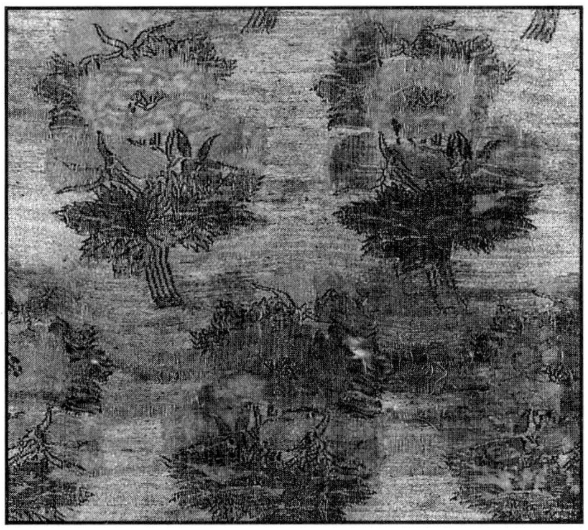

112 KGM Inv. Nr. 1978,150 Abb. 125
Seidenfragment
Iran: 2. Hälfte 17. oder Anfang 18. Jh.; 35×26 cm
Material: *Seide, Metallfaden mit Seidenseele;*
Farben: *Silbergrau, Lachs (zwei Schattierungen), Tannengrün, Lindgrün, Weiß;* Zustand: *Farben verblaßt; stark verschmutzt und verschlissen;*
Muster: *Auf silbergrauem Grund liegen, in Reihe auf Zwischenraum und mit zeilenweisem Richtungswechsel geordnet, Blumenbuketts aus verschiedenartigen, abgeschnittenen Blumen in sehr naturnaher Zeichnung.*

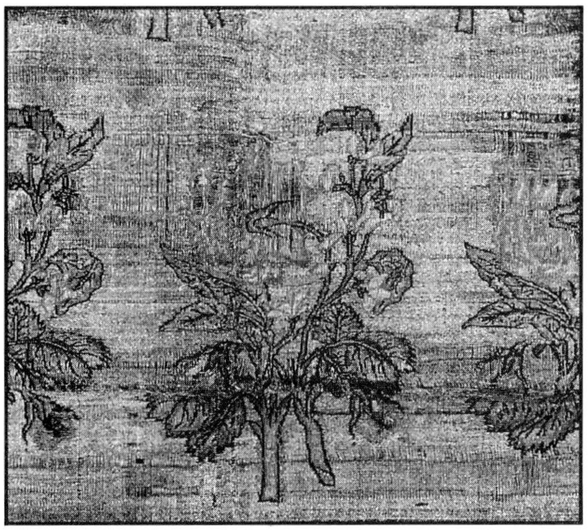

113 KGM Inv. Nr. 1978,133 Abb. 123
Seidenfragment (Atlasgewebe)
Iran: 2. Hälfte 17. oder Anfang 18. Jh.; 19,9×36,7 cm
Material: *Seide, Goldfaden mit Seidenseele;*
Farben: *Gold (Goldgelb), Dunkelgrün, Lindgrün, Gelb, Rosa (zwei Schattierungen), Lachs;*
Zustand: *Goldfaden stark ausgefallen; Gewebe verschlissen;* Muster: *Auf goldenem Grund liegen, in Reihe auf Zwischenraum geordnet, je zwei sich überlagernde, sehr naturnah gezeichnete Rosenzweige. Ein zeilenweiser Richtungswechsel der Motive erfolgt nicht.*

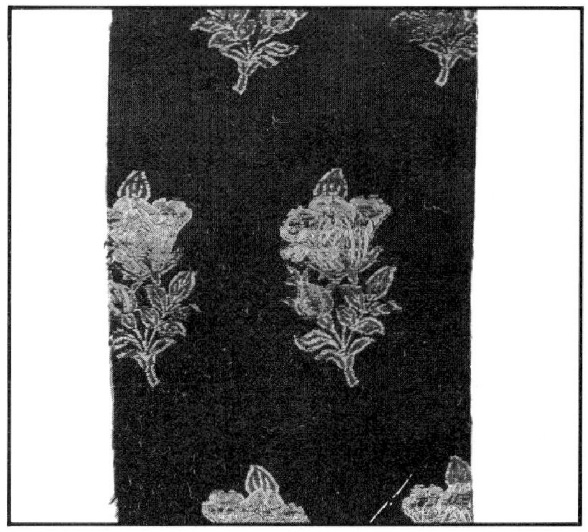

114 KGM Inv. Nr. 1978,187 Abb. 124
Seidenfragment
Iran: 2. Hälfte 17. oder Anfang 18. Jh.; 28,6×9,5 cm
Material: *Seide, Metallfaden mit Seidenseele;*
Farben: *Blau, Grün, Orange, Gelb, Silbergrau, Hellblau, Rosa;* Zustand: *Metallfaden stark ausgefallen; Farben stark verblaßt; stellenweise verschmutzt;*
Muster: *Auf blauem Grund ist ein leicht s-förmig geschwungener Rosenzweig in recht naturnaher Zeichnung reihenweise auf Zwischenraum und mit zeilenweisem Richtungswechsel geordnet.*

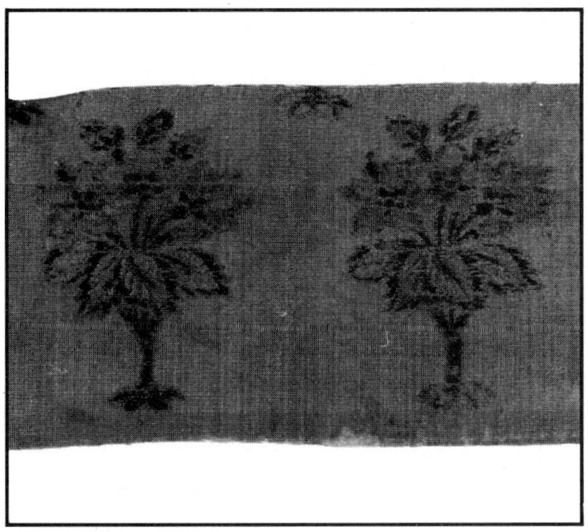

115 KGM Inv. Nr. 1978,171 Abb. 126
Seidenfragment (Leinwandgewebe, Motive broschiert)
Iran: 2. Hälfte 17. oder Anfang 18. Jh.; 6,1×10,8 cm
Material: *Seide, Goldfaden mit Seidenseele;*
Farben: *Hellblau, Tannengrün, Gold (Goldgelb), Lindgrün, Rosa (zwei Schattierungen);*
Zustand: *Goldfaden zu großen Teilen ausgefallen; an der unteren Längsseite etwas verschlissen; Fondfarbe verblaßt; etwas verschmutzt;* Muster: *Auf hellblauem Grund liegen kleine Blütenstauden in recht naturnaher Zeichnung. Sie sind in Reihe auf Zwischenraum geordnet. Die zwischen ihnen eingepreßten Linien gliedern den Grund rautenartig.*

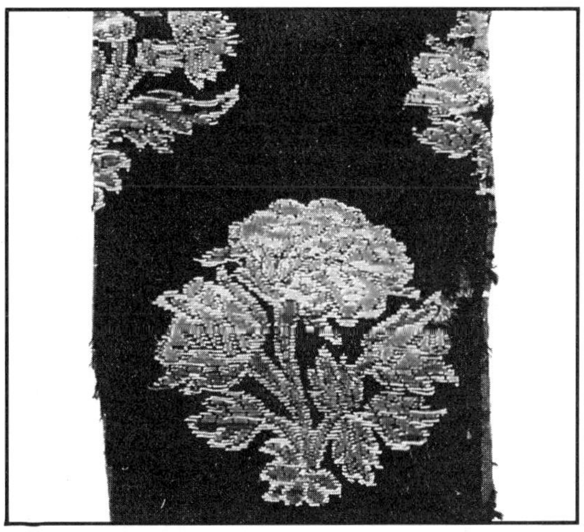

116 KGM Inv. Nr. 1978,179 Abb. 127
Seidenfragment (Köpergewebe, Motive broschiert)
Iran: Ende 17. Jh.; 12,5×4,7 cm
Material: *Seide, Goldfaden mit Seidenseele;*
Farben: *Pariser Blau, Gold (Goldgelb), Grün, Rosa, Altrosa;* Zustand: *Goldfaden zu großen Teilen ausgefallen; Grund stellenweise verschlissen und verschmutzt;* Muster: *Auf tiefblauem Grund sind leicht s-förmig geschwungene Rosen- und Nelkenpflanzen in recht naturnaher Zeichnung reihenweise auf Zwischenraum geordnet.*

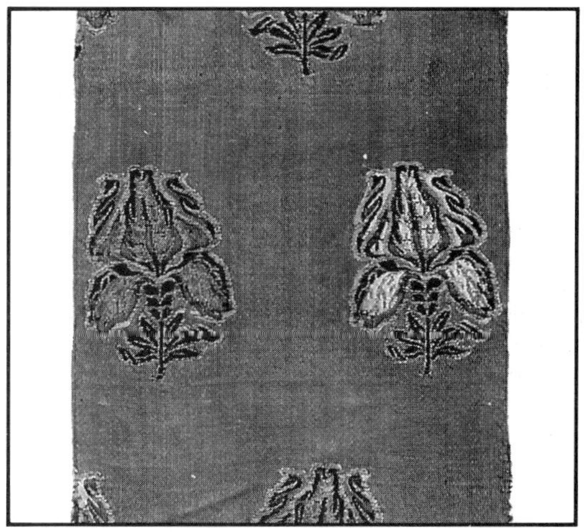

117 KGM Inv. Nr. 1978,273 Abb. 129
Seidenfragment (Atlasgewebe, Motive broschiert)
Iran: Ende 17. Jh.; 26,5×9,6 cm
Material: *Seide, Goldfaden mit Seidenseele;*
Farben: *Rostrot, Gold (Goldgelb), Tannengrün, Weiß, Hellbraun;* Zustand: *Goldfaden stark, Musterfäden stellenweise ausgefallen; Farben etwas verblaßt; ehemals eingepreßte Linien kaum noch zu erkennen;* Muster: *Auf rostrotem Grund sind einzelne Schwertlilienblüten mit kurzen Stielen und kleinen Blättern in Reihe auf Zwischenraum und mit zeilenweisem Richtungswechsel geordnet. Die Blüten sind sehr naturnah und detailliert gestaltet.*

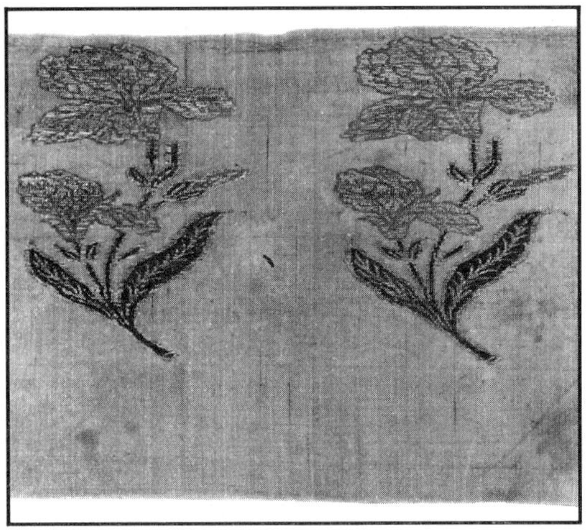

118 KGM Inv. Nr. 1978,292 Abb. 128
Seidenfragment (Leinwandgewebe, Motive broschiert)
Iran: Ende 17. oder Anfang 18. Jh.; 14,5×21 cm
Material: *Seide, Silberfaden mit Seidenseele;* Farben: *Gelb, Silber (Silbergrau), Altrosa, Hellblau, Grün;* Zustand: *Silberfaden häufig ausgefallen; Musterfäden stellenweise sehr locker über dem Grund liegend; relativ viele Webfehler; verschmutzt;* Muster: *Auf gelbem Grund liegen zwei naturnah gezeichnete, abgeschnittene Schwertlilienzweige in stark bewegter, lineargraphischer Darstellung nebeneinander.*

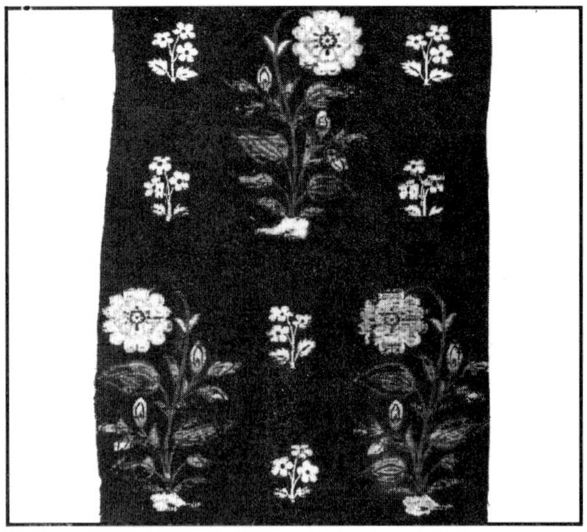

119 KGM Inv. Nr. 1978,188 Abb. 130
Seidenfragment (Leinwandgewebe, Motive broschiert)
Iran: 1. Hälfte oder Mitte 17. Jh.; 34×16 cm
Material: *Seide;* Farben: *Blau, Grün, Lindgrün, Weiß, Rosa, Hellbraun;* Zustand: *Musterfäden teilweise ausgefallen; Grund stellenweise verschlissen und verschmutzt; Farben stark verblaßt;* Muster: *Auf blauem Grund sind leicht s-förmig geschwungene, aus einem Wolkenmotiv wachsende Blütenstauden in zarter Zeichnung in Reihe auf Zwischenraum geordnet, wobei ein zeilenweiser Richtungswechsel erfolgt. Zwischen diese Motive sind jeweils zwei kleine, weiße Blütenzweige in einfacher Zeichnung gesetzt.*

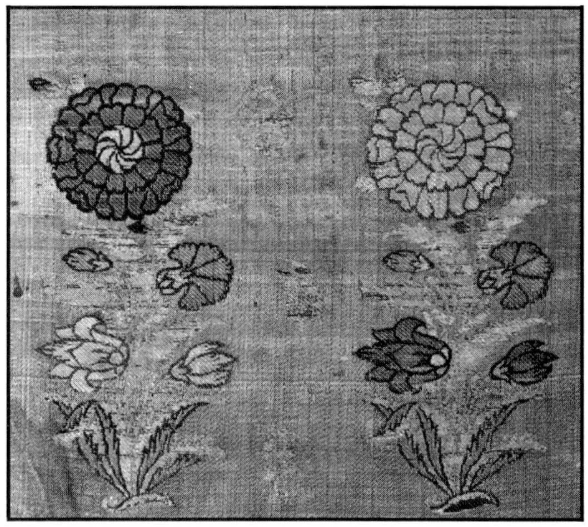

120 KGM Inv. Nr. 1978,258 Abb. 131
Seidenfragment
Iran: 1. Hälfte oder Mitte 17. Jh.; 27×21,5 cm
Material: *Seide, Metallfaden mit Seidenseele;* Farben: *Weinrot, Silberweiß, Blau, Hellblau, Creme, Hellbraun, Smaragdgrün, Gelb;* Zustand: *Metallfäden stark, Musterfäden stellenweise ausgefallen; Grund stellenweise etwas verschlissen;* Muster: *Auf weinrotem Grund stehen nebeneinander zwei Blumenpflanzen mit verschiedenartigen Blüten und breiten, gezackten, teilweise umgeschlagenen Blattwedeln. Die gleichgezeichneten Motive wurden in unterschiedlichen Farbstellungen gewebt. Der Fond ist gleichmäßig mit kleinen, silbergrauen Streumotiven bedeckt.*

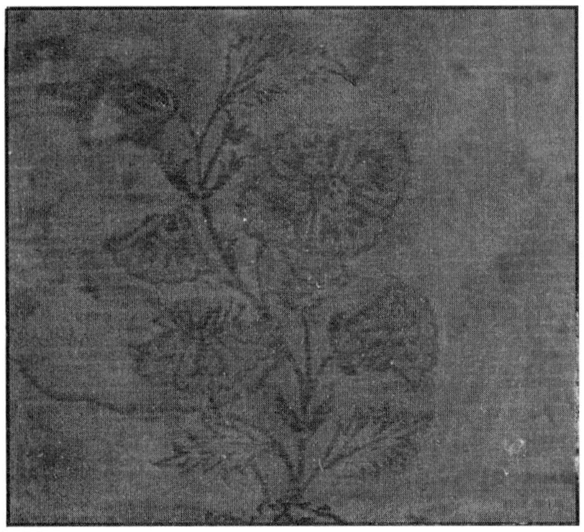

121 KGM Inv. Nr. 1978,289
Seidenfragment (Leinwandgewebe, Motive broschiert)
Iran: 2. Hälfte 17. Jh.; 8,9×21,8 cm
Material: *Seide;* Farben: *Gelb, Rosa (zwei Schattierungen), Blaßgrün (zwei Schattierungen), Brillantblau, Silbergrau;* Zustand: *Musterfäden stellenweise ausgefallen; Farben verblaßt; stark verschlissen und brüchig; verschmutzt;* Muster: *Auf gelbem Grund liegen nebeneinander drei leicht geschwungene Blütenstauden in zarter Zeichnung, die aus je einem Wolkenmotiv wachsen.*

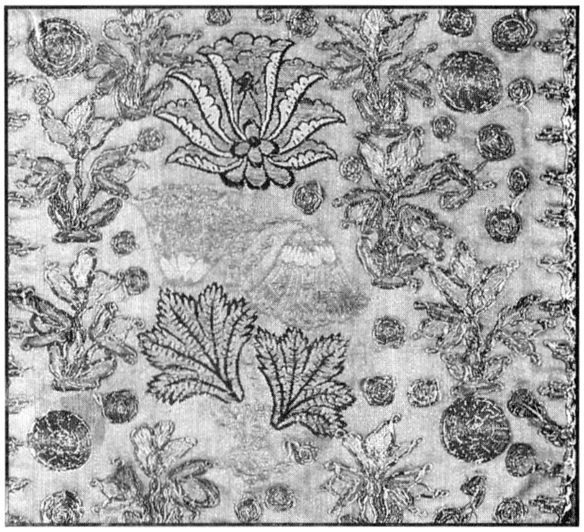

122 MVK Inv. Nr. WAS 257 Abb. 132
Kleiner Beutel
Iran: 17. Jh.; 24,4×17,3 cm
Material: *Seide, Goldfaden mit Seidenseele;* Farben: *Hellblau, Gold, Tannengrün, Beige, Hellbraun, Weiß, Brillantblau;* Zustand: *Musterfäden stellenweise ausgefallen; Stickerei teilweise vom Grund gelöst; Farben etwas ausgebleicht; stellenweise verschmutzt;* Muster: *Auf hellblauem Grund ist eine leicht s-förmig geschwungene Blütenpflanze in zarter, stilisierter Zeichnung eingewebt. Um sie sind kleinere Blütenpflanzen in unterschiedlicher Größe und Kreismotive eingestickt. Nach oben wird der Beutel von einer Borte abgeschlossen, in die zwischen Ranken drei Blüten gestickt wurden.*

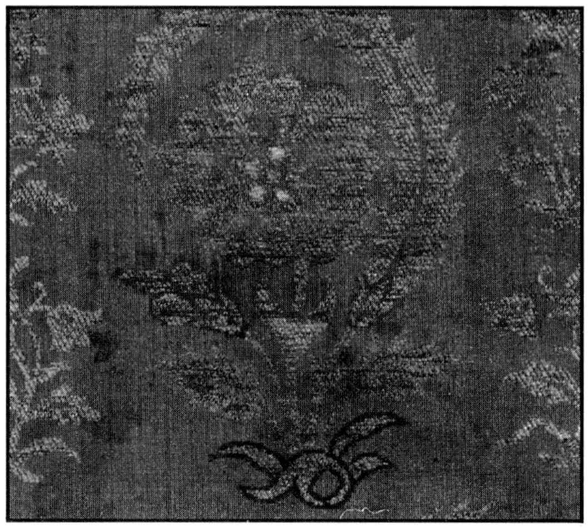

123 KGM Inv. Nr. 1978,244 Abb. 133
Seidenfragment (Leinwandgewebe, Motive broschiert)
Iran: 17. Jh.; 10,9×35 cm
Material: *Seide, Goldfaden mit Seidenseele;* Farben: *Kräftiges Rosa, Gold (Goldgelb), Blaugrün (hell), Tannengrün, Kornblumenblau, Hellblau;* Zustand: *Goldfaden stark ausgefallen; Fond stellenweise verschlissen; Farben etwas verblaßt;* Muster: *Auf rosafarbenem Grund liegen nebeneinander drei Blütenpflanzen in einfacher, flächiger Zeichnung. Dazwischen sind jeweils zwei kleine, übereinander liegende, geschwungene Blütenzweige ohne Umriß- und Innenzeichnung angeordnet.*

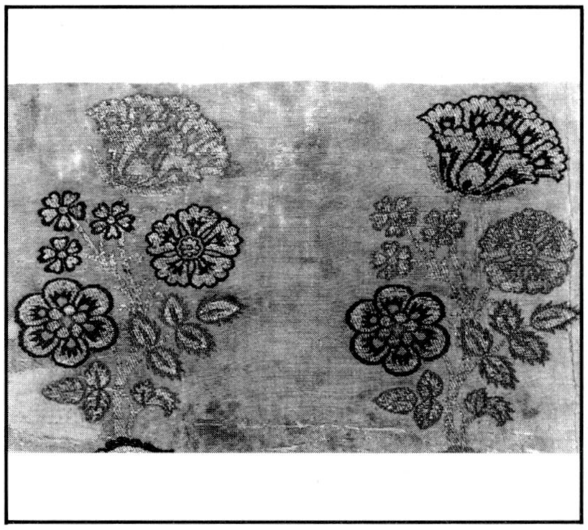

124 KGM Inv. Nr. 1978,241 Abb. 135
Seidenfragment (Leinwandgewebe, Motive broschiert)
Iran: 17. Jh.; 13,5×20,7 cm
Material: *Seide, Silberfaden mit Seidenseele;* Farben: *Rosa, Marineblau, Kornblumenblau, Hellblau, Silber (Silbergrau), Grün;* Zustand: *Silberfaden zu großen Teilen ausgefallen; stellenweise stark verschlissen; Farben verblaßt; fleckig; bereits einmal restauriert;* Muster: *Auf rosafarbenem Grund liegen nebeneinander zwei gleiche, leicht s-förmig geschwungene Blütenstauden in zarter, flächiger Zeichnung und unterschiedlicher Farbstellung. Sie wachsen aus einem wellenförmig geschwungenen, blattähnlichen Motiv.*

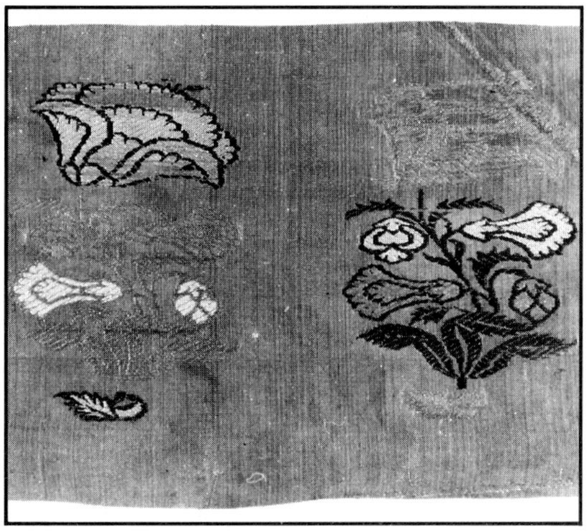

125 KGM Inv. Nr. 1978,166 Abb. 134
Seidenfragment (Leinwandgewebe, Motive broschiert)
Iran: 2. Hälfte 17. Jh.; 12,7×16,7 cm
Material: *Seide;* Farben: *Hellgrün, Altrosa, Lachs, Orange, Silbergrau, Mittelblau, Hellblau, Mittelgrau;* Zustand: *Musterfäden teilweise ausgefallen; Gewebe brüchig; an einer Stelle genäht; etwas verschmutzt;* Muster: *Auf hellgrünem Grund liegen nebeneinander zwei stark stilisierte, geschwungene Blütenpflanzen, die aus einem blattähnlichen Gebilde wachsen und in ihrer Zeichnung flächig und etwas gedrungen wirken.*

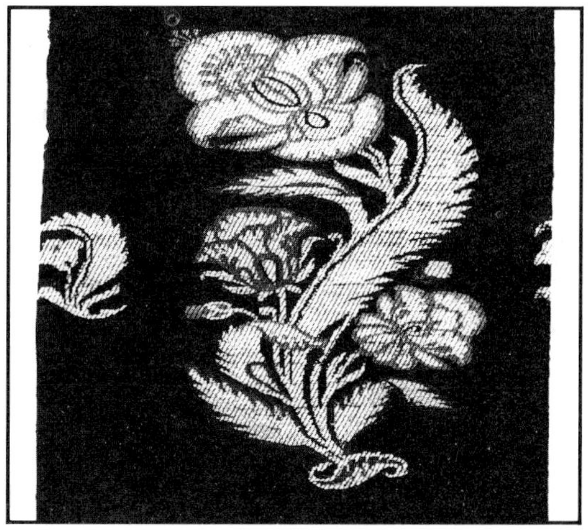

126 KGM Inv. Nr. 1978,189 Abb. 137
Seidenfragment (Leinwandgewebe, Motive broschiert)
Iran: 17. Jh.; 21,5×11,9 cm
Material: *Seide, Silberfaden mit Seidenseele;* Farben: *Dunkelblau, Silber (Silberweiß), Grün, Lindgrün, Ziegelrot, Weinrot, Rosa, Hellgelb;* Zustand: *Gut erhalten; Silberfaden stellenweise ausgefallen; Spuren ehemaliger Nähte zu erkennen;* Muster: *Auf blauem Grund liegt eine kräftig geschwungene Blütenstaude in schwungvoller, flächiger und stark stilisierter Zeichnung. Die Blütenformen wirken etwas gedrungen. Um die Pflanze sind kleine Füllmotive gruppiert und Reste von eingedrückten Linien zu erkennen.*

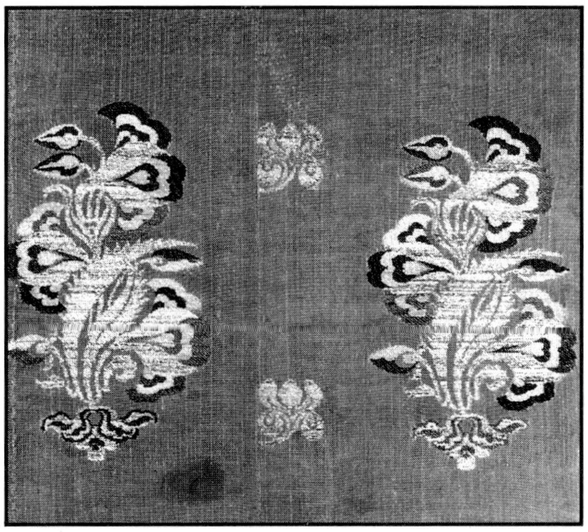

127 KGM Inv. Nr. 1978,154 Abb. 138
Seidenfragment
Iran: 17. Jh.; 27,7×20 cm
Material: *Seide, Silberfaden mit Seidenseele;* Farben: *Zinnoberrot, Silber (Silbergrau), Dunkelblau, Mittelblau, Grün, Lindgrün, Rosa, Hellblau;* Zustand: *Gut erhalten; Silberfaden stark ausgefallen; stellenweise verschmutzt; aus zwei Fragmenten zusammengenäht;* Muster: *Auf rotem Grund liegen nebeneinander zwei stark geschwungene Pflanzengebilde in stilisierter, flächiger Zeichnung. Zwischen ihnen sind kleine florale Streumotive abgebildet.*

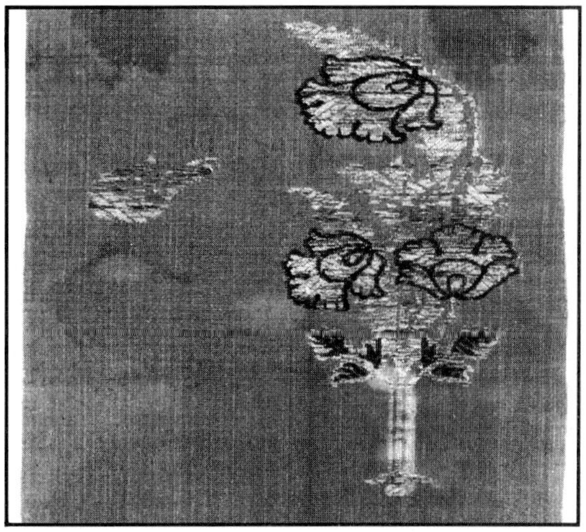

128 KGM Inv. Nr. 1978,261 Abb. 136
Seidenfragment (Leinwandgewebe, Motive broschiert)
Iran: 17.–18. Jh.; 14,1×11,5 cm
Material: *Seide, Metallfaden mit Seidenseele;* Farben: *Rosa, Gold (?) (Goldgelb), Brillantgrün;* Zustand: *Metallfaden zum Teil stark ausgefallen; stellenweise etwas fleckig;* Muster: *Auf rosafarbenem Grund liegt eine stark geschwungene Blütenpflanze in flächiger, einfacher Zeichnung. Links neben der Pflanze ist ein kleines chinesisches Wölkchen abgebildet.*

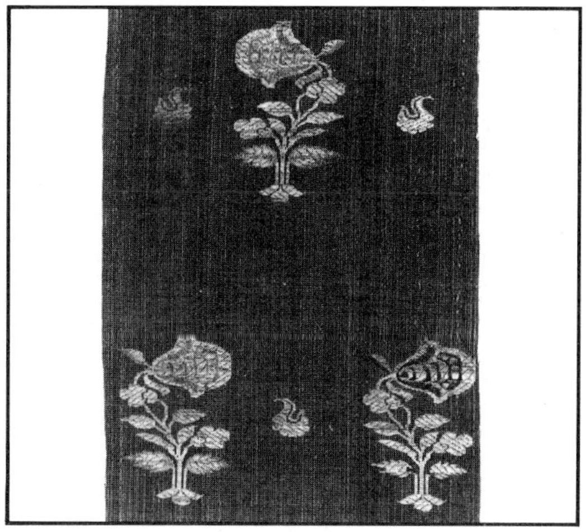

129 KGM Inv. Nr. 1978,195 Abb. 139
Seidenfragment (Leinwandgewebe, Motive broschiert)
Iran: 17.–18. Jh.; 23,1×14 cm
Material: *Seide, Goldfaden mit Seidenseele;* Farben: *Lila, Gold (Goldgelb), Zinnoberrot, Brillantgrün;* Zustand: *Goldfaden zum Teil ausgefallen; stellenweise Leimflecke;* Muster: *Auf lilafarbenem Grund liegen in Reihe auf Zwischenraum und mit zeilenweisem Richtungswechsel geordnete Blütenpflanzen in starker Schwingung und stilisierter, flächiger Zeichnung. Seitlich zwischen ihnen ist jeweils ein kleines Streumotiv abgebildet.*

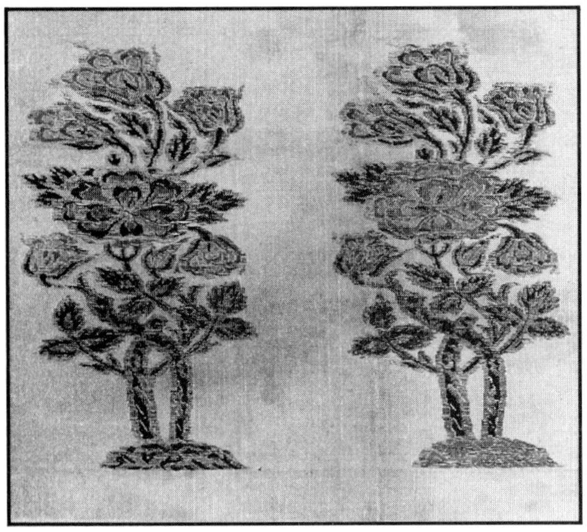

130 KGM Inv. Nr. 1978,214 Abb. 140
Seidenfragment (Leinwandgewebe, Motive broschiert)
Iran: 2. Hälfte 17. Jh.; 19,8×21,4 cm
Material: *Seide, Goldfaden mit Seidenseele;* Farben: *Weiß, Gold (Goldgelb), Tannengrün, Orange, Rosa, Altrosa, Graphit;* Zustand: *Goldfaden stellenweise ausgefallen; fleckig;* Muster: *Auf weißem Grund liegen nebeneinander zwei stark geschwungene, relativ naturnah gezeichnete Rosenstauden, die aus einem stilisierten Bergmotiv wachsen.*

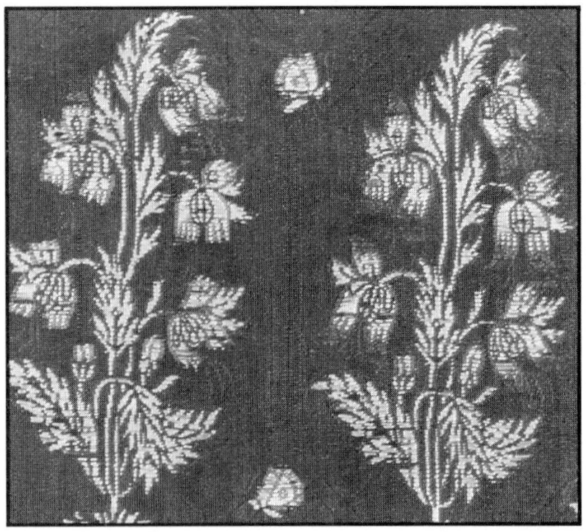

131 KGM Inv. Nr. 1978,168 Abb. 141
Seidenfragment (Leinwandgewebe, Motive broschiert)
Iran: 17.–18. Jh.; 9,2×9,5 cm
Material: *Seide;* Farben: *Grün, Gelb, Silberweiß, Orange, Rot, Dunkelgrün;* Zustand: *Gut erhalten;* Muster: *Auf grünem Grund bilden eingepreßte Linien Kartuschen. In den Kartuschen sind leicht geschwungene Blütenstauden in zarter, naturnaher Zeichnung abgebildet, zwischen denen Schmetterlinge dargestellt sind.*

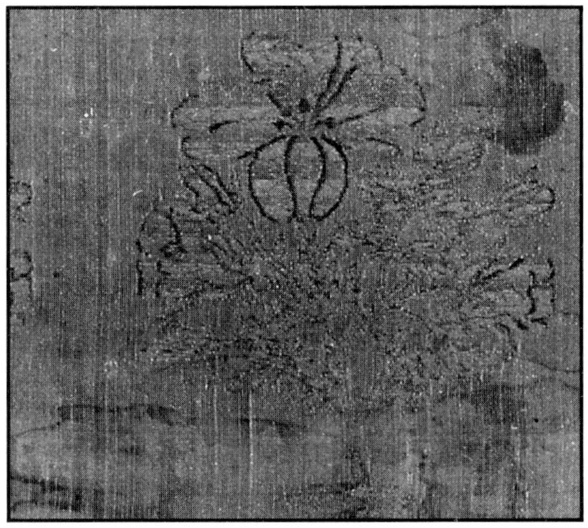

132 KGM Inv. Nr. 1978,203
Seidenfragment (Leinwandgewebe, Motive broschiert)
Iran: Anfang 18. Jh.; 12×22 cm
Material: *Seide;* Farben: *Altrosa (zwei Schattierungen), Lindgrün, Goldgelb, Rosa;* Zustand: *Musterfäden teilweise ausgefallen; Farben etwas verblaßt; stellenweise verschmutzt;* Muster: *Auf dem hellen Grund liegen nebeneinander zwei gleichartige Blütenstauden in sehr dünner und noch reativ naturnaher Zeichnung. In das Grundgewebe wurden rautenbildende Linien eingepreßt.*

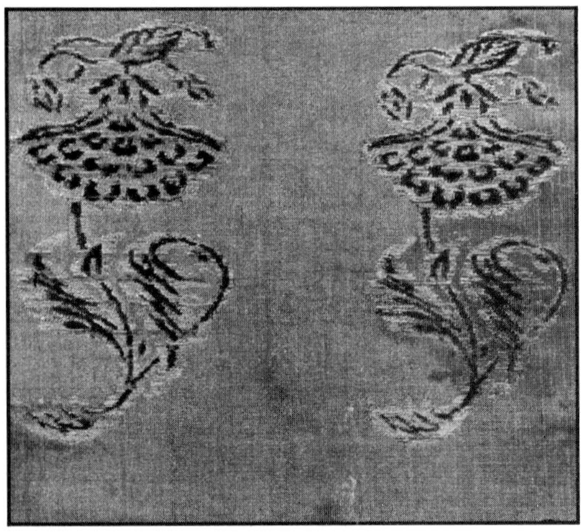

133 KGM Inv. Nr. 1978,275 Abb. 142
Seidenfragment (Leinwandgewebe, Motive broschiert)
Iran: 2. Hälfte 17. oder 18. Jh.; 13,6×17,2 cm
Material: *Seide, Goldfaden mit Seidenseele;* Farben: *Orangerot, Gold (Goldgelb), Blau, Grün, Lila;* Zustand: *Goldfaden stark, Musterfäden stellenweise etwas ausgefallen; Farben verblaßt; etwas verschmutzt;* Muster: *Auf orangerotem Grund liegen nebeneinander zwei s-förmig geschwungene, stark stilisierte Blütenzweige in bewegter, flächiger Zeichnung.*

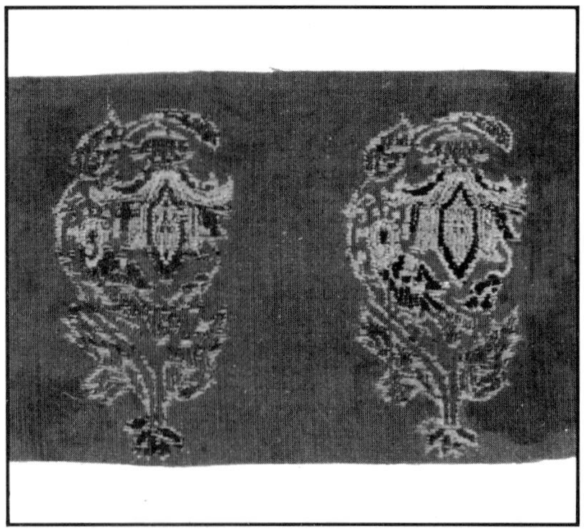

134 KGM Inv. Nr. 1978,267 Abb. 145
Seidenfragment (Leinwandgewebe, Motive broschiert)
Iran: 17.–18. Jh.; 6,7×10,7 cm
Material: *Seide, Silberfaden mit Seidenseele;* Farben: *Orangerot, Silber (Silbergrau), Grasgrün, Hellbraun, Blau, Hellblau;* Zustand: *Silberfaden stark, Musterfäden stellenweise ausgefallen; Farben verblaßt; etwas verschmutzt;* Muster: *Auf orangerotem Grund liegen nebeneinander zwei in der Zeichnung gleiche, in der Farbstellung jedoch unterschiedliche Blütenpflanzen in flächiger und schwungvoller Zeichnung. Auf den Blütenstengeln sitzt jeweils ein kleiner Vogel. Eingepreßte Linien umschließen die Motive kartuschenartig.*

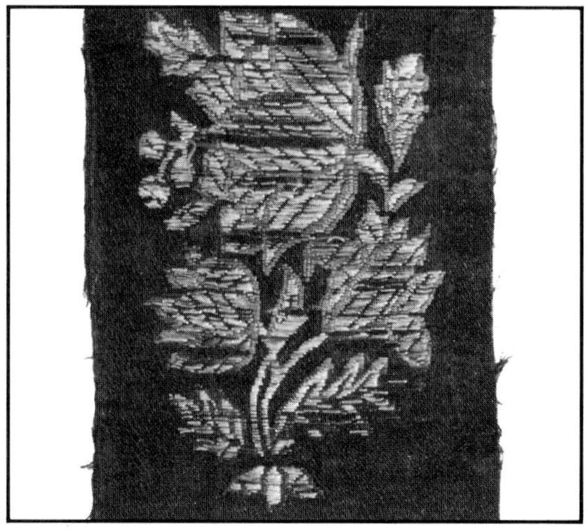

135 KGM Inv. Nr. 1978,181 Abb. 143
Seidenfragment
Iran: 17.–18. Jh.; 8,7×6,6 cm
Material: *Seide, Goldfaden mit Seidenseele;* Farben: *Pariser Blau, Ziegelrot, Gold (Goldgelb);* Zustand: *Goldfaden fast völlig, Musterfäden teilweise ausgefallen;* Muster: *Auf tiefblauem Grund liegt eine leicht geschwungene, goldene Blütenpflanze in einfacher, flächiger Zeichnung.*

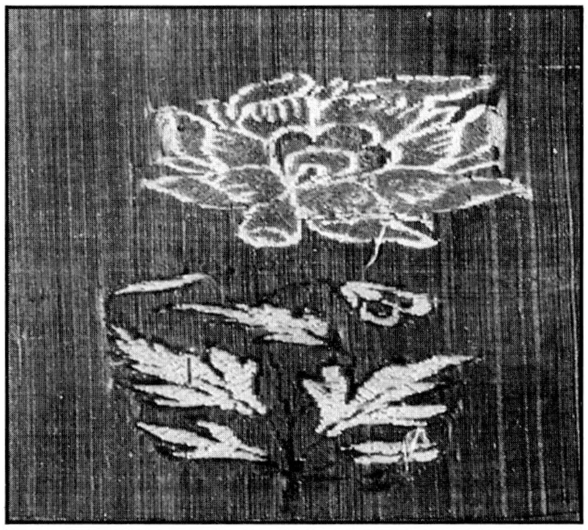

136 KGM Inv. Nr. 1978,199 Abb. 144
Seidenfragment (Leinwandgewebe, Motive broschiert)
Iran: 17.–18. Jh.; 9,4×11 cm
Material: *Seide;* Farben: *Violett, Zinnoberrot, Zitronengelb, Mittelgrün, Lindgrün;* Zustand: *Musterfäden teilweise nicht mehr mit Grundgewebe verbunden; Grundgewebe stellenweise etwas verschlissen;* Muster: *Auf violettem Grund liegt eine kräftig s-förmig geschwungene, etwas gedrungen wirkende Blütenpflanze in einfacher, flächiger Zeichnung.*

137 GM Inv. Nr. I.A. 65
Seidenfragment (Leinwandgewebe, Motive broschiert)
Iran: 17.–18. Jh.; 18×6 cm
Material: *Seide, Goldfaden mit Seidenseele, Silberfaden mit Seidenseele;* Farben: *Blau, Gold, Silber, Hellrot;* Zustand: *Gold- und Silberfäden zum Teil etwas ausgefallen; stellenweise etwas verschlissen;* Muster: *Auf mittelblauem Fond liegen, in Reihe auf Zwischenraum geordnet, kleine, leicht nach rechts gewandte Blütenzweige in stark stilisierter Zeichnung.*

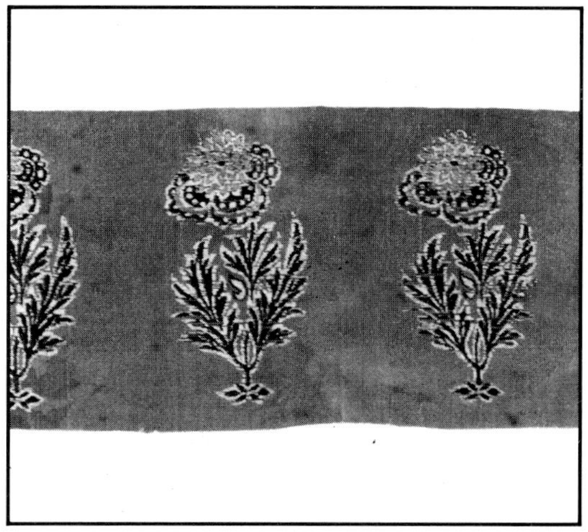

138 KGM Inv. Nr. 1978,272 Abb. 146
Seidenfragment (Leinwandgewebe, Motive flottierend)
Iran: 2. Hälfte 17. Jh.; 8,2×22,3 cm
Material: *Seide, Silberfaden mit Seidenseele, Goldfaden mit Seidenseele;* Farben: *Orangerot, Silber (Silberweiß), Gold (Goldgelb), Tannengrün, Lila, Creme;* Zustand: *Gold- und Silberfäden stark, Musterfäden stellenweise ausgefallen; Grundgewebe brüchig, stellenweise verschlissen und verschmutzt; Farben zum Teil verblaßt; ein Loch im Grundgewebe wurde mit einem Seidenstück vom gleichen Stoff unterlegt;* Muster: *Auf orangerotem Grund liegen in einer Reihe nebeneinander vier Einzelblütenpflanzen in relativ naturnaher Zeichnung und leichter Schwingung. Sie sind von eingepreßten Linien umschlossen, die rautenartig den gesamten Fond überziehen.*

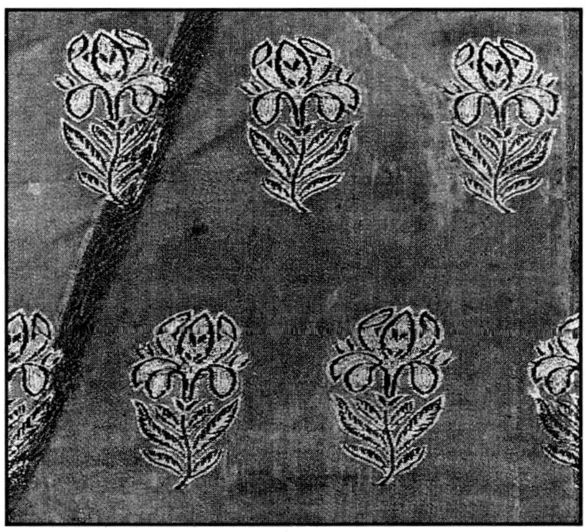

139 KGM Inv. Nr. 1978,274 Abb. 147
Seidenfragment (Atlasgewebe, Motive broschiert)
Iran: 17.–18. Jh.; 16,2×20,2 cm
Material: *Seide, Silberfaden mit Seidenseele;* Farben: *Orangerot, Silber (Silberweiß), Grün, Brillantblau, Hellblau, Lila (zwei Schattierungen);* Zustand: *Silberfaden stark, Musterfäden stellenweise ausgefallen; Farben etwas verblaßt; zwei Fragmente dem Muster entsprechend zusammengenäht; stellenweise verschlissen, etwas verschmutzt;* Muster: *Auf orangerotem Grund sind leicht s-förmig geschwungene Schwertlilienstengel mit je einer Blüte in Reihe auf Zwischenraum und mit zeilenweisem Richtungswechsel geordnet. Die Zeichnung ist locker und noch relativ naturnah.*

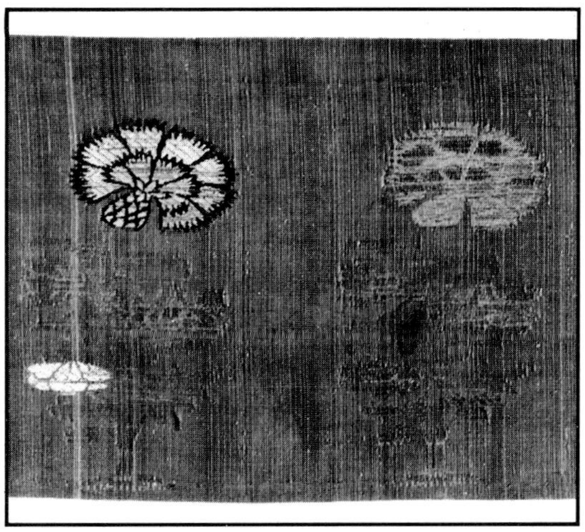

140 KGM Inv. Nr. 1978,198 Abb. 148
Seidenfragment (Leinwandgewebe, Motive broschiert)
Iran: Ende 17. Jh.; 14,4×36,5 cm
Material: *Seide;* Farben: *Violett, Mittelblau, Hellblau, helles Blaugrün, Lindgrün, Rosa, Lachs, Silberweiß;* Zustand: *Musterfäden stark ausgefallen; Farben teilweise etwas ausgebleicht; stellenweise verschmutzt;* Muster: *Auf violettem Grund liegen in zarter, flächiger Zeichnung vier s-förmig geschwungene stilisierte Nelkenpflanzen.*

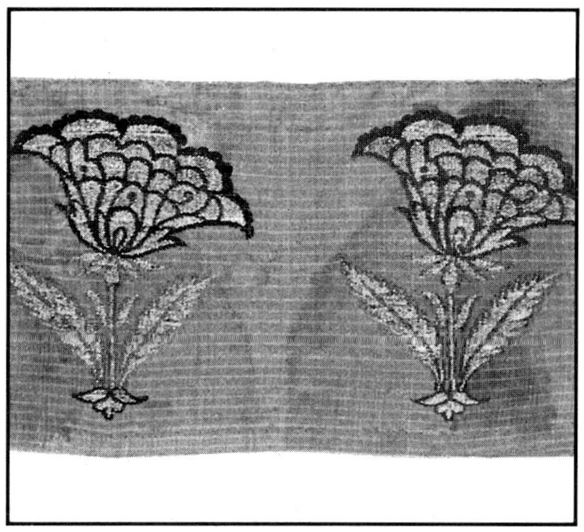

141 KGM Inv. Nr. 1978,263 Abb. 150
Seidenfragment (Leinwandgewebe, Motive broschiert)
Iran: 17.–18. Jh.; 7,9×12,5 cm
Material: *Seide, Goldfaden mit Seidenseele;* Farben: *Rosa, Brillantblau, Gold (Goldgelb), Hellbraun;* Zustand: *Goldfaden stark, Musterfäden stellenweise ausgefallen; Grundgewebe stellenweise verschlissen; Gewebe leicht verschmutzt und fleckig;* Muster: *Auf rosafarbenem Grund liegen nebeneinander zwei leicht geschwungene Blütenpflanzen in gleicher, flächiger, stark stilisierter Zeichnung und unterschiedlicher Farbstellung.*

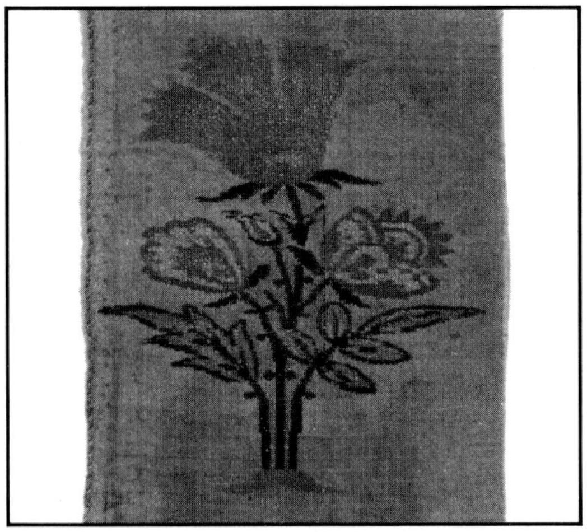

142 KGM Inv. Nr. 1978,290 Abb. 149
Seidenfragment (Leinwandgewebe, Motiv broschiert)
Iran: 17.–18. Jh.; 10×6,9 cm
Material: *Seide;* Farben: *Gelb, Altrosa (zwei Schattierungen), Rosa (zwei Schattierungen), Grün, Hellgrün;* Zustand: *Sehr gut erhalten; links Abschluß durch Webkante;* Muster: *Auf gelbem Grund liegt eine leicht s-förmig geschwungene Blütenpflanze in zarter, leicht stilisierter Zeichnung. Durch in zwei Farbschattierungen gehaltene Schußfäden erfährt das Grundgewebe eine zarte Streifengliederung.*

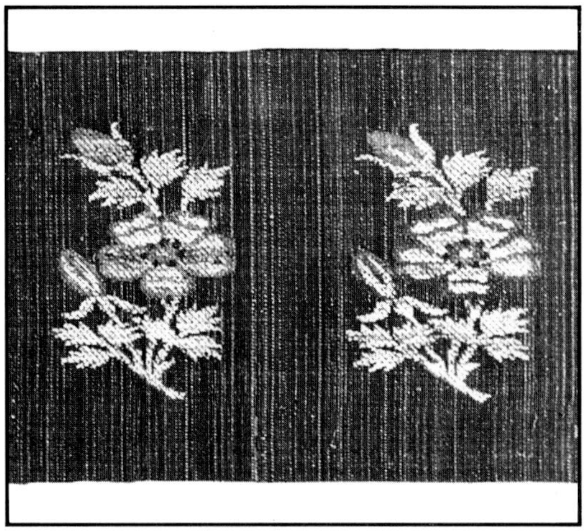

143 KGM Inv. Nr. 1978,200 Abb. 151
Seidenfragment (Leinwandgewebe, Motive broschiert)
Iran: 17. Jh.; 8,1×11,4 cm
Material: *Seide, Silberfaden mit Seidenseele;* Farben: *Violett, Ziegelrot, Kornblumenblau, Silber (Silberweiß);* Zustand: *Sehr gut erhalten; Silberfaden an vielen Stellen ausgefallen;* Muster: *Auf violettem Grund liegen nebeneinander zwei abgeschnittene, s-förmig geschwungene Blütenzweige in recht naturnaher, zarter Zeichnung.*

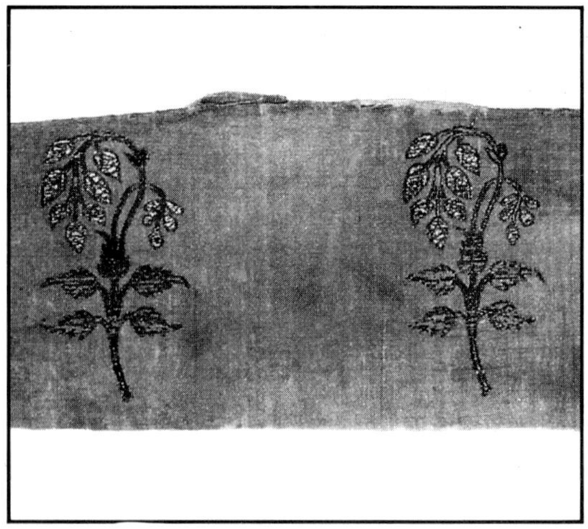

144 KGM Inv. Nr. 1978,277 Abb. 152
Seidenfragment (Köpergewebe, Motive broschiert)
Iran: 17. Jh.; 8,5×18,9 cm
Material: *Seide, Goldfaden mit Seidenseele, Silberfaden mit Seidenseele;* Farben: *Orange, Smaragdgrün, Gold (Rosa), Silber (Silbergrau);*
Zustand: *Sehr dünnes Gewebe; an vielen Stellen verschlissen; Gold- und Silberfäden stellenweise ausgefallen, ebenso Musterfäden; etwas fleckig;*
Muster: *Auf orangefarbenem Grund liegen nebeneinander zwei kleine, abgeschnittene und leicht s-förmig geschwungene Blütenzweige in sehr zarter, dünner Zeichnung.*

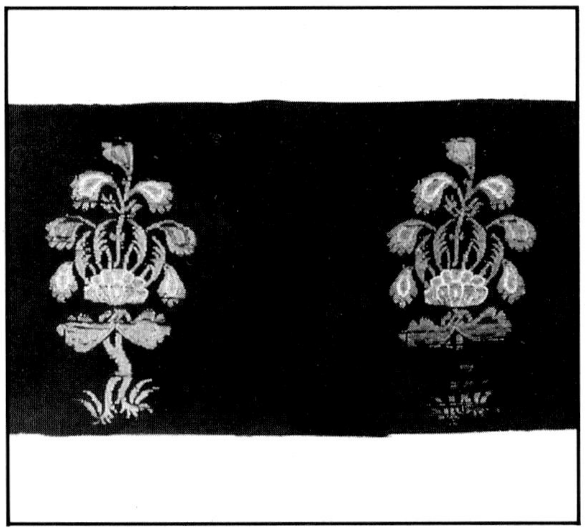

145 KGM Inv. Nr. 1978,180 Abb. 155
Seidenfragment (Leinwandgewebe, Motive broschiert)
Iran (?): 17.–18. Jh.; 7,1×12,5 cm
Material: *Seide;* Farben: *Pariser Blau, Grün, Orange, Rosa;* Zustand: *Musterfäden ausgebleicht;*
Muster: *Auf blauem Grund sind nebeneinander zwei gleiche, stark stilisierte und leicht geschwungene Pflanzengebilde in zarter Zeichnung geordnet.*

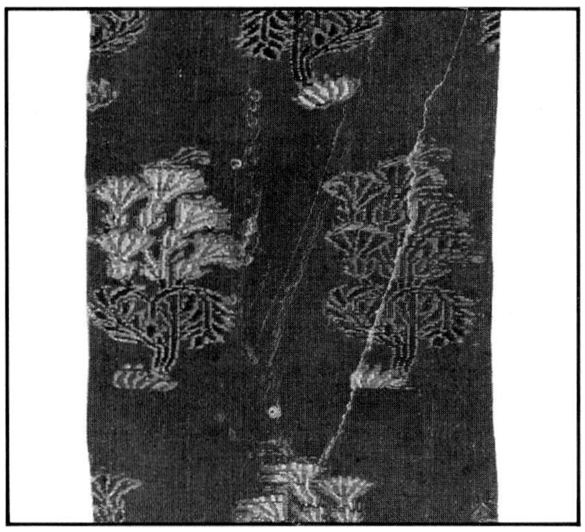

146 KGM Inv. Nr. 1978,204 Abb. 153
Seidenfragment (Leinwandgewebe, Motive broschiert)
Iran (?): Anfang 18. Jh. (?); 30×10,5 cm
Material: *Seide, Goldfaden mit Seidenseele;*
Farben: *Altrosa, Gold (Goldgelb), Tannengrün, Ziegelrot, Silbergrau;* Zustand: *Goldfaden fast völlig ausgefallen; ansonsten gut erhalten; im Grundgewebe mehrere Webfehler;* Muster: *Auf altrosafarbenem Grund sind Blütenpflanzen in Reihe auf Zwischenraum und mit zeilenweisem Richtungswechsel geordnet. Die in zwei Farbstellungen gewebten Motive sind stark stilisiert und in einfacher, zarter Zeichnung gestaltet.*

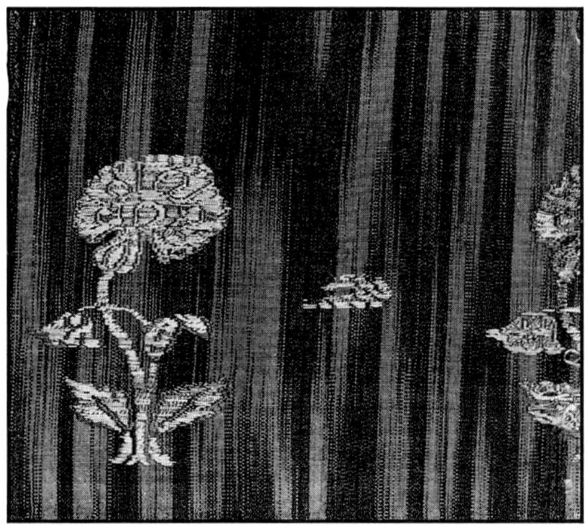

147 KGM Inv. Nr. 1978,185 Abb. 154
Seidenfragment (Leinwandgewebe, Motive broschiert)
Iran: 17. Jh.; 12,6×9,5 cm
Material: *Seide, Goldfaden mit Seidenseele;*
Farben: *Mittelblau, Hellblau, Gold (Goldgelb), Rot;*
Zustand: *Gut erhalten; Goldfaden stark ausgefallen; stellenweise Reste ehemaliger Steppnähte;*
Muster: *Auf mittel- und hellblau geflammtem Grund sind kleine, goldgelbe, leicht s-förmig geschwungene Blütenstengel in Reihe auf Zwischenraum geordnet, wobei in horizontaler Richtung zwischen den Blüten kleine chinesische Wölkchen liegen. Der Abstand der Blütenstengel ist in Kettrichtung wesentlich größer als in Schußrichtung.*

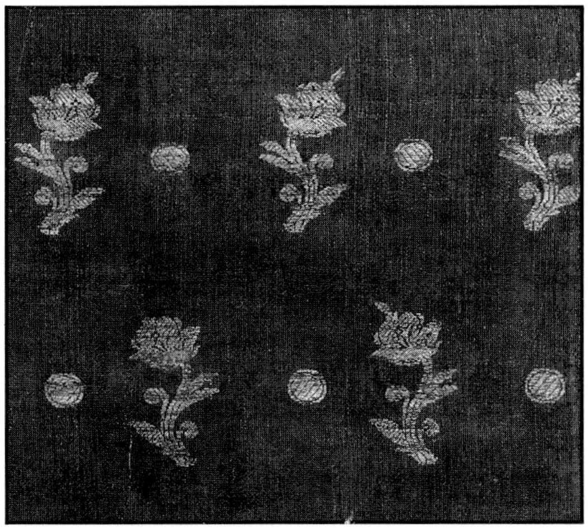

148 KGM Inv. Nr. 1978,202 Abb. 156
Seidenfragment (Atlasgewebe, Motive broschiert)
Iran: 2. Hälfte 17. Jh.; 26,3×36 cm
Material: *Seide, Goldfaden mit Seidenseele, Silberfaden mit Seidenseele;* Farben: *Violett, Gold (Goldgelb), Silber (Silbergrau), Rosa;* Zustand: *Gold- und Silberfäden stark, Musterfäden stellenweise ausgefallen; Farben stark ausgebleicht; verschmutzt;* Muster: *Auf ehemals violettem Grund sind leicht s-förmig geschwungene, kleine Blütenstengel in Reihe auf Zwischenraum geordnet, wobei ein zeilenweiser Richtungswechsel erfolgt. Zwischen den Pflanzen liegen in gleichmäßigen Abständen silberne Kreismedaillons. An der rechten Seite wird das Gewebe durch die Webkante abgeschlossen.*

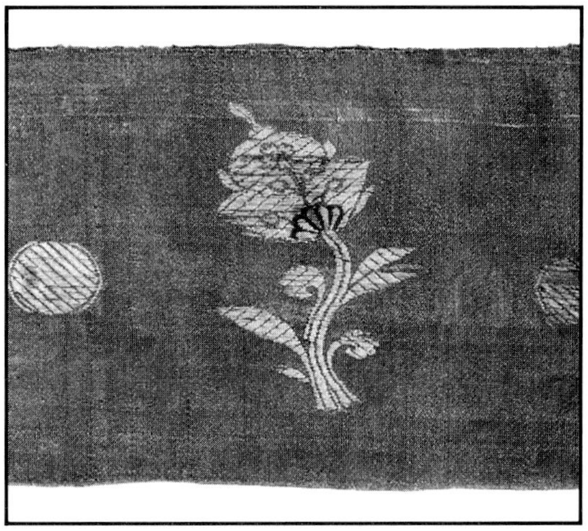

149 KGM Inv. Nr. 1978,264 Abb. 157
Seidenfragment (Köpergewebe, Motive broschiert)
Iran: 2. Hälfte 17. Jh.; 10,5×23,6 cm
Material: *Seide, Goldfaden mit Seidenseele, Silberfaden mit Seidenseele;* Farben: *Orange, Gold (Goldgelb), Silber (Silbergrau), Hellbraun;* Zustand: *Gold- und Silberfäden fast völlig, Musterfäden stellenweise ausgefallen; Farben etwas verblaßt; leicht verschlissen; leicht verschmutzt;* Muster: Vgl. Kat. Nr. 148 *(minimale Unterschiede in der Zeichnung).*

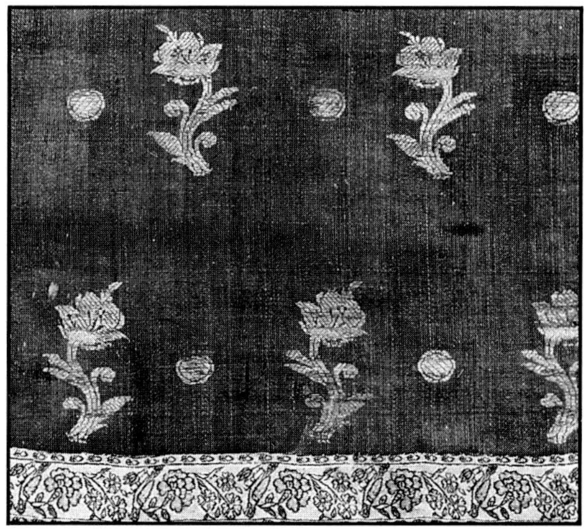

150 KGM Inv. Nr. 1980,97 Abb. 159
Lange Decke mit angenähter, umlaufender Borte (Atlasgewebe, Motive broschiert); vgl. Kat. Nr. 316
Iran: 2. Hälfte 17. Jh.; 185×41 cm
Material: *Seide, Silberfaden mit Seidenseele, Goldfaden mit Seidenseele;* Farben: *Mittelgrau, Rosa, Silber (Silbergrau), Gold (Goldgelb);* Zustand: *Musterfäden zum Teil ausgefallen; stellenweise etwas verschlissen und fleckig; Farben ausgebleicht;* Muster: Vgl. Kat. Nr. 148.

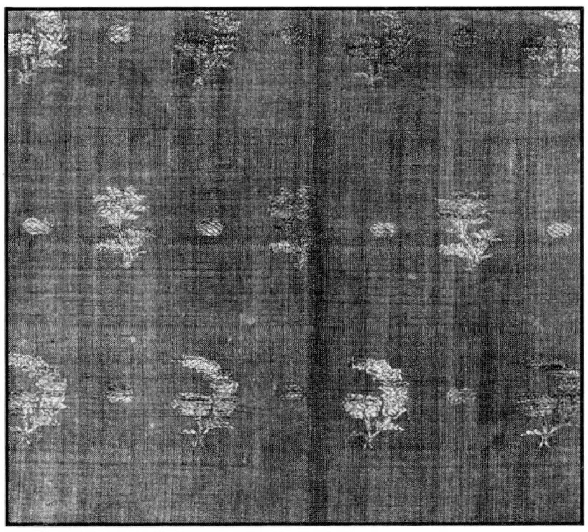

151 KGM Inv. Nr. 1980,93 Abb. 158
Kleine Decke
Iran: Ende 17. oder 18. Jh.; 51×48,5 cm
Material: *Seide, Metallfaden mit Seidenseele;* Farben: *Hellblau, Goldgelb (Metallumwicklung), Rosa;* Zustand: *Musterfäden zum Teil, Metallfaden stark ausgefallen; Farben ausgebleicht; stellenweise etwas verschlissen; stellenweise verschmutzt; aus mehreren Fragmenten zweier verschiedenartig gemusterter Gewebe zusammengenäht;* Muster: *Auf hellblauem Grund sind in Reihe auf Zwischenraum und mit zeilenweisem Richtungswechsel zwei unterschiedlich gestaltete, s-förmig geschwungene, kleine Blütenstengel geordnet, wobei die Art der Motive zeilenweise wechselt.*

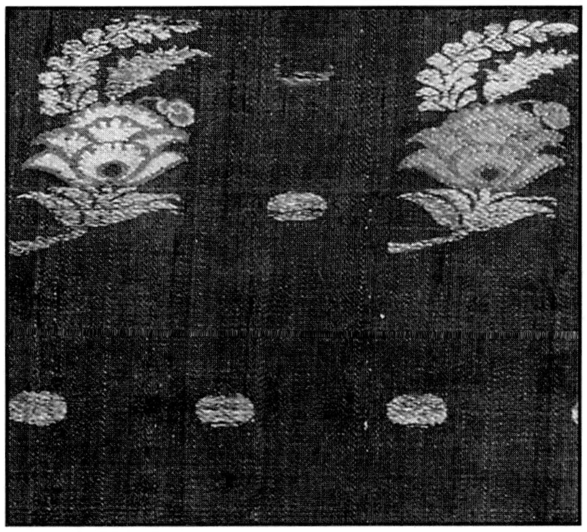

152 KGM Inv. Nr. 1978,197 Abb. 161
Seidenfragment
Iran (?): 17.–18. Jh.; 33,5×13,5 cm
Material: *Seide, Silberfaden mit Seidenseele;* Farben: *Graublau, Silber (Weiß), Weiß, Orange, Altrosa, Rosa;* Zustand: *Silberfaden stark ausgefallen; Farben etwas verblaßt; stellenweise verschlissen und leicht verschmutzt;* Muster: *Auf blaugrauem Grund ist ein geschwungener Blütenzweig mit Blattwerk reihenweise auf Zwischenraum und mit zeilenweisem Richtungswechsel geordnet. Zwischen diesen Motiven sind kleine ovale Scheiben abgebildet.*

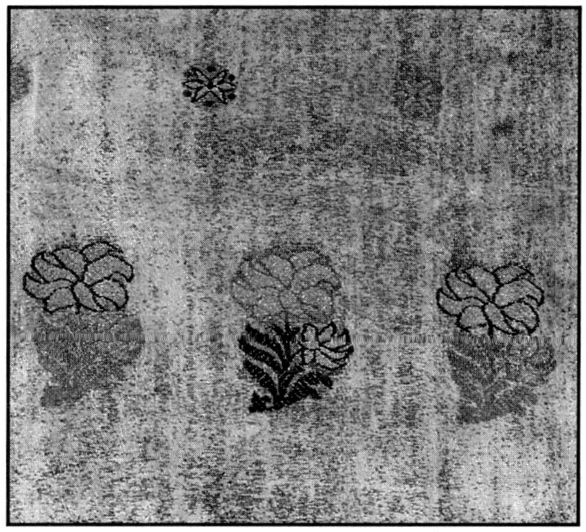

153 KGM Inv. Nr. 87,1366 Abb. 163
Seidenfragment
Iran: 17.–18. Jh.; 32×27,5 cm
Material: *Seide, Goldfaden mit Seidenseele, Silberfaden mit Seidenseele;* Farben: *Silber (Silberweiß), Gold (Goldgelb), Grün, Grau (zwei Schattierungen);* Zustand: *Gut erhalten; Silberfaden teilweise ausgefallen;* Muster: *Auf silbernem Grund sind zeilenweise neben- und übereinander stark stilisierte, leicht geschwungene Blütenzweige in verschiedenen Farbstellungen ohne Richtungswechsel geordnet. In Schußrichtung liegt zwischen diesen Motivreihen je eine Reihe kleiner, sternartiger Rosetten.*

154 GM Inv. Nr. I.A. 63
Seidenfragment (Atlasgewebe, Motive broschiert)
Iran: 17.–18. Jh.; 20,4×51,5 cm
Material: *Seide;* Farben: *Brillantblau, Weiß, Hellblau, Tannengrün, Orange (jetzt fast Gelb), Altrosa;* Zustand: *Musterfäden zum Teil ausgefallen; Farben verblaßt; stark verschlissen; stellenweise durchlöchert;* Muster: *Auf tiefblauem Grund liegen, in Reihe auf Zwischenraum und mit zeilenweisem Richtungswechsel geordnet, kleine Blütenpflanzen mit stark gebogenem Stengel in dichter Folge nebeneinander.*

155 GM Inv. Nr. 228/20
Seidenfragment (Atlasgewebe, Motive broschiert)
Iran: 17.–18. Jh.; 36,8×15 cm
Material: *Seide;* Farben: *Brillantblau, Weiß, Hellblau, Tannengrün, Orange (jetzt fast Gelb), Altrosa;* Zustand: *Musterfäden zum Teil ausgefallen; Farben verblaßt; stark verschlissen; stellenweise durchlöchert;* Muster: Vgl. Kat. Nr. 154.

156 GM Inv. Nr. I.A. 529a
Seidenfragment (Atlasgewebe, Motive broschiert)
Iran: 17.–18. Jh.; 36×15 cm
Material: *Seide;* Farben: *Brillantblau, Weiß, Hellblau, Tannengrün, Orange (jetzt fast Gelb), Altrosa;* Zustand: *Musterfäden zum Teil ausgefallen; stark verschlissen; stellenweise durchlöchert;* Muster: Vgl. Kat. Nr. 154.

157 GM Inv. Nr. I.A. 529b
Seidenfragment (Atlasgewebe, Motive broschiert)
Iran: 17.–18. Jh.; 37×15,5 cm
Material: *Seide;* Farben: *Brillantblau, Weiß, Hellblau, Tannengrün, Orange (jetzt fast Gelb), Altrosa;* Zustand: *Musterfäden zum Teil ausgefallen; Farben verblaßt; stark verschlissen; stellenweise durchlöchert;* Muster: Vgl. Kat. Nr. 154.

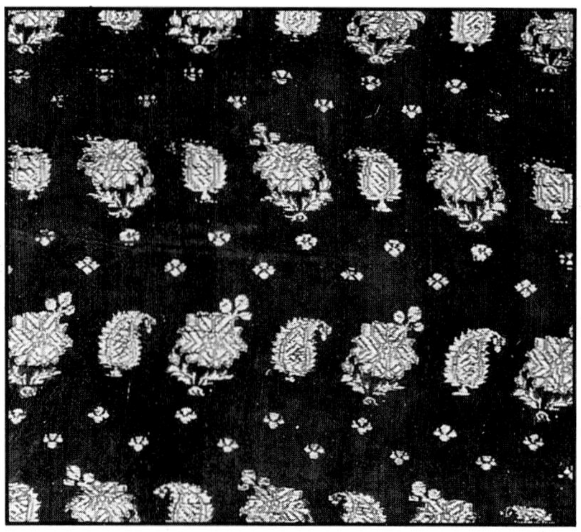

158 MVK Inv. Nr. WAS 81 Abb. 160
Ärmelteil, unten mit 4 Knöpfen zusammengehalten (Atlasgewebe, Motive broschiert)
Iran: 17.–18. Jh.; 24,5×48,8 cm
Material: *Seide, Goldfaden mit Seidenseele;* Farben: *Dunkelgrau; Gold (Goldgelb), Orange, Grasgrün;* Zustand: *Goldfaden fast völlig, Musterfäden stellenweise ausgefallen; Farben verblaßt; stark verschlissen; verschmutzt;* Muster: *Auf dunkelgrauem Fond sind in Reihe über- und nebeneinander jeweils im Wechsel eine indische Palmette und ein Blütenzweig in kleinteiliger, stark stilisierter Zeichnung und mit zeilenweisem Richtungswechsel geordnet. Zwischen den in Schußrichtung verlaufenden Motivreihen sind einzelne kleine Streumotive abgebildet.*

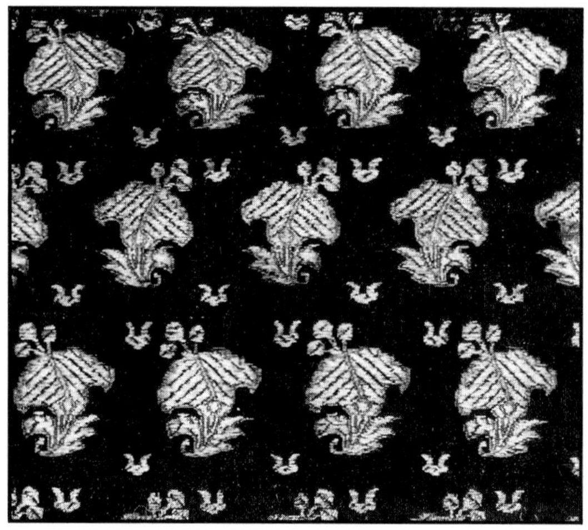

159 MVK Inv. Nr. WAS 112 Abb. 162
Seidenfragment
Iran: 17.–18. Jh.; 11,9×89 cm
Material: *Seide, Goldfaden mit Seidenseele;* Farben: *Pariser Blau, Gold (Goldgelb), Grasgrün, Orange;* Zustand: *Goldfaden stark, Musterfäden stellenweise ausgefallen; Farben zum Teil verblaßt; etwas verschmutzt und fleckig; aus vier Fragmenten zusammengenäht;* Muster: *Auf dunkelblauem Fond sind kleine Blütenzweige in stark vereinfachender Zeichnung in Reihe auf Zwischenraum geordnet, wobei ein zeilenweiser Richtungswechsel der Motive erfolgt. Zwischen den einzelnen floralen Formen liegen kleine, stark stilisierte Wolkenbänder.*

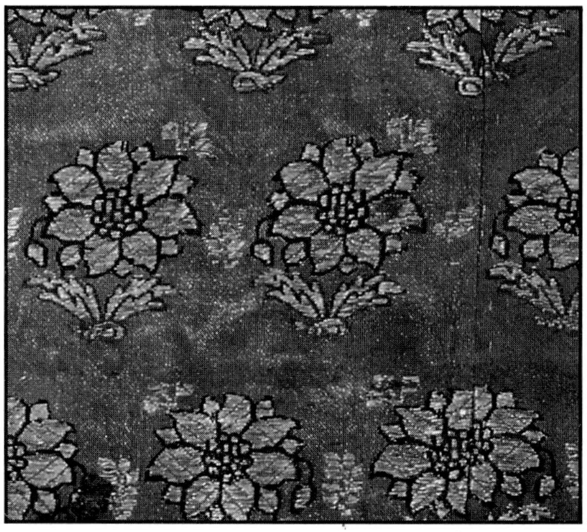

160 MVK Inv. Nr. WAS 231 Abb. 164
Kleine Tasche (Kuvert), mit Druckstoff abgefüttert (Atlasgewebe, Motive broschiert)
Iran: 17.–18. Jh.; 23,6×15,4 cm
Material: *Seide, Goldfaden mit Seidenseele;*
Farben: *Weinrot, Gold, Grasgrün, Schwarz;*
Zustand: *Druckmuster kaum noch zu erkennen; Goldfaden häufig ausgefallen; Musterfäden oft nicht mehr eingebunden; aus fünf Teilfragmenten zusammengenäht;* Muster: *Auf rotem Grund sind in Reihe, auf Zwischenraum und mit zeilenweisem Richtungswechsel, kleine, stark stilisierte Blütenpflanzen geordnet, die ursprünglich durch eingepreßte Linien kartuschenartig umschlossen waren.*

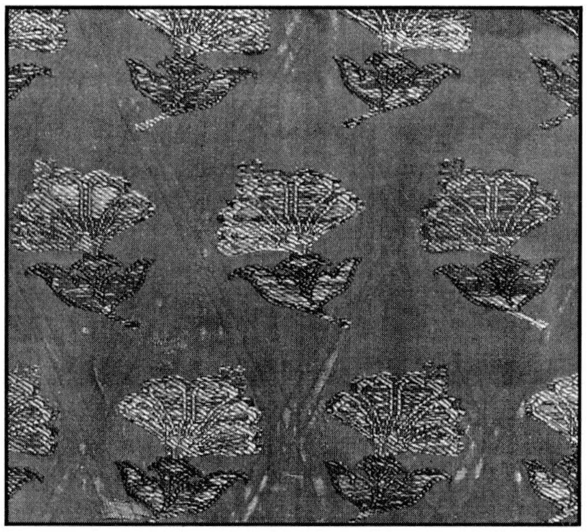

161 KGM Inv. Nr. 1978,280 Abb. 165
Seidenfragment (Atlasgewebe, Motive broschiert)
Iran: Ende 17. oder Anfang 18. Jh.; 31,5×34 cm
Material: *Seide, Goldfaden mit Seidenseele;*
Farben: *Ziegelrot, Tannengrün, Gold (Goldgelb), Lichtblau, Flieder;* Zustand: *Goldfaden zum Teil, Musterfäden stellenweise etwas ausgefallen; Farben verblaßt; stellenweise stark verschlissen;* Muster: *Auf ehemals ziegelrotem Grund sind kleine, s-förmig geschwungene Blütenzweige in Reihe auf Zwischenraum und mit zeilenweisem Richtungswechsel geordnet, wobei die Farbstellung der Blüten wechselt. Eingepreßte Linien überziehen den Fond rautenartig. In den so entstehenden Feldern liegt je ein Blütenzweig.*

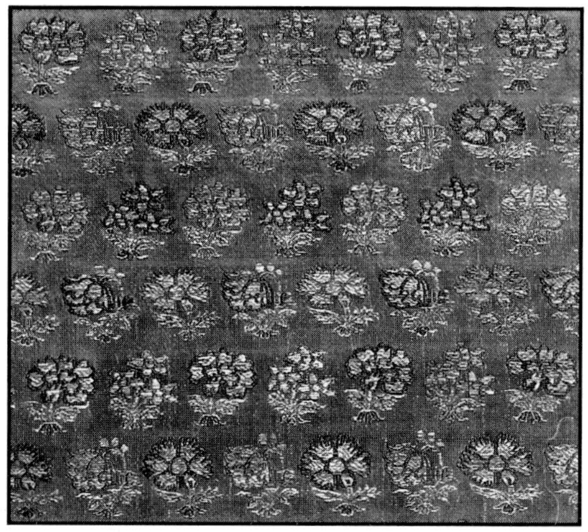

162 MKH Inv. Nr. 23750 Abb. 166
Seidenfragment (Atlasgewebe, Motive broschiert)
Iran: 17.–18. Jh.; 37×38 cm
Material: *Seide, Goldfaden mit Seidenseele;*
Farben: *Kräftiges Orange, Mittelblau, Grün, Gold (Goldgelb), Hellbraun;* Zustand: *Goldfaden zum Teil, Musterfäden geringfügig ausgefallen; stellenweise fleckig;* Muster: *Auf kräftig orangefarbenem Grund sind in Reihe auf Zwischenraum und mit zeilenweisem Richtungswechsel verschiedenartige, kleine Blütenpflanzen in stilisierter Zeichnung geordnet.*

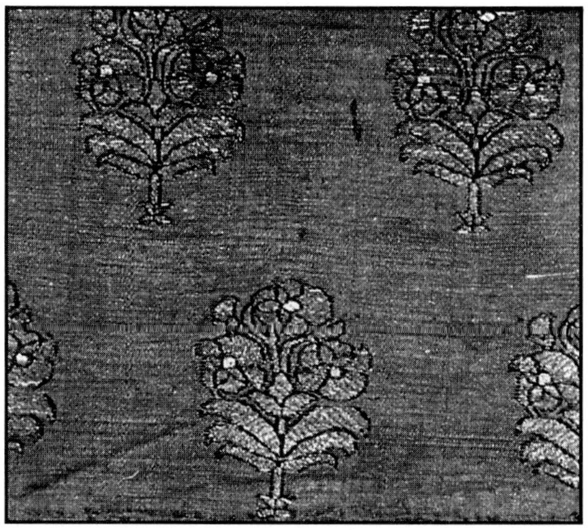

163 KGM Inv. Nr. 1978,255 Abb. 167
Seidenfragment (Atlasgewebe, Motive broschiert)
Iran: 17.–18. Jh.; 11,9×22,5 cm
Material: *Seide, Goldfaden mit Seidenseele;*
Farben: *Weinrot, Gold, Smaragdgrün (Blau), Weiß;*
Zustand: *Gut erhalten; Goldfaden kaum ausgefallen; ehemaliges Smaragdgrün jetzt Dunkelblau; leicht verschmutzt;* Muster: *Auf weinrotem Grund sind in Reihe auf Zwischenraum ohne zeilenweisen Richtungswechsel stark stilisierte Blütenstauden geordnet.*

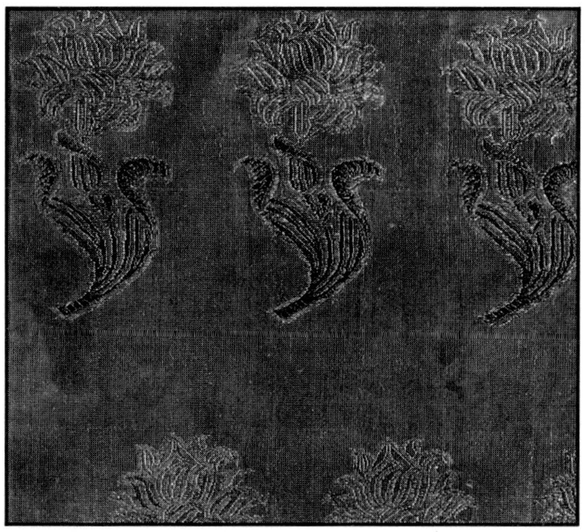

164 KGM Inv. Nr. 1978,103 Abb. 168
Seidenfragment
Iran: 2. Hälfte 17. oder 18. Jh.; 54×23,3 cm
Material: *Seide, Metallfaden mit Seidenseele;*
Farben: *Grün, Hellbraun, Goldgelb (Metallumwicklung), Orange;* Zustand: *Farben stark verblaßt; etwas verschmutzt; links durch Webkante abgeschlossen;* Muster: *Auf grünem Fond sind stark stilisierte Blütenzweige mit an den Spitzen umgeschlagenen Blättern in Reihe auf Zwischenraum und mit zeilenweisem Richtungswechsel geordnet.*

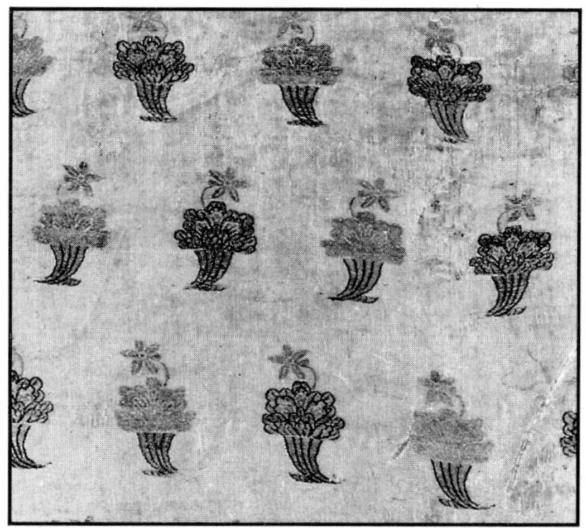

165 KGM Inv. Nr. 1978,149 Abb. 170
Seidenfragment
Iran (?): 17.–18. Jh.; 32×32 cm
Material: *Seide, Goldfaden mit Seidenseele;*
Farben: *Silbergrau, Gold (Goldgelb), Mittelblau, Dunkelblau;* Zustand: *Goldfaden häufiger ausgefallen; stark verschlissen; Rückseite durch aufgeklebtes Baumwollgewebe verstärkt (leinwandbindig);* Muster: *Auf silbernem Grund sind in Reihe auf Zwischenraum und mit zeilenweisem Richtungswechsel sträußchenartige florale Gebilde geordnet, aus denen eine einzelne sternförmige Blüte wächst.*

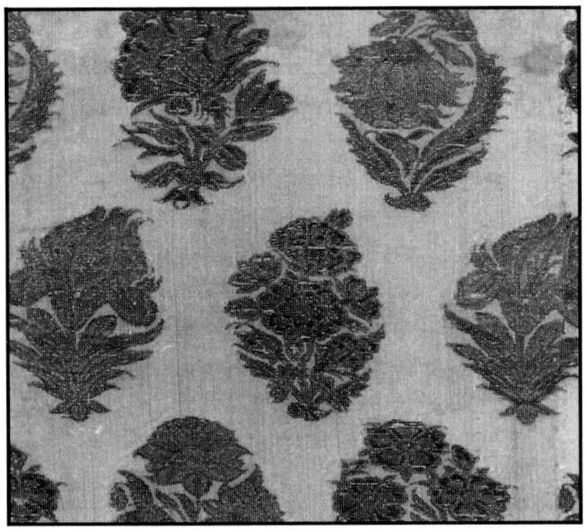

166 KGM Inv. Nr. 1978,224 Abb. 172
Seidenfragment (Leinwandgewebe, Motive broschiert)
Iran: 2. Hälfte 17. Jh.; 13,3×12,9 cm
Material: *Seide, Goldfaden mit Seidenseele;*
Farben: *Weiß, Dunkelgrau, Hellgrün, Ziegelrot, Gold (Goldgelb), Rosa, Altrosa;* Zustand: *Goldfaden ausgefallen; einige Musterfäden ausgefallen; Farben etwas verblaßt; stellenweise fleckig;*
Muster: *Auf weißem Fond liegen, in Reihe auf Zwischenraum und mit zeilenweisem Richtungswechsel geordnet, verschiedenartige, leicht geschwungene Blütenstauden in recht naturnaher Zeichnung.*

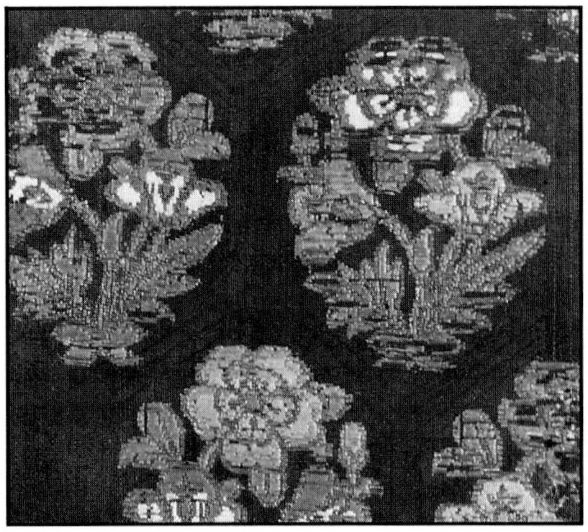

167 KGM Inv. Nr. 1978,175 Abb. 169
Seidenfragment (Leinwandgewebe, Motive broschiert)
Iran: Mitte oder 2. Hälfte 17. Jh.; 13,5×9,1 cm
Material: *Seide, Goldfaden mit Seidenseele;*
Farben: *Lila (dunkel), Grün, Zinnoberrot, Rosa (hell), Altrosa, Gold (Goldgelb);* Zustand: *Goldfaden stark, Musterfäden stellenweise ausgefallen; Farben etwas verblaßt;* Muster: *Auf lilafarbenem Grund sind leicht s-förmig geschwungene Blütenstauden in recht naturnaher Zeichnung in Reihe auf Zwischenraum und mit zeilenweisem Richtungswechsel geordnet. Dabei wird jeweils eine Staude von den wabenartig nebeneinander liegenden Kartuschen aus eingepreßten Linien umschlossen.*

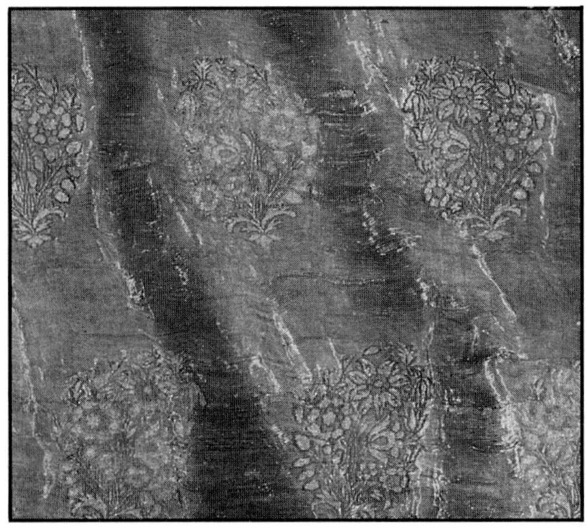

168 KGM Inv. Nr. 1978,239 Abb. 174
Seidenfragment
Iran: 2. Hälfte 17. Jh.; 20×35 cm
Material: *Seide, Goldfaden mit Seidenseele, runder Silberfaden;* Farben: *Silber (Silbergrau), Gold (Goldgelb), Orange (kräftig), Grün, Kornblumenblau, Hellbraun;* Zustand: *Goldfaden stellenweise ausgefallen; Farben verblaßt; stark verschlissen;*
Muster: *Auf silbernem Grund liegen, in Reihe auf Zwischenraum und mit zeilenweisem Richtungswechsel geordnet, leicht s-förmig geschwungene Blütenstauden mit verschiedenartigen Blüten in recht naturnaher Zeichnung.*

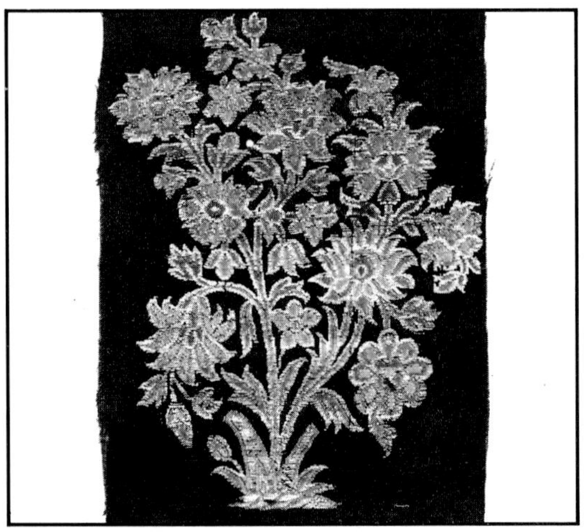

169 KGM Inv. Nr. 1978,177 Abb. 171
Seidenfragment
Iran: 2. Hälfte 17. oder 18. Jh.; 12,9×9,1 cm
Material: *Seide, Silberfaden mit Seidenseele;*
Farben: *Pariser Blau, Rot, Altrosa (dunkel), Silber, Lindgrün;* Zustand: *Grundgewebe leicht verschlissen; Silberfaden geringfügig ausgefallen;*
Muster: *Auf blauem Fond wächst auf einem stark stilisierten kleinen Bergmotiv eine Blütenstaude mit verschiedenartigen Blüten in lockerer, schwungvoller und recht naturnaher Zeichnung.*

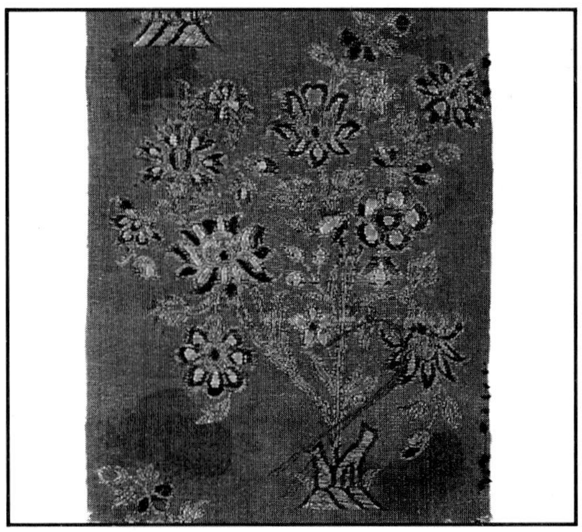

170 KGM Inv. Nr. 1978,242 Abb. 173
Seidenfragment
Iran: 2. Hälfte 17. oder 18. Jh.; 1,5×8,9 cm
Material: *Seide, Metallfaden mit Seidenseele;*
Farben: *Ziegelrot, Goldgelb (Metallumwicklung), Blau, Mittelbraun, Weiß, Gelb;* Zustand: *Metallfaden stark, Musterfäden stellenweise ausgefallen; Farben verblaßt; stellenweise Leimflecke;*
Muster: *Auf ziegelrotem Grund liegt ein Blütenstrauch, der aus einem knorrigen, stark stilisierten Stamm auf stilisiertem Bergmotiv wächst. Die verschiedenartigen Blüten und Blätter sind kleinteilig und locker gezeichnet.*

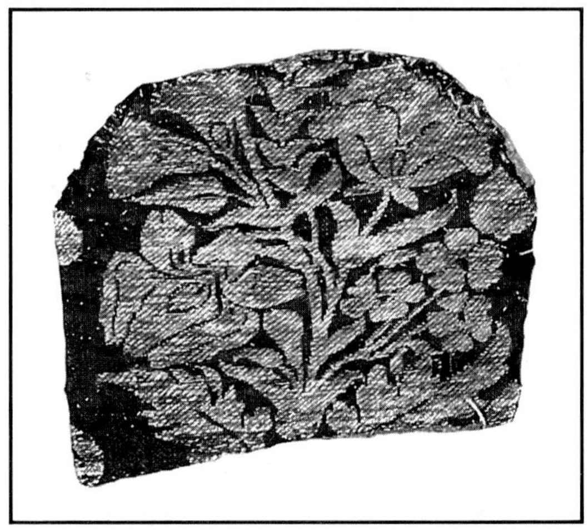

171 MVK Inv. Nr. WAS 100 Abb. 176
Wattiertes und abgestepptes Seidenfragment, mit hellblauer Seide abgefüttert (Atlasgewebe, Motiv broschiert)
Iran: 17.–18. Jh.; 8,2×9,8 cm
Material: *Seide, Goldfaden mit Seidenseele;*
Farben: *Pariser Blau, Gold (Weiß);* Zustand: *Goldfaden zum Teil ausgefallen; etwas verschmutzt;*
Muster: *Auf dunkelblauem Fond liegt eine goldene Blütenpflanze mit verschiedenartigen Blatt- und Blütenformen in bewegter und schwungvoller Zeichnung. Auf Grund der geringen Größe des Fragments ist nur ein Teil des Blütengebildes zu sehen und die Gesamtanlage der Musterkonzeption nicht zu erkennen.*

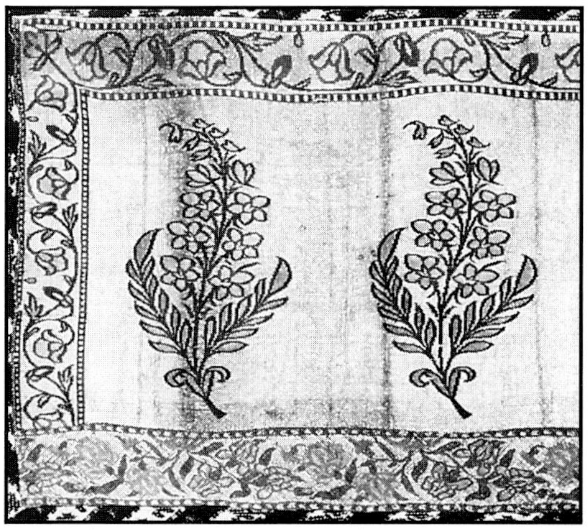

172 KGM Inv. Nr. 1978,111 Abb. 178
Schmale Decke mit angenähter und angewebter Borte
Iran: 17.–18. Jh.; 20,5×54,3 cm
Material: *Seide, Silberfaden mit Seidenseele;* Farben: *Silber (Weiß), Grün, Lindgrün, Weinrot, Goldgelb;* Zustand: *Sehr gut erhalten; Silberfaden geringfügig ausgefallen;* Muster: *Auf einem breiten, silbergrundigen, von zwei blütenrankenbesetzten Borten begrenzten Musterstreifen liegen nebeneinander fünf leicht s-förmig geschwungene, gleichartige Blütenzweige in eleganter, sicherer Zeichnung.*

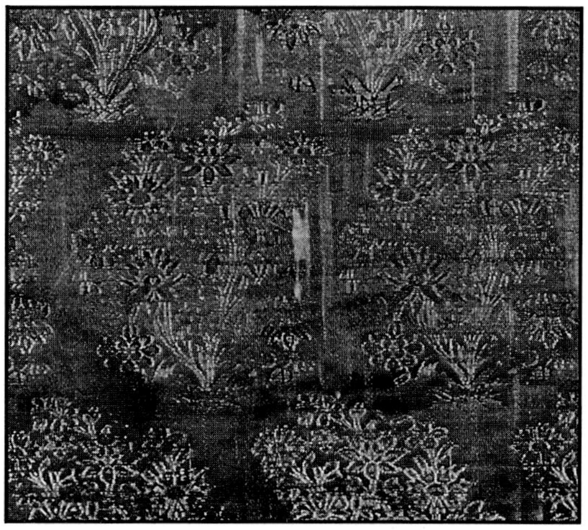

173 KGM Inv. Nr. 1978,110
Seidenfragment (Atlasgewebe, Motive broschiert)
Iran: 17.–18. Jh.; 29,5×39,9 cm
Material: *Seide;* Farben: *Weinrot, Goldgelb, Mittelblau, Hellblau, Olivgrün, Lindgrün;* Zustand: *Sehr stark verschlissen; Musterfäden häufig ausgefallen;* Muster: *Auf rotem Grund sind leicht geschwungene Blütenstauden in zarter Zeichnung reihenweise auf Zwischenraum geordnet, wobei ein zeilenweiser Richtungswechsel erfolgt.*

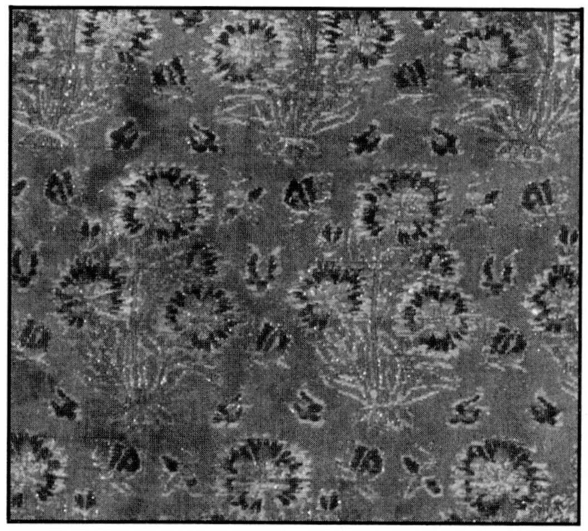

174 KGM Inv. Nr. 1978,262 Abb. 177
Seidenfragment (Leinwandgewebe, Motive broschiert)
Iran: Ende 17. Jh.; 9×10 cm
Material: *Seide, Goldfaden mit Seidenseele;* Farben: *Rosa, Kornblumenblau, Gold (Goldgelb), Mittelgrün;* Zustand: *Goldfaden häufig, Musterfäden zum Teil ausgefallen; Farben etwas verblaßt; stellenweise etwas verschlissen; stellenweise fleckig;* Muster: *Auf rosafarbenem Grund sind in Reihe auf Zwischenraum und mit zeilenweisem Richtungswechsel Kornblumenstauden geordnet. Zwischen den einzelnen Musterelementen sind gleichmäßig kleine Schmetterlinge und chinesische Wölkchen abgebildet.*

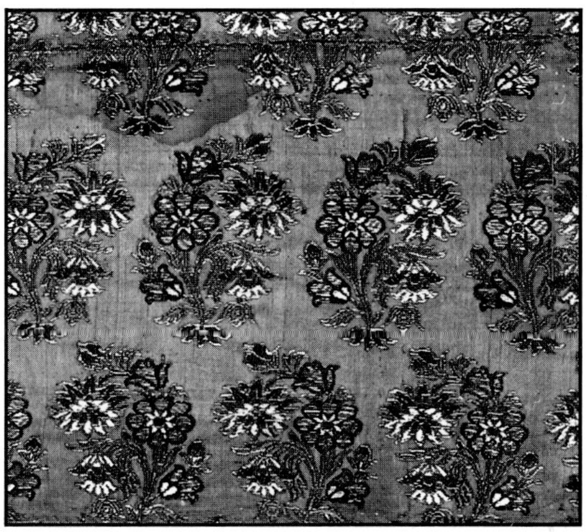

175 MKH Inv. Nr. 23747 Abb. 175
Seidenfragment (Leinwandgewebe, Motive broschiert)
Iran (?): 17.–18. Jh.; 31×36,3 cm
Material: *Seide, Goldfaden mit Seidenseele;* Farben: *Rosa, Marineblau, Hellblau, Olivgrün, Gold (Goldgelb), Weiß, Mittelbraun;* Zustand: *Goldfaden zum Teil, Musterfäden geringfügig ausgefallen; stellenweise fleckig; aus zwei Fragmenten dem Muster entsprechend zusammengenäht;* Muster: *Auf rosafarbenem Fond liegen, in Reihe auf Zwischenraum und mit zeilenweisem Richtungswechsel geordnet, leicht geschwungene Blütenstauden in dünner Zeichnung.*

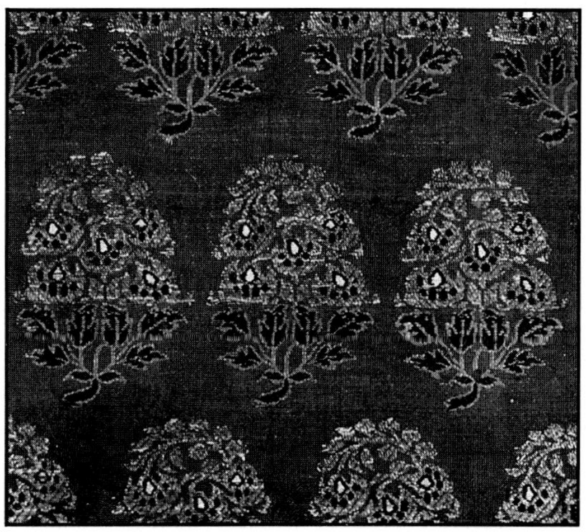

176 KGM Inv. Nr. 1978,259 Abb. 180
Seidenfragment (Leinwandgewebe, Motive broschiert)
Iran: Ende 17. oder Anfang 18. Jh.; 22,4×17,2 cm
Material: *Seide, Goldfaden mit Seidenseele;* Farben: *Weinrot, Gold (Goldgelb), dunkles Tannengrün, Goldgelb;* Zustand: *Grundgewebe stellenweise etwas verschlissen; Farben etwas verblaßt; Goldfaden geringfügig ausgefallen;* Muster: *Auf weinrotem Grund liegen, in Reihe auf Zwischenraum und mit zeilenweisem Richtungswechsel geordnet, Blütenzweige in Form einer indischen Palmette.*

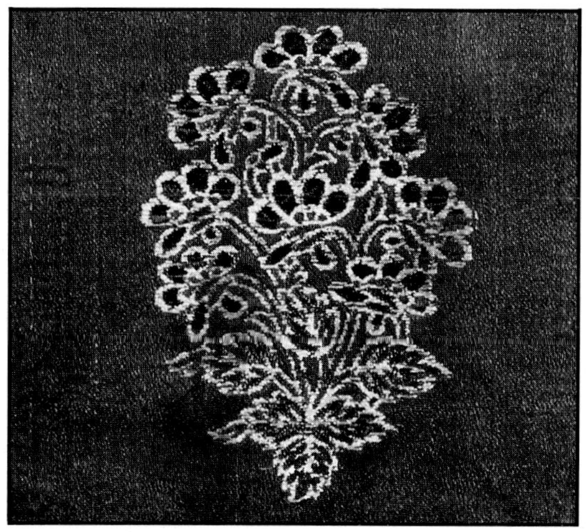

177 KGM Inv. Nr. 1978,251 Abb. 179
Seidenfragment
Iran: Ende 17. oder 18. Jh.; 10,8×9 cm
Material: *Seide, Goldfaden mit Seidenseele;* Farben: *Rubinrot, Grasgrün, Gold (Goldgelb), Blau;* Zustand: *Farben etwas ausgebleicht; Musterfäden stellenweise, Goldfaden stark ausgefallen; vormals eingepreßte Linien kaum noch zu erkennen;* Muster: *Auf rotem Grund liegt ein kleiner Blütenstrauch in einfacher Zeichnung. Ursprünglich war er von eingepreßten Linien kartuschenartig umschlossen.*

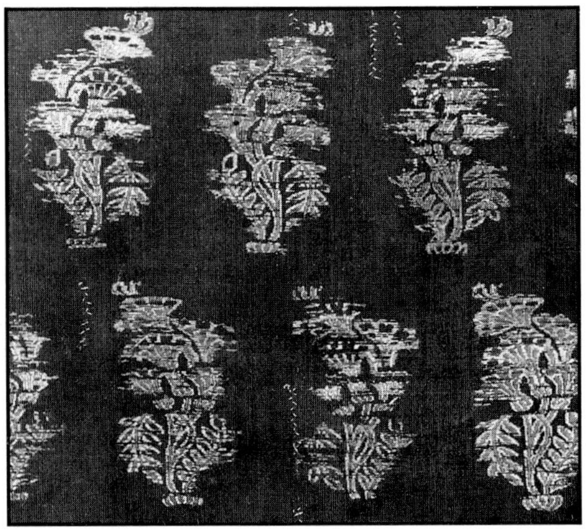

178 KGM Inv. Nr. 1978,165 Abb. 182
Seidenfragment (Leinwandgewebe, Motive broschiert)
Iran: 17.–18. Jh.; 24×20,4 cm
Material: *Seide, Goldfaden mit Seidenseele;* Farben: *Grün, Gold (Goldgelb), Silberweiß, Orange, Graphit;* Zustand: *Stark verschlissen; Goldfaden fast völlig, Musterfäden stellenweise ausgefallen; an sieben Stellen gestopft;* Muster: *Auf grünem Grund sind leicht s-förmig geschwungene Blütenpflanzen in einfacher Zeichnung in Reihe auf Zwischenraum und mit zeilenweisem Richtungswechsel geordnet. Eingepreßte Linien überziehen den Fond rautenartig und überlagern zum Teil die Blütenpflanzen.*

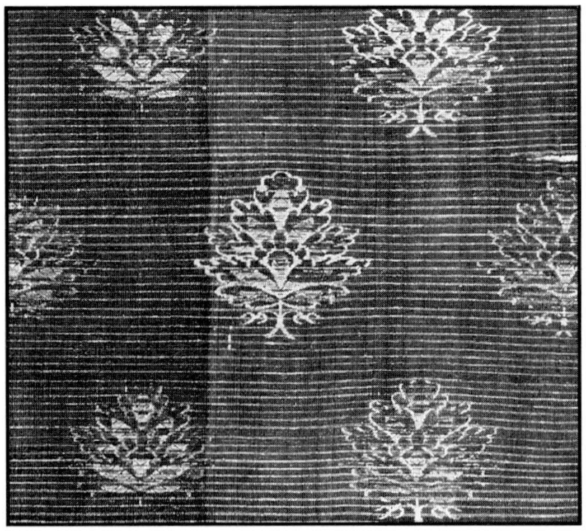

179 KGM Inv. Nr. 1978,252 Abb. 185
Seidenfragment (Leinwandgewebe, Motive broschiert)
Iran: 18. Jh.; 19,5×19,7 cm
Material: *Seide;* Farben: *Flieder (dunkel), Zitronengelb, Kornblumenblau, Hellblau;* Zustand: *Gewebe schon recht brüchig und verschlissen; an der rechten Seite eingerissen; Farben verblaßt; Musterfäden stark ausgefallen;* Muster: *Auf rotem Grund sind symmetrische Blattstauden mit kurzem Stiel in Reihe auf Zwischenraum geordnet.*

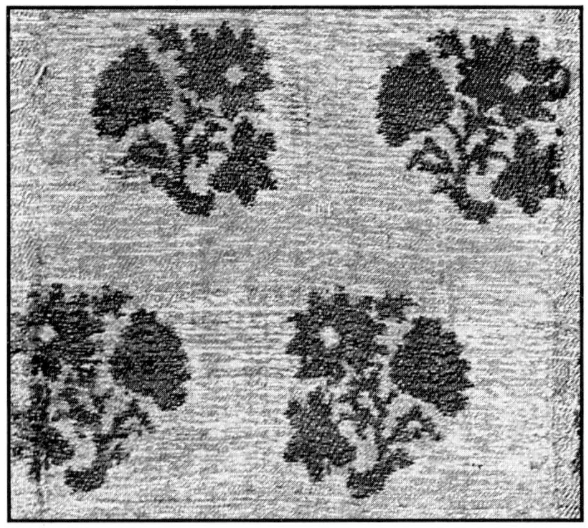

180 KGM Inv. Nr. 1978,229 Abb. 181
Seidenfragment (Köpergewebe)
Iran (?): 18. Jh.; 19,1×10,4 cm
Material: *Goldfaden mit Seidenseele, Silberfaden mit Seidenseele;* Farben: *Gold, Silber (Weiß), Gold (Ziegelrot);* Zustand: *Gut erhalten; Gold- und Silberfäden stellenweise ausgefallen;* Muster: *Auf silbernem Grund sind kleine, abgeschnittene und leicht s-förmig geschwungene Blütenzweige in Reihe auf Zwischenraum geordnet. Die Motive sind nicht durch Umriß- oder Innenzeichnung gegliedert.*

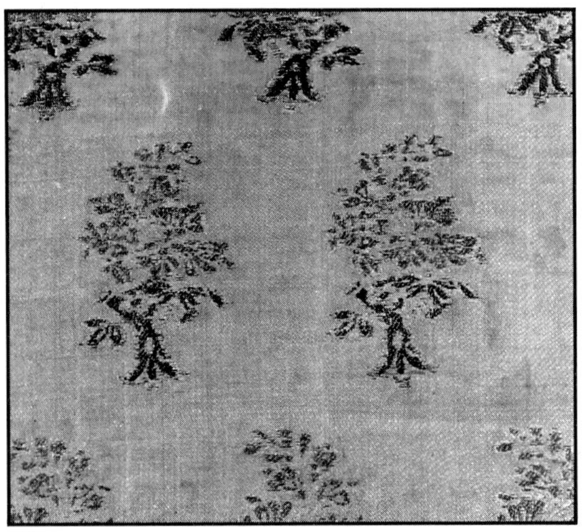

181 KGM Inv. Nr. 1978,123 Abb. 183
Seidenfragment (Köpergewebe, Motive broschiert)
Iran: 2. Hälfte 17. oder 18. Jh.; 26,6×20,8 cm
Material: *Seide, Silberfaden mit Seidenseele;* Farben: *Gelb, Rostrot, Grün, Silber (Weiß);* Zustand: *Silberfaden fast völlig ausgefallen; stellenweise etwas fleckig;* Muster: *Auf gelbem Grund sind leicht s-förmig geschwungene Blütenzweige in lockerer, jedoch stark stilisierter Zeichnung und jeweils aus einem knorrigen Baumstamm wachsend, in Reihe auf Zwischenraum und mit zeilenweisem Richtungswechsel geordnet.*

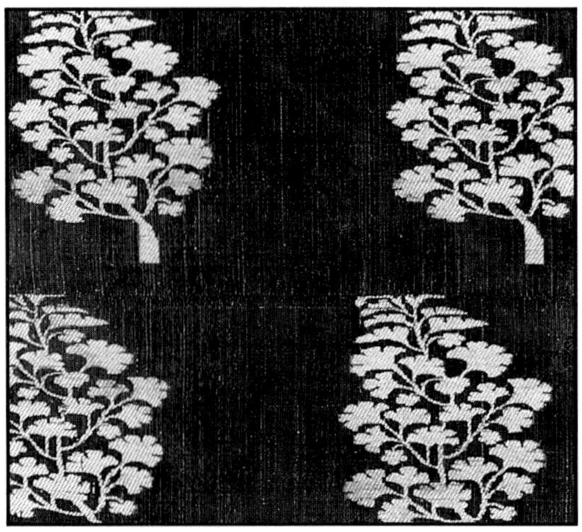

182 KGM Inv. Nr. 1978,109 Abb. 186
Kleine Decke mit angenähter Borte; vgl. Kat. Nr. 295
Iran: 17.–18. Jh.; 34,2×30,5 cm
Material: *Seide;* Farben: *Lila, Silbergrau;* Zustand: *Gut erhalten; aus zwei Fragmenten zusammengenäht;* Muster: *Auf lilafarbenem Fond liegen silbergraue Strauchgebilde mit abgeschnittenem Stiel in bewegter, schattenrißartiger Zeichnung reihenweise nebeneinander.*

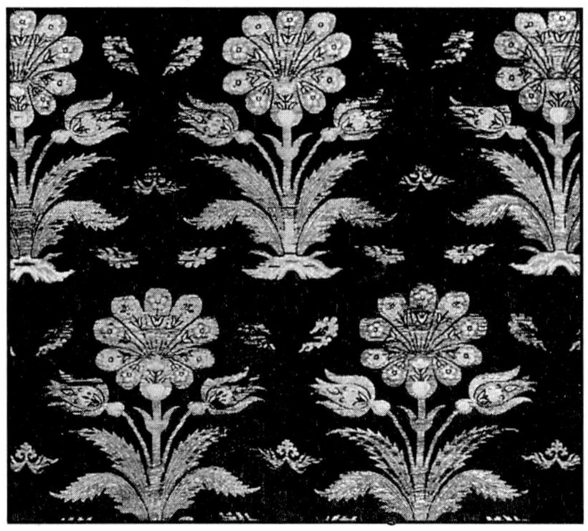

183 KGM Inv. Nr. 04,104 Abb. 187
Seidenfragment
Iran: 1. Hälfte 17. Jh.; 33×72 cm
Material: *Seide, Goldfaden mit Seidenseele, Silber(?)faden mit Seidenseele;* Farben: *Blau, Gold (Goldgelb), Silber (Silberweiß), Rosa, Hellblau, Weiß;* Zustand: *Muster- und Goldfäden teilweise ausgefallen;* Muster: *Auf blauem Grund liegen, in Reihe auf Zwischenraum geordnet, symmetrische, stark stilisierte Blumenpflanzen in lockerer, bewegter Zeichnung mit zum Teil an den Spitzen umgeschlagenen Blättern. Dazwischen sind chinesische Wolkenmotive eingestreut.*

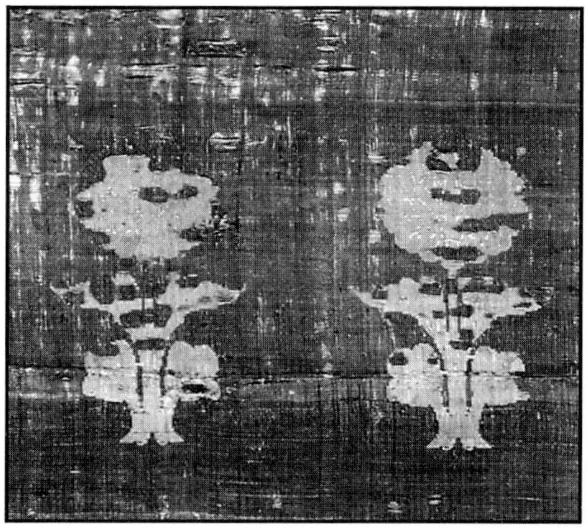

184 KGM Inv. Nr. 1978,163 Abb. 188
Seidenfragment (Doppelgewebe)
Iran: 1. Hälfte 17. Jh.; 13,5×32,4 cm
Material: *Seide;* Farben: *Rot, Grün, Gelb;*
Zustand: *Stark verschlissen; Muster kaum noch genau zu erkennen; viele Musterfäden ausgefallen;*
Muster: *Vom grünen Grund hebt sich eine Reihe von fünf achsensymmetrischen, stark stilisierten, roten Einzelblumen ab.*

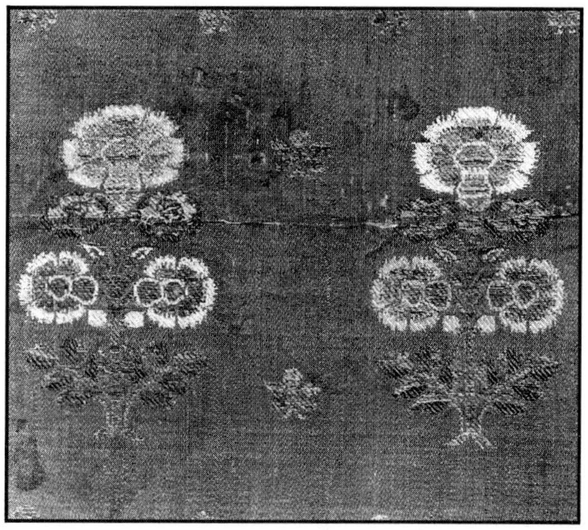

185 KGM Inv. Nr. 1978,256 Abb. 190
Seidenfragment (Atlasgewebe, Motive broschiert)
Iran: Mitte oder 2. Hälfte 17. Jh.; 17,9×20,1 cm
Material: *Seide, Goldfaden mit Seidenseele;*
Farben: *Weinrot, Gold (Goldgelb), Smaragdgrün, Kornblumenblau, Creme;* Zustand: *Grundgewebe stellenweise etwas verschlissen; Goldfaden zum Teil ausgefallen; Farben leicht verblaßt; zwei Fragmente entsprechend dem Muster zusammengeklebt;*
Muster: *Auf weinrotem Grund liegen nebeneinander zwei achsensymmetrische Blütenstauden mit Nelken- und Rosenblüten. Der Fond zwischen diesen Motiven ist gleichmäßig mit kleinen Streublümchen bedeckt.*

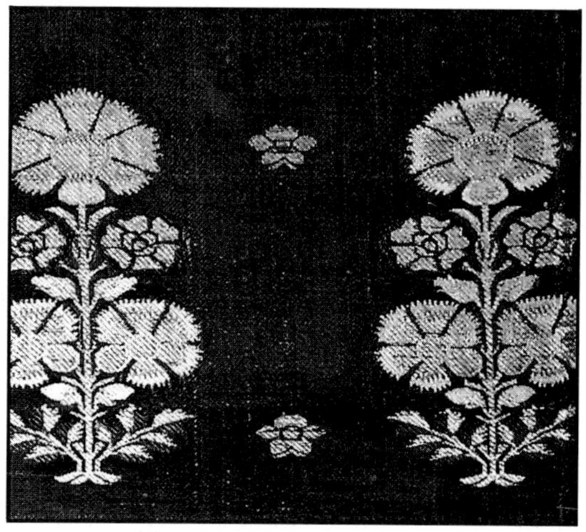

186 KGM Inv. Nr. 1978,190 Abb. 189
Seidenfragment
Iran: Mitte oder 2. Hälfte 17. Jh.; 33,2×17,3 cm
Material: *Seide, Goldfaden mit Seidenseele, Silberfaden mit Seidenseele;* Farben: *Dunkelblau, Silber (Weiß), Gold (Goldgelb), Grün, Orange;*
Zustand: *Grundgewebe stellenweise etwas verschlissen; Gold- und Silberfäden fast völlig ausgefallen;*
Muster: *Auf dunkelblauem Grund sind in Reihe auf Zwischenraum stark stilisierte, achsensymmetrische Blütenpflanzen in strenger Zeichnung geordnet. Der Fond zwischen ihnen ist gleichmäßig mit kleinen Einzelblüten bedeckt.*

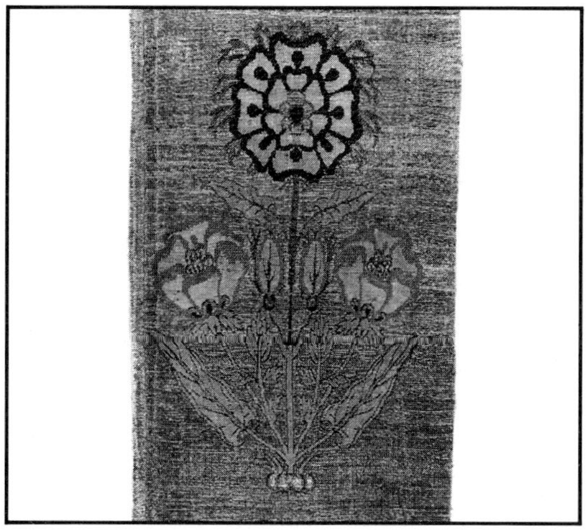

187 KGM Inv. Nr. 1978,143 Abb. 191
Seidenfragment
Iran: Mitte oder 2. Hälfte 17. Jh.; 21,7×11,6 cm
Material: *Seide, Goldfaden mit Seidenseele, Silberfaden mit Seidenseele;* Farben: *Gold, Lindgrün, Mittelgrün, Rosa (zwei Schattierungen), Marineblau, Hellblau, Silber (Silbergrau);* Zustand: *Sehr gut erhalten, lediglich Gold- und Silberfäden an einigen Stellen ausgefallen;* Muster: *Auf goldenem Grund liegt eine hohe, achsensymmetrische Blütenpflanze in zarter, naturnaher und bei den Blüten betont flächiger Zeichnung.*

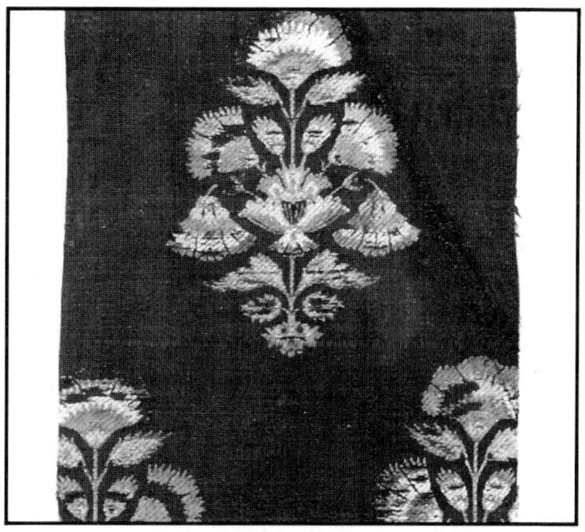

188 KGM Inv. Nr. 1978,196 Abb. 184
Seidenfragment (Atlasgewebe, Motive broschiert)
Iran: 17.–18. Jh.; 32,8×14 cm
Material: *Seide;* Farben: *Schwarz, Rosa (zwei Schattierungen), Rostrot, Weiß, Gelb, Grün, Lindgrün;* Zustand: *An einer Stelle Grundgewebe streifenartig verschlissen und etwas verschmutzt; Musterfäden stellenweise ausgefallen; Farben geringfügig verblaßt;* Muster: *Auf schwarzem Grund liegen reihenweise auf Zwischenraum geordnete, achsensymmetrische Blütenstauden mit glockenförmigen Blüten.*

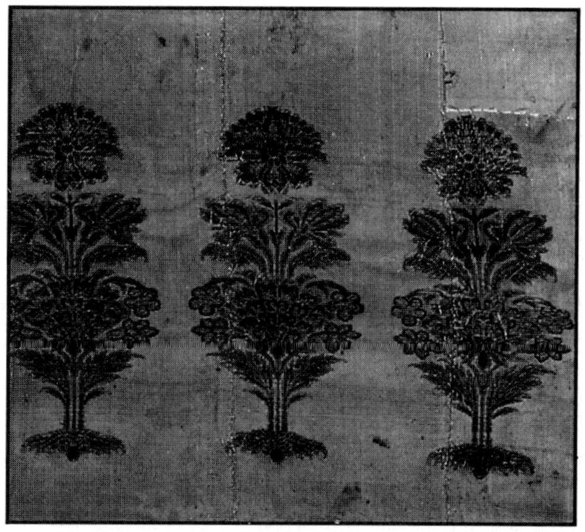

189 KGM Inv. Nr. 83,166 Abb. 192
Seidenfragment (Leinwandgewebe, Motive broschiert)
Iran: 1. Hälfte 17. Jh.; 46,5×32 cm
Material: *Seide, Goldfaden mit Seidenseele;*
Farben: *Beige, Gold (Goldgelb), Hellgrün, Hellblau, Blau, Dunkelbraun, Hellbraun;* Zustand: *Gewebe brüchig, verschmutzt; Goldfaden stark ausgefallen; Farben verblaßt; aus fünf Fragmenten entsprechend dem Muster zusammengenäht;*
Muster: *Auf hellem Grund, in Reihe auf Zwischenraum geordnet, liegen hohe, stark stilisierte und streng symmetrisch gestaltete Blütenpflanzen.*

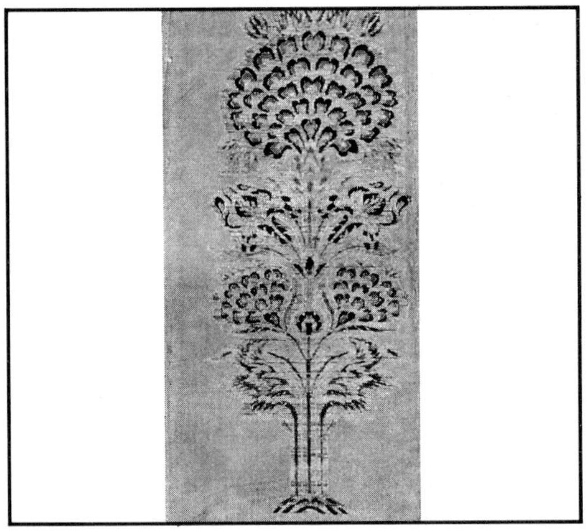

190 KGM Inv. Nr. 1978,279 Abb. 193
Seidenfragment (Leinwandgewebe, Motive broschiert)
Iran: Mitte 17. Jh.; 29,4×14 cm
Material: *Seide, Goldfaden mit Seidenseele;* Farben: *Rosa, Gold (Goldgelb), Brillantblau, Hellblau, Lila, Grün;* Zustand: *Goldfaden häufig, Musterfäden stellenweise ausgefallen; Farben verblaßt; leicht verschmutzt;* Muster: *Auf ehemals in einem kräftigen Rosa gehaltenen Fond erhebt sich eine große, teils stark stilisierte, teils naturnah gezeichnete, streng achsensymmetrische Blütenpflanze mit stark stilisiertem Wurzelwerk.*

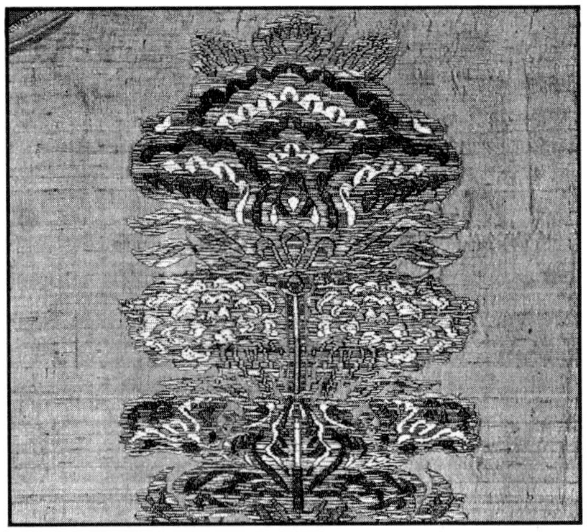

191 MKH Inv. Nr. 18101 Abb. 194
Seidenfragment
Iran: Mitte 17. Jh.; 38,3×49,6 cm
Material: *Seide;* Farben: *Olivgrün (zwei Schattierungen), Flaschengrün, Mittelblau, Hellblau, Rosa, Silbergrau;* Zustand: *Musterfäden stellenweise ausgefallen; Farben verblaßt; etwas verschmutzt; aus drei Fragmenten entsprechend dem Muster zusammengenäht;* Muster: *Auf olivgrünem Grund sind große, stark stilisierte, achsensymmetrische Blütenpflanzen in Reihe auf Zwischenraum geordnet. Die Farbstellung der einzelnen Blüten wechselt.*

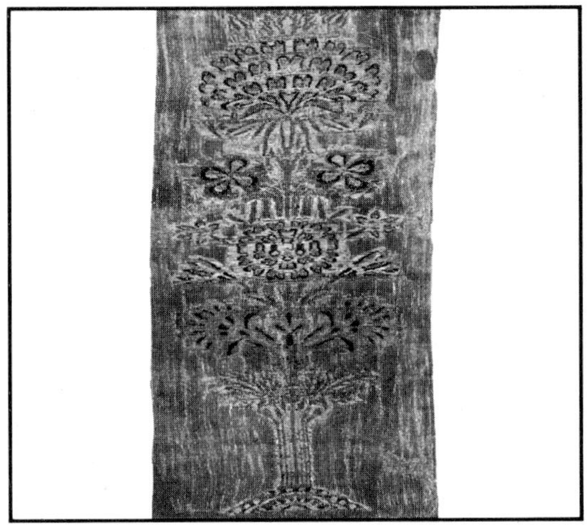

192 KGM Inv. Nr. 1978,238 Abb. 195
Seidenfragment (Leinwandgewebe, Motiv broschiert)
Iran: Mitte 17. Jh.; 28×13,2 cm
Material: *Seide, Goldfaden mit Seidenseele;* Farben: *Beige, Gold (Goldgelb), Grün, Orange, Hellbraun, Hellblau;* Zustand: *Stark verschlissen; Goldfaden stark, Musterfäden stellenweise ausgefallen; Farben etwas verblaßt; etwas verschmutzt;* Muster: *Auf beigefarbenem Grund liegt eine große, achsensymmetrische Blütenstaude. Die Zeichnung der Staude wirkt etwas ungeschickt. Die einzelnen Blüten sind teilweise stark stilisiert, wohingegen das Blattwerk stärker nach Naturvorbildern gestaltet wurde.*

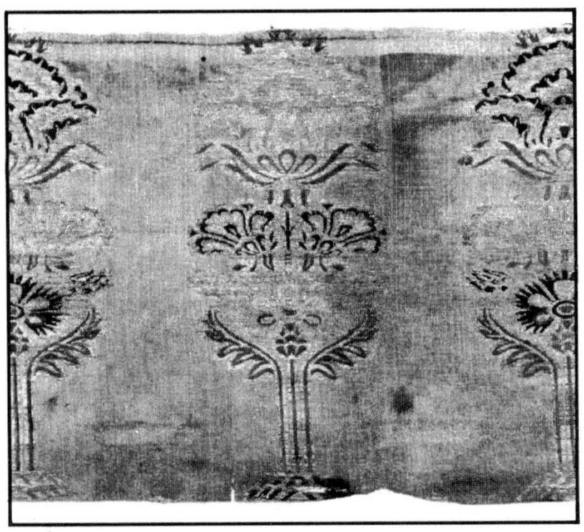

193 KGM Inv. Nr. 1978,132 Abb. 196
Seidenfragment
Iran: Mitte oder 2. Hälfte 17. Jh.; 26×40,2 cm
Material: *Seide, Goldfaden mit Seidenseele;* Farben: *Gold (Goldgelb), Goldgelb, Mittelblau, Hellblau, Grün, Beige (zwei Schattierungen);* Zustand: *Goldfaden stark ausgefallen; Gewebe sehr brüchig und verschmutzt; auf der Rückseite mit dünnem, weißen Baumwollgewebe beklebt;* Muster: *Auf goldgelbem Grund liegen in einer Reihe nebeneinander drei große, stark stilisierte und streng achsensymmetrisch gestaltete Blütenpflanzen.*

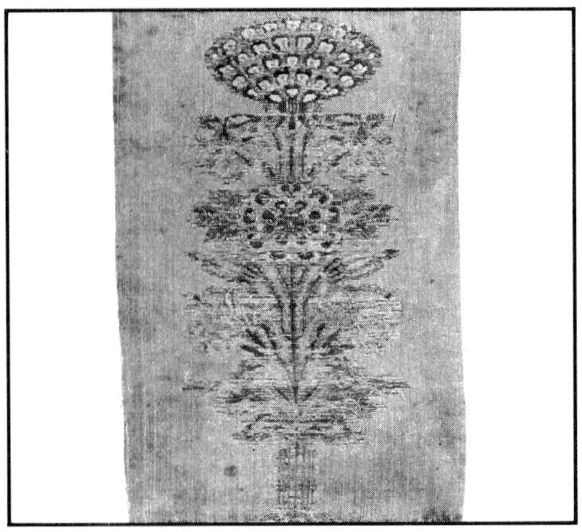

194 KGM Inv. Nr. 1978,167 Abb. 197
Seidenfragment (Leinwandgewebe, Motiv broschiert)
Iran: 2. Hälfte 17. Jh.; 24×13,7 cm
Material: *Seide, Goldfaden mit Seidenseele;* Farben: *Olivgrün, Gold (Goldgelb), Orange, Rosa, Graphit, Grün;* Zustand: *Gewebe stark verschlissen und verschmutzt; Goldfaden stark ausgefallen;* Muster: *Vom olivgrünen Grund hebt sich eine große, achsensymmetrische Blütenpflanze mit zum Teil stark stilisierten, fast geometrisch gestalteten Musterelementen in starrer Zeichnung neben naturnah gestaltetem Blüten- und Blattwerk ab.*

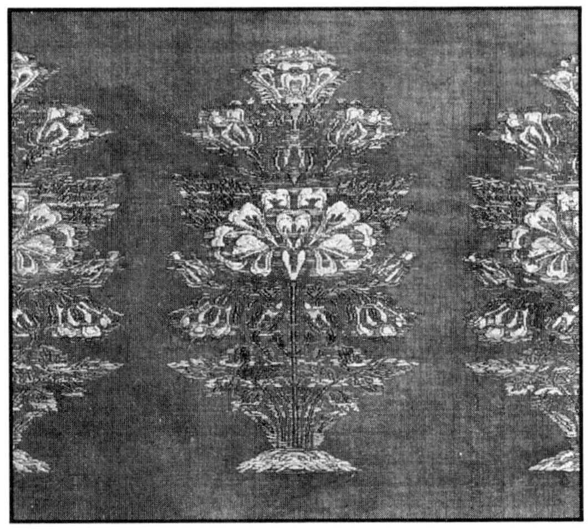

195 KGM Inv. Nr. 1978,172 Abb. 198
Seidenfragment (Leinwandgewebe, Motive broschiert)
Iran: 2. Hälfte 17. Jh.; 19,2×32,5 cm
Material: *Seide, Goldfaden mit Seidenseele;* Farben: *Grün, Gold (Goldgelb), Weiß, Rosa, Altrosa, Grau;* Zustand: *Musterfäden stellenweise vom Grund gelöst; Goldfaden stark ausgefallen; Farben verblaßt; etwas verschmutzt;* Muster: *Auf grünem Grund liegen in einer Reihe drei große, achsensymmetrische Rosenstauden in naturnaher Zeichnung.*

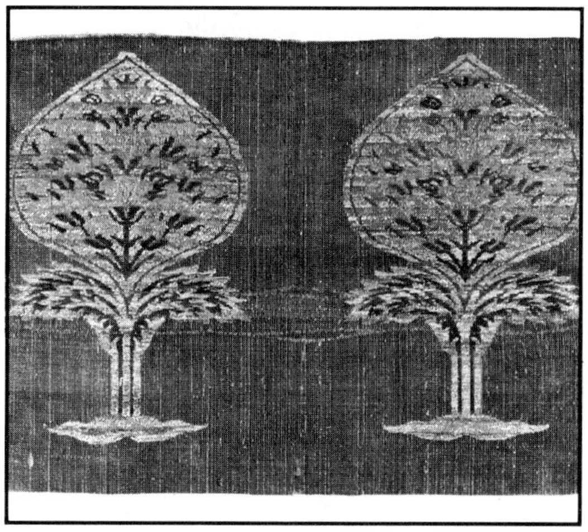

196 KGM Inv. Nr. 1978,186 Abb. 199
Seidenfragment (Leinwandgewebe, Motive broschiert)
Iran: 2. Hälfte 17. oder 18. Jh.; 15,5×20,4 cm
Material: *Seide, Goldfaden mit Seidenseele;* Farben: *Kornblumenblau, Gold (Goldgelb), Grün, Rot;* Zustand: *Grundgewebe stellenweise verschlissen und verschmutzt; Goldfaden teilweise ausgefallen; Musterfäden stellenweise vom Grund gelöst bzw. ausgefallen;* Muster: *Auf blauem Grund liegen nebeneinander zwei stark stilisierte, achsensymmetrische Blütenstauden, deren Dolden in Form eines unregelmäßigen Spitzovals von einer goldenen Umrißlinie begrenzt werden.*

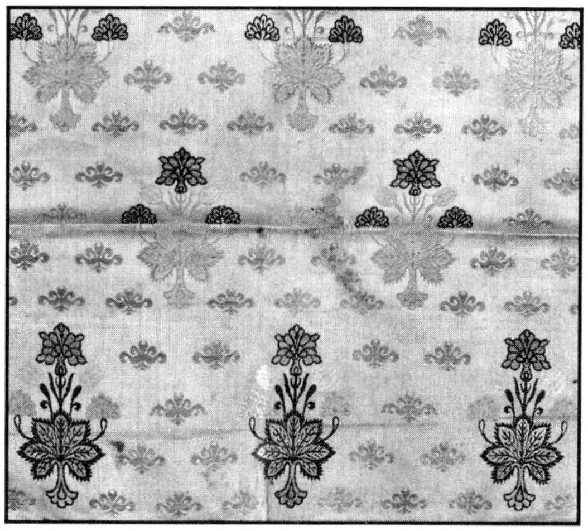

197 KGM Inv. Nr. 1971,89 Abb. 200
Seidendecke mit gestickter Borte; vgl. Kat. Nr. 320
Iran: Mitte 17. Jh.; 41,5×43 cm
Material: *Seide, Goldfaden mit Seidenseele, Silberfaden mit Seidenseele;* Farben: *Rot, Blaugrün, Hellblau, Gelb, Gold (Goldgelb), Blau, Rosa, Silberweiß, Silber (Weiß);* Zustand: *Sehr gut erhalten; Goldfaden geringfügig ausgefallen;* Muster: *Auf rotem Fond sind in Reihe auf Zwischenraum stark stilisierte, achsensymmetrische Blütenpflanzen mit zeilenweise wechselnder Farbstellung geordnet. Der Raum zwischen diesen Motiven wird gleichmäßig durch kleine florale Ornamente bedeckt.*

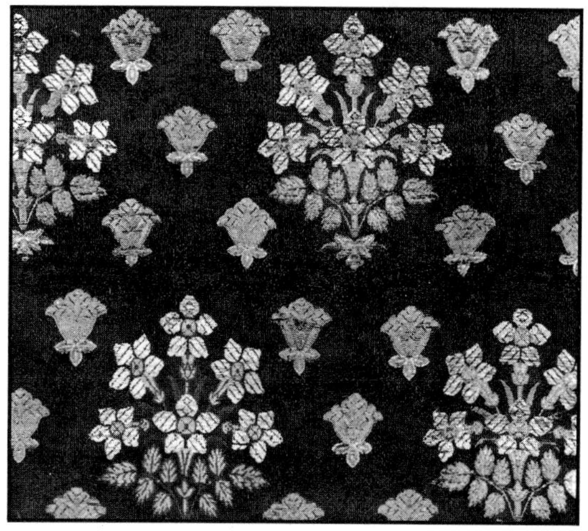

198 KGM Inv. Nr. 1978,108 Abb. 201
Kleine Seidendecke mit angenähter Borte; vgl. Kat. Nr. 317
Iran: Mitte oder 2. Hälfte 17. Jh.; 34×37,7 cm
Material: *Seide, Goldfaden mit Seidenseele;* Farben: *Marineblau, Grün, Lindgrün, Silber (Silbergrau), Orange, Lachs, Gold (Goldgelb);* Zustand: *Farben etwas verblaßt, sonst gut erhalten;* Muster: *Auf blauem Grund sind in Reihe auf Zwischenraum stark stilisierte, achsensymmetrische Blütenstauden geordnet. Der Fond zwischen diesen Motiven ist gleichmäßig mit kleinen, glockenförmigen Blüten bedeckt.*

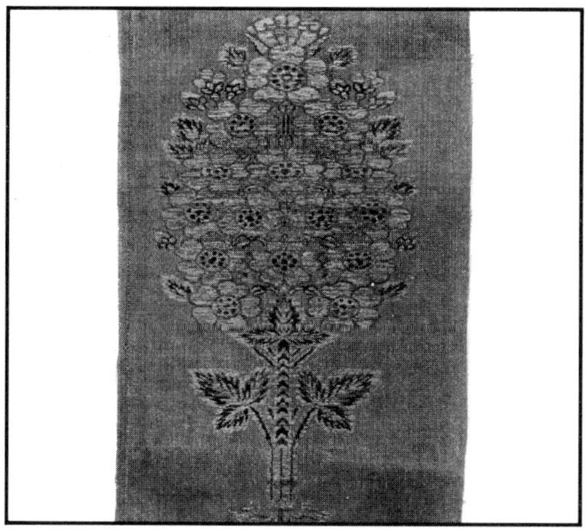

199 KGM Inv. Nr. 1978,276
Seidenfragment (Leinwandgewebe, Motiv broschiert)
Iran: 2. Hälfte 17. oder 18. Jh.; 21,5×13,4 cm
Material: *Seide, Goldfaden mit Seidenseele;* Farben: *Orangerot, Gold (Goldgelb), Smaragdgrün, Hellbraun;* Zustand: *Stellenweise etwas verschlissen und verschmutzt; Goldfaden häufig, Musterfäden stellenweise ausgefallen; Farben etwas verblaßt;* Muster: *Auf orangerotem Grund liegt eine große, baumähnliche, achsensymmetrische Blütenpflanze in stilisierter Zeichnung.*

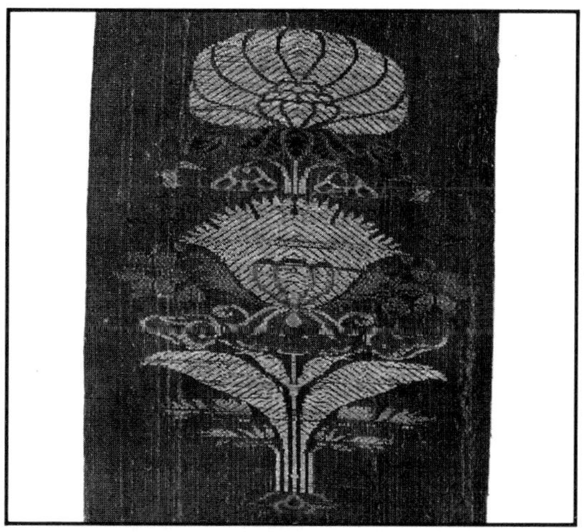

200 KGM Inv. Nr. 1978,194 Abb. 203
Seidenfragment (Leinwandgewebe, Motiv broschiert)
Iran: 2. Hälfte 17. oder 18. Jh.; 18×9,2 cm
Material: *Seide, Goldfaden mit Seidenseele;* Farben: *Rotbraun, Gold (Goldgelb), Mittelblau, Zinnoberrot, Grün, Hellgrün;* Zustand: *Grundgewebe stellenweise gelockert; Goldfaden fast völlig, Musterfäden stellenweise ausgefallen;* Muster: *Auf rotbraunem Grund liegt eine achsensymmetrische, stark stilisierte Blütenpflanze in einfacher, flächiger Zeichnung.*

201 KGM Inv. Nr. 1978,265
Seidenfragment (Atlasgewebe, Motive broschiert)
Iran: 2. Hälfte 17. oder Anfang 18. Jh.; 19×8 cm
Material: *Seide, Metallfäden mit Seidenseele;* Farben: *Orange, Grün, Dunkelblau, Kornblumenblau, Goldgelb, Silbergrau;* Zustand: *Stellenweise stark verschlissen; verschmutzt; Metallfäden fast völlig, Musterfäden stellenweise ausgefallen; Farben teilweise verblaßt;* Muster: *Auf orangerotem Grund liegt eine achsensymmetrische Blütenpflanze in stilisierter, flächiger Zeichnung. Unter diesem Motiv ist ein kleines Streublümchen abgebildet.*

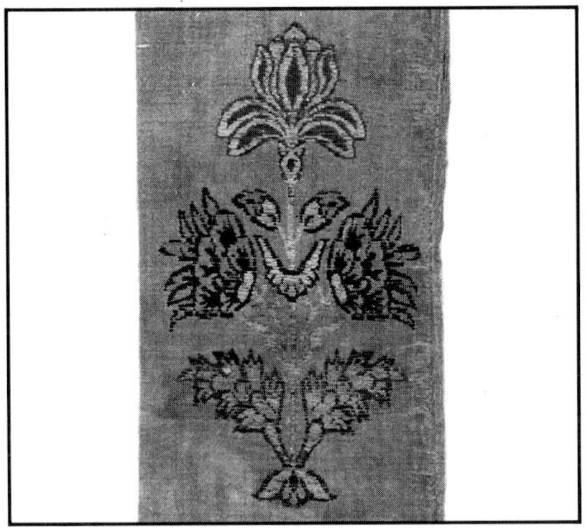

202 KGM Inv. Nr. 1978,266 Abb. 204
Seidenfragment (Atlasgewebe, Motive broschiert)
Iran: 2. Hälfte 17. oder Anfang 18. Jh.; 12,2 × 7,2 cm
Material: *Seide, Metallfäden mit Seidenseele;*
Farben: *Orange, Grün, Dunkelblau, Kornblumenblau, Goldgelb, Silbergrau;* Zustand: *Farben leicht verblaßt; etwas verschmutzt; Metallfäden fast völlig, Musterfäden stellenweise etwas ausgefallen; Grundgewebe stellenweise verschlissen;* Muster: Vgl. Kat. Nr. 201.

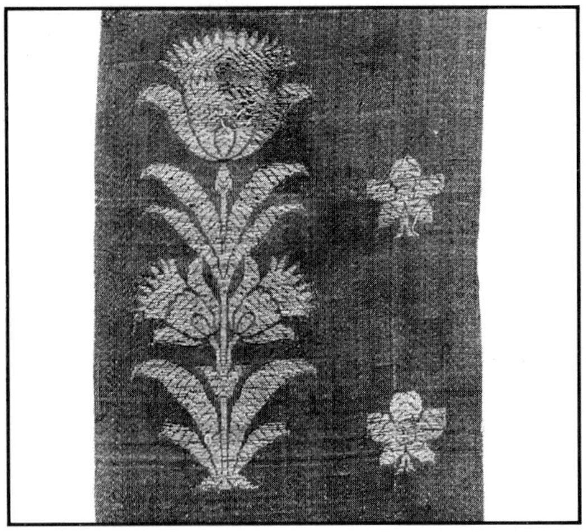

203 KGM Inv. Nr. 1978,257 Abb. 202
Seidenfragment (Atlasgewebe, Motive broschiert)
Iran: Ende 17. oder 18. Jh.; 33 × 13,6 cm
Material: *Seide, Metallfaden mit Seidenseele;*
Farben: *Weinrot, Gold (Goldgelb), Goldgelb, Olivgrün;* Zustand: *Grundgewebe stellenweise etwas gelockert; Metallfaden fast völlig ausgefallen; Musterfäden stellenweise zerrissen und ausgefallen;*
Muster: *Auf weinrotem Grund liegt eine relativ große, achsensymmetrische Glockenblütenpflanze in einfacher, flächiger Zeichnung. Der Fond um diese Blume ist gleichmäßig mit kleinen Streublüten bedeckt.*

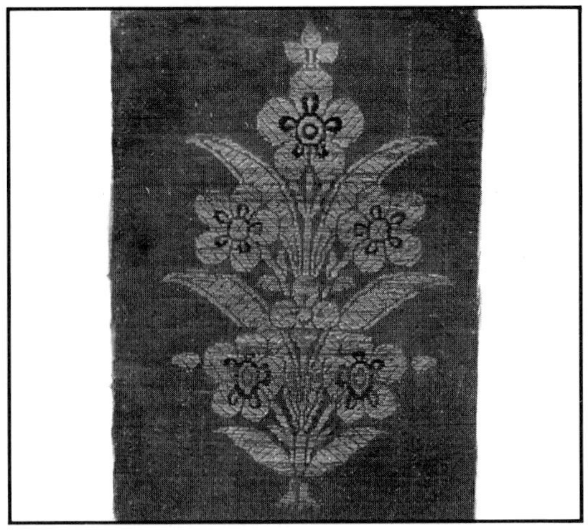

204 KGM Inv. Nr. 1978,260 Abb. 205
Seidenfragment
Iran: 17.–18. Jh.; 15,6 × 10,3 cm
Material: *Seide, Goldfaden mit Seidenseele;*
Farben: *Rubinrot, Gold (Goldgelb), Mittelblau;*
Zustand: *Goldfaden stark, Musterfäden stellenweise stark ausgefallen; Farben leicht verblaßt; etwas verschmutzt;* Muster: *Auf rubinrotem Grund liegt eine einzelne achsensymmetrische Blütenpflanze in einfacher, flächiger, etwas steifer Zeichnung.*

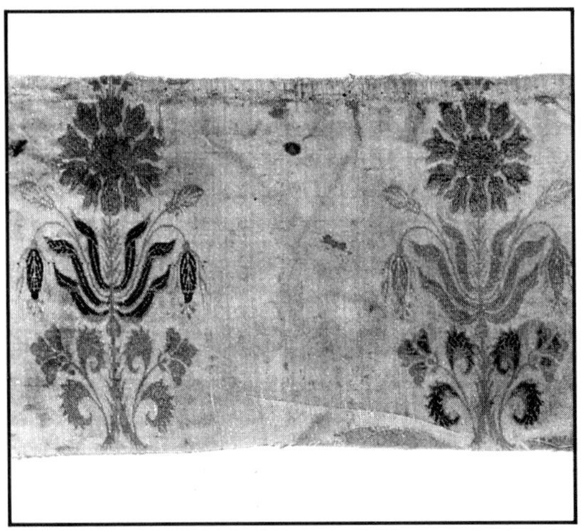

205 KGM Inv. Nr. 1981,21
Seidenfragment (Doppelgewebe)
Iran (?): 18. Jh.; 9 × 11,4 cm
Material: *Seide, Metallfaden mit Seidenseele;*
Farben: *Weiß, Gelb (Metallumwicklung), Orange, Altrosa, Tannengrün;* Zustand: *Etwas verschlissen; stellenweise fleckig; Farben zum Teil stark ausgebleicht;* Muster: *Auf rohweißem Grund liegen nebeneinander zwei stark stilisierte, achsensymmetrische Blütenpflanzen in flächiger Zeichnung.*

206 KGM Inv. Nr. 90,139
Seidenfragment
Iran: 2. Hälfte 17. oder 18. Jh.; 43 × 71 cm
Material: *Seide, Goldfaden mit Seidenseele;*
Farben: *Rosa (drei Schattierungen), Gold (Goldgelb);* Zustand: *Stellenweise etwas verschlissen; Farben verblaßt; Goldfaden fast völlig ausgefallen;*
Muster: *Auf vormals golddurchwirktem Fond sind in Reihe auf Zwischenraum geordnete, achsensymmetrische Blumensträuße mit zusammengebundenen Stielen eingewebt.*

207 GM Inv. Nr. 236/20
Seidenfragment
Iran: 2. Hälfte 17. Jh.; 29,7 × 28,9 cm
Material: *Seide, Goldfaden mit Seidenseele;*
Farben: *Gold (Goldgelb), Grasgrün, Lindgrün, Flieder, Rosa, Altrosa;* Zustand: *Goldfaden stellenweise ausgefallen; Farben verblaßt; leicht verschmutzt; Musterschüsse stellenweise schon etwas dünn;*
Muster: *Auf goldenem Grund verlaufen in Kettrichtung nebeneinander immer ein breiter und ein schmaler Musterstreifen. In den breiten Musterbändern liegen im Wechsel immer eine Blüten- und eine Blattpflanze übereinander, wobei zwei verschiedenartige Blüten- und Blattpflanzen immer streifenweise wechseln. Die schmalen Musterstreifen sind mit einer wellenartig geschwungenen Blattranke besetzt.*

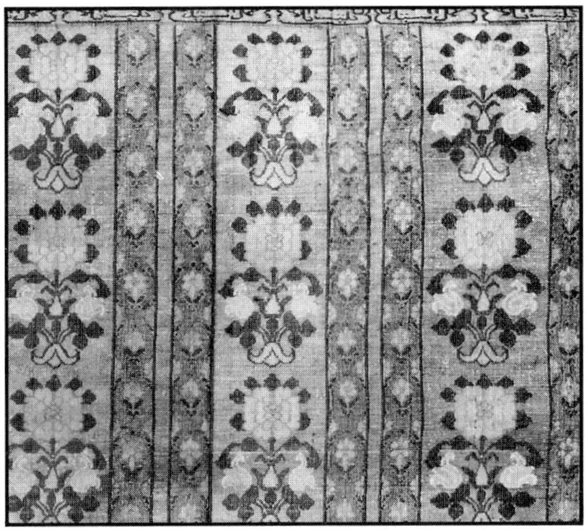

208 KGM Inv. Nr. 1978,223 Abb. 206
Seidenfragment
Iran: Ende 17. oder Anfang 18. Jh.; 21,2×51 cm
Material: *Seide, Metallfaden mit Seidenseele;* Farben: *Goldgelb (Metallumwicklung), Flaschengrün, Weiß, Mittelblau, Orange (zwei Schattierungen);* Zustand: *Metallfaden kaum ausgefallen, aber stark beschädigt; Musterfäden stellenweise etwas ausgefallen; Farben nur leicht verblaßt; stellenweise Schimmelpilzbildung; geringfügig verschmutzt;* Muster: *In Schußrichtung verlaufen jeweils nebeneinander zwei schmale, blaue Streifen mit in Reihe auf Zwischenraum geordneten kleinen Blütenpflanzen, im Wechsel mit einem breiteren Musterstreifen, in dem übereinander achsensymmetrische Blütenstauden in einfacher, flächiger Zeichnung angeordnet sind.*

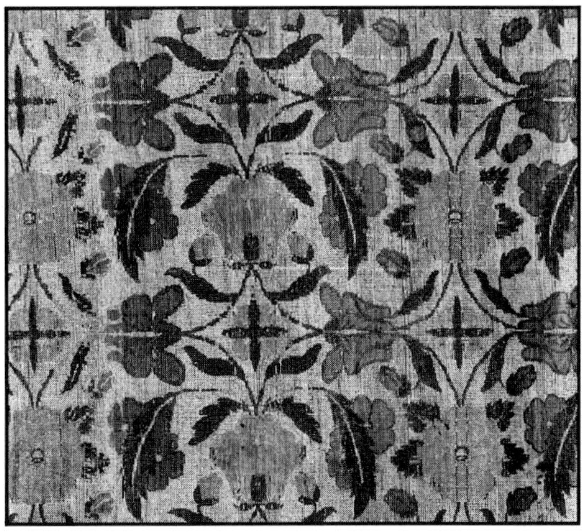

209 MKH Inv. Nr. 16966 Abb. 207
Seidenfragment
Iran: 17. Jh.; 25,6×26 cm
Material: *Seide, Goldfaden mit Seidenseele, Silberfaden mit Seidenseele;* Farben: *Lachs, Blau (zwei Schattierungen), Gold, Silber, Beige;* Zustand: *Farben verblaßt; Musterfäden sowie Gold- und Silberfäden häufig ausgefallen;* Muster: *Auf beigefarbenem Grund sind verschiedenartige Blüten, in horizontalen Reihen aufeinanderfolgend, jeweils in Reihe auf Zwischenraum geordnet. Die Einzelblüten verbindet eine zarte, Ovale bildende Blattranke miteinander. In den so entstehenden Zwickeln sind stark stilisierte Rosetten abgebildet.*

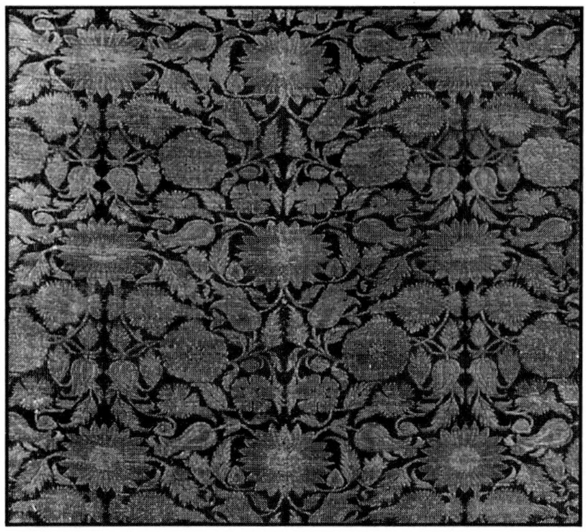

210 KGM Inv. Nr. 87,504 Abb. 209
Seidenfragment
Iran: 2. Hälfte 17. oder 18. Jh.; 60×40 cm
Material: *Seide, Goldfaden mit Seidenseele, Silberfaden mit Seidenseele;* Farben: *Hellbraun, Dunkelbraun, Gold, Silber;* Zustand: *Sehr gut erhalten;* Muster: *Auf braunem Grund rankt sich, in Gold und Silber gehalten, dichtes Blüten- und Blattwerk um zwei unterschiedlich stark stilisierte Rosetten, die in Reihe auf Zwischenraum geordnet sind und in horizontalen Reihen wechseln. Die Pflanzenzeichnung zwischen den Rosetten ist fließend und dynamisch.*

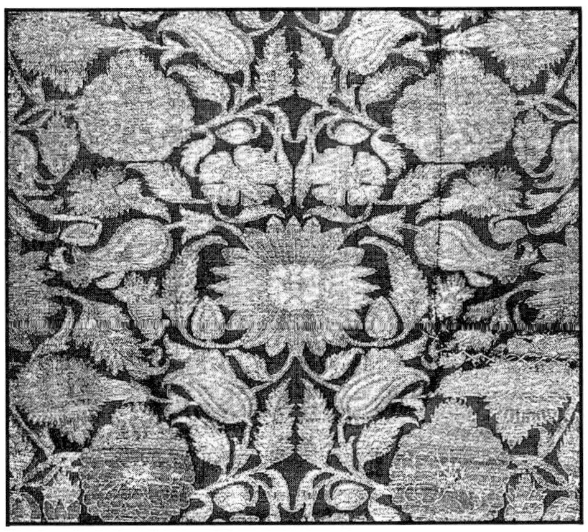

211 MKH Inv. Nr. 20011 Abb. 208
Seidenfragment
Iran: 2. Hälfte 17. oder 18. Jh.; 23,9×22,8 cm
Material: *Seide, Goldfaden mit Seidenseele, Silberfaden mit Seidenseele;* Farben: *Hellbraun, Dunkelbraun, Gold, Silber;* Zustand: *Musterfäden stellenweise ausgefallen; an der rechten Seite genäht;* Muster: Vgl. Kat. Nr. 210.

212 GM Inv. Nr. 227/20
Seidenfragment
Iran: 2. Hälfte 17. oder 18. Jh.; 33,4×33,2 cm
Material: *Seide, Goldfaden mit Seidenseele;* Farben: *1. Farbstellung: Weiß, Tannengrün, Gold (Goldgelb), Brillantblau, Ziegelrot, Altrosa, Rosa, Hellblau, Lila;* 2. Farbstellung: *Weiß, Tannengrün, Gold (Goldgelb), Hellblau, Brillantblau, Violett, Rosa (zwei Schattierungen), Altrosa;* Zustand: *Gold- und Musterfäden stellenweise ausgefallen; Farben verblaßt; leicht angeschmutzt; aus zwei Fragmenten (in zwei Farbstellungen) zusammengenäht;* Muster: *Verschiedenartige Blütenzweige bedecken den weißen Fond in gleichmäßiger Flächenfüllung, wobei das Schwertlilienmotiv sehr plastisch herausgearbeitet ist.*

213 GM Inv. Nr. 220/20
Seidenfragment
Iran: 17.–18. Jh.; 46×32,5 cm
Material: *Seide, Goldfaden mit Seidenseele;* Farben: *Creme, Gold (Goldgelb), Ziegelrot, Brillantblau, Weiß, Violett, Lindgrün, Altrosa;* Zustand: *Etwas verschlissen; Musterschuß stellenweise ausgefallen; Goldfaden stark ausgefallen; Farben verblaßt; etwas verschmutzt und fleckig;* Muster: *Verschiedenartige Einzelblüten bedecken den cremefarbenen Grund in gleichmäßiger Dichte. Quer über die obere Schmalseite verläuft ein breiteres cremefarbenes Band, das in Abständen mit Schriftkartuschen bedeckt ist.*

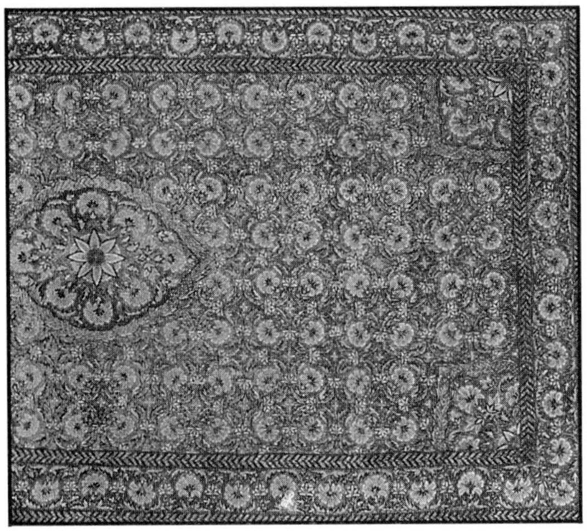

214 GM Inv. Nr. 27.6 Abb. 210
Seidenstickerei, vormals Mittelstück zu Kat. Nr. 19
Iran: 17.–18. Jh.; 127×93 cm
Material: *Seide, Silberfaden mit Seidenseele, Baumwolle;* Farben: *Rosa, Silber, Flaschengrün, Lindgrün, Weinrot, Lachs;* Zustand: *Sehr gut erhalten;* Muster: *Auf rosafarbenem Grund wächst aus Spiralranken, die sich gegenseitig berührende Ovale bilden, je ein Blütenmotiv, das das Feld der Ovale fast völlig ausgefüllt. Mit gleichartigen Motiven sind auch Borte und Eckzwickel geschmückt.*

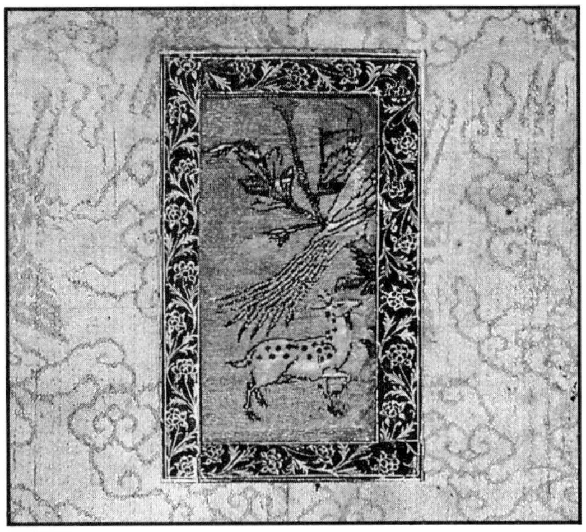

215 KGM Inv. Nr. 1978,300 Abb. 212
Seidenfragment
Iran: 1. Hälfte 17. Jh. (noch z.Z. Abbas I.); 11,8×5,8 cm
Material: *Seide, Silberfaden mit Seidenseele;* Farben: *Silber (Silbergrau), Dunkelblau, Silber (Silberweiß), Mittelblau, hellgrün, Rosa (zwei Schattierungen), Hellblau, Hellbraun, Mittelbraun;* Zustand: *Stellenweise verschlissen; Silberfaden stark ausgefallen; am oberen Rand sieben kleine Gewebeteile (vom Fond dieses Stoffes) eingesetzt und darauf Muster nach oben ergänzend aufgemalt; etwas verschmutzt;* Muster: *Auf silbernem Grund ist ein kleiner Abschnitt eines Gewebes mit der Darstellung eines im Rosenstrauch auf stilisiertem Berg sitzenden Vogels und einer am Fuße des Bergmotivs stehenden Gazelle (?) abgebildet. Erstaunlich ist die Feinheit der zeichnerischen Ausführung des leider nur teilweise erhalten gebliebenen Bildes.*

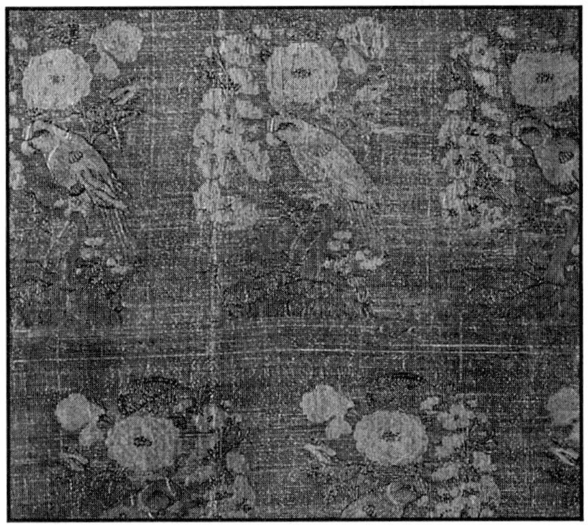

216 KGM Inv. Nr. abgerissen Abb. 213
Seidenfragment
Iran: 1. Hälfte 17. Jh.; 35×35 cm
Material: *Seide, Goldfaden mit Seidenseele, Silberfaden mit Seidenseele,* Farben: *Silber (Silbergrau), Braun, Hellgrün, Hellbraun, Beige, Gelb, Rosa (zwei Schattierungen), Gold (Goldgelb);* Zustand: *Stellenweise verschlissen; Gold- und Silberfäden stark, Musterfäden stellenweise ausgefallen; Farben verblaßt;* Muster: *Auf ehemals metallbroschiertem Fond sind rechteckige Motivgruppen in Reihe auf Zwischenraum geordnet. Sie zeigen auf stark stilisiertem Berg je ein naturnah gezeichnetes Blütengebilde, in dessen Zweigen ein großer, papageienartiger Vogel sitzt, zu dem ein am Fuße des Berges stehendes Reh emporblickt.*

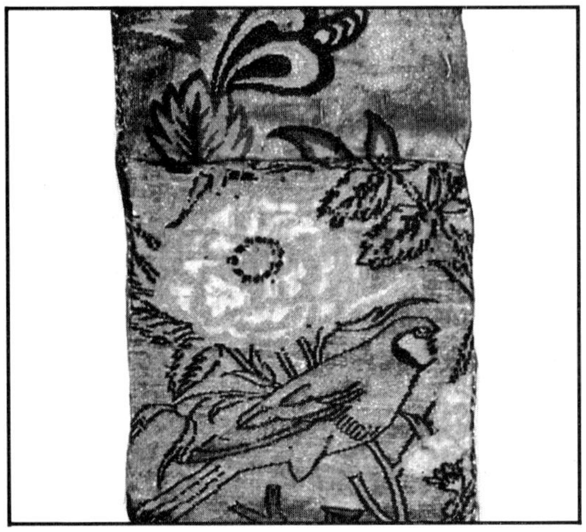

217 MVK Inv. Nr. WAS 260 Abb. 214
Kleiner Beutel, innen mit grüner Seide abgefüttert
Iran: 2. Viertel 17. Jh.; 12×7,7 cm
Material: *Seide, Goldfaden mit Seidenseele, Silberfaden mit Seidenseele;* Farben: *Gold, Silber, Tannengrün, Lindgrün, Brillantblau, Hellblau, Altrosa, Hellrosa, Lachs, Creme, Hellbraun;* Zustand: *Gold- und Silberfäden stellenweise ausgefallen; einige Musterschüsse nicht mehr eingebunden; leicht verschmutzt;* Muster: *Vor silbernem Grund sitzt ein Vogel auf einem abgeschnittenen Baumstumpf. Hinter dem Vogelmotiv liegen Rosenzweige in naturnaher Zeichnung.*

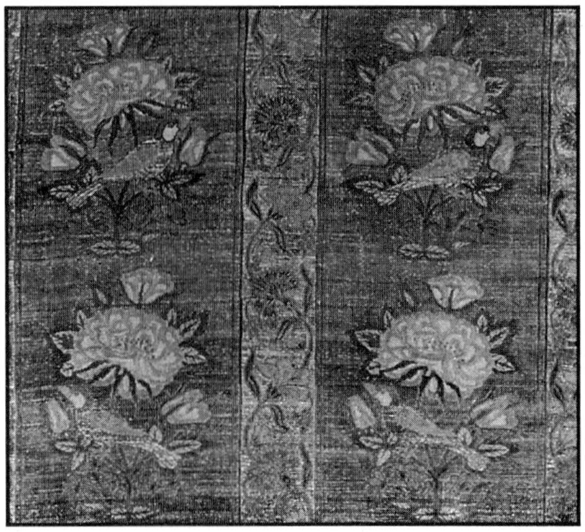

218 KGM Inv. Nr. 00,072 (00,012 ?) Abb. 215
Seidenfragment
Iran: Mitte 17. Jh.; 40×31,5 cm
Material: *Seide, Goldfaden mit Seidenseele, Silberfaden mit Seidenseele;* Farben: *Gold (Goldgelb), Silber (Weiß), Rosa (drei Schattierungen), Grün, Lindgrün, Flieder, Mittelbraun;* Zustand: *Gut erhalten; Metallfäden stark ausgefallen; Farben etwas verblaßt;* Muster: *Zwei vertikal verlaufende, breite Musterstreifen werden von schmalen, mit s-förmig geschwungenen Blütenranken besetzten Begleitstreifen seitlich begrenzt. In den breiten Musterbändern liegen auf goldenem Grund übereinander geordnete, naturnah gezeichnete Rosenzweige, in denen ein Vogel sitzt.*

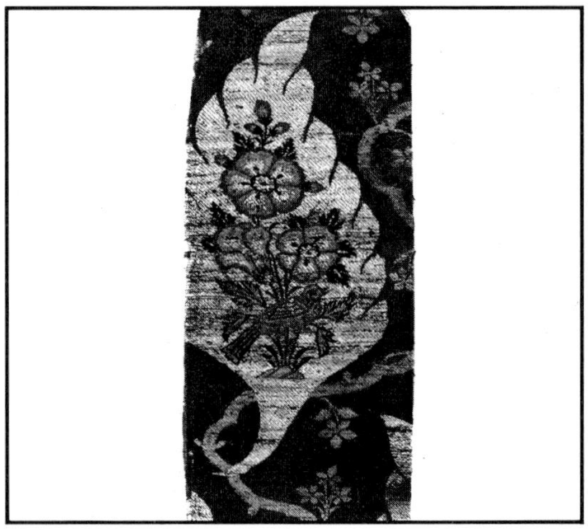

219 KGM Inv. Nr. 1978,278 Abb. 216
Seidenfragment
Iran: Mitte oder Anfang 2. Hälfte 17. Jh.; 26,5×11 cm
Material: *Seide, Goldfaden mit Seidenseele, Silberfaden mit Seidenseele;* Farben: *Ziegelrot, Silber (Silbergrau), Gold (Goldgelb), dunkles Tannengrün, Lindgrün, Lila, Rosa;* Zustand: *Stellenweise etwas verschlissen und fleckig; Silberfaden stellenweise völlig ausgefallen; Farben verblaßt;* Muster: *Auf ziegelrotem Grund liegt ein großes, silbergraues Blattmotiv, in dessen Innenfeld ein Blütenzweig mit Blattwerk aus einem stark stilisierten Bergmotiv wächst. In den Zweigen im unteren Teil der Pflanze sitzt ein Vogel. Auf dem Fond liegen, locker um das Blattmotiv geschwungen, darüber hinaus noch Teile einer Blütenranke. Die silbergrauen Blattmotive waren ursprünglich in Reihe auf Zwischenraum mit zeilenweisem Richtungswechsel geordnet.*

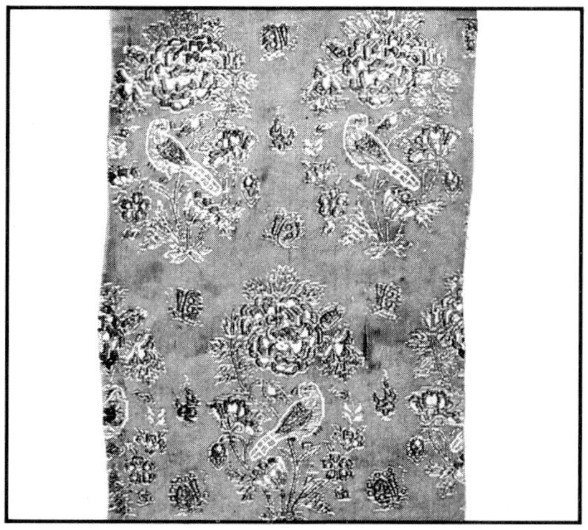

220 KGM Inv. Nr. 1978,270 Abb. 218
Seidenfragment
Iran: Ende 17. Jh.; 15,3×10,3 cm
Material: *Seide, Goldfaden mit Seidenseele;* Farben: *Orangerot, Gold (Goldgelb), Grün, Hellbraun, Blau, Hellblau;* Zustand: *Goldfaden stark ausgefallen; Farben nur leicht verblaßt; stellenweise verschlissen; etwas fleckig;* Muster: *Auf orangerotem Grund sind, in Reihe auf Zwischenraum und mit zeilenweisem Richtungswechsel geordnet, völlig gleiche, kleine Blütenstrauchmotive dargestellt, in deren Zweigen jeweils ein Vogel sitzt. Zwischen diesen Musterelementen sind in gleichmäßiger Folge kleine Schmetterlinge und Wolkenmotive eingestreut. Die Motive sind in naturnaher Zeichnung gestaltet.*

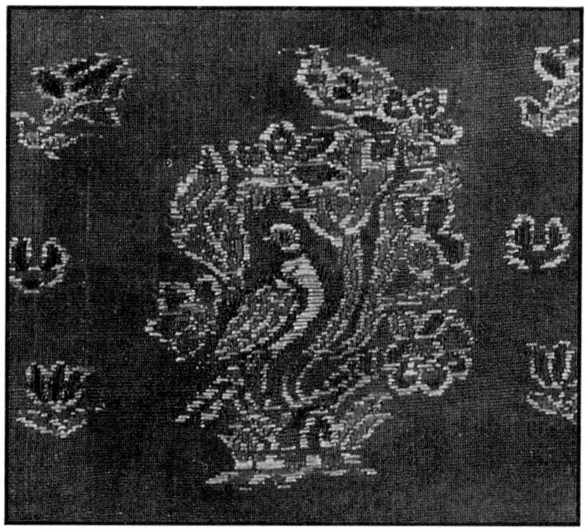

221 KGM Inv. Nr. 1978,268 Abb. 217
Seidenfragment (Leinwandgewebe, Motive broschiert)
Iran: 17.–18. Jh.; 5,7×7,3 cm
Material: *Seide, Silberfaden mit Seidenseele;* Farben: *Weinrot, Silber (Silberweiß), Blau, Olivgrün (zwei Schattierungen);* Zustand: *Silberfaden stark, Musterfäden stellenweise ausgefallen; etwas fleckig;* Muster: *Auf weinrotem Grund wächst auf stilisiertem Berg ein kleiner Blütenstrauch, in dessen Zweigen ein Vogel sitzt. Zu beiden Seiten der Motivgruppe liegen jeweils zwei kleine Streublümchen und ein stark stilisiertes Wolkenmotiv. Das Muster ist sehr kleinteilig.*

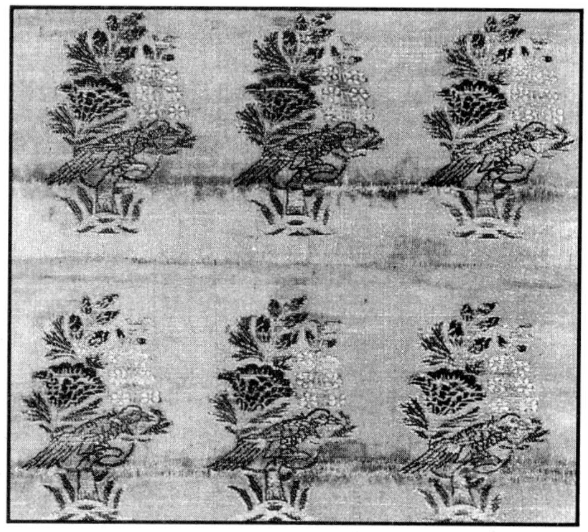

222 KGM Inv. Nr. 1978,113 Abb. 219
Seidenfragment
Iran: Ende 17. Jh.; 29×28,8 cm
Material: *Seide, Goldfaden mit Seidenseele;* Farben: *Rostrot, Blaugrün, Pariser Blau, Hellbraun, Gold (Goldgelb);* Zustand: *Farben stark verblaßt; Goldfaden zum Teil ausgefallen; aus zwei gleichgemusterten Fragmenten so zusammengenäht, daß die Mustergruppen in Reihe übereinander geordnet erscheinen, ursprünglich waren sie wahrscheinlich auf Zwischenraum gesetzt;* Muster: *Auf rostrotem Fond liegen, in Reihe übereinander geordnet, stark stilisierte Blütenstauden, in deren Zweigen ein Vogel sitzt und die aus einem kleinen Bergmotiv wachsen. Die Zeichnung der Motive ist einfach und flächig. Sie wirkt stellenweise etwas ungeschickt.*

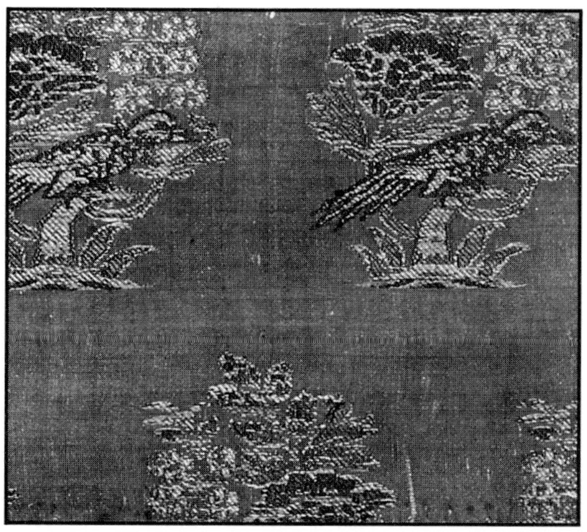

223 KGM Inv. Nr. 1978,247 Abb. 220
Seidenfragment
Iran: Ende 17. Jh.; 12,8×34,2 cm
Material: *Seide, Goldfaden mit Seidenseele;* Farben: *Rostrot, Gold (Goldgelb), Weiß, Blau, Smaragdgrün;* Zustand: *Grundgewebe stellenweise etwas verschlissen; auf der rechten Seite ein großer Flicken eingesetzt; an zwei Stellen überstopft; Goldfaden etwas ausgefallen; stellenweise auch Musterfäden geringfügig ausgefallen; Farben verblaßt;* Muster: Vgl. Kat. Nr. 222 *(gleiche Musterzeichnung, aber dichter gewebt, wodurch das Muster gedrungener ist als bei Kat. Nr. 222).*

224 MVK Inv. Nr. WAS 110
Teilweise eingefaßtes Seidenfragment (Atlasgewebe, Motive broschiert)
Iran: Ende 17. Jh.; 17×13,9 cm
Material: *Seide, Goldfaden mit Seidenseele;* Farben: *Blau, Weinrot, Gold (Goldgelb), Weiß, Hellgrün;* Zustand: *Goldfaden stark, Musterfäden zum Teil stark ausgefallen; Gewebestruktur allgemein etwas gelockert; aus zwei Fragmenten zusammengenäht;* Muster: *Auf blauem Grund sind einzelne Blütenpflanzen, in deren Zweigen ein Vogel sitzt, in Reihe auf Zwischenraum und mit zeilenweisem Richtungswechsel geordnet. Zwischen diesen Motiven liegen mehrere kleine Einzelblüten in verschiedenen Größen sowie je ein stilisiertes Wolkenmotiv.*

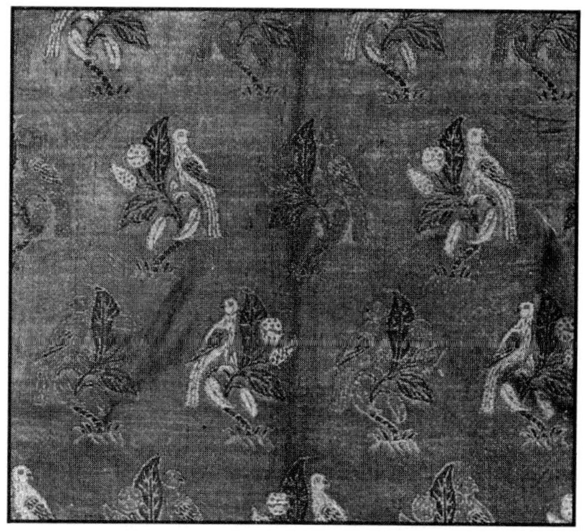

225 KGM Inv. Nr. 1978,281 Abb. 221
Seidenfragment (Atlasgewebe, Motive broschiert)
Iran: Ende 17. Jh.; 27,3×23 cm
Material: *Seide, Goldfaden mit Seidenseele;* Farben: *Ziegelrot, Gold (Goldgelb), Tannengrün, Weiß, Grau;* Zustand: *Stellenweise etwas verschlissen; Goldfaden häufig ausgefallen; Farben zum Teil verblaßt; etwas angeschmutzt;* Muster: *Auf ziegelrotem Fond sitzt jeweils ein Vogel auf Blütenzweigen, die aus einer angedeuteten Grasnarbe wachsen und in Reihe auf Zwischenraum sowie mit zeilenweisem Richtungswechsel geordnet sind. Die einzelnen Motive werden von eingepreßten, den Grund wabenartig überziehenden Linien, die heute kaum noch zu erkennen sind, umschlossen.*

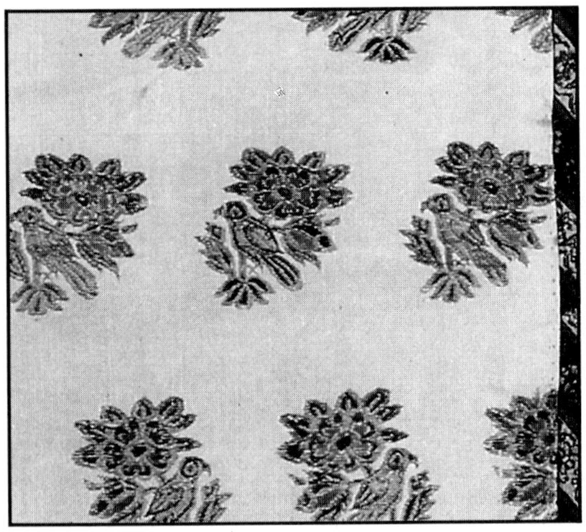

226 MVK Inv. Nr. WAS 146 Abb. 222
Eingefaßtes und abgefüttertes Seidenfragment (Leinwandgewebe, Motive broschiert)
Iran: 17.–18. Jh.; 37,5×23,3 cm
Material: *Seide, Goldfaden mit Seidenseele, Silberfaden mit Seidenseele;* Farben: *Creme, Gold, Silber (Weiß), Grasgrün, Altrosa, Rosa (hell), Dunkelgrau;* Zustand: *Gold- und Silberfäden häufig ausgefallen; Musterfäden teilweise losgelöst vom Grund; etwas verschmutzt; aus sieben Fragmenten zusammengenäht;* Muster: *Auf cremefarbenem Grund sind reihenweise auf Zwischenraum kleine stilisierte Blütenpflanzen in Verbindung mit einem Vogelmotiv, beides in einfacher Zeichnung, dargestellt. Zeilenweise erfolgt ein Richtungswechsel der Motive.*

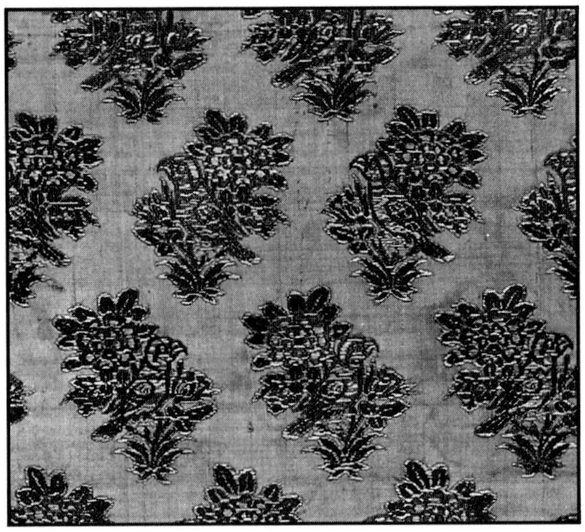

227 MKH Inv. Nr. 23746 Abb. 223
Seidenfragment
Iran: 17.–18. Jh.; 36,5×36,5 cm
Material: *Seide, Goldfaden mit Seidenseele;* Farben: *Hellblau, Tannengrün, Gold (Goldgelb), Weinrot, Rosa, Orange;* Zustand: *Musterfäden stellenweise geringfügig, Goldfaden stellenweise ausgefallen; fleckig;* Muster: *Auf hellblauem Fond sind in Reihe auf Zwischenraum und mit zeilenweisem Richtungswechsel leicht geschwungene Rosenpflanzen geordnet, in denen jeweils ein Papageienvogel sitzt.*

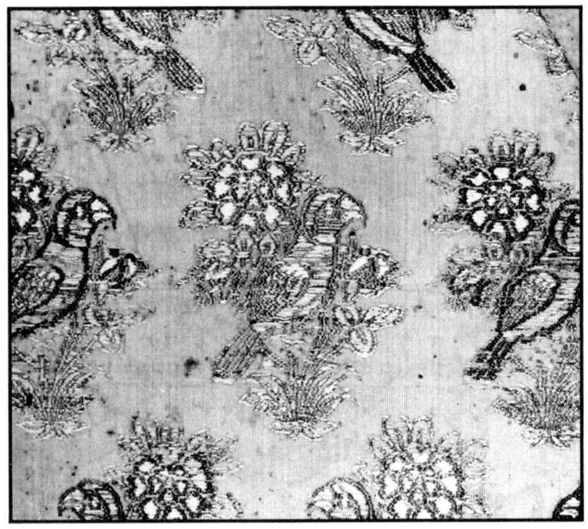

228 KGM Inv. Nr. 1978,271 Abb. 226
Seidenfragment (Leinwandgewebe, Motive broschiert)
Iran: 17.–18. Jh.; 15,1×12,5 cm
Material: *Seide, Goldfaden mit Seidenseele;* Farben: *Orangerot, Gold (Goldgelb), Grasgrün, Blau, Hellblau, Hellbraun, Silberweiß;* Zustand: *Goldfaden häufig, Musterfäden teilweise ausgefallen; etwas verschmutzt und fleckig; Farben verblaßt; leicht verschlissen;* Muster: *Auf orangerotem Grund sind in Reihe auf Zwischenraum und mit zeilenweisem Richtungswechsel Blütenstauden in einfacher Zeichnung geordnet, in denen jeweils ein papageienähnlicher Vogel sitzt. Der Raum zwischen den Pflanzengebilden ist mit verschiedenartigen, eingepreßten Linien bedeckt.*

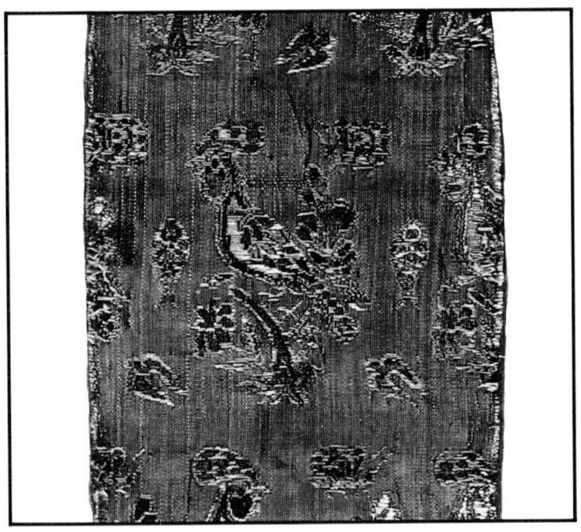

229 MKH Inv. Nr. 28230 Abb. 224
Seidenfragment
Iran: 17.–18. Jh.; 19×8,3 cm
Material: *Seide, Silberfaden mit Seidenseele;* Farben: *Weinrot, Mittelblau, Silber (Silbergrau), Dunkelbraun, Blaugrün;* Zustand: *Silberfaden stark, Musterfäden stellenweise ausgefallen; stellenweise verschmutzt;* Muster: *Auf weinrotem Grund liegen, in Reihe auf Zwischenraum und mit zeilenweisem Richtungswechsel geordnet, stark stilisierte und vereinfacht gezeichnete Blütenzweige, in denen jeweils ein kleiner Vogel und ein Schmetterling sitzen. Zwischen diesen Mustergruppen liegen Wolken- und fischähnliche Motive.*

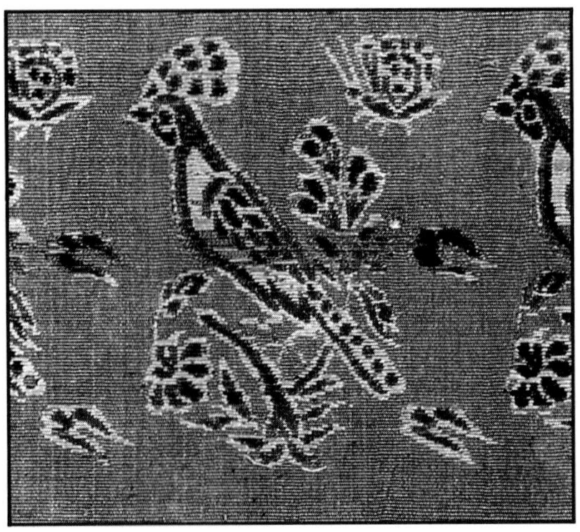

230 KGM Inv. Nr. 1978,249 Abb. 225
Seidenfragment (Leinwandgewebe, Motive broschiert)
Iran (?): 17.–18. Jh.; 6,9×14,9 cm
Material: *Seide, Silberfaden mit Seidenseele;* Farben: *Altrosa, Grasgrün, Kornblumenblau, Graubraun, Silber (Silberweiß);* Zustand: *Silberfaden stark, Musterfäden stellenweise etwas ausgefallen; Farben etwas verblaßt; ehemals eingepreßte Linien kaum noch zu erkennen;* Muster: *Auf altrosafarbenem Fond sitzen nebeneinander drei Pfauen auf jeweils kurzem Blütenast. Zwischen ihnen liegen immer zwei kleine chinesische Wölkchen und ein Streublütenmotiv, wobei zwei Farbstellungen im Wechsel nacheinander Verwendung finden.*

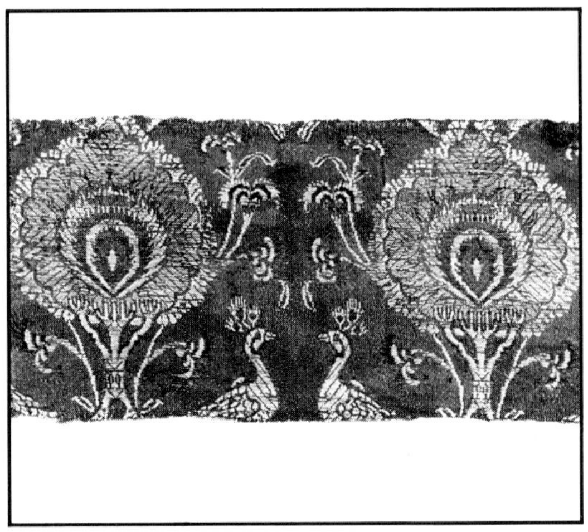

231 KGM Inv. Nr. 1978,254 Abb. 227
Seidenfragment (Atlasgewebe, Motive broschiert)
Iran: Ende 17. oder Anfang 18. Jh.; 11,5×21,7 cm
Material: *Seide, Metallfaden mit Seidenseele;* Farben: *Weinrot, Goldgelb, Weiß, Grasgrün, Kornblumenblau, Pariser Blau (jetzt grau);* Zustand: *Musterfäden stellenweise, Metallfäden fast völlig ausgefallen; Farben zum Teil verblaßt;* Muster: *Auf rotem Fond stehen zwischen zwei baumähnlichen Gebilden, aus deren Wurzeln nach beiden Seiden zarte Blütenstiele wachsen, zwei gegenständig geordnete Gänse oder Schwäne, deren Köpfe mit Pfauenfedern geschmückt sind.*

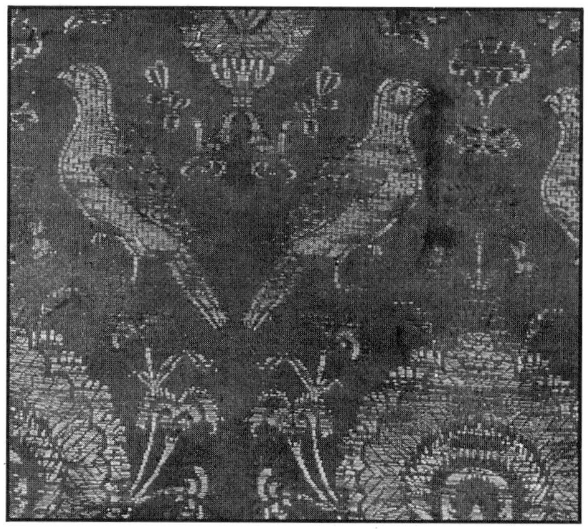

232 KGM Inv. Nr. 1978,269
Seidenfragment (Köpergewebe, Motive broschiert)
Iran: Ende 17. oder Anfang 18. Jh.; 15,1×22,2 cm
Material: *Seide, Metallfaden mit Seidenseele;* Farben: *Weinrot, Goldgelb, Kornblumenblau, Grasgrün, Graubraun, Silberweiß;* Zustand: *Farben etwas verblaßt; Metallfaden fast völlig, Musterfäden stark ausgefallen; etwas fleckig;* Muster: *Auf weinrotem Grund liegt unter einer Reihe gegenständig geordneter Vögel, zwischen denen sich eine achsensymmetrische Blütenpflanze befindet, eine Reihe baumähnlicher Gebilde (anderer Musterausschnitt des in Kat. Nr. 231 gezeigten Gewebes).*

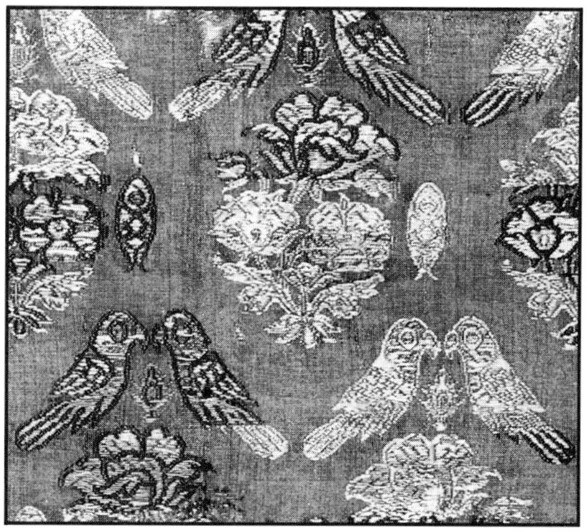

233 KGM Inv. Nr. 1978,295 Abb. 228
Seidenfragment (Leinwandgewebe, Motive broschiert)
Iran: Ende 17. oder Anfang 18. Jh.; 10,3×20,9 cm
Material: *Seide, Goldfaden (?) mit Seidenseele;* Farben: *Kornblumenblau, Gold (Goldgelb), Olivgrün, Dunkelbraun, Rosa, Ziegelrot;* Zustand: *Goldfaden stark, Musterfäden stellenweise etwas ausgefallen; Farben verblaßt; Gewebe zerknittert und etwas verschmutzt;* Muster: *Auf kornblumenblauem Grund sind in Reihe auf Zwischenraum und mit zeilenweisem Richtungswechsel locker gezeichnete Rosenstauden geordnet, die nach oben durch zwei gegenständig geordnete Vogelmotive abgeschlossen werden. Seitlich zwischen den Stauden befindet sich jeweils ein kleines fischähnliches Motiv. Die Farbstellung der einzelnen Motive ändert sich immer im Wechsel.*

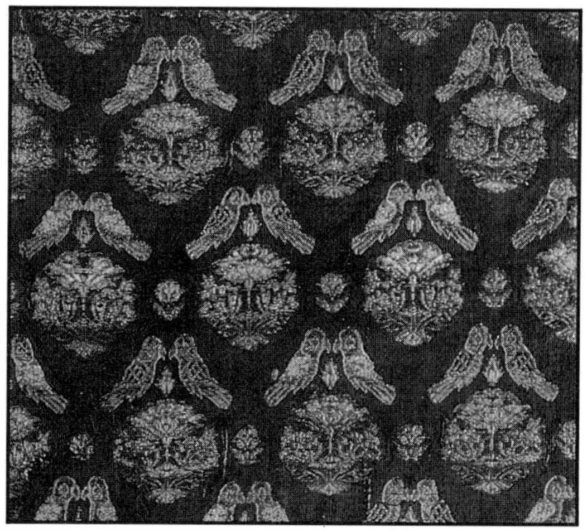

234 MKH Inv. Nr. 28407 Abb. 229
Seidenfragment (Atlasgewebe, Motive broschiert)
Iran: Ende 17. oder Anfang 18. Jh.; 31,5×36 cm
Material: *Seide, Goldfaden mit Seidenseele;* Farben: *Pariser Blau, Silbergrau, Gold (Goldgelb), Meergrün, Altrosa;* Zustand: *Musterfäden stellenweise ausgefallen; Goldfaden stellenweise ausgefallen; Farben etwas verblaßt;* Muster: *Auf dunkelblauem Fond liegen, in Reihe auf Zwischenraum geordnet, achsensymmetrische Blütenstauden, die nach oben durch zwei gegenständig geordnete Vogelmotive abgeschlossen werden. Seitlich zwischen den Blütenstauden befindet sich immer eine kleine, achsensymmetrische Einzelblüte.*

235 GM Inv. Nr. 230/20
Seidenfragment (Atlasgewebe, Motive broschiert)
Iran: Ende 17. oder Anfang 18. Jh.; 34×29,7 cm
Material: *Seide, Silberfaden mit Seidenseele;* Farben: *Creme, Goldgelb, Ziegelrot, Tannengrün, Dunkelbraun, Silber (Silberweiß);* Zustand: *Relativ stark verschlissen; Silberfaden fast völlig, Musterfäden stellenweise ausgefallen; Struktur des Grundgewebes stellenweise stark gelockert; Farben leicht verblaßt;* Muster: *Auf cremefarbenem Fond liegen, in Reihe auf Zwischenraum geordnet, locker gezeichnete Blütenpflanzen, die nach oben durch zwei gegenständig geordnete Vogelmotive abgeschlossen werden. Seitlich zwischen den Blütenstauden befindet sich immer ein fischähnliches Motiv.*

236 GM Inv. Nr. 229/20
Seidenfragment (Atlasgewebe, Motive broschiert)
Iran: Ende 17. oder Anfang 18. Jh.; 10,8×24,9 cm
Material: *Seide, Goldfaden mit Seidenseele;* Farben: *Hellblau, Violett, Weiß, Ziegelrot, Schwarz;* Zustand: *Goldfaden stellenweise ausgefallen; Musterstruktur des Grundgewebes geringfügig gelokkert; Farben etwas verblaßt;* Muster: *Auf hellblauem Fond liegen, in Reihe auf Zwischenraum geordnet, locker gezeichnete Blütenpflanzen, die nach oben durch zwei gegenständig geordnete Vogelmotive abgeschlossen werden. Seitlich zwischen den Pflanzen liegt jeweils ein stark stilisiertes, fischähnliches Motiv.*

237 KGM Inv. Nr. 1978,174 Abb. 230
Seidenfragment
Iran: Mitte 17. Jh.; 9×17 cm
Material: *Seide;* Farben: *Brillantblau, Gelb, Grün, Weiß, Lachs;* Zustand: *Grundgewebe stellenweise verschlissen; Musterfäden häufig ausgefallen; Farben zum Teil verblaßt;* Muster: *Auf brillantblauem Fond liegen, in Reihe auf Zwischenraum geordnet, achsensymmetrische Blütenpflanzen. Zwischen ihnen befinden sich jeweils drei kleinere florale Motive und zwei fliegende Vögel.*

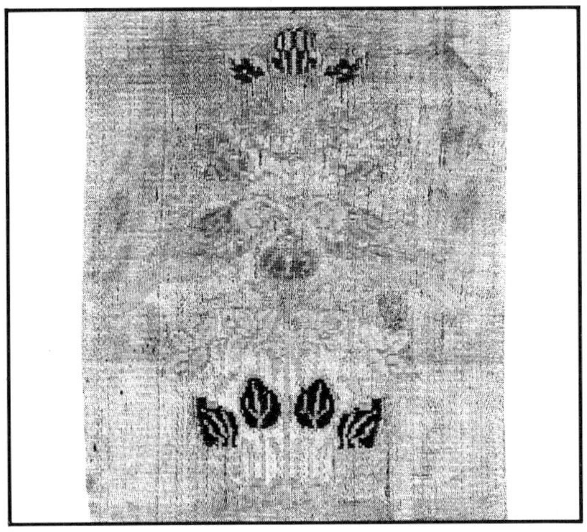

238 KGM Inv. Nr. 1978,170
Seidenfragment
Iran (?): 17.–18. Jh.; 14,9×11 cm
Material: *Seide, Baumwolle;* Farben: *Hellblau, Goldgelb, Orange, Tannengrün, Rosa, Gelb, Silbergrau;* Zustand: *Stellenweise verschlissen; verschmutzt; Musterfäden zum Teil ausgefallen; Farben zum Teil verblaßt;* Muster: *Auf hellblauem Fond wächst aus stilisiertem Fels ein achsensymmetrisch gestaltetes Blütenensemble, in dessen Mitte zwei Vögel gegenständig angeordnet sind. Die Zeichnung der Motive ist dünn und wirkt etwas ungeschickt.*

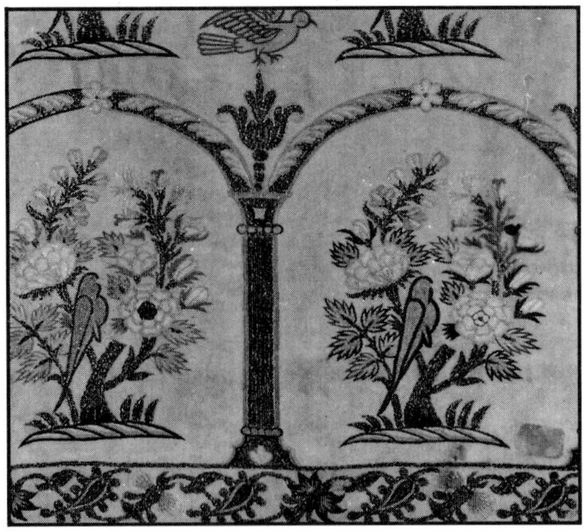

239 GM Inv. Nr. V 1103 Abb. 234
Stickereifragment
Iran: 1. Hälfte 17. Jh.; 80×30,8 cm
Material: *Seide, Goldfaden mit Seidenseele;* Farben: *Creme, Gold (Goldgelb), Olivgrün, Hellgrün, Altrosa, Blau, Hellblau, Blaugrün, Hellbraun, Silbergrau, Gelb;* Zustand: *Farben stark verblaßt; Grundgewebe schon etwas brüchig; verschmutzt;* Muster: *Auf naturseidenem Fond sind Blütenstauden, die aus einem stilisiertem Bergmotiv wachsen und in denen jeweils ein Vogel in einfacher Zeichnung sitzt, in Reihen neben- und übereinander geordnet, wobei die Motivgruppen in der unteren Reihe durch Arkadenbögen eingeschlossen sind, die sich über einer Borte aus zwei gegeneinanderlaufenden, wellenförmig geschwungenen Blütenranken erheben.*

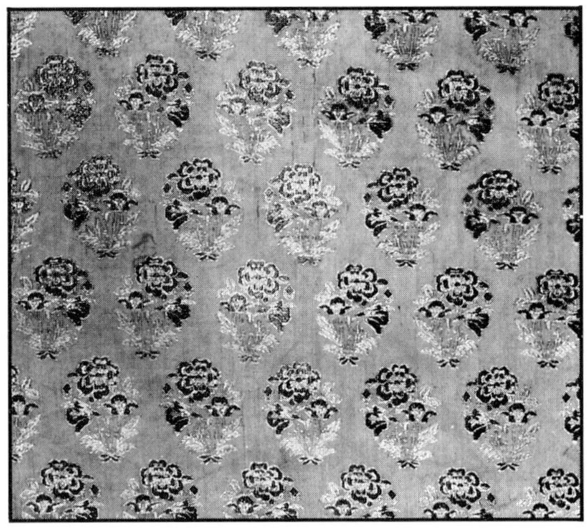

240 KGM Inv. Nr. 89,130 Abb. 232
Seidenfragment (Ripsgewebe, Motive broschiert)
Iran: 17.–18. Jh.; 46×56 cm
Material: *Seide;* Farben: *Ziegelrot, Grün, Blau;* Zustand: *Gut erhalten;* Muster: *Auf ziegelrotem Grund sind kleine, staudenartige Blütenpflanzen in Reihe auf Zwischenraum und mit zeilenweisem Richtungswechsel geordnet.*

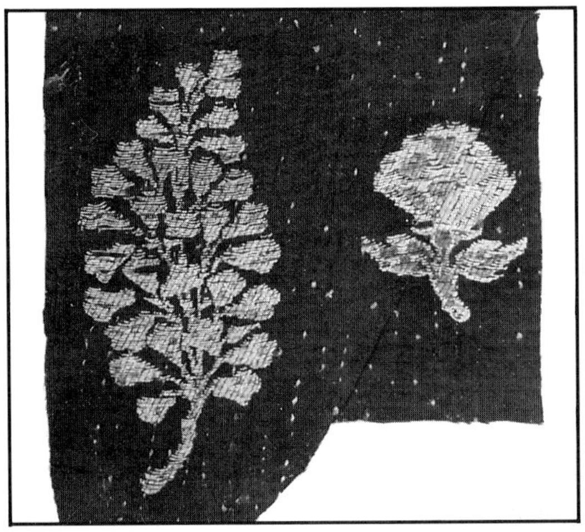

241 KGM Inv. Nr. 1978,183 Abb. 231
Seidenfragment (Köpergewebe, Motive broschiert)
Iran: Ende 17. oder Anfang 18. Jh.; 11,6×10,7 cm
Material: *Seide, Goldfaden mit Seidenseele, Silberfaden mit Seidenseele;* Farben: *Dunkelblau, Gold (Goldgelb), Silber (Weiß), Rot, Grün;* Zustand: *Gold- und Silberfäden stark ausgefallen; Grundgewebe mit parallel verlaufenden Nahtspuren überzogen, die auf eine vormalige Wattierung schließen lassen; zwei Fragmente dem Muster entsprechend zusammengenäht;* Muster: *Auf dunkelblauem Grund liegt ein goldener, leicht s-förmig geschwungener Blütenzweig mit einer in der äußeren Form an eine indische Palmette erinnernden Blütendolde. Neben diesem Motiv befindet sich ein kleiner, leicht geschwungener Rosenstiel in naturnaher Zeichnung.*

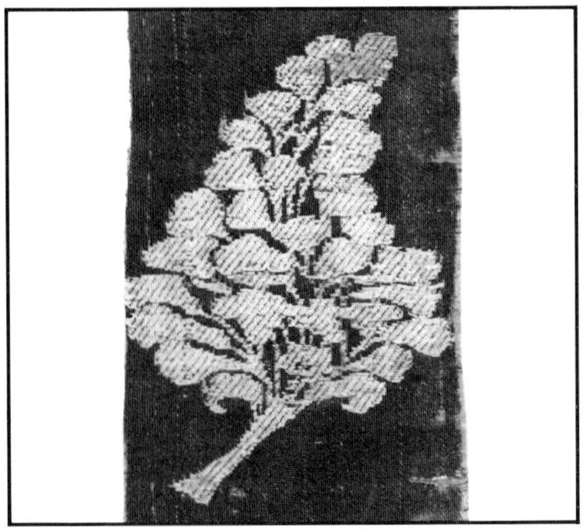

242 KGM Inv. Nr. 1978,184 Abb. 233
Seidenfragment
Iran: 17.–18. Jh.; 10,5×6 cm
Material: *Seide, Goldfaden mit Seidenseele;* Farben: *Dunkelblau, Gold (Goldgelb);* Zustand: *Goldfaden fast völlig ausgefallen; Grundgewebe stellenweise verschlissen; einige Musterfäden vom Grundgewebe losgelöst; etwas verschmutzt;* Muster: *Auf dunkelblauem Grund liegt ein leicht s-förmig geschwungener Zweig mit einer in der äußeren Form an eine indische Palmette erinnernden Blütendolde.*

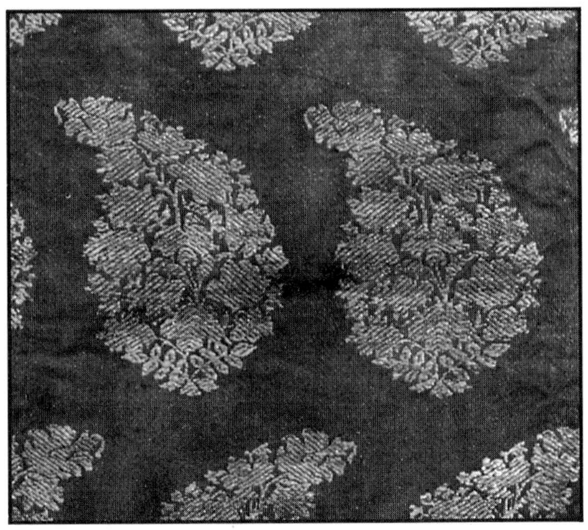

243 KGM Inv. Nr. 87,1022 Abb. 239
Seidenfragment
Iran (?): 17.–18. Jh.; 29×16,5 cm
Material: *Seide, Goldfaden mit Seidenseele;* Farben: *Gold, Rot;* Zustand: *Gut erhalten; Grundgewebe stellenweise etwas verschlissen; Gewebe stellenweise gestopft;* Muster: *Vor rotem Fond sind indische Palmetten in Reihe auf Zwischenraum und mit zeilenweisem Richtungswechsel geordnet. Die Palmetten bestehen aus jeweils einer Blütenstaude.*

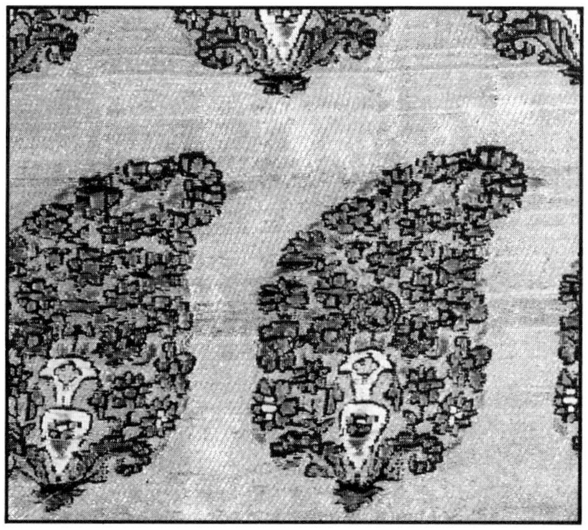

244 MVK Inv. Nr. WAS 229 Abb. 235
Kleine abgefütterte Tasche (Kuvert) mit angenähter Borte; vgl. Kat. Nr. 279 (Borte mit gleicher Musterung)
Iran (?): 17.–18. Jh.; 21×14,9 cm
Material: *Seide, Goldfaden mit Seidenseele, Silberfaden mit Seidenseele;* Farben: *Gold (Goldgelb), Grün, Weiß, Dunkelbraun, Blau, Orange;* Zustand: *Etwas gelockerte Gewebestruktur; Goldfaden nur geringfügig ausgefallen;* Muster: *Auf goldenem Grund sind indische Palmetten in Reihe auf Zwischenraum und mit zeilenweisem Richtungswechsel geordnet. Sie bestehen aus verschiedenartigen Blüten in loser Ordnung. Ein Teil dieser Blüten wächst zusammen mit zwei größeren Blattwedeln aus einer stark stilisierten Wurzel, ein anderer Teil aus einer über der Wurzel stehenden Vase.*

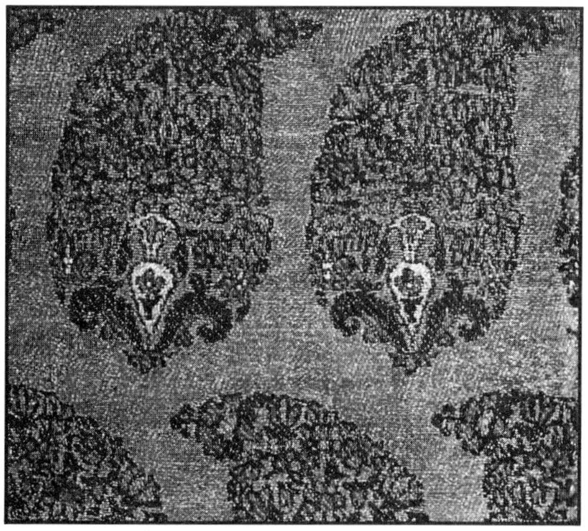

245 KGM Inv. Nr. 1978,139 Abb. 237
Seidenfragment (Köpergewebe)
Iran (?): 17.–18. Jh.; 9,2×9,9 cm
Material: *Seide, Goldfaden mit Seidenseele;* Farben: *Gold (Goldgelb), Lachs, Tannengrün, Marineblau, Hellblau;* Zustand: *Gut erhalten; Goldfaden wenig, Musterfaden an einigen Stellen ausgefallen;* Muster: Vgl. Kat. Nr. 244 *(lediglich minimale Abweichungen in der Blütensetzung).*

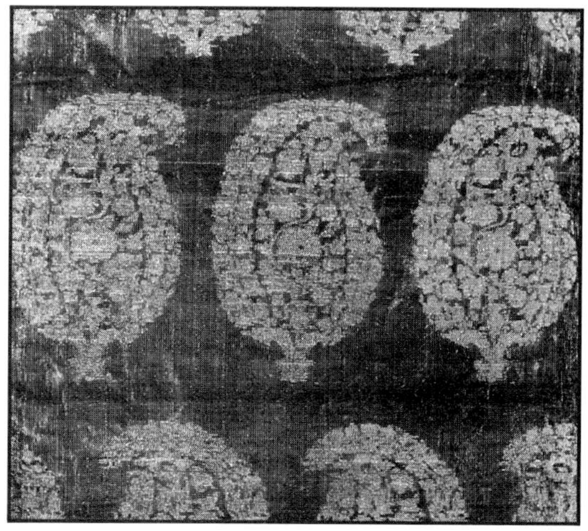

246 KGM Inv. Nr. 1981,22 Abb. 238
Eingefaßtes Seidenfragment
Iran (?): 17. Jh.; 89×67,5 cm
Material: *Seide, Goldfaden mit Seidenseele, Silberfaden mit Seidenseele;* Farben: *Gold, Silber (Silbergrau);* Zustand: *Stellenweise leicht verschlissen; Silberfaden stark ausgefallen;* Muster: *Auf goldenem Grund sind indische Palmetten in Reihe auf Zwischenraum und mit zeilenweisem Richtungswechsel geordnet. Die Palmetten bestehen aus verschiedenen, locker geordneten Blüten- und Blattranken.*

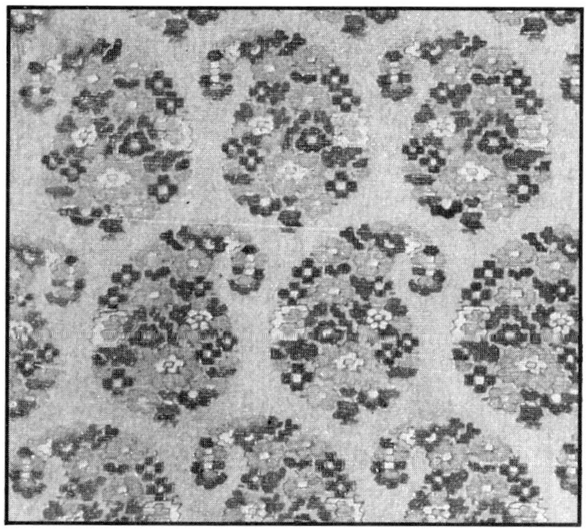

247 KGM Inv. Nr. 98,599 Abb. 236
Baumwollgewebefragment (Leinwandgewebe)
Iran (?): 18. Jh. (?); 31×45,5 cm
Material: *Baumwolle;* Farben: *Orange, Grün, Gelbgrün, Altrosa, Grau, Blau;* Zustand: *Gut erhalten;* Muster: *Indische Palmetten, aus verschiedenen farbigen Blüten bestehend, sind in Reihe auf Zwischenraum und mit zeilenweisem Richtungswechsel geordnet.*

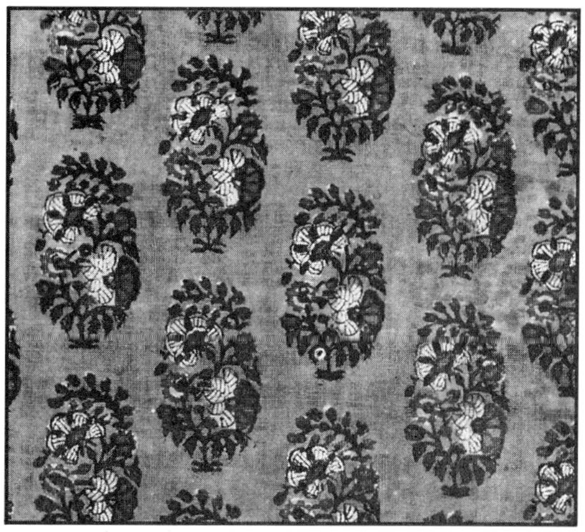

248 KGM Inv. Nr. 1980,95 Abb. 240
Kleine, mit grüner Seide eingefaßte Decke (Leinwandgewebe)
Iran (?): 18.–19. Jh.; 68,5×62 cm
Material: *Baumwolle;* Farben: *Hellgrün, Weinrot (zwei Schattierungen), Dunkelgrün (zwei Schattierungen), Gelb, Weiß;* Zustand: *Gut erhalten;* Muster: *Auf hellgrünem Fond sind in Reihe auf Zwischenraum indische Palmetten, aus jeweils einem Blütenstrauch bestehend, geordnet.*

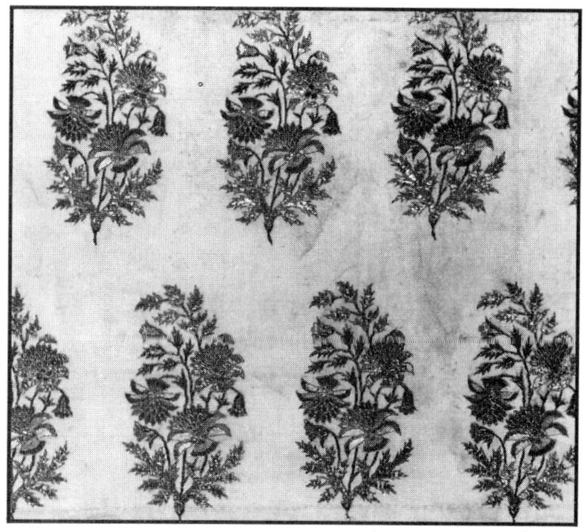

249 KGM Inv. Nr. 68,2615 Abb. 241
Seidenstickerei
Iran (?): 18. Jh.; 29,5×58 cm
Material: *Seide, Goldstreifen;* Farben: *Creme, Gold, Rubinrot, Rosa, Tannengrün, Lindgrün, Hellblau;* Zustand: *Gut erhalten;* Muster: *Auf cremefarbenem Grund sind gestickte indische Palmetten in lockerer, eleganter Zeichnung in Reihe auf Zwischenraum geordnet.*

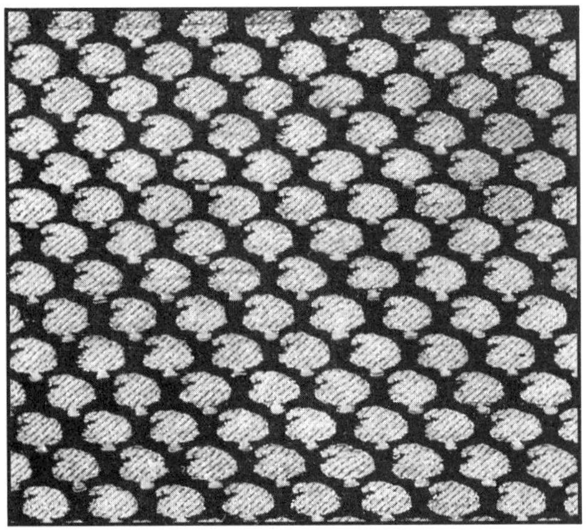

250 KGM Inv. Nr. 1978,302 Abb. 242
Seidenfragment (Atlasgewebe, Motive broschiert)
Iran: 18.–19. Jh.; 30×40, cm
Material: *Seide, Goldfaden mit Seidenseele;* Farben: *Violett, Gold (Goldgelb);* Zustand: *Stellenweise etwas verschlissen; aus drei Fragmenten zusammengenäht; Goldfaden stellenweise ausgefallen;* Muster: *Auf lilafarbenem Grund sind in Reihe auf Zwischenraum sehr kleine indische Palmetten ohne Umriß- und Innenzeichnung geordnet.*

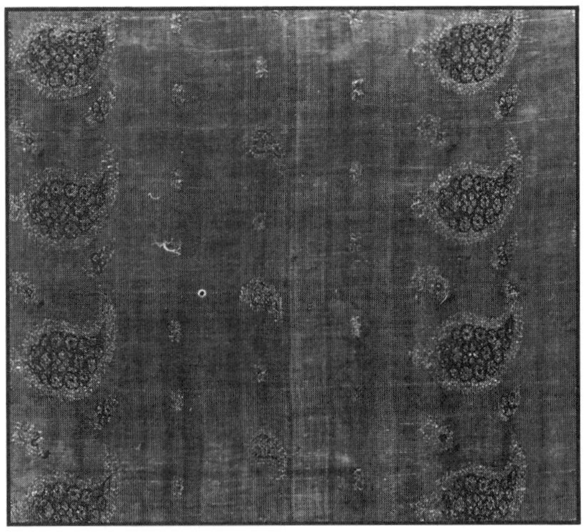

251 MKH Inv. Nr. 20233
Seidenfragment
Iran: 17. Jh.; 38,5×35 cm
Material: *Seide, Goldfaden mit Seidenseele;* Farben: *Weinrot, Gold (Goldgelb), Dunkelbraun;* Zustand: *Farben etwas verblaßt; stellenweise verschmutzt; Musterfäden zum Teil gelockert und ausgefallen; Goldfaden häufig ausgefallen;* Muster: *Auf weinrotem Grund sind aus Einzelblüten bestehende indische Palmetten verschiedener Größe in horizontaler Reihe auf Zwischenraum geordnet. Dazwischen befinden sich verschiedene, in horizontaler Reihe geordnete Streumotive.*

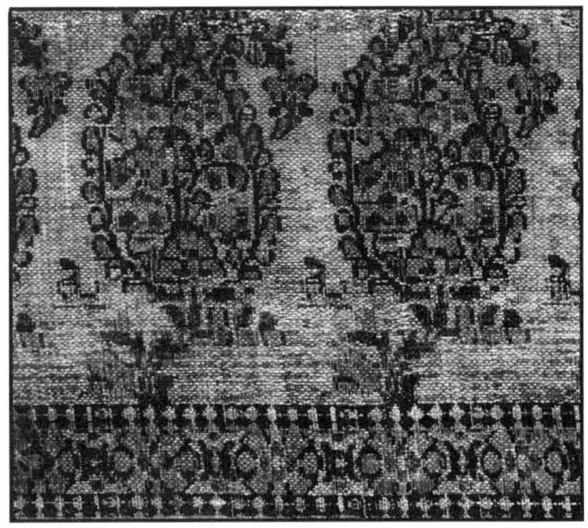

252 MVK Inv. Nr. WAS 107 Abb. 243
Seidenfragment
Iran: 17.–18. Jh.; 12,3×84 cm
Material: *Seide, Goldfaden mit Seidenseele;* Farben: *Gold (Goldgelb), Schwarz, Orange, Weiß, Lichtblau;* Zustand: *Stark gelockerte Musterstruktur; Musterfäden häufig ausgefallen; Farben ausgebleicht; Goldfaden häufig ausgefallen;* Muster: *Auf goldenem Grund liegen jeweils, aus einem Blütenzweig wachsend, aus lockeren Blütenranken gebildete indische Palmetten in einer Reihe nebeneinander. Nach unten wird das Fragment durch eine Blütenborte abgeschlossen.*

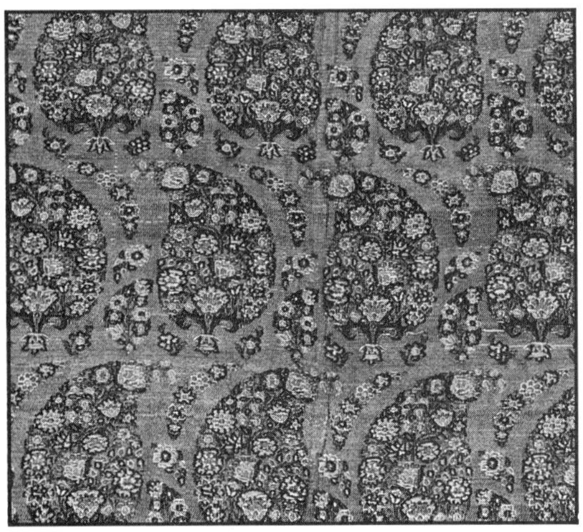

253 MKH Inv. Nr. 19748 Abb. 244
Seidenfragment
Iran: 17. Jh.; 33×30,5 cm
Material: *Seide, Goldfaden mit Seidenseele, Silberfaden mit Seidenseele;* Farben: *Gold, Silber, Tannengrün, Orange, Weiß, Kornblumenblau, Schwarz;* Zustand: *Gut erhalten, lediglich stellenweise etwas gelockerte Gewebestruktur; Metallfaden nicht ausgefallen;* Muster: *Auf goldenem Grund liegen, in Reihe auf Zwischenraum und mit zeilenweisem Richtungswechsel geordnet, indische Palmetten. Der Fond zwischen diesen Palmetten ist mit kleineren Palmetten und einzelnen floralen Streumotiven bedeckt.*

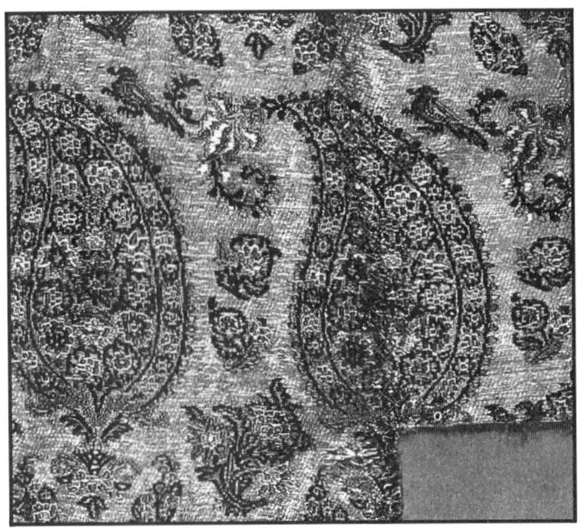

254 MKH Inv. Nr. 28420 Abb. 247
Seidenfragment
Iran: 17. Jh.; 24×15 cm
Material: *Seide, Goldfaden mit Seidenseele;* Farben: *Gold (Goldgelb), Mittelblau, kräftiges Orange, Weiß, Tannengrün, Dunkelbraun;* Zustand: *Aus vier Teilfragmenten zusammengenäht; etwas verschmutzt; Musterfäden sowie Goldfaden stellenweise ausgefallen oder gelockert;* Muster: *Auf goldenem Grund sind in Reihe auf Zwischenraum und mit zeilenweisem Richtungswechsel indische Palmetten geordnet. Der Fond zwischen ihnen ist mit verschiedenartigen einzelnen Blütenzweigen sowie einem kleinen Vogelmotiv bedeckt.*

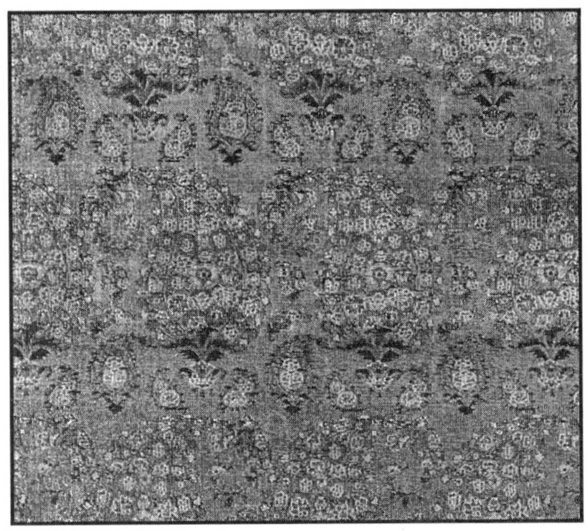

255 MKH Inv. Nr. 19826
Seidenfragment
Iran: 17.–18. Jh.; 29×49 cm
Material: *Seide, Metallfaden (Gold ?) mit Seidenseele;* Farben: *Gold (Goldgelb), Tannengrün, Weiß, Hellblau, kräftiges Orange;* Zustand: *Farben verblaßt; Metallfaden häufig ausgefallen;* Muster: *Auf goldgelbem Grund sind aus kleinen Einzelblüten bestehende indische Palmetten in Reihe auf Zwischenraum geordnet, wobei ein zeilenweiser Richtungswechsel der Palmetten erfolgt. Der Fond zwischen diesen Motiven ist mit kleineren indischen Palmetten unterschiedlicher Größe bedeckt.*

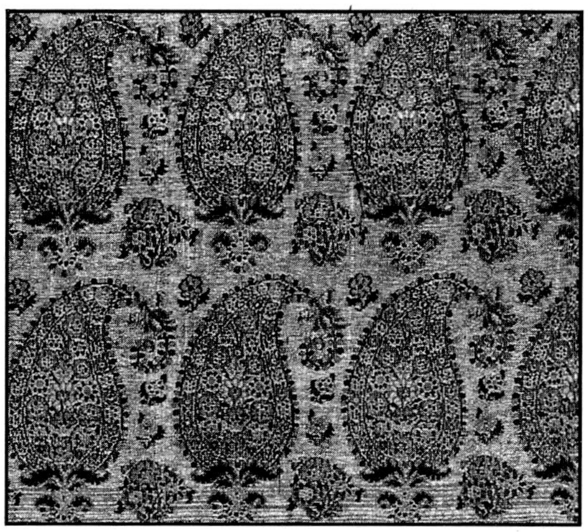

256 MKH Inv. Nr. 19740 Abb. 246
Seidenfragment
Iran: 17.–18. Jh.; 65×48 cm
Material: *Seide, Goldfaden mit Seidenseele;*
Farben: *Gold (Goldgelb), Tannengrün, Weiß, Mittelblau, kräftiges Orange, Hellbraun;* Zustand: *Goldfaden häufig ausgefallen; stellenweise verschmutzt; Farben etwas verblaßt;* Muster: *Auf goldgelbem Grund sind nach rechts gewandte indische Palmetten in Reihe auf Zwischenraum geordnet. Der Fond zwischen diesen Motiven ist mit kleinen Blütenbüscheln sowie Einzelblüten in gleichmäßiger Flächenfüllung bedeckt.*

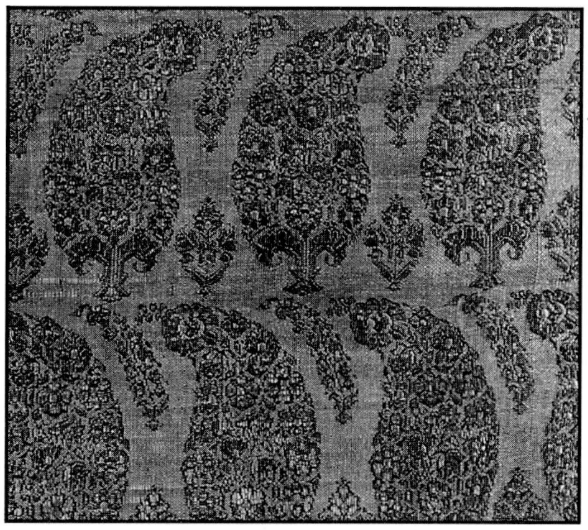

257 MKH Inv. Nr. 28421 Abb. 245
Seidenfragment
Iran: 17.–18. Jh.; 47×39,5 cm
Material: *Seide, Goldfaden mit Seidenseele;*
Farben: *Gold (Goldgelb), Lindgrün, Weiß, kräftiges Orange, Hellblau, Hellbraun;* Zustand: *Farben leicht verblaßt; Musterfäden gelockert und zum Teil ausgefallen; Goldfaden häufig ausgefallen; Gewebe stellenweie verschlissen; etwas verschmutzt; aus sieben Teilfragmenten dem Muster entsprechend zusammengenäht;* Muster: *Auf goldgelbem Grund sind aus Einzelblüten bestehende indische Palmetten in Reihe auf Zwischenraum und mit zeilenweisem Richtungswechsel geordnet. Seitlich zwischen den Palmetten befinden sich je zwei unterschiedliche, kleine Blütenstauden.*

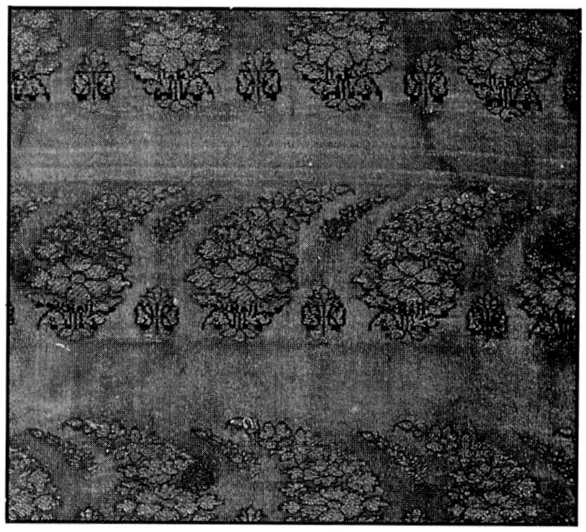

258 KGM Inv. Nr. 87,1023
Seidenfragment
Iran: 17.–18. Jh.; 28×28,5 cm
Material: *Seide, Goldfaden mit Seidenseele;*
Farben: *Rot, Gold, Schwarz, Grün;* Zustand: *Stellenweise etwas verschlissen und verschmutzt;*
Muster: *Auf rotem Fond sind langgezogene und spitzauslaufende indische Palmetten in Reihe auf Zwischenraum und mit zeilenweisem Richtungswechsel geordnet. Zwischen den einzelnen Motiven befinden sich jeweils zwei kleinere indische Palmetten. Diese wie auch die größeren Palmetten bestehen aus verschiedenartigen Einzelblüten. Der Freiraum zwischen den einzelnen Musterstreifen ist relativ groß.*

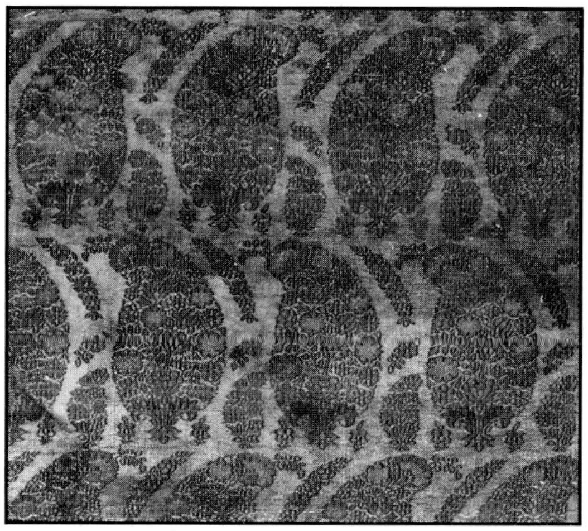

259 KGM Inv. Nr. 84,987 Abb. 248
Seidenfragment
Iran: 17.–18. Jh.; 23×58 cm
Material: *Seide, Goldfaden mit Seidenseele;*
Farben: *Gold (Goldgelb), Grün, Lachs, Hellblau, Silbergrau;* Zustand: *Goldfaden stark ausgefallen; stellenweise verschmutzt; Farben verblaßt;*
Muster: *Vor goldgelbem Grund sind indische Palmetten in dichter Folge reihenweise auf Zwischenraum geordnet, wobei ein zeilenweiser Richtungswechsel der Motive erfolgt. Die Palmetten setzen sich aus verschiedenartigen, kleinen Blüten zusammen. Der freie Raum zwischen diesen Motiven ist mit kleineren Palmetten gefüllt.*

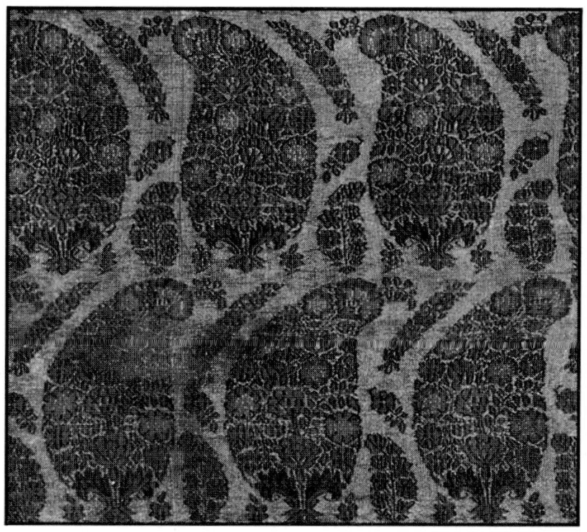

260 KGM Inv. Nr. 98,408 Abb. 249
Seidenfragment
Iran: 17.–18. Jh.; 18,5×56 cm
Material: *Seide, Goldfaden mit Seidenseele;*
Farben: *Gold (Goldgelb), Grün, Lachs, Hellblau, Silbergrau;* Zustand: *Goldfaden häufig ausgefallen; etwas verschmutzt; Farben verblaßt;*
Muster: Vgl. Kat. Nr. 259.

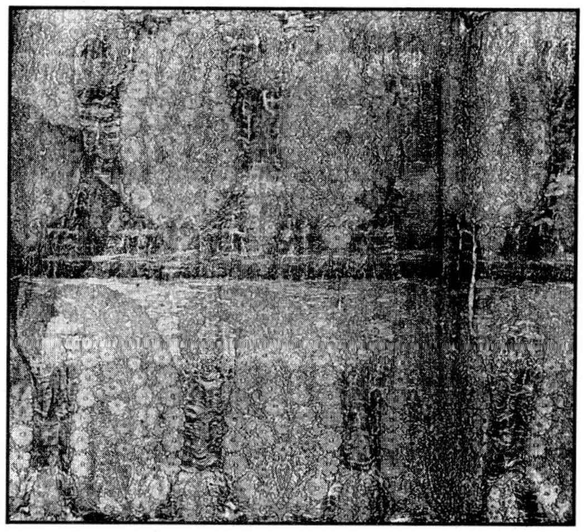

261 KGM Inv. Nr. 1978,151
Seidenfragment
Iran: 17.–18. Jh.; 36×58,3 cm
Material: *Seide, runder Silberfaden, Goldfaden mit Seidenseele;* Farben: *Silber, Gold (Goldgelb);*
Zustand: *Grundgewebe stark verschlissen; stellenweise verschmutzt; Goldfaden teilweise, Silberfaden stark ausgefallen;* Muster: *Auf silbernem Grund liegen indische Palmetten in Reihe auf Zwischenraum und mit zeilenweisem Richtungswechsel geordnet. Seitlich zwischen diesen Motiven liegt je eine kleine Palmette. Die Palmetten werden durch Blütenzweige gebildet, die aus einer Vase oder einer stark abstrahierten Blattpflanze mit Wurzel wachsen. Das Muster ist durchgehend in Gold gewebt und besitzt keine Umriß- oder Innenzeichnung.*

262 GM Inv. Nr. 223/20
Seidenfragment, mit rotem Wollstoff abgefüttert
Iran: 17.–18. Jh.; 30,5×33,3 cm
Material: *Seide, Goldfaden mit Seidenseele;*
Farben: *Ziegelrot, Gold (Goldgelb);* Zustand: *Goldfaden häufig ausgefallen; Gewebestruktur stellenweise etwas gelockert; etwas fleckig;* Muster: *Auf ziegelrotem Grund liegen zwei große indische Palmetten nebeneinander, die sich aus vielen locker nebeneinanderliegenden Einzelblüten und -blättern zusammensetzen und in ihrem Ansatz aus einem schalenartigen Gebilde wachsen. Der Fond zwischen ihnen ist jeweils mit zwei kleinen indischen Palmettmotiven gefüllt. Eingeschlossen wird die gesamte Musterfläche durch eine umlaufende Blütenborte.*

263 GM Inv. Nr. I.A. 674b
Seidenfragment
Iran: 17.–18. Jh.; 30×45 cm
Material: *Seide, Goldfaden mit Seidenseele;*
Farben: *Dunkelblau, Gold (Goldgelb), Lachs;*
Zustand: *Goldfaden zum Teil stark ausgefallen;*
Muster: *Auf blauem Fond liegen nebeneinander drei nach rechts gewandte indische Palmetten, die sich aus verschiedenartigen goldenen Einzelblüten und -blättern zusammensetzen. Der Fond zwischen ihnen ist jeweils mit zwei kleinen Palmettmotiven besetzt. Umschlossen wird das gesamte Motiv von einer angewebten, blütenrankenbesetzten Borte.*

264 GM Inv. Nr. I.A. 674c
Seidenfragment
Iran: 17.–18. Jh.; 37,5×49 cm
Material: *Seide, Goldfaden mit Seidenseele;*
Farben: *Dunkelblau, Gold (Goldgelb), Lachs;*
Zustand: *Goldfaden stark ausgefallen; Gewebestruktur vor allem in Kettrichtung erheblich gelokkert;* Muster: Vgl. Kat. Nr. 263. *Die Palmetten sind hier jedoch nach links gewandt. Auf Grund der gelockerten Gewebestruktur wurde das Muster etwas gereckt.*

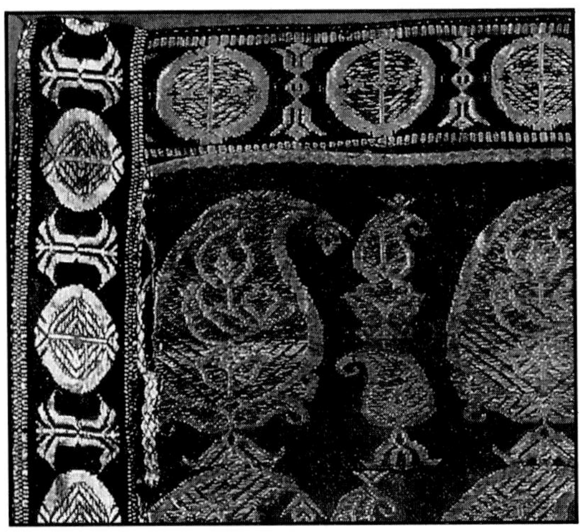

265 MVK Inv. Nr. WAS 142 Abb. 250
Kleine Decke mit angenähter Borte
Iran (?): 17.–18. Jh.; 27,5×29,3 cm
Material: *Seide, Goldfaden mit Seidenseele, Silberfaden mit Seidenseele;* Farben: *Dunkelblau, Orange, Gold (Goldgelb), Silber (Weiß), Hellblau;*
Zustand: *Gelockerte Gewebestruktur; Goldfaden zum Teil stark ausgefallen; Farben verblaßt; Silberfaden ausgefallen; aus zwei Musterstreifen zusammengenäht;* Muster: *Auf blauem Fond liegen unterschiedlich gestaltete indische Palmetten, in Reihen über- und nebeneinander geordnet. Umschlossen wird dieses Musterfeld von einer angenähten Borte, bei der auf ebenfalls blauem Fond eine Kreisscheibe und zwei stark stilisierte Glockenblüten immer im Wechsel nacheinander folgen.*

266 GM Inv. Nr. 225/20
Seidenfragment
Iran: 17.–18. Jh.; 67,5×34,7 cm
Material: *Seide, Goldfaden mit Seidenseele;*
Farben: *Weinrot, Gold (Goldgelb);* Zustand: *Gut erhalten; Goldfaden nur geringfügig ausgefallen; leicht verschmutzt; stellenweise Goldfaden etwas gelockert; aus fünf Fragmenten dem Muster entsprechend zusammengenäht;* Muster: *Auf weinrotem Fond liegen goldene indische Palmetten, die in horizontalen Reihen jeweils leicht versetzt und mit zeilenweisem Richtungswechsel geordnet sind. Seitlich zwischen den einzelnen Motiven liegen übereinander immer zwei kleinere, in unterschiedliche Richtung gewandte indische Palmetten. Der noch verbleibende freie Raum ist gleichmäßig mit kleinen goldenen Füllmotiven bedeckt.*

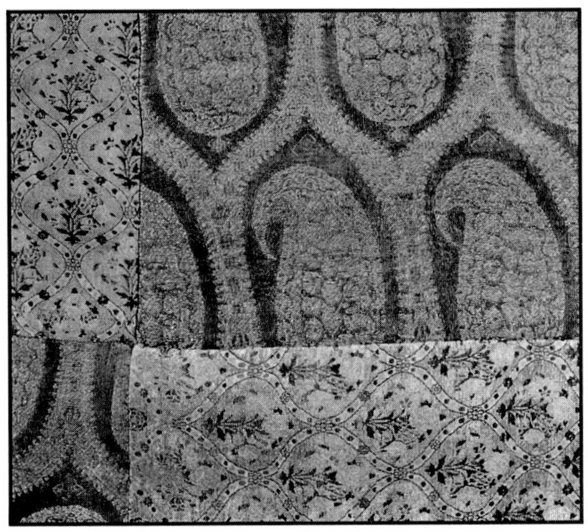

267 KGM Inv. Nr. 1971,161 Abb. 251
Seidenfragment
Iran: Anfang 18. Jh.; 62×40 cm
Material: *Seide, Goldfaden mit Seidenseele;*
Farben: *Dunkelblau, Gold (Goldgelb), Ziegelrot, Grün;* Zustand: *Gut erhalten; Goldfaden stellenweise etwas ausgefallen;* Muster: *Auf dunkelblauem Fond liegen indische Palmetten in Reihe auf Zwischenraum und mit zeilenweisem Richtungswechsel geordnet. Von der den Grund wabenartig überziehenden Blütenranke wird je eine Palmette umschlossen.*

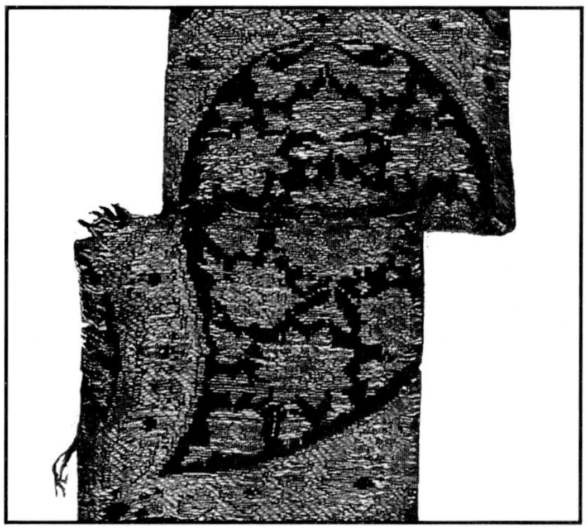

268 MKH Inv. Nr. 14912 Abb. 255
Seidenfragment
Iran: 17.–18. Jh.; 13,5×7,5 cm
Material: *Seide, Goldfaden mit Seidenseele;*
Farben: *Gold (Goldgelb), Marineblau, kräftiges Orange;* Zustand: *Goldfaden häufig ausgefallen; Gewebe etwas verschlissen; aus zwei Gewebefragmenten dem Muster entsprechend zusammengenäht;* Muster: *Darstellung einer einzelnen indischen Palmette, die von einem blütenbesetzten Band umschlossen wird und aus einer Blütenstaude mit unterschiedlichen Blüten besteht. Auf Grund der geringen Größe der Gewebefragmente ist die Palmette nicht vollständig darauf enthalten. Im System ist das Muster an das vorhergehende Fragment anzuschließen.*

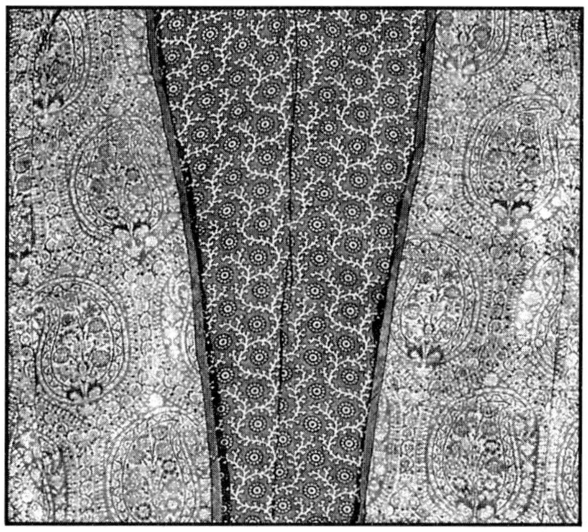

269 MVK Inv. Nr. WAS 65 Abb. 252
Herrenjacke
Iran (?): 17.–18. Jh.; 53,5×52,5 cm
Ärmellänge: 61,0 cm
Material: *Seide, Goldfaden mit Seidenseele;*
Farben: *Gold (Goldgelb), Orange, Mittelblau, Weiß;* Zustand: *Stellenweise verschlissen; vor allem an den Ärmeln abgewetzt; Farben ausgebleicht; orangefarbener Musterfaden zum Teil, Goldfaden stark ausgefallen;* Muster: *Eine Blütenranke bildet ein ogivales Feldsystem, in dem indische Palmetten jeweils in Reihe auf Zwischenraum mit zeilenweisem Richtungswechsel geordnet sind. Die Palmetten selbst sowie die sie umgebende Fläche sind mit verschiedenartigen, stark stilisierten Blüten geschmückt.*

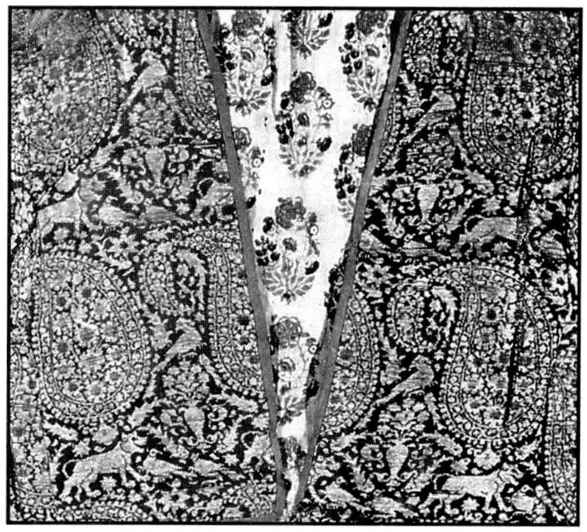

270 MVK Inv. Nr. WAS 62 Abb. 253
Herrenjacke
Iran: (?): 17.–18. Jh.; 52×43 cm
Ärmellänge: 65,0 cm
Material: *Seide, Goldfaden mit Seidenseele;*
Farben: *Pariser Blau, Gold (Goldgelb), Mittelblau, Orange;* Zustand: *Gewebe schon recht brüchig, zum Teil verschlissen; Goldfaden stark ausgefallen; Farben ausgebleicht; etwas verschmutzt;* Muster: *Auf dunkelblauem Grund sind indische Palmetten in Reihen über- und nebeneinander geordnet, wobei kein Richtungswechsel erfolgt. Der verbleibende freie Raum zwischen diesen Motiven ist mit verschiedenen Tierfiguren, kleinen indischen Palmettmotiven sowie Vasen mit Blütenbuketts geschmückt.*

271 KGM Inv. Nr. 84,991
Seidenfragment
Iran (?): 17.–18. Jh.; 31×58,5 cm
Material: *Seide, Goldfaden mit Seidenseele;*
Farben: *Pariser Blau, Gold (Goldgelb), Mittelblau, Orange;* Zustand: *Goldfaden stellenweise ausgefallen; sonst gut erhalten;* Muster: Vgl. Kat. Nr. 270.

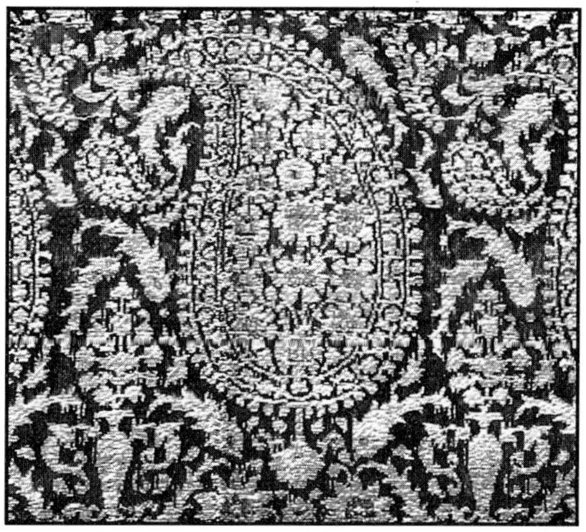

272 MVK Inv. Nr. WAS 113 Abb. 254
Seidenfragment
Iran (?): 17.–18. Jh.; 15,8×90,5 cm
Material: *Seide, Goldfaden mit Seidenseele;*
Farben: *Pariser Blau, Gold (Goldgelb), Mittelblau, Orange;* Zustand: *Farben ausgebleicht; Goldfaden häufig ausgefallen; Musterfäden stellenweise ausgefallen bzw. abgewetzt; verschmutzt;* Muster: Vgl. Kat. Nr. 270.

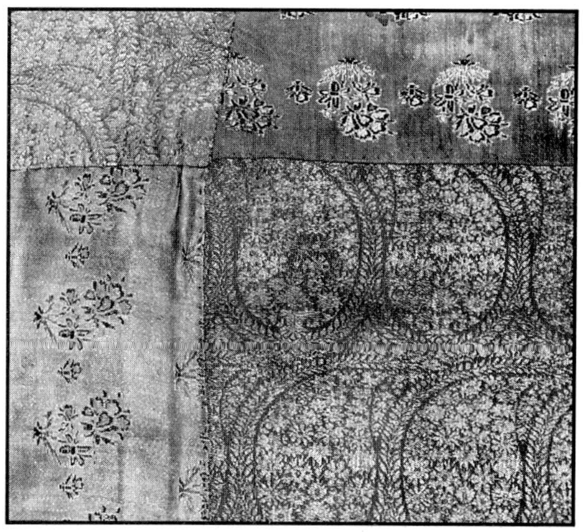

273 KGM Inv. Nr. 1980,96 Abb. 257
Decke, aus zwei verschiedenen Stoffen zusammengenäht
Iran: 17.–18. Jh.; 64,5×75 cm
Material: *Seide, Goldfaden mit Seidenseele;*
Farben: *Hellblau, Ziegelrot, Gold (Goldgelb);*
Zustand: *Stellenweise fleckig, sonst gut erhalten;*
Muster: *Auf hellblauem Fond sind in Reihe auf Zwischenraum und mit zeilenweisem Richtungswechsel indische Palmetten geordnet. Der verbleibende Raum zwischen ihnen ist mit kleinem Blüten- und Blattwerk in dichter Flächenfüllung bedeckt.*

274 KGM Inv. Nr. 84,990 Abb. 256
Seidenfragment
Iran: 17.–18. Jh.; 40×30 cm
Material: *Seide, Silberfaden mit Seidenseele;*
Farben: *Silber, Dunkelblau;* Zustand: *Gut erhalten;* Muster: *Der dunkelblaue Grund wird von indischen Palmetten aus Einzelblüten, die in Reihe auf Zwischenraum und mit zeilenweisem Richtungswechsel geordnet sind, sowie von zwischen diesen Motiven liegenden, kleineren Palmetten und Blütenranken dicht und in gleichmäßiger Flächenfüllung bedeckt.*

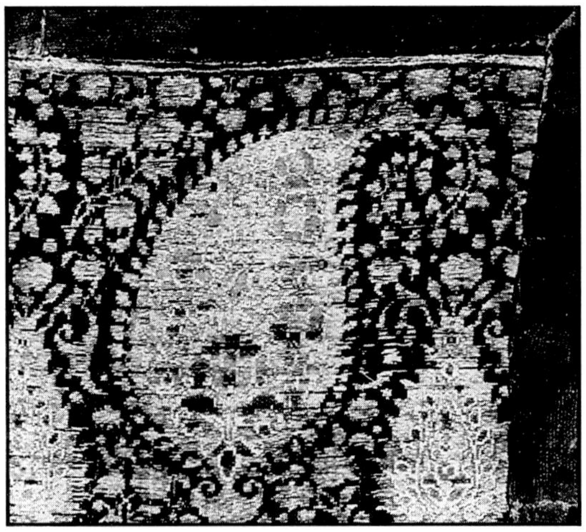

275 MVK Inv. Nr. WAS 234 Abb. 261
Kleine Tasche (Kuvert) mit einem angenähten Samtstreifen
Iran: 17.–18. Jh.; 30,3×19,9 cm
Material: *Seide, Goldfaden mit Seidenseele;*
Farben: *Brillantblau, Gold (Goldgelb), Weiß, Orange, Hellblau, Grasgrün;* Zustand: *Gelockerte Gewebestruktur; Musterfäden stellenweise ausgefallen; Goldfaden stark ausgefallen; Farben ausgebleicht; etwas verschmutzt;* Muster: *Auf blauem Fond liegen, in Reihe auf Zwischenraum und mit zeilenweisem Richtungswechsel geordnet, indische Palmetten, in deren Innenfeld auf goldenem Grund ein Blütenzweig aus verschiedenartigen Motiven liegt. Der Fond zwischen den Palmetten ist jeweils mit kleineren, pinienförmigen Gebilden bedeckt. Die restliche Fläche schmücken einfarbig goldene Blüten und Blattranken in lockerer Flächenfüllung.*

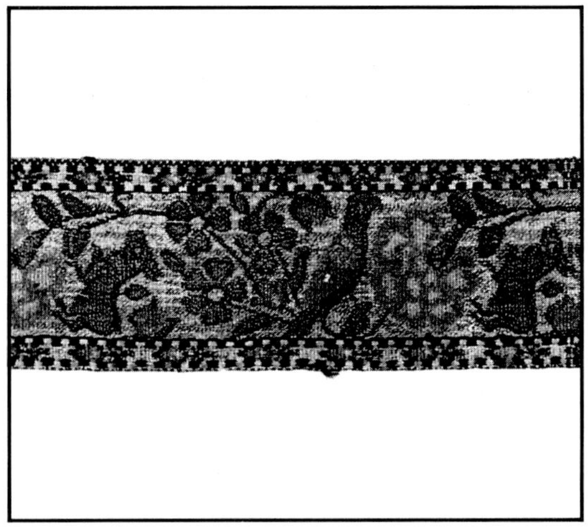

276 KGM Inv. Nr. 1978,349 Abb. 258.1
Seidenstreifenfragment
Iran: 18. Jh.; 5,4×27,3 cm
Material: *Seide, Metallfaden mit Seidenseele;*
Farben: *Gelb (Metallumwicklung), Blau, Altrosa, Rosa (zwei Schattierungen), Schwarz, Weiß;* Zustand: *Metallfaden stark, Musterschuß stellenweise ausgefallen; Farben verblaßt;* Muster: *Auf goldgelbem Fond liegt eine wellenförmig geschwungene Blütenranke mit immer im Wechsel aufeinander folgenden zwischengesetzten Tiermotiven (Vogel und Esel ?).*

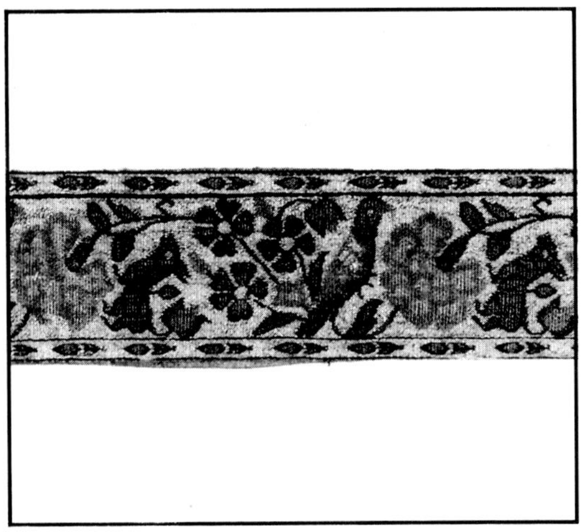

277 KGM Inv. Nr. 1978,350 Abb. 258.2
Seidenstreifenfragment
Iran: 18. Jh.; 5,3×25,4 cm
Material: *Seide, Goldfaden mit Seidenseele;*
Farben: *Gold (Goldgelb), Blau, Altrosa, Rosa (zwei Schattierungen), Schwarz, Grasgrün;*
Zustand: *Goldfaden stark, Musterfäden stellenweise ausgefallen; rosa Farbschattierungen etwas verblaßt;* Muster: Vgl. Kat. Nr. 276.

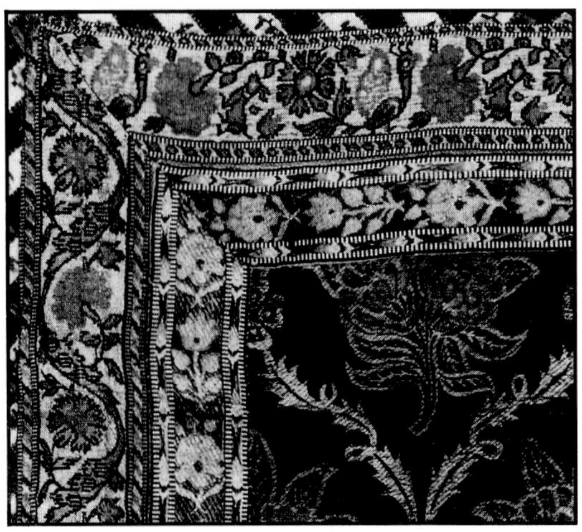

278 KGM Inv. Nr. 1978,104 Abb. 57
Bortenstreifen, um eine kleine Decke genäht; vgl. Kat. Nr. 39
Iran: 17. Jh.;
Material: *Seide, Metallfaden mit Seidenseele;*
Farben: *Goldgelb, Grün, Grau, Braun, Lachs (zwei Schattierungen);* Zustand: *Metallfaden stark ausgefallen; sonst gut erhalten;* Muster: *Auf goldgelbem Fond liegen wellenförmig geschwungene Blütenranken in naturnaher, lockerer Zeichnung sowie mit zum Teil zwischengesetzten kleinen Tierfiguren.*

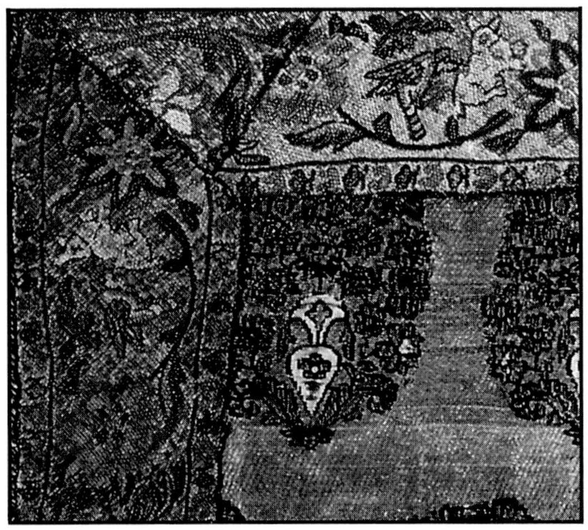

279 GM Inv. Nr. 239/20
Bortenstreifen, an ein Seidenfragment genäht; vgl. Kat. Nr. 104
Iran: 2. Hälfte 17. Jh.
Material: *Seide, Goldfaden mit Seidenseele;*
Farben: *Gold (Goldgelb), Weiß, Brillantblau, Tannengrün, Altrosa, Rosa, Hellbraun, Hellblau, Gelbgrün;* Zustand: *Goldfaden häufig, Musterfäden stellenweise etwas ausgefallen; Farben ausgebleicht; leicht verschmutzt;* Muster: *Zwischen zwei schmalen Begleitstreifen liegen auf goldenem Grund Blütenzweige nebeneinander, die aus einem kleinen, stilisierten Bergmotiv wachsen und zwischen die immer ein Greifvogel, eine Gazelle schlagend, gesetzt wurde (vgl. Abb. 235).*

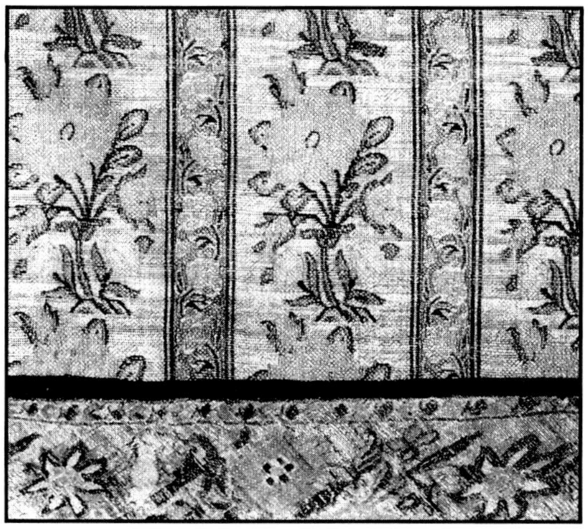

280 MVK Inv. Nr. WAS 108 Abb. 116
Bortenstreifen, an ein Seidenfragment genäht; vgl. Kat. Nr. 103
Iran: 2. Hälfte 17. Jh.
Material: *Seide, Goldfaden mit Seidenseele;* Farben: *Gold (Goldgelb), Weiß, Brillantblau, Tannengrün, Altrosa, Rosa, Hellbraun, Hellblau, Gelbgrün;* Zustand: *Goldfaden häufig ausgefallen; Farben ausgebleicht; stellenweise etwas abgeschabt und verschmutzt;* Muster: Vgl. Kat. Nr. 279.

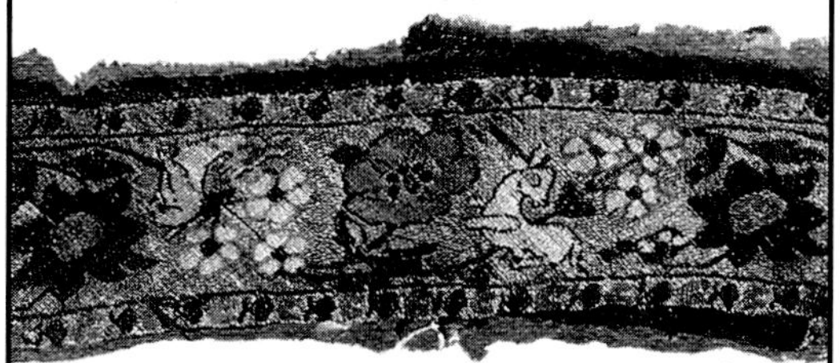

281 MVK Inv. Nr. WAS 104a Abb. 259
Seidenstreifenfragment
Iran: 17. Jh.; 4,2×13,8 cm
Material: *Seide, Goldfaden mit Seidenseele;* Farben: *Gold (Goldgelb), Brillantblau, Weiß, Orange, Altrosa, Mittelbraun, Tannengrün, Gelbgrün;* Zustand: *Gelockerte Gewebestruktur; Goldfaden häufig, Musterfäden etwas ausgefallen; Farben stark ausgebleicht;* Muster: *Auf goldgelbem Fond liegt eine wellenförmig geschwungene Blütenranke mit zwischengesetzten kleinen Tierfiguren (Esel ?).*

282 MVK Inv. Nr. WAS 104b
Zwei im rechten Winkel zusammengenähte Bortenstreifen
Iran: 17. Jh.; 19×11 cm
Breite der Streifen: 4,5 cm
Material: *Seide, Goldfaden mit Seidenseele;* Farben: *Gold (Goldgelb), Brillantblau, Weiß, Orange, Altrosa, Mittelbraun, Tannengrün, Gelbgrün;* Zustand: *Gelockerte Gewebestruktur; Goldfaden häufig, Musterfäden zum Teil ausgefallen; Farben teilweise etwas verblaßt;* Muster: Vgl. Kat. Nr. 281.

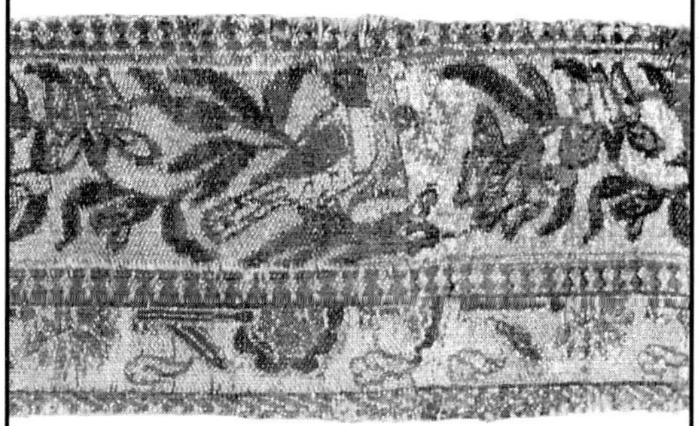

283 KGM Inv. Nr. 1978,335 Abb. 258.3
Seidenstreifenfragment
Iran: 17. Jh.; 5,3×28,7 cm
Material: *Seide, Goldfaden mit Seidenseele, Silberfaden mit Seidenseele;* Farben: *Gold (Goldgelb), Silber (Silberweiß), Rosa (zwei Schattierungen), Altrosa, Grasgrün, Grau (zwei Schattierungen), Schwarz;* Zustand: *Stellenweise verschlissen; aus sieben Teilen zusammengenäht; Goldfaden stark, Silberfaden fast völlig ausgefallen; Farben verblaßt;* Muster: *Auf goldgelbem Fond liegen nebeneinander geschwungene Nelken- und Schwertlilienzweige, die jeweils aus einem stilisierten Bergmotiv wachsen, auf dem ein rückwärts blickender Vogel steht.*

284 MVK Inv. Nr. WAS 120a
Seidenstreifenfragment
Iran: 17. Jh.; 4×49 cm
Material: *Seide, Goldfaden mit Seidenseele, Silberfaden mit Seidenseele;* Farben: *Gold (Goldgelb), Silber (Weiß), Lichtblau, Hellblau, Lindgrün, Gelbgrün, Hellgrau, Orange, Altrosa, Rosa;* Zustand: *Stark verschlissen; Gold- und Silberfäden häufig, Musterfäden stellenweise ausgefallen; Farben ausgebleicht;* Muster: *Auf goldgelbem Fond liegt eine wellenförmig geschwungene Blütenranke, zwischen die zwei unterschiedlich gestaltete Papageien, im Wechsel aufeinander folgend, gesetzt wurden.*

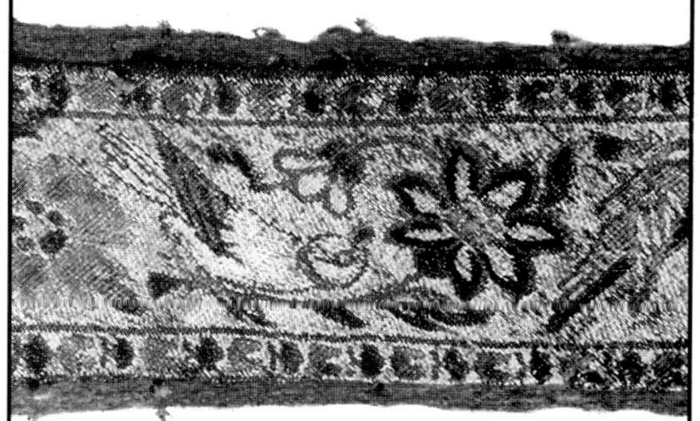

285 MVK Inv. Nr. WAS 120b Abb. 260
Seidenstreifenfragment
Iran: 17. Jh.; 4×21,5 cm
Material: *Seide, Goldfaden mit Seidenseele, Silberfaden mit Seidenseele;* Farben: *Gold (Goldgelb), Silber (Weiß), Lichtblau, Hellblau, Lindgrün, Gelbgrün, Hellgrau, Orange, Altrosa, Rosa;* Zustand: *Gold- und Silberfäden häufig, Musterfäden geringfügig ausgefallen; Farben verblaßt; etwas verschlissen;* Muster: Vgl. Kat. Nr. 284.

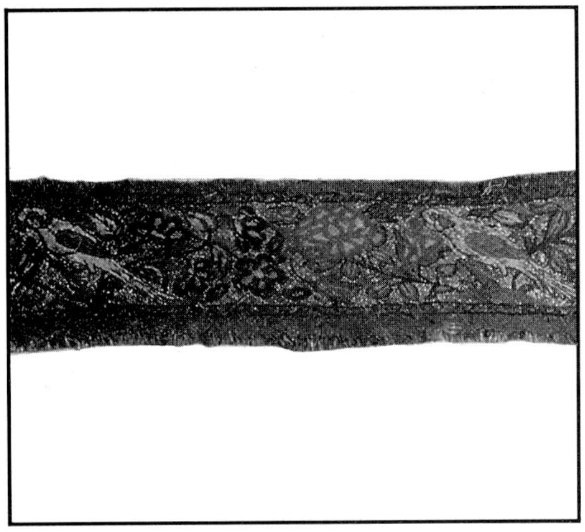

286 KGM Inv. Nr. 1978,333 Abb. 262.1
Seidenstreifenfragment
Iran: 17. Jh.; 4×18,2 cm
Material: *Seide, Goldstreifen, Silberfaden mit Seidenseele;* Farben: *Grasgrün, Gelbgrün, Altrosa, Rosa (zwei Schattierungen), Gold, Silber (Silberweiß), Mittelblau, Hellblau, Grau; Zustand: Goldfaden stark, Silberfaden häufig ausgefallen; Farben etwas verblaßt; verschlissen;* Muster: *Auf grünem Fond liegt ein ehemals goldgrundiger Musterstreifen, in dem, immer nebeneinander liegend, auf stilisiertem Berg jeweils ein knorriger Ast und zwei leicht geschwungene Blütenzweige wachsen. Auf dem Ast sitzt ein, im Verhältnis zur übrigen Musterung betrachtet, großer Vogel.*

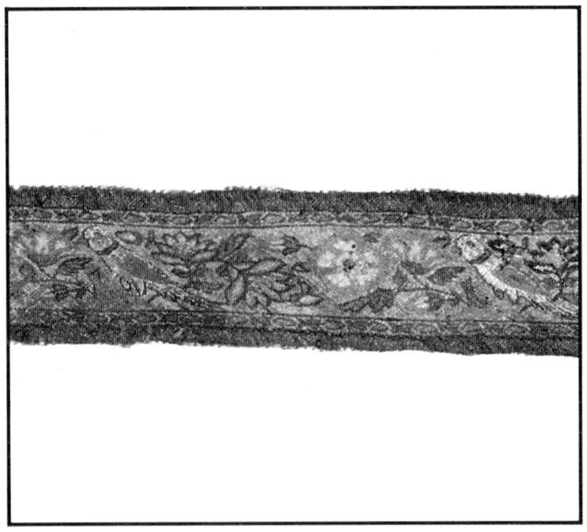

287 KGM Inv. Nr. 1971,90 Abb. 263.1
Seidenstreifenfragment
Iran: 17. Jh.; 3,8×9,6 cm
Material: *Seide, Goldfaden mit Seidenseele;* Farben: *Gold (Goldgelb), Rot, Silbergrau, Grün, Gelb, Blau, Braun;* Zustand: *Goldfaden stellenweise ausgefallen; Farben ausgebleicht;* Muster: *Vor goldbroschiertem Fond sitzt auf einem stilisierten Berg ein Vogel mit Halsband, wobei beiderseits des Tieres jeweils ein Blütenzweig aus dem Boden wächst. Diese Motivgruppe wurde in horizontaler Reihe nacheinander geordnet.*

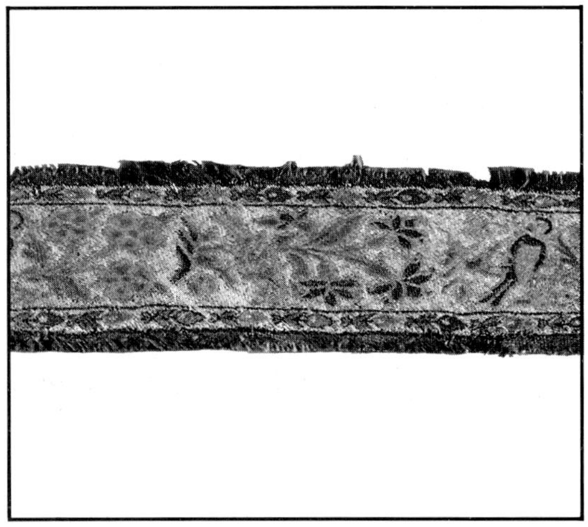

288 MKH Inv. Nr. 23753 Abb. 263.2
Seidenstreifenfragment
Iran: 17. Jh.; 4,5×41 cm
Material: *Seide, Goldfaden mit Seidenseele;* Farben: *Gold, Grün, Blau, Creme, Lachs, Gelb;* Zustand: *Farben ausgebleicht; Goldfaden stark, Musterfäden stellenweise etwas ausgefallen;* Muster: *Von zwei schmalen Begleitstreifen begrenzt, liegen auf goldgelbem Grund im Wechsel zwei Blütenstauden übereinander, die die gesamte Bandbreite einnehmen und in denen je ein Papageienvogel sitzt.*

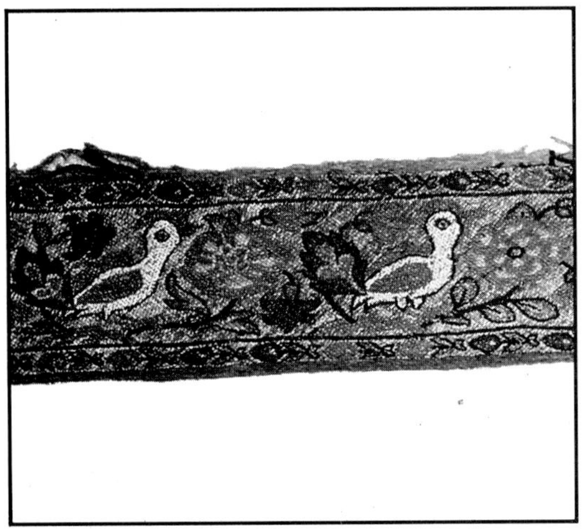

289 MVK Inv. Nr. WAS 105 Abb. 263.3
Seidenstreifenfragment
Iran: 17. Jh.; 4,1×37,4 cm
Material: *Seide, Goldfaden mit Seidenseele, Silberfaden mit Seidenseele;* Farben: *Gold (Goldgelb), Silber (Weiß), Lichtblau, Lindgrün, Gelbgrün, Altrosa, Rosa (zwei Schattierungen);* Zustand: *Gold- und Silberfäden häufig ausgefallen;* Muster: *Zwischen zwei schmalen Begleitstreifen liegen auf goldgelbem Grund, in einer Reihe nebeneinander geordnet, stark stilisierte Bergmotive, aus denen jeweils zwei geschwungene Blütenzweige wachsen. Zwischen letzteren sitzt ein hahnartiger Vogel.*

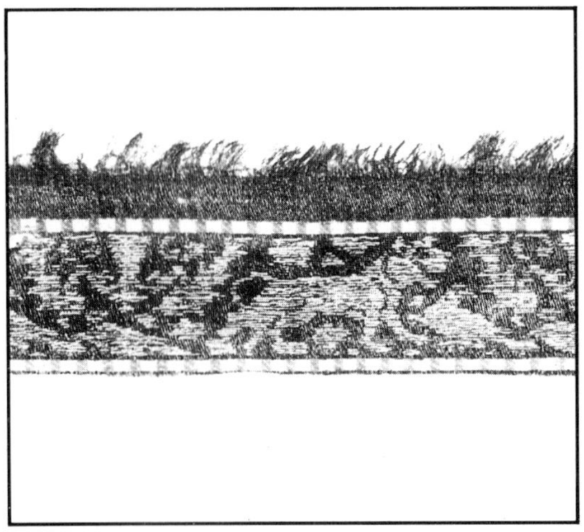

290 KGM Inv. Nr. 1978,354 Abb. 263.4
Seidenstreifenfragment
Iran: 17.–18. Jh.; 5,3×38 cm
Material: *Seide, Goldfaden mit Seidenseele;* Farben: *Blau, Graphit, Gold (Goldgelb), Weiß, Zinnoberrot;* Zustand: *Stark verschlissen; Goldfaden häufig, Musterfäden teilweise ausgefallen;* Muster: *Zwischen zwei rot-weißen Begleitstreifen liegt auf blauem Fond ein Musterfries, aus verschiedenartigen Tierfiguren. Zu diesem Muster* vgl. auch Kat. Nr. 270; 271 und 272.

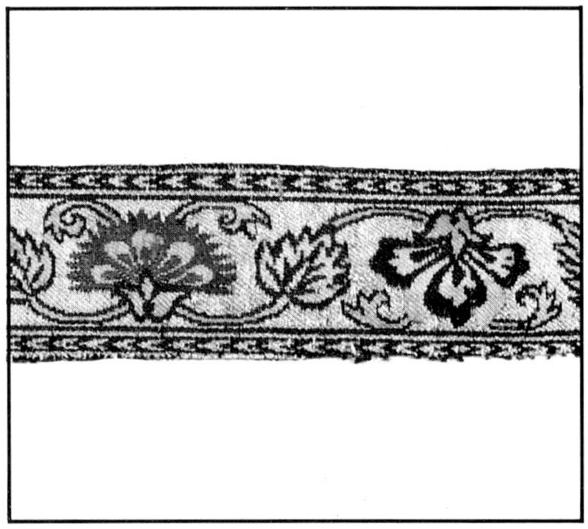

291 KGM Inv. Nr. 1978,329 Abb. 262.2
Seidenstreifenfragment
Iran: 1. Hälfte 17. Jh.; 4,5×22 cm
Material: *Seide, Silberfaden mit Seidenseele;* Farben: *Silber (Silberweiß), Flaschengrün, Blau, Hellgrün, Lachs, Weinrot;* Zustand: *Silberfaden stark ausgefallen; stellenweise beginnende Verschleißerscheinungen; aus zwei Fragmenten entsprechend dem Muster zusammengenäht;* Muster: *Zwei schmale Begleitstreifen schließen einen silbernen Musterstreifen mit wellenartig geschwungener Blütenranke ein. Zu dieser Borte* vgl. Kat. Nr. 33.

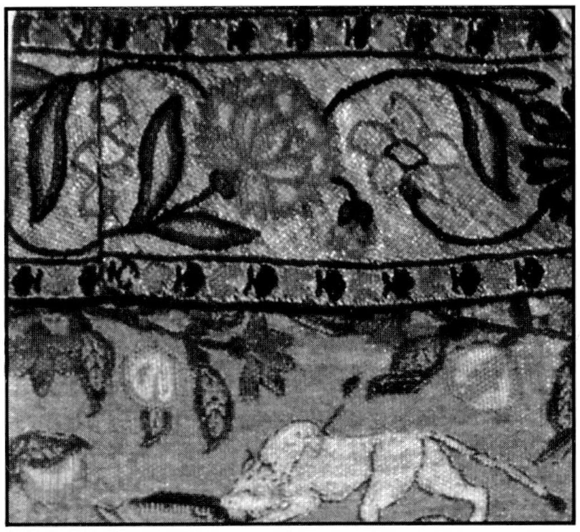

292 MVK Inv. Nr. WAS 261 Abb. 45
Bortenstreifen, an einen kleinen Beutel genäht; vgl. Kat. Nr. 21
Iran: 1. Hälfte 17. Jh. (?)
Material: *Seide, Goldfaden mit Seidenseele, Silberfaden mit Seidenseele;* Farben: *Gold (Goldgelb), Silber (Weiß), Altrosa, Rosa (zwei Schattierungen), Brillantblau, Hellblau, Grün, Gelbgrün, Schwarz;* Zustand: *Sehr gut erhalten;* Muster: *Von zwei schmalen Begleitstreifen begrenzt, liegt auf goldenem Grund eine wellenförmig geschwungene Blütenranke.*

293 MVK Inv. Nr. WAS 230
Bortenstreifen, an eine kleine Tasche (Kuvert) genäht; vgl. Kat. Nr. 68
Iran: 1. Hälfte 17. Jh. (?)
Material: *Seide, Goldfaden mit Seidenseele, Silberfaden mit Seidenseele;* Farben: *Gold (Goldgelb), Silber (Weiß), Altrosa, Rosa (zwei Schattierungen), Brillantblau, Hellblau, Grün, Gelbgrün, Schwarz;* Zustand: *Gut erhalten; Silberfaden jedoch stark ausgefallen;* Muster: Vgl. Kat. Nr. 292.

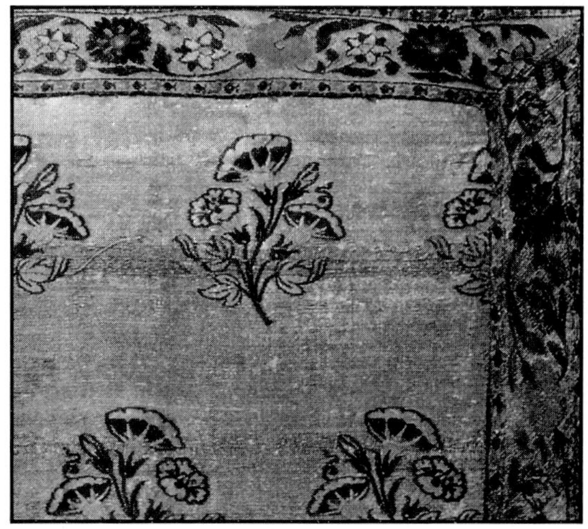

294 KGM Inv. Nr. 1971,228 Abb. 85
Bortenstreifen, um eine kleine Decke genäht; vgl. Kat. Nr. 70
Iran: 17. Jh.
Material: *Seide, Goldfaden mit Seidenseele;* Farben: *Gold (Goldgelb), Rosa (zwei Schattierungen), Weiß, Lichtblau, Hellblau, Grün, Gelbgrün, Mittelbraun;* Zustand: *Goldfaden sehr stark ausgefallen; verschlissen; Gewebestruktur zum Teil gelockert;* Muster: *Zwischen zwei schmalen Begleitstreifen liegt auf goldgelbem Grund eine wellenförmig geschwungene Blütenranke.*

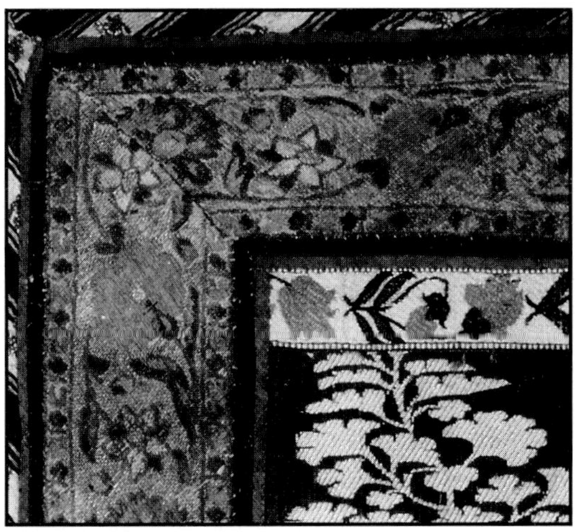

295 KGM Inv. Nr. 1978,109 Abb. 186
Bortenstreifen, um eine kleine Decke genäht; vgl. Kat. Nr. 182
Iran: 17. Jh.;
Material: *Seide, Goldfaden mit Seidenseele, Silberfaden mit Seidenseele;* Farben: *Gold (Goldgelb), Mittelgrün, Lindgrün, Mittelblau, Silber (Weiß), Rosa (zwei Schattierungen), Braun;* Zustand: *Farben ausgebleicht; Gold- und Silberfäden stellenweise ausgefallen;* Muster: *Zwischen zwei schmalen Begleitstreifen liegt auf goldgelbem Grund eine wellenförmig geschwungene Blütenranke.*

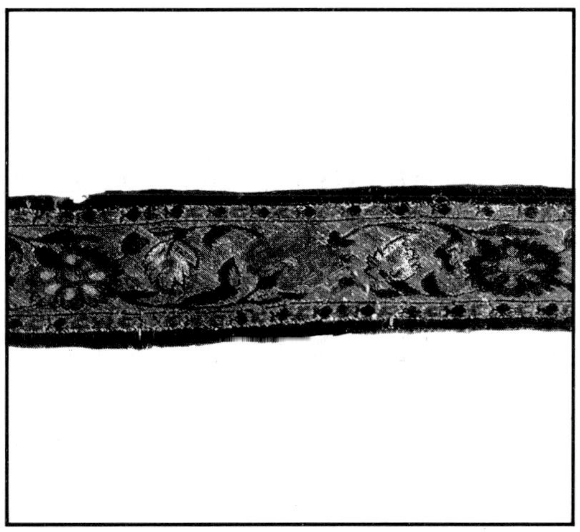

296 MKH Inv. Nr. 23755 Abb. 264.1
Seidenstreifenfragment
Iran: 17. Jh.; 3,5×45 cm
Material: *Seide, Goldfaden mit Seidenseele;* Farben: *Gold (Goldgelb), Grün, Lindgrün, Blau, Hellblau, Rosa (zwei Schattierungen), Creme;* Zustand: *Gut erhalten; Goldfaden etwas ausgefallen;* Muster: *Zwischen zwei schmalen Begleitstreifen liegt auf goldgelbem Grund eine wellenförmig geschwungene Blütenranke.*

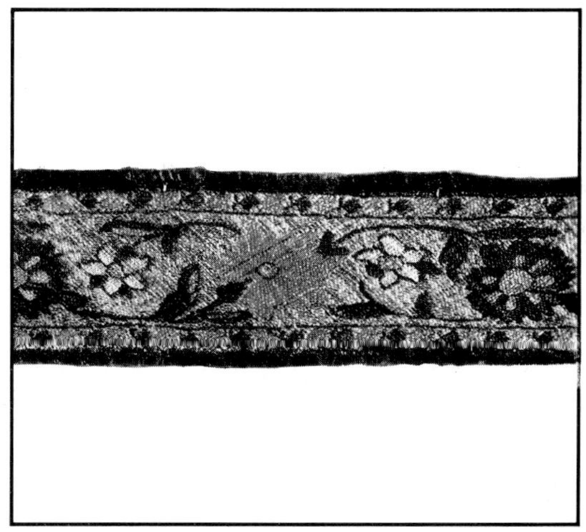

297 MKH Inv. Nr. 23756 Abb. 264.2
Seidenstreifenfragment
Iran: 17. Jh.; 4,5×69 cm
Material: *Seide, Goldfaden mit Seidenseele;* Farben: *Gold (Goldgelb), Grün, Lindgrün, Blau, Hellblau, Rosa (zwei Schattierungen);* Zustand: *Goldfaden sowie Musterfäden stellenweise ausgefallen;* Muster: *Zwischen zwei schmalen Begleitstreifen liegt auf goldgelbem Grund eine wellenförmig geschwungene Blütenranke.*

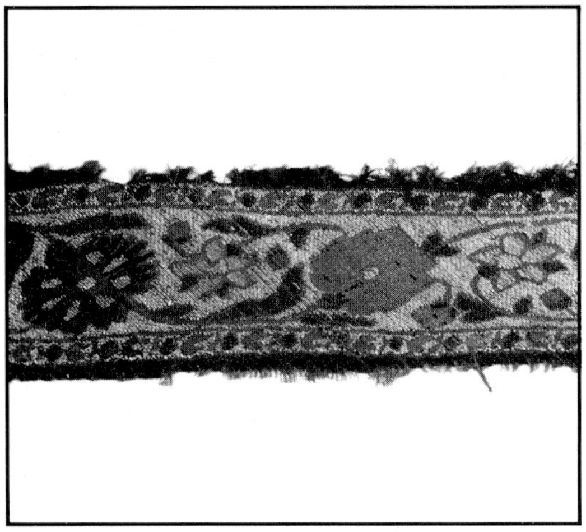

298 KGM Inv. Nr. 1978,343 Abb. 264.3
Seidenstreifenfragment
Iran: 17. Jh.; 4,7×34,7 cm
Material: *Seide, Goldfaden mit Seidenseele;* Farben: *Goldgelb (Gold), Brillantblau, Hellblau, Graubraun, Altrosa, Rosa, Flaschengrün, Hellgrau;* Zustand: *Goldfaden sehr stark, Musterfäden stellenweise etwas ausgefallen; Farben ausgebleicht; Grundgewebe stellenweise etwas gelockert;* Muster: *Zwischen zwei schmalen Begleitstreifen liegt auf goldgelbem Grund eine wellenförmig geschwungene Blütenranke.*

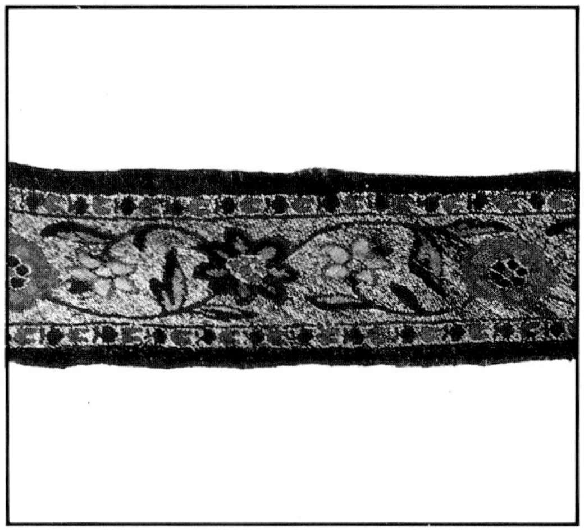

299 KGM Inv. Nr. 1978,339 Abb. 264.4
Seidenstreifenfragment
Iran: 17. Jh.; 4,9×30,7 cm
Material: *Seide, Silberfaden mit Seidenseele;* Farben: *Silber (Silberweiß), Grasgrün, Gelbgrün, Altrosa, Rosa (zwei Schattierungen), Gelb, Graubraun;* Zustand: *Silberfaden stark ausgefallen; leicht verschmutzt; Farben etwas verblaßt; an einigen Stellen Musterfäden ausgefallen (vor allem Konturen);* Muster: *Zwischen zwei schmalen Begleitstreifen liegt auf silbergrauem Grund eine wellenförmig geschwungene Blütenranke.*

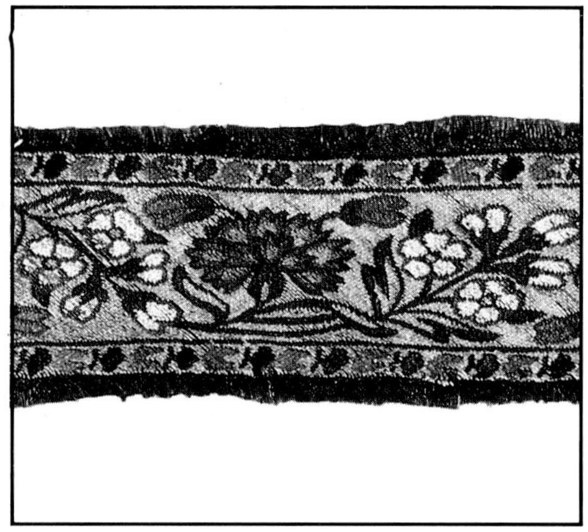

300 KGM Inv. Nr. 1978,337 Abb. 265
Seidenstreifenfragment
Iran: 17. Jh.; 5,5×20 cm
Material: *Seide, Goldfaden mit Seidenseele, Silberfaden mit Seidenseele;* Farben: *Gold (Goldgelb), Silber (Silberweiß), Rosa, Altrosa, Mittelblau, Grasgrün, Mittelbraun, Grau (zwei Schattierungen);* Zustand: *Gold- und Silberfäden fast völlig ausgefallen; Farben verblaßt;* Muster: *Zwischen zwei schmalen Begleitstreifen liegt auf goldgelbem Grund eine wellenförmig geschwungene Blütenranke.*

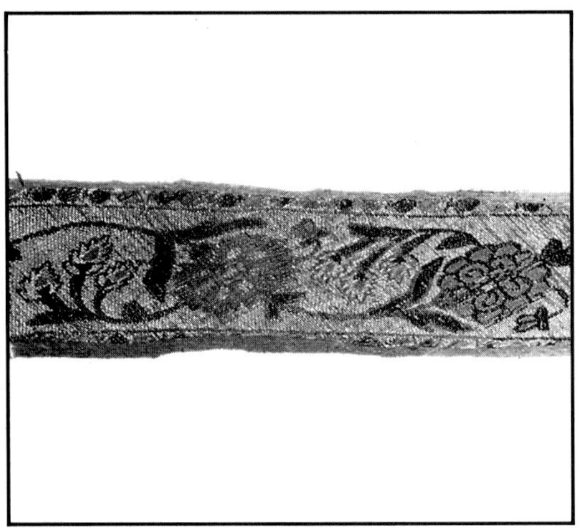

301 MVK Inv. Nr. WAS 117 Abb. 264.5
Seidenstreifenfragment
Iran: 17. Jh.; 4,1×94,5 cm
Material: *Seide, Goldfaden mit Seidenseele;* Farben: *Gold (Goldgelb), Ziegelrot, Brillantblau, Tannengrün, Hellgrau, Weiß, Mittelbraun;* Zustand: *Goldfaden sehr stark, Musterfäden stellenweise ausgefallen; Farben leicht verblaßt;* Muster: *Zwischen zwei schmalen Begleitstreifen liegt auf goldgelbem Grund eine wellenförmig geschwungene Blütenranke.*

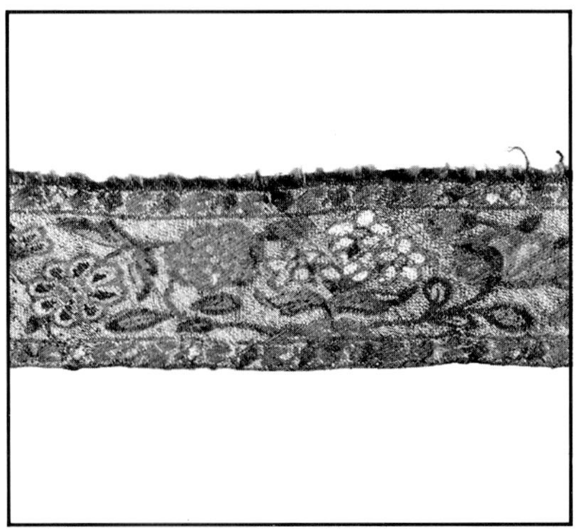

302 KGM Inv. Nr. 1978,338 Abb. 266.1
Seidenstreifenfragment
Iran: 17. Jh.; 5×22,9 cm
Material: *Seide, Metallfäden mit Seidenseele;* Farben: *Goldgelb (Metallumwicklung), Silberweiß (Metallumwicklung, Silber ?), Altrosa, Rosa (zwei Schattierungen), Mittelbraun, Grasgrün, Gelbgrün, Mittelblau, Hellblau;* Zustand: *Musterfäden stellenweise ausgefallen (vor allem Konturen); Metallfäden stark ausgefallen; Farben stark verblaßt; verschlissen;* Muster: *Zwischen zwei schmalen Begleitstreifen liegt auf goldgelbem Grund eine wellenförmig geschwungene Blütenranke.*

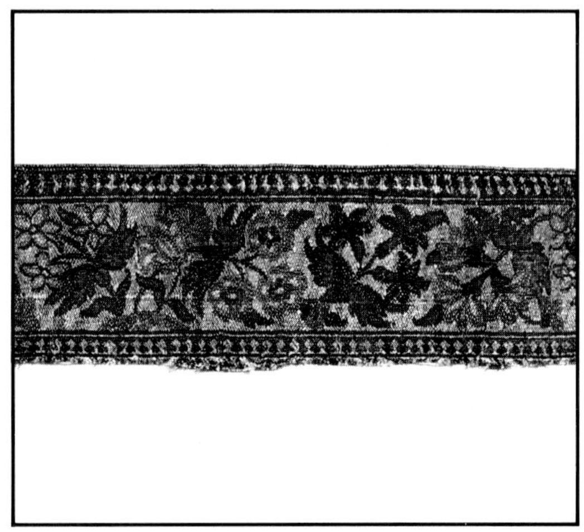

303 KGM Inv. Nr. 1978,326 Abb. 267.1
Seidenstreifenfragment
Iran: 17. Jh.; 4×24,5 cm
Material: *Seide, Goldfaden mit Seidenseele;* Farben: *Gold (Goldgelb), Grasgrün, Rosa (zwei Schattierungen), Mittelblau, Hellblau, Hellgrau, Weiß, Hellbraun;* Zustand: *Goldfaden fast völlig, Musterfäden stellenweise ausgefallen; Farben etwas verblaßt; rechts durch Webkante abgeschlossen; dort etwas verschlissen;* Muster: *Zwischen zwei schmalen Begleitstreifen wachsen auf goldgelbem Grund aus einem flachen, stilisierten Bergmotiv jeweils zwei wellenförmig geschwungene Blütenzweige. Diese Motivgruppe liegt auf einer Reihe in ständiger Wiederholung nebeneinander.*

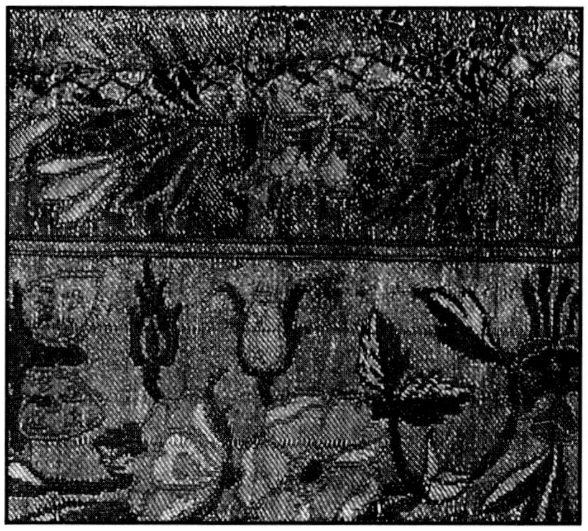

304 MKH Inv. Nr. 19716 Abb. 266.2
Seidenstreifenfragment
Iran: 17.–18. Jh.; 9×24,2 cm
Material: *Seide, Goldfaden mit Seidenseele, Silber faden mit Seidenseele;* Farben: *Gold (Goldgelb), Silber (Silberweiß), Grün, Lindgrün, Altrosa, Rosa (zwei Schattierungen);* Zustand: *Musterfäden stellenweise, Gold- und Silberfäden häufig ausgefallen;* Muster: *Übereinander liegen zwei unterschiedlich breite Musterstreifen, in denen auf goldgelbem Grund geschwungene Blütenranken in naturnaher Zeichnung liegen.*

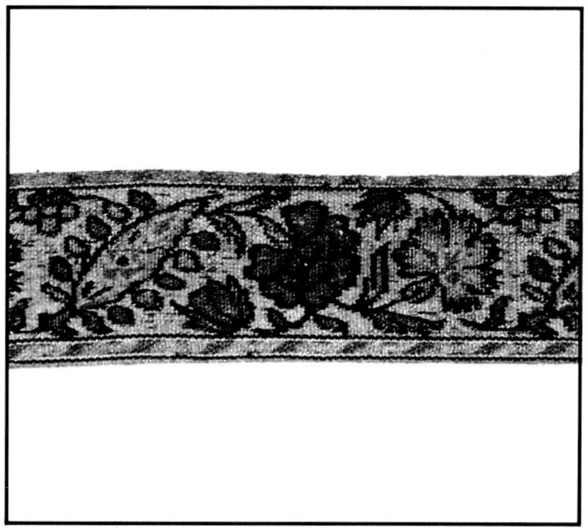

305 KGM Inv. Nr. 1978,340 Abb. 267.2
Seidenstreifenfragment
Iran: 17.–18. Jh.; 4,8×31,2 cm
Material: *Seide, Goldfaden mit Seidenseele;* Farben: *Gold (Goldgelb), Ziegelrot, Grau, Schwarz, Grün, Rosa;* Zustand: *Goldfaden fast völlig ausgefallen; Gewebestruktur stellenweise gelockert;* Muster: *Zwischen zwei schmalen Begleitstreifen liegt auf goldgelbem Grund eine wellenförmig geschwungene Blütenranke.*

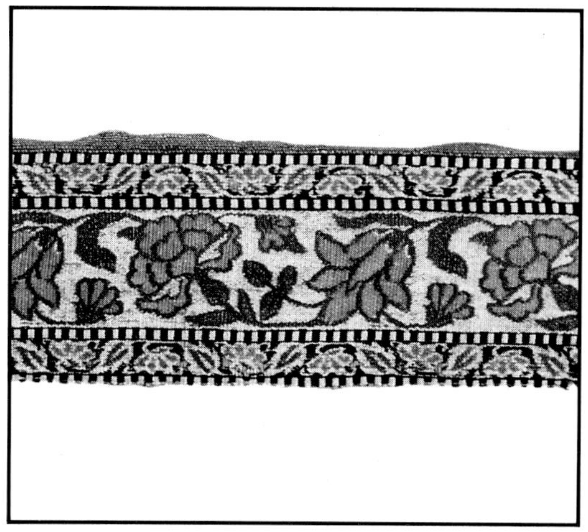

306 KGM Inv. Nr. 1978,345 Abb. 267.3
Seidenstreifenfragment
Iran: 17.–18. Jh.; 5×34 cm
Material: *Seide, Silberfaden mit Seidenseele;* Farben: *Silber (Silberweiß), Flieder, Mittelbraun, Grasgrün, Orange, Schwarz;* Zustand: *Silberfaden fast völlig, Musterfäden teilweise ausgefallen;* Muster: *Zwischen zwei schmalen Begleitstreifen liegt auf silbernem Grund eine wellenförmig geschwungene Blütenranke.*

307 GM Inv. Nr. 25.36g.–38g.
Bortenstreifen, an Kasel, Manipel und Palla genäht; vgl. Kat. Nr. 52
Iran: 17. oder Anfang 18. Jh.
Material: *Seide, Goldfaden mit Seidenseele;* Farben: *Gold (Goldgelb), Blau, Weinrot, Dunkelbraun, Creme, Beige, Hellgrün;* Zustand: *Stellenweise Gold- und Musterfäden etwas ausgefallen; leicht verschmutzt;* Muster: *Zwischen zwei schmalen Begleitstreifen liegen auf goldgelbem und blauem Grund wellenförmig geschwungene Blütenranken.*

308 GM Inv. Nr. 25.39g.
Bortenstreifen, an eine Kelchdecke genäht; vgl. Kat. Nr. 53
Iran: 17.–18. Jh.;
Material: *Seide, Goldfaden mit Seidenseele;* Farben: *Gold (Goldgelb), Blau, Weinrot, Dunkelbraun, Creme, Beige, Hellgrün;* Zustand: *Goldfaden stellenweise ausgefallen; sonst gut erhalten;* Muster: Vgl. Kat. Nr. 307.

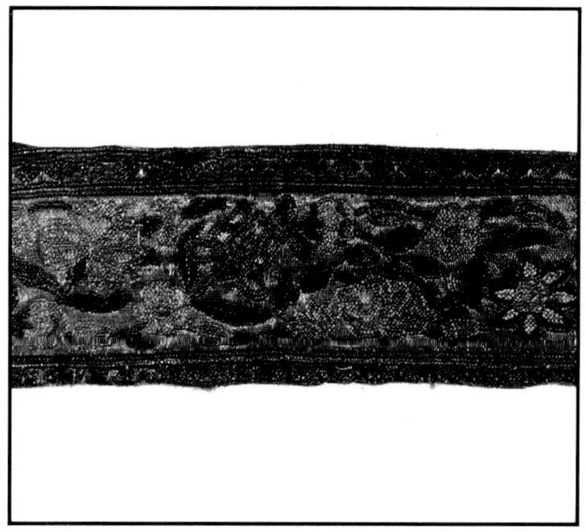

309 KGM Inv. Nr. 1978,328 Abb. 267.4
Seidenstreifenfragment
Iran: 17.–18. Jh.; 4,7×28,5 cm
Material: *Seide, Goldfaden mit Seidenseele, Silberfaden;* Farben: *Gold (Goldgelb), Silber, Grün, Mittelgrau, Hellgrau, Brillantblau, Hellblau, Rosa (drei Schattierungen), Hellbraun;* Zustand: *Stellenweise etwas verschlissen; Farben verblaßt; leicht verschmutzt;* Muster: *Zwischen zwei schmalen Begleitstreifen liegt auf silbernem Grund eine wellenförmig geschwungene Blütenranke.*

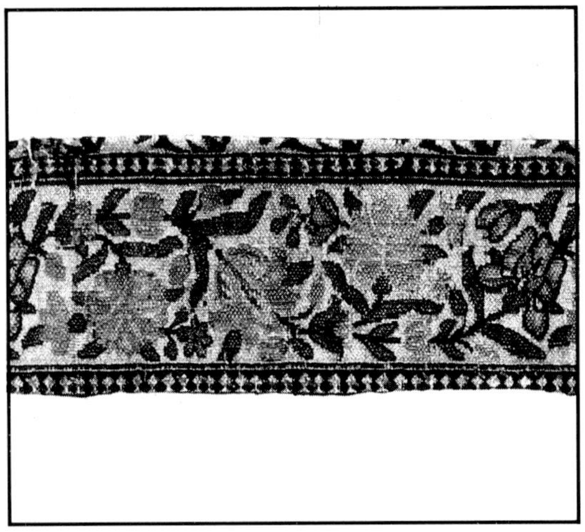

310 KGM Inv. Nr. 1978,346 Abb. 268.1
Seidenstreifenfragment
Iran: 17.–18. Jh.; 4,5×26,2 cm
Material: *Seide, Goldfaden mit Seidenseele, Silberfaden mit Seidenseele;* Farben: *Gold (Goldgelb), Silber (Silberweiß), Pariser Blau, Mittelblau, Grün, Altrosa, Rosa (zwei Schattierungen), Grau (zwei Schattierungen);* Zustand: *Gold- und Silberfäden sowie Musterfäden stellenweise ausgefallen; Farben etwas verblaßt;* Muster: *Zwischen zwei schmalen Begleitstreifen liegt auf goldgelbem Grund eine geschwungene, dichte Blütenranke.*

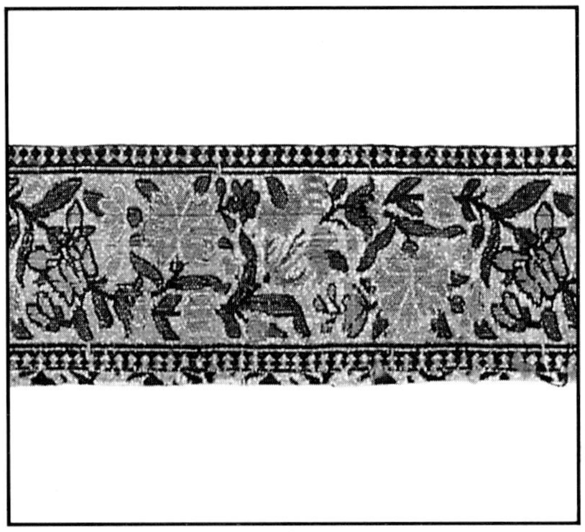

311 KGM Inv. Nr. 1978,334 Abb. 268.2
Seidenstreifenfragment
Iran: 17.–18. Jh.; 5,1×24,4 cm
Material: *Seide, Goldfaden mit Seidenseele, Silberfaden mit Seidenseele;* Farben: *Gold (Goldgelb), Silber (Silberweiß), Blau, Mittelblau, Grün, Altrosa, Rosa (zwei Schattierungen), Grau (zwei Schattierungen), Hellbraun, Mittelbraun;* Zustand: *Goldfaden stellenweise, Silberfaden häufiger ausgefallen; Farben etwas verblaßt; leicht verschmutzt;* Muster: Vgl. Kat. Nr. 310.

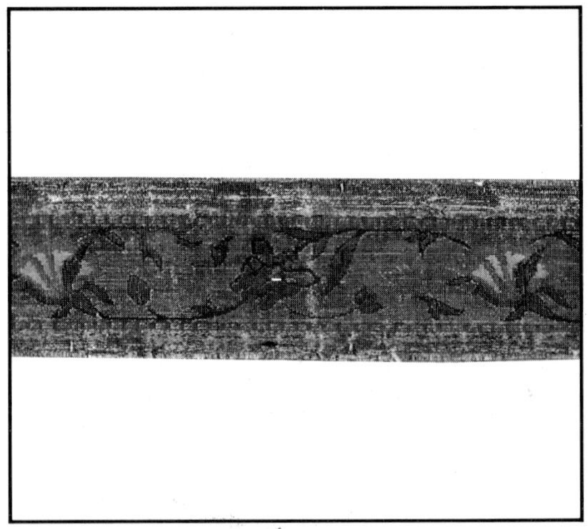

312 MKH Inv. Nr. 21908 Abb. 268.3
Seidenstreifenfragment
Iran: 17. Jh.; 4,5×48,5 cm
Material: *Seide, Goldfaden mit Seidenseele;* Farben: *Gold (Goldgelb), Grün, Blau, Creme, Lachs, Rosa, Grau;* Zustand: *Goldfaden stellenweise ausgefallen;* Muster: *Zwischen zwei schmalen Begleitstreifen liegt auf goldgelbem Grund eine zarte, wellenförmig geschwungene Blütenranke.*

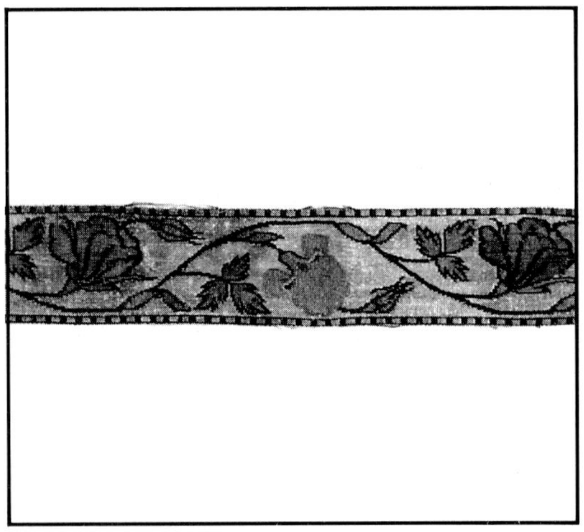

313 KGM Inv. Nr. 1978,330 Abb. 268.4
Seidenstreifenfragment
Iran: 17.–18. Jh.; 2,5×26 cm
Material: *Seide, Silberfaden mit Seidenseele;* Farben: *Silber (Weiß), Flaschengrün, Hellgrün, Rosa (zwei Schattierungen), Goldgelb, Schwarz, Lila;* Zustand: *Musterfäden stellenweise ausgefallen (vor allem Konturen); Farben leicht verblaßt; stellenweise etwas verschmutzt und leicht verschlissen;* Muster: *Zwischen zwei schmalen Begleitstreifen liegt auf silbernem Grund eine wellenförmig geschwungene Blütenranke.*

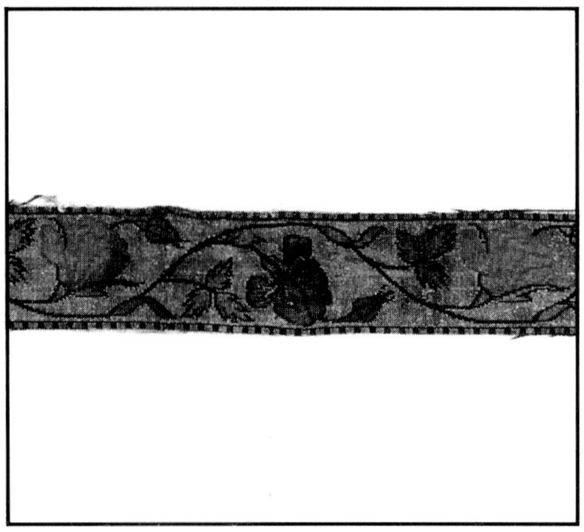

314 KGM Inv. Nr. 1978,331 Abb. 268.5
Seidenstreifenfragment
Iran: 17.–18. Jh.; 2,7×25,7 cm
Material: *Seide, Silberfaden mit Seidenseele;* Farben: *Silber (Weiß), Flaschengrün, Hellgrün, Rosa (zwei Schattierungen), Goldgelb, Schwarz, Lila;* Zustand: *Sehr gut erhalten;* Muster: Vgl. Kat. Nr. 313.

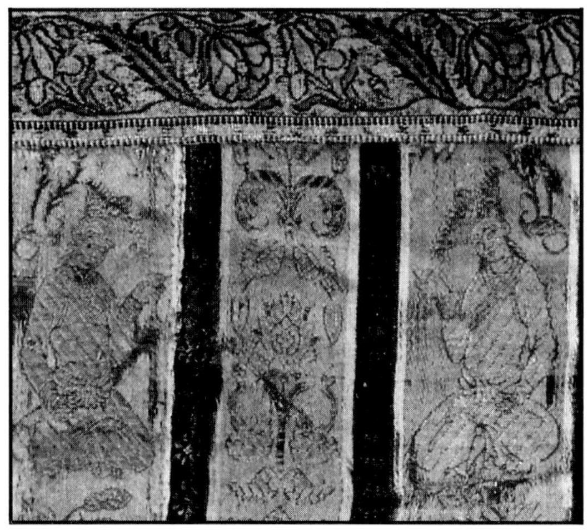

315 KGM Inv. Nr. 1978,319 Abb. 42
Bortenstreifen, um eine kleine Decke genäht; vgl. Kat. Nr. 20
Iran: 17.–18. Jh.
Material: *Seide, Goldfaden mit Seidenseele;* Farben: *Goldgelb (Gold), Silbergrau, Rosa, Maigrün, Dunkelbraun;* Zustand: *Goldfaden zum Teil ausgefallen; Farben etwas verblaßt;* Muster: *Zwischen zwei schmalen Begleitstreifen liegen auf goldgelbem Grund zwei gegeneinanderlaufende, wellenförmig geschwungene Blütenranken.*

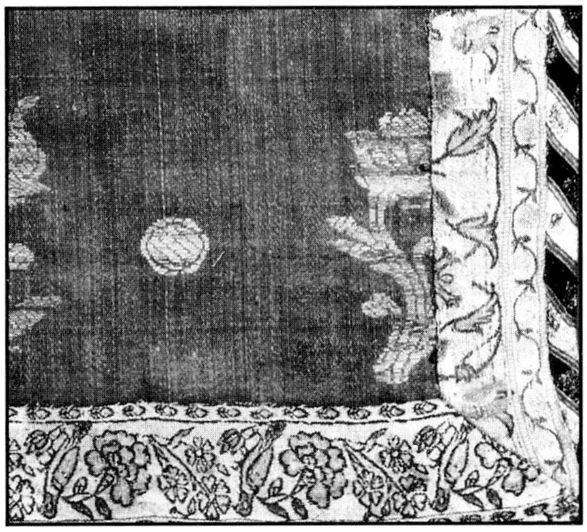

316 KGM Inv. Nr. 1980,97 Abb. 159
Bortenstreifen, um eine lange Decke genäht; vgl. Kat. Nr. 150
Iran: 17.–18. Jh.
Material: *Seide, Metallfaden mit Seidenseele;* Farben: *Goldgelb, Rosa, Grün, Grau, Dunkelbraun;* Zustand: *Metallfaden stark, Musterfäden stellenweise etwas ausgefallen; Farben zum Teil leicht verblaßt;* Muster: Längsborte: *Auf goldgelbem Grund liegt zwischen zwei schmalen Begleitstreifen eine wellenförmig geschwungene Blütenranke.* Querborte: *Zwischen zwei schmalen Begleitstreifen liegt auf goldgelbem Grund eine wellenförmig geschwungene Blütenranke, zwischen die kleine Vogelmotive gesetzt wurden.*

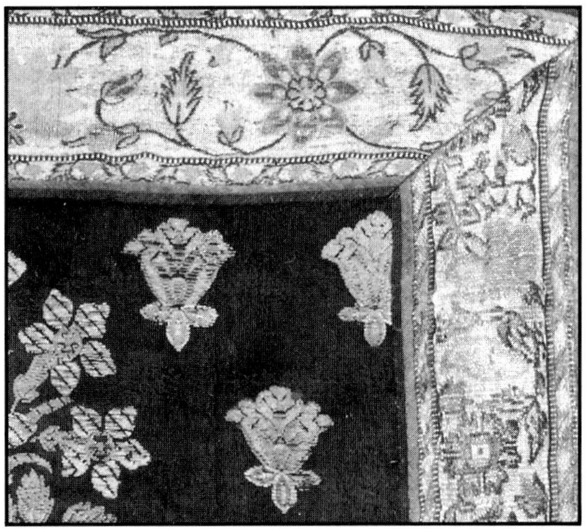

317 KGM Inv. Nr. 1978,108 Abb. 201
Bortenstreifen, um eine kleine Decke genäht; vgl. Kat. Nr. 198
Iran: 17.–18. Jh.
Material: *Seide, Metallfaden mit Seidenseele;* Farben: *Goldgelb, Grün, Blau, Rosa (zwei Schattierungen), Braun;* Zustand: *Farben stark verblaßt; Metallfaden fast völlig ausgefallen;* Muster: Längsborte: *Zwischen zwei schmalen Begleitstreifen liegt auf goldgelbem Grund eine wellenförmig geschwungene Blütenranke in zarter Zeichnung, zwischen die Hunde- und Pfauenmotive gesetzt wurden.* Querborte: *Zwischen zwei schmalen Begleitstreifen liegt auf goldgelbem Grund eine wellenförmig geschwungene Blütenranke in zarter Zeichnung.*

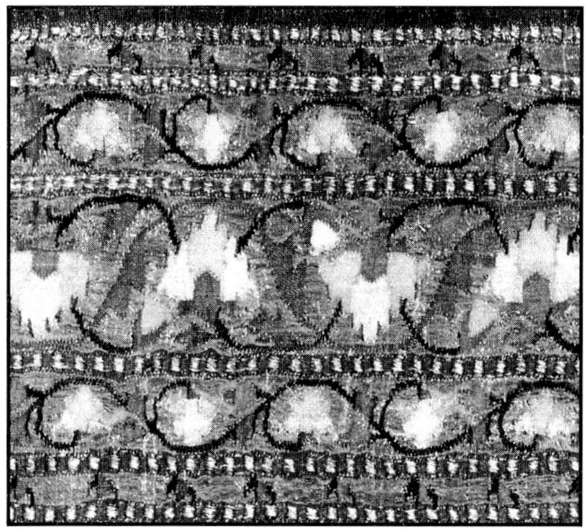

318 KGM Inv. Nr. 1980,94 Abb. 269
Seidenstreifenfragment (Leinwandgewebe, Motive gobelinartig eingeflochten)
Iran (?): 17. Jh.; 13,3×262 cm
Material: *Seide, Goldfaden mit Seidenseele;* Farben: *Gold (Goldgelb), Rubinrot, Grün, Blau, Rosa (zwei Schattierungen), Dunkelblau;* Zustand: *Sehr gut erhalten; links durch eine Webkante abgeschlossen;* Muster: *Auf goldenem Grund verlaufen sechs Musterbänder in drei verschiedenen Breiten nebeneinander. Sie sind mit drei unterschiedlich gestalteten Blütenranken besetzt, die durch schmale Begleitstreifen getrennt werden.*

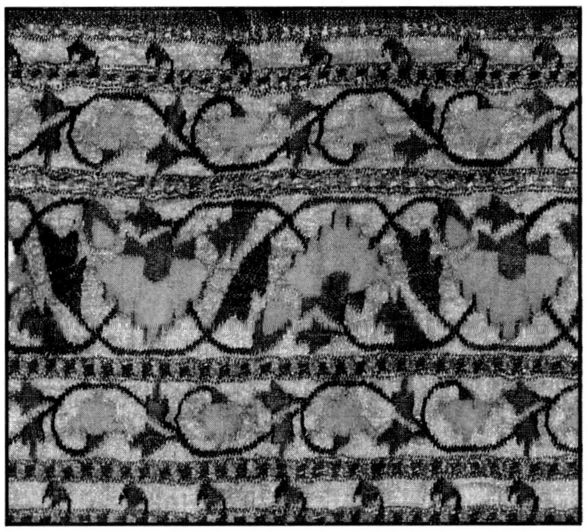

319 KGM Inv. Nr. 1978,304 Abb. 270
Seidenstreifenfragment (Leinwandgewebe, Motive gobelinartig eingeflochten)
Iran (?): 17. Jh.; 13,3×32,7 cm
Material: *Seide, Goldfaden mit Seidenseele;* Farben: *Gold (Goldgelb), Rubinrot, Grün, Blau, Rosa (zwei Schattierungen), Dunkelblau;* Zustand: *Sehr gut erhalten; lediglich Farben etwas verblaßt;* Muster: Vgl. Kat. Nr. 318.

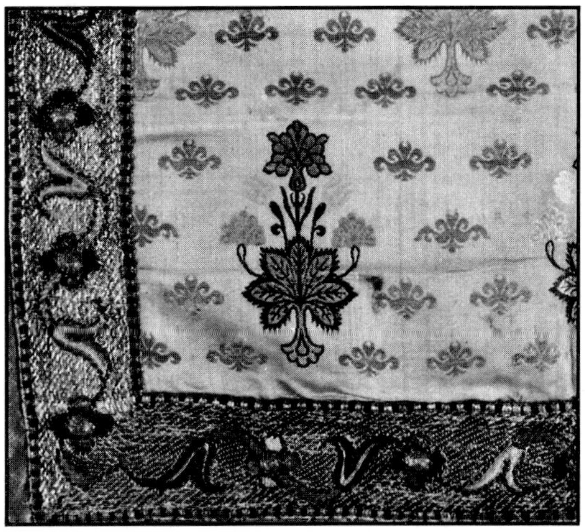

320 KGM Inv. Nr. 1971,89 Abb. 200
Bortenfragment, um eine kleine Decke genäht (Stickerei); vgl. Kat. Nr. 197
Iran: 17.–18. Jh.
Material: *Seide, Goldfaden mit Seidenseele, Silberfaden mit Seidenseele;* Farben: *Gold, Silber (Weiß), Ziegelrot, Rosa, Brillantblau, Lichtblau, Grün, Schwarz;* Zustand: *Sehr gut erhalten;* Muster: *Zwischen zwei schmalen Begleitstreifen liegt auf silbernem Grund eine einfache, wellenförmig geschwungene Blütenranke.*

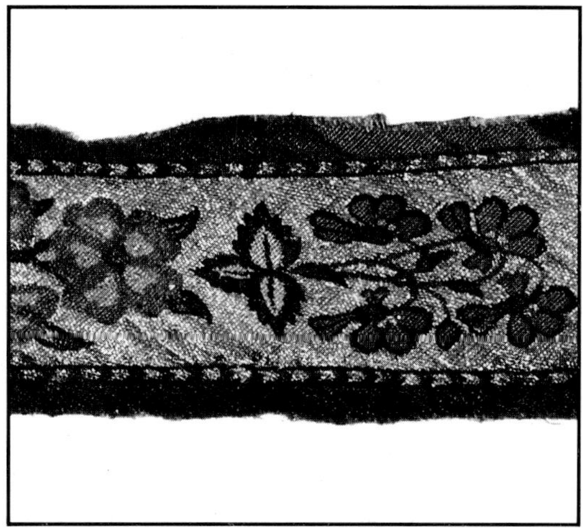

321 KGM Inv. Nr. 1978,327 Abb. 271.1
Seidenstreifenfragment
Iran: 17. Jh.; 4,8×28,2 cm
Material: *Seide, Silberfaden mit Seidenseele;* Farben: *Silber (Weiß), Grasgrün, Zinnoberrot, Rosa, Gelb, Dunkelblau, Flieder;* Zustand: *Silberfaden kaum ausgefallen; an den abgeschnittenen Seiten etwas ausgefranst;* Muster: *Zwischen zwei schmalen Begleitstreifen liegen auf silbernem Grund zwei verschiedene Blütenstauden, die immer im Wechsel übereinander geordnet sind.*

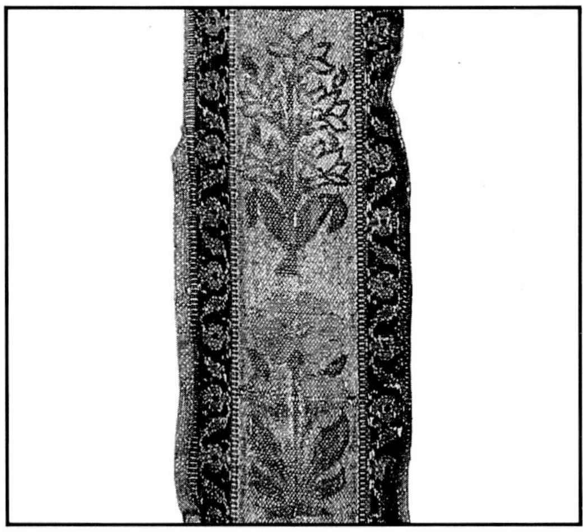

322 MVK Inv. Nr. WAS 116 Abb. 271.2
Seidenstreifenfragment
Iran: 17.–18. Jh.; 5×55 cm
Material: *Seide, Goldfaden mit Seidenseele;* Farben: *Gold (Goldgelb), Schwarz, Grasgrün, Orange, Rosa, Beige, Hellgrau;* Zustand: *Goldfaden stark, Musterfäden zum Teil ausgefallen; Farben ausgebleicht;* Muster: *Zwischen zwei schmalen Begleitstreifen liegen auf goldgelbem Grund zwei verschiedene Blütenstauden, die immer im Wechsel übereinander geordnet sind.*

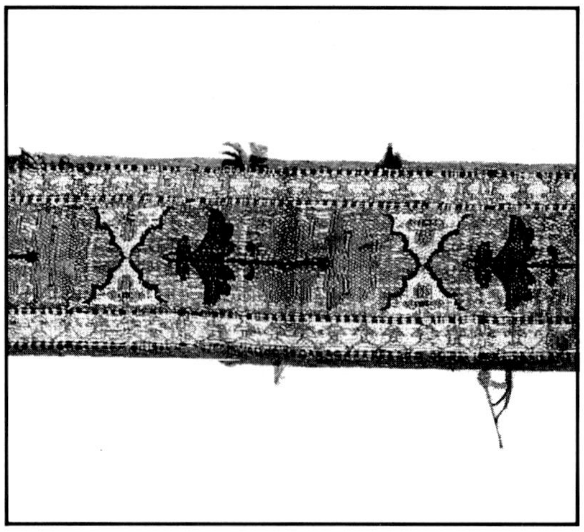

323 MVK Inv. Nr. WAS 119 Abb. 271.3
Seidenstreifenfragment
Iran: 17.–18. Jh.; 4×78,2 cm
Material: *Seide, Goldfaden mit Seidenseele, Silberfaden mit Seidenseele;* Farben: *Gold (Goldgelb), Silber (Weiß), Tannengrün, Ziegelrot, Altrosa, Schwarz;* Zustand: *Musterfäden stellenweise etwas ausgefallen; Gold- und Silberfäden häufig ausgefallen;* Muster: *Zwischen zwei schmalen Begleitstreifen sind auf silbernem Fond goldgrundige, die gesamte Bandbreite einnehmende Kartuschen nacheinander geordnet, in die je eine achsensymmetrische Blütenpflanze gesetzt wurde.*

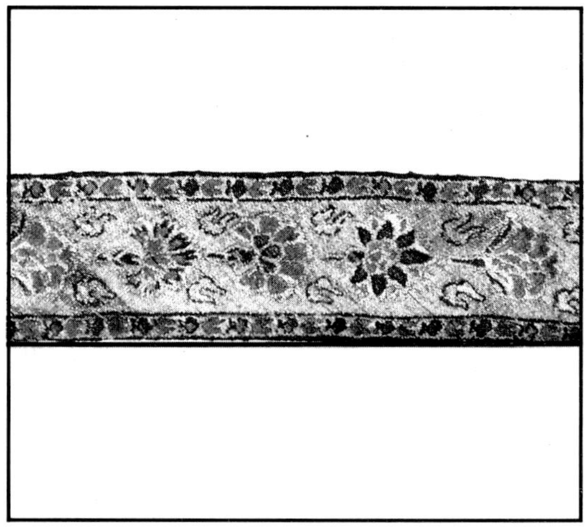

324 KGM Inv. Nr. 1978,344 Abb. 271.4
Seidenstreifenfragment
Iran: 17.–18. Jh.; 4,8×28 cm
Material: *Seide, Goldfaden mit Seidenseele;* Farben: *Gold (Goldgelb), Gold (Weiß), Lichtblau, Rosa, Mittelbraun, Hellbraun;* Zustand: *Goldfaden häufig ausgefallen; Gewebestruktur stellenweise gelockert; Farben stark ausgebleicht; stellenweise verschmutzt; aus zwei Fragmenten zusammengenäht;* Muster: *Zwischen zwei schmalen Begleitstreifen liegen auf goldgelbem Grund vier verschiedene Einzelblüten mit kurzen Stengeln, immer im Wechsel übereinander geordnet. Zwischen die Blüten sind jeweils zwei kleine, stilisierte Wolkenbänder gesetzt.*

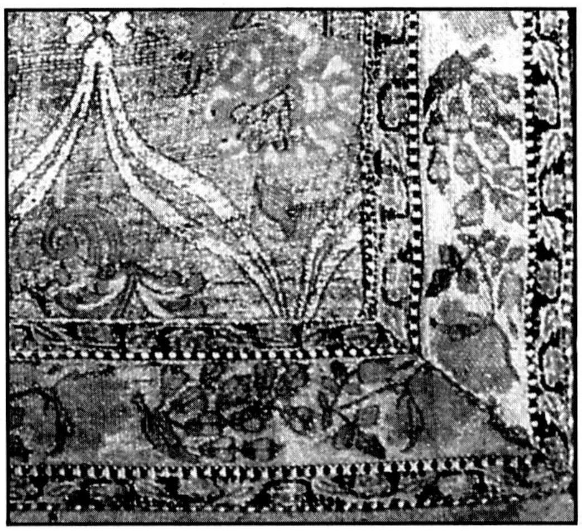

325 KGM Inv. Nr. 1980,95 Abb. 65
Bortenstreifen, um eine kleine Decke genäht; vgl. Kat. Nr. 46
Iran: 17. Jh.
Material: *Seide, Metallfaden mit Seidenseele;* Farben: *Goldgelb (Metallumwicklung), Rosa (zwei Schattierungen), Hellgrün, Grau, Mittelbraun;* Zustand: *Metallfaden stark ausgefallen; stellenweise verschmutzt;* Muster: *Zwischen zwei schmalen Begleitstreifen liegen auf goldgelbem Grund, immer im Wechsel übereinander geordnet, je eine stilisierte Rosenpflanze und ein aus mehreren kleinen, geschlossenen Blüten bestehender Zweig.*

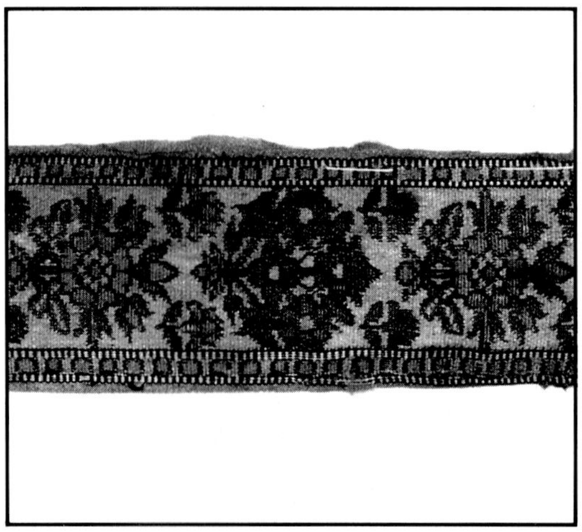

326 KGM Inv. Nr. 1978,341 Abb. 272.1
Seidenstreifenfragment
Iran (?): 18. Jh.; 6×28,7 cm
Material: *Seide, Goldfaden mit Seidenseele;* Farben: *Gold (Goldgelb), Brillantblau, Ziegelrot, Schwarz, Weiß;* Zustand: *Goldfaden fast völlig, Musterfäden stellenweise ausgefallen; Farben leicht verblaßt;* Muster: *Zwischen zwei schmalen Begleitstreifen sind auf goldgelbem Grund zwei unterschiedlich gestaltete Blütenstauden immer im Wechsel übereinander geordnet, wobei zwischen den einzelnen Stauden noch jeweils zwei kleine Einzelblüten liegen.*

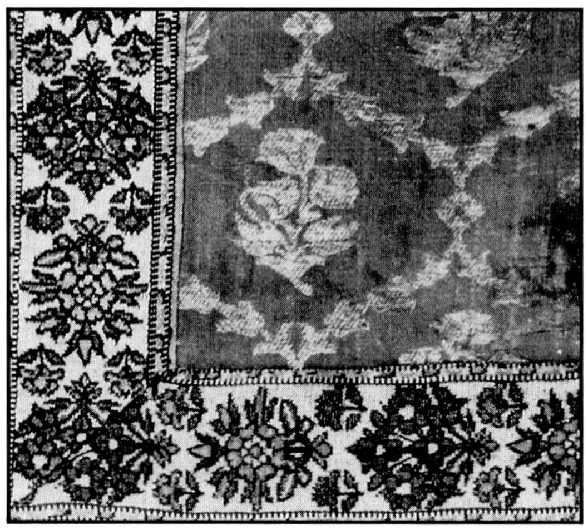

327 KGM Inv. Nr. 1978,112 Abb. 61
Bortenstreifen, um eine kleine Decke genäht; Vgl. Kat. Nr. 40
Iran (?): 18. Jh.
Material: *Seide, Goldfaden mit Seidenseele;* Farben: *Gold (Goldgelb), Brillantblau, Ziegelrot, Schwarz, Weiß;* Zustand: *Goldfaden fast völlig ausgefallen; Gewebe stellenweise verschlissen; verschmutzt;* Muster: Vgl. Kat. Nr. 326.

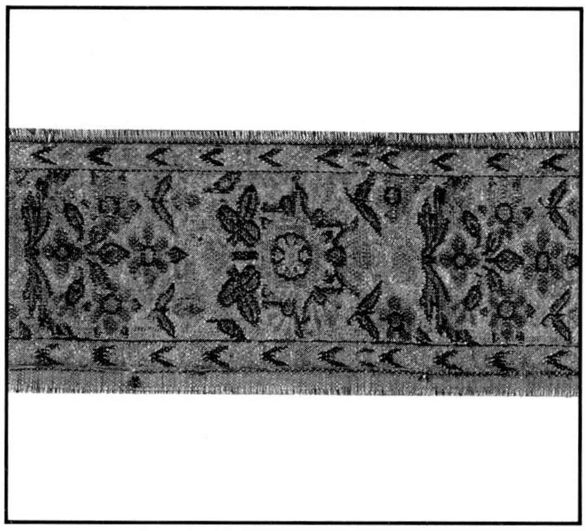

328 MKH Inv. Nr. 23749 Abb. 272.2
Seidenstreifenfragment
Iran (?): 18. Jh.; 6×31 cm
Material: *Seide, Goldfaden mit Seidenseele;* Farben: *Gold (Goldgelb), Grün, Blau, Creme, Lachs;* Zustand: *Sehr gut erhalten;* Muster: Vgl. Kat. Nr. 326 *(jedoch andere Farbstellung).*

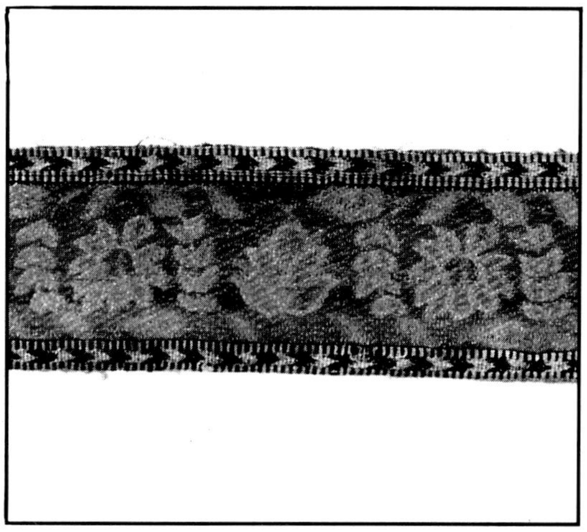

329 KGM Inv. Nr. 1978,336 Abb. 272.3
Seidenstreifenfragment
Iran (?): 18. Jh.; 4,3×29 cm
Material: *Seide;* Farben: *Schwarz, Weiß, Grün (geflammt), Gelb, Rosa (zwei Schattierungen), Hellgrün;* Zustand: *Musterfäden stellenweise etwas ausgefallen; Farben verblaßt; leicht verschmutzt;* Muster: *Zwischen zwei schmalen Begleitstreifen liegen auf grünem Grund Blüten- und Blattmotive in horizontaler Reihung immer im Wechsel nebeneinander.*

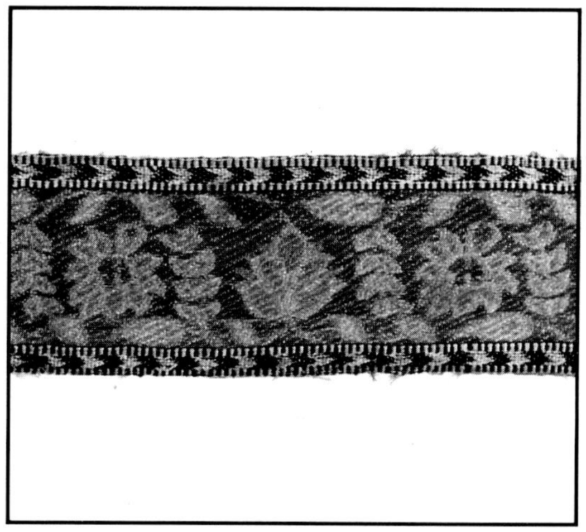

330 KGM Inv. Nr. 1978,342 Abb. 272.4
Seidenstreifenfragment
Iran (?): 18. Jh.; 4,2×29,8 cm
Material: *Seide;* Farben: *Schwarz, Weiß, Grün (geflammt), Gelb, Rosa (zwei Schattierungen), Hellgrün;* Zustand: *Gut erhalten; Farben leicht verblaßt;* Muster: Vgl. Kat. Nr. 329.

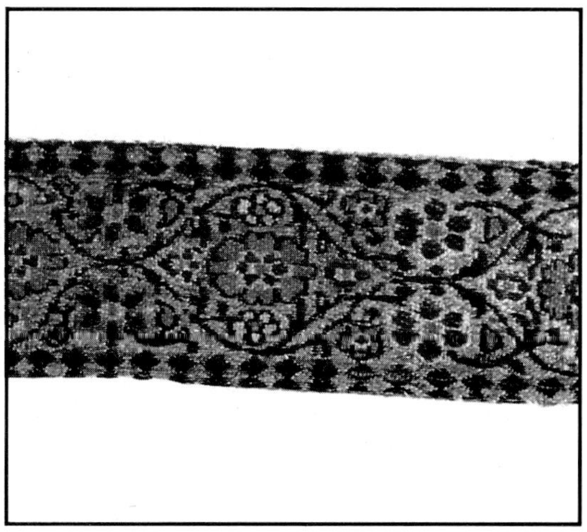

331 KGM Inv. Nr. 1978,347 Abb. 272.5
Seidenstreifenfragment
Iran (?): 18. Jh.; 4,3×28,7 cm
Material: *Seide, Goldfaden mit Seidenseele;* Farben: *Gold (Goldgelb), Schwarz, Tannengrün, Weiß, Lichtblau, Orange;* Zustand: *Goldfaden stark, Musterfäden stellenweise ausgefallen; Farben etwas verblaßt;* Muster: *Zwischen zwei schmalen Begleitstreifen liegen auf goldgelbem Grund zarte, spitzovale Felder bildende Blütenranken.*

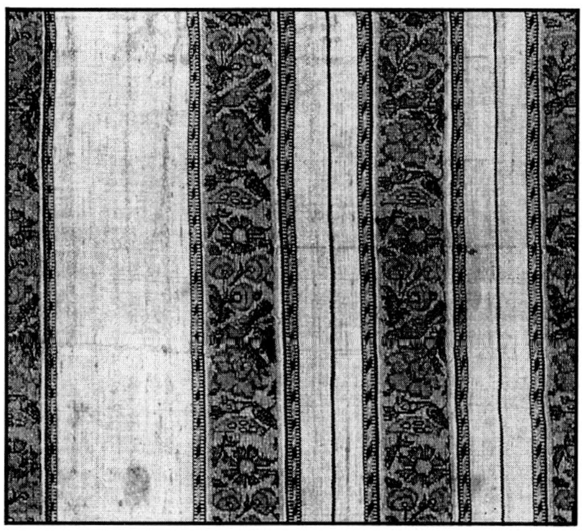

332 MVK Inv. Nr. WAS 109 Abb. 273
Seidenfragment
Iran: 17.–18. Jh.; 53,5×26,5 cm
Material: *Seide, Goldfaden mit Seidenseele;* Farben: *Gold (Goldgelb), Orange, Schwarz, Weiß, Grasgrün, Altrosa, Rosa, Hellgrau;* Zustand: *Gelockerte Gewebestruktur; stark verschmutzt; auf der Rückseite des Gewebes befindet sich an vielen Stellen eine Sandschicht; Goldfaden fast völlig ausgefallen; Farben ausgebleicht;* Muster: *In Schußrichtung ist das Gewebe durch unterschiedlich breite Streifen gegliedert, wobei immer ein ungemusterter und ein gemusterter, mit wellenförmig geschwungener Blütenranke und zwischengesetzten Vogelmotiven bedeckter Streifen im Wechsel aufeinander folgen.*

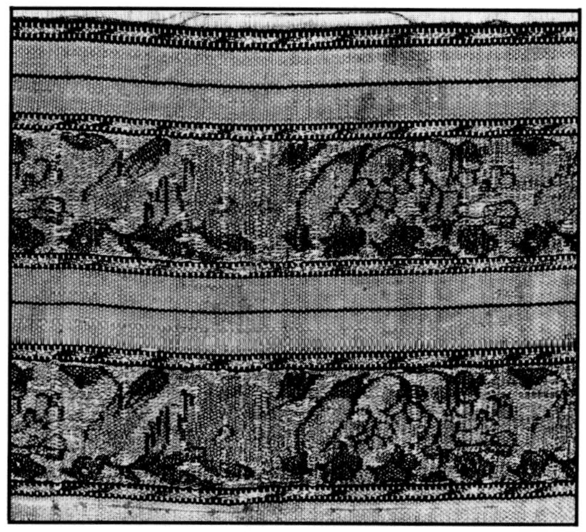

333 KGM Inv. Nr. 1978,312 Abb. 274
Seidenfragment
Iran: 17.–18. Jh.; 15×18,1 cm
Material: *Seide, Silberfaden mit Seidenseele;* Farben: *Silber (Goldgelb), Rosa (zwei Schattierungen), Altrosa, Brillantgrün, Flieder, Dunkelbraun, Weiß;* Zustand: *Gewebestruktur gelockert; Silberfaden häufig ausgefallen; Farben etwas verblaßt; leicht verschmutzt;* Muster: Vgl. Kat. Nr. 332 *(jedoch geringfügig veränderte Gestaltung von Blütenranken und Vogelmotiv).*

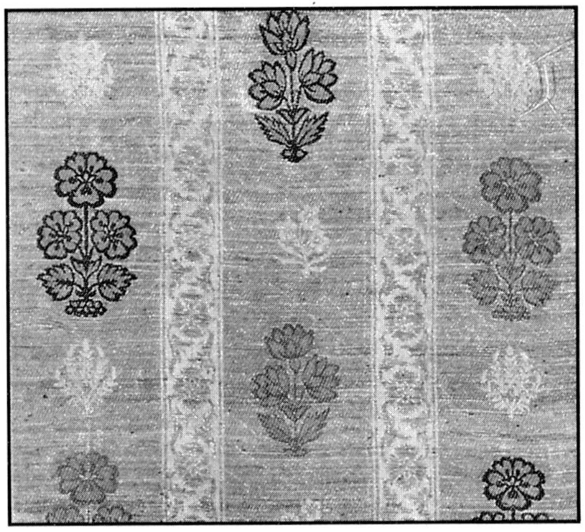

334 KGM Inv. Nr. 1978,320 Abb. 279
Seidenfragment
Iran: 17. Jh.; 32,4×22,2 cm
Material: *Seide, Silberfaden mit Seidenseele;* Farben: *Silber (Silbergrau), Weiß, Tannengrün, Gelbgrün, Rosa, Rostrot;* Zustand: *Auf Pappe fest aufgeklebt; stellenweise stark verschlissen; Silberfaden locker und in großen Abständen um Seidenseele geschlungen; Farben etwas verblaßt;* Muster: *Breitere Musterbänder mit silbergrauem Fond und übereinander geordneten, kleinen Blütenstauden wechseln mit schmalen, weißgrundigen Streifen, auf denen silberne Blüten- und Blattranken geordnet sind.*

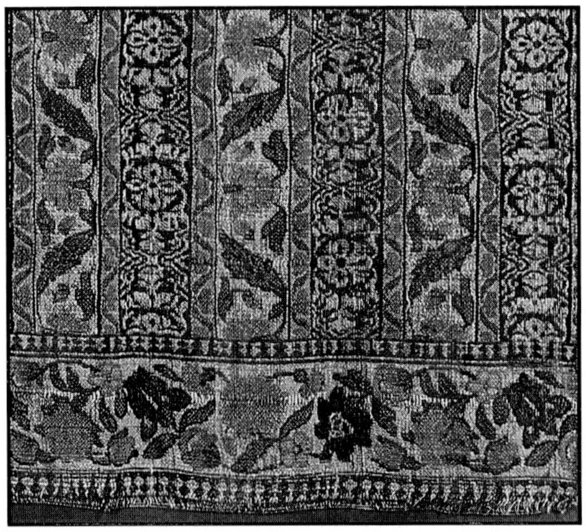

335 MKH Inv. Nr. 23224 Abb. 275
Seidenfragment, Teil einer Schärpe
Iran: 17.–18. Jh.; 30×29,7 cm
Material: *Seide, Goldfaden mit Seidenseele;* Farben: *Gold (Goldgelb), Rosa (zwei Schattierungen), Grün, Maigrün, Blau, Hellblau, Grau, Weiß;* Zustand: *Gut erhalten; Musterfäden stellenweise etwas ausgefallen;* Muster: *Zwei unterschiedlich gemusterte, in Schußrichtung verlaufende, schmale Streifen liegen immer im Wechsel übereinander und werden links durch einen vertikal verlaufenden, blütenbesetzten Musterstreifen abgeschlossen.*

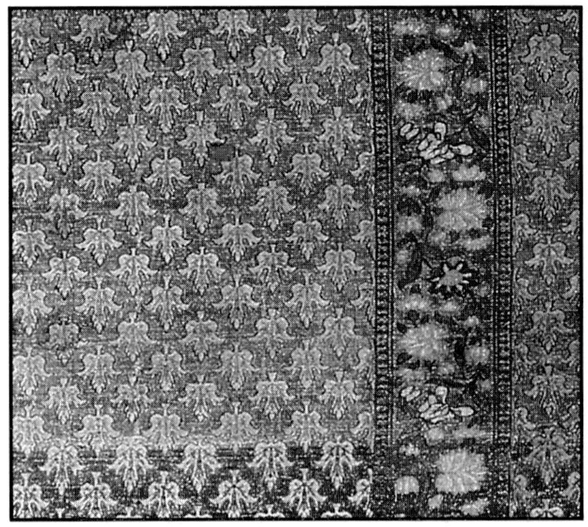

336 KGM Inv. Nr. 1978,294 Abb. 276
Seidenfragment
Iran: 17.–18. Jh.; 29,5×37,5 cm
Material: *Seide, Goldfaden mit Seidenseele;* Farben: *Gold (Ziegelrot), Ziegelrot, Weiß, Grau (zwei Schattierungen), Grün, Dunkelbraun, Rosa (zwei Schattierungen), Altrosa, Blau, Hellblau;* Zustand: *Gut erhalten; Farben zum Teil (vor allem Ziegelrot) stark verblaßt; Goldfaden stellenweise etwas ausgefallen;* Muster: *Drei breite Musterstreifen, in denen jeweils an französische Lilien erinnernde Motive in Reihe auf Zwischenraum geordnet sind, werden durch schmale, mit geschwungenen Blütenranken bedeckte Musterstreifen getrennt.*

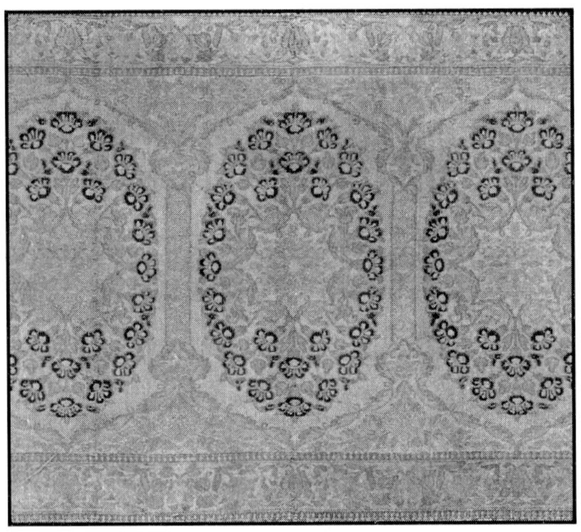

337 KGM Inv. Nr. 1978,148 Abb. 280
Seidenfragment, Schärpenendstück
Iran: 17. oder Anfang 18. Jh.; 25×52,7 cm
Material: *Seide, Goldfaden mit Seidenseele, Silberfaden mit Seidenseele;* Farben: *Gold (Goldgelb), Silber (Silbergrau), Brillantblau, Hellblau, Rosa, Altrosa, Hellgrün, Lindgrün, Mittelbraun, Grau;* Zustand: *Goldfaden nur wenig ausgefallen; Silberfaden stark ausgefallen; Musterfäden stellenweise ausgefallen (vor allem Grün und Rosa);* Muster: *Von zwei Begleitstreifen mit wellenförmig geschwungener Blütenranke nach oben und unten begrenzt, verläuft in Schußrichtung ein breiter Musterstreifen. Auf goldbroschiertem Fond bilden verschiedenartige florale Formen fünf Kartuschenfelder, in denen je ein großes, aus Einzelblüten bestehendes Oval liegt.*

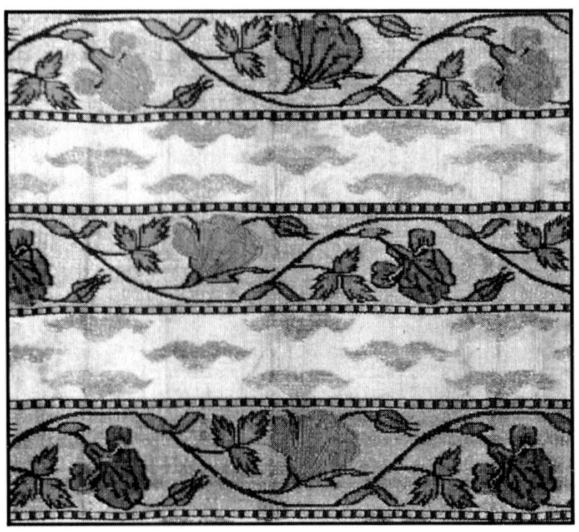

338 KGM Inv. Nr. 1981,23 Abb. 278
Seidenfragment, aus mehreren Teilen zusammengenäht
Iran: 17. Jh.; 20×26,6 cm
Material: *Seide, Silberfaden mit Seidenseele;* Farben: *Weiß, Silber, Hellgrün, Tannengrün, Rosa (zwei Schattierungen), Flieder, Schwarz;* Zustand: *Gut erhalten; Silberfaden kaum ausgefallen; Farben zum Teil etwas verblaßt; schwarze Konturen stellenweise ausgefallen; verschmutzt;* Muster: *Im Wechsel sind, in Schußrichtung verlaufend, ein silbergrundiger, mit einer wellenförmig geschwungenen Blütenranke besetzter Musterstreifen und ein weißes, gleichmäßig mit stilisierten, silbernen Wolkenmotiven besetztes Musterband übereinander geordnet.*

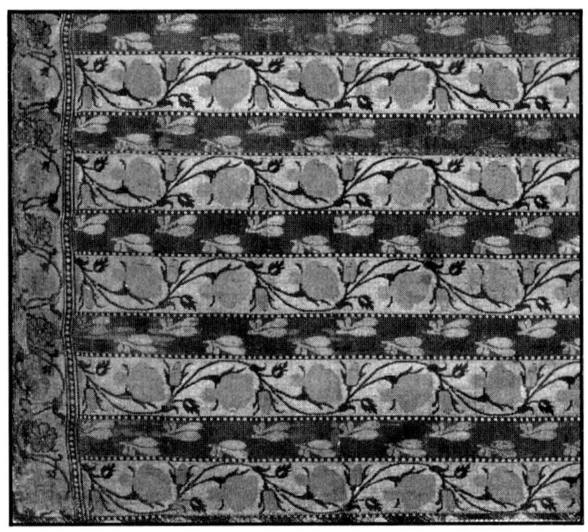

339 KGM Inv. Nr. 1971,105 Abb. 281
Kleine Decke oder Teil einer Schärpe (?)
Iran: 17.–18. Jh.; 46×61,5 cm
Material: *Seide, Silberfaden mit Seidenseele;* Farben: *Silber (Silbergrau), Blaugrün, Mittelbraun, Rosa (zwei Schattierungen);* Zustand: *Stellenweise verschlissen; Musterfäden stellenweise ausgefallen; Farben ausgebleicht; aus zwei Fragmenten dem Muster entsprechend zusammengenäht;* Muster: *Im Wechsel sind, in Schußrichtung verlaufend, ein silbergraues, mit einer wellenförmig geschwungenen Blütenranke besetztes Musterband und ein brauner, gleichmäßig mit stilisierten, auf Zwischenraum gesetzten Blattmotiven besetzter Musterstreifen übereinander geordnet.*

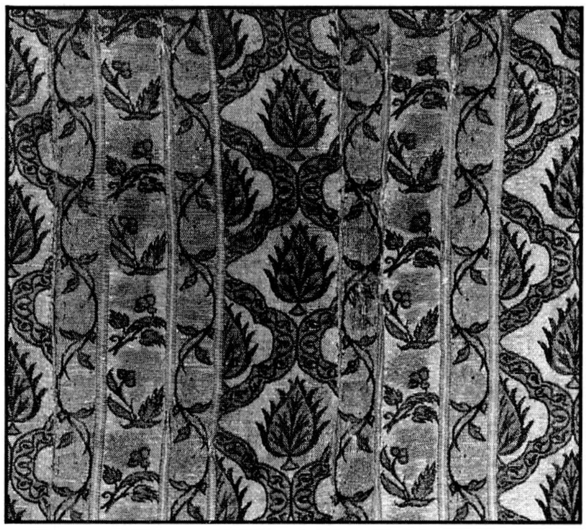

340 KGM Inv. Nr. 1978,318 Abb. 277
Seidenfragment
Iran: 17.–18. Jh.; 31,×27,5 cm
Material: *Seide, Metallfaden mit Seidenseele;* Farben: *Weiß, Goldgelb (Metallumwicklung), Grün, Gelbgrün, Orange, Rosa (zwei Schattierungen), Weiß, Hellgrau;* Zustand: *Stark verschlissen; Metallfaden fast völlig ausgefallen; Farben verblaßt; etwas verschmutzt;* Muster: *Drei verschiedene, mit Blütenranken und anderen floralen Formen besetzte Musterstreifen unterschiedlicher Breite liegen immer im Wechsel übereinander.*

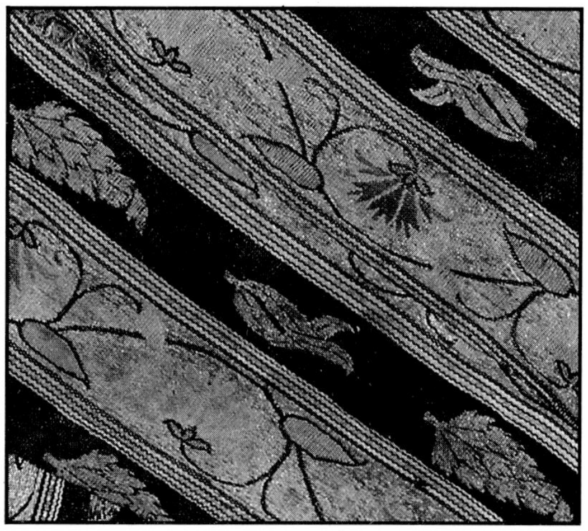

341 GM Inv. Nr. 231/20 Abb. 282
Seidenfragment
Iran: 17. Jh.; 21×23 cm
Material: *Seide, Goldfaden mit Seidenseele;* Farben: *Gold (Goldgelb), Dunkelblau, Lindgrün, Altrosa, Orange;* Zustand: *Stellenweise verschlissen; Musterschuß stellenweise, Goldfaden häufig ausgefallen; Farben verblaßt; leicht verschmutzt; aus zwei Fragmenten zusammengenäht;* Muster: *Ein blauer und ein goldener Musterstreifen liegen, von schmalen Begleitstreifen getrennt, im Wechsel übereinander. Der goldene Streifen ist mit einer wellenförmig geschwungenen Blütenranke, der blaue Musterfries mit zwei verschiedenartigen, abgeschnittenen, goldenen Blüten, die im Wechsel übereinander liegen und deren Spitzen leicht umgeschlagen sind, besetzt.*

342 MVK Inv. Nr. WAS 78
Seidenfragment
Iran: 17. Jh.; 19,7×22 cm
Material: *Seide, Goldfaden mit Seidenseele;* Farben: *Gold (Goldgelb), Pariser Blau, Lindgrün, Tannengrün, Kornblumenblau, Rosa (zwei Schattierungen);* Zustand: *Aus drei unterschiedlichen, gut erhaltenen Teilfragmenten zusammengenäht; Farben zum Teil stark ausgebleicht; Goldfaden zum Teil stark ausgefallen; Gewebe stellenweise stark verschlissen;* Muster: Vgl. Kat. Nr. 341.

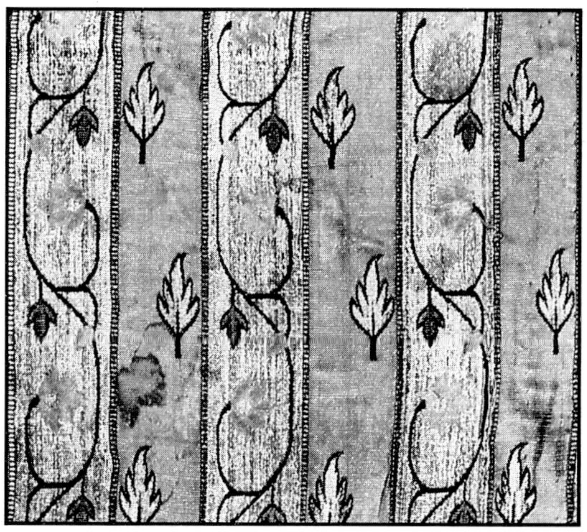

343 MVK Inv. Nr. WAS 233 Abb. 285
Kleine Tasche (Kuvert)
Iran: 17. Jh.; 33×22,8 cm
Material: *Seide, Goldfaden mit Seidenseele;* Farben: *Gold (Beige), Orange, Tannengrün, Lindgrün, Brillantblau, Rosa (zwei Schattierungen);* Zustand: *Gewebe etwas brüchig und verschlissen; verschmutzt und fleckig; Metallfaden stark, Musterfaden stellenweise ausgefallen; aus sechs Fragmenten zusammengenäht;* Muster: *Ein goldener und ein orangegrundiger Musterstreifen liegen, von schmalen Begleitstreifen getrennt, im Wechsel übereinander. Das goldene Musterband ist mit einer wellenförmig geschwungenen Blütenranke, der orangefarbene Musterfries mit auf Zwischenraum übereinander geordneten, kleinen Blattmotiven besetzt.*

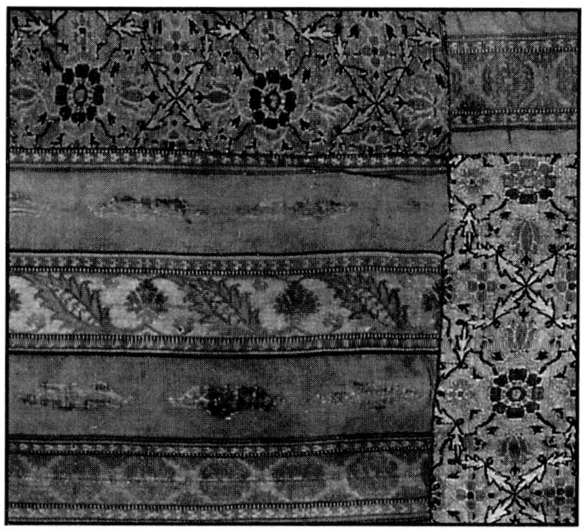

344 KGM Inv. Nr. 1978,322 Abb. 84
Zu einer kleinen Decke zusammengenähte, verschiedenartige Seidenfragmente (Mittelfeld); vgl. Kat. Nr. 67
Iran: 2. Hälfte 17. Jh.
Material: *Seide, Goldfaden mit Seidenseele;* Farben: *Goldgelb (Gold), Hellblau, Orange, Dunkelbraun, Hellbraun, Weiß (Rosa ?);* Zustand: *Goldfaden fast völlig ausgefallen; stellenweise verschmutzt und verschlissen; Farben ausgebleicht; Musterfäden zum Teil ausgefallen; an einer Stelle gestopft;* Muster: *Jeweils von schmalen Begleitstreifen getrennt, liegen zwei verschieden gestaltete, in Schußrichtung verlaufende Musterstreifen im Wechsel übereinander. Dabei ist ein Musterband mit nebeneinander liegenden, stark stilisierten Wolkenmotiven bedeckt und das zweite durch wellenförmig geschwungene Blüten- und Blattranken geschmückt.*

345 KGM Inv. Nr. 1978,325
Seidenfragment, Teil einer Schärpe
Iran (?): 17.–18. Jh.; 33,5×32 cm
Material: *Seide, Wolle;* Farben: *Weinrot, Creme, Dunkelblau, Mittelgrün;* Zustand: *An manchen Stellen leicht verschlissen; etwas verschmutzt; aus zwei Fragmenten zusammengenäht;* Muster: *Übereinandergeordnete, verschiedenartige Musterstreifen sind immer im Wechsel mit zwei unterschiedlich gestalteten floralen Ranken geschmückt. Seitlich werden diese Streifen durch je ein Musterband mit wellenförmig geschwungener Blütenranke begrenzt.*

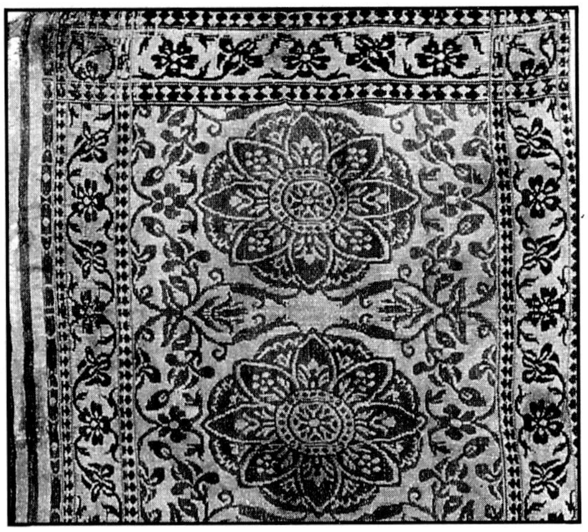

346 KGM Inv. Nr. 1978,308 Abb. 283
Seidenfragment, Teil einer Schärpe
Iran: 17.–18. Jh.; 28×56,3 cm
Material: *Seide;* Farben: *Creme, Rot (zwei Schattierungen), Meergrün, Gelb, Kornblumenblau;* Zustand: *Stellenweise etwas verschlissen; an zwei Stellen Löcher; verschmutzt;* Muster: *Auf cremefarbenem Grund liegen nebeneinander fünf große, stark stilisierte Blütenrosetten. Der Fond um diese Motive ist mit locker gezeichneten Blüten- und Blattranken bedeckt. Umschlossen wird dieses Musterfeld durch einen schmalen, mit einer wellenförmig geschwungenen Blütenranke bedeckten, angewebten Bortenstreifen.*

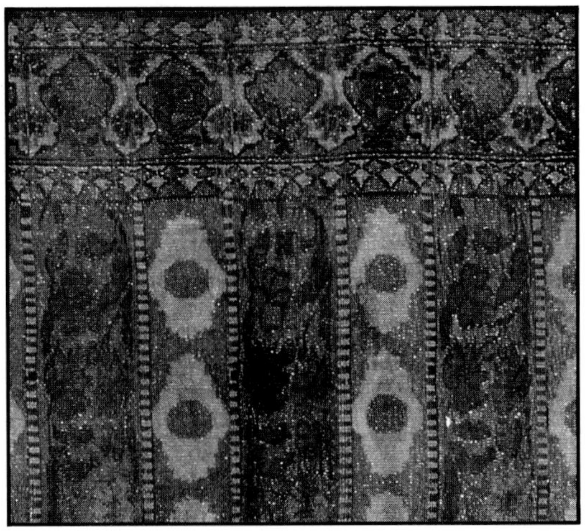

347 KGM Inv. Nr. 85,1030 Abb. 286
Seidenfragment, Teil einer Schärpe
Iran (?): 17.–18. Jh.; 45,5×30 cm
Material: *Seide, Goldfaden mit Seidenseele, Silberfaden mit Seidenseele;* Farben: *Gold (Olivgrün), Mittelblau, Grün, Dunkelbraun, Weinrot, Silberweiß, Hellbraun;* Zustand: *Gut erhalten; Farben etwas verblaßt; Goldfaden stellenweise ausgefallen; verschmutzt;* Muster: *Auf goldbroschiertem Grund liegen zwei unterschiedlich mit floralen Blütenranken bzw. größeren, stark abstrahierten Blütenformen gestaltete Musterstreifen im Wechsel übereinander. Seitlich werden sie von je einem mit floralen Motiven bedeckten Bortenstreifen begrenzt.*

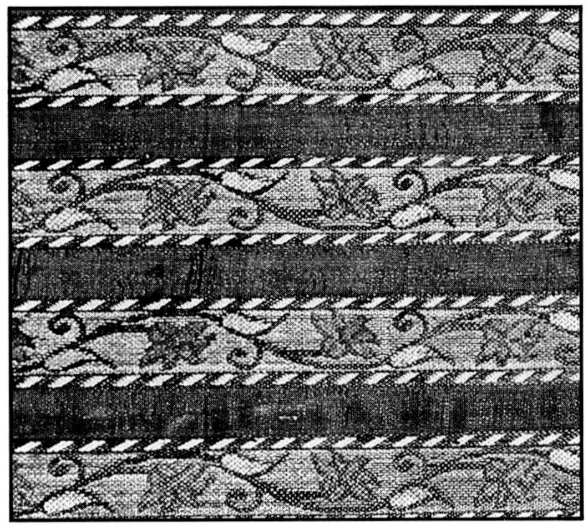

348 KGM Inv. Nr. 1978,317 Abb. 288
Seidenfragment
Iran (?): 18. Jh.; 15,6×14,2 cm
Material: *Seide, Goldfaden mit Seidenseele;* Farben: *Gold (Goldgelb), Weinrot (zwei Schattierungen), Tannengrün, Weiß;* Zustand: *Gut erhalten; Goldfaden stellenweise etwas ausgefallen;* Muster: *Ungemusterte, weinrote Streifen stehen immer im Wechsel mit goldgrundigen Musterbändern, die durch wellenförmig geschwungene Blütenranken bedeckt sind.*

349 GM Inv. Nr. 215/20
Seidenfragment
Iran (?): 17.–18. Jh.; 47,7×33,5 cm
Material: *Seide, Goldfaden mit Seidenseele;* Farben: *Gold (Goldgelb), Mittelblau, Ziegelrot, Dunkelgrün, Altrosa;* Zustand: *Goldfaden häufig ausgefallen; Gewebestruktur stellenweise etwas gelockert; Farben noch recht kräftig;* Muster: *Verschiedenfarbige, in Schußrichtung verlaufende Musterbänder unterschiedlicher Breite sind im Wechsel mit übereinander geordneten, kleinen indischen Palmetten und geschwungenen Blüten- und Blattranken bedeckt.*

350 MVK Inv. Nr. WAS 114
Seidenfragment
Iran (?): 17.–18. Jh.; 35,8×10 cm
Material: *Seide, Goldfaden mit Seidenseele;* Farben: *Gold (Goldgelb), Lichtblau, Orange, Weiß, Blaugrün;* Zustand: *Gelockerte Gewebestruktur; Goldfaden zum Teil stark ausgefallen; Farben etwas verblaßt;* Muster: *Nebeneinander liegende goldgrundige Musterstreifen verschiedener Breite sind im Wechsel mit kleinen Streublüten, verschieden gestalteten indischen Palmetten bzw. einer dichten, wellenförmig geschwungenen Blüten- und Blattranke geschmückt.*

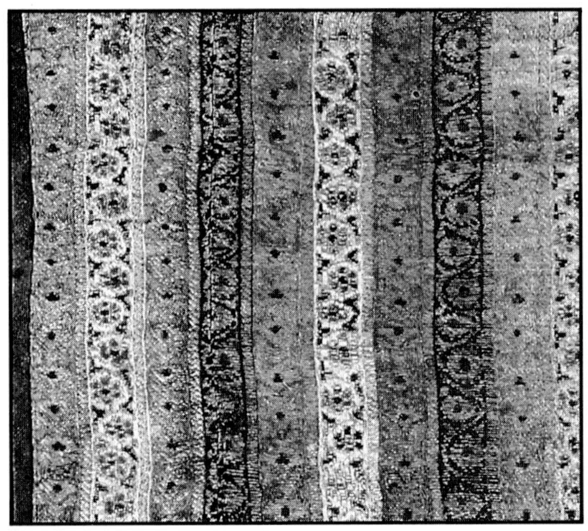

351 MVK Inv. Nr. WAS 141 Abb. 287
Kleine, eingefaßte und abgefütterte Decke
Iran: 17.–18. Jh.; 24,8×24,8 cm
Material: *Seide, Goldfaden mit Seidenseele;* Farben: *Gold (Goldgelb), Tannengrün, Altrosa, Orange, Mittelblau;* Zustand: *Stark verschlissen; Goldfaden fast völlig ausgefallen; sehr lockere Gewebestruktur; Farben ausgebleicht;* Muster: *In Kettrichtung verlaufen verschiedenfarbige, nebeneinander liegende Musterstreifen mit unterschiedlichen, stilisierten Blütenranken in einfacher Zeichnung.*

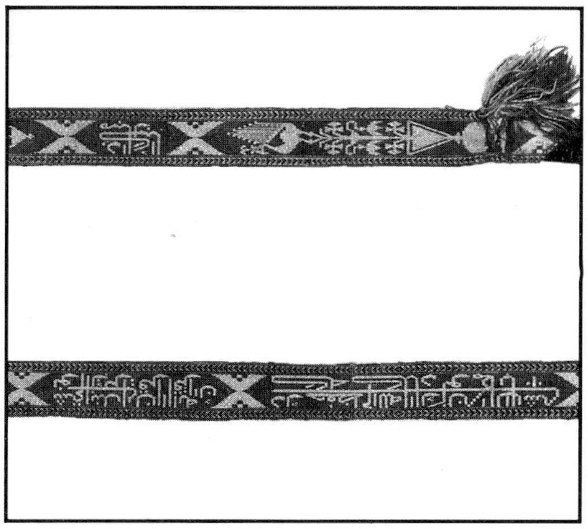

352 KGM Inv. Nr. 1978,355 Abb. 284
Zwei Seidenstreifenfragmente
Iran: 18.–19. Jh.; 1,8×26,5 cm; 1,8×17,8 cm
Material: *Seide;* Farben: *Weiß, Weinrot, Gelb, Schwarz;* Zustand: *Sehr gut erhalten, lediglich geringfügig verschmutzt;* Muster: *Zwischen zwei schmalen Begleitstreifen liegt ein rotgrundiger Musterstreifen, in dem stark stilisierte Pflanzen, Pfauenmotive sowie Kartuschen mit arabischer Schrift übereinander geordnet sind. Das zweite, kleinere Seidenstreifenfragment ist auf weinrotem Grund mit in angedeuteten Kartuschen liegenden Schriftbändern bedeckt.*

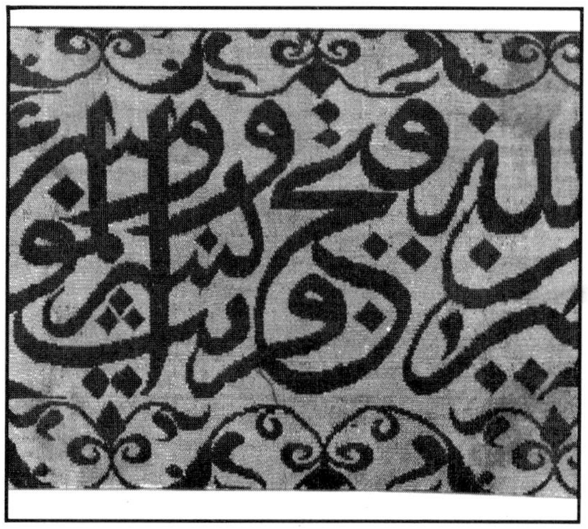

353 KGM Inv. Nr. 1978,161 Abb. 289
Seidenfragment
Iran: 17. Jh. (?); 16,8×14,3 cm
Material: *Seide;* Farben: *Blau, Weiß;* Zustand: *sehr gut erhalten, lediglich an einer Stelle ein kleines Loch;* Muster: *Auf blauem Grund liegt zwischen elegant gezeichneten Arabeskenranken ein weißes, spiegelverkehrtes Schriftband.*

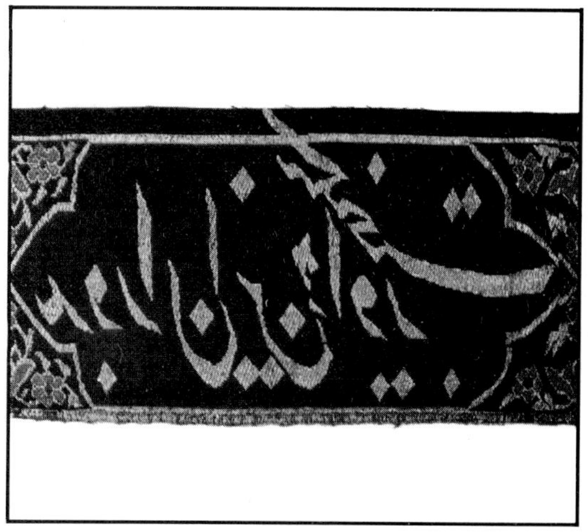

354 KGM Inv. Nr. 1978,162 Abb. 290
Seidenfragment
Iran: 17.–18. Jh. (?); 24×11,5 cm
Material: *Seide, Goldfaden mit Seidenseele;* Farben: *Lila, Gold (Goldgelb), Zinnoberrot, Blau;* Zustand: *Goldfaden stark ausgefallen; ansonsten gut erhalten;* Muster: *Auf lilafarbenem Grund liegt eine gelb gezeichnete Kartusche, die durch eine spiegelverkehrte arabische Inschrift ausgefüllt wird. Die beiden Schmalseiten außerhalb der Kartusche sind mit Blüten geschmückt und ergänzen das Ensemble zu einem Rechteck.*

Anhang

Anmerkungen

1 J.H. Schmidt, Alte Seidenstoffe, Braunschweig 1958, S. 51.
2 R.B. Serjeant, ArsIsl. 10 (1943) S. 72. Es ist anzunehmen, daß es sich dabei um Shapur I. (241–272) handelt, da unter seiner Herrschaft siegreich gegen das Römische Reich gekämpft wurde.
3 L.I. Albaum – B. Brentjes, Wächter des Goldes, Berlin 1972, Abb. 123; 124; 157; 158; A.M. Belenickij, Monumental'noe iskusstvo Pendžikenta, Moskau 1973, Abb. 19–21; 25–29; 33.
4 Vgl. J.H. Schmidt, Seidenstoffe S. 51f.
5 Ebenda S. 52.
6 Vgl. zu dieser Problematik auch R.B. Serjeant, ArsIsl. 10 (1943) S. 71–168; 11–12 (1946) S. 98–135.
7 Vgl. dazu ebenda; E. Kühnel, ZDMG 106 (1956) S. 78–92; P. Schwarz, Iran im Mittelalter nach den arabischen Geographen, V–VII, Leipzig 1925; VIII, Stuttgart-Berlin 1934.
8 Vgl. dazu u.a. ebenda; R.B. Serjeant, ArsIsl. 10 (1943) S. 71ff.; 11–12 (1946) S. 98ff.
9 P. Schwarz, Iran im Mittelalter V S. 607.
10 So zitiert bei P. Schwarz, Iran im Mittelalter VIII S. 1070.
11 B. Spuler, Die Mongolen in Iran. Politik, Verwaltung und Kultur der Ilchanzeit 1220–1350, Berlin [3]1968, S. 430–438.
12 Zu einem Überblick über die safawidische Miniaturmalerei vgl. Orientalische illustrierte Handschriften aus Museen und Bibliotheken der Deutschen Demokratischen Republik. Ausstellung im Islamischen Museum der Staatlichen Museen zu Berlin – Hauptstadt der DDR –. Wissenschaftliche Bearbeitung des Kataloges: K. Rührdanz, Berlin 1984.
13 Vgl. S. Schuster-Walser, Das safawidische Persien im Spiegel europäischer Reiseberichte (1502–1722), Baden-Baden–Hamburg 1970, S. 51; vgl. dazu auch A. Gabriel, Die Erforschung Persiens, Wien 1952, S. 60.
14 Vgl. P. Luft, Iran unter Schah ʿAbbās II. (1642–1666), Göttingen 1968, S. 167.
15 Vgl. ebenda S. 167f. und Anm. 630.
16 Vgl. u.a. B. Brentjes, Chane-Sultane-Emire, Leipzig 1974, S. 208.
17 E. Kühnel, Die Kunst des Islam, Stuttgart 1962, S. 10.
18 P.H. Feist, Künstler, Kunstwerk und Gesellschaft. Studien zur Kunstgeschichte und zur Methodologie der Kunstwissenschaft, Dresden 1978, S. 12f.
19 Vgl. K. Erdmann, Europa und der Orientteppich, Berlin–Mainz 1962, S. 117.
20 A. Olearius, Vermehrte Moscowitische und Persianische Reisebeschreibung, Schleszwig 1665, S. 594f.
21 Ebenda S. 554.
22 Ebenda S. 595.
23 So zitiert bei K. Erdmann, Europa und der Orientteppich S. 112f.
24 Vgl. Sir John Chardins Travels in Persia. With a Introduction by Sir Percy Sykes, London 1927, S. 219.
25 So zitiert bei K. Erdmann, Europa und der Orientteppich S. 112.
26 Vgl. Chardins Travels in Persia S. 219f.
27 So zitiert bei S. Hedin, Verwehte Spuren. Orientfahrten des Reise-Bengt und anderer Reisender im 17. Jahrhundert, Leipzig 1923, S. 234.
28 K. Meier-Lemgo (Hrsg.), Engelbert Kämpfer, der erste deutsche Forschungsreisende 1651–1716. Leben, Reisen, Forschungen nach den bisher unveröffentlichten Handschriften Kämpfers im Britischen Museum, Stuttgart 1937, S. 40.
29 Ebenda S. 41.
30 J.G. Bhushan, The Costumes and Textiles of India, Bombay 1958, S. 29.
31 A. Olearius, Moskowitische und persische Reise, Berlin 1959, S. 349.
32 Vgl. dazu u.a. R. Paret, in: Das Werk des Künstlers. Studien zur Ikonographie und Formengeschichte, Hubert Schrade zum 60. Geburtstag dargebracht von Kollegen und Schülern, Stuttgart 1960, S. 40.
33 So zitiert bei K. Erdmann, Europa und der Orientteppich S. 37.
34 Vgl. ebenda S. 28.
35 Vgl. ebenda.
36 Vgl. U.A. Pope, Introduction to Persian Art, London 1930, S. 169.
37 Vgl. Chardins Travels in Persia S. 77.
38 Vgl. dazu u.a. E. Diez, Iranische Kunst, Wien 1944, S. 180.
39 So zitiert bei B. Spuler, Die Mongolen in Iran S. 447.
40 Vgl. dazu u.a. A.F. Kendrick, YBOrArtC 1924–1925, S. 60.
41 Vgl. V. Minorsky, Tadhkirat al-Mulūk. A Manual of Safavid Administration (ca. 1137/1725). E.J. Gibb Memorial Series NS 16, London 1943, S. 65.
42 Vgl. Chardings Travels in Persia S. 95f.
43 Vgl. ebenda S. 114.
44 Vgl. M. Aġa-Oglu, Safawid Rugs and Textiles. The Collection of the Shrine of Imām ʿAlī at al-Najaf, New York 1941.
45 E. Diez, Iranische Kunst S. 182.
46 Vgl. dazu A. Mazahéri, Der Iran und seine Kunstschätze. Meder und Perser, die Schätze der Magier, die iranische Renaissance, Genf 1970, S. 275f.
47 Vgl. hierzu A. Geijer – C.J. Lamm, Orientalische Briefumschläge in schwedischem Besitz, Stockholm 1944.
48 Vgl. dazu u.a. O. von Falke, Kunstgeschichte der Seidenweberei, Berlin [3]1936, S. 37.
49 Vgl. dazu F.R. Martin, Die Persischen Prachtstoffe im Schlosse Rosenborg in Kopenhagen, Stockholm 1901.
50 A. Olearius, Persianische Reisebeschreibung S. 533f.
51 Ebenda S. 534f.
52 Vgl. dazu J. von Hammer-Purgstall, Geschichte des Osmanischen Reiches, I, Pesth [2]1834, S. 369.
53 Vgl. dazu A.U. Pope, Introduction to Persian Art S. 165.
54 A. Olearius, Persianische Reisebeschreibung S. 534.
55 L. Rauwolff, Beschreibung der Reyß Leonardi Rauwolffen der Artzney Doctorn / und bestellten Medici zu Augsburg, Frankfurt am Mayn 1582, S. 76.
56 So zitiert bei S.A. Skilliter, William Harborne and the Trade with Turkey 1578–1582. A. Documentary Study of the First Anglo-Ottoman Relations, London 1977, S. 221.
57 Vgl. dazu W. Hinz, WdO 4 (1949) S. 333.
58 A. Cohn (Hrsg.), Ein deutscher Kaufmann des 16. Jahrhunderts – Hans Ulrich Krafft's Denkwürdigkeiten, Göttingen 1862, S. 53.
59 Ebenda S. 214.
60 Ebenda S. 330f.
61 Vgl. dazu H. Sohrweide, Der Islam 41 (1965) S. 162.
62 Vgl. dazu K. Philipp, Der Islam 7 (1917) S. 97.
63 A. Olearius, Moskowitische und Persische Reise S. 474f.
64 Ebenda S. 476.
65 E. Kaempfer, Am Hofe des Persischen Großkönigs (1684–85). Eingeleitet und in deutscher Bearbeitung herausgegeben von W. Hinz, Leipzig 1940, S. 66.
66 Ebenda.
67 Vgl. dazu auch S. Schuster-Walser, Der Islam 54 (1977) S. 126–132.
68 E. Kaempfer, Am Hofe des Persischen Großkönigs S. 66.
69 Ebenda.
70 Ebenda S. 66f.
71 Ebenda S. 66.
72 So zitiert bei S. Schuster-Walser, Der Islam 54 (1977) S. 128f.
73 Ebenda S. 129.
74 A. Olearius, Persianische Reisebeschreibung S. 534.
75 Vgl. dazu u.a. V. Minorsky, Tadhkirat al-Mulūk S. 65f.
76 Vgl. dazu P. Luft, Iran unter Schah ʿAbbās II. S. 95.
77 Vgl. dazu u.a. A.F. Kendrick, YBOrArtC 1924–1925, S. 60.
78 A. Olearius, Moskowitische und persische Reise S. 416.
79 Vgl. dazu V. Minorsky, Tadhkirat al-Mulūk S. 20.

80 Vgl. M. Refslund-Klemann (Hrsg.), Johann Albrecht von Mandelslo. Journal und Observation (1637–1640), Kopenhagen 1942, S. 10.
81 Chardins Travels in Persia S. 284. W. Hinz spricht davon, daß Seide ein eigenes ›männ-Gewicht‹ hatte, und gibt es mit ca. 1,9 kg an. Vgl. W. Hinz, Wdo 4 (1949) S. 225f.
82 Vgl. dazu W. Foster, England erobert den Orienthandel, Leipzig 1938, 25–28. Zur Reise von A. Jenkinson vgl. auch A. Gabriel, Erforschung Persiens S. 53f.; S. Schuster-Walser, Das safawidische Persien S. 13; 83.
83 Vgl. ebenda S. 54.
84 Vgl. auch P. Luft, Iran unter Schah ʿAbbās II. S. 67, der auf Angaben in K. Glamann, Dutch-Asiatic Trade 1620–1740, Kopenhagen 1958, S. 116 verweist (mir nicht zugänglich).
85 Vgl. u.a. P. Luft, Iran unter Schah ʿAbbās II. S. 68; 70; 72.
86 Vgl. P.G. Bietenholz, Pietro Della Valle (1586–1652). Studien zur Geschichte der Orientkenntnis und des Orientbildes im Abendlande, Basel–Stuttgart 1962, S. 174. Dazu vgl. weiter P. Luft, Iran unter Schah ʿAbbās II. S. 67; S. Schuster-Walser, Das safawidische Persien S. 86.
87 P.G. Bietenholz, Pietro Della Valle S. 70. Vgl. dazu auch M. Torabi-Nejad, Problematik der autochthonen Genesis der modernen Wirtschaftsweise in Iran. Vergleich zwischen der sozialökonomischen Struktur des safawidischen Persien und des vormodernen Westeuropa, Hamburg 1979, S. 242.
88 Vgl. M. Refslund-Klemann (Hrsg.), Johann Albrecht von Mandelslo S. 10; P. Luft, Iran unter Schah ʿAbbās II. S. 68–72; Anm. 263. S. Schuster-Walser spricht von einem Seidenpreis von 48 tuman je Ballen. Vgl. S. Schuster-Walser, Das safawidische Persien S. 89.
89 Vgl. Chardins Travels in Persia S. 282.
90 Vgl. u.a. A. Olearius, Moskowitische und persische Reise S. 416; P. Luft, Iran unter Schah ʿAbbās II. S. 84; M. Murtada al-Musawi, Sumer 25 (1969) S. 101.
91 Vgl. Chardins Travels in Persia S. 281f.
92 Vgl. F.R. Martin, Die persischen Prachtstoffe im Schlosse Rosenborg S. 3.
93 Vgl. u. a. P. Luft, Iran unter Schah ʿAbbās II. S. 61f.
94 Vgl. dazu W. Hinz, WdO 4 (1949) S. 313 bis 340; H. Ritter, Der Islam 7 (1917) S. 58.
95 So zitiert bei W. Hinz, WdO 4 (1949) S. 334.
96 Vgl. dazu u.a. V. Minorsky, Calligraphers and Painters. A Treatise by Qāḍī Aḥmad, Son of Mīr-Munshī (circa A.H. 1015/A.D. 1606), Washington 1959, S. 31.
97 A. Gabriel, Erforschung Persiens S. 61.
98 Die Reisen des Venezianers Marco Polo im dreizehnten Jahrhundert. Mit einem Kommentar von A. Bürck. Zusätze und Verbesserungen von K.F. Neumann, Leipzig 1845, S. 81.
99 So zitiert bei B. Spuler, Die Mongolen in Iran S. 432.
100 Vgl. F. Spuhler, Islamic Carpets and Textiles in the Keir Collection. The Keir Collection, London 1978, S. 164.
101 Vgl. P. Luft, Iran unter Schah ʿAbbās II. S. 95.
102 Vgl. H. Gaube – E. Wirth, Der Bazar von Isfahan, Wiesbaden 1978, S. 262.
103 Vgl. etwa S. Hedin, Verwehte Spuren S. 222; H. Gaube – E. Wirth, Der Bazar von Isfahan S. 262; 268.
104 Vgl. A. Gabriel, Erforschung Persiens S. 72.
105 A. Olearius, Persianische Reisebeschreibung S. 482f.
106 Vgl. W. Foster, England erobert den Orienthandel S. 38.
107 So zitiert bei S. Hedin, Verwehte Spuren S. 288.
108 So zitiert ebenda S. 292.
109 Vgl. dazu F. Spuhler, The Keir Collection S. 163f.
110 Vgl. P.G. Bietenholz, Pietro Della Valle S. 111.
111 A. Olearius, Persianische Reisebeschreibung S. 494f.
112 So zitiert bei S. Hedin, Verwehte Spuren S. 222.
113 Vgl. dazu u.a. G. Migeon, RevArtAM 51 (1927) S. 108.
114 Vgl. V. Minorsky, Calligraphers and Painters S. 30.
115 So zitiert bei H. Gaube – E. Wirth, Der Bazar von Isfahan S. 283.
116 Vgl. V. Minorsky, Tadhkirat al-Mulūk S. 66.
117 Vgl. B. Spuler, Die Mongolen in Iran S. 437.
118 Die Reisen des Venezianers Marco Polo S. 91f.
119 Vgl. W. Hinz, WdO 4 (1949) S. 332.
120 So zitiert bei S. Hedin, Verwehte Spuren S. 196.
121 Vgl. H. Gaube – E. Wirth, Der Bazar von Isfahan S. 128; 282.
122 So zitiert ebenda S. 282.
123 Vgl. F. Spuhler, The Keir Collection S. 162.
124 Vgl. V. Minorsky, Tadhkirat al-Mulūk S. 66ff.
125 Vgl. u.a. M. Ağa-Oglu, Ṣafawid Rugs and Textiles S. 45.
126 Vgl. H. Gaube – E. Wirth, Der Bazar von Isfahan S. 270.
127 So zitiert bei S. Hedin, Verwehte Spuren S. 278, nach einem Bericht des Nicolaus Matthiä Kioping; vgl. dazu auch B. Spuler, Die Mongolen in Iran S. 437.
128 A. Olearius, Moskowitische und persische Reise S. 270.
129 So zitiert bei F.R. Martin, Die persischen Prachtstoffe im Schlosse Rosenborg S. 12. Zu Qum vgl. weiter H. Gaube – E. Wirth, Der Bazar von Isfahan S. 270.
130 Vgl. dazu V. Minorsky, Tadhkirat al-Mulūk S. 20; 30.
131 Ebenda S. 20; 66; 70f.; 83.
132 Vgl. dazu P. Luft, Iran unter Schah ʿAbbās II. S. 95.
133 Vgl. V. Minorsky, Tadhkirat al-Mulūk S. 30.
134 E. Kaempfer, Am Hofe des persischen Großkönigs S. 121.
135 Ebenda S. 86.
136 Vgl. V. Minorsky, Tadhkirat al-Mulūk S. 21.
137 Vgl. ebenda S. 65f.
138 Vgl. u. a. H. E. Wulff, JOSA 3 (1965) S. 66; 71.
139 Vgl. u.a. B. Lewis, EHR 8 (1937) S. 36; H.E. Wulff, JOSA 3 (1965) S. 71f.
140 Vgl. M. Torabi-Nejad, Problematik der autochthonen Genesis S. 227.
141 Vgl. V. Minorsky, Tadhkirat al-Mulūk S. 70; 81; 83.
142 A. Olearius, Moskowitische und persische Reise S. 415f.
143 So zitiert bei S. Hedin, Verwehte Spuren S. 281.
144 Vgl. A. Olearius, Moskowitische und persische Reise S. 296.
145 Vgl. ebenda S. 330.
146 E. Kaempfer, Am Hofe des persischen Großkönigs S. 160.
147 A. Olearius, Persianische Reisebeschreibung S. 555.
148 Ebenda S. 589.
149 Ebenda S. 585–588.
150 Ebenda S. 588–589.
151 P.G. Bietenholz, Pietro Della Valle S. 211.
152 Ebenda S. 111.
153 Ebenda.
154 A. Olearius, Persianische Reisebeschreibung S. 586.
155 Ebenda S. 586ff.
156 Ebenda S. 588f.
157 Ebenda S. 480.
158 Vgl. Chardins Travels in Persia S. 211–218.
159 Vgl. ebenda S. 211f.
160 Vgl. ebenda S. 274f.
161 B. Gray, in: Aus der Welt der islamischen Kunst. Festschrift für E. Kühnel zum 75. Geburtstag am 26.10.1957, Berlin 1959, S. 219–226. Vgl. auch Ph. Ackerman, in: A.U. Pope – Ph. Ackerman (Ed.), A Survey of Persian Art from the Prehistoric Times to the Present VI, Oxford 1939, pl. 1056 C; pl. 1054.
162 Bei der Bestimmung des Begriffs »Lampas« wurde der durch das Centre International d'Étude des Textiles Anciens (C.I.É.T.A.) gegebenen Definition ge-

folgt. Vgl. dazu Vokabular der Textiltechniken, Lyon 1971 (Deutsche Ausgabe), auszugsweise zitiert bei B. Markowsky, Europäische Seidengewebe des 13.–18. Jahrhunderts. Kunstgewerbemuseum der Stadt Köln, Köln 1976, S. 99–103. Vgl. dazu ferner The Arts of Islam. Hayward Gallery 8 April – 4 July 1976, London 1976, S. 107.

163 Vgl. N.A. Reath – E.B. Sachs, Persian Textiles and their Technique from the Sixth to the Eighteenth Century, New Haven 1937, Ex. 71 : Pl. 71; M.S. Dimand, A Handbook of Muhammadan Art, New York ²1947, Fig. 172.

164 Vgl. N.A. Pirverdjan (Ed.), Iranian Textiles 16th to the 18th Centuries. From the Art Collections of Soviet Museums. Hermitage Collections, Leningrad 1975.

165 Vgl. B. Markowsky, Europäische Seidengewebe S. 383 mit Abb. 716; »Türkei, Zweite Hälfte 16. oder 17. Jahrhundert«. Dem kann jedoch nicht zugestimmt werden.

166 Vgl. ebenda.

167 Vgl. ebenda.

168 Vgl. E. Atil, Art of the Arab World, Washington 1975, Pl. 26.

169 Vgl. P. Schulze, Alte Stoffe, Berlin 1917, Abb. 100; M. Taha Hussein, Mamlukische Kunstformen in der Seidenweberei des 13.–15. Jahrhunderts, Köln 1963, Abb. 9. Vgl. auch Ph. Ackerman, in: A.U. Pope – Ph. Ackerman (Ed.), Survey VI, pl. 1003.

170 Vgl. u.a. M. Taha Hussein, Mamlukische Kunstformen Abb. 38.

171 Vgl. dazu J. Sourdel-Thomine – B. Spuler, Die Kunst des Islam. Propyläen Kunstgeschichte 4, Berlin 1973, Abb. 325.

172 Vgl. I. Stchoukine, Les peintures des manuscrits Safavis de 1502 à 1587, Paris 1959, pl. V.

173 Vgl. dazu M.S. Dimand, MetrMusSt. 1 (1928–1929) S. 108 Fig. 9.

174 Vgl. I. Stchoukine, Manuscrits Safavis de 1502 à 1587 pl. XXIV.

175 Vgl. ebenda pl. XXXVIII.

176 Vgl. E. Grube, Die Welt des Islam. Architektur, Keramik, Malerei, Teppiche, Metallarbeiten, Schnitzkunst (Schätze der Weltkultur 7), Gütersloh 1968, Abb. 195.

177 Vgl. dazu M.S. Dimand, BMetrMus. 22 (1927) S. 108–111 mit Fig. 2.

178 Veröffentlichungen dieser Stücke: ebenda; N.A. Reath – E.B. Sachs, Persian Textiles Ex. 82 : Pl. 82, Metropolitan Museum of Art; Ph. Ackerman, in: A.U. Pope – Ph. Ackerman (Ed.), Survey VI, pl. 1006, Sammlung Loewi (1939); A.C. Weibel, Two Thousand Years of Textiles, New York 1952, pl. 135, Textile Museum; dies., Art Quarterly 7 (1944) S. 201 (no. 248), »formerly Hirsch Collection«; F. Spuhler, The Keir Collection no. 100, Keir Collection (ehemals Sammlung Loewi).

179 Vgl. Ph. Ackerman, in: A.U. Pope – Ph. Ackerman (Ed.), Survey VI, pl. 1007 A.

180 Vgl. u.a. Ph. Ackerman, in: A.U. Pope – Ph. Ackerman (Ed.), Survey VI, pl. 1022; 1036; 1007 B; A.C. Weibel, Two Thousand Years of Textiles pl. 140; E. Kühnel – B. Gray, L'art de l'Orient islamique, Lissabon 1963, Abb. 77.

181 Vgl. The Arts of Islam. Hayward Gallery no. 79.

182 Vgl. F. Spuhler, The Keir Collection no. 97–99.

183 Vgl. dazu u.a. A. Mekhitarian – Y. Crowe, Les arts de l'Islam. Musée Royaux d'Art et d'Histoire, Brüssel 1976, Fig. 121; F. Spuhler, The Keir Collection no. 102 A; Ph. Ackerman, in: A.U. Pope – Ph. Ackerman (Ed.), Survey VI, pl. 1012.

184 Vgl. dazu N.A. Reath – E.B. Sachs, Persian Textiles Ex. 80 : Pl. 80; vgl. darüber hinaus auch ebenda Ex. 81 : Pl. 81.

185 Zu einer genauen Begriffsbestimmung vgl. ebenda S. 4; 30–32; 57.

186 Vgl. Ph. Ackerman, in: A.U. Pope – Ph. Ackerman (Ed.), Survey VI, pl. 1016.

187 Vgl. S. Schuster-Walser, Das safawidische Persien Tf. 1–5; B. Brentjes, Chane-Sultane-Emire Tf. 62.

188 Vgl. Ph. Ackerman, in: A.U. Pope – Ph. Ackerman (Ed.), Survey VI, pl. 1076 A–D.

189 Vgl. ebenda pl. 1076 B, Yazd (17. Jahrhundert).

190 Vgl. Ph. Ackerman, in: A.U. Pope – Ph. Ackerman (Ed.), Survey VI, pl. 1076 C.

191 Vgl. N.A. Reath – E.B. Sachs, Persian Textiles Ex. 43 : Pl. 43; A.C. Weibel, Two Thousand Years of Textiles pl. 125.

192 Vgl. dazu S. 55. Zu Listen der Namen, die uns auf Textilien überliefert wurden, vgl. vor allem Ph. Ackerman, in: A.U. Pope – Ph. Ackerman (Ed.), Survey III, S. 2049–2114; E. Kühnel, ArsIsl. 8 (1941) S. 116–119; M. Aġa-Oglu, Ṣafawid Rugs and Textiles S. 44–48.

193 Zu Publikationen vgl. F.R. Martin, Die persischen Prachtstoffe im Schlosse Rosenborg S. 3 Fig. 1; E.D. Ross (Ed.), Persian Art, London 1930, Farbtafel; Persian Art. An Illustrated Souvenir of the Exhibition at Burlington House London 1931, London 1931, Farbtafel zwischen pl. 68 und 69; Ph. Ackerman, in: A.U. Pope – Ph. Ackerman (Ed.), Survey VI, pl. 1026; Victoria & Albert Museum. Brief Guide to the Persian Woven Fabrics, London 1950, pl. 3; St. und E.I. Holt, Connoisseur 1961, S. 19 Abb. 1; The Arts of Islam. Hayward Gallery no. 76.

194 Zu Publikationen vgl. E.K. Kverfeldt, Trudy otdela Vostoka III (1940) S. 268 Abb. (mir nicht zugänglich); N.A. Pirverdjan (Ed.), Iranian Textiles; dies., SGE 30 (1969) S. 39–41; B.V. Vejmarn, Iskusstvo arabskich stran i Irana VII–XVII vekov, Moskau 1974, Abb. 204.

195 Zu Publikationen vgl. S. Maslenicyna, Iskusstvo Irana v sobranii Gosudarstvennogo muzeja iskusstva narodov Vostoka, Leningrad 1975, Abb. 83; 84. N.A. Pirverdjan, SGE 30 (1969) S. 39; vgl. dazu auch Ausstellung von Meisterwerken Muhammedanischer Kunst. Amtlicher Katalog, München 1910, S. 197 Nr. 2360 (R. 4), Darstellung einer gleichgemusterten Seide aus der ehemaligen Sammlung Stchoukine, Moskau.

196 Inv. Nr. 06.75. N.A. Pirverdjan nimmt wahrscheinlich auf dieses Fragment Bezug, wenn sie in SGE 30 (1969). S. 39 ein Vergleichsstück aus dem Besitz des »Berliner Museums« anführt.

197 N.A. Pirverdjan (Ed.), Iranian Textiles; dies., SGE 30 (1969) S. 42; drittes Viertel 16. Jahrhundert. Zu einer ausführlichen Bearbeitung von Kat. Nr. 14 und 15 vgl. R. Neumann, Persica 11 (1984) S. 115–127.

198 Vgl. dazu u.a. J.H. Schmidt, JbKuSW NF 7 (1933) S. 224 Abb. 176; A.C. Weibel, Two Thousand Years of Textiles pl. 133; 134.

199 Vgl. u.a. The Arts of Islam. Hayward Gallery no. 72.

200 Vgl. hierzu vor allem E. Maclagan, Brief Guide to the Turkish Woven Fabrics, London 1931, Pl VII; VIII; A.C. Weibel, Two Thousand Years of Textiles pl. 155; E. Kühnel – B. Gray, L'art de l'Orient islamique Abb. 95; L'Islam dans les collections nationales, 2 mai – 22 août 1977, Paris 1977, Fig. 246.

201 Vgl. I. Stchoukine, Les peintures des manuscrits de Shāh ʿAbbās I. à la fin des Safavis, Paris 1964, pl XXXV; zu dieser frühen, dynamischen Malweise vgl. weiter ebenda pl. XXXIII.

202 Zu Veröffentlichungen vgl. F.R. Martin, Figurale persische Stoffe aus dem Zeitraum 1550–1650, Stockholm-Leipzig 1899, Tf. III; J. Lessing, Die Gewebesammlung des Königlichen Kunstgewerbe-Museums, XI, Berlin 1912, Tf. 330; F. Sarre – F.R. Martin (Hrsg.), Ausstellung von Meisterwerken Muhammedanischer Kunst. München 1910, III, München 1912, Tf. 193; E. Flemming, Das Textilwerk. Gewebeornamente und Stoffmuster vom Altertum bis zum Anfang des 19. Jahrhunderts, Berlin 1927, Tf. 289; Persian Art. An Illustrated Souvenir S. 96 (oben); G.R. Meyer (Hrsg.), Berlin Museumsinsel, Leipzig 1980, S. 134 (Abb.); 147 (3) (Erläuterung).

203 Zu Veröffentlichungen vgl. H. Glück – E. Diez, Die Kunst des Islam. Propyläen

Kunstgeschichte V, Berlin ²1925, Tf. XXI; Persian Art. An Illustrated Souvenir S. 96 (unten); A.F. Kendrick, BurlMag. 58 (1931) S. 20, Pl. II B; Ph. Ackerman, in: A.U. Pope – Ph. Ackerman (Ed.), Survey VI, pl. 1061 A.

204 Zu Veröffentlichungen vgl. G. Migeon, RevArtAM 51 (1927) S. 106, Fig. 10.

205 Zu Veröffentlichungen vgl. R. Neumann, FuB 19 (1979) S. 72, Abb. 7.

206 Vgl. M. Schuette, ZfbildKu. 61 (1927–1928) S. 118–120; F.R. Martin, Figurale persische Stoffe S. 11.

207 Vgl. u.a. Ph. Ackerman, in: A.U. Pope – Ph. Ackerman (Ed.), Survey VI, pl. 1062; A.U. Pope, Masterpieces of Persian Art, New York 1945, pl. 150; A. Geijer, Oriental Textiles in Sweden, Kopenhagen 1951, Pl. 15, No. 31.

208 Vgl. Ausstellung von Meisterwerken. Amtlicher Katalog, Nr. 2381 (R. 4).

209 Vgl. M. Schuette, ZfbildKu. 61 (1927–1928) S. 118–120. Zu weiteren Abbildungen vgl. B. Brentjes, Chane-Sultane-Emire Tf. 93; W. Walther, Die Frau im Islam, Leipzig 1980, Einbandabbildung.

210 Vgl. B.V. Vejmarn, Iskusstvo arabskich stran i Irana Abb. 194.

211 Vgl. Ph. Ackerman, in: CongrIntArt. IIIe, pl. X (nach Kashan lokalisiert); N.A. Pirverdjan, SGE 40 (1975) S. 54 (VT–1007); dies. (Ed.), Iranian Textiles.

212 Vgl. N.A. Reath – E.B. Sachs, Persian Textiles S. 9f.; 56f.; Ex. 26 : Pl. 26; A. Welch, Shah ʿAbbas and the Arts of Isfahan, New York 1973, no. 91.

213 Vgl. Ph. Ackerman, in: A.U. Pope – Ph. Ackerman (Ed.), Survey VI, pl. 1071 A (Kashan).

214 Vgl. dazu N.A. Reath – E.B. Sachs, Persian Textiles Ex. 21 : Pl. 21; Ex. 24 : Pl. 24; Ex. 26 : Pl. 26; Ex. 28 : Pl. 28 A.

215 Vgl. N.A. Pirverdjan, SGE 40 (1975) S. 53; 55.

216 Vgl. dazu I. Luschey-Schmeisser, The Pictorial Tile Cycle of Hašt Behešt in Isfahān and its Iconographic Tradition, Rom 1978, Pl. XII, Fig. 3; Pl. XIII, Fig. 5; Pl. XIV, Fig. 6 und 7.

217 Vgl. F.R. Martin, Figurale persische Stoffe Fig. 30.

218 Vgl. N.A. Pirverdjan, SGE 40 (1975) S. 55 (VT–27).

219 Vgl. I. Stchoukine, Manuscrits de Shāh ʿAbbās I. à la fin des Safavis pl. LXXV.

220 Vgl. A. Welch, Shah ʿAbbas and the Arts of Isfahan no. 62 (1663/64 datiert); B.V. Vejmarn, Iskusstvo arabskich stran i Irana Abb. 196; 197 (zweite Hälfte 17. Jahrhundert).

221 Vgl. D.G. Shepherd, BClevMus. 37 (1950) Abb. S. 114 (Zeit von Shah Sulaiman I.); vgl. auch Ph. Ackerman, in: A.U. Pope – Ph. Ackerman (Ed.), Survey VI, pl. 1074 D; vgl. weiter A.F. Kendrick, BurlMag. 37 (1920) S. 242, Pl. IV J.

222 Vgl. Ph. Ackerman, Apollo 13 (1931) Abb. S. 13.

223 Vgl. Ph. Ackerman, in: A.U. Pope – Ph. Ackerman (Ed.), Survey VI, pl. 1074 D.

224 Vgl. N.A. Pirverdjan (Ed.), Iranian Textiles.

225 Vgl. A.C. Weibel, Two Thousand Years of Textiles pl. 141. Eine erste Bearbeitung dieses Samtfragments erfolgte durch dies., BullDIA 16 (1936) S. 30–31.

226 Vgl. J. Lessing, Die Gewebesammlung des Königlichen Kunstgewerbe-Museums, XI, Tf. 325.

227 Vgl. E. Flemming, Textilwerk Tf. 313.

228 Vgl. oben Anm. 225.

229 Vgl. M. Aġa-Oglu, Safawid Rugs and Textiles pl. X.

230 Vgl. J. Lessing, Die Gewebesammlung des Königlichen Kunstgewerbe-Museums, XI, Tf. 324; E. Flemming, Textilwerk Tf. 309.

231 Vgl. M. Aġa-Oglu, Safawid Rugs and Textiles pl. XVIII.

232 Vgl. ebenda S. 23.

233 Vgl. Victoria & Albert Museum, Brief Guide pl. VI, 1.

234 Vgl. M.S. Dimand, BMetrMus. 24 (1929) S. 116; N.A. Reath – E.B. Sachs, Persian Textiles Ex. 58 : Pl. 58.

235 Vgl. M.S. Dimand, BMetrMus. 24 (1929) S. 116.

236 Vgl. Victoria & Albert Museum. Brief Guide pl. I; The Arts of Islam. Hayward Gallery no. 79. Vgl. auch E. Flemming, Textilwerk Tf. 299 (17. Jahrhundert).

237 Vgl. u.a. Victoria & Albert Museum. Brief Guide pl. IX; N.A. Reath – E.B. Sachs, Persian Textiles Ex. 59 : Pl. 59.

238 Vgl. ebenda.

239 Vgl. N.A. Pirverdjan (Ed.), Iranian Textiles.

240 Vgl. ebenda.

241 Vgl. E. Flemming, Textilwerk Tf. 304.

242 Vgl. N.A. Reath – E.B. Sachs, Persian Textiles Ex. 59 : Pl. 59.

243 Vgl. dazu Ph. Ackerman, in: A.U. Pope – Ph. Ackerman (Ed.), Survey VI, pl. 1073 D; A. Geijer, Oriental Textiles in Sweden Pl. 20, no. 43; N.A. Pirverdjan (Ed.), Iranian Textiles.

244 Vgl. Ph. Ackerman, in: A.U. Pope – Ph. Ackerman (Ed.), Survey VI, pl. 1056; N.A. Reath – E.B. Sachs, Persian Textiles Ex. 22 : Pl. 22; Ex. 57 : Pl. 57; A.C. Weibel, Two Thousand Years of Textiles pl. 121; N.A. Pirverdjan (Ed.), Iranian Textiles.

245 Vgl. dazu Ph. Ackerman, in: A.U. Pope – Ph. Ackerman (Ed.), Survey VI, pl. 1089 L (19. Jahrhundert).

246 Vgl. dazu N.A. Reath – E.B. Sachs, Persian Textiles Ex. 56 : Pl. 56; S. 27f.

247 Vgl. hier vor allem A.P. Rowe, Textiles of Safavid Persia and Mughal India, June 15 – Septembre 6 1971. Gallery Guide. Museum of Fine Arts Boston, Boston 1971; A. Geijer, Oriental Textiles in Sweden S. 45.

248 Vgl. E. Grube, Welt des Islam Abb. 187; 188.

249 Vgl. J. Goldsmith-Phillips, BMetrMus. 26 (1931) S. 95.

250 Zu vergleichbaren Geweben siehe F. Spuhler, The Keir Collection no. 122; Ph. Ackerman, in: A.U. Pope – Ph. Ackerman (Ed.), Survey VI, pl. 1055 B; 1081; A. Welch, Shah ʿAbbas and the Arts of Isfahan no. 20.

251 Vgl. dazu A. Begum, Rupam 7 (1926) S. 97.

252 Zu ähnlichen Geweben vgl. M. Aġa-Oglu, Ṣafawid Rugs and Textiles pl. XX (frühes 18. Jahrhundert).

253 Vgl. dazu E. Flemming, Textilwerk Tf. 311; N.A. Reath – E.B. Sachs, Persian Textiles Ex. 87 : Pl. 87; S. Maslenicyna, Iskusstvo Irana Abb. 85.

254 Vgl. dazu u.a. E. Flemming, Textilwerk Tf. 293, 2; Ph. Ackerman, in: A.U. Pope – Ph. Ackerman (Ed.), Survey VI, pl. 1054 B; N.A. Pirverdjan (Ed.), Iranian Textiles.

255 Vgl. J. Lessing, Die Gewebesammlung des Königlichen Kunstgewerbe-Museums XI, Tf. 226b.

256 Vgl. Victoria & Albert Museum. Brief Guide pl. XII.

257 Vgl. E. Flemming, Textilwerk Tf. 311.

258 Vgl. B. Brentjes, Chane-Sultane-Emire Tf. 62.

259 Vgl. N.A. Reath – E.B. Sachs, Persian Textiles Ex. 73 : Pl. 73.

260 Vgl. u.a. E. Flemming, Textilwerk Tf. 291, 2; A. Geijer, Oriental Textiles in Sweden Pl. 15, No. 31; The Arts of Islam. Hayward Gallery no. 85.

261 Vgl. A.C. Weibel, Two Thousand Years of Textiles pl. 122.

262 Vgl. A. Grohmann – T.W. Arnold, Denkmäler islamischer Buchkunst, München 1929, Tf. 88.

263 Vgl. A. Welch, Collection of Islamic Art III, Genf 1978, IR.M. 93.

264 Vgl. Ph. Ackerman, in: A.U. Pope – Ph. Ackerman (Ed.), Survey VI, pl. 1056 B; N.A. Reath – E.B. Sachs, Persian Textiles Ex. 60 : Pl. 60 und 60 A.

265 Vgl. J.H. Schmidt, Alte Seidenstoffe Abb. 277.

266 Vgl. dazu vor allem E. Flemming, Textilwerk Tf. 292; M. Schuette, ZfbildKu. 61 (1927–1928) Abb. S. 119; Ph. Ackerman, in: A.U. Pope – Ph. Ackerman (Ed.), Survey VI, pl. 1060; M. Aġa-Oglu, Safawid Rugs

and Textiles pl. VIII; XI; XVI; A. Geijer, Oriental Textiles in Sweden Pl. 15, No. 31; Pl. 16, No. 34.
267 Vgl. N.A. Reath – E.B. Sachs, Persian Textiles Ex. 42 : Pl. 42 (17. Jahrhundert).
268 Vgl. J. Lessing, Die Gewebesammlung des Königlichen Kunstgewerbe-Museums XI, Tf. 226a. vgl. weiter F. Sarre – F.R. Martin (Hrsg.), Ausstellung von Meisterwerken III, Tf. 130; O. von Falke, Kunstgeschichte der Seidenweberei Abb. 539. Letzterer betrachtet die starke Schwingung als ein Relikt des 16. Jahrhunderts.
269 Vgl. Victoria & Albert Museum. Brief Guide pl. XIII, Kashan.
270 Vgl. E. Flemming, Textilwerk Tf. 311; M.S. Dimand, Handbook of Muhammadan Art Fig. 175; N.A. Reath – E.B. Sachs, Persian Textiles Ex. 42 : Pl. 42; Ex. 90 : Pl. 90; Ex. 91 : Pl. 91; M. Aġa-Oglu, Ṣafawid Rugs and Textiles pl. VIII.
271 Vgl. u.a. E. Flemming, Textilwerk Tf. 292; A. Geijer, Oriental Textiles in Sweden Pl. 15, No. 31.
272 Vgl. Ph. Ackerman, in: A.U. Pope – Ph. Ackerman (Ed.), Survey VI, pl. 1064 B, Yazd (17. Jahrhundert).
273 Vgl. N.A. Reath – E.B. Sachs, Persian Textiles Ex. 90 : Pl. 90 (Zeit von Abbas I.).
274 Verweis darauf bei A. Welch, Shah ʿAbbas and the Arts of Isfahan S. 80
275 Vgl. ebenda no. 54.
276 Vgl. F. Spuhler, The Keir Collection no. 110.
277 Vgl. E. Flemming, Textilwerk Tf. 295.
278 Vgl. A. Welch, Shah ʿAbbas and the Arts of Isfahan S. 80.
279 Vgl. Ph. Ackerman, in: A.U. Pope – Ph. Ackerman (Ed.), Survey VI, pl. 1077 B, Yazd (17. Jahrhundert). Vgl. dazu weiter N.A. Reath – E.B. Sachs, Persian Textiles Ex. 41 : Pl. 41 (16. Jahrhundert). Zu dem Fragment der Ermitage, Leningrad, vgl. N.A. Pirverdjan (Ed.), Iranian Textiles (Anfang 18. Jahrhundert).
280 Zu einem ähnlich gestalteten und in das 17. Jahrhundert datierten Stoff vgl. A.C. Weibel, Two Thousand Years of Textiles pl. 122.
281 Vgl., dazu auch Ph. Ackerman, in: A.U. Pope – Ph. Ackerman (Ed.), Survey VI, pl. 1087 C; N.A. Reath – E.B. Sachs, Persian Textiles Ex. 8 : Pl. 8.
282 Vgl. dazu auch E. Flemming, Textilwerk Tf. 311; N.A. Reath – E.B. Sachs, Persian Textiles Ex. 90 : Pl. 90; N.A. Pirverdjan (Ed.), Iranian Textiles.
283 Vgl. Ph. Ackerman, in: A.U. Pope – Ph. Ackerman (Ed.), Survey VI, pl. 1079 B; pl. 1087 A; vgl. dazu Kat. Nr. 146; 147.
284 Vgl. N.A. Reath – E.B. Sachs, Persian Textiles Ex. 7 : Pl. 7.
285 Vgl. dazu vor allem auch T. Mańkowski, ArsIsl. 2 (1935) S. 93–117; ders., Polskie Tkaniny i Hafty XVI–XVIII Wieku, Wrocław 1954.
286 Vgl. Ph. Ackerman, in: A.U. Pope – Ph. Ackerman (Ed.), Survey VI, pl. 1051 A; N.A. Reath – E.B. Sachs, Persian Textiles Ex. 10 : Pl. 10; A. Welch, Shah ʿAbbas and the Arts of Isfahan no. 90.
287 Zu dieser Technik vgl. vor allem N.A. Reath – E.B. Sachs, Persian Textiles S. 51; 71 (Chiné).
288 Vgl. Ph. Ackerman, in: A.U. Pope – Ph. Ackerman (Ed.), Survey VI, pl. 1079 C.
289 Vgl. ebenda pl. 1089 E.
290 Vgl. N.A. Reath – E.B. Sachs, Persian Textiles Ex. 4 : Pl. 4.
291 Zu ähnlich gestalteten Seiden vgl. auch ebenda Ex. 5 : Pl. 5; A.U. Pope, Masterpieces of Persian Art pl. 154; Z.M. Hassan, Moslem Art in the Fouad I University Museum, I, Kairo 1950, Pl. 79; A. Welch, Shah ʿAbbas and the Arts of Isfahan no. 93.
292 Vgl. Ph. Ackerman, in: A.U. Pope – Ph. Ackerman (Ed.), Survey VI, pl. 1055 A.
293 Zu ähnlich gestalteten Textilien vgl. N.A. Reath – E.B. Sachs, Persian Textiles Ex. 6 : Pl. 6; A. Geijer – C.J. Lamm, Orientalische Briefumschläge Abb. 3; A. Geijer, Oriental Textiles in Sweden Pl. 19, No. 39.
294 Vgl. R. Reichelt, Das Textilornament, Berlin 1956, Abb. 36.
295 Vgl. dazu Ph. Ackerman, Apollo 13 (1931) S. 5, Fig. V.
296 Vgl. A. Welch, Shah ʿAbbas and the Arts of Isfahan no. 66.
297 Vgl. Ph. Ackerman, in: A.U. Pope – Ph. Ackerman (Ed.), Survey VI, pl. 1046, Esfahan (Zeit Abbas I.).
298 Vgl. N.A. Reath – E.B. Sachs, Persian Textiles Ex. 3 : Pl. 3 (17. Jahrhundert).
299 Vgl. Z.M. Hassan, Moslem Art pl. 80 (17.–18. Jahrhundert).
300 Vgl. N.A. Pirverdjan (Ed.), Iranian Textiles (erste Hälfte 17. Jahrhundert).
301 Vgl. A.C. Weibel, Two Thousand Years of Textiles pl. 124 (17. Jahrhundert).
302 Vgl. M. Schuette, ZfbildKu. 61 (1927–1928) S. 118–120.
303 Vgl. E. Kühnel – B. Gray, L'art de l'Orient islamique Abb. 83.
304 Vgl. dazu A.U. Pope, ILN 177 (1930) S. 767.
305 Vgl. A.U. Pope ebenda (unten), im Besitz der Sammlung Pope (Stand 1930; Zeit Abbas I.); A. F. Kendrick, BurlMag. 58 (1931) S. 20, Pl. II D (frühes 18. Jahrhundert).
306 Vgl. dazu E. Flemming, Textilwerk Tf. 307 (links); Ph. Ackerman, in: CongrIntArt. IIIe, pl. VI (unten); Ph. Ackerman, in: A.U. Pope – Ph. Ackerman (Ed.), Survey VI, pl. 1056 A; N.A. Reath – E.B. Sachs, Persian Textiles Ex. 22 : Pl. 22; Ex. 57 : Pl. 57; A.C. Weibel, Two Thousand Years of Textiles pl. 121; N.A. Pirverdjan (Ed.), Iranian Textiles.
307 Vgl. N.A. Reath – E.B. Sachs, Persian Textiles Ex. 57 : Pl. 57 (erste Hälfte 17. Jahrhundert); A.C. Weibel, Two Thousand Years of Textiles pl. 121 (frühes 17. Jahrhundert).
308 Vgl. N.A. Reath – E.B. Sachs, Persian Textiles Ex. 22 : Pl. 22.
309 Vgl. Ph. Ackerman, in: A.U. Pope – Ph. Ackerman (Ed.), Survey VI, pl. 1050 A.
310 Vgl. dazu N.A. Reath – E.B. Sachs, Persian Textiles Ex. 31 : Pl. 31; Ph. Ackerman, in: A.U. Pope – Ph. Ackerman (Ed.), Survey VI, pl. 1087 B; 1088 B; E. Kühnel – B. Gray, L'art de l'Orient islamique Abb. 85; 86; A. Mazahéri, Iran und seine Kunstschätze Tf. S. 273.
311 Vgl. dazu E. Flemming, Textilwerk Tf. 307 (links); Persian Art. An Illustrated Souvenir pl. 401 B; Ph. Ackerman, in: CongrIntArt. IIIe, pl. XI (unten); dies., in: A.U. Pope – Ph. Ackerman (Ed.), Survey VI, pl. 1079; S. Maslenicyna, Iskusstvo Irana Abb. 86; The Arts of Islam. Hayward Gallery no. 89.
312 Vgl. Z.M. Hassan, Moslem Art Pl. 77, Dublette zu Kat. Nr. 235; Pl. 78.
313 Vgl. dazu u.a. A.C. Weibel, Two Thousand Years of Textiles pl. 143; A.P. Rowe, Textiles of Safavid Persia and Mughal India.
314 Zu Beispielen vgl. N.A. Reath – E.B. Sachs, Persian Textiles Ex. 54 : Pl. 54; Ex. 55 : Pl. 55; Ph. Ackerman, in: A.U. Pope – Ph. Ackerman (Ed.), Survey VI, pl. 1048 B; 1049 B; Victoria & Albert Museum. Brief Guide pl. XXI; N.A. Pirverdjan (Ed.), Iranian Textiles.
315 Vgl. dazu z.B. S.J. Falk, Qajar Paintings. Persian Oil Paintings of the 18th and 19th Centuries, London 1972, no. 18; 24; 25; 27.
316 Hinweis im Inventarverzeichnis.
317 Vgl. N.A. Reath – E.B. Sachs, Persian Textiles Ex. 25 : Pl. 25. Zu Nachzeichnungen von Borten vgl. Ph. Ackerman, in: A.U. Pope – Ph. Ackerman (Ed.), Survey III, S. 2117.
318 Darauf verweist auch Ph. Ackerman, Ciba-Rundschau 10 (1953) S. 4133.
319 Vgl. u.a. I. Stchoukine, Manuscrits de Shāh ʿAbbās I. à la fin des Safavis pl. XXVIII; XLI (rechts); LXXVI.
320 Vgl. dazu E. Kühnel – B. Gray, L'art de l'Orient islamique Abb. 87 und 88.
321 Kat. Nr. 332; 333, wellenartig geschwungene Blütenranken mit zwischengesetzten Tierfiguren; Kat. Nr. 335; 348, einfache, wellenartig geschwungene Blütenranken; Kat. Nr. 334, übereinander geordnete Blütenstauden; Kat. Nr. 336 bis

347; 349–351, mehrere nebeneinander verwendete Formen der Bortengestaltung.

322 Vgl. dazu N.A. Reath – E.B. Sachs, Persian Textiles Ex. 25 : Pl. 25; vgl. weiter E. Flemming, Textilwerk Tf. 305; G. Migeon, RevArtAM 51 (1927) S. 95 Fig. 1; Persian Art. An Illustrated Souvenir pl. 81, IX; N.A. Reath – E.B. Sachs, Persian Textiles Ex. 13 and 20 A: Pl. 13; Ph. Ackerman, in: A.U. Pope – Ph. Ackerman (Ed.), Survey VI, pl. 1052; 1055 A und B; 1084; 1088 B; E. Kühnel – B. Gray, L'art de l'Orient islamique Abb. 75; 83; 85–88; A. Welch, Shah ʿAbbas and the Arts of Isfahan Abb. 20; 24; 94; A. Mazahéri, Iran und seine Kunstschätze Tf. S. 273.

323 Vgl. dazu auch N.A. Reath – E.B. Sachs, Persian Textiles Ex. 58 : Pl. 58.

324 Vgl. ebenda Ex. 25 : Pl. 25.

325 Vgl. ebenda Ex. 24 : Pl. 24. Zu einer weiteren Abbildung dieser Seide vgl. Ph. Ackerman, in: A.U. Pope – Ph. Ackerman (Ed.), Survey VI, pl. 1074.

326 Vgl. N.A. Reath – E.B. Sachs, Persian Textiles Ex. 29 : Pl. 29; Ph. Ackerman, in: A.U. Pope – Ph. Ackerman (Ed.), Survey VI, pl. 1074 C und E. 1074 E ist durch eine Inschrift in das Jahr 1654 datiert.

327 Vgl. N.A. Reath – E.B. Sachs, Persian Textiles Ex. 39 : Pl. 39.

328 Vgl. Ph. Ackerman, in: A.U. Pope – Ph. Ackerman (Ed.), Survey VI, pl. 1089 F–K.

329 Die gegenwärtig im GM vorgenommene Neuinventarisierung (Hinweis R. Skolaude) konnte nicht berücksichtigt werden, da sie noch nicht abgeschlossen ist. Es wurden deshalb die 1977 gültigen Inventarnummern beibehalten.

Literaturverzeichnis

Ackerman, Ph. *The Gold Brocades of Isphahan. Apollo 13 (1931) S. 13–14.*

Ackerman, Ph. *Ghiyath – Persian Master Weaver. Apollo 18 (1933) S. 252–256.*

Ackerman, Ph. *A Biography of Ghiyath the Weaver. BAmIPersAA 7 (1934) S. 9–13.*

Ackerman, Ph. *Islamic Textiles. A. History. In: A. U. Pope – Ph. Ackerman (Ed.), Survey III, S. 1995–2162.*

Ackerman, Ph. *Some Problems of Seldjuq and Safavid Textiles. In: CongrIntArt. IIIe, S. 1–5.*

Ackerman, Ph. *A Sixteenth Century Silk Tapestry. In: CongrIntArt. IIIe, S. 6–10.*

Ackerman, Ph. *Guide to the Exhibition of Persian Art. The Iranian Institute. New York 1940.*

Ackerman, Ph. *Persische Textilien. Ciba-Rundschau 10 (1953) S. 4102–4134.*

Aġa-Oglu, M. *Safawid Rugs and Textiles. The Collection of the Shrine of Imām ʿAlī at al-Najaf. New York 1941.*

Ahmad, A. *Indien. In: Fischer Weltgeschichte 15, Frankfurt a.M. 1971, S. 226–287.*

Albaum, L.I. – Brentjes, B. *Wächter des Goldes. Zur Geschichte und Kultur mittelasiatischer Völker vor dem Islam, Berlin 1972.*

Ammann, A.F. (Hrsg.) *Hans Jacob Ammann – genannt der Thalwyler Schärer – und seine Reise ins Gelobte Land. Zürich 1919.*

Anonymus *Two Pieces of Persian Figured Velvet. Rupam 6 (1925) S. 109–111.*

Arnold, T.W. *Persian Stuffs with Figured-Subjects II. BurlMag. 37 (1920) S. 243–247.*

The Arts of Islam. Hayward Gallery 8 April – 4 July 1967. London 1967.

Atil, E. *Art of the Arab World. Washington 1975.*

Ausstellung von Meisterwerken Muhammedanischer Kunst. München 1910. Amtlicher Katalog. München 1910.

Begum, A. *Textiles at the Exhibition of Indian Art, Bombay. Rupam 7 (1926) S. 95–98.*

Belenickij, A.M. *Monumental'noe iskusstvo Pendžikenta. Moskau 1973.*

Bhushan, J.B. *The Costumes and Textiles of India. Bombay 1958.*

Bietenholz, P.G. *Pietro Della Valle (1586 bis 1652). Studien zur Geschichte der Orientkenntnis und des Orientbildes im Abendlande. Basel-Stuttgart 1962.*

Bosworth, C.E. *The Islamic Dynasties. A Cronological and Genealogical Handbook. Islamic Surveys 5. Edinburgh 1967.*

Braun, H. *Geschichte Irans seit 1500. In: Handbuch der Orientalistik I/6, Abschnitt 3, Leiden-Köln 1959, S. 98–124.*

Braun, H. *Īrān under the Ṣafavids and in the 18th Century. In: The Muslim World – A Historical Survey, III, Leiden 1969, S. 181–218.*

Brentjes, B. *Chane – Sultane – Emire. Der Islam vom Zusammenbruch des Timuridenreiches bis zur europäischen Okkupation. Leipzig 1974.*

Camman, S. *The Interplay of Art, Literature, and Religion in Safavid Symbolism. JRAS 1978, S. 124–136.*

Catalogue of the International Exhibition of Persian Art. London 1931.

Cohn, A. (Hrsg.) *Ein deutscher Kaufmann des 16. Jahrhunderts – Hans Ulrich Krafft's Denkwürdigkeiten. Göttingen 1862.*

Dimand, M.S. *Persian Velvets of the Sixteenth Century. BMetrMus. 22 (1927) S. 108–111.*

Dimand, M.S. *A New Persian Brocade. BMetrMus. 24 (1929) S. 116.*

Dimand, M.S. *Dated Specimens of Mohammedan Art in The Metropolitan Museum of Art. MetrMusSt. 1 (1929) S. 99–113; 208–232.*

Dimand, M.S. *Loan Exhibition of Oriental Rugs and Textiles. BMetrMus. 30 (1935) S. 101–106.*

Dimand, M.S. *Notes on the Exhibition of Rugs and Textiles. BMetrMus. 30 (1935) S. 160–161.*

Dimand, M.S. *Two Iranian Silk Textiles. BMetrMus. 35 (1940) S. 142–144.*

Dimand, M.S. *A Handbook of Muhammadan Art. New York ²1947.*

Dimand, M.S. *The Seventeenth Century Isfahan School of Rug Weaving. In: Islamic Art in the Metropolitan Museum of Art, New York 1972, S. 255–289.*

Eberhard, E. *Osmanische Polemik gegen die Safawiden im 16. Jahrhundert nach arabischen Handschriften. Freiburg i. Br. 1970.*

Efendiev, O.A. *Obrazovanie azerbajdžanskogo gosudarstva Sefevidov v načale XVI veka. Baku 1961.*

Erdmann, K. *Europa und der Orientteppich. Berlin – Mainz 1962.*

Falk, S.J. *Qajar Paintings. Persian Oil Paintings of the 18th and 19th Centuries. London 1972.*

Falke, O. von *Kunstgeschichte der Seidenweberei. Berlin ³1936.*

Farmer, H.G. *Islam, Musikgeschichte in Bildern, III/2. Leipzig ²1976.*

Feist, P.H. *Kunst, Künstler und Gesellschaft. Studien zur Kunstgeschichte und zur Methodologie der Kunstwissenschaft. Dresden 1978.*

Flemming, E. *Das Textilwerk. Gewebeornamente und Stoffmuster vom Altertum bis zum Anfang des 19. Jahrhunderts. Berlin 1927.*

Foster, W. *England erobert den Orienthandel. Leipzig 1938.*

Furber, H. *Rival Empires of Trade in the Orient 1600–1800. Minneapolis 1976.*

Gabriel, A. *Die Erforschung Persiens. Wien 1952.*

Gaube, H. – Wirth, E. *Der Bazar von Isfahan. Wiesbaden 1978.*

Geijer, A. – Lamm, C.J. *Orientalische Briefumschläge in schwedischem Besitz. Stockholm 1944.*

Geijer, A. *Oriental Textiles in Sweden. Kopenhagen 1951.*
Geijer, A. *History of Textile Art. London 1979.*
Glamann, K. *Dutch-Asiatic Trade. 1620–1740. Kopenhagen 1958.*
Glassen, E. *Die frühen Safawiden nach Qāzī Ahmad Qumī. Freiburg i.Br. 1968.*
Glück, H. – Diez, E. *Die Kunst des Islam. Propyläen – Kunstgeschichte V. Berlin ²1925.*
Goldsmith–Phillips, J. *An Exhibition of Indian and Indonesian Textiles. BMetrMus. 26 (1931) S. 92–95.*
Grabar, O. *Die Entstehung der islamischen Kunst. Köln 1977.*
Gray, B. *An Album of Dessins for Persian Textiles. In: Aus der Welt der islamischen Kunst. Festschrift für E. Kühnel zum 75. Geburtstag am 26. 10. 1957, Berlin 1959, S. 219–226.*
Grohmann, A. – Arnold, T.W. *Denkmäler islamischer Buchkunst. München 1929.*
Grube, E. *Die Welt des Islam. Architektur, Keramik, Malerei, Teppiche, Metallarbeiten, Schnitzkunst (Schätze der Weltkunst 7). Gütersloh 1968.*
Hammer-Purgstall, J. von *Geschichte des Osmanischen Reiches, I. Pesth ²1834.*
Hassan, Z.M. *Moslem Art in the Fouad I University Museum, I. Kairo 1950.*
Hedin, S. *Verwehte Spuren – Orientfahrten des Reise-Bengt und anderer Reisender im 17. Jahrhundert. Leipzig 1923.*
Heyd, W. *Histoire du commerce dans le levant au moyen-age. Leipzig ²1923.*
Hinz, W. *Deutschland und Iran im 17. Jahrhundert. FuF 11 (1935) S. 408–409.*
Hinz, W. *Eine neuentdeckte Quelle zur Geschichte Irans im 16. Jahrhundert. ZDMG 89 (1935) S. 315–328.*
Hinz, W. *Irans Aufstieg zum Nationalstaat im 15. Jahrhundert. Berlin 1936.*
Hinz, W. *Ein orientalisches Handelsunternehmen im 15. Jahrhundert. WdO 4 (1949) S. 313–340.*
Holt, E.I. *Woven Treasures of Persian Art. BullArtDiv. 10 (1958) S. 4–9.*
Holt, St. u. E.I. *Decorative Fabrics of Persian Art. Connoisseur 1961, S. 19–25.*
L'Islam dans les collections nationales, 2 mai – 22 août 1977. Paris 1977.
Ivanov, M.S. u.a. *Istorija Irana. Moskau 1977.*
Kaempfer, E. *Am Hofe des persischen Großkönigs (1684–85). Eingeleitet und in deutscher Bearbeitung herausgegeben von W. Hinz. Leipzig 1940.*
Karpova, N.K. *Stankovaja živopis' Irana XVIII–XIX vekov. Moskau 1973.*
Keddie, N. – Stack, S. *Iran und Afghanistan. In: Fischer Weltgeschichte 15, Frankfurt a.M. 1971, S. 160–225.*
Kendrick, A.F. *Persian Stuffs with Figured-Subjects I. BurlMag. 37 (1920) S. 237–243.*
Kendrick, A.F. *A Persian Velvet. YBOrArtC 1924–1925, S. 58–61.*
Kendrick, A.F. *The Persian Exhibition, III: Textiles – A General Survey. BurlMag. 58 (1931) S. 15–21.*
Koechlin, R. – Migeon, G. *Islamische Kunstwerke. Keramik – Gewebe – Teppiche. Berlin 1928.*
Kühnel, E. *Miniaturmalerei im islamischen Orient. Berlin 1922.*
Kühnel, E. *Iranische Wandmalereien des 17. Jahrhunderts. Sonderausstellung Islamische Abteilung und Staatliche Museen, Januar und Februar 1936. Berlin 1936.*
Kühnel, E. *Stoffe, in: Survey of Persian Art. Rezension. ArsIsl. 8 (1941) S. 109* bis *120.*
Kühnel, E. *Hān 'Alam und die diplomatischen Beziehungen zwischen Ǧahāngīr und Schah 'Abbās. ZDMG 96 (1942) S. 171–177.*
Kühnel, E. *Kunst und Kultur der arabischen Welt. Heidelberg–Berlin–Magdeburg 1943.*
Kühnel, E. *Die Kunst Persiens unter den Buyiden. ZDMG 106 (1956) S. 78–92.*
Kühnel, E. *Arbeiten des Rizâ 'Abbâsi und seiner Schule. FuB 1 (1957) S. 122–131.*
Kühnel, E. *Persische Miniaturmalerei – 13. Jahrhundert bis 17. Jahrhundert. Berlin 1959*
Kühnel, E. *Die Kunst des Islam. Stuttgart 1962.*
Kühnel, E. – Gray, B. *L'art de l'Orient islamique. Lissabon 1963.*
Kumsch, E. *Königliches Kunstgewerbemuseum zu Dresden. Muster orientalischer Gewebe und Druckstoffe. Dresden 1893.*
Lambton, A.K.S. *Landlord and Peasant in Persia. London 1953.*
Lambton, A.K.S. *Islamic Society in Persia. In: School of Oriental and African Studies, University of London 1954 (An Inaugural Lecture Delivered on 9 March 1954), London 1954.*
Latour, V.A. *Zur Technik der Samtweberei: Der Prunksamt. Ciba-Rundschau 8/9 (1952) S. 3807–3812.*
Lessing J. *Die Gewebesammlung des Königlichen Kunstgewerbe-Museums, I–XIII. Berlin 1900–1913.*
Lewis, B. *The Islamic Guilds. EHR 8 (1937). S. 20–37.*
Lockhart, L. *The Fall of the Safavi Dynasty and the Afghan Occupation of Persia. Cambridge 1958.*
Lockhart, L. *The Persian Army in the Safavī Period. Der Islam 34 (1959) S. 89–98.*
Luft, P. *Iran unter Schah 'Abbās II. (1642 bis 1666). Göttingen 1968.*
Luschey-Schmeisser, I. *The Pictorial Tile Cycle of Hašt Behešt in Iṣfahān and its Iconographic Tradition. Rom 1978.*
Maclagan, E. *Brief Guide to the Turkish Woven Fabrics. London 1931.*
Mandelslo, J.A. von *Morgenländische Reysebeschreybung. Schleszwig 1668.*
Mańkowski, T. *Influence of Islamic Art in Poland. ArsIsl. 2 (1935) S. 93–117.*
Mańkowski, T. *Polskie Tkaniny i Hafty XVI–XVIII Wieku, Wrocław 1954.*
Die Reisen des Venezianers Marco Polo im dreizehnten Jahrhundert. Mit einem Kommentar von A. Bürck. Zusätze und Verbesserungen von K.F. Neumann. Leipzig 1845.
Markova, V.I. *Dragocennye tkani. Moskau 1971.*
Markowsky, B. *Europäische Seidengewebe des 13.–18. Jahrhunderts. Kunstgewerbemuseum der Stadt Köln. Köln. 1976.*
Martin, F.R. *Figurale persische Stoffe aus dem Zeitraum 1550–1650. Stockholm–Leipzig 1899.*
Martin, F.R. *Die persischen Prachtstoffe im Schlosse Rosenborg in Kopenhagen. Stockholm 1901.*
Maslenicyna, S. *Iskusstvo Irana v sobranii Gosudarstvennogo muzeja iskusstva narodov Vostoka. Leningrad 1975.*
Mazahéri, A. *Der Iran und seine Kunstschätze. Meder und Perser, die Schätze der Magier, die iranische Renaissance. Genf 1970.*
Meier-Lemgo, K. (Hrsg.) *Engelbert Kämpfer – der erste deutsche Forschungsreisende 1651–1716. Leben, Reisen, Forschungen nach den bisher unveröffentlichten Handschriften Kämpfers im Britischen Museum. Stuttgart 1937.*
Meilink-Roelofsz, M.A.P. *The Earliest Relations between Persia and the Netherlands. Persica 6 (1974) S. 1–50.*
Mekhitarian, A. – Crowe, Y. *Les arts de l'Islam. Musée Royaux d'Art et d'Histoire. Brüssel 1976.*
Meyer, G.R. (Hrsg.) *Berlin Museumsinsel. Leipzig 1980.*
Mez, A. *Die Renaissance des Islams. Heidelberg 1922.*
Migeon, G. *Les tissus de la Perse – antique et musulmane. RevArtAM 51 (1927) S. 95–108.*
Minorsky, V. *Geographical Factors in Persian Art. BSOS 9 (1937–1939) S. 621–652.*
Minorsky, V. *Tadhkirat al-Mulūk. A Manual of Safavid Administration (ca. 1137/1725). E.J. W. Gibb Memorial Series NS 16. London 1943.*
Minorsky, V. *Calligraphers and Painters. A Treatise by Qādī Ahmad, Son of Mīr-Munshī (circa A.H. 1015/A.D. 1606). Washington 1959.*
Murtada al-Musawi, M. *Persian Trade under the Safavids (1514–1722). Sumer 25 (1969) S. 99–102.*
Neumann, R. *Die Sammlung islamischer Textilien im Kunstgewerbemuseum Berlin-Köpenick. FuB 19 (1979) S. 67–75.*
Neumann, R. *Untersuchungen zur islamischen Textilkunst des Iran vom 16.–18. Jahrhundert – Mit einem Katalog der in der DDR vorhandenen Gewebe –, Bd. 1–4, maschinenschriftl. Diss., Berlin 1981.*
Neumann, R. *Zur Bedeutung der Textilkunst*

in der feudal-islamischen Gesellschaft. In: Textilkunst im Orient und in Europa, Martin-Luther-Universität Halle–Wittenberg. Wissenschaftliche Beiträge 1981/5 (I 13), Halle (Saale) 1981, S. 13–23.
Neumann, R. *Eine safawidische Seide aus den Beständen der Staatlichen Kunstsammlungen zu Dresden. Persica 11 (1984) S. 115–127.*
Olearius, A. *Vermehrte Moscowitische und Persianische Reisebeschreibung. Schleszwig 1665.*
Olearius, A. *Moskowitische und persische Reise. Berlin 1959.*
Orientalische illustrierte Handschriften aus Museen und Bibliotheken der Deutschen Demokratischen Republik. Ausstellung im Islamischen Museum der Staatlichen Museen zu Berlin – Hauptstadt der DDR –. Wissenschaftliche Bearbeitung des Kataloges: K. Rührdanz. Berlin 1984.
Ott, U. *Transoxanien und Turkestan zu Beginn des 16. Jahrhunderts. Das Mihmān-nāma-yi Buḫārā des Faḍl allāh b. Rūzbihān Ḫunǧī. Übersetzung und Kommentar. Freiburg. i.Br. 1974.*
Otto-Dorn, K. *Kunst des Islam. Baden-Baden 1964.*
Palombini, B. von *Bündniswerben abendländischer Mächte um Persien 1453–1600. Wiesbaden 1968.*
Paret, R. *Textbelege zum islamischen Bilderverbot. In: Das Werk des Künstlers. Studien zur Ikonographie und Formengeschichte, Hubert Schrade zum 60. Geburtstag dargebracht von Kollegen und Schülern, Stuttgart 1960, S. 36–48.*
Persian Art. An Illustrated Souvenir of the Exhibition at Burlington House London 1931. London 1931.
Philipp, K. *Beiträge zur Kulturgeschichte Persiens nach Sa'dî. Der Islam 7 (1917) S. 92–101.*
Pirverdjan, N.A. *O vremeni izgotovlenija odnoj persidskoj tkani. SGE 30 (1969) S. 39–41.*
Pirverdjan, N.A. *K datirovke iranskich parčovych tkanej s sjužetami. SGE 40 (1975) S. 53–56.*
Pirverdjan, N.A. (Ed.) *Iranian Textiles 16th to the 18th Centuries. From the Art Collections of Soviet Museums. Hermitage Collections. Leningrad 1975.*
Pope, A.U. *Introduction to Persian Art. London 1930.*
Pope, A.U. *Persia's »Passion for Fine Dressing«. ILN 177 (1930) S. 767–768.*
Pope, A.U. *Persian Textile Art of the 17th Century: A Relic of Court Luxury at Isfahan. ILN 183 (1933) S. 644.*
Pope, A.U. – Ackerman, Ph. (Ed.) *A Survey of Persian Art from Prehistoric Times to the Present, I–VI. London – New York 1938–1939.*
Pope, A.U. *Masterpieces of Persian Art. New York 1945.*
Priebe, C. *Sammlungsgebiet Textil/Stoffmuster. In: Kunstgewerbemuseum Berlin, Geschichte – Wiederaufbau – Neuerwerbungen (1867–1945, 1945–1962, 1963–1983). Staatliche Museen zu Berlin, Hauptstadt der DDR, Berlin 1983, S. 121–123*
Rauwolff, L. *Beschreibung der Reyß Leonardi Rauwolffen der Artzney Doctorn / und bestellten Medici zu Augsburg. Frankfurt am Mayn 1582.*
Reath, N.A. – Sachs, E.B. *Persian Textiles and their Technique from the Sixth to the Eighteenth Century. New Haven 1937.*
Refslund-Klemann, M. (Hrsg.) *Johann Albrecht v. Mandelslo. Journal und Observation (1637–1640). Kopenhagen 1942.*
Reichelt, R. *Das Textilornament. Berlin 1956.*
Rice, D.T. *Die Kunst des Islam. Berlin–Darmstadt–Wien 1967.*
Ritter, H. *Ein arabisches Handbuch der Handelswissenschaften. Der Islam 7 (1917) S. 1–91.*
Robinson, B.W. *A Descriptive Catalogue of the Persian Painting in the Bodleian Library. Oxford 1958.*
Roemer, H.R. *Der Niedergang Irans nach dem Tode Isma'ils des Grausamen 1577–1581. Würzburg 1939.*
Roemer, H.R. *Die Safawiden. Ein orientalischer Bundesgenosse des Abendlandes im Türkenkampf. Saeculum 4 (1953) S. 27–44.*
Roemer, H.R. *Historische Grundlagen der persischen Neuzeit. AMI NF 10 (1977) S. 305–321.*
Röhrborn, K.M. *Provinzen und Zentralgewalt Persiens im 16. und 17. Jahrhundert. Berlin 1966.*
Röhrborn, K.M. *Staatskanzlei und Absolutismus im safawidischen Persien. ZDMG 127 (1977) S. 313–343.*
Ross, E.D. (Ed.) *Persian Art. London 1930.*
Rowe, A.P. *Textiles of Safavid Persia and Mughal India, June 15 – Septembre 6 1971. Gallery Guide. Museum of Fine Arts Boston. Boston 1971.*
Rührdanz, K. *Arbeitsdarstellungen in der arabischen und persischen Miniaturmalerei. In: Der arbeitende Mensch in den Gesellschaften und Kulturen des Orients, Martin-Luther-Universität Halle–Wittenberg, Wissenschaftliche Beiträge 1978/41 (I 4), Halle (Saale) 1978, S. 132–143.*
Sarre, F. – Martin, F.R. (Hrsg.) *Die Ausstellung von Meisterwerken muhammedanischer Kunst, I–III. München 1910. München 1912.*
Savory, R.M. *The Consolidation of Safawid Power in Persia. Der Islam 41 (1965) S. 71–94.*
Schmidt, J.H. *Persische Stoffe mit Signaturen von Ghiyâs. JbKuSW NF 7 (1933) S. 219–227.*
Schmidt, J.H. *Alte Seidenstoffe. Braunschweig 1958.*
Schrader, I.W. *Alte Seidenstoffe Asiens. Braunschweig 1961.*
Schuette, M. *Ein persischer Samtbrokat. ZfbildKu. 61 (1927–1928) S. 118–120.*
Schulze, P. *Alte Stoffe. Berlin 1917.*
Schuster-Walser, S. *Das safawidische Persien im Spiegel europäischer Reiseberichte (1502–1722). Baden-Baden–Hamburg 1970.*
Schuster-Walser, S. *Ein Ehrengewand vom Safaviden-Shah. Der Islam 54 (1977) S. 126–132.*
Schuster-Walser, S. *Arabische Schriftzeichen in der Renaissance-Malerei. ZDMG 128 (1978) S. 90–97.*
Schwarz, P. *Iran im Mittelalter nach den arabischen Geographen, V–VII, Leipzig 1925; VIII, Stuttgart–Berlin 1934.*
Scurla, H. (Hrsg.) *Im Reich des Königs der Könige. Berichte deutscher Persienreisender aus dem 17. bis 19. Jahrhundert. Berlin 1976.*
Serjeant, R.B. *Material for a History of Islamic Textiles up to the Mongol Conquest. ArsIsl. 10 (1943) S. 71–168; 11–12 (1946) S. 98–135.*
Shaw, St.J. *Das Osmanische Reich und die moderne Türkei. In: Fischer Weltgeschichte 15, Frankfurt a.M. 1971, S. 24–159.*
Shepherd, D.G. *A Persian Velvet of the Shāh Tahmāsp Period. BClevMus. 36 (1949) S. 46–53.*
Shepherd, D.G. *A Persian Textile of the Safavid Period. BClevMus. 37 (1950) S. 118–119.*
Skilliter, S.A. *William Harborne and the Trade with Turkey 1578–1582. A Documentary Study of the First Anglo-Ottoman Relations. London 1977.*
Sohrweide, H. *Der Sieg der Safaviden in Persien und seine Rückwirkung auf die Schiiten Anatoliens im 16. Jahrhundert. Der Islam 41 (1965) S. 95–223.*
Sourdel-Thomine, J. – Spuler, B. *Die Kunst des Islam. Propyläen Kunstgeschichte 4. Berlin 1973.*
Spuhler, F. *Islamic Carpets and Textiles in the Keir Collection. The Keir Collection. London 1978.*
Spuler, B. *Die Mongolen in Iran. Politik, Verwaltung und Kultur der Ilchanzeit 1220* bis *1350. Berlin ³1968.*
Spuler, B. *Iranische Einflüsse auf das arabische Chalifat. In: Akten des VII. Kongresses für Arabistik und Islamwissenschaft, Göttingen, 15.–22. August 1974, Göttingen 1976, S. 342–347.*
Stchoukine, I. *Les peintures des manuscrits Safavis de 1502 à 1587. Paris 1959.*
Stchoukine, I. *Les peintures des manuscrits de Shāh 'Abbās I. à la fin des Safavis. Paris 1964.*
Sykes, P. *Sir John Chardins Travels in Persia.*

With a Introduction by Sir Percy Sykes. London 1927.

Taha Hussein, M. *Mamlukische Kunstformen in der Seidenweberei des 13.–15. Jahrhunderts. Köln 1963.*

Thorning, H. *Beiträge zur Kenntnis des islamischen Vereinswesens auf Grund von Baṣt Madad et-Taufiq. Berlin 1913.*

Torabi-Nejad, M. *Problematik der autochthonen Genesis der modernen Wirtschaftsweise in Iran. Vergleich zwischen der sozialökonomischen Struktur des safawidischen Persiens und des vormodernen Westeuropa. Hamburg 1979.*

Underhill, G. *A Shah Tahmasp Velvet. BClevMus. 31 (1944) S. 157–158.*

Underhill, G. *Fragments of a Khusraw and Shīrīn Velvet. BClevMus. 32 (1945) S. 95–97.*

Vejmarn, B.V. *Iskusstvo arabskich stran i Irana VII–XVII vekov. Moskau 1974.*

Victoria & Albert Museum. Brief Guide to the Persian Woven Fabrics. London 1950.

Wace, A.J.B. *Some Safavid Silks at Burlington House. BurlMag. 58 (1931) S. 67–73.*

Walther, W. *Die Frau im Islam. Leipzig 1980.*

Watelin, L.-Ch. *Contribution à l'étude du tissu en Perse au point de vue décoratif. RevArtsAsiat 2 (1925) S. 21–29.*

Weibel, A.C. *A Persian Velvet. BullDIA 16 (1936) S. 30–31.*

Weibel, A.C. *A Riza-i Abbasi Silk. BullDIA 22 (1942) S. 3–7.*

Weibel, A.C. *2000 Years of Silk Weaving. Art Quarterly 7 (1944) S. 191–204.*

Weibel, A.C. *Two Thousand Years of Textiles. New York 1952.*

Welch, A. *Shah ʿAbbas and the Arts of Isfahan New York 1973.*

Welch, A. *Artists for the Shah. Late Sixteenth – Century Painting at the Imperial Court of Iran. New Haven – London 1976.*

Welch, A. *Collection of Islamic Art, III. Genf 1978.*

Welch, S.C. *Royal Persian Manuscripts. London 1976.*

Wulff, H.E. *The Islamic Craft Guilds and their Socio-Religious Background. JOSA 3 (1965) S. 66–74.*

Abkürzungen

AMI NF Archaeologische Mitteilungen aus Iran, Neue Folge, Berlin.

Apollo Apollo, The Magazine of the Arts for Connoisseurs and Collectors, London – New York.

ArsIsl. Ars Islamica, Ann Arbor, Michigan.

Art Quarterly Art Quarterly. Detroit Institute of Arts, Detroit.

BAmIPersAA Bulletin of the American Institute for Persian Art and Archaeology, New York.

BClevMus. The Bulletin of the Cleveland Museum of Art, Cleveland, Ohio.

BMetrMus. Bulletin of the Metropolitan Museum of Art, New York.

BSOS Bulletin of the School of Oriental Studies, London.

BullArtDiv. Bulletin of Art Division of the Los Angeles County Museum, Los Angeles.

BullDIA Bulletin of the Detroit Institute of Arts, Detroit.

BurlMag. The Burlington Magazine (for Connoisseurs), London.

Ciba-Rundschau Ciba-Rundschau, Basel.

*CongrIntArt. IIIe* IIIe Congrès International d'Art et d'Archéologie Iraniens – Mémoires, Leningrad Septembre 1935, Moskau – Leningrad 1939.

Connoisseur The Connoisseur, An Illustrated Magazine for Collectors, London.

EHR The Economic History Review, Cambridge, England.

Ex. example.

Fig. figure(s).

FuB Staatliche Museen zu Berlin – Hauptstadt der DDR, Forschungen und Berichte, Berlin.

FuF Forschungen und Fortschritte, Nachrichtenblatt der deutschen Wissenschaft und Technik, Berlin.

GM Museum des Kunsthandwerks (Grassi-Museum), Leipzig.

H. hedshra.

ILN The Illustrated London New's, London.

Inv.Nr. Inventar Nummer.

Der Islam Der Islam, Zeitschrift für Geschichte und Kultur des islamischen Orients, Berlin – New York.

JbKuSW NF Jahrbuch der Kunsthistorischen Sammlungen in Wien, Neue Folge, Wien.

JOSA Journal of the Oriental Society of Australia, Sydney.

JRAS Journal of the Royal Asiatic Society of Great Britain & Ireland, London.

Kat. Nr. Katalog Nummer.

KGM Staatliche Museen zu Berlin – Hauptstadt der DDR, Kunstgewerbemuseum Berlin-Köpenick.

MetrMusSt. Metropolitan Museum Studies, New York.

MKH Staatliche Kunstsammlungen Dresden, Museum für Kunsthandwerk.

MVK Museum für Völkerkunde zu Leipzig.

NF Neue Folge.

no. number(s).

Persica Persica, Jaarboek voor het genootschap Nederland – Iran, s'Gravenhage.

Pl./pl. plate(s), planche(s).

RevArtAM La Revue de l'Art Asiatique et Moderne, Paris.

RevArtsAsiat. Revue des Arts Asiatiques, Annales du Musée Guimet, Paris.

Rupam Rupam, A Journal of Oriental Art, Kalkutta.

Saeculum Saeculum, Jahrbuch für Universalgeschichte, Freiburg i.Br.

SGE Soobščenija Gosudarstvennogo Ermitaža, Leningrad.

Sumer Sumer, A Journal of Archaeology and History in Iraq, Baghdad.

Tf. Tafel(n).

WdO Die Welt des Orients, Wissenschaftliche Beiträge zur Kunde des Morgenlandes, Göttingen.

YBOrArtC The Year Book of Oriental Art and Culture, London.

ZDMG Zeitschrift der Deutschen Morgenländischen Gesellschaft, Wiesbaden.

ZfbildKu. Zeitschrift für bildende Kunst, Leipzig.

Namensregister – geographisches Register

Abbas I. 22, 23, 27, 28, 34, 45, 47, 48, 50, 52, 55, 56, 58, 95, 96, 97, 98, 111
Abbas II. 24, 27, 42, 48, 50, 54
Abiana 107
Afghanistan 14, 21
Afrasiab 14
Agha Muhammed 24, 109
Ägypten 31, 35
Aʿisha 35
Aleppo 39
Alexandria 13
Almeria 17
Altai 12
Anatolien 21
Antiochia 13
Arabische Halbinsel 29
Ardebil 17, 21, 56
Armenien 21, 35
Asien 11, 44
Bagdad 16, 18, 35
Balalyk Tepe 14
Barbaro, J. 51
Barra 24
Basinna 13
Behzad 25, 49
Buchara 19
Byzanz 13, 14, 29
Caesarea, Hugo von 35
Cartwright, Johann 51
Chardin, Jean 33, 35, 36, 39, 46, 48, 50, 51, 54, 58, 60, 61, 62, 63
China 11, 13, 14, 68
Dabiq 35
Dargesin 52
Dastegerd 14
De Clavijo 35, 36
Della Valle, Pietro 47, 50, 58
Don Figueroa 27, 34, 50
Dshahangir 34
Dshulfa 43, 48
Ducket, Jeffrey 50
DuMans, Rafael 42, 43, 44, 52
England 47
Esfahan 16, 17, 22, 25, 26, 27, 43, 48, 50, 51, 52, 56, 58, 62, 86, 90, 96, 97, 114
Europa 11, 22, 27, 32, 33, 47, 48, 50, 57, 92
Frankreich 43
Gilan 19, 46
Gundeshapur 13
Hamadan 52
Harborne, William 40
Hasan Beg 54
Hasselt (Hasveldt), Jan Lukaszon van 27
Herat 25, 49, 69, 71
Herbert, Thomas 48
Holstein-Gottorp, Herzog von 38
Humayun 28
Husain I. 24
Ibn al-Atir 17
Ibn Battuta 36
Ibn Hauqal 16
Indien 22, 24, 28, 47, 58, 101, 116
Irak 16
Iran 12, 14, 15, 16, 18, 19, 21, 23, 24, 25, 28, 33, 34, 35, 42, 46, 47, 48, 49, 51, 52, 53, 57, 58, 62, 68, 71, 92, 99, 100, 101, 108, 115, 116
Ismaʿil I. 21, 22, 27, 49
Istakhri 16
Jenkinson, Anthony 47
Kaempfer, Engelbert 34, 41, 42, 54, 56
Kairo 35
Kallixenos von Rhodos 12
Kashan 17, 50, 51, 52, 56, 91
Kaspisches Meer 21
Khan Areb 41
Khodsha Ghiyas ad-Din Ali 51, 55, 80
Khurasan 13
Khuzistan 13
Kirman 19
Kopenhagen 38
Kraft, Hans Ulrich 40
Kurdistan 21
Le Brun 46
London 51
Ludwig XIV. 116
Mah-Abad 52
Mandelslo, Johann Albrecht von 46, 48
Mashhed 24, 52
Mazanderan 46
Mekka 29
Merw 16, 17
Mesopotamien 21
Miskawaihi 16
Mittelasien 13, 14, 24, 29, 36
Motenebbi 39
Muhammed 29
Muhammed Beg 54
Muhammed Khodabande 22
Muhammed Zamman 28, 103
Muqaddasi 16
Nader Khan 24
Nader Shah 51, 54, 90
Nazer ad-Din 38
Nihawend 14
Olearius, Adam 32, 33, 34, 38, 39, 41, 46, 50, 52, 56, 58, 60, 96
Ostasien 18, 22
Pazyryk 12
Pendshikent 14
Persien 11, 22, 25, 27, 28, 35, 38, 40, 43, 47, 48, 50, 51, 58, 60, 62, 63, 96
Persischer Golf 21, 24
Polen 107
Polo, Marco 49, 51
Portenau, Oderich von 49
Ptolemaios Philadelphos 12
Qandahar 28
Qarim Khan Zand 24
Qazi Ahmed 51
Qazwin 17, 50, 60
Qazwini 16, 51
Qum 52
Rasht 52
Rauwolf, Leonardo 39
Ray 17
Reza-e Abbasi 26, 86
Rudolf II. 39
Saʿadi 58
Safi I. 22, 24, 34
Safi II. 24
Samarkand 35, 36
Selim II. 39, 52
Shamakha 41, 52
Shapur 14
Sheikh Safi ad-Din 21
Shiraz 19, 27, 52
Shushtar 13
Sinzendorf, J. 39
Spanien 29
Ssuan Tang 14
Sulaiman I. 24
Sulaiman II. 71
Susa 12, 13
Taʿalibi 16
Tabaristan 16, 17, 19
Tabriz 16, 17, 19, 21, 25, 49, 50, 85
Tahmasp I. 22, 27, 47, 81
Tavernier, Jean Baptiste 27, 33, 42, 43, 44
Timur 35, 36, 62
Transoxanien 13
Tripolis 40
Tshaldiran 21
Türkei 43, 48, 58
Tustar 17
Tyrus, Wilhelm von 35
Varthema, Ludovico de 49
Vorderasien 11, 13, 39, 40, 58
Yaqut 16
Yazd 19, 50, 51, 52, 55, 107
Zentralasien 18

Nachweis der nicht im Katalog enthaltenen Abbildungen

Abb. 1 Staatliche Museen zu Berlin, Vorderasiatisches Museum, Inv.Nr. VA 14 647
Abb. 2 Staatliche Museen zu Berlin, Islamisches Museum, Inv.Nr. I. 6218
Abb. 3 Staatliche Museen zu Berlin, Kunstgewerbemuseum Berlin-Köpenick, Inv.Nr. 00, 53
Abb. 4 Deutsche Staatsbibliothek Berlin, Pu 3086 2°
Foto: R. Neumann
Abb. 5 Deutsche Staatsbibliothek Berlin, Y 929
Foto: R. Neumann
Abb. 6 Museum für Völkerkunde zu Leipzig, Inv.Nr. WAS 2359
Abb. 7 Staatliche Kunstsammlungen Dresden, Museum für Kunsthandwerk, Inv.Nr. 14 356
Abb. 8 Deutsche Staatsbibliothek Berlin, Pu 3083^{b}
Foto: R. Neumann
Abb. 9 Deutsche Staatsbibliothek Berlin, MS.or.fol. 4251
Abb. 10 Deutsche Staatsbibliothek Berlin, MS.or.oct. 120
Abb. 11 Deutsche Staatsbibliothek Berlin, MS.or.fol. 2202
Abb. 12 Staatliche Museen zu Berlin, Nationalgalerie, Omar Hamdy Bey, Teppichhändler auf der Straße, 1888
Abb. 13 Deutsche Staatsbibliothek Berlin, Um 5172^{a} – 1 4°
Abb. 14 Deutsche Staatsbibliothek Berlin, Y 929
Abb. 15 Deutsche Staatsbibliothek Berlin, Pu 3083^{b}
Foto: R. Neumann
Abb. 16 Deutsche Staatsbibliothek Berlin, Pu 3083^{b}
Foto: R. Neumann
Abb. 17 Deutsche Staatsbibliothek Berlin, Pu 3083^{b}
Foto: R. Neumann
Abb. 18 Deutsche Staatsbibliothek Berlin, MS.or.fol. 4255
Abb. 19 Muzej Iskusstvo Gruzii – Metechi, Tbilissi
Abb. 20 Museum des Kunsthandwerks (Grassi-Museum), Leipzig, Inv.Nr. B. 11.3
Abb. 21 Staatliche Museen zu Berlin, Islamisches Museum, Inv.Nr. I. 3924
Abb. 22 Museum des Kunsthandwerks (Grassi-Museum), Leipzig, Inv.Nr. B 11.11
Abb. 23 Staatliche Museen zu Berlin, Islamisches Museum, Inv.Nr I. 3925
Abb. 24 Staatliche Museen zu Berlin, Islamisches Museum, Inv.Nr. I. 3925
Abb. 25 Staatliche Kunstsammlungen Dresden, Museum für Kunsthandwerk, Inv.Nr. 14 356
Abb. 26 Staatliche Kunstsammlungen Dresden, Museum für Kunsthandwerk, Inv.Nr. 14 356
Abb. 27 Staatliche Museen zu Berlin, Islamisches Museum, Inv.Nr. I. 4589
Abb. 28 Muzej Iskusstvo Gruzii – Metechi, Tbilissi
Abb. 87 Staatliche Kunstsammlungen Dresden, Museum für Kunsthandwerk, Inv.Nr. 14 356

Verzeichnis der im Katalog enthaltenen Inventarnummern

Staatliche Museen zu Berlin – Hauptstadt der DDR, Kunstgewerbemuseum Berlin-Köpenick (KGM):

Inv.Nr.	Kat.Nr.	Inv.Nr.	Kat.Nr.
68,2615	249	1978,126	108
78,1483	90	1978,127	7
80,461	38	1978,128	100
82,645	58	1978,129	84
82,757	57	1978,131	86
83,166	189	1978,132	193
84,987	259	1978,133	113
84,990	274	1978,134	109
84,991	271	1978,136	45
85,236	30	1978,137	107
85,1021	29	1978,138	60
85,1030	347	1978,139	245
85,1049	35	1978,141	13
87,51	97	1978,142	43
87,504	210	1978,143	187
87,1022	243	1978,144	44
87,1023	258	1978,145	41
87,1366	153	1978,146	48
89,130	240	1978,147	33
90,79	4	1978,148	337
90,139	206	1978,149	165
90,326	34	1978,150	112
91,71	17; 18	1978,151	261
95,1028	1	1978,152	75
97,56	2	1978,153	81
97,92	94	1978,154	127
98,407	32	1978,161	353
98,408	260	1978,162	354
98,599	247	1978,163	184
98,622	98	1978,165	178
00,64	3	1978,166	125
00,072	218	1978,167	194
(00,012?)		1978,168	131
02,95	93	1978,170	238
04,104	183	1978,171	115
1971,08	5	1978,172	195
1971,12	6	1978,174	237
1971,89	197; 320	1978,175	167
1971,90	287	1978,177	169
1971,105	339	1978,179	116
1971,161	267	1978,180	145
1971,228	70; 294	1978,181	135
1978,101	95	1978,183	241
1978,103	164	1978,184	242
1978,104	39; 278	1978,185	147
1978,105	69	1978,186	196
1978,108	198;317	1978,187	114
1978,109	182;295	1978,188	119
1978,110	173	1978,189	126
1978,111	172	1978,190	186
1978,112	40; 327	1978,194	200
1978,113	222	1978,195	129
1978,123	181	1978,196	188

Inv.Nr.	Kat.Nr.
1978,197	152
1978,198	140
1978,199	136
1978,200	143
1978,202	148
1978,203	132
1978,204	146
1978,213	87
1978,214	130
1978,215	83
1978,223	208
1978,224	166
1978,228	96
1978,229	180
1978,230	71
1978,232	74
1978,233	73
1978,234	76
1978,235	85
1978,236	82
1978,237	8
1978,238	192
1978,239	168
1978,241	124
1978,242	170
1978,243	110
1978,244	123
1978,245	12
1978,246	111
1978,247	223
1978,248	54
1978,249	230
1978,251	177
1978,252	179
1978,254	231
1978,255	163
1978,256	185
1978,257	203
1978,258	120
1978,259	176
1978,260	204
1978,261	128
1978,262	174
1978,263	141
1978,264	149
1978,265	201
1978,266	202
1978,267	134
1978,268	221
1978,269	232
1978,270	220
1978,271	228
1978,272	138
1978,273	117
1978,274	139
1978,275	133
1978,276	199
1978,277	144
1978,278	219
1978,279	190
1978,280	161
1978,281	225
1978,285	50
1978,286	10
1978,287	23
1978,288	51
1978,289	121
1978,290	142
1978,292	118
1978,294	336
1978,295	233
1978,299	64
1978,300	215
1978,301	65
1978,302	250
1978,303	106
1978,304	319
1978,308	346
1978,309	11
1978,310	9
1978,312	333
1978,314	88
1978,317	348
1978,318	340
1978,319	20; 315
1978,320	334
1978,322	67; 344
1978,325	345
1978,326	303
1978,327	321
1978,328	309
1978,329	291
1978,330	313
1978,331	314
1978,332	89
1978,333	286
1978,334	311
1978,335	283
1978,336	329
1978,337	300
1978,338	302
1978,339	299
1978,340	305
1978,341	326
1978,342	330
1978,343	298
1978,344	324
1978,345	306
1978,346	310
1978,347	331
1978,348	25
1978,349	276
1978,350	277
1978,351	24
1978,354	290
1978,355	352
1980,93	151
1980,94	318
1980,95	46; 248; 325
1980,96	273
1980,97	150;316
1981,19	16
1981,20	72
1981,21	205
1981,22	246
1981,23	338
1982,157	91
H.I.97, 256	99
H.III. 01,454	36
H.III. 09,58	56
abgerissen	216
unleserlich: .., ..29	55

Staatliche Kunstsammlungen Dresden, Museum für Kunsthandwerk (MKH):

Inv.Nr.	Kat.Nr.	Inv.Nr.	Kat.Nr.
2803	42	23224	335
14200	59	23746	227
14607	28	23747	175
14912	268	23749	328
16966	209	23750	162
18101	191	23753	288
18505	102	23755	296
18554	31	23756	297
19716	304	23919	92
19740	256	28230	229
19748	253	28232	14
19749	61	28233	15
19826	255	28406	101
20011	211	28407	234
20233	251	28420	254
21908	312	28421	257

Museum des Kunsthandwerks (Grassi-Museum), Leipzig (GM):

Inv.Nr.	Kat.Nr.	Inv.Nr.	Kat.Nr.
25.36g.-	52; 307	233/20	105
38g.		236/20	207
25.39g.	53;308	239/20	104; 279
27.6	19; 214	242/20	22
215/20	349	248/20	37
219/20	49	I.A.56	27
220/20	213	I.A.63	154
223/20	262	I.A.65	137
225/20	266	I.A.529a	156
227/20	212	I.A.529b	157
228/20	155	I.A.674b	263
229/20	236	I.A.674c	264
230/20	235	V 1103	239
231/20	341		

Museum für Völkerkunde zu Leipzig (MVK):

Inv.Nr.	Kat.Nr.	Inv.Nr.	Kat.Nr.
WAS 62	270	WAS 81	158
WAS 65	269	WAS 91	79
WAS 67	26	WAS 95	78
WAS 73	77	WAS 96	80
WAS 76	66	WAS 100	171
WAS 78	342	WAS 104a	281
WAS 80	62	WAS 104b	282

Inv.Nr.	Kat.Nr.	Inv.Nr.	Kat.Nr.
WAS 105	289	WAS 141	351
WAS 107	252	WAS 142	265
WAS 108	103;280	WAS 146	226
WAS 109	332	WAS 222	63
WAS 110	224	WAS 229	244
WAS 112	159	WAS 230	68;293
WAS 113	272	WAS 231	160
WAS 114	350	WAS 232	47
WAS 116	322	WAS 233	343
WAS 117	301	WAS 234	275
WAS 119	323	WAS 257	122
WAS 120a	284	WAS 260	217
WAS 120b	285	WAS 261	21;292